长沙市开发区志系列丛书

长沙高新区
luvalley 中国麓谷

长沙国家高新技术产业开发区志

1988–2012

CHANGSHA NATIONAL HI-TECH INDUSTRIAL DEVELOPMENT ZONE

◉长沙市地方志编纂委员会

方志出版社
Publishing House of Local Records

图书在版编目（CIP）数据

长沙市开发区志·长沙国家高新技术产业开发区志：1988—2012 / 长沙市地方志编纂委员会编．-- 北京：方志出版社，2018.11
ISBN 978-7-5144-0532-3

Ⅰ．①长… Ⅱ．①长… Ⅲ．①技术开发区—概况—长沙—1988-2012 ②高技术产业区 - 概况 - 长沙 -1988-2012 Ⅳ．① F127.641

中国版本图书馆 CIP 数据核字（2018）第 261252 号

长沙市开发区志·长沙国家高新技术产业开发区志（1988—2012）

编　　者：长沙市地方志编纂委员会
责任编辑：齐 笑
出 版 人：冀祥德
出 版 者：方志出版社
地址：北京市朝阳区潘家园东里 9 号（国家方志馆 4 层）
邮编：100021
网址：http://www.fzph.org
发　　行：方志出版社图书经销中心
电话（010）67110500
经　　销：各地新华书店
印　　刷：湖南省美如画彩色印刷有限公司
开　　本：889 × 1194　　1/16
印　　张：63.5
字　　数：912 千字
版　　次：2018 年 11 月第 1 版　2018 年 11 月第 1 次印刷
印　　数：0001 ～ 2000 册

ISBN 978 - 7 - 5144 - 0532 - 3　　定价：398.00 元

长沙市开发区志丛书编纂委员会

《长沙高新区志（1988—2012）》编纂委员会

（2013年7月23日）

（2017年3月27日）

《长沙高新区志（1988–2012）》总纂人员

主　　　编：杨金林
执行副主编：宋　捷
副　主　编：夏河年　　马　宁
责 任 编 辑：刘迪平　　周　倪　　李倩倩

初审人员：	夏河年	李国辉	刘华光	周希平	帅　军	李大群
	王　进	黎益民	余　龙	蒋学龙	朱泽祥	汤　湛
	罗缅顺	李　明	任　波	罗和平	降　伟	朱　文
	李　劼	张绍钢	肖勇军	刘荣利	罗　文	胡　斌
	刘国平	何福禄	文华锋	璩世贤	肖力雄	谭学军
	吴海坤	罗俊文	傅年满	陈飞鹏	刘凯清	张宇新
	冯　勇	王永康	欧阳胜	李　红	李　骞	刘　捷
	陶湘闽	唐鄂桥				
复审人员：	喻剑平	周义娟	申解生	申　琰		
终审人员：	周秋光	王习加	姚　兰	张列群	贺国成	梁小进
	李跃兰	高　路	喻剑平	周义娟	罗　萍	娄少林

审定单位及审定人员

审定单位：长沙市地方志办公室
审定人员：王习加　　姚　兰　　张列群　　贺国成　　肖清平　　高　路

长沙高新区
luvalley 中国麓谷

长沙国家高新技术产业开发区（一区一园）区域范围图（1991年）

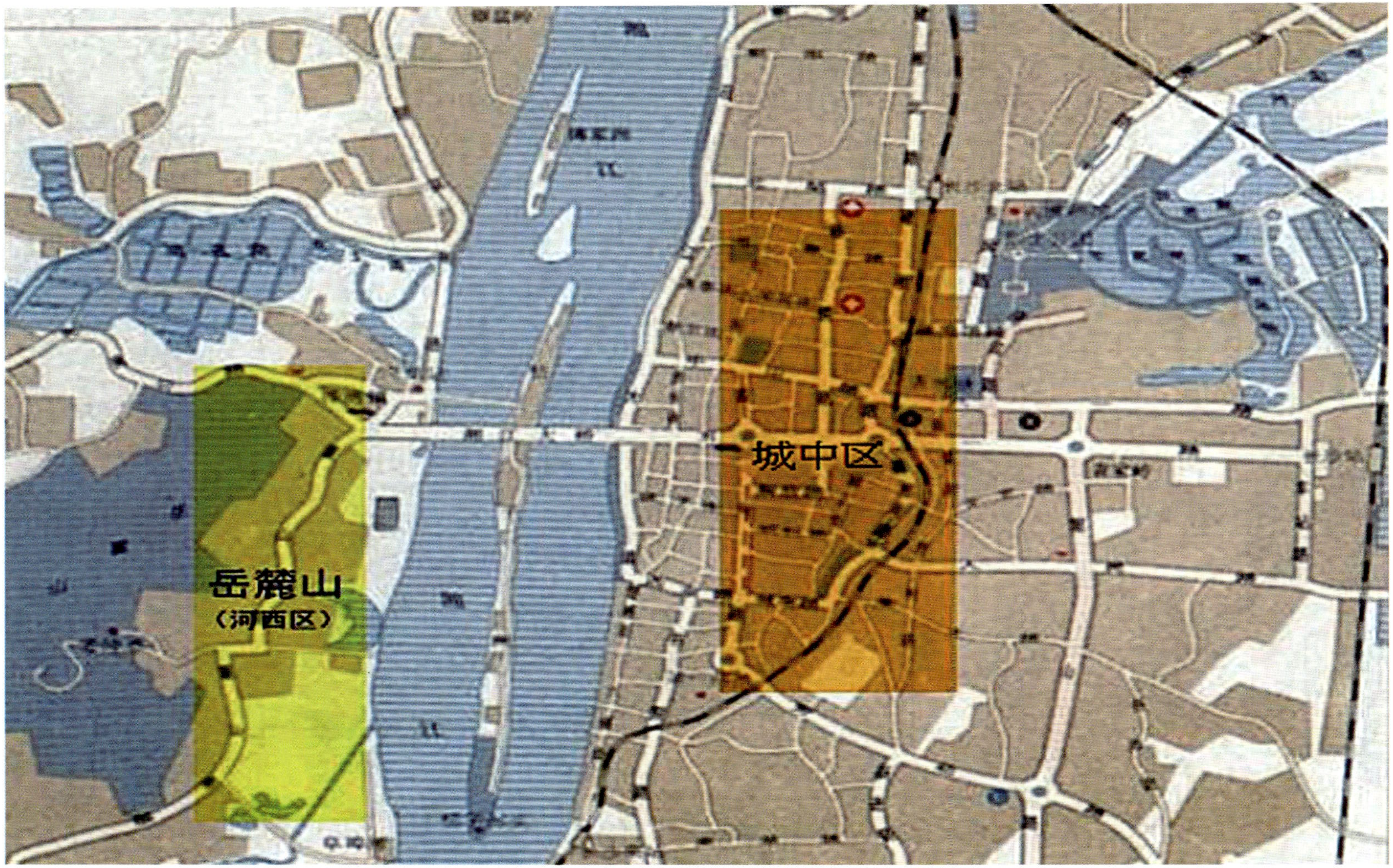

审图号：湘S（2018）078号

长沙国家高新技术产业开发区（一区四园）区域范围图（1997年）

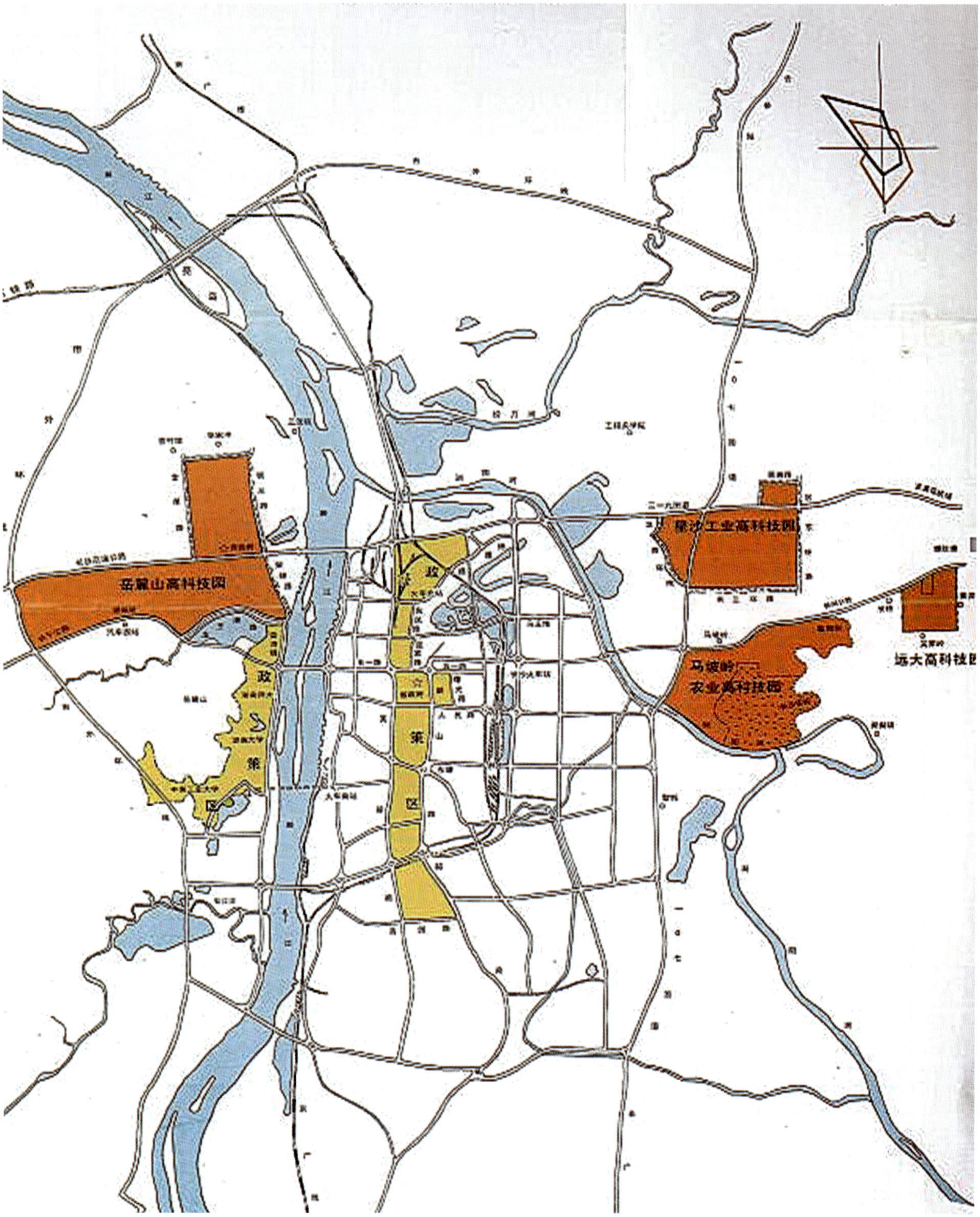

审图号：湘S（2018）078号

长沙国家高新技术产业开发区区域图

（内部用图）

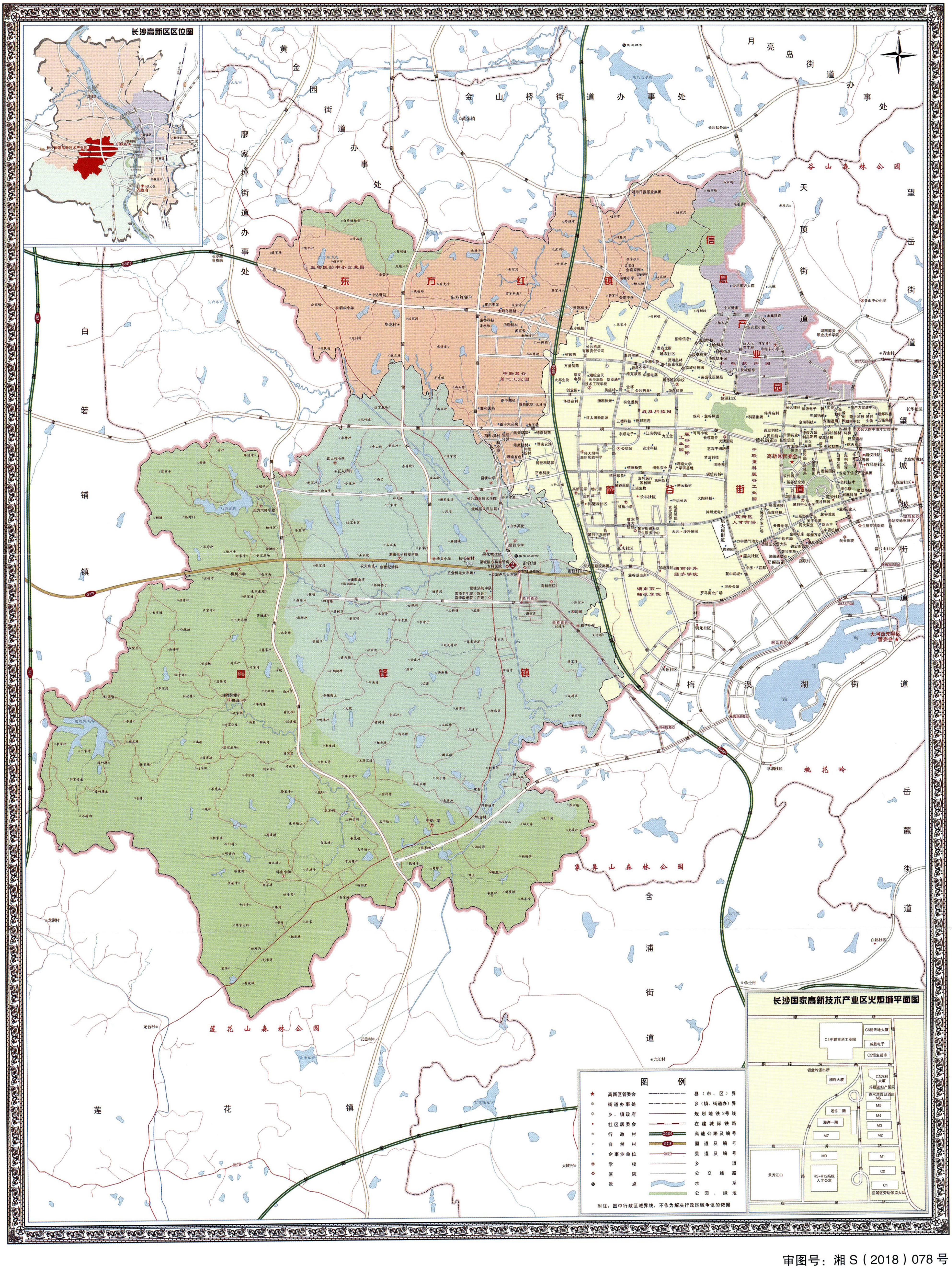

审图号：湘S（2018）078号

地 标： 长沙国家高新技术产业开发区综合服务大楼

地 标：长沙国家高新技术产业开发区综合服务大楼

地 标： 麓谷绿芯

领导关怀

1989 年 3 月，国家科委副主任阮崇武（右二）在长沙市政府副市长潘贵玉（左二）陪同下考察长沙科技开发试验区

1991 年 5 月，长沙市政府副市长陈元松（右一）向国家科委火炬中心主任李肇杰（右二）汇报高新区建设规划

1991 年 9 月，省委书记熊清泉（右三）、省长陈邦柱（右二）考察长沙高新区选址及规划

1992 年 6 月，省委常委、长沙市委书记夏赞忠（右六），长沙市市长张明泰（右五）考察长沙高新区火炬城建设工地

1993 年 11 月，省委书记王茂林（右四）考察长沙高新区企业

2000 年 2 月，省长储波（前排左二）考察长沙高新区麓谷产业基地

2001 年 8 月，长沙市市长谭仲池（前排右二）调研长沙高新区麓谷产业基地

2005 年 3 月，省长周伯华（前排左三）考察长沙高新区企业

2006 年 1 月，省委书记张春贤（右五）考察长沙高新区软件园

2006 年 5 月，省委常委、市委书记梅克保（前排左三）调研长沙高新区企业

2010 年 7 月 20 日，省委书记周强（左三）考察长沙高新区

2010 年 11 月 17 日，省长徐守盛（前排中）在长沙高新区调研公租房

2011 年 3 月 8 日，省委常委、市委书记陈润儿（前排左三）调研长沙高新区

2011 年 9 月 2 日，长沙市市长张剑飞（前排左二）调研长沙高新区

科技创新与成果转化

国家粉末冶金工程研究中心

国家杂交水稻工程技术研究中心

国家农药创制工程技术研究中心

人类干细胞国家工程研究中心

湖南省软件评测中心

国家高效磨削工程技术研究中心

湖南化工研究院

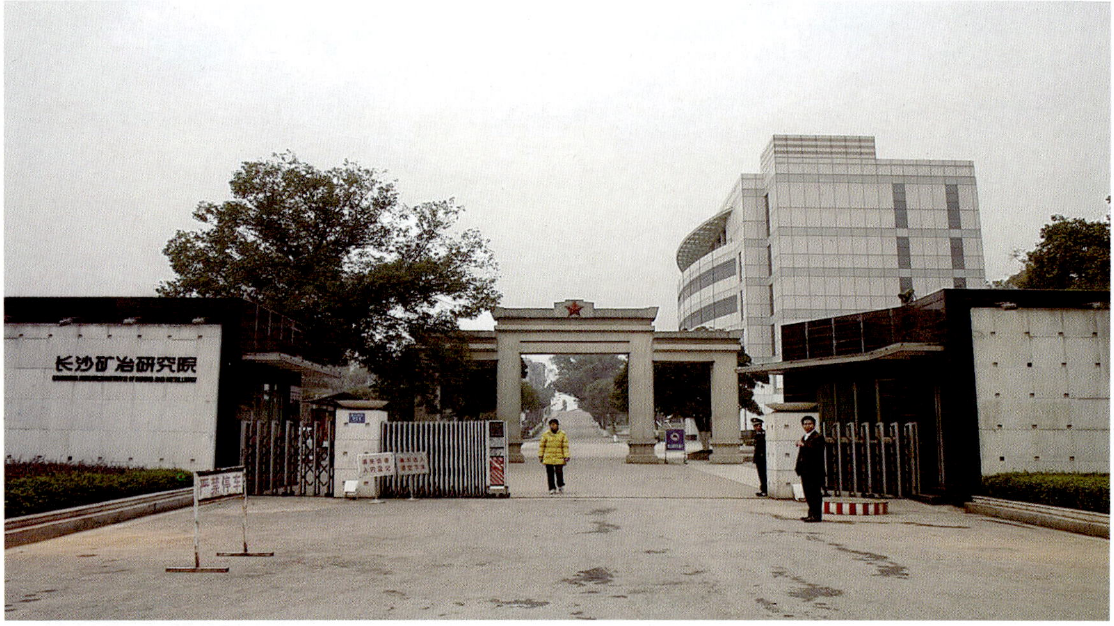

长沙矿冶研究院

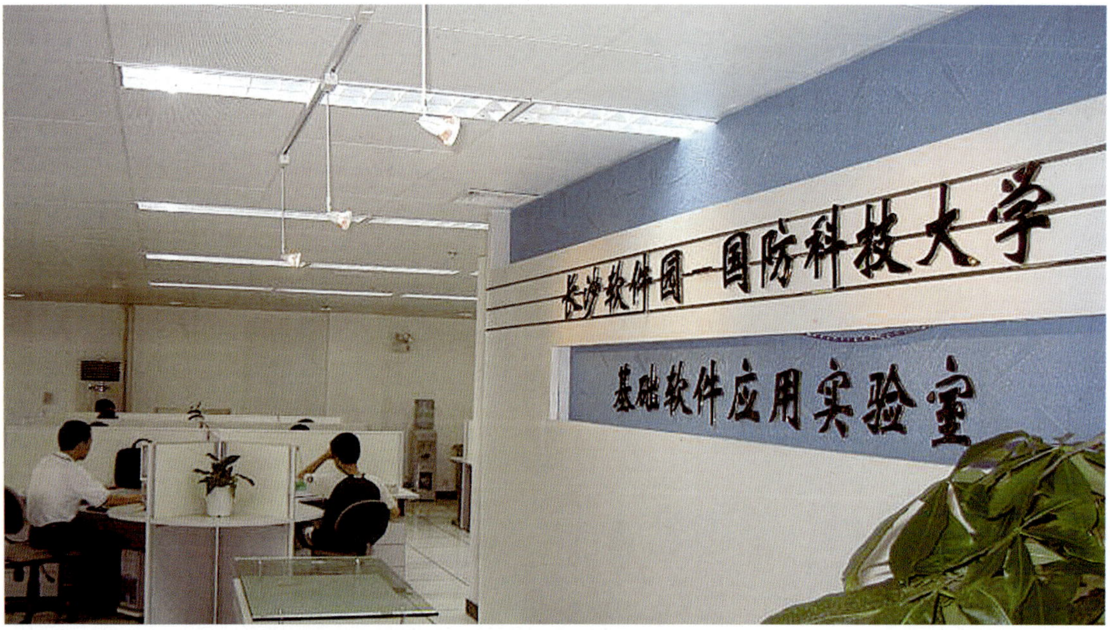

国防科技大学基础软件应用实验室

国防科学技术大学

中南大学

湖南大学

湖南师范大学

中南大学湘雅医学院

湖南省第一师范学校

湖南涉外经济学院

湖南商学院

麓谷企业广场

麓谷新长海创新创业中心

长沙生产力促进中心

长沙国家软件产业基地

国家 863 软件专业孵化器公共技术支撑平台

国家汽车数字仪表产业化基地

橡树园创业基地

中联重科麓谷工业园内摆放着产品

汽车起重机 ZACB01

风力发电用耐扭曲软电缆

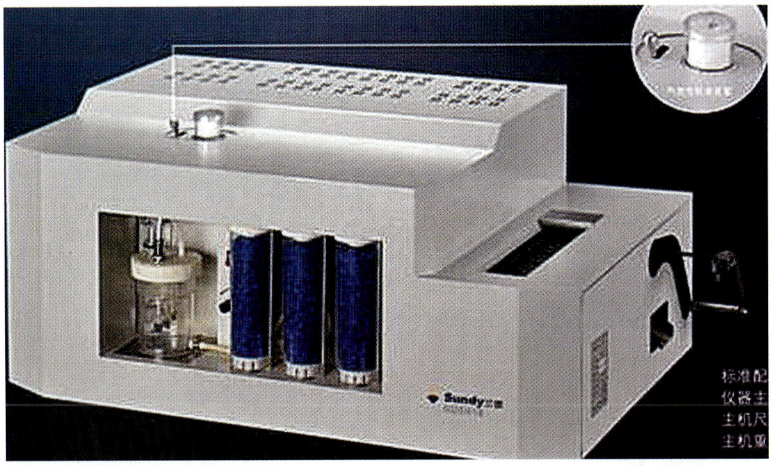

SDS616 定硫仪

日本车型用交流发电机、起动机、电子产品

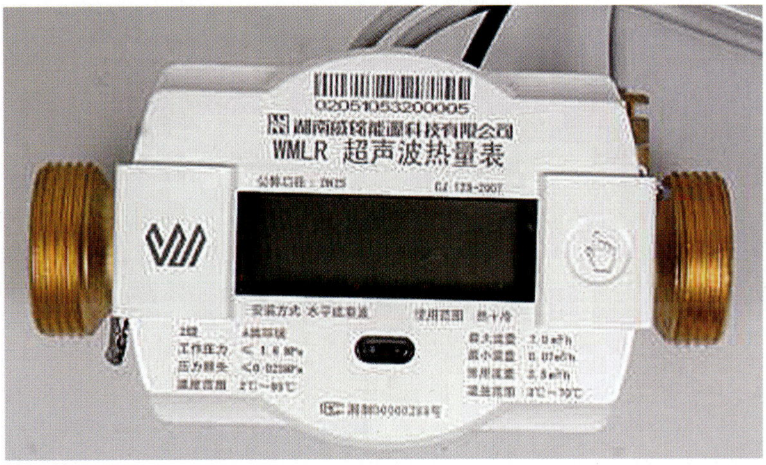

WMLR 型超声波热量表

基于北斗的工程机械位置信息服务平台

麒麟安全云桌面系统

卫星通信产品、微波器件、精密复合材料成型模具等

试管胚胎储存设备（每个储存设备里面可以放置800多个试管胚胎）

炭/炭复合材料航空刹车副

R13660-1/UM型 多晶铸锭炉

ⅢJ型系列氨合成塔内件及其低能耗氨合成系统

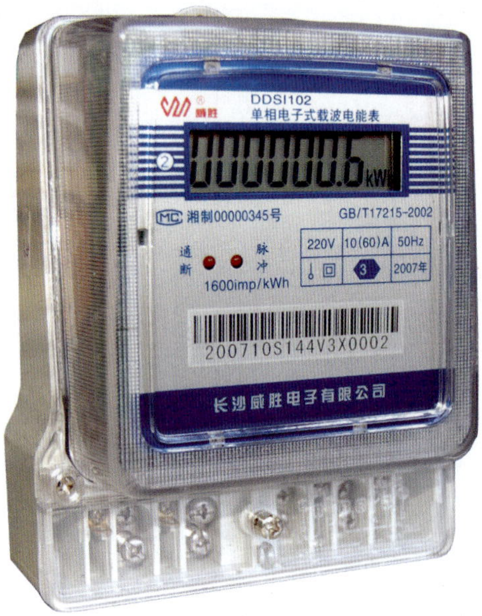

DDSI102 单相电子式载波电能表

自主研发图形芯片及第二代实用图形芯片原型验证系统

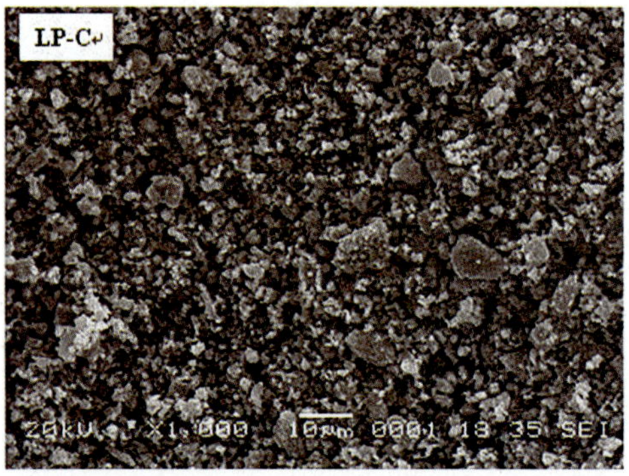

钴酸锂正极材料、三元正极材料、锰酸锂正极材料

钛卷原料

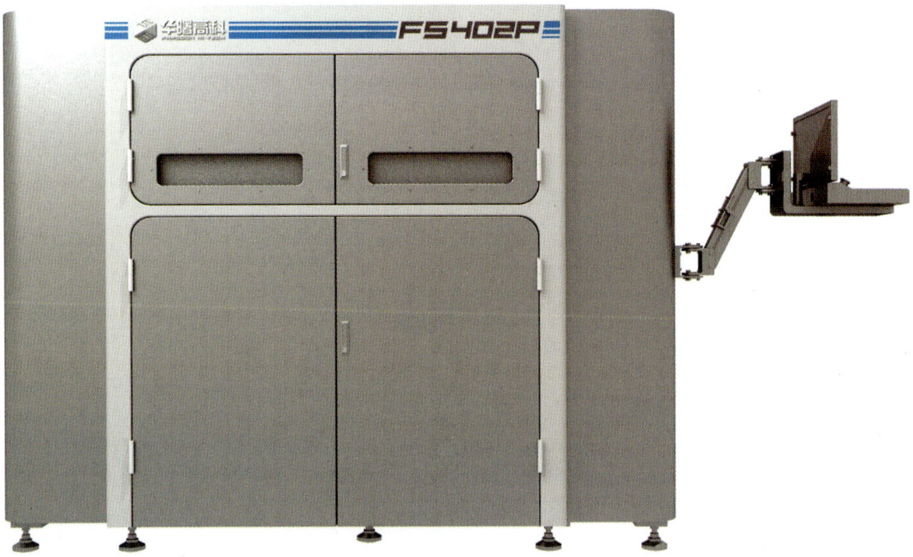

3D 打印机 402 系列

华曙高科 3D 打印

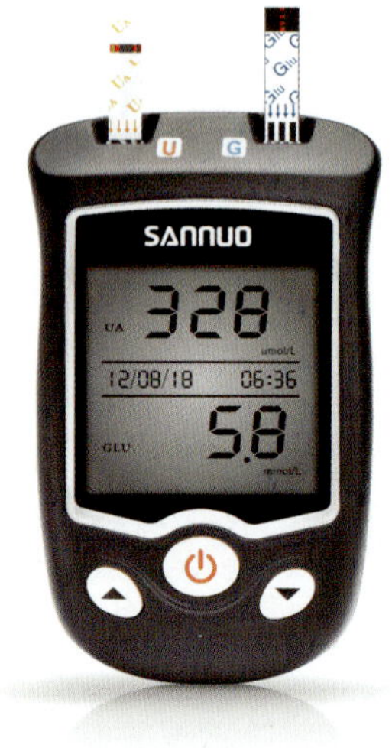

EA-11 血糖尿酸测试仪

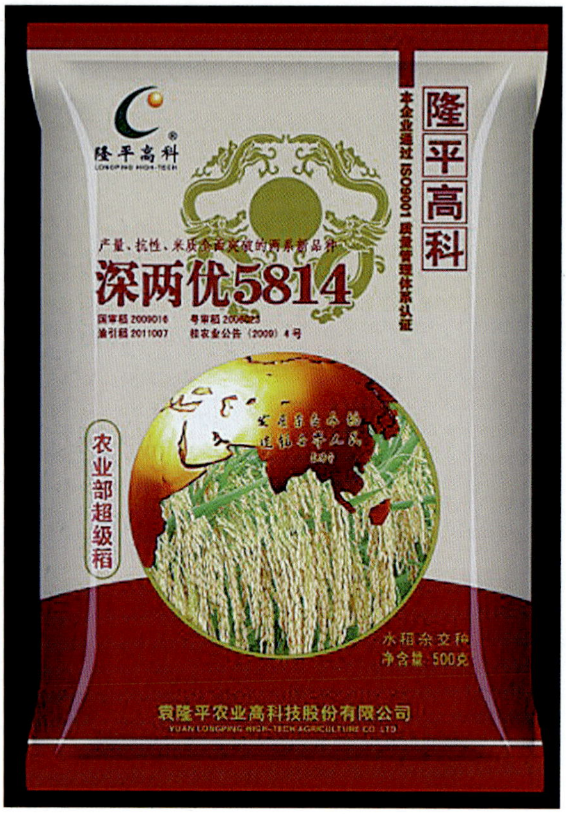

深两优 5814

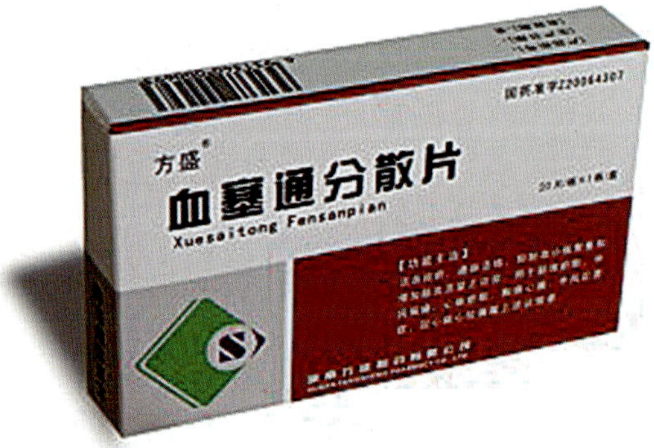

血塞通分散片

驴胶补血颗粒

预制夹心保温外墙板

无人机

中国（长沙）科技成果转化交易会开幕式

中国（长沙）科技成果转化交易会签约仪式

产业园区

中电软件园

长沙软件园

麓谷国际工业园

银河科技园

宇顺科技园

远大科技园

信息产业园

隆平高科技园

博云新材料创新工业园

岳麓山国家大学科技园

湖南大学国家大学科技园

重点企业

中联重科股份有限公司

湖南威胜集团有限公司

湖南圣湘生物科技有限公司

湖南湘邮科技股份有限公司

中国航天科工集团

湖南有色重机工程机械有限公司

拓维信息系统股份有限公司

五强企业集团

长沙日立汽车电器有限公司

湖南杉杉户田新材料有限公司

湖南科力远新能源股份有限公司

湖南隆平种业有限公司

华自科技股份有限公司

长缆电工科技股份有限公司

金杯电工股份有限公司

双鹤医药有限责任公司

三诺生物传感股份有限公司

湖南梦洁家纺股份有限公司

城市建设

麓谷生态科技产业新城（俯瞰）

麓谷生态科技产业新城（夜景）

麓谷生态科技产业新城 步步高·新天地

麓谷生态科技产业新城 尖山湖公园

麓谷生态科技产业新城 麓谷公园

麓谷生态科技产业新城 麓谷大道

麓谷生态科技产业新城　麓松路

麓谷生态科技产业新城　桐梓坡路

麓谷生态科技产业新城　麓景路和麓天路交汇处

麓谷生态科技产业新城　时代广场

麓谷生态科技产业新城　延年颐景酒店

麓谷生态科技产业新城　保利·麓谷林语

麓谷生态科技产业新城　和馨园安置小区

麓谷生态科技产业新城　和润园安置小区

麓谷生态科技产业新城　雷锋镇

麓谷生态科技产业新城　安置新村

长沙自来水公司第四水厂

长沙新奥燃气麓谷储气站

国家电网—长沙城西供电局

社会发展

雷锋纪念馆

高新区中心幼儿园

长沙市麓谷中心小学

湖南师大附中高新实验中学

虹桥小学

明德麓谷学校

长沙银行、浦发银行等金融机构

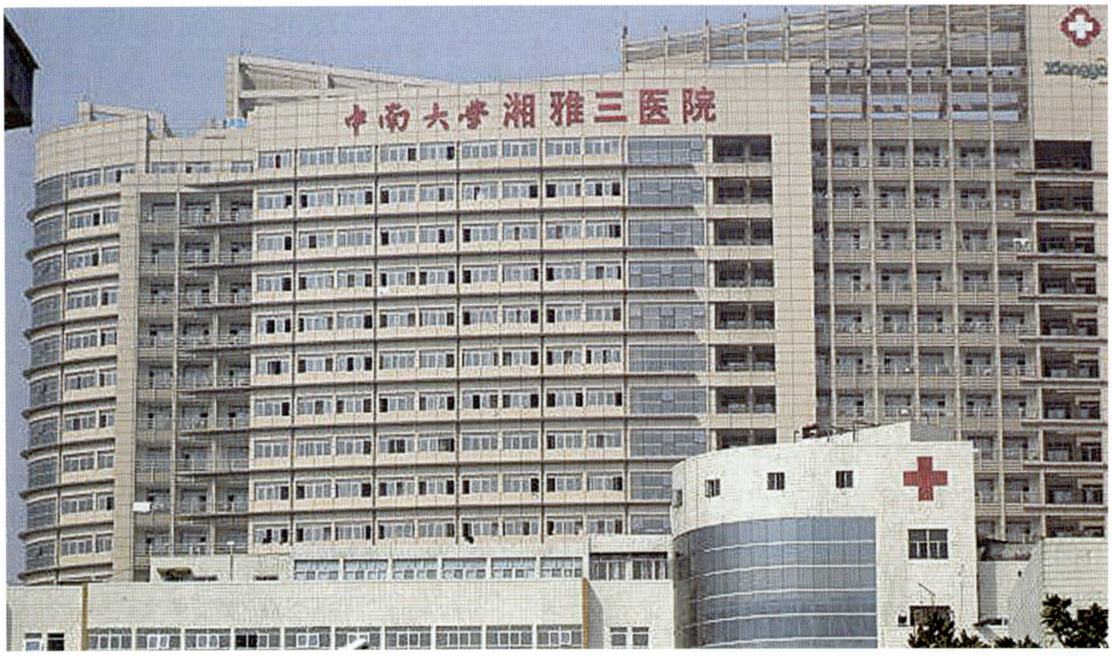

中南大学湘雅三医院

湖南航天医院

麓景社区卫生服务中心

长沙市公安局高新区分局

高新区消防大队 麓谷中队

长沙高新区农村安居工程授牌仪式

志愿者服务活动

新春晚会

牵手麓谷·共舞人生

晚间娱乐

晨练

晨读

汉服书法秀

外国朋友看麓谷

B001
B119
B040
B085
B006
D042
D041
长跑比赛

祖国大地四方驰骋鸿图尽
32
MAGIC
高新控股
GAOXIN
25
11
篮球比赛

乒乓球比赛

羽毛球比赛

长沙麓谷生态科技产业新城远景规划

《长沙国家高新技术产业开发区志》评审会议现场（2017 年 12 月 1 日）

长沙市开发区志总述

长沙市自二十世纪八十年代末开始兴办开发区。按照“布局合理、集约用地、产业集聚、形成特色”的总体要求，紧紧围绕新型工业化和城镇化这两大战略，充分利用现有基础条件和优势，全力招商引资，着力引进战略投资者，以发展现代制造业为主，着力优化产业、产品结构，培育优势产业和骨干企业，发展配套和关联企业，拉长产业链条，开发区逐步成为长沙经济社会发展特别是工业发展的主力军、主战场和主阵地。

2015 年长沙市全部工业增加值占全省比重 1/3，成为全省工业经济增长的关键支撑。全市规模工业总产值达到 10565 亿元，规模工业增加值 3228 亿元。2015 年产值过 100 亿的企业 8 家，湖南中烟、三一集团、中联重科等企业先后入围中国企业 500 强，企业实力不断增强。

工业发展对全市经济社会的贡献更加凸显。2015 年全市全部工业增加值占 GDP 比重 42.3%，工业对全市经济的贡献率 43.1%；贡献税收 972.2 亿元，占全部税收的比重为 62.5%；规模工业企业创造利税总额 1590.7 亿元，实现主营业务收入 9638.36 亿元，利润总额 618.44 亿元。工业成为拉动就业的主渠道。2015 年全市规模工业企业期末从业人员 64.36 万人，占全社会从业人员的比重 13.9%。

开发区的发展使企业逐步向园区集中，产业向园区集群聚集。2015 年，园区规模工业增加值 1881.4 亿元，占全市规模工业的比重 58.3%。全市开发区共集聚了 1213 家规模工业企业，占全市规上工业企业总数的 46%；规模工业企业前 100 强中，开发区占 91 家。初步形成工程机械、新材料、食品烟草三大支柱产业，以电子信息、汽车、生物医药三个为补充的多点支撑的产业发展格局。2015 年，开发区工程机械、汽车及零部件、食品、新材料、电子信息、生物医药六大产业集群实现规模工业总产值、规模工业增加值分别达到 7395.95 亿元、2367.21 亿元，占全市规模工业总产值和增加值的比重分别达到 70% 和 73.3%。

据统计，“十二五”时期，开发区工业累计投资 7469.64 亿元。全市开发区共引进上海大众、广菲克、联通长沙云数据、中兴通讯长沙基地、格力电器生产基地项目等重大项目 105 个，总投资 2736 亿元，全部竣工投产、达产后预计新增产值 6800 亿元。在建工程中德有色工业园、蓝思科技新材料面板项目、杉杉新能源、比亚迪电动卡车、大学科技城等，10亿元以上项目共计56个，总投资1400亿元，项目竣工、达产后预计新增产值4200亿元。竣工投产的广汽菲亚特及广菲克SUV项目、上海大众、广汽三菱、尔康制药、中联环境产业园、中电软件园等10亿元以上项目共计28个，完成投资600亿元，将新增产值860亿元。

2015年，开发区规模工业企业拥有自建研发机构数500余个，机构人数超过3万人；2015年全市共取得省部级以上科技成果340项；专利申请和授权专利分别达17763件和11448件，城市万人有效发明专利拥有量居全国省会城市第4位；以中联重科、三一重工、楚天科技、千山制药为代表的工业企业专利授权量达7070件。2015年全市高新技术产业实现产值8611.3亿元，实现增加值2730亿元，占GDP的比重达32.1%；全市高新技术产业增加值占全省比重44.5%。

目前全市规模工业企业计算机普及率达99.9%，85%的规模企业配有信息技术人员。推进“两型社会”（资源节约型、环境友好型社会）建设，构建绿色工业体系，指导企业推广应用节能新技术、新工艺和新设备，突出目标责任，强化重点企业节能监管，49家企业获批“两型示范企业”、5家园区获批“两型示范园区”。据统计，“十二五”期间全市规模万元增加值能耗累计下降42.09%，年均下降12.6%，规模工业综合能耗量实现年均下降1.2%。

按照“政府扶持枢纽平台—平台聚合服务中介—中介集合服务企业—企业集体受益发展”的思路，开发区着力打造融资担保、就业辅导、管理咨询、技术创新、市场开拓、人才培育、法律维权、信息服务八个服务平台，为全市中小微企业提供全方位、立体化的服务，2014年成为国家工信部认定的国家中小企业公共服务示范平台。深度服务中小微企业800余家，举办各类培训讲座近300场，辐射服务企业数千家，帮助大批中小微企业有效突破了技术和管理瓶颈，得到人民日报、经济日报、湖南日报等多家媒体报道，并被称为企业服务的“长沙模式”。

长沙市开发区志丛书编纂委员会

2016年6月

序 一

巍巍麓山下，潺潺湘江边，春秋三十载，弹指一挥间。

三十年来，长沙国家高新技术产业开发区的创业者们秉承“科技为根、创新为魂、努力建设一流高新区”之志，在岳麓山下、湘江河畔开启了“发展高科技、实现产业化”的振兴之门。

长沙高新区的三十年，是从无到有、从小到大、从弱到强，创新发展的三十年；是一届又一届领导班子，一批又一批创业者，还有广大民众和企业家们用自己的心血、智慧和汗水矢志不渝挣来的三十年；长沙高新区的三十年是无愧于时代，值得铭刻于史册的三十年！

当时钟摆动到21世纪的今天，已至而立之年的长沙高新区在历史的时间长河里，向世人昭示着它为长沙发展增添的一抹又一抹亮色。三十个春秋，长沙高新区人在科技部、湖南省委省政府、长沙市委市政府的正确领导下，只争朝夕，知难而进，披荆斩棘，奋勇拼搏，使这座产城融合的科技新城激情涌动，演绎着人文与科技的灿烂辉煌；让这片创新创业的投资热土，融智聚商，闪耀在中部城市的经济版图；让这张生态和谐的城市名片，清新蓬勃，凝聚着民富区强的光荣梦想！

长沙高新区自1988年7月成立至今，从一个仅对市内政策区进行政策性管理的长沙科技试验区，历经“一区一园”(政策区、岳麓山科技园)、“一区四园”(政策区、岳麓山高科技园、星沙工业高科技园、马坡岭农业高科技园、远大高科技园)、麓谷产业基地，到托管麓谷街道、雷锋街道、东方红街道和白马街道，规划总面积140平方公里、建成区面积突破60平方公里的麓谷科技产业新城；从没有产业基地，发展到企业总数超过2.6万家，形成以智能制造为主的先进装备制造产业、以移动互联网为主的新一代电子信息技术产业和新能源与节能环保特色产业“两主一特”优势产业，培育了新材料、生物医药与健康、军民融合、航空航天、增材制造和现代服务业等新兴产业；从“没有地理围墙的试验区”到产业集聚、配套齐全、宜居宜业；从曾经偏僻的城邦乡镇蜕变成长株潭国家“两型社会”建设综合配套改革试验区、长株潭国家自主创新示范区、湖南湘江新区和长株潭衡国家智能制造试点示范区四大国家战略平台的核心区，综合实力在全国168个国家级高新区中排名第12位。长沙高新区已巍然崛起在湘江西岸、岳麓山下，走出了一条具有湖湘特色的自主创新发展之路。

欲饮琼浆美酒，必先陈年积淀。作为国家级高新技术产业开发区，究竟怎样才能加速发展？除了要在人才、金融、招商、政务环境上下足功夫，更重要的是要有一个向心力。这种向心力，在长沙高新区被诠释为科技创新。近年来，长沙高新区致力于创新创造的政策先行先试、资源集聚融合、产业高端引领、营造创新环境，在推动以科技创新为核心的全面创新上，充分发挥了对区域经济发展的辐射、示范和带动的“创新核”作用，集聚了巨大的发展活力与潜力。

长沙一盘棋，子落高新区。长沙高新区既秉承着“引领区域创新发展”的责任，又肩负着“发展高科技、培育新产业”的历史使命，以调整产业结构、转变经济发展方式、培育新动能、实现高质量发展为导向，以加速推进国家自主创新示范建设为主线，全面推进“实力高新、动力高新、活力高新、魅力高新”建设。为实现这个目标，长沙高新区正以一流的环境、一流的政策、一流的人才储备，汇合形成了一个百舸争流、千帆竞渡的科技创新格局，瞩目海内外。

盛世修志，垂鉴未来。这片土地、这段历史值得致敬铭记，2013年在长沙市地方志办公室的统一组织下，长沙高新区党工委、管委会主持编修首部《长沙国家高新技术产业开发区志（1988—2012）》，区志编修老师集各方之力智，调查取证、深入细致、广征博采、取精探微，数易其稿，历经5个寒暑，一部以科技创新为总揽，溯本探源、条分缕析、考证有据、阐释有理、史料翔实、主次有序，十篇五十章，洋洋百万字的《长沙国家高新技术产业开发区志（1988—2012）》，终得付梓面世。《高新区志》全面系统地记述了长沙高新区创立以来经济社会发展的历史事件，展示了各个时期创新创业的重大成就，这是一项浩繁的系统工程，也是一项延绵不断的事业，功在当代，利在千秋。

志载盛世，泽惠千秋。凡是过往，皆为序章，总结过去是为了更好地谋划未来。修志的目的不仅在于记录，更在于有效利用。我们要充分发挥《高新区志》的“存史、资政、教育”作用，以志为鉴，发扬传统、努力奋进，以更明确的思路，更坚定的信心，更昂扬的斗志，在追赶超越的路上，整装再出发，艰苦再奋斗，续写长沙高新区高质量发展的新篇章！

是为序。

长沙高新区党工委书记 周庆年

2018年12月

序 二

1988年，春暖花开，东风劲吹。湖南省委、省政府领导审时度势，抢抓机遇，向国务院呈文，请求设立长沙科技开发试验区，得到批准。1991年3月，长沙高新区成为全国首批27个国家级高新区之一。起步在新时期，崛起于新世纪。到2012年，长沙高新区成为创新的示范区、改革的试验区、产业的集聚区、中西部地区发展新的增长极，其势汹汹，锐不可挡，已巍然崛起大美星城。

时间是衡量过往岁月的刻度，是印记时代步伐的坐标，长沙高新区的发展史正是这样一部用时间镌刻、用奋斗熔铸的创业史诗。三十年时间，长沙高新区在创新创业的道路上披荆斩棘，全区经济社会发展取得显著成绩：综合经济实力在全国国家级高新区中排名12位，综合创新能力名列第10位，连续7次被评为全国先进高新区。2009年以来，长沙高新区先后批准为国家创新型科技园区、国家科技与金融结合试点园区、国家科技服务体系试点园区和湖南省首个国家海外高层次人才创新创业基地。2014年，长株潭国家自主创新示范区正式获批，标志着长沙高新区进入国家级高新区的"第一方阵"。

在这里，科技成果不断涌现，彰显着"麓谷速度"。全球运算速度最快的"天河二号"亿亿次超级计算机、全球最长混凝土臂架泵车、第一个杂交水稻强优组合、第一台碳纤维臂架泵车、第一例试管婴儿、第一套高端选择性激光烧结设备、第一台磁悬浮列车、第一个智能机器人等诸多"中国之最"；先后获批国家高技术产业化基地、新材料产业基地、软件产业基地等20多个国家级产业基地，累计获得国家级科技进步奖和技术发明奖21项……这一系列的科技成果，标志着长沙高新区已经成为抢占国际国内高新技术领域制高点的前沿阵地，促进区域科技进步、提升自主创新能力的重要载体。

在这里，产业结构跨越升级，彰显着"麓谷高度"。聚焦产业根本，汇集创新力量。长沙高新区着力推进产业结构调整和培育发展新兴产业，在支持以中联重科为代表的工程机械行业加快战略转型的同时，大力培育发展节能环保与新能源、新一代信息技术、新材料、生物医药等战略性新兴产业和移动互联网、绿色建筑等新兴产业，产业格局由"一业独大"向"多点支撑"转变。

在这里，创新资源加速聚集，彰显着“麓谷厚度”。厚积才能薄发！长沙高新区辛勤滋养这片沃土，为创新创业者打造一个全新生态圈。孵化载体建设规模扩大，麓谷企业广场、中电软件园、芯城科技园等建成投入使用，各类孵化器、加速器、众创空间遍地开花。创新平台建设增量提质，聚集国家级技术创新平台60多个、省级创新平台400余个，拥有具有自主知识产权的高新技术产品超5000项。各类投融资平台累计为企业提供资金支持100多亿元。助推企业挂牌上市，新三板工作居全国前列，上市企业多达42家，占全省三分之一强。

在这里，改革创新永不止步，彰显着“麓谷力度”。全面深化改革加快推进，政务服务环境不断优化。建立对外“一个窗口服务、一站式受理、限时办结”，对内“接审分离、各司其职、互相监督”的行政审批运行机制，行政审批服务整体提速提质。以“创新33条”引领，用政策支持产业倍增和创新创业，形成“1+X”政策体系，推动了新兴产业“多点开花”。

惟改革者进，惟创新者强，惟改革创新者胜。在改革创新大潮汹涌澎拜的今天，长沙高新区站在新的时代起点，肩负着创新示范、战略引领的光荣使命。作为长株潭自主创新示范区、长株潭两型社会示范区、国家级湘江新区的核心园区，长沙高新区发出了“奋力争先晋位，挺进全国十强”的声音，努力把长沙高新区建设成为世界一流的高科技园区，享誉世界的创新之谷，在长沙创建国家中心城市、建设富饶美丽幸福新湖南的征程中，贡献出更加强大的“麓谷力量”。

潮平两岸阔，风正一帆悬。长沙高新区跌宕前行、高速发展的这30年，是最激动人心、最令人振奋的时期。可谓煌煌功绩，有目共睹，盛世勋业，更催史家奋笔疾书。志为一方全史，集百科之变迁，纳万象之更迭。先贤有云：治天下者，以史为镜，治郡县者，以志为鉴。史论兴亡，志表盛衰。以史志为镜，可明兴亡废替之理，盛衰得失之鉴。借此盛世昌明、伟业中兴之时，编修一部长沙高新区志，实有鉴往察今、继往开来的深远意义。高新区志的编纂者，执着守望、呕心沥血、笔耕不辍，力求观点正确，体例完备规范，资料详实丰富，语言流畅炼达，史志特色鲜明。

雄关漫道真如铁，而今迈步从头越。勤奋智慧的长沙高新区人艰苦卓绝，奋发图强，在创新创业的道路上奋勇直前，铸就了开拓、建设、创新、发展的累累硕果，必定能矢志不移，前赴后继，创造新的辉煌，续写高新区更加璀璨的历史篇章。

志书付梓在即，谨作此文，是为序。

长沙高新区管委会主任 谭勇

2018年12月

前　言

2013年7月，按照长沙市政府办公厅《关于印发〈长沙市省级以上开发区（园区）修志工作方案〉的通知》（长政办函〔2013〕113号）要求，长沙高新区成立“长沙高新技术产业开发区志编纂委员会”，启动《长沙国家高新技术产业开发区志（1988–2012)》编纂工作，首轮采取服务外包模式开展修志工作。为学习借鉴国家高新区修志工作的经验和做法，进一步推进我区首轮修志工作再上新台阶，修志办公室组织修志工作人员赴武汉东湖高新区、北京中关村、天津滨海高新区学习考察。5年的编纂期间，经过筹备启动、搜资初撰、征求意见、数轮修改、专家评审、领导审定、编辑出版等阶段，全区修志人员克服困难，不畏艰辛，悉心搜资，精心编纂，实事求是，数易其稿，终成本志。

本志是首部《长沙国家高新技术产业开发区志（1988–2012)》。记述内容上限为长沙高新技术产业开发区（以下简称长沙高新区）成立的1988年，下限为2012年。上限的确定，是为了全面地、完整地记述20世纪80年代从一个长沙科技开发试验区发展成一个国家级高新技术产业开发区的历史事实。下限的确定，是长沙高新区成为首批27家国家级高新技术产业开发区之后，我国建设创新型国家的进程进入到一个新的历史节点。而此时正值2011年，是长沙城市规划院设计咨询有限责任公司编制并提交麓谷分区规划大纲的成果之年。为记述长沙高新区建设发展的重要事件，个别事项根据需要作适当上溯和下延。

本志所记事的时期，由一个没有成片区域开发的长沙科技开发试验区发展成一个辖二镇一街、直管区域110平方公里的国家级高新技术产业开发区；从一个仅对市内政策区进行政策覆盖管理的长沙科技开发试验区，到一个以麓谷生态科技产业新城为核心园的“一区四园”高新区。本志在记述区域发展各方面的同时，力求突出科技创新创业、高科技产业化、对外开放、体制机制创新、产城融合、辐射带动区域经济发展等高新区特点，突出改革开放、创新驱动发展等时代特色，突出高新技术开发、科技成果转化、高新技术产业发展等专业特色。这是编纂者始终在进行的探索和尝试。

本志坚持以马克思列宁主义、毛泽东思想、邓小平理论、“三个代表”重要思想、科学发展观、习近平新时代中国特色社会主义思想为指导，坚持辩证唯物主义和历史唯物主义的立场观点和方法，力求做到思想性、科学性、资料性的统一。全志采用篇章节目编写，部分目下设子目，包括概述、十个篇、大事记、丛录等内容，力求全面、系统、真实、准确地记述长沙高新区范围内的自然、经济、科技、政治、文化、社会等方面的历史事实，成为一部特色突出的“一方之全史”，修志问道，以启未来。体裁采用述、记、志、图、表、录等诸体，以志为主。力求体例完备，记事简洁朴实，文字规范，确保志书质量。对于因历史资料的缺失、编修人员学识与经验的不足造成的缺陷或不当之处，诚望专家学者、修志同仁和广大读者批评指正。

编 者

2018 年 12 月

凡　例

一、《长沙国家高新技术产业开发区志（1988–2012）》(以下简称：本志）以马克思列宁主义、毛泽东思想、邓小平理论、“三个代表”重要思想、科学发展观、习近平新时代中国特色社会主义思想为指导思想，坚持辩证唯物主义和历史唯物主义的立场、观点和方法，全面系统地记述长沙高新技术产业开发区的历史和现状，力求思想性、资料性和科学性的统一。

二、本志记述时限：上限为1988年，下限为2012年，重要相关事物可适当顺延至2013年。

三、本志记述范围：以长沙国家高新技术产业开发区各历史发展期间所辖区域为准。如长沙科技开发试验区期间所记述范围均为政策覆盖区，“一区四园”期间记述范围为18.6平方公里，麓谷科技新城期间记述范围为110平方公里。

四、本志时间节点：以产业基地发展、管理权限变化为准。如1988年—1991年为长沙科技开发试验区，1991年—1997年为“一区一园”和“一区四园”，1997年—2004年为“二次创业”，2004年—2012为建设麓谷科技新城。

五、本志篇目设置：从长沙国家高新技术产业开发区的实际出发，以高新区现行管理体制为基础，参照现代化城市的社会分工、学科分类和志书篇目格式的传统进行分设。

六、本志以总述、序、前言、凡例、概述、篇、章、节、目、图表、编后记等构成。体裁采用述、记、志、图（含照片）表、录，以志体为主。

七、本志的文字、标点、数字、计量单位等均按国家颁布的标准书写和标引，尊重历史，历史图表中的计量单位保持不变。

八、记述中多次涉及的机关、团体和会议名称，首次记述用全称，再次出现用简称。如“中国共产党长沙高新技术产业开发区工作委员会”简称为“高新区党工委”，“长沙国家高新技术产业开发区管理委员会”简称“高新区管委会”。

九、本志遵照“生不立传”的原则，仅以事系人，凡对社会有较大贡献或有影响的省以上的党代表、人大代表、政协委员、劳动模范、高级工程师等均不单列，仅造表登记。

十、本志资料均经长沙高新区各相关单位、相关部门、相关人员的校正和部门负责人的签字确认，志稿历经长沙地方志办公室、岳麓区史志档案局修志办、长沙高新区党政领导班子历届负责人、中层管理人员和退休人员多次审核、定正，故入志材料均不注明出处。

十一、本志根据长沙高新区的具体情况，突出本志创新特点，在内容上重点记叙岳麓山高科技园（麓谷），略叙星沙工业高科技园、马坡岭农业高科技园、远大高科技园和市内政策区；在篇目设置上详述第四篇《园区建设》、第五篇《对外开放》、第六篇《科技创新》和第七篇《产业发展》。

目　录

上　册

第一篇　区域建置

第二篇　园区规划

第三篇　土地征收与管理

第四篇　园区建设

第五篇　对外开放

第六篇　科技创新

下　册

第七篇　产业发展

第八篇　综合管理

第九篇　党政群团

第十篇　社会事务

概　述

地处湖南省长沙市湘江西岸、岳麓山下的长沙国家高新技术产业开发区（简称长沙高新区），其前身为长沙科技开发试验区（简称长沙科技试验区），创建于 1988 年 10 月，1991 年 3 月经国务院批准为国家高新技术产业开发区。

长沙高新区是长沙“一江两岸”“双核驱动”战略布局中的核心板块，科技创新能力居全国前列，是长沙市乃至湖南省推进创新驱动、发展高新技术产业的主阵地、主战场、主力军。2014 年 12 月，获批国家自主创新示范区，长沙高新区成功跻身全国高新区第一方阵。

长沙高新区核心园区——岳麓山高科技园，亦称麓谷，寓意为岳麓山下的“硅谷”。该区域地理位置为北纬 28°20′ ~ 28°27′，东经 122°44′ ~ 122°48′。区域四至：东接岳麓区时代广场、莱茵城，西靠宁乡市，南连梅溪湖，北接望城区。

截至 2012 年，长沙高新区已托管东方红镇、雷锋镇和麓谷街道，总面积达 110 平方公里，常住人口为 12.8 万人。长沙高新区岳麓山高科技园和政策区共有从业人口 194792 人。

一

时光如水，逝者如斯，长沙高新区已经走过风雨 30 年。从曾经的有区无园，到如今面积 110 平方公里；从 2 万元开办经费起家，到 2017 年“一区四园”营业总收入突破 5500 亿元；从一片郊区土地，到宜居宜业生态科技产业新城；从首批 30 余家入园企业，到 6 大主导产业、2 万多家企业。长沙高新区综合经济实力名列全国 168 家国家级高新区第 12 位，中部国家级高新区第 2 位，连续七次被评为全国先进高新区。就是这样一个拥有“创新之魂”的长沙高新区，在 30 年的岁月风云中，一次次英勇出击、化危为机，在冰封的深海不断找寻创新的缺口，接连创造出一个个令高新人振奋不已的“麓谷大业”，不断实现一个个令世人瞩目的“麓谷美梦”。

长沙高新区主要经历四个发展阶段。1988年至1996年，长沙高新区走过“统一规划、就地起步、规模发展、巩固提高”阶段。1988年，在邓小平“科学技术是第一生产力”和“发展高科技、实现产业化”的号召指引下，湖南省委、省政府提出“科技兴湘”发展战略，酝酿筹建长沙科技试验区。同年5月，国务院批复，同意湖南省设立长沙市科技试验区。同年7月26日，省科委和市政府召开新闻发布会，宣布湖南省决定建立长沙科技开发试验区，市政府制定的《长沙市科技开发试验区暂行条例》经省政府批准于当日生效。同年8月，长沙市委发文设立长沙科技试验区办公室，明确为正县级单位，列为市政府直属机构。同年10月，长沙科技试验区的工作全面展开，重点是审批企业项目。1989年，长沙科技试验区新技术企业发展到80家，高新技术产品167项，约有300项科技成果实现转化，这在长沙乃至湖南的历史上都是前所未有的，走出一条具有长沙特色的发展模式。1990年，全年完成总产值907.9万元，实现总收入8212万元，分别比1989年增长12.7%和30%，承担10项国家和省级“火炬计划”项目。1991年3月，长沙科技试验区经国务院批准为国家级高新技术产业开发区，为全国首批27个国家级高新区之一。规划面积为18.6平方公里，由集中建设区和政策区组成。同年7月，湖南省委常委会会议原则批准《关于加快长沙高新技术产业开发区建设的意见》以及《长沙高新技术产业开发区总体建设规划》、《长沙科技开发试验区发展规划》，长沙科技试验区以“一街二园三群体”布局。至此，长沙高新区步入快速、规范化发展道路。同年9月，长沙科技试验区更名为长沙高新区。1996年，全年完成高新技术总产值37.44亿元，实现利税6.07亿元，出口创汇3.07亿美元，实现财政收入2.94亿元。同年4月，市人大经过多次修改、论证、审议和省人大批准，颁布《长沙高新技术产业开发区条例》，为长沙高新区的创新创业和建设发展提供法律支撑和保障。

1997年至2000年，长沙高新区进入“多园统筹、优势互补、快速发展、带动辐射”的阶段。1997年5月，经国家科委批准，长沙高新区实行“一区四园”管理，即由岳麓山高科技园、星沙工业高科技园、马坡岭农业高科技园（后更名为隆平农业高科技园）、远大高科技园和市内政策区组成，岳麓山高科技园即麓谷为长沙高新区直管的核心园区。截至1997年年底，全区高新技术产品产值占全市乡及乡以上工业总产值的比例由1991年的0.87%上升到1997年的16.4%，工业总产值和利税分别占全省5个高新区总量的60%以上。创办高新技术企业473家，开发高新技术项目700余项，其中列入国家级火炬计划项目26项，省级火炬计划项目93项。通过火炬计划的集中实施，做到科研、开发与产业联动并举，机电一体化、电子信息、新材料、现代生物等四大主导产业已形成规模。在全国52个国家级高新区的主要经济指标排序中，工业产值居第18位，上缴利税居第8位，成为湖南省和长沙市最具活力的经济增长区域和发展高新技术产业的龙头。通过“一厂一角”“腾笼换鸟”“对接配套”“国有民营”等形式，曙光电子管厂、湖南计算机厂、长沙轴承厂、长沙动力机厂等一批老企业注入高新技术，使传统产业得到改造和提升；中联建设机械产业公司、远大空调公司、银河计算机产业公司等一批重点企业根据自己的科研、开发需要，分别组织省内不少传统老厂为其生产配套产品，带动这些企业的发展。涌现出15家工业产值和技工贸收入过亿元的企业、两家过10亿元的企业；在湖南十强高新技术企业评选中，长沙高新区企业占8家。同年，国家科技部决定命名湖南创智软件园为全国四大“国家火炬计划软件产业基地”之一，该基地的建立是我国软件企业逐步走向集团化、规模化的里程碑。截至1998年年底，长沙高新区高新技术产值占全省高新技术产值总量的三分之一以上，在全国53个国家高新区主要经济指标排序中，长沙高新区总产值居第12位，总收入居第14位，利税总额居第8位，高新技术产品利税率达16%，高于全国平均水平5个百分点。拥有568家高新技术企业，全区有75家企业产值过千万元，其中18家企业产值过亿元，涌现乐金曙光、远大空调、湘计算机、湖南旺旺、海利化工、中联建机、三一重工、斯伦贝谢、创智集团、长海视听等一批明星高新技术企业（集团）。1999年2月，长沙市委、市政府颁发的1号文件提出，要进一步加快高新技术产业的发展。同年8月，国家科技部批复，同意在麓谷建立国家新材料成果转化及产业化基地。同时，长沙市委决定将长沙软件产业基地设在麓谷内，要求下大决心、用大手笔、最快速度建设好长沙软件园。到1999年8月，长沙高新区已有软件或兼软件开发的电子信息企业110多家，拥有“创智”“国讯”“苏博泰克”等一批规模大、技术强的软件企业。2000年，国家火炬计划湖南传感技术产业基地通过由科技部火炬中心组织的专家评审，实行“一基地带两区”模式，由长沙、株洲两个高新区内的示范区组成。同年，长沙软件园完成销售收入30亿元，居全国十大重点软件产业基地第三位。

2001年至2010年，长沙高新区进入“强化创新、城乡统筹、集约发展、建设麓谷”阶段。2001年，国家计委、国家信息产业部联合授予长沙软件园为国家软件产业基地，成为我国中部唯一进入全国十大重点软件产业基地的地区。拥有年技工贸收入过千万元的软件企业31家，“创智集团”“湘计算机”“湘邮科技”“天一银河”“国讯”“长海数码”等10家企业年销售收入过亿元。2002年，市委、市政府实施“兴工强市”战略决策，把推进工业化放在经济工作的主导位置，长沙工业发展进入提速阶段。长沙高新区紧紧抓住“科技兴区、产业强区”这个中心，把麓谷基地作为开发建设的主战场，树立“大胆负债建设、开发经营园区”的新理念，大力推进园区基础设施建设，桐梓坡路西延线等9条17公里道路和相配套的水电通信等管网建设基本完成，拉开23平方公里麓谷园区首期3.5平方公里开发建设的主骨架，全年投资规模超过高新区前十年建设投资的总和。2003年，是长沙高新区建区以来园区基础设施建设推进最快的一年，基本形成6.2平方公里的开发框架，展现一个崭新的园区轮廓。高新区综合服务大楼、软件中心大楼和中心区广场全面竣工，党工委、管委会机关及驻区机构整体搬迁至新办公楼办公，这标志着长沙高新区的事业翻开新的一页。同年，在国家科技部对全国高新区技术创新能力评估中，长沙高新区综合排名第6位。2004年，长沙市委关于长沙高新区“拓展规划空间、委托管理镇村、实行封闭管理”等三大决策逐步得到落实，明确麓谷规划控制范围扩大到80平方公里，并将岳麓区东方红镇有关事权委托高新区统一管理，同时进一步明确长沙高新区有关市级管理权限。2005年，长沙高新区逐步实现由以政策区为主向麓谷为主的转变；在园区建设上，逐步实现由建设专业产业基地向建设科技产业新城的转变；在产业导向上，逐步实现由单一发展高科技工业向二、三产业并举的转变；在经济增长方式上，逐步实现由侧重规模向规模效益并重的转变。发展空间得到前所未有的拓展，同时，长沙高新区市级管理权限逐步落实到位，封闭式管理得到加强，集中全部行政审批和政务服务，实行一个窗口对外、一条龙服务，对受理事项实行全程协办，当场、限时办结。创业孵化、投融资和社会服务“三位一体”的创新创业体系初步建立，创业服务中心、软件园发展中心、大学科技园、民营孵化器等各类孵化场地达18万多平方米，在建孵化场地12万平方米，在孵企业300多家；投融资渠道逐步拓宽，融资平台初步建立，各类金融、风险投资机构达28家，总注册资本17亿元；会计、审计、技术产权交易等中介服务机构日益健全，为企业家投资兴业提供一个良好的服务环境。2007年，全区技工贸总收入突破1000亿元大关，实现高新技术总产值880亿元，其中麓谷实现技工贸总收入突破500亿元，总产值

450亿元。同年，首届中国（长沙）科技成果转化交易会在麓谷成功举办，科技部全国创新型科技园区试点工作座谈会、“第二届中国原创手机动漫大赛”等重大活动在长沙隆重举行。“科交会”这一聚集创新资源的大平台落户长沙，长沙高新区被科技部火炬中心确定为全国创新型科技园区建设试点园区，并获批国家移动电子商务示范园区；依托长沙高新区软件产业的领先优势，长沙市获批全国服务外包基地城市；长沙软件园被批准为国家服务外包示范园区，并获得团中央光华基金会2007中国最佳创意园区奖，麓谷成为全省资源高度聚集、富有活力的创新区域。2008年，长沙市委明确长沙市望城坡经济开发区移交长沙高新区管理，望城县(现长沙市望城区)雷锋镇委托长沙高新区管理，麓谷区域面积扩大至100平方公里。2010年，全区完成技工贸总收入1841亿元，其中麓谷园区总收入1088亿元，突破千亿大关。全年新注册企业727家，其中注册资本1000万元以上的100家，1亿元以上的10家，引进富士康、霍尼韦尔、戴尔公司世界500强企业；全年签约购地项目预计达产产值突破800亿元。长沙市政府出台《关于建设国家创新型科技园区的若干政策意见》和相关实施细则，形成较为完善的政策扶持体系，设立5000万元创新专项资金、5000万元创新投资引导基金、2000万元服务外包产业专项资金。截至2010年，博士后科研工作站已达22家，占全市70%以上，建成国家混凝土机械工程技术研究中心等6家国家级企业技术中心和9家市级技术中心。签订各类科技合作项目260项，签约金额达252亿元，有效促进产学研合作。2010年积极推动企业上市融资，新增3家上市公司，一大批企业已经或正准备上市。

2011年以后，长沙高新区进入“创新驱动、服务两型、引领发展、构筑新城”的阶段，积极全面推进长株潭国家自主创新示范区创建工作，开启科技创新的新征程。长沙高新区在产业发展上注重稳增长与调结构并行，坚持传统优势产业转型升级与战略性新兴产业融合发展。已初步形成先进装备制造、电子信息、新材料、新能源与节能环保、生物医药、现代服务业六大主导产业集群，并大力培育和扶持移动互联网、绿色节能建筑、军民融合、北斗导航、3D打印、医疗器械、环境服务业、物联网、大数据等特色新兴产业和科技服务、科技金融、文化创意等新兴业态，积极打造新的经济增长点，加快形成新的产业集聚优势。截至2012年，长沙高新区技工贸总收入达到2901.9亿元，总产值达到2716.1亿元。综合经济实力位居全国高新区第16位，中部第2位，获批全国首家环境服务业试点园区。荣获科技部国家高新区建设20周年先进集体称号，这是第七次获得全国先进高新区称号。全年有324个项目获得国家和省、市立项支持。申报国家企业技术中心3家，新获批市级企业技术中心4家。新认定高新技术企业66家，复审通过73家，麓谷高新技术企业总数达460家。企业专利授权总量达2046件，其中发明专利265件、增长1.1倍。深交所长沙路演中心、市中小企业金融服务中心落户麓谷。首批2家科技银行正式运营，为100家中小微企业授信2.46亿元；成立麓谷高新天使基金，注册资金达1.5亿元；设立中小企业合作成长基金，为11家小微企业提供担保贷款3700万元；创投引导基金、统贷统还和小额贷款规模进一步扩大，新增3家小额贷款公司，投资担保金额6.3亿元。新三板工作加快推进，签订股改协议62家，完成股改25家，内核16家。

独立寒秋，湘江北去，橘子洲头……1988年的夏天，偏居湘江河畔一隅的长沙高新区这艘科技创新巨轮，在科技创新的海域烟波中成功下水首航。汽笛鸣响、拔锚离港的那刻，承载的是湖湘儿女对于科技创新寄望的无限遐想与期盼。

长沙高新区的建设发展得到党和国家领导人的重视与关怀。至2012年，中共中央总书记江泽民、胡锦涛、习近平与党和国家其他领导人多次亲临视察，充分肯定长沙高新区发展取得的成就，这一声声令人兴奋的肯定与鼓舞，由衷地激励着长沙高新区灿烂绽放的青春，让这艘科技巨轮在科技创新的澎湃春潮中扬帆远航！

二

“惟新为麓”，创新是长沙高新区永恒的主题，创新是长沙高新区的灵魂。长沙高新区自谋划筹建之时起，始终坚持以创新立区，创新管理模式和发展模式，释放创新动力，坚持“开放兴区、产业强区、科技活区、依法管区”的方针，大胆探索适应社会主义市场经济规律的管理体制和运行机制，以“提升行政效能、提高服务水平”为目标，深化机制改革，初步建立适合高新技术产业发展的新型管理体制和市场推进机制，构建“清”上加“亲”的新型政商关系。按“自愿组合、自筹资金、自主经营、自负盈亏、自我约束、自我发展”的原则构建企业运行机制；按“产权清晰、权责明确、政企分开、管理科学”的要求建立现代企业制度；按“办事凭能力，岗位靠竞争、待遇看贡献”的规则改革劳动人事制度；按“风险加保险”“个人、企业、社会三结合”的方针探索社会保障制度；按“风险共担、利益共享”的思路尝试科技融资制度。管理模式的创新，极大地解放科技第一生产力，为高新技术产业发展带来生机和活力。

管理体制创新为长沙高新区科技创新发展提供发展基础。多年的实践使长沙高新区人认识到，内陆地区办开发区，比沿海地区办特区缺乏地理优势、政策优势、观念优势。如果不通过强有力的、较为深入彻底的改革，创造一个比沿海地区更宽松的投资环境，要吸引国内外投资者是十分困难的。为此，长沙高新区提出“不特而特、干中求特、有特善特、干中更特”的方针，狠抓机构改革，建立精干、高效、权威的高新区办事机构。1991 年，长沙科技试验区被批准为国家级高新区后，湖南省委、省政府加强对高新区的领导，成立由常务副省长任组长，副省长、长沙市市长、省政府副秘书长、省科委主任任副组长，省直有关委、办、局负责同志组成的湖南省长沙高新区领导小组，负责管理协调长沙高新区的重大事项，并坚持一季一次工作会议制度。领导小组下设办公室，由长沙市政府副市长兼任办公室主任，整体协调政府各职能部门为高新区建设服务，市科委一位副主任、市计委一位副主任担任高新区办公室副主任，加强办公室的领导力量，形成“省市共管、以市为主”的管理格局。同时，按照“职能相近，合署办公”和“两块牌子，一套人马”的原则成立长沙高新技术产业开发总公司，组建办事机构，充分体现“权威、精干、高效”的特点。长沙高新区管委会作为市人民政府派出机构对企业行使“产业引导、政策扶持、依法管理、协调服务”的职能，对“一区四园”实行统一有效管理，履行市一级经济管理权限，授予市辖区一级行政和社会管理职责，建立“统一、精简与高效”的管理体制，明确财政、征收、土地、规划、建设等管理领域的体制机制，将高新区建成一个经济协调发展、社区环境优美、基础设施完善的新城区。在劳动人事制度改革方面，运作的总目标是：按择业自由的国际惯例建立双向选择的劳动就业制度；按契约式的国际惯例建立合同制、聘用制的劳动用工制度；按国家征税、企业自主分配的国际惯例，建立以劳动为主要依托，以经营效益为基础的符合不同职业特点，体现各种能力效果的灵活多样的收入分配形式。管委会的内设机构实施“大部制”，根据高新区发展实际，尽量减少内设机构设置，推进行政管理向公共服务转变，着力打造“审批环节最少、服务效率最高、创业环境最优、体制机制最活”园区，做到一站式服务。长沙高新区党工委、管委会探索多种形式的选人用人机制和激励机制，推进机关各部门及直属事业单位公开竞聘上岗工作，实行三年一聘，形成领导班子成员上级委任、机关部门和事业单位负责人竞聘上岗、一般干部职工双向选择交流的用人机制，成为一个充满活力的服务型机构。

企业管理创新为园区科技创新提供源源不断的发展活力。1988 年，进入园区的企业多为新成立的民营科技公司、外资公司和科研院所创办科技公司。1992 年，园区内部分企业陆续按股份制组建，如由中国银行长沙分行牵头组建的湖南省银洲股份有限公司就是由一家银行和六家大型企业合股组建的股份制企业，有利于企业成为真正自主经营、自负盈亏的法人实体，有利于企业创新发展的机制逐步在区内形成。从 1993 年起，长沙高新区新入园企业均须为产权明晰的股份制企业，对于已有非股份制企业，高新区则督促公司进行股份制改革，清产核资、界定产权、对职工实行身份置换，推进企业股份制改造，激发企业发展活力。1994 年，进一步加大企业产权制度改革的力度，在逐步用股份制形式改造和规范原有企业的同时，引导新进区的企业采取股份有限、有限责任、股份合作的形式组建，确保企业资产关系顺畅、产权清晰、权责明确，有效地激励企业解放生产力和发展生产力，在促进高新技术的转化、形成良好的企业发展运行机制方面发挥积极作用。至 1994 年年底，区内共有各类股份制企业 180 家，占企业总数的 38%；民营企业 75 家，占企业总数的 16%。这些企业“产权清晰、权责明确、管理科学 "，初步建立适应现代企业发展要求的运行机制，运作状况较好。长沙高新区内股份制、外资企业等非国有企业总产值占全区总产值 75% 以上。至 2000 年，长沙高新区企业基本为股份有限、有限责任、股份合作公司。

科研院所改制焕发创新发展潜力。长沙高新区科研院所转制改制走在全国前列，探索形成自主转化、联合转化和出让转化“三大转化模式”，依托长沙建设机械研究院、湖南化工研究院、长沙矿冶研究院、省邮电科学研究所等科研院所改制，建立现代企业制度，组建股份有限责任公司，创办“中联重科”“海利化工”“金瑞科技”和“湘邮科技”等一批行业龙头企业。中联重科在 20 年间实现从研究院到国有企业、股份制公司、全球化公司的“三级跳”。湘邮科技成为中国邮政旗下唯一的一家上市公司。海利化工拥有亚洲最大的氨基甲酸酯类农药原药生产装置。

科技金融创新为高新技术产业发展提供强力支撑。科技是第一生产力，金融是第一推动力。长沙高新区采用多种融资手段，完善融资机制，推动产业开发在科技资本与金融资本的结合上进行有益的探索。为吸纳资金，长沙高新区设立各专业银行科技分行。中行、工行、建行、农行、电力支行、铁道支行等六大家银行均在高新区设立分支机构，为高新区建设和产业发展提供金融服务。1992年，中国工商银行湖南省分行、长沙市支行和长沙高新技术产业开发总公司发起成立“金鹏实业银行”，是省内第一家股份制银行。1998年，长沙高新区开展企业股票上市的市场融资工作。同年，长沙高新区首家企业湖南投资集团股份有限公司股票在A股主板上市。2000年，各地上市公司纷纷到长沙高新区寻求与产品技术含量高、附加值大、发展后劲足的中小高新技术企业的合作，使这些企业获得迅速发展的资金支持，天一科技与苏博泰克、中国石化与开利软起动设备厂、华菱管线与远景信息、湖南投资建立高科技研究院等。1993年至2001年，着力推进资本市场建设，长沙高新区内上市公司增加到11家，全年融资5亿多元。2001年，长沙高新区在香港举办区内企业海外融资上市推介会。同年，国讯国际网络公司在香港证券交易所创业板挂牌上市，融资达1亿多元，成为湖南省第一家引进海外风险投资并成功在香港上市的高新技术企业，实现长沙高新区企业境外股市融资零的突破。2007年，长沙高新区管委会在内设机构中，明确有关机构和专人负责金融证券工作。同年6月，以长沙市财政局高新区分局和长沙高新区管委会产业发展局为主组建长沙高新区金融证券工作办公室，印发《关于印发<长沙高新区非上市股份有限公司代办股份转让试点资格认定办法（暂行）>的通知》和《关于印发<长沙高新区鼓励高新技术在代办股份转让系统进行挂牌的实施办法（暂行）>的通知》。至2012年，长沙高新区共有上市企业38家，其中在上海、深圳证券交易所主板上市企业23家，创业板上市企业3家，中小板上市企业6家，在港交所上市企业4家，在新加坡、德国上市企业各1家。

人才特区建设集聚创新人才资源。高素质的人才是开发和发展高新技术产业的源泉。长沙高新区紧紧依托省会城市科技人才密集，科研成果众多的优势，把健全人才机制作为带动产业开发的根本动力，最大限度地发挥人才的群体效应。麓谷毗邻岳麓山大学城，中南大学、国防科大、湖南大学等高校云集，长沙高新区一直把“汇聚海内英才，打造人才特区”作为战略目标，着力完善人才工作政策体系，形成“1+13”的人才创新创业政策支持体系。1991年，省劳动厅、省人事厅颁布《长沙高新技术产业开发区劳动人事管理暂行办法》，为长沙高新区人事制度改革指明方向。1994年，长沙高新区与市委组织部合作成立全国第一家“高级人才事务所”，建立全国第一个高级人才库。2007年，出台《长沙高新区对科技创新专家、优秀企业家、优秀科技人才给予奖励的实施办法（暂行）》，设立有突出贡献的创新专家奖、优秀企业家奖和优秀科技人才奖，每年度进行表彰奖励，并实施配套的购房奖励政策。2008年，持续优化园区政策环境，宣传高新区“30条”支持创新企业、创新人才、创业投资等奖励优惠政策和3000万创新专项资金，健全完善区域人才政策体系。2009年，制定《长沙高新区关于进一步加强人才工作的意见》《长沙高新区“3151”人才计划实施意见》，明确长沙高新区人才工作领导小组及联席会议制度，在人才引进、培养、使用和服务方面进行系统化规划。2011年，启动高新区“十二五”人才规划及其配套政策编制工作，通过调研调查，摸清区人才队伍家底，找准人才工作存在的问题，明确“十二五”期间人才工作的奋斗目标、重大人才工程和主要政策措施。2012年，制定《长沙高新区“十二五”人才发展规划》《长沙高新区关于进一步加强人才工作的若干意见》等文件，形成较为完善的人才创新创业政策支持体系。率先设立省内第一个区级高层次人才服务窗口，为人才提供子女就学、出入境落户、海关通关、医疗保险等方面的“一站式”“一条龙”“一窗口”服务。至2012年，高新区共聘请48位知名专家学者作为科技创新顾问，高层次创新创业人才辈出，全区人才总量达20万人，其中核心园区麓谷的人才总量8.1万人，有各类海外留学归国人才10000余人，拥有中国科学院、中国工程院“两院”院士9名，长江学者8名，入选各级人才计划人员130人。其中入选国家“千人计划”人才13人，入选湖南省“百人计划”人才42人，长沙高新区“555人才计划”人才75人。

服务创新打造全省发展环境最佳示范区。加强服务调度，建立领导联点帮扶制度，构建完善“委领导联点、部门负责、联络员协调、一抓到底”的协调服务机制，联点领导和责任局室不定期到项目现场调研指导，了解项目进度，听取情况汇报，实行一周一通报，一月一讲评，发现问题即时解决。强化督查督办，启动项目建设综合督查机制和专项督查机制，对项目建设目标进行分段考核，纳入日常调度和年度绩效考核，举全区之力抓项目建设。开通项目服务热线，主动服务，全程跟踪对接，由政务服务中心牵头，组织各相关职能部门安排专人定期与企业项目负责人对接，提供“一张纸、一套图、一本书，一个服务团队”，积极组织开工、摘牌、预挂牌项目培训会，指导企业从项目签约、挂牌供地、规划审批、勘察设计审批、施工许可审批、工程竣工验收等报建阶段按流程列出时间、安排进度，提高企业报建效率。同时，对在建项目和企业中收集的问题进行疏理，建立项目动态台账，及时掌握办理进度及相关情况，并积极协调解决。为促进重点建设项目尽快开工建设，加快报建速度，开辟“绿色通道”，促进重点项目即接即审，早日开工运营。“十二五”期间，共实现新开工项目 84 个，竣工投产项目 93 个，完成投资近 2000 亿元。

扩大对外开放促进国家化水平提升。1988 年后，长沙高新区坚持不懈推进政策环境、服务环境建设，搭建国际交流合作平台，创建科交会，利用该平台广泛开展各类合作、交流和论坛。1990 年至 2012 年，长沙高新区积极与国内外高新区开展科技合作，加强横向联系与交流，学习其园区建设和产业经济发展的经验。同时，全国各地高新区派人来长沙高新区考察参观。2012 年，长沙高新区离岸外包市场已经遍及全球 25 个国家和地区，聚集 400 家服务外包企业和 10 家服务外包培训机构，投资总额超过 10 亿元。

三

麓通天下，谷聚高新。麓谷，既是一个充满活力的“产业新区”，又是一座极具魅力的“创新之城”，而这一切都离不开企业厚实臂膀的有力支撑。长沙高新区始终围绕产业两型化、高端化和集群化，以“项目立园、产业兴区”方针为指引，始终把招商引资和项目建设作为全区工作的重中之重，坚持传统优势产业与战略性新兴产业融合发展，招商引资与项目建设协调并进，产业发展后劲不断增强。

“投资中部，首选麓谷”，长沙高新区形成稳定的创新创业环境，吸引一批又一批外来客商投资麓谷。坚持“大招商、招大商、引名企、建名区”原则，围绕主导产业、战略性新兴产业招商引资，加强产业链招商、工业地产招商和专业园区招商，招商引资取得新突破。从建区以来，长沙高新区坚持“开发与引进、吸收并举”，依靠“三大”(大院、大所、大厂)、发展“两外”(外商投资企业和外地企业)，采取重点跟踪狠抓骨干项目、逐个突破落实外资项目、全面开发发展面上项目的办法，狠抓项目的引进和开发，取得显著成效。到 1993 年 4 月底，区内高新技术企业由 1991 年的 79 家发展到 247 家，高新技术产值由 1991 年的 1.2 亿元增加到 1992 年底的 3.53 亿元，利税由 1991 年的 1600 万元提高到 4700 万元，上述指标均超计划实现翻一番的目标。从 1989 年起，长沙科技试验区不断健全招商引资制度，完善招商引资机构。1991 年至2012年，长沙高新区依托诸多扶持和优惠政策，加快建设和发展，外贸创汇从1996年的3072万美元增加到2012年的超10亿美元。1998年，长沙高新区开始设立招商合作局、招商窗口、招商引资奖励委员会等机构。截至到2012年，长沙高新区已形成横向联合、网络招商、代理招商、经贸会、高交会、科交会等多种方略结合的招商体系，取得若干重大招商引资项目成果。2012年，新增注册企业905家，注册资本5000万元以上的企业18家；省外境内到位资金24.8亿元，增长26.8%，市外境内资金形成固定资产37亿元，增长17%；签约购地项目30个，合同总投资80多亿元，经营性土地签约金额达22亿元。已引入规模以上企业110家，产值过亿元的工业企业55家；实现实际到位外商直接投资金额2.4亿美元、省外境内资金24.8亿元和市外境内资金完成固定资产投资额37.4亿元，工业招商到位注册外来资金额为54.25亿元。

按照长沙高新区发展要求，全面完善支撑服务体系。1991年9月以来，逐步建立为企业服务的工商、税务、财政、司法、国土、规划、城建、海关、会计师事务所、律师事务所以及银行等社会支撑服务体系，已独立或联合地在高新区开展各种服务。1993年，长沙高新区实行项目开发主任分工负责制，建立企业联络员制度。建立企业联系制度、工业服务月、两帮两促等一系列措施支撑企业服务体系。根据市场经济模式，通过政策、法规体系对区内企业进行宏观调控，进一步加强支撑服务体系的建设，高新区保险股份有限公司为区内员工全方位地提供待业、工伤、养老、医疗、财产保险等方面的服务。高新区每一个职能机构和办事人员都把各自工作的出发点和落脚点扎扎实实地放在为企业服务上，始终发扬高新区“快、准、细、严、深、实、勤、廉”的作风。在企业进区、项目审批过程中坚持“一站式办公”“一会拍板”“一章定音”“限期批复”“跟踪服务”等办法，大大提高工作效率和服务质量，有力地保证各项工作的快速运转。

长沙高新区区位优势明显，是长江经济带“一轴、两翼、三极、多点”格局中的长江中游城市群重要支撑。自然环境优美，岳麓山风景名胜区、橘子洲等交错环绕。1988年至1991年期间的长沙科技试验区没有自主开发建设的产业基地，仅根据长沙市政府制定的政策对市内政策区的高新技术企业进行有限的管理。1991年，长沙科技试验区经国务院批准为国家级高新技术产业开发区，更名为长沙高新区，园区实行“一区一园，以区为主”的创新探索。为适应高新技术企业的发展，1999年后建成产业基地，园区经济迅速发展。园区着力推进产业结构调整，培育发展新兴产业，在支持以中联重科为代表的工程机械行业加快战略转型的同时，大力培育发展节能环保与新能源、新一代信息技术、新材料、生物医药等战略性新兴产业和移动互联网、绿色建筑等新兴产业进入，工程机械在园区规模经济中的占比由最高时的78%下降至50%左右，产业格局由“一业独大”向“多点支撑”转变，园区经济实力随之增强。2007年，长沙高新区晋升“千亿园区”；2010年麓谷核心园区再上“千亿”级新台阶。2012年，园区各业均有较大的发展：先进制造产业完成规模产值988.7亿元；电子信息产业实现规模产值72.5亿元；生物医药产业实现规模产值49.2亿元；新能源与节能环保规模产值50亿元；移动互联网产业翻一番、收入突破100亿元；电子商务、动漫、服务外包和文化创意等产业发展提速。2012年，长沙高新区获批全国首家环境服务业试点园区和全省首个移动互联网产业集聚区。随着园区推进落实“千百十”工程，一批规模以上企业快速成长。年产值过亿元的企业达86家，其中工业企业55家；纳税过百万的企业达487家，其中纳税过500万的企业158家，纳税过千万的企业85家，为经济平稳较快增长提供有力支撑。

一家家高新技术企业快速成长，科技创新成果不断涌现：全球运算速度最快的“天河二号”亿亿次超级计算机、首台碳纤维臂架泵车、输送高度最高的混凝土泵车，中国第一台高端选择性激光烧结3D打印机、第一台磁悬浮列车、第一个智能机器人、第一个杂交水稻优化组合、第一个大卷重钛带、第一条镍氢汽车动力电池全自动生产线、第一个“试管婴儿”、第一例“克隆神经疾病基因”……自主创新，为长沙高新区腾飞带来源源不断的活力。

四

长沙高新区以培育自主创新能力和完善自主创新体系为使命，深入实施创新驱动发展战略，加快创新成果高效转化，搭建众多创新平台，聚集丰富创新资源，培养大量创新创业人才。

坚持不懈地搭建创新平台。搭建自主创新孵化平台，至2012年，长沙高新区孵化器共14家，孵化总面积65万多平方米，在孵企业1600多家，累计毕业企业500多家。投资主体多元化，有政府投资的创业服务中心、长沙生产力促进中心等；高校投资的湖大科技园等；企业投资的湘能孵化器、麓谷科技孵化器、橡树园等。品牌格局多层级，有国家级孵化器、国家级创业服务中心、国家级留学创业园、国家级生产力促进中心、国家大学科技园，还有省级孵化器等。搭建自主创新加速平台，到2012年，长沙高新区建设有麓谷企业广场、中电软件园、芯城科技园、海凭国际（湖南）医疗器械产业园、麓谷国际工业园、同心国际工业园、新长海麓谷中心、湖南大学科技园、兴工国际产业园、五矿麓谷科技产业园等。总规划建筑面积300万余平方米；成为高新区生产型、科技型、科技服务业企业的聚集地，成为高新区产业延伸载体与创新载体。搭建自主创新产业集群平台，至2012年，长沙高新区建有6个专业园区，先进制造产业园中代表企业有中联重科、威胜集团、中冶长天、金杯电工、湘电长泵等；节能环保与新能源产业园中企业有远大住工、中联环境、湖南杉杉、红太阳光电等；电子信息产业园中代表企业有宇顺显示、长城信息、中兴通讯、中移电子商务等，完善长沙软件园、中电软件园、麓谷信息港等产业载体。新材料产业园中企业有杉杉新材、博云新材、华曙高科等。生物医药产业园中企业有九芝堂、方盛制药、三诺生物、华润医药等；现代服务业园中企业有方正证券、湘江产业投资等，大力发展金融服务、工程设计、科技中介、商贸服务、现代物流、总部经济等生产性服务业和相关的生活配套服务业。重点专业园区有长沙信息产业园，节能环保与新能源产业园，生物医药产业园。

用改革的精神制订和完善高新区的政策体系。1991年，长沙试验区被批准为国家级高新区后，省政府相继就高新区的政策颁发30号、36号文件，配套明确长沙高新区在工商、税务、外经贸、劳动人事等八个方面的政策。在此基础上，长沙高新区根据国务院《国家高新技术产业开发区若干政策的规定》《湖南省鼓励外资投资条例》以及《湖南省政府长沙现场办公会议纪要》精神，编辑《长沙高新区管理权限和优惠政策汇编》，使长沙高新区具有相当部分的省级经济管理权限和较完善的配套政策。在政策方面坚持一个总的原则，就是沿海有的长沙高新区要有，沿海没有的地方政府能够制订的长沙高新区也要有。如地方所得税，长沙市政府就给予“免十年减五年”的优惠。另外，为服务全省，还制定“一统三分”的政策，即统一管理，将产值、利润、税收分给来办实业的各地(州)、市。1996年，省、市人大颁布实施《长沙高新技术产业开发区条例》，1999年1月，市委、市政府下发《关于进一步加快高新技术产业发展的决定》，将火炬城列为长沙市软件产业基地，明确对进入火炬城的电子信息产业实行优惠。同年7月7日，市政府下发《关于对长沙软件产业基地企业实行无费管理的通知》，挂牌软件企业只纳税，不缴纳行政事业性费用。至2012年，园区全部软件企业、新材料企业享受“无费管理”待遇。从1988年开始，长沙高新区充分运用国家、省、市对高新技术产业的一系列的科技优惠政策扶持，实施税收优惠、引资奖励、引智奖励、创新奖励、无费区建设等多种方式，吸引国内外人才和投资者来园区投资、创新、创业。长沙高新区企业享受国家、省市给予的自主创新示范区、“两型”社会投资等优惠政策。以长沙高新区“创新33条”为核心，配套出台移动互联网、生物医药与健康产业、北斗产业、节能环保、人才引进、创新奖励、企业上市、招商引资等二十余项政策，区财政每年安排5亿元产业发展和创新专项资金，2亿元人才发展专项资金，5000万元创新专项资金，2010年出台《关于建设国家创新型科技园区的若干政策意见》，2014年出台《长沙高新区加快科技创新促进产业倍增发展的若干政策(又称创新33条)，促进创新创业和产业发展。2009年以来，长沙高新区先后批准为国家级首批9个创新型科技园区之一，国家3个科技与金融结合试点高新区之一，国家15个科技服务体系试点园区之一和湖南省首个国家海外高层次人才创新创业基地。

自主创新成果突出。长沙高新区形成科技成果自主转化、联合转化和出让转化的“三大转化模式”，构建从科技成果转化到标准厂房加速成长，再到专业园区发展壮大的三级成长梯次。2001年至2012年，园区内各院校、高科技企业获国家科技进步特等、一、二、三等奖和国家技术发明奖一、二等奖共近50项，获得省级科技进步一、二、三等奖147项。长沙高新区内企业，先后承担国家“863”“973”计划等国家级项目500多项，开发高新技术项目近1万项，企业累计授权专利1万多件，每万人拥有发明专利居全国高新区前列。一批企业在关键核心技术领域取得重大突破，累计获得国家级科技进步奖和技术发明奖40项，其中，两系法杂交水稻技术研究与应用获特等奖，博云新材的高性能炭炭航空制动材料制备技术、中联重科的超高压泵送混凝土成套设备及施工技术等4个项目获得一等奖。长沙高新区创新成果高效转化，创新政产学研合作机制，组织引导区内企业与70多个大学及院所建立合作关系，中国科学院以及清华大学、北京大学、浙江大学等全国60多所高校在园区设立技术转移中心；园区80%以上的原始科研成果、80%的创业人员、90%的科技骨干来自高等院校和科研院所，有效实现科技成果的产业化。每年推荐近千项各类科技计划项目，平均获立项支持2.5亿元。2001年10月30日，长沙市技术产权交易所正式开业，网上交易所（www.cstpe.com）同时开通。2007年至2012年，连续6年成功举办中国（长沙）科技成果转化交易会，平均每届签约项目300多个，签约金额近200亿元，吸引参会企业3000多家。清华大学、浙江大学等全国60多所“985”“211”高校在园区设立技术转移中心，组建电力智能设备、生物医药、集成电路设计等20多个产业技术联盟。

五

长沙高新区的建立和发展，是湖南省委、省政府坚定发展高新技术特色产业的缩影和体现，也是一部湖湘人创新创业的辉煌史。

园区建设，规划先行。1992年，长沙高新区面向全国征集的《岳麓山科技园火炬城建设详细规划方案》出炉。按“统一规划，分步实施”原则，分三期工程建设火炬城。1999年，经湖南省和长沙市政府批准，以岳麓山高科技园为基础，扩大规划23平方公里建设麓谷产业园区。按照“规划先行、开发一片、完善一片、滚动发展”的方针，高新区面向全球招标麓谷产业基地23平方千米（公里）分区规划、近期建设的3.5平方公里控制性规划和中心区修建性详细规划以及中心区骨干路网设计和土石方平衡设计。2001年5月，长沙高新区委托长沙规划设计院编制完成《麓谷分区规划》。2011年10月，长沙城市规划设计咨询有限责任公司编制麓谷分区规划大纲，于2012年提交成果。长沙高新区功能定位为以高科技术产业园区为主的麓谷生态科技产业新城，集金融、商务、办公于一体的雷锋湖－梅溪湖地区城市副中心、“两型”社会试验区、长沙大河西先导区起步区核心区。

开发建设整体推进。麓谷建设是随着入园高新企业的发展和产业基地的扩大而分期向前推进的，麓谷建设历经岳麓山高科技园、麓谷产业基地和麓谷科技新城三个阶段。第一阶段为1995年至1999年，1995年长沙高新区管委会办公地址由银盆南路70号迁至桐梓坡火炬城C4组团新办公室大楼，长沙高新区结束有区无园的局面，开始直管岳麓山高科技园；第二阶段，1999年至2004年，随着入园企业增加，原有的岳麓山高科技园已满足不了园区发展的需要，为此长沙高新区在省市政府的支持下开始构建麓谷产业基地；第三阶段为2004年至2012年，2004年后长沙高新区开始托管东方红镇、雷锋镇和麓谷街道，新的形势赋予长沙高新区政府职能，长沙高新区由单一的产业园区，融入社会管理职能，开始麓谷科技新城的建设。至2012年，长沙高新区按照“两型社会”建设和麓谷生态科技产业新城发展的要求定位，全面优化产业功能分区和空间布局，完善公共公用设施、交通、排水等专项规划，合理铺排基础路网和设施建设，强化城市管理和生态建设，全面发展社会事业和民生保障，统筹推进城乡社会保障体系建设，企业养老保险覆盖率、基本医疗保险覆盖率均达97%，社会大局持续稳定，公众安全感和满意度进一步提高。至2012年，麓谷已初步建成一个既有社会职能又富于创新的示范区、改革的试验区、产业的集聚区和中西部地区发展新的增长点的科技新城。

集约用地，节约用地，保护湖泊、耕地。长沙高新区认真贯彻落实国家法律法规和土地政策，加强土地管理，规范辖区内用地供地，强化地籍管理，依法开展土地储备、土地利用和土地执法。1988年至1998年，长沙高新区严格按照国家相关法律法规处置闲置土地，重点针对高新区企业用地闲置开展清理整顿工作，全面、细致、准确地清理高新区范围内的闲置土地，加大处置闲置土地力度，营造可持续发展环境。2005年，长沙高新区对园区用地情况开展治理整顿，规范企业用地。对入园企业每宗土地的出让、发证、抵押、转让等具体内容和土地闲置及其他违法事件等问题进行清查，详细全面的录入台帐，进入计算机存档。2009年，长沙高新区完成节约集约用地首次评价，评价表明，全区土地集约利用程度评价结果综合分值为85.50。2010年2月，国土资源部部署2009年度土地卫片执法工作。2011年，首次把土地变更调查遥感监测图斑作为基础，将土地执法和矿产资源执法联合进行检查，也是高新区作为卫片执法独立填报单位的首次尝试。

发展征程中，长沙高新区牢固树立保护生态环境就是保护生产力、改善生态环境就是发展生产力的理念，更加自觉地推动绿色发展、循环发展、低碳发展，决不以牺牲环境为代价去换取一时的经济增长。长沙高新区建立后，区域空气环境、地表水环境、声环境等状况均纳入长沙环境质量监测网络体系。区域空气环境质量、声环境质量等监测数据，由环境监测中心站进行采集。“十一五”期间，组织实施“改善中心城区大气环境”工程，改善能源结构，开展循环经济实践，推进企业间物质或能源的循环利用，整体减轻煤烟污染。对区域黑烟囱、油烟扰民点、建筑工地污染进行集中整治；兴建污水处理基础设施工程，使区域工业废水、生活污水达标排放；加强湖泊及饮用水源地保护。园林绿化特色凸显，居民开门见园，推窗见绿。长沙高新区境内绿化分园林和道路、公用地两部份，园区均为高新企业，员工保护生态，爱护环境的意识强，至2012年，园区绿化率达35%以上，公共绿地占住宅小区面积的比例达35% ~ 45%，基本形成“城在林中、路在绿中、人在景中”生态长沙高新区。麓谷公园、保利麓谷体育公园、尖山湖公园成为长沙高新区绿色生态核心区和“美丽麓谷”的新名片。

园区道路，四通八达。长沙高新区规划构建以快速路和城市道路合理布局、功能明确的城市道路网络。快速路路网骨架构建“一横三纵”的快速路系统，以加强与城市其他区域的联系，“一横”为岳麓大道，“三纵”为西环线、三环线、黄桥大道。作为非城市建设用地，依据上次层规划，规划道路骨架为“六横七纵”。至2012年，长沙高新区基本建成“五纵四横”主干路网，形成“一心、两区、三带、四圈、五园”的城市整体发展的空间开发架构，长沙高新区麓谷科技新城的通车道路总长80余公里。水电设施相继配套完善。长沙市第四水厂为长沙长沙高新区的供水单位，保证长沙高新区建设工程施工和工业、生活用水。城市功能服务设施不断改进。长沙高新区的排水管网随园区道路分期建设，在敷设供水管道时敷设等量的排水管道，主干道路敷设排水主干管道，次支道路敷设支管，排水管道直径为2600至300毫米，达到国内领先水平。长沙高新区由国家电网公司长沙分公司供电，电网由国家电网公司长沙分公司投资建设。随着麓谷五期、六期、七期建设的推进，新奥燃气管道敷设到长沙高新区每个小区和企事业单位。园区内燃气管道形成环状管网，满足入园企业用气需要。在电信通讯网络建设领域，长沙高新区也越来越完善。

六

长沙高新区的党组织落实中共中央的方针政策，不断推进高新区事业沿着中国特色社会主义的方向发展。长沙高新区的党组织在1998年前由长沙市科委、科工委代管。1994年，经市委组织部批准，中共长沙高新技术产业开发区委员会成立，隶属中共长沙市委科学技术工作委员会。1998年，省委明确长沙高新区党工委为中共长沙市委派出机构，与管委会合署办公，负责对全市高新技术产业实行归口管理，对岳麓山高科技园、星沙工业高科技园、马坡岭农业高科技园、远大高科技园和市内政策区实行宏观管理和业务指导。2008年，中共长沙望城坡经济开发区工作委员会由岳麓区委派出机构调整为长沙高新区党工委所属的二级机构（正县级）。

党的组织加速发展，党员带头先锋示范。1994年以后，高新区党委根据实际情况，相继在管委会所属各局（办）组建党支部。1996年，市直工委批准成立中共长沙高新技术产业开发区管理委员会机关总支委员会。至2009年2月，机关总支委员会管理机关党支部11个。至2012年，高新区共有基层组织342个，其中机关党委辖机关党支部14个。长沙高新区也是非公企业的聚集地，公有制企业所占比较小，公有制企业的党组织均隶属原所在单位党组织。随着长沙高新区扩容与产业升级，非公企业的发展无论是从规模还是数量上都有巨大提升，非公有制企业占比较大，非公有制企业基层党建的任务也较大。2006年，建立党建信息库和台帐，为开展党建工作奠定基础。2008年，成立长沙高新区管党责任制领导小组，以庆祝中国共产党成立87周年为契机，大力开展党群工作争先创优活动。2009年，随着所属事业单位的相继成立，长沙高新区党工委在各事业单位组建党总支或党支部。在高新区发展的不同阶段，坚持加强基层党组织建设、党风廉政建设、社会治安综合治理和精神文明创建工作。至2012年，全区组建非公企业党组织158家，共有基层企业党员3838人(不含流动党员)。基层党组织342个，其中非公企业党组织267个，占比为78%，其中规模以下企业党组织181个，规模以上企业党组织86个，符合条件的党组织组建覆盖率达100%。

管委会管理机构改革创新不断优化。长沙高新区党工委注重行政机构设置与制度建设，加强政策研究，为区内建设提供理论依据。1988年7月，湖南省政府批准设立长沙科技试验区。8月，明确长沙科技试验区办公室为正县级单位，列为市政府直属机构。10月，长沙科技试验区办公室在长沙市科委挂牌办公。1991年长沙科技试验区批准为国家高新区，长沙科技试验区办公室更名为长沙高新区办公室。1995年，长沙高新区管委会正式设立，内设机构不断完善。1998年后，长沙高新区管委会升格为副地市级，长沙高新区负责对全市高新技术产业实行归口管理，对岳麓山高科技园、星沙工业高科技园、马坡岭农业高科技园、远大高科技园和市内政策区实行宏观管理和业务指导。2004年后，长沙高新区托管东方红镇、雷锋镇、麓谷街道，长沙高新区的行政编制设置和管理等日趋完善。至2012年，长沙高新区管委会与党工委共有22个内设局（室），区属企事业单位职能不断完备。

纪检监察，挺纪在前。1988—1994年，长沙高新区的党风廉政建设工作，由长沙高新区党委和长沙市委纪委管理，开展党风廉政教育，制定相关制度。1995年，长沙高新区纪委成立后，根据中共中央加强反腐倡廉工作要求，以落实党风廉政建设责任制为突破口，着力构建从源头防治腐败的长效机构，落实廉政登记、廉政承诺、廉政考核、重大事项报告、经济责任审计、党风廉政建设责任追究等一系列举措。1998年，长沙高新区增设纪律检查工作委员会，实行纪检、监察、审计合署办公。纪检监察部门贯彻“标本兼治，综合治理，惩防并举，注重预防”的方针，建立健全长沙高新区党风廉政教育机制，并开展相关活动，促进全区廉政教育深入推进。落实党风廉政建设责任制和加强廉政教育的同时，长沙高新区党工委纪检监察部门协助或牵头完善管人、管事、管财、管物的相关制度。

以科学发展观为指导，推进基层统战工作基础不断夯实。2001年，长沙高新区管委会劳动人事局加挂党群工作部牌子，开始行使统战工作职责。针对高新区党外高级知识分子多、民主党派人士多、留学归国创业人员多、新的社会阶层人士多等特点，开展情况摸底，逐步建立起统战对象资料库。推荐民主党派人士、新的社会阶层人士为区、市人大代表、政协委员。召开民主党派、无党派人士、新的社会阶层人士座谈会，发挥民主党派、无党派人士政治协商、民主监督和参政议政的作用，为高新区的建设和发展建言献策。

七

充分发挥“小政府、大服务”的机制优势，逐步建立健全覆盖城乡的教育文化、医疗卫生、人口计生、民生保障、劳动就业、城市管理、环境保护、安全生产和社会治安综合治理等与人民群众关系密切的社会发展服务体系和工作网络，社会管理工作的能力和服务的水平逐步提高。长沙高新区社会事业在开拓创新中蓬勃发展，人民生活安定，社会和谐稳定。2004年8月，长沙高新区开始对东方红镇进行托管，进入“带镇带村、委托管理”的发展模式，其管理职能亦开始三个转变：即“科技园区向科技新城转变，纯科技产业向多业并举转变，园区管理向准政府转变”，长沙高新区在拓宽产业发展空间的同时承担更多社会管理责任。长沙高新区管委会负责管理园区生产外，还要对麓谷街道、东方红镇和雷锋镇的文化、教育、卫生、计划生育、民政、政法、综合治理等社会事务进行管理，长沙高新区由单一的生产管理转化为对辖区内的社会事务的全面管理。

教育事业发展迅速，联合办校成效突显。2004 年 8 月，原岳麓区东方红镇划归长沙高新区，随之划入 3 所学校，开始行使教育管理职能。2012 年 1 月，长沙高新区管委会成立教育局，全面承担园区教育行政管理和服务职能。至 2012 年长沙高新区范围内有中学 2 所，九年一贯制学校 1 所，中专（工商职业技术专科学校）1 所，小学 14 所，幼儿园 12 所。2012 年，高新区进一步完善督导机制，创新督导方式，全面推进素质教育，全面推进义务教育均衡发展。建立督学责任区制度。创新义务教育均衡发展新模式，实行捆绑管理，促进学校均衡发展。

医疗卫生不断完善，病有所医老有所养。2004 年托管街道乡镇以来，长沙高新区加大投入镇卫生院、村卫生室的建设，投入专项资金提高两镇卫生院信息化建设；健全卫生监督网络，加强卫生监督管理和医疗市场监管，打击非法行医；推进医药卫生体制改革，严格落实基本药物制度，实行药品零差价销售和零差率补助；深入开展乡村一体化管理模式，加强公共卫生体系和突发公共卫生事件应急机制建设；推行医护人员竞聘上岗和卫生院院长公开选聘，实行岗位目标责任制度、绩效考核制度；儿童妇女保健方面逐步走向系统化、规范化，有效保障妇女儿童身体健康。

民生工程项目进展成效显著。2009 年，长沙高新区成立农村基础设施和社会公益事业建设项目监督管理领导小组，制定《农村基础设施和社会公益事业建设项目管理办法》，建立农村基础设施和社会公益事业建设项目申报审批制度。大力推进为民办实事工程，项目涵盖农村基础设施建设、困难群众生活保障、文化体育设施建设、失地农民就业培训等多个方面。切实履行改善民生、落实民权、维护民利的基本职责，规范和完善城乡最低生活保障制度，严格实行低保的审核和退出机制，全面保障居民最低生活水平。

公安政法工作开创新局面。2004 年，随着生态科技新城初具雏形，城市综合管理的力度加大，拆迁征地、工程和合同的纠纷频发，维稳的工作难度增加。2007 年，高新区成立社会治安综合治理办公室，2008 年 6 月，根据长沙市委、市政府的决定，长沙市公安局开发区分局更名为长沙市公安局高新区分局。在确保园区开发建设和社会大局的和谐稳定的大前提下，围绕平安创建，全面优化园区治安环境，化解矛盾纠纷，全力维护社会和谐稳定、建立重点工程项目建设维护台账，做到及时了解、报告和协调处理重点工程建设中的稳定问题，努力实现不因社会稳定问题而影响项目开工建设工作目标；积极协助配合做好拆迁开发工作。强化突发事件应急处理，积极预防和妥善处置群体性事件，着重抓好情报信息预警。

今天的长沙高新区经济发展、事业繁荣、社会安定、人民安居乐业，一派欣欣向荣的景象。党和国家领导人多次亲临视察指导工作，充分肯定长沙高新区发展取得的成就，指引着麓谷发展迈上一个又一个新征程，鼓舞着麓谷人在创新驱动发展中不忘初心，再创辉煌！用创新暖流驱赶艰苦创业的寒意，用创新汁液消退融资紧迫的苦涩，走一步有一步的风景，进一步有一步的欢喜。创新驱动发展，高新区永远在路上！

大事记

▲ 1988 年

4 月

2 日 湖南省人民政府向国务院呈报《关于加速湖南开放开发的请示》，提出在长沙设立科技开发试验区等 8 点请示。

5 月

4 日 湖南省委书记熊清泉、省政协主席刘正带领省直有关单位负责人到国防科技大学共商筹建长沙科技开发试验区（简称长沙试验区）的有关问题。

8 日 中共长沙市委、市人民政府召开联席会议，讨论落实湖南省人民政府的决定，加速长沙试验区的筹建工作。

11 日 国务院以《关于湖南省加速开放开发请示的批复》（国函〔1988〕72 号），原则批准湖南省人民政府关于在长沙设立科技开发试验区等 8 点请示，并要求“认真研究执行”。

12 日 湖南省科学技术委员会召开省直有关单位和大专院校、科研院所负责人参加的筹建长沙试验区专题座谈会。

6 月

3 日 湖南省科委向省人民政府呈报《关于加速我省新技术产业开发的报告》，对设立长沙试验区作出规划。

7 月

14 日 湖南省人民政府印发《批转省科委〈关于加速我省新技术产业开发的报告〉的通知》。

20 日 湖南省科委、长沙市人民政府联合发文《长沙科技开发试验区内新技术企业核定暂行办法》。同时制定《专家组工作规则》《高新技术产品审批程序》。

25 日　湖南省人民政府批准设立长沙科技开发试验区，同时下发《批转 <长沙科技开发试验区暂行规定 > 的通知》。

26 日　湖南省人民政府秘书长卢会云主持召开长沙科技开发试验区新闻发布会，省科委主任陶敏、长沙市长王克英发表讲话，宣布有关优惠政策和实施办法。

8 月

29 日　中共长沙市委、市人民政府下发《关于成立长沙科技开发试验区办公室的通知》，“明确为正县级单位，列为市政府直属机构”。

9 月

3 日　长沙科技开发试验区高新技术产品评审专家组成立，省科委主任陶敏、长沙市长王克英给 43 名专家颁发聘书。

30 日　长沙市人民政府下发《长沙科技开发试验区暂行规定实施办法》。

10 月

6 日　长沙科技开发试验区办公室（简称长沙试验区办公室）在市科委挂牌办公，市科委主任易希文负责办公室的日常工作。

同日　长沙试验区办公室以《关于公布首批新技术企业及产品目录的通知》（长科试字〔1988〕第 002 号），确定长沙银河新技术开发中心等 35 家企业和 BHB-II 型被动式红外警报器等 71 项产品为首批入区的企业和项目。

6—12 日　长沙试验区举办长沙首届高新技术及产品交易会，参会人次 3000，参展单位 55 个，展出 121 个项目，正式签约 25 个，成交额 837.63 万元。

22—26 日　长沙试验区首次组队参加国家科委在西安主办的“全国星火计划成果展览交易会”，参展项目 19 个，签订协议 26 份，成交额 1950 万元。

12 月

19 日　长沙市人民政府常务会议议定，长沙试验区办公室内设机构为 2 部 3 所：行政管理部、企业核定开发部、财政审计所、工商所、税务所，均为正科级机构。

▲ 1989 年

3 月

15 日 长沙试验区群星科技园开园。

同月 长沙试验区“不锈钢纤维”“数控刃磨机床”2 个项目申报列入国家级火炬计划项目，“新型含油轴承材料”等 7 个项目申报列入省级火炬计划项目。

同月 国家科委副主任阮崇武视察长沙试验区。

4 月

1 日 长沙试验区向国家科学技术委员会火炬办公室报送《申请建立长沙新技术创业服务中心的报告》。

同日 建立长沙科技开发试验区发展基金，制定《长沙科技开发试验区发展基金管理暂行办法》。

8 日 长沙市机构编制委员会以编字〔1989〕第 53 号批复，长沙试验区办公室定行政编制 7 人，设立行政管理部、企业核定开发部，均为正科级机构。

25 日 国家科委《火炬计划简报》刊发国家科委副主任阮崇武的批示：“长沙科技开发试验区的办法有特点，即不强调地理区划，而强调项目本身，这样做有好处”，对长沙试验区在起步阶段主要依靠现有条件，“因陋就简、就地起步”的发展模式给予肯定。

5 月

22—28 日 长沙试验区组织区内 13 家企业参加全国首届“火炬杯”高新技术产品展评会，参展项目 11 项，其中 3 项获“火炬金牌奖”。

6 月

2 日 《长沙科技开发试验区配套政策研究》通过湖南省人民政府办公厅研究室主持的鉴定评审。

23 日 长沙科技开发试验区税务所成立。

同月 印发《长沙科技开发试验区办公室工作规则》。

同月 长沙市人民政府以〔1989〕39 号文要求，长沙试验区纳入国家经济计划。市计委、市科委、长沙试验区办公室联合成立计划协调服务小组，落实文件精神。

同月 拟订《长沙科技开发试验区发展规划》，提出“一街、二园、三群体”的布局设想和“起步、打基础、成熟发展”三阶段的实施步骤。

同月 长沙市税务局印发《科技开发试验区新技术企业税收征管办法》，落实各项税收优惠政策。

7月

同月 长沙试验区与湖南省科委联合举办第一期高新技术产业管理干部培训班。

8月

25—26日 长沙科技开发试验区首届工作会议召开，会上制定试验区的三年发展规划。

9月

2日 长沙市机构编制委员会发文，设立长沙科技开发试验区财政所、长沙科技开发试验区工商分局，均为科级机构。

30日 长沙试验区下达第一批高新技术孵化项目3个。

12月

5日 长沙试验区向长沙市人民政府、湖南省计委和省科委呈报《关于长沙科技开发试验区实行省计划单列的请示报告》。

▲1990年

1月

2日 长沙试验区向长沙市人民政府、湖南省人民政府呈报《关于请求放宽试验区内新技术企业生产基地区域限制的请示报告》，要求新技术企业生产基地区域放宽到全市各区县。

15日 国家科委《火炬计划简报》刊发《长沙科技开发试验区在开拓中前进》，推介长沙发展经验。

30日　长沙市委常委会听取长沙试验区工作汇报，研究解决试验区有关资金、政策、机构、编制和发展等问题。

4月

同月　全国第二次火炬计划工作会议在北京召开。

5月

29日　长沙市机构编制委员会发文，增设长沙试验区办公室企业管理部（正科级），增加行政编制8名。

7月

9日　长沙市人民政府向省政府呈报《关于请求将长沙科技开发试验区列入国家高新技术产业开发区的请示》。

同日　中共长沙市委印发〔1990〕73号文件，成立长沙科技开发试验区管理委员会（简称长沙试验区管委会），常务副市长何家象为主任，副市长潘贵玉、张东彦为副主任。同时明确长沙试验区办公室列入政府系列，负责长沙试验区的日常工作，易希文兼任办公室主任，张祥龙兼任办公室副主任。

13日　湖南省人民政府致函国家科委，请求将长沙试验区列入国家高新技术产业开发区。

8月

同月　长沙试验区按国家科委通知要求，完成申报国家级高新技术产业开发区的各项工作。

9月

同月　长沙试验区组织区内新技术企业参加全国首届科技贷款成果展览和全国高新技术产业开发区汇报展览。

10月

1日　中共湖南省委副书记孙文盛、杨正午视察长沙试验区。

同月　湖南省科技声像制作中心开始拍摄《科技振湘之路——长沙科技开发试验区纪实》。

11 月

9 日 《光明日报》第一版刊发“调整中的奉献——长沙科技开发试验区纪实”的文章。

12 月

29 日 湖南省税务局印发《关于长沙科技开发试验区高新技术企业减免税问题的函》，要求长沙税务局落实长沙试验区高新技术企业减免税收的政策。

同月 长沙试验区新技术企业发展至 81 家，高新技术项目（产品）185 项，年度总产值 9076 万元。

▲ 1991 年

1 月

9 日 国家科委火炬办下发〔1991〕国科炬字 02 号文，对长沙试验区建设提出 3 点意见。

16 日 湖南省委常委会议听取长沙市委市政府关于长沙试验区的工作汇报，并形成《中共湖南省委常委会议纪要》。会议决定：全面清理落实长沙试验区各项优惠政策；将税务所改为税务分局；同意新设科技银行；同意每年为长沙试验区安排不少于 3000 万元的流动资金贷款；长沙试验区的经济管理权限可以适当扩大。

22 日 长沙市政府常务副市长，长沙试验区管委会主任何家象就国防科工委远望集团与新加坡温氏集团的维用公司建立的合资公司——远维公司在长沙试验区注册表示欢迎，同时要求将银河超级微型计算机在长沙定点开发生产。

25 日 中共长沙市委召开常委扩大会议，正式提出“发挥优势、科教兴市、服务全省、面向全国”的战略口号，把长沙试验区建设列为长沙“八五”计划的重点内容。

3 月

5 日 长沙试验区第二次工作会议召开，会议主题为：进一步分析形势，统一认识、明确任务、鼓足干劲，办好科技开发试验区，加速高新技术产业的发展。市长张明泰到会并作讲话，常务副市长何家象在会上作工作报告。

6日 国务院批准长沙试验区等27个开发区为国家级高新技术产业开发区，同时颁布《国家高新技术产业开发区高新技术企业认定条件和办法》《国家高新技术产业开发区若干政策的暂行规定》《国家高新技术产业开发区税收政策的规定》。

4月

1日 长沙市人民政府召开常务会议，专题研究长沙试验区建设问题，决定由市规划设计院负责茅坡科技园建设规划。

12日 国务委员、国家科委主任宋健为长沙试验区题词“努力建好高新技术开发区，为发展高新技术产业创建巩固的基地。”

16日 湖南省政府副秘书长翁晖、长沙副市长何家象及陈元松、省科委副主任潘奇才与市国土规划局、市城建开发公司、市科委、长沙试验区等单位负责人，到茅坡现场办公，研究开发区规划问题。

26—29日 湖南省副省长汪啸风、省科委副主任潘奇才、副市长陈元松和长沙试验区办公室主任易希文、副主任张祥龙参加国家科委在北京召开的首届全国高新技术产业开发区工作会议。

5月

8日 湖南省人民政府召开会议，传达全国首届高新技术产业开发区工作会议精神，讨论研究长沙试验区政策、组织领导机构等问题。

16日 长沙市人民政府召开常务会议，审议茅坡科技园建设规划。市长张明泰在会上对迅速高质量办好长沙试验区提出总要求：“结合实际、集中开发、大干快上，尽快让规划成为现实”。

18日 湖南省副省长曹伯纯到长沙试验区办公室听取规划、配套政策及管理体制的汇报，并传达省委书记和省长的指示，明确指出：一定要下决心把长沙试验区建设好，要为内陆省建特区作样板。

同日 中共湖南省委常委、长沙市委书记夏赞忠，市长张明泰、副市长陈元松到长沙试验区调研，强调要充分发挥长沙的科技优势，强化全民的科技意识，努力实现科技和经济的紧密结合。

7月

12日 夏赞忠主持召开市委常委联席会议，听取有关部门对长沙试验区工作的汇报，研究如何进一步办好试验区。

30日 中共湖南省委常委召开第33次会议，学习《国务院关于批准国家高新技术产业开发区和有关政策规定的通知》（国发〔1991〕12号），听取长沙试验区建设情况的汇报，就其发展方向、管理体制、优惠政策和资金筹集等问题进行讨论并形成意见。

8月

25日 湖南省人民政府下发《关于加快长沙高新技术产业开发区建设若干问题的通知》（湘政发〔1991〕30号）。

29日 湖南省长沙高新技术产业开发区领导小组（简称长沙高新区领导小组）成立，常务副省长董志文任组长，副省长曹伯纯任常务副组长，省政府副秘书长翁晖、长沙市长张明泰、省科委主任陶敏任副组长，小组下设办公室，由市政府秘书长罗特任办公室主任。

30日 湖南省人民政府召开湖南省高新技术产业开发工作会议。

9月

1日 长沙高新技术产业开发区岳麓山科技园举行奠基典礼。中共湖南省委书记熊清泉、省长陈邦柱、国家科委高新技术产业开发领导小组副组长陈祖涛出席奠基典礼。熊清泉、陈邦柱代表省委、省政府给长沙高新区授牌。

4日 长沙市机构编制委员会发出“关于调整长沙科技开发试验区办公室机构编制的通知”，将“长沙科技开发试验区办公室”更名为“长沙高新技术产业开发区办公室”（简称长沙高新区办公室）。

5日 长沙市税务局以长税函〔1991〕290号文件，决定从10月1日起，将全市高新技术企业税收集中交由长沙试验区税务分局征管。

同月 “长沙科技开发试验区”正式更名为“长沙高新技术产业开发区”（简称长沙高新区），其办公地点由长沙市科委（人民路53号）搬迁至河西银盆南路70号。

10月

3日 国家科委常务副主任李绪鄂视察长沙高新区，并题词“发挥优势、形成大气候”。

11日 湖南省人民政府颁布《关于长沙高新技术产业开发区若干政策的规定》（湘政发〔1991〕36号），附发《高新技术企业认定办法实施细则》《税收政策暂行规定》《对外经贸政策的试行办法》《土地管理试行办法》《劳动人事管理暂行办法》《统计管理暂行办法》等政策，长沙高新区开始实施一系列类似特区的优惠政策。

11月

7日 长沙高新区办公室召开人事工作联席会议，市委副书记朱秋林到会，就区内人事制度改革问题强调：劳动人事部门一定要支持开发区进行劳动人事制度改革，一定要吸收录用一批高层次的专业技术人员和管理人员。

▲ 1992年

1月

9日 中共湖南省委书记熊清泉考察长沙高新区，指出建设高新区要“特区特办”，在建设中思想要更解放一点；规划要更细致一点；政策要更优惠一点；建设速度要更快一点。

20日 全国政协副主席谷牧视察长沙高新区，题词“攀登高峰”。

2月

3日 岳麓山科技园高新技术产业街修建性详细规划方案由长沙市人民政府审定通过。

3月

2日 湖南副省长曹伯纯到长沙高新区检查工作，对区内企业劳动人事、工资分配、社会保险3项制度的改革以及建设问题作出指示。

4日 国务院经济发展研究中心主任，著名经济学家马洪考察长沙高新区，并题词：“改革开放、奋力创新、各具特色、方能成功”。

27 日 长沙高新区领导小组召开现场会议，研究进一步加快园区建设的办法和措施，并批准火炬城修建性详细规划及高新区 1992 年工作安排，同意高新区发行不上市股票和土地使用权有偿转让及内部分配和人才聘用(任)制度的改革和试点。

28 日 金融系统首家进入长沙高新区的专业银行长沙建设银行科技支行正式开业。

4 月

3 日 国家计委副主任盛树仁到长沙高新区视察，并题词：“加快高技术产业发展步伐”。

同月 省计委批准同意长沙高新区单列，给高新区切块下达基建规模，由高新区直接下达基建计划和审批外资投资项目，高新区的建设不受基建规划的限制，年底统算总计，3000 万美元以下（含 3000 万美元)的外商投资项目由高新区审批。

5 月

13 日 中共湖南省委副书记孙文盛率湖南省地、州市委书记会议代表 60 人到长沙高新区参观。

同月 长沙高新区领导小组批准实施《长沙高新技术产业开发区整体发展十年规划和“八五”计划》。

7 月

11 日 中共湖南省委副书记、省长陈邦柱，省委常委、省委秘书长沈瑞庭，副省长汪啸风、储波率省直 42 个部、办、委、厅、局、行负责人到长沙高新区现场办公，并决定从固定资产投资管理、外经、外贸、外事、财政税收、金融、物价、工商行政管理、国土、城建等方面给长沙下放 28 条省级经济管理权限。

17 日 国家科委火炬办副主任张春山、处长李志远代表国家科委向长沙高新区授予“国家高新技术产业开发区”的牌匾。常务副省长、长沙高新区领导小组组长董志文，省政府副秘书长、领导小组副组长翁晖，长沙市市长张明泰、省科委主任陶敏以及领导小组成员出席授牌仪式。张春山题词：“发展高新技术产业是实现‘四化’建设的旗帜”。

22日 深圳市常务副市长王众孚到长沙高新区考察，并题词：“发展高新技术产业，振兴长沙经济”。

27日 国家科委副主任惠永正到长沙高新区视察。

8月

15日 长沙高新区办公室信息网络管理中心成立。

25日 长沙高新区办公室首批聘任制员工聘书颁发大会召开。

9月

16日 中央对外宣传领导小组组长、国务院新闻办公室主任朱穆之视察长沙高新区，并题词：“科技开发、实现四化”。

17日 国家土地管理局马克伟副局长视察长沙高新区，并题词：“为经济科技发展服好务。”

19日 长沙远大空调实业公司率先在全国将每小时一百万大卡冷量的直燃式溴化锂冷温水机作为高新技术产品成功地推向市场。

10月

17日 湖南省辖八市第12次市长联席会议代表80人在长沙市长张明泰的陪同下参观长沙高新区，并就开发建设问题进行座淡。

23日 长沙高新区举行与乌鲁木齐高新区缔结友好开发区的签字仪式。

28日 长沙高新区召开岳麓山科技园园林、雕塑方案设计方案发标大会。全国17家美术院校、科研院所的30名专家和教授参加会议。中央、四川、广州、北京美术学院和湖南省美术家协会、湖南师大、湖南大学等14家单位揭标。

11月

5日 湖南省监察厅厅长孙光理率省级权限下放情况检查组到长沙高新区检查工作。

6日 中共湖南省委副书记、省长陈邦柱考察长沙高新区，强调指出：在高新区的建设过程中“筑巢引凤”和“引凤筑巢”是相辅相成的，要着手于一方面开发、一方面招商，这样才能使经济效益不断提高，要达到这个目的，关键是机制，是人的问题。

11 日　全国政协科技委员会副主任侯祥麟、鲍奕珊率全国政协高新技术考察组到长沙高新区进行两天的考察。

18 日　中共辽宁省委副书记、大连市市委书记曹伯纯考察长沙高新区。

22 日　中共中央办公厅调研室主任陈进玉视察长沙高新区。

12 月

2 日　国家对外经济贸易部以〔1992〕外经贸管体函字第 1294 号文批准成立长沙高新技术产业开发区进出口公司，并核准该公司章程和进出口商品目录。该公司为全国高新区首家获国家对外经济贸易部批准的进出口公司。

4 日　中央电视台第四套“天涯共此时”专题片摄制组到长沙高新区拍摄区内建设的专题片。

上旬　全面反映长沙高新区建设发展情况的电视专题片《火炬城——新世纪的曙光》制作完毕。

13 日　土库曼斯坦共和国供销总社第一副主席 Murd 到长沙高新区洽谈，与长沙高新区营养快餐食品有限公司合资建厂，签订合资协议。

15 日　中共湖南省委组织部、长沙市委组织部组织湖南省有突出贡献的专家 40 人到长沙高新区参观。

18 日　经湖南省体改委批准，金海股份有限公司开始内部定向募集招股。

19 日　国家科委常务副主任李绪鄂、副主任邓楠、火炬办副主任张春山在北京京西宾馆专题听取长沙高新区工作汇报，罗特向国家科委领导汇报开发区成立以来在总体规划、园区建设、产业开发、综合改革等方面的情况。

27 日　全国第三次火炬计划工作会议在北京召开，长沙高新区在会上作题为《各方动员力量，齐心协力，加速开发区建设》的发言。

▲ 1993 年

1 月

2 日　在长沙市人大十届一次会议上，市政府秘书长、长沙高新区领导小组办公室主任、开发总公司总经理罗特当选为市政府副市长。

4 日　中共湖南省委常委、副省长董志文主持召开长沙高新区领导小组会议，省科委副主任潘奇才传达国家科委第三次火炬计划工作会议精神和宋健的讲话精神。

18 日　湖南南天电脑系统有限公司等 28 家企业、33 项高新技术产品经省科委批准进入长沙高新区。

同月　远大空调实业有限公司总经理张剑在湖南省第八届一次人代会上当选为第八届全国人民代表大会代表。

同月　长沙高新技术产业开发区设计公司总工程师张涛在市十届一次人大代表大会上当选为第八届省人大代表。

2 月

9 日　长沙高新区进出口工作会议在长城宾馆隆重召开，会上发布《长沙高新技术产业开发区进出口暂行管理条例》，省政府副省长郑培民出席并讲话。

同日　全国政协副主席杨成武视察长沙高新区，并题词："发展高科技、建好火炬城"。

26 日　长沙高新区保税仓储公司在长沙毛家桥仓库正式挂牌营业。

27 日　长沙高新区律师事务所开业，省委常委、省人大常委会副主任朱东阳为开业剪彩并题词贺勉。

28 日　《长沙晚报》星期天专刊头版头条以"大地的忠实女儿"为题，介绍长沙高新区洞庭科技有限公司总经理、女农民企业家、全国三八红旗手舒师蕴的创业事迹。

4 月

7 日　由新华社、人民日报、经济参考报、科技日报、光明日报社等 8 家新闻单位组成的《南方万里纪行》新闻采访团和长沙新闻记者一行 40 人到长沙高新区进行采访。

15 日　国家科委原秘书长吴武封、科技成果奖励办主任张铁铮到长沙高新区视察。

16 日　长沙高新技术产业开发区人才交流服务中心（简称长沙高新区人才交流中心）成立。

18 日　中共湖南省委书记熊清泉视察长沙远大空调实业有限公司。

28日　国家科委主管的《中国高新技术产业导报》在长沙高新区设立湖南记者站。

5月

7日　长沙高新技术产业开发区对外科技交流中心（简称长沙高新区对外科技交流中心）成立。

10日　长沙高新技术产业开发总公司与香港科鸿科技(国际)有限公司合资的长沙晶科微电子有限公司开发生产液晶显示器件合同签字仪式举行。

13日　在全国科技工作会议上，长沙市副市长、长沙高新区办公室主任罗特作为全国52个国家级高新技术产业开发区的唯一代表作题为“抓住机遇、深化改革、巩固提高、率先发达”的典型发言。

15日　国家专利局局长高卢麟视察长沙远大空调实业有限公司。

29日　全国29家晚报总编辑、记者组成的“毛泽东故乡行”采访团专程到长沙高新区进行采访。

6月

15日　中央政治局委员、国务委员、国家体改委主任李铁映在中共湖南省委书记熊清泉的陪同下视察长沙高新区，并题词“敢为天下先，誓做创业者”。

15—16日　中共湖南省委常委、常务副省长储波，省委常委、省委组织部长罗海藩，副省长郑培民率参加湖南省“五区一廊”开发区流动现场汇报会的省直有关部门和长沙、岳阳、株洲、湘潭、衡阳5市领导考察长沙高新区。

22日　由中央外宣小组组织的“长江行”记者采访团到长沙高新区进行专题采访。

26日　中国科学院长沙大地构造研究所与长沙高新区办公室联合开发惯性制动技术合作协议书签字仪式举行。

28日　中共湖南省委副书记孙文盛、杨正午到长沙高新区考察湖南省洞庭科技有限公司与湖南麓山天然植物制药有限公司。

7月

9日　长沙高新技术产业开发总公司、长沙远大空调实业有限公司与德国GEA公司、比利时欧洲发展有限公司签订合作开发生产风机盘管空调器的协议。

10 日　中国行政区划研究中心主任、全国地名委员会主席刘君德考察长沙高新区。

22 日　湖南省人大副主任俞海潮率省人大、省政府《城市规划法》执行情况检查组到长沙高新区检查园区规划和建设情况。

30 日　长沙市委书记秦光荣考察长沙高新区，在察看建设工地和听取工作汇报后，对高新区建设提出三点要求：一“特”、二“快”、三“高”。

8 月

6 日　长沙高新区股份制保险有限公司成立。

8 日　长沙高新区被评为全国火炬计划实施五周年先进开发区。

11 日　长沙高新区首栋标准厂房 M1--4 组团工程竣工并被评为市优良工程。

14—24 日　以长沙高新区为主的湖南省火炬计划成果展交会参展团参加在北京举行的全国火炬计划实施五周年成果暨高新技术产品展交会。

20 日　中共中央总书记江泽民，国务委员、国家科委主任宋健等国家领导在全国火炬计划实施五周年成果暨高新技术产品展交会上参观长沙高新区顺天电脑公司的太极码 (二笔字型) 项目。

同日　德国西门子电器股份公司总经理柴麟阁 (Mr. Gsch—eidlinger) 一行 4 人到长沙高新区洽谈投资意向。

28 日　建设部部长侯捷到长沙高新区视察。

9 月

3 日　联合国副秘书长冀朝铸到长沙高新区考察。

12 日　香港中华总商会副会长黄宜弘参观长沙高新区。

18 日　湖南省对外开放新闻采访团到长沙高新区采访。

10 月

7 日　在长沙参加“毛泽东故乡行”活动的 12 位著名科学家、学部委员到长沙高新区考察。

13 日　四川省政协副主席韩邦彦到长沙高新区考察。

11月

3日 中共湖南省委书记王茂林考察长沙高新区，题词：“开拓创新”。

12日 国家科委火炬办副主任刘凤翘到长沙高新区检查指导。

17日 法国阿尔卡特公司亚大地区总裁莎碧女士一行8人到长沙高新区洽谈投资事宜。

20日 长沙高新区社会保障工作会议召开。

24日 全国政协常委、原国家主席刘少奇的夫人王光美到长沙高新区视察。

25日 日本亚洲经济研究所国际交流部主任一行10人到长沙高新区参观。

同日 湖南省人大常委会主任刘夫生考察长沙远大空调实业公司总装厂。

27日 长沙高新区办公室邀请湖南省30家高等学院、科研院所的44名教授、专家座谈高科技产业发展规划。

12月

2—5日 中国高新技术产业信息网工作研讨会在长沙召开，27个省、市、自治区的61名代表出席。

▲1994年

1月

29日 湖南省人民政府副秘书长、长沙高新区领导小组副组长翁辉到长沙高新区检查指导工作。

2月

21日 中共湖南省委常委、常务副省长王克英考察长沙高新区英才园、农业银行、诚成(湖南)彩印有限公司和银洲股份有限公司。

3月

1日 中共中央对外联络部部长李淑铮视察长沙高新区，并题词：“祖国的新硅谷”。

26日 国家科委火炬办主任王瑞明、北京科技开发试验区主任王思红一行9人考察长沙高新区。

4月

2日 台湾商业总会理事长、力霸企业集团董事长王又曾到长沙高新区考察投资环境。

9日 以新加坡国会议员、裕廊东市镇理事会副主席王家园为团长的友好访问团到长沙高新区参观访问。

14日 国务院特区办主任胡平视察长沙高新区，并题词："科技先导兴百业，三湘有幸登高峰"。

6月

3日 全国人大常委会副委员长李锡铭视察长沙高新区，并题词："开拓创新，走向世界。"

6—15日 科贝尔国际（集团）有限公司董事长魏克明到长沙高新区考察投资环境。

17—23日 湘江发生特大洪水，长沙高新区组织员工抗洪抢险。办公室、总公司、直属公司共206人及长沙远大空调实业公司等7家企业共向灾区人民捐款20850元。

7月

13日 长沙市委批准成立中共长沙高新技术产业开发区委员会，隶属中共长沙市委科学技术工作委员会，长沙高新区办公室常务副主任陈松担任书记一职。

8月

1日 全国政协和湖南省政协委员一行13人视察长沙高新区。

13日 美国苏博泰克系统公司总裁何诚考察长沙高新区。

29日 日本鹿儿岛市市长助理佐竹芳郎率友好访问团一行14人到长沙高新区进行友好访问。

30日 出席湖南开发与发展国际研究会的120名代表参观考察长沙高新区。

9月

1日 湖南省人大财经委委员肖福良一行5人到长沙高新区考察《湖南省鼓励外商投资条例》实施情况。

10月

19—26日　全国高新技术产业开发区深化改革和经济管理国际交流研讨会在长沙召开。

24日　全国政协副主席杨汝岱视察长沙高新区。

27日　全国工商联副主席胡德平视察创智软件园。

11月

17日　国务院研究中心副主任邓鸿勋一行10人视察长沙高新区，邓鸿勋题词：“创新路，迈大步”。

18日　美国加州双星企业公司总裁陈天枢、美国傲通集团总裁袁锡民到长沙高新区考察。

12月

4日　湖南省人大主任座谈会代表一行50人到长沙高新区参观。

23日　全国第一家高级人才事务所——长沙高级人才事务所在长沙高新区成立。

24日　凯莱国际酒店有限公司客商一行4人到长沙高新区考察投资环境，并与银洲股份有限公司初步达成合作意向。

▲1995年

1月

18日　在长沙高新区与新闻单位座谈会上，湖南海利化工股份有限公司、湖南计算机厂、远大空调实业公司、湖南旺旺食品有限公司、长沙高新技术产业开发总公司5个产值过亿元的高新技术企业成为记者们采访的焦点。

2月

5日　湖南省委书记王茂林到长沙高新区慰问生产一线的员工。

18日　国家科委副主任韩德乾考察湖南麓山天然植物制品有限公司、岳麓山科技园火炬城、创智软件园和英才园，并题词“开拓创新，率先发达”。

3月

9日 长沙市纪委发文,设立中共长沙高新技术产业开发区纪律检查委员会。

4月

10日 长沙市人民政府办公厅发文,确定长沙高新技术产业开发区办公室为市人民政府的派出机构,并更名为"长沙高新技术产业开发区管理委员会"(简称长沙高新区管委会),保留湖南省长沙高新技术产业开发区领导小组办公室的牌子。

28日 长沙远大空调有限公司研制生产主要技术性能指标达到国际先进水平的远大V型直燃机正式通过国家科委的验收。

5月

26日 国防科技大学银河(湖南)计算机系统有限公司在长沙高新区内正式奠基。

6月

7—16日 由长沙市人大法工委、教科文卫工委、市政府法制办、长沙高新区管委会等单位组成的长沙高新区立法情况考察小组在市人大副主任李利麟带领下对大连、烟台、威海、青岛4个高新产业开发区的立法和管理情况进行考察。

9月

18日 长沙市团市委发文,成立共青团长沙高新技术产业开发区委员会。

27日 罗特作为中国高新技术产业开发区代表,在科技工作与研究园第四届世界大会上作《区域创新能力与科技园区管理——从长沙开发区的发展对策,探讨中国内陆城市开发区的发展模式》的发言。

10月

4日 长沙高新区管委会搬迁至桐梓坡路C4组团办公。

18日 长沙高新区与芬兰奥陆科技园签订协议,结为"姊妹园区"。

31日 国家科委副主任徐冠华考察长沙高新区。

11 月

21 日　由中共湖南省委常委、长沙市委书记秦光荣主持的市委常委扩大会议在长沙高新区管委会召开，会议听取长沙高新区建设发展情况、“九五”计划和 2010 年发展规划等工作汇报，并就有关问题进行专题讨论和研究。

12 月

20 日　湖南省政协主席刘正率在湘的全国政协委员 40 人考察长沙高新区企业。

▲ 1996 年

1 月

8 日　中共长沙市委以长发干〔1996〕3 号文件任命易宇欣为中共长沙高新技术产业开发区委员会书记（兼），免去陈松中共长沙高新技术产业开发区委员会书记职务。

同日　长沙市人民政府发文，任命陈松为长沙高新区管委会主任。

25 日　长沙高新区管委会印发《长沙高新区高新技术企业年度考核暂行办法》。

31 日　长沙高新区外商投资企业协会在民政局注册登记成立。

3 月

4 日　湖南省人民银行同意长沙高新区财政局设立国家金库长沙高新区支库，由中国工商银行金鹏支行代理。

15 日　长沙市人民政府在长沙高新区银洲股份有限公司召开现场办公会，研究高新区有关土地红线、基建管理及环境绿化等问题。

19 日　长沙市政府常务会议同意，长沙高新区征用岳麓山乡石岭塘村和岳北渔场 2200 亩土地，作为高新区第 2 期建设发展用地。

26 日　远大空调有限公司与日本铃本技术股份公司和日本贝尔技术贸易股份公司在长沙高新区岳麓山科技园新塘片区合资兴办湖南远大铃木住房设备有限公司，项目总投资 1500 万美元。

28 日　长沙总工会以长工组发〔1996〕12 号文批准成立“长沙市总工会长

沙高新技术产业开发区工作委员会”。

4月

4日 《长沙高新技术产业开发区条例》经湖南省第八届人大常委第21次会议批准，颁布实施。

5月

3日 在湖南省首届青年科学技术大会上，长沙高新区中联建设机械产业公司总裁詹纯新当选为“省青年科技创业十杰”，创智软件园总经理刘雪峰当选为“省十大杰出青年科技工作者”。

13日 湖南省人大副主任俞海潮率省人大、省政府及有关部门组成的《中华人民共和国科技进步法》联合执法检查组到长沙高新区检查。

21—22日 中共长沙市委副书记易希文到远大空调公司、中联建设机械产业公司和中德骛马制药有限公司调查了解情况并现场办公。

28日 长沙高新区展示厅对外开放。

29日 中国专利局副局长明廷华到长沙高新区指导工作。

30日 长沙市直工委以长直组字〔1996〕32号文批准成立中共长沙高新技术产业开发区管理委员会机关总支委员会。

同月 国家科委在西安召开全国高新区所在地市长会议，罗特副市长在会议上发言，介绍长沙高新区发展的经验。

6月

6日 中共中央政治局委员、国务委员兼国家经济体制改革委员会主任李铁映考察长沙高新区、银洲股份有限公司。

18—19日 湖南省高新技术产业开发区工作会议召开，长沙高新区在会上作重点发言。

20日 长沙市人民政府办公厅以长政办函〔1996〕70号文，确定长沙高新区实行“划分收入，核定基数，超收分成，结余留用”的财政管理体制，一定3年，从1996年1月1日执行。

7月

1日 长沙高新区财政分局和所属国库挂牌运作。

3日 长沙高新区企业社会保险工作会议召开，区内300家企业负责人参加会议。

11月

26日 全国人大常委熊清泉考察长沙高新区，对区内实行“封闭式管理，开放式运行”“园区问题园区内解决”的管理体制表示赞同。

▲1997年

1月

3日 湖南省人大副主任董志文、沈瑞庭、刘玉娥、潘基质和秘书长郭俊秀考察长沙高新区。

6日 远大空调有限公司的直燃式溴化锂冷温水机产品质量体系荣获由中国商检质量认证中心颁发的ISO9001质量体系注册证书。

14日 湖南省长杨正午、副省长周伯华到长沙高新区曙光电子集团公司、湖南计算机厂考察，指出要把电子信息产业建成湖南省的支柱产业。

24日 长沙高新区管委会组织新闻单位记者和区内9家产值过亿元的企业负责人举行座谈会。

3月

29日 中共长沙市委、市人民政府主持召开长沙高新区“一区四园”方案论证会。国家科委火炬办、省政府、省科委、市委、市政府、省农科院、湖南农业大学、湖南大学、湖南师大以及高新区等单位的领导和专家在实地考察岳麓山、星沙、马坡岭和远大四园后出席论证会。

4月

2日 中共湖南省委书记王茂林考察长沙高新区湖南计算机厂、长海、创智、威胜和远大铃木等高新技术企业，强调：在进行工业结构调整中，一定要把高新技术产业作为重点来扶植，高新技术产业要在工业中起先导和支柱作用。

6日　湖南省长杨正午到远大空调有限公司现场办公，就支持、服务“远大”发展问题进行研究，解决影响其发展的具体问题。

21日　国务院特区办主任葛洪升视察长沙高新区。

26日　国家科委以《关于同意长沙高新技术产业开发区调整区域范围的复函》（国科发火字〔1997〕195号），批准长沙高新区调整区域范围，形成“一区四园”新格局。

29日　长沙市地方税务局六分局（负责长沙高新区企业的地税征管）正式挂牌成立。

5月

2日　长沙高新区唐畋甸、黄亦工、丁亮、邹立坚、雷高、谭吴涯6位企业负责人获长沙市“青年科技创业奖”。

5日　共青团长沙市委以长团组发〔1997〕13号文，批准成立共青团长沙高新区工作委员会。

同日　国家科委火炬办以国科火字〔1997〕37号文，批准长沙高新区创智软件园组建为国家火炬计划软件产业基地，并于23日在北京为其授牌。

20日　国家信息化中心主任张东彦对长沙高新区电子与信息产业进行专项考察。

6月

12日　中共长沙市委以《中共长沙市委关于成立长沙高新技术产业开发区“一区四园”方案实施协调小组的通知》（长发组〔1997〕25号），决定成立长沙高新区“一区四园”方案实施协调小组。钟兴祥任组长，徐宪平、王柏林、罗特任副组长，各有关单位负责人为成员。领导小组下设办公室，易宇欣兼任办公室主任。

13日　湖南省长杨正午考察长沙高新区中联、长海、创智和毅格等高新技术企业，强调“高新技术企业在加大科技开发力度的同时，必须进一步强化市场开拓的力度，要重视造就和引进高水平的管理人才和营销队伍，这样才能真正搞好和加速科技成果产业化”。

18日　长沙高新区团工委挂牌成立暨“首届青年科技创业标兵”表彰大会在长沙高新区管委会召开，邓军民等10名首届青年科技创业标兵受到表彰和奖励。

7月

2日：长沙市最大的中日合资项目长沙远大铃木住房设备有限公司在长沙高新区新塘片区举行开业典礼。

10—11日 湖南省政协主席刘正率在湘全国政协委员考察长沙高新区远大、湖南计算机厂、乐金曙光、中联、威胜等企业。

16日 中共湖南省委常委、常务副省长王克英考察长沙高新区远大空调公司、银河计算机产业公司、中联公司等8家企业。

18日 中共湖南省委常委、省委宣传部长文选德考察长沙远大空调有限公司。

8月

13日 长沙高新区管委会组织召开国际互联网工作会议，高新区加入中国商业网，在国际互联网上开辟1个永久性的宣传窗口。

14日 长沙高新区团工委和团省委、天英实验学校共同举办救助烈士劳模后代的“天英爱心计划”正式启动，戴碧蓉的儿子苏知翼等10名烈士、英模子女成为首批受助对象。

9月

13—18日 长沙高新区管委会主任陈松率团参加首届亚太经合组织科技工业园区网络会议。

19日 湖南省政协主席刘正、副主席龙禹贤一行考察长沙高新区英才园高新博才寄宿小学。

22—23日 湖南创智软件园与美国微软公司联合在长沙举办湖南国际互联网络信息世界展示会。

27日 中共湖南省委副书记储波考察长沙高新区远大铃木、中联、创智等企业。

10月

13日 湖南省政协副主席、省工商联主委方毓棠到长沙高新区调研民营企业发展情况。

21日　远大空调有限公司从美国塞斯纳飞机公司购买的“嘉奖式”喷气公务飞机从香港飞抵长沙黄花机场，首开中国企业购买公务飞机先例。

11月

9日　国务委员彭佩云视察长沙高新区远大、LG曙光等企业。

21—23日　长沙高新区管委会主任陈松参加由国家体改委和国家科委联合召开的“国家高新区建立新体制座谈会”，长沙高新区提交“强化体制创新，推进二次创业”的交流材料。

12月

23日　中共湖南省委以湘委干〔1997〕162号文，任命周里冰为中共长沙高新技术产业开发区委员会书记。

同日　长沙高新区唐畋甸、管放当选首届“长沙市十大杰出青年”。

31日　湖南省人民政府以湘政人〔1997〕28号文件，任命柳冠群为长沙高新区管委会主任。

▲1998年

1月

10日　长沙高新区英才园居住小区入选国家建设部以建房〔1998〕7号文件公布的首批国家安居工程优秀住宅小区。

2月

22日　长沙市人民政府发出《关于表彰1997年度工业生产工作先进单位的决定》，长沙高新区管委会被授予“工业生产目标管理优胜单位”“技术改造管理先进单位”称号，长沙高新区远大空调有限公司、乐金曙光电子有限公司被授予“利税过亿元企业”称号。

3月

19日　中共长沙市委书记阳宝华，副书记钟兴祥、谭仲池，秘书长蒋新祺和副市长冷向洋到长沙高新区调研。

4 月

3 日　经政协长沙市第八届委员会第 2 次主席会议审议决定，黄德湘任经济科技委员会委员。

6 日　长沙市人民政府召开常务会议，听取长沙高新区党工委书记周里冰工作汇报。会议决定将长益公路以南、外环线以东，雷锋大道以西，319 国道以北范围内部分土地 (约 5 平方千米)，作为高新区发展的控制性区域，并就高新区机构设置及与岳麓区关系进行明确。

5 月

21 日　湖南省副省长潘贵玉、庞道沐主持会议，对长沙高新区马坡岭农业高科技园建设总体方针、成立协调机构及园区管理办公室、有关资金和政策优惠、园区总体规划及产业布局规划等问题进行专题研究，省委副书记胡彪到会讲话。

25 日　长沙高新区马坡岭农业高科技园、星沙工业高科技园、远大高科技园授牌仪式举行。

6 月

26 日　湖南省委组织部以湘组干〔1998〕127 号文件通知，陈松任中共长沙高新技术产业开发区工作委员会副书记，黄德湘任中共长沙高新技术产业开发区纪工委书记。

7 月

20 日　长沙市人民政府以长政干〔1998〕9 号文件任命张德安为长沙高新区管委会副主任。

8 月

4 日　中共长沙市委、长沙市人民政府以长发〔1998〕15 号文，发出《关于表彰在创建全国科教兴市先进城市工作中作出突出贡献的先进单位的通报》，长沙高新区受到通报表彰。

9月

8—9日 长沙市长杜远明率市直有关部门负责人到长沙高新区12家企业调研。

10月

8日 湖南省规模最大的科技信息市场—长沙科技信息市场在长沙高新区岳麓山科技园火炬城投入使用。

9日 长沙高新区管委会机关被授予“长沙市文明机关”称号，受到市委、市政府通报表彰。

16日 中共长沙市委召开常委扩大会议，专题研究长沙高新区和高新技术产业发展问题。

18日 长沙高新区召开对外经济技术合作洽谈会。

21日 原湖南省顾问委员会主任万达到长沙高新区考察中联建设机械产业公司和湖南创智集团。

同日 湖南省政协副主席石玉珍考察长沙高新区及远铃、中杰、国讯3家民营科技企业。

11月

3—12日 长沙高新区管委会与马坡岭农业高科技园管理办公室组团参加第5届中国杨凌农业科技博览会，2个产品获得“后稷”金像奖。

12日 湖南大学48名在读博士生到长沙高新区考察，管委会主任柳冠群介绍区内产业发展和人才现状，并陪同参观创智软件园。

17日 长沙市规划委员会对马坡岭农业高科技园规划方案进行评审。

24日 中共湖南省委、湖南省人民政府颁发《关于加速发展高新技术产业的决定》（湘发〔1998〕19号），出台扶持高新技术产业发展的新政策。

同日 湖南省火炬计划实施十周年总结表彰大会召开，长沙高新区管委会被授予火炬先进管理奖。

▲ 1999年

1月

14日 长沙市人民政府办公厅发文，成立由市长杜远明任组长的长沙市高新技术产业发展领导小组。

3月

18日　在长沙市经济工作会议上，长沙高新区管委会被市人民政府授予长沙市“工业生产目标管理优胜单位。”

25—26日　长沙高新区党工委召开全区基层党（总）支部书记会议。党工委书记周里冰传达全国、省、市组织工作会议精神，就1999年全区党建工作作出布置。

4月

2日　长沙高新区与岳麓区就启动高新区望城坡产业基地建设召开协调会，双方就基地建设具体问题达成一致意见。

8日　长沙市人民政府颁发《关于在长沙高新技术产业开发区实行统一有效管理的通知》。

10日　在长沙市对外开放工作会议上，长沙高新区管委会被市政府授予“对外贸易工作先进单位”“招商引资工作先进单位”。

15日　长沙市长、高新技术产业发展领导小组组长杜远明主持召开首次领导小组会议，强调“要把发展高新技术产业放在突出位置，突出优惠政策、资金投入、政府服务”。

30日　长沙市人民政府颁发《长沙市科技风险投资资金管理暂行办法》，促进长沙高新技术产业的发展，

5月

28日　长沙市人大副主任张菊萍带队到长沙高新区，对《长沙高新技术产业开发区条例》实施情况进行11天的执法检查。

6月

1日　湖南副省长贺同新到长沙高新区调研，考察三资企业光男湖南体育用品有限公司、国讯网络、苏博泰克和斯伦贝谢等公司。

7—8日　国家科技部长朱丽兰考察长沙远大空调有限公司、创智集团、中联建设机械产业公司，听取长沙高新区管委会的工作汇报。

8 日 团中央书记处书记孙金龙视察长沙高新区创智软件园。

10 日 远大空调有限公司研制的远大 VII 型直燃式溴化锂吸收式冷温水机通过国家级新产品鉴定。

16 日 中共湖南省委副书记、省长储波和长沙市委书记阳宝华考察湖南斯伦贝谢通信设备有限公司、苏博泰克(湖南)数据系统工程有限公司和湖南国讯国际网络有限公司。

21 日 长沙高新区党工委、管委会在马坡岭农业高科技园召开现场办公会，对马坡岭园机构设置、产业规划与招商、园区规划与建设等进行研究。

25 日 美国高科技工程学院院士、加州大学富乐顿分校电机系主任，富乐顿分校亚裔教授协会会长郑荣松参观创智园。

29 日 国家科技部高新技术发展及产业化司批准在湖南建立国家新材料成果转化及产业化基地。

7 月

7 日 长沙市人民政府颁发《关于对长沙软件产业基地内的软件企业实行无费管理的通知》。

15—17 日 西门子(中国)有限公司总裁贝殷思到长沙高新区考察并举行西门子(中国)有限公司长沙办事处开业庆典。

16 日 长沙高新区望城坡产业基地控制性详细规划获市规划局批准。

26 日 长沙市机构编制委员会办公室发文，批准成立长沙市国土局高新区分局、长沙市规划局高新区分局。

8 月

3 日 长沙市科技风险投资管理有限公司成立。

8 日 长沙中联重工科技发展股份有限公司召开创立大会。

9—10 日 中共湖南省委书记杨正午、副省长潘贵玉、郑茂清率省委政研室、省计委、经贸委、科委、工行、中行、建行负责人考察长沙高新区亚大、长海、力元、三一、苏博泰克、国讯、创智、海利、电子部 48 所、湘计算机厂等企业。

9 月

1 日 长沙市人民政府发文，批准创智软件园有限公司等 11 家软件企业为首批无费管理企业。

2日 “苏博泰克特困大学生助学基金会”在长沙设立，首期投入20万元人民币。

25日 长沙高新区举行“创新辉煌的五十年国庆文艺晚会”。

10月

20日 长沙市副市长冷向洋主持召开长沙软件产业基地、新材料产业基地规划和建设协调会议，明确两个基地建在高新区岳麓山科技园内，并就两个基地用地、建设等有关问题和政策作出决定。

26日 湖南省委副书记兼长沙市委书记张云川到长沙高新区企业远大铃木公司和创智集团调研，并听取高新区情况汇报。

同日 中国首栋集成建筑——远大集成建筑1号楼在长沙高新区岳麓山科技园内通过竣工验收。

28日 长沙高新区管委会与工商银行湖南省分行营业部签订信贷合作协议，高新区软件产业及新材料产业基地和区内企业重点项目将获得总额为1.5亿元人民币的授信规模。

29日 国家经贸委副主任陈邦柱考察长沙高新区，并参观远大铃木公司。

11月

2日 省科委复函长沙市人民政府，同意将长沙软件产业基地和国家新材料成果转化及产业基地长沙示范区选址在岳麓山科技园。

同日 长沙市国土局（甲方）与长沙高新技术产业开发总公司（乙方）就甲方统征的高新技术产业发展用土地划拨给乙方事宜达成协议。

同日 长沙高新区管委会与岳麓区政府签订望城坡产业基地征地拆迁协议。

5日 长沙市国土局高新区分局、市规划局高新区分局、市建委、市建工局、房地局驻高新区办公室挂牌运作。

12月

7日 长沙市人民政府印发《长沙软件产业基地国家新材料成果转化及产业化基地和岳麓山大学科技园若干政策规定》（长政发〔1999〕56号）。

9日 在长沙的全国及省人大代表50人视察长沙高新区，听取高新区情况汇报。

10 日　中共湖南省委、省政府召开长沙高新区“一园两基地"建设现场办公会。

16—17 日　长沙市人民政府在香港举行长沙软件产业基地恳谈会，长沙高新区管委会主任柳冠群、副主任张德安等出席恳谈会。

▲ 2000 年

1 月

13 日　长沙高新区党工委书记周里冰、管委会主任柳冠群向国家科技部常务副部长徐冠华汇报长沙高新区 1999 年发展情况和 2000 年工作设想。

19 日　国家科技部火炬中心总工程师李临西考察创智软件园。

20 日　长沙市委副书记钟兴祥、副市长赵小明到长沙高新区现场办公，就高新区新基地建设有关政策进行明确和落实。

2 月

19 日　湖南省长储波、省委副书记兼长沙市委书记张云川、副省长周伯华、庞道沐、贺同新等率省“一点一线”地区经济发展座谈会的全体代表视察长沙高新技术企业力元新材料公司、三一重工、LG 扩建基地、国讯网络公司。周里冰、柳冠群向代表们汇报“一园一基地”的规划、建设和前期工作情况。

20 日　总规划面积 5 平方千米的长沙高新区国家软件产业园和新材料成果转化及产业化基地建设全面开工。副省长潘贵玉、市长谭仲池及出席开工典礼。

3 月

1 日　省人大副主任罗海藩率在湘全国人大代表来区参观远大铃木、中联、国讯网络等企业。

23—26 日　长沙高新区党工委书记周里冰带队考察陕西杨凌高新区。

4 月

4 日　湖南省副省长潘贵玉、省科技厅长曾庆炎等人视察新基地。

6 日　湖南省委副书记兼长沙市委书记张云川考察远大高科技园。

9日　长沙高新区和湖南大学共同推出的“湖大学子高新区世纪创业行”活动在中联重工科技公司举行启动仪式。湖大100名博士、硕士研究生参加首次活动。

13日　长沙高新区管委会及130多家企业与国防科技大学举行科技合作恳谈会，双方就加强科技合作，促进高新技术产业化等问题进行交流和洽谈。

5月

18—19日　中共湖南省委副书记吴向东率省直有关部门负责人对长沙高新区加强技术创新、发展高新技术产业的情况进行督查。

26日　省委副书记兼长沙市委书记张云川率市委常委考察麓谷基地。

同日　以科技部国际合作司副司长靳晓明为团长的科技部驻外科技外交官赴湘考察团考察长沙高新区及远大、三一重工等企业。

31日　袁隆平农业高科技公司5500万A股上市发行。

6月

3—5日　科技部专家组到长沙高新区考察长沙软件园建设及有关软件企业。

18日　由高新技术企业长沙佳宇环保设备公司承担开发的国家财政债券资助项目“高效脱硫除尘产业化示范工程项目”在麓谷产业基地举行开工奠基典礼，成为进入基地第一个开工的项目。

7月

13日　长沙市仲裁委员会高新区仲裁工作联络处挂牌成立。

22日　长沙市长谭仲池在长沙高新区现场办公专题研究远大科技园周边环境治理问题。

24日　经国家科技部火炬高技术产业开发中心批准，“国家火炬计划软件产业基地湖南创智软件园”更名为“国家火炬计划软件产业基地长沙软件园”。

9月

15日　中联重工科技发展有限公司(简称中联重科)A股股票在深交所发行。

26—27日　科技部火炬中心副主任张超英等人考察长沙高新区一区四园并听取高新区工作汇报。

10月

12—17日 长沙高新区管委会主任柳冠群率区内60家企业150名代表参加第二届“中国国际高新技术成果交易会”(深交会)，其中15家企业22项高新技术成果及产品参加展览,96个项目参加网上交易,15个项目签约,签约金额1.4亿美元。

18日 湖南湘邮科技股份有限公司成立暨湘邮科技园开工典礼在长沙高新区麓谷产业基地举行。

21日 长沙高新区人才服务中心成立暨人才市场开业典礼、首届中高级人才招聘会举行。

25日 经湖南省科技厅批准，长沙高新区马坡岭农业高科技园更名为隆平农业高科技园。

29日 国家火炬计划湖南传感技术产业基地在长沙通过科技部火炬中心组织的专家评审。

30—31日 长沙高新区党工委书记周里冰出席全国科技工作会议。

31日 国土资源部常务副部长孙文盛考察长沙高新区浏阳生物医药园、LG二期建设基地和远大高科技园。

11月

14日 长沙市委副书记欧代明、副市长张伟玦召开现场办公会，就高新区基地规划与建设问题进行研究。

28日 长沙高新技术创业投资管理有限公司开业，并举行首批获得支助的项目签约仪式。

29日 长沙市人民政府召开市长办公会议，专题研究长沙高新区岳麓山高科技园(麓谷)建设问题。

12月

23日 国家计委高技司司长马德秀考察长沙软件园。

▲ 2001 年

1 月

3—5 日　长沙高新区与省计委、信息产业厅组成汇报小组，赴京对口汇报申报国家软件产业园事宜。

16—18 日　信息产业部陈冲副司长考察长沙软件园。

2 月

4 日　湖南省副省长庞道沐主持召开会议，专题研究湖南麓谷生物园金属硫蛋白项目建设问题。会议确定将该项目列入省高新技术产业、农业产业化的重点项目予以支持。

8 日　中共长沙市委、市人民政府印发《关于实施高新技术带动战略的决定》。

12 日　长沙市人民政府印发《关于进一步支持加快高新技术产业发展的决定》。

18 日　长沙高新区举行留学人员、博士创业园开园典礼暨湖南先光科技有限公司入园项目发布会，中国工程院院士何继善出席。

3 月

1 日　国家税务总局局长金人庆到长沙高新区考察指导工作。

7 日　国家人事部、全国博士后管委会以人发〔2001〕18 号文，批准长沙高新区设立博士后科研工作站。

16 日　长沙市长谭仲池、市委副书记欧代明在长沙高新区管委会召开现场办公会，专题研究加快麓谷基地市政基础设施建设。

4 月

13 日　由湖南省计委、省信息产业厅、长沙市政府、长沙高新区管委会和国防科大等共同组成的答辩工作小组在北京参加长沙软件园申报国家级软件园区的专家评审答辩，并顺利通过答辩。

21—22 日　长沙高新区组织召开岳麓山高科技园（麓谷）23 平方公里总体规划方案征选评审会。

28 日　中共湖南省委副书记兼长沙市委书记张云川主持召开市委常委会议，

听取长沙高新区工作汇报，就高新区管理体制、财政体制以及市对高新区进一步放权问题进行专题研究。

5月

11日　信息产业部副部长曲维枝考察长沙软件园，对长沙市软件产业的发展环境和取得的成就给予高度评价。

17日　湖南省委书记、省人大常委会主任杨正午和省委副书记兼长沙市委书记张云川考察长沙高新区山河智能机械有限公司、留学人员博士创业园和国家软件产业和新材料产业基地，听取高新区工作汇报。

同日　远大空调有限公司向长沙市教育基金会捐赠200万元设立首批“远大高中生扶助金”。该扶助金计划每年发放200～300万元，第一个计划期为5年。

21—23日　国家计委和信息产业部专家现场考察组到长沙软件园考察。

6月

10日　长沙市人民政府批准成立长沙软件园有限公司。

11日　参加“海外学子中国长沙行”活动的100名留学生代表参观长沙高新区留学人员、博士创业园。长沙高新区企业与海外学子签订11个合作项目，协议投资5300多万美元。

26日　长沙市人民政府召开常务会议，听取长沙高新区管委会主任柳冠群关于岳麓山高科技园(麓谷)规划编制情况的报告，审议并原则通过该规划方案。

29日　国家计委、信息产业部发文，决定在10个城市建设国家软件产业基地，长沙软件产业基地名列其中。

7月

3日　长沙软件园(长沙国家软件产业基地)代表到北京参加国务院副总理李岚清主持的国务院关于研究修改完善国发18号文件座谈会。

8—11日　长沙高新区管委会主任柳冠群率31家高新技术企业赴香港参加2001年湖南(香港)投资贸易洽谈会。高新区与省外经贸厅联合召开“湖南企业海外融资上市推介暨长沙高新区投资说明会”。

12日　国务院和有关部委在人民大会堂举行国家级软件产业基地命名授牌

大会。长沙软件产业基地被国家计委和信息产业部确定为10个国家级软件产业基地之一。

26日 长沙市人民政府召开常务会议，听取柳冠群关于长沙国家软件产业基地情况汇报，并对基地建设有关问题进行研究。

8月

28日 长沙高新区管委会与岳麓区人民政府签订麓谷基地第二期建设用地的拆迁安置补偿协议。

29日 长沙市委书记梅克保到长沙高新区调研，听取周里冰关于高新区十年发展的基本情况、“十五”工作目标和措施等汇报，并考察创智公司、博士留学人员创业园及麓谷产业基地。

同日 长沙市长谭仲池召开麓谷产业基地建设现场办公会，对入基地企业报建审批及收费等问题给予明确。

同日 长沙市规划局发文，原则同意《长沙高新区岳麓山高科技园(麓谷)规划》。

9月

3日 科技部下发《关于表彰为国家高新技术产业开发区发展做出突出贡献的单位和个人的通知》，长沙高新区获“先进国家高新产业开发区”称号，长沙软件园获“国家高新技术产业开发区先进孵化服务机构”称号。

26—27日 在中国(湖南)高新技术产业发展与风险投资国际论坛上，长沙高新区签约4个项目，获风险投资1.2亿元。

10月

9—11日 长沙高新区管委会与湖南省科技厅、长沙市政府、创智集团等共同承办国家科学技术部在长沙召开的“2001国家火炬计划软件产业基地工作会议”。

11月

16日 长沙高新区管委会邀请32家在长沙的科研院所负责人，就支持科研院所改制及高新技术产业化工作举行座谈会。

28日　创智软件园有限公司与来自印度的软件教育机构——NIIT(国家信息技术学院)签约，NIIT授权创智为其湖南地区唯一区域合作伙伴，双方达成软件人才培养合作意向。

30日　国讯国际在香港上市，成为长沙高新区首家直接在境外上市的企业。

12月

12日　湖南省委副书记、代省长张云川到远大空调公司调研，强调“各级政府要切实转变职能，强化服务，为企业发展创造良好环境”。

17日　长沙市委召开常委会议听取长沙高新区工作汇报，并就有关问题进行研究。

28日　长沙高新区管委会综合服务大楼和桐梓坡路举行奠基仪式。

▲2002年

3月

8日　由长沙软件园企业天一银河信息产业有限公司与国防科大计算机学院联合成立的“信息安全联合实验室”挂牌。

9日　全国首款民族软件“巨无霸”产品——Power CRW系统（客户关系管理系统）由长沙软件园企业创智软件园有限公司研发成功。

8月

同月　长沙高新区管委会与中共长沙市委宣传部编辑出版《企业文化创新的理论与实践》一书。该书分为上、中、下三编，是全国第一部以高新技术企业为研究对象的集理论与实践于一体的企业文化建设专著。

9月

17日　湖南省委同意，柳冠群任长沙高新区党工委书记。

10月

12—17日　长沙高新区组成以管委会主任柳冠群、副主任宁枫为正副团长的代表团共50人参加第四届高交会，发布湘计算机、天一银河、创智信息等

37家企业66项高新技术项目，有7个项目签约，协议合同总投资4亿元人民币。

同月　周里冰任长沙市人大副主任。

11月

同月　长沙市人民政府任命罗社辉为长沙高新区管委会主任。

12月

9日　“湖南省博士后创业园”在长沙高新区挂牌成立。

▲2003年

2月

5日　中共中央政治局委员、组织部部长贺国强在省委书记杨正午、省长张云川陪同下，考察长沙高新区麓谷产业园区。

14日　湖南省委常委、长沙市委书记梅克保、市长谭仲池等人到长沙高新区召开现场办公会。

3月

10—14日　由国家科技部火炬中心主办、长沙高新区承办的国家高新区“二次创业”战略发展研讨会在长沙举行。

26日　长沙高新区与中国工商银行湖南省分行在麓山宾馆举行“长沙国家高新区与中国工商银行湖南省分行《全面合作协议》签字仪式。根据协议，省工行为长沙高新区的园区建设与产业发展提供50亿元贷款的授信规模。

27—29日　长沙高新区、长沙经开区和中美经济合作协会联合举办的“中美合作洽谈会”。

4月

7日　长沙高新区管委会各局室（中心）、驻区机构政务公开和承诺服务事项全部公布，长沙高新区管委会政务公开和承诺服务制度开始全面实行。

14—15日　湖南省副省长甘霖到长沙高新区进行2天的考察。

5月

9日 湖南省委副书记、代省长周伯华率省直有关部门负责人考察高新区麓谷基地，对企业如何进一步做大、做强提出意见，同时并就高新区请求支持和解决的问题给予答复，要求省直各有关部门要进一步支持高新区的建设发展。

7月

11日 国家科技部副部长马颂德一行7人在副省长甘霖陪同下考察长沙高新区麓谷园区及创智、矿冶产业园、中联等重点企业。

17日 长沙市长谭仲池率国税、地税、国土、财政等市直部门负责人在长沙高新区召开现场办公会。

18日 湖南省人大领导一行20人考察长沙高新区麓谷基地及湘邮科技、晶鑫科技、威胜电子等企业，并召开高新区产业发展和立法调研座谈会。

8月

28日 湖南省副省长徐宪平率省、市国土、规划等部门领导到长沙高新区调研。

9月

11日 科学技术部下发《关于表彰实施火炬计划十五周年先进集体和个人的决定》（国科发火字〔2003〕295号），长沙高新区被评为“先进国家高新技术产业开发区”，长沙软件园被评为“先进火炬计划软件产业基地”。

28日 彭可平任长沙高新区党工委书记，免去柳冠群党工委书记职务。

12月

11日 科技部下发《关于认定北京中关村国际企业孵化器有限公司等为国家高新技术创业服务中心的通知》（国科发火字〔2003〕295号），长沙高新区创业服务中心评审通过为国家高新技术创业服务中心。

29—30日 长沙高新区党工委、管委会、总公司由桐梓坡C4组团搬迁至新址麓谷大道668号高新区综合服务大楼办公。

31日 湖南省委常委、市委书记梅克保在长沙高新区召开市委常委第十届117次会议，会议作出3项决策：扩大高新区麓谷控制规划范围，明确麓谷总体规划为80平方千米，2015年前实施开发50平方千米；理顺体制，对村镇实行“委托管理”的共建模式；进一步下放市级管理权限，对园区实行“封闭式管理”，“园区内事情园区办结”。

▲2004年

2月

8日 湖南省委常委、长沙市委书记梅克保到长沙高新区进行工业化调研。

11日 广西自治区党委副书记、南宁市委书记、市人大常委会主任李纪恒到长沙高新区考察。

15日 美国花旗集团亚洲总裁到长沙高新区考察。

23日 湖南省副省长甘霖在长沙高新区主持召开湖南省新材料产业发展调研座谈会。

27日 长沙软件园被科技部创新基金管理中心认定为唯一以国家级软件园身份获得批准的2004年度创新基金小额资助依托机构。

3月

15日 澳大利亚全球企业网络联盟团到长沙高新区参观。

18日 中南地区最大的新型建材专业塑胶企业湖南电力路路通塑业有限公司入驻长沙高新区。

同日 美国花旗集团欧美投资银行比尔一行到长沙高新区考察。

24日 长沙软件园启动国家863嵌入式软件重大专项和2004国际软件人才千人培训计划2个项目。

31日 印度NIIT（印度国家信息技术学院）董事局主席Rsjendras.Pawar（帕瓦）和NIIT大中华区总经理Mr.Prakash Menon（蒲凯西）到长沙高新区考察。

4月

1日 118路公交线路正式在长沙高新区开通。

2日 国家科技部863软件专业孵化器专家组到长沙高新区检查其承担的国家863计划的软件专业孵化器支撑环境课题——《面向网络应用集成的软件支撑环境》项目的执行情况。

12 日 “崛起的长沙工业”新闻发布会在长沙高新区麓谷科技园举行。

15 日 世界 500 强企业德国博世公司的专家组考察长沙高新区。

17 日 公安部副部长田期玉视察麓谷园区省公安厅户政科技园。

5 月

15 日 湖南省委常委、市委书记梅克保考察中联重科。

21 日 2004 年长沙国际友好经贸合作洽谈会·麓谷站在长沙高新区管委会召开。

28 日 长沙高新区管委会主任罗社辉与全球最大的半导体芯片制造商英特尔公司全球解决方案服务总裁 Ricki Echevarria、英特尔亚太地区解决方案服务总经理郭郑俐进行友好洽谈，共同探讨在高新区打造第 6 年中国区解决方案中心的可能性。

6 月

7 日 广东大亚湾核电站、岭澳核电站安全咨询委员会主席考察长沙高新区。

11 日 长沙高新区软件园——国防科大基础软件应用实验室在软件中心大楼举行成立仪式。

16 日 全国政协副主席、致公党中央主席罗豪才率“中部地区崛起”专题考察组视察长沙高新区创业园。

7 月

8 日 长沙高新区计生协会成立大会暨第一届会员代表大会召开。

19 日 日本鹿儿岛市长赤崎义则率领的日本友好代表团到长沙高新区进行友好访问。

同日 长沙高新区投资服务中心挂牌启动。

8 月

2 日 长沙软件园有限公司承担的国家 863 嵌入式软件课题《支持银税类控制设备智能化升级的嵌入式软件平台》通过国家 863 软件重大专项专家组的中期验收。

同日 中联重科成功研发中国首台特殊物料输泵。

4 日 中共长沙市委、长沙市人民政府下发《关于加快长沙高新技术产业开发区建设与发展的意见》（长发〔2004〕16号），市委办、市政府办下发《关于落实<关于加快长沙高新技术产业开发区建设与发展的意见>的通知》（长办发〔2004〕46号）。

18日 长沙高新区统一管理东方红镇正式启动。

是月 创业服务中心被评为“2003年度优秀国家高新技术创业服务中心”。

10月

27日 长沙高新区承办的全国火炬计划统计工作会议召开，国务院参事石定环、科技部火炬计划中心主任巫英坚出席会议。长沙高新区的统计工作被科技部火炬中心授予“全国先进”称号。

11月

1日 在全国科技管理系统总结表彰会上，长沙高新区被国家人事部、科学技术部评为“全国科技管理系统先进集体”，高新区党工委副书记、常务副主任张德安被授予“全国科技管理系统先进工作者”称号。

4日 芬兰市长罗瓦涅毛瑞·高登考察长沙高新区。

17日 长沙高新区入园企业的8个项目获得科技部科技型中小企业技术创新基金。

23日 参加“CEPA与湖南发展高峰论坛”的港澳代表参观麓谷工业园。

▲2005年

3月

31日 长沙高新区妇女工作委员会成立。

4月

8日 长沙市政协主席简应超率政协全体副主席、正副秘书长、专业委员会主任等20人到长沙高新区考察。

25日 长沙市副市长徐湘平就“长沙高新区规划用地等有关问题”到长沙高新区调研。

5月

19日 长沙高新区在上海召开“上海·长沙高新区麓谷投资说明会”。

25日 长沙市长谭仲池率长沙市工业化工作会议的全体代表，到长沙高新区制造产业领军企业中联重科、华泰重工参观考察。

6月

7日 国家国土局副局长刘文甲到长沙高新区调研。

13日 国家发展和改革委员会〔2005〕30号公告明确长沙高新区为第三批通过审核的国家级高新技术产业开发区。

16日 长沙高新区举行市公安局高新分局正式更名暨东方红镇、麓谷2个派出所授牌授印仪式。

同日 中共中央政治局委员、湖北省委书记俞正声率湖北省党政代表团考察中联重科麓谷工业园。

7月

1日 湖南省国税局程安亭局长到长沙高新区就税收政策的执行情况进行调研。

3日 湖南省长周伯华就建设发展问题到长沙高新区进行调研。

8月

24日 长沙高新区和中南大学博云新材料股份有限公司举行高性能炭/炭复合材料生产基地项目签约仪式。

9月

8日 长沙高新区中心绿化公园被市园林管理局正式下文命名为“长沙市麓谷公园”。

10日 长沙高新区管委会在第21个“教师节”之际，向长沙市教育基金捐赠30万元，设立“高新残疾学生助学基金”。

23日 意大利“西西里”科技园与长沙高新技术产业开发区创业服务中心签约，共建意中（长沙）创业园。

24日 由科技部火炬中心与长沙高新区联合主办的第六届全国留学人员创

业园网络年会暨第二届中南地区孵化器网络年会召开。

10 月

28 日 全国人大常委会副委员长顾秀莲率全国人大常委会《劳动法》执法检查组，到中联重科、威胜电子等企业检查《劳动法》实施情况。

29 日 中共中央政治局常委、全国人大常委会委员长吴邦国，中共中央政治局委员、全国人大常委会副委员长王兆国，全国人大常委会副委员长兼秘书长盛华仁到中联重科，就企业自主科研创新方面的问题进行调研。

11 月

8 日 科技部公布 2005 年科技型中小企业技术创新基金立项名单，长沙高新区有 23 个项目立项，获得支持资金 1590 万元。

11 日 美国经理人协会到长沙高新区考察投资环境。

28 日 以文化部党组成员、纪检组长常克仁为组长的国务院保护知识产权专项行动督查小组，到麓谷科技园三辰卡通集团检查。

▲ 2006 年

1 月

4 日 中共湖南省委书记张春贤到长沙高新区考察。

16 日 长沙高新区首次召开麓谷企业家迎新春座谈会。

2 月

13 日 湖南省发改委与长沙高新区组织的《湖南海利霖人类干细胞国家工程研究中心》初步设计评审会举行，对拟将落户“麓谷”园区的该项目，在已经进行过规划设计和建筑单体评审的基础上，作进一步的审查、完善。

22 日 在湖南省的招商引资工作表彰大会上，长沙高新区被省政府评为“招商引资”和“内引外联”双先进单位。

24 日 “科技部自主创新报告团”到长沙高新区进行参观考察。

3 月

1 日 长沙高新区正式聘请袁隆平、黄伯云、李健、钟志华、刘业翔、刘筠、何继善、钟掘、夏家辉等 10 名活跃在科研产业界的院士、专家为高级顾问。

同日 长沙市委常委办公会议在长沙高新区召开，会议专题研究进一步加快长沙高新区发展的有关问题，省委常委、市委书记梅克保在会上作重要讲话。

9 日 长沙高新区邀请欧洲项目官员及中国贸促会项目官员举行 2006 中国——欧盟投资贸易合作洽谈会湖南（长沙）推介会，对高新区企业开展与欧洲企业合作提供良好的机会。

24 日 以中国林科院首席科学家彭镇华教授为组长的专家组到长沙高新区检查长沙创建森林城市工作。

30 日 长沙高新区举行“非上市高新技术股份制企业进入代办股份转让系统试点”企业动员及专题培训会。

31 日 法国中央大区议会主席（行政首脑）米歇尔·萨潘率友好代表团一行 19 人到长沙高新区参观考察。

4 月

13 日 由湖南省外事侨务办公室、省海外交流协会和长沙高新区承办的“2006 年西班牙青年企业家协会中国湖南·麓谷峰会”在长沙高新区举行。

20 日 “世界著名专家科技项目投资研讨会”在长沙高新区召开，国际电机电子工程学会（IEEE）院士叶祖尧博士、美国国家能源市场商人协会技术政策委员会联合主席布洛克、ICPC 国际合作促进中心主任卢红女士 3 位世界顶级管理大师发表主题演讲。

同月 湖南省“十一五”重大科技专项之一——湖南神舟科技股份有限公司镍氢动力电池建设项目与大陶精密科技集团有限公司的合作签约仪式在麓谷科技新城举行。

5 月

16 日 863 成果中间件套件“四方国件”全国巡展——长沙软件园产品推介会在长沙软件园召开，长沙软件园作为国家 863 软件专业孵化器承担本次活动。会议邀请中间件技术领域的资深专家、国防科技大学吴泉源将军做技术前景演讲。

25日 人民日报副总编辑梁衡考察长沙高新区文化产业发展情况。

6月

28日 长沙高新区召开庆祝中国共产党成立85周年暨先进基层党组织、优秀共产党员、优秀党务工作者表彰与新党员宣誓大会。

30日 长沙市扩大高新区统一管理范围工作协调领导小组召开第一次会议，明确“通力合作、依法办事、统筹兼顾、尽快实施”的总体原则，并要求遵循“高度统一思想、先期共同管理、尽快健全手续、确保早日移交”的工作步骤，迅速启动区划微调工作。

7月

10日 长沙市行政区划微调工作会议在东方红镇召开，会议部署扩大长沙高新区统一管理范围的有关工作。望城县16.35平方千米纳入长沙高新区统一管理的各项工作正式启动。

8月

31日 长沙高新区召开博士后工作座谈会，湖南省政协副主席龙国键、省人事厅副厅长杨士雅等和13家企业博士后科研工作站负责人及8名博士后研究人员参加座谈会。

9月

8日 长沙高新区召开2006年教育工作总结表彰暨教师节庆祝大会。

13日 全球500强企业之一的摩托罗拉公司宣布在长沙高新区麓谷科技新城建立湖南创新中心，省长周伯华接见摩托罗拉（中国）电子有限公司总裁高瑞彬，并出席签约及启动仪式。

同日 由中国兵器集团江南机器（集团）有限公司投资建设的“国家级江南技术中心”在长沙高新区管委会正式签约成立。

26日 长沙高新区管委会与全球最大的工业房地产开发商——普洛斯公司在麓谷举行签约仪式，普洛斯公司投资3000万美元在麓谷园区建立工业仓储物流项目。

27日 长沙高新区举行麓谷投资环境专题推介会。

同日　“中博会”2006年国际融资高峰论坛在长沙高新区麓谷举行。

10月

18日　湖南省委副书记、代省长周强陪同重庆市委副书记、市长王鸿举率领的重庆市党政代表团100人到麓谷园区企业三辰卡通进行考察。

20日　全国妇联副主席洪天慧视察三辰卡通湖南制作基地。

同日　主题为“沟通无国界”的“2006湖南——欧盟网上展洽会”首场推介会在长沙高新区举行。

同日　诺基亚（中国）投资有限公司与华通国际电讯有限公司在长沙高新区合资成立湖南华诺科技有限公司。湖南省委副书记、代省长周强、诺基亚（中国）投资有限公司总裁何庆源，华通国际电讯有限公司董事长薛滨出席庆典活动。

26日　湖南省委副书记、代省长周强带领省直有关部门负责人到高新区调研园区建设及工业发展情况。

28日　九芝堂现代中药科技产业园在长沙国家高新区麓谷动工建设。

29日　湖南省规模最大的现代医药物流基地——长沙双鹤医药物流基地在长沙高新区麓谷投入运营。

11月

12日　由长株潭三市高新区联袂推出的麓谷大型人才招聘会在长沙高新区管委会麓谷中心广场举行。

18日　国务委员陈至立、教育部部长周济到长沙高新区考察三辰卡通集团公司。

28日　长沙市非公有制经济组织党建工作经验交流会在长沙高新区召开。

12月

3日　中共中央政治局委员、新疆维吾尔自治区党委书记王乐泉，自治区政府主席司马义·铁力瓦尔地率领的新疆维吾尔自治区党政代表团考察长沙高新区。

4日　长沙高新区跻身首批18个“国家科技兴贸出口创新基地”之一。

7日　湖南省委常委、市委书记陈润儿到长沙高新区调研。

15 日　长沙市行政区划调整范围社会事务委托管理交接会议在高新区东方红镇举行。

18 日　“国家科技兴贸出口创新（长沙）基地”的揭牌仪式在长沙高新区举行。

22 日　“（湖南）国家动漫游戏产业振兴基地”授牌仪式在长沙高新区麓谷园区举行，长沙成为继上海、成都、大连之后第 4 个国家重点布局基地。基地中心大楼——湖南麓谷信息港举行奠基典礼。

30 日　长沙高新区与中南大学联合共建的“中南大学麓谷发展战略研究院”在中南大学商学院挂牌成立。

▲ 2007 年

1 月

9 日　长沙麓谷普洛斯物流园有限公司在长沙高新区独资注册成立，注册资金 1200 万美金，总投资 3000 万美金，项目选址位于长沙高新区麓谷基地，规划总用地面积约 16.4 万平方米。

15 日　长沙高新区承办的“以信息化带动工业化、自主创新在湖南”为主题的 2007 年湖南信息化高峰论坛在长沙举行。

同日　作为湖南省年度重点招商项目，国内最大的 IT 服务提供商和 IT 产品分销商神州数码注册落户长沙高新区，成立长沙神州数码有限公司。

3 月

22 日　“中国青年企业家中部行”湖南经贸考察团参加在麓谷举行的长沙高新区投资环境推介交流会。

4 月

16 日　国家人事部、湖南省政府共建的“中国长沙留学人员创业园”在麓谷揭牌。

25 日　工商银行湖南省分行与长沙高新区管委会签署全面合作框架协议，为长沙高新区提供 50 亿元授信支持，其中 10 亿元用于园区基础设施建设，40 亿元为园区处于资金短缺的中小企业提供支持。

28 日　湖南大学麓谷产学研基地开工仪式在长沙高新区麓谷园区隆重举行。

5月

8日 长沙西线产业经济带主轴心——金洲大道全线开工建设。

11日 长沙高新区管委会机关“提高行政效能、优化发展环境”作风建设活动动员大会召开，党工委书记彭可平作《加强作风建设，提高行政效能，为又好又快做大做强高新区创造优良环境》的报告。

15日 中共中央政治局常委李长春到麓谷园区企业三辰卡通、中联重科进行考察，强调：要把自主创新能力作为一个地方拥有核心竞争力、可持续发展能力的一个重要指标。

7月

1日 国家科技部曹健林副部长考察长沙高新区并参观中联重科、三辰卡通。

8月

10日 湖南省委常委、长沙市委书记陈润儿到长沙高新区调研新材料产业，对高新区新材料产业今后的发展提出明确要求：加强规划引导，突出发展重点；积极推进创新，提升产业水平；培育骨干企业，壮大经济规模。

9月

20–21日 长沙市人民政府主办、长沙高新区承办的“投资中部，首选麓谷”——2007年长沙高新区麓谷投资环境（深圳）推介会在深圳市举行。会议共发布招商项目85个，主要签约美国思科、美国空气化工、宇顺电子、新蓝电脑、华半导体、鸿益实业、深爱手机等10个项目，签约金额30亿元。

22日 由湖南省总工会、省体育局等单位组织的“全国亿万职工迎奥运健步走”湖南分会场活动在长沙高新区麓谷广场举行。

24日 科技部“建设创新型科技园区工作座谈会”在长沙高新区召开。

10月

16日 江南机器（集团）有限公司麓谷研发中心开工奠基典礼举行。

28日 长沙国家软件产业基地被中国光华科技基金会授予“2007中国最佳创意产业园区奖”。

31日 长沙高新区新的社会阶层代表人士联谊会正式成立。

11 月

19 日　湖南省委组织部以湘委干〔2007〕220 号文件，任命谭杭生为长沙高新区党工委书记，免去彭可平长沙高新区党工委书记一职。

22 日　信息产业部娄勤俭副部长考察长沙软件园及园区信息产业企业。

同日　IT 巨头美国思科公司在长沙高新区注册成立思科中国长沙分公司。

同月　彭可平担任长沙市人大副主任一职。

12 月

6–7 日　由教育部、科技部、湖南省政府主办，中科院支持，湖南省科技厅、省教育厅和长沙市政府承办的“2007 中国（长沙）科技成果转化交易会”在麓谷举行。参展项目 2000 项，组织科技成果对接洽谈及经验交流专场 8 场，现场解决和协议解决技术难题 200 项，签订各类科技合作项目 139 个，签约金额 302 亿元（其中美金 3 亿元），科交会这一聚集创新资源的大平台永久落户长沙。

12 日　长沙高新区慈善会成立大会召开。

14 日　国家发改委发文批准，长株潭城市群为全国资源节约型和环境友好型社会建设综合配套改革试验区。

25 日　商务部、信息产业部、科技部联合发文（商资函〔2007〕107 号）认定长沙市为“中国服务外包基地城市”。

27 日　长沙市委常委召开专题会议，做出“建设大河西，打造先导区”的部署。会议决定将湘江以西，以绕城公路为轴线的相关区域，包括岳麓区、长沙高新区以及望城县、宁乡县的部分乡镇作为建设“两型社会”综合配套改革实验区的先导区。

▲ 2008 年

2 月

29 日　长沙高新区博士后工作座谈会召开，中联重科等 14 家企业博士后科研工作站负责人、管理人员及博士后研究人员参会。

3月

7日　冠捷科技集团全球副总裁段振华到长沙高新区考察。

18日　湖南省国税局长沙高新技术企业座谈会在长沙高新区国税局召开，省国税局局长程安亭参加座谈会。会议对高新技术企业在产学研合作、自主创新发展道路上所面临的税收问题进行探讨。

21日　湖南省副省长郭开朗到长沙高新区就产学研合作调研，强调要为高新技术企业与高校合作搭建平台，推动科技成果产业化。

4月

7日　在湖南省招商引资暨商务工作会议上，长沙高新区获湖南省“利用外资工作先进单位”“内联引资工作先进单位”称号。

10日　中共中央政治局常委、中纪委书记贺国强到长沙高新区重点企业中联重科考察。

16日　长沙高新区召开十七大精神学习辅导暨动员大会，党工委书记谭杭生作题为《解放思想，求真务实，实现又好又快发展》的辅导报告。

24日　长沙高新区举行2008年企业商务和招商引资工作会议。

5月

12日　中共中央政治局委员、全国政协副主席王刚考察长沙高新区中联重科麓谷工业园。

15日　长沙高新区举行向地震灾区募捐献爱心活动，管委会200名机关干部员工、园区80家企业代表共向四川汶川地震灾区捐款捐物108万元。

26日　长沙市委办公厅下发长办通〔2008〕18号文件，明确长沙望城坡经济开发区移交长沙高新区管理，望城县雷锋镇委托长沙高新区管理。

6月

10日　长沙大河西先导区管理委员会在高新区麓谷挂牌成立，省委常委、市委书记陈润儿，市长张剑飞共同为管委会揭牌。

13日　科技部火炬中心、省科技厅、长沙市政府合作共建长沙高新区创新型科技园区（试点）签约仪式在高新区隆重举行。

20日　长沙高新区麓谷投资环境（杭州）推介会在杭州举行，湖南省副省长甘霖、浙江省副省长矛临生到会，300 位国内外客商聚集到杭州。推介会共发布 84 个招商引资项目，涉及电子信息、先进制造、新材料、生物医药、节能环保、综合配套 6 个领域，投资总额 130 亿元；现场签约项目 5 个，签约金额 30 亿元，其中外资 1.8 亿美元。

同日　长沙高新区管委会被授予“湖南省博士后管理工作先进单位”称号。

30 日　在长沙市纪念中国共产党成立 87 周年暨表彰大会上，长沙高新区被授予市“四好”领导班子称号。

7 月

23–24 日　党工委书记谭杭生、管委会主任罗社辉分别接待 20 位来访群众，启动为期半年的“领导班子大接访”活动。

30 日　长沙高新区与长沙市商业银行联合主办专场银企合作洽谈会，双方签订银企合作协议，长沙市商业银行将为高新区以及园区内企业提供人民币 14 亿元的授信额度。

8 月

15 日　先导区第一路——金洲大道全线竣工通车，湖南省委常委、市委书记陈润儿，市长张剑飞在党工委书记谭杭生、管委会主任罗社辉的陪同下到金洲大道高新区段视察慰问。

9 月

12 日　中冶长天冶炼专用设备生产基地开工建设，中冶长天科技园项目总投资 15 亿元，占地 610 亩，分三期进行建设。

11 月

6 日　长沙光伏产业基地在长沙高新区麓谷举行奠基仪式。省委书记、省人大常委会主任张春贤为长沙高新区授予“长沙信息产业园”牌匾，省长周强为长沙高新区授予“长沙光伏产业基地”牌匾。

同日　长沙高新区在麓谷广场举办“辉煌麓谷、腾飞高新”文艺晚会，庆祝 2008 中国（长沙）科技成果转化交易会在麓谷召开，纪念国家火炬计划实施 20 周年、长沙高新区创建 20 周年。著名湘籍歌唱家张也、王丽达参加演出

6—7 日　“2008 中国（长沙）科技成果转化交易会“在麓谷举行，共聚集项目 4920 项，其中科技成果项目 4055 个，技术需求项目 550 个，投融资需求项目 315 个。会中组织多场科技成果对接洽谈会、投资推介会、经验交流会；现场解决和协议解决 60 项技术难题；签约成立 6 个产业技术联盟；签订各类科技合作项目 218 个，其中包括 25 个重大项目，签约金额共 159 亿元。

7 日　长沙高新区博士后暨高端人才招聘会在麓谷举行。该招聘会以电子信息、工程机械、新材料、生物医药、数字动漫等高新区主导产业和龙头企业为主，重点引进在这些领域具有领先科研水平的领军人才。共有 9 名博士后、13 名博士、67 名硕士与所中意的企业洽谈并达成签约意向。

12 月

15 日　在北京人民大会堂召开的国家火炬计划实施 20 周年总结表彰大会上，长沙高新区获“实施国家科技计划（火炬计划）先进管理单位”称号。

▲ 2009 年

2 月

1 日　长沙高新区召开“帮助扶持企业发展，帮助推进项目建设，促进民生改善，促进经济增长”活动部署会。

4 月

30 日　科技部副部长杜占元考察中联重科。

5 月

12-14 日　由湖南省人民政府主办，省信息产业厅、省商务厅、省政府驻深圳办事处承办，长沙高新区协办的“2009 年湖南省电子信息产业专题（深圳）投资洽谈会”在深圳举行。

6 月

16 日　西班牙 Atu-EIBUR 集团主席 Eduardo Ordo　ez Alonso 等集团高层 5 人到长沙高新区考察。

22日　长沙市委、市政府举行大河西先导区观摩汇报会，省委常委、市委书记陈润儿，市长张剑飞等各级领导200人到长沙高新区中联华泰公司现场观摩。

7月

8日　湖南省政府与佩罗系统公司在长沙签署《关于推进湖南信息化建设战略合作协议书》，副省长陈肇雄、佩罗系统公司董事会主席罗斯·佩罗、市委书记陈润儿、长沙高新区党工委书记谭杭生参加签约仪式。

9日　长沙高新区启动“共建长沙国家软件产业基地合作协议签约仪式”“长城电脑湖南下线仪式”，副省长陈肇雄、中国电子信息产业集团董事总经理刘烈宏、市长张剑飞、共同为长沙国家软件产业基地中电园区第一个基桩培土奠基。

8月

19日　长沙高新区举行重点企业经济形势分析座谈会，会议通报高新区2009年1–7月经济运行情况，听取中联重科、威胜集团、五强集团、九芝堂等18家企业代表的发言，并就经营情况、存在问题、今后两年的发展展开讨论。

9月

1日　以“歌唱新中国，赞美新麓谷”为主题，长沙高新区庆祝中华人民共和国成立六十周年“麓谷放歌”广场歌咏比赛举行。

19日　在中国软件行业协会主办的“2009中国(南海)软件和服务外包高峰论坛暨中国软件行业协会成立25周年庆典”上，长沙软件园获“中国软件和服务外包杰出园区”称号，是中部地区首个获此荣誉的园区。

25日　长沙软件及服务外包人才培训联盟和长沙服务外包产业联盟在长沙高新区成立。

10月

14日　长沙高新区与中国移动通信集团湖南有限公司签署协议，中国移动电子商务产品创新基地落户高新区。

▲2010年

1月

21日　国家发改委批复，同意长沙高新技术产业开发总公司发行7年期20亿元企业债券（简称“10长高新债”），募集资金将全部投向区内麓谷产业基地七期和信息产业园路网基础设施建设。

2月

26日　长沙高新区召开街镇区划调整暨麓谷街道办事处、东方红镇成立大会。

同日　湖南省委常委、市委书记陈润儿到长沙高新区调研，考察基础设施和产业发展情况。

27日　工业和信息化部副部长苗圩考察长沙软件园。

3月

8日　湖南省首批获准筹建的小额贷款试点企业之一——长沙高新区麓谷小额贷款有限公司成立。该公司是湖南省唯一直接服务高新区中小企业的小额贷款公司。

同日　长沙高新区管委会与西班牙创新技术和企业管理商务中心有限公司签订合作协议。

4月

2日　湖南省环保产业示范园授牌暨项目签约仪式举行，副省长刘力伟授予长沙高新区“湖南省环保产业示范园区”的牌匾，长沙高新区成为湖南省唯一环保产业示范园区。

13日　2010中国（湖南）“动漫文化与儿童教育”高峰论坛在长沙高新区开幕，全国动漫界、教育界等专家学者150人出席为期2天的论坛活动。

14日　湖南省委副书记梅克保带领省直相关部门负责人到人类干细胞国家工程研究中心现场办公。

16日　长沙高新区管委会、长沙明德中学、保利地产3方共建的麓谷明德学校在保利·麓谷林语隆重举行合作办学签约仪式，开启“国有企助，委托管理”

的教育合作新模式。

19日 长沙高新区召开劳模座谈会，来自管委会机关、企业、村镇、街道等17名劳模与会，党工委书记谭杭生、管委会主任罗社辉参加座谈会。

29日 由共青团长沙市委、长沙高新区主办的“激情创业，放飞梦想”联欢晚会在麓谷中心广场举行。

5月

21日 科技部杜占元副部长到长沙高新区考察华自科技公司联合国工业发展组织国际小水电中心控制设备（长沙基地）以及中电48所红太阳新能源科技有限公司太阳能项目。

26日 长沙高新区与《长沙晚报》社联合创办的刊物——《高新麓谷》创刊首发仪式举行。《高新麓谷》定位为宣传长沙高新区、见证并推动长沙以及湖南高新技术产业发展的刊物。

31日 长沙高新区召开工会第一次代表大会，高新区总工会成立，选举出第一届委员会和经费审查委员会，党工委委员、主任助理张宏亮当选为总工会主席。

6月

8日 全国人大常委会副委员长周铁农带领执法检查组到长沙高新区检查园区企业贯彻实施《清洁生产促进法》情况。

21日 湖南省委副书记、代省长徐守盛和省委常委、市委书记陈润儿到长沙高新区考察经济社会发展情况。

7月

2日 中共中央政治局常委、国务院总理温家宝到长沙高新区湖南拓维信息系统股份有限公司考察，了解企业的发展情况，并充分肯定拓维信息在手机动漫、移动电子商务领域取得的成绩。

20日 湖南省委书记周强到长沙高新区红太阳光电科技公司和远大住工，听取对编制湖南省“十二五”规划和推进“两型社会”建设的意见和建议，实地调研企业生产经营情况，现场了解和解决企业在快速发展中遇到的新情况、新问题。

8月

12日 长沙高新区《促进服务外包产业发展的暂行办法》新闻发布会举行。

10月

3日 湖南省委常委、市委书记陈润儿到长沙高新区专题调研公共租赁住房建设，指出发展公共租赁住房，规划布局上要实行集中与分散相结合；房屋来源上要实行新建与盘活相结合；资金投入上要实行政府与社会相结合；租赁补贴上要实行财政与企业相结合。

4日 湖南省委书记、省人大常委会主任周强到长沙高新区调研中电软件园和红太阳光电科技有限公司的建设情况。

14日 长沙高新区湖南大学科技园(湖南大学科技园有限公司)、长海创业基地(湖南长海控股集团有限公司)、长沙生产力促进中心创业基地(长沙生产力促进中心)、橡树园创业基地(长沙高新区橡树园企业创业服务有限公司)、金荣科技园(湖南麓谷科技孵化器有限公司)、麓谷国际工业园(湖南麓谷科技孵化器有限公司)6个创业基地被授予“长沙高新技术产业开发区创业基地”称号。

18日 湖南省长徐守盛专题调研长沙保障性安居工程实施情况，到麓谷和馨园，了解长沙高新区保障住房的建设情况。

27日 由科技部火炬中心、省科技厅、市政府主办，由长沙高新区承办的“国家火炬计划软件产业基地15周年工作座谈会暨软件产业化创新与合作峰会”在麓谷召开，35个国家火炬软件基地的负责人共同签署《长沙宣言》。

29日 湖南首座、长沙最大的全民健身体育公园——保利·麓谷体育公园正式向市民开放。

12月

26日 湖南省首个110千伏智能变电站——长沙金南110千伏智能化变电站在麓谷建成投产。

▲ 2011年

1月

17日 长沙高新区《“十二五”规划纲要（草案）》评审会举行。

23 日 长沙高新区获“2010 年度长沙市招商引资工作先进单位”“2010 年度长沙市外经贸工作先进单位”称号。

24 日 “创新麓谷引领两型——2011 长沙高新区迎新春晚会”在长沙人民会堂举行。

3 月

8 日 长沙高新区公共租赁住房开发有限公司成立暨麓城印象公租房项目（长沙高新区及长沙市首个公租房新建项目）奠基仪式举行，湖南省委常委、市委书记陈润儿出席奠基仪式。

17 日 工业和信息化部发出通告，决定授予长沙软件园有限公司等 99 个全国平台为首批“国家中小企业公共服务示范平台”称号。

22 日 中共中央政治局常委、中央书记处书记、国家副主席习近平到长沙高新区考察中联重科，观看工程机械产品展示，询问生产经营情况，对企业依靠高新技术改造提升装备制造业取得的成绩予以肯定。

4 月

2 日 建设银行湖南省分行与长沙高新区管委会举行战略合作签约仪式，建行湖南省分行对长沙高新区园区建设及园区企业等项目提供 120 亿元综合授信服务。

29 日 长沙高新区召开庆“五一”国际劳动节暨第一届劳模表彰大会，向 10 位劳动模范以及“劳动关系和谐企业”“科技创新先进班组”“优秀基层工会”“模范职工之家”“工会工作最佳支持者”“先进工会工作者”“优秀工人”“芙蓉标兵”等先进单位和个人颁奖。

5 月

12 日 美国戴尔公司（世界 500 强企业）新成立的独资分公司戴尔信息技术（湖南）有限公司在长沙高新区注册。

14 日 “百年清华”教授专家长沙行暨 2011 年长沙市科技活动周启动仪式在长沙高新区举行。

6月

15日 长沙高新区与浦发银行长沙分行签署《园区中小企业全面合作协议》，该行将为高新区园区基础设施和配套设施提供50亿元综合授信额度，给园区企业提供100亿元授信，并设立机构。

20日 庆祝中国共产党成立九十周年表彰大会暨文艺晚会在麓谷广场举行。

27日 长沙高新区总工会召开首次基层工会座谈会。

7月

1日 长沙高新区行政在线审批及电子监察系统开始对外运营。

12日 湖南省委常委、市委书记陈润儿到长沙高新区调研，听取长沙高新区创建自主创新示范区情况汇报，并指出：长沙高新区创建国家自主创新示范区有基础、有优势，包括科技资源十分密集，自主创新能力突出；内生发展动力强劲，产业特色优势明显；科技金融加深融合，创新成果高效转化；对外合作前景广阔，国际影响不断提升，市委、市政府将支持长沙高新区积极申报和加快建设国家自主创新示范区。

16–17日 中共中央政治局委员、国务委员刘延东在湖南省委书记、省人大常委会主任周强，省长徐守盛的陪同下，到科技园区和高新技术企业、学校、基层文化单位，实地考察湖南“两型社会”建设、科技创新、战略性新兴产业发展、科教文化事业发展等方面情况。

8月

同日 长沙软件园承担的国家级火炬计划项目《软件测试公共服务平台》在长沙通过验收。

同日 刘颖鹏担任中共长沙高新区纪律检查工作委员会书记一职。

9月

2日 长沙市长张剑飞到长沙高新区调研工业企业发展情况。

3日 2011年“中国企业500强”发榜，中联重科以营业收入508亿元位列第164位，排名比去年上升27位。

同日 中联重科上榜“2011中国制造业企业500强”。

14日 深圳证券交易所、湖南省证监局、长沙高新区企业改制上市合作签约仪式暨资本市场高级培训班在长沙高新区举行。

21日 长沙中电软件园开园，湖南省委常委、长株潭试验区工委书记陈肇雄，中国电子信息产业集团有限公司董事长芮晓武出席开园仪式。

28日 英国吉尼斯世界纪录认证官陈东在中联重科麓谷科技园宣布，全球最长臂架混凝土泵车新的吉尼斯世界纪录为80.101米，由中联重科创造。

同日 湖南红太阳光电科技有限公司、湖南中科千子光电有限公司、湘能华磊光电股份有限公司、湖南航天卫星通信科技有限公司等10家湖南省主要LED产学研金重点单位，联合中国科学院湖南技术转移中心、湖南大学、湖南师范大学等产学研金单位代表在长沙高新区召开LED产业技术创新联盟筹备会议，为推动LED产业发展献计献策。

同月 2011年度长沙市科学技术进步奖揭晓，长沙高新区18个项目获奖，涉及先进装备制造、电子信息、新材料、节能环保等领域，其中一等奖4项、二等奖5项、三等奖9项。

10月

10日 中共中央政治局常委、国务院副总理李克强到国家杂交水稻工程技术研究中心，了解杂交稻研究情况，看望“杂交水稻之父”袁隆平。

同日 湖南光琇高新生命科技有限公司博士后科研流动站协作研发中心授牌仪式在湘雅大酒店举行。

18日 长沙软件园投融资平台举行首届投融资对接会。

19日 全球工程机械产业大会暨50强峰会在北京召开，发榜的2011年度全球工程机械50强企业榜单上，中联重科、三一重工2家中国企业跻身前十强。中联重科董事长詹纯新获全球工程机械行业杰出贡献奖。

26日 湖南省首家科技银行——长沙银行科技支行在麓谷成立，长沙高新区的15家科技企业现场与该行签约，获5亿元授信。

30日 长沙高新区创业服务中心举办湖南网商交流会，针对湖南网商创业者提供首次服务。

11月

4日 全国人大常委会副委员长路甬祥考察中联重科麓谷工业园。

5-7日 2011中国（长沙）科技成果转化交易会暨“十一五”国家重大科

技成就长沙巡回展在麓谷会展中心举行。

6 日　长沙高新区与长沙银行、上海浦东发展银行股份有限公司长沙分行分别签订“科技支行风险补偿基金合作协议”，在两家科技支行分别设立 2000 万元的风险补偿基金，并主动承担科技型中小企业 70% 的信贷风险。

14 日　第九届全国博士生学术年会暨高端人才推介会在麓谷举行。

16 日　中联重科并购 CIFA 案荣获“首届中国海外投资经典案例”。

28 日　意大利马尔凯大区主席姜・马里奥・斯帕卡率领的 52 人代表团到长沙高新区参观考察。

12 月

20 日　长沙高新区获批成为湖南首个国家海外高层次人才创新创业基地。

30 日　中联重科麓谷第二工业园开工奠基。

▲ 2012 年

1 月

7 日　长沙软件园海量数据处理工程研究中心揭牌成立，中国工程院院士、北京邮电大学校长方滨兴和国防科技大学计算机学院副院长李楠出席揭牌仪式。

10 日　长沙历届主管长沙高新区的市领导及高新区历任书记、主任到高新区指导工作，高新区党工委书记谭杭生、管委会主任罗社辉及全体委领导出席座谈会。

2 月

2 日　长沙高新区党工委、管委会印发《长沙高新区“十二五”人才发展规划》。

8 日　2011 年度湖南省科学技术奖励大会召开，长沙高新区的一位专家获湖南省科学技术杰出贡献奖，20 个项目分别获 2011 年度湖南省技术发明奖和湖南省科学技术进步奖。

10 日　中意技术转移中心第二次工作联席会暨中意技术转移湖南分中心成立授牌仪式举行，中意技术转移中心全国首家分中心落户麓谷。

14日 长沙市长张剑飞到高新区调研电子信息产业发展情况。

22日 长沙高新区获“2011年度招商引资工作目标管理考核一等奖”和“2011年度长沙市外经外贸工作先进单位”称号。

26日 科技部火炬中心主任赵明鹏到长沙高新区调研。

3月

2日 湖南省委常委、长株潭“两型社会”试验区工委书记张文雄到长沙高新区考察“两型社会”建设情况。

同日 长沙高新区举行庆“三八”妇女节暨妇联成立大会，大会选举产生长沙高新区第一届妇联执委。

14日 由长沙高新区创业投资引导基金有限公司与湖南高新创业投资集团有限公司共同发起成立的“湖南麓谷高新天使基金”揭牌仪式举行。

22日 湖南省长徐守盛一行考察中电软件园。

28日 湖南省发改委主任胡衡华率调研组到长沙高新区考察。

4月

26日 建设银行长沙麓谷科技支行开业暨银企合作协议签约仪式在长沙高新区麓谷信息港举行。

6月

8日 湖南省委常委、市委书记陈润儿到长沙高新区调研园区经济运行情况，参观中电48所湖南红太阳光电科技有限公司和长沙市宇顺显示技术有限公司，并举行座谈会。

9日 中共中央政治局委员、全国政协副主席王刚率全国政协常委视察团到长沙高新区调研电子信息产业发展情况，参观园区企业拓维信息股份有限公司和威胜集团有限公司。

15日 “雷锋家乡学雷锋”先进事迹报告会第10场在长沙高新区举行。

25日 长沙高新区出台《长沙高新技术产业开发区引进高层次人才五年行动计划（2012—2016年）实施办法》，重点引进并支持50名掌握国际领先技术、能引领产业发展的创新创业领军人才和500名从事科技创新、成果转化、科技创业的高层次创新创业人才。

29 日　科技部下发《关于表彰国家高新技术产业开发区建设二十年先进集体和先进个人的决定》，长沙高新区被评为先进集体。

7 月

2 日　湖南省委常委、副省长陈肇雄到长沙高新区调研电子信息产业发展情况。

5 日　长沙市中小企业金融服务中心在长沙高新区成立。

17 日　在国务院举行的全国就业创业工作表彰大会上，长沙高新区创业服务中心被国务院授予"全国就业先进工作单位"称号。

20–22 日　由湖南省委统战部、省工商联、清华大学联合主办的湖南中小微企业转型发展论坛暨第六届清华大学中国创业者训练营活动在长沙高新区举行，国内近 500 位创业者和企业家交流创业经验。

8 月

8 日　霍尼韦尔博云航空系统（湖南）有限公司在长沙高新区举行奠基仪式。湖南省委书记、省人大常委主任周强出席并宣布奠基，中国科协副主席、中南大学粉末冶金国家工程研究中心主任、中国工程院院士黄伯云主持奠基仪式。

9 月

28 日　中联重科在麓谷工业园举行成立 20 周年的庆祝仪式，发布全球最长臂架泵车、最长臂塔式起重机两款新产品，湖南省委书记、省人大常委会主任周强出席并为首个工程机械主题展览馆揭幕。

10 月

12 日　长沙高新区第一幼儿园开园。

23 日　中国建设银行总行董事长王洪章到长沙高新区考察调研。

11 月

13 日　湖南省委常委、长株潭"两型社会"试验区工委书记张文雄一行到长沙高新区，调研环保产业发展情况，并组织召开全省环保产业座谈会。

15 日　由长沙高新区和湖南师大附中合作创办的高新实验中学举行剪彩仪

式，办学规模为60个教学班。

22日　湖南省委书记、省人大常委会主任周强到长沙高新区考察电子信息产业。

12月

6日　长沙高新区与交通银行湖南省分行签署战略合作协议。

19日　长沙高新区管委会获得方圆标志认证集团有限公司颁发的《ISO9001:2008质量管理体系认证证书》，认证范围包括行政管理和服务。

区域建置

第一篇 区域建置

长沙国家高新技术产业开发区（简称长沙高新区）前身为创建于 1988 年 10 月的长沙科技开发试验区（简称长沙试验区）。

1991 年 3 月，长沙试验区经国务院批准晋升为国家级高新区。同年 9 月，国家科委下发国科发火字〔1991〕918 号文，通过长沙试验区的区域界定范围和更名，明确长沙高新区区域设置为“城中区部分”和“岳麓山部分”，总有效面积为 18.6 平方公里，其中城中区部分为 14.6 平方公里，岳麓山部分为 4 平方公里，岳麓山部分内的集中新建区面积为 2.66 平方公里。

1997 年 4 月 26 日，经国家科委国科发火字〔1997〕195 号复函和省政府批准，长沙高新区在总规划面积 18.6 平方公里不变的前提下，适当调整部分区域范围，调减难以开发利用的面积 8 平方公里，调入星沙工业高科技园、马坡岭农业高科技园、远大高科技园，与岳麓山高科技园、市内政策区形成“一区四园”格局，其中岳麓山高科技园为长沙高新区直管核心园区，面积由 4 平方公里增加至 7 平方公里，地域达望城坡，为建立麓谷产业基地和开发麓谷打下基础。

岳麓山高科技园地处长沙市湘江西岸，岳麓山下，位于湖南省“五区一廊”经济开发地段、长株潭都市经济圈和“全国资源节约型、环境友好型社会建设综合配套改革实验区”的核心地带，是省会高等学府和科研院所集中地和人才汇集地，地理位置优越，自然条件宜人。

至 2012 年 12 月，长沙高新区由一个没有成片土地开发的长沙试验区发展成一个辖二镇一街，直管区域近 110 平方公里的国家级高新区；从一个仅对市内政策区进行政策覆盖管理的长沙试验区，开发历经一区一园（政策区、岳麓山科技园区）、“一区四园”、麓谷产业基地，到托管东方红镇、雷锋镇和麓谷街道，初步形成一个每年以 3 ~ 4 平方公里的速度开发建设，累计基础设施投入达 200 多亿元，建成区达 30 平方公里，公路路网达 60 公里的“六纵四横”的一个产业集聚、配套齐全、宜居宜业的麓谷生态科技产业新城。

随着区域设置的变化，长沙高新区管理机关历经四次迁变，直至 2003 年

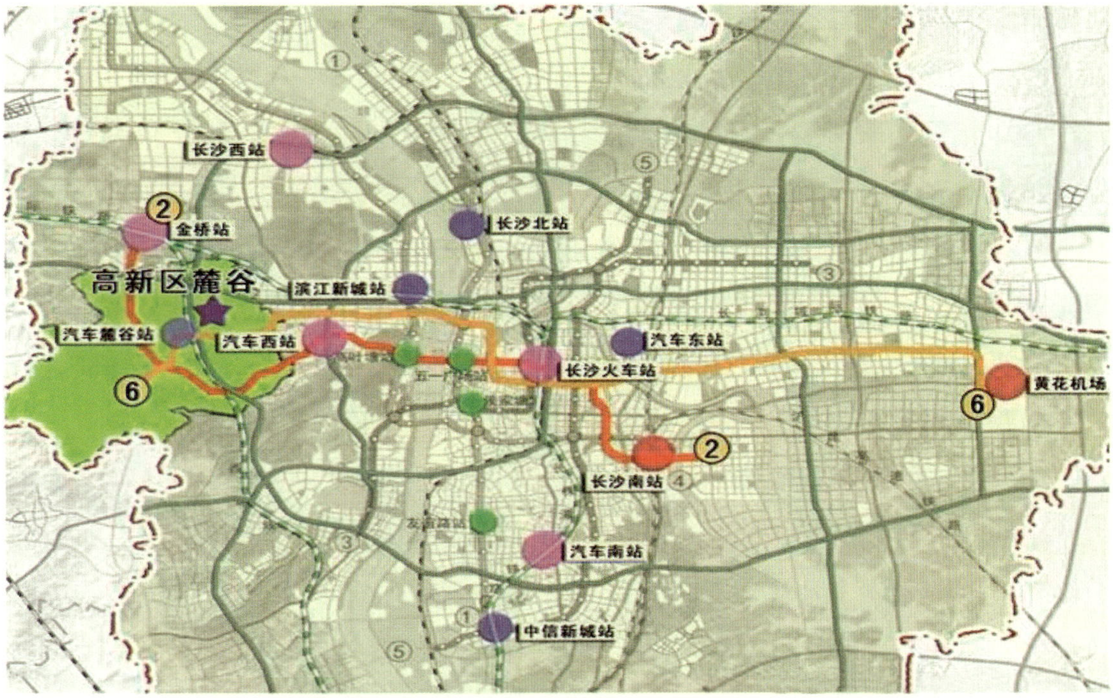

长沙高新区麓谷园区周边交通设置

从桐梓坡迁入麓谷大道668号。距长沙市委、市政府3公里，距黄花国际机场28公里，距火车站10公里，距长沙南站18公里，距长沙霞凝新港10公里，距汽车西站枢纽1公里，公路、地铁、城铁交通十分便捷。

长沙北靠华北经济圈、南接珠三角、东临长三角、西连大西部，具有承东启西、连南接北的区位优势。2009年投入运营的武广高速铁路和正在建设的沪昆高速客运专线，使长沙雄踞长江以南“高铁时代”的“大十字”中心，麓谷凭借这个得天独厚的区位优势，可以通过1 ~ 5小时经济圈辐射全国绝大部分市场，是中部地区重要的高新技术产业基地和港澳台地区开展经贸合作辐射内地市场的首选区域。

第一章 区 域

第一节 区 位

区位，即该地域的四至，长沙高新区区位随区域的扩展呈动态变化，从1988年至2012年长沙高新区区域经市国土局和市规划局确认，并经国务院及相关政府部门批准的区位四至如下：

一、“一区一园”区位

1988—1997 年为长沙高新区的“一区一园”时期。

1991 年经国家科委审定批准长沙高新区区域范围为城中区部分和岳麓山部分，总面积为 18.6 平方公里。

城中区部分：北至浏阳河，南至井湾子，东至德雅路、东风路、迎宾路、曙光路、韶山路，西至芙蓉路、青园路，区位面积为 14.6 平方公里。

岳麓山部分：北至 319 国道，南至龙王港界，东至滦银路，西至白鹤咀路，区位面积为 4 平方公里。其中，集中建设区 2.66 平方公里。

二、“一区四园”区位

1997 年经国家科委批准，长沙高新区区域范围为“一区四园”，即岳麓山高科技园、星沙工业高科技园、马坡岭农业高科技园、远大高科技园和市内政策区，总面积仍为 18.6 平方公里。其中岳麓山高科技园（麓谷）为长沙高新区直接投资建设和管理的集中产业园区，长沙高新区管委会对其它三个园区和政策区实行宏观管理和业务指导。

岳麓山高科技园：

1997 年 10 月 14 日，经省政府办公厅（湘政办函〔1997〕282 号）批复，同意岳麓山高科技园的面积在原批范围内保留长沙高新区自行开发的 0.67 平方公里（火炬城）和园内高等院校、科研院所开发建设的 0.3 平方公里，另在 319 国道以北拓展 3.03 平方公里，向西在望城坡经济开发区扩展 3 平方公里，使岳麓山高科技园的有效面积达到 7 平方公里。

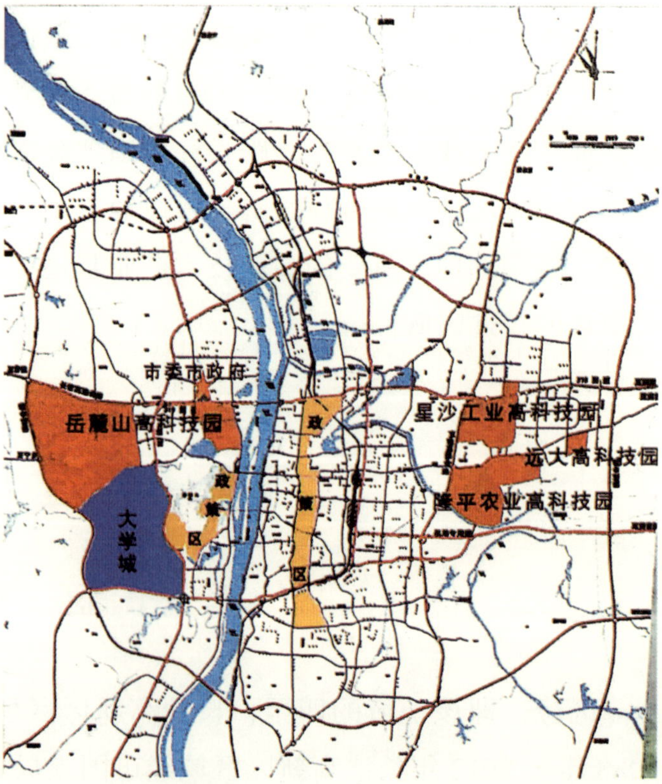

长沙高新区（一区四园）位置示意图

具体区域四至的界线是：东起银杉路、滦银路，西至市外环线，南起长（沙）宁（乡）公路、龙王港路，北至长益高速公路、苦竹坳—张家冲。

星沙工业高科技园：

东起区东环线，西至区西环线，南起梨江路，北至319国道和蒸湘路，规划面积4平方公里。

马坡岭农业高科技园：

东起省畜牧所边界，西至107国道，南起浏阳河，北至长浏公路，规划面积3平方公里。

远大高科技园：

东起黄泥口子，西至长桥，起吴家岭，北至长浏公路，规划面积1平方公里。

市内政策区：

规划面积3.6平方公里。

三、麓谷科技产业新城区位

2004年后，长沙高新区先后托管东方红镇、雷锋镇和麓谷街道，麓谷从一个纯生产建设型的园区发展成兼有社会管理职能的麓谷科技产业新城，长沙高新区麓谷科技产业新城的区域四至坐标：东为五强集团，西为雷锋镇推山村，南为麓谷街道东塘社区，北为尖山湖。长沙高新区托管地域达91.4平方公里，辖地近110平方公里。

第二节　区域调整

从1988年7月至2012年12月，长沙高新区根据产业发展的需要，在国家、省和市的支持下，对市内政策区和集中开发区区划进行数次调整，历经对东方红镇、黄金乡部分村、雷锋镇、麓谷街道进行托管，望城坡经济开发区管理委员会人、财、物成建制移交，长沙高新区的集中建设区亦从1988年有区无园的状况，发展到110平方公里。

一、河西区、市中区和东郊小区调整

1988年10月，长沙试验区成立，试验区无成片集中建设区，区内的高新技术产业分布在河西区、市中区和东郊小区。河西区面积为10平方公里，市中区面积为18平方公里，东郊小区面积为3.6平方公里，长沙试验区区域总面积为31.6平方公里。

二、集中建设区、政策区调整

岳麓山、马坡岭、城中区产业群：

1991年8月30日，为迎接国家科委检查，长沙市国土局和长沙市规划局对岳麓山科技园地域进行审定，确定岳麓山科技园范围总计约4平方公里。长沙高新区由岳麓山、马坡岭、城中区3个产业群基地组成，总面积约31平方公里。

政策区、岳麓山科技园产业群：

1991年12月3日，国家科委发文确定：长沙高新区由河东城中区的政策区和岳麓山科技园两部分组成。

城中区部分，北至浏阳河路，南至井湾子，东至德雅路、东风路、迎宾路、曙光路、韶山路，西至芙蓉路、青园路；岳麓山科技园部分，北至319国道，南至中南矿冶学院南界，东至潆湾路、潇湘路，西至白鹤嘴路、岳麓山东侧。长沙高新区由河东城中区14．6平方公里的政策区和岳麓山科技园4平方公里两部分组成，总有效面积为18．6平方公里。岳麓山科技园4平方公里的集中建设区中，经实地调查，科技园内可供征用开发土地（农村用地）2.66平方公里。

城中区、岳麓山高新技术产业群基地：

1992年2月14日，市政府办公室以长政办函〔1992〕15号批复《长沙高新技术产业街修建性详细规划》，4月6日，市政府下发《关于将新塘等已征土地用于长沙高新技术开发区岳麓山科技园建设的通知》（长政函〔1992〕5号），决定将新塘、南冲、徐家湖、魏家坡、六沟垅、腰塘等1000.83亩土地行政划拨给长沙高新区管委会（总公司）作为岳麓山科技园第一期建设用地。

根据发展规划，长沙高新区分两大片：一是城中区，面积8.6平方公里，位于湘江之东市中心区中部，系大专院校、科研院所和就地发展起来的高新技术企业所在地，是享受高新区优惠政策，不进行集中建设的政策区。二是岳麓山高新技术产业群基地，位于湘江之西，面积23.27平方公里，其中龙王港以南6平方公里为政策区，以北为17．27平方公里的集中建设区。集中建设区以319国道为界，南侧4平方公里为岳麓山科技园，北侧13.27平方公里为银盆分区。区划总面积为31.87平方公里。

马坡岭农业高科技园盛大开业

三、“一区四园”调整

“一区四园”即岳麓山

高科技园、星沙工业高科技园、马坡岭农业高科技园、远大高科技园和市内政策区。

1997年3月14日，长沙高新区管委会向市委、市政府提交长沙高新区在总有效面积18.6平方公里不变的前提下，调整长沙高新区区域范围的请示，同时拟请呈省人民政府转报国家科委。同时附有《长沙高新区“一区四园”范围图》《长沙高新技术产业开发区“一区四园”区域范围、面积分配调整方案说明书》。

3月17日，时任省委常委、市委书记秦光荣批示：“拟同意上报，待上面有明确意见后再讨论。”与此同时，长沙高新区经过多次调查研究，并分别以不同形式向国家科委、省委、省政府、省科委领导作汇报。

1997年4月21日，湖南省人民政府向国家科委发出《关于调整长沙高新技术产业开发区区域范围的函》（湘政函〔1997〕71号）。4月26日，国家科委以国科发火字〔1997〕195号下发《关于同意长沙高新技术产业开发区调整区域范围的函》。

同年10月14日，省人民政府办公厅下发《关于长沙高新技术产业开发区有关问题的批复》（湘政办函〔1997〕282号），同意调整后长沙高新区的总规划面积仍保持不变，具体区域范围如下：

岳麓山高科技园：东起银杉路、荣银路，西至市外环线，南起长宁公路、龙王港路，北至长益高速公路、张家冲。岳麓山高科技园规划面积7平方公里。

星沙工业高科技园：东起区东环线，西至区西环线，南起梨江路，北至319国道、蒸湘路。星沙工业高科技园规划面积4平方公里。

马坡岭农业高科技园：东起省畜牧所边界，西至107国道，南起浏阳河，北至长浏公路。马坡岭农业高科技园规划面积3平方公里。

1997年3月，市委、市人民政府召开长沙高新区“一区四园”方案论证会

远大高科技园：东起黄泥口子，西至长桥，起吴家岭，北至长浏公路。远大高

科技园规划面积 1 平方公里。

原市内政策区调减为 3.6 平方公里。

这次调整拓宽长沙高新技术产业的发展空间，使长沙高新区集中建设区涵盖到四个园，集中建设区面积由原来 4 平方公里扩展到 15 平方公里（含星沙工业高科技园、马坡岭农业高科技园和远大高科技园）。

至此，长沙高新区形成总区划面积为 18.6 平方公里的“一区四园”新格局。

为适应“一区四园”方案的实施，长沙高新区设立党工委和管委会，其机构级别升格为副市级，以进一步加强高新区对全市高新技术产业的宏观管理力度，为高新区的发展带来新的契机。

截至 1997 年年底，长沙高新区共开发面积 5.13 平方公里，开工建筑面积 260 多万平方米，竣工面积 200 多万平方米，岳麓山、星沙、远大三大园区累计完成基本建设和基础设施总投资 20 多亿元，初步形成以 319 国道为轴，从河西新城区望城坡到黄花机场的高新技术产业开发带，为全市高新技术产业的发展开辟空间。

表 1–1　　　　1988—2012 年长沙高新区区划调整一览表

单位：平方公里

时间	时间节点	区划面积	区划性质
1988 年	河西区、市中区和东郊小区	31.6	政策区
1991 年	集中建设区、政策区	18.6	直管区 4 平方公里； 政策区 14.6 平方公里
1997 年	一区四园	18.6	直管区 7 平方公里； 政策区 11.6 平方公里
2012 年	麓谷科技产业新城	110	托管 91.4 平方公里

第三节 行政区划

2004 年后，由于托管街镇，长沙高新区由单一的发展产业转向发展产业和管理社会，区域的划分有村镇和街道。

一、东方红镇

东方红镇原名长沙县安庆农场，位于长沙高新区西北部，东与麓谷街道办事处相邻，西与望城区廖家坪街道办事处毗邻，北与金山桥街道办事处接壤，南抵雷锋镇。

1959年8月，东方红镇作为长沙市副食品生产基地和外贸土畜产品出口基地，就地划户建立农场，称长沙市国营第一畜牧农场，1961年改为国营长沙市洪家坝农场，隶长沙市。1963年1月划归长沙市畜牧水产局，1969年改名长沙市国营东方红农场，划归长沙市郊区政府领导，1971年户口转长沙市郊区，1974年又归长沙市领导，1975年9月重新划归长沙市郊区。1996年9月长沙市区划调整，东方红农场划归岳麓区人民政府管辖。

2000年，撤销东方红农场，改设东方红镇。东方红镇位于湖南省长沙市岳麓区西部，面积13.6平方千米，人口8030人，镇人民政府驻檀木桥。

2004年，东方红镇由岳麓区委托长沙高新区管理。2006年，望城县黄金乡的华龙、金南2个村以及雷锋镇的荷叶坝村划入东方红镇管理，东方红镇的范围因区划调整而不断拓宽。到2008年12月，东方红镇已辖东塘、长庆、长丰、延农4个居委会和华龙、金南、荷叶坝3个村，总面积39平方公里，人口近80000人。形成以拆迁、控违、农村工作为主要任务的待开发区域和以服务新型工业化、服务被拆迁农民、管理社区为主要任务的已开发区域。

长沙高新区托管东方红镇以后，随着园区企业大量入驻、城市人口和被拆迁农民的大量增加，单一乡镇管理模式已不能适应园区的发展需要。2010年，为理顺体制、加快“两型”社会建设和麓谷园区发展，经高新区党工委、管委会提出，岳麓区政府第53次常务会议研究决定，同意对东方红镇行政区划进行调整，从东方红镇划出已开发的东塘、长庆、长丰、延农4个居委会（面积13.78平方公里、人口65000人，其中常住人口22000人），设置麓谷街道办事处。；余下未开发的华龙、金南、荷叶坝3个村（面积16.35平方公里、人口14500人，其中常住人口9500人），继续由东方红镇政府管理，镇治作相应变动。

二、雷锋镇

雷锋镇是雷锋的故乡，它西邻望城区白箬镇，南接望城区莲花乡，北至望城区黄金乡，东与岳麓区东方红镇接壤，是长沙高新区的西大门，雷锋镇属亚热带季风气候，地形多以丘陵为主，森林覆盖率约为35%，是第七批“全国环境优美乡镇”。境内金洲大道、枫林西路、长沙市三环线、长张高速公路、望雷大道、黄桥大道、雷高公路、雷莲公路鱼网交错，交通便捷。雷锋镇面积61平方公里，耕地面积1600公顷。

雷锋镇原属望城县望岳乡，1951年改属坪山乡，1958年属望岳公社，

1961 年体制调整时，属白若区坪山公社。1963 年 3 月 5 日毛泽东主席题词“向雷锋同志学习”后，于 1967 年更名为雷锋公社，1984 年改为雷锋乡。1993 年 2 月经湖南省人民政府批准撤乡，设置雷锋镇。

1993 年，雷锋镇下辖 15 个村，3 个居委会，人口 27000 人，耕地 1600 公顷，主要盛产稻谷、茶叶、肥猪等作物。工业以水泥、石灰、制帽、湘绣、缝纫、湘粉、机械、建筑等产业为主。同年，被国家建设部定为“八五”期间的建设试点集镇。2000 年被列为湖南省 50 个重点建制镇之一。

2005 年，雷锋镇辖 5 个行政村，1 个社区居委会，305 个村 (居) 民小组，总户数 9407 户，总人数 29347 人，其中农业人口 26891 人，外来人口 1660 人，区域总面积 61 平方公里。农村经济总收入 74915 万元，其中第一产业 19497 万元，第二产业 32505 万元，第三产业 22913 万元，分别占 26.03%、43.39%、30.58%。完成财政总收入 1800 万元，农民人均纯收入 4468 元。2005 年工业产值为 3.25 亿元，较大的企业有百特水泥、成泰包装、新世纪涂料、远飞电器、同心瓦厂、岳银机械、宏大精细化工等，大多沿 319 国道、雷高公路两厢布局。

2006 年，望城县雷锋镇荷叶坝建制村被划归岳麓区东方红镇管辖，行政区划调整后，雷锋镇辖 5 个建制村、1 个社区居委会，总面积 60.02 平方公里，总人口 30500 人。

2008 年 5 月，根据《关于调整长沙望城坡经济开发区等单位管理体制的通知》（长办通知〔2008〕18 号），望城县雷锋镇委托长沙高新区管理。

至 2012 年，雷锋镇辖雷锋村、桥头铺村、真人桥村、牌楼坝村、坪山村、荷花塘社区以及和润园社区。面积 60 平方公里，人口达 44600 人。

三、麓谷街道

2010 年 3 月，根据省民政厅批复，从东方红镇划出东塘、长庆、长丰、延农等 4 个社区居委会（面积 13.78 平方公里、人口 65000 人，其中常住人口 22000 人），以及岳麓区的麓景社区（托管），组建新的麓谷街道办事处。

麓谷街道位于长沙高新区西北部，北与东方红镇接壤，东与天顶乡毗邻，南和梅溪湖街道相连，西抵宁乡县界。辖区总面积 20.8 平方公里，管辖延农、长丰、长庆、东塘、麓景等 5 个社区居民委员会。2010 年 11 月 1 日，高新区第六次人口普查数据，麓谷街道总人口数 74187 人、总户数 21824 户、常住人口 127799 人。

2012 年 10 月，麓谷街道调整社区规模，从延农社区、长丰社区、长庆社区、东塘社区内调整划分出麓源、麓泉、和馨园等 3 个社区，新设立麓源、麓泉、和馨园等 3 个社区居委会，调整后的总面积仍为 20.8 平方公里，管辖社区居委会增加到 8 个社区居委会。新设立的社区居委会管辖范围分别为：麓源社区以服务企业和保利·麓谷林语楼盘居民为主，总面积 3.25 平方公里。

至此，麓谷街道辖有延农社区居委会、长丰社区居委会、长庆社区居委会、东塘社区居委会、麓景社区居委会、麓泉社区居委会、麓源社区居委会和馨园社区居委会这八个社区居委会。

第二章 建　置

第一节 沿　革

一、背　景

随着我国对外开放由沿海—沿江—内地递度推进和以浦东为龙头的长江开发开放，长沙经济带将成为 21 世纪中国经济的主要快速增长区。

1985 年 3 月，《中共中央关于科学技术体制改革的决定》提出："要在全国选择若干智力密集的地区，采取特殊政策，逐步形成具有不同特色的新技术开发区"。

1988 年 3 月，湖南省省长熊清泉参加全国人大会议，参观中关村后提出在长沙建设科技试验区的构想。

长沙是湖南的政治文化中心，文化历史源远流长，科技力量相当雄厚，全省绝大多数的大专院校、科研院所，科技精英都聚集在长沙。

据统计，1988 年长沙有高等院校 23 所，科研机构 129 所，科技人员近 20 万名，但长沙的生产仍停留在粗犷式生产经营上，全市生产总值不到 60 亿元，市财政收入不到 10 亿元。

1988 年 4 月 2 日，为配合中央提出的加快沿海地区经济发展战略，发挥长沙科技优势，促进长沙经济发展，省人民政府向国务院上报《关于加速湖南开放开发的请示》。《请示》中列举沿海给湖南带来的四大冲击，提出八项对策，请求中央给予支持。《请示》第六条提出为"推进科技体制改革，在长沙建立科技开放试验区"，以"充分发挥科技力量的作用，推进新兴技术和高技术产业的发展"，并"由省给予一些优惠政策，支持科研单位和科技人员在试验区兴办各种所有制的企业”。

同年5月11日，国务院以《关于湖南省加速开放开发请示的批复》（国函〔1988〕72号），原则批准湖南省人民政府的八点请示，同意设立长沙科技开发试验区，长沙被列入全国首批17个科技开发试验区之一。

二、建　区

筹建试验区：

在国务院和湖南省委、省政府和长沙市委、市政府的支持下，长沙设立科技开发试验区的时机成熟。

熊清泉、陈邦柱代表省委、省政府授予开发区“长沙高新技术产业开发区”牌匾。

1988年5月8号，长沙市委、市政府，召开长沙市委常委、市长联席会议，讨论关于加速长沙市科技开发试验区筹建工作，学习研究考察组提出的《长沙市科技开发试验区开发建设初步方案》。原则商定成立长沙市科技开发试验区筹备工作领导小组及长沙市科技开发试验区选址范围、试验区政策和高新技术标准等问题。

5月11日，国务院以《关于湖南省加速开放开发请示的批复》（国函〔1988〕72号），原则批准湖南省人民政府的八点请示，并要求“认真研究执行”。

至此，长沙设立科技开发试验区的时机成熟，长沙市委、市政府立即组织一支由市经济研究中心主任胡炳杨率领的队伍北上中关村“电子一条街”考察，一支由市科委副主任张祥龙挂帅的小分队深入长沙几十所大专院校、科研院所摸底调查。

7月14日，省人民政府颁发《批转省科委〈关于加速我省新技术产业开发的报告〉的通知》(湘政发（1988）25号)，明确建立长沙试验区的指导思想。

7月20日，长沙市人民政府在《关于〈印发长沙科技开发试验区内新技术企业核定暂行办法〉》(长政发〔1988〕16号)中，明确设立长沙科技开发试验区办公室，办公室为市人民政府的派出机构，暂设在市科委院内，在市人民政府领导和省科委指导监督下，具体办理新技术企业的审批核定事宜。

7月25日，省人民政府批准设立长沙科技开发试验区，同时下发《批转〈长沙科技开发试验区暂行规定〉的通知》（湘政发〔1988〕26 号），同意在长沙市东、南、西、北四区各 10 平方公里，共 40 平方公里范围逐步建立科技型、外向型、示范型的科技开发试验区。

7 月 26 日，省政府召开《湖南省新技术产业开发试验区新闻发布会》宣布优惠政策。

8 月 29 日，市委、市政府下发《关于成立长沙科技开发试验区办公室的通知》（长办〔1988〕59 号），明确长沙科技开发试验区办公室为正县级单位，列为市政府直属机构。

9 月 15 日，长编字〔1988〕195 号同意长沙科技开发试验区办公室行政编制 7 名。

9 月 16 日，长沙市科委向市委、市政府递交《关于长沙科技开发试验区几个主要问题的请示报告》（长科字〔1988〕第 95 号）。请示要求市委市政府进一步明确科技试验区办公室的工作职权、机构设置、人员配备；确定科技开发试验区的蓝图；尽快审定《长沙科技开发试验区暂行规定的实施办法》等。

10 月 6 日，长沙试验区办公室正式挂牌办公，办公室在市政府领导和省科委指导监督下，具体办理新技术企业的审批核定，长沙科技开发试验区的工作逐步全面展开。

12 月 19 日，长沙市政府第 42 次常务会议听取市科委副主任张祥龙关于长沙科技开发试验区办公室机构设置及职责划分意见的汇报，会议决定 :1. 办公室机构设置同意汇报提出的第二方案，试验区办公室下设“两部三所”，行政管理部和企业核定开发部，集中办公，设在市科委内，党政关系暂由市科委管理;财政所、工商管理所、税务管理所设在市各业务主管局内，负责科技开发试验区的有关业务；上述“两部”、“三所”均为正科级。2. 办公室对已批准的新技术企业要按有关法规、政策切实加强管理，经常进行检查，有关报表及时报送有关部门。3. 办公室的经费在收取管理费中解决。

长沙模式：

1988 年 5 月中旬，湖南省省长熊清泉和长沙市市长王克英到长沙市科委传达国务院批准建立长沙科技开发试验区（以下简称试验区）的精神和下达建设长沙试验区的任务，明确长沙试验区由长沙市科委负责建设，由市科委副主任张祥龙分管试验区的建设工作。

鉴于长沙市的财政困难，长沙市科委首先面临的就是“先起步还是先建区”

的矛盾，长沙市科委在政府一无资金、二无土地投入的情况下，没有照搬国内外普遍采用先有土地，然后投入大量资金的建区模式，而是根据对当时长沙市内的高等院校、科研院所深入调研所掌握的具体资料，创造性地提出符合长沙实际而又独具特色的建区模式——长沙模式，即“因陋就简，就地起步，分散经营，集中管理”。

具体含义就是依靠现有条件和基础，因陋就简，就地起步，任其星罗棋布，满天星斗，以积累资金，开拓市场，摸索经验，然后从星罗棋布的格局中逐步集中，建设连片集中的高新技术产业基地。

具体做法是：在起步阶段，依靠申办单位的现有条件（如场地、资金、技术、管理经验及服务设施）和试验区的优惠政策，共同对其申办的高新技术企业进行培育，使其高新技术成果迅速转化为市场所需的产品。以积累资金，摸索经验，开拓市场，在市场竞争中能够独立生存，然后再进入试验区建设的高新技术产业基地发展壮大。因其是依靠申办单位的现有条件，必然是就地起步，高新技术企业散布在全市的各个角落，呈“星罗棋布，满天星斗”的状况。

按照这个模式对当时申请进区的100多个单位，670多个项目经筛选，经专家组评审、省科委批准，首批35家高新技术企业，71项高新技术产品进入试验区。1988年10月6日试验区挂牌开业。

这种建区模式的优点：1.对申办单位来说，投资少、见效快、风险小、效益好，充分发挥现有条件的作用，争取时间和速度；2.对试验区的建设来说，摆脱建区开始即大兴土木，巨额投资的困扰，在政府没有任何投入的情况下，得以迅速起步，成为当时国内的唯一创举。

1989年3月，国家科委副主任阮崇武视察长沙试验区时，对长沙试验区在起步阶段依靠现有条件，因陋就简，就地起步的发展模式给予肯定。随后《科技日报》、《中国电子报》相继刊文，并配“编后”、“短评”推介；国家科委三次派员来长沙试验区调研。并在国家科委《火炬计划简报》第11期、26期、34期刊登长沙试验区的经验，将长沙模式列为全国高新区三大发展模式之一。

三、选　址

选址茅坡：

1988年底，长沙试验区开始选址。长沙试验区与市规划办对当时长沙市智力较为密集的马坡岭、圭塘、岳麓山周边地区进行实地考察发现，在河西龙王港北缘的南充和六沟垅有上千亩已征购的土地，其中300亩已三通一平，总地名叫茅坡，该宗土地属长沙市城建开发公司。

1991年9月，国家科委审定组来实地考察，在茅坡摄影留念

茅坡位于岳麓山高等院校、科研院所的密集区域，离国防科大4.5公里。区域内有建设部长沙建设机械研究院、中科院大地构造研究所、湖南医学院等科研院所，智力密集，土地资源丰富。

为此，决定将长沙试验区连片集中建设的产业基地定位于河西茅坡，命名为茅坡科技园，园区范围为：溁银路以西，龙王港以北，319国道以南，白鹤嘴以东。面积4平方公里。

马坡岭、圭塘、岳麓山为高新技术产业群基地。其中：岳麓山高新技术产业群基地从茅坡科技园向西南，与湖南仪器仪表总厂、068厂及岳麓山周边已有的高等院校、科研院所等形成以电子信息、新材料、自动化技术为主体的教学、科研、开发、生产的高新技术产业综合群。

以上选址列入1988年长沙市开始制定的城市总体规划（1990–2010）和长沙市国土综合开发整治规划（1990–2000）中，在相应的规划图中作了标明。

1990年12月7日，市委、市政府常务会议对城市总体规划（1990–2010）和国土综合开发整治规划（1990–2000）进行审查，同意提请市人大常委会审议。

同年12月22日，市九届人大常委会第二十四次会议通过决议，同意上报省政府和建设部。

至此，长沙试验区定位于河西茅坡，按照规划法所需履行的法定程序，随着长沙市城市总体规划（1990–2010）和长沙市国土综合开发整治规划（1990–2000）编制工作的结束而完成。

长沙试验区“一街、两园、三个高新技术产业群基地”的总体布局和实施步骤的“起步、打基础（集中建设）、成熟发展”三个阶段同时列入长沙市城市总体规划（1990–2010）和国土综合开发整治规划（1990–2000）。

1991 年 4 月 10 日，陈元松副市长到长沙试验区办公室现场办公。明确由长沙试验区办公室、市规划设计院、市城建开发公司负责编制茅坡科技园建设规划。规划编制完成后，市政府于 5 月 16 日召开政府常务会议审议并批准了该规划。

纳入《长沙高新技术产业开发区总体建设规划》

1991 年 8 月 25 日，省人民政府下发《关于加快长沙高新技术产业开发区建设若干问题的通知》（湘政发〔1991〕30 号）。《通知》明确长沙高新区由岳麓山、马坡岭、城中区 3 个产业群基地组成。批准《长沙高新技术产业开发区总体建设规划》，根据长沙市政府的决定，将岳麓山科技园内第一期开发的 0.36 平方公里土地划归长沙高新区，作为第一期投入。集中人力、物力、财力对科技一条街着手筹建。今明两年（1991–1992）内，搞好岳麓山科技园内南冲、六沟垄地域的供水、电力、邮电通讯、交通运输等公用设施建设，形成科技一条街，建好一批标准厂房和技术贸易网点，并为区内企业提供配套的生产和生活设施。1995 年前，建成高科技大厦，全面完成南冲小区建设，并形成一定规模效益，管理服务机构实行“一栋楼办公”。2000 年前，不断完善岳麓山等 3 个产业群基地，使岳麓山科技园初具规模，实现由分散经营格局向集中连片建设，规模经营的过渡。

转址麓谷：

1997 年 4 月 21 日月市委市政府决定加快岳麓山科技园望城坡产业基地（即麓谷）规划建设，标志岳麓山科技园集中建设从六沟垅、茅坡一带转向望城坡。同年，经湖南省政府和长沙市政府批准，岳麓山高科技园规划扩大至 23 平方公里，开始“麓谷”产业园的建设。

四、国务院审定

时间、标准：

1991 年 7 月，国家科委司发文 [1991] 国科火字 022 号《关于国家高新技术产业开发区审定工作的通知》，为贯彻落实国务院国发 [1991]12 号文精神，从 1991 年 8 月中旬到 9 月中旬，国家科委将组织国家高新区审定工作组，分两批到经国务院批准的 26 个国家高新技术产业开发区进行审定。通知规定六条审定标准和供审定的八个方面的文件资料。审定工作分两批进行，长沙列在第二批于 9 月上旬进行。

《通知》明确指出“开发区区域范围的划定要合理，一个开发区一般都应集中在一个区域内，要有一片集中开发的土地，以利于树立开发区的形象和形成一定规模的高新技术产业基地。大城市或特大城市开发区的面积：建成区不超过四十平方公里，新建区不超过三平方公里为宜，只有新建区的，不得超过七平方公里；中等城市开发区面积：建成区不超过二平方公里为宜，只有新建区的，不得超过四平方公里。”

编写供审定的材料：

根据国务院文件要求，长沙试验区制定了迎接审定工作计划按排表，组织各方力量编写供审定的材料。由于长沙试验区基础工作做得比较扎实，迎审所需的各项资料和文件均很齐全，如：（1）长沙试验区选址纳入长沙市城市总体规划（1990–2010）和长沙市国土规划（1990–2000）；（2）《长沙试验区总体发展规划》和1991年4月编制完成的《茅坡科技园建设规划》经市政府常务会议审议并批准。（3）同年7月30日，中共湖南省委常委会召开第33次会议，会议原则批准《长沙高新技术产业开发区总体建设规划》，8月25日，省人民政府下发《关于加快长沙高新技术产业开发区建设若干问题的通知》（湘政发〔1991〕30号）明确长沙高新区由岳麓山高新技术产业群基地、马坡岭农业高新技术开发实验基地、韶山路沿线城中区组成，总面积为31平方公里。按照“统一规划，预留土地，重点投资，分步建设”的原则，进行产业布局和开发建设。

试验区办公室主任易希文向审定组汇报长沙试验区的供审材料

通过审定：

1991年9月13日，国家科委火炬办副主任李肇杰带领审定组一行5人到达长沙，当日下午举行会议，长沙试验区办公室主任易希文向审定组汇报长沙试验区的供审材料。

9月14日上午，审定组在省科委、市政府及长沙试验区办公室有关领导的陪同下，实地考察六沟垅、南充、茅坡。

9月15日上午，审定组听取省科委火炬计划处李淑凡处长有关火炬计划的执行情况汇报。并公布审定意见："通过听取汇报，阅读供审材料和实地考察，长沙开发区发展是良好的。总体发展规划和建设规划符合长沙实际，管理体制健全，配套政策可行。省市领导重视，班子配备很强。长沙开发区是大有希望的。"

同年12月3日，长沙高新区顺利通过国务院审定，国家科委发文确定长沙高新区由城中区和岳麓山两部分组成，总有效面积为18．6平方公里，其中集中新建区面积为2．66平方公里(位于岳麓山部分内)。城中区部分，北至浏阳河路，南至井湾子，东至德雅路、东风路、迎宾路、曙光路、韶山路，西至芙蓉路、青园路。岳麓山部分，北至319国道，南至中南矿冶学院南界，东至溁湾路、潇湘路，西至白鹤嘴路、岳麓山东侧。

五、成片建设岳麓山科技园

岳麓山科技园的优势：

（1）腹地经济基础良好：长沙是湖南省经济、政治、文化、科技、教育、交通、通讯、金融和信息中心。"七五"（1986—1990年）期间，长沙经济总量1987年提前实现翻一番的目标，与全国省会城市比较，全市除农业总产值居第4位、社会商品零售总额居第10位，国民生产总值居第13位，工农业总产值、国民收入和地方财政收入均居第14位，工业总产值居第15位。（2）多重政策机遇叠加：在改革开放的新形势下，加快发展大势所趋。国际上，以综合国力和高科技为中心的国际竞争时代正在到来；国内，改革开放正由沿海、沿边向内推进，向沿江延伸。而长沙，更是多重机遇叠加：1991年3月试验区获批国家级高新区后，省科委成立"火炬计划"办公室，将实施"火炬计划"与建设高新技术产业开发区结合起来。长江流域的开放开发规划明确长江中上游地区5个重点开发建设的区带，长沙既是长株潭城市群的中心，也是湖南省建设"五区一廊"（1992年提出）的战略中心，开发带洞庭湖经济区的依托中心，更是全省政治、经济、文化的中心，湖南的发展，需要长沙发挥龙头辐射带动作用。（3）地理自然环境优越：地理位置。岳麓山科技园东临湘江、北界319国道，西与湖南仪器仪表厂、零六八厂两个国营大企业相接，南与湖南大学、中南工业大学（现中南大学）等20多所高等院校、科研院所连成一体，东接湖南医科大学附属三医院、中国科学院大地构造研究所、建设部建设机械研究所，距国防科大4.5公里，依山傍水，科研技术优势明显，技术协作条件十分方便。

基础设施优势：

交通区位。北界319国道，南连长宁公路，湘江一桥、二桥、市区干道一环线将科技园与城中心串联起来，集中建设区距市中心3.7公里，距长沙火车站7公里，距黄花国际机场30公里，距规划中的汽车西站距离7公里。以湘江为主干的内河航道，可经城陵矶入长江，水陆空交通便捷。

供水。长沙市第四水厂位于科技园东侧，同时市政府规划对长沙市第四水厂实施扩建，使日供水能力由5万吨增加到20万吨，可保证施工和近期工业、生活用水。

排水。可利用市管的本区域排水系统中的龙王港集污干管、沿湘江集污总管，通过将园区内的排水规划系统与上述管网衔接起来，即可实施雨水收集和处理污水。

供电。科技园区内原有两座变电站，如在科技园内规划兴建一座110千伏的专供变电站，便可形成双回路联网供电。

通信。在科技园附近有长沙电信第八分局和北分局，共同确保园内电信服务。可充分利用原有干线．只需在科技园规划一个电信模块分局，便可实现国内外直通电话电报电传。

生活区。因紧靠城市主干一环线，职工上下班方便。同时，附近有湘雅三医院等卫生服务设施和一批商业网点。

岳麓山科技园规划审定：

1991年7月30日，省委召开第33次常委扩大会议，听取长沙试验区建设情况的汇报，并就长沙试验区的发展方向、管理体制、优惠政策、资金筹集等问题进行认真研究。审查批准长沙高新区根据《长沙市城市总体规划》编制的《岳麓山科技园区分区规划》（4平方公里），并报国家科委。

国家科委副主任陈祖涛和省市有关领导出席奠基典礼

9月1日上午，长沙高新区岳麓山科技园奠基典礼在徐家湖工地举行，国家科委副主任陈祖涛和省、市党政主要负责同志以及开发区领导小组成员出席奠基典礼，标志长沙高新区由“因陋就简、就地起步、集中管理、分散经营”格局向“集中连片建设、规模经营、外向型发展”的新阶段转变。

六、晋　级

晋级国家级园区：

1990年，为做大做强园区，长沙试验区在省委省政府、市委市政府支持下开始申报国家级园区的工作。

7月3日，长沙试验区向市政府呈报《关于请求将长沙科技开发试验区列入国家二十个高新技术产业开发区的请示报告》。

7月9日，长沙市政府向省政府呈报《关于请求将长沙科技开发试验区列入国家高新技术产业开发区的请示》。

同日，长沙市委印发〔1990〕73号文件，成立长沙科技开发试验区管理委员会，何家象为主任，潘贵玉、张东彦为副主任。

7月13日，省政府致函国家科委，请求将长沙科技开发试验区列入国家高新技术产业开发区。

7月16—22日，潘贵玉一行赴国家科委，汇报长沙科技开发试验区综合情况，请求将长沙科技开发试验区列入首批享受国家优惠政策的试验区。

1991年1月9日，国家科委火炬办下发[1991]国科炬字02号文，对长沙高技术产业开发试验区建设提出关于加速项目形成规模、开发区规划调整和省市科委加强对火炬计划管理的三点意见。

1月16日，省委常委会议听取长沙市委市政府关于长沙科技开发试验区的工作汇报，形成《中共湖南省委常委会议纪要》。《纪要》决定：1、全面清理落实开发区各项优惠政策。2、将税务所改为税务分局。3、同意新设科技银行。4、同意每年为开发区安排不少于3000万元的流动资金贷款。5、长沙科技开发试验区的经济管理权限可以适当扩大。

1991年3月6日，国务院颁发《关于批准国家高新技术产业开发区和有关政策规定的通知》（国发〔1991〕12号），长沙试验区被批准为首批27家国家级高新技术产业开发区。9月4日，长沙试验区经过国务院审定并更名为长沙高新技术产业开发区。

晋升副地市级：

1995年4月10日，长沙市政府办公厅下发《关于印发长沙高新技术产业开发区管理委员会职能配置内设机构和人员编制方案的通知》（长政办〔1995〕17号），明确长沙高新技术产业开发区办公室更名为长沙高新技术产业开发区管理委员会（简称管委会），为市人民政府的派出机构。

1991年8月30日，陶敏、陈元松做情况介绍

1998年1月19日，湖南省编制委员会印发《中共长沙高新技术产业开发区工作委员会、长沙高新技术产业开发区管理委员会职能配置、内设机构和人员编制方案》（湘编〔1998〕2号），明确长沙高新区党工委、管委会分别为中共长沙市委、长沙市人民政府的派出机构，合署办公，为副市级单位，负责对全市高新技术产业实行归口管理。工商、国税、地税局在高新区设立相应派出机构，由高新区和派出单位实行双重领导。

第二节 管 理

管理分两个方面，其一是长沙高新区的行政管理体制，其二是长沙高新区内部的经济运行机制。

一、管理体制

管理体制即长沙高新区的行政管理体制， 遵循“省市共管，以市为主”的原则，对长沙高新区进行宏观指导和具体的管理 。

为此、湖南省、长沙市成立相应的领导小组作为决策机构，长沙高新技术产业开发区管理委员会为长沙市人民政府派出机构。长沙高新区管委会坚持“精简高效”原则，实行“大部制”新政，把管理与服务的职能有机结合。街道办事处、镇为高新区托管机构，把公共服务落实到基层。

决策机构：

组织流动宣传、咨询《条例》

长沙试验区管理委员会。长沙试验区管理委员会分别在1988年和1990年，由湖南省人民政府和长沙市委市政府发文成立。1988年7月25日，湖南省人民政府以湘政发〔1988〕26号文件《批转〈长沙科技开发试验区暂行规定〉的通知》，设立长沙科技开发试验区管理委员会，长沙市政府市长王克英任主任，分管科技工作的副市长任副主任，有关部门的主要负责人任委员，市科委主任易希文负责办公室的日常工作，享有市级管理权限，全盘统筹长沙科技开发试验区的工作，统筹解决长沙开发科技试验区在发展中的重大问题。1990年7月9日，长沙市委、市政府下发《关于成立长沙科技开发试验区管理委员会的通知》（长办组〔1990〕73号），根据国家科委（90）国科发火字436号和湘政发〔1988〕26号文件，长沙科技开发试验区的工作由市人民政府直接领导，接受省科委的指导和监督，成立长沙科技开发试验区管理委员会，何家象兼任主任，潘贵玉、张东彦兼任副主任，并由市政府聘请省科委主任陶敏、长沙市委副书记曾昭宣、省科委副主任潘奇才为顾问，聘请省技术市场办主任周才富、省科委火炬办副主任李淑凡为管理委员会委员。

湖南省长沙高新技术产业开发区领导小组。1991年7月，湖南省长沙高新技术产业开发区领导小组成立，中共湖南省委常委、省人民政府副省长董志文任组长，副省长曹伯纯任常务副组长，翁晖、张明泰、陶敏任副组长。领导小组下设办公室，由长沙市人民政府秘书长罗特任办公室主任。湖南省长沙高新技术产业开发区领导小组主要负责制定长沙高新技术产业开发区的方针、政策，审定总体发展规划，处理有关重大事宜。

长沙市高新技术产业开发领导小组。1995年11月市委常委会议决定，成立长沙市高新技术产业开发领导小组，与长沙市科技领导小组两块牌子一套人马，由秦光荣任组长，袁汉坤、易希文、徐宪平、罗特任副组长，市直有关部门为成员单位。由易希文、罗特具体分管高新区工作。领导小组每年组织1～2

次现场办公会，研究审定高新区的一些重大决策，及时解决工作中遇到的困难和问题。

长沙市科技领导小组。根据市委下发长发组〔1995〕48号文件成立长沙市科技领导小组，领导小组下设办公室（设市科委内），易宇欣任办公室主任（兼）。1996年8月21日至22日，长沙市科技领导小组全体成员组成科技督查组对全市科技工作开展督查。

长沙高新技术产业开发区"一区四园"方案实施协调小组。1997年6月12日，长沙市委以长发组〔1997〕25号文决定成立长沙高新技术产业开发区"一区四园"方案实施协调小组。市委副书记钟兴祥任组长，市委常委、副市长徐宪平、副市长王柏林、罗特任副组长，市直各有关单位负责人为成员。领导小组下设办公室，易宇欣兼任办公室主任。

长沙市高新技术产业发展领导小组。1999年1月14日，长沙市政府办公厅发文，成立由市长杜远明任组长、副市长任副组长的的长沙市高新技术产业发展领导小组。4月15日，杜远明主持召开首次领导小组会议，强调要把发展高新技术产业放在突出位置，优惠政策、资金投入、政府服务都要突出这一方面。

2000年3月，调整长沙市高新技术产业发展领导小组成员，市长谭仲池任组长，周里冰、柳冠群等为成员，该领导小组与长沙软件园领导小组实行两块牌子一套人马工作方式。2002年2月，调整长沙市科技领导小组成员，高新区柳冠群、罗社辉为成员。

管理机构：

长沙试验区办公室。1988年8月29日，中共长沙市委、市人民政府印发《关于成立长沙开发科技试验区办公室的通知》，长沙科技开发试验区办公室成立，为县处级。1989年4月，市机构编制委员会以编字〔1989〕第53号批复，长沙科技开发试验区办公室定行政编制7人，长沙科技开发试验区办公室设立行政管理部、企业核定开发部（正科级）。1990年7月9日，市委、市政府下发《关于成立长沙科技开发试验区管理委员会的通知》（长办组〔1990〕73号），长沙科技开发试验区办公室列入政府序列，负责科技开发试验区的日常工作，易希文兼任办公室主任，张祥龙兼任办公室副主任。

长沙高新区办公室。1991年9月4日，市机构编制委员会发出"关于调整长沙科技开发试验区办公室机构编制的通知"，将"长沙科技开发试验区办公室"更名为"长沙高新技术产业开发区办公室"。该办公室既是湖南省长沙高新技术产业开发区领导小组的办事机构，又是长沙市人民政府的派出机构。长沙高新技术产业开发区办公室下设综合处、企业管理处、计财行政处(均为副县级机构)，撤销办公室设置的内设机构，人员编制在由行政编制15名增加至25名（其中干部编制21名，工人编制4名）。

长沙高新区管委会。长沙高新区管委员会的管理职级分两个阶段，1995年4月10日至1998年1月为正县级；1998年1月后为副地市级。

1995年4月，根据《关于长沙市市级党政机关机构设置的通知》（长发〔1994〕27号）和《关于印发长沙市党政机构改革方案的实施意见的通知》（长发〔1994〕40号），市政府办公厅下发《关于印发长沙高新技术产业开发区管理委员会职能配置内设机构和人员编制方案的通知》（长政办〔1995〕17号），明确长沙高新技术产业开发区办公室更名为长沙高新技术产业开发区管理委员会（简称长沙高新区管委会），为市人民政府的派出机构，并保留湖南省长沙高新技术产业开发区领导小组办公室的牌子。1995年市编委核定管委会内设机构，新设对外合作处，企业管理处更名为产业发展处。

1998年1月，湘编发〔1998〕2号和长编委发〔1998〕2号文件，省机构编制委员会批准长沙高新技术产业开发区管理委员会职能配置、内设机构和人员编制方案，明确长沙高新区管委会为长沙市人民政府的派出机构，为副市级单位。内设办公室、产业发展处、招商合作处、劳动人事处(党务工作处)等4个处室，定行政编25名。

2001年12月，全国机构改革后，根据湘编办〔2001〕24号文件，长沙高新区党工委、管委会设6个职能局（室），均为副处级，分别是办公室、产业发展局、招商合作局、开发建设局、劳动人事局（加挂党群工作部牌子）、社会事务管理局。

至2012年，长沙高新技术产业开发区管理委员会机构和职权未变。长沙高新技术产业开发区党工委、管委会共有22个内设局（室）和5个直属事业单位。22个内设局室为党政办公室(宣传部)，人大政协联络工作办公室，组织人事局（统战部），经济发展局（知识产权局），招商合作局(商务局)，规划建设房产局，安全生产监督管理局，城管环保局，社会事业局，社会管理综合治理局，农村工作局，纪检监察审计局，资产管理局，政策法规局（法制办公室），统计局，人力资源和社会保障局，基本建设办公室，教育局，机关党委，群团办公室，土地储备分中心，征地办公室（征收办公室）。5个直属事业机构为信息产业园管委会、长沙软件园发展中心、创业服务中心、人才服务中心和拆迁事务所。

服务支撑机构和政策法规：

支撑机构：

服务支撑机构即长沙市政府职能部门派出的驻高新区单位。

1989年，成立长沙市工商局科技开发试验区工商分局（科级）、长沙市税务局科技开发试验区税务所、长沙市财政局科技开发试验区财政所。至2000年，市直部门在长沙高新区设立工商分局、国税分局、地税分局、财政分局、国土分局、规划分局、市建委市建工分局、市房地产局驻高新区办公室、市环保局驻高新区办公室、市安委驻高新区办公室。

至2012年市政府各工作部门驻区机构有市财政局高新区分局，国税局，地税局，市工商局高新区分局，市国土局高新区分局，市公安局高新区分局，市质量技术监督局高新分局，市公安消防大队，市城市管理综合执法支队高新区大队，市公安局交通警察支队高新区大队，市公安局公共交通治安管理分局高新区城市管理大队，市司法局驻高新区工作处，市公安局巡特警支队第三大队。形成较为完备的长沙高新区支撑服务体系

主要政策：

《关于加速我省高新技术产业开发的报告》。1988年4月，国务院批准湖南省《关于加速湖南开放开发的请示》，并同意在长沙设立科技开发试验区。借此机遇，省政府于7月14日，发出通知，批转省科委《关于加速我省高新技术产业开发的报告》，要求通过高新技术开发试验区的建设，形成一批高新技术企业“孵化器”，带动全省高新技术产业迅速发展，促进科学技术转化为生产力。

《长沙科技开发试验区暂行规定》。1988年7月25日，省政府批转《长沙科技开发试验区暂行规定》，要求长沙市和有关部门一定要认真抓好科技开发试验区的建设，把它办成具有自我发展能力的科技型、示范型、外向型的高新技术产业开发基地，同时赋予该试验区一系列优惠政策，并要求各地各部门都要积极支持试验区的建设，利用它为本地的经济开发和发展服务。

《关于进一步加快岳麓山科技园发展的决定》。1995年2月8日，副省长潘贵玉在省政府专题听取长沙高新区工作汇报。5月23日，市委、市政府作出《关于进一步加快岳麓山科技园发展的决定》，《决定》要求要把支持岳麓山科技

园的发展作为实施“科技兴市”的大事来抓；集中人力、物力和财力，加快岳麓山科技园基础设施建设；加大招商引资、引“凤”入“巢”的力度，以优惠政策鼓励企业进入科技园发展。9月22日，市政府召开会议，同意在长沙高新区管委会设立长沙市城乡规划局高新区分局，负责高新区基本建设的管理工作。

《长沙高新技术产业开发区条例》。该条例1995年11月28日在长沙市第十届人大常委会第25次会议初审，后根据省人大主任会议意见修改完善，并报省长常务办公会议原则通过，于1996年4月在省八届人大常委会第21次会议上获得批准，并从5月1日起实施。《长沙高新技术产业开发区条例》从法律上明确长沙高新区的地位和管理职能，进一步明确长沙高新区管理体制和各项政策权限，设立高新区财政局和国库，争取外商投资企业的全部审批权，开启依法治“区”的新阶段。

《关于长沙高新技术产业开发区有关问题的批复》。1997年10月14日，省政府办公厅下发（湘政办函〔1997〕282号）《关于长沙高新技术产业开发区有关问题的批复》，同意调整后长沙高新区的总规划面积仍保持18.6平方公里不变，同时对岳麓山科技园的面积进行调整，在原批范围内保留长沙高新区自行开发的0.67平方公里和园内高等院校、科研院所开发建设的0.3平方公里。另在319国道以北拓展3.03平方公里，向西在望城坡经济开发区扩展3平方公里，使岳麓山科技园的有效面积达到7平方公里，具体区域界线是：东起银杉路、溁银路，西至市外环线，南起长（沙）宁（乡）公路、龙王港路，北至长益高速公路、苦竹坳—张家冲。

《湖南省人民政府关于调整长沙高新技术产业开发区区域规划范围的函》。根据（湘政函〔1997〕71号）《湖南省人民政府关于调整长沙高新技术产业开发区区域规划范围的

1996年4月，《长沙高新技术产业开发区条例》经省八届人大常委第21次会议批准，颁布实施。图为新闻发布会会场

函》，在对高新区的管理上，按照“封闭式管理、开放式运行”的原则，由长沙高新区管委会对“一区四园”实行统一有效管理。

《湘编〔1998〕2号方案》。该方案为1998年1月19日湖南省编制委员会印发。方案明确长沙高新区党工委、管委会分别为中共长沙市委、长沙市人民政府的派出机构，合署办公，为副市级单位，负责对全市高新技术产业实行归口管理，对岳麓山高科技园、星沙工业高科技园、马坡岭农业高科技园、远大高科技园和市内政策区实行宏观管理和业务指导，内设办公室、产业发展处、招商合作处、劳动人事处(党务工作处)等4个处室，定行政编25名，事业编3名。明确长沙市财政、国土、规划、工商、国税、地税局在高新区设立相应派出机构，由高新区和派出单位实行双重领导。

相关领导指示：

1995年11月21日，省委常委、市委书记秦光荣在长沙高新区主持召开市委常委扩大会议，专题听取长沙高新区工作汇报，并就有关问题进行研究。会议决定：

要把长沙高新区作为长沙市向高科技产业进军的基地，把搞活岳麓山科技园列入1996年科技年十件实事之一，将西区（后改为岳麓区）新城建设作为城市建设的重点。要聚全市之力，搞活岳麓山科技园。各级、各部门要统一思想，形成共识。要充分发挥高新技术产业作为全市新的经济增长点的作用，把搞活岳麓山科技园作为实施“科教兴市”战略的一件大事来抓，积极动员全市各方面的力量，想方设法把岳麓山科技园搞活，使之真正成为高新技术产业的发展基地。要引进大项目，发展大产业。全市各部门都要为搞活岳麓山科技园作贡献，牵线搭桥，出资、出力、出信息。对科技园的政策要进一步优惠。同意对购买科技园住房的用户实行免征部分城市增容费、解决城市户口等优惠政策，积极吸引人才、项目进园。对市区企业新上项目和改造项目要采取经济的和行政的办法引导到岳麓山科技园来。市直各有关单位凡需要新建办公楼和住房的原则上都要到科技园来租房、买房。高开区要创造优良环境，搞好服务。要加大宣传力度，协调行动，在这块基地内要完成市区共建的长沙科技市场和科技大楼等科技兴市工程。园区配套建设如水、电、路等要进一步完善，管理要上一个台阶。要营造一个政策环境更宽松，运行机制更灵活，支撑服务体系更完善的大环境，加大招商引资的力度。要加强领导，理顺体制，拓宽领域，用活政策。

关于领导管理体制问题。要继续按照“省市共管、以市为主”的原则，争取省里的重视和支持。同意成立长沙市高新技术产业开发领导小组，与长沙市科技领导小组两块牌子一套人马，由秦光荣任组长，袁汉坤、易希文、徐宪平、罗特任副组长，市直有关部门为成员单位。由易希文、罗特具体分管高开区工作。领导小组每年要组织 1 ~ 2 次现场办公会，研究审定高开区的一些重大决策，及时解决工作中遇到的困难和问题。同意罗特不再兼任管委会、开发区总公司和金海股份有限公司的主要领导职务，按有关规定办理交接手续。高新技术产业开发区管委会与市科委领导按照分工，交叉兼职。市委组织部要抓紧搞好高开区管委会及所属单位的人员选配方案，按干部管理权限分别作出决定。

关于政策问题。长沙高新技术产业开发区管委会归口管理全市高新技术产业。今后，县(市)、区新批准成立的高新技术企业，按湘政发〔1991〕36 号文件实行“一统三分”，即统一管理，分税、分利润、分产值。要坚决落实湘政发〔1991〕30、36 号文件规定的全部政策和市委、市政府〔1995〕29 号文件精神，各有关部门要全力支持，尽快到位。市人大要尽快出台《长沙高新技术产业开发区管理条例》。从 1996—2000 年，高开区财政有关上交比例问题由罗特、王柏林组织有关部门专题研究，拿出方案报上政府审定。

关于高开区规划问题。鉴于市委、市政府正在制定大西区建设整体规划，有关高开区后续发展用地问题，待大西区整体规划确定后再专题研究解决。

关于园区内基础设施配套建设问题。由徐宪平负责组织协调解决，110 千伏变电站要限期完工，园区建设要迅速配套。

1996 年 3 月 19 日，市政府召开第七次常务会议，听取长沙高新区管委会主任陈松关于长沙高新区第二期用地情况的汇报，会议决定：征用郊区岳麓山乡石塘岭村与岳北渔场约 2200 亩土地供岳麓山科技园开发建设。

2003 年 12 月 31 日，省委常委、市委书记梅克保在高新区组织召开市委常委第十届第 117 次会议，会议做出三项重大决策：扩大高新区麓谷控制规划范围，总体规划控制规模为 80 平方公里，麓谷科技新城作为长沙高新区管委会的直管园区，由火炬城和麓谷新区两部分组成；理顺体制，对村镇实行“委托管理”的共建模式；进一步下放市级管理权限，对园区实行“封闭式管理”，“园区内事情园区办结”。这三大决策，对高新区的发展具有重要意义。

带镇带村、委托管理。2004 年后长沙市委市政府委托长沙高新区对并入麓谷的东方红镇、雷锋镇和麓谷街道进行社会化管理，按政府职能对麓谷实施全方位管理。

二、运行机制

运行机制即长沙高新区内部的经济运营管理，在长沙高新区的各个发展时期有不同的管理理念，不同的方针政策，这些管理理念和方针政策，夯实高新区的管理基础，加速高新区的发展。

“因陋就简、就地起步、分散经营、集中管理”：

此为长沙试验区在起步阶段的运行机制。机制强调充分依靠现有的基础和条件，注重项目本身转化和产业化，不注重地理区域。以积累资金、开拓市场，摸索经验为主要任务，并重点抓好政策环境、管理机构和创业服务中心的建设，使其尽快具备“孵化器”的功能。

1988年10月至1990年年末，长沙试验区在国家没有新的固定资产投资，没有大规模兴建厂房，主要依靠自筹资金和银行贷款，靠已有基础和国家给予的税收优惠政策，靠以市场为导向、技术为依托、技工贸相结合的经营机制和“四自”（自由组合、自筹资金、自主经营、自负盈亏）原则，逐步开发并形成河西区（10平方公里）、市中区（18平方公里）、东郊（3.6平方公里）三个区域共31.6平方公里的政策区格局。

“统一规划、统一设计、综合开发、分银团一次建设”：

此为岳麓山科技园期间的运行机制。从1992年起，长沙高新区按此运行机制对岳麓山科技园进行管理，先后将土地出让给各银团和高新技术企业进行开发建设，至1996年年底，岳麓山科技园第一期建设用地2.66平方公里规划建设火炬城、英才园小区、新塘工业小区和魏家坡住宅小区。

“产业归口管理、园区统一政策、集中高效服务、信息综合统计、利益分级共享”：

此为“一区四园”期间的运行机制。1997年4月，国家科委批准长沙高新区调整为“一区四园”。这一阶段，产业逐步向各园区集聚，长沙高新区渐次向各园区实行“封闭式管理、开放式运行”转变，高新区直接管理岳麓山科技园并继续发展政策区产业。

“规划先行、开发一片、完善一片、滚动发展”：

此为麓谷产业基地期间的运行机制。长沙高新区通过“第一次创业”（1991年至1997年），解决生存问题，初步形成“一区四园”的发展格局。但每个园区规模较小，总体布局分散，难以形成产业集群的规模竞争优势和辐射带动效应。为拓展产业发展空间，长沙高新区党工委和管委会专题向市政府请求解决新产业基地问题。

1998 年 4 月 6 日，市政府第 8 次常务会议决定，将望城坡经济开发区区域长益高速公路以南、外环线以东、雷锋大道以西、319 国道以北的天顶乡永安村、涧塘村、燕联村、燕子山村以及东方红农场的部分土地，总面积约 5 平方公里，作为岳麓山科技园产业发展基地，由高新区统一规划、分期开发。

2000 年 2 月，岳麓山科技园麓谷产业园区正式开工建设，到 2002 年末，首期 3.5 平方公里以路网为主的基础设施建设已全面完成，亮化、绿化已基本到位，两年多时间完成的投资规模达 9.2 亿元，超过高新区前十年建设投入的总和。

2003 年年底，长沙高新区党工委、管委会机关及驻区机构整体搬迁至高新区综合服务大楼新办公楼办公，软件中心大楼和中心区广场全面竣工，园区建设的品位和形象得到提升，以"两楼一广场"为重点的园区绿化，亮化及景观工程总投入达 1 亿元以上，生态科技园区初具雏形。

"科技园区向科技新城转变，纯科技产业向多业并举转变，园区管理向准政府转变"：

此为麓谷科技产业新城期间的运行机制。从 2004 年 8 月开始，长沙高新区的发展迈入建设科技新城的阶段。市委、市政府明确长沙高新区托管东方红镇，将岳麓山高科技园定名为麓谷科技产业新城。长沙高新区以岳麓山高科技园（麓谷科技产业新城）采取"带镇带村、委托管理"的发展模式为标志，开始三个转变，即"科技园区向科技新城转变，纯科技产业向多业并举转变，园区管理向准政府转变"，这一转变使长沙高新区开始有广阔的产业发展空间，也承担更多的社会管理责任。政策区产业仍由高新区管理。

2006 年 3 月，市委常委第七次办公会议在高新区召开，通过行政区划微调方式，将原望城县黄金乡的金南村、华龙村和雷锋镇的荷叶坝村（合并前）共 16.35 平方公里成建制调整到东方红镇，由高新区统一管理并实施开发建设。

2008 年 7 月 24 日，根据长编委发〔2008〕8 号文件，长沙市决定将长沙望城坡经济开发区管理委员会人、财、物成建制移交长沙高新区管理。

至 2012 年，长沙高新区按"产城融合"要求，编制和完善麓谷公用设施、交通、排水等专项规划，新建、续建道路 20 条，总里程 54.6 公里，总投资达

11.9亿元。其中，园区道路已和主干路网对接，麓谷新城“六纵四横”骨干路网基本形成。在加快推进先进装备制造及节能环保、信息产业、新材料、生物医药等专业园区建设的同时，园区完善城市配套功能，强化产业载体建设，全省最大的工业社区——麓谷企业广场全面竣工，入驻企业达300多家。

“十一五”以来，麓谷开发建设每年以3 ~ 4平方公里的速度推进，累计基础设施投入达200多亿元。目前麓谷建成区已达30平方公里，已经形成60平方公里“六纵四横”的路网框架，一个产业集聚、配套齐全、宜业宜居的生态科技产业新城正在崛起。

三、管理效果

2012年，科技部火炬中心按《国家高新区综合评价指标体系》对长沙高新区1988—2012年评价结果如下表：

表1–2　2008—2012年长沙高新区总排名和四个一级指标排名变化表

年份	总排名	知识创造和技术创新能力	产业升级和结构优化能力	国际化和参与全球竞争能力	高新区可持续发展能力
2008	18	19	33	25	10
2009	16	12	33	12	22
2010	16	14	23	14	21
2011	14	12	7	31	33
2012	14	16	15	29	52

说明：此为科技部火炬中心按照《国家高新区综合评价指标体系》对长沙高新区的评价结果

第三节 机关迁变

长沙高新区管理机关从1988年7月至2012年12月因园区的发展迁址四次。

1989年长沙科技开发试验区首批管理人员与市科委领导合影

长沙市科委大院一楼：1988年8月，科技开发试验区办公室办公地址设在长沙人民中路302号长沙市科委院内一楼。

银盆南路70号：1991年9月，长沙高新区机关从长沙科委大院迁至银盆南路70号，长沙高新区开始岳麓山高科技园火炬城的建设。

桐梓坡 C4 组团：1995 年 10 月 4 日，长沙高新技术产业开发区管委会办公地址由银盆南路 70 号迁至桐梓坡火炬城 C4 组团新办公室大楼。

麓谷大道 668 号：2003 年 12 月 29 日至 30 日，长沙高新区党工委、管委会机关及驻区机构由桐梓坡 C4 组团整体搬迁至长沙高新区综合服务大楼新办公楼。新办公楼作为麓谷科技新城的标志性建筑，既是长沙高新区行政服务中心，又是一座集管理、行政和中介服务于一体的现代化办公大楼。

园区规划

第二篇 园区规划

园区规划是长沙高新区开发和建设的龙头，产业基地是园区规划的重要基础。1988—2012年，长沙高新区产业基地呈不断发展态势，园区规划根据产业基地的需要而组织编制。长沙高新区所辖“一区四园”的规划，除岳麓山高科技园由长沙高新区直管，规划由长沙高新区编制外，其它园和政策区的规划则由其所在地政府组织编制，报长沙高新区管委会审查备案。

1988年7月至1989年6月，长沙试验区因有区无园，没有编制园区规划，长沙试验区按照长沙市人民政府颁发的《长沙科技开发试验区暂行规定实施办法》运作。

1989年6月至2012年12月，长沙高新区编制过四次园区总体规划和多次麓谷分区规划、分期控制性详规、规划整合及专项规划。

长沙高新区的四次总体规划分别是1989年试验区期间制定的《长沙科技开发试验区发展规划》、1991年为迎接国务院检查制定的《长沙高新技术产业开发区整体建设规划》、1991年长沙高新区曾委托长沙规划设计院编制《茅坡科技园建设规划》和1993年编制《岳麓山科技园火炬城建设详细规划》。

1997年后，岳麓山高科技园集中建设区从六沟垅、茅坡、南充一带（即火炬城）转向望城坡，长沙高新区随高新技术产业的发展和产业基地的扩大，开始编制麓谷分区规划、分期规划和专项规划。

1999年后，长沙高新区相继编制麓谷一期（望城坡产业基地控制性详规）、麓谷二期、麓谷三期控制性详细规划，特别是2001年编制完成的《麓谷二期控制性详细规划》，对麓谷的开发建设起到良好的指导作用。

2007年后，长沙高新区纳入长沙大河西先导区，长沙高新区管委会相继编制麓谷四、五期控制性详细规划。

2008年，长沙高新区托管雷锋镇。长沙高新区开始进行“麓谷六期”控制性详细规划的编制，并于2009年初完成《麓谷六期控制性详细规划》设计要点，以及麓谷四、五、六期用地整合方案。

2009 年 3 月，根据长沙市政府、长沙高新区管委会对麓谷四、五、六期用地规划提出的新思路、新要求，对原规划方案进行调整，项目名称暂定为《“麓谷新区”控制性详细规划整合》。

2010 年 11 月，编制完成《长沙高新技术产业开发区“麓谷新区”控制性详细规划》。

截至 2012 年，长沙高新区会同长沙大河西先导区及市直有关部门相继组织开展了高新麓谷 100 平方公里范围内的综合交通、公共和公用设施、排水、电力等专项规划编制工作。

第一章 规划编制

长沙高新区的规划编制一直受到湖南省委、省政府，长沙市委、市政府的高度重视。在对集中建设区的选址和制定规划的过程中，省市主要领导多次到现场踏勘，听取规划工作汇报，亲自组织专家审查规划方案。在长沙高新区选址期间，省委、市委常委专门召开扩大会议，审查批准岳麓山科技园的规划方案。市政府领导、高新区管委会负责人更是身体力行，亲自组织和参与对各项规划的筹划、讨论、审查，认真听取专家教授评审意见，严格依照规划法办事，从而保证规划设计工作高标、优质、规范地开展和制定。

第一节 编制总体规划

1989 年 6 月，长沙试验区开始组织制订《长沙科技开发试验区发展规划》，规划提出试验区的布局设想和实施步骤。

1991 年 4 月 1 日，市政府召开政府常务会议，专题研究长沙试验区的建设问题，决定由市规划设计院负责茅坡科技园建设规划。

5 月 10 日，陈元松副市长到高新区办公室现场办公，明确由高新区办公室、市规划设计院、市城建开发总公司负责制定茅坡科技园工程建设规划。5 月 16 日，市政府召开政府常务会议，审议并通过茅坡科技园建设规划。

1991 年 7 月 30 日，中共湖南省委常委会召开第 33 次会议，会议原则批准《关于加快长沙高新技术产业开发区建设的意见》及《长沙高新技术产业开发区总体建设规划》。

规划发展目标为六个方面：即微电子科学和电子信息技术，材料科学和新材料技术，光电子科学和光机电一体化技术，生命科学和生物工程，精细化工技术等产业形成雏形；带动传统产业改造初具成效；培养和造就一批在高新技术商品化、产业化、国际化领域里取得成就的科技开发专家，科技企业家和各种管理人员；对外开放迈出新的步伐。建成一批外向型企业，成为向外省、外地区的辐射源；新的管理体制基本形成；和建设一片集中开发的产业基地六个方面。

规划布局为一街、两园和三个高新技术产业群基地。即科技一条街（火炬城）；岳麓山科技园、群星科技园；岳麓山高新技术产业群基地、马坡岭农业高新技术开发实验基地和城中区。

岳麓山科技园是当时长沙高新区唯一的成片建设区，面积为4平方公里，分为三部分：工贸区（火炬城），开发生产区，生活居住区。

1992年，长沙高新区面向全国征集岳麓山科技园火炬城建设详细规划方案，中国科学院设计院、湖南大学等五家单位应征后，经过3个多月设计和专家、领导小组的反复评审论证，形成一个集近400名专家、学者、教授的智慧于一体，既体现出现代化高科技特点又具有园林风格的《岳麓山科技园火炬城建设详细规划方案》。

1993年，长沙高新区委托长沙规划设计院编制完成《岳麓山科技园火炬城建设详细规划》。《规划》按“统一规划，分步实施”原则，分三期工程建设：第一期工程为火炬城的西半部和岳麓山科技园的南冲工业区，以及配套生活居住区，面积为0.52平方公里；第二期工程为火炬城的东半部及已开发土地，面积0.64平方公里；第三期工程面积2.84平方公里。

第二节　编制麓谷分期规划与规划整合

1993年，《岳麓山科技园火炬城建设详细规划》编制完成后，长沙高新区管委会不再编制园区建设总体规划，而是随着园区面积的增大和园区建设的发展，相继编制麓谷一期、麓谷二期、麓谷三期、麓谷四期、麓谷五期、麓谷六期等分期规划与专项规划。

2001年5月，长沙高新区委托长沙规划设计院编制完成《麓谷分区规划》，

12月编制完成《麓谷二期控制性详细规划》。这两个规划对麓谷的开发建设起到良好的指导作用，麓谷二期的主要路网骨架和绿化系统按规划相继建成，但是随着开发区招商工作的进展，进区单位用地性质、用地要求和原规划差距较大，必须相应调整规划路网、用地结构及配套设施，以适应新的发展需要。

2004年7月，长沙规划设计院有限责任公司接受长沙市规划管理局委托，对《麓谷二期控制性详细规划》进行整合。2004年9月21日通过现状调查成果和方案审查，落实深化审查意见后，同年12月2日通过规划初步成果审查，经征求高新区管委会和市规划局各部门意见，于2005年9月7日完成规划编制，通过送审稿审查，并根据审查意见编制正式成果上报长沙市规划管理局，编制完成《麓谷二期控制性详细规划整合》，于2005年9月29日获得批准。

《麓谷二期控制性详细规划整合》规划范围为东至麓枫路、南至枫林三路、西至麓云路，北至长常高速公路南辅道，总用地面积4.38平方公里。《麓谷二期控制性详细规划整合》主要包括规划区功能与规模，用地布局，土地利用规划，道路交通规划，公共服务设施规划，市政公用设施规划，城市设计导引，绿地系统及生态环境保护规划，村民安置用地规划等。

2002年3月，长沙高新区委托长沙规划设计院起着手进行“麓谷”三期用地控制性详细规划的编制设计工作，同年12月完成“麓谷”三期用地控制性详细规划工作。2003年1月报长沙市规划局批复，同年4月3日获长沙市政府批准实施。

根据“麓谷”二期用地开发实施情况，编制三期用地规划中对其配套设施及农民安置用地有所侧重，但仍不能满足和适应形势发展的需要。2004年高新区总公司再次委托长沙规划设计院对三期用地控规进行适当修改完善，于2005年4月编制完成“麓谷三期”。“麓谷三期”用地范围是：东起麓云路与二期用地相连，西到国道绕城公路，北至长常高速公路，南临长宁路(枫林三路)，总用地面积10.04平方公里。

2007年，长沙大河西先导区成立后，长沙高新区纳入其辖区，长沙高新区园区基础设施建设规划纳入到长沙大河西先导区编制的基础设施建设规划之中。

之后，长沙高新技术产业开发区管委会相继委托长沙规划设计院编制“麓谷四期”、“麓谷五期”控制性详细规划。“麓谷四期”规划范围位于麓谷新区东南侧，用地主要由工业用地组成。麓谷五期控制性详细规划的规划范围为东方红镇的金南村、华龙村和荷叶坝村，总用地面积16平方公里，该控规位于麓谷新区北侧，规划用地性质主要由工业、科研设计、居住用地组成。麓谷五期为麓谷新区的主要组成部分。

2008年，雷锋镇纳入长沙高新区委托管理。长沙市规划设计院于2008年9月开始进行“麓谷六期”控制性详细规划的编制，2009年初按相关会议纪要及长沙高新区管委会意见，完成《麓谷六期控制性详细规划》设计要点，以及麓谷四、五、六期用地整合方案。

第三节　编制“麓谷新区”规划与规划整合

2009年3月根据长沙市政府领导、长沙高新区管委会领导对麓谷四、五、六期用地规划提出的新思路、新要求，为达到“两型”示范区的目标，提升产业园区的品味，规划重新定位——将麓谷新区打造成为以高新技术产业为突出特色的城市区，由此对原规划方案进行调整。项目名称暂定为《“麓谷新区”控制性详细规划整合》。经规划编制人员现场多次踏勘，收集整理现状资料，完成基础资料整理工作，2009年4月初，完成初步方案，4月中旬，对初步方案进行调整，2009年4月底，与长沙高新区管委会建设房产局、招商局、公共事业局等相关部门对成果进行内审，并按内审意见对方案进行修改，和完善其它配套专业规划。2009年5月6日，长沙高新区管委会主持召开《麓谷新区控制性详细规划方案》审查会，原则同意在该方案的基础上调整和深化设计。2009年10月21日，长沙高新区管委会再次召开《麓谷新区路网规划方案》审查会，原则同意该路网规划方案设计。2009年11月，根据会议纪要对高新区麓谷新区路网规划方案进行调整和深化，完成正式成果。

2010年3月编制完成长沙高新区“麓谷新区”控规土方估算规划。2010年11月编制完成《长沙高新技术产业开发区“麓谷新区”控制性详细规划》。

《长沙高新技术产业开发区“麓谷新区”控制性详细规划》的规划范围为：北至望城县县界，东至绕城高速公路，南至长宁路，西至真人桥村界，规划范围包括雷锋镇的雷锋村、桥头铺村、真人桥村3个村，东方红镇华龙村、金南村、荷叶坝村和长庆社区的用地。规划用地面积为27.73平方公里。其用地北与望城黄金乡的金塘村、金元村、杨塘村、黄金村交界，西边与黄金乡的永兴村、三益村、国徽村接壤，南边与雷锋湖片控规相连，东边则与已开发启动的麓谷高科技园及信息产业园紧密相连。

功能定位：根据规划发展方向，确定本区的功能定位为产业新城区、“两型”社会试验区、长沙大河西先导区起步区核心区、麓谷高科技产业园扩展区。至2012年，长沙高新区相继开展了高新麓谷范围内的综合交通、公共和公用设施、排水、电力等专项规划编制工作。

其中，长沙高新区综合交通规划方案对规划范围内的铁路、轨道、高速、城市道路及交通设施等进行了统一规划，对园区现状交通、道路建设存在的问题，以及未来交通发展的目标，均提出了系统的解决思路和规划构想。规划方案创建性的提出青山路过江联系主城区、梅溪湖路与人民路连接、望雷大道南延过象鼻窝森林公园等对外道路衔接规划，并打通青山路、长川路等区内东西向穿过绕城高速的重要通道，以及咸嘉湖路等交通不畅路段的堵口、卡口。该规划方案有力指导了园区道路建设工作，并为后续交通组织安排提供了指导依据。

长沙高新区公共和公用设施规划方案对园区行政办公用地、文化设施用地、中小学校用地、体育用地医疗卫生用地、社会福利用地、环卫用地和消防用地等8类，由政府或公用事业单位投资的项目用地进行了统一规划。规划方案在梳理现状问题的基础上，初步预算了各设施类别的总体规模，提出了设施分级标准和建设要求，并对各类设施空间布局做了统筹安排。该规划方案较好地指导了高新区的各类公共和公用设施的建设工作，并为有关片区详细规划编制提供了指导依据。

第二章 规划选介

第一节 总体规划

一、长沙高新技术产业开发区总体建设规划

1. 规划基础

1991年7月30日，中共湖南省委常委会召开第33次会议，会议原则批准《长沙高新技术产业开发区总体建设规划》。《长沙高新技术产业开发区总体建设规划》以制订的《长沙科技开发试验区发展规划》为基础，仍以“一街、二园、三群体”布局。

长沙高新区由岳麓山高新技术产业群基地、马坡岭农业高新技术开发实验基地、韶山路沿线城中区组成，总面积为31平方公里。按照“统一规划，预留土地，重点投资，分步建设”的原则，进行产业布局和开发建设。

2. 规划目标

规划发展目标分为六大方面：

（1）高新技术产业初具规模。微电子科学和电子信息技术，材料科学和新材料技术，光电子科学和光机电一体化技术，生命科学和生物工程，精细化工技术等产业形成雏形。

（2）带动传统产业改造初具成效。

（3）培养和造就一批在高新技术商品化、产业化、国际化领域里取得成就的科技开发专家，科技企业家和各种管理人员。

（4）对外开放迈出新的步伐。建成一批外向型企业，成为向外省、外地区的辐射源。

（5）新的管理体制基本形成。

（6）建设一片集中开发的产业基地。在岳麓山科技园的茅坡、南冲一带，形成科技一条街，建设一批标准厂房，建成高科技大厦和相应的配套设施。

3. 规划布局

规划为一街、两园、三个高新技术产业群基地的基本布局。

一街即科技一条街（火炬城），两园即岳麓山科技园、群星科技园，三基地即岳麓山高新技术产业群基地、马坡岭农业高新技术开发实验基地和城中区。

二、岳麓山科技园火炬城建设详细规划

1992年，长沙高新区面向全国征集岳麓山科技城详细规划方案，中国科学院建筑设计研究所、湖南大学等五家单位应征后，经过3个多月设计和专家、领导小组的反复评审论证，形成一个集近400名专家、学者、教授的智慧于一体，既体现出现代化高科技特点又具有园林风格的《岳麓山科技园火炬城建设详细规划方案》。次年，委托长沙规划设计院编制完成《岳麓山科技园火炬城建设详细规划》。4平方公里土地面积，按“统一规划，分步实施”原则，分三期工程建设。

第一期工程为火炬城的西半部和岳麓山科技园的南冲工业区，以及配套生活居住区，面积为0.52平方公里；

第二期工程为火炬城的东半部及已开发土地，面积0.64平方公里；

其余面积 2.84 平方公里为第三期工程。

第二节 麓谷分区规划

1997 年 4 月 21 日，市委市政府决定加快岳麓山科技园望城坡产业基地规划建设，标志着岳麓山科技园的集中建设从六沟垅、茅坡、南冲（即火炬城）一带转向望城坡。

长沙高新区 2012 年前共编制两个麓谷分区规划，因 2011 年麓谷分区规划规划时间为 2012—2020，故本章只着重介绍 2001 麓谷分区规划，2011 年麓谷分区规划部份从略。

一、2001 年麓谷分区规划

2001 年，通过全国范围的方案招标，由深圳清华苑建筑设计有限公司在获奖方案的基础上，完成长沙高新区岳麓科技园（麓谷）规划。

1. 规划期限

分区规划期限为 2001—2020 年。

2. 规划原则

创造稳定优化的生态环境，创造有弹性的、可持续发展的城市空间结构，强调城市设计、重视景观因素，以公交和步行为导向进行土地利用布局，创造功能完善、服务现代、管理科学、适于研发的现代工业园区。

3. 功能定位与规模

（1）功能定位

以高科技产业为主，配套服务设施为辅的综合性园区。

（2）规　模

用地规模：高科技园临近岳麓山风景区，用地由城市道路自然围合，规划范围：东起雷锋东大道，西到国道绕城公路，北至长常高速公路，南至龙王港。分区总用地 2495.87 公顷。

人口规模：按人平均占地 110 平方米，分区人口控制在 22.5 万人内。

4. 土地利用

用地布局结合自然地形、坡度以及自然生态结构等要素，将园区划分为 6 个主要功能区：

（1）产业区，主要吸收信息软件、生物制药、新材料和光机电一体化企业，用地 533.76 公顷；

（2）中心区，多布置为园区企业服务的大型设施中心，如管理中心、软件开发中心、会展培训中心、商贸休闲中心、文化娱乐中心等；

（3）科研设计区，结合自然山体以带状形式布置在园区的中部，用地 229.22 公顷；

（4）居住区，主要集中布置在长宁路以南，用地 468.9 公顷；

（5）公建及市政设施，灵活布置在各组团及适当位置，公建用地 400.02 公顷，市政设施用地 19.67 公顷；

（6）绿化区，结合现状山体水系，间插在园区各部，配以中部的生态走廊、各级绿地，形成园区的绿地系统，占地 749.32 公顷。

5. 道路交通系统规划

规划道路广场用地 277.58 公顷。横向主干道有桐梓坡路、长宁路、龙王港路，纵向主干道路有雷锋西大道、高新路、麓谷路、科技路、东方红路。

在道路网规划中，将桐梓坡路向西延伸至绕城高速，并设置立交加强对外联系，将长宁路改变性质为城市交通干道，由桐梓坡路、东方红路、长宁路、高新路构成产业区的主干环路，而科技路、秀峰路等构成组团的服务性环路。

二、2011 年麓谷分区规划

2011 年 10 月，长沙城市规划设计咨询有限责任公司开始编制麓谷分区规划大纲，于 2012 年完成并提交成果。

1. 规划期限

分区规划期限为 2012—2020 年，远景规划为 2021 年及以后。

2. 功能定位与规模

（1）功能定位

以高科技术产业园区为主的麓谷生态科技产业新城，集金融、商务、办公功能于一体的雷锋湖－梅溪湖地区城市副中心，是“两型”社会试验区、长沙大河西先导区起步区核心区。

（2）规 模

用地规模：麓谷分区东临西二环，西至长沙市都市区西界限，南抵象鼻窝森林公园及桃花岭景区北界线，北倚黄金大道，分区范围面积为 116.43 平方公里。通过对比总规与控规以及现状建设及国土红线，确定的分区的城市建设用地规模为 59.91 平方公里。

人口规模：建议麓谷分区规划人口为 80 万人。

其它：略

第三节　麓谷分期规划

1999 年，根据长沙市总体规划和麓谷分区规划编制麓谷分期规划，开始分期规划建设“麓谷”。

至 2012 年长沙高新区共编制六期麓谷分期规划，本章重点介绍麓谷一、二、三分期规划和麓谷二期控制性详细规划整合，其它分区规划从略

一、麓谷一期（望城坡产业基地控制性详规）

为解决长沙高新区岳麓山高科技园产业发展后续用地的问题，高新区党工委、管委会把争取新产业基地作为首要工程来抓。1998 年初，高新区专门向长沙市政府请求解决新产业基地问题。

1998 年 4 月 6 日，长沙市政府第 8 次常务会议决定，将望城坡区域长益高速公路以南、外环线以东、雷锋大道以西、319 国道以北范围内约 5 平方公里的土地，作为高新技术产业的发展用地，规划为岳麓山科技园产业发展基地。

1998 年 12 月，长沙高新技术产业开发总公司为满足部份重点高新技术企业发展用地的要求，经省政府批准在该基地范围内征收 1996 亩作为一期开发用地，并委托长沙市规划设计院对该地块作控制性详规。

1999 年 3 月，长沙市规划设计院完成《望城坡产业基地控制性详规》。

1999 年 6 月 15 日，长沙高新区组织省建委、市建委、市国土、市规划、市教委、市电信、市电力及相关专家对该规划进行评议和审核。1999 年 7 月，长沙市规划管理局以长规发〔1999〕041 号文同意该规划的实施。

1. 功能与规模

望城坡产业基地总面积 5 平方公里，主导产业为信息软件和新材料，同时还有生物医药、光机电一体化等其他领域科技成果转化产业。产业基地主要功能为：信息技术、软件开发、新材料等高新技术产业生产、科研、信息交流、成果展示中心；为高新技术产业和高级人才服务的相关配套设施、居住小区和社会服务中心。基地的中心区体现管理服务功能，如行政管理、商务金融、文化及信息交流和新产品成果展示等。

望城坡高新产业基地总面积 480.3 公顷，总人口 2 万人。其中第一期建设

用地 149.0 公顷，第二期发展用地 331.91 公顷。

2. 土地利用控制

（1）工业用地布局

分为电子信息、光机电一体化、生物医药、新材料四大产业及其他高新科技产业项目，采取用地使用形式相对集中布局的形式，严格环境保护，决不允许污染产业进入。

（2）科研实验用地布局

分布在桐梓坡路两厢地段，对高新技术项目进行研究，培养高新技术的“种子企业”。

（3）仓储用地布局

依据工业类型性质，在厂区内结合工业厂房布局设置，原则上临近出入交通方便的地方。

（4）公共服务设施用地

沿桐梓坡路两厢布置金融、商务、保险、写字楼、科技产品贸易中心；在主中心广场南面布置行政管理中心；在秀峰公共绿地西北角布置文化娱乐用地。

（5）居住用地

分为两类，第一类中的高级住宅用地，布置在秀峰公共绿地的西南面，作为高科技人才的生活居住场所，第一类中的小康型住宅，布置在雷锋西大道与老长宁公路的西北角；第二类居住用地相对集中在长宁公路的北面。

（6）绿化用地

保留现状雷锋西大道西侧、桐梓坡路与新城路交叉口西北侧的自然植被和山地风貌，作为产业基地的大型生态绿地；在生活居住用地内设置居住区级的小游园。产业基地绿化率达 45% 以上。

（7）广场用地

以桐梓坡路和新城路交叉口地段作为基地的主中心广场，在秀峰公共绿地西北角作为产业基地的文化娱乐广场。

（8）道路交通

产业基地道路系统结合望城坡开发区路网骨架和地形，布置为方格道路系统。东西方向的主干道为桐梓坡路和老长宁公路，南北向的主干道为雷锋西大道和新城路。

停车场用地规划在基地进出口，中心区、公共绿地及商业集中区附近安排规模不等的社会停车场。

3. 市政公用设施规划

（1)给水排水 产业基地每天总用水量为20000吨，由长沙市第四水厂供水，共水平管由桐梓坡路接入，基地内供水管网联成环状。排水体制采用雨污合流制，每天污水总量为14167吨，基地污水经望城坡经济开发区一片西干渠、五片东干渠，流入金星路截污干管后进入望城坡污水处理厂，基地内不设污水处理厂。

（2）电力电信 产业基地电力负荷36959千瓦，10千瓦系统采用环网接线，局部线路走廊受限制地区采用电缆，其余均采用架空绝缘线。基地规划市话容量20000门，采用综合通信接入网，设电信汇接局一个，占地10亩。

《望城坡产业基地控制性详规》的设计，将产业基地与周边用地和道路网充分结合，完备市政基础配套设施，保护生态环境；详规设计符合“规划控制，项目带动，逐步开发，滚动发展”的可持续发展思路，有利于分期建设，合理地确定产业基地的中心区、生活区和公共绿地的布局，并创造具有高新技术产业基地特点、富有时代特征和地方特色的城市整体空间形象。

望城坡产业基地的开辟，为长沙高新区“二次创业”提供更大的发展空间。

二、 麓谷二期

1. 功能与规模

规划对麓谷二期的功能定位为麓谷科技园的核心服务区，发展先进制造业、软件开发、生物制药、新材料等高新技术产业，适当布置配套服务设施。规划本区总人口为14943人，总用地面积438.13公顷，全部为城市建设用地。

2. 土地利用控制

（1）用地功能布局原则

根据高新区的规划性质和产业特点，合理布置工业用地和其他用地，力求发挥最大的经济效益和环境效益，使高新区可持续发展；合理布置居住用地，缩短居民上下班通勤路程，创造良好的工作生活环境；分地区、分层次、分档次布置公共设施用地，充分发挥社会资源效益。

（2）用地布局

规划范围内的主要用地性质为工业用地，广泛分布在除中心区以外的区域内，中心区主要布置为高新区事业单位服务的公共设施，为居住配套的商业金融用地则沿咸嘉湖路南侧和麓云路布置，电信、邮政、燃气、社会停车场、公厕、垃圾站等配套设施用地按照服务半径和设置要求布置于区内适宜地点。

（3）道路交通

对外交通：

本规划区南侧的枫林三路同时担负长宁公路的交通功能，全长 1997 米，控制宽度 46 米，绿线宽度 46 米，等级为一级。

城市交通：

路网结构，区内道路分为三个等级：主干道、次干道及支路。路网骨架基本保持原控规和中心区规划路网，并根据土地实际征用情况进行部分调整。中心区采用灵活的环状配以放射状路网结构，中心区以外地区则采用方格网结构。主干道共 8.02 千米，路网密度 1.83 千米 / 平方千米；次干道共 9.15 千米，路网密度 2.09 千米 / 平方千米；支路共 8.85 千米，路网密度 2.02 千米 / 平方千米。

道路系统功能构成：

麓谷大道、桐梓坡路和枫林三路为交通性主干道，麓云路、咸嘉湖路、麓枫路和麓虹路为综合性道路，轴一路和麓泉路为景观性干道。区内道路及广场控制点的竖向标高应按照竖向规划图确定，场地标高应高于道路 20 ~ 25 厘米。区内麓谷大道、桐梓坡路、麓天路、麓虹路和枫林三路等道路规划有公交线路通过，麓谷大道与枫林三路交叉口规划有地铁站出口，公交站点位置应考虑与地铁站的衔接，沿桐梓坡路和麓谷大道的公交站点应做成港湾式。

公共停车场规划：

位于 E-10 地块的环二路停车场，占地 0.21 公顷，车位 70 个；位于 E-15 地块的环一路停车场，占地 0.23 公顷，车位 76 个。

轨道交通：

规划地铁二号线经枫林路至汽车西站，其线路占地在枫林路绿化带内解决，枫林路与麓谷大道交叉口北侧应预留地铁车站用地。

3. 公共服务配套设施

本区公共服务设施按照居住小区配套布置，主要包括小学、托幼、居委会、文化活动站、门诊部、派出所、储蓄所、天然气储配站、公共厕所、垃圾站等，其他设施如加油站、公交枢纽站和中学等均在本区外围布置，为本区服务。区内未规划居住区级以上体育设施。

（1）小学、幼儿园规划：位于 F-08 地块的麓谷小学，30 班规模，占地 1.68 公顷；位于 B-05 地块的中科幼儿园，4 班规模，占地 0.21 公顷，用地在中科软件园内统一考虑；位于C-10地块的麓谷一幼儿园，16班规模，占地0.58公顷。

（2）其他配套设施规划：规划门诊部一处，用地500平方米；文化活动站两处，分别用地400 ~ 600平方米；居委会两处；天顶乡派出所，用地5064平方米；储蓄所一处；天然气储备站一处，用地43652平方米。

4. 市政设施

（1）给水规划

供水规划从桐梓坡路和长宁公路的输水主管输入，在小区内形成环线供水网。南北以麓枫路、麓谷大道、麓云路的给水管为主干管，东西以麓天路、桐梓坡路、长川路、麓泉路、咸嘉湖路、枫林三路的给水管为主干管。本片管网担负着向长常高速路以北的青山片、麓云路以西的麓谷三期和以南的麓谷四期供水的任务。

（2）排水规划

本区排水体制采用完全分流制。根据河西排水专项规划和高科技分区规划，本片分为三个水系：西干渠水系（原秀峰路）、麓谷大道（原高新路）水系、麓云路（原麓谷路）水系。本片规划的麓云路、麓谷大道、麓枫路设置条横贯南北向的排水主干管(渠)3条。麓云路水系汇水面积255公顷，麓谷大道汇水面积194公顷，西干渠水系汇水面积1418公顷。

根据排水分区，污水系统按排水分区的原则，沿麓云路、麓谷大道和麓枫路设置三条污水主干管，往南流入望城坡污水提升泵站。

（3）电力、电信、邮政、燃气

电力：预测最高电力计算负荷为6.18万千瓦，于枫林路北侧规划预留110千伏高压走廊，整个10千伏系统采用环网接线，10千伏电力电缆管沟均沿市政道路的西、北侧设置。

电信、邮政：规划预测电话数量达3.1928万门，将设置一座电信分局、1个电信模块局、4个邮政所。电信分局占地0.74公顷，模块局、邮政所均为附设式，面积约300平方米/个，附设于附近单体建筑物内，所有信息管线均沿道路的东、南侧设置。

燃气：该区燃气用量为427万立方米/年，将设置天然气储备站一座，占地4.36公顷，所有燃气管道均埋地敷设。

5. 环卫设施规划

本区共规划垃圾收集站8处，公共厕所8处，未设垃圾处理站和转运站。

6. 城市防灾规划

本区按照六度地震烈度设防，区内规划一处人防地下工程和一处警报器，均附设于E-14地块的建筑内，其建设面积、防护质量标准应符合国家相关规定；区内A-02地块的天然气储配站为甲类消防责任区，其他地区为乙类消防责任区；区内无任何防洪设施。

7. 绿地系统规划

结合现状情况及开发区建设，规划形成以中心区公园为核心、以轴六路、麓泉路、麓虹路等为景观绿化通道、向四周扩散的景观绿地系统，结合各单位附属绿地，形成人文与自然相结合的、可持续发展的高新区生态环境。任何单位和个人不得擅自占用、挪用、改变城市绿化用地及性质，如因建设或其他特殊需要须调整绿化用地的位置，必须经过城市规划管理部门审批，且保持绿化面积不减少。

8. 生态环境保护规划

所有入区工业企业必须通过环境影响评价。

（1）水环境保护：区内限制用水量大的企业进驻，所有工业企业用水必须先自行处理达标排放，水处理设施不完善的企业禁止开工生产，严禁随意填埋、侵占、改变规划水体。

（2）大气环境保护：区内严禁新建、改建、扩建、增加二氧化硫和总悬浮颗粒污染物排放的工业项目，对现有的砖厂逐步关、停、转产，提高天然气使用率，减少燃煤用量。

（3）噪声环境保护：工业区噪声控制标准为：昼间65分贝，夜间55分贝。噪声较大的工业企业禁止靠近商业、居住区布置，且企业内应采取降噪措施，有效降低噪音污染，居住区限制开设歌舞厅、卡啦OK厅等噪音较大的娱乐场所。

（4）固体废弃物处理：提高工业废弃物综合利用率，危险固体废弃物必须建立专门的暂存设施并交有资质的单位处理，生活垃圾送至各垃圾收集站后，统一由垃圾清运车送至区外的垃圾中转站处理，区内不设置垃圾中转站和填埋场。

9. 村民安置用地规划

本区内所有村民生活安置用地均规划在枫林三路以南。区内规划天顶乡村民生产安置用地，面积6.39公顷，位于C-04、C-07、C-12、C-13、C-22地块内。

三、麓谷三期

2004年10月，由长沙市规划设计院有限责任公司编制完成“麓谷三期控制性详细规划”。

1. 规划范围

本次规划麓谷三期用地，东起麓谷路，西到绕城公路，北至长常高速公路，南临长宁路（枫林三路），面积1035公顷。

2. 用地功能结构

麓谷三期用地规划采用一心、两轴、三带、五片区的功能结构形式。

一心：园区次中心。依托桐梓坡路向西发展，以东方红路为南向主入口，并向北发展，集两路交汇处形成科技园的次中心，将三期用地内的较大型建筑项目如宾馆、饭店、超市等布置于此。

二轴：南北两条景观绿轴。科园路两侧各留20米宽绿化带构成、保留东方红路50～80米不等的绿化带，构成园区的主要景观轴。

三带：三道自然山体林带。保存规划片区中天然的林地山峰，自然形成三道绿廊贯穿南北。

五片区：以规划主干道及主要用地的性质自然划分——桐梓坡路以北片，规划为工业和科研设计为主的产业片区；桐梓坡路至枫林三路、东方红路西侧，规划为生活居住及农民安置片区；桐梓坡路至枫林三路、东方红路至麓松路，园区次中心，以及居民生活居住及村民安置为主的居住片区；桐梓坡路至麓泉路、麓松路至麓云路，规划为工业为主的产业片区；麓泉路至枫林三路、麓松路至麓云路，规划为高等院校为主的高教用地片区。

3. 用地规划

（1）工业用地：布置在规划区北部与西部。该用地划分较规整，入园企业主要界定为生物制药、新材料以及光机电一体化等高科技企业。用地面积243.30公顷，占总用地23.51%。

（2）居住用地：采用一类居住用地和二类居住用地（含村民安置）两种类型布置。一类居住用地布置在保留山体的两侧，用地面积为11.14公顷，占总用地1.08%。二类居住用地主要布置在东方红路两侧、桐梓坡路北侧以及麓泉路南侧，用地面积为155.19公顷，占总用地14.99%，规划考虑采用集中形式布置，形成小区以至居住区的规模。

（3）公共设施用地：共计216.22公顷，占总用地的20%，其中行政办公用地 18.74 公顷，占总用地 1.81%；商业金融用地 50.55 公顷，，占总用地 4.88%，靠枫林三路可安排农贸市场、小商品交易服务等；文化娱乐用地 13.47 公顷，占总用地 1.30%；医疗卫生用地 3.42 公顷，占总用地 0.33%，并考虑医治与休、疗养共同布置；高等学校用地 65.80 公顷，占总用地 6.36%，以涉外经济职业学院及工商职校校址为基础，规划予以扩大；科研设计用地 64.24 公顷，占总用地 6.21%；道路广场用地 118.95 公顷，占总用地 11.49%；市政设施用地 6.51 公顷，占总用地 0.63%，为电力、信息、消防等市政设施留足用地。

（4）绿地：分公共绿地及防护绿地两类，面积共 283.53 公顷，占总用地 27.4%(其中公共绿地 40.96 公顷，防护绿地 242.57 公顷)。

4. 道路交通规划

（1）对外交通规划：本片区对外联系的主要入口为桐梓坡路、麓泉路、东方红路和麓松路。

（2）区内道路系统：本片区内道路网采用近似方格网道路系统，主次道路宽度按 46 米、38 米、36 米、26 米控制，支路按 16 米控制。道路控制绿线内用地为道路及道路绿化专用，任何与道路交通无关的建筑和构筑物的改建、扩建及新建均不得占用道路用地。

5. 市政设施规划

（1）给水排水

给水水源取自枫林三路及桐梓坡路等赶到；综合用水量 800 升 / 人 · 天；给水管网布置成环网，120 米保护范围内设置室外消火栓。

排水采用分流制，污水按综合用水量的 100% 计算。

（2）电力电信

规划预测本区最高电力负荷为 8.59 万千瓦。规划设置 2 座 110 千伏变电站、1 座 220 千伏主电站；规划 10 千伏系统采用环网接线。

规划预测电话数量为 4.41 万门；设置 4 个模块局、5 个邮政所，附设与附近单体建筑物内。

第四节 麓谷二期控制性详细规划整合

一、整合说明

1. 背 景

麓谷是长沙高新区岳麓山高科技园的简称，于2000年2月正式开工建设，是长沙市的高新技术产业集聚区、新型工业示范区和生态新城的样板区。

《麓谷分区规划》于2001年5月编制完成，原《麓谷二期控制性详细规划》于2001年12月编制完成，麓谷二期的主要路网骨架和绿化系统已按照规划建成，但是随着开发区招商工作的进展，进区单位用地性质、用地要求和原规划差距较大，有必要相应调整规划路网、用地结构及配套设施，以适应新的发展需要。

2004年7月长沙市规划设计院接受长沙市规划管理局委托，承担本规划编制，经过大量的现状调查和基础资料收集工作，于2004年9月21日通过现状调查成果和方案审查，落实深化审查意见后，于2004年12月2日通过规划初步成果审查，经征求高新区管委会和市规划局各部门意见，于2005年9月7日通过规划送审稿审查，并根据审查意见编制正式成果上报长沙市规划管理局。

2. 现 状

本次规划是对麓谷科技园二期控规进行整合，规划范围为东至麓枫路、南至枫林三路、西至麓云路，北至长常高速公路南辅道，总用地面积4.38平方公里。

该区大部分用地已推平，现状保留林地主要位于该区西部沿麓云路一带，区内最高海拔为89.2米，最低为38.3米，最大高差约51米。

本规划区内绝大部分用地已由高新区管委会统一征用，区内所有村民由望城坡管委会和天顶乡政府统一安置在阳明山庄和柏家塘等村民安置小区内。区内现状居住人口主要为麓谷锦园和枫林三路沿线部分单位内居住人口。

麓谷二期的主次干道路网和给排水、电力电信等市政基础设施按照规划已基本建好，80%的建设用地已被征用，大部分新征用地已开始建设，有少量已投入使用，区内公共服务设施除管委会大楼和地税分局已投入使用外，国税分局正在建设中，其他配套服务设施缺乏，麓谷二期建设正高效有序进行。

3. 原控规在实施中遇到的问题

上一轮控规在实施中遇到的最大困难是项目引进与规划存在的冲突，包括以下几种情形：

（1）项目满足用地兼容性许可要求，但在给排水、电力电信等市政设施方面要求不同。

（2）部分项目占地面积较大，征地时把周边的公共绿地或生态绿地也纳入其中，致使绿地属性改变，面积也大为减少，原有规划意图无法贯彻。

（3）部分企业在征地时将一二期用地统一用价征购，但一、二期工程实施时间间隔较长，而且随着市场与经济条件的变化，二期工程不一定能如期上马，导致大量土地长期闲置，降低政府对土地的收益，同时影响开发区的整体面貌形成。

（4）对原控规的调整

原麓谷二期控规较好地指导该区的土地开发和道路建设，但随着高新区招商工作的展开，建设要求与条件有一定变化，因此，对原控规的调整不可避免。

道路网的调整：

虽然麓谷二期的主次干道路网已基本按照原规划修建，但部分次干道和支路仍需根据征地情况调整。如中联重科、长重机器和中科软件园用地内的麓虹路和其他支路，矿冶研究院工业园内的支路等。

功能布局的调整：

原控规对规划区域的空间布局划分明确：桐梓坡路以北和咸嘉湖路以南为工业区，中心区以西为科研区，全区的西南部为居住生活区。随着企业的陆续进入，各企业提出不同的发展要求，全区的功能布局规划发生变化。

绿地系统的调整：

原控规绿地景观结构为“一轴、三园、数点”，现况除“一轴、数点”可保留外，“三园”用地分别被三家企业征用，虽然三家企业的详细规划都对绿地进行保留，但面积减少，而且公共绿地变成单位附属绿地，绿地的性质和使用功能发生变化。

配套设施用地调整：

原控规规划垃圾转运站、公厕、邮政所、模块局、停车场、汽化站、公交总站、小学、托幼等配套设施。由于征地情况变化和用地性质的改变，以及专项规划的编制，部分配套设施需要调整数量和位置。

指标系统需要进一步完善：

原规划的指标系统严密度不够，对麓谷的土地开发控制不够全面，对用地性质兼容性的控制力度也不够，因此，土地的使用功能应在配套设施（如中、小学、变电站等）允许的容量范围内调整，否则，就要相应调整配套设施控制指标。

二、规划整合

2004年7月，长沙规划设计院有限责任公司接受长沙市规划管理局委托，对《麓谷二期控制性详细规划》进行整合，并于次年9月完成《麓谷二期控制性详细规划整合》。《麓谷二期控制性详细规划整合》规划范围为东至麓枫路、南至枫林三路、西至麓云路，北至长常高速公路南辅道，总用地面积438.13公顷。

麓谷二期控制性详细规划整合土地利用规划图

1. 功能与规模

规划区功能定位为麓谷科技园的核心服务区，发展先进制造业、软件开发、生物制药、新材料等高新技术产业，适当布置配套服务设施。规划本区总人口为14943人，总用地面积438.13公顷，全部为城市建设用地。

2. 土地利用控制

（1）用地功能布局原则

根据开发区的规划性质和产业特点，合理布置工业用地和其他用地，力求发挥最大的经济效益和环境效益，使开发区可持续发展；合理布置居住用地，缩短居民上下班通勤路程，创造良好的工作生活环境；分地区、分层次、分档次布置公共设施用地，充分发挥社会资源效益。

（2）用地布局

本次规划对已批修建性详细规划基本不做改变，进一步完善落实各种配套设施，区内主要用地性质为工业用地，广泛分布在除中心区以外的区域内，为开发区事业单位服务的公共设施用地主要布置在中心区内，为居住配套的商业金融用地则沿咸嘉湖路南侧和麓云路布置，电信、邮政、燃气、社会停车场、公厕、垃圾站等配套设施用地按照服务半径和设置要求布置于区内适宜地点。

（3）道路交通

对外交通：

本规划区南侧的枫林三路同时担负长宁公路的交通功能，对其具体控制如下：

表 2–1 对外交通线规划控制

类型	名称	长度（千米）	控制宽度（米）	绿线宽度（米）	等级	备注
国 道	319 国道	1.997	46	46	一级	枫林三路

城市交通：

区内道路分为三个等级：主干道、次干道及支路。路网骨架基本保持原控规和中心区规划路网，并根据土地实际征用情况进行部分调整。其中，中心区采用灵活的环状 + 放射状路网结构，中心区以外地区则采用方格网结构。

麓谷大道、桐梓坡路和枫林三路为交通性主干道，麓云路、咸嘉湖路、麓枫路和麓虹路为综合性道路，轴一路和麓泉路为景观性干道。区内道路及广场控制点的竖向标高应按照竖向规划图确定，场地标高应高于道路 20~25 厘米。区内麓谷大道、桐梓坡路、麓天路、麓虹路和枫林三路等道路规划有公交线路通过，麓谷大道与枫林三路交叉口规划有地铁站出口，公交站点位置应考虑与地铁站的衔接。沿桐梓坡路和麓谷大道的公交站点应做成港湾式。

表 2-2　　公共停车场规划

序号	名称	用地面积（公顷）	车位数	所在地块编号	备注
1	环二路停车场	0.21	70	E-10	
2	环一路停车场	0.23	76	E-15	
	总计	0.44	146		

表 2-3　　规划道路网密度

序号	道路类别	总长度（km）	路网密度（km/km）	备注
1	主干道	8.02	1.83	
2	次干道	9.15	2.09	
3	支路	8.85	2.02	
4	总计	26.02	5.94	

轨道交通：规划地铁二号线经枫林路至汽车西站，其线路占地在枫林路绿化带内解决，枫林路与麓谷大道交叉口北侧应预留地铁车站用地。

（4）公共服务配套设施

本区公共服务设施按照居住小区配套布置，主要包括小学、托幼、居委会、文化活动站、门诊部、派出所、储蓄所、天然气储配站、公共厕所、垃圾站等，其他设施如加油站、公交枢纽站和中学等均在本区外围布置，服务本区。区内未规划居住区级以上体育设施。

表 2-4　　中小学、托幼规划

序号	学校名称	规模（班）	用地面积（公顷）	所在地块编号	备注
1	麓谷小学	30	1.68	F-08	
	小学小计	30	1.68		
2	中科幼儿园	4	0.21	B-05	用地在中科软件园内统一考虑
3	麓谷一幼儿园	16	0.58	C-10	
	幼儿园小计	20	0.79		
	总计		2.47		

表 2-5　　其他配套设施规划

序号	名称	所在地块编号	建筑面积（m^2）	用地面积 (m^2)	备注
1	门诊部	C-11	300	500	
2	文化活动站	B-05	400 ~ 600	400 ~ 600	
		E-19	400 ~ 600	400 ~ 600	

续表 2–5

序号	名称	所在地块编号	建筑面积（m^2）	用地面积 (m^2)	备注
3	居委会	C–11	30 ~ 50		
		F–16	30 ~ 50		
4	派出所	C–21		5064	天顶乡派出所
5	储蓄所	E–07	100 ~ 150		
6	天然气储配站	A–02		43652	市级

（5）市政设施规划

给水规划：

本规划区域内规划人口 14943 人，每天总用水量为 12096 立方米。供水规划从桐梓坡路主管 DN1000，长宁公路 DN1000 引入，在小区内形成环网。南北以麓枫路、麓谷大道、麓云路的给水管为主干管，东西以麓天路、桐梓坡路、长川路、麓泉路、咸嘉湖路、枫林三路的给水管为主干管。本片管网担负着向长常高速路以北的青山片、麓云路以西的麓谷三期和以南的麓谷四期供水的任务。

排水规划：

本分区排水体制采用完全分流制。根据河西排水专项规划和高科技分区规划，本片分为三个水系：西干渠水系（原秀峰路）、麓谷大道（原高新路）水系、麓云路（原麓谷路）水系。本片规划的麓云路、麓谷大道、麓枫路设置条横贯南北向的排水主干管(渠) 3 条，最后汇入龙王港。麓云路水系汇水面积 255 公顷，麓谷大道汇水面积 194 公顷，西干渠水系汇水面积 1418 公顷。

电力、电信、邮政、燃气规划：

电力，预测最高电力计算负荷为 6.18 万千瓦，于枫林路北侧规划预留 110 千万高压走廊，整个 10 千瓦系统采用环网接线，10KV 电力电缆管沟均沿市政道路的西、北侧设置。

电信、邮政，规划预测电话数量达 3.1928 万门，将设置一座电信分局、1 个电信模块局、4 个邮政所。电信分局占地 0.74 公顷，模块局、邮政所均为附设式，面积约 300 平方米 / 个，附设于附近单体建筑物内，所有信息管线均沿道路的东、南侧设置。

用气量预测，该区燃气用量为 427 万立方米 / 年，将设置天然气储备站一座，占地4.36公顷，有燃气管道均埋地敷设，均沿道路的东、南侧设置。

环卫设施规划：

本区共规划垃圾收集站7处，公共厕所8处，未设垃圾处理站和转运站。

城市防灾规划：

本区按照六度地震烈度设防；区内规划有一处人防地下工程和一处警报器，均附设于E-14地块的建筑内，其建设面积、防护质量标准应符合国家相关规定；区内A-02地块的天然气储配站为甲类消防责任区，其他地区为乙类消防责任区；区内无任何防洪设施。

麓谷二期控制性详细规划整合给排水规划图

绿地系统规划：

规划绿地系统结合现状情况及开发区建设，形成以中心区公园为核心、以轴六路、麓泉路、麓虹路等为景观绿化通道、向四周扩散的景观绿地系统，结合各单位附属绿地，形成优美的人文与自然相结合的、可持续发展的高新技术开发区生态环境。任何单位和个人不得擅自占用、挪用、改变城市绿化用地及性质，如因建设或其他特殊需要须调整绿化用地的位置，必须经过城市规划管理部门审批，且保持绿化面积不减少。

（6）生态环境保护规划

区内无保护水体，所有入区工业企业必须通过环境影响评估。

水环境保护：

区内限制用水量大的企业进驻，所有工业企业用水必须先自行处理达标排放，水处理设施不完善的企业禁止开工生产，严禁随意填埋、侵占、改变规划水体。

大气环境保护：

区内严禁新建、改建、扩建、增加二氧化硫和总悬浮颗粒污染物排放的工业项目，对现有的砖厂逐步关、停、转产，提高天然气使用率，减少燃煤用量。

噪声环境保护：

工业区噪声控制标准为：昼间 65 分贝，夜间 55 分贝。噪声较大的工业企业禁止靠近商业、居住区布置，且企业内应采取降噪措施，有效降低噪音污染，居住区限制开设歌舞厅、卡啦 OK 厅等噪音较大的娱乐场所。

固体废弃物处理：提高工业废弃物综合利用率，危险固体废弃物必须建立专门的处置设施集中处理，严禁外排生活垃圾送至各垃圾收集站后，统一由运输车送至区外的垃圾中转站处理，区内不设置垃圾中转站和填埋场。

（7）城市设计导则规划

总体控制原则：

提高中心区建筑高度，突出管委会大楼——中心公园观景台景观走廊，塑造麓谷高新技术开发区形象；控制麓谷大道和麓泉路沿路绿化和建筑景观，形成绿色通道，使麓谷三期中的生态绿地走廊与中心区相互呼应；各单位应加强建筑立面设计和绿化建设，禁止建设封闭式围墙；适当提高麓泉路以南、麓虹路以西、枫林三路以北用地内的建筑高度，丰富开发区建筑景观。

主要轴线：

轴线一，管委会大楼——中心公园景观台，规划提高中心区内环一路以北的建筑高度，形成一个错落有致、充满活力的高层建筑群，体现高新技术开发区昂然向上的精神面貌。

轴线二，轴六路——麓泉路，这条轴线的东端是中心公园观景台，西端是麓谷三期的生态绿地走廊，通过轴线两侧的建筑和绿化景观控制，使二、三期绿地系统有机地融为一体。

主要界面：

本规划以管委会大楼——中心公园两侧建筑和麓谷大道为主要景观界面，重点控制建筑立面、色彩、高度和屋顶形式，要求建筑色彩以浅色为主，建筑立面具有现代气息，建筑高度错落有致，屋顶形式丰富多样，平屋顶应进行绿化美化。

节点和标志：

轴二路北端、轴六路西端、轴一路东端和管委会广场为本区重要的景观节点，要求设立标志性景观并重点控制周边建筑造型。

村民安置用地规划：

本区内所有村民生活安置用地均规划在枫林三路以南。区内规划有一片村民生产安置用地，位于C-04、C-07、C-12、C-13、C-22地块内。

第五节 麓谷专项规划

本节仅介绍土地、交通和给排水专项规划，其它从略

一、土地专项

1. 麓谷二期

2004年7月长沙高新区管委会委托长沙市规划设计院有限责任公司专业团队，对《岳麓二期园区控制性详细规划》进行整合，经过大量的现状调查和基础资料收集工作，于同年9月21日通过现状调查成果和方案审查，落实深化审查意见后，于2004年12月2日通过规划初步成果审查，经征求高新区管委会和市规划局各部门意见，于2005年9月7日通过规划送审稿审查，并根据审查意见编制正式成果上报长沙市规划管理局。于2005年9月29日获得批准。麓谷科技园二期控制性详细规划，规划范围为东至麓枫路、南至枫林三路、西至麓云路，北至长常高速公路南辅道，总用地面积4.38平方公里。

（1）地块与用地性质

本规划共有85个地块，地块分界线以规划道路、现有单位界线、土地使用性质、规划建议地块划分界线等为依据进行划分。规划涉及的土地使用分类和代码均采用国标《城市用地分类与规划建设用地标准》(GBJ137-90)，按照《城市规划编制办法》，对外交通用地、供应设施用地、交通设施用地、环境卫生

用地及公共绿地划分至小类，其他划分到中类。各地块的土地兼容性应符合《长沙市城市规划管理技术规定》中的附表一《各类建设用地适建范围表》。

（2）规划控制指标

表 2-6　　长沙高新区已批详细规划指标

序号	单位名称	用地性质	容积率	建筑密度（%）	绿地率（%）	建筑层数
1	长远锂科	M1	0.31	26.7	40	1 ~ 3
2	晶源电子	M1	0.31	27.5		1 ~ 2
3	湖南方盛制药有限公司	M1	0.8	44.5	32	1 ~ 3
4	湖南安淳高新技术有限公司	M1	0.56	31.8	36	1 ~ 6
5	美冷空调有限公司	M1	0.99	42.8	32	1 ~ 7
6	长沙美宇电器有限公司	M2	0.22	20.3		1 ~ 4
7	湖南锦宏新合纤有限公司	M1	0.67	35.9	35.5	1 ~ 6
8	铁路四电科研开发中心	C6	0.75	23	42	1 ~ 5
9	湖南中高压开关厂	M1	0.51	37	38	1 ~ 6
10	高新区长重机器生产基地	M2	0.36	33.55	41.08	1 ~ 5
11	中联重科工业园	M2	0.49	32.98	45.8	1 ~ 6
12	人民印刷有限公司	M1	0.98	22	30	2 ~ 6
13	开发区管委会	C1	0.276			3 ~ 12
14	天顶乡政府	C1	0.434	11.6	66.5	2 ~ 5
15	天顶乡派出所	C1	0.95	30		1 ~ 4
16	麓谷雅园	R2	2.39	32.29	29.3	2 ~ 11
17	泰宝制药	M2	1.48	29.59	35.49	1 ~ 9
18	东洋电机	M1	0.411	31.17	41.96	3
19	金岭机床厂	M2	0.68	49.9	30.6	1 ~ 5
20	麓谷锦园	R2	0.574	21.6	58	1 ~ 3
21	湖南路路通塑业有限公司	M1	0.37	29	38	1 ~ 5
22	湖南富岳电教	M1	0.164	21.51		1 ~ 4
23	同大泵业	M1	0.467	32.5	36.1	1 ~ 4
24	湖南旭日制药机械厂	M2	0.91	37.9	36.5	2 ~ 7
25	高新区国税分局	C1	0.43	6.94	47	2 ~ 6
26	中科软件园	C6	0.8	53	16.8	2 ~ 12
27	湖南科力丰新能源科技公司	M1	0.396	32.96	31.20	1 ~ 5
28	三辰影库	C6	0.603	14.0	43.6	2 ~ 6
29	湖南通发高新公司	M1	0.77	38.0	35	1 ~ 6

表 2-7　　本次规划采用的主要控制指标标准

序号	用地代码	用地性质	容积率	建筑密度 (%)	建筑高度 (m)	绿地率 (%)
1	R2	二类居住用地	1.2 ~ 2.0	25 ~ 28	24 ~ 50	40
2	C1	行政办公用地	1.2 ~ 2.5	28 ~ 35	24 ~ 60	30 ~ 35
3	C2	商业金融用地	2.5 ~ 3.0	35 ~ 38	24 ~ 50	30 ~ 35
4	C3	文化娱乐用地	1.5 ~ 2.5	30 ~ 35	24	30 ~ 35
5	C6	教育科研用地	1.5 ~ 3.0	28 ~ 35	24 ~ 60	30 ~ 35
6	M1	一类工业用地	0.8 ~ 1.2	45	24	25
7	M2	二类工业用地	0.8 ~ 1.0	45	15 ~ 24	25
8	G1	公共绿地	0.05	5	12	70

为减少单位“圈地”情形，保证开发区的整体环境面貌，在确定用地开发最高容积率的同时，确定新开发一类工业用地容积率不得低于 0.6，二类工业用地容积率不得低于 0.5。

（3）规划土地利用

表 2-8　　长沙高新区麓谷建成区规划土地利用

序号	用 地 性 质		代 码	规划面积 (ha)	比例 (%)
1	居住用地		R	262.41	15.54
	其 中	一类居住用地	R1	11.86	0.70
		二类居住用地	R2	250.55	14.84
2	公共设施用地		C	354.99	21.03
	其 中	行政办公用地	C1	35.31	2.09
		商业金融用地	C2	114.94	6.81
		文化娱乐用地	C3	17.22	1.02
		医疗卫生用地	C5	10.24	0.61
		教育科研用地	C6	177.25	10.50
3	工业用地		M	537.37	31.83
	其 中	一类工业用地	M1	447.99	26.53
		二类工业用地	M2	89.38	5.29
4	仓储用地		W	0.00	0.00

续表 2-8

序号	用 地 性 质		代 码	规划面积 (ha)	比例 (%)
5	对外交通用地		T	3.64	0.22
	其 中	公路用地	T2	3.64	0.22
6	道路广场用地		S	233.25	13.82
	其 中	道路用地	S1	230.95	13.68
		广场用地	S2	1.86	0.11
		社会停车场库用地	S3	0.44	0.03
7	市政公用设施用地		U	15.94	0.94
	其 中	供应设施用地	U1	9.28	0.55
		交通设施用地	U2	5.78	0.34
		邮政设施用地	U3	0.88	0.05
		其他市政设施用地	U9	0.00	0.00
8	绿 地		G	244.11	14.46
	其 中	公共绿地	G1	58.86	3.49
		生产防护绿地	G2	185.24	10.97
9	商业居住用地		RC	36.66	2.17
合 计	城市建设用地		1688.36	100.00	
10	水域和其他用地		E	3.73	
总 计	城镇规划总用地			1692.09	

表 2-9 长沙高新区信息产业园区规划土地利用

序号	用 地 性 质		代 码	规划面积 (ha)	比例 (%)
1	居住用地		R	232.16	24.08
	其 中	二类居住用地	R2	232.16	24.08
2	公共设施用地		C	221.09	22.93
	其 中	行政办公用地	C1	7.58	0.79
		商业金融用地	C2	107.65	11.16
		文化娱乐用地	C3	16.18	1.68
		教育科研用地	C6	89.68	9.30
3	工业用地		M	191.66	19.88
	其 中	一类工业用地	M1	137.18	14.23
		二类工业用地	M2	54.48	5.65

续表 2–9

序号	用地性质		代码	规划面积 (ha)	比例 (%)
4	道路广场用地		S	134.42	13.94
	其中	道路用地	S1	130.35	13.52
		广场用地	S2	3.05	0.32
		社会停车场库用地	S3	1.02	0.11
5	市政公用设施用地		U	3.25	0.34
	其中	供应设施用地	U1	0.16	0.02
		交通设施用地	U2	1.66	0.17
		其他市政设施用地	U9	1.43	0.15
6	绿地		G	181.63	18.84
	其中	公共绿地	G1	169.84	17.61
		生产防护绿地	G2	11.79	1.22
合计	城市建设用地			964.21	100.00
7	水域和其他用地		E	0	
总计	城镇规划总用地			964.21	

表 2–10 长沙高新区麓谷新区规划土地利用

序号	用地性质		代码	规划面积 (ha)	比例 (%)
1	居住用地		R	407.35	18.90
	其中	二类居住用地	R2	407.35	18.90
2	公共设施用地		C	417.42	19.37
	其中	行政办公用地	C1	10.87	0.50
		商业金融用地	C2	136.71	6.34
		文化娱乐用地	C3	43.05	2.00
		体育设施用地	C4	3.48	0.16
		医疗卫生用地	C5	4.77	0.22
		教育科研用地	C6	218.22	10.13
		文物古迹用地	C7	0.32	0.01

续表 2-10

序号	用 地 性 质		代 码	规划面积 (ha)	比例 (%)
3	工业用地		M	654.49	30.37
	其 中	一类工业用地	M1	654.49	30.37
4	仓储用地		W	22.21	1.03
5	道路广场用地		S	379.58	17.61
	其 中	道路用地	S1	363.42	16.86
		广场用地	S2	5.46	0.25
		社会停车场库用地	S3	10.7	0.50
6	市政公用设施用地		U	27.21	1.26
	其 中	供应设施用地	U1	7.13	0.33
		交通设施用地	U2	12.21	0.57
		邮政设施用地	U3	2.41	0.11
		环卫设施用地	U4	3.71	0.17
		其他市政设施用地	U9	1.75	0.08
7	绿 地		G	246.84	11.45
	其 中	公共绿地	G1	178.12	8.27
		生产防护绿地	G2	68.72	3.19
合 计	城市建设用地			2155.09	100.00
8	水域和其他用地		E	618.07	
	其 中	水 域	E1	61.29	
		农林种植地	E2	148.83	
		林 地	E4	323.32	
		村镇建设用地	E6	84.63	
总 计	城镇规划总用地			2773.16	

表 2-11　长沙高新区雷锋湖区规划土地利用（黄桥大道以东区域）

序号	用地性质		代 码	规划面积 (ha)	比例 (%)
1	居住用地		R	629.28	35.87
	其 中	一类居住用地	R1	0.00	0.00
		二类居住用地	R2	629.28	35.87

续表 2-11

序号	用地性质		代 码	规划面积 (ha)	比例 (%)
2	公共设施用地		C	278.28	15.86
		商业金融用地	C2	219.53	12.51
		文化娱乐用地	C3	25.09	1.43
		体育设施用地	C4	10.56	0.60
		医疗卫生用地	C5	22.00	1.25
		其他公共设施用地	C9	1.10	0.06
3	对外交通用地		T	34.34	1.96
	其 中	公路用地	T2	34.34	1.96
4	道路广场用地		S	304.85	17.38
	其 中	道路用地	S1	280.92	16.01
		广场用地	S2	1.50	0.09
		社会停车场库用地	S3	22.43	1.28
5	市政公用设施用地		U	41.65	2.37
	其 中	供应设施用地	U1	13.19	0.75
		交通设施用地	U2	24.01	1.37
		邮政设施用地	U3	1.19	0.07
		环卫设施用地	U4	0.83	0.05
		其他市政设施用地	U9	2.42	0.14
6	绿 地		G	465.94	26.56
	其 中	公共绿地	G1	411.74	23.47
		生产防护绿地	G2	54.19	3.09
合 计	城市建设用地			1754.33	100.00
7	水域和其他用地		E	276.58	
	其 中	水 域	E1	97.96	
		林 地	E4	178.63	
总 计	城镇规划总用地			2030.91	

本区内所有村民生活安置用地均规划在枫林三路以南。区内规划有一片村民生产安置用地，位于 C-04、C-07、C-12、C-13、C-22 地块内。

表 2-12　　长沙高新区村民安置用地规划

序号	名称	生活安置面积（hm）	生产安置面积（hm）	企业安置面积（hm）	总安置面积（hm）
1	天顶乡安置地		6.39		6.39
	总计		6.39		6.39

2. 麓谷三期

2005 年 4 月编制完成“麓谷三期”。“麓谷”三期用地控制性详细规划修改完善。三期用地规划采用一心、两轴、三带、五片区的功能结构形式。

（1）用地规划

工业用地：布置在规划区北部与西部。该用地划分较规整，入园企业主要界定为生物制药、新材料以及光机电一体化等高科技企业。用地面积 266.20 公顷，占总用地 26.52%。

科研设计产业用地：布置在桐梓坡路两侧，结合山体走向布置。建筑依山傍水而建“可尽览山水秀色之奇”。用地面积 17.73 公顷，占总用地 1.77%。

居住用地：采用一类居住用地和二类居住用地（含村民安置）两种类型布置。一类居住用地布置在保留山体的两侧，用地面积为 30.82 公顷。二类居住用地主要布置在东方红路两侧、桐梓坡路北侧以及麓泉路南侧，用地面积为 194.34 公顷。规划考虑采用集中形式布置，以形成小区以至居住区的规模。居住用地占总用地的 22.43%。根据《长沙市中小学用地规划》，结合本区实际情况，拟将虹桥小学改为虹桥中学 (56 班)，川塘小学扩大为 30 班，另结合居住用地就近设置绿城学校一所（小学带初中 48 班）科技小学一所（36 班），托幼五所 (2 所 12 班，3 所 9 班)。

公共设施用地：共计 169.47 公顷，占总用地的 16.88%，其中行政办公用地 16.63 公顷；商业金融业用地 58.48 公顷，靠枫林三路可安排农贸市场、小商品交易服务等；文化娱乐用地 12.48 公顷；医疗卫生用地 3.42 公顷，考虑医治与休、疗养共同布置；中、高等学校用地 64.47 公顷，以涉外经济职业学院及工商职校校址为基础，规划予以扩大；道路广场用地 151.50 公顷，占总用地 15.09%；绿地，分公共绿地及防护绿地两类，面积共 181.68 公顷，占总用地 18.1%(其中公共绿地 35.42 公顷，防护绿地 146.26 公顷)；市政设施用地 9.85 公顷，占总用地 0.98%，为电力、信息、消防等市政设施留足用地。

3.“麓谷新区”

2010 年 11 月编制完成《长沙高新技术产业开发区“麓谷新区”控制性详细规划》，规划用地面积为 27.73 平方公里。其用地北与望城黄金乡的金塘村、金元村、杨塘村、黄金村交界，西边与黄金乡的永兴村、三益村、国徽村接壤，南边与雷锋湖片控规相连，东边则与已开发启动的麓谷高科技园及信息产业园紧密相连。

（1）功能定位

根据规划发展方向，确定本区的功能定位为产业新城区、“两型”社会试验区、长沙大河西先导区起步区核心区、麓谷高科技产业园扩展区。

（2）规划结构

“麓谷新区”将形成，“一心两带四轴多组团”的高度集约化、生态化、开放式城市空间发展结构。

“一心” 以雷锋镇现有配套设施为基础，结合望雷路两厢及杨梅塘配套组团，形成麓谷新区的“人”字型配套服务中心。

“二带” 以银杏山庄为基础，在保护好生态基地、发挥生态屏障功能的前提下，寻找发展环境友好型的产业，创新城乡建设的发展模式，将其打造成麓谷新区具有乡村特色的旅游度假公园。以雷锋河为契机，与南部麓谷综合配套区的生态绿地相联系，重点发展体育休闲、园艺博览及商务娱乐等城市功能，提升绿带的综合价值，形成区域内一条别具特色的复合型绿带，为麓谷居民提供好去处。

“四轴” 分别为：

望雷大道综合发展轴，以长沙大河西先导区空间战略发展规划发展设想，确定以望雷大道为依托做为园区的南北向配套发展轴，连接北部望城县与南部雷锋湖片地区。

长常高速（岳麓大道西延线）重点发展轴，利用便利的对外交通，重点发展先进制造、医药等高端产业和新兴功能，支撑麓谷新区向外辐射、对外开放。使之未来有更加广阔的拓展区。

金洲大道创新轴，向东与麓谷高新产业园区建成区相连，向西延至宁乡，依托附近的大学高校、科技机构和高新技术产业区，大力提升自主创新能力、产业层次和城市功能，是“两型”社会建设和创新发展的展示面。

枫林三路优化发展轴，借助枫林三路改扩建契机，依托现状建成区、雷锋湖公园和银杏公园，加强面向城乡的服务产业的优化，成为麓谷新区崛起的基础平台。

“多组团” 为真人桥生态组团、金南产业组团、荷叶坝产业组团、华龙产业组团、桥头铺产业组团、长庆产业组团、综合配套组团。

（3）用地具体布局规划

工业用地：

麓谷新区工业用地布局与麓谷信息产业园产业布局保持一致，产业布局以规划的绿带为介质，依托金洲大道、望雷大道和岳麓大道西延线公路成组团式布置，园区配套用地则结合产业用地布局。以产业投资创造就业机会，带来就业人口，带动居住、商业的需要。居住和商业的发展会更好地辅助产业发展。这种发展模式符合高新技术产业区发展的规律，以保证各产业的高效良性循环。规划工业用地为656.40公顷，占城市建设用地30.20%。

教育科研用地：

此类用地与工业用地配套设置，紧靠区内自然生态优美的地段布置，为企业提供研发孵化基地。规划用地面积196.97公顷，占城市建设用地9.08%。

居住用地：

居住用地予以集中布置，便于形成居住区规模，便于公共设施配套和集中开发建设和管理，节省成本投资。规划用地407.01公顷，占城市建设用地18.73%。

公共设施用地：

行政办公用地，以镇政府、派出所、税务所等为主导，适当为各工业组团配套行政办公用地，以便全方位管理。行政办公用地为12.84公顷，占城市建设用地的0.59%。

商业金融用地：

主要沿雷高路、枫林三路和金洲大道布置，规划打造园区的人文环境与商业氛围，另在各产业园区布置30 ~ 50亩商业用地，便于产业园区的启动开发。商业金融用地面积为139.00公顷，占城市建设用地6.40%。

文化娱乐用地：

结合银杏公园、雷锋公园布置，为园区的服务设施锦上添花。文化娱乐用地面积为60.01公顷，占城市建设用地2.76%。

体育用地：

规划结合居住用地，在人流较集中的区域设置两处体育用地，为居民提供锻炼休闲场所，规划用地面积9.22公顷，占城市建设用地0.42%。

医疗卫生用地：

在金洲大道南侧侧设置一处设施比较完善的麓谷医院（二级），在龙骧集团北面预留专科医院用地，另根据服务半径集合居住用地设置卫生服务中心。规划用地面积9.32公顷，占城市建设用地0.43%。

仓储用地：

在交通便利处设置为本园区提供服务的仓储用地，用地面积为21.67公顷，占城市建设用地1.00%。

道路广场用地：

由城市道路、广场、社会停车场三项组成。道路交通结合地形，整体采取方格网，局部采用自由形式，广场和停车场主要结合商业用地、行政办公用地及绿地布置。规划考虑地形起伏特点，尽量以减少竖向较大坡度的起伏和土方开挖，本用地面积380.31公顷，占城市建设用地17.49%。

市政设施用地：

分散布置在园区内，主要有加油站、变电站、公共交通等设施，用地面积28.69公顷，占城市建设用地1.32%。绿地。以两带、五线、数点的形式开放性地呈现在园区之内。规划绿地面积251.62公顷，占城市建设用地11.58%。其中公共绿177.68公顷，占城市建设用地8.18%。人均公共绿地11.85平方米。

水域及其他用地：

规划保留用地中高差较大的山体以及较大面积的水面，本用地面积为599.77公顷，占总用地21.63%。

（4）公共服务设施规划

本次规划中学4所，小学8所，小学的半径按500米左右考虑，中学按800米～1000米；设置3处大型娱乐休闲设施，在居住小区中还设置一些小区级活动中心、文化站点青少年活动中心、会所等设施；设置2处体育场地；在园区内根据服务半径设置3处医院设施。

二、交通专项

1988年7月长沙高新区成立后，一直没有编制专门的《道路交通规划》，园区的道路交通建设，均以《长沙市城市总体规划》和长沙高新区各时期发展规划为依据。

1. 对外交通

2005年5月，长沙高新区编制完成《麓谷二期控制性详细规划整合》，对《麓谷二期控制性详细规划》进行调整。其中对外交通作如下调整：本规划区南侧的枫林三路同时担负长宁公路的交通功能，沿路应避免不止吸引大量人流的公共建筑。

2005年4月，“麓谷三期”用地控制性详细规划修改完善，其中对外交通规划为：长常高速公路、绕城公路以及枫林三路环绕本规划区，通过立交联接贯通，形成本区的对外交通网络。

2010 年 11 月，完成《长沙高新技术产业开发区“麓谷新区”控制性详细规划》，其中对外交通内容为：岳麓大道西延线（长常高速公路）从用地范围内东西向通过，正在进行改造设计工作。该路宽 27 米，绿线控制 100 米，两侧设置辅道与城市路网相联系。岳麓大道西延线与绕城高速、黄桥大道形成互通式立交，许龙路、茶园路、望雷大道、雷高路等城市道路均下穿岳麓大道西延线，形成不互通立交。绕城高速从用地东部边缘南北向通过，主道宽 27 米，西侧规划不小于 30 米的城市绿带，绕城高速与岳麓大道西延线、金洲大道、枫林三路形成互通式立交，与麓延路、长延路、长川路形成不互通立交。

2. 城市交通

2005 年《麓谷二期控制性详细规划整合》对城市交通作出调整。本区路网骨架基本保持原控规和中心区规划路网，根据土地实际征用情况进行部分调整，主要调整如下：

（1）取消道路

矿冶研究院工业园内支路：整个地块被征用，在修建性详细规划中统一考虑。

中联重科工业园内支路：整个地块被征用，在修建性详细规划中统一考虑。

中科北斗内支路：在修建性详细规划中统一考虑。

长重机器内支路：整个地块被征用，在修建性详细规划中统一考虑。

长海科技与中高压开关厂内南北向支路：整个地块被征用，各单位均有独立机动车出入口和消防通道。

麓谷雅园东侧支路：整个地块被征用，各单位均有独立机动车出入口和消防通道。

中科软件园内支路：整个地块被征用，在修建性详细规划中统一考虑。

（2）调整道路

麓虹路（麓泉路—桐梓坡路段），作为中联重科和长重机器内部道路，保留城市应急通道和市政管线通道。

麓虹路（桐梓坡路以北），向东调至科力丰地界东侧，相应缩短麓天路西

麓泉路，考虑打通中心公园与麓谷三期绿地之间的绿化走廊，两侧各增加 10 米绿化带。

高天路（已建），由 16 米拓宽至 26 米，两侧各规划 10 米绿化带。

长川路，由20米拓宽至30米。

支路四、七、八，根据已征用地红线调整道路中线，道路宽度为20米。

支路三、五，改弧形道路为直线形道路。区内道路各技术指标均符合相关规范及强制性国标。

2005年“麓谷三期”用地控制性详细规划中区内道路系统相关内容为：规划区内设置的横向主干路有桐梓坡路、枫林三路；纵向主干路有东方红路、麓云路。主干路红线宽度为46米。长延路、长川路、麓泉路为东西向次干路；东丰路、东庆路、麓松路为南北向次干路，次干路红线宽度26~38米。支路12~16米。

2010年《长沙高新技术产业开发区“麓谷新区”控制性详细规划》中城市交通路网规划为：道路功能构成及等级划分。本规划区与原麓谷产业园相连，故道路布局基本与原产业区道路协调一致。区内道路以交通性道路为主，综合性道路为辅，整体采取方格网形式布置，局部随地形自由环形布置。道路等级以主干路、次干路、支路三级划分。

表2–13　　长沙高新区道路分级规划

道路等级	主干道	次干道	支路
红线宽度	≥46米	36、30、26	20、18、16、12
车道数（双向）	6	4	2
设计时速（km/h）	60–40	30–40	15–30

在整个区域道路交通体系“六纵四横”的路网框架格局中，规划主干道形成三横三纵网格形式。三横为黄金大道（46米），金洲大道（红线46米，绿线66米）、枫林三路（红线36.5米，绿线66米）；三纵为黄桥大道（近期红线30米，远期红线控制50米，东侧控制50米绿化），望雷大道（红线46米，绿线66米），雷高路（红线46米）。

规划次干道四横五纵，起到对主干道的补充作用。四横为麓延路（30米）、、长川路（30米）长延路（26米）和山杏路（26米）；五纵为许龙路（36米），电科路（26米）、雷锋河路（26米）、真桥路（26米）和雷公路（26米）。

规划支路整体采取方格网形式布置，局部随地形自由环形布置。

道路交叉口规划：

交叉口形式。规划区处于城市边缘，除立交外，规划道路平交交叉口的形式基本为平交环型与平交T型组成，交叉口确定为信号灯控制。

右转弯车道拓宽：

表 2-14

长沙高新区规划道路控制

序号	道路名	类别	走向	起讫点	长度（千米）	红线宽度（米）	绿线宽度（米）	标准横断面	备注
1	岳麓大道	快速路	东西向	用地红线—绕城高速公路	5.23	27.00	27.00	0.0+0.0+27.0+0.0+0.0	已建
2	绕城高速公路	快速路	南北向	黄金大道—枫林三路	6.01	27.50	27.50	0.0+0.0+12.25+3.0+12.25+0.0+0.0	已建
3	望雷大道	主干道	南北向	枫林三路—用地红线	5.07	42.00	42.00	12+5.0+15.0+2.0+15.0+5.0+12.0	正建
4	金洲大道	主干道	东西向	银杏路—绕城高速公路	4.04	46.00	66.00	0.0+11.0+24.0+11.0+0.0	已建
5	黄桥大道	主干道	南北向	长川路—枫林三路	1.33	50.00	50.00	0.0+7.0+36.0+7.0+0.0	正建
6	黄金大道	主干道	东西向	金南路—绕城高速公路	0.51	46.00	46.00	0.0+4.0+4.5+3.0+23.0+3.0+4.5+4.0+0.0	
7	枫林三路	主干道	东西向	绕城高速公路—用地红线	6.87	36.50	66.00	0.0+5.5+25.5+5.5+0.0	已建
8	雷高路	主干道	南北向	雷芙路—枫林三路	5.31	46.00	46.00	0.0+4.5+11.5+2.8+8.4+2.8+11.5+4.5+0	已建
9	电科路	次干道	南北向	金洲大道—枫林三路	2.06	26.00	26.00	0.0+3.0+20.0+3.0+0.0	
10	真桥路	次干道	南北向	山杏路—泉塘冲路	1.88	26.00	26.00	0.0+3.0+20.0+3.0+0.0	
11	雷锋河路	次干道	南北向	枫林三路—金洲大道	2.42	26.00	26.00	0.0+3.0+20.0+3.0+0.0	
12	许龙路	次干道	南北向	枫林三路—麓延路	5.57	36.00	36.00	0+3.0+13.5+3.0+13.5+3.0+0	
13	长川路	次干道	东西向	绕城高速公路—黄桥大道	5.01	30.00	30.00	0.0+4.75+20.5+4.75+0.0	
14	麓延路	次干道	东西向	绕城高速公路—桃园路	5.26	30.00	30.00	0.0+5.0+20.0+5.0+0.0	
15	长延路	次干道	东西向	许龙路—绕城高速公路	3.28	26.00	26.00	0.0+6.0+14.0+6.0+0.0	
16	雷公路	次干道	南北向	常南路—金洲大道	1.95	26.00	26.00	0.0+3.0+20.0+3.0+0.0	
17	山杏路	次干道	东西向	黄桥大道—雷高路	3.84	26.00	26.00	0.0+3.0+20.0+3.0+0.0	
18	长兴路	次干道	东西向	许龙路—雷高路	2.28	30.00	30.00	0.0+4.75+20.5+4.75+0.0	

续表 2–14

序号	道路名	类别	走向	起讫点	长度（千米）	红线宽度（米）	绿线宽度（米）	标准横断面	备注
19	常南路	支路	东西向	岳麓大道—雷高路	3.53	14.00	14.00	0.0+0.0+10.0+4.0+0.0	
20	常北路	支路	东西向	雷高路—岳麓大道	3.59	14.00	14.00	0.0+4.0+10.0+0.0+0.0	
21	银杏路	支路	南北向	枫林三路—金洲大道	2.04	20.00	20.00	0.0+3.0+14.0+3.0+0.0	
22	长月路	支路	东西向	麓开路—雷锋河路	1.48	20.00	20.00	0.0+3.0+14.0+3.0+0.0	
23	柏园路	支路	东西向	绕城高速公路—雷高路	1.54	14.00	14.00	0.0+4.0+10.0+0.0	
24	松园路	支路	东西向	麓延路—雷高路	2.09	17.00	17.00	0.0+4.0+10.0+3.0+0.0	
25	松桥路	支路	东西向	松园路—绕城高速公路	0.49	14.00	14.00	0.0+4.0+10.0+0.0	
26	新山路	支路	东西向	黄桥大道—新宁路	0.47	16.00	16.00	0.0+3.0+10.0+3.0+0.0	
27	绕西路	支路	南北向	雷高路—长宁路	3.42	20.00	20.00	0.0+3.0+14.0+0.0	
28	许明路	支路	东西向	许龙路—明湖路	0.45	20.00	20.00	0.0+3.0+14.0+3.0+0.0	
29	英伦一路	支路	南北向	英伦路—英伦三路	0.32	12.00	12.00	0.0+2.5+7.0+2.5+0.0	
30	英伦三路	支路	东西向	宝庆路—绕西路	1.00	12.00	12.00	0.0+2.5+7.0+2.5+0.0	
31	英伦二路	支路	东西向	英伦路—英伦三路	1.05	12.00	12.00	0.0+2.5+7.0+2.5+0.0	
32	石塘路	支路	东西向	电科路—望雷大道	0.80	20.00	20.00	0.0+3.0+14.0+3.0+0.0	
33	许家洲路	支路	东西向	望雷大道—雷高路	1.23	20.00	20.00	0.0+3.0+14.0+3.0+0.0	
34	龙回塘路	支路	南北向	长宁路—英伦二路	0.38	12.00	12.00	0.0+2.5+7.0+2.5+0.0	
35	龙虎岭路	支路	东西向	南竹路—常北路	1.23	20.00	20.00	0.0+3.0+14.0+3.0+0.0	
36	南桥路	支路	南北向	瓦水路—麓开路	3.12	20.00	20.00	0.0+3.0+14.0+3.0+0.0	

续表 2-14

序号	道路名	类别	走向	起讫点	长度（千米）	红线宽度（米）	绿线宽度（米）	标准横断面	备注
37	樟园路	支路	南北向	常南路—山杏路	3.60	20.00	20.00	0.0+3.0+14.0+3.0+0.0	
38	麓开路	支路	南北向	金洲大道—枫林三路	1.35	20.00	20.00	0.0+3.0+14.0+3.0+0.0	
39	福西路	支路	南北向	寺凉路—南桥路	1.65	20.00	20.00	0.0+3.0+14.0+3.0+0.0	
40	雷芙路	支路	东西向	雷高路—芙蓉坝路	1.52	20.00	20.00	0.0+3.0+14.0+3.0+0.0	
41	荷叶路	支路	南北向	麓延路—桃园路	1.64	16.00	16.00	0.0+3.0+10.0+3.0+0.0	
42	长叶路	支路	东西向	许龙路—长延路	3.39	20.00	20.00	0.0+3.0+14.0+3.0+0.0	
43	长营路	支路	东西向	许龙路—福西路	1.84	20.00	20.00	0.0+3.0+14.0+3.0+0.0	
44	长兴路	支路	东西向	雷高路—福西路	0.66	20.00	20.00	0.0+3.0+16.0+3.0+0.0	
45	瓦水路	支路	东西向	雷高路—长延路	2.14	20.00	20.00	0.0+3.0+14.0+3.0+0.0	
46	黄杏路	支路	东西向	黄桥大道—真桥路	0.71	20.00	20.00	0.0+3.0+14.0+3.0+0.0	
47	新华路	支路	南北向	新山路—黄桥大道	0.94	16.00	16.00	0.0+3.0+10.0+3.0+0.0	
48	桥头铺路	支路	东西向	银杏路—望雷大道	1.56	20.00	20.00	0.0+3.0+14.0+3.0+0.0	
49	毛屋路	支路	南北向	长川路—枫林三路	1.04	20.00	20.00	0.0+3.0+14.0+3.0+0.0	
50	袁家冲路	支路	南北向	长川路—枫林三路	1.07	20.00	20.00	0.0+3.0+14.0+3.0+0.0	
51	长安路	支路	南北向	山杏路—枫林三路	0.40	20.00	20.00	0.0+3.0+14.0+3.0+0.0	
52	桃园路	支路	南北向	麓延路—许龙路	2.60	20.00	20.00	0.0+3.0+14.0+3.0+0.0	
53	长乐路	支路	南北向	雷芙路—松园路	1.09	20.00	20.00	0.0+3.0+14.0+3.0+0.0	
54	下湾路	支路	南北向	雷芙路—松园路	1.13	20.00	20.00	0.0+3.0+14.0+3.0+0.0	

续表 2–14

序号	道路名	类别	走向	起讫点	长度（千米）	红线宽度（米）	绿线宽度（米）	标准横断面	备注
55	芙蓉坝路	支路	南北向	黄金大道—金桥路	1.12	16.00	16.00	0.0+3.0+10.0+3.0+0.0	
56	金南路	支路	南北向	黄金大道—松园路	1.79	20.00	20.00	0.0+3.0+14.0+3.0+0.0	
57	苏家屋路	支路	东西向	金南路—芙蓉坝路	0.35	20.00	20.00	0.0+3.0+14.0+3.0+0.0	
58	岭长路	支路	南北向	龙虎岭路—岳麓大道	0.25	20.00	20.00	0.0+3.0+14.0+3.0+0.0	
59	明湖路	支路	南北向	金州大道—岳麓大道	2.08	20.00	20.00	0.0+3.0+14.0+3.0+0.0	
60	泉塘冲路	支路	东西向	真桥路—雷高路	2.85	20.00	20.00	0.0+3.0+14.0+3.0+0.0	
61	英伦路	支路	东西向	雷高路—绕西路	1.18	20.00	20.00	0.0+3.0+14.0+3.0+0.0	
62	寺凉路	支路	东西向	南竹路—雷高路	1.43	20.00	20.00	0.0+3.0+14.0+3.0+0.0	
63	金桥路	支路	东西向	芙蓉坝路—雷高路	1.45	20.00	20.00	0.0+3.0+14.0+3.0+0.0	
64	猴山路	支路	东西向	桃园路—茶园路	1.00	20.0.0	20.00	0.0+3.0+14.0+3.0+0.0	
65	茶园路	支路	南北向	桃园路—桃园路	2.50	20.00	20.00	0.0+3.0+14.0+0.0	
66	南竹路	支路	南北向	麓延路—岳麓大道	0.53	20.00	20.00	0.0+3.0+14.0+3.0+0.0	
67	回锋路	支路	东西向	雷高路—安庆路	0.38	12.00	12.00	0.0+2.5+7.0+2.5+0.0	
68	安庆路	支路	东西向	枫林三路—绕西路	0.77	12.00	12.00	0.0+2.5+7.0+2.5+0.0	
69	宝庆路	支路	南北向	英伦路—雷高路	0.86	12.00	12.00	0.0+2.5+7.0+2.5+0.0	
70	新宁路	支路	南北向	新山路—枫林三路	1.21	9.00	9.00	0.0+0.0+9.0+0.0+0.0	

规划中主要对 26 ~ 60 米的主次干道右转弯车道进行拓宽，大于 60 米的主干道和小于 26 米的支路不要求拓宽。

3. 公交线网

2010 年 6 月，长沙高新区开发总公司，高新区规划分局委托长沙规划设计院编制《高新区公共交通设施布点规划》。同月，长沙规划设计院专业团队对高新区规划区域内总体规划情况进行调查，对其范围内交通设施现状进行摸底分析。7 ~ 9 月进行规划范围内公共交通设施现状分析，在详细剖析现状的基础上着手进行规划方案编制工作。规划范围为麓谷新区、信息产业园、麓谷三期、麓谷二期、雷锋湖周边地区控规用地以及望城坡开发区（高新区范围）用地。规划面积约 104 平方公里。规划年限：2010—2020 年。

（1）公共交通车辆发展规划

规划园区公交车拥有总量按每万人 15 标台计算。园区公交总体规模为 1050 台。车辆结构上，骨干公交线路采用 8 ~ 10 米的客车，适度发展新型高档客车。基本线路以中型客车为主，小巴为辅；补充线路或小区巴士线路可采用小巴。优先采用柴油机车，公交车应配备路牌显示装置和自动报站系统，推广无人售票车及 IC 卡。公交车向外观艺术化，配置人本化，技术信息智能化，动力环保化方向发展。

（2）公共线网发展规划

线网布局模式。高新区的公交线网模式为“都市网、快速网、换乘网、基本网、补充网”五网合一。快速网—在长沙市轨道交通整体布局情况下，基于长常城际铁路、长潭快速轨道、地铁 2 号线和 4 号线构筑服务高新区的轨道交通网络体系以及快速公交服务体系。都市网—服务于网络化大都市层面，即与周边城区之间的一体化联系，以公交网络化作为打造网络化大都市的基础和桥梁。换乘网—基于各换乘枢纽站构筑换乘线网，通过一至两次换乘到达轨道交通站点、各交通枢纽、重要区域节点。客流组织采取一体化方案，各项枢纽设施共享，各级线路相互衔接，融为一体。基本网—基于高新区内部的公交线网，以此支撑区域用地向着规划的结构方向发展。补充网—根据城市发展的要求、城市开发以及居民实际出行要求开辟公交线路，覆盖居民的实际公交出行需求。换乘枢纽布局模式。考虑到高新区的特点，本规划换乘枢纽模式为：城市内公共汽车与地铁的换乘枢纽；公共汽车与公共汽车的换乘枢纽；集地铁换乘、公共汽车换乘及其他功能于一体的多层综合换乘枢纽。

（3）公共交通线网规划

区域内形成“三横五纵”的骨干公共交通线网规划方案。横向骨干公交线网，麓延路（青山路）线、桐梓坡路线、枫林三路线，共计 25.56 公里。纵向骨干公交线网，麓思路线、雷高路线、东方红路线、麓云路线、雷锋大道线，共计 22.07 公里。其他层面的线网以骨干线网为基础，进一步完善优化线网，再增加一些线路作为补充线网，形成最终公交线网，公交覆盖率达到国家标准要求，方便居民出行。

2010 年《长沙高新技术产业开发区“麓谷新区”控制性详细规划》中公共交通规划为：公交线路走向应与主要客流方向一致，线路网密度按 2.5 ~ 3km/平方公里控制，规划建议在雷高路、金洲大道、望雷大道、黄桥大道、枫林三路设置公交专用道，形成公交环路。

（4）场站设施

2005 年《麓谷二期控制性详细规划整合》对公共停车场规划为：原控规与中心区规划共确定八处社会停车场，除两处保留以外，其他六处因用地被征用或用地性质改变而调整。

4. 其他交通设施规划

加油站：《长沙市加油站行业发展规划》在麓谷大道与麓虹路交汇东北角布置一处双向加油站，因该用地被科力丰公司征用，调整至科力丰公司地界西侧，为单向加油站。

公共交通设施：《长沙市公共交通规划》确定 2020 年经过麓谷二期的公交线路有 12 路、118 路、旅 4 线、旅 8 线、522 路、523 路、816 路等 7 条，并在本区设有一处公交枢纽站作为 118 路、522 路、816 路的始发站，因该用地已被科力丰公司征用，高新区开发总公司将其调整至科力丰公司西侧。

5. 公共服务设施规划

本规划配套布置的公共服务设施包括小学、托幼、居委会、文化活动站、卫生站、储蓄所、天然气储配站、公共厕所、垃圾站等，其他设施如消防站、加油站、公交枢纽站和中学等均在本区外围布置，服务本区。

2005 “麓谷三期”用地控制性详细规划中交通设施方面规划设置一处公交管理站，集公交车首发及管理为一体，规划新增加油站 1 所，保留原加油站 1 处。

2010 年 6 月，长沙高新区开发总公司，高新区规划分局委托长沙规划设计院编制《高新区公共交通设施布点规划》，其中：公交站场用地指标，采用 1.05

的弹性系数控制用地规模，为远景公交发展留有余地。规划公交枢纽站 1 处，规划公交首末站 3 处，规划公交调度中心及综合车场 3 处。

6. 交通枢纽设施规划

表 2–15　　长沙高新区交通枢纽设施规划

性质	名称	面积（公顷）	地理位置	地块
公交总站	龙骧公司金洲大道站	4.37	金洲大道与雷高路交汇处东南角	N–05
公交保养场	真人桥公交保养场	4.03	黄桥大道与长川路交汇处东北角	U–28

表 2–16　　长沙高新区公共停车场规划

序号	名称	用地面积（公顷）	车位数	所在地块编号	备注
1	荷叶停车场	0.43	143	B–17	$30m^2$/ 位
2	南竹停车场	0.43	143	B–35	$30m^2$/ 位
3	麓延停车场	0.49	163	E–06	$30m^2$/ 位
4	许龙停车场	1.28	423	H–01	$30m^2$/ 位
5	长营停车场	0.47	157	K–11	$30m^2$/ 位
6	长叶停车场	0.62	207	K–26	$30m^2$/ 位
7	福西停车场	1.31	433	L–09	$30m^2$/ 位
8	龙骧停车场	0.93	307	N–03	$30m^2$/ 位
9	宝安停车场	0.75	250	P–19	$30m^2$/ 位
10	泉塘停车场	0.86	287	Q–10	$30m^2$/ 位
11	雷锋河停车场	0.70	233	R–12	$30m^2$/ 位
12	雷锋停车场	0.82	273	R–15	$30m^2$/ 位
13	金洲停车场	0.49	163	U–07	$30m^2$/ 位
14	真桥停车场	0.91	303	U–26	$30m^2$/ 位
15	银杏停车场	0.47	157	V–27	$30m^2$/ 位
总计		10.93	3642		

7. 加油站规划：规划加油站按照服务半径要求选址布置。规划保留同心加油站，另规划雷高、金洲等六处二级加油站。

2011 年，长沙高新技术产业开发区管委会规划城建住房局聘请同济大学建筑设计研究院专业团队开始编制首部《长沙高新技术产业开发区综合交通规划（2012 ~ 2020）》，于 2013 年完成。

三、给排水专项

1988—2000年，长沙高新区未编制给排水规划，但在编制的各分期规划中的基础设施建设规划部分，对给排水管网建设有原则性的规划，即给排水管网沿道路两侧设计、与道路工程同步建设，高新区建成区给排水管网覆盖率达到100%。2002年编制完成的《长沙市城市总体规划（2000 ~ 2010》》中，规划扩建第四水厂，新建三汊矶（岳麓山）污水处理厂。尔后，长沙高新区编制《麓谷二期控制性详细规划》，其中有给排水规划。

1. 给 水

（1）2005年《麓谷二期控制性详细规划整合》调整给排水规划。

用水量标准及用水量：本规划区域内规划人口14943人，常住人口生活用水量标准为350升/人·日，综合用水量标准按长沙市给水规划远期指标为750升/人·日；由于该片工业用地较大，故流动人口按常住人口15%计，用水量标准按常住人口的50%计。本分区高峰日总用水量为12096m3。

给水管网：将分区内的给水管网布置成环状。给水管沿规划道路的西、北侧布置。给水管线干管间距按500-800米，给水管线沿道路的西北向敷设，各节点处用阀门控制，以利检修。给水管道上每120米范围内设置SS-100型地上式消火栓一座，在管网高点处设置自动排气阀，在最低点处设置排泥泄水阀。给水管网供水压力要求最低不小于0.1Mpa。

（2）2005年“麓谷”三期用地控制性详规给水工程规划：

总用水量：该区域规划面积为1035公顷，规划人口75000人（含高校学生），人口密度按100人/公顷，综合用水量为：60000立方米/日。

水源：用水取自枫林三路、桐梓坡路等市政给水管线。

管网布置：采用环状网布置，在枫林三路、桐梓坡路、麓泉路上敷设DN600、DN1000、DN600东西向主管，在东方红路、麓云路、麓松路等敷设南北向主管，给水管线干管间距按500-800米，给水管线沿道路的西北向敷设，各节点处用阀门控制。给水管道每120米范围内设置SS-100型地上式消火栓1座，在管网高点处设置自动排气阀，在最低点处设置排泥泄水阀。

（3）2010年《长沙“麓谷新区”控制性详细规划整合》中的给水规划为：

规划用水量：规划区内规划人口约为15.0万人，规划面积约为27.73平方公里，人口密度为5400人/平方公里，根据长沙市城市给水专项规划，用水量标准为700升/人·日，本规划区内每天总的用水量为10.50万吨/日。

水源：长沙市自来水公司已有 3 条给水管已敷设至该规划区附近，其中，沿金洲大道敷设，已敷设至东方红路，管径为 ND800，距规划区距离约为 1.5km；沿枫林三路敷设，已敷设规划区内的雷锋中学，管径为 DN600；沿岳麓大道辅道双向敷设，南北向管径分别为 ND500，已敷设规划区内的三环附近。本规划区给水水源取自上述金洲大道，枫林三路，岳麓大道的市政给水管。

给水和管网：本次规划从金洲大道桐，枫林三路和岳麓大道辅道分别引入 D600，D500 的给水干管做为本规划区内的主要供水水源，在金洲大道桐、枫林三路、岳麓大道辅道、山杏路、长川路、长延路、红叶路、麓延路、黄桥大道、许龙路、望雷大道、雷高路等路分别设 DN 600，DN 500 和 DN400 的给水主干管，将规划区内的给水管网布置成环状，给水管布置在规划道路的西北侧，给水管每 120 米的范围内设置 SS-100 地上式消火栓一座。在给水管网的各节点处用阀门控制。给水二次加压：该规划区域内岳麓大道北恻大部分地方及麓大道南恻一部分地方标高在 65 ~ 90 米之间，这些地方自来水压力不能满足供水要求，规划以黄海高程 65.00 米为界，对标高在黄海高程 65 ~ 90 米之间的区域进行二次加压，加压范围为 600 公顷，加压水量为 2.80 万吨 / 日，加压泵房用地范围需要 0.75 公顷。

2. 排水

（1）2005 年《麓谷二期控制性详细规划整合》中调整排水规划：

排水体制：根据长沙市排水总体规划—河西主体部分规划确定的原则，本分区排水体制采用完全分流制。

排水系统：本片管网大部分按规划建成，建成污水管较原来规划略有放大。根据《长沙市排水系统优化方案》，本片区人均综合排污量指标为 618.1 升 / 人・日。本区高峰日污水量每天为 9273m^3。本片接纳长常高速公路北边 706 公顷范围内的城市建设用地污水。污水量为 46596m^3/ 日，时变化系数 KH=1.4，平均日污水量为 44282 m^3/ 日，污水主干管采用 D800。

系统规划原则：本规划区域西、北两面地势高，东、南面地势较低，整体地势由西北向东南倾斜。在管线最短、埋深最浅、最大限度地将收集的雨污水用重力流分别送入天然水体与污水处理厂，在规划排水系统时，贯彻高水高排、低水低排的原则。尽量避免用机械提升，以减少经常性的运行、管理、维护费用。在本区的排水系统规划中，充分考虑规划系统与原有系统的有机衔接。对原有排水设施能够利用的充分利用。

污水系统：根据排水分区，污水系统按排水分区的原则，沿麓云路、麓谷大道、麓枫路设置三条污水主干管。往南自流入望城坡污水提升泵站。污水管线敷设于道路的东南向。

雨水系统：根据排水分区，雨水系统按排水分区的原则，沿麓云路、麓谷大道、麓枫路设置三条雨水主干管（渠）。本片场地标高均大于龙王港两百年一遇洪水位水面线标高，故本片无须设置雨水提升设施。在城市建设范围内，沿规划道路中心线布设雨水管渠。

（2）2005 年“麓谷”三期用地控制性详规中排水工程规划：

污水量：按综合用水量的 80% 计。污水量为 40320M3/ 日。接纳长常高速公路北边及绕城高速公路以西部分污水。各工矿企业污废水必须处理达到《工业污废水排入城市下水道排放标准》中的排放标准，方可排入市政下水道。

污水主干管：沿七 O 港干渠两边、科技路、麓谷路设置，在七 O 干渠与龙王港交汇点及西干渠与龙王港交汇点设置污水提升泵站，以使整个区域污水能全部收集至污水处理厂。

污水处理厂：本片以南设置污水处理厂 1 座 (望城坡污水处理厂)，采用二级生物处理。

雨水管线规划：采用高水高排，管材采用钢筋砼管材。规划设置条横贯南北向的排水主干管 (渠) 3 条 (沿东方红路，麓松路、麓云路)，各南北向的排水主干管 (渠) 集中汇入龙王港，七 O 干渠汇入枫林三路处，汇水面积 800.2 公顷，采用 7000 × 2500mm 方涵，麓松路汇入枫林三路处，汇水面积 445.2 公顷，采用 5000 × 2500mm 方涵，麓谷路汇入枫林三路处，汇水面积 258.8 公顷，采用 3200 × 2500mm 方涵。本片内不设雨水提升泵站。

（3）2010 年《长沙“麓谷新区”控制性详细规划整合》中排水工程规划：

排水体制：采用雨污分流制排水体制。

雨水系统规划为：规划范围雨水主要分为两个水系。S1 区的雨水均排入苏家屋路南面的雨水渠道水面，后进入黄金河，属于黄金河水系。S2 区内雷锋河由西北向东南横穿整个区域，区域内雨水均就进排入雷锋河，属于雷锋河水系。雷锋河作为规划区的主要排水通道，规划保留，规划道路与雷锋河相交时，均跨过雷锋河。雨水管网在城市建设范围内，沿规划道路布设雨水管渠。主要的南北向雨水主通道为许龙路 3500x2800 箱涵、望雷大道 5500x2000 箱涵、雷高路 4000x3500 箱涵，均属于 S2 分区，由北向南排入雷锋河。主要的东西向雨水主通道为S1区黄金河水系麓延路3200x2500箱涵，由西向东后在金南路向北排入现状水面。S2区金州大道d2400管道、长川路d1800管道、枫林路雨水系统，均排入雷锋河。

污水系统规划：本规划区划分的六片，在W-1片，地势北高南低，污水管网的走向由北往南布置，污水排入沿雷锋河布置的污水主干管，雷锋河东面主干管径为d1200，雷锋河西面主干管径为d600。在W -2片地势北高南低，污水管网的走向由北往南布置，污水排入沿雷高路布置的污水主干管，污水终端排入枫林三路的污水主干管，雷高路污水管主管管径为d600。在W-3片，地势西高东低，北高南低，污水管网走向由西往东，由北往南布置，污水排入沿雷高路布置的污水主干管，污水管主干管管为d600。在W-4片，地势西高东低，污水管网走向由西往东布置，污水排入长川路布置的污水主干管，进入本规划区东面的污水管网，污水管主干管管为d600。在W-5片，地势北高南低，污水管网走向由由北往南布置，污水管穿过枫林三路后，沿望雷大道，许龙路，黄桥大道，排入本规划区南面的污水管网，望雷大道，许龙路，黄桥大道，污水管主干管管分别为d600和d800。在W-6片，地势西高东低，南高北低，污水管网走向由西往东，由南往北布置，污水排入沿金南路布置的污水主干管，污水管主干管管为d800，因该片出路规划没有确定，因此该片污水的终端暂放在黄金大道及今南路的交叉处。

（4）《长沙高新技术产业开发区排水规划》

2011年，长沙高新区规划城建住房局开始首次编制单独的《长沙高新技术产业开发区排水规划》：

规划目标：实现雨污完全分流，污水回用区域化，雨水利用规模化；提高城市排水管网普及率和污水处理率，逐步建立完善的城市排水系统和污水处理系统；城市污水管网的普及率远期达到90%以上，城市污水处理率远期达到90%以上，其中生活污水集中处理率达70%以上，工业废水处理率达到100%；在城市给水水源上游的污水处理厂应达到二级处理深度，在城市给水水源下游及新开发区的污水处理厂近期可采用一级处理，远期应达到二级处理深度。

排水体制：高新区主体部分排水体制采用分流制。新建区、新建项目应按分流制建设排水系统。老城区近期采用截污式雨污合流排水体制，远期应逐步完成分流制改造。

雨水系统布置：贯彻“高水高排、低水低排”的原则。高区雨水直排外河水体，低区雨水汇入规划低区排渍泵站。雨水采用集中与分散相结合的原则就近排入水体。本次规划区内雨水高低排分界线标高取 38.50 米，规划雨水分区为 7 个雨水高排区。污水分区：本次规划将划分为岳麓污水厂纳污区、望城污水厂纳污区。污水泵站：设望城坡污水泵站、雷锋污水泵站。

污水处理厂：岳麓污水处理厂位于三汊矶大桥西侧，规划处理规模为 58.45 万吨 / 天，处理污水排放湘江水。再生水利用：城市污水经过以生物处理技术为中心的二级处理和深度处理后，水质能够达到回用的标准，可以作为水资源加以利用，其中主要是回用于城市公共事业，如园林浇灌、喷洒马路和补给市政景观水域，此外，也可用于水冲公厕的冲洗。

第三章　规划管理与调整

第一节　规划管理

长沙科技试验区成立初期，没有设置规划管理机构，凡与规划相关事宜均由长沙市规划部门管辖和处理。

至 2009 年，长沙市建设委员会高新区分局改名规划建设房产局，开始负责长沙高新区范围内的规划管理工作。同年，规划建设房产局起草并协助推出《长沙高新技术产业开发区农村村民建房审批管理暂行规定》，于 10 月启动东方红镇农民建房核发《乡村建设规划许可证》工作。全年组织召开修建性详规评审会 7 次，审批总平面图 63 份，办理项目选址意见书 9 本，审批面积 101301.78 平方米；核发《建设用地规划许可证》43 本，审批用地面积 7003241.96 平方米；核发《建设工程规划许可证》50 本，审批建设工程面积 911735.3 平方米；受理批后管理卷 75 个。实施建设工程现场放线 37 次，正负零验收 15 次，完成建设工程现场竣工验收卷 23 个；工程项目批后管理到位，放线检查到位率、竣工验收到位率和公示制度到位率均达到 100%。开展规划执法检查，共巡查各类违规工程 30 多起（次），下达违规施工告知函 56 次，签收建设单位和施工单位愿意接受违规处罚的承诺书 30 份。

2010 年，共组织召开修建性详规评审会 12 次，审批总平面图 46 份，办理项目选址意见书 12 本，审批面积 797692.68 平方米；核发《建设用地规划许可证》48 本，审批用地面积 6427414.52 平方米；核发《建设工程规划许可证》59 本，审批建设工程面积 2091902.24 平方米；受理批后管理卷 70 个。实施建设工程现场放线 51 次，正负零验收 15 次，完成建设工程现场竣工验收卷 24 个；工程项目批后管理到位，放线检查到位率、竣工验收到位率和公示制度到位率均达到 100%。

2011 年，增强审批的透明度、精简审批程序、缩短审批时限、提高审批质量与效率。配合高新区行政审批系统的运行工作，不断探索规划管理和报建审批的新方法、新手段，在政策允许的范围内，尽可能合并审批环节，进行联合审查，减少审批时限。全年共受理各类报建 170 项次，已经办结 164 项次。其中共下达规划设计要点、蓝线 85 份；办理项目选址意见书 6 本；核发《建设用地规划许可证》53 本，审批用地面积 4202832.21 平方米；核发《建设工程规划许可证》55 本，审批建设工程面积 1635561.71 平方米；受理批后管理卷 55 个，实施建设工程现场放线 49 次，完成建设工程现场竣工验收卷 30 个；办理市政建设工程规划许可证 42 本，道路规划要点 11 份。

2012 年，完善各项工作制度，严格审批程序，推行阳光操作，确保各项建设严格按规划实施。围绕为园区企业提供优质规划服务展开，同时为园区土地储备及融资工作提供有力支持。至 12 月 5 日，共受理各类报建 408 次，下达规划设计要点、蓝线 73 份；审批总平面图 16 份；办理选址意见书 31 份；办理建设用地规划许可证 34 本，审批用地面积 1725374.95 平方米；核发项目建设工程规划许可证 56 本，审批建设工程面积 1856322.22 平方米；核发市政工程规划许可证 80 本；核发乡村建设工程规划许可证 7 本。办理规划手续的重点项目有中联环保产业园、凯天环保科技园、九芝堂二期工程、中电软件园等重大产业项目；高新区新材料园、信息产业基地、麓谷企业广场等工业地产项目；和沁园二期、华龙家园、金南家园、延风中学等民生项目；保利商业综合体、麓谷国际广场、麓谷汽车世界等地产开发项目。三是高标准做好批后管理工作。截至 11 月底，完成控规调整备案手续 10 个；组织现场放线 36 次，建设工程验收 32 项 / 次；配合高新区以拆违促拆迁，现场踏勘 46 户，参与高新区违法违章行为整治行动 10 项次。

第二节 规划调整

一、一区一园

1991年12月3日，国家科委发文确定：长沙高新技术产业开发区由河东城中区14．6平方公里的政策区和岳麓山科技园4平方公里两部分组成，总有效面积为18．6平方公里，城中区部分，北至浏阳河路，南至井湾子，东至德雅路、东风路、迎宾路、曙光路、韶山路，西至芙蓉路、青园路；岳麓山部分，北至319国道，南至中南矿冶学院南界，东至溁湾路、潇湘路，西至白鹤嘴路、岳麓山东侧。

二、一区四园

1997年4月21日，湖南省人民政府向国家科委发出《关于请调整长沙高新技术产业开发区区域范围的函》（湘政函〔1997〕71号），

4月26日，国家科委下发《关于同意长沙高新技术产业开发区调整区域范围的函》（国科发火字〔1997〕195号）。

10月14日，省人民政府办公厅下发《关于长沙高新技术产业开发区有关问题的批复》（湘政办函〔1997〕282号），该批复同意调整后长沙高新区的总规划面积仍保持18.6平方公里不变，具体区域范围如下：(1)岳麓山高科技园：东起银三路、荣银路，西至市外环线，南起长宁公路、龙王港路，北至长益高速公路、张家冲；规划面积7平方公里。(2)星沙工业高科技园：东起区东环线，西至区西环线，南起梨江路，北至319国道、蒸湘路；规划面积4平方公里。(3)马坡岭农业高科技园：东起省畜牧所边界，西至107国道，南起浏阳河，北至长浏公路；规划面积3平方公里。(4)远大高科技园：东起黄泥口子，西至长桥，起吴家岭，北至长浏公路；规划面积1平方公里。原市内政策区调减为3.6平方公里。

三、麓谷产业园

1999年经湖南省和长沙市政府批准，在岳麓山高科技园，扩大规划23平方公里建设“麓谷”产业园区。

四、麓谷科技产业新城

2003年12月31日，省委常委、市委书记梅克保在高新区组织召开市委常委第十届第117次会议，会议做出决策，扩大高新区“麓谷”控制规划范围，总体规划控制规模为80平方公里。

2004年8月4日，中共长沙市委、长沙市人民政府下发《关于加快长沙高

新技术产业开发区建设与发展的意见》（长发〔2004〕16号）；同日，市委办与市政府办下发《关于落实<关于加快长沙高新技术产业开发区建设与发展的意见>的通知》（长办发〔2004〕46号），这标志着中共长沙市委、市政府决定扩大长沙高新技术产业开发区麓谷控制规划范围，确定麓谷总体规划为80平方公里；理顺体制，对村镇实行“委托管理”的共建模式的决策正式实施。同月18日，长沙高新技术产业开发区召开统一管理东方红镇动员大会，这标志着长沙高新技术产业开发区托管东方红镇正式启动。

2006年3月，市委常委第七次办公会议在高新区召开，会议决定，在高新区80平方公里远景规划控制范围内，扩大高新区统一管理范围，将望城县黄金乡的金南村、华龙村和雷锋镇的荷叶坝村共16.35平方公里成建制调整到东方红镇，由高新区统一管理并实施开发建设，省民政厅12月21日批复，高新区实际控制范围近30平方公里。

2008年，长编委发〔2008〕8号文件，长沙市决定将长沙望城坡经济开发区管理委员会人、财、物成建制移交长沙高新区管理。长沙望城坡经济开发区地处湘江西滨岳麓区，辖区内有一园三基地，即岳麓工业园和西城科技园、靳江商品混凝土基地、农副产品加工基地。并兼管岳麓山大学科技园岳麓分园，远期规划面积20平方公里，近期规划面积5平方公里。2008年6月15日，望城县雷锋镇将由长沙高新区管委会托管。

2010年3月，从东方红镇析置麓谷街道办事处，辖有8个社区，辖区总面积20.8平方公里。长沙高新区托管区域增到东方红镇、雷锋镇和麓谷街道办事处，发展空间拓展到110平方公里。

至2012年，长沙高新区托管东方红镇，雷锋镇，麓谷街道办事处。面积达110平方公里。全区常住人口12.8万，户籍人口7.42万。东方红镇原名国营东方红农场（2000年改镇），位于长沙高新区西北部，东与麓谷街道办事处相邻，西北与望城区廖家坪街道办事处、金山桥街道办事处接壤，南抵雷锋镇，镇域总面积16.35平方公里，辖有金南村委会、华龙村委会、荷叶坝村委会。麓谷街道办事处辖有：延农社区居委会、长丰社区居委会、长庆社区居委会、东塘社区居委会、麓景社区居委会、麓泉社区居委会、麓源社区居委会和馨园社区居委会。雷锋镇辖有：雷锋村委会、桥头铺村委会、真人桥村委会、牌楼坝村委会、坪山村委会、荷花塘社区居委会和和润园社区居委会。

表 2-22　　长沙高新区总体规划调整一览表

（1991—2012 年）

年份		地域面积	准批单位
1991	一区一园	国家科委同意长沙高新区辖地由河东城中区14．6平方公里的政策区和岳麓山科技园4平方公里两部分组成，总有效面积为18．6平方公里。	国家科委
1997	一区四园	国家科委同意按一区四园调整后长沙高新区的总规划面积仍保持18．6平方公里（岳麓山高科技园规划面积7平方公里；星沙工业高科技园规划面积4平方公里；马坡岭农业高科技园规划面积3平方公里；远大高科技园规划面积1平方公里；原市内政策区调减为3.6平方公里。）	国家科委
1999	麓谷产业园	市委市政府同意在岳麓山高科技园，扩大规划23平方公里建设“麓谷”产业园区。	长沙市委市政府
2003	麓谷科技新城	市委常委第十届第117次会议,会议做出决策，扩大高新区“麓谷”控制规划范围，建设麓谷科技新城，总体规划控制规模为80平方公里。	长沙市市委
2004	麓谷科技新城	长沙高新区托管东方红镇。	长沙市市委
2006	麓谷科技新城	市委决定扩大长沙高新区统一管理范围，将望城县黄金乡的金南村、华龙村和雷锋镇的荷叶坝村共16.35平方公里成建制调整到东方红镇，由长沙高新区统一管理，长沙高新区在总体规划控制规模为80平方公里内，实际控制范围达30平方公里。	长沙市市委
2008	麓谷科技新城	望城坡经济开发区管理委员会建制移交长沙高新区管理；雷锋镇交长沙高新区托管。	长沙市政府
2010	麓谷科技新城	长沙高新区托管辖有8个社区，总面积为20.8平方公里的麓谷街道办事处。	长沙市政府
2012	麓谷科技新城	长沙高新区托管东方红镇，雷锋镇，麓谷街道办事处。长沙高新区的总体发展面积近110平方公里。	长沙市政府

土地征收与管理

第三篇 土地征收与管理

长沙高新区的征地拆迁始于1991年岳麓山科技园火炬城建设。1997年实行一区四园后，长沙高新区主要负责岳麓山科技园的征地拆迁管理，星沙工业高科技园、马坡岭农业高科技园、远大高科技园和政策区的征拆事务，由各园各区自行运作。

1991—2012年，长沙高新区总征地面积3504.066公顷。其中1991—1996年火炬城建设阶段共征地213.392公顷；1997—2003年产业基地建设征地621.8814公顷；2004—2012年麓谷建设征地2234.67公顷，拆迁人口21496人，支付征地拆迁补偿费45.3亿元。

在征地拆迁的全过程中，长沙高新区根据长沙市政府颁发的拆迁安置政策，成立专门的工作机构，结合园区实际，制定让利于民的具体操作办法，负责拆迁户的住房、生活和就业安置，全面实行社会保障，为园区建设营造和谐稳定的发展环境。同时，长沙高新区开展被征地农民动态管理工作和续保工作，通过乡镇（街道）劳动保障站以及社区（村居）劳动保障中心，建立被征地农民的动态管理体制，掌握被征地农民动态，加强对参加社保的被征地农民的管理，杜绝基金流失，并利用基层管理平台的优越性开展其社会保障的续保工作，确保被征地农民社保权益得到延续。

第一章 土地征收

第一节 征　地

一、机　构

长沙高新区拆迁事务所：

2004年8月27日，根据长沙市编办《关于成立长沙高新技术产业开发区拆迁事务所的通知》（长编办发〔2004〕72号）成立，长沙高新区拆迁事务所主要负责高新区范围内拆迁项目的实施以及拆迁户的安置工作。

长沙高新区土地储备中心：

2004年8月27日成立，前身为长沙市土地储备中心高新区土地储备分中心，主要负责区内征地拆迁日常事务。2009年独立运行，主要负责土地利用计划、年度征（转）、储备、土地征（转）等工作。

长沙高新区征地办公室：

2008年成立，与拆迁事务所合署办公，2009年与土地储备中心合署办公，2010年独立运作，主要负责实施、组织、协调、监督和管理长沙高新区农村集体土地征地补偿安置。2011年，经岳麓区政府、望城区政府分别指定长沙高新区征地办公室负责高新区范围内的国有土地上房屋征收与补偿工作，并加挂征收办公室的牌子。

长沙高新区征地拆迁安置工作协调领导小组：

2009年1月9日，根据《关于成立2009年重点工作协调领导小组的通知》(长高新区发〔2009〕7号）成立，主要协调和领导高新区范围内的征拆安置工作。

长沙高新区征地补偿安置工作总指挥部：

2011年3月28日，根据《关于成立长沙高新区征地补偿安置工作总指挥部的通知》（长高办通知〔2011〕21号）成立长沙高新区拆迁事务所。该指挥部相关机构和成员于2012年2月、6月、10月共进行3次调整。

二、主要政策

《长沙市城市房屋拆迁管理办法》：

1991年12月由长沙市政府颁发，简称4号令。4号令主要对拆迁程序、补偿安置及奖励惩罚作出相关规定，其中拆迁程序明确拆迁范围确定后向拆迁主管部门提出申请，经同意方可拆迁；拆迁补偿实行产权调换、作价补偿、或者产权调换和作价补偿相结合的形式；拆迁安置时，被拆迁人要求增加用房面积的，按商品房价格支付购房价款。1992年，4号令正式实施。1995年10月1日，长沙市政府调整4号令，提高国家建设征用土地补偿费和安置费的标准，长沙高新区征地拆迁安置按新标准执行。

《长沙市国家建设征用土地补偿安置办法》：

1991年12月由长沙市政府颁发，简称5号令。5号令主要明确征地补偿、安置的标准及具体内容，其中征地补偿包括土地补偿费、附着物及青苗补偿费和安置补助费。1992年，长沙高新区执行5号令。1995年10月1日，长沙市政府调整5号令，提高土地补偿安置等费用的标准。

《长沙市征地补偿安置条例实施办法》：

2000年3月由长沙市政府颁发，简称60号令，其主要内容包括征地范围及程序、征地拆迁补偿与生活安置标准。2008年，60号令废止。

《长沙市征地补偿实施办法》：

2008年3月由长沙市政府颁发，简称103号令，对征地补偿标准如安置补助费、青苗补偿费作出规定。长沙高新区开始以新标准执行征地拆迁补偿安置费的发放工作。

三、土地房屋征用

土地房屋征用流程：

集体土地征地公告发布流程

——集体土地拆迁专干收到征地批准文件、征地红线、征地补偿安置资金到位证明等相关资料并拟定呈报表，分管副主任及征拆处长初审后由主任签署意见，报区国土分局，管委会分管委领导审批。

——通过审批后，由管委会成立项目指挥部，由镇（街）组织在项目所属镇（街）召开动员会并将征地公告在红线范围内予以公告；审批不通过资料退回拆迁事务所补正后再报批。

——集体土地拆迁专干将征地公告送达项目指挥部，项目指挥部进行公示并拍照，集体土地拆迁专干、拆迁事务所分项目将资料存档。

国有土地上房屋征收流程

——国有土地上房屋征收专干收到立项批文、项目调查红、蓝线等相关资料并拟定呈报表，分管副主任及征拆处长初审后由主任签署意见，将相关资料报管委会主管领导审批。

——审批通过后在项目所在范围发布拟征收公告，审批未通过资料退回区征收办国有土地上房屋征收专干补正材料后再报批。

——国有土地上房屋征收专干书面通知相关部门停止办理不当增加房屋补偿的相关手续，由委托实施的征收事务所对被征收范围内的房屋权属、区位等房屋情况进行调查登记。

——国有土地上房屋征收专干拟定征收补偿方案征求意见公告，分管副主任及征拆处长初审后由主任签署意见，报区人民政府发布，区征收办发布房屋调查情况公告，市征收办发布协商选定房屋评估公司公告，若被征收人未选定，由市征收办主持公开抽签确定评估公司，区征收办出具委托书。

——区人民政府发布公告，公布征收补偿方案征收意见公告修改情况。

——社会风险评估报告、补偿方案、征收资金到位证明齐全后，区人民政府发布征收决定公告。

——征收事务所开展协议谈判，与被征收人签定补偿协议，并组织拆除部门完成房屋的拆除、备案等工作；在规定期限内未与被征收人达成协议的，向被征收人送达分户补偿方案后报区政府对被征收人下达补偿决定，在补偿决定期限内未达成协议的可向法院申请强制执行。

——区征收办发布房屋分户补偿情况公告，征收部门办理拆除房屋产权注销登记。

——项目结束后，国有土地上房屋征收专干将相关资料存档。

其它工作流程

——长沙高新区房屋结构、历史老屋、一次性成型房屋现场认定工作流程。

——被征地农民安置人员名单审核程序。

——半边户资格认定流程。

征用土地：

——长沙试验区阶段（1988—1990 年）

该阶段没有征用土地。

——火炬城建设阶段（1991—1996 年）

该阶段的征地工作始于 1991 年长沙高新区岳麓山科技园火炬城建设，其所需土地由长沙市政府批准，划拨使用。1992 年，长沙市政府以《关于将新塘等已征土地用于长沙高新技术开发区岳麓山科技园建设的通知》（长政函〔1992〕5 号）批准岳麓山科技园建设用地 66.722 公顷。1996 年 3 月 19 日，长沙市政府常务会议同意，长沙高新区征用岳麓山乡石岭塘村和岳北渔场 146.67 公顷土地，作为高新区第二期建设发展用地。但此项并未实际操作。

——产业基地建设阶段（1997—2003 年）

长沙高新区自 1997 年至 2003 年共征用土地 621.8814 公顷，主要类别包括农用地转用、未利用地、建设用地。

1998 年，征用天顶乡清水村、燕子山村、燕联村的土地 133.1 公顷，其中农用地转用 110.26 公顷、未利用地 11.56 公顷、建设用地 11.29 公顷。

1999年11月2日，长沙市国土局(甲方)与长沙高新技术产业开发总公司(乙方)就甲方统征的高新技术产业发展用土地划拨给乙方事宜达成协议，长沙高新区与岳麓区政府签订望城坡产业基地征地拆迁协议。12月31日，省国土资源厅批准软件产业用地扩征，2000年正式征用天顶乡燕子山村土地6.79公顷。

2000年10月12日，征用天顶乡土地206.1934公顷，其中农用地转用135.1757公顷、未利用地2.76公顷、建设用地68.26公顷。2002年11月6日，征用天顶乡川塘村、燕联村的土地29.3646公顷，其中农用地转用22.1341公顷、未利用地0.1134公顷、建设用地7.1168公顷。

2003年，长沙高新区共征地4宗，面积275.798公顷。3月31日，征用天顶乡清水村、燕联村、川塘村、燕子山村4个村的土地90.1067公顷，其中农用地转用76.6412公顷、未利用地0.92公顷、建设用地12.5455公顷；7月14日，征用天顶乡燕联村、川塘村土地62.2388公顷，其中农用地转用54.6521公顷、未利用地1.3667公顷、建设用地6.22公顷；8月18日，征用天顶乡永安村、燕联村、川塘村的土地63.209公顷，其中农用地转用57.109公顷、未利用地0.5133公顷、建设用地5.5867公顷；8月29日，征用天顶乡川塘村、燕联村土地60.2435公顷，其中农用地转用51.1005公顷、未利用地0.3533公顷、建设用地8.7897公顷。

——麓谷建设阶段（2004—2012年）

该阶段共征用土地2234.67公顷。

2004年，长沙高新区共征地10宗，面积453.8779公顷，其中4月21日征地2宗，4月30日征地7宗，5月20日征地1宗。4月21日，征用东方红镇东方红农场、天顶乡骑龙村、川塘村的土地7.9162公顷，其中农用地转用6.3795公顷、建设用地0.7879公顷、其他用地0.7488公顷；征用东方红镇东方红农场、天顶乡骑龙村、川塘村的土地64.449公顷，其中农用地转用57.8263公顷、建设用地6.5877公顷。

4月30日，征用东方红镇东方红农场土地58.1063公顷，其中农用地转用43.333公顷、建设用地14.7733公顷；征用东方红镇东方红土地57.7267公顷，其中农用地转用42.2753公顷、未利用地0.7153公顷、建设用地14.7362公顷；征用东方红镇东方红农场土地总面积63.897公顷，其中农用地转用48.8公顷、未利用地1.75公顷、建设用地13.347公顷；征用天顶乡川塘村、东方红镇东方红农场土地65.9504公顷，其中农用地转用54.9507公顷、未利用地0.2967

公顷、建设用地 10.694 公顷；征用天顶乡永安村、川塘村、东方红镇东方红农场土地 19.6666 公顷，其中农用地转用 18.1406 公顷、建设用地 1.526 公顷；征用天顶乡川塘村、东方红镇东方红农场土地 66.621 公顷，其中农用地转用 54.6264 公顷、未利用地 1.062 公顷、建设用地 10.9326 公顷；征用天顶乡川塘村、燕联村土地 34.6277 公顷，其中农用地转用 26.1619 公顷、未利用地 2.4526 公顷、建设用地 6.0132 公顷。5 月 20 日，征用天顶乡川塘村土地 14.917 公顷，其中农用地转用 9.773 公顷、未利用地 0.5045 公顷、建设用地 4.6395 公顷（靳江河回报地、城建投用地）。

2005 年，共办理报批农用地征用卷 13 个，面积 286.67 公顷。2006 年，共征用土地 350.3419 公顷。其中 4 月 11 日，征用东方红镇、天顶乡，东方红镇长庆、长丰居委会，东方红镇长庆居委会，东方红镇长庆、延农、长丰居委会，东方红镇长丰居委会、天顶乡川塘村，东方红镇长庆、延农、长丰居委会的土地 52.7292 公顷、49.2322 公顷、46.5321 公顷、41.0368 公顷、40.5837 公顷、57.1347 公顷；9 月 30 日，征用东方红镇长庆、长丰居委会的土地 63.0932 公顷。

2007 年，共征用土地 172.4666 公顷。其中 1 月 23 日，征用东方红镇长庆、长丰居委会的土地 40.1707 公顷、29.4819 公顷；4 月 13 日，征用东方红镇长庆居委会、雷锋镇荷叶坝村土地 8.1878 公顷；4 月 20 日，征用天顶乡燕子山村、永安村、青山村、东方红镇延农居委会土地 41.2307 公顷；6 月 18 日，征用天顶乡燕子山村、永安村土地 53.3955 公顷。

2008 年，共征用土地 121.342 公顷。其中 7 月 21 日，征用土地 53.2548 公顷，包括农用地转用 48.8936 公顷、建设用地 4.3612 公顷；11 月 13 日，征用东方红镇长庆、东塘居委会土地 68.0872 公顷，包括农用地转用 59.1265 公顷、建设用地 8.9607 公顷。

2009 年，共征用土地 211.1237 公顷。其中 3 月 20 日，征用天顶乡燕子山、永安村，东方红镇长丰、延农居委会、金南村的土地 9.7193 公顷，包括农用地转用 8.2275 公顷、建设用地 1.4918 公顷；7 月 16 日，征用雷锋镇雷锋村的土地面积 17.7618 公顷，包括农用地转用 15.5762 公顷、未利用地 0.0247 公顷、建设用地 2.1609 公顷，征用东方红镇长庆居委会、东方红镇长庆居委会、荷叶坝村、东方红镇长庆居委会、东方红镇长庆居委会、荷叶坝村的土地分别为 41.5329 公顷、43.9778 公顷、45.036 公顷、53.0959 公顷。

2010 年，共征用土地 458.5826 公顷。其中 2 月 8 日，征用东方红镇长丰居委会、延农居委会、天顶乡燕子山村，雷锋镇雷锋村、桥头铺村土地分别为9.4922公顷、0.4491公顷；3月4日，征用天顶乡燕子山村、永安村土地19.3684公顷；3月16日，征用东方红镇荷叶坝村、华龙村、金南村，雷锋镇雷锋村土地22.8933公顷，征用东方红镇金南村土地6.7223公顷；3月30日，征用东方红镇金南村、长丰居委会，东方红镇荷叶坝村、金南村、长庆居委会、长丰居委会，天顶乡燕子山村，东方红镇金南村，东方红镇长丰居委会土地分别为41.0912公顷、49.4119公顷、24.7969公顷、8.012公顷、0.5474公顷；5月25日，征用东方红镇荷叶坝村、雷锋镇雷锋村、真人桥村与东方红镇金南村、华龙村土地，分别是12.795公顷、25.3334公顷；5月27日，征用东方红镇华龙村、雷锋镇真人桥村、桥头铺村土地44.5765公顷；6月12日，征用东方红镇延农居委会土地19.408公顷；6月17日，征用东方红镇金南村、延农居委会土地12.4006公顷；8月15日，征用天顶乡永安村、东方红镇延农居委会土地41.0862公顷；8月23日，征用东方红镇荷叶坝村、金南村土地58.0258公顷；9月10日，征用东方红镇金南村、长丰居委会、荷叶坝村土地62.1724公顷。

2011年，共征用土地280.2793公顷。其中1月27日，征用东方红镇金南村土地50.3333公顷；4月25日，征用东方红镇华龙村、金南村土地35.4393公顷；6月21日，征用雷锋镇雷锋村、东方红镇长庆居委会、荷叶坝村土地2.9741公顷；7月19日，征用东方红镇金南村、天顶乡尖山村土地28.8770公顷；7月26日，征用雷锋镇桥头铺村，东方红镇华龙村，东方红镇华龙村土地6.6119公顷、21.5438公顷、18.2515公顷；8月10日，征用望城县黄金镇三益村、廖家坪村土地9.4530公顷；9月7日，征用东方红镇金南村、延农居委会土地36.4692公顷，征用东方红镇金南村、长丰、延农居委会土地36.4692公顷；9月20日，征用东方红镇金南村土地17.162公顷；11月17日，征用雷锋镇雷锋村土地16.695公顷。

2012年，共征用土地304.744公顷。其中2月24日，征用东方红镇华龙村土地11.5097公顷；3月20日，征用雷锋镇坪山村土地8.1096公顷；3月22日，征用雷锋镇桥头铺村土地33.3713公顷；4月5日，征用东方红镇金南村、荷叶坝村、华龙村，东方红镇荷叶坝村、华龙村，东方红镇延农居委会土地分别为21.9168公顷、15.2972公顷、46.2971公顷；6月25日，征用雷锋镇雷锋村、坪山村、真人桥村、东方红镇华龙村土地6.5772公顷；6月27日，征用东方红镇延农居委会、金南村土地49.3605公顷；7月19日，征用东方红镇华龙村，征用东方红镇金南村，麓谷街道长丰、长庆、东塘居委会、雷锋镇雷锋村土地分别为 4.7165 公顷、17.3542 公顷、10.7723 公顷；7 月 31 日，征用东方红镇荷叶坝村、金南村、华龙村、雷锋镇雷锋村土地 18.3896 公顷；11 月 14 日，征用雷锋镇桥头铺村土地 8.7917 公顷；11 月 27 日，征用天顶乡永安村、麓谷街道延农居委会土地 13.1697 公顷；12 月 12 日，征用东方红镇荷叶坝村、金南村、华龙村土地 39.1106 公顷。

至 2012 年，长沙高新区共征地 3504.066 公顷，其范围主要涉及天顶乡、东方红镇、雷锋镇。

表 3–1　　长沙高新区土地征用情况统计表

（1988—2012 年）

单位：公顷

年份	审批单号	项 目	范 围	公告面积	合 计
1988—1991	–	–	–	–	–
1992	–	岳麓山科技园建设	–	66.722	66.722
1993—1995	–	–	–	–	–
1996	–	长沙高新区第二期建设发展用地	岳麓山乡石岭塘村和岳北渔场	146.67	146.67
1997	–	–	–	–	–
1998	长高新管计(1998)15—20 号	6 个建设项目	天顶乡清水村、燕子山村、燕联村	133.1	133.1
1999	（湘）政土字第 278 号	软件产业用地	天顶乡燕子山村	6.79	6.79
2000	295 号	第二批次（高科技园）	天顶乡	206.1934	206.1934
2001	–	–	–	–	–
2002	406 号	望城坡产业基地拆迁安置用地	天顶乡川塘村、燕联村	29.3646	29.3646
2003	139 号	长沙市第四批次城市新增建设用地（麓谷产业基地）	天顶乡清水村、燕联村、川塘村、燕子山村	90.1067	275.798
	364 号	湖南瑞新材料等高科技项目	天顶乡燕联村、川塘村	62.2388	
	432 号	长沙市中科北斗股份公司等 9 个企业用地	天顶乡永安村、燕联村、川塘村	63.209	
	458 号	长沙市中联重工科技	天顶乡川塘村、燕联村	60.2435	

续表 3-1

年份	审批单号	项 目	范 围	公告面积	合 计
2004	285 号	麓泉路、麓松路建设用地	东方红镇东方红农场、天顶乡骑龙村、川塘村	7.9162	453.8779
	286 号	长沙市涉外经济学院第三期用地	东方红镇东方红农场、天顶乡骑龙村、川塘村	64.449	
	328 号	长沙市（湖南）九芝堂公司等项目	东方红镇东方红农场	58.1063	
	339 号	长沙市长重机器制造有限公司等项目	东方红镇东方红	57.7267	
	330 号	湖南华菱光运铜管有限公司等项目	东方红镇东方红农场	63.897	
2004	331 号	大陶精密科技(香港)股份有限公司等项目	天顶乡川塘村、东方红镇东方红农场	65.9504	
	332 号	湖南南岭民用爆破器材股份有限公司	天顶乡永安村、川塘村、东方红镇东方红农场	19.6666	
	333 号	湖南晟通科技有限公司等项目	天顶乡川塘村、东方红镇东方红农场	66.621	
	338 号	长沙市高新开发区农民安置用地	天顶乡川塘村、燕联村	34.6277	
	430 号	长沙市麓谷后勤服务配套基地	天顶乡川塘村	14.917	
2005				286.67	286.67
2006	274 号	长沙市华康生物技术开发公司等项目	东方红镇、天顶乡	52.7292	350.3419
	276 号	长沙市康普制药等项目	东方红镇长庆、长丰居委会	49.2322	
	277 号	长沙市麓谷拆迁安置小区	东方红镇长庆居委会	46.5321	
	278 号	长沙市博云新材料等 4 个项目	东方红镇长庆、延农、长丰居委会	41.0368	
	279 号	长沙市麓谷拆迁安置地及华凯科技公司	东方红镇长丰居委会、天顶乡川塘村	40.5837	
	280 号	长沙市力合科技等 4 个项目	东方红镇长庆、延农、长丰居委会	57.1347	
	944 号	湖南泰通电子科技有限公司等 3 个项目	东方红镇长庆、长丰居委会	63.0932	

续表 3-1

年份	审批单号	项 目	范 围	公告面积	合 计
2007	182 号	南麓南脱硫除尘设备公司等 4 个项目	东方红镇长庆居委会	40.1707	172.4666
	183 号	长沙市道路绿化	东方红镇长丰居委会	29.4819	
	475 号	长沙市桐梓坡路西延线	东方红镇长庆居委会、雷锋镇荷叶坝村	8.1878	
	572 号	长沙市尖山路等 6 条道路	天顶乡燕子山村、永安村、青山村、东方红镇延农居委会	41.2307	
	730 号	湖南科锐家居产业基地	天顶乡燕子山村、永安村	53.3955	
2008	635 号	新沙锅炉厂等 7 个工业项目		53.2548	121.342
2008	1021 号	长沙市广播电视终端设备等 6 个项目	东方红镇长庆、东塘居委会	68.0872	
2009	265 号	岳麓大道西延线拓改	天顶乡燕子山、永安村，东方红镇长丰、延农居委会、金南村	9.7193	211.1237
	751 号	枫林路拓改雷锋镇段安置地	雷锋镇雷锋村	17.7618	
	752 号	高新储备用地一（山河智能等 3 个项目）	东方红镇长庆居委会	41.5329	
	753 号	高新储备用地二（普洛斯等 5 个项目）	东方红镇长庆居委会、荷叶坝村	43.9778	
	750 号	高新储备用地三（中兴能源等 5 个项目）	东方红镇长庆居委会	45.036	
	754 号	高新储备用地四（有色重型等 9 个项目）	东方红镇长庆居委会、荷叶坝村	53.0959	
2010	179 号	岳麓大道西延线拓改补征（含少管所互通）	东方红镇长丰居委会、延农居委会、天顶乡燕子山村	9.4922	458.5826
	180 号	长沙大河西先导区枫林路拓改（补征）	雷锋镇雷锋村、桥头铺村	0.4491	
	245 号	长沙大河西先导区 4 个通讯设备等信息产业	天顶乡燕子山村、永安村	19.3684	
	298 号	长沙大河西先导区雷高路拓改	东方红镇荷叶坝村、华龙村、金南村，雷锋镇雷锋村	22.8933	
	304 号	长沙大河西先导区青山路（西段）	东方红镇金南村	3.3852	

续表 3-1

年份	审批单号	项 目	范 围	公告面积	合 计
2010	305 号	长沙市东方红路	东方红镇金南村	3.3371	458.5826
	404 号	长沙市高新区新能源及光伏产业	东方红镇金南村、长丰居委会	41.0912	
	405 号	长沙大河西先导区 9 个新材料等先进机械制造产业项目	东方红镇荷叶坝村、金南村、长庆居委会、长丰居委会	49.4119	
	406 号	长沙大河西先导区 4 个软件等信息产业	天顶乡燕子山村	24.7969	
	407 号	长沙大河西先导区信息产业	东方红镇金南村	8.012	
	408 号	长沙市工商职业中专学校运动场	东方红镇长丰居委会	0.5474	
	622 号	金洲大道拓改	东方红镇荷叶坝村、雷锋镇雷锋村、真人桥村	12.795	
	623 号	岳麓大道（三环线以西段）拓改	东方红镇金南村、华龙村	25.3334	
	651 号	望雷大道	东方红镇华龙村、雷锋镇真人桥村、桥头铺村	44.5765	
	716 号	1 个电子信息产业项目	东方红镇延农居委会	19.408	
	717 号	节能科技等 3 个项目	东方红镇金南村、延农居委会	12.4006	
	916 号	1 个软件信息产业项目	天顶乡永安村、东方红镇延农居委会	41.0862	
	946 号	9 个先进机械制造产业项目	东方红镇荷叶坝村、金南村	58.0258	
	1021 号	湘电集团等 4 个项目	东方红镇金南村、长丰居委会、荷叶坝村	62.1724	
2011	114 号	新型防腐材料等 7 个项目	东方红镇金南村	50.3333	280.2793
	465 号	长沙大河西先导区麓谷科技新城保障住房等 2 个项目	东方红镇华龙村、金南村	35.4393	
	754 号	湖南党史馆及金洲大道补征	雷锋镇雷锋村、东方红镇长庆居委会、荷叶坝村	2.9741	
	903 号	麓尖路项目用地	东方红镇金南村、天顶乡尖山村	28.877	
	942 号	雷锋机电综合大市场二期 2010 年报部	雷锋镇桥头铺村	6.6119	

续表 3–1

年份	审批单号	项 目	范 围	公告面积	合 计
2011	943 号	专用设备制造等 4 个项目	东方红镇华龙村	21.5438	280.2793
	944 号	化学纤维生产等 4 个项目	东方红镇华龙村	18.2515	
	1045 号	望城县 2011 年第一批项目建设用地	望城县黄金镇三益村、廖家坪村	9.453	
	1176 号	新型仪表等 2 个项目	东方红镇金南村、延农居委会	36.4692	
	1177 号	新型能源等 2 个项目	东方红镇金南村、长丰、延农居委会	36.4692	
	1240 号	金南家园安置小区等 3 个建设项目	东方红镇金南村	17.162	
	1558 号	长沙职业技术学院	雷锋镇雷锋村	16.695	
2012	197 号	华龙家园安置小区	东方红镇华龙村	11.5097	304.744
	355 号	长沙先导区梅溪湖路西延线拓改	雷锋镇坪山村	8.1096	
	347 号	保温隔热材料生产等 3 个项目	雷锋镇桥头铺村	17.3624	
	348 号	新型环保材料生产基地等 4 个项目	雷锋镇桥头铺村	16.0089	
	415 号	自动化控制及配套产品研发生产等 4 个项目	东方红镇金南村、荷叶坝村、华龙村	21.9168	
	416 号	环保设备生产等 4 个项目	东方红镇荷叶坝村、华龙村	15.2972	
	417 号	尖山湖城市生态整治项目	东方红镇延农居委会	46.2971	
	902 号	望雷大道北段、皓月路、梅溪湖路西延线拓改、雷高路拓改补征（2011 年报部项目打捆）项目用地	雷锋镇雷锋村、坪山村、真人桥村、东方红镇华龙村	6.5772	
	913 号	审批手机电池保护阀生产基地等 7 个项目	东方红镇延农居委会、金南村	49.3605	
	1076 号	药剂生产基地等 2 个项目用地	东方红镇华龙村	4.7165	
	1077 号	金南公租房等 3 个项目	东方红镇金南村土地和麓谷街道长丰、长庆、东塘居委会	17.3542	
	1088 号	高新区 2012 年度第一批次储备用地	雷锋镇雷锋村土地	10.7723	
	1148 号	长月路、长兴路	东方红镇荷叶坝村、金南村、华龙村、雷锋镇雷锋村土地	18.3896	

续表 3-1

年份	审批单号	项 目	范 围	公告面积	合 计
2012	1856 号	新材料园配套储备用地	雷锋镇桥头铺村	8.7917	304.744
	1946 号	高新区信息产业园储备用地（中兴通讯）	天顶乡永安村、麓谷街道延农居委会	13.1697	
	2065 号	龙虎岭城市生态整治	东方红镇荷叶坝村、金南村、华龙村	39.1106	
总计				3504.066	

说明：2000—2012 年的审批单号样式为〔××××〕政国土字第 ×× 号，×××× 为下发年份，×× 为具体字号，表中审批单号一栏为字号

第二节 拆　迁

一、主要政策

1988—2012 年，长沙市政府先后颁发 4 号令、5 号令、60 号令、103 号令。

其中根据 4 号令——《长沙市城市房屋拆迁管理办法》在长沙高新区的拆迁工作是由原长沙市城市建设开发公司组织实施的，长沙高新区主要执行 5 号令、60 号令、103 号令。

2009—2012 年，长沙高新区在征地拆迁补偿安置中按“三榜公示”（征求意见公告，实施公告，媒体公示）制度，将征地范围、补偿标准、安置方案等涉及拆迁的各种信息在高新区网站上公开、公示、张榜，同时按市政府 103 号令对拆迁农户由征地拆迁办公室负责实行货币安置，并结合实际情况采取安置房源与货币补贴相结合的安置模式。

二、历年实绩

1988—2012 年，长沙高新区先后执行长沙市政府颁布的 5 号令、60 号令和 103 号令 3 项具体拆迁工作政策。其中 1988—2003 年，长沙高新区拆迁工作由原长沙市城市建设开发公司组织实施（无统计数据）；2004—2012 年，总拆迁面积 2234.67 公顷（33520 亩）、拆迁人口 21496 人，支付征地拆迁补偿费 45.3 亿元；2008—2012 年，长沙高新区执行市政府 103 号令，共有征地拆迁项目 46 个；总征地公告面积 1033.65 公顷（15504.8086 亩），实际征地面积 1172.32 公顷（17584.8630 亩）；征迁人口 11172 人，房屋户数 3389 户，房屋总建筑面积 1613429.57 平方米，社保用地 117.23 公顷（1758.4863 亩），保障

住房用地 61.45 公顷（921.69 亩）。

2007 年，长沙高新区设立麓谷第六期拆迁工作指挥部和金洲大道拆迁安置工作指挥部，开始麓谷第六期与金洲大道高新区段拆迁工作。麓谷第六期在东方红镇总用地面积 264.43 公顷，其中东塘居委会 0.089 公顷、长庆居委会 97.213 公顷、长丰居委会 118.187 公顷、延农居委会 48.941 公顷；拆迁人口 1927 人；拆迁房屋 641 户，其中合法房屋 513 户、违章房屋 128 户；青苗 991 户；企业 26 家。金洲大道高新区段征地总面积 21.333 公顷（另卸土区 5.33 公顷），涉及 3 个居委会，拆迁户及纯青苗户共 350 户，其中房屋 48 户，青苗户 302 户；安置 144 人。

2008 年，设立麓谷第七期拆迁工作指挥部和枫林路高新区段拆迁工作指挥部，同时开展两处用地拆迁补偿、腾地工作。8 月，启动麓谷七期拆迁，在东方红镇范围共征地 133.067 公顷，拆迁户数 383 户，拆迁人口 1400 人。8 月 28 日，启动枫林三路拓改重点工程建设拆迁，共涉及拆迁户 74 户，企业 16 家，签订协议 59 户，企业签订协议 6 家。

2009 年，成立 10 个项目指挥部，共启动岳麓大道西延线、东方红南路枫林路南侧、枫林路雷锋镇一段、枫林路雷锋镇二段、信息产业园、黄桥大道、麓谷七期、雷锋镇段安置用地、荷叶坝安置地、荷叶坝第一批产业项目用地、岳麓大道匝道、金桥收费站北匝道、金南变电站、五、六期扫尾 14 个项目拆迁，总用地面积 300 公顷，涉及雷锋镇、东方红镇 9 个村 3 个居委会，用地范围内拆迁户共 2255 户，其中房屋拆迁 1002 户、纯青苗户 954 户、纯户外设施户 299 户；需拆除总建筑面积 311440.43 平方米，安置人口 2673 人。

2010 年，共启动东方红镇东方红路、青山路和华龙家园等拆迁项目 18 个，拆迁面积 402.8 公顷，其中拆迁房屋 1151 栋，纯青苗户 1144 户，动迁人口 3231 人，未签订协议的户数 101 户，扫尾项目涉及拆迁户 98 户，纯青苗户 51 户，纯设施户 115 户，动迁人口 1343 人。

2011 年，共启动麓谷八期麓谷街道片区、麓谷十期东方红镇片区、大飞机二期、省党史陈列馆、黄桥大道二期、截污干管、湖南报业 7 个拆迁项目，涉及范围 264.4667 公顷，拆迁房屋 686 栋，征地人口 2357 人。

2012 年，共启动航天城、新型材料园、先进制造园、麓谷国际社区、梅溪湖西延线、长沙晚报、麓谷八期东方红片区、山水英伦、长沙职业技术学院、机电市场、黄金西大道拓改、尖山湖麓谷街道片区、尖山湖东方红片区、生物医药园等 15 个征地拆迁项目，全年拆迁面积 345.4835 公顷，拆迁房屋 1000 栋，动迁人口 3729 人，清表迁坟 1174 冢。

表 3–2　长沙高新区历年征拆情况统计表

（1988—2012 年）

年份	拆迁政策	拆迁人数（人）	拆迁户数（户）	拆迁面积（亩）	补偿金额（亿元）	备注
1988—2003	4、5、60 号令	无	无	无	无	由岳麓区组织实施拆迁
2004—2008	5 号令和 60 号令	8106	2289	13147	8.1	以各集体经济组织为主体组织实施拆迁
2009	103 号令	2673	1002	3986	5.8	
2010	103 号令	3231	1151	5075	10.8	
2011	103 号令	2357	686	4016	8.2	
2012	103 号令	3729	1000	5299	12.4	
总计	21496	6511	33520	45.3		

表 3–3　103 号令已发征地公告各项目数据统计表

（2008—2012 年）

序号	项目名称	征地公告面积（亩）	实际征地面积（亩）	征地人口	房屋户数	建筑面积（平方米）	备注
1	岳麓大道西延线	127.2105	127.2170	109	43	16007.23	已安置
2	枫林三路雷锋一段	83.922	23.1270	198	60	19736.68	已安置
3	东方红南段枫林路南侧	100.6951	136.9658	77	45	10048.38	已安置
4	信息产业园	565.329	565.3290	331	104	41550.43	已安置
5	黄桥大道	397.3665	419.0070	67	24	7175.24	已安置
6	枫林三路雷锋段二期	72.204	166.1240	229	70	19693.97	已安置
7	麓谷七期	–	1991.2050	1301	336	140815.61	已安置
8	荷叶坝保障住房用地	97.068	102.2250	39	14	11624.37	已安置
9	枫林西路雷锋段保障住房用地	266.4270	266.4270	106	106	18790.59	已安置
10	荷叶坝第一批产业项目用地	133.6815	133.6830	83	22	11624.99	已安置
11	东方红镇东方红路	50.0565	143.9910	78	35	13315.43	
12	大河西先导区青山路西段	50.778	111.0570	43	18	7487.87	
13	岳麓大道补征（夹心层）	112.1985	112.1985	73	27	9873.11	已安置
14	新能源及光伏产业	536.5425	536.5425	290	89	49333.85	
15	望雷大道雷锋段	454.5465	454.5465	312	96	43414.46	已安置

续表 3–3

序号	项目名称	征地公告面积（亩）	实际征地面积（亩）	征地人口	房屋户数	建筑面积（平方米）	备注
16	望雷大道东方红段	214.101	214.1010	72	26	10263.92	
17	岳麓大道辅道	380.0010	354.1385	380	106	44448.41	
18	新能源及光伏产业	79.8255	79.8255	38	13	4480.99	已安置
19	雷高拓改东方红段	133.2585	133.2585	168	47	19298.61	
20	雷高拓改雷锋段	94.7355	94.7355	151	105	46518.29	
21	麓谷八、九期	1803.3195	1775.6536	918	249	169501.69	其中金南村未安置
22	麓谷街道片区麓谷八期	334.23	334.2300	216	63	25934.30	已安置
23	台达电子	291.1200	291.1200	120	43	19429.25	已安置
24	黄桥大道二段	32.9055	32.9055	23	9	2361.93	已安置
25	雷锋农产品大市场	146.9550	146.9550	–	–	–	
26	湘电集团（麓谷十期）	913.1055	893.4400	433	112	63217.49	已安荷叶坝村 14 人
27	大飞机二期	754.9995	664.0440	538	145	64500.27	
28	麓谷八期二（1747）	1747.194	1747.1940	1125	290	140872.76	已安置
29	湖南报业二期	266.8665	238.9445	211	79	34155.81	
30	航天城	920.613	892.5221	590	193	86317.95	
31	新型环保材料	579.1155	579.1155	366	101	55217.65	已安置
32	麓谷科技新城	531.5895	530.8401	281	65	34780.58	
33	梅溪湖西沿线	250.0785	293.4910	271	73	33311.29	已安置
34	先进制造园	718.1805	747.7720	646	184	116703.62	
35	长沙晚报	4.0755	4.0755	–	–	–	
36	山水英伦	61.6725	61.6725	36	32	12454.29	
37	麓谷八期东方红镇片区	257.778	245.5530	88	37	27921.98	
38	长沙职院	250.4250	250.4250	173	49	37717.18	
39	雷锋机电市场二期	99.1785	97.7550	73	22	9386.14	
40	湘电集团（凯天环保）	19.4805	19.4805	–	–	–	
41	东方红尖山湖	125.3775	125.3775	136	35	20925.73	
42	东方红欣盛路	17.8020	17.8020	10	3	1813.92	
43	麓谷街道尖山湖	755.0880	755.0880	216	57	27916.82	
44	麓谷街道欣盛路	45.2400	45.2400	45	17	7012.48	

续表 3-3

序号	项目名称	征地公告面积（亩）	实际征地面积（亩）	征地人口	房屋户数	建筑面积（平方米）	备注
45	生物医药园	596.9295	596.9295	456	128	70635.60	
46	雷锋镇航天城	31.5420	31.5420	56	17	5838.41	
总计		15504.8086	17584.8630	11172	3389	1613429.57	

第二章 安　置

第一节 住房安置

1992 年，长沙高新区在办理征收手续时，拆迁部门制定住房安置意向表，由拆迁户选择住房的安置模式（只能选择一种），一种是选择安置房，一种是选择划地自建。1992 年之后，长沙高新区拆迁户征地拆迁补偿费不多，按照既要解决住房问题、又要留有余地发展再生产为原则，进行住房安置。

1995 年 10 月 1 日以前按市政府 4、5 号令拆迁户购买安置房价格为 280 元 / 平方米，1995 年 10 月 1 日以后按市政府调整后的 4、5 号令拆迁户购买安置房价格为 400 元 / 平方米，因人口多等特殊情况请求增加住房面积的拆迁户，经镇、村（居）证明情况属实，增加面积即按半平价半议价 500 元 / 平方米价格购买。

2005 年，拆迁户的住房安置开始由东方红镇政府负责，采取划地统建模式，安置用地统一划拨给村（居）集体组织。是年，划拨安置用地 4 宗，面积 600358.54 平方米，用作麓谷一期至四期的遗留拆迁安置与第五期拆迁安置。随后，第五期拆迁农民安置房开始建设。至 2006 年，27 万平方米的安置小区住房竣工，700 户被拆迁农民按照制定的分购安置房方案，逐套分配入住。

2007 年，新建第六期拆迁农户安置小区，建安置房 23 栋，建筑面积 10 万平方米。同时为解决部分拆迁户因家庭人口增加导致的住房紧张问题，长沙高新区启动保障房建设，对原住房人均面积低于 30 平方米的，以户为单位，分配保障住房。“十一五”期间，规划建设保障房 200 万平方米。

2009 年，给雷锋镇划拨安置用地 177331.56 平方米，并开始建设和馨园一期安置小区。2010年，开始建设和沁园一期安置小区以及和润园一期安置小区。

2011年，和馨园一期安置小区竣工，共有21栋2644套住宅，安置拆迁农户2794人。2012年，和沁园一期安置小区竣工，共有6栋894套住宅，安置拆迁农户899人；和润园一期安置小区竣工，共有12栋1468套住宅，安置拆迁农户1356人；新建金南家园一期安置小区以及和泰家园一期（A区）安置小区。

表3-4 长沙高新区市政府4、5、60号令（1988—2013年）

年份	安置政策	安置人数（人）	安置户数（户）	安置面积（亩）	备注
1998—2002	5号令与60号令	850	177	160	1998—2002年分四次累计安置涉外项目60亩、450人、97户，2002年信息产业园40亩，80户、400余人。
2003	60号令	473	153	138.8	一师范项目138.8亩（净用地，其中生产安置地60亩，生活安置地78.8亩，建房27栋）
2004					无安置
2005					
2006					
2007	60号令	2774	715	400	麓谷五期项目：东塘居委会143户548人；长丰居委会295户1217人；长庆居委会91户364人；延农居委会186户645人；共建102栋。
2008	–	–	–	–	
2009	–	–	–	–	
2010	60号令	2168	576	300	麓谷六期项目：长丰居委会143户1134人；长庆居委会180户683人；124户延农居委会351人；共建103栋
2011	60号令	900	150	100	信息产业园项目
2012					无安置
2013	60号令	464	219	41.7	东塘、长丰、长庆、延农四个居委会世居非农户
总计		6779	1990	1140.5	

第二节 货币补偿

2008年4月1日以后，按照长沙市政府103号令征地拆迁的农户，解决住房问题采取货币安置，长沙高新区统一按每人 10 万元的购房补贴标准计算到户。另外，凭有效证件认定的独生子女户和半边户，每户再增加 2.53 万元的购房补贴，由各户持购房“货币补贴凭证”，到长沙高新区安置房小区自主选择购买商品房。2008—2012 年，长沙高新区按 103 号令进行货币安置 3197 人。2009—2012 年，共补偿资金 37.2 亿元，其中 2009 年补偿 5.8 亿元，2010 年补偿 10.8 亿元，2011 年补偿 8.2 亿元，2012 年补偿 12.4 亿元。

表 3–5　　长沙高新区 103 号令货币安置人数统计表

（2008—2012 年）

年份	货币安置（人）	备注
2008	–	
2009	61	
2010	1145	
2011	425	和馨园一期
2012	1548	和沁园一期、和润园
总计	3197	

第三节　身份置换

2005—2012 年，根据《长沙市征地补偿安置条例实施办法》和《长沙市征地补偿实施办法》，建设拆迁农民安置房。被拆迁农民按照制定的分购安置房方案入住新居，被征地农民身份转变为城市居民。

2010—2012 年，长沙高新区因拆迁征地应农转非 10367 人，实际农转非 10195 人，待转 172 人。

表 3–6　　长沙高新区农转非情况统计表

（2010—2012 年）

序号	项目名称	办成农转非情况（户）		
		应转	已转	待转
1	荷叶坝保障住房	32	32	
2	产业储备用地二	70	70	
3	枫林路一段	172	172	
4	枫林路二段	218	218	
5	金桥护坡	23	23	

续表 3–6

序号	项目名称	办成农转非情况（户）		
		应转	已转	待转
6	枫林路东方红段	60	60	
7	岳麓大道西延线	97	97	
8	岳麓大道西沿线（匝道）	74	74	
9	黄桥大道	66	66	
10	信息产业园麓谷街道片区	271	271	
11	岳麓大道辅道拓改补征（夹心层）	63	63	
12	信息产业园新能源及光伏产业（金南）	259	259	
13	雷高路拓征（大飞机一期）	30	30	
14	雷高路拓改东方红段	145	145	
15	信息产业园新能源及光伏产业（麓谷街道）	32	32	
16	雷锋镇段安置用地	92	92	
17	金南变电站	26	26	
18	东方红镇片区东方红路	72	72	
19	东方红镇片区青山路	37	37	
20	望雷大道雷锋段	266	266	
21	望雷大道东方红段	65	65	
22	华龙家园	108	108	
23	金南家园	96	96	
24	黄桥大道二段	21	21	
25	合达电子	97	97	
26	麓谷八期	167	167	
27	岳麓大道辅道	335	335	
28	雷高路拓改雷锋镇段	140	140	
29	麓谷街道东方红北段	32	32	
30	麓谷街道青山路	44	44	
31	大飞机二期	459	459	
32	麓谷十期	377	377	
33	麓谷八九期	766	766	
34	麓谷七期	1096	1096	
35	麓谷八期 –II 麓谷街道片区	938	900	38
36	华龙带征	340	340	

续表 3-6

序号	项目名称	办成农转非情况（户）		
		应转	已转	待转
37	航天城	476	476	
38	梅溪湖西延线	232	232	
39	新材料园	332	332	
40	先进制造园	542	542	
41	国际社区	232	232	
42	报业二期	193	193	
43	机电市场	58	58	
44	麓谷八期东方红片区	70	70	
45	山水英伦	38	38	
46	航天城雷锋	50	50	
47	长沙职院	160	160	
48	生物医药园	415	415	
49	欣盛路（东方红）	8		8
50	欣盛路（街道）	40	40	
51	尖山湖（东方红）	115		115
52	尖山湖（街道）	209	209	
53	黄金西路拓改	7		7
54	梅溪湖西延带征	4		4
总计		10367	10195	172

第四节　劳动就业

一、培训

2009 年，长沙高新区出台《长沙高新区 2009 年度被征地农民和转移就业农民就业培训工作方案》（长高新管函〔2009〕63 号）、《长沙高新区关于进一步做好被征地农民就业工作的意见》（长高办通知〔2009〕66 号），提供资金支持，对被征地农民进行就（创）业培训。全年开展 6 期职业技能培训，培训被征地农民 466 人。其中举办电子培训班 1 期、培训被征地农民 50 人；计算机培训班 1 期、培训被征地农民 70 人；家政服务培训班 1 期、培训被征地农民 40 人；创业培训班 1 期、培训被征地农民和大学毕业生 76 人；汽车驾驶培训班

1期、培训被征地农民150人；食品加工培训班1期、培训被征地农民80人。

2010年，长沙高新区举办被征地农民职业技能培训班8期，培训513人，均通过职业技能鉴定资格考试，获得相应工种的初级资格；被征地农民素质教育培训25期，共1164人；被征地农民创业培训班（SYB）1期，培训被征地农民72人，考试合格。

2011年，长沙高新区以“城乡统筹、就业导向、技能为本、免费培训”为原则，建立被征地农民职业培训工作新机制，举办2期被征地农民创业培训班，培训135人。

2012年，长沙高新区引进4家不同类型定点培训机构，新开设维修电工、模具设计师、育婴师、厨师等专业，同时让培训对象到企业、基地见习，给予企业见习补贴。

表3–7　　长沙高新区被征地农民培训情况统计表

（2009—2012年）　　单位：人

年份	培训人数			合计
	职业技能培训	素质教育培训	创业培训	
2009	466	889	–	1355
2010	513	1164	72	1749
2011	525	1080	135	1740
2012	540	1105	160	1805
总计	6649			

二、就业

2009—2012年，长沙高新区推进被征地农民就业2374人，扶持被征地农民创业188人，发放各项补贴、奖励191.5967万元。

2009年，长沙高新区提供被征地农民就业岗位1600个，安置被征地农民就业406人，扶持被征地农民创业3人。同时鼓励园区企业吸纳被征地农民就业，对园区各类用人单位招用被征地农民并与其签订一年以上的劳动合同，参加社会保险并足额缴费的，给予岗位补贴和社会保险补贴。全年对长缆附件、威胜电子、宇鑫物业3家公司招聘的103名被征地农民共拨付岗位补贴和社会保险补贴64967元。

2010年，长沙高新区推进被征地农民就业514人，扶持被征地农民创业48人，建立被征地农民创业示范基地2家；参与创业培训班中的35人实现自主创业。是年出台《关于对被征地农民创业对象发放一次性创业补贴的通知》（长高管发〔2010〕67号），8月对48名被征地农民创业对象发一次性创业补贴20.6万元，同时组织威胜电子，电缆附件等30家园区企业到园区所辖14个村（居）举行14场“送岗位下乡”专场招聘会，为被征地农民提供3000个就业岗位，167位被征地农民实现就业。

2011年，长沙高新区发放被征地农民创业补贴资金40万元，重点扶持72名被征地农民创业，以创业带动就业；组织30家园区企业到园区所辖两镇一街8个村（居）举行8场“送岗位下乡”专场招聘会，为被征地农民提供1600个就业岗位，参加招聘1470人；与中联重科、威胜电子等单位订单培训569人，实现就业。同时争取中央、省、市就业专项资金和小额担保贷款资金，开发公益性岗位，区属各部门、单位的后勤保障、保安保洁、综治协管等公益性岗位原则上安排被征地农民就业。是年，企业订单申报用工岗位1900个，用于被征地农民的岗位900个。

2012年，长沙高新区推进被征地农民就业885人，扶持被征地农民创业65人（其中6个二产业创业项目），发放被征地农民一次性创业补贴20.5万元、稳定就业奖励补贴29万元、街（镇）被征地农民就业创业专项工作考核奖励资金75万元。同时出台“被征地农民就业创业三年行动计划”，通过“送教下乡”“送岗位下乡”“订单式”培训、企业结对帮扶和专场招聘会5种方式，全年安排区级财政预算800万元，3年配套3000万元，规划3年使4000名被征地农民实现就业。

第五节　生活安置

长沙高新区主要通过开展被征地农民社会保障工作来进行生活安置。2009—2012年，长沙高新区12440名被征地农民被纳入社会保障体系，社保资金支出36004.57万元。

2009年，长沙高新区下发《关于切实做好被征地农民社会保障工作的通知》（长高办通知〔2009〕26号）、《长沙高新技术产业开发区被征地农民社会保障资金管理暂行办法》（长高新管发〔2009〕44号）、《长沙高新技术产业开发区参加社会保障被征地农民动态管理工作方案》，对社会保障资金的预算、归集、使用和管理、监督检查以及参加社会保障被征地农民的社会保障待遇的发放作出规定，明确镇劳动保障管理服务站具体负责。同时与市劳动保障局信息中心衔接，开发设计被征地农民社会保障业务软件系统，实行信息化管理。是年共有岳麓大道西延线、枫林西路雷锋段、枫林西路东方红段、岳麓大道西延线匝道、信息产业园、黄桥大道、枫林路雷锋二段、麓谷七期第一批 8 个征地项目 1404 名被征地农民纳入社会保障体系，支出社会保障资金 5289.57 万元。

2010 年，长沙高新区出台《关于进一步优化被征地农民社会保障申报办理工作的通知》（长高办通知〔2010〕35 号），明确被征地农民动态管理和续保工作；根据《长沙高新技术产业开发区参加社会保障被征地农民动态管理工作方案》，通过乡镇（街道）劳动保障站以及社区（村居）劳动保障中心，建立高新区被征地农民动态管理工作管理体制，掌握被征地农民动态情况。全年 19 个批次的被征地项目 2445 名被征地农民纳入社会保障体系，被征地农民社会保障费支出 10515 万元。其中基本生活补助费支出 1235 万元，养老生活保障费支出 262 万元，一次性缴纳基本养老保险费支出 6909 万元，一次性补缴基本医疗保险费和大病互助费支出 1716 万元，一次性缴纳一年的城镇职工基本医疗保险费和大病互助费支出 392 万元。

2011 年，长沙高新区实施被征地农民社保工程。全年有 5700 名实行货币安置的被征地农民纳入社会保障体系，951 名第四年龄段（男，60 岁以上；女，55 岁以上）被征地农民基本养老金纳入市基本养老金统筹基金发放。

2012 年，长沙高新区有 8 个新进被征地项目以及原被征地项目中后倒地 38 个批次共 2891 人纳入社会保障体系，社保资金支出 2.02 亿元。

表 3–8　　　　长沙高新区被征地农民纳入社保体系一览表

（2009—2012 年）

年 份	人 数	社保资金支出（万元）
2009	1404	5289.57
2010	2445	10515
2011	5700	–
2012	2891	20200
总计	12440	36004.57

表 3–9　　　　长沙高新区被征地农民安置情况一览表

（2004—2012 年）

<table>
<tr><th>年份</th><th>住房安置（人）</th><th>货币补偿（亿元）</th><th>身份置换（人）</th><th>就业（人）</th></tr>
<tr><td>2004</td><td></td><td rowspan="5">8.1</td><td></td><td></td></tr>
<tr><td>2005</td><td></td><td></td><td></td></tr>
<tr><td>2006</td><td></td><td></td><td></td></tr>
<tr><td>2007</td><td>2774</td><td></td><td></td></tr>
<tr><td>2008</td><td></td><td></td><td></td></tr>
<tr><td>2009</td><td></td><td>5.8</td><td></td><td>406</td></tr>
<tr><td>2010</td><td>2168</td><td>10.8</td><td></td><td>514</td></tr>
<tr><td>2011</td><td>900</td><td>8.2</td><td></td><td>569</td></tr>
<tr><td>2012</td><td></td><td>12.4</td><td></td><td>885</td></tr>
<tr><td>总计</td><td>5842</td><td>45.3</td><td>10195</td><td>2374</td></tr>
</table>

第三章　土地出让与供应

第一节　主要政策

一、《关于长沙高新技术产业开发区若干政策的规定》

该《规定》为湖南省人民政府的湘政发〔1991〕36 号文件，其中土地政策为："长沙开发区用地由国土部门一次性审批；进入长沙开发区的单位用地，由长沙开发区办公室审定；长沙开发区土地实行有偿使用制度。"

二、《长沙高新技术产业开发区土地管理试行办法》

该《办法》作为《关于长沙高新技术产业开发区若干政策的规定》的附件六，规定长沙高新区土地使用权可有偿出让、转让、抵押、出租，境内外企业或个人可在长沙高新区内使用土地或参与土地开发，皆由长沙高新区办公室审定负责。长沙高新区依法收取土地使用权出让费等各类费用，收费标准依据有关政策和使用年限确定，在 1995 年底前不调整，以后随经济发展、供需情况等进行调整，间隔期不少于 2 年。有偿出让土地使用权出让方式为协议、招标、公开拍卖，出让合同由长沙高新区办公室与受让人以书面形式签定，并经公证，出让年限根据行业特点和经营项目的实际需要确定，一般为 50 年，最长不超过 70 年，期限届满如需继续使用，应于前 1 年向办公室申请办理续用手续。

第二节 土地出让

2005—2012 年，长沙高新区在土地经营管理方面主要开展土地出让、土地转让、土地划拨、土地抵押、土地解押、土地登记等工作，其土地出让金收入为 433036 万元。

2005 年，共办理入园定点审批、土地出让、土地抵押、土地登记等各类相关土地手续218项，其中全年全区共出让土地10宗，面积28.0707公顷，转让9宗，面积 13.8592 公顷；委托市局土地市场办理挂牌 4 宗，面积 6.1271 公顷；划拨土地 5 宗，面积 60.1508 公顷；完成土地抵押、解押 27 宗，总抵押金额 19830 万元；办理入园定点及总平面图纸审核 49 宗，调查红线 33 宗，土地登记发证、变更名称 17 宗，农民建房 67 宗。

2006 年，共办理各类相关土地手续 332 项，其中全年全区共出让土地 47 宗，面积 391.4482 公顷，转让 5 宗，面积 6.1434 公顷；挂牌出让 7 宗，面积 43.7082 公顷；划拨 4 宗，面积 10.9908 公顷；完成土地抵押、解押 52 宗，抵押金额 81521.18 万元；办理入园定点及总平面图纸审核 74 宗，调查红线 54 宗，土地变更名称 3 宗，农民建房卷 87 宗。

2007 年，共办理各类相关土地手续 238 项，其中工业用地协议出让 32 宗，面积 120.7333 公顷；转让 4 宗；挂牌出让（经营性用地）7 宗，面积 45.3334 公顷；划拨 3 宗；完成土地抵押 40 宗、土地解押 28 宗、土地确权 1 宗；办理入园定点及总平面图纸审核 63 宗，调查红线 52 宗，土地名称变更 4 宗；修改容积率 1 宗。

2008 年，共办理各类相关土地手续 216 项，其中出让土地 15 宗，面积 71.4552 公顷，包括挂牌 11 宗，面积 56.3766 公顷，协议出让 4 宗，面积 15.0785 公顷；转让 6 宗，面积 16.2648 公顷；划拨 16 宗，面积 150.7893 公顷；完成土地抵押、解押、续押 58 宗，总抵押金额人民币 264457.3 万元，美元 280 万；办理入园定点及总平面图纸审核 34 宗，调查红线 50 宗，土地变更名称 3 宗，土地收回 19 宗。

2009 年，共挂牌出让土地 15 宗，总面积 123.8662 公顷，出让面积 100.1852 公顷，土地成交总额 63989.9495 万元；划拨土地 19 宗，面积 267.333 公顷；完成 19 次土地解押，总面积 53.4176 公顷，涉及 7 家银行；收回土地 7 宗，面积 46.3939 公顷。其中在挂牌出让土地中工业用地出让 13 宗，包括招拍挂方式出让 12 宗，面积 115.6667 公顷，出让面积 93.8667 公顷，成交总额 54058 万元，协议出让 1 宗，面积 0.8445 公顷（全部出让），出让总价 586.9495 万元；经营性用地出让 2 宗，包括 1 宗部分收回用地和 1 宗部分改变用途用地挂牌出让，面积 7.355 公顷，出让面积 5.474 公顷，成交总价 9345 万元。在划拨用地中，统征地划拨 4 宗作储备用地，面积 183.6 公顷、总公司发行债券划拨 11 宗、220 千伏安变电站用地划拨 1 宗、道路用地划拨 1 宗以及学校用地划拨 2 宗。

2010 年，共出让土地 29 宗，面积 106.87 公顷，成交总额 9.42 亿元，其中工业用地 23 宗，经营性用地出让 4 宗；划拨用地 24 宗，面积 576.2 公顷；土地收回 4 宗，面积 14.618 公顷。在土地出让中，工业用地出让 23 宗，包括招拍挂方式出让 19 宗，面积 93.3825 公顷，出让面积 78.224 公顷，成交总额 4.3067 亿元，协议出让 4 宗，面积 0.7432 公顷，出让总价 375.0566 万元；经营性用地出让 4 宗，面积 9.0776 公顷，成交总额 4.9686 亿元。在土地划拨中，总公司划拨 6 宗，面积 314.933 公顷；信息产业园划拨 5 宗，面积 72.133 公顷；储备中心前期开发和融资土地划拨 169.8 公顷；东塘集体经济组织安置用地、信息产业园社保用地、长沙市公安局特巡警支队等 6 个项目用地划拨 19.267 公顷。

2011 年，共出让工业用地 10 宗，总面积 86.48 公顷，出让面积 69.07 公顷，成交 3.4 亿元；办理工业用地出让审批手续项目 10 个，总面积 80.11 公顷，出让面积 68.16 公顷；完成 4 宗经营性用地的挂牌，面积 12.47 公顷；出让 1 宗纯商业经营性用地，出让面积 1.92 公顷，成交额 0.89 亿元；划拨土地 15 宗，面积 105 公顷。

2012 年，出让 20 个工业项目用地，其中 17 个项目成交，3 个项目流拍，成交项目总面积 79.07 公顷，出让面积 65.2 公顷；出让 4 个经营性项目用地，总面积 27.2 公顷，有效面积 19.6 公顷；划拨供地项目 41 个，有效面积 308.88 公顷。在划拨用地中，道路用地项目 35 个，面积 254.13 公顷；保障房项目 2 个（金荷家园、金南村生产安置用地），面积 5.67 公顷；公共配套设施用地 3 个（尖山湖生态整治项目、梅溪湖消防站、金南变电站），面积 47.07 公顷；文化娱乐项目用地 1 个（湖南省歌舞剧院），面积 2 公顷。在资金平衡中，长沙高新区实现土地收入 15.31 亿元，其中工业用地 3.14 亿元，经营性用地 9.87 亿元，划拨用地 2.32 亿元，高新区实得 12.48 亿元。是年总公司划拨融资用地 2 宗面积 39.47 公顷，抵押土地 119.27 公顷，授信总额 10.1 亿元，已放贷款 7.1 亿元。信息产业园划拨融资用地 2 宗面积 76.13 公顷，抵押土地 40.53 公顷，授信总额 4 亿元，已放贷款 3.7 亿元。

表 3–10　　　　　　长沙高新区土地经营主要情况一览表

（2005—2012 年）

单位：宗、公顷、万元

年份	土地出让		土地转让		土地划拨		委托挂牌		土地抵、解押		土地出让金收入
	宗数	面积	宗数	面积	宗数	面积	宗数	面积	宗数	面积	
2005	10	28.0707	9	13.8592	5	60.1508	4	6.1271	27	19830	20000
2006	47	391.4482	5	6.1434	4	10.9908	7	43.7082	52	81521.18	427.8931，另收 4.3 亿元历年欠款
2007	39	166.0667	4	–	3	–		–	68	–	57698
2008	15	71.4552	6	16.2648	16	150.7893		–	58	264457.3；280 万美元	53104.26
2009	15	100.1852			19	267.333		–	19	–	45133.6338
2010	29	106.87			24	576.2		–		–	104898.7879
2011	11	70.99			15	105		–		–	33043.3233
2012	24	84.8			41	308.88		–		–	75730
总计	190	1019.886			127	1479.3439					433036

第三节　土地供应

2005—2012 年，长沙高新区主要通过新征地提供土地，然后进行土地出让与划拨完成土地供应，其中土地出让 189 宗，出让面积 1017.966 公顷；土地划拨 127 宗，面积 1479.3439 公顷。

2005 年，长沙高新区针对储备用地越来越少的实际情况，对农业地征用进行报批办理，是年办理报批农用地征用卷 13 个，面积 286.67 公顷，同时加强已征地的集约管理。

2006 年，长沙高新区规范土地出让行为，对经营性用地一律进入土地市场，委托招标、拍卖、挂牌；对工业性用地办理出让手续时，按照长政发〔1999〕56 号文件的规定审查所需资料。6 月，长沙市政府修改出台《长沙市国有土地有偿使用规定》（长政发〔2006〕19 号），发布新的基准地价。长沙高新区自 7 月 1 日起，按照新政策标准计算土地纯出让金，全年共计收缴土地纯出让金 1427.89 万元，契税 230 万元，追缴用地管理费 172 万元。

2007 年，长沙高新区对工业性用地出让进行规范。对长沙高新区麓谷 2006 年 7—8 月之前签约的工业项目按协议出让方式出让土地，6 月 30 日前 20 个项目全部办结。自 7 月 1 日起，工业用地则实行招标、拍卖、挂牌出让，其出让价格不得低于国家公布的最低限价标准。

2008—2012 年，长沙高新区完成土地供应 1840.583 公顷。2008 年，长沙高新区通过土地出让与划拨完成土地供应 222.2445 公顷，其中经营性用地、工业项目用地挂牌出让成交额 13.3 亿元。2009 年，完成土地出让与划拨 34 宗，面积 367.5185 公顷。2010 年，完成土地供应 53 宗，面积 683.07 公顷。2011 年，完成土地供应 25 宗，面积 174.07 公顷。2012 年，完成土地供应 65 宗，面积 393.68 公顷。

表 3–11　　长沙高新区土地供应情况统计表

（2005—2012 年）

单位：宗、公顷、万元

年份	土地出让							土地划拨	
	出让总数			工业项目		经营性项目		宗数	面积
	宗数	面积	金额	宗数	面积	宗数	面积		
2005	10	28.0707						5	60.1508
2006	47	391.4482						4	10.9908
2007	39	166.0667		32	120.7333	7	45.3334	3	–
2008	15	71.4552						16	150.7893
2009	15	100.1852	63989.9495	13	94.7112	2	5.474	19	267.333
2010	29	106.87	94200	23	78.9672	4	9.0776	24	576.2
2011	11	70.99	42900	10	69.07	1	1.92	15	105
2012	24	84.8	130100	20	65.2	4	19.6	41	308.88
总计	190	1019.886	331189.95	98	428.6817	18	81.405	127	1479.3439

说明：2010 年土地出让总数 29 宗中，除工业项目 23 宗，经营性项目 4 宗，另包括其他用地项目 2 宗

第四章　土地管理

第一节　监督执法

一、一般执法

2005 年，长沙高新区对入园企业土地闲置及其他违法事件等问题进行清查，录入台帐，并在计算机存档。

2007 年 9 月，根据《长沙市高新区土地执法百日行动宣传工作实施方案》以及《长沙市高新区土地执法百日行动实施方案》，长沙高新区开展“土地执法百日行动”。同时对原《东方红镇（村）居民建房暂行办法》进行修改，制定《东方红镇居（村）民建房用地管理办法》，并禁止园区工程和农民建房宅基地占用耕地，私自将农用地变为建设用地。

2010 年，整治矿山超深越界及其他非法开采行为。是年，查处 8 家矿山开采企业，其中 5 家属于关闭对象范围（关闭已到期 4 家企业），3 家矿山开采企业实施规范化整治。2011 年，组织专项工作组到塌方的坪山石灰矿进行现场勘察，在采取控制措施后，人员安全、机械设备完好。

2012 年，长沙高新区组织动态巡查 108 次，发现违法用地 35 宗，下发停工通知 35 份，制止国土资源违法行为 10 起；查处卫片执法检查和新开工项目用地情况自查发现的 8 宗违法用地，共收缴罚没款金额 154935 元，没收建筑物和其他设施 4120 平方米。

二、卫片执法

2011 年，长沙高新区的土地卫片执法检查是利用卫星遥感信息资料对土地开发利用和矿产资源勘查开采开展的执法检查。作为片执法独立填报单位，长沙高新区首次把土地变更调查遥感监测图斑作为基础，将土地执法和矿产资源执法联合进行检查，并下发《关于明确卫片执法检查工作相关要求的通知》《关于进一步明确卫片执法迎检工作职责分工的通知》。是年，下发卫片图斑 190 个，涉及 33 宗地，总面积 171.87 公顷，其中耕地 50.68 公顷；新增建设用地 17 宗，面积 161.77 公顷，其中耕地面积 45.90 公顷，新增建设用地面积占总用地面积的 94.13%。经核查，违法用地共计 3 宗，面积 1.35 公顷，占新增建设用地总面积 0.84%，其中耕地 1.05 公顷，占新增建设用地耕地总面积的 2.3%，低于国土资源部规定的 15% 的“红线”，通过验收。

2012 年，长沙高新区下发《长沙高新区 2011 年度土地矿产卫片执法检查工作方案》。是年，下发图斑共计 252 个，总面积 341.44 公顷，其中耕地 160.79 公顷，加上往年批准当年建设的用地，年度新增建设用地总面积 372 公顷，耕地面积 154.98 公顷。经核查，违法用地共 6 宗，面积 0.67 公顷，占新增建设用地总面积的 0.18 %，其中耕地 0.13 公顷，占新增建设用地耕地总面积的 0.08%，低于 15%，通过验收。

第二节　土地清理与置换

一、闲置土地清理

1988—1998 年，长沙高新区主要依据《中华人民共和国土地管理法(1988 年)》（中华人民共和国主席令第 12 号）和《中华人民共和国城市房地产管理法（1994 年）》（中华人民共和国主席令第二十九号）处置闲置土地。1999—2012 年，长沙高新区主要依据《闲置土地处置办法》（国土资源部令第 5 号）和《长沙市闲置土地处理办法》（市政府令第 53 号）进行闲置土地清理。

2005 年 8 月，开展园区企业用地闲置清理整顿，对闲置土地面积较大的 4 家企业发出限期缴纳土地闲置费的通知，对严重闲置土地的 2 家企业发出处罚决定书。2007 年 4 月，长沙高新区共清理上报 43 家企业的闲置土地。

2008 年，长沙高新区共收回土地 44.27 公顷。

2009 年，长沙高新区共收回 30 公顷用地。其中闲置 6 年的中科软件用地被 9 家法院司法冻结，长沙高新区派遣人员 3 次赴上海法院协调，就处置意见达成一致。同年，长沙高新区通过现场踏勘，查出 20 宗地涉嫌闲置用地，其中依法依规进行确认的用地 5 宗，收回 3 宗；依合同认定的 8 宗；因拆迁、规划调整等原因造成的 7 宗。

2010 年，长沙高新区对园区内的各类建设用地进行调查摸底，共收回闲置土地 6.67 公顷。

2011 年，长沙高新区依据《长沙市闲置土地清查处置工作方案》的通知（长政办函〔2011〕167 号）要求，共查处 12 宗闲置土地。

2012 年，对已供土地现状摸排，现场取证（照相），清查出 16 家企业涉嫌擅自改变用地性质，10 家企业涉嫌闲置用地。同时发布《限期开发土地告知书》，超出限期而未动工建设的，依法收回土地使用权。

二、土地置换

2007—2012 年，长沙高新区完成土地置换 38 宗。其中 2007 年，置换土地 3 宗；2008 年，置换盘活存量土地 11 宗，面积 56.4 公顷，置换九芝堂、中冶长天、湘投金天钛业、南岭民爆等 15 宗项目用地；2009 年，完成 3 宗用地调地工作，包括湖南三德科技发展有限公司与高新区土地储备分中心用地置换、长沙市宇顺显示技术有限公司与高新技术产业开发总公司和高新土地储备分中心用地置换、长城信息产业股份有限公司与高新区土地储备分中心用地置换，总面积 20.90 公顷，减少税费支出 650 万元；2010 年，置换土地 1 宗；2011 年，置换土地 3 宗；2012 年，完成长沙晚报、中信湘雅置换。

第三节　土地节约集约利用

一、概况

2006 年，根据长沙市政《关于大力推进节约集约用地的通知》（长政发〔2006〕2 号），对建设用地项目及总平面设计图纸进行审查审批，并在调查红线上注明企业生产性用地容积率大于 1、建筑密度大于 30%、绿地率大于 25%、行政办公及生活服务设施用地面积不得超过工业项目总用地面积的 7% 的控制指标。

2009 年，长沙高新区完成节约集约用地首次评价，评价时点为 2007 年 12 月 31 日，评价范围为国土资源部 2005 年第 14 号公告明确的长沙高新区四至范围内的全部土地，面积 1333.81 公顷。评价表明，全区土地集约利用程度评价结果综合分值为 85.50，土地利用方式较集约，主要制约因素为闲置土地处置率与土地招拍挂率较低。

2010 年，长沙高新区完成第一轮土地集约利用评价成果更新，评价时点为 2009 年 12 月 31 日，评价范围与节约集约用地首次评价保持基本一致，根据四至边界拐点坐标量测，面积 1333.89 公顷。评价表明，全区土地集约利用程度评价结果综合分值为94.28，园区土地集约利用水平较高。

2011年9月，长沙高新区下发《关于进一步推进节约集约用地的通知》（长高新管发〔2011〕108号），从严格执行土地利用总体规划、创新土地节约集约利用管理、强化节约集约用地监督检查提出工作要求。11月，长沙市政府办公厅关于印发《长沙市建设用地节约集约利用考核办法（试行）》的通知（长政办发〔2011〕56号），将县（市）人民政府和开发（园）区管委会列为考核对象，分别对建设用地节约集约利用水平和相关工作措施进行考核。

2012年，长沙高新区完成首轮建设用地节约集约利用考核并通过市审计局的审计。同年，长沙高新区完成第二轮土地集约利用评价成果更新，评价时点为2011年12月31日，评价范围与第一轮土地集约利用评价更新成果保持一致，面积1333.89公顷。评价表明，全区土地集约利用程度评价结果综合分值为94.49，园区具有较高的土地集约利用水平。

表 3-12　　长沙高新区节约集约土地评价一览表

（2009—2012年）

年份	评价时间点	评价面积（公顷）	综合分值
2009	2007.12.31	1333.81	85.50
2010	2009.12.31	1333.89	94.28
2011	–	–	–
2012	2011.12.31	1333.89	94.49

二、措施

发展工业地产。地产园区立足有限的土地资源，探索地上空间的利用，鼓励多层、高标准厂房建设，引进工业地产项目，使更多有发展前景的中小企业可以进入高新区，共享园区内完善的配套服务和产业优惠政策，形成产业集聚效应，从源头节约土地资源，提高单位土地效益，为园区产业集聚发展提供基础。

共享服务资源。长沙高新区根据企业购地面积的7%～10%核定配套用地，分开挂牌，企业只建设生产设施，生产配套设施诸如倒班房、职工宿舍、活动中心、公共食堂、办公大楼等，由园区组织专业机构集中开发。园区创业基地中的孵化器、加速器等建有集中共享的配套设施，企业根据需要按成本价租赁。此外，园区对企业各时段的闲置厂房、配套设施进行招商租赁等形式吸纳新项目，减少重复建设和土地资源的浪费。

集约安置用地。园区采取统一建设高层住宅安置小区的方式安置拆迁居民，并对农民自住以外的安置房进行统筹、归集，形成整栋的公共租赁住房，经政府反租后作为企业职工住房，保障拆迁居民现有生活水平的稳定和提升，节约企业用于配套建设员工住房的土地。

“腾笼换鸟”。长沙高新区淘汰或转移高污染、高消耗、低产出、低效益等为主要特征的相对低端产业、企业或某些生产环节，腾出原占有的土地、能源、环境空间，继而置换相对高端的先进制造业和现代生产服务业、优质企业或某些先进生产环节。

园区建设

第四篇 园区建设

长沙高新区的建设是随着入区企业的发展和产业基地的扩大而分期向前推进的。园区建设分政策区和直管区建设，政策区建设由各政策区所在区（县）政府自行规划，报高新区备案。长沙高新区负责直管区的建设。直管区建设历经岳麓山科技园和麓谷两个阶段，而麓谷建设又分麓谷产业基地、麓谷产业园、麓谷科技新城三个阶段，其中麓谷产业基地和麓谷产业园是同时进行的两项工作，即在建设产业基地的基础上同时建设麓谷产业园。

1991 年 9 月至 1997 年 4 月为岳麓山科技园阶段。1991 年 9 月岳麓山科技园在徐家湖举行奠基典礼。

1997 年 4 月 21 日长沙市委、市政府决定加快岳麓山高科技园望城坡产业基地（即麓谷）建设，标志岳麓山高科技园集中建设从火炬城（即六沟垅、茅坡一带）转向望城坡。

1999 年至 2004 年，随着入园企业增加，原有的岳麓山高科技园不能满足园区发展的需要，为此长沙高新区在省市政府支持下开始构建麓谷产业基地和建设麓谷产业园。2003 年长沙高新区管委会办公地址搬迁至麓谷大道 668 号，加速产业基地和产业园的建设。

2004 年至 2012 年，长沙高新区托管东方红镇、雷锋镇和麓谷街道，新的形势赋予长沙高新区政府职能，长沙高新区由单一的产业园区，融入社会管理职能，开始麓谷科技新城的建设。长沙高新区按照“两型社会”建设和麓谷生态科技产业新城发展的定位要求，全面优化产业功能分区和空间布局，完善公共设施、交通、排水等专项规划，合理铺排基础路网和设施建设，强化城市管理和生态建设，全面发展社会事业和民生保障，统筹推进城乡社会保障体系建设，企业养老保险覆盖率、基本医疗保险覆盖率均达 97%，社会大局持续稳定，公众安全感和满意度不断提高。

至 2012 年，麓谷科技新城已初步建设成为既具有创新活力又肩负社会职能的产业集聚新区。

第一章 岳麓山科技园

第一节 概 况

岳麓山科技园于1991年9月1日在长沙高新区徐家湖奠基，出席奠基典礼的有湖南省委书记熊清泉、省长陈邦柱、省市党政军主要负责人和社会各界人士。

岳麓山科技园是长沙高新区直管园区，该园位于岳麓山下，东临湘江，是市委、市政府的新址所在地，长沙市文化、科技的中心区之一，位置优越，交通便利，基础设施良好，是长沙高新区管理先进、功能齐全、集科工贸于一体的高新技术产业群基地。

岳麓山科技园奠基后，主管开发区的副省长亲自带领省直有关委办厅局负责人专程赴深圳、上海、南京、武汉四地学习考察，根据国务院国发〔1991〕12号文件精神，参照国家经济特区和经济技术开发区的有关规定，结合我省实际，省政府分别制定下发了《关于加快长沙高新技术产业开发区建设若干问题的通知》、《关于长沙高新技术产业开发区若干政策的规定》，共十个方面四十六条政策，为开发区的园区建设提供了政策保障。

为加快岳麓山科技园的建设和产业开发，增加资金投入，省市政府在财政十分困难的情况下，连续三年(1991、1992、1993年)，每年合拨1600万元，共计4800万元作为长沙高新区建设的铺底资金。在权限方面，从1992年7月底，省政府把工商、税务、外经外贸、国土等六大方面二十八条省级经济管理权限下放给了长沙市。

为加快岳麓山科技园建设，市委作出了《关于进一步加快岳麓山科技园发展的决定》，为高新区科技园的建设和发展提供了更为宽松的政策环境，有力地促进了岳麓山科技园的建设和发展。

由于省市各职能部门给予的密切配合和支持，减少了审批环节，保证了建设用地，岳麓山科技园的建设有了一个良好的外部环境，使建设规划得到了顺利实施。

岳麓山科技园的建设需要巨额资金，仅科技园一期工程就需资金10亿元，为弥补巨大的资金缺陷，长沙高新区采取了“统一规划、统一设计、综合开发、分银团一次建成”、既“筑巢引凤”又“引凤筑巢”方针和“切实用活铺底资金，大量吸收银团资金，积极引进国外资金、分期投入、滚动发展”的筹资办法：①通过各银团及外商广泛协商，将科技园内火炬城土地有偿转让给九个财团和三家外商开发，共投入资金3亿多元；②由总公司控股组建一家注册资金为1.9亿元的金海股份有限公司，参股组建了注册资金1亿元的银洲股份有限公司，从事火炬城、生活小区的建设和开发；③动员进区企业购地开发。这样既解决了资金来源，又尽快形成规模，滚动开发岳麓山科技园。

岳麓山科技园的第一期和第二期规划建设中的重大项目有火炬城、英才园、新塘区和魏家坡安置小区，是集高科技产业标准房及与之相配套的商住、商贸、办公、金融、文化教育、服务用房为一体的综合性区域。

1992年4月16日，岳麓山科技园首期建设工程火炬城和英才园破土动工。至1992年年底，岳麓山科技城首期建设工程开工面积达50万平方米，主体竣工21万平方米。火炬城和英才园居住小区已有19栋标准厂房和23栋住宅完成主体工程。与高新区配套的电信分局已于1992年12月6日开通了程控直拨电话，液化气和热力集中供应站的建设均在积极组织实施，向科技园内三回路供电工程和园内生活、文化、教育等配套设施已完成规划并正在积极组织建设，“八通一平”正在变成现实。至1994年6月，岳麓山高科技园累计开工74万平方米，竣工44万平方米各类房屋。其中标准厂房16万平方米，商品住宅25.67万平方米，办公、商贸、金融、教育等服务用房17.31万平方米，安置用房1.2万平方米，房建工程投资总额达4.15亿元。

1996年，长沙高新区共向岳麓山科技园投入基本建设开发资金10多亿元，园内厂房、住宅、写字楼、水、电、路、气、电讯、热力等基础设施大部分已投入使用。有入园企业120多家，其中高新技术企业98家，引进开发高新技术项目100多项，形成中联公司、远大铃木、威胜电子、湖南高新、创智软件、苏博泰克、湘雅制药、骛马制药、南亚等一批年生产能力过亿元、过十亿元的骨干企业。

第二节 重要项目选介

一、火炬城

火炬城地处六沟垅，是岳麓山科技园第一期规划建设中的重点项目。

在规划方案的设计上，园区引人竞争机制，公开招标，两次面向全国征集科技园火炬城的详细规划设计方案和园内园林、雕塑设计方案。在应征的十多个方案和两百多件设计作品中，长沙高新区采众家之长，最后经国家级专家评审和湖南省长沙开发区领导小组批准，确定了既体现高科技特点又具园林建筑风格的火炬城详细规划和既能体现高科技特色、与环境协调、切合周边建筑功能、有强烈的时代气息、形象生动寓意深邃，又能产生“名、新、特、奇”效果的雕塑和园林设计方案。火炬城规划设计方案1993年获省优秀方案一等奖，全国优秀方案二等奖(一等奖缺)。

1992年，长沙高新区火炬城建设施工现场

火炬城地处长沙市河西六沟垅，地形狭长，宽仅100--300米，东临城市干道一环路长1．5公里。长沙高新区没有按照传统的“以路为街，以街为市”模式沿一环路建科技街，而是平行向西推移约50米另辟一条专门的街道。

为了达到车辆“行有其道，停有其位”，在火炬城规划中巧妙地利用地形取得了近6万平方米的停车场地。火炬城沿一环路是一狭长谷地，比一环路低3—6米，火炬城规划是将建筑物用柱纲架空平一环路布置，减少了50万立方米填土，还赢得了10万平方米的地下空间，用以开辟地下车行道、停车场和安排辅助用房。

根据规划设计，建成的火炬城在地下车行道的上面一层步行街，第二层则用纵向通廊和跨街横廊串通形成空中街道。各层(地下、地面、空中)以自动扶梯和各型楼梯相联系，以前店后厂的布局，科技街两侧是技术和产品市场，两端入口南北螺旋车道联系地面和地下的汽车通道，步行街沿街配以盆景绿化、喷泉和科技题材的雕塑，使之形成独特的建筑景观。

在建筑单体设计上，长沙高新区按照“特区特办、特事特办”的原则，一方面简化设计审批工作程序，提高办事效率，将方案设计和控规并做一步走，同时积极做好协调工作，使建设、设计、施工单位积极配合，形成了“甲方——设计方——施工方”信息交流和反馈的良性循环；另一方面长沙高新区进行大胆改革，成立了“长沙高新技术产业开发区设计公司”，专门从事园区建设的工程设计工作。各个层次工程设计人员的聪明才智和积极性、创造性，将设计成果与设计者的切身利益挂钩，提倡竞争，鼓励设计人中多出成果，快出成果，出好成果。这样大大加快了设计速度，提高了设计质量。

园区在全力抓好园区规划、设计的同时，也拉开了大规模集中区建设的序幕，自1992年4月16日科技园火炬城首栋标准厂房开工以来，先后有39支建筑队伍、9000多名建筑施工人员进场施工，短短三年时间，开工74万平方米，完工44万平方米标准厂房和相配套的住宅、市政设施，累计投入资金8亿多元，已验收工程有40多万平方米，优良工程率达到90%以上。可交付使用的各类房屋面积42万平方米，已有130多家企业(16家三资企业)进入科技园发展，开发高新技术项目120多项，有30多家企业进入火炬城开工生产。销售各类房屋20万平方米。

火炬城建设资金系将火炬城的土地分段以每亩32万元的价格全部出让给银团和外商，由银团和外商抱团建设，一次建成。

二、英才园

英才园小区地处长沙市河西南充，占地300多亩，是由长沙高新区金海股份有限公司开发建设的一个综合型小区。金海股份有限公司是由长沙高新技术产业开发总公司控股，八家企业出资组建，注册资金为1.9亿元的企业。

英才园西临湘江，北望岳麓、地理位置优越，交通便捷。占地17万平方米，总建筑面积30万平方米，具备“八通一平”的优良基础设施。小区内有高层公寓楼、多层公寓楼和豪华别墅。公寓楼户型有二房一厅、三房一厅、二房二厅、三房二厅、四房二厅二卫。园内配套设施完善，绿化覆盖率达54%，有为居民提供休息、

高新区英才园生活小区

娱乐、锻炼的广场和公园，有方便居民生活的超市、银行、邮局和物业管理。按现代化要求兴建的英才园生活小区，形成既是一个集教育、科研和开发、生产于一体的高科技产业群基地，又是一个高文化、高科技、高效益、现代化的科技、文明的新城区。

第二章　麓　谷

第一节　麓谷始末

1997 年 4 月 21 日，市委、市政府决定加快岳麓山科技园望城坡产业基地（即麓谷）规划建设，标志岳麓山科技园集中建设从火炬城（即六沟垅、茅坡一带）转向望城坡。

建设麓谷现场

同年，经湖南省政府和长沙市政府批准，岳麓山高科技园规划扩大至 23 平方公里，开始“麓谷”产业园的建设。

长沙高新区综合服务大楼封顶仪式

1997 年 10 月 14 日，省政府办公厅下发《关于长沙高新技术产业开发区有关问题的批复》（湘政办函〔1997〕282 号），同意调整后长沙高新区的总规划面积仍保持 18．6 平方公里不变，同时对岳麓山科技园的面积进行调整，在原批范围内保留长沙高新区自行开发的 0.67 平方公里和园内高等院校、科研院所开发建设的 0.3 平方公里，另在 319 国道以北拓展 3.03 平方公里，向西在望城坡经济开发区扩展 3 平方公里，使岳麓山科技园的有效面积达到 7 平方公里，具体区域界线是：东起银杉路、滨银路，西至市外环线，南起长（沙）宁（乡）公路、

麓谷新姿

龙王港路，北至长益高速公路、苦竹坳—张家冲。

根据《湖南省人民政府关于调整长沙高新技术产业开发区区域规划范围的函》（湘政函〔1997〕71号），在产业发展上，岳麓山科技园以湖南大学、中南工业大学等高等院校和银河计算机产业基地为依托，建成以电子信息产业为支柱，以机电一体化、生物医药、新材料技术产业为重点的综合性高新技术产业基地。在管理上，按照“封闭式管理、开放式运行”的原则，由长沙高新区管委会对“一区四园”实行统一有效管理。

1998年4月6日，市政府第八次常务会议决定，望城坡经济开发区区域：长益高速公路以南、外环线以东、雷锋大道以西、319国道以北的天顶乡永安村、涧塘村、燕联村、燕子山村以及东方红农场的部分土地，总面积约5平方公里，作为岳麓山科技园产业发展基地，由长沙高新区统一规划、分期开发。同年6月，经报国家科技部批准，定为国家级软件产业园、国家新材料成果转化及产业化基地的控制性区域。

1999年8月9日，省委书记杨正午考察长沙高新技术产业，强调要把高新技术产业作为经济发展的“火车头”，年内长沙市提出“高新技术带动”战略，先后出台《中共长沙市委、长沙市人民政府关于进一步加快高新技术产业发展的决定》等六个鼓励和促进高新技术产业发展的政策性文件。在省市领导的重视下，长沙高新区完成望城坡区域5平方公里的控制性详细规划，因规划充分体现保护自然生态特色，被设计单位标名为“绿谷”，后因长沙方言“绿”“麓”同音，改称“麓谷”，寓意为“岳麓山下的硅谷”。

12月，岳麓山大学科技园成为全国首批试点的建设大学科技园（全国15个）后，省委、省政府决定，以长沙市河西各大专院校为依托，规划建设湖南岳麓山大学城，并明确长沙高新区岳麓山科技园是大学城的重要组成部分。

12月31日，长沙市政府宣布长沙软件产业基地、国家新材料成果转化及产业化基地和岳麓山大学科技园（简称“一园二基地”）正式启动。

2004年8月4日，中共长沙市委、长沙市人民政府下发长发〔2004〕16号《关于加快长沙高新技术产业开发区建设与发展的意见》；同日，市委办、市政府办下发长办发〔2004〕46号《关于落实＜关于加快长沙高新技术产业开发区建设与发展的意见＞的通知》，决定扩大长沙高新技术产业开发区麓谷控制规划范围，确定麓谷总体规划范围为80平方公里。

第二节 麓谷产业基地

一、基地背景

1991–2000年，为长沙高新区“一次创业”期间，此期间主要解决生存问题并初步形成“一区四园”的格局。但各园区规模较小，整体布局分散，难以形成产业集群的规模竞争优势和辐射带动效应,因此2000年长沙高新区提出“二次创业”。

根据园区实际，“二次创业”要实现五个转变（从注重招商引资和优惠政策的外延式发展向主要依靠科技创新的内涵式发展转变；从注重硬环境建设向注重优化配置科技资源和提供优质服务的软环境转变；努力实现产品以国内市场为主向大力开拓国际市场转变；推动产业规模由小而分散向集中优势发展特色产业和主导产业转变；从逐步的、积累式改革向建立适应社会主义市场经济要求和高新技术产业发展规律的新体制、新机制转变），其中最主要的转变是推动产业规模由小而分散向集中优势发展特色产业和主导产业转变，即向建设麓谷产业基地转变。为拓展产业发展空间需要，长沙高新区专题向市政府请求解决新产业基地问题。

2000年11月，长沙高新区向市政府提交《关于岳麓山科技园（麓谷）规划控制扩大为50平方公里有关规划问题的请示》，请求岳麓山科技园在已审定规划的5平方公里的基础上，结合城市规划修编，扩大规划控制45平方公里，总面积为50平方公里。具体范围拟为，北至长常高速公路，南至龙王港，东起雷锋东大道，西达望城县的雷锋镇。其中近期规划23平方公里，即东起雷锋东大道，南至龙王港，北界长常高速公路，西接城市绕城线，另约30平方公里作为中长期发展控制用地。

二、基地选址

根据长沙市“西文东市”总体规划发展格局，以及国家科委1992年批准的岳麓山科技园定点是河西区域。岳麓山科技园在已审定的4平方公里基础上扩大规模，扩展科技园区，以集中规模发展高新技术产业，符合长沙市总体规划布局和科技园区发展的要求。

根据长沙市河西是以岳麓山为主要山脉区域的自然生态地形地貌，跨长常高速公路以北，海拔标高最高（谷山）达300多米，平均海拔标高120多米（与现规划的5平方公里“一园一基地”标高相差40多米），岳岗起伏大，可利用土地少，开发强度大，开发成本高，不利于生态保护。而以长常高速公路为界，以现有的 5 平方公里为基础，由东向西南方向扩展延伸则自然地形较好，地形标高变化不大，开发强度相对较弱，土地利用率高，有利于生态保护，适宜科技园区和新城区建设发展。

根据麓谷产业基地规划控制的 50 平方公里范围内，已有长常高速公路、雷锋东大道、绕城线、雷锋西大道、振兴路、长宁公路等，基本上形成道路路网管架，有利于交通组织和城市路网规划布局。

规划选址，集中连片，分期规划，分期建设，整体推进，有利于基础配套建设和规整用地，有利于企业引进和产业成规模发展。

三、基地规划

1999 年 1 月，市委、市政府决定加快岳麓山科技园望城坡产业基地规划建设，标志岳麓山科技园集中建设重新起步，建设重点从火炬城转向望城坡，为落实基地发展空间奠定基础。

2000 年 2 月，正式启动麓谷产业园区建设。4 月，长沙高新区、市建委、市规划局组织专家评审组，对参与长沙高新区软件产业园新材料产业基地规划方案应标的全国 7 家设计单位的 7 个规划方案进行评审。经评选专家无记名投票，长沙高新区软件产业园新材料产业基地规划综合方案以深圳戚扬设计事务所的方案为基础，吸收上海同济大学方案的优点，综合方案由深圳戚扬设计事务所承担，施工设计由长沙市规划设计院承担。

第三节　麓谷产业园

1999 年，经湖南省政府和长沙市政府批准，岳麓山科技园扩大规划至 23 平方公里建设麓谷产业园区。按照“规划先行、开发一片、完善一片、滚动发展”的方针，长沙高新区面向全球招标麓谷产业园 23 平方公里分区规划、近期建设的 3.5 平方公里控制性规划、中心区修建性详细规划、中心区骨干路网设计和土石方平衡设计。

2000 年 2 月，长沙高新区拉通桐梓坡西路、麓谷路、长川路等主次路网的同时，新建长沙高新区综合服务大楼、软件中心大楼和中心区广场。利用麓谷产业园的区域、政策、环境优势加大招商力度，到 2001 年底有湘邮科技、麓谷生物、金瑞科技、佳宇环保、五强集团、银佳科技等入驻麓谷产业园区。

2003年12月29—30日，长沙高新区党工委、管委会机关及驻区机构由桐梓坡C4组团整体搬迁至长沙高新区综合服务大楼新办公楼。新办公楼作为麓谷科技新城的标志性建筑，既是长沙高新区行政服务中心，又是一座集管理、行政和中介服务于一体的现代化办公大楼。同年，长沙高新区“一区四园”技工贸总收入首次突破四百亿元大关，实现GDP登上一百亿元大关，占全长沙市的11.3%。2003年，总收入、总利润在全国53个国家级高新区中分别列第16位和第10位。

第四节　麓谷科技新城

一、托管街镇

2004年8月，市委、市政府明确长沙高新区托管东方红镇，并把岳麓山科技园定名为麓谷科技新城。麓谷科技新城采取“带镇带村、委托管理”的发展模式。长沙高新区的发展迈入建设麓谷科技新城的新阶段。

2006年3月，市委常委第七次办公会议决定，在长沙高新区80平方公里远景规划控制范围内，扩大长沙高新区统一管理范围，通过行政区划微调方式，原望城县黄金乡金南村、华龙村和雷锋镇荷叶坝村（合并前）共16.35平方公里成建制调整到东方红镇，由长沙高新区统一管理并实施开发建设，省民政厅于12月21日批复，长沙高新区实际控制范围近30平方公里。

东方红镇牵址挂牌

2007年12月27日，长沙市委常委会议专题研究，作出“建设大河西，打造先导区”的部署，并决定再次扩大长沙高新区麓谷开发管理的范围，规划面积为110平方公里，涵盖麓谷建成区、望城坡经济开发区、东方红镇和雷锋镇，成为大河西先导区建设的核心区、起步区。

2008年根据长编委发〔2008〕8号文件，长沙望城坡经济开发区管理委员会人、财、物成建制移交长沙高新区管理。

长沙望城坡经济开发区地处湘江西滨岳麓区，辖区内有西城科技园、靳江商品混凝土基地、农副产品加工基地，并兼管岳麓山大学科技园岳麓分园，远期规划面积20平方公里，近期规划面积5平方公里。长沙望城坡经济开发区的调入，使麓谷科技新城的面积有所增加。

2009年，长常高速启动拓改，长沙高新区段全部变为城市道路，即岳麓西大道，麓谷科技新城发展空间再次拓展。东方红镇和雷锋镇纳入长沙市土地利用总体规划。

2010年，枫林三路延伸至雷锋镇，枫林西路、黄桥大道、望雷大道的建设加快，麓谷科技新城的发展空间进一步扩大。3月，成立麓谷街道办事处，辖区有延农、长丰、长庆、东塘、麓景、麓源、麓泉和馨园8个社区，辖区总面积为20.8平方公里，辖区人口约12.8万人。

在省、市政府的支持下，长沙高新区托管东方红镇、雷锋镇和麓谷街道，发展空间拓展到110平方公里。发展空间的拓展，使长沙高新区实现由“专职负责产业园区开发建设”转变为“全面负责辖区产业发展和行政社会事务的综合性管理的准行政区”。

二、产城融合

2011年9月25日，长沙市第十二次党代会对长沙高新区提出更高的要求：大力提升自主创新能力，争取把长沙高新区创建为国家自主创新示范区，进一步推动长沙市建设国家创新型城市。同年，长沙高新区第一个安置保障房项目麓谷和馨园交付使用，启动建设长沙首个新建公租房项目麓城印象。

2012年，长沙高新区实行“产城融合”方针，编制和完善麓谷公用设施、交通、排水等专项规划，新建、续建道路20条，总里程54.6公里，总投资达11.9亿元。加快推进先进装备制造及节能环保、信息产业、新材料、生物医药等专业园区建设的同时，园区完善城市配套功能，强化产业载体建设，全省最大的工业社区——麓谷企业广场一期竣工，麓谷国际医疗器械产业园一期工程开工建设。长沙市首个以软件产业为特色的产业综合体——创业基地，在信息产业园奠基开工。麓谷雅阁等四家五星级酒店也正在建设之中。麓谷汽车世界主题公园等大型服务项目相继落户麓谷并开工建设。“十一五”以来，麓谷开发建设每年以3～4平方公里的速度推进，累计基础设施投入达200多亿元。

长沙高新区的市政建设是分期规划和建设的，各条主次干道分期、分段建设，不断延伸。在“十一五”时期和“十二五”时期之初，长沙高新区主干道实现南向、西向、北向主干路网与区域路网、城际路网的对接，重点对望雷大道、黄桥大道、桐梓坡西路、枫林三路、岳麓大道、麓谷大道、东方红大道等园区主干道实施提质改造，增强园区城市道路综合承载能力。

2012年，长沙高新区基本建成“五纵四横”主干路网。5条纵向主干道（黄桥大道、望雷大道、雷高路、西三环、东方红路），与4条横向主干道（岳麓大道、金洲大道、枫林路、龙王港路）形成“一心、两区、三带、四圈、五园”的城市整体发展的空间开发架构，另有数十条次干道和支道，长沙高新区麓谷科技新城的通车道路总长80余公里。

第三章 麓谷建设

第一节 道 路

一、快速路

为城市道路中设有中央分隔带，具有四条以上机动车道，全部或部分采用立体交叉与控制出入，供汽车以较高速度行驶的道路。又称汽车专用道。快速路的设计行车速度为60–100km/h。

岳麓大道为长沙高新区东西向快速路，向西连接长常高速，向东连接长浏高速，西起望城区黄金镇廖家坪村，东至银盆岭大桥引桥（银北立交桥）。岳麓大道原为长益高速配套工程，双向4车道，路段原西起长张高速收

交通规划

费站，东至银盆岭大桥引桥，全长 3.8 公里，于 1998 年通车。

2003 年开始第一次拓改，2004 年 7 月 1 日竣工通车，全线由双向 4 车道改为 8 车道，两侧附带绿化带和专用公共汽车道；沿途设 7 个地下通道，银北立交桥加宽 1 倍。地下通道分布于望岳路口、湘麓山庄附近、金星路口、长沙市政府东西两侧、毛泽东文学院岳华路口等地段，建 4 座地下人行通道和 3 座机动车下穿桥涵。

第二次拓展向西延伸 13.6 公里，总投资 7.7 亿元。在长益高速路面基础上改造，高速公路收费站西移至黄金镇境内，工程于 2009 年 5 月 31 日开工，2010 年 7 月 20 日全线竣工通车。2010 年 4 月 1 日开始向西延伸拓宽改造，新建麓谷大道立交桥、旺龙路立交桥、东方红路立交桥、雷高路立交桥和黄桥大道立交桥。岳麓大道红线宽度 68 米，绿线宽度 100 米，两侧各置 16 米绿化带。设双向 8 条机动车道，设计车速 50 ~ 60 公里 / 小时，中央分隔，机动车道与非机动车道分隔，全长约 17.5 公里。

二、主干道

为连接城市各分区的干路，以交通功能为主。主干路的设计行车速度为 40-60km/h。至 2012 年，长沙高新区共有 7 条主干道。

岳麓大道

为长沙高新区东西向的主要道路，麓景路至绕城高速路段全长 5400 米，路基宽 26 米，车道宽 22 米，双向 6 车道，辅道长乐路至黄桥大道段总投资 20000 万元，该路全长 3.8 公里，路基宽 20 米，车道宽 10 米，有 3 车道，人行道宽 4 米，两边无排水道，安装路灯 190 盏，植树 1003 棵。2011 年，规范铺装已建路段的人行道和盲道。

桐梓坡路

为长沙高新区东西向主要道路，串连长沙高新区主要产业组团，是长沙高新区与主城区、河西岳麓组团及宁乡县的直达联系通道。红线宽度 46 米，绿线宽度 66 米。2005 年，完成麓谷四期内桐梓坡路路段建设，处于麓谷五期内的桐梓坡路路段的路基完工，2006 年，该路段全面建成通车。次年续建完成麓谷六期内的桐梓坡路 710 米路基工程。2008 年，桐梓坡西延线及其穿越绕城线工程竣工。2011 年，规范铺装已建路段的人行道和盲道。桐梓坡路全长 6.7 公里，路基宽 46 米，车道宽 24 米，双向 6 车道，两侧人行道各宽 3 米，安装路灯 336 盏，植树 3350 棵。

黄桥大道

为中心城西部重要的南北向道路，连接高星组团北部、金桥枢纽及雷锋湖组团。黄桥大道分3段3期建设。第一段工程为中段，北起岳麓大道，向南分别与金洲大道、枫林路相交，止于龙王港路。全长10.7公里，其中望城区境内4.3公里，岳麓区境内6.4公里，工程于2009年10月25日开工，2011年7月13日全面竣工通车。第二段工程为南段，雨九线至龙王港路，途经莲花与雷锋镇，道路全长6.23公里，工程投资2.9亿元，工程按城市快速路标准，主车道设计时速60公里/小时，辅道设计时速40公里/小时，路面宽度50米，其中主车道24米，两侧辅道各7.5米，人行道各2.5米，绿化分隔带各2米。第二段工程于2010年9月启动。第三段工程为北段，南起岳麓大道，北至雷锋北大道，全长16.23公里，工程投资12亿元，2010年12月2日开工。2011年，规范铺装已建路段的人行道和盲道。黄桥大道红线宽度50米，绿线宽度100米，东侧置50米绿化带，双向8条机动车道，车速50～60公里/小时，中央分隔，机动车道与非机动车道分隔。

望雷大道

为长沙高新区南北向贯通性主要道路，由雷锋湖连接麓谷新区、金桥枢纽。全长4.58公里，路基宽42米，车道宽30米，双向6车道，人行道宽5米，中间绿化带宽2米，使枫林西路、金洲大道和岳麓大道所在区域连成一体。望雷大道的枫林路以北路段，红线宽度42米，绿线宽度66米；望雷大道的枫林路以南路段，红线宽度46米，绿线宽度66米。望雷大道规划南起长沙高新区梅溪湖路西延线，北至望城区。路幅宽42米，双向6车道，设计时速60公里/小时。望雷大道在长沙高新区内主线长4.58公里。南起枫林三路，北至长沙高新区东方红镇与望城区交界处麓延路，道路沿线与枫林三路、雷锋河、金洲大道、岳麓大道等相交。

东方红路

为长沙高新区南北向主要道路，串连梅溪湖、综合配套区、新能源产业园区与信息产业园区。东方红路北起望城区黄金大道，南接梅溪湖路，长沙高新区境内长约7公里。2007年，开工修建3.28公里（含箱涵）路基至水泥稳定层和两层油面，次年，该路段工程竣工通车。2009年，东方红路南段开工建设，全长3.341公里，2011年12月27日竣工通车，路幅宽33米，设计车速为60公里/小时。2011年12月，东方红北路全线竣工通车。2012年6月17日，东方红中路完成路面改造工程。2012 年上半年东方红路全线完工，全长约 9 公里，东方红路的岳麓大道以北路段，红线宽度 36 米，绿线宽度 56 米，双向 6 车道；东方红路的岳麓大道至枫林路路段，红线宽度 46 米，绿线宽度 66 米，双向 8 车道；东方红路的枫林路以南路段，红线宽度 36 米，绿线宽度 69 米，西侧置绿化带 6 米，双向 6 车道。岳麓大道至枫林路全长 3.34 公里，路基宽 46 米，车道宽 23 米，双向 6 车道，两侧人行道各宽 4 米；枫林路至规划六路全长 1.398 公里，路基宽 33 米，车道宽 22 米，双向 6 车道，两侧人行道各宽 4 米，两边排水道各长 4.737 公里，安装路灯 236 盏，植树 2368 棵。

麓谷大道

为长沙高新区南北向主要道路，连接梅溪湖、长沙高新区管委会及信息产业园区，通过望青路、尖山路与雷锋大道衔接。麓谷大道全长 2.6 公里，路基宽 46 米，车道宽 24 米，双向 6 车道，两侧人行道各宽 3 米。麓谷大道拓改总投资 1900 万元， 2011 年，规范铺装已建路段的人行道和盲道。麓谷大道的岳麓大道至麓天路路段，红线宽度 26 米，绿线宽度 38 米，东侧置绿化带 8.5 ~ 12 米；麓谷大道的麓天路至桐梓坡路路段，红线宽度 29.5 米，绿线宽度 38 米，东侧置绿化带 8.5 ~ 12 米。

雷高路

为长沙高新区南北向主要道路，连接梅溪湖、长沙高新区管委会，最北端与望城区马桥河路相接。道路全长 5.3 公里，红线宽 46 米，双向 6 车道，设计车速 60Km/h，总投资 24650.44 万元。项目于 2010 年 12 月启动建设， 2014 年 12 月建成通车。该项目为原有雷高公路改造，原路面宽 9 米，两侧均有较大的行道树（树径达到 40cm），包括香樟、法国梧桐和玉兰树，已经形成树廊效果。项目建设时，为避免大量的土方开挖和行道树移植，采用了目前国际上经济有效的“BRT”交通解决方案，充分利用原有路面及周边地形地貌，再配合使用人行道及绿化带中海绵城市措施，将雷高路打造成“资源节约、环境友好、可持续发展的生态型景观交通干道”，做到社会效益、环境效益与经济效益的协调统一。

三、次干道

为承担主干路与各分区间的交通集散作用，兼有服务功能。次干路的设计行车速度为 30–50km/h。

在“十一五”时期和“十二五”时期之初，长沙高新区管委会加大投资力度，加快基础建设速度，加速构建开放性路网体系，在主干道上实现南向、西向、北向主干路网与区域路网、城际路网的对接，同时新修数条次干道，实现与主干路网对接。次干道有青山路、长川路、咸嘉湖路、长延路、长兴路、许龙路、麓松路、旺龙路、雷锋西大道（麓景路），详细情况如下表：

表 4–1 长沙高新区次干道简表

名称	方向	设计宽度（米）	设计车道	设计车速	备注
青山路	东西	红线 46 绿线 60	6 机动车道	40 ～ 50 公里 / 小时	2011 年底全线通车
长川路	东西	红线 30 米 绿线 36 米	6 机动车道	40 ～ 50 公里 / 小时	2004 年，长川路在麓谷四期、五期、六期、七期范围内路段先后开工建设，2012 年，长川路竣工通车。
咸嘉湖路	东西（麓云路至麓谷大道路段）	红线 26 米 绿线 40 米	4 机动车道	30 ～ 40 公里 / 小时	2011 年规范铺装已建路段的人行道和盲道。
	东西（麓谷大道至西二环路段）	红线 36 米 绿线 46 米	6 机动车道	40 ～ 50 公里 / 小时	
长延路	东西	红线 26 米	4 机动车道	40 公里 / 小时	东庆路至绕城高速段于 2008 年开工，2009 年建成，绕城高速以西段于 2011 年开工，2014 年竣工通车
长兴路	东西	红线 30 米	4 机动车道	40 公里 / 小时	项目于 2013 年开工建设，现已建成通车。
许龙路	东西	红线 30 米	4 机动车道	40 公里 / 小时	2010 年，启动许龙路枫林路以北路段建设。
麓松路	南北向	红线 36 米	6 机动车道	40 ～ 50 公里 / 小时	2005 年，麓松路开工建设，于 2006 年建成通车。2008 年，麓松路西延线路基已推进到“94 区”，完成 70% 的工程量；2009 年，建成通车。总投资 6900 万元，全长 5.2 公里
旺龙路	南北	红线 36 米 绿线 60 米车	6 机动车道	40 ～ 50 公里 / 小时	2011 年底旺龙路南路竣工通车
雷锋西大道（麓景路）	南北	红线 46 米	6 机动车道	40 ～ 50 公里 / 小时	岳麓大道至枫林路，全长 1.8 公里

四、支路

为与街坊路（小区路）的连接线，以服务功能为主。支路的设计行车速度为 30km/h。

长沙高新区有四十余条规模较小的支路。分别是明湖路、真桥路、雷锋河路、长叶路、南桥路、福西路、麓开路、秀风路、东庆路（麓星路）、东丰路、长农路、麓云路、尖山路、长虹路、麓龙路、秀锋路、麓枫路、长兴路、长延路、长月路、山杏路、麓泉路、麓天路、雷锋湖路、高宁路、长塘路、农一路、袁家冲路、桥头铺路、长二路、长三路、虹桥路、瓦水路、绕西路、金南路、金桥路、长乐路、松园路、松柏路、枫月路、铃兰路和泉塘冲路。这些支路和主干道、次干道交织成长沙高新区四通八达的公路网。

第二节　公　交

一、规　划

1992 年，长沙高新区分期规划、分期建设岳麓山科技园，麓谷一至七期规划包括公共交通规划。

2010 年，长沙高新区管委会首次制定长沙高新区道路交通专业规划，包含长沙高新区城市公共交通系统规划。

公共交通系统规划：

公交系统发展模式：按照长沙市确定的公交系统发展模式及长沙高新区公共客运交通体系的发展趋势，区域公交系统将由轨道交通网（含城际铁路）、地面快速公交网和常规公交网（含接驳公交）三个层次构成。

公交停保场规划：新增公交停保场用地，满足公交车辆的集中停放、保养。通过综合交通枢纽、公交枢纽和首末站解决部分公交车辆停放，实现公交车辆的集中与分散停放相结合、统一与就近停保相结合。

公交首末站规划：根据企业、商业、居住区以及汽车站、轨道站点等客流集散点，特别是大型居住区，按每万人 1000 ~ 1200 平方米配备公交首末站，提高公共交通的服务水平，规划首末站共 29 处，其中 15 处为单独首末站用地(共计 5 ~ 8 公顷)，1 处结合麓谷综合交通枢纽，13 处结合公交枢纽。

客运枢纽规划：

根据客运枢纽承担功能的不同，客运枢纽体系分为综合交通枢纽和公交枢纽。综合交通枢纽，主要承担长沙高新区对外交通以及城市内外交通之间的衔接转换功能，主要包括城际铁路、长途客运、城乡公交、轨道交通及公交枢纽等系统的换乘衔接。公交枢纽，主要承担长沙高新区与中心城、其他各组团以及区域内部各交通方式之间的衔接转换功能，主要包括轨道交通、快速公交、一般公交、接驳公交等。长沙高新区公交枢纽分为主要公交枢纽和一般公交枢纽两类，主要公交枢纽：服务于轨道交通、快速公交、常规公交等，承担较大规模客流集散转换，根据条件布设市区公交首末站、城乡公交首末站、配套线路停车场、出租车候车点、社会停车场等。一般公交枢纽：主要服务于常规公交换乘客流及轨道、公交换乘客流，根据条件布设公交首末站及配套线路停车场。

停车系统规划：

长沙高新区根据区域发展规划停车泊位约 22 万个。其中南区（枫林路以南区域）泊位需求为 10.6 万个，公共停车场泊位需求 15000 个；北区（枫林路以北区域）总泊位需求为 11.6 万个，公共停车场泊位需求 10000 个。路外公共停车场布局规划：规划范围内社会停车场 54 处、总用地规模为 47 公顷，在外围区轨道站点周边布设 7 处 P+R 停车场。

路内公共停车场规划：根据长沙高新区用地规划布局及路网规划，在有条件的支路布置合法路内停车泊位，同时建立健全停车收费体系，同路外停车场相配合。路内停车泊位总规模不宜超过 10000 个泊位，泊位供给比例不超过总泊位供给规模的 5%。

二、公交线路

2012 年，长沙高新区共有公交线路 19 条，其中往返于湘江两岸的公交线路有 5 条。主要公交线路有：18 路、405 路、118 路、902 路、902 路区间线、913 路、916 路、W106 路、W202 路、W203 路、穿梭巴士 1 号线、穿梭巴士 3 号线、W109 路、306 路、18 路区间线、18 路区间东线、宁乡 C1 路、312 路、313 路、315 路。公交线路详情见下表：

表 4-2　长沙高新区主要公交线路简表

公交线路	起点站	终点站	运营时间	全程票价	运营公司	其它
18 路	长沙东方红路	长沙司门口	06:30-20:00	2 元	湖南龙骧巴士有限责任公司	2009 年，18 路公交线路延至安置小区。
405 路	荷花路东	汽车西站	06:30-21:00	2 元	湖南巴士公共交通有限公司	
118 路	长沙火车站	长沙信息园	06:00-22:30	2 元	湖南巴士公共交通有限公司	2008 年 6 月，118 路公交线路延长至安置区。2009 年，118 路延至威胜公司、华能公司。

续表 4-2

公交线路	起点站	终点站	运营时间	全程票价	运营公司	其它
902 路	东方红镇	中南大学学生公寓	06:00--21:30	2 元	湖南巴士公共交通有限公司	
902 路区间线	东方红镇	工商职专	6：30—19：30	1 元	长沙众旺公交有限责任公司	
913 路	雷锋汽车	桃花村	06:00--21:30	2 元	长沙宝骏巴士有限公司三分公司	
916 路	学林西岸（天鹅塘）	雷锋学校	06:00-20:30(夏) 06:20-20:00(冬)		长沙宝骏巴士有限公司三分公司	2009 年开始运营
W106 路	望城环球奥特莱斯	和馨园	06:30-21:30（夏） 06:30-21:00（冬）	2 元	长沙市望城区众旺公共客运有限公司运营	
W202 路	大坝咀	宁乡碧桂园线	06:30-21:30	2 元	长沙市望城区雷锋巴士有限公司	
W203 路	大河西汽车城	大坝咀	06:30-21:30（夏） 06:30-21:00（冬）	2 元	长沙市望城区雷锋巴士有限公司	
穿梭巴士 1 号线	工商职专	西二环桥下	07:00-19:00	1 元	湖南巴士公司	2011 年 11 月 10 日试点运行，长沙高新区园区内开通的一条穿梭巴士
穿梭巴士 3 号线	麓谷和馨园小区	岳麓区山水新城小区	06:30-19:30	1 元	湖南巴士公共交通有限公司三公司运营	2012 年 12 月 26 日，长沙长沙高新区园区穿梭巴士 3 号线开始试运行。
W109 路	中电软件园	湖南财经学院	06:00-21:00(夏) 06:30-20:30（冬）	2 元	长沙市望城区众旺公共客运有限公司	
306 路	福元路大桥	雷高路公交首末站	06:30--19:30	2 元	湖南巴士公共交通有限公司二公司	
18 路区间	长沙汽车西站	长沙东方红路	06:30-19:00	2 元	湖南龙骧巴士有限责任公司	路线：汽车西站（河西交通枢纽过渡站），湘仪路口，三里垅，湖南航天医院，燕联村等 17 个站点
18 路区间东线	长沙汽车西站	长沙东方红路首末站	07:30-19:00	1 元	湖南龙骧巴士有限责任公司	
宁乡 C1 路	长沙汽车西站（河西交通枢纽过渡站）	宁乡汽车南站（白马桥车站）	06:30-18:30（起点） 06:00-17:30（终点）	10 元	湖南龙成巴士公共客运有限公司	
312 路	长沙高新区雷高路公交首末站	高叶塘	06:30-19:00	2 元	湖南巴士公共交通有限公司一公司	
313 路	长沙高新区金南家园公交首末站	汽车西站	07:00-19:00	1 元	湖南巴士公共交通有限公司三公司运营	
315 路	高叶塘	雷锋汽车站	6：00—18：30	1 元	湖南巴士公共交通有限公司三公司运营	

三、停车场地

麓谷综合交通枢纽：

麓谷综合交通枢纽又称长沙西中心（或湘江新区综合交通枢纽），位于长沙市西二环与枫林路立交桥西南角，项目总投资约30亿元，总用地面积14.534公顷，总建筑面积31.5万平方米。其中，交通站场建筑面积14.5万平方米，商业建筑面积17万平方米。

麓谷（湘江新区）综合交通枢纽

长沙西中心是国家交通运输部“十二五”首批公示国家公路运输枢纽项目，世界银行全球环境基金“中国城市群生态综合交通发展项目”。长沙西中心项目，于2010年11月23日开工奠基，由先导控股、龙骧集团、公交投、轨道集团共同组建的综合交通枢纽公司投资，率先采用世界领先的TOD模式建设，首创长沙枢纽经济体，包括“枢纽站场+5A甲级精装写字楼+国际枢纽MALL”三大部分。作为湖南首个现代化、智能化的新型道路客运交通枢纽站场，枢纽站采用“无缝对接、综合立体”的交通发展思路，应用智能化、信息化交通管理，市民在此可集地铁、长短途客运、城市公交、出租车、社会车辆等多种交通功能于一体的零距离便捷出行。售票大厅有16个人工售票区，还设置专门的自助售票区，放置20台自助售票机，枢纽站实行安检、调度系统智能化管理，智能系统将根据车辆安检结果指示车辆进站备班或出站维修。

长沙西中心的枢纽站场按照国家一级站场标准建设，将零换乘、多层次立体交通、智能信息化交通体系(ITS)等国际领先理念引入站场建设。地铁、公交、长短途客运等交通方式无缝衔接，实现智能化、多层次、零换乘的交通体系配套建设。5A甲级写字楼有3栋，总建筑面积8.7万平方米，是湖南唯一的交通中枢型写字楼。双钻石切割立面设计、LOW-E全玻璃幕墙、3.5米层高的三重精装商务大堂、30台国际品牌电梯，以及隐藏式幕墙通风新风系统等高端配套均囊括其中。写字楼达到国家绿色建筑二星级标准，践行两型社会建设要求，打造中国枢纽经济时代的商务标杆。国际枢纽 MALL 面积 8.6 万平方米，融合时尚地铁商城、国际购物中心、O2O 全品牌体验店、商务生活重心等业态融于一体，是长沙首个纯地铁上盖的商业综合体。

其他停车场：

在“十一五”时期，长沙高新区开通的公共交通车骤增，相继建设龙骧公交停保场，雷锋湖公共交通枢纽站。各工商企业、行政事业单位自建停车场，高层居民小区建地下停车场。至 2012 年，长沙高新区扩建雷锋湖中型公共交通枢纽站，新建 3 个公共交通车首末站和 2 处公交车停保场，保利麓谷林语停车场、麓谷信息产业园停车场、标志麓谷坐标停车场、标志麓谷坐标地下停车场等对社会开放服务的停车场。各高层住宅小区均按住宅套数 1 ∶ 1 建有地下停车位，长沙高新区各企事业单位建停车坪，施划停车位。园区各主干道上新建、改建港湾式公交停车站，形成规范快捷的园区公交体系。

第三节　基础设施

一、供　水

供水单位：

长沙市第四水厂为长沙高新区的供水单位，位于岳麓山科技园东侧。

1992 年 10 月 31 日，长沙市第四水厂扩建工程启动，总投资 1.87 亿元，在已有 5.9336 公顷的基础上，征地 12.267 公顷，确定远期规模为日供水能力 40 万吨。第一期主体工程为日供水设计能力 20 万吨，于 1996 年 2 月 8 日建成通水，日供水能力由 5 万吨增加到 20 万吨，保证长沙高新区建设工程施工和工业、生活用水。

2008 年 9 月 28 日，桐梓坡路 12 公里长的第二条供水主管道建成通水。

2009 年 6 月，长沙市第四水厂二期扩建工程启动，在每天 20 万立方米供水规模的基础上，扩建新增每天 20 万立方米制水净化工艺系统，对原出厂水及新增出厂水进行活性炭过滤与臭氧消毒，提高市四水厂出厂水质。10 月 10 日，长沙市第四水厂取水管道江心延伸施工完成，管道延伸至湘江河心深处 100 多米的地方，实现在湘江最低水位取水。

2010 年 12 月 31 日，长沙市第四水厂二期扩建工程竣工，正式通水。扩建工程总投资 2.92 亿元，日设计供水能力由 20 万立方米增加至 40 万立方米，出厂水经过活性炭、臭氧深度处理，实现供水生产零排放。工程项目对40万吨规模的水厂采用臭氧、活性炭深度净化处理工艺，在湖南省尚属首次，是一项具有国内先进，并与欧美发达国家水平接轨的城市供水工程，出厂水质达到国家106项生活饮用水卫生指标要求。工程竣工通水，北至三汊矶、东至金洲大道的麓谷地区和雷锋大道、东方红路等地夏季用水紧张问题得到缓解。

该厂实行三级检测体系，对水源水、出厂水、管网水进行24小时不间断地检测，保证长沙湘江西岸长沙高新区社区、企业的安全供水。

供水管网：

1990—2000年，长沙市自来水公司敷设金洲大道、枫林三路、岳麓大道3条市政给水管，作为长沙高新区的供水水源引入长沙高新区内。新敷供水主干管线11845米，支干管线9605米。

2005年，从桐梓坡路主管DN1000、长宁公路DN1000引入水源，在麓谷三期区内敷设管道，形成环网。南北以麓枫路、麓谷大道、麓云路的给水管为主干管，东西以麓天路、桐梓坡路、长川路、麓泉路、咸嘉湖路、枫林三路的给水管为主干管。麓谷二期内管网担负着向长常高速路以北的青山片区，麓云路以西的麓谷三期和以南的麓谷四期供水。信息产业园内建设尖山加压泵站，供水能力30000吨/日，泵站主要对地形标高70米以上区域供水进行二次加压。麓谷二、三期区域，用水取自枫林三路、桐梓坡路等市政给水管线。

枫林三路、桐梓坡路、麓泉路敷设DN600、DN1000、DN600东西向主管道，东方红路、麓云路、麓松路等敷设南北向主管，给水管线干管间距500-800米，给水管线沿道路的西北向敷设，各节点处设阀门控制，给水管道上每120米设SS-100型地上式消火栓一座。

2005年，长沙高新区建设总公司完成自来水管道改造。次年，完成麓谷五期“三横一纵”主干道路8596米自来水管道敷设；铺设临时用水管道1500多米，为麓谷五期20余家入园企业供水。

“十一五”时期，长沙市第四水厂完成对河西区域主水管网的改造。麓谷六期、七期建设，自来水供水管道沿新建道路同期敷设。

2009年9月，敷设高宁路（枫林路—文轩路）长0.7千米，水管直径0.3米的供水线路。

2010年9月，敷设桐梓坡路（麓景路—东方红路）长4.2千米，水管直径1米的供水线路；敷设麓谷大道（岳麓大道—桐梓坡）长0.75千米，水管直径

0.3 米的供水线路；敷设麓谷大道（枫林三路—桐梓坡）长 1.8 千米，水管直径 0.4 米的供水线路；敷设金洲大道（东方红路—雷高路）长 2.25 千米，水管直径 1 米的供水线路和东方红路（枫林三路—岳麓大道）长 3.5 千米，水管直径 0.4 米的供水线路。

2011 年 5 月，敷设东方红路（枫林路—规划六路）长 1.4 千米，水管直径 0.4 米的供水线路；9 月敷设雷高路（枫林路—长沙高新区与望城县交界处）长 11.2 千米，水管直径 0.3 米的供水线路；10 月敷设望雷大道（枫林路—麓延路）长 4.58 千米，水管直径 0.4 米的供水线路。

2012 年 9 月，敷设长虹路（东方红路—东庆路）长 0.54 千米，水管直径 0.2 米的供水线路；敷设麓松路（枫林三路—桐梓坡路）长 2.45 千米，水管直径 0.4 米的供水线路；敷设麓松路（桐梓坡路—东方红路）长 1.6 千米，水管直径 0.3 米的供水线路；敷设麓松路（东方红路—东庆路）长 0.65 千米，水管直径 0.3 米的供水线路。

二、排　水

排水管网：

长沙高新区的排水管网随园区道路分期建设，在敷设供水管道同时敷设等量排水管道，主干道路敷设排水主干管道，次支道路敷设支管。

1990—2000 年，岳麓山科技园新敷设排水主干管线 11845 米，支干管线 9605 米，建西干渠水系（原秀峰路）、麓谷大道水系（原高新路）和麓云路水系（原麓谷路）3 个排水系统。其中麓云路、麓谷大道、麓枫路设置横贯南北向的排水主干管（渠）3 条，最后汇入龙王港。麓云路水系汇水面积 255 公顷，麓谷大道汇水面积 194 公顷，西干渠水系汇水面积 1418 公顷。

污水处理：

岳麓污水处理厂设计污水处理能力为 16 万吨 / 日，采用二级生物处理，对入园企业环保排放标准和污染治理执行国家标准。麓谷新区利用长沙高新区排水系统中的龙王港集污干管、沿湘江集污总管，通过园区内的排水系统与上述管网衔接，实施雨水收集和污水排放，污水排入岳麓污水处理厂。

麓云路、麓谷大道、麓枫路设置 3 条污水主干管道，往南自流入望城坡污水提升泵站。污水管线敷设于道路的东南向，所有工业污水和生活污水由污水管网汇集至污水厂集中处理，达标排放。

2010 年以后，实行雨污分流，长沙高新区范围内工业和生活污水采取就近排入方式，分别排入岳麓污水处理厂、白若污水处理厂、望城污水处理厂。雨水直接排入龙王港或湘江。

2011 年，建成雷高路、枫林三路、龙旺港西沿线以北区域排污管网。

2012 年，建成枫林路以南、三环路以东区域污水排放管网，麓谷建成区污水排放全部排入岳麓污水处理厂。同年，开工建设三环路以西、岳麓大道以南、龙旺港西沿线以北区域的排污管网，信息产业园内污水、雨污水管道随道路建设一并完成，主要沿岳麓大道、青山路、望青路、尖山路、东方红路敷设。

三、供　电

变电站：

长沙高新区由国家电网公司长沙分公司供电，电网由国家电网公司长沙分公司投资建设。

1990—2000 年，岳麓山科技园建成 110KV 望西 (2×50MVA)、望南 (2×50MVA)、骑龙 (2×50MVA) 变电站 3 座，110KV ~ 220KV 的黄花塘变电站 1 座，可供双电源；信息产业园建成曾家冲变电站，容量 1×50MVA；延农变电站，容量 1×180MVA。麓谷二三期区域，东方红路与长川路交叉口的东北角建一座 110KV 变电站 (110/10KV)，即黄花变电站（3×50MVA）。

2006 年，建成望南 11 万伏变电站。信息产业园东南角建成麓南变电站 (110/10KV，3×50MVA)。

2009 年，长沙高新区主要依托天顶 220kV 变电站 (3×120MVA) 供电，另有 110kV 公用变电站 3 座，即望城坡变电站 (2×50MVA)、枫林变电站 (2×50MVA) 和雷锋变电站 (2×31.5MVA)；用户专用变电站 1 座，即湘电长泵用户变电站 (1×12.5MVA+1×6.3MVA)；长沙高新区 110kV 电网主要依托天顶 220kV 变电站，构成天顶 ~ 望城坡 ~ 枫林双回 110kV 线路。2009 年投产的湘电长泵用户变 T 接于该双回线路的 I 回；雷锋变电站串接于天顶 220kV 变—雷锋—夏铎铺—新星水泥—历经铺—玉潭 220kV 变线路中。长沙高新区电网共有 10kV 配变 817 台，配变总容量 404.29MVA；其中公变 192 台，容量 76.06MVA。

2010 年，长沙高新区麓谷 220kV 变电站建成投产。

“十一五”时期，长沙供电局投资，相继新建 110kV 望城坡变电站，110kV 枫林变电站，220kV 麓谷变电站，110kV 金南变电站。其中，110kV 金南变电站位于长沙市东方红镇金南村长沙高新区麓谷信息产业园，于 2010 年 7 月开工建设，12 月 26 日运营投产，占地面积 0.355 公顷，是湖南省首个

110kV 智能化变电站，是国家电网公司第一批新建 110kV 智能化变电站试点工程。建设规模为主变压器 1×50MVA 三相二圈变压器，110kV 出线 2 回，10kV 出线 12 回，无功补偿 1×6 + 1×4Mvar。首次采用智能组件集智能终端、合并单元、保护测控及计算等功能于一体，实现全站控制系统智能化、功能应用互动化及数据处理信息化，取代以往繁琐的人工现场操作，实现一次设备和智能组件的有机结合，电子式互感器代替传统互感器，解决一系列电磁饱和、二次回路开路、短路带来的安全隐患，提高电网安全性、可靠性和资源优化配置能力。确保电网安全稳定运行，在中国电网建设中具有开创性意义和推广价值。

表 4-3　　　　长沙高新区 2009 年高压变电站现状一览表

变电站名称	电压等级(kV)	电压比	110 母线电气主线	变电总容量(MVA)	主变台数(台)	变电站容量构成(MVA)	无功偿总容量(Mvar)	10kV 出线间隔总数	10kV 已出线间隔数	最大负荷(MW)	主变最大负载率(%)	投产年份
望城坡变	110	110/10.5	内桥接线	100	2	50×2	18	26	25	77.8	81.9%	1999/2004
枫林变	110	110/10.5	扩大内桥接线	100	2	50×2	18	24	11	33.6	35.4%	2008
雷峰变	110	110/38.5/10.5	单母分段接线	63	2	31.5×2	8.4	18	9	45.2	75.5%	2002/2009

电　网：

“八五时期”，岳麓山科技园区内电网新建主线路 11.845 千米，支线路 9.605 千米。“九五时期”，新建分区开闭所、配电间 11 座，电力电缆线路 2.980 千米。

2009 年，长沙高新区艾家冲 500kV 变电站位于长沙高新区以西约 1 千米，艾家冲—鹤岭双回 500kV 线路经长沙高新区西侧界线附近，界内线路走廊长度约 2 千米。艾家冲—天顶双回 220kV 线路自西向东穿越长沙高新区，以绕城三环线为界，东段线路沿岳麓大道北侧架设，西段线路未按规划路网架设，穿越规划用地区块。艾家冲—学仕、艾家冲—楠竹塘、天顶—玉潭等 220kV 线路均从长沙高新区边界处或城市非建设用地处经过。长沙高新区共有 110kV 线路 4 条，共 66 千米。雷锋变电站 35kV 出线 3 条，共 37.9 千米，分别向长沙高新区周边的乌山、白箬、莲花等 3 座 35kV 变电站供电。

长沙高新区电网共有 10kV 配电线路 40 条，线路总长度 316.25 千米，其中电缆线路长度 122.9 千米，绝缘架空线路长度 158.09 千米；电缆化率为 38.86%、绝缘化率为 81.76%；线路平均长度 7.91 千米，主干线平均长度 4.31 千米；中压配网互联率为 67.5%。长沙高新区电网平均单条线路配变装见容量

10.11MVA；线路配变装见容量大于12MVA线路15条。长沙高新区110kV电网主要以天顶220kV变为依托，构成天顶—(望城坡)—枫林双回110kV线路，2009年投产的湘电长泵用户变T接于该双回线路的Ⅰ回，即2回110kV线路供带2座110kV公用变和1座用户变。雷锋变串接于天顶220kV变—雷锋—夏铎铺—(新星水泥)—历经铺—玉潭220kV变线路中。2010年下半年，长沙高新区麓谷220kV变和金南110kV变投产，新建麓谷—金南双回110kV线路，新建麓谷—雷锋双回线路、麓谷双T天顶—枫林双回线路。

表4–4　　长沙高新区2009年高压输电线路现状一览表

线路名称	起点变电站名称	终点变电站名称	电压等级(kv)	导线型号	线路长度(km)	投运时间
天望枫线	天顶变	枫林变	110	LGJ—240 LGJ—300	7.3	1999.11
天望长枫线	天顶变	枫林变	110	LGJ—240 LGJ—300	10.5	1998.12
天雷线	天顶变	雷锋变	110	LGJ—185 LGJ—240	13.9	2001.06
雷夏新历线	雷锋变	历经铺变	110	LGJ—185	34.3	1992.11
雷莲线	雷锋变	莲花变	35	LGJ—70 LGJ—95	15.9	2001.12
雷箬线	雷锋变	白箬变	35	LGJ—95	8.7	2001.12
雷乌线	雷锋变	乌山变	35	LGJ—120	13.3	2007.05
合 计			110/35		66.0/37.9	

表4–5　　长沙高新区2009年中压配电网基本运行指标

项 目 名 称		长沙高新区电网
中压线路长度	架空线路(km)	193.35
	电缆线路(km)	122.90
平均主干线路长度(km)		4.31
平均线路长度(km)		7.91
电缆化率(%)		38.86
绝缘化率(%)		81.76
项 目 名 称		长沙高新区电网
单辐射线路比例(%)		32.5
中压线路平均配变装见容量(MVA)		10.11
配变平均负载率(%)		30.02
线路平均电流(A)		175.2

电网 10KV 电力线路均采用电缆穿管埋地敷设，整个 10KV 系统采用环网接线，10KV 电力线路沿道路的西、北侧人行道敷设。

2005 年后，长沙高新区总公司建成 4 个 10KV 开关站、2 个 10KV 基建临时电源点，敷设电缆，解决入园企业用电以及迁移改道麓谷五期内所有低压线、高压线。次年，架设临时电线 30000 余米，新装临时变压器 2 台，建设 10 千伏开关站 2 座，向麓谷五期 20 余家入园企业供电。拆迁区域内高压电缆、低压电缆进行改道。麓谷新区，保留并改造艾家冲—延农 220kV 高压架空走廊，沿长兴路北侧架设。保留延农－雷锋 110kV 高压架空走廊，沿长兴路南侧架设。金桥变 T 接于该线路上，采用电缆敷设。雷锋－荷叶坝 110kV 高压架空走廊，沿枫林路北侧架设，沿雷高路采用电缆敷设。雷锋—真人桥 110kV 高压架空走廊，沿枫林路北侧、黄桥大道西侧架设。雷锋—三益—雷锋（110kV 变电站）110kV 双回线路，采用电缆敷设。雷锋—雷锋北牵 110kV 双回线路，采用电缆敷设。信息产业园区，建有 110KV 架空线两回，即延农—曾家冲单杆单回架空线一回，天顶—雷锋单杆单回架空线一回。建有 220KV 架空线三回，即天顶—延农—艾家冲单杆双回架空线两回，天顶—玉潭单杆单回架空线一回。其中，天顶—延农—艾家冲单杆双回已改沿道路架设，天顶—玉潭从规划区地块穿越。

四、供　气

2012 年，长沙新奥燃气有限公司拥有燃气居民用户 13 万户，拥有工商企业用户 300 余家。长沙新奥燃气有限公司河西分公司是长沙高新区规模最大的城市管道燃气输配、销售综合型公用事业企业，主营大河西区、长沙高新区及宁乡、望城部分区域内的管道燃气，在湘江新区、长沙高新区燃气管网敷设覆盖率达到 100%。

供气管道：

“八五时期”，岳麓山科技园由长沙市燃气总公司供应石油液化气，岳麓区建有石油液化气站 1 座，敷设输气干管 4 千米。同时，居民普遍使用瓶装液化气。“九五时期”，敷设石油液化气主干管 3.5 千米。

2004 年下半年，国家西气东输工程入湘，长沙新奥燃气有限公司建设天然气门站，接收上游中石油分输站的来气，建设 1 条 DN315 中压燃气管道，从河西储配站调压站引出，沿桐梓坡路引出至雷高路。

2006 年，麓谷五期“三横一纵”主干道路 8.596 千米燃气管道建设竣工。

十一五”时期，建设沿黄桥大道 1 条次高压燃气管道，管径 900 毫米，沿岳麓大道一条次高压燃气管道，管径 600 毫米，连接河西储配站调压站。在麓谷五期、六期、七期建设中，新奥燃气管道敷设到长沙高新区每个小区和企事业单位。园区内燃气管道形成环状管网，满足入园企业用气需求。麓谷园区敷设天燃气管网直径：麓谷大道管径 377 毫米，咸嘉湖路管径 160 毫米。

2012 年，长沙新奥燃气有限公司敷设次高压燃气管道、中压燃气管道共 300 千米。

供气站：

“十一五”时期，长沙新奥燃气有限公司成立河西分公司，设立市场开发部、工程管理部、客户服务部、管网运行部、运营管理部、财务部、综合管理部、营业厅。长沙高新区工商企业和社区居民开始使用天然气。在麓谷新区设置调压站用地 2 处，设置加气母站 1 处，设置加气子站 2 处，设置闸阀室 1 处。

缴费方式：

2008 年，根据不同用户的缴费习惯，长沙新奥燃气有限公司与百迅信息技术有限公司合作，在长沙高新区主干路及主要社区开通网点“现金”代缴燃气费业务，安装自助缴费机。

五、通信网络

2012 年，长沙高新区内邮政、电信、移动、联通已有多个服务网点，详见下表。

邮 政：

表 4–6　**长沙高新区主要邮政所**

名　称	地　址
茶子山邮政所	银杉路 364 号
市府路邮政所	岳麓大道 218 号
桐梓坡邮政所	桐兴巷 36 号
望城坡邮政所	枫林三路 38 号
咸嘉新村邮政所	谷丰路 6 号
银盆岭邮政所	银双路 28 号风华四季园 5 栋 105–107

电 信：

表 4–7　　　　　　　　　　长沙高新区主要电信营业厅

名　称	地　址
中国电信麓谷分局	枫林三路 38 号附近
中国电信青山营业厅	雷锋大道 337–339 号
中国电信咸嘉湖营业厅	望城坡望岳路 14 号
中国电信英才园营业厅	英才园路 80–8 号附近
中国电信银盆岭营业厅	银双路 36 号
中国电信观沙岭营业厅	边洲围路 159 号（金湘大厦北）
中国电信三叉矶营业厅	茶子山中路 210 号
中国电信银盆岭营销中心	银盆南路 429 号附近
中国电信银盆岭钰龙家园营业厅	佑母塘路 799 号
中国电信银盆岭市政府营业厅	金星中路 438 号湘腾城市广场 2–113 号
中国电信麓谷剑鸣通信专厅	桐梓坡西路 118 号未来城 1 栋 110 号
中国电信通程电器西站专营厅	枫林三路 39 号
中国电信润泽园营业厅	桐梓坡路
中国电信自助营业厅	文轩路附近
中国电信自信专营店	文轩路
中国电信麓谷分局鼎胜通营业厅	涉外经济学院西门天元七彩 1F153 号
中国电信八方营业厅	杜鹃路和园小区 117 号
中国电信麓青专营厅	麓山润城 156 号 E–09 号
中国电信桐梓坡路店	桐梓坡路 717 号附近
中国电信岳华路营业厅	杜鹃路 390 号
中国电信麓谷营业厅	桐梓坡西路 189 号
中国电信营业厅	东方红中路麓谷星辰 107 号
中国电信营业厅	岳麓大道
中国电信易鑫营业厅	第一师范学院旁

移 动：

表 4–8　　　　　　　　　　长沙高新区主要移动营业厅

名　称	地　址
中国移动商学院营业厅	桐梓坡路 A–101
中国移动企业广场营业厅	文轩路 27 号麓谷企业广场创业大楼一楼 1–3A
中国移动市政府营业厅	观沙岭龙柏湾商业街观沙路 230 号

续表 4–8

名　称	地　址
中国移动望城坡服务厅	枫林三路 32 号
中国移动博远合作营业厅	涉外经济学院东院
中国移动慧讯营业厅	西二环
中国移动营业厅	麓松路
中国移动保利指定专营店	麓松路
中国移动指定专营店	桐梓坡路 215 号
中国移动麓山特约营业厅	
中国移动和益营业厅	枫林三路
中国移动麓谷合作营业厅	麓谷中心区标志·麓谷坐标 1 层
中国移动日起指定专营店	茶子山中路 86 号
中国移动桐梓坡路指定专营店	桐梓坡西路 22 号
中国移动湘仪指定专营店	望城坡
中国移动宏达指定专营店	桐梓坡西路
中国移动宇通指定专营店	桐梓坡路 709 号

联　通：

表 4–9　　　　长沙高新区主要联通营业厅

名　称	地　址
中国联通自助营业厅	岳麓大道 355 号
中国联通麓谷营业厅	加州阳光谷园路
中国联通涉外经济学院营业厅	枫林三路 822 号附近
中国联通西站指定营业厅	玉兰路 352 号
中国联通沁园春营业厅	桐梓坡路
中国联通金领专营店	桐梓坡西路
中国联通谢波营业厅	茶子山中路 246 号
中国联通咸家湖营业厅	咸嘉湖路 437 号
中国联通天顶航天营业厅	枫林三路
中国联通岳麓区营销中心	银盆南路 351 号
中国联通桐梓坡西路自建自营厅	桐梓坡西路 138 号长房时代城 20 栋 132 号
中国联通茶子山自建自营厅	银杉路茶山馨苑 14 栋 1 号
中国联通沃品牌望城坡自建他营厅	桐梓坡路人人乐 (时代城店)1 层
中国联通稳稳沃店	西二环
中国联通爱久专营店	东塘五期安置小区 16 栋
中国联通望城坡合作沃店	玉兰路 292 号

续表 4–9

名　称	地　址
中国联通青山自建他营厅	雷锋大道
中国联通望城坡办事处	湘仪路 63 号
中国联通望城坡专营店	望城坡玉兰路商贸城 31 栋 101 号
中国联通长丰专营店	文轩路与麓松路十字路口向西 50 米路北
中国联通农场口营业厅	枫林三路 1095 号附近
中国联通营业厅	英才园路
中国联通坡合作营业厅	玉兰路 306 号
中国联通沃品牌银可专营店	桐梓坡路 217 号
中国联通黄泥岭专营店	黄泥岭
中国联通商务职院营业厅	雷锋大道
中国联通望岳南路店	湖南商学院南侧岳南路
中国联通沃品牌诚宇专营店	雷锋大道青山天顶乡
中国联通鸿信营业厅	望岳路 87 号

六、园林绿化

园　林：

麓谷公园

麓谷公园

麓谷公园位于长沙高新区麓谷的中心位置，依山傍水，环境优美，是休闲度假场所。麓谷公园由长沙高新区投入近7000万元建成，有举办集会活动的大型广场，有供市民休闲的园林场地。被长沙市旅游局作为“喜看今日长沙”的重要景点。

保利麓谷体育公园

2010 年 3 月 17 日，保利麓谷体育公园开工建设。保利麓谷体育公园是湖南首座、长沙最大的体育公园，总占地面积约 21.3 万平方米，绿地面积为 18.78 万平方米，绿地率达到 88%，共分为三个大区，即全民生态健身区、体育运动区、休闲养生区，锻炼、休闲、娱乐设施一应俱全，建有高尔夫球练习场、游泳池、网球场、环山跑步道、太极武术广场、儿童健身中心、群众体育运动馆、体育运动综合楼等。

尖山湖公园

尖山湖公园位于长沙高新区信息产业园青山路北侧，西靠东方红路，东邻雷锋大道，规划面积为 2 平方千米，其中一期建设面积为 0.534 平方千米。项目定位以原生态为特色，集文化、休闲、健身、娱乐为一体，景观优美、服务性强的城市综合性公园。尖山湖公园由湖南省建筑设计院有限公司设计，2012 年启动建设，次年 12 月 18 日动工开建。尖山湖公园有湖有山，湖面宽广、山体挺拔，与南面的岳麓山相对应，是长沙市的第二大山体公园。尖山湖生态风景片区连接长沙高新区和望城区；长沙西大门出口的主干道岳麓大道，从尖山湖公园脚下横穿而过。尖山湖公园的设计方案围绕主干道、依山体地形布置台阶、游道、驳岸、栈桥、平台、广场、儿童区廊架、山顶观景廊、赏花廊、山水映廊、百花坡茅草屋、流水亭榭等休闲娱乐场所，中心湖体建百米高喷泉。建成后成为长沙高新区绿色生态核心区和“美丽麓谷”的新名片，城市滨水生态主题公园，带动信息产业园内的城市开发建设。

绿　化：

道　路

1993—2000 年，长沙高新区建设总公司新建岳麓山科技园主干道路一环路、桐梓坡路、银双路、白鹤路两侧人行道绿化带。

2005 年，长沙高新区建设总公司与湖南农业大学合资成立麓谷景观园林有限公司，建设麓谷一至四期建设范围内的主次干道路的绿化工程。新建麓泉路两侧 10 米绿化带、东方红路两侧水渠及绿化带，望雷大道、雷高路、金洲大道、枫林三路、岳麓大道西延线两侧绿化带，新植绕城线 30 米宽防护绿化带，岳麓大道北侧防护绿地。对麓谷五至七期建设范围内的各主次干道路人行道、绿化带、隔离带等进行绿化，行道树以香樟为主要树种。麓景路两侧植行道树 1003 棵。雷高路至黄桥大道植行道树 1600 棵，雷高路植行道树 9583 棵，麓松路植行道树 2600 棵，梅溪湖路西延线两侧植 20 米宽绿化带，东方红路植行道树 2368 棵，桐梓坡路植行道树 3350 棵。

2009 年，建成望青路东侧 12 米绿化带。

2010 年，麓星路植行道树 2000 棵，长农路植行道树 110 棵，长虹路植行道树 178 棵。

2011 年，枫林路景观改造完成。

2012 年，长沙市启动“三年造绿”大行动。长沙高新区管委会将“三年造绿”主题融入“美丽麓谷”建设中，先后对长沙高新区内所建成道路两侧的绿化带、中央隔离带、和路口进行提质改造。

“美丽麓谷”建设共投资近 3 亿元，包含“两纵三横”林荫大道工程（含岳麓大道）、信息产业园行道树提质工程和雷锋镇黄花塘周边绿化提质改造工程等，绿化提质面积达 42 万平方米。长沙高新区道路绿化面积 350.28 公顷、绿化率 38.5%，基本形成“城在林中、路在绿中、人在景中”生态长沙高新区。

公共绿地

2006 年——2012 年，先后完成固特邦新办公区景观绿化工程、桐梓坡西延线（金洲大道）绿化二标段工程、麓松路长沙高新区栽植草皮绿化工程、红太阳光电绿化工程、麓谷和馨园 B 区园林景观工程、麓谷和馨园 C 区园林景观工程、和桐梓坡路（雷锋大道—东丰路段）路面中央绿化带改造等工程，总共绿化面积达 172994 平方米。

至 2012 年，长沙高新区各企业争创文明单位，开展植树绿化活动，绿化设施和植物完好率达 98%，绿化率达 35%，居民住宅小区公共绿地占住宅小区面积的 35% ~ 45%。

第四节　产业服务设施

一、火炬城

长沙火炬城位于长沙市岳麓区集贤路 2 号，始建于 1990 年，主要服务于电子信息产业，为长沙高新区最早的高新技术企业的孵化基地。至 2012 年 12 月，在火炬城范围内登记的高新企业 793 家，在火炬城经营办公的企业约 150 家。

长沙高新区火炬城

长沙高新区创业大厦位于长沙御景路 16 号，为长沙高新区创业服务中心的办公基地。长沙高新区创业服务中心成立于1999年6月，是长沙高新区投资5336万元创办的直属事业单位，以促进科技成果转化和产业化、培养高新技术企业和企业家为宗旨，为初创型、科技型中小企业提供综合服务的科技企业孵化器、公益型事业服务机构，隶属于长沙高新区管委会。

2002年，该中心被国家科技部认定为国家级科技型中小企业孵化器，其后岳麓山国家大学科技园、长沙留学人员创业园、湖南博士后创业园、区科技成果转化中心、创业富民办等均依托其建立。

创业服务中心按照建设创新型园区的总体要求，围绕服务中小科技企业发展，推动科技成果转化的中心任务，集聚创新创业要素，整合各种市场资源，培育发展中小企业。在促进科技成果转化、培育科技企业和企业家等方面不断进行有益的探索和实践，取得长足的发展，获得"全国优秀国家级创业服务中心""海外高层次人才创业基地""全国就业创业工作先进单位""大学生创业就业见习示范单位" "长沙市文明标兵单位"等多项荣誉。同时创业中心采用集中管理和分散管理的方式整合园区资源，建立MO创业基地、巨星创业基地、长海创业基地等一系列基地，聚合各类资源搭建创业投融资平台、科技服务平台、公共信息服务平台等，形成独具特色的综合类孵化器。

创业服务中心以"自主创新、重点跨越、支撑发展、引领未来"的战略思想为指针，秉承"服务创业、孵化企业、发展产业、成就事业"的服务理念，以建设一流园区为目标，力争综合实力达到一流水平，形成高科技人才、项目、企业汇聚的专业孵化器创新集群，争创国际知名园区。

二、长沙高新区管委会综合大楼

长沙高新区管委会综合大楼位于长沙市河西麓谷大道668号，建成于2003年。2003年年末，长沙高新区的管理机构和政务服务中心迁入。

三、软件中心大楼

1997年，长沙高新区创智集团被科技部批准为创智软件园，成为全国四大软件园之一，后更名为长沙软件园。

2000年，被科技部批准为"国家火炬计划软件产业基地长沙软件园" 。9月，长沙市机构编制委员会批准，长沙软件园发展中心成立，具有独立事业法人资格。

2001年，被国家计委和信息产业部批准为国家级软件产业基地。

2003 年 12 月，长沙软件园入驻软件中心大楼，位于长沙高新区麓谷大道 662 号。

2005 年，软件中心大楼获湖南省建设协会最高奖“芙蓉”奖。

2007 年，长沙软件园通过 ISO9000 质量管理体系认证，并获得中国质量认证中心 (CQC) 颁发的认证证书，为园区的软件产业发展提供基础产业、行政管理、市场、人才、投融资、商务配套、政策法规等全方位的优质服务。

四、麓谷企业广场

麓谷企业广场位于麓泉路与麓虹路交汇处，由长沙麓谷实业投资有限公司投资兴建，项目总体定位为：产学研功能一体化的生态科技新园区。项目以集约节约用地为显著特征，2012 年，11 栋加速器、4 栋孵化器与创业大楼交付使用。

五、新长海麓谷中心

新长海麓谷中心位于麓谷大道与麓泉路交汇的西南角，定位为“西长沙·核心区 · 国际 NEO 企业总部 ”。规划成为集小型生产、企业总部办公、研发于一体的大型商务综合体，可入驻 300 家企业，超 5000 人进驻工作和生活。新长海麓谷中心依托优越的地理位置及园区规划吸引企业进驻，并以高土地利用率、高产值、高投资回报，集约型的都市研发中心成为西长沙商务经济领域新核心。

六、中电软件园

长沙中电软件园是中国电子与湖南省、长沙市携手共建的国家级软件产业基地，位于长沙高新区尖山路 39 号，背靠长沙高新区尖山湖公园。长沙高新区是“大河西先导区”确定的先行开发骨干园区，长沙中电软件园享有双重的政策优势。

长沙中电软件园有限公司是国内从事科技型产业园区综合开发、管理和运营的专业服务商，是中国电子与湖南省、长沙市共同建设长沙国家软件产业基地的载体，承担长沙中电软件园的规划建设、经营管理和产业发展的重要任务。

2012 年，通过资金投入和招商引资等多种方式，引入企业 200 多家，基地产值达 30 亿元，上缴税收 1 亿元以上。

七、麓谷信息港

麓谷信息港位于长沙高新区核心地段，毗邻长沙高新区管委会办公大楼，是国家级软件园——长沙软件园的二期工程，也是国家动漫游戏产业振兴基地之一，为省级重点建设项目。

麓谷信息港主要由孵化中心和服务配套组成。先进的网络服务平台，优惠的产业政策，优质高效的服务，为企业提供孵化助推，降低创业企业的风险，提高企业成活率。

八、巨星创业基地

巨星创业基地位于麓景路 8 号，成立于 2006 年，建筑面积 20388 平方米。

2009 年，巨星创业基地入驻企业累计创造产值 13200 万元，税收 929 万元。作为以促进科技成果转化、培养高新技术企业和企业家为宗旨并提供综合服务的公益平台，巨星创业基地自成立以来不断提升孵化功能，完善孵化基础设施建设，为长沙高新区科技型中小企业创业提供全过程、全方位创业服务，在长沙高新区创业服务中心的指导下，经过近 6 年的发展，在为中小企业创业提供系列配套设施和综合服务等方面具有较为全面的服务能力。

2012 年，入园企业 60 多家，带动安置就业 2000 余人。每年可提供创业就业培训达 1000 人次，其中 400 人取得创业就业各种资格证书，并跟踪、指导、服务 80 名大学毕业生创业。

九、橡树园

橡树园即长沙高新区橡树园企业创业服务有限公司，成立于 2001 年，注册资本 580 万元，是长沙高新区麓谷产业基地内首家民营中小科技企业创业基地，橡树园坐落在长沙高新区麓谷新城麓天路 8 号。

2007 年，被长沙市人民政府授予“长沙市小企业创业基地”。

2011 年，被省经信委认定为“湖南省核心服务机构”。

2012 年，被省科技厅认定为“省级科技企业孵化器”，被长沙市科技局认定为“市级科技企业孵化器”。

构建和谐绿色环保新型工业化企业是橡树园在“十二五”期间重点建设目标。园区配套设施完备，服务功能齐全，环境优美，新扩建 700 平方米公共餐厅、1200 平方米停车场、专业化信息交流平台及服务公共平台等配套设施。公司聚集、培育一批熟悉科技型中小企成长、发展的工作人员，涵盖科技项目引进、经济研究、市场导引、金融服务、法律咨询及政府关系协调等方面，通过整合社会资源，组建一个独特的专家顾问服务团队，引进战略合作伙伴单位，集中解决小企业在创立、成长、发展过程中遇到的各种问题。

十、长沙生产力促进中心

长沙生产力促进中心即长沙新技术创业服务中心，位于长沙高新区麓景路 2 号，1996 年经原国家科委、长沙市人民政府批准成立的正县级全民事业单位，是长沙市成立时间最早、综合实力最强，专门从事创新创业服务的公共科技服务机构。中心始终紧紧围绕促进科技成果转化、促进科技企业发展的主题，整合科技创新资源，不断完善服务设施，增强服务手段，拓展服务功能，创新服务方式，提高服务质量和水平。着力于高新技术企业孵化培育、产学研合作与技术转移服务、公共培训与技术推广、创新创业信息服务、工业分包与生产协作服务、管理咨询与投融资服务、产品检测与质量改进等科技服务。建有办公、培训、孵化大楼 3 幢，已累计为 10000 多家企业提供具有针对性的科技服务，直接孵化培育高新技术企业 400 多家，转移转化科技成果 3000 多项，增加产值 200 多亿元，增加税收 50 亿元以上。完成各类项目验收及评审近万项，培训各类人才 10000 人次以上。

2001 年，被国家科技部认定为“国家级示范生产力促进中心”。

2003 年，被国家科技部认定为“国家高新技术创业服务中心”。

2011 年，被国家科技部认定为“国家技术转移示范机构”，被湖南省经信委确定为“湖南省中小企业核心示范机构”。

第五节　生活服务

随着长沙高新区产业经济发展，人口快速聚集，学校、医院、农贸市场、商场、超市、宾馆、酒店、电信、邮政、银行、电影院、网吧、KTV 等生活服务配套设施相继建设，服务功能逐渐增强。2004 年后，随着麓谷科技新城的建设，各类生活服务设施更趋完善，生活更加方便。

至 2012 年，已建成集“创新、高效、美丽、幸福”于一体的科技新城。

一、学　校

长沙高新区麓谷范围内的有六所高等院校，两所中学，一所职业技术学校和十四所小学。

六所高等院校，即中南大学湘雅医学院、湖南师范大学医学院、湖南商学院、湖南涉外经济学院、长沙医学院和湖南第一师范学院。

两所中学，即湖南师大附中高新实验中学（前身延风中学，2012 年 9 月，延风中学合并为湖南师大附中高新实验中学）、九年一贯制明德麓谷学校。

一所职业技术学校，即长沙市高新技术工程学校（原长沙市工商职业中专学校）。该校于 1983 年由普通高中改办职业教育，是一所由长沙高新技术产业开发区主办、威胜电子集团共办，长沙市教育局主管的全日制公办学校。该校为长沙市首批示范性职业学校，国家级重点职业学校，长沙高新区与长沙市就业与再就业培训定点机构和中联重科员工培训中心。

十四所小学，即麓谷中心小学、明德麓谷学校小学部、明华小学、桥头小学、枫树小学、平安小学、坪山小学、虹桥小学、南塘小学、雷锋小学、真人桥小学、推山小学、金桥小学（2012 年因学校拆迁暂停招生）、和平小学（2012 因学校拆迁暂停招生）。

表 4-10　　2012 年长沙高新区各小学学区范围

虹桥小学	地址	麓谷街道麓景社区
	学区范围	麓谷街道所属岳麓大道以南，麓云路以西、枫林三路以北长沙高新区范围内，除明德麓谷学校招生范围（详见明德麓谷学校招生范围）以外的居民子弟（麓谷锦和小区子弟按原岳麓区政策就近在川塘小学就读）；该范围内长沙高新区企事业单位符合入读条件的员工子弟和符合入读条件的外来务工人员子弟。
雷锋小学	地址	雷锋镇雷锋村
	学区范围	枫林三路以北雷锋镇雷锋村范围内居民子弟（含山水英伦楼盘）及企事业单位员工子弟；东方红镇荷叶坝村居民子弟。
南塘小学	地址	东方红镇金南村
	学区范围	东方红镇金南村：赵家湾、立新组、干塘坡、姚家湾、瓦灰塘、品强屋、蔡家坝、神塘冲、樟树塘、泗洲庙、宋家塘、李家湾、天星洲、措树屋、芙蓉坝、袁家塘、柏树湾各组居民及该范围内外来务工人员子弟。
金桥小学	地址	东方红镇金南村
	学区范围	东方红镇金南村除南塘小学招生范围外的其他组居民及外来务工人员子弟。（2012 因学校拆迁暂停招生）
明华小学	地址	东方红镇华龙村
	学区范围	东方红镇华龙村（原明华村）居民及该范围内外来务工人员子弟。
和平小学	地址	雷锋镇雷锋村
	学区范围	枫林三路以南雷锋镇雷锋村范围内居民及单位职工子弟；雷锋镇雷锋村（含荷花塘居委会）范围内外来务工企事业人员子弟。（2012 因学校拆迁暂停招生）
平安小学	地址	雷锋镇坪山村
	学区范围	雷锋镇坪山村除坪山小学招生范围外的其他组居民子弟及该范围内外来务工人员子弟。

续表 4–10

坪山小学	地址	雷锋镇坪山村
	学区范围	雷锋镇坪山村：庙湾组、塘角湾、马凹、孙家湾、白泥塘、周家冲、西冲湾、彭家湾、路边组、石子塘、桥湾、王田、白马塘、塔庄湾、曲池塘、东林塘、罗家染坊、肖家洲、牛栏冲、大风坡、下塘湾组范围的居民子弟及该范围内外来务工人员子弟。
枫树小学	地址	雷锋镇真人桥村
	学区范围	雷锋镇真人桥村原枫树铺村各组和原同心村张家湾、四贵塘、三塘村各组居民子弟及该范围内外来务工人员子弟。
真人桥小学	地址	雷锋镇真人桥村
	学区范围	雷锋镇真人桥村原杨桥村各组和原同心村葛根塘、福村塘、白鹤洲、乌金村、大塘坊、徐家湾、张家老屋各组居民子弟；该范围内及东方红镇荷叶坝村范围内外来务工人员子弟。
麓谷中心小学	地址	麓谷街道麓景社区
	学区范围	麓谷街道所属麓云路以东、岳麓大道以南、枫林三路以北长沙高新区范围内，除明德麓谷学校招生范围（详见明德麓谷学校招生范围）以外的居民子弟、企事业单位符合入读条件的员工子弟和符合入读条件的外来务工人员子弟。
推山小学	地址	雷锋镇牌楼坝村
	学区范围	雷锋镇牌楼坝村居民子弟及该范围内外来务工人员子弟。
明德麓谷小学部	地址	麓谷街道麓源社区
	学区范围	东方红路以东，岳麓大道以南，麓谷大道以西，金洲大道以北范围内的居民子弟；该范围内长沙高新区企事业单位符合入读条件的员工子弟和符合入读条件的外来务工人员子弟。
桥头小学	地址	雷锋镇桥头铺村
	学区范围	雷锋镇桥头铺村（含机电市场）居民子弟及该范围内外来务工人员子弟

二、医　院

至 2012 年，长沙高新区的社区卫生服务中心（乡镇卫生院）、社区卫生服务站（村卫生室）等医疗机构的分布状况如下表。

表 4–11　　长沙高新区医疗卫生服务机构一览表

机构名称	地 址	业务范围
东方红镇中心卫生院	麓泉路与东科路交汇处	1、提供常见病、多发病的基本医疗服务。 2、免费提供公共卫生服务： （1）健康档案； （2）高危人群和重点慢性病筛查； （3）高血压、糖尿病管理； （4）卫生知识普及； （5）重点人群、重点场所健康教育； （6）疫情监测报告； （7）一类疫苗儿童预防接种； （8）结核病防治； （9）艾滋病防治； （10）其他常见传染病防治； （11）妇女保健及计划生育技术服务； （12）儿童保健； （13）重性精神病患者社区管理； （14）残疾人医疗康复管理； （15）老年保健。
延农社区卫生室	延农居委会	
东塘社区卫生室	涉外经济学院旁	
长庆社区卫生室	长庆居委会	
长丰社区卫生室	长丰居委会	
华龙村卫生室	华龙村委会	
金南村卫生室	金南村委会	
荷叶坝村卫生室	荷叶坝村委会	
雷锋镇卫生院	雷锋镇正兴路 12 号	
桥头铺村卫生室	雷锋镇桥头铺村	
牌楼坝村卫生室	雷锋镇牌楼坝村	
真人桥村卫生室	雷锋镇真人桥村	
黄花塘社区卫生室	雷锋镇黄花塘	
坪山村卫生室	雷锋镇坪山村	

三、商场、超市、宾馆、餐饮等

1994 年，英才园农贸市场建成开业，位于银盆岭街道桐梓坡路英才园小区，配套建设综合商场，是长沙高新区自建首家生活服务设施。

2011 年 1 月 20 日，位于长沙高新区雷锋大道与玉兰路交汇处的人人乐时代城购物广场开业。时代城购物广场的卖场营业面积 20000 平方米，商品近 22000 种，是河西营业面积最大的综合性超市。同期开业的还有位于枫林三路 608 号罗马广场的华联购物中心、位于麓云路 120 号的佳家润超市等购物场所。

至 2012 年，长沙高新区范围内有五家酒店，即假日酒店、雅阁酒店 2 家五星级酒店、位于麓谷麓景路 66 号的人瑞大酒店、位于麓云路锦和园小区旁的柏悦酒店和位于瑞龙路麓谷坐标 C138 号的斯巴克酒店式公寓。

随着长沙高新区建设速度的加快，方便人们生活的特色餐饮、娱乐和休闲场所不断增多。有位于麓谷麓枫路阳明山庄西门的龙聚福阳明店、位于桐梓坡西路 189 号金荣 . 央谷金座一层的徐记海鲜麓谷店、位于麓谷锦园会所西座的茗鱼汇等餐饮店；有位于枫林 3 路 608 号罗马商业广场 A 区 3 楼的中影国际电影城、位于麓松路天元七彩 MALL 三楼的潇湘大乐影城等电影院，丰富人们的精神生活。有位于麓谷汽车世界 B–08 号的滴滴车主俱乐部、位于麓谷文轩路的金溪休闲会所等休闲场所。

第六节　用房建设

一、部分工业用房

1992 年，市政府划拨火炬城作为长沙高新区产业发展用地（长政函〔1992〕5 号），总规划用地面积 27.5 公顷。

1993 年初火炬城开工建设，1997 年底基本建成。实际建成工业厂房 M0–M7、M14 共 9 栋，工业用地面积 64559.21 平方米，工业厂房面积 209658.24 平方米。实际建成公共用房 C1 ～ C6 共 6 栋，综合用地面积 105905.67 平方米。

二、部分办公用房

管委会综合大楼，2002 年 5 月开工建设，总投资 11900 万元，占地面积 9.84 公顷，建筑面积 35606 平方米，大楼高 49.8 米，共 12 层。2003 年 5 月外环境配套工程开始建设，建筑面积 25000 平方米，12 月综合大楼竣工。大楼内有办公室 120 间，中型会议室 2 间，300 平方米展示厅 2 个。管委会办公大楼获湖南省建设协会最高奖“芙蓉”奖。

软件中心大厦于 2002 年 3 月开工，2003 年 5 月竣工，占地 16148.6 平米，建筑面积 23604.53 平米，包括 1 栋 6 层大楼。

麓谷企业广场， 占地面积 24.4 公顷，建筑面积 54 万平方米、总投资逾 9 亿元。项目分两期开发建设，一期总建筑面积 27 万平方米，含 11 栋总建筑面积 14.9 万平方米的加速器、4 栋总建筑面积 6.1 万平方米的孵化器、1 栋建筑面积 42000 平方米的创业大楼和 18000 平方米地下车库，车位 1127 个。二期用地建筑面积 16.5 万平方米。绿化率 39.60%，容积率 2.25。一期工程于 2010 年 10 月奠基，12 月进场施工， 2011 年 10 月 1 日开盘销售，2012 年 12 月，麓谷企业广场一期建筑面积 27 万平方米工程竣工，成为湖南省在建完工最大的工业地产项目，

新长海麓谷中心，总占地面积 5.3 公顷（80 亩），总建筑面积 13.8740 公顷。2011 年开工建设，共规划建设 6 栋大楼，其中，一栋形象展示大厅，四栋办公研发楼，一栋百米国际 5A 孵化楼。

长沙高新区创业大厦，由长沙高新技术产业开发总公司投资 3.66 亿元开发建设，总建筑面积约为 66660 平方米，兴建一幢办公楼，设有地下室。2011 年

3月开工建设，2012年9月竣工。

长沙中电软件园规划面积1500亩，建筑面积150万平方米，计划六年内投资逾30亿元。其中，长沙中电软件园总部大楼配套工程研发楼2011年前完成一期建设320亩，完成投资10亿元以上，一期建设内容主要包括总部大楼、培训孵化楼、创业公寓、研发科技楼、专家公寓等，其中总部大楼及配套设施建筑面积近6万平方米。

麓谷信息港，2008年8月开工建设，2010年8月竣工。麓谷信息港项目占地25718.3平方米，建筑面积约10万平方米，总投资额约40000万元。项目有超过110米的2座高楼，成为长沙高新区的标志性建筑。

橡树园区，占地面积46亩，总建筑面积42000平方米，全部为自有产权。其中包括6栋3层～4层共计11000平方米的写字楼、2栋6层共计31000平方米的生产厂房。

长沙生产力促进中心，1、2号楼，建筑面积16586.67平方米；创业服务中心厂房面积12909.36平方米；1、2号孵化楼工程面积12843.7平方米。

三、部分事业用房

事业用房含学校、医疗卫生、研究院所用房。

长沙高新区虹桥小学1～3号教学楼、大门于2009年4月开工建设，同年12月竣工，建筑面积14942.16平方米，工程造价3413.43万元。

长沙高新技术工程学校，前身为长沙市工商职业中专。实训大楼用地面积9837平方米，总投资1000万元。于2009年5月开工建设，2010年1月竣工。

麓谷中心小学由湖南东方红建设集团有限公司施工建设，学校占地46亩，建筑面积14374平方米，造价2459.42万元。

延风中学由湖南东方红建设集团有限公司施工建设，2011年4月启动延风中学科技楼、食堂及教师用房、图书馆、教学楼、艺体馆、学生宿舍建设，2012年6月竣工，建筑面积39146.19平方米，工程造价9574.68万元。2012年9月，延风中学合并为湖南师大附中高新实验中学。

湖南光琇医院占地面积70亩，建筑面积12505m2；总固定资产3000多万元

四、部分商业用房

英才园，1992年3月开工建设，总投资约5亿元，占地面积166660平方米，建筑面积约280000平方米。1993年9月第一期竣工开园，2004年全面竣工，

含 1.2、3 片别墅及多层住宅、丰颐苑高层住宅、星电阳光城商住综合区、高新博才学校及供电、高新公司、城管局办公楼等。社区公园分为 2 区，分别为英才园社区公园、英才阁。

魏家坡住宅小区，是长沙高新技术产业开发区管委会机关干部职工宿舍，由长沙高新技术产业开发总公司投资开发建设，占地面积 46600 平方米，总建筑面积 54870 平方米，1995 年开工建设，共建有 8 栋住宅大楼，其中六层住宅楼 1 栋，四层住宅楼 7 栋。

麓谷锦园，于 2003 年 3 月开工建设，长沙高新技术产业开发总公司投资 13977 万元，占地面积 121334 平方米，建筑面积 87352 平方米，建有 354 套住宅。工程分为两期建设，为商业、住宅建筑。2004 年，完成麓谷锦园一期住宅建设，建筑面积 43352 平方米。2005 年 12 月，麓谷锦园二期住宅竣工，建筑面积 37000 平方米，建筑面积 7000 平方米商业用房按期封顶，于次年竣工。同时完成麓谷锦园绿化景观工程及健身设施。2008 年，麓谷锦园绿化提质改造，改造小区有线、网络线路，重新铺设网球、蓝球场地面等设施。

保利麓谷林语，项目总投资 37 亿元，占地面积 790042 平方米（1185 亩），建筑面积 1380545 平方米。保利麓谷林语建设普通住宅、多层洋房、联排别墅、五星级酒店、大型商业中心、九年制学校等多种物业类型，规划总建筑面积 138.0545 万平方米，其中住宅建筑面积 106.03 万平方米，规划户数 10756 户，居住人口近 40000 人。

香麓丽舍，位于湖南省长沙市岳麓区，是长沙高新技术产业开发总公司开发的地产项目。项目位于长沙河西银盆岭。楼盘为经济住宅，建筑面积 21183.1 平方米，占地面积 7164 平方米。2006 年开工建设，2007 年下半年开盘，2008 年 12 月入住。

麓谷明珠，位于长沙高新区枫林三路与麓谷大道西北角，楼层分别为 1 栋和 2 栋公寓 25 层，3 栋和 4 栋 17 层，5 栋 16 层，6 栋和 7 栋 17 层，8 栋和 9 栋 18 层，停车位 655 个，绿化率为 40%，占地面积为 50614 平方米，建筑面积 14 万平方米，工程造价约 2 亿元。2011 年，麓谷明珠项目开工建设，2012 年建成交房，启动公寓、写字楼、商铺及车位销售。

远大麓园，位于长沙高新区麓谷大道 636 号麓谷小学西侧，长沙远大置业有限公司投资开发建设，项目由 7 栋 11–18 层住宅和超大规模中心花园组成，共有住宅 731 套，占地面积 25222.3 平方米，建筑面积 71845.5 平方米，绿化率 45%，共有停车位 347 个。2008 年 7 月开盘销售，三期精装公寓于 2009 年 12 月 30 日开盘销售。

美林·银谷，为长沙高新技术产业开发总公司合作开发项目，位于长沙市岳麓区金星大道和岳麓大道交汇处，占地面积 28936.78 平方米，建筑面积 94069.2 平方米，总户数 407 户。项目于 2005 年开始建设，2007 年 11 月开盘，2009 年 5 月入住。

五、部分安居工程

安居工程用房分保障房和公租房。保障用房主要有和润园、和沁园、和馨园、和印轩；金南家园、华龙家园；公租房有麓城印象

和馨园，和馨园位于长沙市绕城高速以东、虹桥路以西、长川路以南、长三路以北。一期项目由长沙高新技术产业开发总公司投资建设，是按照城市商品房标准规划设计的长沙高新区首个多居、村集中安置的高层公寓小区，于 2009 年 10 月开工建设，2012 年 11 月竣工。一期总用地面积约 249.6 亩，净用地面积约 155.1 亩，总建筑面积约 31.8 万平安米，总投资约 7 亿元。和馨园 A 区共有房屋 761 套，可入住 3000 余人。

和馨园社区启动“创文明社区，建温馨家园”活动

和润园，和润园位于长沙高新区雷锋镇枫林路以南，绕城高速以西，由长沙高新技术产业开发总公司开发建设，项目总用地面积约 254 亩，规划总建筑面积约 47 万平方米，总投资约 10 亿元。其中：和润园一期建筑面积约 18 万平方米，于 2010 年 3 月开工建设，2012 年 11 月竣工验收并交付使用。和润园一期可提供房屋 1468 套，可安置人数为 1809 人。

和沁园，和沁园位于长沙高新区东方红镇荷叶坝村雷高路以东、绕西路以南，由长沙高新区麓谷保障住房开发有限公司投资开发建设。一期于 2011 年 1 月开工，2012 年 10 月竣工，总用地面积约 60 亩，总建筑面积约 15 万平方米，

总投资约2亿元。和沁园一期共有公租房136套，可入住约560人。

和印轩，和印轩住房项目于2011年9月21日取得立项批复。项目位于青山路以北、永青路以西、尖山路以东。项目总用地面积约64.52亩，建筑面积为181372平方米，总投资48405万元。2012年12月开工，2014年1月竣工。

华龙家园，华龙家园住房项目于2011年3月3日取得立项批复。项目位于明湖路以东、望雷大道以西、寺凉路以南、长兴路以北。项目总占地面积224.8亩，净用地面积约184.1亩，总投资83589.87万元。2013年7月开工，2014年5月竣工。

金南家园，金南家园位于麓尖路以南、景阳路以北、东方红路以西、金相路以东，由长沙高新技术产业开发总公司投资开发建设。金南家园一期总用地面积约150亩，总建筑面积约26万平方米，总投资约13.9亿元，建设房屋1888套，可安置2400人，其中归集体公共租赁住房210套，可入住约1258人。

麓城印象，长沙高新区麓城印象项目位于和馨园北，临长川路，由长沙高新开发区麓谷保障住房开发有限公司投资开发建设。总用地面积约38.77亩，净用地面积29.8亩，总建筑面积约10万平方米，总投资约2.9亿元。共建设房屋1542套，可入住3000余人。2011年10月开工，2013年1月竣工。公租房建成后，归集的公租房房源全部面向园区符合政策规定的外来务工人员，由企业统一承租并与各集体经济组织对接，长沙高新区管委会对符合条件的承租企业租房人给予每人不超过10平方米、每平方米4 ~ 6元的政策补贴。第一期归集的房源已经全部与企业签订租赁意向合同，中联、宇顺等企业已经根据招工需求分批入住。麓城印象公租房是全省首个“按公租房标准设计”建设的项目，被评为全国保障性安居工程“优秀工程项目”。

对外开放

第五篇 对外开放

扩大对外开放、做好招商引资是一项始终贯穿长沙高新区开发建设的重要工作。

1988 年 10 月，长沙试验区办公室成立即开始招商引资工作，不到一个月接待 270 多个单位，360 多人次，有 100 多个单位，670 多个项目申请进入长沙试验区。

1989 年，长沙试验区办公室设立企业开发部；1995 年，长沙高新区新设对外合作处；1998 年，更名为招商合作处，2001 年，设立招商合作局；2008 年，长沙高新区设立招商窗口、招商引资奖励委员会等机构，负责全区招商引资工作。随着招商引资制度的健全，机构的完善，长沙高新区的招商引资工作亦有较大的进展。

至 2012 年，园区共有高新技术企业达 825 家，其中规模以上企业 110 家（麓谷 75 家，其它园区 35 家），产值过亿元的企业 55 家；当年实现实际到位外资 2.4166 亿美元、省外境内资金 24.8344 亿元和市外境内资金 37.383 亿元，工业招商到位注册外来资金额为 54.25 亿元，外贸创汇超 10 亿美元。

第一章 招商机构

第一节 园区机构

一、长沙试验区办公室企业开发部

1989 年 4 月，根据长沙市机构编制委员会（简称“市编办”）编字〔1989〕第 53 号文件批复，长沙试验区办公室设立企业开发部，行政级别为正科级，负责长沙试验区的招商工作。

二、长沙高新区办公室企业开发部

1991 年 9 月 4 日，根据市编办《关于调整长沙科技开发试验区办公室机构编制的通知》，长沙试验区办公室更名为长沙高新技术产业开发区办公室，长沙科技开发试验区办公室企业开发部亦更名为长沙高新技术产业开发区办公室企业开发部。

三、长沙高新区招商合作处

1995 年，市编办核定高新区管委会内设机构，新设对外合作处，加强高新区对外招商引资的工作力度。

1998 年 1 月，根据湘编办发〔1998〕2 号和长编委发〔1998〕2 号文件，长沙高新区管委会内设招商合作处，并于 2000 年 11 月根据长编委发〔2000〕64 号文件调整其工作职能。

四、长沙高新区招商合作局

2001 年 12 月，根据湘编办〔2001〕24 号文件，长沙高新区管委会设立招商合作局，行政级别为副处级。

2003 年 12 月，长沙高新区管委会对招商引资内部管理体制和运行机制进行改革，对招商合作局机构、职责、人员实行重组，在招商合作局内部，设置并行的招商合作一局、招商合作二局、招商合作三局，招商一、二局各定员 3 人，局长 1 名，副局长 2 名；招商三局定员 4 人，局长 1 名，副局长 1 名。

2004 年 12 月，根据湘编办〔2004〕30 号文件，招商一、二、三局合并为招商合作局。

2011 年 12 月，根据《长沙高新区党工委、管委会机构改革实施意见》（长高新区发〔2011〕68 号），在招商合作局内设立对外科技交流中心。

2012 年，长沙高新区管委会设招商合作局（商务局）。

第二节 驻外机构

一、招商窗口

自 1992 年起，为扩大招商范围，长沙高新区先后在海口、北海、深圳、北京、乌鲁木齐、新加坡、中国香港等地设立招商窗口。

二、广东商务联络处

2006 年，为做好珠三角的产业转移承接，长沙高新区管委会设立广东商务联络处。

第三节 工作机构

一、招商引资奖励委员会

2001 年 1 月，长沙高新区成立招商引资奖励委员会，柳冠群为主任，张德安、黄德湘为副主任，成亮洪、刘清文、陈智勇、张绍钢任委员。

二、利用外资项目开发与包装工作领导小组

2001 年 3 月，长沙高新区利用外资项目开发与包装工作领导小组成立，张德安任组长。

三、招商引资工作协调领导小组

2007 年，长沙高新区招商引资工作协调领导小组成立，罗社辉任组长，张德安、刘琳、邓自力、莫一平、郭立夫、宋捷等任副组长，招商局、产业局、创业中心等部门主要负责人为成员，具体组织工作由郭立夫负责。

四、项目引进、开工建设服务工作协调领导小组

2008 年 1 月，长沙高新区项目引进、开工建设服务工作协调领导小组成立，罗社辉任组长，张德安、刘琳、邓自力、莫一平、郭力夫、宋捷等任副组长，招商局、建管局(土地储备中心)、投资服务中心等机构部门的主要负责人为成员。项目引进的具体 工作由郭力夫牵头，日常事务工作由招商局负责。

五、管委会招商引资奖励审核小组

2008 年，管委会招商引资奖励审核小组成立，管委会分管财政、招商、纪检的领导任组长、副组长，招商、审计、财政、国税、地税、建管局（土储分中心）为成员单位，日常工作由招商合作局负责。

第二章 招商政策与方略

第一节 招商政策

1991—2012 年，国务院及相关部委先后发布一系列关于国家级高新技术产业开发区的税收优惠政策，鼓励高新区招商引资。湖南省和长沙市也相继出台一批扶持和优惠政策，吸引企业落户，引进项目与资金，促进科技成果转化、科技人员创新创业以及科技合作。长沙高新区根据区内发展实际与本身条件，制定相应的政策和法规，加大招商引资力度，扩大招商引资范围。

一、国家主要政策

为进一步扶持中国高新技术产业开发区的建设,推动高新技术产业的发展,1991 年 3 月以来，国务院先后颁发有《国家高新技术产业开发区若干政策的暂行规定》《国家高新技术产业开发区税收政策的规定》《关于对长沙科技开发试验区税收优惠问题的批复》等政策。

二、湖南省主要政策

1990—2012 年，湖南省先后出台《关于长沙科技开发试验区实行省计划单列的请示报告》《省人民政府长沙现场办公会议纪要》《长沙高新技术产业开发区高新技术企业认定办法实施细则》和《关于扶持高新技术产业发展的若干规定》等，支持长沙高新区的发展，推动招商引资工作的展开。

三、长沙市主要政策

继国家和湖南省颁发各项对高新区的支持政策后，长沙市政府先后出台《长沙高新技术产业开发区条例》《长沙软件产业基地国家新材料成果转化及产业化基地和岳麓山大学科技园若干政策规定》《关于对长沙软件产业基地内的软件企业实行无费管理的通知》《关于积极促进产学研合作加快科技成果产业化暂行规定实施细则》《关于积极抢抓机遇扩大开放合作的政策意见》等法规和政策，给予在长沙高新区内投资设厂的高新技术企业包括税收、财政、土地、出口在内的多方面优惠，促进招商引资的发展。

四、长沙高新区主要政策

自 1991 年起，长沙高新区根据园区实际情况，先后制定适用于高新技术产业的优惠政策与引进资金项目的奖励政策，如《长沙高新技术产业开发区鼓励引进项目、人才的奖励办法》《长沙高新技术产业开发区进出口暂行管理条例》《长沙高新区招商代理管理暂行办法》《招商引资奖励办法》《招商代理暂行办法》《长沙高新区麓谷园区招商引资奖励办法》《长沙高新区聘请招商顾问的暂行办法》《长沙高新技术产业开发区麓谷园区招商引资中介人奖励暂行办法》《关于对重大招商引资项目实行领导分工责任制的通知》《长沙高新技术产业开发区重大项目招商引资责任追究暂行办法》《关于对招商合作局招商引资工作实行问责的决定》《关于实行商务委托代理的暂行办法》《招商引资工作经费管理暂行办法》《长沙高新区技术产业开发区对重大产业项目中介人奖励暂行办法》《长沙高新区麓谷招商引资项目管理暂行办法》《长沙高新区引进招商项目专项奖励暂行办法》《招商引资指标奖励暂行办法》《长沙高新技术产业开发区招商代理管理暂行办法》《关于印发〈长沙高新区重大招商项目责任制实施办法〉的通知》《对重大项目招商中介人实施奖励的暂行办法》《长沙高新技术产业开发区鼓励引进龙头企业、推进技术创新、壮大产业集群的若干规定》《关于印发〈长沙高新区招商引资专项奖励暂行办法〉的通知》《长沙高新区对重大产业项目中介人实施奖励的暂行办法》《长沙高新区重大招商项目中介人和有功人员奖励实施办法》等等，优化投资环境、吸引外来资金，至2012年，长沙高新区招商引资的政策体系基本形成。

第二节 招商方略

一、横向联合

长沙高新区成立初期，进入长沙的外资数量不多，为发展园区经济主要采取与大专院校、科研院所以及大中型企业等进行横向联合招商。

为发掘省会长沙的科教优势，长沙高新区按照“一统三分”（统一管理、分税、分利、分产值）和“既筑巢引凤、又引凤筑巢”的原则，采取面向“三大”（省内大中型企业、大专院校、大科研院所）、发展“两外”（外资企业和外地企业）的策略，吸引外资到高新区投资办厂，当时，高新区内70%左右的高新技术企业隶属于高等院校、科研院所。

1991年5月9日，长沙市政府召开部分大中型企业厂长座谈会，号召大中型企业积极到高新区内兴办高新技术企业。经市政府有关部门批准，长沙高新区新型含油轴承厂大胆转换运行机制，实行“公有私营”机制，成为长沙市第一个实行租赁经营的试点企业。

1992年，湖南洞庭科技有限公司以120万元人民币购买中国科学院植物研究所研制成功的“植物抗寒剂”（系国家自然科学基金重大项目成果，居世界领先水平）的技术转让权，于当年10月在长沙高新区正式大批量投入生产。

1993年，省政府副秘书长翁晖、长沙市副市长兼长沙高新区办公室主任罗特、省教委副主任高曾珊、省科委副主任潘奇才率队，深入到国防科技大学、湖南大学、中南工业大学、湖南农学院等十二所大专院校考察，开展招商、纳贤、引进项目。湖南计算机厂与新加坡维用科技公司签署湖南长岛电路有限公司的合资协议。长沙高新区金鹏实业银行与湖南农学院茶学系等合资成立以植物提取物为主业，涉及农作物种子选育、生物农药等领域拥有自营进出口权的生物

高科技企业——长沙金农天然植物制品实业有限公司，

2000年4月，长沙高新区管委会及区内130多家企业与国防科技大学举行科技合作恳谈会，双方就加强科技合作，促进高新技术推广应用等问题进行交流和洽谈。

2001年11月，长沙高新区管委会邀请32家在长科研院所负责人，就支持科研院所改制及高新技术产业化举行座谈，高新区与改制科研院所联合，重点引进和扶持一批科研院所入园兴办企业。国家建设部长沙建筑机械研究院创办“中联机械产业公司”（后更名为中联重科股份有限公司），湖南省化工院创办“湖南海利”、湖南农科院为主创办“隆平高科”、长沙矿冶研究院创办“金瑞科技”、湖南省邮电科学研究所创办“湘邮科技”。同时，长沙高新区实施火炬计划项目，鼓励发展民营高科技企业，重点扶持中联重科、海利化工、长沙远大空调实业有限公司、长沙创智软件有限公司等本土高科技企业，带动园区产业的发展。

二、网络招商

网络招商是指通过相关网络网站平台，提供招商信息和企业产品，吸引投资。

1997年，长沙高新区管委会开通招商信息国际互联网，在一级网域名中国商业网注册“长沙高新区招商网网址”。8月13日，高新区召开国际互联网工作会议，举办6期60家企业参加的网络培训班，指导企业在互联网制作主页，宣传推介企业和产品，为30多家高新技术企业建立电子信箱，10多家企业制作网页，开展网上招商。

同年，长沙高新区与华讯互联网公司合作，高新区正式拥有在美国注册、在中国互联网中心备案的一级网域名——中国商业网，将长沙高新区招商信息推向世界。

2000年，长沙高新区招商网站建立，在雅虎、百度等搜索引擎上登录，建立项目库、客户库、信息库，精选一批以电子信息、新材料为主的招商项目，编制符合国际商务规范的计划书。此后，每年均及时更换招商网页，充实招商内容，更新招商项目。

2006年10月20日，“2006湖南—欧盟网上展洽会”首场推介会在长沙高新区举行，高新区100多家企业上网参展。

2010年12月，长沙高新区专门的招商网站进入测试阶段，并于2011年2月正式运行，长沙高新区招商合作局专门配置网上招商专员。

2011 年，网络招商第一单——湖南华菱钢铁股份有限公司在长沙高新区设立全资子公司湖南华菱钢管控股有限公司，作为华菱集团的总部平台，实行营销、采购、研发等主要业务一体化运作，全面整合旗下钢管业务，拥有湖南衡阳、江苏靖江两大生产制造中心，具备年产 300 万吨钢管的规模，项目初期注册资本为 500 万元，由华菱集团和华菱钢铁股权增资后注册资本达 20 亿元。

三、代理招商

代理招商是长沙高新区管委会委托境内外法人、经济组织、相关机构和自然人为高新区对外推介项目、对内引进资金的行为。招商代理分为招商顾问、省市政府驻外办事机构的招商代理、专业招商代理。

2002 年，长沙高新区管委会制订长高新管发《长沙高新技术产业开发区招商代理管理暂行办法》〔2002〕33 号。

2008 年，重新修订并印发《长沙高新技术产业开发区招商代理管理暂行办法》长高新管发〔2008〕6 号，明确代理人的代理权有效期为一年。在有效期内，招商合作局对代理人的绩效进行评估，若代理人在有效期内无任何代理业绩，高新区管委会有权决定不保留其代理资格并不予发放有关奖励；在有效期满时，高新区管委会有权根据代理人的绩效来决定是否延长其代理资格。

四、展会招商

利用经贸会、高交会、科交会等进行招商引资。

经贸会：

1992 年 9 月，长沙高新区组团赴香港参加湖南—香港经贸洽谈会。

1993 年 9 月 8–13 日，长沙高新区组织 23 家企业、28 个项目参加湖南省第四届对外经济贸易洽谈会。

1994 年 9 月 5–9 日，长沙高新区代表团参加湖南省出口商品展销暨经济技术合作洽谈会（在香港和深圳同时举行），高新区企业签订合同 5 项，投资额 1.496 亿元，其中外资 835 万美元。

1996 年 9 月 10–14 日，长沙高新区组团参加湖南省在香港举办的第四届“出口商品展销暨对外经济技术合作洽谈会”，高新区 11 个产品参展，与外商签订协议、合同 6 个，项目总投资 1.2 亿美元。其中长沙高新技术产业开发总公司、长沙热电建设公司与美国联合热电公司合作建设河西热电厂，长沙热电建设公司与法国热电协会、法国温斯银行合作建设调峰电站。

1997 年 9 月 2–5 日，长沙高新区组织区内 10 余家企业参加湖南省第六届出口商品展销暨对外经济技术合作洽谈会，高新区12家企业参会6个项目签约，投资总额达8000万美元，其中协议利用外资6050万美元，意向利用外资700万美元。

1998年10月17–20日，中国中西部地区对外经济技术洽谈会在长沙举行，长沙高新区在会上向与会人员推介长沙高新区的投资环境及产业发展状况，高新区24家重点企业发布16个重点招商项目。

2001年7月8–11日，长沙高新区管委会主任柳冠群率31家高新技术企业赴香港参加2001年湖南(香港)投资贸易洽谈会。在港期间，长沙高新区与省外经贸厅联合召开“湖南企业海外融资上市推介暨长沙高新区投资说明会”。

2002年8月18日，长沙（昆明）名优特产品展销及经济技术协作洽谈会签约仪式在昆明市国际贸易中心举行，长沙高新区代表团共有15个项目正式达成协议，协议金额达182200万元。

2004年11月，长沙高新区组团参加中国 · 长沙（香港）投资贸易洽谈会。

2005年5月29日至6月3日，以管委会副主任莫一平为团长的长沙高新区代表团参加在香港举行的湖南省（香港）投资贸易洽谈会。

2006年9月25日，长沙高新区组团参加在长沙举办的湖南—香港经贸合作交流会。

2010年5月6日，湖南省承接珠三角产业转移活动周暨长沙市投资环境推介会在深圳举行，长沙高新区共签约产业转移重点项目7个，签约金额达20多亿元。高新区召开三产服务业专场推介会，包装、策划一批三产服务业招商项目对外发布。

2010年7月23–27日，高新区招商代表团在上海参加“长沙服务外包产业（上海）推介会”和“湖南投资环境（上海）推介会”等招商活动，并签约投资1亿美元的盈富置业项目。

高交会：

中国国际高交会

1989年5月，在全国首届“火炬杯”高新技术及产品展评会上，湖南省参展团共获4项金牌奖，长沙科技开发试验区内企业占3项（二项优秀项目奖、一项优秀产品奖）。

1991年6月18日，长沙试验区参加在深圳举办的“全国火炬高新技术及产品展交会”，试验区参展项目获金牌1块，银牌1块，铜牌4块。

1993年8月，长沙高新区组团参加在北京举行的中国火炬计划实施五周年成果暨高新技术产品展交会，参展项目20余个。

1999年10月6-10日，长沙高新区参加由对外贸易经济合作部、科学技术部、信息产业部、中国科学院和深圳市人民政府共同主办的中国首届深圳"国际高新技术成果交易会"（即"高交会"）。长沙高新区远大、创智、威胜、晶鑫、爱迪、五强、三占和长江电器厂8家企业参展，2个项目签约，签约总金额为2500万元。

2000年10月12-17日，长沙高新区管委会主任柳冠群率区内60多家企业150余名代表参加第二届"高交会"，15家高新技术企业、22项高新技术成果及产品参加展览，96个项目参加网上交易，15个项目签约或达成协议，签约金额1．4亿美元。

2001年10月12-17日，长沙高新区管委会主任柳冠群、副主任张德安率区内32家企业、56个项目参加中国深圳第三届"高交会"。参会期间，省、市政府举办长沙国家软件产业基地推介及项目发布会，高新区企业共签约7740万美元，其中招商项目6个，签约金额7130万美元，购销合同7个，金额610万美元。

2002年10月12-17日，以管委会主任柳冠群、副主任宁枫为正副团长的长沙高新区代表团共50人参加第四届"高交会"，共发布湘计算机、天一银河、创智信息等37家企业的66项高新技术项目，长沙高新区有7个项目签约，协议合同总投资4亿元人民币。

2005年10月12-17日，由长沙高新区承办的第七届"高交会"在深圳会展中心和高交会展览中心举行。通过专题活动——湖南省投资说明会暨长沙高新区招商推介会，高新区分别与黄伯云院士领衔的湖南博云新材料公司、美国弗西比公司、中孚泰（香港）发展有限公司等签约8大项目，涉及电子信息、机械制造、新材料、生物医药等领域，引进资金24亿元人民币，其中美元2.05亿元。

2009年11月16-21日，第十一届"高交会"在深圳市举办，长沙高新区组织部分企业参加商务部组织的"科技兴贸创新基地展"。

2010年11月16-21日，第十二届"高交会"召开，长沙高新区在湖南馆设立以新能源、新材料两大产业为主的展厅，并举办长沙高新区新能源、新材料产业投资（深圳）洽谈会，长沙和深圳的近50名新能源、新材料产业的企业客商出席活动。

2011年11月16-21日，第十三届“高交会”召开，长沙高新区主任助理、招商合作局局长刘清文率长沙高新区招商局参加由科技部火炬中心、深圳高新区管委会共同举办的“建设世界一流高科技园区国际会议”，了解世界各国在利用金融推动科技创新和产业发展的实践经验和最新发展趋势，为进一步开展国际合作搭建有效平台。

省市区高交会

1988年10月7-12日，长沙科技开发试验区举办首届高新技术及产品交易会，共成交金额837.63万元。

1994年5月25-28日，长沙高新区组团参加湖南新技术新产品交易会，38家企业的69项产品参加展览，在申报的17个高新技术产品中，14个项目获金奖，3个项目获银奖，销售合同额425万元。

1995年9月8-12日，在第五届湘交会上，长沙高新区9家企业10个项目（产品）参展、交易，华康高科技公司与美国福柯斯达公司签订投资协议。

1995年9月22-26日，在中国国际高新技术产品交易会暨湖南省新技术新产品交易会上，长沙高新区22家企业的26项产品（项目）参展，全区参展产品总成交额（含意向）近1亿元，会上实际成交2800多万元，占长沙市展团总成交额80%以上。长沙晶科微电子有限公司的液晶显示器、远维科技有限公司的VCD影碟机等11项产品被交易会初评为金奖。

1997年6月26日，长沙高新区组团参加在长沙举行的全国（湖南）新技术产品交易会暨科技与乡镇企业对接洽谈会。

科交会：

1990年4月，在全国首届科技贷款成果展览会上，长沙科技开发试验区长沙矿冶研究院新冶科技开发公司研制的“不锈钢纤维及系列产品”项目获金箭金奖。

1991年，长沙高新区先后组织参加在加拿大多伦多举行的中国新技术产品博览会、在北京举行的首届国际和平周“中国科技之光”展览，其中在“中国科技之光”展览，共送展29个项目获金奖1项、银奖5项、铜奖7项。

1993年11月27-30日，长沙高新区组团参加海南—中国新科技成果、专利技术、专利产品博览会，共7家企业参加，参展产品中2项获博览会金奖，2项获铜奖。

1994年11月22日，长沙高新区参展第六届中国高新技术产品博览会，报送 8 个高新技术产品 6 个获金奖，2 个获银奖。

1998 年 11 月 3–12 日，长沙高新区管委会与马坡岭农业高科技园管理办公室组团参加第五届中国杨凌农业科技博览会，并有 2 个产品获得“后稷”金像奖。

2000 年 7 月 28–31 日，长沙高新区管委会主任柳冠群任团长，邀请 40 多家企业 100 余名企业家代表团组成高新区分团，展出高科技项目近 50 个，高新区分团在展销会期间产品销售和经贸协作两方面的成交总额 10.72 亿元，超过大会总成交额的三分之一。

2003 年，长沙高新区组团参加“科技环保在湖南—中国长沙环保与节能论坛暨科技成果展示（交易）洽谈会”。

2004 年 5 月 20–27 日，长沙高新区管委会副主任宁枫率团赴北京参加“第七届中国北京国际科技产业博览会”，高新区与上海杉杉科技集团公司签订总投资 3 亿元人民币的协议，在麓谷科技园建立锂电池正极系列材料生产、研发基地。

2006 年，长沙高新区组织 40 多家企业参加中国北京第九届科技博览会和湖南省科技活动周科技博览会；组织 5 家能源与环保企业参加长沙新能源与节能技术及产品展览会；组织 30 多家企业参加中部投资贸易博览会；组织 20 多家企业参加长沙首届先进制造业配套产品对接及展览会；组织 5 家企业参加中国民营科技企业新产品展示会。

2007 年，“产学研金一体化，创新创业在长沙”为主题的中国（长沙）科技成果转化交易会在麓谷成功举办。至 2012 年，科交会连续成功举办六届，平均每届签约项目 300 多个，签约资金近 200 亿元。

2012 年 12 月，长沙高新区组团参加在上海举办的第六届中国国际工程机械、建筑机械、工程车辆及设备博览会。

表 5–1　　长沙高新区科交会成交状况一览表

（2007—2012 年）

年份	签约项目（个）	签约金额（亿元）	技术需求（个）	融资需求（个）
2007	139	302	316	278
2008	207	150	550	315
2009	230	103	490	370
2010	260	252	541	260
2011	251	194	514	298
2012	230	148	427	244
合计	1317	1149	2838	1765

第三章 对外贸易

2012 年，中意技术转移中心落户麓谷

1997 年 1 月前，长沙高新区没有外商投资企业的审批权，园区对外贸易亦通过相关贸易中介进行。1997 年 1 月，经省招商局同意，长沙高新区管委会直接发放外商投资企业入园批准证书，开始真正拥有外商投资企业的全部审批权。对外贸易包括双边贸易和 2007 年后发展起来的服务外包中的离岸外包。

第一节 双边贸易

1990 年，长沙试验区的部分高新技术产品与中国科学器材进出口总公司湖南省分公司就高新技术产品进出口业务签订合作协议，长沙高新区新技术企业的产品获得外贸渠道，开始进入国际市场。

1992 年，应独联体乌兹别克斯坦共和国禽业联合公司的邀请，长沙高新区组团前往乌兹别克斯坦、土库曼斯坦共和国进行考察，拟与进区企业“快餐食品研究所”组成股份有限公司，以该股份公司名义与独联体合作，筹建调味品厂、包装盒厂，形成科工贸一条龙。

1993 年，长沙高新区组织高新区进出口公司、新陵石化公司、湖南冶金实验厂、光达新材料开发公司和长沙对外经贸轻工进出口公司 5 家企业参加广州“中国出口商品交易会”，完成出口签单 120 万美元。同年，组团参加“广州第 74 届中国商品展销会”，与来自 21 个国家和地区的客商洽谈，出口产品 57 万美元。

1994 年，长沙高新区出口创汇企业发展至 8 家，有 10 多种产品和技术出口创汇 826 多万美元，其中高新技术产品出口创汇 600 多万美元。海利股份有限公司依托省化工研究院的科研优势，研制、开发、生产10多个领先国内水平的农药和化工产品，出口创汇65万美元；麓山天然植物制药有限公司，自行研制开发的银杏树叶浸膏和天然植物提取物技术与美国万达利公司合作，开发23个国内领先水平的产品，进入国际市场，所有产品均由外方包销，成为湖南省唯一的全创汇型企业，公司创办4年，共完成技工贸收入4500多万元，创汇500多万美元；高新区进出口公司，在积极帮助区内企业开展进出口贸易的同时，自营出口创汇154万美元。

1996年，长沙高新区率区内15家企业、30名代表参加湖南省在香港举办的第四届“出口商品展销暨对外经济技术合作洽谈会”。“港交会”期间，高新区共有11个产品参展，与外商签订协议、合同6个。长沙高新区全年企业出口创汇3072万美元，比上年增加3倍多。

同年，创智、远大、长海、海利等企业在境外设立窗口，办分公司、建联络处和委托代理，高新区一批产品进入国际市场；远大、威胜、计算机厂、湘星集团等企业获得采用国际标准认证标志，远大获得ISO9001国际标准认证。

1997年，长沙高新区中联建设机械产业公司出口埃及的首批两台具有国际先进水平的中联牌扫路车启程发往亚历山大港。同年，高新区实现“三来一补”（来料加工、来样加工、来件装配和补偿贸易）产值6580万美元，出口创汇4500万美元。

1998年，在厦门举办的第二届中国投资贸易洽淡会（厦交会）上，长沙高新区企业签订产品出口合同总额100万美元。高新区全年出口创汇增长到4670多万美元。

1999年，长沙高新区高新技术企业有30多种高新产品出口美国、日本、西欧、东欧、东南亚等国家以及港澳台地区，全年高新技术企业出口创汇6700万美元，“三资企业”完成销售收入47.85亿元，实现利税9.24亿元，其中上缴涉外税3.29亿元，出口创汇5400万美元。

同年，长沙高新区参加由对外贸易经济合作部、科学技术部、信息产业部、中国科学院和深圳市人民政府共同主办的中国首届“国际高新技术成果交易会”。区内远大、创智、威胜、晶鑫、爱迪、五强、三占和长江电器厂8家企业参展，两个项目签约，签约总金额为2500万元。中汽长电扩大和上海大众、一汽大众的配套，通过与国际知名企业德国博世公司的合作，打开国际市场，完成收入2.17亿元，同比增长46.6%，创汇287.3万美元。是年，长沙高新区被长沙市政府授予“对外贸易工作先进单位"荣誉称号；区内乐金曙光、维用—长城、光男体育用品等公司被评为“出口创汇先进企业”。

2000年，长沙高新区组织企业参加“乌交会”“欧交会”“高交会”及高新区主办的中国香港招商恳谈会等，扩大对外贸易。在“乌交会”上，高新区参会企业成交额达10.72亿元，超过大会总成交额的三分之一；在“欧交会”上，高新区分团与外商签约8个项目，合同意向总金额2000多万美元，占全省总量的三分之一；“高交会”期间，苏博泰克公司与美国STS公司签约共同投资3000万美元进行软件开发出口；普林斯电子公司等5家企业签约10个项目，合作金额6100万美元。长沙高新区全年出口创汇达到1.087亿美元，首次突破亿元大关。

2002年，长沙高新区产品出口市场扩大，软件服务外包业务增长，全年出口创汇2.25亿美元，比上年增长57.3%。

2003年12月，长沙高新区正式被国家认定为“国家级高新技术产品出口基地”，共有外资企业162家，出口创汇2.5亿美元。

1988—2003年，长沙高新区通过对外经贸合作等途径出口产品，累计创汇总额达9.64亿美元。

第二节 离岸外包

2007—2012年，长沙高新区依托软件产业优势、相关国家资质认定以及区内扶持政策，服务外包产业特别是离岸外包产业发展较快。

2007年，国家商务部、信息产业部、科技部联合发文，认定长沙市为“中国服务外包基地城市”，长沙软件园获批国家服务外包示范园区。

2008年，举办“湖南省第三届海外华商潇湘行”——长沙高新区麓谷投资环境推介会，来自美国、加拿大、荷兰等国家，中国香港、中国澳门等地区，以及广州、深圳、上海等地的重要侨商、投资机构代表200多人齐聚麓谷，进行投资贸易洽谈。

2009年9月19日，在中国软件行业协会主办的“2009中国(南海)软件和服务外包高峰论坛暨中国软件行业协会成立25周年庆典”上，长沙软件园荣获“中国软件和服务外包杰出园区”称号，这是中国中部地区诞生的首个“中国软件和服务外包杰出园区”。

2010 年，为推动服务外包产业的发展，加强国际服务外包的交流与合作，长沙高新区举行《促进服务外包产业发展的暂行办法》新闻发布会。高新区每年将拿出 2000 万元作为服务外包专项发展资金，针对服务外包特别是离岸外包这一产业专门出台扶持政策，这一举措为全省首例。会上，首批 13 家企业现场获得 183.3 万元的扶持资金。

2011 年，长沙软件园荣获“2011 年中国软件和信息技术服务业最具品牌影响力的园区”称号，对外贸易在软件和信息技术服务方面的知名度得到提升。

2012 年，长沙高新区离岸外包市场已经遍及全球 25 个国家和地区，聚集 400 家服务外包企业和 10 家服务外包培训机构，投资总额超过 10 亿元。其中，40 余家企业通过“双软”认定，19 家企业通过 CMMI 认证，9 家企业通过科技部骨干企业认证，5 家企业上市，累计进入商务部服务外包管理系统的企业近 200 家。服务外包从业人员近 5 万人，其中中高端技术人才 1.6 万人。

同年，申报扶持资金的服务外包企业从 2009 年的 13 家增加到 48 家，增长 269.23%；扶持资金从 2009 年的 183.3 万元增加到 258.3 万元，增长 40.9%；服务外包产业合同总额从 2009 年的 8014.8 万美元增长到 2.9 亿美元，增长 262.72%；执行总额从 2009 年的 3662 万美元增加到 2.06 亿美元，增长 461.25%。

第四章　合作交流

第一节　科技合作

1990—2012 年，长沙高新区积极与其它高新区开展科技合作，加强横向联系与交流，学习其园区建设和产业经济发展的经验。同时，全国各地高新区派人来长沙高新区考察参观。

一、交流考察

1990—2012 年，长沙高新区的交流考察工作从两方面开展：一是参加会议，举办活动，并作经验交流；二是参观考察，包括长沙高新区组织人员前往全国各高新区考察交流以及各考察团来长沙高新区参观交流。

会议交流：

1990 年 10 月 29 日—11 月 2 日，长沙科技开发试验区组团参加全国高新技术开发区展览，首次与全国各高新区交流经验。

1991—2000 年，长沙高新区先后参加全国高新技术产业开发区工作会议、全国第三次火炬计划工作会议、全国高新技术产业开发区园区基本建设工作会议、全国科技工作会议、国家高新技术产业开发区跨世纪工程规划研讨会、二十一世纪亚太地区科技工业开发区发展国际研计会等会议，并作《长沙科技开发试验区情况汇报》《各方动员力量，齐心协力，加速开发区建设》《长沙开发区筹措资金，加快开发区建设》《抓住机遇、深化改革、巩固提高、率先发达》《按国际化标准构筑长沙的硅谷》等交流发言。

1993 年 12 月 2—5 日，中国高新技术产业信息网工作研讨会在长沙召开，来自 27 个省、市、自治区的 61 名代表参加研讨会，罗特向与会代表介绍长沙高新区的发展情况。

2006 年 4 月 20 日，“世界著名专家科技项目投资研讨会”在长沙高新区召开，国际电机电子工程学会（IEEE）院士叶祖尧博士、美国国家能源市场商人协会技术政策委员会联合主席布洛克先生、ICPC 国际合作促进中心主任卢红（女）3 位世界顶级管理大师发表主题演讲。

2006 年 9 月 10 日，第十一届海峡两岸无线电技术研讨会在长沙高新区召开。来自台湾地区无线电协会、广播公司、高校、企业、文化传播公司的 50 多名无线电专家与湖南省同业界专家、企业负责人共 110 余人汇聚一堂，就无线电技术发展与应用进行交流、探讨。

2007 年 9 月 24 日，科技部“建设创新型科技园区工作座谈会”在长沙高新区召开，会议讨论研究并完善《建设创新型科技园区行动方案（征求意见稿）》。

参观考察：

1991 年 6 月 19 日，副省长曹伯纯带领长沙市市长张明泰，副市长陈元松、长沙试验区办公室主任易希文及有关部、办、委、厅、局负责人一行 19 人赴上海、南京、武汉、深圳四市高新技术开发区学习考察。

1992 年，四川省政府秘书长刘志鹏一行 7 人、中国科学器材出口总公司陈容峥一行 5 人、深圳市市长助理邵汉青教授率深圳赴湘考察团一行 35 人、新疆乌鲁木齐开发区副主任胡彦平一行 8 人先后来长沙高新区进行考察。长沙高新区与乌鲁木齐开发区双方缔结友好开发区，10 月 23 日举行签字仪式，由罗特主持，陈松、胡彦平分别代表双方在协议书上签字。双方商定：建立两区联谊组织，加强信息交流．以优惠的条件为互设窗口和开展经贸活动提供方便和服务；组织联合攻关，共同开发新技术、新产品；加强人才的交流与合作；根据“风险与共、利益均沾”的原则共同组织联合招商活动；加强调研协作、共同组织开发区综合改革、园区建设、产业开发等方面的学术研讨、交流和实地考察活动等。

1993 年，参加湖南省第二次高新技术产业开发工作会议的 250 多名代表、湖北襄樊高新区管理办公室副主任戴斯正一行 3 人、桂林市副市长蔡永伦率桂林市经济考察团一行 24 人、常州高新区管委会副主任赵锦土一行 5 人、乌鲁木齐高新区政研、财政、税务、工商等部门负责人一行 5 人、乌鲁木齐高新区管委会副主任王淑元一行 6 人、成都高新区管委会副主任周东兵一行 6 人先后参观考察长沙高新区。

同年 10 月 7 日，来长沙参加“毛泽东故乡行”活动的 12 位著名科学家、学部委员考察长沙高新区。罗特向科学家、学部委员汇报长沙高新区几年来在规划建设、综合改革、产业开发等方面的情况，并就高新技术产业的发展方向和设想听取各位科学家、学部委员的意见。科学家、学部委员们就 10 月 6 日在长沙高新区银河计算机产业公司、湖南湘雅医药卫生科技开发公司、长沙晶科微电子公司和长沙花纹铝板厂的考察情况，提出发展高科技产业在人才、技术、资金和市场等方面的意见和建议。

1993 年 11 月 10—15 日，长沙高新区副主任陈松带领有关处、总公司和工商税务等部门负责人，赴国家级重点开发区西安高新区和国家科委试点开发区重庆高新区，就开发区的政策环境、管理权限、劳动人事制度、园区建设、产业开发等内容进行学习考察，随后撰写专题汇报材料。

1994 年 8 月 30 日，出席湖南开发与发展国际研究会的 120 余名代表、上海专家考察团、天津新技术产业园区科技贸易街管理委员会副主任江树华一行 5 人、沈阳南湖开发区管委会副主任刘庆镛一行 5 人先后参观考察长沙高新区。

1995 年 6 月 7—16 日，长沙高新区立法情况考察小组对大连、烟台、威海、青岛 4 个高新产业开发区的立法和管理情况进行考察，参观大连、烟台两市的经济技术开发区。

1996 年 4 月 22—29 日，管委会副主任温建民率综合处、产业发展处、财政局、对外合作处有关人员对上海张江高科技园区、无锡高新区、苏州高新区和苏州新加坡工业园区的产业发展、园区建设、招商引资以及财政运作等考察学习。

1997年11月13—20日，市科委主任兼长沙高新区党委书记易宇欣率队赴西安、成都、绵阳的高新区，就管理体制、产业发展等问题学习考察。

2000—2012年，大连高新区党工委书记张世臣等人、香港“湖南高新技术交流团”一行16人、美国佩罗系统公司董事会主席小罗斯·佩罗一行8人、参加第四届泛珠三角环保产业技术交流洽谈会的70多名代表、参加第九届海峡两岸信息产业和技术标准论坛的台湾华聚基金会董事长陈瑞隆、名誉顾问杜紫军先后参观考察长沙高新区。

2000年3月23—26日，长沙高新区党工委书记周里冰、办公室主任宋捷与马坡岭园管理办公室左连生、青先国、刘芳清等对陕西杨凌高新区进行考察。6月下旬，周里冰、柳冠群带队，分赴上海、苏州、西安、杨凌等高新区学习考察。8月30日—9月6日，周里冰、宋捷参加省委副书记兼长沙市委书记张云川率领的长沙市科技工作考察团，对沈阳、大连、天津三市科技工作特别是高新技术产业发展情况进行学习考察。

2001年12月2—7日，周里冰、柳冠群分别参加市委、市政府赴长江三角洲、珠江三角洲的考察团，分别对上海、苏州、杭州和广州、顺德、中山、深圳等地进行考察。

2003年12月7—13日，长沙市委副书记吴志雄、副市长黄中瑞率长沙高新区、市委办公厅等部门负责人赴重庆、成都、武汉、南昌等国家高新区进行考察学习。考察学习的内容包括各地高新区发展规划和发展思路，开发模式，以区带镇（村）实际运作方式；高新区与周边区县的协调机制（包括征地拆迁、农民安置、税收分成、社会事务等方面）；调整城区规划，扩大园区发展空间，并与城市总体规划，土地利用总体规划有机结合的经验与作法；高新区实行封闭式管理的特色和做法，包括机构设置，职权行使等。

2004年7月24日—8月21日，长沙高新区管委会先后派三批干部分赴西安、成都、武汉、南昌、南京、无锡、苏州、大连、长春、吉林、青岛11个国家级高新区学习考察，撰写《赴外地国家级开发区考察报告》。

2010年，长沙高新区考察代表先后前往武汉、郑州、西安、成都四地的高新区、广州开发区、中山火炬高新区、北京、保定、天津三地进行调研与考察，与外地先进高新区就如何进一步提升自主创新能力、加快经济发展方式转变、培育和发展战略性新兴产业等进行交流探讨。

表 5-2　　　　长沙高新区对外交流考察部分情况表

（1990—2012 年）

时间	会议名称或考察地
1990 年	国家新技术开发区展览
1991 年	全国高新技术产业开发区工作会议
	上海、南京、武汉、深圳四市高新技术开发区
1992 年	全国第三次火炬计划工作会议
1993 年	全国高新技术产业开发区园区基本建设工作会议
	全国科技工作会议
	国家高新技术产业开发区跨世纪工程规划研讨会
	西安、重庆高新技术产业开发区
	中国高新技术产业信息网工作研讨会
1994 年	二十一世纪亚太地区科技工业开发区发展国际研讨会
	全国高新技术产业开发区深化改革和经济管理国际交流研讨
1995 年	大连、烟台、威海、青岛四个高新产业开发区
	科技工作与研究园第四届世界大会
1996 年	全国部分高新区科技与金融结合座谈会
	上海张江高科技园区、无锡高新区（无锡新区）、苏州高新区
	国家高新技术产业开发区所在市市长座谈会
	全国高新区 1996 年基建工作会议
	全省高新技术产业开发区工作会议
1997 年	全国开发区建设与市场经济研讨会
	中国高新区协会劳动人事专业委员会第三届年会
	西安、成都、绵阳高新区
	97 中国中西部投资及开发研讨会
	国家高新区建立新体制座谈会
1999 年	全省开发区情况交流会
2000 年	陕西杨凌高新区
	上海、苏州、西安、杨凌高新区
	沈阳、大连、天津三市高新区
2001 年	上海、苏州、杭州和广州、顺德、中山、深圳等地
2003 年	国家高新区“二次创业”战略发展研讨会
	重庆、成都、武汉、南昌国家高新区
2004 年	西安、成都、武汉、南昌、南京、无锡、苏州、大连、长春、吉林、青岛 11 个国家级高新区

续表 5-2

时间	会议名称或考察地
2006 年	世界著名专家科技项目投资研讨会
	第十一届海峡两岸无线电技术研讨会
2007 年	建设创新型科技园区工作座谈会
2010 年	武汉、郑州、西安、成都四地高新区
	广州开发区、中山火炬高新区
	北京、保定、天津三地高新区
2011 年	第二届中日企业合作对接洽谈会

表 5-3　　部分省市政府新区代表来长沙高新区考察参观情况表

（1992—2012 年）

时间	考察代表
1992 年	四川省政府代表团
	中国科学器材出口总公司代表团
	深圳赴湘考察团
	新疆乌鲁木齐开发区考察团
1993 年	湖南省第二次高新技术产业开发工作会议与会代表
	湖北襄樊高新技术产业开发区考察团
	桂林市经济考察团
	常州高新技术产业开发区考察团
	乌鲁木齐高新技术产业开发区考察团
	"毛泽东故乡行"活动的 12 位著名科学家、学部委员
	成都高新技术产业开发区考察团
1994 年	湖南开发与发展国际研究会与会代表
	天津新技术产业园区考察团
2000 年	大连高新区考察团
2006 年	香港"湖南高新技术交流团"
2009 年	美国佩罗系统公司考察团
2011 年	第四届泛珠三角环保产业技术交流洽谈会与会代表
2012 年	台湾华聚基金会代表团

二、合作洽谈

1993 年 8 月 14-24 日，长沙高新区参加在北京举行的全国火炬计划实施五周年成果暨高新技术产品展交会，共有 20 多个项目参展。

1995年10月18日，世界科技园区主办“科技园区管理高级培训班”，在此学习的长沙市副市长罗特代表长沙高新区，与芬兰奥斯陆科技园签署协议，结为“姊妹园区”，并就双方合作的具体问题进行洽谈，达成意向。

1997年9月13–18日，长沙高新区参加在北京召开的首届亚太经合组织科技工业园区网络会议，结识一批亚太地区AEPC成员，发放宣传资料100多份，赠送外国友人纪念品30多份。9月22–23日，湖南创智软件园与美国微软公司联合在长沙举办湖南国际互联网络信息世界展示会。

1998年10月18日，长沙高新区召开对外经济技术合作洽谈会，加拿大、马来西亚、日本、法国等国家和中国香港、中国台湾地区考察团、技术调查团参会。管委会负责人向与会人员介绍长沙高新区的投资环境及产业发展状况，其中24家重点企业的116个重点项目得到考察团专家的重视。

2001年11月28日，长沙高新区创智软件园有限公司与来自印度的软件教育机构——NIIT(国家信息技术学院)签约，NIIT授权创智为其在湖南地区的唯一合作伙伴。双方达成软件人才培养合作意向，即在“十五”期间为长沙高新区培养5万名高素质软件人才。

2003年3月27–29日，由长沙高新区、长沙经开区和中美经济合作协会举办的“中美合作洽谈会”在华天大酒店举行，长沙高新区60家企业参会。

2004年5月21日，2004年长沙国际友好经贸合作洽谈会·麓谷站在高新区管委会开幕，来自国内国际的客商就高新区经贸合作进行交流洽谈。

2005年9月23日，意大利“西西里”科技园与长沙高新技术产业开发区创业服务中心签约，在长沙高新区麓谷设立驻华联络处，共建意中（长沙）创业园。

2006年3月9日，长沙高新区邀请欧洲项目官员及中国贸促会项目官员参加“2006中国——欧盟投资贸易合作洽谈会湖南（长沙）推介会”，为高新区企业开展与欧洲企业交流与合作提供机会。

2006年4月13日，由湖南省外事侨务办公室、湖南省海外交流协会和长沙高新区联合承办的“2006年西班牙青年企业家协会中国湖南·麓谷峰会”在长沙高新区举行。

2008年6月13日，科技部火炬中心、省科技厅、长沙市政府合作共建长沙高新区创新型科技园区（试点）签约仪式在高新区举行。会上，科技部火炬中心、湖南省科技厅、长沙市政府各派代表共同签署合作共建协议文本，长沙高新区管委会、中国科学院科技政策与管理科学研究所共同签署《长沙高新区创新发展战略研究》委托协议。科技部将采取先行先试的办法，对长沙高新区建设创新型科技园区给予政策指导，在科技项目计划、高新企业认定、创新体系建设、高新技术企业上市、参与国际技术合作等方面给予支持。

2010 年 3 月 17 日，长沙高新区管委会与西班牙创新技术和企业管理商务中心有限公司（以下简称 CEFYNT）签订合作协议，任命 CEFYNT 为长沙高新区在西班牙地区的唯一代表。9 月 15 日，长沙高新区负责人参加长沙市政府在哥本哈根举办“中国长沙—丹麦哥本哈根交流合作座谈会”。

2011 年 8 月 25 日，湖南省工商联合会联合省外事侨务办公室、省商务厅和日本滋贺县产业协会举办第二届“中日企业合作对接洽谈会”，高新区的湖南博云汽车制动材料有限公司、崇友电梯科技有限公司等数十家企业参加洽谈会。

2012 年 2 月 10 日，中（国）意（意大利）技术转移中心第二次工作联席会暨中意技术转移湖南分中心成立授牌仪式举行，中意技术转移中心全国首家分中心落户麓谷。

第二节　海外投资

随着世界市场的开放，长沙高新区以中联重科为首的一批企业积极践行“走出去”发展战略，进行海外并购，谋求在海外发展。

詹纯新在 2011 年中国海外投资年会论述海外投资战略

一、中联重科

2001 年 11 月，中联重科公司出资 1000 万元人民币，在英国成功收购非开挖技术世界一流的英国保路捷公司。成立中联保路捷（英国）公司，进行人员重组，保路捷公司派人担任总经理，中联重科派技术人员，生产的产品品牌为“中联保路捷”。这次并购是中联重科在技术、市场、资本三方面与国际接轨。

2008 年 9 月 8 日，中联重科联合投资机构弘毅投资、高盛、曼达林基金与意大利 CIFA 公司正式签署整体收购交割协议，以 2.71 亿殴元的现金收购方式，完成对 CIFA 公司的全额收购。该并购案后被写入哈佛商学院教材。

2011 年 6 月 21 日，中联重科与德国 JOST 起重机有限公司在德国法兰克福签署技术转让协议，买断被誉为“世界塔机设计标准”的 JOST 平头塔系列产品的全套技术。中联重科的塔机技术达到国际领先地位。

2012 年，中联重科制定收购方案，与德国的 M-TEC 公司进行谈判，收购后以提高干混砂浆技术。

二、湖南杉杉新材料有限公司

2010 年，湖南杉杉新材料有限公司引进日本“伊藤忠商事株式会社”及具有全球技术领先的正极材料制造商“日本户田工业株式会社”投资参股。12 月 12 日，三方在长沙签署锂电池正极材料合资协议，湖南杉杉新材料有限公司正式更名为“湖南杉杉户田新材料有限公司”，为中日合资企业，注册资金 6667 万，投资总额超过 3.5 亿，同时通过海外合作招商引资近 10 亿元，以打造全球顶级锂电池材料产业基地。

三、湖南科力远新能源股份有限公司

2011 年 1 月 31 日，全球混合动力汽车产业首次出现并购案——湖南科力远新能源股份有限公司(简称“科力远”)与日本企业松下(Panasonic)株式会社(以下简称 “卖方”)在上海签署《股份转让合同》。科力远以 5.02 亿日元（相当于 4000 万元人民币）的价格收购“卖方”的内部分公司 Energy 公司在湘南工厂开展的车载用镍氢电池事业所需的生产设备、销售、研发部门及客户资源等，收购标的事业相关的知识产权使用权与湘南 Energy 株式会社(以下简称“标的公司”)的 100% 股权。

本次收购的湘南工厂开展的车载用镍氢电池事业所需的生产设备、销售、研发部门及客户资源在内的资产及相关的知识产权使用权，具体包括：开展车载用镍氢事业所需的全部生产设备；交割日时卖方持有的与标的事业相关的盘存资产；标的事业现有销售、研发部门及客户资源，包括湘南工厂为本田的 Insight、Civic 车型和丰田的普锐斯提供车载用镍氢电池等业务；无偿并永久授予相关知识产权非多占、不可取消的、世界范围内的一般实施权。其中：Panasonic 株式会社单独享有的许可标的知识产权共 29 项，Panasonic 株式会社与第三方共有的知识产权 3 项，第三方的知识产权 5 项。

四、湖南博云新材料股份有限公司

2010 年 7 月 9 日，湖南博云新材料股份有限公司（简称“博云新材”）和中国商用飞机有限责任公司（简称“中国商飞公司”）、霍尼韦尔国际公司（简称“霍尼韦尔”Honeywell）、长沙鑫航机轮刹车有限公司（简称“长沙鑫航”）四方签署 C919 大型客机机轮、轮胎和刹车系统合意向书，博云新材与霍尼韦尔成立合资公司来承担中国商飞公司 C919 大型客机机轮、轮胎和刹车系统项目，合资公司组建后将直接或通过与霍尼韦尔及第三方供应商的合同安排从事飞机机轮刹车系统的设计、研发、测试、部件制造、系统总装及售后产品销售。

2012 年 8 月 8 日，博云新材与霍尼韦尔航空航天集团合资组建的霍尼韦尔博云航空系统(湖南)公司正式成立。该合资公司注册资本 8000 万美元，其中博云新材和长沙鑫航作为中方占资 49%，霍尼韦尔占资 51%。公司初始投资额 9800 万美元，建设期为 2 年。之后合资各方同意霍尼韦尔在 C919 首飞后将合资公司 1% 股权转让给中方，使中方公司在合资公司中的股权总比例增至 50%。

第五章　招商成果

第一节　引资创汇

一、内　资

2000 年，长沙高新区共审批进区企业 200 家（其中落户火炬城企业 123 家），认定高新技术企业 90 家，开发高新技术项目 100 余项，新增投资 13 亿元。

2001 年，长沙高新区新引进内资企业 210 家（落户火炬城企业 153 家），注册资金 14．8 亿元，引进境内市外资金约 6.17 亿元。新入区的企业中，注册资金过亿元的 2 家，5000 万元以上的 7 家，1000 万以上的 24 家。天一银河、湘财信息、斯伦贝谢等企业落户火炬城；麓谷产业基地全年有 22 家企业购地入园，湖南三辰公司、中盾公司、银辰网信、湖南信息产业集团、新宇科技等企业进入园区发展。

2002 年，长沙高新区全年审批入区企业 249 家（落户火炬城企业 15 家），引进市外境内资金 13.61 亿元，比上年增长 136.1%。同年，新增招商项目 30 多个，精选 20 个项目汇编成册。

2003 年，长沙高新区“一区四园”共引进市外境内资金 18.9 亿元，完成年计划 12 亿元的 158%，与上年同比增长 39%；其中岳麓山高科技园引进市外境内资金 11.7 亿元（含增资扩股 2.5 亿元），为年计划 4 亿元的 290.8%，同比增长 291.9%；岳麓山高科技园新增注册企业 294 家，引进湖南科力远、大陶科技、湘电股份等 28 家企业，比上年增加 16 家。

2004 年，岳麓山高科技园引进大小企业近 300 家，总注册资金 29 亿元，其中引进市外境内资金 11 亿元；在三产配套招商中，引进中心区综合配套项目 5 个，签订投资意向合同 10 多亿元。

2005 年，长沙高新区新注册登记企业 235 家，引进市外境内资金 12.6 亿元，增长 14.5%，博云碳 / 碳航空制动材料项目（国家科技进步一等奖）、惠霖干细胞项目等入园购地，九芝堂制药、威胜电子集团等全市十大标志性工程项目签约入区。是年，长沙高新区成为全省开发区中惟一获得“全省利用外资工作先进单位”和“全省内联引资工作先进单位”两项荣誉的园区。

2006 年，长沙高新区引进注册企业 300 多家，购地项目 32 个；到位市外境内资金 17.45 亿元。中国水利水电集团、深圳赛格集团以及行业领先企业博云新材、神舟科技、联想神州数码、湖南有色重型机械、江南机器等一批具有影响的企业落户高新区。

2007 年，长沙高新区引进市外境内资金 15.9 亿元；引进省外境内资金 12.2 亿元，其总额名列全省开发区第一；引进购地项目 28 个，其中产业购地项目 21 个，总投资达 60 多亿元。金天钛业、远大住工、中冶长天、宇顺电子等一批重大优势项目落户麓谷。

2008 年，长沙高新区引进入园企业 390 家，其中注册资本 1 亿元以上 3 家；引进市外境内资金 18.2 亿元。方正证券、神州光电、奥盛特等重大项目落户麓谷。

2009 年，长沙高新区新注册入区企业 527 家，其中注册资本过 1000 万的 62 家，过亿元的 8 家；到位省外境内资金 15.56 亿元。中电软件园、中国移动电子商务基地、中电科 48 所等中央企业相继入园；杉杉科技、博云新材料、奥盛特重工、金杯电工、湘投金天钛业、中冶长天、红太阳能源等 13 个重大工业项目相继开工建设；中联重科泵送机械技改项目、科霸动力电池组等 7 个重大专项竣工投产；湖南大学麓谷产学研基地一期、湘电长泵新基地、华能自控微机控制系统、有色重机高山水射流等重大工业技改项目竣工。全年有 25 个企业项目开工，总投资达到 63 亿多元。

2010 年，长沙高新区到位省外境内资金 18 亿元，市外境内固定资产投资

27亿多元。全年新注册企业727家，同比增长40%，其中注册资本1000万元以上的100家，1亿元以上的10家。

2011年，长沙高新区引进省外境内资金21亿多元，新注册企业逾1000家，注册资本总额达65亿多元；在三产招商中，两家五星级酒店、大型超市华润万家、汽车世界落户麓谷，中兴通讯长沙基地等14个重点项目投资过3亿元。

2012年，长沙高新区新增注册企业905家，注册资本5000万元以上的企业18家；省外境内到位资金24.8亿元，增长26.8%，市外境内资金形成固定资产37亿元，增长17%；签约购地项目30个，合同总投资80多亿元，经营性土地签约金额达22亿元。

表5-4　长沙高新区内资利用情况表

（2001—2012年）

单位：亿元

年份	市外境内资金	省外境内资金
2001	6.1688	–
2002	13.61	–
2003	18.9	–
2004	11	–
2005	12.6	–
2006	17.45	–
2007	15.9	12.2
2008	18.2	–
2009	–	15.5
2010	–	18
2011	–	21（大于）
2012	–	24.8

二、外资及港澳台资

1996年，长沙高新区引进外商投资企业10家，开发项目13个，协议利用外资2528万美元，到位资金2315万美元。3月26日，远大空调有限公司与日本铃本技术股份公司、日本贝尔技术贸易股份公司在长沙高新区岳麓山科技园新塘小区合资兴办湖南远大铃木住房设备有限公司，项目总投资为1500万美元，公司注册资本为1000万美元。

同年，长沙高新区赴北京、上海、深圳、香港等地招商，同北京、上海两地外国驻京（沪）办事处、200 多家当地企业建立联系，参加香港洽谈会，签订利用外资项目 4 个，总投资 1 亿美元。

2000 年，长沙高新区引进外商办企业 16 个，开发项目 20 余项，合同利用外资 5343 万美元，实际到位外资 5994 万美元。

2001 年，长沙高新区引进外资企业 12 家，合同利用外资 7624 万美元，实际到位外资 10927 万美元。6 月 11 日，参加“海外学子中国长沙行”活动的 100 多名留学生代表参观长沙高新区留学人员、博士创业园。高新区企业与海外学子签订 11 个合作项目，协议投资 5300 多万美元。

2002 年，长沙高新区引进三资企业 18 家，合同利用外资 18206 万美元，比上年同比增长 112%，实际到位外资 12632 万美元。

2003 年，长沙高新区合同利用外资 2.79 亿美元，完成年计划 1.8 亿美元的 155%，同比增长 72.9%，实际到位外资 1.71 亿美元，为年计划 1.5 亿美元的 114.2%，同比增长 58.5%。其中，岳麓山高科技园引进合同利用外资 9999 万美元，为年计划 5000 美元的 200%，同比增长 128.5%，到位外资完成 5185.44 万美元（含增资扩股 559.44 万美元），为年计划 4000 万美元的 130%，同比增长 322.9%。

2004 年，岳麓山高科技园实际到位外资 5794 万美元。2 月 24 日，长沙高新区金荣企业集团有限公司等 3 家企业与香港金熔有限公司合作投资的长沙金港物流投资项目签约。5 月 22 日，国内唯一获准城市轨道中日合资项目——湖南湘电东洋电气有限公司落户长沙高新区麓谷科技园。

2005 年，长沙高新区引进合同外资 2.7 亿美元，比上年增长 4 倍；到位外资 8463 万美元。世界 500 强企业长沙日立公司首次投资和落户麓谷。

2006 年，长沙高新区与西班牙青年企业家协会达成在麓谷共同建设西班牙工业园的协议；世界 500 强企业诺基亚公司、摩托罗拉公司与国内企业以合资合作形式加盟麓谷；全球最大的风险投资基金之一的美国红杉资本注资 750 万美元，与宏梦卡通联手组建宏梦数码湖南有限公司；香港康隆国际有限公司投资 3 亿元，建设麓谷信息港暨软件园二期工程；全球最大的工业地产商普洛斯在麓谷投资物流工业园；韩国 JMC 株式会社、德国阳光公司等项目入园；全年入园外资企业 19 家，合同利用外资 2.1 亿美元，到位外资超过 1 亿美元。

9 月 13 日，全球 500 强企业之一摩托罗拉公司宣布在长沙高新区麓谷科技新城建立湖南创新中心，在华雅华天举行签约及启动仪式。

9月26日，长沙高新区管委会与全球最大的工业房地产开发商——普洛斯公司在长沙高新区麓谷举行签约仪式。普洛斯公司投资3000万美元在麓谷园区建立工业仓储物流项目。

10月20日，诺基亚（中国）投资有限公司与华通国际电讯有限公司在长沙高新区合资成立湖南华诺科技有限公司。

2007年，高新区共引进合同外资2.5亿美元，到位外资1.21亿美元。1月9日，长沙麓谷普洛斯物流园有限公司在长沙高新区独资注册成立，注册资金1200万美金，项目选址位于长沙高新区麓谷产业基地，规划总用地面积约16.4万平方米。

11月22日，世界500强企业IT巨头美国思科公司在长沙高新区注册成立思科中国长沙分公司，启动湖南新增23所思科网络技术学院的项目，这是思科在中国建立的第13个分支机构。

2008年，高新区全年合同利用外资2.45亿美元，到位外资1.35亿美元，美国凯歌信息、香港优化软件等重大项目落户麓谷。

2009年，高新区引进外资项目14个，实际到位外资1.53亿美元，爱立信、美国空气化工2个世界500强企业入园投资建厂。

2010年，高新区引进富士康、霍尼韦尔、戴尔公司三个世界500强企业。全年引进外资项目10个，引进合同外资3.2亿美元，实际到位外资1.7亿美元。

2011年，高新区合同利用外资4.1931亿美元，实际到位外资约2.046亿美元。高新区引进世界500强企业数占全省的40%。1月17日，省政府与世界500强企业美国戴尔公司合作框架协议签字仪式在长沙举行。根据框架协议，戴尔将在高新区设立戴尔服务中国运营中心，引入国际相关最先进的技术和经验，在湖南发展面向全球的软件和信息服务业务，为湖南医疗信息化、三网融合等省重点项目和工程提供服务。同年5月12日，美国戴尔公司成立的独资分公司戴尔信息技术（湖南）有限公司完成在长沙高新区注册。

2012年，高新区实际到位外资2.4亿美元，增长12%。2月，长沙高新区在美国洛杉矶参加“中美经贸合作论坛暨项目签约仪式”，达成长沙鑫航机轮刹车有限公司与美国霍尼韦尔公司合作的C919机轮项目意向，总投资达2.7亿美元。

表 5-5　　长沙高新区外资及港澳台资利用情况表

（2000—2012 年）

单位：万美元

年份	合同利用外资	实际到位外资
2000	5343	5994
2001	7624	10927
2002	18206	12632
2003	27900	17100
2004	——	——
2005	27000	8463
2006	21000	10000（大于）
2007	25000	12100
2008	24500	13500
2009	——	15300
2010	32000	17000
2011	41931	20460
2012	——	24000

第二节　中外独资合资企业

长沙高新区 1991—2012 年引入一批中外独资合资企业，其中外商独资企业有湖南安淳高新技术有限公司、新奥燃气工程有限公司、长沙恒鼎电子科技有限公司、湖南洋安能源高科技有限公司等；中外合资企业有中联重科股份有限公司、长沙新奥燃气有限公司、湖南泰通电力科技有限公司、湖南湘电东洋电气有限公司等；港澳台独资企业有威胜集团有限公司、湖南威铭能源科技有限公司、湖南威科电力仪表有限公司、仁基（湖南）房地产开发有限公司等；港澳台和内地合作企业有湖南湘雅制药有限公司、湖南守护神制药有限公司、湖南猎鹰实业有限公司、长沙百江能源实业有限公司等。

表 5-6 长沙高新区中外独资合资重点企业

（1991—2012 年）

企业性质	企业名称	注册日期	注册资本
外商独资	湖南安淳高新技术有限公司	1998.09.29	15000 万元
	新奥燃气工程有限公司	2001.11.16	700 万美元
	长沙恒鼎电子科技有限公司	2004.08.17	1500 万美元
外商独资	湖南洋安能源高科技有限公司	2005.09.05	2998 万美元
	湖南华诺科技有限公司	2006.07.20	3000 万元
	长沙麓谷普洛斯物流园有限公司	2007.01.09	1200 万美元
	湖南麓华微电子技术有限公司	2007.05.24	3000 万元
	联强国际（长沙）科技有限公司	2011.03.23	400 万美元
	戴尔信息技术（湖南）有限公司	2011.04.25	3000 万元
	格林利福（湖南）高新材料贸易有限公司	2011.07.08	500 万美元
中外合资（合作）	中联重科股份有限公司	1992.09.28	770595 万元
	长沙新奥燃气有限公司	2003.09.08	15000 万元
	湖南泰通电力科技有限公司	2003.09.09	8350 万元
	湖南湘电东洋电气有限公司	2003.11.07	500 万美元
	湖南五星数字科技有限公司	2006.04.28	10000 万元
	湖南福斯湘电长泵泵业有限公司	2007.04.29	2000 万元
	湖南太和数字科技有限公司	2006.09.10	10000 万元
	湖南奔腾动力科技有限公司	2006.09.15	732 万元
	大邦（湖南）生物制药有限公司	2007.12.05	2528.46 万元
	湖南科霸汽车动力电池有限公司	2008.08.25	5000 万元
	鑫通达（湖南）实业有限公司	2009.02.20	2990 万美元
	湖南方盛华美医药科技有限公司	2009.12.29	1000 万元
	湖南杉杉户田新材料有限公司	2010.12.22	6666.67 万元
	霍尼韦尔博云航空系统（湖南）有限公司	2012.10.26	8000 万美元
港澳台独资	威胜集团有限公司	2000.04.04	148000 万元
	湖南威铭能源科技有限公司	2002.05.24	15000 万元
	湖南威科电力仪表有限公司	2002.05.24	10000 万港元
	仁基（湖南）房地产开发有限公司	2005.04.18	10000 万港元
	长沙威胜能源产业技术有限公司	2007.07.26	1000 万元
	长沙三金矿业投资咨询有限公司	2007.08.07	4000 万港元
	湖南佳兆业置业有限公司	2007.09.14	10000 万港元
	生态啤酒有限公司	2008.01.09	5000 万元
	湖南中汇高纯石墨有限公	2008.03.24	2000 万元

续表 5–6

企业性质	企业名称	注册日期	注册资本
港澳台独资	湖南优化软件开发有限公司	2008.06.04	1750 万美元
	湖南亚华婴幼儿营养科技有限公司	2009.04.09	13870 万美元
	湖南林中林置业有限公司	2010.08.09	500 万美元
	湖南信和融资租赁有限公司（台港澳与外国投资者合资）	2011.08.25	1000 万美元
	湖南龙星行汽车销售服务有限公司（台港澳合资）	2012.09.06	6000 万元
港澳台和境内合资（合作）	湖南湘雅制药有限公司	1993.05.26	2922.5 万元
	湖南守护神制药有限公司	1996.08.28	1000 万元
	湖南猎鹰实业有限公司	1996.12.17	11333 万元
	长沙百江能源实业有限公司	1998.01.16	4000 万元
	湖南威远信息技术有限公司	1999.12.16	14300 万元
港澳台和境内合资（合作）	湖南浩伦农业科技有限公司	2002.02.01	5000 万元
	湖南威恒生物技术有限公司	2002.11.14	2778 万元
	湖南潇湘数字电视技术有限公司	2003.04.28	5000 万元
	湖南万丰湖生态旅游开发有限公司	2003.08.08	1000 万元
	湖南成城精密科技有限公司	2003.10.28	2500 万美元
	湖南新金荣科技孵化器有限公司	2004.06.21	6289 万元
	湖南傲天科技发展有限公司	2004.10.29	1000 万元
	湖南华凯科技有限公司	2005.04.13	9900 万美元
	湖南星源高速公路发展有限公司	2005.06.14	2998 万美元
	湖南华耀源交科技发展有限公司	2005.06.30	1000 万美元
	湖南汇邦科技有限公司	2006.05.18	2998 万美元
	哈木（湖南）门窗制造有限公司	2006.08.03	1000 万元
	湖南天工传动有限公司	2007.06.18	2880 万美元
	湖南省利贞科技有限公司	2007.08.28	3000 万元
港澳台和境内合资（合作）	湖南鹏港实业有限公司	2007.09.10	5000 万美元
	湖南美德联合香料有限公司	2008.06.19	250 万元
	湖南神州光电能源有限公司	2008.08.25	8000 万元
	湖南锦盛高科技开发有限公司	2008.07.28	1500 万美元
	湖南仁隆置业有限公司	2009.03.23	1000 万美元
	湖南省力宇燃气动力有限公司	2009.08.07	10000 万元
	湖南永清盛世环保有限公司	2009.11.30	500 万元
	长沙群欣投资咨询股份有限公司	2011.03.18	3334 万元
	湖南南车西屋轨道交通技术有限公司	2011.08.25	3250 万元
	湖南益环生物工业有限公司	2011.08.24	5000 万元

第三节　重大购地投资项目

一、中联重科项目

企业老照片——中联

1996年，中联建设机械产业公司在火炬城兴建混凝土机械厂；1999年长沙中联重工科技发展股份有限公司在高新区火炬城分三期新建和扩建“高浓多相混合料泵送成套设备产业化工程项目”。

2003年，长沙中联重工科技发展股份有限公司，在麓谷购地698亩，兴建“中联重科麓谷工业园”，项目北临桐梓坡路，东临高新路，西至麓谷路，南至无名路。2006年，公司调整产品结构，为解决混凝土工程机械设备产能瓶颈，提高企业核心竞争力，购地207亩开发混凝土机械产业生产基地项目。项目建成后将形成产能60亿元。麓谷第二工业园环卫机械生产基地建设项目，2012年投入建设，位于长延路、雷高路、瓦水路合围的区域内，总投资13.7亿元，建设周期预计18个月，包括再制造中心、环保产业园和客户集训中心，主要建设结构车间、涂装车间、装备车间、办公楼、联合厂房、规划厂房、油料库、公用站房和污水处理站、配电房等，主要用于环卫机械、餐厨垃圾处理、高浓度污水处理等产品的研发和生产，项目达产后将成为国内最大型、最先进的环卫、环保设备研发、生产基地。项目建成投产后，将形成年产各类型环卫机械装备10460台套的产能，预计年产值53.7亿元，年利润4.3亿元，将大力推动湖南环境产业的发展。

二、威胜集团项目

企业老照片——威胜

1993年，湖南威胜电子有限公司在长沙高新技术产业开发区火炬城购地26.9亩，兴建办公大楼、研发大楼。2008 年威胜集团购买 200 亩工业用地，拟投资 3.7 亿元人民币，兴建“威胜电力仪表”项目。2009 年威胜集团在麓谷购买 80 亩土地，拟投资 1.6 亿元人民币建设“威胜电子税控、电表、水表、生物工程配套生产基地”项目。项目建成达产后总收入 20 亿元以上。威胜集团是中国领先的能源计量设备、系统和服务供应商，于 2005 年 12 月在香港主板上市，是中国首家在境外上市的能源计量与能效管理专业集团，是湖南省首家在境外主板上市的公司，也是行业内首届一指荣获中国驰名商标、中国名牌称号的企业。2009 年集团实现销售逾 15 亿元，缴纳税收过亿元，产品目前已出口至 10 多个国家。

三、远大住工项目

1996 年，湖南远大铃木住房设备有限公司入区开展“新型家用设施成型技术及产品”项目，公司由远大空调有限公司与日本铃木技术股份公司和日本贝尔技术贸易公司合资，项目建成后年产 20 万套 SMC 新型卫生洁具。

企业老照片——远大

2006 年，长沙远大住宅工业有限公司，在麓谷园区购地 100 亩，兴建住宅产业化基地研发中心、主材生产。从 1999 年推出钢结构体系创新发展到 2012 年以第五代集成技术推出的 discovery 住宅产品，公司已应用工业化集成技术成功制造出超过 500 万平方米的绿色建筑，成功开发建设高层住宅、多层住宅、公寓酒店、度假酒店、别墅、办公楼等各类型绿色建筑项目数十个，与包括多地政府和设计单位、建筑商、开发商等在内的各界机构携手合作，凭借公司的现代制造技术的建筑品质、精确高效的建筑施工、大规模工业化的成本竞争优势和节能环保优势，得到从国家到所在省市各级政府、建筑企业、开发商、设计院等社会各界的广泛认可和一致好评。

四、华自科技项目

1999 年，华自公司在火炬城购地 12 亩，2009 年在麓谷购地 35 亩，拟投资 1 亿元人民币，兴建“电力电气设备生产基地”，项目建成达产后，产值预计达到 5 亿元以上。2012 年在麓谷购地 86 亩，拟投资 12 亿元人民币，建设华自科技麓谷第二产业基地，项目包括生产基地、总部研发中心和相关配套设施等。项目建成后年产值将达到30亿元以上。华自科技股份有限公司以智能控制、大数据分析决策系统为核心技术，依托水利水电、智能变配电、环保、工业过程控制领域的优势市场地位，为用户提供工业物联一站式解决方案。公司在电站及泵站自动化控制设备市场占有率位居全国第一，并在新能源、轨道交通等新兴领域快速布局、实现突破，先后参与南水北调、沪昆高铁、长沙磁浮等国家工程的建设。公司是施耐德、ABB、西门子等国际知名企业的全球紧密战略合作伙伴，先后设立的巴基斯坦、智利、赞比亚、斯里兰卡等海外办事处进一步加快华自科技国际化的进程，迄今为止华自科技已为全球四十余个国家7000余厂站提供高效优质的产品与服务。

五、湘邮科技项目

1999年12月，湖南省邮电科学研究院为兴办高新技术产业，在位于望城坡产业基地A-01地块建设湘邮科技计算机软件系列开发项目。项目主要用于研制、开发、生产计算机软、硬件邮电高科技电子产品；设计、安装、维护计算机网络工程、无线通信工程、安全技术防范系统。

六、金瑞新材料项目

2000年7月，长沙高新技术产业开发总公司与金瑞新材料科技股份有限公司签订土地使用转让协议，拟购工业用地地237亩，建设新材料系列项目。项目主要进行金刚石制品、钟罩炉、纳米金刚石抛光液、生物模板法制备纳米铁金属材料、炭源——粉末触媒一体化等五个项目，以及公司办公、科研及部分生活配套设施。项目预计于2003年底开工建设，2006年底竣工。项目完全建成后，实现产值不低于17亿元。（包括一期钴酸锂、锰粉等项目），完成入库税收1亿元以上。

七、杉杉新材料项目

2004年，湖南杉杉新材料有限公司在麓谷产业基地第一期控规范围内购地70亩，建设“年产2500吨锂离子电池正极系列材料项目”，项目于2004年7月前开工建设，2004年12月建设基本完成。湖南杉杉新材料有限公司是国家高新技术企业，专业致力于新型锂离子电池正极材料的开发与生产，拥有年产5000吨锂电正极材料的生产规模。产品有钴酸锂、锰酸锂、镍钴二元系、镍钴锰三元系、磷酸铁锂、钛酸锂等。所有出厂产品均经过严格的物理与化学检测，产品品质稳定、性能优异，达到国内领先、国际先进水平。2006年成功确立国内规模最大的锂离子电池正极材料制造商的行业领先地位。产品销至国内70

多家厂商，并远销美国、加拿大、韩国等海外市场。2007 年公司产品占钴酸锂产量国内市场份额的 40% 以上，稳居全国第一、世界第三的锂离子电池正极材料生产商地位，各项经济技术指标在全省同行业中处于领先水平。2010 年公司实现正极材料销售收入 6.1 亿元，利税 5200 多万。已实现销售收入约 29 亿元，实现净利润约 1.4 亿元。

八、拓维信息项目

2004 年，湖南拓维信息系统股份有限公司在麓谷购地 45 亩，兴建“信息技术产品研发、生产基地”。项目计划于 2005 年年初开工建设，2005 年年内建设基本完成投入使用。建成达产后，预计年纳税额不低于 800 万。拓维信息依托湖南的优质教育资源和近 10 年来在教育行业的积淀，用心做教育，秉承“帮助每个孩子成为最棒的自己”的教育理念，让教育过程更加可视化和数据化，驱动教育实现真正的个性化和均衡化。2008 年 7 月，拓维信息在深圳证券交易所中小企业板成功上市，成功打造中国动漫第一股，股票代码 002261。2011 年 5 月 13 日，入选第三届“文化企业 30 强”。

九、长缆电工项目

2004 年，长缆电工科技股份有限公司（长沙电缆附件有限公司），在麓谷产业基地购地 179 亩，兴建“高压电缆附件及合成橡胶特种制品生产基地”。2006 年公司在长沙高新区麓谷工业园建立生产研发基地，并从美国、瑞士等国引进高端检测试验设备，使公司具备 500KV 及以下电缆附件产品开发试验、型式试验、抽样试验及出厂试验的能力，企业技术中心被认定为“湖南省级技术中心”。2012 年 3 月，中国机械工业联合会组织召开“长缆电工 220KV 系列产品鉴定会”，鉴定专家一致认为，该系列产品具有国际先进水平。2012 年 4 月，“长缆”商标被国家工商行政管理总局认定为“中国驰名商标”。2012 年 10 月，被认定为“国家火炬计划重点高新技术企业”；并通过 ISO9001：2008 质量、ISO14001:2004 环境及 OHSAS18001 职业健康安全管理体系认证审核，取得认证证书。

十、梦洁家纺项目

2004 年，湖南梦洁家纺有限公司，在麓谷产业基地购地 148.89 亩，兴建“梦洁家纺工业园”项目，项目计划 2005 年 6 月开工建设，2005 年 12 月建设基本完成。2006 年新项目预计产值达到 4 亿元以上，上缴税收 2000 万元以上；2008 年完全达产后年产值 8 亿元以上，年上缴税收 4000 万元以上。湖南梦洁家纺有限公司，2010 年在深圳证券交易所中小板成功上市，是生产居饰用品的大型现代化企业，拥有美国电脑绗缝设备、台湾套被设备等先进设备千余台件，具有高度自动化生产能力，目前主要生产经营的产品有多件套类、被子类、弹簧床垫类、软床垫类、枕类、窗帘类、被套床单类、毛巾类、宾馆用品类九大类 300 多个品种，是国内现有最大的居饰用品专业生产基地。

十一、日立汽车项目

2005 年，长沙日立汽车电器有限公司在麓谷购地 73 亩，兴建“长沙日立汽车电器有限公司整体搬迁”项目。长沙日立汽车电器有限公司成立于 1995 年，由日本日立制作所和中国长沙汽车电器集团公司共同投资于 1995 年 10 月成立的合资公司。项目为世界 500 强控股企业，公司主要生产五十铃、日产等各种日本车型用交流发电机、起动机、电子产品及其它产品，已为庆铃、江铃和郑州日立等主机厂配套，并向全国供应维修配件，部分产品出口美国市场。迄今为止，日立公司已成功地为许多电厂提供汽轮发电机组，包括 125MW，250MW 的河北省唐山陡河电厂；300MW 的河南省偃师（首阳山）电厂、湖北省鄂州电厂；350MW 的江西省九江电厂；600MW 亚临界的山东省邹县三期电厂、内蒙古大唐托克托一期电厂。

十二、麓谷信息港项目

2006 年，湖南麓谷信息港开发有限公司在麓谷购地 37.6 亩建设“长沙麓谷信息港”项目。麓谷信息港项目占地 25718.3 平方米，总建筑面积约 10 万平方米，总投资额约 40000 万人民币。项目竣工落成后，超过 110 米的两座高楼，将成为高新区核心区位的标志性建筑。麓谷信息港建建成后成为高新技术研发基地，动漫创作基地、软件孵化基地。据管委会的计划，将招 100 多家高产出、高效益的企业进驻，将集中近 1500 名高科技人才，并为园区内大量科技人才提供一个技术、信息交流的平台。预计信息港投入使用 2 年后，可创造 60 亿元的 GDP，超过 4 个亿的利税，5 年后可创造 100 亿的 GDP，8 亿利税。长远可创造 200 亿的 GDP，16 亿利税，成为长沙市、湖南省最出色的高新技术交流、研发、孵化、输出基地。

十三、金杯电工项目

2006 年，金杯电工在麓谷购地 33.34 亩建设公司总部大楼及电线电缆检测中心及高分子材料生产基地项目，项目预计 2008 年 4 月竣工投产，项目达产后预计年税收 1500 万元以上。2008 年金杯电工拟购地 95.33 亩，投资 2 亿元人民币，建设电缆生产基地。2009年金杯电工拟建设总部及新型电缆生产基地，项目总投资1.5亿元人民币，项目净用地面积约76.76亩，包括办公楼、科研大楼、生产车间、职工倒班房等建筑。预计项目建成达产后，产值达到5亿元以上。

十四、九芝堂现代中药科技产业园项目

2008年，九芝堂股份有限公司拟投资3亿元，在麓谷产业基地购地365亩左右，用于开发建设九芝堂科技项目，其中一期215.33亩，位于桐梓坡以南，麓松路以西范围。二期150亩左右，位于靠近西三环和金州大道交叉西北角范围。2012年4月28日，九芝堂现代中药科技产业园二期项目开工。主要建设内容为前处理车间、提取车间、原药材仓库及锅炉房等。该产业园将围绕"先进、高效、节能、环保"理念，全面实现工艺技术升级，打造国内一流的中药现代化生产基地。项目建成后，预计新增销售15亿元，新增税收3亿元、利润3亿元。主打产品驴胶补血颗粒单品种年生产能力4亿包，浓缩六味地黄丸单品种年生产能力1亿瓶。预计年产值达到30亿元，年销售50亿元，利税6亿至8亿元，工艺与设备至少5年内保持国内同行业领先水平，将成为湖南省中药现代化标志性工程，主要产品占据同类品种的领先地位。

十五、中冶长天项目

2008年，中冶长天国际工程有限责任公司在麓谷购地200.9亩，兴建"中冶长天重工冶炼专用设备生产基地"项目，主要用于冶金设备、环保节能设备、矿山设备、工程机械设备及相关配件的研发等。项目由中冶长天国际工程有限责任公司（简称中冶长天）设立的全资子公司湖南中冶长天重工科技有限公司（简称长天重工）承载。项目做为中冶长天的科研中试及科技成果产业化基地，同时也是行业内冶金烧结、氧化球团、金属化球团重大核心装备和环保装备的研制、集成制造和服务的高新技术企业。长天重工按照国家烧结球团装备系统工程技术研究中心的整体规划，共同承建机械实验检测室、热工实验室、环境工程实验室和一个远程技术支持中心。长天重工拥有数百台（套）各类精良设备及相关检验、计量仪器，能满足烧结、球团、直接还原铁、除尘环保及烟气脱硫脱硝治理主机设备及配套件的制造加工与成套，已实现总资产5亿元。

十六、三诺生物项目

2009年，三诺生物在麓谷园区购地22.6亩，拟投资6000万元人民币兴建"三诺科技园"，项目建成达产后产值1亿元以上。2012年三诺生物在麓谷园区新增购地35亩，拟总投资8亿元（含已签约项目）实施"三诺科技园扩建项目"，

项目建成达产后，年产值达到20亿以上。三诺生物传感股份有限公司主营业务是利用生物传感技术研发、生产、销售即时检测产品。2008年03月 三诺血糖仪和血糖试条获国家发改委“生物医学工程示范工程”立项；2012年03月在深圳证券交易所创业板挂牌上市，成为中国血糖仪第一股。

十七、红太阳光电项目

湖南红太阳新能源科技有限公司长沙高新技术产业开发区太阳能光伏产业项目于2009年9月开始动工建设，项目建设用地351.82亩，计划总投资约为14亿元，总建筑面积为127400平方米，在规划面积范围内形成500MW的拉晶、铸锭、切片，200MW的电池片和500吨新型储能材料产业链的生产能力。项目是湖南省、长沙市重点工程和“双百”工程。湖南红太阳光电科技有限公司系中国电子科技集团公司第四十八研究所全资子公司，成立于2009年6月5日，注册资本500万元人民币。公司主要以开发建设太阳能光伏制造装备为核心，生产延伸至拉晶、铸锭、切片、电池片生产、组件封装、应用产品和新型储能材料在内的高新技术产业项目。公司拥有完整的光伏产业链，是我国少数几个拥有光伏全系列生产能力的企业之一。

十八、中国移动电子商务产品创新基地

2009年10月，中国移动通信集团湖南有限公司与长沙高新区签署协议，未来三年，中国移动将投资上10亿元打造中国移动电子商务产品创新基地，推动移动电子商务产业链快速发展，引导湖南制造业集群化发展。在麓谷占地146亩，涵盖产品研发区、运营区、客户服务区、国际交流与培训区等，主要负责移动电子商务新产品的研发、业务运营、客户服务和用户及商户培训工作。该基地建成后，一方面将带动软件开发、终端及机具制造、应用服务提供等相关产业链发展，另一方面，也将通过提供手机购物、移动公共交通、移动公用事业缴费等丰富的移动电子商务应用而极大地方便百姓生活。

十九、长沙中电软件园

该项目于2009年7月奠基建设，2011年开园，由中国电子与湖南湘投、长沙高新区共同建设长沙国家级软件产业基地。其投资规模1.5亿元，产值11亿元。园区规划面积1500亩，建筑面积150万平方米，总投资逾30亿元，分三期进行开发建设。其中，一期建设300亩，计划投资10亿元以上；二期建设400亩，计划投资12亿元以上；三期建设800亩，累计完成投资30亿元以上。一期建设内容主要包括总部大楼、培训孵化楼、创业公寓、研发科技楼、专家公寓等，其中总部大楼及配套设施建筑面积近6万平方米。通过资金投入和招商引资等多种方式，截至2012年引入软件企业200家以上，基地产值达30亿元，上缴税收1亿元以上。

二十、华曙高科项目

该企业成立于2009年，位于长沙高新区麓谷园区林语路，是集研发、生产、销售、服务于一体，专注于工业级3D打印领域的研发与制造的高科技企业，拥有当今国际上最为先进的SLS快速成型系统、材料研发实验室、力学测试实验室及完善的激光粉末材料生产线，公司具备完善的科研开发和生产能力。

二十一、力合科技项目

2010年，湖南力合科技发展有限公司在麓谷购地30亩，兴建“水质在线检测仪器仪表基地”，项目总投资1亿元人民币，建成达产后产值3亿元以上。公司拥有“水环境污染监测先进技术与装备国家工程实验室”和“湖南省工程研究中心”等研究平台，专业从事环境自动化监测仪器仪表制造，以自主研发生产的环境自动监测仪器为核心，应用自动化控制与系统集成技术为客户提供自动化、智能化的环境监测系统解决方案，并为客户提供环境监测设施的第三方运营服务。

二十二、麓谷企业广场项目

2010年，长沙麓谷实业投资有限公司拟投资8亿元人民币兴建“长沙麓谷实业投资有限公司麓谷企业广场项目(麓谷钰园)”,麓谷企业广场占地约366亩，园区总建筑面积43万平方米，项目分两期开发建设，一期总建筑面积27.2万平方米，含14.9万平方米的加速器、6.3万平方米的孵化器及4.2万平方米的创业大楼和1.8万平方米地下车库。二期用地总建筑面积16.5万平方米。预计项目建成达产后，产值达到40亿元以上。

二十三、岱勒新材项目

2011年，长沙岱勒新材料科技有限公司，在麓谷投资2亿元兴建“年产50万KM电镀金刚石线项目”，项目总用地面积约98.6亩，其中一期面积约50亩，二期面积约48.6亩。该项目包括办公楼、科研大楼、生产车间等。预计项目一期建成达产后，项目产值将达到4亿元以上。项目主要产品为微电镀金刚石线，产品广泛应用于太阳能、LED、半导体、精密光学仪器、国防军工等行业。

二十四、中兴通讯长沙基地

2011年，中兴通讯长沙基地项目一期项目签约落户麓谷园区，中兴通讯长沙基地项目总投资 40 亿元，项目规划用地 347 亩分二期建设。其中一期 217 亩，二期 130 亩。中兴通讯长沙基地项目主要用于中兴通讯旗下的通讯产品、设备生产、研发及相关衍生业务开展。该项目预计 2015 年开工建设，整体建设期为两年，5 年内可实现年产值 40 亿元以上，提供就业岗位约 6000 个。

二十五、崇友电梯生产基地

2011 年 12 月，湖南崇友电梯生产及研发基地项目奠基仪式在麓谷举行，结束湖南不能生产电梯的历史，填补湖南装备制造业的一项空白。该基地以建设办公楼、科研大楼、生产车间为主，主要用于电梯制造、销售、安装、售后、维保等，投资规模 2 亿元，预计年产值 30 亿元以上，致力于建成“中西部地区首个科技、节能、创新型的电梯产业园”。

二十六、湖南麓谷国际医疗器械产业园项目

湖南麓谷国际医疗器械产业园于 2012 年 6 月 28 日正式动工建设。项目位于长沙高新区麓谷园区谷苑路与麓松路交会处，拟建成一个规模达 45 万平方米的医疗器械产业集聚地，将为入园企业开辟快速发展的绿色通道，改变我省医疗器械产业小、散、低的局面，进而推动湖南医疗器械产业的发展。麓谷国际医疗器械产业园一期建筑面积近 11 万平方米，包括 9 栋工业厂房、1 栋医疗器械大厦、1 栋综合楼。为满足医疗器械生产企业 GMP 认证的需求，项目全部厂房最底层设计高度为 3.8 米，各楼层均配置客、货专用电梯及公用卫生间，综合楼配套员工食堂、活动中心及员工宿舍。另外，园区将实行封闭式物业管理，可以满足医疗器械企业研发、生产、物流及消防需要。该产业园是一家国际医疗器械专业园区，项目一期预计汇集 80 至 120 家医疗器械生产、研发企业。园区还将成立企业服务中心、医疗器械检测中心、美国加州国际企业合作与技术交流中心等，为入园企业提供全方位的专业服务。

二十七、高性能铝合金航空航天军工用产品项目

湖南博泰航空材料股份有限公司高性能铝合金航空航天军工用产品项目于 2012 年 7 月 8 日奠基。该项目位于麓谷园区长延路以南，福西路以东，总投资达 5.23 亿元，其生产的高性能铝合金系列材料，将广泛用于航空航天、兵器舰船、核工业等高端行业。将建设一条铝合金精密管棒型生产线，一条精密锻造生产线，四条砂型铸造生产线及相应的辅助生产设施和检测设备。项目建成后，年产高性能铝合金管棒型材、铝合金精密锻件、铝合金砂铸件 17900 吨，年产值可达 24.7 亿元，将成为国内最大的高性能精密铝合金铸件生产基地。博泰航材所生产

的铝合金管材类产品是中航工业北京航空材料研究院铝合金室研发的，目前已在核工业领域使用，改变过去依靠国外进口的局面。该项目的建设，也将推动中国国防事业、航天航空事业的发展，为“麓谷制造”走向世界插上腾飞的翅膀。

二十八、道通科技工业园项目

道通科技工业园于2012年7月17日在麓谷开工，项目由湖南道通科技有限公司负责建设，是我区承接沿海先进技术产业转移的一个项目。湖南道通科技是深圳道通科技有限公司的子公司，目前道通科技拥有业内最为齐全的汽车诊断产品线，产品涵盖汽车读码器、汽车诊断检测分析系统、电子刹车维修工具、TPMS诊断分析仪、机油归零仪、汽车行驶记录仪以及工业内窥镜等领域。道通科技工业园的建设，将提升麓谷在汽车诊断产品行业的整体技术实力，进一步促进中部地区汽车诊断产品行业的发展。

二十九、科创软件园项目

该项目由湖南科创信息技术股份有限公司投资建设，于2012年7月17日在长沙高新区信息产业园内举行开工奠基仪式。将利用中南大学人才培养优势和湖南IT人才优势，以开拓国际软件外包业务作为公司业务重点发展方向，在新兴电子信息产业领域有着很强的竞争力。

三十、辰泰科技园项目

辰泰科技园于2012年12月12日开工奠基，位于长沙高新区信息产业园，由湖南辰泰电子信息技术有限公司投资建设，是以金融电子研发、生产为龙头的高科技园区。项目总投资8000万元，总建筑面积约4万平方米，由研发楼、软件生产楼、生产加工车间及综合配套用房组成，预计2013年底竣工。项目建成后，将主要承担各类金融机具的软件开发、硬件制造机生产装配，同时还可以承担相关设备的专业性能测试，将形成年产各类银行金库和银行网点产品2000套以上。

三十一、科瑞鸿泰项目

2012年12月18日，湖南科瑞鸿泰医药有限公司医药科技园在麓谷举行新基地奠基庆典，科瑞鸿泰医药科技园的建设内容包括湖南科瑞集团总部、湖南科瑞研发总部、湖南科瑞鸿泰医药公司总部、医药物流仓库、员工生活设施、医药人沙龙以及其他配套工程于一体的现代化企业园区。该项目竣工投产后，年产值将达10亿元以上，并将以每年30%以上的速度递增。

三十二、霍尼韦尔

霍尼韦尔（中国）有限公司、湖南博云新材料股份有限公司、长沙鑫航机轮刹车有限公司于2012年2月签订合资合同，拟在长沙高新技术产业开发区麓谷设立霍尼韦尔博云航空系统（湖南）有限公司，从事机轮刹车和机轮刹车系统业务。项目在麓谷总投资9800万美元，净用地面积约240亩，设立办公室、研发中心、测试中心、生产车间等，主要用于设计、开发、生产、销售碳刹车、机轮及其相关结构件和控制系统并提供该等碳刹车、机轮及其相关结构件和控制系统相关服务。

三十三、中信湘雅项目

干细胞产业基地（光琇）项目于2012年12月7日奠基，位于长沙高新区麓云路国家干细胞中心，占地88亩，建筑面积6.8万平方米，是一座集科研、服务于一体的创新型专科医院，建成后将为广大患者提供更优质更便利的生殖遗传医疗服务。

科技创新

第六篇 科技创新

1988年湖南省和长沙市的决策者，根据省会长沙的科教优势，依托高校、科研院所和大企业，紧跟改革步伐，谋划设立长沙科技开发试验区，开始长沙高新区的改革创新。

1990年，长沙试验区首次面向社会公开招聘，在300多名应聘者中，择优录取10人，首开长沙试验区人事制度改革的先河。

1991年3月，长沙试验区晋级国家高新技术产业开发区后，国家有关部委、湖南省、长沙市先后出台多项支持高新区建设和先行先试的政策，加大改革创新的力度。

1993年起，长沙高新区对已有的非股份制企业和科研院所进行体制改革，到2000年，全区企业和科研院所均实现股份制企。

2004年后，长沙高新区对东方红镇、雷锋镇和麓谷街道实施托管，给高新区带来更大发展空间，推动麓谷的发展，国家、省市各级制定的优惠政策和财政保障，成为优化麓谷新政的亮点。

2009年以来，长沙高新区先后批准为国家创新型科技园区、国家科技与金融结合试点高新区、国家科技服务体系试点园区和湖南省首个国家海外高层次人才创新创业基地。

至2012年，长沙高新区拥有国家级研发中心25个，高新区的企业参与制定产业国际标准达140项，累计获得国家级科技进步奖和技术发明奖40项，开发一批具有世界影响力的科技成果专利。

长沙高新区综合创新能力名列全国第10位，在中部11个国家级高新区中综合经济实力名列第2位。

第一章 科技政策

1988年以来，国家、省、市针对高新技术产业颁发一系列的扶持和指导性政策，为高新技术产业的发展带来机遇。

第一节 国家主要政策

一、国家火炬计划

火炬计划是一项发展中国高新技术产业的指导性计划，于1988年8月经国务院批准，由国家科委组织实施。火炬计划的宗旨是：实施科教兴国战略，贯彻执行改革开放的总方针，发挥我国科技力量的优势和潜力，以市场为导向，促进高新技术成果商品化、高新技术商品产业化和高新技术产业国际化。

二、《中华人民共和国科技进步法》

该法于1993年7月2日第八届全国人民代表大会常务委员会第二次会议通过，是一部指导和推动我国科技事业发展的基本法律，是推进科技进步的基本准则，也是制订科学技术发展方针、政策和法律法规的基本依据。该法明确研究开发机构、科技工作者、科学技术奖励、科学技术投入等制度。

三、《关于加速科学技术进步的决定》

该决定是中共中央、国务院1995年颁发的，决定明确全面落实科学技术是第一生产力的思想，把高技术产业定位为国际经济和科技竞争的重要阵地大力发展高技术产业。发展高科技、实现产业化，带动产业结构升级，大幅度提高劳动生产率和经济效益。国家产业政策和发展规划把发展高技术产业摆到优先位置，在财税、信贷和采购等政策上给予重点扶持。要努力提高国产高技术产品的性能、质量和市场竞争力，提高高技术产业的规模效益和国民经济中的比重，使一些高技术产业逐步成为国民经济的支柱产业。决定强调，国家高新技术产业开发区是培育和发展高技术产业的重要基地，国家视其项目适当给予优惠政策。要建立良好的管理和运行机制，区内企业要率先建立现代企业制度；要重点塑造一批自主开发能力和市场竞争力较强、具有较大经济规模、掌握知识产权、跨地区、跨行业的大型高技术企业或企业集团。

四、《中华人民共和国促进科技成果转化法》

该法由第八届全国人民代表大会常务委员会第十九次会议于1996年5月15日通过，自1996年10月1日起施行。该法促进科技成果转化为现实生产力，规范科技成果转化活动，加速科学技术进步，推动经济建设和社会发展。该法中明确国家依照有关税收法律、行政法规规定对科技成果转化活动实行税收优惠，鼓励银行业和政策性金融机构采取措施，为科技成果转化提供金融支持。

五、《国家重点基础研究发展计划》（又称“973”计划）

该计划是1997年原国家科技领导小组第三次会议，决定要制定和实施《国家重点基础研究发展规划》，加强国家战略目标导向的基础研究工作，随后由科技部组织实施国家重点基础研究发展计划（“973”计划），旨在解决中国经济社会发展和科技自身发展中的重大科学问题，解决国家战略需求中的重大科学问题，以及对人类认识世界将会起到重要作用的科学前沿问题。“973”计划坚持“面向战略需求，聚焦科学目标，造就将帅人才，攀登科学高峰，实现重点突破，服务长远发展”的指导思想，坚持“指南引导，单位申报，专家评审，政府决策”的立项方式，以原始性创新作为遴选项目的重要标准，坚持“择需、择重、择优”和“公平、公正、公开”的原则，坚持项目、人才、基地的密切结合，面向前沿高科技战略领域超前部署基础研究。

六、《关于加强技术创新，发展高科技，实现产业化的决定》

该决定于1999年制定，是中共中央和国务院根据十五大精神，把加速科技进步放在经济社会发展的关键地位，提出加强国家高新技术产业开发区建设，形成高新技术产业化基地，增强为各类企业转化高新技术成果提供服务的功能，营造吸引、凝聚优秀科技人员和经营管理者创新创业的良好环境，成为技术创新、科技成果产业化和高新技术产品出口的重要基地，在区域经济发展中发挥辐射和带动作用；鼓励技术创新和高新技术企业的发展，国家支持和鼓励大型企业集团提取一定数量的资金，集中用于共性、关键性和前沿性重大科技问题的研究开发和产业化的投入，对科研投入实行财税扶持政策。

七、科技型中小企业技术创新基金

该基金于1999年经国务院批准设立，目的是支持科技型中小企业技术创新，重在挖掘和培育具有成长性、创新性、示范性的科技型中小企业。作为支持科技型中小企业技术创新的政府专项基金，通过拨款资助、贷款贴息和资本金投入等方式扶持和引导科技型中小企业的技术创新活动，促进科技成果的转化，培育一批具有中国特色的科技型中小企业，加快高新技术产业化进程，对我国产业和产品结构整体优化，扩大内需，创造新的就业机会，带动和促进国民经济健康、稳定、快速的发展等起到积极的作用。每年申请的国家各类专项中小型企业创新基金达数亿元，申报通过率高达80%。

八、《国家中长期科学和技术发展规划纲要（2006—2020 年）》

该纲要于 2006 年由国务院发布，强调自主创新，增强国家创新能力，加强原始创新、集成创新和引进消化吸收再创新；着力突破重大关键、共性技术，支撑经济社会的持续协调发展；着眼长远，超前部署前沿技术和基础研究，创造新的市场需求，培育新兴产业，引领未来经济社会的发展。到 2020 年，全社会研究开发投入占国内生产总值的比重提高到 2.5% 以上，力争科技进步贡献率达到 60% 以上，对外技术依存度降低到 30% 以下，本国人发明专利年度授权量和国际科学论文被引用数均入世界前 5 名。

纲要提出，通过财税、金融等政策，引导企业增加研究开发投入，增强技术创新能力；建立和完善创业风险投资机制，起草和制定促进创业风险投资健康发展的法律法规及相关政策；积极推进创业板市场建设，建立加速科技产业化的多层次资本市场体系；为高科技创业风险投资企业跨境资金运作创造更加宽松的金融、外汇政策环境；在国家高新技术产业开发区内，开展对未上市高新技术企业股权流通的试点工作。

九、《关于进一步促进科技型中小企业创新发展的若干意见》

该意见是国家科技部于2011年5月12日通过的国科发政〔2011〕178号文件。从政策、融资、公共服务等诸多方面支持科技型中小企业增强创新能力，发挥其在推进经济结构战略性调整、加快转变经济发展方式和建设创新型国家中的重要作用。

意见指出，积极引导各级政府的专项资金向科技型中小企业集群倾斜，构建支撑战略性新兴产业的技术创新服务平台，为科技型中小企业集群发展提供服务。引导银行业金融机构积极支持科技型中小企业技术创新，建立和完善科技型中小企业融资担保体系。鼓励地方科技管理部门、国家高新区大力发展创业风险投资，为种子期科技型中小企业提供资金支持。进一步加强科技型中小企业创业投资引导基金的实施力度，引导社会资金进入创业投资领域，引导创业投资机构投资于初创期科技型中小企业，对投资于初创期科技型中小企业的创业投资机构给予税收优惠。充分发挥中小板市场、创业板市场、股权代办系统等对科技型中小企业的培育和促进作用。扩大股权代办转让系统试点范围，支持具备条件的国家高新区内非上市股份公司进入代办系统，支持符合条件的科技型中小企业在创业板及其它板块上市融资。大力推动科技型中小企业的改制上市进程。探索利用债券工具和信托工具为科技型中小企业融资的有效形式和途径。

十、《关于深化科技体制改革加快国家创新体系建设的意见》

该意见于 2012 年 9 月 23 日下发，是指导我国科技改革发展和创新型国家建设的又一个纲领性文件，标志着我国建设创新型国家的进程进入一个新的历史节点。

意见共 8 个部分 21 条，强调要注重发展关系民生的科学技术，加快推进涉及人口健康、食品药品安全、防灾减灾、生态环境和应对气候变化等领域的科技创新，满足保障和改善民生的重大科技需求。加大投入，健全机制，促进公益性民生科技研发和应用推广；加快培育市场主体，完善支持政策，促进民生科技产业发展，使科技创新成果惠及广大人民群众。加强文化科技创新，推进科技与文化融合，提高科技对文化事业和文化产业发展的支撑能力。

第二节 省市主要政策

一、《长沙科技开发区新技术企业税收征管办法》

1989 年 8 月，长沙市税务局制定并公布《科技开发区新技术企业税收征管办法》，按税收优惠政策给各新技术企业办理免税手续，各项税收优惠政策基本得到落实。

二、《关于长沙高新技术产业开发区若干政策的规定》

1991 年 10 月，湖南省人民政府制定《关于长沙高新技术产业开发区若干政策的规定》（湘政发 [1991]36 号）文件，对给予长沙高新区的土地、税收、进出口、金融等优惠政策作出详细说明。

三、《关于加速技术进步若干问题的决定》

长沙市委市政府为解决科技开发区内民办企业，资金、原材料的问题，扶植区内民办新技术企业的发展，在决定中明确规定科技开发区纳入经济发展计划。市计委、市科委、科技开发区办公室三方成立计划协调服务小组，向省政府申请科技开发区实施计划单列，要求科技开发区科技企业生产原材料的供应纳入国家计划笼子。

1999 年，国家、省、市先后出台 10 多个有关促进高新技术产业发展的政策性规定，是历年来最多的一年。驻区国税局、地税局全面贯彻落实税收优惠政策。市政府出台软件产业基地无费管理的文件，高新区对软件产业基地的企业实行“无费管理”，为首批 14 家软件开发生产企业颁发《无费企业证书》。

2001 年，高新区管委会争取市政府出台扶持软件产业的政策，同时给第二批 30 余家软件企业授牌并实行无费管理，促进软件产业的快速发展。

2004 年，长沙高新区内的企业享受国家、省、市三级政府给予的优惠政策：高新技术企业从被认定之日起，减按 15%的税率征收企业所得税；出口产品产值达到当年总产值 70%以上的，减按 10%的税率征收企业所得税；新办的非外商及非台、港、澳、侨投资的高新技术企业，从投产年度起，两年内免征企业所得税；生产性外商及台、港、澳、侨投资的高新技术企业，经营期在十年以上的，从获利年度起，第一年和第二年免征企业所得税，第三年至第五年减半征收企业所得税，减半期满后，如经考核仍为高新技术企业，可再延长三年减半期，以后按 15%的税率征收；科研院所、高等院校或科技员自带科技成果和资金创办高新技术企业，注册资金下限可为 3 万元；以高新技术成果向有限责任公司出资入股，作价总金额可达公司注册资金的 35%，双方另有协议的除外。

进入岳麓山高科技园（麓谷科技新城）的高新技术企业还可享受以下特殊优惠政策：园区内经认定的拥有自主知识产权的高新技术成果转化项目，2005 年前，按增值税的地方留成部分的 50%及企业所得税和营业税的地方留成部分，由财政奖励给企业，之后 3 年，按产品增值税、企业所得税和营业税的地方留成部分 50%由财政奖励给企业；对具有自主知识产权、达到国内先进水平并具有重大推广价值、年销售额 1000 万元以上的软件产品，3 年内其产品增值税地方留成部分全额奖励给企业；进入留学人员、博士创业园租用房产的被孵化企业、按市场平均价，在 100 平方米面积内第一年免收租金，第二年 60%，第三年 80%；超过 100 平方米的部分第一年的前半年免收租金，之后第二年内按 80%的标准收取。对园内高新技术企业实行挂牌无费管理。无费管理企业只纳税，不缴行政事业性费用。

第三节 长沙高新区主要政策

一、《湘政发〔1991〕36 号文的实施细则和办法》

长沙高新区为配合 1991 年 10 月 11 日湘政发〔1991〕36 号文所制定的一系列类似特区的优惠政策：如《高新技术企业认定办法实施细则》《税收政策暂行规定》《对外经贸政策的试行办法》《土地管理试行办法》《劳动人事管

理暂行办法》《统计管理暂行办法》。

二、《长沙高新区企业技术创新基金管理实施办法》

该办法2000年出台，在长沙高新区设立创新基金500万元。

三、《关于提升自主创新能力、建设创新型园区的实施意见》

2006年长沙高新区出台《关于提升自主创新能力、建设创新型园区的实施意见》，鼓励企业技术创新，对骨干企业、拳头产品、产业集群、企业家和科技领军人物、公共平台的创新实行奖励支持政策，高新区财政设立3000万元创新专项资金和中小企业融资平台，对重大创新项目和中小企业给予贷款贴息和投入支持。

四、《鼓励引进龙头企业、推进技术创新、壮大产业集群的若干规定》、《鼓励和扶持区内企业与境内外龙头企业合资合作的暂行办法》

为配合2007年对园区企业实行城市管理行政许可"零收费"政策，高新区通过此《规定》和《办法》。2008年长沙高新区制定的对招商引资的个人与企业给予奖励，并设立工业企业"税收贡献奖"的政策。

五、《创业投资引导资金管理暂行办法》

2008年长沙高新区为落实企业"新三板"的财政配套支持政策，鼓励企业开辟融资新渠道，印发《创业投资引导资金管理暂行办法》，对进园的国内外优质创业资本、项目、技术、人才给予资金补贴和奖励。

六、《关于建设国家创新型科技园区的若干政策意见》

2010年，长沙高新区配合《关于建设国家创新型科技园区的若干政策意见》制定的一系列相关专项实施办法，《对中小企业融资平台贷款项目给予财政贴息及对平台服务机构给予奖励的实施办法(暂行)》《加强知识产权实施办法(暂行)》《加快建设创新平台体系实施办法》《企业股份改制和融资上市资助实施办法》《人才创新创业奖励实施办法(暂行)》《鼓励企业自主创新实施办法(暂行)》《推进科技企业孵化体系建设的实施办法专项实施办法(暂行)》，形成较为完善的创新型企业优惠政策扶持体系。

七、《关于促进新材料产业集群发展的若干政策意见》

此《意见》为长沙高新区2010年印发，旨在对新材料生产企业给予财政、税收扶持，产业化、创新、金融支持，知识产权激励，国际合作支持。

八、《长沙高新区促进服务外包、电子商务、动漫游戏产业发展暂行办法》

该《办法》系长沙高新区2011年制定，《办法》明确每年设立专项资金

2000 万元，对企业运营成本、人才培训、市场拓展、技术创新和技术改造给予资金补贴。

九、《关于印发〈加快发展开放型经济的若干政策措施〉的通知》

该《通知》于 2011 年印发，《通知》对认定的高新技术企业、技术先进型服务企业，按 15% 的税率征收企业所得税；新办集成电路设计企业、软件企业，实行企业所得税“两免三减半”优惠政策，鼓励外来投资企业增资扩建或技术改造，对鼓励类项目新增投资额度 2 亿元以上的部分，属省有权处置的规费全免，新增投资额 1 ~ 2 亿元的部分，规费则减半收取；对集约用地的国家鼓励外商投资项目优先供地，土地价格给予优惠，对实际到位 5000 万美元或 3 亿元人民币以上的鼓励类投资项目，建立用地审批“绿色通道”，确保用地；对符合条件的新建标准厂房按 10 ~ 15 元 / 平方米的标准给予补助。

十、《促进商贸服务业发展暂行规定》

该《规定》于 2011 年印发，《规定》对企业固定资产投资、技改升级和生产经营给予扶持奖励资金。

十一、《高层次人才创业投资基金管理暂行办法》

该《办法》于 2012 年制定，《办法》对高层次人才入园创业给予资金补贴力度。

2012 年，高新区管委会全面执行国家级高新技术产业开发区的所有优惠政策和优先享受长沙大河西先导区的优惠政策，概括为：

——区内高新技术企业从被认定之日起，减按 15% 的税率征收企业所得税。

——管委会财政每年安排 2 亿元产业发展专项资金，用于支持重大支柱产业、特色产业和技术创新项目；每年安排 2000 万专项资金，用于专项扶持服务外包产业的发展。

——对一次性固定资产投资在 5 亿元以上的重大电子信息、装备制造、新材料行业生产经营企业，在项目投产后，根据项目对高新区财税的贡献情况，给予其按固定资产投资总额 10% 或 10% 以上的产业发展配套资金支持。

——对 2008 年 1 月 1 日以后未在麓谷设立生产基地的各类企业总部和地区总部，其年纳税总额在 500 万元（含 500 万元）以上的，视其财政贡献情况，经审定，自营运之日起 3 年内按其所缴税收高新区财政实得部分的 10% ~ 40% 给予奖励。

——对世界 500 强、国内 100 强企业进入麓谷从事电子信息、装备制造、新材料产业研发生产或设立企业总部、地区总部，根据其品牌影响、投资规模和产出效益等情况，一次性给予 50 至 100 万元的产业发展配套资金支持。

上述 3、4、5 款所指企业和企业总部、区域总部的高管人员所缴纳的个人所得税，自缴税之日起 3 年内，按区级财政实得部分的 50% 奖励给本人；如在麓谷首次购房的，则按购房前 3 年度个人所得税高新区财政实得部分的 100% 奖励给本人，其奖励额度最高不超过房价的 80%。

——根据受贷企业新增税收情况，高新区财政给予不超过银行贷款利息额的 40% 的贷款贴息，但同一企业获得的各级政府支持的总贴息额最高不超过贷款利息额的 100%。对园内高新技术企业实行挂牌无费管理，企业只纳税，不缴纳行政事业性费用。

第二章 企业创新

第一节 高新技术企业的核定

一、高新技术企业核定办法

1988 年 7 月 20 日，长沙市政府、湖南省科委下发的《关于印发长沙科技开发试验区内新技术企业核定暂行办法》（长政发〔1988〕16 号），该文明确设立长沙科技开发试验区办公室，办理高新技术企业的审批核定事宜。

二、高新技术企业审批条件

1988 年 9 月 3 日，成立长沙试验区专家组，长沙市委副书记、市长王克英、省科委主任陶敏给 42 名专家颁发聘书，成立高新技术产品评审专家组，制定《专家组工作规则》和《高新技术产品审批程序》，对高新技术企业实施动态管理。专家组成若干专业组，承担核定高新技术企业、高新技术产品目录的审定和试验区发展规划论证工作。要求进入试验区的新技术企业须向试验区办公室提出申请，并提交有关文件，经核定后，上报湖南省科学技术委员会。湖南省科学技术委员会对高新技术企业作出认定、批准，发给高新技术企业证书。企业凭高新技术企业证书到有关部门办理登记、开户等手续。

核定为高新技术企业，必须具备下列条件：

从事本细则第四条规定范围内一种或多种高新技术及产品的研究、开发、生产和经营业务。单纯的商业经营除外。

实行独立核算、自主经营、自负盈亏，具有独立的法人资格。

企业的负责人是熟悉本企业产品研究、开发、生产和经营的科技人员，并且是本企业的专职人员。

具有大中专以上学历或具有技术职称的科技人员应占企业职工总数的30%以上；从事高新技术产品生产或服务的劳动密集型高新技术企业，具有大中专以上学历或技术职称的科技人员应占职工总数的20%以上；其中直接从事高新技术产品研究、开发的科技人员均不得低于企业职工总数的10%。

有10万元以上资金，并有与业务规模相适应的经营场所和设施。

用于高新技术及其产品研究、开发的经费应占本企业年总收入3%以上。

高新技术企业的总收入，一般由技术性收入、高新技术产品产值、一般技术产品产值和技术性相关贸易组成。高新技术企业的技术性收入及高新技术产品产值的总和应占本企业当年总收入的50%以上，外商投资兴办的应占30%以上。技术性收入是指由高新技术企业进行的技术咨询、技术转让、技术入股、技术服务、技术培训、技术工程设计和承包、技术出口、技术引进的消化吸收及中试产品的收入。

有明确的企业章程和严格的技术、财务管理制度。

企业经营期在10年以上。长沙开发区办公室将定期按本细则第五条规定的条件对高新技术企业进行年度考核。不符合条件的高新技术企业，不得享受国家高新技术产业开发区的各项政策规定，并由长沙开发区办公室收回其高新技术企业证书上。

三、高新技术及其产品的范围

每年引入的高新技术及其产品由相关部门根据社会发展的需要决定，并和高新技术企业的准入同步进行。

1988年高新技术及其产品范围如下：

电子信息技术及其产品（包括各类信息处理软件）；

新材料技术及其产品；

生命科学和生物工程技术及其产品；

新能源技术、节能新技术及其产品；

核应用技术及其产品；

激光技术及其产品；

精细化工技术及其产品；

光、机、电一体化技术及其产品；

新药物和生物医学工程；

空间技术、海洋技术及其产品；

经济效益显著并适合湖南省特点的其它技术、专利及其产品。

上述各项新技术及其产品细目，由试验区办公室分批公布。

1988年，试验区办公室对670个项目进行初评和复审，第一批71个项目进入试验区。

1991年10月11日，湖南省人民政府文件（湘政发〔1991〕36号）《关于长沙高新技术产业开发区若干政策的规定》附件一、《长沙高新技术产业开发区高新技术企业认定办法实施细则》，明确高新技术及其产品的范围如下：

微电子科学和电子信息技术及其产品；

材料科学和新材料技术及其产品；

生命科学和生物工程及其产品；

能源科学和新能源、高效节能技术及其产品；

光电子科学和光机电一体化技术及其产品；

精细化工技术及其产品；

生态科学和环境保护技术及其产品；

医药科学和生物医学技术及其产品；

核应用技术和激光技术及其产品；

空间科学和航空航天技术及其产品；

其他在传统产业基础上应用的新工艺、新技术。

据统计，1988年10月长沙试验区首批核准的高新技术企业41家，其中全民所有制16家，集体所有制17家，私营企业8家。具体情况如下表：

表6–1　长沙科技开发试验区首批准入高新技术企业（1988年）

序号	企业名称	举办单位	经济性质	证书编号	经营地址
1	长沙银河新技术开发中心	国防科技大学	全民	88001	北区砚瓦池正街
2	长沙西普电子技术公司	湖南省测绘局	全民	88003	长沙市韶山路131号
3	长沙湘峰新技术经营开发公司	机械电子部48所	全民	88006	长沙市南郊黑石铺
4	长沙通达科技开发公司	长沙铁道学院	全民	88009	长沙铁道学院（院内）
5	湖南文物防范技术研究所	湖南省博物馆	全民	88010	长沙市东风路3号

续表 6–1

序号	企业名称	举办单位	经济性质	证书编号	经营地址
6	中国轻工业长沙工程咨询公司电子技术服务部	轻工部长沙设计院	全民	88012	长沙韶山路井湾子 159 号
7	长沙矿山研究院自动化仪表厂	长沙矿山研究院	全民	88015	长沙矿山研究院（院内）
8	长沙市蔬菜科技开发公司	长沙市蔬菜科研所	全民	88019	长沙市北郊马栏山市蔬菜科研所内
9	湖南大学机械电子技术开发部	湖南大学	全民	88023	湖南大学科学馆内
10	长沙泰科高新技术开发公司	长沙黑色冶金矿山设计研究院	全民	88025	长沙市韶山路 81 号
11	长沙新星新技术开发实业公司	湖南省农机所	全民	88026	长沙市青园路 10 号
12	科湘化工新技术开发公司	湖南省化工研究院	全民	88027	长沙市胜利路 198 号
13	长沙京湘硅研究开发公司	长沙半导体材料厂中国有色金属工业对外工程公司北京市水利局北郊电器公司	全民	88030	长沙市河西左家垅
14	中南工业大学科技开发总公司	中南工业大学	全民	88032	长沙市河西左家垅
15	湖南机械研究所科工贸开发公司	湖南省机械研究所	全民	88033	长沙市红旗区省机械研究所
16	长沙新冶科技开发公司	长沙市矿冶研究院	全民	88034	长沙市河西左家垅 1 号
17	长沙司达经济技术开发公司	省新技术推广站国防科大电子工程所87029 部队	集体	88039	长沙市德雅路 1 号
18	建南长沙系统开发公司	建南机器厂	集体	88004	蔡锷北路 11 号
19	长沙国防科技大学银河计算机公司	国防科大计算机研究所	集体	88005	国防科大计算机研究所
20	长沙四海新技术开发公司	长沙市东区科委	集体	88007	五一路白果商场二楼
21	长沙前进计算机研究所	长沙市农工民主党	集体	88008	苏家巷 27 号
22	长沙四星光机电技术研究所	长沙市科技情报所（发明与革新）杂志社	集体	88011	长沙市人民路 53 号
23	长沙九九科技实业股份公司	长沙兰天旅游工贸公司	集体	88014	长沙市解放路 77 号
24	长沙四新科技经济开发公司	湖南省交通厅科技情报站	集体	88016	长沙市新风路 39 号
25	长沙华联科技开发总公司	湖南医学院附一院	集体	88017	长沙市黄兴南路 148 号
26	湖南农业高新技术开发公司	湖南省农科院	集体	88018	东郊马坡岭（省农科院内）

续表 6-1

序号	企业名称	举办单位	经济性质	证书编号	经营地址
27	长沙东亚全蝎新技术发展中心	武昌县民间特产种养科研所	集体	88020	长沙市海军接待站 212 房
28	长沙银河机电应用技术研究所	国防科技大学八系	集体	88022	砚瓦池正街 137 号
29	长沙市恩斯梯开发公司	长沙市湘中印刷机械厂	集体	88028	长沙市寿星街 97 号
30	长沙稀土科技开发中心	湖南省稀土金属材料研究所	集体	88029	长沙市南郊圭塘稀土所内
31	长沙湘星集团公司	长沙金属纤维厂 长沙动力机厂一分厂 长沙海天化工厂 长沙市职工大学	集体	88031	长沙市浏阳河路
32	长沙八达薄膜技术应用研究所	国防科大 电子技术研究所	集体	88037	国防科大南院 21 号楼
33	长沙银河电器研究所	国防科大四系	集体	88002	长沙市北区工农路 49 号
34	长沙市华宇电子研究所	–	私营	88013	湖南大学图书馆一楼
35	长沙市计算机通信研究所	–	私营	88021	长沙西区三兴街 67 号
36	长沙四达机电新技术研究所	–	私营	88024	长沙市河西桐梓坡附 2 号
37	长沙市颜氏节能技术研究所	–	私营	88035	长沙市河西新民路
38	长沙人机科技有限公司	–	私营	88036	长沙市窑岭西村 28 号
39	长沙市远方科技开发有限公司	–	私营	88038	长沙市东庆街 22 号
40	长沙市震洋自动化研究所	–	私营	88040	长沙市解放东路 1 号
41	长沙市宝山新技术研究所	–	私营	88041	长沙市东塘（黑色矿山研究院设计工具厂内）

第二节 高新技术企业管理和考核

长沙高新区对已经被认定为高新技术企业，不断加强管理和考核，在管理中发现有不符合认定条件的，由认定机构复核，复核后确认不符合认定条件，则取消其高新技术企业资格。

2001 年，长沙高新区对 1999 年前审批的 489 家高新技术企业进行年度考核，取消 185 家企业高新技术企业的资格，对 146 家限期整改。一大批骨干企业，如远大空调、乐金曙光、湘计算机、湖南旺旺、威胜电子、维用长城、远大铃木、中气长电、创智科技、安力电子、长海视听、华电自动化、湘华兴、华能设备等企业先后取得 ISO9000 国际质量标准认证，市场竞争力得到增强。

2003 年 12 月，长沙高新区决定，对区内高新企业实行专人分行业管理服务制度，企业发展过程中有关高新技术企业及项目管理、科技计划立项及申报、企业产品备案、科技成果申报及报奖以及协调服务等有关企业服务管理工作均由指定工作人员负责联系办理。

2008 年，高新技术企业按国家科技部、财政部、税务总局先后联合发布《高新技术企业认定管理办法》（国科发火〔2008〕172 号）和《高新技术企业认定管理工作指引》（国科发火〔2008〕362 号）核定。长沙高新区通过重新梳理，建立各类企业库，加强与中介机构联系，召开中介机构座谈会，商讨高新技术企业认定的困难及应对措施，协调解决企业高新认定中存在的困难与问题。

2012 年，长沙高新区的高新技术企业新认定通过 66 家，占全市 52%；高新技术企业复审通过 73 家，占全市的 75.3%；重新通过认定的高新技术企业 320 家，占全市总量的一半，全省的四分之一。

2012 年，长沙高新区共有高新技术企业 504 家，其中麓谷园区内有高新技术企业 460 家，占全区的 91.2%。

表 6–2　　长沙高新区高新技术企业情况表

（2008—2012 年）

年份	认定户数	高新技术企业户数
2008	254	254
2009	9	263
2010	103	366
2011	107	473
2012	31	504

备注：1、2008 年开始，高新技术企业按国家科技部标准认定
2、此表高新技术企业数量为当年纳入科技部火炬计划的统计数量

第三节　股份制改革

一、企业改制

1988 年，进入长沙试验区的企业，多为新设立的民营科技公司、高等院校、

科研院所和外资公司创办的科技公司，国有企业为数不多。

从1993年起，高新区新入园企业，必须是按《中华人民共和国公司法》（以下简称《公司法》）规范的产权明晰的股份制企业。已有的非股份制企业，则要求企业主管部门对其按《公司法》进行股份制改革，清产核资，界定产权，对职工实行身份置换，长沙高新区给予指导和督促。

1994年，长沙高新区加大企业产权制度改革的力度。按照《公司法》规范、完善区内企业的管理机制和经营行为，在逐步用股份制形式改造和规范原有企业的同时，引导新进区的企业采取股份有限、有限责任、股份合作的形式组建，确保企业资产关系顺畅，产权清晰，权责明确。

至1994年年底，区内共有各类股份制企业180家，占企业总数的38%；民营企业75家，占企业总数的16%。这些企业初步建立适应现代企业发展要求的运行机制，运作状况较好。金海、海利、银洲、保险、金鹏等比较规范的股份制公司都取得较好的经济效益。

1996年，长沙高新区在建立现代企业制度方面改革成效显著，新组建的企业严格按照《公司法》，全部以有限责任公司和股份公司形式运作，对已成立多年的企业进行股份制改造。

1997年，高新区通过严把进区审批关，按《公司法》和现代企业制度的“产权清晰、政企分开、权责明确、管理科学”要求，规范新组建公司的产权、内部管理和各种运作机制；对已进区企业，通过指导、改组，进一步明晰企业的产权股本、规范行为、改进管理，使企业按“六自原则”运行。骨干企业资本运营进一步推进，继华银电力、海利化工在前一年成为上市公司，1997年湖南计算机股份有限公司股票成功上市。同时，中联重科正进行股份制改革，争取上市。长沙高新区内股份制、外资企业等非国有企业总产值占全区总产值75%以上。

至2000年，高新区企业基本为股份有限、有限责任、股份合作公司。

二、科研院所改制

长沙高新区的科研院所改制走在全国前列，并探索形成自主转化、联合转化和出让转化“三大模式”，推进企业改制成为股份制企业。

长沙高新区内科研院所按照《公司法》改制，建立现代企业制度，组建股份有限责任公司，依托长沙建设机械研究院、湖南化工研究院、长沙矿冶研究院、省邮电科学研究所等科研院所，创办中联重科、海利化工、金瑞科技和湘邮科技等一批行业龙头企业。中联重科在20年间实现从研究院到国有企业、股份制公司、全球化公司的“三级跳”；湘邮科技成为中国邮政旗下唯一的一家上市公司；海利化工更是拥有亚洲最大的氨基甲酸酯类农药原药生产装置。

建设部长沙建设机械研究院：

建设部长沙建设机械研究院（简称长沙建机院）1956年创建于北京，后迁入长沙，是建设部直属的建筑机械、城建机械、城市车辆综合性研究中心和行业归口单位。

1992年9月28日，建设部长沙建设机械研究院副院长、高级工程师詹纯新等人筹资20万元，注册成立长沙高新技术开发区中联建设机械产业公司（简称中联公司），詹纯新任公司法定代表人、总经理。

1994年1月，长沙建设机械研究院商品泵送机械研究室、机械厂成建制并入中联公司。1995年3月，长沙建设机械研究院中起公司成建制并入中联公司，建筑起重机械成果开始纳入中联产业化范围。

1998年8月，中联商品泵送机械有限责任公司和中联起重有限责任公司成立，中联公司迈出产权结构改革的步伐。

1999年8月，由长沙建机院作为主发起人，在其全资持有的中联公司基础上，联合其他5家公司共同发起设立中联重科。其中，长沙建机院为第一大股东，占股74.75%；第二大股东为长沙高新区中标实业有限公司，占股23.76%；其余四家各占股0.37%。

2000年10月，中联公司更名为中联重科，在深圳证券交易所上市，公开发行股票5000万股。

2004年，长沙建机院启动改制，经国家经贸委和财政部批准，长沙建机院由建设部划归湖南省管理。同年10月21日，长沙建机院由事业单位转制为企业单位，更名为“长沙建设机械研究院有限公司”，成为湖南省国资委下属企业。11月8日，长沙建机院《改制整体方案》经湖南省国有企业改革领导小组办公室批准改制成为国有控股的有限公司。长沙建机院规划的股本结构为：国有股持股比例为38%；员工持股比例为30%；引进2名财务投资者持股比例为32%，单一财务投资者持有改制后新公司的股权将不超过总股本的20%。确定这一目标后，长沙建机院的改制开始进入实际操作程序。

2006年3月29日，长沙建机院8%及24.1%的股权在湖南省产权交易中心分别挂牌出售。4月30日，湖南省国资委与弘毅投资全资持有的智真国际（BVI）签署协议，转让其所持长沙建机院的8%股权，同时，湖南省国资委与一方科技、合盛科技分别签署协议，分别转让 6.06% 及 18.04% 股权。

2009 年 1 月 7 日，中联重科宣布，大股东长沙建机院获准清算注销。长沙建机院清算注销之后，其所有资产按比例分配给股东。湖南省国资委成为中联重科第一大股东，持股比例为 24.99%；智真国际（BVI）及卓佳集团（BVI）合计持股比例 16.65%，为第二大股东；中联重科管理层持股公司一方科技及合盛科技合计的持股比例 12.56%，成为第三大股东。至此，长沙建机院整体改制结束。

中联重科不断推进改革，形成科研支持产业、产业反哺科研的良性体制机制，成为国有科研院所改制的典范；作为建立现代企业制度的上市公司，中联重科通过重组并购，参与到传统国企的改革、改组、改造之中，在老企业植入新机制、新技术，取得经济和社会的双重效益。中联重科的体制创新被国务院国资委树立为混合所有制的“样本”。

中联重科开创中国工程机械行业整合海外资源的先河，利用资本杠杆，在全球范围内整合优质资产，实现快速扩张，并构建全球化制造、销售、服务网络。中联重科先后并购英国保路捷公司、意大利 CIFA 公司、德国 M-TEC 公司、荷兰 Raxtar 公司、意大利 LADURNER 公司。其中，2008 年并购世界第三大混凝土机械制造商意大利 CIFA 公司，使公司成为中国工程机械国际化的先行者和领导者，该宗并购整合也作为经典案例进入哈佛大学课堂。

中联重科坚持“高端导入、重点突破、全面赶超”科技创新战略，通过高端技术创新体系不断攻克工程机械行业世界性科研难题，推出多项世界级产品，持续推动行业技术进步，被科技部、工信部、财政部等国家部委认定为全国首批“国家创新型企业”、“国家技术创新示范企业”，获得中国混凝土机械行业第一个国家科技进步奖。公司是国际标准化组织 / 起重机技术委员会 (ISO/TC96) 秘书处承担单位，代表国家在国际标准化组织 ISO 中履行流动式起重机、塔式起重机的国际表决和国内归口职责。

2012 年，中联重科第五次捧得“金圆桌”最佳董事会奖，成为中国工程机械行业上市公司唯一上榜企业及沪深股市获该奖项次数最多的上市公司。党和国家领导人习近平、李克强、张德江、俞正声、王岐山等先后视察公司。

湖南化工研究院：

湖南化工研究院创建于 1951 年，属综合应用型化工科研事业单位。该院的改制分两步：

第一步，1994 年，以湖南化工研究院为主，组建“湖南海利化工股份有限公司”

（简称海利化工），并于1996年在上海证券交易所上市。海利化工自上市以后，公司事业健康快速发展，先后控股和兼并国内5家企业，通过ISO9001:2000质量管理体系、ISO14001:2004环境管理体系和GB/T28001-2001职业健康安全管理体系“三整合体系”认证。公司重要农药中间体呋喃酚、邻仲丁基酚的生产技术达到国际先进水平，打破发达国家的技术垄断，解决氨基甲酸酯类农药克百威生产的瓶颈制约。与中国农业大学合资设立的北农（海利）涿州种衣剂有限公司（公司占51%股份）是经化工部和农业部批准的种衣剂定点生产企业，被国家经贸委列为“产学研”高科技产业化项目序列。

第二步，2000年9月1日，经湖南省人民政府批准，湖南化工研究院作为湖南省科技厅第一批科研事业单位转制成企业的试点单位，完成企业转制工作，成功组建“湖南海利高新技术产业集团有限公司”，所有人员由事业编制转变为企业员工，其中原湖南化工研究院所属的研发机构，组成新的湖南化工研究院（沿用原名称），成为集团公司的全资子公司。

原研究院所控股的海利化工等企业成为集团公司的控股子公司。集团公司是国有独资企业，经营管理2个全资子公司、3个控股子公司和1个事业部，总资产21.8亿元，净资产10.5亿元，归属于母公司的所有者权益4.4亿元。实缴注册资本25229万元。在职在岗员工2497人，各类专业技术人员569人，其中有高级及以上专业技术职务的118人。

湖南海利化工股份有限公司，主要从事农药和精细化学品的研发、生产和贸易，危险化学品运输以及化工装置的工程安装，拥有国家氨基甲酸酯农药工业性试验基地和国家农药创制工程技术研究中心；拥有4个省级实验室（中心）：湖南省农用化学品重点实验室、湖南省农药工程技术研究中心湖南省化肥农药质量监督检验授权站、湖南省化工信息中心。湖南化工研究院拥有一支年龄与专业结构合理的高素质的人才队伍，有科技人员近200名，高级职称79人，中级职称76人，其中拥有博士14名，硕士35名，拥有化工工艺、有机合成、化工分析、仪器检测、仪器维修、仪器应用、化学工程、化工机械、植物保护、植物病理、环境保护等各类专业人才。

公司在农药的研发和生产上实力雄厚，拥有国家农药创制工程技术研究中心和国家氨基甲酸酯类农药工业性试验基地，在精细化学品方面建立农药和医药中间体以及光气化产品研发中心，拥有亚洲最大的年产万吨规模的克百威、仲丁威、甲萘威、好安威、残杀威、异丙威、灭多威、速灭威等氨基甲酸酯类农药原药生产装置，拥有亚洲最大的年产万吨规模的呋喃酚、邻仲丁基酚、邻异丙基酚和邻异丙氧基酚等烷基酚生产装置，拥有年产万吨乐果、甲基嘧啶磷等有机磷农药生产装置，依托10000吨/年和5000吨/年两套光气生产装置，湖南海利开发投产异氰酸酯类、氯甲酸酯类、碳酸酯类、脲类系列光气化学品，承接定制化学品加工。"海利"牌氨基甲酸酯类系列农药、"海利"牌乐果系列农药、"海利"牌烷基酚类中间体均为"湖南名牌产品"，"海利"注册商标为"湖南省著名商标"。公司自主研发的氨基甲酸酯类农药已达到国际先进技术水平，主导产品在国内外拥有较高的市场占有率，与多家国际跨国公司开展产品和项目合作。海利集团是国家科技部、国务院国资委、中华全国总工会联合命名的国家创新型企业，为国家农药20强、湖南省首批创新型企业、湖南省首家通过知识产权国家贯标验收企业、中国化工企业500强企业。

长沙矿冶研究院：

长沙矿冶研究院创立于1955年，先后隶属中国科学院、国防科工委、冶金工业部、国家冶金工业局、中央企业工作委员会和国务院国有资产监督管理委员会，是国家大型综合性科研机构，拥有高素质的科研队伍和良好的科研条件，是国家金属矿产资源综合利用工程技术研究中心、国家冶金工业钎具质量检测中心、国家冶金工业辅料矿质量监督检测中心和全国民用爆破器材产品检测中心的依托单位。长沙矿冶研究院拥有实验室12500平方米，中试车间4个，其中选矿中试车间是国内规模最大、设施最完善的中试基地，管道输送中试车间和公斤级炸药试验用硐堡是国内屈指可数的专业试验基地。

2007年，"深海矿产资源开发利用国家重点实验室"落户该院。

2008年，院集团总资产近20亿元，营业收入17.6亿元，利润总额7853万元；集团从业人员人数3616人，其中中国工程院院士2人，博士生导师5人，国家级有突出贡献专家1人，享受政府特殊津贴专家17人，高级以上职称的人员占专业技术人员的40%。

2009年10月，经国务院批准，通过国有资产无偿划转方式，长沙矿冶研究院整体并入中国五矿集团公司，成为五矿集团的全资子企业。

2010年，长沙矿冶研究院整体改制，从事业单位改制为企业，更名为长沙矿冶研究院有限责任公司。长沙矿冶院按照《公司法》建立现代企业管理制度，内设11个职能管理部门、8个直属单位，拥有15家子公司及子公司以下企业。

金瑞新材料科技股份有限公司(简称"金瑞科技")系由长沙矿冶研究院、

湖南华菱钢铁集团有限责任公司、中国电子科技集团公司第四十八研究所(原信息产业部电子第四十八研究所)、长沙高新技术产业开发区银佳科技有限公司、中国冶金进出口湖南公司等5家单位共同发起,经国家经贸委同意,1999年8月31日经湖南省工商行政管理局批准注册的公司。

2000年12月14日,经中国证券监督管理委员会以证监发行字〔2000〕173号文批准,金瑞科技向社会公开发行人民币普通股(A股)4000万股,注册资本变更为人民币10670万元。2006年,金瑞科技实施股权分置改革。

2007年6月,公司将资本公积金5335万元转增股本,转增后金瑞科技总股本由10670万股变更为16005万股。

2009年,金瑞科技随控股股东长沙矿冶研究院有限公司整体并入中国五矿集团公司,成为世界五百强企业旗下成员企业。金瑞科技注册资本变更为人民币45125.64万元,拥有自营进出口权,通过湖南省高新技术企业认证,是“长沙市十大标志性工程企业”,并连续多年位列“长沙市工业三十强”和“长沙高新技术产业开发区十强企业”。

湖南省邮电科学研究所:

1974年4月1日,湖南省邮电科学研究所在长沙工商局登记注册,挂牌成立,注册资本580万元,在职员工125名,主要经营通迅邮电课题研究、产品研究开发、试制生产 、项目转让、技术培训、咨询等。

2000年10月17日,湖南省邮电科学研究所经国家经济贸易委员会批准,以湖南省邮电科学研究所作为改制主体,由湖南省邮政局作为主发起人,联合中国速递服务公司、江西赣粤高速公路股份有限公司、湖南新时代通信网络股份有限公司、易思博网络系统(深圳)有限公司、上海爱建进出口有限公司、湖南移动通信器材有限公司(后更名湖南中移鼎讯通信有限公司)、湖南省凯祥通信设备有限公司,共同发起设立湖南湘邮科技股份有限公司,注册资本6825万元。湖南省邮电科学研究所全体在岗职工置换身份成为湖南湘邮科技股份有限公司企业员工。

2003年11月25日,经中国证监会证监发行字〔2003〕112号文核准,湖南湘邮科技股份有限公司发行人民币普通股(A股)3500万股,在上海证券交易所挂牌上市。国家财政部以财企〔2000〕345号《关于湖南湘邮科技股份有限公司(筹)国有股权管理有关问题的批复》同意股份公司的股权处置方案:湖南省邮政局以湖南省邮电科学研究所经资产评估确认的生产经营性净资产5385.38万元和现金1114.62万元作为出资,按65%的比例折为4225万股国有法人股;中国速递服务公司、江西赣粤高速公路股份有限公司、湖南新时代通讯网络股份有限公司分别以现金 2100 万元、800 万元、300 万元出资，按 65% 的比例分别折为 1365 万股、520 万股、195 万股国有法人股；易思博网络系统（深圳）有限公司、上海爱建进出口有限公司、湖南移动通信器材有限公司、湖南省凯祥通信设备有限公司分别以现金 280 万元、220 万元、200 万元、100 万元出资，按 65% 的比例分别折为 182 万股、143 万股、130 万股、65 万股法人股。上市后公司注册资金变更为 16107 万元，总资产 5.64 亿元。

湘邮科技公司在岗员工总数 390 人，公司员工本科及大专以上学历 323 人，其中硕士及以上学历 23 人。湘邮科技园占地面积 50 亩，总建筑面积 27222 平方米，主要从事研制、开发、生产、销售计算机软硬件及邮电高科技电子产品；设计、安装、维护计算机网络工程、无线通信工程、电子信息系统集成、安全技术防范系统；销售移动通信直放站无线寻呼发射机；销售机械设备、五金、交电、建筑材料（不含硅酮胶）、日用百货、日用杂品及政策允许的化工原料、化工产品、金属材料；承接邮电高新技术课题的研究并提供科技成果引进、转让、咨询服务，商品和技术的进出口业务。公司形成以业绩为导向，建立灵活自主选人、人员能进能出、岗位能上能下、收入能增能减的机制。

公司上市后，湘邮科技作为“中国邮政第一股”是全国邮政系统重点科研和技术支撑单位，被国家邮政局认定为“国家邮政局高新技术研究所”“国家邮政局科技发展中心”，并率先在全国邮政系统设立博士后工作站，负责全国邮政的科技研究和技术支撑工作，率先在国内从事计算机通信网络的研究和开发，取得一系列成绩：先后有 13 个项目获部、省科技成果奖，48 个规划设计项目获部、省优秀设计奖，有 2 个项目进入国家 863 计划，部分项目在技术上达到国内先进水平。公司共有自主知识产权产品 55 个，其中有 4 个是国家级重点新产品推广项目。公司建立以北京、成都、长沙、南宁、广州、上海、福建、香港为中心，覆盖周边地区，面向全国的服务网络体系，技术和市场遍及邮政、通信、金融、政府、教育、公用事业及社区服务等领域。

中冶集团长沙冶金设计研究总院：

中冶集团长沙冶金设计研究总院成立于 1957 年 11 月，当时为冶金部武汉黑色金属矿山设计院。1960 年，冶金部武汉黑色金属矿山设计院与长沙矿山研究院合并，更名为冶金部长沙矿山设计研究院。1962 年，设计院与研究院分设，更名为冶金部长沙矿山设计院。1963 年，更名为冶金部长沙黑色金属矿山设计院。

1978 年，更名为冶金部长沙黑色冶金矿山设计研究院。1993 年，更名为冶金部长沙冶金设计研究院。2000 年，更名为中冶集团长沙冶金设计研究总院，为甲级大型综合设计研究单位。

2003 年，长沙冶金设计研究总院根据国家部委的总体要求，按照《公司法》对长沙冶金设计研究总院进行一分为三的公司制改造，以长沙冶金设计研究总院全部经营性资产为主发起设立中冶长天国际工程有限责任公司；以长沙冶金设计研究总院后勤资产为主发起设立湖南长元物业管理有限责任公司；以长沙冶金设计研究总院其剩余资产发起设立国有独资的长沙冶金设计研究院有限公司。这三家公司成为完全独立、自负盈亏的法人实体。

改制成立的中冶长天国际工程有限责任公司（简称中冶长天），承继长沙冶金设计研究总院优良资产和优秀人才，于2003年3月正式挂牌成立，6月5日注册，注册资本 60000 万人民币，具有环境工程设计专项（大气污染防治工程）甲级设计资质。

中冶长天拥有一支高素质的人才队伍和专家团队，公司建立博士后流动站研发中心，设立烧结、球团及直接还原实验室和冶金装备检测与材料性能分析实验室以及工业炉窑、自动控制和环境保护等多个技术研究所。中冶长天通过不断地创新提供超值的服务，赢得客户的信赖和合作伙伴的尊重，公司产品和服务遍及国内宝钢、鞍钢、武钢、攀钢等各大钢铁企业，承担过巴西、印度、沙特、印尼、日本、澳大利亚等 10 多个国家的工程设计和总承包业务，与美国、德国、日本、韩国、瑞典、巴西、印度等 20 多个国家和地区进行广泛的技术合作与交流，与住友、住金、三菱、美卓、盖尔道、阿尔斯通等世界跨国集团建立长期友好合作关系。

中冶长天在中国冶金工程建设领域取得骄人的业绩：拥有 660 平米以下全系列烧结机研发技术和建设能力，设计中国最大的 660 平米烧结机工程，其累计设计和建设的烧结机工程数量和面积都位居世界第一；在 300 万吨规模以上的大型球团工程建设方面独具专长，设计中国最大的 500 万吨氧化球团工程和世界最大的 600 万吨氧化球团工程；自主研发的煤基高温热固结链篦机—回转窑（一步法）直接还原铁工艺，率先在全球实现工业化生产，具备建设年产 30 万吨规模直接还原铁工程的能力。2003—2012 年连续 10 年位居中国工程总承包企业营业额百名排序前 30 强。

人类干细胞国家工程技术研究中心：

人类干细胞国家工程研究中心是依托中南大学中信湘雅生殖与遗传专科医院和湖南光琇高新生命科技有限公司，于2002年经国家科技部批准组建。

研究中心原为湘雅医院人类生殖工程研究室，1980年在中国医学遗传学奠基人卢惠霖教授的指导下，卢光琇教授率先在国内开展人类辅助生殖技术研究和临床工作，1981年建立人类冷冻精子库，1983年诞生冷冻精液人工授精婴儿，1988年诞生供胚移植试管婴儿。1988年，国家卫生部批准湘雅医院人类生殖工程研究室成立湖南—中国遗传医学中心及国家精子库技术指导中心。

2000年，卢光琇教授获得自然科学基金委干细胞研究重大项目资助，湖南省委、省政府和省发改委在政策倾斜度上给予鼎力支持，随后湖南省科技厅投入600万资金，支持干细胞的研究及产业化。

2004年，11月29日，湖南惠霖生命科技有限公司和湖南高新创业投资集团有限公司（以下简称湖南高新投）共同出资组建湖南光琇高新生命科技有限公司，在湖南省工商行政管理局正式登记成立，法定代表人卢光琇，中心作为人类干细胞国家工程技术研究中心的运作管理载体和人才的集成培养基地，从事人类干细胞研究与产业化运营。

2005年，人类干细胞国家工程研究中心开工建设。2006年10月，人类干细胞国家工程研究中心获得国家发改委授牌。人类干细胞国家工程研究中心获项目批复总投资10856万元，其中国家安排资金2000万元，湖南省高新创业投资有限公司投下1000万风险资金。

人类干细胞国家工程研究中心选址长沙高新区，购置土地62亩，项目概算总投资10965万元，实际完成投资10081万元。国家工程中心总建筑面积21000平米，大楼布局形成四大功能区：综合办公区、科研试验区、光琇医院和公用设施区。完成人类胚胎干细胞GMP生产车间、胎盘及其附属组织公共干细胞库GLP生产车间、肿瘤免疫GMP生产车间、干细胞移植中心（湖南光琇医院）以及造血干细胞、神经干细胞、胰岛干细胞等实验室建设，先后获10项专利授权，建成全球规模最大的胚胎干细胞库（库存320株hESC系）。

湖南光琇高新生命科技有限公司经过多年发展，建立博士后科研流动站协作研发中心，人类干细胞国家工程研究中心已逐步实现产学研结合，构建起以企业为主体的干细胞技术创新体系，多项研究成果在全球处于领先地位，与中信集团、中南大学强强联合，共同创建中信湘雅生殖与遗传专科医院，2007年成为卫生部公布的第一批人类辅助生殖技术和人类精子库技术培训基地。湖南省干细胞技术工程中心从 2008 年开始将学术研究成果产业化。

2012 年，光琇高新公司取得多项成果：人类干细胞国家研究中心项目建设正式通过省发改委、市卫生局及其他主管部门的验收，其附属的二级综合医院——光琇医院自 2012 年 2 月试营业以来，定位为“大专科，小综合”特色医院，全年接受门诊 2 万人次，实现营业收入近 2000 万元。

医院建立世界上最大的胚胎干细胞库，建立世界上首个基因完全纯合的人类孤雌干细胞系，首次发现干细胞在亚优化条件下长期体外培养时发生遗传变异、向肿瘤干细胞转化的现象，引起国际上的强烈关注，建立世界上第一个克隆胚，与美国昂飞公司合资，开发基因芯片、蛋白质芯片系统，进行大规模基因及蛋白分型服务，工程中心大力开展国内外交流合作，加入人类胚胎干细胞国际联盟，与丹麦、美国、德国、澳大利亚等国相关研究单位建立干细胞基础研究和临床试验长期合作关系，为国内外相关研究单位提供干细胞研究材料和人员培训。2012 年诞生经全基因组测序技术的 PGD/PGS 试管婴儿。至 2012 年，其试管婴儿妊娠数 13829 例，供精人工授精的妊娠数 6628 例。

湖南杂交水稻研究中心：

1984 年，湖南杂交水稻研究中心（简称“中心”）成立，位于湖南省长沙市马坡岭，创始人为“杂交水稻之父”袁隆平院士。1995 年，以湖南杂交水稻研究中心为依托，成立国家杂交水稻工程技术研究中心。两个中心实行“两块牌子，一套人马”的统一运行体制。

“中心”成立以后，主持承担国家攻关计划、科技支撑计划、“863”计划、“973”计划、国家自然科学基金、总理基金以及农业部超级稻专项、转基因专项等多项国家和部省级科研项目。取得科研成果 100 多项，先后被授予“全国五一劳动奖状”“全国农业科普先进集体”等荣誉称号。袁隆平院士领衔的杂交水稻创新团队在超级杂交稻研究方面取得重大进展，于 2000 年、2004 年先后实现亩产 700 公斤、800 公斤的中国超级稻育种第一期、第二期的目标。

1999 年 1 月 5 日，湖南省人民政府通过湘政函〔1999〕39 号文件批准同意，由湖南省农业科学院（简称省农科院）作为主发起人，联合湖南杂交水稻研究中心、湖南东方农业产业有限公司、中国科学院长沙农业现代化研究所、湖南省郴州市种子公司、袁隆平，设立袁隆平农业高科技股份有限公司。1999 年 6 月 30 日，召开公司创立大会暨公司首届股东大会，并在湖南省工商行政管理局登记注册。

2000 年，袁隆平农业高科技股份有限公司在深圳证券交易所上市；经中国证券监督管理委员会证监发行字〔2000〕61 号文件批准，公司公开发行 5500 万股人民币普通股，其中向证券投资基金配售 1100 万股，占公开发行总量的 20%；向战略投资者配售 1597.50 万股，占本次公开发行总量的 29.05%。袁隆平持有公司股份 250 万股(发起人股)，占公司发行前股本的 5%。此次向社会公开发行 5500 万股人民币普通股，公司总股本由发行前的 5000 万股变更为 10500 万股。

2000 年 6 月 14 日，公司在湖南省工商行政管理局办理注册变更登记手续，注册资本变更为 10500 万元。2004 年，长沙新大新集团受让大股东湖南省农业科学院全部国有股权。2006 年，完成股权分置改革，成为完全市场化运作的现代上市公司；2007 年，公司收购亚华种子。

袁隆平农业高科技股份有限公司依托湖南省农业科学研究院、湖南杂交水稻研究中心的科技优势，以杂交水稻为核心，以种业为主营业务方向，以农技服务创造价值。

公司拥有以袁隆平院士为首的一支专业研发队伍，致力于杂交水稻、杂交辣椒、优质西甜瓜、蔬菜、棉花、玉米、油菜等农作物新品种选育创新。

公司是农业产业化国家重点龙头企业和国家科技创新型星火龙头企业、湖南省重点高新技术企业；公司连续 6 年被评为优秀高新技术企业和技术创新先进单位，“隆平高科”商标被认定为中国驰名商标。从 2000 以来主营业务收入平均每年增长 48.29%、利润平均每年增长 35%，总资产从成立时不到 2 亿元，发展至 2006 年的 19 亿元，总资产 4 年增长 5.8 倍，净资产增长 10 倍多，每股净资产增长 5 倍。农作物种子年制种面积近 50 万亩，每年为制种农户增收 3 亿多元，直接带动农户 20 多万户，生产的种子推广面积达 6000 万亩，每年为社会增收 40 多亿元。2004 年，据亚洲太平洋种子协会统计，公司成为亚洲最大的种子公司之一。

2012 年，公司实现营业收入 1705309762.18 元，较上年同期增长 9.86%；营业利润 226245182.05 元，较上年同期增长 10.22%。

中国电子科技集团公司第 48 研究所：

1964 年 5 月 24 日，原国防科委第 14 研究院北京新工艺研究室和电子工业部湖南实验工厂合并组建长沙半导体工艺设备研究所，先后改名为信息产业部电子第 48 研究所、中国电子科技集团公司第 48 研究所（简称中电 48 所）。

中电 48 所从研究机构改制成为研究生产企业，先后以独资方式设立 3 家全资子公司——北京中科信电子装备有限公司（于 2003 年 6 月在北京市通州区光机电一体化基地注册）、湖南红太阳新能源科技有限公司和湖南红太阳光电科技有限公司，

中电 48 所是全国主要以集成电路、半导体照明、太阳能光伏、磁性材料、新型储能材料、特种传感器和 SOI 材料等技术为主的骨干科研生产机构，拥有设计、制造、总装、测试等系统平台，是中国唯一以离子注入机为主的微电子装备供应商、以 MOCVD 设备为主的光电子装备供应商。中电 48 所及其所属控股公司利用自身的装备和工艺优势，不断开发具有自主知识产权的装备上伸下延产品，成为国内最大的太阳能光伏、高档磁性材料、新型储能材料、特种传感器、SOI 材料及高性能氮化钒添加剂的制造企业和国家科技部、北京市太阳能光伏电池示范生产单位及湖南省太阳能光伏产业、磁性材料产业和新型储能材料产业的牵头单位。中电 48 所及 3 家控股公司年产值逾 55 亿元。

湖南红太阳新能源科技有限公司是隶属于中电 48 所的全资子公司，2008 年 8 月注册成立，注册资本 16500 万人民币。湖南红太阳新能源科技有限公司以新能源产品研发、制造、销售与技术服务为主的高新技术企业，拥有完整的晶体硅太阳能光伏产业链。主要产品为太阳能电池片及电池组件，产品覆盖全国多个省市自治区，并远销美洲、欧洲、澳洲，服务于中国及海外的太阳能电池制造商及系统集成商，形成具有自主知识产权的核心工艺技术产品技术水平居世界前列。公司以实现“节能、环保、爱地球、服务人类、和平幸福”的经营使命，是长沙唯一的太阳能光伏行业的企业，也是中国电子科技集团唯一生产光伏组件的企业。

湖南红太阳光电科技有限公司系中国电子科技集团公司 48 所全资子公司，成立于 2009 年 6 月 5 日，注册资本 16029 万元人民币，是湖南省、长沙市重点工程和“双百”工程。公司主要以开发建设太阳能光伏制造装备为核心，生产延伸至拉晶、铸锭、切片、电池片生产、组件封装、应用产品和新型储能材料在内的高新技术产业项目。公司拥有完整的光伏产业链，是我国少数几个拥有光伏全系列生产能力的企业之一。

第三章 知识产权

长沙高新区重视知识产权，支持改革创新，保护发明专利。2009 年以前，

知识产权归口长沙高新区产业发展局管理、2009年，长沙市机构编制委员会发文，调整长沙高新区管委会下设机构，产业发展局更名为经济发展局，加挂知识产权局牌子。

长沙高新区先后出台《长沙高新区实施品牌、专利、标准化三大战略的奖励办法（暂行）》（长高新管发〔2007〕31号）、《关于建设国家创新型科技园区的若干政策意见》（长高新管发〔2010〕1号）和《长沙高新区加强知识产权实施办法（暂行）》（长高新管发〔2010〕96号）等文件。

长高新管发〔2010〕1号文件明确提出：实施知识产权战略，建设知识产权示范园区。长高新管发〔2010〕96号文件明确规定知识产权示范企业奖（1）对新获省级知识产权示范企业或知识产权优势培育的企业，给予一次性2万元的奖励（2）对新获国家级知识产权示范企业或知识产权优势培育的企业，给予一次性5万元的奖励（晋级补差）。

第一节 行业标准

2007年以来，长沙高新区企业累计制定国家级以上标准73件，其中中联重科、威胜集团、长沙机床制定的行业标准具有典型代表性。

中联重科股份有限公司主要从事建筑工程、能源工程、环境工程、交通工程等基础设施建设所需重大高新技术装备的研发制造，是一家持续创新的全球化企业。中联重科是我国工程机械行业中第一个也是迄今为止唯一一个国际标准化组织秘书处独立承担单位。在第23届国际标准化组织起重机标准化技术委员会年会上，中联重科代表中国首次提出起重机械遥控操作安全标准提案，实现零的突破。而在混凝土机械领域，中联重科被赋予制定ISO19720-1《建筑施工机械与设备 混凝土及灰浆预制机械与设备 第1部分：术语和商业规格》国际标准的重任，证明中联重科在技术创新、知识产权、标准制定等方面的全球领先地位，为中国工程机械标准与国际之间的交流打造良好的平台，并推动中国工程机械制造产业再上新台阶。

威胜集团有限公司是中国领先的能源计量设备、系统和服务供应商，是中国首家在境外上市的能源计量与能效管理专业集团，是湖南省首家在境外主板上市的公司。威胜集团从2002年以来参与国家、行业标准起草共49项，其中国际标准中国专家工作组2项、国家标准38项、行业标准9项。该公司担任GB/T

17215.321—2008《交流电测量设备—特殊要求—第21部分：1级和2级静止式有功电能表》主笔单位，是中国静止式电能表目前运用最为广泛的标准，本标准等同采用IEC62053-21：2003。公司承接该项任务后对该标准进行深入的理论研究和产品试验验证，成功将该标准转换成国家标准，在2009年获得湖南省标准化工作成果展示，在电能表行业内产生深刻的影响。

长沙机床有限责任公司是一家专业从事拉床、枪钻组合机床、数控齿轮加工机床、数控滑块槽加工机床等系列产品研发、生产、销售的现代高科技企业，系全国金属切削机床标准化技术委员会锯刨床分会主任单位和锯刨床分会副秘书长单位，负责行业拉床、插床、刨床和数控剐齿机产品标准制修订的主要起草单位。其中，拉床、插床、刨床行业现使用的5项国家标准（GB），23项国家行业标准（JB），都为该公司起草。这些标准的制定，填补行业发展的标准空白，体现行业重点领域的研究成果，突出 自助创新技术标准的研制。结束产品无标准的状态，并为产品的设计制造、技术交流、贸易等提供统一的技术依据，促进产品合理有序的发展，满足制造商和用户的需要。

第二节　专利授权

2009年，长沙高新区498家企业专利授权总量为431件，同比增长43.23%，其中发明专利41件，同比增长60%。至2011年5月，长沙高新区企业专利申请量过万件，授权专利2310件。

2011年长沙高新区1—6月企业授权总量424件，同比增长67.59%，其中发明专利73件，同比增长73.81%，实用新型专利241件，同比增长76.09%，外观设计专利108件，同比增长47.95%；

在2011年度湖南省专利奖评审中，长沙中联重工科技发展股份有限公司的“城市道路路缘及路缘石清洗车ZL2006 1 0031818.5”该项专利获得湖南省专利奖二等奖，湖南三德科技发展有限公司的“带电源稳定装置的量热仪ZL200610136912.7”该项专利获得湖南省专利奖三等奖。

2011年，长沙高新区共有16家省、市级知识产权优势培育企业，拥有9件中国驰名商标，32件湖南省著名商标，12家企业获得软件CMMI3认证，园区企业参与制定国家标准34项，行业标准21项。

至2012年12月，长沙高新区专利授权总量首次突破2000件大关，同比增长 128.09% 以上，专利累计申请达 16883 件，每万人拥有的当年新增授权发明专利数达 35 件，接近世界一流高科技园区 40 件的指标要求。

表 6–3　　2012 年长沙高新区发明专利实施奖统计表

企业名称	发明专利名称
中联重科股份有限公司	复合油缸及其垃圾压缩机(ZL201010140960X)
	用于护栏清洗车的组合式清洗装置（ZL2010102903724）
	控制混凝土泵在停机后再次泵送和反泵的方法（ZL2010106116639）
	全路面起重机及其转向桥和非转向桥用悬架导向机构（ZL2009102595947）
	多桥转向车辆的正回装置（ZL2009102653270）
	具有浮震筛框的料斗和稠性体泵送设备（ZL2010100026431）
	单缸插销式伸缩臂轨迹的优化控制方法及控制系统（ZL2010000000000）
	支腿结构、混凝土泵车及油管装配方法（ZL2010102930859）
	串联油缸的精确的行程控制方法及行程控制装置（ZL2010000000000）
	一种单发动机洗扫车及其洗扫车作业方法(ZL2010106140252）
	等 50 项
湖南威铭能源科技有限公司	外置式水表（ZL201110229234.X）
	智能水表光电转换系统的密封方法（ZL201110091388.7）
	具压力测量功能的热量表（ZL201010191039.8）
威胜集团有限公司	总线通讯模块 (ZL200810143989.6)
	互操作性电表通讯协议的开发系统 (ZL201010117907.8)
	用于电子式电能表的电源管理供电系统（ZL201010185219.5）
	电力正弦信号过零时间、频率、相位差的检测方法（ZL201010198080.8）
	电能表动态性能测试仪（ZL201010247477.1）
	非线性负荷计量方法（ZL201010273234.5）
	远程动态监测电能计量负荷的方法（ZL201010502259.8）
	多功能电能表通信协议栈的开发系统（ZL201010107045.0）
金瑞新材料科技股份有限公司	用菱锰矿制备四氧化三锰的方法（ZL201110110380.0）
	用电解金属锰浸出渣制备硫酸锰的方法（ZL201110110379.8）

续表 6–3

企业名称	发明专利名称
长沙华时捷环保科技发展有限公司	用于电化学重金属测量的悬汞电极装置（ZL201010155507.6）
	含重金属偏酸性废水的处理方法及其处理系统
	垃圾渗滤液的处理方法及其处理系统（ZL201010153735.X）
	气压控制式精确计量装置（ZL201010155546.6）
	总钴在线自动监测仪（ZL200910043444.2）
湖南麓南脱硫脱硝科技有限公司	用于选择性催化还原脱硝系统的静态混合器（ZL201110252768.4）
湖南有色重型机器有限责任公司	盘式钻杆库（ZL200910265552.4）
长沙高新技术产业开发区爱威科技实业有限公司	红细胞形态学分析装置及方法（ZL201110275253.6）
长沙华诺星空电子技术有限公司	开环体制超宽带脉冲源阵列时域波束合成与扫描方法（ZL200810143663.3）
	高纯一水硫酸锰及其制备（ZL201010243859.7）
湖南汇通科技有限责任公司	高纯四氧化三锰及其制备方法（ZL201010245068.8）
湖南金沙药业股份有限公司	疏风活络片的质量控制方法（ZL201110180955.6）
湖南三德科技发展有限公司	用于工业分析仪的送取样机械手（ZL201010565654.0）
	具有自动定位气嘴结构的充氧仪（ZL201010268041.0）
	一种煤的快速工业分析法（ZL200810143014.3）
	桶盖带闭路腔体循环控温装置的量热仪（ZL201010163088.0）
	具有自动离合保护功能的充氧仪（ZL201010268052.9）
	具有氧弹加载识别功能的充氧仪（ZL201010267995.X）
	用于红外碳氢仪送样机构的密封组件（ZL201010196834.6）
	锤式破碎机进料刮擦防堵塞机构（ZL201010267991.1）
	可自动送取样的灰熔融性测试仪（ZL200910226731.7）

续表 6-3

企业名称	发明专利名称
长沙景嘉微电子股份有限公司	一种基于发射极电流补偿的高精度带隙基准源电路（ZL201010555886.8）
	一种精确的电流产生电路（ZL201010552094.5）
	图形芯片设计中图形像素生成算法的硬件（ZL201010555850.X）
	一种基于带权重延迟链的数字 50% 占空比调节电路（ZL201010555900.4）
	具有轨到轨电压调节范围的高速高带宽 VCO 延迟单元（ZL201010555884.9）
	图形芯片设计中分级裁剪策略的实现（ZL201010557425.4）
	基于分块渲染的 GPU 中反走样线段的生成（ZL201110064796.3）
	基于分块渲染的 GPU 中锯齿线段的生成（ZL201110064784.0）
	基于分块渲染的 GPU 中块存储策略的实现（ZL201110065165.3）
	一种应用于时钟数据恢复的鉴相器电路（ZL201110083466.9）
长城信息产业股份有限公司	票款封包存入自助终端（ZL201010580384.0）
湖南海利化工股份有限公司	碱式羧酸铝催化合成呋喃酚的方法（ZL200810107526.4）
力合科技（湖南）发展有限公司	弹簧式碟片过滤系统（ZL201010507009.3）
	气泡消除器、液体传输装置和消除气泡的方法（ZL201010287076.9）
湖南湘电长沙水泵有限公司	一种内径检测可调量具及其使用方法（ZL201010525688.7）
长沙长泰机械股份有限公司	浆包加压机（ZL201010125532.X）
	浆包对中机（ZL201010125562.0）
	折叠机（ZL201010125574.3）
	升降堆摞机（ZL201010125547.6）
	包装板自动置入机（ZL201010125571.X）
	浆包包装方法及包装生产线（ZL201010125535.3）
长沙金岭机床有限责任公司	加工深孔用随动支撑刀头装置（ZL201110049024.2）
湖南大方农化有限公司	水分散粒剂药肥的制备方法（ZL201010585062.5）
	用于漂浮性农化制剂活性成份的载体物质及漂浮性农化制剂（ZL201110104804.2）
湖南长远锂科有限公司	锂离子电池正极材料锰酸锂的制备方法及车用锂离子电池（ZL201010517845.X）

续表 6–3

企业名称	发明专利名称
湖南方盛制药股份有限公司	药物组合物及其应用（ZL201010148280.2）
九芝堂股份有限公司	一种结肠定位制剂及其制备方法（ZL200910006081.5）
湖南杉杉户田新材料有限公司	锂离子电池用单晶锂锰氧化物及其制备方法（ZL201010205239.4）
	一种高密度磷酸铁锂的制备方法（ZL201010552632.0）
	磷酸铁锂铝碳复合正极材料及其制备方法（ZL201010552583.0）
长沙瑞翔科技有限公司	液体定量装置及具有其的自动量热仪（ZL201010578259.6）
湖南固特邦土木技术发展有限公司	一种环氧胶粘剂及其制备方法（ZL200910308497.2）
湖南泰谷生物科技有限责任公司	一种饲用微生态制剂及其制备方法（ZL201110236628.8）
长沙兴嘉生物工程股份有限公司	包被型碱式盐及其在动物饲料添加剂中的应用（ZL201110076499.0）
	微量元素添加剂碱式硫酸锌的制备方法（ZL200810107600.2）
	苏氨酸硒及其制备方法和应用（ZL200910043300.7）
	无机盐中氧化剂残留量的测定方法（ZL201010264676.3）
	苏氨酸钴及其制备方法和应用（ZL200910043297.9）
长沙凯瑞重工机械有限公司	带锁销机构的 U 形抱罐车（ZL201010145807.6）
	工业真空罐式汽车（ZL201010266250.1）
长沙伟徽高科技新材料股份有限公司	碳氮化钼钛固溶体及其配制方法（ZL201010279052.9）
	超细碳化钽粉末的制备方法（ZL201110047294.X）
	亚微米碳化钛粉末的制备方法（ZL201110047545.4）
	一种超细碳化钽铌固溶体粉末的制备方法（ZL201110145783.9）
长沙通发高新技术开发有限公司	全沸腾流化床干燥机及其装炉煤备煤新工艺（ZL200810031778.3）
湖南伟业动物营养有限公司	无鱼粉乳猪教槽料及其制备方法（ZL201010173920.5）
湖南安淳高新技术有限公司	旋流式熔融池气化炉（ZL201010001568.7）
湖南特种金属材料厂	低气体含量金属锰锭及其制备方法（ZL201010142491.5）
长沙奥托印刷机械有限公司	用于混合式折页机输纸带的张紧装置（ZL200910042992.3）
	电控刀混合式折页机的主传动装置（ZL200910042988.7）

续表 6–3

企业名称	发明专利名称
长沙机床有限责任公司	圆柱齿轮剐齿加工方法（ZL201010031366.7）
湖南博云新材料股份有限公司	一种化学气相渗透增密用多料柱式工业炉（ZL201110152472.5）
金杯电工股份有限公司	一种夹屏组合换位导线的制造方法（ZL200910043051.1）
长沙市宇顺显示技术有限公司	一种液晶注入方法（ZL201110023423.1）
湖南海利高新技术产业集团有限公司	具有杀菌活性的 O 取代噁二嗪类化合物及其制备方法和用途（ZL200910227088.X）
	嘧啶类化合物的提纯方法（ZL201010122878.4）
	杀虫剂硫氟肟醚的杀虫组合物（ZL200810032165.1）
	除草剂甲硫嘧磺隆的复配水分散粒剂及制备方法（ZL200810143078.3）
	具杀虫活性的含氮杂环二氯烯丙醚类化合物（ZL200810032058.9）
	高纯、无臭甲基嘧啶磷的制备方法（ZL200910043946.5）
	具有生物活性的 N– 氧基芳氧苯氧羧酸酰胺类化合物及其制备方法（ZL201010221128.2）
	造纸废水专用水处理剂 FPAS–4 及制备方法（ZL200910042577.8）
	含氰虫酰胺和杀虫单的杀虫组合物及其用途（ZL200910227086.0）
	氰虫酰胺与甲胺基阿维菌素苯甲酸盐的杀虫组合物（ZL200910044775.8）

表 6–4 长沙高新区创新统计表

（2011—2013 年）

单位：个、万元、人

年度	2011 年		2012 年		2013 年	
区域	一区四园	麓谷	一区四园	麓谷	一区四园	麓谷
拥有有效专利数	7148	4198	6491	5386	10050	7846
其中发明专利	2848	2469	3309	2561	3939	3116
当年新增专利数	4508	2726	5474	3078	5981	3291
其中发明专利	2003	1209	2332	1189	2833	1564
其中欧美日授权专利数	33	14	49	33	13	13
年新增注册商标数	119	114	79	73	181	144
累计参与制定产业国际标准数	74	67	52	38	140	52
研发投入	71	38.8	85.4	48.5	100.2	61.2
研发人员	50016	23236	52848	25309	54645	24130

表 6-5　　长沙高新区专利申请 100 件以上企业名单

（2011—2012 年）

企业名称	申请	发明
中联重科股份有限公司	2362	992
中冶长天国际工程有限责任公司	504	311
湖南晟通科技集团有限公司	448	166
湖南梦洁家纺股份有限公司	354	4
威胜集团有限公司	246	30
长沙矿山研究院	165	55
长沙有色冶金设计研究院有限公司	140	15
长沙中联消防机械有限公司	139	59
湖南三德科技发展有限公司	127	52
湖南华强电气有限公司	123	83
康普药业股份有限公司	111	41
湖南化工研究院	109	108
长城信息产业股份有限公司	107	25

表 6-6　　长沙市高新区发明专利申请 100 件以上企业名单

（2011—2012 年）

企业名称	发明申请
中联重科股份有限公司	992
中冶长天国际工程有限责任公司	311
湖南晟通科技集团有限公司	166
湖南化工研究院	108

表 6-7　　长沙高新区授权专利 100 件以上企业名单

（2011—2012 年）

企业名称	授权合计	发明授权
中联重科股份有限公司	1151	124
中冶长天国际工程有限责任公司	355	165
湖南梦洁家纺股份有限公司	353	3
湖南晟通科技集团有限公司	280	13
威胜集团有限公司	212	12
长沙有色冶金设计研究院有限公司	114	4
湖南三德科技发展有限公司	103	28

第三节 产权保护

一、知识产权战略

长沙高新区通过深入贯彻实施国家知识产权战略，推动创新型园区建设，提升企业自主创新能力，推动园区经济又好又快、率先发展。

为此、长沙高新区成立有管理知识产权的专门机构，制定一系列规章制度，鼓励企业自主知识产权开发创新、专利申报、知识产权保护，组织企业参与各类有关知识产权的培训和实践，从战略上提高企业自身的知识产权保护意识和能力。

2009年，高新区各企业派员参加长沙市在国家知识产权局举办“长沙市企业实施知识产权战略，助推经济发展方式转变高级研修班”培训。同年3月20日，由湖南省科技厅、湖南省国际科技合作协会主办，长沙高新区管委会承办的首届“中欧知识产权法律研讨会”召开，研讨会邀请以Wolfgang von Meibom（德国鸿鹄律师事务所主席，全球知识产权联合主席）为首的4位全球顶级知识产权专家来长沙授课，中联重科、九芝堂、威胜集团、中冶长天、梦洁家纺等40多家“长株潭”知识产权优势企业参加研讨会。

2010年5月，长沙高新区中联重科、方盛制药等70家企业负责人和从事知识产权管理的工作人员参加在北京举办的企业实施知识产权战略助推经济发展方式转变高级研修班，对全市企业CEO和知识产权骨干进行“经济转型时期企业知识产权战略的调整与应对”“我国企业应对美国337调查现状问题和对策”“国际贸易中的知识产权问题”等专题培训。8月，知识产权开发与侵权诉讼研讨会在长沙高新区召开。10月，长沙高新区又下发《长沙高新区加强知识产权实施办法(暂行)》（长高新管发〔2010〕96号），对企业实施知识产权战略取得的成效设立软件CMMI认证奖、专利实施奖、自主品牌奖、企业标准化奖、知识产权示范企业奖。该办法与长高新管发[2010]1号文件同期实施，有效期三年。

2011年，长沙高新区经济发展局（知识产权局）联合市工商局高新区分局、市质量技术监督局开发区分局共同举办以“设计未来、创新麓谷”为主题的系列宣传活动，知识产权实务培训会邀请3位专家主讲，中国专利保护协会副会长、中国专利第一人、长沙市知识产权创造导师邱则有教授讲解运用知识产权助推企业创新发展；北京康信知识产权代理有限责任公司长沙分公司专利代理人胡璇讲解专利的开发、应用及管理；北京盈科律师事务所长沙分所邓灿律师讲解知识产权对上市的影响。

除培训会外，系列宣传活动现场还设立知识产权、科技项目申报、企业高新认定、企业商标管理及质量和技术标准等咨询展位，邀请专业机构人员为现场230多人次提供咨询服务，同时向市民发放600多份知识产权宣传资料。

2012年，在长沙市知识产权“三百工程”评选中，湖南科力远新能源股份有限公司、湖南梦洁家纺股份有限公司、湖南三德科技发展有限公司、威胜集团有限公司、九芝堂股份有限公司等5家公司成为长沙市知识产权示范企业，加上此前的中联重科股份有限公司、湖南海利高新技术产业集团有限公司、中冶长天国际工程有限责任公司、长城信息产业股份有限公司等4家企业，长沙高新区累计有9家知识产权示范企业。

同年，九芝堂获批国家创新试点企业，三诺生物等3家企业获批省级创新型试点企业，华时捷等9家企业获批市级创新型试点企业，至此，长沙高新区累计获批国家、省、市创新型试点企业85家。通过实施知识产权战略，企业自主知识产权保护意识增强。

二、维护企业权益

2002年3月，长沙高新区管委会向有关部门呈报《关于请求支持“蓝猫”品牌打击盗版侵权行为的请示》。

2008年11月，长沙高新区支持区内企业湖南科力远新能源股份有限公司（简称科力远）分别起诉英可大连、英可沈阳和湖南凯丰新能源有限公司侵犯公司专利权，要求法院判令被告立即停止侵害原告的专利权，判令英可沈阳赔偿经济损失3800万元、判令英可大连赔偿经济损失4990万元。

在2009年7月和8月的不公开审理中，长沙中院查明被告英可大连、英可沈阳侵犯ZL95102640.2“一种海绵状泡沫镍的制备方法” 发明专利权，依法应当承担相应的民事责任；被告凯丰公司使用利用侵权方法得到的产品，应承担停止侵权的民事责任。长沙中院判令英可大连、英可沈阳和凯丰公司立即停止侵犯上述发明专利，同时，英可大连向科力远赔偿2981.4万元、英可沈阳赔偿2477.4万元。

2010年，湖南省高院作出裁决，认定科力远依法享有涉案发明专利权，英可大连、英可沈阳被判停止公司专利权，并依法赔偿科力远公司5458万元。

第四章 人才特区

第一节 人才政策

长沙高新区既是经济、科技开发区，又是人事制度改革的特区。

1992 年 3 月，长沙高新区领导小组召开会议，研究加快高新区建设的办法和措施，原则同意开发区人员聘任（用）制等改革试验。5 月长沙市政府办公室批复《长沙高新技术产业开发区办公室、总公司员工聘任(用)制实施方案》《长沙高新技术产业开发区办公室、总公司员工聘任（用）制及有关工资待遇的暂行规定》，开发区在用工制度上，实行双向选择，平等竞争、优胜劣汰，实行员工的聘用制和合同制。在分配制度上，实行待遇看贡献，应聘员工的待遇按岗位的不同和贡献的大小拉开档次，并辅之以国外培训、考察、授予勋章等奖励办法，灵活对待。在员工管理上，实行“一管四保”的人事制度，即对进高新区人员管档案、保工龄、保职称、保性质、保工资级别，使勇于冲破旧体制投身于高新区建设的人才有保障感。同年 9 月，高新区下发《关于印发〔长沙高新技术产业开发区劳动人事处管理暂行办法〕实施细则的通知》。

高新区人才市场成立

1993 年 4 月，长沙高新区办公室劳动人事处下发《关于长沙高新技术产业开发区员工档案管理的补充通知》，确定重建档案的原则和内容，重建档案工作的开展促进高新区与区外人才的合理流动。

1994 年，长沙高新区与市委组织部合作成立全国第一家“高级人才事务所”，建立全国第一个高级人才库，储存各类人才信息达 5000 多条，与国内大部分省市建立高级人才信息共享系统。高新区采取企业工资标准和工资形式全部放开的办法，制定“以劳动为主要依托，以经济效益为基础的符合不同职业特点，体现各种能力效果的灵活多样、弹性化”的收入分配机制。企业享有分配自主权，依据市场经济规律，营造一个“待遇看贡献、多优多得、多劳多得”的平等、合理、竞争的环境，调动企业和员工的创造性和工作积极性。人事工作采取动态管理，实行双向选择，鼓励人才之间的竞争和合理流动；健全人才市场的网络化分类管理，完善人才资源库数据；员工的职称评聘工作步入正轨。高新区还打破常规，对一些成绩突出，技术、业务水平高的员工，在职称评定中不受资历、年龄、级别的限制，对20多名员工进行破格晋升，不拘一格选拔人才。

1999年，市委、市政府作出《关于进一步加快高新技术产业发展的决定》（长发〔1999〕1号），明确规定，由市政府行政划拨土地建设高科技人才住宅小区，企业自筹自建、自定建房标准，员工享受经济适用房优惠政策；在技术转让、科技成果转化，户口迁入等方面均有优惠措施。为解决技术职称问题，长沙高新区成立工程系列和经济系列职评会，对符合国家、省技术晋升条件的（即有学历和资历者）人员对号解决。对于因学历、资历等原因，不能进国家“笼子”而又有真才实学人才则实行内聘，享受同样的工资和福利待遇。

2002年，成立长沙留学人员创业园，是科技部、人事部、教育部和国家外专局共同审批确定的首批“国家留学人员创业园”。创业园是以促进科技成果转化、产业化，为初创型、中小型高新技术企业提供创新创业综合服务的公益型事业单位，隶属于长沙高新区管委会。

2006年，长沙高新区组织召开博士后工作座谈会，对加强和改进高新区博士后管理与服务、推进高新区博士后工作上新的台阶，进行深入的交流与探索，出台《关于进一步加强长沙高新区博士后科研工作站管理与服务工作的意见》，对企业博士后站存在的困难和问题给予协调解决。

2007年，高新区出台《长沙高新区对科技创新专家、优秀企业家、优秀科技人才给予奖励的实施办法（暂行）》（长高新管发〔2007〕32号），设立有突出贡献的创新专家奖、优秀企业家奖和优秀科技人才奖，每年度进行表彰奖励，并实施配套的购房奖励政策。

2008年，持续优化园区政策环境，宣传高新区“30条”支持创新企业、创新人才、创业投资等奖励优惠政策和3000万创新专项资金，制定《长沙高新区2008年人才工作计划》《长沙高新区2008年教育培训工作计划》，出台《长沙高新区博士后科技创新资金管理办法》，设立博士后科技创新专项资金，健全完善区域人才政策体系。

2009年，根据国家、省、市有关人才工作的新政策、新举措，结合其他高新区在人才强区战略的先进经验，结合长沙高新区实际，制定《长沙高新区关于进一步加强人才工作的意见》《长沙高新区"3151"人才计划实施意见》，明确长沙高新区人才工作领导小组及联席会议制度，在人才引进、培养、使用和服务方面进行系统规划。

2010 年 10 月，《长沙高新区人才创新创业奖励实施办法(暂行)》实施，设立突出贡献的创新专家奖、优秀企业家奖、优秀科技人才奖和优秀海外归国高层次人才奖等人才奖项，以吸引科技领军人才进区创办企业，鼓励留学人员和大学生进区创新创业。

2011 年，高新区启动"十二五"人才规划及其配套政策编制工作，通过调研调查，摸清区人才队伍家底，找准人才工作存在的问题，明确"十二五"期间人才工作的奋斗目标、重大人才工程和主要政策措施，形成以《人才工作意见》《人才发展规划》《人才系列政策》为主要内容的人才工作体系。12 月长沙高新区入选"国家海外高层次人才创新创业基地"，这是湖南省第一家国家级海外高层次人才创新创业基地。

2012 年，高新区制定《长沙高新区"十二五"人才发展规划》《长沙高新区关于进一步加强人才工作的若干意见》等文件，重点安排 2 亿元人才发展专项资金，对引进的海内外高层次人才或团队给予最多 1500 万元经费支持；对科技领军人才创业最高给予 100 万元启动资金支持；对博士后重大科技攻关项目最高给予 100 万元资助，形成较为完善的人才创新创业政策支持体系。率先设立省内第一个区级高层次人才服务窗口，为人才提供子女就学、出入境落户、海关通关、医疗保险等方面的"一站式""一条龙""一窗口"服务。

第二节 人才计划

2008 年后，长沙高新区入选中央"千人计划"有 12 人，分别是段燕文、彭滢、韩志玉、戴立忠、沈奔、黄英、Howard Lawrence Mcleod（霍华德·麦克劳德）、李月明、韦伟峰、Bruce Yacyshyn（布鲁斯·亚克欣）、杨旸、杨治国。

2009 年后，长沙高新区入选湖南省"百人计划"共 32 人，其中 2009 年李训军、张永祥、杨俊、许小曙、王海洋、杨瑞民、刘敬平、沈刚、段燕文、澎滢、韩志玉、戴立忠 12 人；2010 年为周文强、郭霞凌、周振东、孙海东、沈奔 5 人；2011 年为咸军、Ian Lee Alberts（伊恩·李·阿尔伯茨）、王纳新 3 人；

2012 年为王军、季振刚、张斗、刘晓忠、纪效波、邹义洲、李雄、黄英、霍华德、李月明、韦伟峰、Bruce Yacyshyn（布鲁斯 . 亚克欣）12 人入选。

2009 年后，长沙高新区入选长沙市“313 计划”34 人：其中 2009 年为唐元洪、何文进、段燕文、澎滢、韩志玉 5 人；2010 年为周云山、梁续军、黄约、李强、刘东波、梁新贵、许志敏、吴永钢、王建辉、杜宇、蒋卫、高崇斌、姚明东、蔡伟龙、曹 力、周文强、郭霞凌、纪效波 18 人；2011 年为韩耀恒、张俊平、曾锃、刘冶球、庄平、陈刚、李群辉、郭方、周振东、孙海东、刘晓忠 11 人。

“555 高层次人才计划”是长沙高新区建设国家自主创新示范区的重大人才专项，是建设国家海外高层次人才创新创业基地的重要抓手，五年内，高新区将重点引进 50 名创新创业领军人才和 500 名高层次创新创业人才，设立 1 亿元人才发展专项资金，5 亿元产业发展专项资金，高新区人才工作领导小组审批“引进高层次人才五年行动计划”资助方案，协调解决引才工作中的重大问题。

第一批入选长沙高新技术产业开发区“555”高层次人才计划的有：刘晓忠、王军、韦伟峰、张斗、杨旸、王韶峰、聂洪山、蒋卫、蒋兰英、朱勇华、谭德立、王岳彪、楚星晨和戴燕山 14 人。入选的 14 名高层次人才涵盖生物医药、新材料、新能源与节能环保、电子信息以及先进装备制造等领域，与高新区六大产业集群高度契合。其中博士 10 人，13 人具有海外留学工作背景，在各自的领域拥有自主知识产权或发明专利，10 项技术为国内外首创，填补相关领域空白，全部进入产业化中试阶段。

高新区对入选高层次人才计划人员的创新创业提供如下资金支持：

——高层次人才领衔的创业项目，经评审后，最高给予 100 万元的创业资助作为事业启动资金；根据项目情况，经论证审批后，3 年内帮助协调融资贷款，并按同期中国人民银行贷款基准利率发生的利息额给予 3 年全额贴息，每年贴息总额不超过 50 万元。

——高层次人才领衔的创新项目，经评审后，最高给予 100 万元研发经费资助；高层次人才领衔的创新创业项目，在企业自愿的前提下，经过协商与评审，最高投入 1000 万元的股权投资，资金标准及管理办法另行制定。

——凡自本政策颁布之日起入选国家“千人计划”、省“百人计划”、市“313 计划”的高层次创新创业人才或团队，按照就高不就低、不重复奖励的原则，给予 100% 配套资助。

——对高层次人才或团队在麓谷租用创新创业办公用房提供场地租赁补助。根据项目评审结果，为高层次人才提供麓谷内办公用房，给予前两年房租全额补贴，第三年补助房租50%。

——在麓谷指定的孵化器和办公场所自租办公用房的，按同等标准给予房租补贴。对发展迅速且经济效益良好的高层次人才或团队创新创业项目，根据项目需要提供麓谷内生产厂房，给予前两年房租全额补贴，第三年补助房租50%；在麓谷指定的加速器和生产场所自租生产厂房的，按同等标准给予房租补贴。对高层次人才或团队在麓谷项目用地上给予重点支持和优先安排。

——引进高层次人才的科技创新奖励、贷款贴息、企业税收奖励等，依照就高不就低、不重复享受的原则，按照长沙高新区现有政策执行。高层次人才创新创业项目，优先推荐申报国家、省、市科技创新基金等各类科技项目资助；取得的科研成果，优先推荐参评国家、省、市有关科技奖项。对作出突出贡献的高层次人才，优先推荐享受国务院特殊津贴专家、省特殊津贴专家等的评选。

——外籍人士可按照有关规定优先推荐申报“国家友谊奖”、湖南省“潇湘友谊奖”、长沙市“星城友谊奖”等奖项。设置高层次人才服务专员，在高新区人才服务中心设立人才服务“一站式”窗口，妥善解决高层次人才工作调动、配偶及子女随调随迁等问题。对不愿改变户籍或国籍的海内外高层次人才，协助办理长沙市《人才居住证》，享受户籍居民同等待遇。

——妥善解决高层次人才子女就学问题。高层次人才子女入托及义务教育阶段入学，按照高层次人才的要求，由高新区教育行政部门按照就近原则，安排到园区内公办学校就读。为高层次人才规划建设人才公寓。

2009—2012年，长沙高新区入选各级各类高层次人才计划71人次。其中，中组部“千人计划”13人次，湖南省“百人计划”32人次，长沙市“313计划”34人次，长沙高新区“555人才计划”人才75人。

据统计，2012年，长沙高新区人才总量达20万人，核心园区麓谷的人才总量8.1万人，其中有各类海外留学归国人才10000余人，拥有中国科学院、中国工程院“两院”院士9名，长江学者8名，入选各级人才计划人员130人。

第三节 人才引入

1992年5月5日，长沙高新区办公室总公司人事招聘考试，有1230人报名，筛选后符合资格的有790人，笔试后146人参加面试。面试由开发区办公室、市委组织部、市科工委、市人事局、劳动局联合组成的考委会组织实施，录用高学历高职称专业人才48人。

同年9月19—20日，开发区在长沙市人才市场设7个摊位招聘人才，发出人才需求表1500份，3000多人次咨询，申请应聘的各类型人才4000余人，企业共招聘大中专毕业人才200余人。

1993年3月21日，远大公司总经理张剑在国际展览中心“中国首届科技人才交流洽谈会”上招聘23名计算机、企业管理、制冷专业的归国留学生，在中国首届科技人才交流洽谈会上招聘留学生，是湖南的第一家，省长陈邦柱赞扬张剑在引进人才方面带好头。

同年6月15—20日，长沙高新技术产业开发区人才交流中心面向社会举行第三次大规模的人才招聘，应聘、咨询达3000余人，填表报名的1200多人，在报名者中，大专以上学历的有909人，高级职称的30人，研究生、博士生30人，沿海地区回湘人员60余人，招聘人才300余人。

同年7月，区内有39家企业在人才库挑选517人面试，经过双向选择，实际试用和聘用290人，其中部队退役的副军职科技人才1名，中级以上职称人员200多名。

1994年，高新区开展引智工作，为企业引进博士人才50余名，高级专业技术职称人员1000多人，全年共招聘各类人才2500多名。高新区10000多名员工中，从事高新技术研制开发、生产、管理的人员占80%；博士人才有50多人，大专以上人员占73%；有高级专业技术职称的1000多人。此后，各企业根据工作需要，开展人才招聘。高新区人事部门注重对博士、海外归国留学人员的引进，创造良好的机会和环境，增强吸引高级人才的条件。

1998年11月12日，湖南大学48名在读博士生来区考察，管委会主任柳冠群向介绍长沙高新区产业发展和人才现状；并陪同参观创智软件园，希望有更多的优秀人才来高新区施展才华。

2000年4月9日，高新区和湖南大学联合举办“湖大学子高新区世纪创业行”活动在中联重工科技公司举行启动仪式，旨在为博士硕士等高学历人才了解高新技术企业，寻求最佳就业岗位创造条件，湖南大学100余名博士、硕士研究生参加，

同年10月21日，举行长沙高新区人才服务中心成立暨人才市场开业典礼，

并举办首届中高级人才招聘会。

2001年2月18日，高新区举行留学人员、博士创业园开园典礼，6月30日，长沙高新区人才服务中心建立的长沙高新区人才网开通。

同年11月8日，湖南大学60余名在读博士到高新区参观留学生、博士创业园和中联重科等企业。

2002年12月9日，来自北京各著名高等院校、科研院所的35名博士后来园区考察，与长沙的博士后在火炬城创业服务大楼举行创业座谈会，参加“湖南省博士后创业园”在长沙高新区挂牌成立仪式。

2006年11月12日，由长株潭三市高新区联袂推出的麓谷大型人才招聘会在长沙高新区管委会麓谷中心广场举行。

2008年11月7日，长沙高新区博士后暨高端人才招聘会在麓谷举行。高新区博士后科研工作总站及中联重科、威胜电子、远大空调、九芝堂等15家高新技术企业博士后站，以优厚的待遇面向海内外招聘36名博士后研究人员、58名高技术人才、5000名专业技术人才。此次高端人才招聘会以电子信息、工程机械、新材料、生物医药、数字动漫等高新区主导产业和龙头企业为主，重点引进在这些领域具有领先科研水平的领军人才，共有9名博士后、13名博士、67名硕士与企业签约。

2008年，长沙高新区引进大学毕业生3650人，各类专业技术人员和管理人员1580名。根据长沙市委、市政府三年引进和储备万名优秀青年人才的战略部署，高新区围绕园区发展的重点领域、重点产业、重点行业，组织企业申报优秀青年人才需求，进行网上报名和现场招聘，组织园区重点企业赴北京、上海、西安、成都等高校云集地宣传推介与政策宣讲，引进到位7名产业经济、规划管理、环境监测等岗位的博士、硕士毕业生。科交会期间，针对部门急缺的辅助性岗位人才，组织公开招聘，录用10名大学本科以上毕业生，其中硕士研究生4名。

2010年，借“科交会”举办之机，高新区承办“海外创新创业人才论坛”，利用市承接产业转移深圳推介会机会，与美中高层次人才交流协会洽谈并正式签定协议，实现招才引智与招商引资的有机结合。是年累计引进来自美国、加拿大、日本、法国、香港、台湾等17个国家和地区的高层次人才200多人，创办高科技企业130余家，主要集中在电子信息、生物医药、新材料、节能环保等高技术产业。

2011 年 11 月 14 日，第九届全国博士生学术年会暨高端人才推介会在麓谷举行。推介会发布博士人才需求信息 118 个，200 余位博士生与 60 多家高新技术企业、博士后工作站等用人单位通过沟通交流，达成意向。

2011 年，长沙高新区累计引进留学人员近 1000 名，其中海外创业人才 200 多名。

2012 年 8 月 3 日，北京大学·清华大学长沙见习调研工作报告会暨深化合作签约仪式在长沙高新区举行。北京大学团委、清华大学研究生院分别与长沙高新区签订青年就业创业见习基地、研究生实践基地共建协议。

同年 11 月 4 日，2012 长沙高新区企业进重点大学招聘会在湖南大学体育馆举行。包括中联重科、威胜集团、九芝堂等在内的 91 家企业参加招聘会，吸引来自湖南大学、湖南师范大学和中南大学的万余名学生参加应聘。

至 2012 年，长沙高新区有各类企业 5000 多家，从业人员 20 万人，人才总量 81000 人，其中大学本科学历以上人才 57000 多人，科技研发人才 43000 多人，具有中高级职称人才 23000 多人；引进海外人才近 1000 名，其中海外创业人才 200 多名，国家“千人计划”专家 8 人，湖南省“百人计划”专家 16 人，长沙市“313 计划”人才 46 人。高新区共聘请 48 位知名专家学者作为科技创新顾问。

第四节　博士后工作站

经国家人事部、全国博士后管委会批准，长沙高新区设立博士后科研工作站和中联重科、海利化工、金瑞科技、创智科技等 11 个博士后科研工作点，一批博士后 / 博士在新材料、电子信息、生物技术等重点领域开展攻关研究，取得较好成效。

到 2012 年，高新区拥有企业博士后工作机构 22 个。

表 6—8　　高新区博士后站基本情况

序号	企业名称	建站时间	类别
1	中联重科股份有限公司	2001 年 8 月	科研工作站
2	威胜集团有限公司	2004 年 3 月	科研工作站
3	九芝堂股份有限公司	2004 年 1 月	科研工作站
4	袁隆平农业高科技股份有限公司	2001 年 12 月	科研工作站

续表 6-8

序号	企业名称	建站时间	类别
5	湖南亚华乳业有限公司	2000 年 12 月	科研工作站
6	湖南杉杉户田新材料有限公司	2007 年 6 月	科研工作站
7	金瑞新材料科技股份有限公司	2001 年 3 月	科研工作站
8	中冶长天国际工程有限责任公司	2010 年 8 月	科研工作站
9	湖南湘邮科技股份有限公司	2002 年 11 月	科研工作站
10	拓维信息系统股份有限公司	2009 年 8 月	科研工作站
11	长城信息产业股份有限公司	2003 年 8 月	科研工作站
12	湖南光琇高新生命科技有限公司	2011 年 10 月	协作研发中心
13	湖南海利化工股份有限公司	2001 年 3 月	科研工作站
14	湖南湘能电力股份有限公司	2004 年 3 月	科研工作站
15	长沙巨星轻质建材股份有限公司	2009 年 8 月	科研工作站
16	湖南科力远新能源股份有限公司	2010 年 9 月	科研工作站
17	湖南中科博华科技有限公司	2010 年 11 月	科研工作站
18	湖南创博龙智信息科技股份有限公司	2000 年 11 月	科研工作站
19	康普药业股份有限公司	2010 年 8 月	协作研发中心
20	晟通科技集团有限公司	2008 年 7 月	科研工作站
21	江南工业（集团）有限公司	2014 年 11 月	科研工作站 协作研发中心
22	远大科技集团公司	2002 年 11 月	科研工作站
23	湖南方盛制药股份有限公司	2012 年 7 月	科研工作站 协作研发中心

第五章 金融创新

第一节 信　贷

一、驻区银行

建设银行长沙高新技术产业开发区支行：

1992 年 3 月 28 日，中国人民建设银行长沙高新技术产业开发区支行开业。

行址设长沙市银盆南路67号，是首家进入长沙高新区的国有金融机构。该支行以服务高科技、支持新产业、发展金融业为宗旨，办理存款、贷款、结算、汇兑、现金收付和储蓄、证券、信托、咨询、资信证明、担保、租赁、抵押、房地产开发等业务。至1992年年底，各项存款余额13279万元，累计发放贷款2.8亿多元，支持高新区的基础建设和高新技术项目的开发。

1999年8月1日，在建设银行长沙市第四支行、望城县支行、宁乡县支行、电力分行新民路支行的基础上，组建建设银行长沙河西支行。根据中国人民银行及中国建设银行总行的安排，按照中国建设银行湖南省分行建湘党发〔1999〕19号文件规定，中国建设银行长沙高新技术产业开发区支行的债权债务依法由中国建设银行长沙市河西支行(简称建行河西支行)继承。

1999—2009年间，建行河西支行发展成为拥有10个县级支行和3个县级分理处的大行；全口径存款从16亿增长到110亿，净增96亿；贷款从7亿增加到79亿，净增72亿；中间业务从年创收61万元发展到年创收过亿元，10年累计创收2.94亿元；帐面利润从-0.17亿到2009年创利3.2亿元，10年累计创收11.93亿元。全行网点形象、品牌建设、安全营运等各方面都取得长足进步，并步入迅猛发展的快车道。

2011年4月2日，在建行长沙河西支行的推动下，建设银行湖南省分行与长沙高新区管委会举行战略合作签约仪式。建行湖南省分行对长沙高新区园区建设及园区企业等项目提供120亿元综合授信服务，建立不定期的沟通洽谈机制，以更好地服务于园区内众多高科技中小企业的发展。建行湖南省分行将在长沙高新区成立建设银行长沙麓谷科技支行以及中小企业中心，服务园区高科技中小企业的发展，并全力支持基础设施和安置保障房等重大项目建设，配合争取社保融资。

至2012年3月底，中国建设银行湖南省长沙市河西支行全口径存款达100亿元，顺利迈入“存款百亿俱乐部”，各项贷款达73.43亿元，实现中间业务收入3641.52万元，实现利润8073.56亿元。

工商银行长沙高新技术产业开发区金鹏支行：

1992年4月18日，中国工商银行长沙高新技术产业开发区金鹏支行在银盆南路成立，支行成立之初主要经营信托、贷款、投资、储蓄等业。

同年8月，在省、市人民银行支持下，中国工商银行长沙高新区支行着手进行股份制改造，12月28日经湖南省股份制企业联审小组审批，正式转职为以定向募集方式成立股份制商业银行——长沙高新技术产业开发区金鹏实业银行，由中国工商银行湖南省分行、长沙市支行和长沙高新技术产业开发总公司共同发起设立，注册资金 1 亿元人民币。

金鹏实业银行是全国高新技术产业开发区率先成立的股份制银行，银行按“以全新的机制，全新的模式、办全新银行”的总体要求，积极探索金融为高新技术产业服务的新途径。公司严格按照股份制企业的规范要求运作，实行董事会领导下的总经理负责制，发挥自主经营、自负盈亏、自当风险、自我约束、自我平衡、自谋发展的运行机制的优势，自主灵活的开展经营活动。切实执行向科技倾斜的政策，视科技企业为基本客户，在业务上实行资金上优先、利率上优惠、服务上优质“三优”的倾斜政策，制定优质服务 10 条措施，简化开户手续，采取中型计算机处理业务，与市工商银行联网，实现全市通存通兑。

1993 年，对省政府以省长基金垫息支持发展的 5 个重点科技项目的贷款，共计 1900 万元，从酝酿、申报到审批，金鹏实业银行不到一个月就保证全部资金到位。

1993 年年末，金鹏实业银行各项存款余额 18490 万元，比上年增长 42.98；各项贷款余额 22620 万元，比上年增长 5.18。1993 年，贷款累放 52785 万元，其中对科技企业累放 20460 万元，占贷款累放总额的 38.8,1993 年全行创利润 2151 万元，人均创利润 56.61 万元，相当于全市工行利润的 40%。

金鹏实业银行还直接参与科技转化活动，金鹏实业银行（占 25% 股份）与湖南国家技术开发总公司（占 24% 股份）、湖南农业大学茶学系（茶学系占 51% 股份）共同出资 700 万元设立以开发天然植物制品为经营内容的高新技术企业长沙金农天然植物制品实业有限公司。公司生产的儿茶素和速溶茶两个系列产品，在质量上成本上处于国内领先地位，其中儿茶素项目得到湖南省长资金资助。1997 年公司总产值达 1000 余万元，实现利润 100 余万元。

1997 年，长沙市工商银行进行调整，将龙王港以北、湘江大桥以西的网点全部划归金鹏支行管理。1999 年 10 月 28 日，长沙高新区管委会与工商银行湖南省分行营业部签订信贷合作协议。

2003 年 3 月 26 日，长沙高新区与中国工商银行湖南省分行在麓山宾馆举行“长沙国家高新区与中国工商银行湖南省分行《全面合作协议》签字仪式”。根据协议，湖南省工行为长沙高新区的园区建设与产业发展提供 50 亿元贷款的授信规模。这笔贷款将为高新区麓谷园区的建设开发和高新区的产业发展提供强有力的资金支持。

2007 年 4 月 25 日，工商银行湖南省分行与高新区管委会签署全面合作框架协议，为长沙高新区提供 50 亿元授信支持，其中 10 亿元用于园区基础设施建设，40 亿元为园区处于资金短缺的中小企业提供支持，金鹏实业银行转为定向募集银行。

农业银行长沙高新技术产业开发区支行：

1992 年 12 月 20 日，中国农业银行长沙高新技术产业开发区支行迁入长沙高新区集中建设区——岳麓山科技园。

同年 6 月 8 日，该行注册创办长沙万利房地产开发股份有限公司，从事高新区的住宅小区、标准工业厂房、综合商业大厦等房地产项目。长沙万利房地产开发股份有限公司系定向募集公司，注册资本 4980 万元人民币，在长沙高新区内投资兴建 M-14 标准厂房、R-3 商品住房、C-3 综合大楼等房地产，面积达 55000 平方米，1993 年销售出商品住房 3887 平方米。

同年 6 月至 1993 年 12 月，中国农业银行长沙高新技术产业开发区支行累计发放贷款 11097 万元，支持高新区的建设。1992 年中国农业银行高新区支行贷款 390 万元，支持建设高新区管道集中供气工程。

中国农业银行长沙高新技术产业开发区支行后更名为中国农业银行长沙河西支行。

中国银行长沙麓谷支行：

2008 年 3 月，中国银行长沙麓谷支行成立开业，该行是中国银行湖南省分行为更好地服务于长沙高新区的建设与发展，实行重点地区战略而专门组建的一家省分行直属支行。

经过 4 年多的发展，中行麓谷支行旗下已有 14 家经营性网点机构，其中 2 家被划分为大型全功能型网点，4 家被划分为中型全功能型网点。中行麓谷支行为麓谷经济社会发展作出极大贡献，先后为高新技术产业开发总公司、中联重科等 10 多家重点企业提供授信支持近 45 亿元。

在扶持中小企业发展方面，中国银行麓谷支行针对中小企业资金需求“短、频、急”的特点，通过整合优化信贷业务流程，减少审查环节，缩短审查时间，为科技型中小企业建立一条绿色融资通道，与高新区管委会携手搭建快捷的资金结算平台，推动小额贷款业务发展。该行与麓谷近 500 家企业建立长期合作关系，麓谷支行公司存贷款余额、对公中间业务收入以及战略产品等方面均居中国银行湖南省分行二级分支行前列。

该行成立产品创新小组，针对有关制造类企业业务需求，重点从三个方面创新服务产品：一是紧跟汇率、利率及资本市场波动创新产品；二是围绕重点客户定制特色产品；三是发挥中行国际化优势与境外兄弟机构联动创新产品。

该行开发“立业通”产品，专项支持计划购置生产、办公场所等固定资产的园区入驻企业。针对缺少抵押不利情况，提供“应收通”、开立银行承兑汇票等授信产品；通过“企贷宝”等创新性产品成功扶持一批优质中小企业。

2012年，中国银行麓谷支行新成立的财富中心，服务功能齐全、环境舒适优雅，设置高新区第一家全自动保管箱和高尔夫体验中心，该行财富管理中心的开业，可为中高端个人客户提供理财空间、理财产品、理财沙龙等VIP关怀服务。2012年，该行共发放中小企业贷款2.5亿元，为工业园区企业办理国际结算和贸易融资业务达5000万美元以上。

交通银行长沙高新支行：

2002年5月31日，交通银行长沙市高新支行注册并开业。交通银行长沙市高新支行位于桐梓坡路英才园，主要经营办理人民币存款、贷款、结算业务；办理票据贴现等业务。

2012年12月6日，长沙高新区与交通银行湖南省分行签署战略合作协议。根据协议内容，交通银行湖南省分行将重点加强与长沙高新区的战略合作，强化银企对接，全面支持高新区中小企业发展。签约仪式上，长沙高新区与交通银行湖南省分行签署支持中小企业合作协议；长沙高新控股集团总公司与交通银行长沙高新支行签署银企合作协议；长沙高新区信息产业园与交通银行长沙高新支行签署合作协议。交通银行与长沙高新区的合作，将进一步完善高新区投融资体系，优化企业金融生态环境。

长沙银行科技支行：

长沙银行科技支行成立于2010年11月，是一家为长沙高新科技型中小企业提供综合金融服务的专营机构，选址在已有30家上市公司的麓谷园区，更有利于形成科技企业金融一体化服务战略联盟。支行开业当天，湖南泰通电力科技有限公司、湖南深拓智能设备股份有限公司分别获得科技支行4500万元、200万元信用贷款授信，长沙银行科技支行与4家创投公司、3家担保公司、2家证券公司、1家咨询公司组成的金融服务平台以及高新区15家园区科技企业进行现场签约，授信金额总计超过5.5亿元。

长沙银行科技支行以创新产品、创新模式为动力，贴近高新科技型中小企业需求，摒弃传统银行业务理念，不断尝试创新，努力构建聚合政府、担保、券商、投资机构以及其他社会资源的多层次综合服务模式，打造链接式科技金融服务品牌；该支行提供“知识产权质押贷款”“合同贷款”“政府信用现金流贷款——基金宝业务”“应收账款质押贷款”等10种创新产品，全面覆盖科技企业从初创期、成长期到成熟期各个发展阶段，让企业根据自身实际情况“点单”；长沙银行科技支行通过“政府（园区）+创投（基金）+担保公司+券商”共同签订紧密合作协议的方式，共同为中小企业融资之路撑起“保护伞”。长沙高新区给科技支行设立2000万元的风险补偿基金，为科技支行向销售收入5000万元以下的科技型中小微企业贷款承担70%的信贷风险。每年提供不低于3亿元的授信额度、给予享受高新区风险补偿的企业3%至5%的风险容忍度、给予科技支行单户500万元授信审批权、为科技型中小企业提供不低于风险补偿基金规模5～8倍的融资授信额度。长沙银行科技支行有最高2000万元的贷款审批权限等系列政策优待，在权限范围内自行审批。

湖南大学海捷模具工程有限公司由于自身资金短缺、项目风险较大而得不到银行的信贷支持，长沙银行在对其技术进行专家鉴定评优以及对市场调查论证的基础上，积极给予信贷扶持，投放贷款1200万元，并主动为该公司提供财务咨询、投融资顾问以及项目评估等服务，使该公司顺利投产，5个月内实现产值1000万元，成为长沙银行银企合作的成功典范。

2011年，为园区27家中小企业放款1.34亿元，为高新区基础建设放款2.9亿元，各项贷款余额2.4亿元。

2012年，向47家中小微企业放贷1.49亿元，户均317万元。其中园区33家科技型企业纳入高新区风险补偿基金，共获得贷款8975万元。各项贷款余额5.3亿元。

浦发银行长沙麓谷科技支行：

2004年6月，浦发银行在长沙设立省级分行，长沙高新区与浦发银行开始合作。2010年年底，浦发银行长沙分行麓谷支行开业，该支行重点支持科技型小微企业发展，并推出“科贷易”融资产品，该产品含三板易、投贷易、订单易、抵押易、项目易、税融易等10个子产品。

2011年6月15日，长沙高新区与浦发银行长沙分行签署战略合作协议，浦发银行将为长沙高新区园区基础设施和配套设施建设提供50亿元综合授信额度，给园区企业提供100亿元授信，并在高新区设立全功能、综合型的突破现有发展模式的新机构。此次合作中，浦发银行在与长沙高新区签订整体战略合作协议的基础上，还与长沙高新技术产业开发总公司、长沙高新区管委会和长沙海赛电装科技股份有限公司、湖南一特电子医用工程股份有限公司、长沙奥托自动化技术有限公司签订子协议，全面服务麓谷园区与园区企业发展。在支持中小企业发展方面，双方签署《园区中小企业全面合作协议》。根据协议，浦发银行将在为园区中小企业提供授信基础上，配置专项信贷规模，提供品种丰富的信贷产品。长沙高新区除选择浦发银行长沙分行作为创投基金的主要托管银行之外，还设立2000万元的风险补偿基金，承担中小微型企业70%的信贷风险，引导支持银行“敢贷宽贷”。另外，浦发银行还将对高新区新三板上市企业提供专项信贷支持，为高新区的基金提供基金募集、项目对接、基金托管等综合服务。双方将在担保融资、集合票据、信托融资、租赁融资等多渠道为中小企业提供解决方案。

2012年1月、7月中国银监会湖南监管局先后下发湘银监复〔2012〕15号、湘银监复〔2012〕358号文件，同意浦发银行长沙分行筹建上海浦东发展银行长沙麓谷科技支行，行址在长沙高新区文轩路27号长沙麓谷企业广场创业大楼。2012年12月，浦发银行长沙麓谷科技支行开始对外试营业，该支行定位为创新性科技企业、专营科技型企业提供金融服务，助力科技型企业快速孵化“由小变大”，提供20种专属融资产品，单笔贷款最少10万元，大部分贷款额度为100万元~500万元，主要支持先进制造、新材料、新能源、环保节能、生物制药、电子信息和医疗机械等7大战略新兴行业。

浦发银行长沙麓谷科技支行向科技型企业靠拢，主动服务该领域中小微企业发展的各个阶段，成为浦发银行科技金融服务的一大特色。科技支行对园区高科技中小微企业实行专门的审贷流程、授信额度、风险管理政策、专项考核办法等，可惠及高新区6000余家高科技中小微企业。科技支行还是服务VC/PE机构的专业支行，设立多个营销团队，实施专属审批机制、专属职员配置和专业经营模式，服务高新区乃至大河西大中小科技型企业。自筹备以来至2012年12月30日，该支行对高新区内企业授信客户超过200户，授信金额达120亿元。其中，科技型小微企业超过100户。

二、驻区投融资公司

2000年，长沙高新区组织长沙金英投资、安讯投资、万盛投资、君成投资、涌金投资、省高创投、技术进步投资等多家高科技创业投资公司支持和参与高新技术企业发展，分别向区内银河信息、三一重工、远控监控、湘云科技等8家高新技术企业投入资金8600万元，高新技术企业资本市场融资取得新进展。

2001年，高新区新引进风险投资、担保、投资咨询公司共5家，区内风险投资、担保、投资咨询等公司增至14家，注册资金增至4亿元，初步建立起中小企业风险融资网络，全年直接投入高新区的企业资金达3.36亿元。国讯国际网络有限公司在香港创业板成功挂牌上市，融资达1亿多元，成为湖南省第一家引进海外风险投资创办并成功在香港上市的高新技术企业。

2003年，省、市相继成立的5家担保公司进入高新区注册。2007年，与融资平台合作的担保机构有湖南省中小企业、湖南金科、湖南中达、湖南金信等担保公司。高新区管委会对于通过融资服务平台贷款的中小企业予以40%的贷款贴息。2011年，新引进2家科技担保公司，累计有9家担保公司为科技型中小企业服务。2012年，中达担保公司新增担保户数117户，新增担保笔数147笔，新增担保金额共计6.3亿元，在保余额为6.9亿元。2012年5月15日长沙高新开发区思源小额贷款有限公司成立。是年，共新增3家小额贷款公司，投资担保金额6.3亿元。

2012年，在长沙高新区开展担保业务的担保公司已发展至60家。

长沙市科技风险投资管理有限公司：

1995年7月31日长沙市政府第19期常务会议决定，从1995年起，在市级财政超收中安排一定比例，逐步建立市科技风险基金。

1999年4月市政府根据《关于进一步加快高新技术产业发展的决定》（长发〔1999〕1号），出台《长沙市科技风险投资资金管理暂行办法》（长政发〔1999〕16号），同年7月，市政府批准成立长沙市科技风险投资管理有限公司，其中政府投入3000万元。作为专业性创业投资企业，成立以来，公司遵循“政府引导、企业主导、市场运作、专业管理、明确投资、稳健经营、资本增值”的基本原则，以扶持长沙高新技术产业发展为方向，以市场化运作为手段，以资本增值和获取高额投资回报为目的，取得较好的经济效益和社会效应，充分发挥高技术产业发展支持平台的作用，促进长沙市高新技术成果转化与产业化。公司在管理和运营长沙市科技风险投资资金的基础上，广泛开展境内外合作，通过探索和发起设立各种创业风险投资公司（基金），构建多层次、多元化的投融资体系，为长沙高新技术产业的发展提供强有力的资金与智力支撑。

长沙高新技术创业投资管理有限公司：

2000年9月，由长沙市政府投资2000万元与湖南恒盛投资置业（集团）有限公司等社会投资集团共同出资，按“政府引导、高新区协办、企业参与、市场运作”原则，组建专业性科技风险投资公司—长沙高新技术创业投资管理有限公司，注册资本金1亿元，公司设在长沙高新技术开发区万利大厦10楼

公司于2000年12月投资山河智能，并为山河智能提供全方位的增值服务，帮助企业成长，协助企业于2006年12月22日在深圳中小板成功上市（证券代码：002097）。山河智能通过收购、合资等手段，延伸自身的产业价值，其小型工程机械、凿岩机械和桩工机械等产品领域稳居国内一线品牌位置。

2009年11月，公司投资湖南省茶业集团股份有限公司（简称“湘茶集团”），这是一家集茶叶种植、生产、加工、销售、科研、茶文化传播于一体，专业制茶、全产业链经营的农业产业化国家级重点龙头企业，是湖南省农业产业化十大标志性企业、湖南省高新技术企业，综合实力位居全国同行业第二。湘茶集团拥有有“君山”系列、“湘益”系列、“白沙溪”系列、“碣滩”系列和“古丈毛尖”系列五大品牌，茶叶经营业绩持续增长，市高创投因此也获得稳定的回报。

公司定位为政府资源、创投资本和创业企业的资源整合平台和价值成长平台。通过资源整合与制度的安排，实现政府资源快速放大的目标，加速推进当地产业的发展；同时借助创投资本，通过科学的评价、果断的决策和灵活的机制，实现创投资本的稳健快速增值，保障股东利益；最终通过服务创业企业，做创业企业的价值发现者和成长助推器。公司具备一支具有丰富的产业投资、财务管理、金融理财、投资银行、企业融资、法律事务等专业知识和业务精通、工作严谨的高效团队。在实现对长沙技术产权交易所有限公司、岳阳华浩水处理有限公司、湖南华通基础建设投资担保有限公司、湖南长信畅中科技股份有限公司、长沙中绿环境设计建设有限公司、湖南赛西传感技术有限公司、湖南鑫达银业股份有限公司、湖南春光现代农业有限公司、长沙隆智投资咨询有限公司、湖南源山冷链物流有限公司等成功投资，公司获得2011年度“科技创业投资机构奖”的科技产业投资奖。

长沙英博科技投资担保有限公司：

2001年，长沙英博科技投资担保有限公司注册成立，注册资本3000万。英博科技以为中小企业、高科技企业及广大创业者提供融资服务为核心业务，主营涉及商业担保、投资、小额贷款和个人小额贷款等金融服务的专业投资担

保公司。长沙英博科技投资担保公司以架设信用市场桥梁、专注中小企业、高科技企业和广大创业者服务为使命，以市场为导向，以客户为伙伴，以识别风险、管理风险为责任，以诚信、专业、合作、创新的经营理念，实行规范、高效、严谨、尽责的商业化运作。

长沙高新区产业促进有限公司：

2005年11月，长沙高新区管委会与国家开发银行湖南省分行牵头，创建长沙高新区产业促进有限公司，注册资金1300万元人民币。长沙高新区产业促进公司作为长沙高新区管委会与贷款银行联合支持的融资平台，通过“统贷统还”方式向国家开发银行批发式借贷，再委托商业银行转贷给园区内中小企业；或者通过“直贷直还”方式，由平台合作的商业银行直贷到相关中小企业。

公司业务范围包括：开展国家法律、法规和政策允许范围内的中小企业产业发展的资金支持和相关服务；开展中小企业的投融资业务，对贷款企业进行贷款调查及评审；开展企业经营管理咨询服务。

2011年，产业促进公司贷款平台新增3家战略合作银行。

长沙麓谷创业投资管理有限公司：

2007年12月，长沙麓谷创业投资管理有限公司成立，公司位于长沙市麓景路8号巨星创业基地，是经长沙高新区管委员会批准并控股的创业风险投资公司，由长沙留学人员创业园服务中心、湖南三德科技发展有限公司、长沙奥托自动化技术有限公司、湖南长海控股集团有限公司、湖南汇坤投资置业有限公司、长沙高新技术产业开发总公司共同出资设立的专业风险投资机构。

该公司注册资金20000万元人民币，投资能力达3亿～5亿元，实现多个项目的股权投资。其业务范围包括：（1）创业风险投资、与创业及风险投资相关的衍生业务；（2）中小企业贷款担保及法律法规允许的债权投资等融资服务；（3）为中小企业向国家开发银行等金融机构或非银行金融机构信用担保贷款依法提供统贷统还平台；（4）各类科技创业投资基金的发起、设立、管理；（5）为企业提供配套的管理咨询、财务顾问、项目培训、信息服务等投资增值业务。业务对象：公司投资的对象主要是符合国家产业政策、有利于长沙高新区产业发展、有市场、有效益、增值潜力大的优秀项目；拟上市的股份公司；其他符合要求的项目。

2009年，麓谷创投公司实施增资扩股，注册资本增至1亿元，投融资能力和影响力进一步扩大。2011年，麓谷创投注册资金增资至2亿元，2012年，麓谷创投公司实施股权投资项目2个，投资金额1507万元。公司以投资天使、小微型项目为主，投资三德科技、力合科技、大邦制药、泰瑞医疗、超弦科技、斯派克、海赛电装、科尔生物、宝峰能源等一批高新技术公司，为企业的持续发展提供有力的支持。其中，三德科技、力合科技进入创业板上市辅导期；超弦科技、斯派克、海赛电装已在新三板挂牌；泰瑞医疗通过三年从无到有，销售过亿。

长沙高新区麓谷小额贷款有限公司：

2009年12月29日，经湖南省人民政府批准，成立长沙高新区麓谷小额贷款有限公司，为湖南省首批小额贷款公司试点单位，公司由长沙麓谷创业投资管理有限公司和湖南三德科技发展有限公司共同发起，注册资本金5000万元人民币。2010年3月8日，长沙高新区麓谷小额贷款有限公司举行开业仪式，麓谷小额贷款公司与湖南前元新材料有限公司等3家企业签订贷款意向书，贷款金额总计580万元。

麓谷小额贷款有限公司业务范围包括：（1）综合经营性贷款；（2）综合消费贷款；（3）个人保证担保贷款；（4）企业联合担保贷款；（5）创（置）业财富贷款；（6）存货质押担保贷款；（7）个人房屋抵押贷款；（8）应收账款质押贷款；（9）权利质押贷款；（10）自然人股权质押贷款。公司坚持“小额、分散”原则，以中小企业及个体经营者融资困难为出发点，针对不同客户对象设计不同信贷产品，帮助客户在激烈市场竞争中赢得发展先机。自开业以来，至2012年累计发放贷款超过3.5亿元人民币，帮助众多中小企业、个体工商户及个人解决临时、短期资金需求。2009年，28家创业风险投资公司共向区内中小企业注资近5亿元。2011年，麓谷小额贷款公司有限公司增资至1亿元。

长沙高新区力源小额贷款有限责任公司：

2012年6月18日，经湖南省金融办公室批准，成立长沙高新区力源小额贷款有限责任公司，注册资本金为人民币1亿元。为支持园区中小企业发展，特别是科技型中小企业，长沙力源小额贷款有限责任公司推出对高科技、新兴行业以及具有明显经济和社会效益的项目，进行积极扶持和低息放贷。推行助力大学生和退伍军人创业的低利率贷款活动，凡是大学生及专业退伍军人创办的企业，长沙力源小额贷款有限责任公司优先受理、优先审批、优先放贷。主营业务：小额贷款、财务及理财咨询。贷款额度：单户1万～300万；单笔1

万～100万。

长沙高新区金种子小额贷款有限公司：

2012年9月7日，长沙高新区金种子小额贷款有限公司成立，公司位于长沙高新区麓龙路209号金荣誉峰翡翠花园H栋2层204房，注册资金5000万人民币，湖南麓谷科技孵化器有限公司、湖南省曾氏企业有限公司分别出资1000万元、李威、刘贤书作为自然人股东各出资500万元，孙艳辉、李兴国、董珊、郭银姣、刘聂等作为自然人股东分别出资400万元。开展发放小额贷款及提供财务咨询业务。

第二节　创业投资

一、支持政策

《关于进一步加快岳麓山科技园发展的决定》：

1995年5月长沙市人民政府印发《关于进一步加快岳麓山科技园发展的决定》（长发〔1995〕29号），要求建立长沙高新技术产业发展基金和高新技术风险投资基金，用于高新技术项目的研究开发、人才培养及高新技术产业化。

《关于建立战略合作关系的备忘录》：

2007年12月，长沙市科技风险投资管理有限公司和摩根资产管理有限公司签订《关于建立战略合作关系的备忘录》，为长沙市在境外设立基金、打开境外资本渠道拉开序幕。长沙市科技投融资协会和国际企业财资（中国）协会签订《香港—长沙创业投资战略合作协定》，为香港投资机构和长沙高新技术企业之间的沟通提供一个合作平台。

《长沙高新区对中小企业投融资平台贷款项目给予财政贴息及对平台服务机构给予奖励的实施办法（暂行）》（长高新管发〔2010〕93号）：

2010年10月23日，长沙高新区管委会印发该办法，在申报条件、奖励（或支持）范围及额度、申报材料、受理审批和资金拨付等方面做出明确规定，有助于推进和鼓励园区投融资服务体系的发展，帮助解决中小企业融资难问题，加大对中小企业贷款的财政支持力度，提高财政资金使用效益，进一步健全园区多渠道、多元化的中小企业投融资平台。

《关于印发〈鼓励股权投资类企业发展暂行办法〉的通知》：

2011年4月，长沙市政府办公厅下发此《通知》（即长政办发〔2011〕29

号文件），对工商注册登记、备案管理、税收政策和政府鼓励等方面做出明确规定，有利于扩大直接融资规模，吸引更多民间资本、外来投资参与经济建设。

二、资金引入

1999 年，湖南国讯的网上远程教育项目成功引进国际风险资本，得到香港汇亚基金集团 7000 多万港元的资金。

2001 年 9 月 26 日—27 日，在中国（湖南）高新技术产业发展与风险投资国际论坛上，周里冰、柳冠群向前来参观的全国人大常委会副委员长成思危及各部委领导、风险投资商介绍长沙高新区的发展概况和各项目的进展情况。会上，高新区签约 4 个项目，获得风险投资 1.2 亿元。

2003 年 4 月 7 日，科技部科技型中小企业技术创新基金管理中心组织对全国新创期科技型小企业进行小额资助，经监理单位的推荐，科技部火炬中心初选以及管理中心和火炬中心评审，长沙软件园评审通过为 2003 年全国唯一以软件园为主的创新基金小额资助试点依托机构。

2004 年 2 月 27 日，长沙软件园再次被国家科技部创新基金管理中心认定为唯一以国家级软件园身份获得批准的 2004 年度创新基金小额资助依托机构。

3 月 28 日，长沙市科技局、长沙市财政局、长沙银行和长沙风险投资联合成立省内首家创业投融资协会——长沙科技创业投融资协会。12 月，协会先后 5 次邀请外地投资商到长沙考察项目，融资到位资金超过 2600 万元，协议融资近 1 亿元。

11 月 17 日，长沙高新区入园企业又有 8 个项目获得科技部科技型中小企业技术创新基金。12 月 17 日，长沙高新区 12 个高新项目再获 2004 年第三批创新基金支持。

2005 年 11 月 8 日，科技部公布 2005 年科技型中小企业技术创新基金立项名单，长沙高新区有 23 个项目立项，获得支持资金 1590 万元。

2007 年，市风险投资、市高创投、投融资协会等投融资机构通过举办“科技活动周投融资对接会”“科交会”、长沙创业投资（香港）恳谈会等一系列活动，高新技术产业获得投资 31581 万元。其中，市风险投、市高创投直接投资 2400 万元；通过组合投资、投资合作等形式，直接带动深圳天图等 9 家非本地投资机构对长沙高新技术企业投资超过 15400 万元；带动本地投资机构及个人等其他社会投入近 13825 万元。

2010 年，长沙高新区的风险投资公司逐步成长壮大，至 2010 年 12 月，长沙高新区区共有各类投资基金91家，注册资本达40多亿元，推动园区产业投资的多元化发展。

2011年6月，长沙市政府根据长政办发〔2011〕29号文，自2011年起，市政府财政每年在预算内安排2000万元，当年不足部分由市财政预拨下年专项资金，用于兑现本办法涉及的奖励和补助等资金，风险投资渐成热潮。

10月18日，长沙软件园投融资平台举行首届投融资对接会，邀请一批活跃在国内的天使投资人、创业投资基金、私募股权基金的合伙人和高级管理人员参加。来自电信、媒体、高科技行业的160余名中小企业代表带着优质项目参加对接会，期望借力资本市场，壮大企业发展。与会者就各自的投资领域发表演讲，同时进行专题讨论和现场互动。幕达晨创投、险峰华兴、昆吾九鼎、力鼎投资、SIG、光速创投、景林投资、德勤、深圳力合投资等业内知名的机构合伙人、投资总监参加交流讨论。由长沙软件园精选出的10个符合投资人要求的投资项目，由相关企业代表与投资机构负责人进行融资项目对接。

2012年7月5日，长沙市中小企业金融服务中心在长沙高新区成立揭牌。该中心的服务重点是建设中小微企业信用体系，提升中小微企业融资技能，促进中小微企业金融创新。

2012年，长沙高新区创新创业投融资服务平台已经初步构建分别以创业投资引导基金、创业投资融资服务体系为主线，涵盖基金引导、股权投资、银行贷款服务、贷款担保、小额贷款、短期资金周转、项目融资策划、项目包装等服务，能够多层次、全方位为企业解决资金瓶颈的架构体系。

三、其它基金

长沙高新区企业技术创新基金：

2001年，长沙高新区建立长沙高新区企业技术创新基金，首期注入资金500万元。2003年8月长沙高新区退出对长沙科技风险投资管理有限公司的250万元出资。作为一家专业投资平台，市高创投对高新技术产业的投资持续扩大，先后投资湖南春光药业股份有限公司（2003年5月28日成立）、湖南中大创远数控装备有限公司（2004年4月成立）等10多个项目，并带动社会投资数亿元。

华菱津杉（湖南）信息产业创业投资基金：

2010年11月，设立华菱津杉（湖南）信息产业创业投资基金。基金规模为2.5亿元，其中：国投高科技投资有限公司（国家开发投资公司全资机构）代表财政部出资5000万元，湖南高新创业投资有限责任公司代表湖南省人民政府出资5000万元，津杉华融（天津）产业投资有限公司作为合伙企业出资9000万元，其它投资人出资6000万元。基金采用有限合伙制，封闭期限7年。基金投资领域：基金80%的资金将投资于电子与信息产业，20%投资于其他产业。基金重点投资领域：（1）基于采用国内外领先的信息处理技术的，具有新模式、新经济特点的，市场前景广阔的新型信息服务企业；（2）软件开发与软件服务企业；（3）电子信息制造企业，如新型电子元器件及集成电路的设计与制造、新型显示器的设计与制造、新型电子材料的开发与制造，特别是那些制约行业发展的瓶颈产品领域的企业。（4）现代新型文化传媒和互联网企业。基金主要采用股权投资等方式对具有高成长的初创型企业和具有突出行业地位的拟上市公司进行投资。

长沙高新区创业投资引导基金：

2010年9月，成立长沙高新区创业投资引导基金有限公司，首期注册资本5000万，基金额度初定1亿元，以后根据实际情况逐年增加。引导基金按照“政府引导，项目选择市场化、资金使用公共化、提供服务专业化”的原则，实行公司化运作。引导基金的投资方式包括阶段参股、跟进投资、直接投资，对同一创业企业或项目原则上不重复支持。阶段参股主要支持在高新区内发起设立新的创业投资企业，引导基金对该新设企业参股比例最高不超过新设创业投资企业实收资本的25%，且不成为第一大股东并约定参股期限和退出方式。在参股期内，新设创业投资企业对区内创业企业的投资总额不得低于引导基金出资额的3倍。创业投资企业的投资对象必须是创业企业和创业项目，不得投资于流动性证券、期货、房地产业以及国家政策限制类行业。跟进投资主要支持对创业投资企业选定投资的区内创业企业进行共同投资。引导基金跟进投资总额最高不超过被跟进创业投资企业实际投资额的30%。直接投资主要支持符合创新型园区建设需要的创业企业。原则上不应该使引导基金公司不成为被投资创业企业的大股东，直接投资形成的股权可自行管理也可委托其他机构管理，依法参与被投资创业企业的重大决策。公司对园区建立企业项目库，引导区内外投资机构入区投资。

2012年，创业投资引导基金公司引导参股设立湖大海捷创投、湖南信息产业、湖南新材料基金等投资企业4家，投资金额2900万元，引导创投资金达4.7亿元，充分发挥“母基金”的作用，放大财政资金的效应，扩大引导基金的影响力。

湖南麓谷高新天使投资基金：

2012年3月，湖南麓谷高新天使投资基金（简称麓谷天使基金）成立，是全省首支政府组织发起的“天使基金”。麓谷天使基金与长沙银行科技支行、湖南天信和谐担保有限公司签定战略合作协议。

由于小微企业高风险、投资周期长、退出渠道不畅等原因，民间创业投资气氛不浓，在长沙高新区注册的私募股权基金虽然发展迅猛，但主要集中投资成熟期企业，量大面广的科技型初创企业难以获得必要的资金支持。为此，长沙高新区通过政府引导和风险补偿等措施探索设立天使基金，为企业提供“种子资金”，引导民间资本投资初创期科技企业，帮助小微企业降低种子期和初创期的风险。麓谷天使基金注册资金1.5亿元，首期5000万元，三年内基金规模增资到1.5亿元，长沙高新区出资20%，其余资金向社会募集，有限合伙人的最低出资额不低于500万元。2012年，麓谷天使基金共完成对高新区三家中小企业626万元的投资。

麓谷天使基金的投资对象为：基金投资对象为处于重大自主创新成果产业化中试、工业化试验阶段的小微企业，要求企业具有自主知识产权，年销售额不超过2500万元，净资产2000万元以下，每年用于高新技术研究开发的经费占销售额的5%以上，职工人数在300人以下，具有大学以上学历的科技人员占职工总数比例30%以上，直接从事研究开发的科技人员占职工总数比例10%以上。投资的风险补偿机制为：基金运作期满如有盈利，长沙高新区出资所享部分收益的50%让渡给其他社会出资人；基金运作期满如果发生亏损，由长沙高新区的出资首先承担亏损；基金运作期满因盈利分配各合伙人上缴的所得税，长沙高新区实得部分100%返还。管理机制为：基金由有经验的民间基金管理公司管理，实行市场化运作，高新区只按照事先约定的运作方式和考核目标进行监督和激励，建立利益绑定机制和高新区补偿认定机制。天使基金成立7人组成的投资决策委员会，委员由合伙人协商产生，长沙高新区只派出一名委员。投资项目由基金管理人内部决策后，提交基金投资决策委员会投票决定，对提交决策的拟投资项目，必须经代表4票表决权（含4票）的投资决策委员会委员同意，才视为通过。投资决策委员会在认定基金管理人所提交的项目是否符合天使基金的投资对象时，高新区的代表享有一票否决权。

长沙高新区合作成长基金：

2012年6月，在省科技厅与长沙高新区管委会的出资及政策引导下，联合湖南金信担保有限责任公司担任普通合伙人，首期13家企业作为有限合伙人，共同组建长沙高新区合作成长基金（以下称“合成基金”），为园区中小微企业量身打造以债权融资功能为主，兼顾股权融资、增值服务等功能为一体的创新型金融服务平台。合成基金的产品与特点为：债权融资产品。适用对象：处于成长期的企业，在其发展过程中，因营运资金不足而需要向金融机构融资，但又苦于无充足的抵押物提供给银行。特点：无需抵押物，合成基金为加入基金的企业提供融资担保服务，企业按30万～100万元的标准出资加入，出资企业可以获得其对基金出资额5～10倍放大的银行贷款，放大比例随信用累积提升。股权融资产品。适用对象：处于初创期或拟上市企业，需要向投资者募集股权资金。特点为：基金可联合外部创投机构对基金中具有投资潜力的科技型企业进行股权投资或联合基金内企业对外部有发展潜力的企业进行投资。增值服务产品。适用对象是：发展过程中，因融资、管理等方面存在瓶颈，急需通过外部资源的扶持助力成长的企业。特点有：针对企业临时性资金需求，如季度性囤货、转贷等，合成基金基于对企业的了解，可为其提供方便快捷的应急资金服务；同时基金对接丰富的外部资源，如各类券商、律师事务所、会计师事务所、管理咨询机构等，可为成员企业提供融资策划、管理等咨询服务。基金吸引企业合伙人达33家，总出资额达2160万元，为25家中小企业提供贷款担保1.44亿元，累计为合伙企业发放贷款10250万元。主要合作银行有国家开发银行、中国进出口银行、浦发银行、北京银行、交通银行、长沙银行等。

长沙高新区中小企业合作成长基金：

2012年7月，设立长沙高新区中小企业合作成长基金。首期规模1430万元，其中管委会出资300万元，科技厅出资200万元，其余由信用较低、贷款能力较弱的14家中小微企业出资30万～100万元组成。基金成立后，为企业贷款提供反担保，使出资企业能够获得出资额5～10倍的贷款。

长沙高新区高层次人才创业投资基金：

2012年12月，长沙高新区高层次人才创业投资基金成立，为政府性扶持基金，基金规模1亿元，长沙高新区管委会作为基金出资人。投资宗旨是：为吸引更多高层次人才来区创业，扶持高新技术企业发展。投资金额最高为1000万元。投资方式为股权投资、可转债投资等多种方式，人才基金于成立的当月完成投资1100万元，资金为深处困境中的企业解决燃眉之急，奠定发展的基础。千人计划专家彭滢博士创办的大邦生物在得到人才基金的资金支持后，陆续得到其他投融资机构资金支持共计3000余万元，有效解决新基地建设资金问题。公司在2014年将迎来销售收入的大幅增长。千人计划青年专家韦伟峰博士创办的宝锋能源，在人才基金的投资及推荐下，由人才基金、麓谷创投、浦发银行联合提供资金支持，迈出科技成果产业化最艰难的第一步。

至2012年年底，长沙市科技风险投资管理有限公司公司以 “统贷统还”及“银行直贷”两种模式，已累计为园区内的多喜爱纺织、凯瑞重工、路路通管业、方盛制药、力合科技、海容电子等50多家中小企业，提供近4亿元的贷款支持。产业促进公司总计放贷额2.5亿元，共为28家企业提供统贷统还服务。小额贷款公司新发放企业和个人贷款7.7亿元，共计389笔。天使基金全年共完成对高新区3家中小企业626万元的投资。长沙高新区已在全省率先设立创业投资引导基金、天使基金、人才基金、创业投资公司、统贷统还平台、小额贷款公司和担保公司等一系列政府引导、市场化运作的投融资服务机构。其中发起设立的省内首支天使基金1.5亿元，高层次人才创新创业基金1亿元，创业投资引导基金1亿元。长沙高新区参股的基金和投资公司累计投资项目40多个，投资总额达4亿元以上，带动社会资本投资36亿元。

第三节　市场融资

一、企业上市

1993年12月，长沙高新区首家企业湖南投资集团股份有限公司股票在A股主板上市。

1994年，长城信息股票上市。

1996年，湖南海利化工、湖南华银电力等企业股票在主板上市。

1999年，先后有金瑞科技、亚华种业等企业的股票分别在沪、深证券交易所上市。

2000年，各地上市公司纷纷到长沙高新区寻求与产品技术含量高、附加值大、发展后劲足的中小高新技术企业的合作，这些企业获得资金支持，发展迅速。天一科技与苏博泰克、中国石化与开利软起动设备厂、华菱管线与远景信息、湖南投资建立高科技研究院等。国讯网络公司继引进国际风险投资后，力争在香港创业板上市；银河信息、力元新材料、三一重工、长海数码、湘邮科技等积极筹划上市工作；亚大化工、银海电子、湘雅金胆生物、金农天然植物、山河机械等高新技术企业将目标瞄准国内二板市场。九芝堂成功在主板上市。

5 月 31 日，袁隆平农业高科技公司 5500 万 A 股以每股 12.98 元的价格上市发行。

9 月 15 日，中联重工科技发展有限公司 (简称“中联重科”)A 股股票在深交所发行。

2001 年 1 月，金瑞新材料科技股份有限公司在主板上市。

7 月 8–11 日，长沙高新区管委会在香港举办区内企业海外融资上市推介会。先光科技公司在香港买壳上市，新奥燃气在香港上市。

7 月 8–11 日和 11 月 29 日—12 月 1 日，高新区管委会与湖南中大思特管理咨询有限公司主办“中大思特海外融资合作论坛”之中小企业美国证券市场融资上市之路培训会，邀请美国纳斯达克市场代表对区内企业进行赴美上市培训。

11 月 30 日，国讯国际在香港证券交易所创业板挂牌上市，融资达1亿多元，成为湖南省第一家引进海外风险投资并成功在香港上市的高新技术企业，实现长沙高新区企业境外股市融资零的突破。

2001 年，长沙高新区内上市公司增加到 11 家，全年融资 5 亿多元。

2002 年 7 月，湘电长沙水泵厂有限公司在主板上市。

2003 年 12 月，湘邮科技在主板上市。

2004 年 6 月，新五丰在主板上市。

2005 年，威胜集团在香港 H 股上市。

2006 年 3 月 30 日，举行长沙高新区“非上市高新技术股份制企业进入代办股份转让系统试点”企业动员及专题培训会，省、市金融证券办、国内知名证券公司、省内重点律师事务所、会计师事务所、麓谷园区 30 余家重点企业的代表 70 余人参加。

2006 年 12 月，长沙高新区企业大唐华银在主板上市，创发天辰科技在香港上市。

2007 年 3 月，经市编办同意，长沙高新区管委会在内设机构中明确有关机构和专人负责金融证券工作。同年 6 月，以长沙市财政局高新区分局和长沙高新区管委会产业发展局为主组建长沙高新区金融证券工作办公室，杨晓任办公室主任，张绍钢、易新宇为办公室副主任。2007 年 9 月，长沙高新区管委会印发《关于印发〈长沙高新区非上市股份有限公司代办股份转让试点资格认定办法（暂行）〉的通知》（长高新管发〔2007〕36号），8月，印发《关于印发〈长沙高新区鼓励高新技术在代办股份转让系统进行挂牌的实施办法（暂行）〉的通知》（长高新管发〔2007〕33号）。

2008年7月，拓维信息在中小板上市。

2009年，爱尔眼科医院集团公司股票在创业板上市，是为高新区在创业板上市的首家企业。

2010年1月21日，国家发改委批复，同意长沙高新技术产业开发总公司发行年利率6.08%、期限为7年的20亿元企业债券（简称“10长高新债”）。

1月28日，长沙高新技术产业开发总公司发行的债券资金全部到账。“10长高新债”创下2009年下半年以来全国同期同类债券发行中利率最低、额度最高、条件最优的记录。

10月25日，安淳国际控股有限公司（简称“安淳国际”）在新加坡交易所主板成功挂牌上市，成为国内化工行业和湖南省第一家在新加坡上市的高新技术企业。梦洁家纺、金杯电工在中小板上市。

12月，中联重科在香港上市，成为高新区在中国内地与香港都上市的首家企业。

2011年，湖南发展、方正证券2家企业股票成功上市。

2012年，高新区申报上市的在审企业4家、上市报备企业4家。

至2012年，长沙高新区共有上市企业38家，其中，在上海、深圳证券交易所主板上市企业23家，创业板上市企业3家，中小板上市企业6家，在港交所上市企业4家，在新加坡、德国上市企业各1家。在高新区开展证券业务的公司有方正证券、湘财证券、申银万国、西南证券、山西证券、财富证券、广发证券、华泰联合证券、西部证券、广州证券、金元证券、长江证券、国海证券、光大证券。

债券募集资金将全部投向高新区内麓谷产业基地七期和信息产业园路网基础设施建设，可配套建成45条、近57公里园区道路。

二、“新三板”试点

2006年1月6日，中国证监会批复同意中关村科技园非上市股份有限公司股份进入股份转让系统，进行股份报价转让试点，被称之为“新三板”。

2011年，长沙高新区在全国率先启动代办股份转让系统（新三板）工作，出台和落实有关政策措施，定期组织券商和证券服务机构举办企业上市培训和辅导，及时跟进和了解企业上市进程，帮助企业协调解决在股份改制、财务审计和税收申报中存在的问题和困难。高新区还坚持每周一次集中培训和走访10家以上企业，全面及时了解和掌握企业在推进新三板、经营发展中遇到的困难，更好地为企业搭建服务平台。经过连续组织18期培训，参培企业近500多家，走访对接企业100多家。累计41家企业已与券商等中介签约，其中10家企业已通过证券公司内核。

2011年，长沙高新区已与申银万国、西部证券、山西证券、华泰联合、长江证券、海通证券、方正证券等10多家券商签订战略合作协议，有20多家会计师事务所、律师事务所备案，中介资源库较为完备。由高新区金融办牵头，财政、工商、国土、税务、规划建设等部门配合，成立由各部门工作人员组成的新三板服务小组，为新三板企业提供咨询和协调，及时兑现奖励政策。服务小组围绕推进企业上市目标，主动服务拟上市企业，整合社会资源，协调解决企业上市过程中遇到的困难和问题，推动企业积极改制并通过上市融资寻求发展，加快企业成长步伐。7月，协调组织由长沙市谢建辉副书记带队的有关市直部门工作人员来高新区进行现场座谈，集中解决区内上市和拟上市企业发展中遇到的困难和问题。9月中旬，长沙高新区与湖南省证监局、深圳证券交易所签订合作备忘录，为区内企业上市开辟“绿色通道”。

2012年，高新区加大新三板的宣传培训工作。拟上新三板的改制企业新增30余家，有62家企业与证券公司签订股份改制的财务顾问协议，其中有25家企业完成股改，内核16家。累计举办各类培训、辅导和对接活动20多期，服务企业近1000家，帮助10多家企业落实股份改制、上市和挂牌的奖励补贴资金800多万元。拟到全国股转系统（“新三板”）挂牌的后备企业达73家，其中有31家企业完成股份改制、24家企业完成主办券商内核、6家企业已正式向全国股转系统提交挂牌申请。

三、方正证券股份有限公司

方正证券股份有限公司（以下简称“方正证券”）是中国首批综合类证券公司，是上海证券交易所、深圳证券交易所首批会员。

2008年3月10日，方正证券完成迁址长沙工商注册登记，5月12日，中国证监会正式核准方正证券吸收合并泰阳证券的方案，方正证券注册资本变更为16.54亿元。7月14日，方正证券吸收合并泰阳证券工商变更登记手续完成。

2009年6月24日，方正证券获中国证监会湖南监管局正式批复，核准实施证券经纪人制度，成为获得全国第五张、湖南第一张证券经纪人牌照的证券公司。

2011年7月19日，方正证券公司正式获得中国证监会对公司首次公开发行股票的批复。

7月29日，方正证券公司首次发行A股网上路演成功举行。

8月1日，方正证券公司首次发行A股网上申购圆满结束。

8月10日，方正证券公司正式在上海证券交易所挂牌上市，成为A股第7家IPO上市券商，湖南首家上市金融企业。

9月3日，方正证券公司以营业收入308770万元跻身2011中国服务业企业500强。

9月19日，方正证券股份有限公司完成工商注册，正式挂牌成立。“方正证券有限责任公司”正式更名为“方正证券股份有限公司”，公司注册资本由16.54亿元大幅增至46亿元，朝IPO上市迈出关键的一步。公司营业网点数增至99家。

至2012年，方正证券股份有限公司目前已设立投行、期货、直投、合资基金、另类投资、香港金控等6家子公司，并持有盛京银行股份有限公司5.17%的股权。获“2012年度中国最佳金融IT服务机构”大奖。

方正证券及其子公司取得多项业务资格，范围涵盖：证券经纪、期货经纪、投资银行、证券自营、资产管理、研究咨询、IB业务、QFII业务、融资融券、直投业务、证券投资基金业务、场外市场业务、质押式报价回购业务、代销金融产品业务、受托管理保险资金业务、私募基金托管业务、新三板做市业务、收益凭证业务、私募客户资产托管业务、互联网证券业务试点及证监会核准的其他业务。配合业务发展需要，公司设立辐射全国的财富管理中心和电子商务平台、电话理财中心，重要渠道已覆盖国内大型投资基金、金融机构、知名企业投资者和海外大型QFII等。公司现拥有区域分公司10家，证券营业部295家，期货营业部26家，分布在全国28个省（市、自治区）的重要中心城市。方正证券致力于为客户提供交易、投融资、财富管理等全方位金融服务。

第六章　产业创新

任何一项科技成果走向市场必须经过三个阶段：即孵化、加速和产业园三个阶段。孵化器的作用就是把科技成果转化为产品，加速器的作用就是优化产品，让产品尽快走向市场，产业园的作用就是科技成果形成成熟的产品后的批量生产。

第一节 孵化器

一、基本情况

至2012年，长沙高新区共有孵化器14家，孵化总面积65万多平方米，在孵企业1600多家，累计毕业企业500多家。长沙高新区孵化器的投资主体呈多元化，有政府投资的创业服务中心、长沙生产力促进中心等；有高校投资的湖大科技园等；有企业投资的湘能孵化器、麓谷科技孵化器、橡树园等，既有国家级孵化器、国家级创业服务中心、国家级留学创业园、国家级生产力促进中心、国家大学科技园，还有省级孵化器等。

二、主要孵化器

长沙生产力促进中心：

长沙生产力促进中心是在1996年经原国家科委、长沙市人民政府批准的专门从事创新创业服务的公共科技服务机构。中心构筑科技企业孵化培育、电子产品研发与检测试验、技术转移与产学研合作、创新创业信息服务、技术创新和管理创新培训、政策咨询与技术支持、科技投资和融资服务等7个公共服务平台，为科技创业者提供科技企业创办和成长的资源支持和全过程、全方位服务，推进科技成果产业化。

中心于2001年被国家科技部认定为“国家级示范生产力促进中心”，2007年获批全国首批“国际工业分包与合作交流试点单位”，2009年被批准为“国家高新技术创业服务中心”，2011年被批准为“国家技术转移示范机构”，并被长沙市人民政府和湖南省经信委分别认定为长沙市首批“小企业创业示范基地”和“湖南省中小企业核心服务机构”，中心在国家科技部2011、2012年度绩效评价中连续2年在A类生产力促进中心位列前十名。

长沙高新区创业服务中心：

该中心成立于1999年6月，2003年被国家科技部认定为国家级科技型中小企业孵化器，岳麓山国家大学科技园、长沙留学人员创业园、科技成果转化与技术转移中心、区创业富民办公室等均依托其建立。

创业服务中心按照高新区建设创新型园区的要求，围绕服务中小科技企业发展，推动科技成果转化的中心任务，集聚创新创业要素，整合多方优质资源，成立投融资、科技、法律、公共技术等专业服务平台，为中小企业提供场地租赁、融资贷款、项目申报等保姆式全过程孵化服务。中心先后拓展M0、巨星、延农等10个创业基地，创业孵化面积达15万平方米（其中延农基地被认定为湖南省首家大学生创新创业基地，M0、巨星基地被认定为首批长沙市市级创业基地）。入园企业可享受优惠政策：《湖南省关于鼓励移动互联网产业发展的意见》《湖南省关于鼓励移动互联网产业发展的若干政策》《湖南省移动互联网产业发展专项资金管理暂行办法》《长沙市移动互联网产业发展专项资金管理暂行办法》《长沙高新区落实省市政府加快移动互联网产业发展政策的实施办法》《长沙高新区加快科技创新促进产业倍增发展的若干政策》《长沙高新区投资资金》《长沙高新区移动互联网产业发展专项资金评审管理实施细则的通知》《长沙高新区“柳枝行动”》等。

到2012年，创业中心有孵化场地15万平方米，孵化企业1364家，其中留学生企业132家，大学生企业214家，累计毕业企业200余家，为高新区培育三诺生物、圣湘生物、华时捷等一批优秀企业。创业中心经过13年的建设，取得长足发展，形成独具特色的综合类科技孵化器，先后获得国务院授予的“全国就业先进工作单位”、中组部授予的“海外高层次人才创新创业基地”、科技部授予的“优秀国家高新技术创业服务中心”、教育部和科技部授予的“全国高校学生科技创业实习基地”、科技部授予的“全国大学生科技创业见习基地”等多项荣誉称号，树立创业孵化优质品牌。

麓谷信息港：

麓谷信息港位于湖南长沙高新区麓谷大道658号，毗邻高新区管委会和大河西先导区管委会办公大楼，是国家级软件园——长沙软件园的二期工程，也是国家动漫游戏产业振兴基地之一，为省级重点建设项目。于2012年正式投入运营，总建筑面积约10.2万平方米，其中孵化场地约9.1万平方米。

麓谷信息港主要由孵化中心和服务配套组成，利用先进的网络服务平台，优惠的产业政策，优质高效的服务，为超过100家企业提供孵化助推，降低创业企业的风险，提高企业成活率。麓谷信息港更是总部经济的理想之所。据管委会的计划，将招100多家高产出、高效益的企业进驻，将集中近1500名高科技人才，并为园区内大量科技人才提供一个技术、信息交流的平台。信息港投入使用2年后，可创造60亿元的GDP，超过4个亿的利税，5年后可创造100亿的GDP，8亿利税。长远可创造200亿的GDP，16亿利税，成为长沙市、湖南省最出色的高新技术交流、研发、孵化、输出基地。

湖南大学国家大学科技园：

该园建于2006年，占地14.267公顷，总建筑面积约24万平方米，基础建设总投资6.4亿元。科技园依托湖南大学而成立，充分利用湖南大学雄厚的科研实力和高层次人力资源优势，发展迅速。

2010年10月，科技园被国家科技部、教育部正式认定为“国家级大学科技园”和“国家级高校学生科技创业实习基地”，成为湖南省首家跻身国家大学科技园行列的高校科技园。2011年，被湖南省经济和信息化委员会认定为“湖南省中小企业核心服务机构”。

该科技园的优惠政策有：园区企业可享受国家、省、市和高新区给予的各项优惠政策，入驻园区的企业可享受一定比例的税收返还；优秀企业或优秀项目，可申请湖南大学科技园科技成果孵化专项基金；入驻企业为湖南大学迎接毕业生提供就业岗位，且该毕业生在企业工作满一年的，每招收一名湖南大学应届毕业生，给予企业1个月18平方米的房租补贴；大学生创业企业入驻园区，可获得1年相应核准场地面积的房租减免；湖南大学教师创业企业入驻园区，可获得1年相应核准场地面积每平方米3元/月的房租补贴。

在科技园区，相继进驻湖南海捷精密工业有限公司、湖南大学微纳制造研究所、湖南奔腾动力科技有限公司、上海红沃信息技术有限公司、湖南华曙高科技有限责任公司、长沙邦胜电子科技有限公司、长沙麦融高科、湖大三佳车辆技术装备有限公司、湖大艾盛汽车技术开发有限公司等96家高科技企业。

长沙湘能科技企业孵化器有限公司：

该公司于2003年12月注册成立，是长沙高新区认定的科技企业孵化器之一。

长沙湘能科技企业孵化器有限公司拥有长沙高新开发区火炬城M3、M7组团两个基地，孵化场地37093.85平方米，其中30854.95平方米为中小微型科技企业创业、办公、研发、生产经营的孵化基地；6238.9平方米作为中小微型科技企业的配套服务用房。在湘能孵化器内，还投资建设公共培训室、公共服务平台等配套服务设施，为孵化企业提供全方位的综合服务。

湘能科技企业孵化器的投资主体是湖南湘能电力股份有限公司，充分发挥市场配置资源、行业优势的作用，通过运营机制的创新，因地制宜谋发展，为中小型科技企业的创业提供场地、资金、人才、技术和市场信息。公司利用自身的优势，充分与政府部门沟通，为中小型科技企业在创业期间获得许多优惠政策的扶持，摆脱初创期的许多困难，为中小型科技企业的成长创造一个良好的环境。

湘能孵化器是以促进科技成果转化、培养高新技术企业和企业家为宗旨的科技创业服务机构。湘能孵化器下设孵化平台建设部、企业平台服务部、财务经营投资部、园区管理综合部、办公室、电力仓库管理部等六个部门。从2003年12月成立开始，就按照企业规范化、标准化、科学化、市场化的要求，以适应市场竞争为导向，全面引进现代企业管理机制，使湘能孵化器内部完全制度化管理。

经过多年的发展，湘能孵化器取得一定成绩，多次被长沙高新区评为先进科技企业孵化器。截至2012年底，湘能孵化器孵化企业达87家，涵盖智能电气、电子信息、生物制药、新材料、新能源、先进制造业等高新技术行业。

麓谷生物医药园（曾氏麓谷生物医药园）：

湖南省曾氏企业有限公司成立于1997年2月，麓谷生物医药园是曾氏集团旗下公司湖南曾氏企业有限公司开发的综合性的园区，被列为长沙高新技术产业开发区统一规划的六个孵化器之一，是高新区的重点建设项目。

园区位于长沙高新技术产业开发区麓谷基地，是集生物医药及相关产业的研发、生产、销售、物流及配套服务设施为一体的大型园区，专门针对湖南小微生物医药、医疗器械、电子信息企业进行孵化。园区充分利用长沙高新区的一系列优惠扶持政策，与长沙高新区和长沙市食品药品监督局三方合作，开发生产厂房、科研楼、检测站和写字楼等一体化的多功能设施，为创业者提供平台，吸引小微企业落户发展。

园区项目分两期建设。一期项目位于长沙市麓谷高新区东方红中路586号，占地50亩，建设面积40987.15平方米，包括1号科研实验楼、2号办公楼和服务配套楼、3号办公楼和全钢结构厂房，园区配套包括宿舍楼、食堂和会议室等，内部水电、消防设施完善，装修及弱电工程安装完成，企业可拎包入驻。

园区用于孵化器的面积达37931.63平米，在孵面积35899.95平方米，可租赁面积已超过70%，并具有超过总面积5%以上的共享区间和公共服务配套设施（冷库、食堂、会议室等）。园区是省、市药监局定点的生物医药中小企业集群园区，入驻企业以生物医药类为主，占园区租赁面积的65%以上。为提高对生物医药企业的关怀和服务，园区专为医疗企业打造一个医学专项平台——规划并建立一个3000多平方米的冷库场地，各企业可以利用这个平台用于存放低温产品和医学研究。

橡树园科技企业孵化器：

长沙高新区橡树园企业创业服务有限公司（简称橡树园科技企业孵化器）成立于2001年，注册资本580万元，是经长沙高新区批准成立的麓谷产业基地内首家民营中小科技企业创业基地。孵化器位于长沙高新区麓谷新城麓天路8号，占地面积46亩，总建筑面积42000平方米，拥有公共餐厅、停车场、信息交流平台、服务公共平台等配套设施，服务功能齐全，环境优美。

园区以培育创新人才和创新企业为核心，不断完善创新服务体系，逐步形成以提供物业服务、综合服务、培训融资服务、公共技术服务为一体的孵化服务体系，促进科技型中小企业健康快速成长，推动区域经济发展。橡树园创业基地通过根据工作性质设立办公室、企业服务中心、物业部、平台建设部、财务中心等部门，全方位为中小企业提供优质高效、专业快捷的服务内容。

公司于2007年被长沙市人民政府授予“长沙市小企业创业基地”，2011年被湖南省经信委授予“湖南省核心服务机构”，2012年3月被湖南省科技厅认定为“省级科技企业孵化器”，2012年5月被长沙市科技局认定为“长沙市科技企业孵化器，2012年被湖南省工信委认定为省级中小企业创业基地。

第二节 加速器

一、基本情况

加速器是科技成果经孵化器孵化后进入的第二个阶段，其作用就是让科技成果尽快的转化，提前走向市场。在一般的情况下，大多数的产业园为让从孵化器孵化出的成果尽快走向市场，也兼有加速器的作用。

2012年，长沙高新区内承担加速器的园区有麓谷企业广场、中电软件园、芯城科技园、海凭国际（湖南）医疗器械产业园、麓谷国际工业园、同心国际工业园、新长海麓谷中心、湖南大学科技园、兴工国际产业园和五矿麓谷科技产业园等产业园。这些产业园工业地产总规划占地面积146.67公顷，总规划建筑面积300万余平方米；

2012年12月，引入企业300余家，成为高新区生产型、科技型、科技服务业企业的聚集地，成为长沙高新区产业延伸载体与创新载体。

二、主要加速器

湖南长海科技创业服务有限公司：

湖南长海科技创业服务有限公司（以下简称“长海创业服务”）注册资金500万元，隶属于新长海发展集团，主要负责“长海创业基地”下属“软件和信息服务产业园”和“服务外包产业园”两个子园区的运营，先后获评为长沙市科技局认定的市级科技企业孵化器、湖南省科技厅认定的省级科技企业孵化器、湖南省中小微企业创业示范基地、湖南省非公有制经济服务先进单位等。

长海创业服务通过多年运营，摸索出自有特色的发展模式：依托大树，共建技术平台；孵化小树，打造产业森林；挖掘投资机遇、实现运营复制。即依托在行业内知名企业，达成战略合作，建立专业技术平台；借用其生产线、市场渠道、品牌优势等，推动在孵企业成长，打造行业集群；以多种投资方式，扶持在孵企业快速发展，获得投资收益并实现向多行业推广。

湖南麓谷科技孵化器有限公司：

湖南麓谷科技孵化器有限公司是金荣（中国）控股下属全资子公司，其前身是湖南新金荣科技孵化器有限公司，成立于2002年，注册资本6289万元，是国内最早的一批民营科技企业孵化器，2011年被科技部火炬中心认定为国家级科技企业孵化器，也是省内首家民营国家级科技企业孵化器和国家级中小企业公共服务示范平台。

2001年12月，长沙高新技术产业开发区火炬城M2组团公开拍卖，湖南金荣企业集团以2100万元整体收购M2组团24000平方米房产；2002年5月，湖南新金荣科技孵化器有限公司在长沙高新区火炬城注册成立；2003年11月，长沙高新区又进行火炬城M1组团1、2栋房产拍卖，金荣企业集团又竞拍交通银行长沙分行M1组团两栋房产18180平方米，金荣科技园重新开园。2004年11月，集团与长沙高新技术产业总公司签订《麓谷国际工业园280亩的供地协议》，启动麓谷国际工业园项目。麓谷国际工业园项目总占地300亩，总建筑面积约34万平方米，总投资10亿元人民币，2006年后，湖南新金荣科技孵化器有限公司更名为湖南麓谷科技孵化器有限公司，主营科技孵化和园区开发，园内还建有麓谷国际留学人员创业园、虚拟科技研发中心、博士后科研工作站、大学科研开发中心、网上技术市场等创业技术平台。截止到2012年末，麓谷国际工业园入园企已达200余家。

麓谷企业广场：

2010年10月，麓谷企业广场由长沙高新控股集团子公司长沙麓谷实业投资有限公司投资兴建，占地24.66公顷，总建筑面积53.4万平方米，总投资达13亿元，麓谷企业广场包含创业大楼、孵化器、加速器、配套区四大组团，工程分两期建设，一期工程建筑面积27万平方米，为加速器11栋、孵化器4栋、创业大楼1栋。二期工程建成后，可容纳企业800家，达产后可形成产值150亿元规模。2012年，麓谷企业广场被列入湖南省长株潭"两型社会"综合配套改革试验重点工程。

兴工国际产业园：

兴工国际产业园位于长沙高新区麓谷核心地带，以创业、研发、生产、办公、服务等综合性功能于一体，包含企业总部、研发中心、孵化基地、科技生产、咨询服务等，将千亿产业链综合一体，打造成湖南省示范性综合型生态产业园。该园占地26.93公顷，总建筑面积60余万平方米，是高新区规模较大的综合生态园之一。园区依山依水，保持6.5万平方米原生态山体公园，是长沙高新区麓谷优质生态型产业园。

第三节 产业园

一、基本情况

至2012年，长沙高新区共规划和建设先进制造产业园、节能环保与新能源产业园、电子信息产业园、新材料产业园、生物医药产业园和现代服务业园等专业园区。

先进制造产业园中骨干企业有中联重科、中冶长天、金杯电工、湘电长泵等，产业园用3～5年时间，形成1个千亿产业、2个百亿产业构成的国际一流的先进装备制造产业集群；

节能环保与新能源产业园中骨干企业有远大住工、中联环境、湖南杉杉、红太阳光电等，产业园用5～7年时间，实现节能环保产业集群收入突破千亿元；

电子信息产业园中骨干企业有宇顺显示、长城信息、中兴通讯、中移电子商务等，完善长沙软件园、中电软件园、麓谷信息港等产业载体；

新材料产业园中骨干企业有杉杉新材、博云新材、华曙高科等，产业园用5年左右时间，形成多个百亿产业；

生物医药产业园中骨干企业有九芝堂、方盛制药、三诺生物、华润医药等，用 5 年左右时间，形成医疗用药、医疗器械、医疗物流三大百亿产业；

现代服务业园中骨干企业有方正证券、湘江产业投资等，大力发展金融服务、工程设计、科技中介、商贸服务、现代物流、总部经济等生产性服务业和相关的生活配套服务业。

二、主要产业园

长沙中电软件园：

2011 年 9 月 21 日，长沙中电软件园正式开园

长沙中电软件园是中国电子与湖南省、长沙市携手共建的国家级软件产业基地。中电软件园位于长沙湘江新区内的麓谷高新区，坐落于核心地带，背靠长沙尖山湖公园。湘江新区享有“两型社会”先行先试的政策支持，优先获得国家、省、市政策、资金、项目、土地支持的权利。高新区是“大河西先导区”确定的先行开发骨干园区。长沙中电软件园享受双重的政治优势，凝聚着中国软件研发不可估量的创造之力。

长沙中电软件园有限公司是国内从事科技型产业园区综合开发、管理和运营的专业服务商，是中国电子与湖南省、长沙市共同建设长沙国家软件产业基地的载体，承担着长沙中电软件园的规划建设、经营管理和产业发展的重要任务。长沙中电软件园规划面积 1500 亩，建筑面积 150 万平方米。计划六年内投资逾 30 亿元。其中，2011 年前完成一期建设 320 亩，完成投资 10 亿元以上，一期建设内容主要包括总部大楼、培训孵化楼、创业公寓、研发科技楼、专家公寓等，其中总部大楼及配套设施建筑面积近 6 万平方米；2013 年前完成 2 期建设 400 亩，完成投资 12 亿元以上；2015 年前完成剩余用地建设，累计投资达 30 亿元以上。

公司通过资金投入和招商引资等多种方式，在 6 年内共建基地范围内注册经营的软件和电子信息类企业达到 1000 家左右，从业人员 3 万人以上，基地企业产值达 300 亿元以上，上缴税收 10 亿元以上。2012 年前引入企业 200 家以上，基地产值达 30 亿元，上缴税收 1 亿元以上。

长沙信息产业园（长沙软件园）：

长沙信息产业园成立于2006年7月，是省级电子信息产业园，是国家火炬计划首批“四大软件园”之一、中部地区唯一的国家软件产业基地。2007年1月19日下午，岳麓区与中南大学举行区校合作签字仪式。何继善院士代表14位院士发出倡议，共建望城坡经济开发区，建设院士专家创业基地。2008年5月14日，市委第十一届64次常委会议决定，长沙望城坡经济开发区并入长沙高新区。2008年7月，长沙望城坡经济开发区规划面积由6.55平方公里扩大到9.64平方公里，并更名为长沙信息产业园。2008年11月5日，湖南省人民政府湘政函〔2008〕217号文件批复，长沙信息产业园和长沙光伏产业基地为省级电子信息产业园。2008年11月6日，2008中国（长沙）科技成果转化交易会在长沙高新区开幕。会上，省委书记张春贤为长沙信息产业园授牌，省委副书记、省长周强为长沙光伏产业基地授牌。2009年7月9日上午，入园企业—长沙中电软件园举行奠基仪式，2009年8月7日，高新区党工委书记谭杭生、管委会主任罗社辉率高新区领导来园区召开现场办公会，研究解决信息产业园建设发展有关问题。2009年9月30日，省委常委、市委书记陈润儿率领市级领导现场考察园区道路建设。2011年7月21日，中电软件园竣工，举行开园仪式。2011年底，青山西路、东方红北路、旺龙路南路全线通车，园区路网框架基本完成。2012年11月18日，创业基地开工建设。2012年12月12日，长沙高新区辰泰科技园隆重奠基。

园区是国家火炬计划软件产业基地、国家软件产业基地、国家数字媒体技术产业化基地、国家动漫游戏产业振兴基地等国家级挂牌单位，是国家发改委、科技部、工信部、人社部、商务部等国家部委重点支持发展的专业园区，是湖南移动互联网产业集聚区，园区已成为国内重要的信息产业基地和湖南软件技术应用创新、移动互联网产业发展的重要平台。园区集软件与信息服务、文化创意、电子信息制造、通信与互联网等各类企业1500多家，大型骨干企业30多家。园区坚持产城融合，重点建设尖山湖生态景观核心区，以孵化器、服务平台等为载体，总部经济、商业金融初具规模，建设成为一个创新活跃、产业高端、功能完善、生态优美的科技产业新城。

隆平高科技园：

1997年，原国家科委批准成立的马坡岭农业高科技园。园区东起长沙县，南临浏阳河，西至京珠高速公路，北接长沙经济技术开发区，规划面积18平方公里。距长沙火车站5公里，距黄花国际机场10公里，距长沙新港15公里，京珠高速和 107、319 国道等纵横园区，交通便捷，区位优势明显；园区有湖南农业大学、湖南省农业科学院等科研院所 30 多家，科研人才、成果集中。

园区以世界级顶尖科学家、“杂交水稻之父”袁隆平院士的名字命名，拥有得天独厚的品牌优势。隆平高科技园自 2000 年 10 月 25 日命名以来，经过 12 年发展，初步形成新材料、电子信息、现代农业、生物技术四大支柱产业，呈现出特色化、多元化的发展趋势。入园企业 231 家，规模以上工业企业 74 家，上市公司 4 家，国家、省级农业产业化龙头企业 9 家，另外还有 11 个中国驰名商标汇聚“隆平”麾下。园区科研资源、人才资源十分丰富，聚集国家杂交水稻工程技术研究中心、中国科学院亚热带农业生态研究所、湖南农业大学、湖南农业科学院、湖南生物机电学院等 30 多家科研院所，是中国农业领域科研能力最强，科技成果最集中的基地之一。园区还是中国科学院青年创新研究与实践基地、湖南科研成果转化中心和湖南留学人员创业基地。作为国家级高新技术产业开发区，入园企业除享受国家级高新技术产业开发区的一切优惠政策，还可享受地方政府芙蓉区促进经济发展的各类优惠政策，另外园区还可采用“一企一策”的方式，根据具体情况制定适合企业发展的特别优惠政策。园区引进国科广电、隆平高科、香港时代国际、经阁集团、景达生物、美国嘉吉等大批优质项目，

2005—2007 年，园区连续三年被评为长沙市工业园区目标管理综合考评一等奖。2006 年，被国家发改委认定为长沙国家级生物产业基地。2007 年，园区实现技工贸总收入 102 亿元，2008 年，技工贸总收入达 130 亿元，工业总产值将突破 100 亿元。连续四年园区的技工贸总收入、工业总产值、利税总额保持 50% 以上的平均增速。

三、产业基地

到 2012 年，长沙高新区已经建成 21 个国家级产业基地。

表 6–9　　长沙高新区各类国家级基地

（2000—2012 年）

序号	认定单位	国家产业基地名称
1	科技部	2000 年 先进制造技术产业基地（含传感技术产业基地）
2	科技部	2000 年 国家火炬计划软件产业基地
3	国家发改委与工信部	2001 年 国家软件产业基地
4	科技部	2001 年 国家高技术研究发展计划成果产业化基地

续表 6-9

序号	认定单位	国家产业基地名称
5	国家外国专家局	2002 年 国家软件人才国际培训（长沙）基地
6	商务部	2003 年 国家高新技术产品出口基地
7	科技部	2005 年 国家数字媒体技术产业化基地
8	文化部	2006 年 国家动漫游戏产业振兴基地
9	商务部、科技部	2006 年 国家科技兴贸出口创新基地
10	住房和城乡建设部	2007 年 国家住宅产业化示范基地
11	国家发改委	2008 年 国家高技术产业基地
12	科技部	2009 年 新材料成果转化及产业化基地（含先进电池材料及电池产业基地）
13	科技部	2009 年　国家创新型科技园区试点园区
14	科技部、工信部	2009 年 中国软件和服务外包示范园区
15	商务部、工信部、科技部	2009 年　中国服务外包基地城市示范区
16	商务部、工信部、科技部	2009 年　国家服务外包示范基地
17	科技部、“一行三会”	2011 年 国家促进科技和金融结合试点园区
18	中组部	2011 年 国家海外高层次人才创新创业基地
19	商务部	2012 年 国家电子商务示范基地
20	科技部、中宣部、文化部、广电总局、新闻出版总署	2012 年 国家级文化和科技融合示范基地
21	科技部	2012 年 国家科技服务体系建设试点园区

第四节　研究中心

到 2012 年，长沙高新区已经拥有 26 个国家级研究中心。

表 6-10　　　　**长沙高新区国家级研究中心**

序号	平台名称			依托单位	领域	核心项目
1	国家级重点实验室（6 个）	1	汽车车身先进设计制造国家重点实验室	湖南大学、三佳汽车、三佳模具	先进制造	汽车造型与空气动力学
		2	粉末冶金国家重点实验室	中南大学、博云新材、博云东方	新材料	新型航空摩擦材料的研制
		3	建设机械关键技术国家重点实验室	长沙中联重工科技发展股份有限公司	先进制造	建设机械大型金属结构件优化研究
		4	深海矿产资源开发利用技术国家重点实验室	长沙矿冶研究院	新材料	深海矿产资源开发利用技术

续表 6-10

序号	平台名称			依托单位	领域	核心项目
2		5	农业部植物营养与生物肥料重点实验室	湖南泰谷生物科技股份有限公司	生物医药	植物营养与肥料学科的基础研究
		6	高分子复杂结构增材制造国家工程实验室	湖南华曙高科技有限责任公司	新材料	3D 打印选择性激光烧结
2	国家级工程技术研究中心（5个）	1	国家高效磨削工程技术研究中心	湖南大学、湖大海捷	先进制造	高速、超高速磨削工艺及装备
		2	国家杂交水稻工程技术研究中心	湖南杂交水稻研究中心	生物医药	杂交水稻育种
		3	国家混凝土机械工程技术研究中心	长沙中联重工科技发展股份有限公司	先进制造	混凝土机械
		4	国家烧结球团装备系统工程技术研究中心	中冶长天国际工程有限责任公司	先进制造	现代烧结球团行业生产装备技术
		5	国家碳 / 碳复合材料工程技术研究中心	湖南博云新材料股份有限公司	新材料	炭 / 炭复合材料
3	国家级工程研究中心（3个）	1	人类干细胞国家工程研究中心	中南大学、湖南海利惠霖生命科技有限公司、湖南光琇高新生命科技有限公司	生物医药	干细胞新技术、新产品和新材料
		2	粉末冶金国家工程研究中心	中南大学、博新材、博云东方	新材料	飞机刹车材料、汽车刹车材料
		3	先进储能材料国家工程研究中心	湖南科力远新能源股份有限公司	新能源	先进储能材料及应用器件工程化技术研究与开发
4	国家级工程实验室（2个）	1	免疫诊断试剂国家工程实验室	湖南景达生物工程有限公司、军事科学医学院基础医学研究所、中南大学肿瘤研究所、湖南远泰生物技术有限公司	生物医药	免疫诊断试剂核心原材料
		2	水稻国家工程实验室（长沙）	袁隆平农业高科技股份有限公司	生物医药	超高产、优质、广适水稻新品种（组合）培育
5	国家级企业技术中心（5个）	1	长沙中联重工科技发展股份有限公司技术中心	长沙中联重工科技发展股份有限公司	先进制造	工程机械关键结构件高水平设计及制造
		2	远大空调有限公司技术中心	远大空调有限公司	节能环保	非电中央空调主机与制造
		3	三一重工股份有限公司技术中心	三一重工股份有限公司	先进制造	机械的研发及制造
		4	袁隆平农业高科技股份有限公司技术中心	袁隆平农业高科技股份有限公司	生物医药	杂交水稻种子、种苗的培育

续表 6-10

序号	平台名称			依托单位	领域	核心项目
		5	长城信息产业股份有限公司技术中心（分中心）	长城信息产业股份有限公司	电子信息	国家发改委 2013 年新批
6	国家地方联合工程研究中心（3）	1	智能化综合能效管理技术研究中心	长沙威胜能源产业技术有限公司	电子信息	能源系统管理优化与控制技术
		2	高可信操作系统研究中心	湖南麒麟信息工程技术有限公司	电子信息	麒麟国产安全操作系统工程化
		3	流动式起重机技术工程研究中心	中联重科股份有限公司	先进制造	流动式起重机
7	国家地方联合工程实验室（1）	1	复杂环境光纤信息技术研究中心	长沙湘计海盾科技有限公司	电子信息	光纤传感信息系统

第七章 科技成果

第一节 重大创新成果

一、概况

长沙高新区内企业，先后承担国家“863”“973”计划等国家级项目500多项，开发高新技术项目近1万项，企业累计授权专利1万多件，每万人拥有发明专利居全国高新区前列。一批企业在关键核心技术领域取得重大突破，累计获得国家级科技进步奖和技术发明奖40项，其中，两系法杂交水稻技术研究与应用获特等奖，博云新材的高性能炭炭航空制动材料制备技术、中联重科的超高压泵送混凝土成套设备及施工技术等4个项目获得一等奖。全球运算速度最快的“天河二号”亿亿次超级计算机、首台碳纤维臂架泵车、输送高度最高的混凝土泵车、中国第一台高端选择性激光烧结3D打印机、第一台磁悬浮列车、第一个智能机器人、第一个大卷重钛带、第一条镍氢汽车动力电池全自动生产线、第一个“试管婴儿”和第一例“克隆神经疾病基因”等科技创新成果都源自长沙高新区。

二、重大成果

中国第一高产超级杂交水稻：

1996提出，“杂交水稻之父”袁隆平主持培育计划。2000年，超级杂交水稻品种达到第一阶段单次水稻产量标准即每公顷产量超过10.5吨；2004年，超级杂交水稻达到第二期产量指标；2012年9月24日，湖南省农业厅组织的专家验收组宣布超级杂交稻第三期大面积亩产900公斤攻关的圆满实现。湖南杂交水稻研究中心的袁隆平、石明松、邓华凤、卢兴桂、邹江石等研究人员开始“两系法杂交水稻技术”项目研究。两系法杂交稻具有育性受核基因控制，没有恢保关系，配组自由；种子繁育程序简单，成本低；稻种资源利用率高，选育出优良组合机率高等优点。该项目经过20多年的攻关，建立光温敏不育系的两系法杂种优势有效利用的新途径，解决三系法杂交稻的土要限制因素，使水稻杂种优势利用进入一个新阶段，在7个方面取得创新与突破。建立完善的杂交水稻育种体系，提出育种方法从三系法→两系法→一系法，优势水平从品种间→亚种间→远缘杂种优势利用的杂交水稻育种战略；阐明育性转换与光温变化的关系；探明不育系温敏感时期和敏感部位的不育系光温作用机制。提出不育起点温度低于23.5℃的实用光温敏不育系关键技术指标选育理论，研创不育起点温度低于23.5℃的实用光温敏不育系选育与鉴定技术。建立形态改良、亚种间杂种优势及远缘有利基因利用相结合的两系法超级杂交稻育种技术路线。运用该育种技术，分别于2000、2004、2012年先后实现中国超级稻育种计划亩产700公斤、800公斤、900公斤的三期育种目标，实现超级杂交稻超高产、米质优、抗性强的有机结合。建立两系杂交稻制种气象分析决策系统和高产制种技术体系，制订制种技术规范，制种平均亩产可达210.6公斤，比三系法增产16.5%。研创低纬度海南冬繁、常温加冷水灌溉夏秋两季繁殖、高海拔自然低温夏繁等3套两系不育系高产稳产繁殖技术体系，繁殖平均亩产可达386.5公斤，比三系法增产153.4%，成本减少50%，解决不育系繁殖困难的难题。阐明光温敏不育起点温度遗传漂变的机理，创新光温敏不育系核心种子和原种生产程序，有效防止不育系育性起点温度的漂变，保证制种的安全性。突破两系杂交粳稻育种与种子生产技术瓶颈，促进杂交粳稻的发展。两系法杂交水稻推广区域遍布全国16个省，有20个两系杂交稻被农业部确认为超级稻主推品种。2005—2012年，两系法杂交稻连续8年蝉联杂交稻品种年推广面积第一，近3年，全国推广面积前3名的杂交稻均为两系杂交稻。安徽、湖南等省的两系法杂交稻种植面积超过三系法。截至2012年，该项目组培育的两系法杂交稻已累计种植4.99亿亩，总产2358.2亿公斤，增产稻谷110.99亿公斤；总产值5777.59亿元，增收271.93亿元，为保障国家粮食安全提供新的科技途径。两系法杂交水稻是国际首创的拥有自主知识产权的科技成果，为农作物遗传改良提供新的理论和技术方法，确保中国杂交水稻研究与应用的世界领先地位。借鉴两系法杂交稻的理论和经验，两系油菜、高粱、小麦相继研究成功，为难以实现三系法杂种优势利用的作物提供新方法。通过技术转让与合作，两系法杂交水稻技术已在美国推广应用，并较当地主栽品种增产20%以上。两系法杂交水稻为中国种业开拓国际市场，参与国际种业科技竞争提供核心技术支撑。

中国第一台输送高度最高的混凝土泵车：

2009年，首届全国机械工业科技大会在北京召开，由中国机械工业联合会、中国工程机械学会联合评选的机械工业科技进步奖获奖项目在大会现场揭晓，中联重科“超高压泵送商品混凝土成套设备及施工技术”项目荣获中国机械工业科学进步一等奖。高强高性能商品混凝土超高层泵送是一个世界性施工难题，中联重科研制的“超高压泵送商品混凝土成套设备及施工技术”项目的成功完成，填补世界超高强商品混凝土C100的泵送施工空白，在广州西塔项目中创造泵送高度至411米的世界纪录，使中国的高强高性能商品混凝土泵送关键技术居国际领先水平。该项目也研制出综合技术指标世界第一的首台大功率超高压泵送设备，为中国300～800米超高层建筑C50–C100高强高性能商品混凝土的泵送提供成套设备及施工经验。该项目的研究成功，解决中国高铁、核电、跨海大桥等国家重点工程的高强高性能商品混凝土施工应用难题，对促进商品泵送机械行业的技术进步、加快绿色环保高强高性能商品混凝土的推广应用、提升中国建筑施工技术的核心竞争力将产生十分显著的作用。

“天河二号”亿亿次超级计算机：

长沙高新区国防科大银河计算机产业公司参与研制超级计算机系统“天河二号”，“天河二号”由280人历时两年多研制完成，耗资约1亿美元，其以峰值计算速度每秒5.49亿亿次、持续计算速度每秒3.39亿亿次的双精度浮点运算的优异性能位居榜首，成为全球最快超级计算机。从2010年11月14日天河一号排名世界第一到2013年6月17日天河二号再登世界超算之巅，从天河一号4.7千万亿次到天河二号5.49亿亿次，从超级计算机由千万亿次级(1015)

迈入亿亿次级 (1016) 计算速度，这是国防科技大学天河团队再次创造的“中国速度”。天河二号是当今世界上运算速度第二快的超级计算机，综合技术处于国际领先水平。它有五大特点：一是高性能，峰值速度和持续速度都创造新的世界纪录；二是低能耗，能效比为每瓦特 19 亿次，达到世界先进水平；三是应用广，主打科学工程计算，兼顾云计算；四是易使用，创新发展异构融合体系结构，提高软件兼容性和易编程性；五是性价比高。“天河二号”的系统存储总容量相当于 600 亿册每册 10 万字的图书。假设每人每秒钟进行一次运算，“天河二号”运算一小时，相当于 13 亿人同时用计算器算上 1000 年。天河二号已应用于生物医药、新材料、工程设计与仿真分析、天气预报、智慧城市、电子商务、云计算与大数据、数字媒体和动漫设计等多个领域，还将广泛应用于大科学、大工程、信息化等领域，为经济社会转型升级提供重要支撑。天河二号逐步在生命科学、材料科学、大气科学、地球物理、宇宙、经济学，以及大型基因组组装、基因测序、污染治理等一系列事关国计民生的大科学、大工程中“大显身手”。

中国第一台运营磁悬浮列车：

2012 年 1 月，由长沙高新区企业参与研制并提供磁浮电机等关键部件的中低速磁浮列车“追风者”在中国南车车株洲电力机车公司下线，在“运营仿真考核验证试验线”上行驶 1.3 万公里，其多项成果被鉴定为达到国际领先水平，中国也因此成为世界仅有的 4 个掌握中低速磁悬浮列车技术的国家。“追风者”中低速磁浮列车采用成熟轨道交通车辆研制技术，独创磁浮导向系统，特殊抱轨设计，在磁浮列车的下端，设计两个“钢铁胳膊”，将铁轨紧紧搂住，防止磁浮列车发生脱轨和侧翻。实现车辆整体轻量化设计。列车采用 3 节编组，每列最大载客量 450 人，经湖南省科技厅专家组鉴定，“追风者”中低速磁浮列车已经达到国际先进水平。

中国第一个供胚移植试管婴儿：

1986 年，卢光琇教授团队代表湖南医科大学，与北京医学院第三医院、北京协和医院共同开展国家“七五”攻关项目，并于 1988 年 6 月 7 日诞生中国首例供胚 (精子卵子并非来自其父母) 移植试管婴儿罗优群，这个男孩的出生仅比全国首例试管婴儿诞生晚三个月。

中国第一个智能协作机器人：

湖南瑞森可机器人科技有限公司在长沙国家高新技术产业开发区成立，注册资本1亿元，是一家专业从事协作机器人及智能设备相关工作，并提供机器人系统整体服务方案的大型高科技企业。在机器人产业迅猛发展的大浪潮下，长沙市政府、瑞森可机器人与全球知名的美国Rethink Robotics机器人公司签订战略合作协议，引进智能协作机器人Sawyer和Baxter，推动协作机器人在中国工业智能制造领域中的应用。

第一例克隆神经疾病基因：

1998年5月28日，中国医学遗传学国家重点实验室学术带头人夏家辉教授等在国际上独创一种克隆基因的新方法，并成功地克隆出以高频性听力下降为主要特征的神经性耳聋基因。11月30日，国际学术权威杂志Nature Genetics向全世界宣布这一消息，并刊发该项成果的研究论文。这是中国科学家在自己的实验室里获得的第一个人类疾病基因，实现在中国克隆遗传病基因零的突破。20世纪80年代初，夏家辉教授等人便开始关于基因定位的研究。1991年开始，在“人类基因组计划”的推动下和国家“863”项目、国家自然科学基金重点项目及美国SB公司——中国医学遗传学国家重点实验室合作项目的资助下，他们在人类基因克隆、基因治疗新载体等方面进行卓有成效的探索，在实验室建立进行疾病基因克隆的成套技术。1997年，利用“国际人类基因组项目”所积累的信息资料，在中国首次创建“基因家族——候选疾病基因克隆”的计算机克隆方法，利用这个新方法先后克隆M6ba等7个与遗传病相关的基因全长，并在国际基因库登记、编号。1998年5月28日，他们成功克隆位于1号染色体短臂上的一个决定人类神经性高频性耳聋的致病基因。耳聋是人群中发病率最高的疾病之一。整个人类耳聋基因有40多个，现已被克隆的只有5个。中国医学遗传学国家重点实验室在国际上首次克隆的以高频性听力下降为主要特征的神经性耳聋基因，已申办这个基因的国际专利保护。这一基因的克隆具有巨大的科研价值和开发前景，为在临床上开展产前诊断，防止神经性耳聋向下一代纵向传递，开发基因药物，进行基因治疗打下坚实的基础。

第二节　重要成果转化

长沙高新区实施创新“产学研政”合作机制，促进科技成果高效转化，组织引导区内企业与70多个大学及院所建立合作关系，全国60多所高校在园区设立技术转移中心。

园区 80% 以上的原始科研成果，80% 的创业人员、90% 的科技骨干来自高等院校和科研院所。长沙高新区探索并形成科技成果经自主转化、联合转化和出让转化“三种模式”，有效实现科技成果的产业化。长沙高新区每年推荐近千项各类科技计划项目，平均获立项支持 2.5 亿元。

一、技术市场

长沙市的科技交易所为长沙创新科技成果唯一专业交易机构。2001 年 10 月 30 日长沙市技术产权交易所正式开业，网上交易所（www.cstpe.com）同时开通。同时，长沙市以政府令的形式强调：长沙地区所有技术产权交易必须统一到交易所内进行或登记，严禁场外交易。长沙技术产权交易所由长沙技术评估论证中心、长沙市产权交易中心、长沙高新技术产业开发总公司等 8 家单位共同发起设立，其中长沙高新技术产业开发总公司出资 28.8 万元，占股比例 18%。交易所采取有限责任公司的组织形式，是湖南省首家以公司制运作的技术产权交易经纪机构，主要为技术拥有方和需求方对接提供信息化平台，着力培育长沙综合性产权市场体系，营造高新技术产业发展多元化投融资体系。湖南西玛西科技有限公司与该交易所签署首个合作项目，将其“控释专用肥”项目以 6000 万元、约占总股本 45% 的参股权委托交易所寻找合作伙伴。

二、中国（长沙）科技成果转化交易会

中国（长沙）科技成果转化交易会为长沙市创新科技成果的重要交易方式。2007—2012 年，长沙高新区连续 6 年成功举办中国（长沙）科技成果转化交易会，平均每届签约项目 300 多个，签约金额近 200 亿元，吸引参会企业 3000 多家。清华大学、浙江大学等全国 60 多所“985”“211”高校在园区设立技术转移中心，组建电力智能设备、生物医药、集成电路设计等 20 多个产业技术联盟。每年推荐近千项各类科技计划项目，平均获立项支持 2.5 亿元。

各重大科技专项的实施，使承担单位产品的科技含量和市场竞争力明显提升，对相关产业的结构调整、优化产生有明显推动作用。中联重科“履带吊建设项目”实施投产后，实现销售收入 13 亿元，上缴税收 6595 万元；力合科技“智能化水质在线监测仪器及系统产业化项目”解决水质有机物在线监测样品前处理与分析技术等技术难题，对全国加强水污染控制、维护正常生产生活秩序起到重大作用。

第一届中国（长沙）科技成果转化交易会：

2007 年 12 月 6 日，由教育部、科技部和湖南省人民政府主办，中国科学院支持，省科技厅、教育厅和长沙市政府承办的第一届中国（长沙）科技成果转化交易会在长沙国家高新技术产业开发区会展中心举行。此次科交会以“产学研金一体化，科技创新在长沙”为主题，中科院院地合作委员会副主任竺玄，国防科技大学副校长庄钊文，黄伯云、闻立时、刘筠、钟志华、周宏灏等院士，省领导唐之享、谢佑卿、陈润尔、郭开朗、阳宝华等出席开幕式。

第一届科交会上，中南大学、湖南大学等13家单位被授予“长沙产学研合作奖”；山河智能、中联重科等8家企业被授予“长沙科技成果转化奖”；三一集团易小刚获得“第二届长沙市科学技术创新贡献奖”，奖金100万元。为新组建的“长沙信息技术工程中心”等6个工程中心授牌。“中国长沙汽车及零部件产业技术联盟”“中国长沙数字媒体产业技术联盟”“中国长沙先进电池材料及电池产业技术联盟”“中国长沙空心楼盖产业技术联盟”“中国长沙农产品精深加工产业技术联盟”“中国长沙花炮产业技术联盟”6家新组建的产业技术联盟的盟友代表一一签约。中南大学科技园发展有限公司组建项目、光伏产业园建设项目和科技成果转化基地项目签约，三项目签约金额71.35亿元。

开幕式后，与会领导前往中南大学博云新材科技产业园为其竣工剪彩，为湖南大学科技园一期工程奠基。博云新材科技产业园占地200亩，总投资3亿元。湖大科技园总规划用地14万平方米，一期工程总投资8.9亿元。交易会历时2天，7日下午在长沙落下帷幕。

科交会有科技成果转化项目对接、项目签约等九大主体活动。来自清华大学、北京大学、中科院等80多所国内高校和科研院所的专家教授，1300家科技企业和上市公司、科技中介机构、投融资公司以及省内外知名科技园区等参加交易会，参会代表近5000名，有40000人次参观科技成果展示展览。参会项目近2000项，其中科技成果项目1461个，技术需求项目316个。大会期间组织科技成果对接洽谈专场7场，经验交流会1场，现场解决和协议解决技术难题200项。签订各类科技合作项目139个，签约金额302亿元（其中美金3亿元）。科交会上长沙市委、市政府出台《关于进一步促进产学研合作，加快科技成果产业化的暂行规定》，长沙市代市长张剑飞代表组委会宣布：中国（长沙）科技成果转化交易会将永久落户长沙高新区，定期举办。

第二届中国（长沙）科技成果转化交易会：

2008年11月6日，第二届中国（长沙）科技成果转化交易会在长沙国家高新技术产业开发区会展中心举行。会上，湖南省省委书记张春贤为“长沙信息产业园”授牌，省长周强为“长沙光伏产业基地”授牌。

第二届科交会仍坚持以“产学研金一体化，科技创业在长沙”为主题，实现综合性与专业性、区域性与国际性、活动性与产业性、特色性与品牌性相结合，除举办开幕式和闭幕式以及大型文艺晚会外，共安排12大专场活动，分别是：具有自主知识产权的中高档轿车整车启程仪式、长沙高新区光伏产业示范基地奠基仪式、中国科学院科技成果长沙推介会、科技创新与“两型社会”建设——港·湘院士论坛、国际工业分包与合作交流峰会、中国（长沙）知识产权与资本对接会、2008跨国企业高层论坛——构建资源节约型与环境友好型社会（长沙）峰会、长沙先导产业股权投资基金新闻发布会及风险投资与融资论坛、循环经济产业发展论坛暨铜官循环经济工业基地推介会、湖南浏阳制造产业基地先进制造业创业中心推介会、长沙先导区金洲产业带投资说明暨项目签约和京津沪汉科技成果发布暨长沙2008科技成果转化项目认定证书颁发仪式。

本届科交会开幕式上，颁发产学研合作奖和科技成果转化奖，以及产业技术联盟、科技合作和重大产学研金合作项目签约。绿铱环保等7个项目被认定为2008年长沙市第一批科技成果转化项目，江麓容大等3个项目获得2008年长沙市产学研合作奖，中联重科获得2008年长沙科技成果转化奖。

第二届科交会共征集境内外高校和科研机构科技成果4055项，征集企业技术需求项目550项，融资需求项目315项。邀请100余家省内外高校和科研院所、1500家左右的高新技术企业、上市公司、科技中介机构和投融资机构5000余人参会，参观人次达60000人次以上。签约项目200多个，签约资金150余亿元。7日下午科交会闭幕。

第三届中国（长沙）科技成果转化交易会：

2009年10月18—19日，第三届中国（长沙）科技成果转化交易会在长沙国家高新技术产业开发区会展中心举行。共有6000余名各级领导、院士专家、海外学者、技术人员及高新技术企业、科技中介机构、投融资机构代表参加，1491项科技成果在大会展示、推介和对接，60000人次参观成果展。在18日上午的开幕式上，全国人大常委会副委员长周铁农宣布开幕。省长周强发表讲话。科技部副部长杜占元，省领导王四连、刘晓，国防科技大学副校长庄钊文，两院院士袁隆平、王佛松、黄伯云、李国杰、何祚庥、钟志华，以及教育部、中国科学院相关负责人等出席开幕式。省委常委、长沙市委书记陈润儿致辞，副省长韩永文主持开幕式。省科技厅党组书记、厅长王柯敏，党组成员、副厅长梁秋松，党组成员、省高新办主任黄新亮，副厅长张占军出席开幕式。领导和专家分别为“2009年长沙产学研合作奖”“2009年长沙科技成果转化奖”“2009年长沙市科学技术创新贡献奖”获奖单位和个人颁奖，宣读科技部《关于同意长沙高新技术产业开发区创新型园区建设方案的复函》，并为中国科学院湖南技术转移中心揭牌。长沙市人民政府分别与清华大学研究生院、天津大学、哈尔滨工业大学、武汉理工大学、香港应用科技研究院有限公司签订相关科技合作协议。上海交通大学国家技术转移中心、四川大学国家技术转移中心、南京理工大学技术转移中心分别与长沙市科技局签订共建长沙技术转移中心协议。中国（长沙）数控装备产业技术联盟、中国（长沙）中药产业技术联盟、长沙市现代农业特色产业科技示范基地创新联盟举行签约仪式。长沙国家生物产业基地管理委员会与台湾生技产业经贸协会合作的台湾生物技术产业园建设项目等5个重大项目成功签约，签约金额共17.22亿元。长沙高新区签约华瀚科技园、潇湘神光、力宇燃气动力科技园等12个重点项目，总金额达30多亿元，占此次科交会签约金额的三分之一。长沙高新区管委会与中国移动通信集团湖南有限公司签订的“移动电子商务应用创新基地”项目，签约金额达到7.6亿元，成为闭幕式上30个签约项目中签约金额最大的项目。在麓谷投资环境推介及项目对接会深圳企业专场会上，高新区企业与深圳企业进行项目对接，深度洽谈。10月19日上午，湘投金天集团签约仪式暨湘投金天钛金高性能钛板带项目开工典礼在麓谷工业园举行。国家科技部副部长杜占元、湖南省副省长陈肇雄、中国工程院院士李东英、长沙高新区管委会主任罗社辉以及湘投控股、湘投金天集团、华菱集团、中钢集团工程设计研究院有限公司、上海宝冶建设有限公司等有关单位的领导出席，长沙高新区管委会主任罗社辉主持开工典礼。第三届科交会共收集科技成果7701项，汇编3591项，展出1491项；收集技术需求490项，对外发布347项；收集投融资需求370项，对外发布211项。会议期间，组织20余场科技成果对接洽谈会、投资推介会和经验交流会，现场解决和协议解决110多项技术难题，签订各类科技合作项目230个，签约金额达103.05亿元。

第四届中国（长沙）科技成果转化交易会：

2010年10月11—12日，第四届中国（长沙）科技成果转化交易会在长沙国家高新技术产业开发区举行。全国人大常委会副委员长蒋树声宣布交易会开

2010 年科交会，重大项目签约暨闭幕式

2010 科交会场内场外展馆

幕。省长徐守盛，科技部副部长杜占元，省委常委、长沙市委书记陈润儿，中国科学院秘书长邓麦村，国家教育部科技司司长谢焕忠触摸电子球启动展馆。开幕式由郭开朗副省长主持。徐守盛、杜占元讲话，陈润儿致辞。第四届科交会继续以"产学研金一体化，科技创业在长沙"为主题，开幕式上，长沙市和4所“985”高校签订合作协议，6个重点项目签约。第四届科交会开展一系列产业与技术、资本、人才的对接活动。大会还组织安排2010中国汽车车身技术国际研讨会、比亚迪节能与新能源汽车新车鉴赏会、长沙高新区麓谷创业广场开工典礼、同济大学环保技术成果长沙发布会等紧贴长沙战略性新兴产业发展的主体活动。特别是“海外高端人才创新创业论坛暨引进国际先进适用技术和高端人才洽谈会”专场，通过宣讲长沙人才引进政策，承诺给每个高端人才用人单位100万元的专项资金，吸引更多的海外高端人才来长创新创业。本届科交会共收集和汇编科技成果7313项，展出1827项；收集技术需求541项，对外发布278项；收集投融资需求260项，对外发布219项。签订各类科技合作项目260项，签约金额达252亿元。会议还组织10余场科技成果对接洽谈会、投资推介会和经验交流会，现场解决和协议解决160余项技术难题，进一步拓展产学研一体化的合作机制。

第五届中国（长沙）科技成果转化交易会：

2011年11月6日上午，第五届中国（长沙）科技成果转化交易会在长沙高新区麓谷会展中心开幕。全国人大常委会副委员长路甬祥宣布开幕。开幕式后，路甬祥为长沙市干部及科技人员做题为“由制造大国向创造强国的历史跨越”的专场报告。省长徐守盛和科技部副部长曹健林分别讲话。省委常委、长沙市委书记陈润儿致辞。省委常委、副省长郭开朗主持开幕式。国防科技大学副校长庄钊文，省领导肖雅瑜、武吉海，广西壮族自治区副主席陈章良，中科院副秘书长谭铁牛等出席开幕式。长沙市市长张剑飞为中南大学教授卢光琇颁发第五届长沙市科学技术创新贡献奖，奖金100万元；长沙长泰机械股份有限公司与德国比诺公司合作的高速精密平板切纸机研发项目等6个重大产学研合作项目亦在开幕式上签约。第五届科交会继续以“产学研金一体化、科技创业在长沙”为主题，凸显科交会国字号品牌，展示内容更加丰富。展出总面积超过10000平方米，分室内、室外2个部分。室外以大型实物展为主，展出17个单位的50多件先进制造装备；室内展出面积近8000平方米，设立10大展区，有516个国内外单位参展，参展实物1000余件。在“十一五”国家重大科技成就长沙巡回展展区，探月车等170余件国家重点科技成果展现在长沙人民面前，其中天河一号、盾构机等6件展品出自长沙。第五届科交会开展先进制造技术领域科学家专场报告会、湖南朝阳电子科技文化节启动式等14个特色专场活动。来自市外61所高校的240多名教授、253名海外嘉宾以及世界500强企业的130多名高管和技术专家参加本届科交会，特别设立“‘千人计划’专家暨海外高端人才长沙科技创业行”专场，组织60多名入选国家“千人计划”的领军科技人才到会洽谈，鼓励和推动海内外高科技人才在长沙创新创业。开辟“科技与金融结合展示馆”，集中展示长沙在促进科技与金融结合方面的重要新举措，展出一批针对科技中小型企业的创新金融产品。专题举办“科技与金融结合对接活动”，重点向投融资机构展示适宜在长沙开展的金融、保险及服务业务。前期征集近300个产学研相结合的有融资需求项目，经过筛选、整理以及与投资机构的沟通，确定53个产学研结合项目进行重点沟通和交流。组织100多家投融资机构300多名代表通过实地考察、项目路演、点对点交流等多种方式与融资企业接洽。7个投融资项目达成合作协议，合作金额3.34亿元。第五届科交会共收集到全国79家单位的最新适用科技成果9181项，征集长沙企业技术需求576项，融资需求343项。通过前期对接，268个项目达成合作意向，251个项目在会期签约，签约金额达192.95亿元。11月7日下午，科交会闭幕。

第六届中国（长沙）科技成果转化交易会：

2012年10月28日上午，第六届中国（长沙）科技成果转化交易会在长沙高新区麓谷会展中心开幕。全国人大常委会副委员长华建敏宣布开幕，省长徐守盛发表讲话。科技部副部长曹健林，省委常委、长沙市委书记陈润儿分别致辞。省委常委、副省长陈肇雄主持开幕式。教育部副部长杜占元、中国科学院秘书长邓麦村、国防科技大学副校长庄钊文、省人大常委会副主任蒋作斌、省政协副主席谭仲池、中国科协副主席黄伯云、尼泊尔国家能源部副部长哈瑞·科依拉拉等出席开幕式。来自国内外的高校、科研院所、科技企业、投资机构的5000余位代表参会。第六届科交会展出总面积超过1万平方米，展出科技成果1340项，参展实物1000余件。科交会期间，还将同时举办国家科学技术获奖项目新技术展和“科学发展 成就辉煌”科技图片展等2个国家级展览；共收集科技成果10806项，收集技术需求427项，收集投融资需求244项。大会期间，组织18场科技成果对接洽谈会、投资推介会和经验交流会，现场解决和协议解决90多项技术难题。经过前期洽谈、对接，共签订各类科技合作项目230个，签约金额达147.992亿元。有60多个项目正在深度洽谈中，可望在会后达成协议。长沙长泰机器人有限公司、湖南亮之星米业有限公司、湖南金龙电缆有限公司与高校、院所合作建立企业院士工作站，借助其技术、人才优势提升企业创新能力；海峡两岸科技交流进一步深入，第六届科交会签订合作项目资金7500万元；中国高校技术转移中心长沙联盟搭建起市外创新资源与长沙产业之间的桥梁，在2012年年会上进一步明确联盟发展方向和运行模式，并签订合作项目资金2000多万元。展览会上，新能源、新材料和高端制造业、信息网络、生物医药、电动汽车以及节能环保等新兴产业技术产品成为主体。新材料产业作为长沙下一个千亿产业，本次科交会共签订合作项目22项，金额28.94亿元；作为长沙发展最迅速的电子信息产业签订合作项目40项，金额19.78亿元。科技与文化融合是第六届科交会的一大亮点。拓维信息、快乐购、天闻数媒等在内的近100家国内外著名文化科技企业参加展出，湖南创意设计艺术节系列活动——大型多媒体科技梦幻晚会，展现出科技与文化融合的魅力。科技与金融结合成效显著，10多家上市企业和近百家拟上市企业、10多家金融和投资机构展出的金融创新产品，国内外的100多家风险投资机构、投资者代表来长参与高新技术产业与风险投资的对接，湖南长信畅中科技股份有限公司等企业受到投资者青睐，总签约金额超过5亿元。29日下午，陈润儿宣布交易会闭幕。陈肇雄致闭幕词，湖南省政府科技顾问曾庆炎主持闭幕式。

至2012年科交会已连续成功举办6届，平均每届签约项目300多个，签约资金近200亿元，吸引参会企业3000多家。先后荣获“中国行业品牌展会金鼎奖”“新世纪十年中国品牌展会大奖”“中国最具影响力展览会50强”等殊荣，已成为继北京科博会、深圳高交会之后的国内第三大科技类会展品牌。

表 6-11　　长沙高新区历届科交会成交情况表

（2007—2012 年）

年份	参展企业（家）	参会人数（万人）	签约项目（个）	签约金额（亿元）	技术需求（个）	融资需求（个）
2007	415	2	139	302	316	278
2008	406	3	207	150	550	315
2009	410	3.5	230	103	490	370
2010	412	4	260	252	541	260
2011	405	5	251	194	514	298
2012	420	5.5	230	148	427	244

第三节 主要创新奖项

2001—2012 年，园区内各院校、高科技企业获国家科技进步特等、一、二、三等奖和国家技术发明奖一、二等奖共近 50 项，获得省级科技进步一、二、三等奖 147 项。

表 6-12　　长沙高新区科技成果获奖统计

(2001—2012 年)

奖励级别	获奖年度	获奖类别	获奖等级	获奖单位 / 个人	获奖项目
国家级	2001	科技进步奖	一等奖	袁隆平农业高科技股份有限公司	水稻两用核不育系 " 培矮 64S" 选育及其应用研究
国家级	2002	科技进步奖	一等奖	湖南大学（湖大三佳）等	薄板冲压工艺与模具设计理论、计算方法和关键技术及在车身制造中的应用
国家级	2002	科技进步奖	二等奖	湖南省农业科学院、湖南农业大学等	水稻大面积高产综合配套技术研究开发与示范
国家级	2002	科技进步奖	二等奖	湖南省水稻研究所、湖南金健米业股份有限公司等	籼型优质不育系金 23A 选育与应用研究
国家级	2003	科技进步奖	二等奖	袁隆平农业高科技股份有限公司	湘研 11—20 号、湘辣 1—4 号辣椒新品种的选育
国家级	2003	科技进步奖	二等奖	湖南安淳高新技术有限公司	合成气醇烃化精制新工艺及应用
国家级	2003	科技进步奖	二等奖	湖南山河智能机械股份有限公司	高性能液压静力压桩机的研制及其产业化
国家级	2004	技术发明奖	一等奖	湖南博云新材料股份有限公司（黄伯云）	高性能炭 / 炭航空制动材料的制备技术

续表 6-12

奖励级别	获奖年度	获奖类别	获奖等级	获奖单位 / 个人	获奖项目
国家级	2004	科技进步奖	二等奖	湖南安力电子开发有限公司	智能图像信息处理方法及其在工业系统中的应用
国家级	2005	科技进步奖	二等奖	三一重工股份有限公司	混凝土泵送关键技术研究开发与应用
国家级	2006	技术发明奖	二等奖	湖南继善科技有限公司	均匀广谱伪随机电磁法理论及应用
国家级	2007	科技进步奖	二等奖	湖大海捷制造技术有限公司	高速精密磨削加工关键技术与系列高档数控磨削装备
国家级	2008	科技进步奖	二等奖	长沙绿叶生物科技有限公司	畜禽氨磷代谢调控及其安全型饲料配制关键技术研究应用
国家级	2008	科技进步奖	二等奖	湖南金农生物资源股份有限公司	茶叶功能成分提制新技术及产业化
国家级	2008	科技进步奖	二等奖	化工部长沙设计研究院	年产 100 万吨钾肥生产技术开发及产业化
国家级	2008	科技进步奖	二等奖	岳阳华强电力电子有限公司（转至湖南华强产业化生产）	纯电动客车关键技术及在公交系统中的应用
国家级	2009	科技进步奖	二等奖	卢光琇	人类辅助生殖和精子库的关键技术及其在生殖健康中的应用
国家级	2009	科技进步奖	二等奖	湖南春光九汇现代中药有限公司	中药超微粉体关键技术的研究及产业化
国家级	2009	科技进步奖	二等奖	湖南科力远新能源股份有限公司	化学镀镍动态控制技术及应用
国家级	2009	科技进步奖	二等奖	湖南水稻研究所，中国水稻研究所，湖南金健米业股份有限公司	籼型系列优质香稻品种选育及应用
国家级	2009	科技进步奖	二等奖	湖南农业大学	油菜化学杀雄强优势杂种选育和推广
国家级	2009	科技进步奖	二等奖	中国农业科学院作物科学研究所，中国农业科学院茶叶研究所，中国农业科学院蔬菜花卉研究所，中国农业科学院草原研究所，中国农业科学院油料作物研究所，中国农业科学院麻类研究所，中国农业科学院果树研究所	中国农作物种质资源本底多样性和技术指标体系及应用

续表 6-12

奖励级别	获奖年度	获奖类别	获奖等级	获奖单位 / 个人	获奖项目
国家级	2009	科技进步奖	二等奖	湖南大学，北京四方利水自动化设备有限公司，湘电集团有限公司，株洲变流技术国家工程研究中心有限公司，湖南工业大学	大型水电站泵站高效运行优化控制与成套自动化装置及其工程应用
国家级	2009	科技进步奖	二等奖	中国农业科学院农业环境与可持续发展研究所，湖南省土壤肥料研究所，中国农业科学院农业资源与农业区划研究所，江西省农业科学院土壤肥料与资源环境研究所，广西壮族自治区农业科学院，广东省农业科学院土壤肥料研究所	南方红壤区旱地的肥力演变、调控技术及产品应用
国家级	2009	科技进步奖	二等奖	南方蔬菜生产清洁化关键技术研究与应用	湖南省植物保护研究所，中国农业科学院蔬菜花卉研究所，中国农业科学院植物保护研究所，中国农业大学，山东农业大学，农业部农药检定所
国家级	2010	科技进步奖	二等奖	威胜集团有限公司，长沙华能自控集团有限公司，长沙博立电气有限公司	大型企业综合电气节能关键技术及应用
国家级	2010	科技进步奖	二等奖	三一重工股份有限公司	三一重工工程机械技术创新平台建设
国家级	2010	科技进步奖	二等奖	华南农业大学，中国科学院华南植物园，广东省植物保护总站，湖南农业大学，广西大学，深圳华农生物工程有限公司，邯郸市凯米克化工有限责任公司	鱼藤酮生物农药产业体系的构建及关键技术集成
国家级	2010	中国机械工业科学进步奖	一等奖	长沙中联重工科技发展股份有限公司	超高压泵送混凝土成套设备及施工技术
国家级	2011	技术发明奖	二等奖	高晖（湖南英才科技有限公司）	高耐磨性、高耐蚀性、环保型钨合金电镀技术研发及应用
国家级	2011	科技进步奖	二等奖	长沙金码高科技实业有限公司	混凝土桥梁服役性能与剩余寿命评估方法及应用

续表 6-12

奖励级别	获奖年度	获奖类别	获奖等级	获奖单位 / 个人	获奖项目
国家级	2011	科技进步奖	二等奖	中南林业科技大学、浙江大学、湖北省农业科学院果树茶叶研究所、云南省农业科学院园艺作物研究所、株洲市地杰现代农业有限责任公司、云南红梨科技开发有限公司	南方砂梨种质创新及优质高效栽培关键技术
国家级	2011	科技进步奖	二等奖	中南林业科技大学、华南理工大学、万福生科（湖南）农业开发股份有限公司、华中农业大学、长沙理工大学、湖南润涛生物科技有限公司、湖南农业大学	稻米深加工高效转化与副产物综合利用
国家级	2011	科技进步奖	二等奖	新余钢铁集团有限公司、江西理工大学、钢铁研究总院、湖南视拓科技发展有限公司、上海优控科技有限公司、北京科技大学	高品质船板高效化制造关键技术研发与集成创新
国家级	2012	技术发明奖	二等奖	湖南农业大学	水稻两用核不育系 C815S 选育及种子生产新技术
国家级	2012	技术发明奖	二等奖	三一重工股份有限公司	混凝土泵车超长臂架技术及应用
国家级	2012	技术发明奖	二等奖	华中科技大学，长沙理工大学，湖南湘能电气自动化有限公司	基于广域电压行波的复杂电网故障精确定位技术及应用
国家级	2012	科技进步奖	二等奖	中国水稻研究所，湖南省水稻研究所，湖南金健米业股份有限公司	优质早籼高效育种技术研创及新品种选育应用
国家级	2012	科技进步奖	二等奖	湖南农业大学，湖南人文科技学院，中国水稻研究所，华南农业大学，湖南省农药检定所，湖南振农科技有限公司，湖南农大海特农化有限公司	水田杂草安全高效防控技术研究与应用
省级	2001	科技进步	二等奖	袁隆平农业高科技股份有限公司	湘研 13-16、18 号辣椒新品种的选育
省级	2001	科技进步	二等奖	湖南省四达评估有限责任公司	湖南省科研与开发机构综合实力评估研究
省级	2001	科技进步	三等奖	长沙高开区中标实业有限公司	ZLJ5050TSL 型扫路车

续表 6-12

奖励级别	获奖年度	获奖类别	获奖等级	获奖单位 / 个人	获奖项目
省级	2001	科技进步	三等奖	湖南天工远科信息有限公司	新一代工作流管理技术
省级	2001	科技进步	三等奖	湖南计算机股份有限公司	显示终端 ASIC-700
省级	2001	科技进步	三等奖	长沙中联重工科技发展股份公司	HBT100 混凝土输送泵
省级	2001	科技进步	三等奖	长沙慈航药物研究所	新型含碘消毒药物的创制及其消毒杀菌作用机理与应用
省级	2001	科技进步	三等奖	湖南金农生物资源股份有限公司	甜菜夜蛾发生规律与化学防治技术研究
省级	2002	科技进步	一等奖	湖南亚华种业股份有限公司	湘杂棉二号综合配套技术研究及推广
省级	2002	科技进步	二等奖	长沙中联重工科技发展股份有限公司	YZ18 振动压路机
省级	2002	科技进步	二等奖	湖南安力电子开发有限公司	Builder3000 水电站综合自动化系统
省级	2002	科技进步	二等奖	湖南华菱光远铜管有限公司	空调制冷用高效传热波纹铜管新产品开发
省级	2002	科技进步	三等奖	袁隆平农业高科技股份有限公司	晚熟茄子新品种湘茄四号的选育
省级	2002	科技进步	三等奖	长沙金帆机电设备制造有限公司	JKB300-51 型扣压剥皮机组
省级	2002	科技进步	三等奖	三一重工股份有限公司	YZC12 双钢轮振动压路机
省级	2002	科技进步	三等奖	长沙高新区中标实业有限公司	ZLJ5290THB125-37 型混凝土泵车
省级	2002	科技进步	三等奖	创智软件园有限公司	Hygeia 湖南城镇职工医疗保险信息系统
省级	2002	科技进步	三等奖	湖南麓南脱硫除尘设备有限公司	PXJ（三型）高效脱硫除尘设备
省级	2003	科技进步	一等奖	长沙凤凰激光设备有限公司	桁架式折叠准封离型切割与焊接 1KW 级二氧化碳激光器

续表 6–12

奖励级别	获奖年度	获奖类别	获奖等级	获奖单位 / 个人	获奖项目
省级	2003	科技进步	一等奖	湖南安力电子开发有限公司	Builder 智能远程图像监控系统
省级	2003	科技进步	一等奖	长沙星特自控设备实业有限公司	WW(S)T“四无”型微机调速器
省级	2003	科技进步	一等奖	湖南金农生物资源股份有限公司	茶叶提取物系列产品研究与开发
省级	2003	科技进步	二等奖	袁隆平农业高科技股份有限公司	辣椒雄性不育新品种的选育及育种技术研究
省级	2003	科技进步	二等奖	湖南创智数码科技股份有限公司	银鲨 BS 系列播出视频服务器
省级	2003	科技进步	二等奖	三一重工股份有限公司	LTU90 全智能型沥青摊铺机
省级	2003	科技进步	二等奖	三一重工股份有限公司	PQ190 全液压平地机
省级	2003	科技进步	三等奖	长沙苏普曼电子有限公司	SPM2088 型 DVB–C 数字电视机顶盒
省级	2003	科技进步	三等奖	长沙湘计海盾科技有限公司	海军舰艇用 JYX 系列加固型液晶显示器
省级	2003	科技进步	三等奖	湖南计算机股份有限公司	湘计网盾入侵检测系统
省级	2003	科技进步	三等奖	长沙电缆附件有限公司	额定电压 110kV 交联聚乙烯绝缘电力电缆整体预制橡胶绝缘件接头技术
省级	2003	科技进步	三等奖	袁隆平农业高科技股份有限公司	农业科研单位成果产业化研究
省级	2004	科技进步	一等奖	湖南金码科技发展有限公司	金融货币智能识别与自助支付应用系统
省级	2004	科技进步	二等奖	湖南亚华种业股份有限公司	种子低酚、植株有酚的棉花新品种的选育方法及湘棉 18 号的选育
省级	2004	科技进步	二等奖	中国农业科学院麻类研究所	龙须草高效利用关键技术
省级	2004	科技进步	二等奖	长沙惠霖干细胞工程有限公司（光琇高新）	骨髓内皮细胞的分离、建系及其分泌的抑制因子在扩增早期造血细胞中的作用

续表 6-12

奖励级别	获奖年度	获奖类别	获奖等级	获奖单位 / 个人	获奖项目
省级	2004	科技进步	二等奖	长沙东屋机电有限责任公司	新型压力钢管伸缩节（亚刚体结构伸缩节）
省级	2004	科技进步	二等奖	湖南海利化工股份有限公司	甲基嘧啶磷原油技术研究与开发
省级	2004	科技进步	三等奖	长沙三德实业有限公司	SDACM5000 量热仪
省级	2004	科技进步	三等奖	湖南创智数码科技股份有限公司	银鲨 SS 系列流媒体视频服务器
省级	2004	科技进步	三等奖	长沙高开区银佳科技有限公司	“融和”嵌入式金融现金识别处理系统（清分机）研制及应用
省级	2004	科技进步	三等奖	湖南湘雅制药有限公司	灯盏细辛对青光眼性视神经损伤保护作用的研究
省级	2004	科技进步	三等奖	长沙建设机械研究院	QTZ3150 大型塔式起重机
省级	2005	科技进步	一等奖	长沙远大空调有限公司	利用发电废热直接提供制冷、制热或卫生热水的技术
省级	2005	科技进步	二等奖	湖大海捷制造技术有限公司	CNC8312 数控高速凸轮轴磨床
省级	2005	科技进步	二等奖	长沙银河安方网络与信息安全有限公司	高速大型 VPN 网络加密设备 –SJW31
省级	2005	科技进步	二等奖	湖南海利化工股份有限公司	高品质化学二氧化锰技术研究与开发
省级	2005	科技进步	二等奖	袁隆平农业高科技股份有限公司	早熟、优质、抗病湘西瓜 15 号、16 号的选育与推广
省级	2005	科技进步	三等奖	湖南计算机股份有限公司	蝴蝶 TC8930/TC8932 终端
省级	2005	科技进步	三等奖	长沙长远电子信息技术有限公司	PZ 系列自动柜员机
省级	2005	科技进步	三等奖	湖南天工远科信息技术股份有限公司	企业信息系统集成应用研究与开发
省级	2005	科技进步	三等奖	湖南湖大远程网络股份有限公司湖南计算机股份有限公司	LX2000 龙星网络计算机系统

续表 6-12

奖励级别	获奖年度	获奖类别	获奖等级	获奖单位 / 个人	获奖项目
省级	2005	科技进步	三等奖	湖南四达评估有限责任公司	湖南省重点实验室评估
省级	2006	科技进步	一等奖	湖南中大创远数控装备有限公司	全数控螺旋锥齿轮磨齿机系列化产品的研究与制造
省级	2006	科技进步	一等奖	湖南山河智能机械股份有限公司	一体化液压潜孔钻机
省级	2006	科技进步	一等奖	湖南化工研究院	新型杀虫剂硫肟醚（HNPC–A9908）的创制与产业化开发
省级	2006	科技进步	二等奖	长沙绿叶生物科技有限公司	规模化养猪主要应激疾病关键防治技术研究及产品研制
省级	2006	科技进步	二等奖	长沙市聚博科技有限责任公司	可信 IP 网络技术及应用
省级	2006	科技进步	三等奖	长沙星轮传动设备有限公司	多功能星轮减速器
省级	2006	科技进步	三等奖	三一重工股份有限公司	三级配混凝土输送泵研制与应用
省级	2006	科技进步	三等奖	长城信息产业股份有限公司	平面变压器在 AC(DC)–AC 变换器中的应用研究
省级	2006	科技进步	三等奖	长沙汇博科技有限公司	机车轴承故障诊断系统
省级	2006	科技进步	三等奖	湖南亿利达实业有限公司	节能型模块化水冷冷水机组的研制
省级	2006	科技进步	三等奖	湖南化工研究院	烯酰吗啉合成研究
省级	2006	科技进步	三等奖	湖南亚华乳业有限公司	高蛋白肽乳粉的研制与产业化
省级	2007	科技进步	一等奖	长沙博立电气有限公司	输配电关键技术与装备及其工程应用
省级	2007	科技进步	一等奖	长沙合力高强砼模板开发有限公司	新型 PK 预应力双向配筋叠合楼盖体系关键技术研发及产业化
省级	2007	科技进步	二等奖	湖南亚华棉花种子有限公司	抗虫杂交棉湘杂棉 3 号选育与产业化

续表 6-12

奖励级别	获奖年度	获奖类别	获奖等级	获奖单位 / 个人	获奖项目
省级	2007	科技进步	二等奖	湖南省麓谷生物技术有限公司	三类生物活性物质对猪羊鸭的营养功能及其应用研究
省级	2007	科技进步	二等奖	长沙高新技术产业开发区英才科技有限公司	“纳菲尔”钨合金电镀技术研发与应用
省级	2007	科技进步	二等奖	湖大海捷（湖南）工程技术研究有限公司	纳米微晶陶瓷的关键技术研究及其应用
省级	2007	科技进步	三等奖	袁隆平农业高科技股份有限公司	中国杂交水稻在巴基斯坦、孟加拉及印度尼西亚试验研究及其应用
省级	2007	科技进步	三等奖	金瑞新材料科技股份有限公司	高品质金刚石用粉末一体化块合成制造技术研究
省级	2007	科技进步	三等奖	湖大海捷制造技术有限公司	曲轴精密磨削关键技术及系列装备开发
省级	2007	科技进步	三等奖	长沙开元仪器有限公司	5E 红外测氢仪
省级	2007	科技进步	三等奖	湖南继善高科技有限公司	高分辨表层穿透雷达
省级	2007	科技进步	三等奖	长沙银河电脑科技有限公司	Yhsec 应用安全平台
省级	2007	科技进步	三等奖	湖南湘邮科技股份有限公司	COPOTE 系列数字喷墨式邮资机系统
省级	2007	科技进步	三等奖	长城信息产业股份有限公司	长城银税类控制设备嵌入式 Linux 软件平台
省级	2007	科技进步	三等奖	湖南化工研究院	环境友好型农药水乳剂的研究与开发
省级	2007	科技进步	三等奖	长沙坛坛香调料食品有限公司	发酵碎鲜辣椒制品工业化生产技术研究
省级	2008	科技进步	二等奖	中南林业科技大学，湖南农业大学，长沙青出蓝科技有限公司，湖南省新世纪生物科技有限公司	稻米生物工程技术制取高纯度 -氨基丁酸和红曲色素
省级	2008	科技进步	二等奖	长沙金码高科技实业有限公司	大型桥梁结构状态评估技术研究及应用

续表 6–12

奖励级别	获奖年度	获奖类别	获奖等级	获奖单位 / 个人	获奖项目
省级	2008	科技进步	三等奖	长沙赢润生物技术有限公司	超纯总 RNA 快速提取系统
省级	2008	科技进步	三等奖	湖南景达生物工程有限公司	丙型肝炎病毒核心抗原酶联免疫诊断试剂盒的研制和开发
省级	2008	科技进步	三等奖	湖南省电力公司试验研究院	600MW 超临界对冲燃煤锅炉燃烧特性研究
省级	2008	科技进步	三等奖	长沙湘计海盾科技有限公司	航空航天用液晶显示器及显示器件
省级	2008	科技进步	三等奖	长沙银河电脑科技有限公司、长沙高开区银河安方网络与信息安全有限公司	YHSEC 多功能信息安全综合平台
省级	2009	科技进步	二等奖	湖南海利化工股份有限公司	超高效环境友好含氮杂环类旱地除草剂创制研究与应用
省级	2009	科技进步	二等奖	长沙巨星轻质建材股份有限公司	加劲肋管技术集成及在现浇砼加劲肋楼盖中应用
省级	2009	科技进步	二等奖	长沙中联重工科技发展股份有限公司	大吨位轮式起重机关键技术研究与应用
省级	2009	科技进步	二等奖	湖南隆平种业有限公司	优质、高异交率三系不育系 T98A 的选育与应用研究
省级	2009	科技进步	二等奖	湖南隆平种业有限公司	优异籼型恢复系先恢 207 的创建与应用研究
省级	2009	科技进步	二等奖	湖南湘研种业有限公司	基地专用型辣椒新品种的选育及推广
省级	2009	科技进步	二等奖	哈药慈航制药股份有限公司，长沙慈航药物研究所有限公司	年产 1000 万支抗癌中药 " 化癥回生口服液 " 高技术产业化示范工程
省级	2009	科技进步	三等奖	220kV 输电线路直流融冰技术研究	湖南省电力公司试验研究院
省级	2009	科技进步	三等奖	铝母线接头强度损失机理及焊接新工艺研究	湖南省电力公司试验研究院
省级	2009	科技进步	三等奖	湖大海捷制造技术有限公司	MKG1320 超高速数控外圆磨床

续表 6-12

奖励级别	获奖年度	获奖类别	获奖等级	获奖单位 / 个人	获奖项目
省级	2009	科技进步	三等奖	湖大海捷制造技术有限公司	球体精密高效加工技术与装备
省级	2009	科技进步	三等奖	长沙湘计海盾科技有限公司	神舟七号飞船国产液晶显示器研制与应用
省级	2009	科技进步	三等奖	湖南博云东方粉末冶金有限公司	高性能超细晶 (0.3 ì m) 硬质合金
省级	2009	科技进步	三等奖	长沙中联重工科技发展股份有限公司	湿式除尘吸扫式扫路车
省级	2009	科技进步	三等奖	湖南海利化工股份有限公司	混丁烯法合成邻仲丁基酚工程技术开发
省级	2010	技术发明	一等奖	长沙巨星轻质建材股份有限公司	GBF 蜂巢芯集成技术及其在现浇混凝土双向空腹密肋楼盖中的应用
省级	2010	技术发明	二等奖	长沙绿叶生物科技有限公司	保健养猪技术及其应用
省级	2010	技术发明	三等奖	中国农业科学院麻类研究所	环保型麻地膜及其制造技术
省级	2010	科技进步	一等奖	长沙中联重工科技发展股份有限公司	系列履带式起重机关键技术研究与产业化
省级	2010	科技进步	一等奖	长沙金码高科技实业有限公司	混凝土桥梁耐久性评估理论及其应用
省级	2010	科技进步	三等奖	长沙中联重工科技发展股份有限公司	ZLJ5413THB125-49 混凝土泵车设备研究开发与应用
省级	2010	科技进步	三等奖	威胜集团有限公司	数字电能表检验装置
省级	2010	科技进步	三等奖	长沙坛坛香调料食品有限公司	辣度标准化技术研究及应用
省级	2011	技术发明	三等奖	湖南金沙药业股份有限公司	抗流感创新中药连知解毒胶囊研制及实施应用
省级	2011	科技进步	一等奖	长沙市中嵎果业有限公司	葡萄新品种选育及产业化技术研究与推广
省级	2011	科技进步	一等奖	湖南省汇粹电力科技有限公司	电网冰灾机理、防治关键技术研究及装备研制与应用

续表 6-12

奖励级别	获奖年度	获奖类别	获奖等级	获奖单位 / 个人	获奖项目
省级	2011	科技进步	二等奖	长沙中联重工科技发展股份有限公司	环卫机械易损部件新型涂层技术及其应用
省级	2011	科技进步	二等奖	袁隆平农业高科技股份有限公司	超级杂交早稻组合陆两优 996 的选育与应用
省级	2011	科技进步	二等奖	长沙兴嘉生物工程股份有限公司	猪血多肽的制备工艺及其开发应用
省级	2011	科技进步	二等奖	长沙中联重工科技发展股份有限公司	智能高效环保道路清洁设备关键技术研究与产业化
省级	2011	科技进步	二等奖	湖南多喜爱纺织科技有限公司	纳米银无机抗菌织物的研究与开发
省级	2011	科技进步	二等奖	长沙中联重工科技发展股份有限公司	RT55 越野轮胎起重机研究开发与应用
省级	2011	科技进步	二等奖	长沙立中汽车设计开发有限公司	汽车碰撞安全新技术开发及其应用
省级	2011	科技进步	二等奖	鹰皇商务科技有限公司	鹰皇电子商务服务平台的研发及在休闲体育产业中的应用
省级	2011	科技进步	三等奖	湖南现代威保特环保科技有限公司	基于高级氧化与生物新技术的渗滤液集成处理技术研究及工程示范
省级	2011	科技进步	三等奖	长沙高新开发区硕博电子科技有限公司	球团矿抗压强度智能测试仪
省级	2011	科技进步	三等奖	湖南龙石山铁皮石斛基地有限公司	铁皮石斛种苗组培快繁与生态高效综合栽培技术
省级	2011	科技进步	三等奖	湖南省湘电试验研究院有限公司	燃用无烟煤 W 型火焰超临界锅炉调试及关键技术研究
省级	2011	科技进步	三等奖	湖南广义科技有限公司	多粒级高效节能粉磨系统的研制
省级	2011	科技进步	三等奖	袁隆平农业高科技股份有限公司 湖南亚华种子有限公司	广适型恢复系华恢 272 系列杂交水稻品种的选育与应用
省级	2011	科技进步	三等奖	湖南天工远科信息技术有限责任公司	制造业信息化科技示范工程
省级	2011	科技进步	三等奖	华翔腾数码科技有限公司 湖南南方城墙信息安全科技有限公司	面向电子政务的 PKI 系统及应用

奖励级别	获奖年度	获奖类别	获奖等级	获奖单位 / 个人	获奖项目
省级	2011	科技进步	三等奖	湖南凯天环保科技股份有限公司	整体厂房烟尘治理与环境控制综合技术研究及应用
省级	2011	科技进步	三等奖	湖南圣湘生物科技有限公司	智能高灵敏度 HBV 核酸检测试剂盒
省级	2011	科技进步	三等奖	湖南隆平种业有限公司	优质高产交水稻组合 T 优 207 的选育与应用
省级	2012	技术发明	一等奖	中联重科股份有限公司	大吨位起重机超长臂伸缩关键技术及产业化
省级	2012	科技进步	一等奖	中联重科股份有限公司	52000 千牛米上回转自升式超大型塔式起重机开发与应用
省级	2012	科技进步	一等奖	湖南光琇高新生命科技有限公司	人胚胎干细胞建系、建库及诱导分化的系列研究及初步应用
省级	2012	科技进步	一等奖	湖南博云新材料股份有限公司	高耐磨高能制动粉末冶金摩擦材料的研制与产业化
省级	2012	科技进步	二等奖	中联重科股份有限公司	多臂节长臂架混凝土泵车及其关键技术
省级	2012	科技进步	二等奖	湖南隆平高科亚华棉油种业有限公司	国审转基因抗虫棉湘杂棉 8 号和湘杂棉 11 号的选育与产业化
省级	2012	科技进步	二等奖	湖南海利化工股份有限公司	氨基酸保护剂 FMOC-OSu 中试及生产
省级	2012	科技进步	二等奖	湖南湖大三佳车辆技术装备有限公司	移动式半导体激光强化与修复汽车模具的装备与工艺
省级	2012	科技进步	三等奖	中联重科股份有限公司	道路隔离护栏分维自动机械清洗技术研究及产业化
省级	2012	科技进步	三等奖	湖南湘电长沙水泵有限公司	百万千瓦级核电站海水循环泵双相不锈钢叶轮技术开发项目
省级	2012	科技进步	三等奖	湖南海利化工股份有限公司	氯代苯基异氰酸酯生产开发
省级	2012	科技进步	三等奖	湖南美特新材料有限公司	基于量子化学原理的高性能锂离子电池正极材料的研制及应用
省级	2012	科技进步	三等奖	湖南海捷精密工业有限公司	CNC8325B 凸轮轴高速数控复合磨床
省级	2012	科技进步	三等奖	长沙桑霖生物科技有限公司	珍稀药用真菌资源化利用关键技术及产业化
省级	2012	科技进步	三等奖	湖南湘电长沙水泵有限公司	XX 艇用海水泵减振降噪

长沙市开发区志系列丛书

长沙高新区
luvalley 中国麓谷

长沙国家高新技术产业开发区志

1988-2012

CHANGSHA NATIONAL HI-TECH INDUSTRIAL DEVELOPMENT ZONE

◉长沙市地方志编纂委员会

方志出版社
Publishing House of Local Records

图书在版编目（CIP）数据

长沙市开发区志·长沙国家高新技术产业开发区志：1988—2012 / 长沙市地方志编纂委员会编. -- 北京：方志出版社，2018.11
ISBN 978-7-5144-0532-3

Ⅰ. ①长… Ⅱ. ①长… Ⅲ. ①技术开发区—概况—长沙—1988-2012 ②高技术产业区 - 概况 - 长沙 -1988-2012 Ⅳ. ① F127.641

中国版本图书馆 CIP 数据核字（2018）第 261252 号

长沙市开发区志·长沙国家高新技术产业开发区志（1988—2012）

编　　者： 长沙市地方志编纂委员会
责任编辑： 齐 笑

出 版 人： 冀祥德
出 版 者： 方志出版社
地址：北京市朝阳区潘家园东里 9 号（国家方志馆 4 层）
邮编：100021
网址：http://www.fzph.org
发　　行： 方志出版社图书经销中心
电话（010）67110500
经　　销： 各地新华书店
印　　刷： 湖南省美如画彩色印刷有限公司

开　　本： 889 × 1194　　1/16
印　　张： 63.5
字　　数： 912 千字
版　　次： 2018 年 11 月第 1 版　　2018 年 11 月第 1 次印刷
印　　数： 0001 ~ 2000 册

ISBN 978 - 7 - 5144 - 0532 - 3　　定价：398.00 元

目　录

上　册

第三篇　土地征收与管理

第四篇　园区建设

第五篇　对外开放

第六篇　科技创新

下　册

第七篇　产业发展

第八篇　综合管理

第九篇　党政群团

第十篇　社会事务

产业发展

第七篇 产业发展

1988 年 7 月—1991 年 3 月，长沙科技开发试验区期间，没有自主开发建设的产业基地，根据长沙市政府制定的有关政策对市内高新技术企业进行管理。

1991 年 3 月，长沙试验区经国务院批准为国家级高新技术产业开发区，更名为长沙高新技术产业开发区，园区实行“一区一园、以区为主” 的创新探索。为适应高新技术企业的发展，不断调整市内政策区，拓展自主开发区，直至 1999 年后建成产业基地，园区经济迅速发展。园区在着力推进产业结构调整，培育发展新兴产业，支持以中联重科为代表的工程机械行业加快战略转型的同时，大力培育发展节能环保与新能源、新一代信息技术、新材料、生物医药等战略性新兴产业和移动互联网、绿色建筑等新兴产业。产业格局由“一业独大”向“多点支撑”转变，园区经济实力大大增强。2007 年，长沙高新区晋升“千亿园区”；2010 年麓谷园区再上“千亿”级新台阶。

2008 年开始，高新技术企业按国家科技部新标准认定，2012 年，长沙高新区认定高新技术企业 31 户。至 2012 年长沙高新区共有高新技术企业 504 户。

2012 年，园区各业均有较大的发展：先进制造产业完成规模产值 988.7 亿元；电子信息产业实现规模产值 72.5 亿元；生物医药产业实现规模产值 49.2 亿元；新能源与节能环保规模产值 50 亿元；移动互联网产业增长一倍、收入突破 100 亿元；电子商务、动漫、服务外包和文化创意等产业发展提速。

2012 年，长沙高新区获批全国首家环境服务业试点园区和全省首个移动互联网产业集聚区。随着园区推进落实“千百十”工程，一批规模以上企业快速成长。年产值过亿元的企业达 86 家，其中工业企业 55 家；纳税过百万的企业达 487 家，其中纳税过 500 万的企业 158 家，纳税过千万的企业 85 家，为经济平稳较快增长提供有力支撑。

第一章 产业规划与布局

第一节 产业目标与布局

一、“八五”期间（1991—1995）

产业目标：

“八五”期间，长沙高新区产业发展重点是打好基础，建设一片集中开发的产业基地。综合经济指标为：高新技术企业达到150～200家，企业集团1～2个（产值达1亿元），职工总数1.4万人，其中科技人员6000人，高新技术产品300个，技工贸总收入18亿元，利税总值5.4亿元，出口创汇0.2亿美元。

产业布局：

高新区总体布局包括：高新技术产业群基地、岳麓山科技园、中试基地、科技街等，重点为高新技术产业群基地和岳麓山科技园。

高新技术产业群基地：指城中高新技术产业群基地和岳麓山高新技术产业群基地。前者东至德雅路、东风路、迎宾路、曙光路、韶山路，南至井湾子，西至芙蓉路、青园路，北至浏阳河路；后者东至荣银路、潇湘路，南至长沙矿冶研究院南界，西至白鹤咀路，北至319国道。

岳麓山科技园是长沙高新区成片集中建设区，也是“八五”期间建设的重点，是成片开发、集中投人的规模化高新技术产业基地。布局在岳麓山高新技术产业群基地的北部，东濒湘江，由两桥与市区直接连通，北界319国道，南临龙王港，西至玻璃厂，新建面积2.66平方千米。整个科技园总基建投资规模25.72亿元，其中征地拆迁投资约3.62亿元，市政府配套投资约2.8亿元，建安工程投资约19.3亿元，总建筑面积257.36万平方米。科技园内部布局为：白鹤南路以西规划为科技综合工业区，南冲为花园式生活小区，中部为科技开发区；东部为科技管理服务区和前店后厂式的工贸区；公共服务设施规划在白鹤路与桐梓坡路交叉地段，构成岳麓山科技园外围东、西为生产贸易区，中部为科技开发、生活和商业服务区的布局。

岳麓山科技园4平方千米，分三期开发由高新区建设公司负责规划和建设。第一期（1991—1995年）总建筑面积82万平方米，建设火炬城、居住小区、绿地；第二期（1994—1998年）总建筑面积90万平方米，建设教育科研区、居住小区、工厂、仓库、绿地；第三期（1997—）总建筑面积85.36万平方米，建设工业区、居住小区、科研、绿地、供热干管等。

二、“九五”期间（1996—2000）

产业目标：

长沙高新区产业发展目标：实现技工贸总收入 150 亿元（其中工业总产值 120 亿元），实现利税 20 亿元，出口创汇 1.4 亿美元，高新技术企业的全员劳动生产率 30 万元 / 人年。培育认定高新技术企业 800 家，累计引进开发高新技术产品和项目 1500 项。全区参与高新技术产业开发、生产、经营、管理的人数达 5 万人（其中科技人员 2 万人）。

产业布局：

高新区在岳麓山科技园及银盆区集中建设集科工贸于一体的综合性高科技新兴产业基地，重点发展电子信息产业，形成电子工业新城区，并配套建设科技第三产业和完善的支撑服务体系。

在上述区域以外的地区包括长、望、宁、浏在内主要应用高新技术改造传统产业，逐步使传统产业高技术化，并建立若干个高科技工业城（园）与大学研究园。

在马坡岭建立高科技农业基地：依托湖南农业大学、湖南省农科院、湖南杂交水稻研究中心以及中科院农业现代化研究所等农业科技力量集中的优势，建立生物工程育种基地，农副产品深加工基地及城郊型、外向型农业示范基地。

三、“十五”期间（2001—2005）

产业目标：

“十五”期间，重点发展电子信息产业、新材料产业、光机电一体化产业和生物医药工程产业。综合经济指标为：2003 年全区主要经济指标进入全国高新区前十名，2005 年按国家科技部高新区评价体系的要求进入全国“十强”行列，高新区工业总产值达到 600 亿元，技工贸总收入达到 650 亿元，利税达到 80 亿元，出口创汇达到 10 亿美元，年产值 10 亿元企业集团 15 个。

产业布局：

高新区按照“产业归口管理、园区统一政策、集中高效服务、信息综合统计、利益分级共享”原则，搞好产业园区建设，增强全区整体经济实力。加快麓谷建设，保障各项基础设施建设资金到位，使入基地发展的高新技术企业迅速投入生产，形成产业规模和特色。加大高新技术产业改造传统产业的力度，引导高新技术企业不仅带动传统产业的发展，还要积极通过利用自身的优势改造传统产业的生产工艺、设备、更新传统产品，使传统产业企业转变成高新技术企业。如完成LG曙光的彩管增资扩建、435厂修版生产线，电子信息集团和48所传感器项目、长沙汽车电器厂的汽车电器生产线，湘江涂料技改传统项目技改后，可以大大提高项目的技术水平和产品市场占有率，增强品牌竞争优势。加强高新技术向第三产业渗透力度，促进金融、经贸、邮电、城建、旅游、交通、文教、卫生等产业领域的技术和设备现代化，如银河信息、银佳科技、宏达科技的金融业务处理系统和机具，自动售货机、三一重工的自动化产体停车库，中联重工的清扫车，苏博泰克、斯伦贝谢的IC卡，长海视听的视听教育系统，邮政科技园邮电通讯系统，三金公司的EFTPOS系统等都可带动全市乃至全省第三产业的快速发展。实施高新技术产业品牌战略，在四大产业领域中着力培育“创智软件”“长海视听”“金瑞新材料”“远大空调”“隆平科技”“亚华种业”等30～50个湖南高新技术企业驰名品牌。

四、“十一五”期间（2006—2010）

产业目标：

长沙高新区产业重点发展电子信息产业、新材料产业和生物医药工程产业。其产业发展目标：高新区技工贸总收入、工业总产值和GDP按年均20%的速度增长，到2010年，分别达到1600亿元、1400亿元、380亿元；实现税收按年均20%的速度增长，到2010年达到64亿元。

产业布局：

高新区坚持以项目建设带动发展，主动对接央企和国有大型企业，大力实施“6211”工程，吸引重大项目和重点企业、高端资本和科技人才加快向麓谷聚集。各园区产业发展布局：

岳麓山高科技园：以软件产业为核心，重点发展电子元器件、软件和以动漫卡通为特色的数字媒体技术产品；重点发展工程机械、数控机床、智能仪器仪表、汽车零部件、金融机具等产品；重点发展新型能源材料、先进复合材料、粉末冶金材料、特种超硬材料产品；重点发展基因和细胞工程、现代中药、医药中间体产业和生物农业产品。

星沙工业高科技园：重点发展工程机械、汽车制造等先进制造产业，集中支持智能型现代工程机械制造及配套产业、混合动力型汽车技术和汽车电子技术产业、现代仪器仪表及控制系统制造技术产业、数控机床产业等。电子信息产业。以新元器件产业为核心，重点支持片式元器件、敏感元器件、传感器、中高分辨率彩色显像管、新型平板显示器件等新元器件的开发。

隆平高科技园：重点支持利用基因工程、细胞工程生物技术进行的农作物杂种优势利用、新品种选育，以及相关配套技术的研究与产业开发，做大做强杂交水稻、杂交双低油菜、杂交优质彩色棉花、杂交辣椒、高产优质春秋兼用性蚕品种、无籽西瓜和鱼品种等种业。

远大高科技园：空调整机制造业。重点发展中央和户式空调。

五、“十二五”期间（2011—2015）

产业目标：

长沙高新区全面实施“6543”工程，培育发展先进装备制造与节能环保、电子信息、新材料、生物医药、新能源、现代服务业6大产业集群，建设先进装备制造与节能环保、电子信息、新材料、生物医药、新能源5大专业园区。

产业布局：

高新区优化麓谷产业空间布局的主要思路是强化规划引导实现功能分区、促进产业发展与城市建设之间的良性循环。主要工作是根据城市总体规划和产业发展需求，确定先进装备制造与节能环保、电子信息、新材料、新能源、生物医药等5大专业园区的规划，同时科学布局、加快发展现代服务业。按照统一规划、多元投入、目标可控的专业园区规划建设管理机制，突出重点功能区和专业园区的产业定位，优先保证符合专业园区重大项目的土地供应，通过重大项目布局引导相关企业向专业园区集聚，形成专业集中，特色突出的产业集聚区。建立全区统筹的招商引资协作机制，加强对各专业园区、招商主体项目布局的管理和引导，形成严格有序的产业供地和功能分区制度。确保电子信息专业园基本建成，先进装备制造与节能环保、新能源专业园基本成形，新材料、生物医药专业园完成总部经济、加速器、孵化器和生产生活配套建设，具备项目承载能力。科学布局专业园区孵化器、加速器、项目用地及预留空间，建立“一个分管领导，一批招商引资、产业管理和投资服务人员”的专业园区“1+3”运行模式，加强专业园区的横向协调，提升专业管理服务水平。加快水电路气等基础设施建设，完善专业园区生产生活服务和公建配套等城市功能，改善产业发展环境，形成现代服务业与制造业融合发展趋势。结合专业园区建设，启动建成区产业置换与升级，形成以总部经济区为点、以主干道路现代服务业为线、以专业园区为面的产业发展新格局。

第二节 专项规划

一、先进装备制造产业

2011年1月，完成《长沙高新技术产业开发区先进装备制造“十二五”产业发展战略》编制。其规划期限为2011年至2020年。长沙高新区发展先进装备制造产业以“通过‘新体制机制、新技术装备’实现产业集聚、技术集聚，培育核心龙头企业和专业化配套体系，以投资和创新双轮驱动，重点发展对地区产业贡献大、经济附加值高、技术能级高的工程机械、电力和电站装备、节能环保等先进装备制造产业，将先进装备制造产业打造成长沙高新区的核心优势产业，使长沙高新区发展成为‘国际一流的高端化、规模化、协同化、集约化的先进装备制造产业集群示范基地’”为总体战略定位。其具体定位为打造三个中心：先进装备制造产业的产业技术创新中心、专业人才聚集中心和先进装备制造企业的集聚中心。

长沙高新区先进装备制造产业的总体发展目标是：至2020年末，将长沙高新区建设成为具有“高端技术、高端制造、高端服务”的三高特色、集群优势突出、创新特色鲜明、国内外领先的先进装备制造产业集群创新示范基地。总体划分为两个阶段，十二五期间（2011—2015年）为快速发展阶段，包括完成基础设施综合配套、创新平台建设，完善生产生活服务功能等目标；十三五期间（2016—2020年）为优化提升阶段，包括经济总量、质量和效益同步提升，创新体系更加完善等目标。

二、新材料产业

2011年1月，完成《长沙高新技术产业开发区新材料“十二五”产业发展规划》编制。该《规划》期限为2011年至2020年，以“立足先进电池材料、先进复合材料、超硬材料及硬质合金等产业基础，依托重点龙头企业，以专业化园区建设为载体，着力推进区内新材料产业协同化、高端化、集群化发展，将新材料产业发展成为长沙高新区重要支柱产业，把长沙高新区建设成为国内外具有典型示范作用和重要影响力的新材料产业创新示范基地”为总体战略定位。

长沙高新区发展新材料产业的总体发展目标为：形成以先进电池材料、先进复合材料、超硬材料与硬质合金为主导的新材料产业体系；到2020年年末，把长沙高新区建设成为创新实力突出、材料特色突出、集群优势突出、产业链完善，国内外具有典型示范作用和重要影响力的新材料产业创新示范基地。其阶段目标包括“十二五”期间（2011—2015年）和“十三五”期间（2016—2020年），其中“十二五”阶段的主要目标为：2015年年末，新材料产业销售收入达到600亿元，以2010年为基期，年均增长25%；先进电池材料产业基地综合实力达到国内第一；先进复合材料基地综合实力位列国内前三；钛金属材料生产能力进入国内前三。

三、生物医药产业

2011年1月，完成《长沙高新技术产业开发区生物医药“十二五”产业发展规划》编制。其规划期限为2010年至2020年。长沙高新区发展生物医药产业以“明确四大战略定位，打造三类产业集群，选择四条发展路径”为总体发展思路。其中四大战略定位指建设成国内较为领先的高端诊疗服务示范基地、湖南省生物医药产业创新源泉和创业高地、长沙国家创新型科技园区建设的支柱产业和长沙高新区未来发展的重要经济增长引擎。三类产业集群指生产型产业集群、创业型产业集群和服务型产业集群。

长沙高新区发展生物医药产业的发展目标分近期和远期。2011—2015年，长沙高新区生物医药产业总规模工业产值、销售收入、利税分别为228.2亿元、402亿元、48.4亿元，增速35%。2016—2020年，长沙高新区生物医药产业总规模工业产值、销售收入、利税分别为773.4亿元、1362.3亿元、164亿元，增速40%。

四、现代服务业

2011年9月，完成《长沙高新区（麓谷）现代服务业发展规划（2011—2020）》编制。其规划期限为2011年至2020年。长沙高新区发展现代服务业以“发挥麓谷新区的科技、人才等优势，以科技、文化为引擎，大力发展现代服务业，提升服务档次，完善城市功能，用10年左右的时间，逐步构筑与‘麓谷科技生态新城’、国家级创新型园区相适应的‘高增值、强辐射、广就业’的现代服务业体系，将麓谷新区打造成中部地区的科技信息服务引领区、湖南省文化创意产业基地和长株潭的和谐生态家园”为总体战略定位。

长沙高新区发展现代服务业的总体发展目标为：构建现代与传统相融合，生产性、生活性和公共性服务相协调，空间布局合理的现代服务业新体系，使长沙高新区（麓谷）成为长株潭城市群服务经济网络的重要节点，长沙市乃至湖南省科技文化特色突出的现代服务业引领区。至2015年，预计现代服务业营业总收入达到600亿元；麓谷新区现代服务从业人数达到9万，占全社会从业人数的30%；税收总额占全区税收的比重达到20%。

五、环保产业

2011年12月，完成《长沙高新技术产业开发区“十二五”期间环保产业发展规划实施指南》编制。该《指南》规划期限为2011年至2020年，对长沙高新区环保产业发展的总体定位是：以先进环保装备制造为基础，打造“环境服务业聚集地”，把湖南省环保产业示范园建设成为集环保产业装备生产、科研、贸易、服务等功能于一体化的生态工业示范园区。具体定位于三个基地和三个中心：区域环保总部和环境服务基地、环保科技创新和转化基地、先进环保装备制造基地、环保产品展览和信息中心、环保产品、材料集散中心和重金属防治技术中心。

该《指南》以2010年为基准年，认为长沙高新区环保产业的总体发展目标为：2015年环保产业总产值达到300亿元，年均增长38%，2020年达到750亿。2015年环保装备（产品）制造业年产值达到160亿元；环境服务业年产值达到100亿元；洁净产品生产年产值达到30亿元。

六、信息化总体规划

2011年12月15日，长沙高新区管委会下发《关于印发〈长沙高新区“十二五”信息化总体规划纲要〉和〈长沙高新区麓谷城市综合管理信息平台（二期）建议书〉的通知》（长高新管发〔2011〕103号）。其中《长沙高新区“十二五”信息化总体规划纲要》是“十二五”时期高新区信息化发展的指导性文件，规划期限为2011年至2015年。该规划以“统筹规划、分步实施；政府引导、市场运作；资源整合、信息共享；加强管理、注重安全”为基本原则，推进城乡信息化建设，扩大服务对象，并在市场配置资源的基础下发挥政府的引导作用，整合信息资源，保障信息安全。

《长沙高新区“十二五”信息化总体规划纲要》的发展目标是：到2015年，通过打造一个城市管理平台、两个公共服务平台，打通政府与政企民三条信息通道，整合网络、硬件、数据、应用四类电子政务资源，建成五大信息化体系。初步建成一个以“信息泛在畅通、决策精准智能、服务全面高效、经济创新发展、生活便捷幸福”为特征，以智能国际化的信息基础设施为支撑的“数字园区”框架，使高新区成为数字长沙建设的排头兵、数字湖南建设的引领者，信息化水平与高新区经济水平相匹配，名列国家级高新区前列。

第二章 产业政策

长沙高新区的产业政策，除接受国家和省委省政府的宏观调控和指导外，其产业政策主要是来自长沙市委市政府和长沙高新区根据国家和省市政府的政策制定和衍生出的产业政策。

第一节 长沙市主要政策

《关于进一步加快高新技术产业发展的决定》

1999 年 1 月 6 日，长沙市委、市政府下发的长发〔1999〕1 号文，该文系为进一步实施“科教兴市”，加大对高新技术产业的扶持力度，促进长沙社会经济可持续发展，就关于进一步完善长沙市高新技术产业的发展思路，进一步加大对高新技术产业的政策扶持，进一步创造高新技术产业发展的宽松环境，和切实加强对发展高新技术产业的领导和组织四个方面作出决定。

《关于对长沙软件产业基地企业实行无费管理的通知》

1999 年 7 月 7 日，市政府下发长政发〔1999〕31 号文，该文对长沙软件产业基地企业实行无费管理：长沙软件产业基地设在长沙高新技术产业开发区岳麓山高科技园内，对进入该软件产业基地内的以软件开发为主的高新技术企业，实行挂牌无费管理。挂牌软件企业只纳税，不缴纳行政事业性费用(建设项目报建费用另行规定)。各级行政事业性收费单位一律不得到挂牌软件企业收费。无费管理工作由长沙高新区管委会负责具体实施，市监察局、市物价局负责监督。凡符合条件的软件企业可向高新区管委会提出书面申请，并提供工商、税务登记证照及高新技术企业证书复印件，经高新区管委会审核后，报市人民政府批准，颁发《长沙软件产业基地无费管理企业证》。高新区管委会每年对无费管理企业进行一次审核，对不合格的软件企业，收回《长沙软件产业基地无费管理企业证》。对违反通知规定，擅自到无费管理企业收费的单位和个人，企业可以拒绝交纳并可向高新区管委会、市监察局举报，由其予以制止和查处。

至 2012 年，园区全部软件企业、新材料企业享受“无费管理”待遇。

第二节 长沙高新区主要政策

《提升自主创新能力、建设创新型园区的实施意见》

该意见由长沙高新区2006年颁发，旨在提升企业持续创新能力，培育六大产业集群。

《长沙高新区鼓励引进龙头企业、推进技术创新、壮大产业集群的若干规定》

该规定由长沙高新区2008年制定，长沙高新区财政每年安排2亿元产业发展专项资金，用于支持重大支柱产业、特色产业和技术创新项目。

《鼓励引进龙头企业、推进技术创新、壮大产业集群的若干规定》

该规定由长沙高新区2008年制定，规定长沙高新区管理委员会财政每年安排2亿元产业发展专项资金，用于支持重大支柱产业、特色产业和技术创新项目。

《关于建设国家创新型科技园区的若干政策意见》

意见即长沙高新区高新管发〔2010〕1号文，旨在以创新驱动战略、人才高地战略、知识产权战略全力建设国家创新型科技园区，全面实施“6543”工程，培育六大产业集群，提升源头创新能力，建设知识产权示范园区。

《促进服务外包发展暂行办法》

该办法由长沙高新区2010年出台，办法规定长沙高新区管委会财政安排2000万元的服务外包产业发展专项资金，并根据财政收入的增长适当增加，与国家、省、市促进服务外包产业发展的专项资金形成配套，用于支持产业发展。

《长沙高新区关于促进新材料产业集群发展的若干政策意见》

该意见由长沙高高新区2010年制定，旨在激励高新区内新材料产业结构升级，培育壮大新材料产业集群，发挥其特色和优势，促进全区经济又好又快发展。长沙高新区财政每年安排5000万元，设立新材料产业发展专项资金，通过贷款贴息、补助和奖励等方式，对新材料产业重点领域经长沙高新区管委会审批认可的技术改造项目和重大产业化项目进行重点支持。高新区财政每年安排3000万元，设立新材料产业科技创新专项扶持资金，用于对新材料产业相关创新项目和平台的创新基金配套、贴息、补助和奖励。

《长沙高新区促进服务外包、电子商务、动漫游戏产业发展暂行办法》

该办法为长沙高新区2011年制定（长高新管发〔2011〕36号），办法规定服务外包、电子商务、动漫游戏等现代服务业列入长沙高新区产业发展总体规划，予以重点引进和培育。高新区管委会财政每年安排2000万元的服务外包、电子商务、动漫游戏产业发展专项资金，并可根据产业发展和财政收入的增长情况适时调整，与国家、省、市相关产业发展专项资金配套使用，用于支持产业发展。专项资金支持注册管理及税务征管关系均在长沙高新区范围内，从事服务外包、电子商务、动漫游戏的优势企业及人才引进培训、公共服务平台建设、市场拓展、专项招商、企业资质认证等项目。

《关于电力智能控制与设备创新型产业集群建设的若干意见》

该意见由长沙高新区2012年着手制定并于次年2月印发，旨在加快专业园区建设，突出创新驱动，鼓励企业投资电力智能控制与设备产业的新项目、新产品，实施产业集群提升，打造电力智能控制与设备千亿级产业集群。设立2000万元的电力智能控制与设备产业集群建设专项资金，主要用于对企业相关创新项目的配套、贴息、补助和奖励。

第三章 产业服务

第一节 企业联系制度

1993年，长沙高新区实行项目开发主任分工负责制，建立企业联络员制度。对液晶显示器、新材料、制动装置、溴化锂空调、新医药、电路板等重点项目由各主任分工负责，定期检查开发进度和效果。同时，高新区加强对长沙远大空调、麓山天然植物制药有限公司等骨干企业的扶持与指导。

1994年，长沙高新区办公室下发《关于加强对区内骨干企业的联系和服务的安排意见》，对湖南科湘化工公司、银河计算机产业公司等32家骨干企业实行定点联系，组织专门人员分工负责，开展协调服务工作，帮助企业解决困难。

1995年，长沙高新区试行骨干企业和重点项目的领导分工包干负责制，管委会处级以上干部每人负责联系数个重点企业和项目，开展对口帮扶。

1996年，长沙高新区确定32家骨干企业，组织7个小分队，深入企业调研指导，协调有关问题，其中协调国防科大银河计算机产业基地、远大公司基地、威胜公司电子城、金海股份公司、银州股份公司等企业补办土地红线，解决有关税费减免问题，帮助企业解决各类贷款1.2亿多元。

1997年，长沙高新区重新确定重点帮扶企业30家，完善重点企业、骨干项目专人定点跟踪服务联系制度。是年，高新区重点帮助协调解决旺旺新增资项目落户政策问题、威胜公司重组问题、湖南华加业务运营与周边环境问题、亚大高分子被法院冻结银行帐号解冻问题、远东玉米公司形成湖南高果糖消费市场协调问题等。特别是在帮助远东玉米集团（即长沙高果糖厂）解决经营困难的过程中，长沙高新区服务队员多次上门服务，分析经营困难的原因，与旺旺、驽马制药等企业联系拓宽产品销路；向省政府领导汇报，和药政部门联系，与税务部门衔接，为企业争取优惠；召开“长沙高新区关于高果糖的宣传工作会议”，通过宣传扩大其知名度。

1998 年，长沙高新区管委会产业发展处建立进区企业工作例会制度、企业回访制度，对 58 家企业和部分高校院所、支撑服务机构走访调研，召开部分企业负责人座谈会，对企业反映的环境、政策、资金、场地等问题逐项解答。是年，高新区协调解决：外资高新技术企业享受先进技术企业有关待遇问题，旺旺公司、远东玉米公司扩大投资享受有关优惠政策问题，威胜电子重组后外部干扰问题，远铃公司的用水、消防、环保问题，光男摩托、国华的劳动用工问题，驽马制药的内部矛盾问题，金江的建立保税仓等问题。

1999 年，管委会与长沙高新区工商、国税、地税、财政联合对区内重点企业实行联络员制度，召开重点企业联系工作会议，确定第一批 62 家企业为联系点，56 人为联络员，并制定《高新区企业日常管理暂行办法》《长沙高新区企业联络员守则》。

2000 年，长沙高新区确定湖南湘能电力股份有限公司、湖南省三环电源有限公司等 52 家重点企业，共分 6 组，每个企业安排一名联络员，开展对口企业的联络和服务工作，同时制订《长沙高新区企业联络员考核办法》。

2001 年 3—4 月，结合长沙市“万名干部下基层”活动，长沙高新区管委会将机关干部分成电子信息、先进制造技术、新材料、生物医药、环保 5 个行业调查组，对 160 家重点企业进行全面调查，发现问题并通过高新区或省市解决。

2003 年 9 月 16—30 日，长沙高新区管委会产业局会同驻区工商、国税、地税、财政的相关人员对区内 2002 年收入过 5000 万元以上的企业进行调研，调研按电子信息、先进制造技术、新材料、生物医药和高效农业 4 个支柱产业分为 4 组进行，涉及产业份额共占全区 80 %以上的 72 家企业单位。

2003 年 12 月，长沙高新区管委会依据长沙市委办公厅下发的《关于在全市实行党政领导干部联系重点招商项目制度的通知》（长办发〔2003〕32 号）

与《关于部分市领导挂点联系工业企业重点项目的通知》（长办发〔2003〕38号），下达《关于对入园重点企业（项目）开工建设实行协调服务责任制的通知》，制订《长沙高新区落实麓谷入区企业开工建设协调服务责任重点项目表》，推行重大项目领导牵头、局室负责、专门班子跟踪落实的工作责任制，对晟通科技等10个企业（项目）明确责任领导、责任人、责任部门。

2004年，长沙高新区下发《长沙高新区重点企业联系制度》，确定远大直燃机有限公司等100家公司为2004年度重点企业，拟定长沙高新区重点企业调研方案，党工委、管委会领导为重点企业的主要联系人，产业发展局为主要联系部门，党工委、管委会领导定期对区内重点企业进行调研，协调解决重点企业重大事项工作，其中新安装800千伏安箱式变电站和1250千伏安固定式变电站各一台，解决中联重科、科力远、人民彩印厂等企业的施工用电问题。

2005年7月，长沙高新区下发《关于对麓谷企业（项目）开工建设实行领导分工督办责任制的通知》（长高办通知〔2005〕1号）、《关于长沙高新区重点企业实行领导分工联系服务制度的通知》（长高办通知〔2005〕2号），明确领导分工与责任范围，决定对远大直燃机有限公司等26家重点企业实行领导分工联系服务制度，定期对企业进行调研，了解企业的发展现状、相关产业的发展态势及企业发展需求等相关情况。企业联系服务的部门归口产业发展局，对企业发展的相关情况每月进行专题通报。

同年，长沙高新区制订《长沙高新区委领导联系重点企业安排表》，在项目引进方面，出台《关于对重大招商引资项目实行领导分工责任制的通知》（长高办通知〔2005〕3号）。

2008年9月，长沙高新区制订《长沙高新区重大招商项目责任制实施办法》（长高新管发〔2008〕23号），要求招商局归口建立重大招商项目责任制台账，专人负责项目的收集、整理、调度等工作，确保每个重大招商项目有一名委领导、一个局室和一名负责人（项目主管或项目组长）具体负责，同时下发《关于加强重大项目跟踪管理、督办和项目库建设的通知》（长高新管函〔2008〕80号）。

第二节 工业服务月

2005年，长沙市开展工业服务月活动，长沙高新区通过六个方面开展工业服务协调工作：

对12个重大工业招商项目，15个工业开工建设项目和已投产的26个重点企业实行委领导分工挂点联系制度。

对企业服务的各项工作实行每月调度制，通过职能分工和会议研究等途径解决已投产的重点企业提出的实际问题、重大普遍性问题。

帮助园区企业产品进入政府采购名录。

加强与电业部门的衔接为企业生产保电。

开展政策宣传，为企业争取政府资金。

搭建投融资平台，解决资金难的问题。

同年、长沙高新区全年共组织51家企业分别参加4次银企座谈会，27家企业获得总额为1.26亿元的贷款，84家企业认定高新技术，组织企业申报各类计划200项，获得各类计划立项支持6700多万元。2005年，长沙高新区被市委、市政府评为长沙市“工业服务月”活动先进单位。

2006年7月13日，长沙高新区结合长沙市工业项目年，启动“工业服务月”活动：制定《长沙高新区工业项目年活动实施方案》；成立长沙高新区“工业服务月”活动领导协调小组，彭可平、罗社辉任组长；调整充实9个调研小组，分别由一名委领导、一名部门负责人、一名工作人员组成；建立委领导挂点联系、专门班子跟踪服务、定期综合调度通报的工作机制；明确产业发展局为活动牵头督办部门。

在2006年的“工业服务月”中，长沙高新区共收集整理区内90家重点工业企业反映的共225个问题，年末解决问题175个。

2006年，高新区在全市工业项目建设年考核中排名第一，顺利实施列入市“三个100”工程的17个重大项目和高新区年初确定的“三个20”重点工业项目（即20个竣工投产达产、20个续建新建项目开工、20个招商引资项目签约落户）。

2007年7月26日，“工业服务月”活动再次启动，制定《长沙高新区2007年“工业服务月”活动实施方案》，成立领导小组，抽调39人、组成9个调研服务小组，分别由一名委领导牵头，产业口和相关部门负责人任组长，一至二名工作人员任联络员，深入远大空调、南岭民爆等105家重点企业调研解决问题。

长沙高新区在此次活动月共收集梳理企业反映问题126个，解决或基本解决100多项。围绕制约产业发展、企业经营的主要问题，高新区经研究后出台《关于对科技型中小企业贷款给予财政贴息及对投融资服务机构给予奖励的实施办法（暂行）》《关于促进企业保护知识产权、实施品牌、专利、标准化战略的管理办法（暂行）》《关于对科技创新专家、优秀企业家、优秀科技人才给予奖励的实施办法(暂行)》《关于推进科技企业孵化体系建设的实施办法(暂行)》《关于企业技术创新基金的管理办法(暂行)》《关于产业发展资金的管理办法(暂行)》《关于大力扶持软件产业发展的实施办法(暂行)》《关于大力扶持动漫游戏产业发展的实施办法(暂行)》等10个政策举措，组织产业、招商、建设、社发、城管、安监、统计、工商、规划、国土，消防、公安、交警等与企业生产经营关联的30余个部门，汇编《长沙高新区企业服务线路图之环境篇》，明确各项办事流程，规范各个工作环节，强调限时办结，落实园区“封闭式管理、开放式运行”。

2008年，根据长发〔2008〕7号和长办通知〔2008〕5号、24号文件，长沙市直机关全面开展服务经济建设百日大行动，长沙高新区成立“服务经济建设百日大行动”领导小组，负责行动的协调、指导、督查、考核，先后制定《长沙高新区2008年“工业服务月”活动实施方案》（长高新管发〔2008〕20号）、《长沙高新区“服务经济建设百日大行动”活动方案》（长高新管函〔2008〕73号），并组成产业促进组、招商项目组、园区建设组、社会协调组、人事管理组5个小组，深入企业破解难题、促进发展。

在2008年的“工业服务月”中，长沙高新区组成11个服务小分队，深入60家重点服务企业和委领导联点的全市六大产业集群龙头企业调查研究、协调解决有关问题。7月21日开始，11个小分队共收集企业问题、困难和建议150个，《重点企业调研表》60份，涉及园区生产和生活配套环境及基础设施、项目开工建设、产业配套建设、企业扩规发展、资金筹措困难、财政奖励补贴、人才保障等共性问题近200个。是年，长沙高新区新开工项目20个，竣工投产项目16个，新开工项目中工业项目16个，其中有8个属省市重点工程项目，2个国家重点实验室；2007—2008年长沙高新区市督办的23个亿元以上签约重大项目，18个项目落地。

第三节 企业帮扶

2009年，长沙高新区成立11个“两帮两促”督办小组，分别由一名委领导、一名部门负责人、一名工作人员组成，集中时间对分属的项目进行逐一走访调研，现场办公，了解企业的相关情况，协调处理相关问题，积极推动项目进展。

建立督办调度制度，对重大项目实行一周一通报、一月一督导、一季一讲评考核的项目督办调度制度。每周召开一次重大项目的通报、协调会；每月召开一次项目进度分析调度会，通报情况，分析问题，协调解决项目建设中存在的突出困难和问题；每季度召开一次项目督导、协调讲评会，听取园区重点项目单位负责人工作汇报，对项目建设完成情况进行督促检查、考核。

优化办事程序，实行流程再造，使项目规划报建审批时间压缩1/3以上。

建立奖罚机制，设立奖励资金，责任明确到部门和个人，“两帮两促”项目服务列入各单位和部门年度考核目标体系，每个项目制定年度工作目标，根据园区重点项目的发展情况，组织检查和评比，做到有奖有罚。

2011年上半年，长沙高新区管委会机关18个部门负责人及2镇17个党政领导组成联点领导班子，开展“两帮两促”活动及企业现场办公会，收集问题570个，解决554个，解决率达到97.2%，推动项目建设和企业发展，全年高新区区项目开工率92%，投资率87%。

2012年，高新区管委会采取“定目标、定时限、定责任，促征拆腾地、促规划报建、促资金投入、促政策落实、促形象进度和质量安全”措施，着力帮助企业解决发展与建设中存在的实际困难和问题；进一步完善政务服务窗口建设，规范服务行为，推行政务服务网上咨询、在线审批、电子监察和群众评价制度，全委25个部门和单位、157个事项实现在线办理。

第四章 产业规模与效益

第一节 产业规模

长沙高新区产业规模是随园区自有产业基地的扩大而扩大，在其不同的发展时期有着不同的产业规模。

在长沙试验区期间，园区没有自主的产业基地，区内的高新技术产业不仅规模小而且都分布在市内各政策区，园区无直管产业。

1991年9月，长沙试验区更名为长沙高新区，随即开始岳麓山科技园集中区建设，才有自主产业基地和直管规模产业；

1997年4月，经国家科委批准长沙高新区在保持18.6平方公里不变的前提下，缩小市内政策区，扩大直管区，把园区辖地调整为“一区四园”，即岳麓山高科技园、星沙工业高科技园、隆平高科技园、远大高科技园和政策区；

1999年1月，市委、市政府决定加快岳麓山科技园望城坡产业基地规划建设，形成麓谷产业基地，为其规模发展奠定基础；

2004年后，长沙高新区实行托管模式，履行准政府社会管理职能，对东方红镇、雷锋镇和麓谷街道进行管理，麓谷产业基地亦进入建设科技新城新的发展阶段。

一、长沙试验区

1988年7月—1991年9月，为长沙试验区时期。

此时期恰逢国家治理整顿、银根紧缩、投资减少、市场疲软、流通阻滞的局面。长沙试验区从实际出发，靠自筹资金与银行贷款，靠已有基础和国家给予的优惠政策，引入市场竞争机制，发挥多方联合优势，注重开发外向型产品，坚持全民、集体、个体新技术企业多元发展，逐步开发并形成河西区、市中区和东郊三个小区共31.6平方公里的市内政策区的格局。长沙试验区在政策区内没有直管权，按省市相关政策对区内的高新技术企业进行政策性的管理，其中河西区面积为10平方公里，市中区面积为18平方公里，东郊小区面积为3.6平方公里。

至1990年年未，长沙试验区的高新技术企业已发展到81家，有高新技术产品185项，有300项科技成果在开发区内转化为产品，试验区的20个“拳头产品”中有甲基异氰酸酯系列产品、银河超级微型计算机、含油轴承材料系列产品、不锈钢纤维系列产品、镀膜技术系列产品、XS-1谢氏高精度压缩字库和黎明电脑图文排印系统等10个“拳头产品”列入国家级和省级火炬计划，

1990年长沙试验区规模有较大增长，全年完成总产值9075.9万元，实现总收入8212万元，分别比1989年增长12.7%、30%；为长沙试验区进入国家级高新区打下较好的基础。

二、长沙高新区

1991年9月以后，为长沙高新区时期，具体可划分为1991年9月至1997年4月为一区一园时期，1997年4月后为一区四园时期，

1991年12月3日，国家科委发文确定长沙高新技术产业开发区由河东城中14.6平方公里的政策区和岳麓山科技园4平方公里两部分组成，总有效面积

为 18.6 平方公里。

1997 年，随着园区产业发展的需要，长沙高新区在国家科委批准的总面积 18.6 平方公里不变的情况下，缩小政策区，扩大直管区，由原“一区一园”的格局成为“一区四园”，即岳麓山科技园、星沙工业科技园、隆平科技园、远大科技园和政策区。

2000 年，长沙高新区开展“二次创业”，建成麓谷产业基地。

2004 年起托管东方红镇、雷锋镇和麓谷街道，“麓谷产业基地”发展成产城融合的“麓谷科技产业新城“。

至 2012 年，长沙高新区的产业规模：工程机械在园区规模经济中的占比持续下调，由最高时的 78% 下降到 50% 左右。节能环保产业实现收入 200 亿元，增长 30%，获批全国首家环境服务业试点园区；移动互联网产业增长翻一番、收入突破 100 亿元，获批全省首个移动互联网产业集聚区。推进落实“千百十”工程，一批规模以上企业快速成长。年产值过亿元的企业达 73 家，纳税过百万的企业达 487 家，其中纳税过 500 万的企业 158 家，纳税过千万的企业 85 家，为经济平稳较快增长提供有力支撑。

长沙高新区的综合经济实力在全国 115 个国家级高新区中排名 14 位，综合创新能力名列第 10 位，在中部 11 个国家级高新区中综合经济实力名列第 2 位，连续 7 次被评为全国先进高新区。

第二节 产业效益

一、产值和利润

1988 年，长沙试验区成立，1992 年，在长沙湘江西岸茅坡建设岳麓山科技园，由于省市政策扶持，招商引资的力度加大，长沙高新区内的高科技企业快速发展和壮大。

1991 年，长沙试验区内仅有企业 63 家，销售总额 8153 万元，利润总额 1224 万元。到 1995 年，企业发展至 221 家，销售总额为 193994 万元，利润总额达 36250 万元。

随着岳麓山科技园的高速建设和迅速扩大，电子信息、先进装备制造，新材料、新能源、生物医药等产业做大做强，长沙高新区得到长足发展。到 2005 年，长沙高新区有企业 707 家，技工贸总收入达到 632.1246 亿元，销售收入达到519.4611亿元，总产值552.7711亿元，利润总额达到25.7036亿元，上缴税金26.992亿元，出口创汇5.5689亿元，与1991年比较，年均增长率分别是18.9%、56.6%、58.6%、54.8%、46.5%、67.8%、106%。尔后，长沙高新区建立健全各项服务机构，完善各项服务措施，出台各产业发展的优惠政策，加大基础设施建设力度，优化园区生产生活环境，加之大招商招大商，国内外大企业纷至沓来，四大支柱产业发展到六大支柱产业并迅猛壮大，涌现出一批产值过十亿、百亿企业。

2011年，长沙高新区规模以上工业总产值突破千亿大关，实现工业总产值1088.8亿元，同比增长49.4%。占到全市规模工业总产值的18.5%，比上年提高2.2个百分点，全年产值增速保持50%以上；实现工业增加值332.7亿元，同比增长35.1%，工业增加值占全市15.5%，增速高于全市水平13.1个百分点。以中联重科为代表的9家“长沙工业三十强”企业完成产值937.1亿元，同比增长50.9%，46家企业产值超亿元，占到规模工业总产值的97%，其中9家企业超10亿元。产业经济效益增长强劲，高新区入库税收过千万元企业达到27家，其中，岳麓山科技园入库税收过千万元企业就达到21家，有7家企业税收过5千万元，税收过亿元企业2家，中联重科税收超过20亿元。高新技术产业总产值1110亿元，同比增长42.6%，占高新区总产值比重达83.7%，高新技术产品产销率为103.7%，比上年同期提高3.6个百分点，利润总额达117.7亿元，同比增长46.9%。

2012年，长沙高新区有入园企业825家，总收入2901.9亿元、销售收入2654.5亿元、总产值2716.1亿元、利润总额217.0亿元、上缴税金151.5亿元、出口创汇13.3亿美元、研发投入85.4亿元，从业人员194792人。

2012年园区工业产值及效益：规模工业生产快速增长，园区经济态势良好。全区规模以上工业总产值突破千亿元大关，实现1238.9亿元，同比增长16.6%，占到全市规模工业总产值的17.7%，比上年低0.8个百分点，今年产值增速是仅三年来最低的一年；实现工业增加值368.11亿元，同比增长17.9%，工业增加值占全市15.9%，占全市园区29.7%，增速高于全市水平1.1个百分点，低于全市园区水平0.6个百分点，高于经开区6.8个百分点，排名第一。其中，先进装备制造、新材料、电子信息和生物医药产业产值规模分别达到986.8、96.5、105.4和50.4亿元。重点产业集群龙头企业拉动作用突出，在110家重点企业中，以中联重科为代表的20家“长沙工业三十强”企业完成产值为

937.1 亿元，同比增长 50.9%；55 家企业产值超亿元，比上年同期增加 9 家过亿元企业，占到规模工业总产值的 98%。其中 9 家企业超 10 亿元。产业经济效益增长强劲，麓谷入库税收过千万元企业达到 26 家，其中中联、九芝堂、威胜等 7 家企业税收过五千万元；税收过亿元企业达到 1 家。能耗：全区规模以上工业企业单位产值能耗为 0.0154 吨标准煤 / 万元，比上年下降 17.6%。固定资产投资：2012 年高新区完成全社会固定资产投资 140 亿元，同比增长 17%。其中工业技改投资 70.2 亿元，同比增长 20%，投资额占全市的比重比上年提高 0.1 个百分点，增速高于全市 00 个百分点；房地产投资 43.2 亿元，同比增长 5%，增速比全市低 11.4 个百分点。科技：1—12 月，高新技术产业总产值 1320.2 亿元，同比增长 15.5%，占全区总产值的比重达 85.7%。1—12 月高新技术产品产销率为 97.3%，比上年同期降低 6.4 个百分点；利润总额达 123.4 亿元，与上年基本持平。全年科技活动经费内部支出为 38.3 亿元，同比增长 8.5%，其中研究与开发经费投入 34.9 亿元，同比增长 9%。

二、主要产业产值和收入

表 7-1　　长沙高新区主要产业产值和收入一览表

（2001—2011 年）

单位：亿元

年份	电子信息	装备制造	新材料	生物医药	其 他
2001	112.1	36.0	33.5	36.2	29.0
2002	132.0	51.6	41.5	48.7	48.1
2003	146.4	84.4	63.1	73.0	37.0
2004	158.7	143.5	95.7	82.2	25.4
2005	198.6	214.9	116.2	87.3	15.1
2006	216.8	264.3	141.7	112.9	55.1
2007	226.8	365.1	188.9	150.8	69.0
2008	251.1	544.9	212.4	178.9	62.7
2009	260.8	741.5	266.5	160.4	71.4
总计	1703.3	2446.2	1159.5	927.7	412.8
以上为各年产业总收入；以下为各年产业总产值					
2010	57.2	556	76.6	40.6	
2011	61.6	868	84.6	42.3	32.3

说明：2001—2009 年是各产业总收入统计。2010—2011 年是统计该产业规模工业企业的总产值。2011 年其他栏中数据是新能源产业规模工业企业总产值

三、主要产业结构分布

表 7-2　　主要产业结构状况一览表

（2008—2012 年）

单位：亿元、%

年份		先进制造	电子信息	新材料	生物医药	其他
2008	产值	511.5	144.6	211.3	189.1	55.6
	占比	46%	13%	19%	17%	5%
2009	产值	693.4	151.3	245.2	190.7	81.7
	占比	51%	11%	18%	14%	6%
2010	产值	945.1	185	287.1	169.5	101.1
	占比	56%	11%	17%	10%	6%
2011	产值	1665.2	226	214.1	166.5	107.1
	占比	70%	10%	9%	7%	5%
2012	产值	1831.3	298.6	273.1	203.7	109.4
	占比	67%	11%	10%	7%	4%

表 7-3　　园区规模工业行业划分情况一览表

（2012 年）

企业类别	企业数		总产值（亿元）			税收（亿元）		
	户数	所占比重	数值	所占比重	同比增长	户数	所占比重	同比增长
电子信息类	44	40%	105.4	8.5%	8.3%	3.5	7.8%	16.8%
先进制造类	25	22.7%	986.8	79.7%	13.2%	34.6	76.7%	6%
生物医药类	16	14.5%	50.2	4.1%	24.3%	3.3	7.3%	26.3%
新材料类	25	22.7%	96.5	7.8%	11.7%	3.7	8.2%	19.9%
合计	110	1238.9	16.6.%	45.1	9.1%			

四、“一区四园”主要产业收入

2012 年，长沙高新区先进制造、电子信息、生物医药、节能环保及新能源、新材料产业的总收入分别为 1948.3 亿元、293.4 亿元、178.8 亿元、344.6 亿元、136.8 亿元；麓谷园区总收入分别为 983 亿元、185.9 亿元、131.9 亿元、265 亿元、46 亿元。

表 7-4　　"一区四园"和麓谷园区主要产业收入状况表

（2011—2012 年）

单位：亿元

行业	园区	2011 年 总收入	2011 年 占比	2012 年 总收入	2012 年 占比
先进制造	一区四园	1757.6	69.9%	1948.3	67.1%
	麓谷园区	923.7	36.7%	983.0	33.9%
电子信息	一区四园	186.5	7.4%	293.4	10.1%
	麓谷园区	168.6	6.7%	185.9	6.4%
生物医药	一区四园	148.9	5.9%	178.8	6.2%
	麓谷园区	103.1	4.1%	131.9	4.5%
节能环保及新能源	一区四园	287.6	11.4%	344.6	11.9%
	麓谷园区	280.5	11.2%	265	9.1%
新材料	一区四园	133.3	5.3%	136.8	4.7%
	麓谷园区	39.4	1.6%	46.0	1.6%
合计	一区四园	2513.9	100.0%	2901.9	100%
	麓谷园区	1515.3	60.3%	1611.8	55.5%

说明：此表中的五大支柱产业的总收入和所占比系分"一区四园"和麓谷园区两块统计

表 7-5　　长沙高新区麓谷园区历年主要经济指标表

（2006—2012 年）

年份	指标	企业数	总收入	销售收入	总产值	利润总额
	单位	家	亿元	亿元	亿元	亿元
2006	数值	584	469.6	431.7	357	23.8
	占一区四园比重	83.3%	59.4%	60.7%	51.7%	70.8%
2007	数值	523	535.2	480.7	421.7	40
	占一区四园比重	74.4%	53.5%	51.5%	47.4%	75.2%
2008	数值	574	648.7	543.1	534.9	30.8
	占一区四园比重	75.9%	51.9%	50.8%	48.1%	57.7%
2009	数值	517	770.5	714	634.3	41.9
	占一区四园比重	71.8%	51.4%	50.5%	46.6%	43.7%
2010	数值	552	1088.8	999.6	907.1	84.6
	占一区四园比重	76.1%	59.1%	64.7%	53.7%	62.4%

续表 7–5

年份	指标	企业数	总收入	销售收入	总产值	利润总额
	单位	家	亿元	亿元	亿元	亿元
2011	数值	667	1515.3	1410.7	1286.1	108.7
	占一区四园比重	82.4%	60.3%	64.8%	54.1%	53.7%
2012	数值	643	1611.8	1513.7	1433.2	140.7
	占一区四园比重	77.9%	55.5%	57.0%	52.8%	64.9%

表 7–6 长沙高新区收入情况一览表

（2011—2012 年）

单位：亿元

年 份	2011 年		2012 年	
区 域	一区四园	麓谷园区	一区四园	麓谷园区
营业总收入	2513.90	1515.33	2901.92	1611.84
服务收入	78	78	108	100
服务收入占营业收入比重	3.1%	5.1%	3.7%	6.2%
技术服务出口额	463.8	463.8	1634.3	1634.3
技术出口占出口总额比重	0.49%	0.72%	0.12%	0.18%
高企出口额	89960	64451	131963	93186
高企出口占营业收入比重	2.22%	2.64%	2.82%	3.58%
园区净利润	202	94	217	116
净利润占营业收入比重	8.05%	6.18%	7.48%	7.17%

表 7–7 长沙高新区经济效益统计表

（1991—2013 年）

单位：亿元

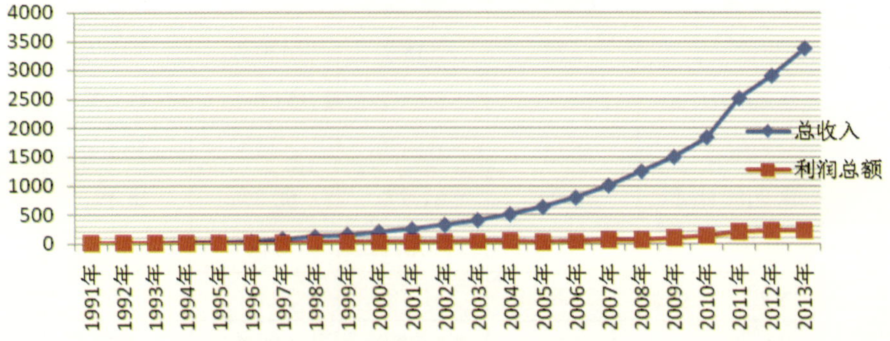

智能电能：威胜生产线

第五章 产业结构

1991—2012年，长沙高新区的产业以单一的机械装备制造为主向其它高新技术产业发展，至2012年高新区已初步形成以装备制造为主导、软件电子信息、新材料、生物医药和新能源与环保五大产业。

第一节 装备制造产业

一、概况

1989年，进入长沙试验区的装备制造企业4家。1990年，入区的装备制造企业增至22家。

1995年，先后有远大空调实业公司、中意集团股份有限公司、长沙汽车发动机总厂、湖南仪器仪表总厂、广怡电机有限公司、长沙赛特高技术开发公司、华升电子实业有限公司、东海电子有限公司、省农机所技术实业公司、长沙内燃机研究所、长沙重型机器研究所、湖南动力机厂、华奥内燃机实业公司、中联建筑机械产业公司等先进制造技术企业45家落户长沙高新区，长沙高新区的先进制造产业企业增至67家，占园区企业的16.4%。

“十五”期间（2001—2005），重点发展远大空调、三一重工、中联建机、湘能科技、威胜电子、佳宇环保、华星宇传感器等企业，投资研发新产品，扩大生产规模，组建产业集团，做大做强。

2001—2005年，先进装备制造产业总收入分别为36.0、51.6、84.4、158.7和198.6亿元。2005年，先进装备制造产业总收入占四大支柱产业的34%。

“十一五”期间（2006—2010年），形成以中联重科、山河智能、三一重工为龙头，聚集有有色重机、中冶长天、奥盛特重工、金岭机床、长沙机床、金杯电工、威胜集团、华能自控、湘电水泵、长沙水泵、奔腾动力、力宇燃气、安淳高新等高新技术企业，以工程机械为特色，冶金矿山、精密机床、电力和电站装备以及汽车零部件等多行业共同发展的先进装备制造产业，规模工业总产值占高新区工业总产值的70%，成为长沙高新区第一大支柱产业和千亿产业集群的领跑者。

2006—2010年，先进装备制造产业总收入分别为264.3、365.1、544.9、741.5和556.0亿元。先进装备制造产业总收入占五大支柱产业的比重分别是37%、40%、44%、49%和76.1%。

2011年，长沙高新区有先进装备制造产业规模工业企业24家，总产值868亿元，占五大支柱产业的比重是79.8%。

到2012年，先进装备制造产业，形成以工程机械产业为特色，涵盖新能源与环保设备、高压输送电设备、精密机床、大型水泵设备等高端装备设备行业，同时形成以中联重科、中冶长天、金杯电工、威胜集团、湘电水泵、安淳高新、金岭机床、长沙机床厂、有色重机等企业为核心的企业群体。先后完成多项重大科研课题，负责制（修）订国家行业标准，主持多项国家“九五”、“十五”、“863”等国家重大装备开发、科技攻关课题和专项。混凝土机械、起重机械名列行业前茅，环卫机械、冶炼装备占有率稳居国内第一，旋挖钻机、轮胎式起重机、550kV及以下高压开关、断路器、高压电器及高低压成套设备等产品在国内具有重要影响力。建立全球工程机械行业内第一条连续装配自动化流水线；研制出全球最长臂架泵车、全球最大平头塔机、全球最大混凝土搅拌机、全球最大吨位轮式起重机、全球最高113米登高平台消防车、全球首座高性能连续级配式混凝土搅拌楼。矿山机械工程技术和高压水射流技术均处于国内先进水平。高新区依托中联重科、奥盛特重工等企业发展智能化工程机械设备；依托中联重科、中冶长天等骨干企业，突破核心零部件技术，完善配套体系，发展智能化工程机械、农业机械、矿冶机械、环卫机械等重大装备制造产业。支持中联重卡等重点企业，聚集汽车电子、发动机、零配件等企业，加快本地配套体系建设，发展专用车及汽车装备产业。依托金杯电工、湘电长泵等重点企业，开拓国内外市场，发展电站（含核电站）装备、输变电、专用高端电缆等电力设备产业。依托长泰机械人、华曙高科、深拓智能等企业发展智能制造装备。依托中国商飞公司、霍尼韦尔公司、博云新材料股份有限公司等企业发展商用大飞机机轮系统等航天航空设备；依托威胜集团、华自科技等企业发展通信网络设备、智能电网设备；依托长沙机床厂、金岭机床、湖大海捷等企业发展数控机床装备；依托中电48所、科力远、力宇燃气动力等企业发展太阳能光伏设备、汽车动力电池能量包、燃气动力设备等新能源设备；依托中联环卫、安淳高新、凯天环保、麓南环保等企业发展节能环保装备；依托中冶长天等企业发展钢冶炼专用设备；依托湘电水泵等企业发展大型泵产品、核电用泵。

到2012年，先进装备制造产业产值达到1200亿元，建设成国际一流的先进装备制造产业集群。

二、主要企业

中联重科股份有限公司：

中联重科股份有限公司系1992年由8名员工借款50万元创立，主要从事工程机械、环境产业、农业机械等高新技术装备的研发制造。20多年来该公司始终保持年平均60%以上的高速创新发展，迄今已发展成有员工3万多名，营业收入突破500亿元，利税近80亿元的一家全球化企业。其主导产品覆盖11大类别、51个产品系列，1200多个品种，工程机械、环卫机械均位居国内第一，农业机械位居国内前三。中联重科先后实现深港两地上市，成为业内首家A+H股上市公司，注册资本达77.06亿元。目前，公司积极推进战略转型，打造集工程机械、环境产业、农业机械和金融服务多位一体的高端装备制造企业。

中联重科的生产制造基地分布于全球各地，在国内形成中联科技园、中联麓谷第一工业园、麓谷第二工业园、中联望城工业园、中联泉塘工业园、中联灌溪工业园、中联汉寿工业园、中联德山工业园、中联津市工业园、中联沅江工业园、中联渭南工业园、中联华阴（华山）工业园、中联上海（松江）工业园、中联芜湖工业园、中联开封工业园等十五大园区，在海外拥有意大利CIFA工业园、德国M-TEC工业园、印度工业园、巴西工业园。公司在全球40多个国家建有分子公司，以及营销、科研机构，为全球 6 大洲 80 多个国家的客户创造价值，拥有覆盖全球的完备销售网络和强大服务体系。公司将以资本为纽带，强化海外资源整合和市场投入，在欧洲、南亚、西亚建立更为完善的备件中心，在欧洲、西亚、南亚、东南亚及北美洲建立更为先进的制造中心，在欧洲、南美洲、南亚、东亚建设更加贴近客户的研发中心。作为科研院所转制企业，中联重科不断推进改革，形成科研支持产业、产业反哺科研的良性体制机制，成为国有科研院所改制的典范；作为建立现代企业制度的上市公司，中联重科通过重组并购，参与到传统国企的改革、改组、改造之中，在老企业植入新机制、新技术，取得经济和社会的双重效益。在十八届三中全会后的新一轮改革中，中联重科的体制创新被国务院国资委树立为混合所有制的“样本”。中联重科开创中国工程机械行业整合海外资源的先河；利用资本杠杆，在全球范围内整合优质资产，实现快速扩张，并构建全球化制造、销售、服务网络。中联重科先后并购英国保路捷公司、意大利 CIFA 公司、德国 M-TEC 公司、荷兰 Raxtar 公司、意大利 LADURNER 公司，均取得卓越成效 。其中，2008 年并购世界第三大混凝土机械制造商意大利 CIFA 公司，使公司成为中国工程机械国际化的先行者和领导者，该宗并购整合也作为经典案例进入哈佛大学课堂。中联重科的前身是原建设部长沙建设机械研究院，拥有 50 余年的技术积淀，是中国工程机械技术发源地。传承国家级科研院所的技术底蕴和行业使命，中联重科坚持“高端导入、重点突破、全面赶超”科技创新战略，通过高端技术创新体系不断攻克工程机械行业世界性科研难题，推出许多世界级产品，持续推动行业技术进步，被科技部、工信部、财政部等国家部委认定为全国首批“国家创新型企业”“国家技术创新示范企业”，获得中国混凝土机械行业第一个国家科技进步奖。公司是国际标准化组织 / 起重机技术委员会 (ISO/TC96) 秘书处承担单位，代表国家在国际标准化组织 ISO 中履行流动式起重机、塔式起重机的国际表决和国内归口职责。公司研发投入占年营业收入 5% 左右，年均产生约 300 项新技术、新产品，对公司营业收入的年贡献率超过 50%。依托公司雄厚的科研实力，不断涌现的科技创新成果创造多项世界之最。成功研制出全球最长碳纤维臂架泵车、全球起重能力最大的全地面起重机、全球最大的履带式起重机、全球最大的塔式起重机、全球最大的平头塔机，全球最高的登高平台消防车、全球最大吨位单钢轮振动压路机等一批世界首创产品。在海外资源整合过程中，中联重科以“包容、共享、责任”的理念，赢得国际社会的认同和欢迎，意大利总统纳波利塔诺亲自为董事长詹纯新先生颁发“莱昂纳多国际奖”，刷新中国企业走出去的国际形象。中联重科上市以来，在上海、深圳上市公司综合绩效排名前列。

2012年，中联重科总产值达926亿元，营业收入和净利润分别同比增长17.8%和16.7%。中联重科凭借优异的公司治理，第五次捧得“金圆桌”最佳董事会奖，成为中国工程机械行业上市公司唯一上榜企业及沪深股市获该奖项次数最多的上市公司；对于中联重科的发展成就，党和国家领导人给予高度评价，习近平、李克强、张德江、俞正声、王岐山等国家领导人亲临公司视察，在肯定成绩的同时，也对公司发展寄予殷切期望。中联重科将持续推进“变革”和“国际化”，在不断变化的行业格局中实现稳健高速发展，打造装备制造的世界级企业。

湖南金杯电工股份有限公司：

湖南金杯电工股份有限公司主导产品包括电磁线、电力电缆、裸导线、电气装备用电线、特种电线电缆等五大类数百个品种近10000个规格，拥有长沙环科园、麓谷、衡阳、湘潭、合肥及成都六大生产基地，是中部地区规模最大、技术领先的电线电缆生产企业，公司成立于1999年9月,2004年5月改制为股份有限公司，2010年在深交所上市（股票代码：002533）。公司自行研制开发的轨道交通电缆，35kV地铁专用特种电力电缆等被长沙地铁2号线采用，“金杯GOLDCUP及图”商标被认定为“中国驰名商标”。电磁线事业部位于湖南长沙高新区，是中部地区最大的电磁线生产制造企业。公司是致力于电磁线产品的研发、生产和服务的现代化企业，拥有丰富的电磁线行业管理、生产、开发经营经验及精良的生产设备。主营产品主要有换位导线、组合导线、纸包线、漆包线、玻璃丝包线、薄膜线等，广泛应用于各种电机、仪器仪表、变压器、电抗器及其它电器装备的绕组等。 公司是湖南省高新技术企业、湖南省加速推进新型工业化先进企业、湖南省电站配套及输变电成套设备产业集群核心企业，湖南省电线电缆工程技术中心。是国内领先的高压、超高压变压器和电抗器等输变电重大装备用电磁线制造企业之一。公司通过ISO9001、ISO14001和ISO9001 ISO14000认证，先后获得国家质量奖委员会授予的全国电线电缆最高奖—银质奖、中国机械工业质量信得过企业、“中国质量万里行全国先进单位”。所生产的产品均取得“全国工业产品生产许可证”和CCC认证。 公司致力于开发新产品、新工艺，公司采取灵活的机制，通过不同形式广泛吸纳高层次人才，并聘请业内多位知名专家作为公司技术顾问；同时与上海电缆研究所、中南大学、国防科大等科研院所建立长期战略合作关系，积极跟进业内最先进的技术，使现有产品的质量、精度、可靠性达到国际一流水平，同时结合市场的需求，重点开发生产科技含量高、代表未来市场需求走向的新产品；通过有机整合销售模式，立足中西部市场，辐射全国并逐步开拓东南亚及中东等国际市场。公司以“诚信、创新、效率、责任”为核心，坚持“严谨务实、规范守信、追求卓越”的企业理念，凭借一流的专业技术人才和丰富的生产经验，通过“技术创新、营销创新、管理创新”提升公司竞争力，为客户生产优质产品，提供满意服务，力争把公司打造成为具有国际影响力的大型电线电缆制造商。金杯电工股份有限公司的诚信、实力和产品质量获得业界的认可。

湘电长沙水泵厂有限公司：

湘电长沙水泵厂有限公司（简称湘电长泵）创建于1951年，初名长沙水泵厂。1996年，组建长沙通大（集团）有限公司。1998年，以公司为母体改制为新的通大集团有限公司。2000年，率先实施股份制改造，是长沙市国企“两个置换”产权改革试点单位。2002年，完善规范股改，更名为长沙水泵厂有限公司。2004年3月，上市公司湘潭电机股份有限公司与长泵公司强强联合，湘电是中国重大技术装备机电一体化的生产制造厂家，泵与电机实现上下游产业链延伸。2006年，实施搬迁战略，在长沙麓谷高新区和宁乡经开区购地400亩打造机装试验基地和铸造基地，并于2009年年底完成整体搬迁麓谷科技园，占地面积200亩，投资总额约6亿元，主要产品有：大型立式斜流泵 、立式凝结泵、核电用泵、船用挖泥泵、混泥土蜗壳泵、多级中开泵、立式涡壳泵、单级双吸离心泵 、轴流泵等。年产能力，各类中大型水泵5000台。有员工人数1500人。2010—2012年，三年销售总额大约20亿元，缴税总额6020万元。湘电长泵（长沙水泵厂）具有60多年来从事泵类产品的研发和制造经验，是中国机械500强和中国制造500强，是中国泵行业重点骨干企业。80年代始，公司先后与美国的福斯 、英格索兰 、日本的荏原等国际知名制泵公司建立技术合作关系。2012年，产品已形成50多个系列、1000余品种、2500多个规格。产品遍及能源、石化、环保等领域，畅销全国并远销50多个国家和地区。主要产品有：大型立式斜流泵 、立式凝结泵 、核电用泵、船用挖泥泵、多级中开泵等。2006年开始，公司用三年时间在长沙麓谷科技园和宁乡经开区分别打造一流的机装基地（总部）和铸造基地，拥有完备的技术、装备、生产能力及管理体系。

采用三维 CAD 等技术手段，从设计、制造到管理实现信息化。拥有全国最大的水泵测试中心，一流的铸造 、加工、装配、试验能力。致力于市场结构和产品结构调整，加大核电、环保、石化等投入，研制的核电 AP1000 余热排出泵、火电百万千瓦机组海水循环泵、高效节能中开泵等多个项目通过国家级鉴定，LKXA.B.C 型立式斜流泵、XJ 型中开泵、百万千瓦级核电站混凝土蜗壳泵等新产品，获得国际流体展会金奖；WNB 系列挖泥船泵、A.B.C 型立式多级凝结泵分获银奖。百万千瓦级核电站海水循环泵双相不锈钢叶轮技术取得突破，获国家科学技术进步二等奖。2014 年 3 月，CAP1400 核电常规岛冷却循环泵样机通过国家级鉴定，专家评定该技术达到国际领先水平。

长缆电工科技股份有限公司：

长缆电工科技股份有限公司创建于 1958 年，原名长沙电缆附件厂，是中国最早部属专业生产电缆附件定点企业之一，1997 年改制为有限责任公司，2011 年更名为长缆电工科技股份有限公司，是长沙国家高新技术产业开发区重点企业，国家级“守合同，重信用”企业，国家火炬计划重点高新技术企业，湖南省级企业技术中心，湖南省工程技术研究中心，湖南省明星科技企业，在国内电缆附件行业中处于领先地位。2006 年，公司在麓谷科技园新建电缆附件生产研发基地，于都 008 年 8 月竣工运营，基地占地面积 12 万多平方米，建筑面积 8.8 万多平方米，建有现代化的办公楼、高压电缆附件生产超净化注橡成型车间、环氧浇注车间、装配车间、机械加工车间、金具车间、热缩产品车间和箱柜产品部，年生产 220KV 及以下电缆附件产品可达 150 万套。至 2012 年 12 月，公司总资产 6.49 亿元，净资产 3.76 亿元，年产值 4 亿元（220KV 产品 500 台套，110KV 系列产品 6000 台套，中低压产品 150000 台套），实现年销售收入 3.76 亿元，年利税 13424 万元。公司主导产品有：高压、超高压电缆附件，直流电缆附件，特种电缆附件，金具，电缆敷设机具。公司多项产品替代进口，填补国内空白，拥有 39 项专利权，其中发明专利 1 项。公司有员工 700 人，其中工程技术人员 200 余人，建有国内最大的电缆附件试验检测中心，拥有国内最先进的电缆附件绝缘材料生产线、橡胶成型智能监控生产线、全自动环氧浇注生产线，集研发、生产、销售和服务于一体。公司于 1998 年率先通过 ISO9001 质量管理体系认证，随后通过 ISO14001 环境管理体系认证，OHSAS18001 职业健康安全管理体系认证，“长缆”商标荣获中国驰名商标、湖南省著名商标。公司注重电缆附件产品的基础研究工作，每年把销售额的 5%

以上投入研究开发，近二年就投入新产品研发及技术革新资金数千万元，组建占地 3000 平方米的 500KV 高压试验大厅和占地面积 2000 平方米的 220KV 产品出厂试验大厅。公司讲究诚信服务，质量至上。公司在同行业中率先通过 ISO991 质量认证和国际权威 KEMA 试验认证，对每一个生产环节，从原料采购到成品出库，均严格执行品质控制，履行质量承诺，坚持全心全意为用户服务的态度，遵循 48 小时内到达服务现场，确保用户满意率 100%，高压电缆附件产品安全运行经验近 20 年。公司发挥自身优势，健全销售网络，产品市场辽阔，不仅在国内设有北京、广州、南京、郑州等 50 多个销售分公司及办事处，而且与澳大利亚、肯尼亚、哈萨克斯坦、伊朗、印度、菲律宾、马来西亚、缅甸、约旦、台湾等二十多个国家和地区长期保持良好的销售业务往来，产品广泛应用于国家各大重点工程建设中。公司目前在国内高压电缆附件市场占有率已突破 30%，是国内电缆附件行业的领跑者。

长沙日立汽车电器有限公司：

长沙日立汽车电器有限公司创建于 1995 年，是由世界 500 强日本日立公司投资创建的外资企业，是园区最早的世界 500 强投资企业之一。公司主要生产汽车用起动机、发电机等汽车零配件，重点产品包括各种日本车型用交流发电机、起动机、电子产品及其它产品，已为庆铃、江铃和郑州日立等主机厂配套，并向全国供应维修配件，部分产品出口美国市场。公司集合日立集团的雄厚技术力量及制造方面的丰富经验，将事业重心放在“环境”“安全”“信息”等三个领域中的四个系统的技术开发上。在环境方面、日立汽车系统致力于环保及能源高效型的“发动机管理系统”与“电力转动系统”的开发；在安全方面，日立汽车系统致力于将外界识别传感器与驱动技术相结合，以辅助驾驶者的“行驶控制系统”的开发；在信息方面，日立汽车系统致力于通过提供地图更新、道路交通信息、云信息等的服务，向使用汽车的人和社会提供舒适、便捷的“车载信息系统”的开发。

长沙申大科技集团股份有限公司：

长沙申大科技集团股份有限公司创建于 1999 年，多年来稳步发展成取得国家级高新技术认证的先进汽车零部件制造供应商，主营范围是精密模具及产品、精密治具及自动化工装的研发、设计、制造和销售，汽车结构总成件、PU 发泡和包覆件、涂装件的研发、生产与销售，现已拥有长沙总部、上海、重庆、武汉、沈阳、长沙星沙、广州和成都共八个生产基地。

公司一直专注于精密模塑、精密治具、自动化工装的设计开发、功能和结构总成件的研发生产等领域，凭借多年与众多国际知名跨国公司的紧密合作，公司聚集和建立起一支年轻而富有活力的技术和管理团队，本着客户至上的服务理念，努力开拓和进取，秉承“标准化、平台化、自动化、信息化”发展思路，力争在同行业内首批进入“中国智造 2025”。

公司的主要产品包括汽车精密模具及产品，精密检具、自动化夹具、工装；新能源电池、安全气囊、倒车雷达、ESP、车灯、电机齿轮及齿轮箱等高精密注塑件；汽车发动机冷却模块；空调鼓风模块；前后雨刮总成；转向护罩、出风口、杯托、车用手套箱等总成件；车门、扶手及头枕包覆总成；汽车门系统、中控系统及顶棚系统的内、外饰部件及总成。

公司的主要客户包括国际或国内顶尖地位汽车零部件知名跨国公司、集团公司，如博世、博泽、江森、延锋、佛吉亚、麦格纳、美国万奇、伟世通、吉兴、伊莱克斯等。

湖南深拓智能设备有限公司：

湖南深拓智能设备有限公司创建于 2005 年，是一家针对工业自动化领域提供专业的系统集成服务（设计、制造、安装、调试一条龙），并为原始设备制造厂商提供工业自动化器材、技术及物流保障服务的专业化公司。

公司长期致力于工业自动化领域，以“前店后厂”的模式运营，将产品销售和成套生产有机结合、相辅相成，为您提供更直接、更完善的电气服务。公司是国际知名品牌施耐德、欧姆龙、罗克韦尔自动化、ABB、穆勒电气等工业自动化产品的指定代理商或系统集成商，公司的电气成套厂具体承担系统集成业务，定位于高端工业自动化控制领域，其制造、安装工艺符合工业控制的特点及 EMC 电磁兼容性规范，是工业自动化控制方面的专家。公司现已获得多项国家专利，并荣获双软企业的称号。

该公司是最早将“可编程序显示终端（触摸屏）”介绍进入中国的公司。通过开发“可编程序控制器（PLC）”+“可编程序显示终端（触摸屏）”构成的智能化系统，使人机对话，故障自诊断、故障专家对策系统技术为工业设备在恶劣的生产现场实现高效低耗运行，减少停机维护时间贡献力量，极大的促进客户的技术进步，并由此开创中国“可编程序显示终端（触摸屏）”大批量商业化销售的先河中国最早研究可编程序控制器（PLC）、可编程序显示终端（触摸屏）；通过公用电话网实现远程联网，远程监控，远程修改、升级程序并获得大规模商业销售的公司，此项技术为客户实现生产现场无人化管理奠定物质基础；全国最早将现场网络技术 DeviceNet 应用于 OEM 客户，并获得大规模商业化销售的公司；华中、华南地区最大的 PLC、触摸屏销售商之一；华中地区最大的变频器、软起动器销售商之一。

第二节　软件与电子信息产业

一、概况

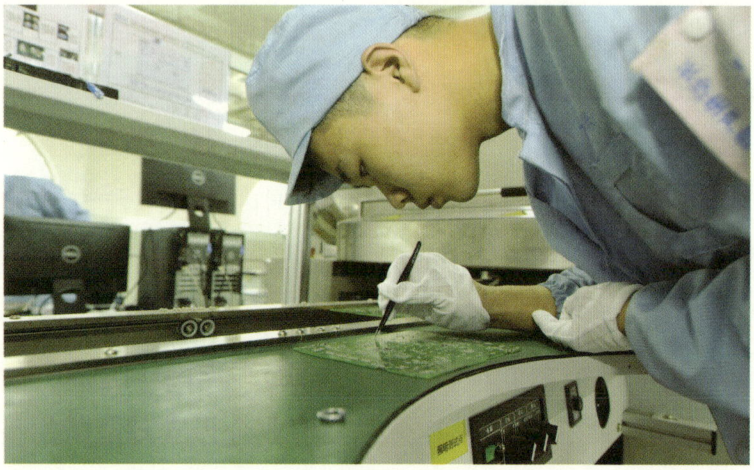
通讯 5G 时代：中兴通讯

1989 年，进入长沙高新区的电子信息企业 40 家。1990 年，进入高新区电子信息企业 27 家。

1990 年，长沙银河计算机技术发展中心银河超级微型机、901 电脑图文排印系统开发成功，作为水平较高的高技术产品，呈现良好的市场前景。

“八五”期间（1991—1995 年），先后有湖南电子信息产业集团、威胜电子有限公司、湖南计算机厂、长沙联通公司、银河计算机产业公司、维用 – 长城电路有限公司、省电子研究所、银洲股份有限公司、建达电子技术公司、顺天电脑公司、三门会计电脑公司、长海视听设备有限公司、远维科技有限公司、长富电子有限公司、电声器材厂、晶科微电子有限公司、乐金曙光电子有限公司、创智软件园有限公司和苏博泰克数据工程有限公司等 95 家企业落户长沙高新区。

1995 年，国防科技大学银河（湖南）计算机系统有限公司在高新区奠基，主要用于银河Ⅲ型计算机等微电子、机电一体化项目开发。是年，长沙高新区有电子信息企业 162 家，占园区企业的 36.8%。

“九五”期间（1996—2000 年），电子信息投资新建项目 25 项。1996 年，依托国防科大、湖南大学，在嵌入式软件及设备制造上优势突出，相继成立软件研发企业 100 余家，产品达 200 多个。长城信息、威胜集团、湖南金码、银佳科技、安力电子、中杰、湘邮、长远电子、中芯、天银信息等重点企业在金融、税控、教育、通信、电力、军工等领域占领先地位。1997年，创智集团被国家科技部批准为“创智软件园”，成为中国四大软件园之一。1999年，首次推出蓝猫、淘气等卡通形象。2000年1月，东方卡通与若干战略投资者合作，成立湖南三辰影库动漫节目发展有限公司，推出系列动画片《蓝猫淘气3000问》。是年，中软国际承接日本市场软件外包业务，软件企业首次打入国际市场。

“十五”期间（2001—2005年），在长沙高新区的扶持下，湖南计算机厂、长远电子信息、维用－长城计算机、LG曙光、创智科技、斯伦贝谢、湘邮科技、国讯网络、长海集团、银河信息、苏博泰克、中杰科技、拓维信息、创发邮电通信、银佳科技等企业得已重点发展，研发新产品，扩大生产规模，组建产业集团，电子信息产业跃居四大支柱产业之首。

“十一五”期间（2006—2010年），依托国家软件产业基地，以智能仪表、计算机终端设备研发制造为代表，形成以长沙软件园、长沙信息产业园、中电软件园和麓谷信息港为核心的电子信息和软件产业集群，聚集有威胜集团、长城信息等数10家骨干企业以及摩托罗拉长沙技术中心、诺基亚湖南华诺等数家世界一流企业，电子信息和软件产业总收入达180亿元，位列中部各省第一。

2005年，长沙软件产业基地八大公共基础平台正式对外开放运行。国家数字媒体产业基地、长沙动画产业基地、中国华文教育卡通工程生产基地相继落户高新区。至此，入园软件企业达到400多家，企业总收入突破100亿元，产业实力明显增强，电子信息产业总收入198.6亿元，占四大支柱产业的31.4%。

2006年，强力推进软件产业基地建设，基础网络、软件公共应用开发、质量保障和软件评测、教育培训等8大公共技术平台开放运营，聚集全市90%以上的软件企业进入基地发展，微软、IBM、印度NIIT等国际知名企业已成为软件园及园内骨干企业的合作伙伴。香港康隆公司投资4000万美元，建设15万平方米麓谷信息港暨软件园二期工程，引进一批知名软件企业入驻信息港聚集发展。软件企业的聚集发展，带动电子信息制造业的蓬勃兴起，省电子信息产业集团继投资1.6亿元建成匀胶铬版生产线以后，又投资4亿元，建设彩色滤光片生产线；威胜电子募集资金2亿港元，在麓谷兴建智能仪表工业园。同年，三辰卡通、金鹰两个基地动画生产里分列全国基地的第一、第八名，其产品总数16297分钟动画占全国基地动画总数的32%。是年，电子信息产业总收入216.8亿元，占四大支柱产业的29%。

2007年，三辰卡通、宏梦卡通两企业战略整合，以宏梦卡通控股三辰卡通，实行两大卡通原创企业资源整合，“红杉资本”这一全球最大风险投资基金增资宏梦卡通，加大对其衍生品的开发和销售渠道整合的投资。当年，电子信息产业总收入226.8亿元，占四大支柱产业的24%。

2008年，高新区软件产业销售收入22.86亿元，位列全国软件园第四名。形成以移动湖南公司、拓维信息系统有限公司为龙头，以摩托罗拉长沙技术中心、诺基亚（湖南华诺）、湖南银联等知名企业为支撑的移动电子商务产业集群。同年，三辰卡通集团出资4000万元，国家出资2400万元，搭建湖南动漫公共服务平台，以动漫技术服务为核心，以传统动漫制作为重点，以龙头企业带动为支撑，建设技术服务体系，服务运营体系，建设动漫教育培训平台，动漫网络制作平台，动漫后期制作平台，网络集群渲染平台。11月6日，2008中国（长沙）科技成果转化交易会在长沙高新区开幕。会上为长沙光伏产业基地授牌。是年，电子信息产业总收入251.1亿元，占四大支柱产业的20%。

2009年7月9日上午，长沙中电软件园举行奠基仪式。2009年，软件及服务外包企业发展到50家，产值2.5亿元，其中，重点企业有佩罗、中软国际、宏梦、三辰、山猫、湖南科创、长沙牛耳等16家。

2010年，中国首个手机动漫技术服务平台在长沙高新区启动，国家出资1200万元，拓维信息公司出资3000万元，共同建设专为手机动漫业务内容创作、内容集成与分发、服务运营等提供综合公共服务平台。是年，长沙有20多家原创动漫卡通制作企业，100多个动画工作室，出版发行动漫书报刊2000种，原创人员3600人，其中，中高级制作人员400余人，相关从业人员近20000人。是年，电子信息产业总收入260.8亿元，占四大支柱产业的17%。

2011年7月21日，中电软件园开园，省、市有关领导、相关部门和岳麓区有关人员400余人出席开园仪式。是年，统计口径变更，岳麓山科技园电子信息产业规模工业总产值增加到61.6亿元，占五大支柱产业的比重降至5.6%。

2012年11月18日位于长沙高新区信息产业园内的创建基地正式奠基。12月12日，长沙高新区辰泰科技园隆重奠基。是年，长沙高新区已初步形成应用软件、集成电路、数字视听设备、网络产品等相关新一代信息技术产业群，聚集22家集成电路企业，12家新型显示器企业，105家消费类电子整机企业，62家数字视听企业，161家网络通信设备企业，116家仪器仪表企业，452家应用软件业企业，其中有400多家企业通过双软认证，9家企业通过科技部骨干企业认证，7家企业成功上市。

2012年，高新区电子信息产业总产值1000亿元。

二、主要企业

湖南威胜集团有限公司：

湖南威胜集团有限公司是中国领先的能源计量设备、系统和服务供应商，于2005年12月在香港主板上市，是中国首家在境外上市的能源计量与能效管理专业集团、湖南省首家在境外主板上市的公司。公司员工共3000余人，2008—2012年连续五年被评为“中国最佳雇主企业”。2012年集团销售总额24.5亿余元，缴纳税收过2亿元，产品已出口至10多个国家和地区。集团于2009年5月20日入驻长沙麓谷高新技术产业开发区，投资总额6亿元人民币，占地460亩，建筑面积15万平方米，是中国最大及最先进的能源计量与管理产品研发、生产制造基地之一。科技园2012年实现产能为：年产单相电能表1200万台，三相电能表325万台，终端产品365万台。威胜集团一直执著于能源计量产品的研发、生产、销售，并形成广泛服务于电力、水务、燃气、热力等行业领域及大中型工商企业的智能计量系列产品：电能表、智能水表、气表、超声波热量表等全系列先进计量表计；电能量数据采集终端、电能质量监测、控制装置，水、气、热数据采集终端；电能量负荷管理系统、电、水、气、热能源计量综合管理系统、远程自动化抄表系统。集团主导的电力计量高端产品国内市场占有率超过20%，为国内第一。针对国家对于电水气热等方面的政策改革和结合集团自身持续创新的需要，威胜以业务驱动升级，在充分巩固核心业务的基础上，已成功实现产品和服务涵盖电、水、气、热整个能源流，并以节能增效为核心力量，为能源生产方、能源输配方、能源终端用户以及各级能源监管方提供全面的能源计量产品和能效管理服务。集团拥有国内实力最为强大的能源计量与能效管理技术研发团队，共有研发技术人员近600名，其中拥有硕士及以上学历者占35%，有12名国家和行业标准化委员。集团与清华大学、华中科技大学、国防科技大学、浙江大学、中南大学、湖南大学等多家高校广泛开展“产、学、研”合作，并于2003年在行业内首家建立企业博士后工作站。集团先后获批建立湖南省电测仪表工程技术研究中心、国家级企业技术中心、智能化综合能效管理技术国家地方联合工程研究中心，并于2012年5月集团成立威胜“院士专家工作站”，不断提升创新水平。在此基础上，集团于同年6月成立威胜研究院，作为引领威胜集团未来技术方向和推进威胜事业稳健发展的引擎器。2012 年 9 月，集团与西门子在中国成立智能计量合资公司，双方将共同完成新产品的设计、研发和生产，为集团国内外业务持续增长提供强有力的支撑。2012 年集团共取得 72 项电表产品专利、33 项流体产品专利、19 项数据采集终端产品专利、2 项能效服务专利。

长城信息产业股份有限公司：

长城信息产业股份有限公司是中国电子信息产业集团公司旗下的一家综合性高科技上市公司，是中国电子重点扶持的骨干企业。1997 年 7 月在深交所上市（股票代码：000748），是中国电子信息产业集团有限公司控股的国内有影响力的行业信息化产品服务商，全国电子计算机制造企业自主创新能力十强、中国软件百强企业之一和湖南省重点支持的骨干企业，是我国最大的计算机终端设备制造商之一、国家重点支持的软件骨干企业、国家第三批创新型试点企业、全国电子元器件百强企业和湖南省、长沙市“十大标志性工程”重点企业、湖南省首批知识产权优势培育企业，连续 4 年入选中国软件百强。公司是国内领先的金融电子设备生产商和金融 IT 服务的重要提供商，国内最大的金融终端生产单位；公司是国内最大的高新电子显示设备供应商，研发生产的载人航天神舟飞船、天宫目标飞行器系列液晶显示器填补国内空白；公司是湖南最大的医疗科技企业，首创的银医模式的医院自助服务系统、“社保一卡通”等惠民信息工程在湘雅医院等 300 多家医院和东莞等城市应用，破解就医“三长一短”难题；公司是中部地区最大的 EMS 制造商，也是湖南省最大的教育信息化系统及服务供应商。2012 年，公司正着力打造中部地区最强、全国一流的软件园，通过园区聚集、辐射、示范效应，推动软件与信息服务业、新一代信息技术等产业的发展。公司有员工 2328 人，其中研发工作人员 814 人，有高级职称 61 人，中级职称 276 人，研发人员占比达到 35%；公司高度重视科技研发，2014 年科技投入达到 1.27 亿元，占全年总收入的 7.5%，近三年累计实现科研投入近 3 亿元。长城信息产业股份有限公司于 1997 年进入长沙高新区，至 2014 年累计投资 15 亿元，占地面积 385 亩，建筑面积 35 万平米。通过多年的发展，公司形成以金融电子、医疗电子、高新电子为主业，园区开发与服务、教育信息化和加工制造共同发展的产业格局。公司研发出 VTM、ATM、自助挂号机、特种显示器等一系列产品，均获得市场好评，取得非常好的经济效益。公司大力推进科技创新工作，有效的促进公司的发展，在多个方面都取得较好的成就。先后获得“全国电子计算机制造企业自主创新能力十强”、“国家认定企业技术中心”、“国家技术创新示范企业”、“全国企事业知识产权试点单位”、“湖南省首批企业知识产权管理规范国家贯标试点企业合格单位”、“湖南省创新型试点企业”等称号；近三年共获得15项省、市、行业科技进步奖，其中湖南省科技进步奖一等奖1项，中国电子学会科技进步奖三等奖2项，参与银行卡终端密码应用技术规范、湖南省卫星导航产业发展规划、居民健康卡终端技术规范等13项国家标准、行业标准、行业规划的编制工作；拥有知识产权304项，完成科技成果鉴定20余项；是国内唯一一家掌握针式打印头全知识产权的企业，是国内唯一拥有载人航天飞船用显示器核心技术的企业。公司先后承担国家发展与改革委员会、财政部、工信部、国防科工局、总装备部等多个国家部门与军队的重大项目建设，涉及物联网、金融信息安全、自主可控计算机、医疗大数据、高技术服务等国家信息安全、信息惠民工程等重大科技项目。公司通过强化技术创新，实现金融信息安全、金融IC卡互联网支付、VTM、智慧医疗健康服务平台、居民健康一卡通、北斗导航、水下光纤探测系统、自主可控安全计算机等20余项创新成果产业化，其中金融自助设备和综合解决方案稳居市场占有率第一，VTM成功实现在中国银行的批量应用，达到国际先进水平；医院自助综合服务系统与“银医一卡通”模式已推广至29个省、300多家医院、3个城市，具有很高的行业影响力和知名度；基于居民健康卡和社保卡的区域诊疗一卡通系统，在全国建成11个城市的一卡通系统，全面奠定在该细分市场的领导地位。通过一系列创新项目的实施，公司经营业绩取得显著的提高，2013年营业收入达到17.1亿元，利润总额1.15亿元，其中新产品项目19个，实现收入10.9亿元，占公司业务收入的68%；营业收入、利润总额较2011年提高44.9%和155.5%。公司首创的“银医模式”解决患者“挂号难、看病难”的问题，受到中央电视台等重要媒体的广泛报道，温家宝总理给予批示，对项目应用效果给予高度肯定。承担载人航天工程神舟七号、神舟八号、天宫一号、神舟九号与天宫交会对接等国家重点工程关键设备的研制工作，填补多项国内空白，为具有中国特色的空间实验室建设奠定技术和产品基础，保证国家重大工程的顺利实施和国防安全。瞄准现代金融服务的需求，在全球率先推出VTM远程银行解决方案等系列创新性产品和服务，引领行业进入智慧金融领域。

湖南湘邮科技股份有限公司：

湖南湘邮科技股份有限公司是邮政行业的一家上市公司，是全国邮政系统重点科研和技术支撑单位、“国家规划布局内重点软件企业”。注册资本为

10325 万元。公司主要从事计算机软件开发、系统集成、通信设备研制、建筑规划设计、计算机产品代理等业务，拥有信息产业部颁发的“系统集成二级资格证书”和建设部认定的“国家通信设计甲级资质”。公司技术和市场遍及邮政、通信、金融、大型企业及社区服务等领域，先后有12个项目获部、省科技成果奖，48 个规划设计项目获部、省优秀设计奖，2 个项目进入国家 863 计划，共有自主知识产权产品 49 个，其中软件产品 27 个，硬件产品 14 个，研发产品 8 个。2005 年公司成功与瑞士 FRAMA 公司联合研发、生产数字喷墨式邮资机，为亚洲唯一的邮资机生产基地，年产 1 万台。湘邮科技作为“中国邮政第一股”是全国邮政系统重点科研和技术支撑单位，被国家邮政局认定为“国家邮政局高新技术研究所”、“国家邮政局科技发展中心”，并率先在全国邮政系统设立“博士后工作站”，负责全国邮政的技术支撑工作。公司 2000 年被科技部认定为“国家火炬计划软件产业基地长沙软件园骨干企业”，2002 年至 2008 年被国家计委、工业和信息化部、对外贸易经济合作部、国家税务总局联合认定为“国家规划布局内重点软件企业”。公司先后获湖南省科学技术厅颁发的“高新技术企业认定证书”，获湖南省信息产业厅颁发的“软件企业认定证书”，获 CCIC 质量认证中心颁发的 ISO9001–2008 版质量体系认证证书；获信息产业部颁发建设部认定的“国家通信设计甲级资质”，获建设部认定“建筑行业、建筑工程甲级资质”，获工业与信息化部颁发的“计算机信息系统集成一级资质”等资质证书。2007 年公司研发的 COPOTE 系列数字喷墨式邮资机系统获“长沙市科技进步一等奖”“湖南省科技进步三等奖”，并被科技部、财政部评为“国家重点新产品”；公司的专利产品“信件分离传动装置”获“2008 年度长沙高新区发明专利实施奖”，公司邮资机国产化项目组获“全国青年文明号”称号。公司已建立以北京、成都、长沙、南宁、广州、上海、福建、香港为中心，覆盖周边地区，面向全国的服务网络体系，技术和市场遍及邮政、通信、金融、政府、教育、公用事业及社区服务等领域。公司坚持以 IT 业为龙头，制造业、运营业为主体，其它产业为补充的产业发展战略。IT 业是湘邮科技的传统产业，也是龙头产业。公司拥有数支基于数据库应用开发、熟悉具体行业业务、能提供行业整套解决方案的科研队伍。公司先后承建“中国邮政集邮业务管理系统”、“全国邮资机管理系统”、“邮政综合业务平台”、“邮易购电子商务平台”、“财政非税收入管理系统”等颇具影响的大型系统。制造业是公司的主体产业，公司于 2004 年与瑞士 Frame 公司合作，引进瑞士生产工艺和技术研制出 COPOTE 系列数字邮资机，于 2006 年自主研发出 COPOTE 系列信封打印机，顺利通过国家邮政局组织的检测和验收，投入邮政生产使用。已建成全国唯一的年产 10000 台的邮资机及信封打印机生产基地，主要拥有 COPOTE 系列邮资机产品、信封打印机系列产品及工业介质打印系统三类产品。运营业作为公司的新兴产业，主要围绕邮政安防运营和 GPS 运营两条主线开拓市场。目前运营业主要开发邮政干线车辆 GPS、烟草 GPS、烟草 GIS、公安 GIS、烟草无线应用等业务管理系统和“湘邮时刻”GPS 系列产品。随着全球电子商务、物联网等相关行业的迅猛发展，湘邮科技利用多年来积累的技术优势，以移动互联网软件平台为核心、以基于移动互联网应用开发及服务为突破口，打造自己的产品，并积极参与智能城市、智能社区、智能企业等新兴领域的产业建设和服务。包括智能快件箱、北斗导航应用、邮政业务移动应用等产品。

拓维信息系统股份有限公司：

1996 年，拓维信息系统股份有限公司成立。公司秉承 " 诚则通、信则达 " 的经营理念，以致力于成为最优秀软件服务和信息系统整合提供商为使命，发展成为净资产过 5 亿，近 1000 名员工的股份制企业，在北京、上海、广州、云南、重庆、合肥等各主要城市设有分公司或办事处。公司获得国家规划布局内重点软件企业，国家信息产业部计算机信息系统集成一级资质企业，国家数字媒体技术产业化基地—动画技术中心企业，国家文化部动漫游戏振兴基地—手机动漫游戏企业、国家移动电子商务产品创新中心等多项资质。2011 年 5 月 13 日，入选第三届“文化企业 30 强”。2008 年 7 月在深圳证券交易所中小企业板成功上市，成功打造中国动漫第一股，股票代码 002261。2011 年 5 月 13 日，入选第三届“文化企业 30 强”。公司主要面向中国广大企业和移动终端用户提供行业软件开发及无线增值服务，用户遍及各大电信运营商，以及烟草、金融、政府和制造行业，成功推出电信行业管理支撑系统、移动支付系统、烟草 MES 系统等大型信息化软件产品，业务覆盖全国，并获得多项国家创新基金项目，国家 863 计划项目和国家发明专利，拥有近 30 项国家著作权登记产品和一批省市技术进步奖。把握机遇、厚积薄发，拓维在软件开发的基础上逐步实现向新型无线增值服务、软件运营为主的战略升级。通过技术和业务创新，成功推出手机动漫、移动电子商务、移动 SI、平台支撑类等多种服务，迅速占领市场，与同行业相比，具有较大的领先优势，成为公司今后三年业务主要驱动力。公司在做大、做强的同时，追求长远可持续发展。以人为本，以客户为中心，以市场为导向，以科技创新为核心，完善无线增值产业链构建；以一流的管理团队、卓越的技术队伍和健全的营销网络为后盾，充分利用地域、技术、资金、营销等方面优势，力争将公司打造成为国内最优秀的软件服务和信息整合提供商，为客户、为社会创造更大价值。

湖南科创信息技术股份有限公司：

湖南科创信息技术股份有限公司成立于1998年，是国内智慧政务及智慧企业领域的信息化综合服务提供商，主要致力于为政企客户提供集软件开发、系统集成、IT运维等于一体的信息化综合解决方案。

公司注重跟踪最新技术发展趋势，在云计算、大数据、物联网、移动互联网领域都已创建多个具有自主知识产权且处于国内领先地位的核心技术平台。在此基础上，按照“平台+应用”的研发模式，针对政府、企业客户的典型应用需求，逐步形成“智慧政务”与“智慧企业”系列解决方案，客户覆盖湖南、湖北、云南、河南、北京等多省（市）党政机关及其下属公安、财政、税务、环保、医疗、教育等各级政府部门，并为中国铁路总公司、中国移动、中国联通、中国电信、中联重科、云南冶金、中建材集团等不同行业领域龙头企业提供多项信息化综合解决方案。

科创公司是湖南省首批认证软件企业，已获得信息产业部计算机信息系统集成壹级资质，涉及国家秘密的计算机信息系统集成资质。公司于2001年通过上海恩可埃认证有限公司ISO9001:2000国际质量管理体系认证，在2007年7月通过CMMI3 V1.2级软件成熟度评估。公司注重产品研发，以形成自己的核心竞争力。目前已拥有国家发明三等奖1项、省部级科技进步奖2项、国家发明专利2项、软件著作权21项。公司荣获长沙市政府授予的"2008年度长沙市服务外包十强企业"称号，被湖南省信息产业厅评为2008年度软件外包/出口优秀企业，被湖南省商务厅评为湖南省首批软件服务外包示范基地企业和第一批重点服务外包企业。公司连续多年获得湖南省和长沙市"重合同守信用企业"的荣誉称号，获得湖南省地税局2006至2007年度纳税诚信A级单位，2008年湖南省工商局企业信用等级AAA单位，获得商务部企业诚信等级AA单位，是第二届《全国诚信单位光荣榜》上榜单位、第三届湖南省民营企业质量信得过单位和2005年度银行守信用企业，是湖南最具成长性非公有制企业。

华自科技股份有限公司：

华自科技股份有限公司（长沙华能自控集团整体重组设立）是2008年正式入驻园区的一家民营高新技术企业，注册资本7500万元，公司创立22年以来，一直致力于水利、水电自动化控制及信息综合处理的研发和经营。公司麓谷产业基地占地面积100亩，现有各类工程技术人员800多人，拥有一批在国内外电站综合自动化系统领域、水处理及工业自动化控制等领域有着较高知名度的专家及工程技术人员。2012年，公司完成销售收入33106万元，上缴税金3647万元，实现利润4596万元。公司产品已在全国三十一个省、（直辖；市、自治区（包括台湾地区）5500多个用户成功投运，出口到缅甸、尼日利亚、越南、印度、土耳其、智利等全球三十几个国家500多个项目。公司主要产品包括水电站综合自动化系统等电厂综合自动化系统；泵站自动化及信息化系统等水利自动化系统；污水处理自动化系统；大坝安全、水情水文、防洪预警等监测系统；变电站综合自动化系统等涉及智能电网的自动化控制系统。是联合国工业发展组织国际小水电中心全球唯一的水电自动化控制设备研发制造示范基地；是国内中小水电自动化系统、泵站自动化及信息化系统等软硬件产品最大的产研基地，在上述产业领域，公司产品位居全国市场占有率第一；是中小水电自动化控制设备、泵站自动化及信息化、励磁调速控制设备等自动化控制设备的国家或行业标准主要起草者；在行业内唯一建立有“远程监控服务平台”，公司可以基于互联网，面对全球用户进行远程的综合信息服务和维护。该平台可同时结合我司承担的水利部“完全无人值班水电站”（数字化电站）项目的推广，逐步引导电站业主认可和使用该平台带来的便捷、快速、低成本的服务。据不完全统计，国内有各类中小型水电站50000多座，可以预计，未来远程综合信息服务及维护系统的推广和普及，将会形成一个巨大的“服务（售后）外包产业体系”；企业技术中心通过省级企业技术中心认定；是湖南省水利水电自动化控制工程技术研究中心的立项组建单位。

长沙景嘉微电子股份有限公司：

长沙景嘉微电子股份有限公司创建于2006年，有员工300多人。公司专业从事加固电子产品设计与制造、集成电路设计及相关的软件开发与设计。产品广泛应用于高可靠性要求的航空、航天、航海、车载、工控等专业领域，拥有“双软企业”“国家火炬计划重点高新技术企业”等资质。公司以研发为主导，是国内唯一拥有自主知识产权、基于Vxworks操作系统的ATI Mobility Radeon系列图形控制芯片驱动程序和完整解决方案的公司，致力于图形处理芯片的设计，并获得国家重大科技专项“核高基”的立项支持，成功研发国内首款高性能低功耗的图形处理器 JM5400。

湖南华诺星空电子技术有限公司：

湖南华诺星空电子技术有限公司创立于 2006 年，是一家集特种设备智能控制、安全管理设备及超宽带雷达、毫米波雷达产品研发、生产于一体的高新技术企业。公司拥有 12000 平方米的现代化生产测试场地，拥有完备的环境实验条件，建有大型微波暗室 2 个，研发中心集中中国 UWB、MMW 雷达领域的关键人才和资源，通过与国防科技大学、中科院电子所的密切合作建立华诺研究院，华诺联合多家嵌入式系统产业企业成立“长沙市嵌入式系统产业技术创新联盟”，致力于嵌入式系统产业的共性、关键和前沿技术研究与装备水平升级，提升嵌入式系统企业开发自主创新能力，促进长沙市军用嵌入式系统、汽车电子产业、微电子产业发展。主要产品有：CE100-3 手持式穿墙消防雷达、DN-III+ 雷达生命探测仪、TJS-II 型塔机安全监控仪、交通测速雷达等。

湖南麒麟信息工程技术有限公司：

湖南麒麟信息工程技术有限公司是由发改委批复的操作系统国家地方联合工程研究中心依托实体，是湖南省国防科技重点实验室、军工科研二级保密资格单位。公司以国防科大计算机学院为技术依托，先后承担国家 863、“核高基”等多个国家重大专项，致力于国产操作系统及其应用产品的研发与产业化。其产品包括：麒麟服务器操作系统、优麒麟桌面操作系统、麒麟天腾国产计算机，是完全自主的全国产化计算机系统。

湖南御泥坊化妆品有限公司：

御家汇集团是一家以自主品牌为核心、以互联网电子商务技术应用为手段的第三代互联网科技型企业。公司通过互联网进行营销，自主搭建顾客管理系统，并持有相关专利，是真正的“互联网 +”快消品企业。2012 年，获得深圳市创新投资集团与国家发改委下属基金的共同投资，公司全资拥有御泥坊、师夷家、花瑶花、小迷糊、薇风五个护肤品品牌，及独立 B2C 商城汇美丽（Hmeili.com）。公司办公总部设于长沙市高新区芯城科技园，有员工 1000 余人。御家汇拥有一支由多位海归精英及曾任职于宝洁、联合利华、上海家化等国际知名日化企业优秀人才组成的研发团队，公司分别成立长沙实验室、御泥坊 Symrise 护肤品联合开发实验室（上海）、御泥坊 Argile du Velay 护肤品研发合作实验室（法国）等研发中心。公司自主研发的多个护肤品配方技术及产品外包设计，获得国家专利40余项；公司开发的多个电商系 统软件获得国家软件著作权，其中自主研发的SMIS销售管理信息系统，具备日处理单量100万的大数据处理能力。御家汇与淘宝网、天猫商城、唯品会、聚美优品、京东商城、苏宁易购、一号店、当当网、乐蜂网、蘑菇街、楚楚街等全国一百余家主流网上商城建立深度合作关系。在全国线下覆盖网点超过1500个。通过电子商务平台，御泥坊产品远销俄罗斯、美国等168个国家。

中移电子商务有限公司：

中移电子商务有限公司是中国移动应央行监管要求，委托中国移动通信集团湖南有限公司于2011年6月全资成立，注册资金5亿元；为承担中国移动全网和包业务的平台建设、产品研发及业务运营的唯一机构，业务范围覆盖全国。中移电子商务有限公司践行“移动改变生活”的经营理念，根据湖南省委、省政府“尽快建成全球最有影响的移动电子商务平台，成为知名的第三方支付品牌”的指示精神，与产业链各方开放合作，为推动中国移动电子商务产业的发展努力。公司形成和包业务体系，开发和包客户端、和包充话费、和包充流量、和聚宝、购机宝、NFC一卡通、电子券、生活缴费、互联网购物、手机汇款等客户需求大、操作使用简单的典型应用。

湖南航天环宇通信科技有限公司：

湖南航天环宇通信科技有限公司成立于2000年3月，有员工130余人，专业从事高端微波通信产品的研制。主要从事卫星通信产品、微波器件、精密复合材料成型模具等的设计、制造和服务，产品大多已配套装备到众多国家级重大专项型号上，助力“神十”等载人飞船卫星通信和“嫦娥”月地通信、高分辨对地观测等一批国家级先进技术与重大工程项目推进实施，带动和促进军工与地方经济的融合发展。公司有标准化机加装配厂房一栋，面积6000平方米，新落成的二期厂房5000余平米。拥有美国、德国、日本、瑞士、台湾等原产进口精密加工设备仪器、检测开发设备仪器等90多台/套，拥有较齐全的检测手段。在高端微波产品及精密复合材料成型模具方面有较强的设计、工艺及制造能力。

湖南华凯文化创意股份有限公司：

湖南华凯文化创意股份有限公司创始于2003年，是行业内首家A股上市企业，是文化主题馆数字化布展专家，国家文化产业示范基地。“华凯创意”依托于空间设计、沙盘模型制作、数字多媒体集成领域的杰出实力，专业为城市规划馆、博物馆、主题馆、人文馆、企事业展厅提供整体策划、方案设计、模型制作、多媒体展项制作、施工安装等全方位一站式服务。公司以大型文化主题展馆（规划馆、博物馆、科技馆、旅游纪念馆、文化艺术馆、企事业单位展厅）为核心业务，以沙盘模型、影视动画、多媒体展示为依托，为客户实现从策划设计到施工安装多元总包服务。

华凯创意目前在中国城市规划馆综合布展行业排名第二，全国市场占有率约为30%，沙盘模型制作在湖南省市场占有率达70%以上。公司先后荣获国家高新技术企业、中国展览馆工程一级资质企业、设计施工一体化一级资质企业、2013年中国文化创意产业领军企业、中国十大最具影响力设计机构（艺术置景类）、华鼎奖、金堂奖等一系列资质荣誉。公司现有员工近600名，90%以上拥有大专及以上学历，其中创意设计人员达300余人。公司拥有阵容强大的专家顾问团队和全球智库，聘请祖慰老师（2010年上海世博会城市足迹馆总设计师）、黄建成教授（中央美术学院城市设计学院副院长、2010年上海世博会中国国家馆总设计师）等大师级人物担任艺术顾问；与国际视觉传播协会（IVCA）、英国博物馆协会以及卡梅隆集团、英国尖峰创意、法国HOLOTRONICA等公司建立紧密合作关系，致力于整合全球数字传播领域顶尖专家、技术和渠道资源。公司是中央美术学院全国唯一的教产研基地，与上海同济大学、广州美术学院、湖南大学等达成长期稳定的战略合作。公司注重持续创新能力建设，技术中心设立多媒体研究院、影视动画研究院等，每年投入研发经费占销售收入的5%以上，已拥有8项专利和24项软件著作权，自主知识产权数量业内第一。华凯创意秉承“创无垠、意无界”的理念，以“创造经典、追求卓越”为企业宗旨，从策划到施工严把质量关，先后在全国50多个城市建设100多个大型规划展馆，为1000家企事业单位解决展览展示需求。业务范围覆盖欧美、中东、非洲等多个国家和地区，并批量出口沙特。公司被联合国工业发展组织确定为“全球首个资源节约和环境友好成果展示基地”。

湖南中森通信科技有限公司：

湖南中森通信科技有限公司成立于2012年2月，2014年8月由湖南芯丰微电子有限责任公司更名，是一家专业从事北斗卫星导航设备的整机研发和芯片研制的高科技企业，是国内少数掌握该项目核心技术的企业之一。公司掌握北斗系统的核心技术和应用特点，遵循自主研发创新和系统集成创新原则，已成功研发北斗双模手持型、车载型用户机。公司拥有办公、研发和生产场地超过 3000 平方米，其中研发区域超过 2000 平方米，包括办公区、中试生产线、研发调试区、和研发测试区等；1000 平方米生产厂房，包括 2 条批量生产线、微波暗室和环境适应性试验区。公司与国防科技大学、厦门大学等科研院所保持密切合作，在北斗导航终端领域保持技术领先水平。公司已获得软件著作权 1 项，实用新型专利授权 3 项。

第三节 新材料产业

一、概况

1989 年，长沙高新区有 7 家新材料企业。至 1995 年，相继入园的新材料企业有湖南高分子材料企业集团、湖南硬材料企业集团、航天金刚石工业公司、华兴高分子材料有限公司、亚太高分子化工有限公司、新冶科技开发公司、八耐装饰材料有限公司、省冶金材料所和长沙工程陶瓷公司等 34 家，园区有新材料产业 46 家，占园区企业的 11.3%。

“十五”期间，长沙高新区从新材料产业中筛选出金瑞新材料、力元新材料、三环电源、水口山矿务局新材料分公司、湖南投资高科技院、远大铃木住房设备、海利化工、亚大高分子等企业重点发展。2001—2005 年，新材料产业技工贸总收入分别是 33.5、41.5、63.1、95.7 和 116.2 亿元。2005 年新材料产业总收入占四大支柱产业的比重为 18.4%。

“十一五”期间，长沙高新区以杉杉新材、科力远、金瑞科技、博云新材、博云东方、海容新材、湘投金天、金云钛业等企业为龙头，以先进电池材料、高性能结构材料和先进复合材料为特色的新材料产业集群规模稳步增长。2006 年，以园区相关企业提供标准厂房、政府全额补贴租金的方式，引进具有国际领先水平的神舟科技镍氢动力电池研发生产项目；杉杉科技投资 2.1 亿元开发钴酸锂产业化技术，年产值可达到 5 亿多元，杉杉科技与中南大学达成合作意向，投资 2 亿元建设锂离子动力电池生产基地。

2010 年，长沙高新区有新材料企业 33 家，总产值 76.6 亿元，占四大支柱产业的比重为 10.5%。

是年，新材料产业销售收入为 187.2 亿元，规模以上企业利润达到 7.3 亿元，税收达到 3.5 亿元，产值利润率 8.92%，先进电池材料国内市场占有率达 80%，钴酸锂电池正极材料产销量居全国第一，世界第三。新材料产业收入占长沙高新区产业收入的23%。

2011年，规模工业企业减到23家，总产值84.6亿元，占五大支柱产业的比重为7.8%。

至2012年，长沙高新区内汇集中南大学、湖南大学、长沙矿冶院、湖南有色院、湖南化工院、湖南科技开发院等一批新材料教学、科研单位，先后建立粉末冶金国家重点实验室、粉末冶金国家工程中心、储能材料国家工程中心、教育部电池材料工程中心等研发结构，拥有10多名中国科学院和中国工程院院士，约100多名学术带头人及专家，3000多名硕士、博士、高级工程师、教授等专业技术人员。搭建一个官、产、学、研、金合作与交流平台，形成各类新能源和新材料的产业集群、工业园和聚集带，完成土地开发及基础设施建设、创新平台建设和产业化重点项目建设等，通过不断加强自主创新和技术引进消化吸收再创新，加快新材料产业化的进程，长沙高新区成为国内一流的新材料领域的技术研发中心和产业集聚区。

二、主要企业

长沙巨星轻质建材股份有限公司：

长沙巨星轻质建材股份有限公司成立于1995年，专业从事建筑新结构、新材料和相关技术的研究开发，尤其致力于现浇砼空心、空腹结构及构件领域的技术研发和产品推广，并在本领域拥有完整和完全自主的知识产权。公司是中国最大空心楼盖墙体芯模生产企业、中国砼成孔芯模品种最全生产企业，是湖南省建筑建材业的高新技术龙头企业、中国专利十佳企业、行业标准的主编单位。拥有目前国内唯一专业从事空心结构、新材料研究和人才培养于一体的博士后科研工作站和目前国内唯一的省级现浇砼空心楼盖工程技术研究中心。公司的环保节能现浇混凝土成孔芯模集成技术及其在空心楼盖中的应用技术已在全国29个省市推广、应用工程7000多万平方米。

金瑞新材料科技股份有限公司：

金瑞新材料科技股份有限公司是以中央直属大型科技企业长沙矿冶研究院为主发起人，联合华菱集团等4家发起人共同发起设立的、以电子基础材料、电源材料和超硬材料为主导的高科技上市公司，公司注册资本16005万元，拥有自营进出口权。公司通过国家科技部和中国科学院主持的高新技术企业认定，是国家级火炬计划重点高新技术企业、湖南省重点高新技术企业和长沙市“十大标志性工程企业”和“长沙市高新技术产业开发区评为十强企业”。公司依托长沙矿冶研究院雄厚的技术力量，充分发挥在新材料领域拥有的科研成果和技术力量，并利用已开辟的证券市场直接融资渠道，已发展成为拥有5家直属企业和6家控股子公司，总资产规模过15亿元的高科技企业。公司资产总额、主营收入连年攀升，已发展成为我国电子基础材料、电源材料和超硬材料研究开发和生产的重要基地。公司建立完整的质量管理运行体系，通过ISO9001认证。公司主导产品有四氧化三锰、电解金属锰、软磁铁氧体磁芯等电子基础材料系列产品以及以氢氧化镍为代表的电源材料系列产品和合成人造金刚石用触媒合金、粉末一体化块、高品级人造金刚石、金刚石微粉、金刚石工具等超硬材料系列产品。公司产品技术水平先进，品质优良，畅销国际国内市场，产销量均居全国前列。至2012年12月，公司销售总额103亿元，缴税总额14000万元。

湖南科力远新能源股份有限公司：

湖南科力远新能源股份有限公司成立于1998年1月，2003年9月在上海证券交易所上市，股票代码600478，总部位于国家级长沙高新技术产业开发区，是一家集先进储能材料、先进电池、电动汽车能量包、混合动力总成系统及其延伸产品的研发、生产、销售和服务于一体的国际化高新技术企业，致力于在节能与新能源领域构建全产业链。2012年销售收入16.8亿， 纳税总额5981.04万元。公司有员工近4000人，其中硕士以上学历500多人。以钟发平博士为核心，汇聚国内外电池行业知名专家、教授、院士100多人，其中日本专家数十人。经过10多年的拼搏，成就先进储能材料及高能动力电池产业的龙头地位。公司拥有357项自主知识产权的专利核心技术，并获得283件全球专利许可，工程转化能力和技术达到国际先进水平，是我国先进储能材料、汽车动力电池和储能应用系统的重要生产、研发基地和销售服务中心。公司拥有湖南长沙、常德、益阳、甘肃兰州、上海闵行、广东深圳、江苏常熟、日本茅崎等八个产业基地，战略布局到美国和欧洲。旗下拥有常德力元新材料有限责任公司、兰州金川科力远电池有限公司、益阳科力远电池有限责任公司、湖南科霸汽车动力电池有限责任公司、日本湘南CORUN ENERGY株式会社、科力远混合动力技术有限公司、科力远（上海）汽车动力电池系统有限公司、科力远（绍兴）汽车动力电池系统有限公司、科力远华南基地、科力远（美国）商贸有限公司、科力远新能源（欧洲）有限公司、北京科力远科技有限公司、深圳先进储能技术有限公司，并参股湖南稀土产业集团、科力美（中国）汽车动力电池有限公司。组建先进储能材料国家工程研究中心，是中国在先进储能材料领域唯一的国家级工程中心，代表中国在该领域的最高水平，并成为唯一获批长沙与深圳“两地共建”的国家工程研究中心，也是唯一由民营企业主导的国家工程中心。其下设有长沙储能材料研究中心、泡沫金属研究所、深圳储能技术研究中心及电池检测中心等机构。目前，工程中心累计申请专利70余项，参与制定国家、地方标准7项，获得国家科技进步二等奖1项、国家能源科技进步奖1项。

湖南梦洁家纺有限公司：

湖南梦洁家纺有限公司创立于1981年， 2010年A股上市，旗下共11家全资子公司和1家控股子公司，是生产居饰用品的大型现代化企业，拥有美国电脑绗缝设备、台湾套被设备等先进设备千余台件，具有高度自动化生产能力，目前主要生产经营的产品有多件套类、被子类、弹簧床垫类、软床垫类、枕类、窗帘类、被套床单类、毛巾类、宾馆用品类九大类300多个品种 ，是国内现有最大的居饰用品专业生产基地。梦洁在全国建立2400多个零售终端，并整合线上线下渠道，打造立体营销网络。在全球与56家外商建立战略合作关系，在欧洲建立300家零售网点产品出口美国、欧盟、东南亚等20多个国家和地区。

公司多次被评为省、市供销系统先进企业，是全国供销合作总社经济效益百强企业之一；梦洁系列产品连获最畅销国产商品"金桥奖"、"消费者信得过产品"、"湖南名牌产品"等多项殊荣;"梦洁"多次被评为"市场公认名牌"，2002年被国家定为"中国驰名商标"，成为同行业仅有的两大驰名商标之一。公司凭借质量和品牌的优势，由"梦洁特许专卖店"、"梦洁特许经销商"构筑的坚实的营销网络遍布全国各省、市，并以每年50%以上的递增速度不断拓展市场空间，在消费者心目中树立极高的知名度和美誉度。梦洁的市场销量、企业综合实力在全国同行中均稳居第一。

湖南杉杉新材料有限公司：

湖南杉杉新材料有限公司成立于2003年11月，注册资金44666.67万元，总投资近16亿元，是由有锂电池全产业链，国内最大的锂离子电池材料综合供应商——宁波杉杉股份有限公司投资控股的子公司。2010年12月12日，湖南杉杉新材料有限公司引进世界500强企业伊藤忠商事株式会社及具有全球技术领先的正极材料制造商“日本户田工业株式会社”投资参股，更名为“湖南杉杉户田新材料有限公司”。公司位于国家能源新材料产业化基地——长沙国家高新区麓谷科技园内，是国家高新技术企业，专业致力于新型锂离子电池正极材料的开发与生产，拥有年产5000吨锂电正极材料的生产规模。主导产品包括钴酸锂、锰酸锂、镍钴二元系、镍钴锰三元系、磷酸铁锂、钛酸锂等6个大系40多个型号。产品可广泛应用于手机、笔记本电脑、数码相机等便携式资讯设备领域，电动汽车等电动交通工具领域，以及其他大型动力电源、二次充电、储能领域。所有出厂产品均经过严格的物理与化学检测，产品品质稳定、性能优异，达到国内领先、国际先进水平。2006年，成功确立国内规模最大的锂离子电池正极材料制造商的行业领先地位。产品销至国内70多家厂商，并远销美国、加拿大、韩国等海外市场。2007年，中国钴酸锂产量约为6706吨，公司产品占国内市场份额的40%以上，稳稳占据全国第一、世界第三的锂离子电池正极材料生产商地位，各项经济技术指标在全省同行业中处于领先水平，从而带动湖南本地的上下游相关企业产生效益。2010年，公司实现正极材料销售收入6.1亿元，利税5200多万。已实现销售收入约29亿元，实现净利润约1.4亿元。2012年，具备年产13000吨的新型锂离子电池正极材料的生产规模，是国内发展最快、产销规模全球第一的锂离子电池正极材料制造商。湖南杉杉以“技术创新”作为企业立足之本，高度重视研发工作。公司先后投资近5000万元建立省级企业技术中心与国家博士后工作站，引进海外专家、留学归国博士、资深硕士等多层次关键人才55人，建立完善规模超过200名的技术开发人员组织管理体系，强化自主创新体系；与中南大学、湖南大学、湖南科技大学、湘潭大学、厦门大学等科研院所进行密切的产学研合作，与东莞新能源电子科技（ATL）、三星、LG、索尼、东芝等国内外企业开展战略合作技术联盟，共同开发产品及技术，并多次前往日本、韩国参观，技术交流，引进海外知名专家。公司新技术、新项目、新产品层出不穷，源源不断的为锂离子电池行业发展注入新的动力，奠定公司在行业内的龙头地位。至2012年，公司已拥有国家发明专利17项，先后主持并参与湖南省级计划项目、长沙市技改引导资金项目、市科技成果转化项目等项目开发与实施，形成科技成果转化核心竞争产品近40个，技术水平处于国内领先、国际先进。项目曾获得国家科技进步奖二等奖等多项国家、省市级科研奖励，产品被评为国家重点新产品、湖南省名牌产品以及长沙市优秀新产品，新产品平均年销售贡献率达75%以上；公司于2005年入选湖南省第一批高新技术企业，并先后被评为长沙市小巨人企业、长沙创新型单位，荣获长沙高新区重点企业突出贡献奖、长沙高新区发明专利实施奖、年度税收过1000万元先进企业等多项荣誉，在市场上形成强大的影响力，得到国家、省部级市各级重要领导的重视，2009 年受到国务院张德江副总理的亲临视察与指导。还在 2004 年通过 ISO9000:2001 质量管理体系认证，以及 ISO14000、28000 等体系认证，连续 8 年被日本“IIT 总研报告”（全球领域的锂电池行业权威报告）重点关注的唯一一家中国厂商。湖南杉杉产品主要销往珠三角和长三角及东北地区，市场销售网络覆盖全国，在东莞、上海、宁波等地设有营销中心，开拓美国、加拿大、日本、韩国等海外市场。公司拥有优质的海内外客户 200 余家，其中包括电池大王比亚迪 BYD、东莞新能源 ATL 、天津力神、WK、TCL、 Moli、Saehan、三星、LG、SANYO 等世界锂离子电池行业巨子，成为美国苹果公司、宝马、日本东芝、日立 MAXELL、松下、SONY、韩国三星、等世界电子品牌的最大电池材料供应商。

湖南湘投金天钛金属有限公司：

湖南湘投金天钛金属有限公司是湖南湘投金天科技集团有限责任公司和涟源钢铁集团有限公司合资成立，从事宽幅钛带卷的生产、研发、经营的高科技企业，成立于2007年，注册资本3.13亿元，在长沙高新区建设高性能钛板带项目。2007 年，和涟钢合作研制出中国第一卷宽幅钛带卷，开创中国钛工业的里程碑。2010 年，生产出中国第一卷大卷重热轧钛带卷和第一卷大卷重冷轧钛带卷，并用自产的冷轧卷生产出中国第一根具有自主知识产权的钛焊管，打破日本和美国在这个领域的垄断。高性能钛板带项目的建设将改变我国钛带卷依赖进口的格局，为中国大飞机、核电、风电、潜艇、海洋工程、生物工程等项目提供重要材料支撑，并带动相关产业的升级和发展。

湖南博云新材料股份有限公司：

湖南博云新材料股份有限公司是由中国工程院院士、原中南大学校长、博士生导师黄伯云教授创建，汇聚国内顶尖的粉末冶金复合材料专家团队组建的高新技术企业。公司位于湖南省长沙市国家高新技术产业开发区，2001 年 7 月由中南大学粉末冶金研究所改制而成。公司注册资本 4.7 亿元人民币。现有员工 600 余人，其中院士 1 人、博士 10 人、硕士 25 人，本科以上学历近 200 人。旗下四家子公司：湖南博云汽车制动材料有限公司、湖南博云东方粉末冶金有限公司、长沙鑫航机轮刹车有限公司、长沙伟徽高科技新材料股份有限公司，并与 Honeywell 联合成立霍尼韦尔博云航空系统（湖南）有限公司，为国产大型客机 C919 提供机轮刹车系统。2009 年 9 月，博云新材 A 股在深交所发行上市。

公司主要从事军民用飞机粉末冶金和炭 / 炭复合材料刹车副、航天及民用炭/炭复合材料产品、环保型高性能汽车刹车片、高性能模具材料、军民用飞机机轮及刹车系统、粉末冶金专业设备等产品的研究、开发、生产和销售。公司形成具有完全自主知识产权的产品系列。公司建立完整的质量管理体系，通过ISO9001-2000质量管理体系和GJB9001A-2001质量管理体系认证。公司产品涉及航空、航天、铁路、汽车、冶金、化工等领域。多种机型航空刹车副已广泛应用于军民用飞机上，部分产品还出口东南亚、俄罗斯等独联体国家。自主研发的多种型号炭/炭复合材料喷管，已成功应用于航天飞行器上。

长沙岱勒新材料科技股份有限公司：

长沙岱勒新材料科技股份有限公司是国内首家规模化生产镀覆金刚石线的高新技术企业。公司的服务领域涉及太阳能光伏、蓝宝石LED和视窗面板、磁性材料、水晶等硬脆材料几大行业。在镀覆金刚石线领域，公司的规模和实力排名国内第一，全球第二。

岱勒新材是国内首家规模化生产镀覆金刚石线的高新技术企业。公司的服务领域涉及太阳能光伏、蓝宝石LED和视窗面板、磁性材料、水晶等硬脆材料几大行业。在镀覆金刚石线领域，公司的规模和实力排名国内第一，全球第二。公司注册资金6000万元，占地100亩，坐落在麓谷高新区，总投资3亿元。现有金刚石线产能70000公里/月，员工近400人，其中博士2名，硕士17名，大专以上学历员工占员工总数的57%。公司主导产品荣获《国家重点新产品》认定，具有自主知识产权，自主研发获得授权发明专利7项，实用新型专利3项，是湖南省高新技术企业、国家创新基金支持项目，质量管理体系已通过权威机构认证与客户审核，境外销售区域已涉及美国、俄罗斯、德国、法国、日本、韩国、台湾、马来西亚、新加坡、菲律宾等多个国家和地区。

湖南华曙高科技有限责任公司：

湖南华曙高科技有限责任公司位于长沙国家高新技术产业开发区麓谷，创建于2009年，是一家集研发、生产、销售、服务于一体的高新技术企业，专业从事不同材料产品（包括塑胶、金属、陶瓷等）的增量制造技术研究，公司主攻选择性激光烧结（SLS）设备制造、材料生产和加工服务三项主营业务，服务于汽车、军工、航空航天、机械制造、医疗器械、房地产、动漫玩具等行业。公司在全球增量制造技术专家许小曙博士（AMUG协会Additive Manufacturing Users Group亚太区理事、AMUG协会终身成就奖获得者、R&D100奖获得者、湖南省首批“百人计划” 专家）的领导下，集合一批具有国际一流水平的专业从事增量制造、高分子材料、计算机软件、机械制造等行业的专家及海外留学归国人才。组成具有行业领先水平的技术研发与生产团队。经历近3年创业维艰的历程，成功研制出中国首台高端选择性激光烧结尼龙设备，成为继美国3D SYSTEMS公司、德国EOS公司后，世界上第三家该项设备制造商。华曙成功研制出选择性激光烧结尼龙材料，成为继德国Evonik公司后，世界上第二家该类材料制造商；既制造设备，又生产材料，还从事终端产品加工服务，独立构成选择性激光烧结技术（SLS）完整产业链的企业，华曙高科是全球唯一一家。2012年夏，华曙高科制造的高端选择性激光尼龙烧结设备，正式启运返销美国；SLS尼龙粉末材料在供应国内市场的同时，也成功销往美国、瑞典、意大利等海外市场。华曙高科以自身具备的选择性激光烧结（SLS）设备制造和材料生产技术、成熟的市场运作能力和完善的生产与品质保障系统，成为中国高科技产业的一支重要力量。在创新成为核心竞争力的现代市场，华曙高科把握国内外产业发展机遇，以产品高性价比优势进军海外市场；以标准化、高品质产品引领国内市场，提升国内先进制造业水平。

第四节　生物医药产业

一、概况

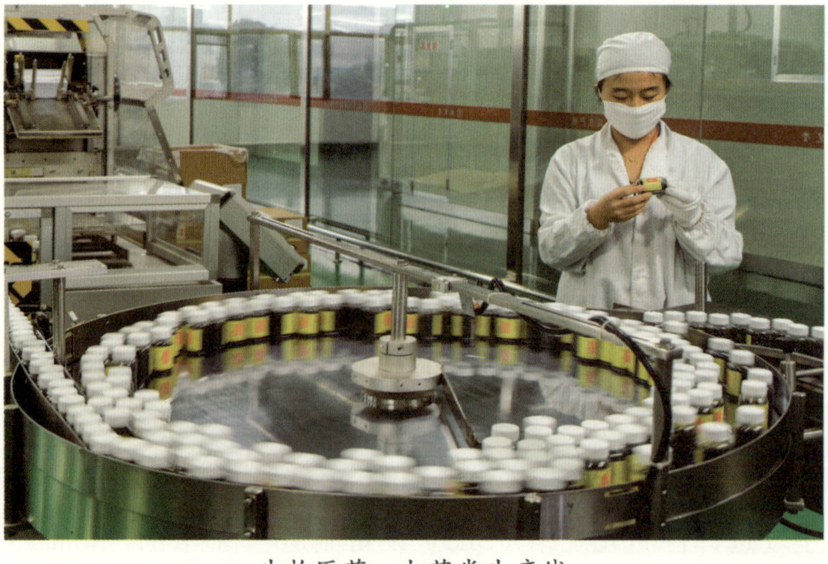

生物医药：九芝堂生产线

1989年，长沙试验区有3家生物工程企业。1990年，生物医药企业增至7家。至1995年，“八五”期间，有鹭马制药有限公司、珠海金沙（湖南）制药有限公司、海利化工股份有限公司、中和制药有限公司、湖南药业公司、湖南新生命制药厂、金农天然植物制品实业有限公司、长生实业有限公司、洞庭科技有限公司、佛仁堂药业有限公司、麓山天然植物制品有限公司、等生物医药企业41家相继落户高新区，生物医药产业高新技术企业增至51家，占园区企业的12.5%。

“十五”时期，高新区在生物医药产业中，筛选出亚华种业、隆平科技、湘雅集团、弩马制药、旺旺食品、珠海金沙制药、九芝堂科技、麓山天然、麓谷生物、银河生化制药、德康制药等企业，重点发展，培大育强。2001—2005年，生物医药产业技工贸总收入分别是36.2、48.7、73、82.2、87.3亿元，2005年生物医药产业技工贸总收入占四大支柱产业的比重是13.8%。

“十一五”期间，以中成药为主导的生物医药产业体系初步形成，聚集有九芝堂、方盛制药、金沙制药、天劲制药、中和制药、德康制药等多家规模企业和双鹤医药、康尔佳等大型医药物流企业，光琇高科的干细胞研究、生殖技术和生物遗传基因工程技术全国领先，产业发展潜力颇大。医疗器械、诊断试剂发展速度快，形成有圣湘生物科技、三诺生物传感等拥有专利技术的代表性企业。以医药企业搬迁改造、扩张升级为契机，打造生物医药产业集群。九芝堂、双鹤、惠霖干细胞、中和、泰宝、德康、方盛等一批年产值上亿元的医药企业聚集麓谷，已成为全省成药研发、生产和物流配送的核心基地。2006年，德国阳光公司与德邦医药合资合作，投资1500万美元，建设生物医药研发生产基地。2001—2010年，生物医药产业平均增长速度达到25.6%，总收入增加4倍，2006—2009年，生物医药产业技工贸总收入分别是112.9、150.8、178.9、160.4亿元。

2010年，统计口径变更，生物医药产业规模工业企业20家，实现总产值40.6亿元，占五大支柱产业的比重为5.6%。上交税金2.7亿元。

2011年，生物医药产业规模工业企业降到16家，实现总产值42.3亿元，占五大支柱产业的比重降低为3.9%。上交税金2.7亿元。

2012年，长沙高新区生物医药产业，形成九芝堂、康尔佳、双鹤医药、三诺生物、隆平高科、光琇高新、大邦生物等企业为代表的生物医药产业集群。以中南大学湘雅医学院、湖南中医药大学、湖南大学生物工程医学中心等科研机构为技术依托，聚集国内唯一拥有胚胎资源和干细胞研究应用关键技术的惠霖生命科技有限公司、中南地区最大的医药物流企业双鹤医药等有影响力的企业，已初步形成生物医药（服务产业）、生物农业（资源产业）、生物能源、生物环保相结合的产业体系，产业集群已具雏形。中南大学生物科学与技术学院、医学遗传学国家重点实验室、光琇高新等在干细胞诊疗、基因诊疗、遗传病诊疗方面处于全国领先水平，中信湘雅生殖与遗传专科医院全国知名，并与国际一流企业建立战略联盟和合作关系，正逐步由研发走向医疗服务、基因工程药物的产业化道路，着力打造国内一流的生物医药产业专业园。

二、主要企业

九芝堂股份有限公司：

九芝堂前身是劳九芝堂药铺，始创于1650年，已有360多年的历史，公司遵循“修合无人见，存心有天知”的古训，产品深受老百姓和消费者的喜爱，公司历来注重品牌发展，九芝堂是中国驰名商标、中华老字号，国家重点中药企业、国家重点高新技术企业、国家创新型试点企业、国家博士后科研工作站、湖南省医药行业龙头企业，九芝堂的传统中药文化被列为国家级非物质文化遗产。至2012年12月，公司已发展成为拥有总资产近19亿元，净资产近15亿元，年销售近13亿元，利税近3亿元，下辖10家控股子公司，拥有近200家连锁门店的工、商、研一体化的现代大型医药企业。公司主要从事中成药系列以及生物制剂的生产与销售，已形成由销售过亿产品（驴胶补血颗粒、六味地黄丸、斯奇康注射液、裸花紫珠片）、过千万产品（健胃愈疡片、补肾固齿丸、逍遥丸、小金丸、足光散、桂枝茯苓丸、天麻钩藤颗粒、杞菊地黄丸、乙肝宁颗粒）构成的产品梯队，其中以驴胶补血颗粒为代表的补血，六味地黄丸为代表的补肾两大品类在同行业中拥有强大的品牌优势。九芝堂驴胶补血颗粒、浓缩丸产品和人体免疫调节生物制剂斯奇康注射液的市场占有率一直处于国内领先水平，深得消费者青睐。公司拥有博士后科研工作站、院士专家工作站、湖南省中药固体制剂工程技术中心、省级企业技术中心、中药验方湖南工程研究中心、国家中医药管理局重点学科等多个科技平台，公司立足工业、发展商业、连锁，横跨OTC与处方药两大领域，战略布局大健康及中药贵细饮片市场，启动电商销售，营销网络遍布全国。在新投产的科技产业园，九芝堂遵循节能、环保、高效的现代化经营理念，引进国内先进的中药制剂工艺技术和生产设备，将传统工艺与现代科技相结合，有力保障品质与产能的双提升。产业园采用高端、科学的智能控制和中央信息处理平台，建立颗粒剂和浓缩丸自动化生产线，实现生产工艺参数的自动检测和控制，其余各条生产线都实现联动生产，物料输送及中间周转实现管道或输送带输送，生产效率得到很大提升。主要用能设备实现自动化控制，不仅能准确的控制药品生产环境，更能有效的节约生产能源。建成的生产线主打产品驴胶补血颗粒单品种年生产能力3亿包，浓缩六味地黄丸单品种年生产能力1亿万瓶，如销售规模继续增长还有扩产改造或提升产能的空间。1999 年，长沙九芝堂集团神箭牌驴胶补血冲剂、芝牌乙肝宁冲剂荣获湖南省名牌产品。2001 年，斯奇牌、斯奇康获得湖南省名牌产品称号。2001 年，“九芝堂”商标被湖南省工商行政管理局认定为湖南省著名商标。2004 年，“九芝堂”商标被国家工商行政管理局商标局认定为中国驰名商标。2006 年，“九芝堂”被国家商务部认定为“中华老字号”。2008 年，九芝堂传统中药文化被列入国家级非物质文化遗产保护目录。2011 年，“中药抗生素－裸花紫珠片的质控技术研究”荣获 2010 年度湖南省优秀新产品新技术。2012 年，九芝堂股份有限公司被批准为国家创新型试点企业，国家中医药管理局重点学科建设单位。

长沙康尔佳制药集团有限公司：

长沙康尔佳制药集团有限公司位于长沙国家高新技术产业开发区麓谷工业园，是一家集科研、生产和销售于一体的国家级高科技企业。长沙康尔佳制药集团有限公司是一家私营企业，所经营产品具备拥有中药提取、片剂、胶囊剂、颗粒剂、外用消毒剂等生产线，及完全达到 GMP 标准的 2 个生产基地。通过运用现代新技术、新工艺、新设备，实现中药提取、药品、生物制品生产的规范化、标准化及现代化，使康尔佳系列产品达到安全、有效、稳定、可控现代标准的优势，公司主要以国内外为市场导向，以健康大家为经营理念，是一家相继研究和开发一系列中药提取物，如荷叶提取物、厚朴提取物等，以及高含量的化学单体，如新橙皮苷二氢查尔酮、京尼平苷等。同时已成功开发 43 种中西药制剂上市的企业。康尔佳药业集团，始终坚持 " 为顾客创造实惠、为企业创造价值、为社会创造效益 " 的经营宗旨，践行 " 健康·大家 " 的经营理念，制定 " 以差异细化求生存、以个性特色求发展、以先进管理求规范、以人才培养求专业 " 的经营方针，实施以湖南为主，向其他周边省区、地市和县级市场辐射的发展战略。

湖南金沙药业股份有限公司：

湖南金沙药业股份有限公司成立于 1995 年 9 月，是以白沙集团为投资主体联合中国药科大学、深圳市创新慧生物技术开发有限公司、深圳市白沙物流有限公司等，由原珠海金沙 (湖南) 制药有限公司控股金沙大药房而整体变更设立的现代化股份制企业。2001 年 9 月被批准为国家高新技术企业，2004 年 6 月再次通过国家高新技术企业考核认证，目前已发展成为集科研、生产和零售多位一体的新兴药业集团。公司生产厂房严格按照 GMP 标准设计建造，2001 年 8 月 15 日公司所有制剂车间一次性整体通过国家 GMP 认证，并成为湖南省首批通过GMP认证的企业，具有片剂、颗粒剂、胶囊生产能力，被认定为中国骨伤科药品定点生产企业、中国骨伤科团体理事单位，下属控股子公司金沙大药房也获得国家GSP企业认证。公司确立以产品市场做强和依靠资本市场做大两条腿走路的战略；在产品不断研发创新的基础上，做大做强已有一定优势的骨伤科产品，引进胰岛素项目和研发中药二类降糖项目，辅之以盐酸复方二甲双胍、糖尿病并发症项目、降糖类功能食品等，做成糖尿病治疗领域的优势品牌，并与日本纳豆博士、纳豆激酶专利者须见洋行教授合作，成功引进纳豆激酶系列产品，该产品具有溶血栓、护肝、抗疲劳、通便、辅助降脂、降压、抗骨质疏松等多种功效；同时在药品零售领域树立品牌，力争通过三年的渠道拓展和品牌管理，发展成为健康产业中的旗舰企业。湖南金沙药业股份有限公司将继续秉承白沙集团“呵护生命，鹤寿延年”的宗旨，以湖南省医药工业“十佳企业”、“国税免检单位”和“技术创新先进企业”的全新姿态迈入医药科技的先进行列。

袁隆平农业高科技股份有限公司：

袁隆平农业高科技股份有限公司成立于1999年，由湖南省农业科学院、湖南杂交水稻研究中心、袁隆平院士等发起设立，并由袁隆平院士担任名誉董事长。2000年，公司在深圳证券交易所上市；2004年，长沙新大新集团受让大股东湖南省农业科学院全部国有股权；2007年，公司收购亚华种子。公司以“推动种业进步，造福世界人民”为使命，以成为“世界优秀的种业公司”为企业愿景，是中国种业信用明星企业中排名第一的现代种业集团。公司以杂交水稻、杂交玉米、杂交蔬菜种业为核心业务，拥有完整的科研、生产、加工、销售和服务体系，是中国首批“育繁推一体化”种业企业之一，杂交水稻种子市场份额全球第一，杂交玉米种子位列全国第一军团，杂交辣椒种子推广面积全国第一，黄瓜被誉为中国第一品牌。子公司有湖南隆平种业有限公司、安徽隆平高科种业有限公司、天津德瑞特种业有限公司、湖南亚华种子有限公司、四川隆平高科种业有限公司、世兴科技创业投资有限公司、世兴科技创业投资有限公司、新疆隆平高科红安种业有限责任公司、湖南隆平高科种业科学研究院有限公司、湖南省田然农业综合开发有限公司。

湖南海利高新技术产业集团有限公司：

2000年9月1日，经湖南省人民政府批准，湖南化工研究院整体转制组建成立湖南海利高新技术产业集团有限公司，为国有独资企业。湖南化工研究院创建于1951年，属综合应用型化工科研单位；1994年发起组建科技股份制企业——湖南海利化工股份有限公司（以下简称海利股份），海利股份于1996年在上海证交所成功上市；2000年，研究院成为湖南省科技厅第一批科研事业单位转制成企业的试点单位，组建为海利集团。海利集团为湖南省属重点国有独资企业、国家创新型企业、湖南省十强高新技术企业、中国农药企业前十强、中国化工企业500强。“海利”注册商标为“中国驰名商标”，“海利”牌氨基甲酸酯类系列农药为“湖南省名牌产品”。公司建有3个国家级科研开发基地、1个国家级创新平台、1个省级工程中心和两个省级重点实验室；拥有3个联合博士点、5个硕士点。研发力量雄厚，科研水平和技术成果居全国同行业先进水平。海利股份于1994年进入长沙高新区，海利集团于2001年进入长沙高新区。海利集团公司发展迅速，2012年有总资产21亿元，完成工业总产值15.32亿元，营业收入达11.98亿元，实现利税4610万元，荣获“2012年中国农药行业百强（第19位）”。公司生产的氨基甲酸酯类农药在全国同类市场中占主导地位。1997年有机磷系列、拟除虫菊酯系列和氨基甲酸酯类系列中，氨基甲酸酯类农药被列入“当前国家重点鼓励发展的产业、产品和技术目录”。氨基甲酸酯类农药在国外已开发出70多个品种，而我国仅开发出10多个，产量也仅占全国总产量的10%左右，有着广阔的市场前景。海利集团依托研究院的技术和人才优势，不断推进技术创新和新产品开发，已经拥有氨基甲酸酯类农药、烷基酚产品、光气化产品和其他精细化工产品四大系列五十多个品种，总生产能力约4.2万吨，主导产品克百威、残杀威、甲萘威、呋喃酚、灭多威等在国内外拥有较高的市场占有率。海利集团公司共有员工2549人，其中大专以上1078人，本科及以上471人；各类专业技术人员618人，其中有高级及以上专业技术职务的139人。海利集团下属子公司研究院、海利股份以及下属生产企业海利株洲公司、海利贵溪公司、海利常德公司都被认定为高新技术企业，力争成为精细化学品行业领先的技术领先型研发、制造与服务企业集团。

长沙双鹤医药有限责任公司：

长沙双鹤医药有限责任公司创建于2001年，是由华润医药集团、华润双鹤药业股份有限公司在湘控股的大型医药企业，主要从事医药产品开发、分销、配送业务，是湖南省最大的医药商业批发企业。

公司在湖南省14地州市设立1家全资子公司、13家分公司和16家合作公司，构建湖南省最大的医药销售网络，拥有300家二级甲等以上医院客户、200家商业和连锁客户，全省县区级以上的医疗机构600余家，覆盖率95%，其中三甲医院覆盖率100%。配送网点遍布整个湖南省，覆盖3万家单体药店与城市社区服务中心(站)、乡镇卫生院、门诊、村卫生室等终端客户，业务辐射到江西、广西、贵州、湖北、广东等周边省份。

公司投资9千万元建成湖南省最先进的现代物流配送中心，占地面积77亩，运营能力50亿元，拥有13层24米的现代化自动立体高架仓库，总仓储面积5.1万平方米，日均配送量过千万元，库存3亿元。与全国2000多家的药品生产企业建立密切的供销关系，常用品规1万个，品种齐全、结构合理，政府医药储备物资1350万元，为全省最大的医药储备单位，同时也是湖南麻醉、精神药品的储存点。

公司通过新版GSP和ISO9001：2008质量管理体系认证，是湖南省公认的设施先进、管理规范、文化卓越、战略专注的现代公司制医药企业。曾先后荣获“中国医药商业百强”、“湖南省医药行业竞争优势企业”、“守合同重信用单位”、“诚信经营示范企业”、“AAA信用等级”、“5A物流企业”和“五星级仓库”等荣誉，并得到省、市政府的大力支持，是湖南省重点企业、湖南省18家示范性医药企业、省市优化经济环境和机关效能监测点、长沙市“两帮两促”企业。

湖南方盛制药股份有限公司：

湖南方盛制药股份有限公司（以下简称方盛制药）创始于2002年6月，注册地址为长沙市岳麓区麓谷麓天路19号，于2009年9月完成股份制改造，是一家集新药研发、成药生产和销售于一体的综合性制药企业。2012年末员工人数达700余人。方盛制药投资2.18亿元按照国家GMP要求建设现代化研发生产基地，拥有6个车间6条生产线，从美、日、德、意大利等国引进先进的生产设备和检验仪器，投入巨资引进2条国内分装速度最快的KFG型粉针分装生产线，全过程智能自动控制，提供优质医药产品。方盛制药2010年10月开始启动建设国际一流的医药工业园，总建筑面积达15万平米。2012年实现工业总产值30625万，净利润7788.36万，上缴税金4168.34万，利税总额10198.45万。方盛制药年平均发展速度140%，是湖南最佳创利企业和湖南成长企业第一强，在湖南制药行业中享有“湘药黑马”称号，是湖南最具潜力的科研型制药企业。2009年，获评“长沙市企业技术中心”“自主品牌奖”，长沙市高新区“自主创新效益贡献奖”。2010年，元七骨痛酊制剂及其制备方法获长沙市科学技术进步三等奖，长沙市高新区自主品牌奖。2011 年，获湖南省心脑血管药物工程术研究中心资质，获批国家火炬计划重点高新技术企业，长沙高新区自主品牌奖，长沙高新区创新平台奖，长沙高新区创新性试点企业，长沙高新区发明专利实施奖，长沙市创新型单位。2012 年，获湖南省省长质量奖，湖南省质量信用 AAA 级企业，湖南省企业技术中心，湖南省博士后科研流动站协作研发中心，中国医药行业最具竞争力 100 强，中国医药行业 AAA 级诚信企业。2008 年、2011 年，“方盛”获得湖南省著名商标；2009 年、2012 年，“金蓓贝”获得湖南省著名商标；2009 年，湖南省名牌产品，小儿化痰止咳颗粒、小二喜食咀嚼片；2010 年，湖南省名牌产品，小儿四维亚铁散；到 2012 年，共有商标 72 个。

三诺生物传感股份有限公司：

三诺生物传感股份有限公司是一家致力于利用生物传感技术研发、生产、销售即时检测产品的高新技术企业，2002 年创立以来，始终专注于中国血糖仪的普及推动及血糖管理事业的发展，其“专注、专业、专家”的发展路线，被行业誉为“您信赖的血糖仪专家”。至 2012 年 12 月，公司员工总数 882 人，其中从事产品制造的产业工人 398 名，研发人员 90 人，企业管理人员 32 人，市场销售人员 362 人，大专及以上学历人员 380 人，占员工总人数的 43.08%。

作为湖南省高新技术企业和国家生物医学工程高技术产业化示范项目建设单位，率先通过 ISO:13485 质量管理体系认证及欧盟 CE 认证。公司生产的三诺牌系列血糖仪及配套试纸，以其良好的产品性价比，成为我国血糖监测市场国产血糖仪和血糖试纸的主要提供商，截至 2012 年底，公司产品国内市场占有率已超过 10%，在国产品牌中位列第一，包含进口品牌在内排在第三名，产品不仅畅销全国，且大规模出口国际市场。近 3 年里，公司销售收入快速增长，盈利状况良好，资产负债率 10.68%。2011 年，公司的血糖仪及配套试条产品的营业收入 20,947 万元，实现税后利润 8,800 万元；2012 年度，公司总体经营状况继续保持稳健增长态势，全年公司实现营业收入 33912 万元，税后净利润 12882 万元，分别较上年同期增长 61.69% 和 46.13%。截至 2012 年年底，入库税金总额超过 1 亿元，被评为纳税信用 A 级单位和长沙市利税大户。成为国内血糖监测产品行业的领导企业之一。2012 年 3 月 19 日，公司在深圳证券交易所创业板上市，成为全国第一家成功上市的血糖仪企业，其中募集资金 5.8 亿元，主要用于生物传感器生产和研发基地的建设，在技术研发的同时，为技术成果的转化提供示范。公司麓谷产业基地位于长沙国家高新技术产业开发区，建筑面积 66000 平方米，生物传感器基地建成后血糖仪年产能 500 万台、血糖测试条年产能 20 亿支，是亚洲最大的血糖仪及试条生产基地。一期厂房建设工程已于 2012 年 10 月正式投入使用，破解长期困扰公司的产能瓶颈问题。公司主营业务是利用生物传感技术研发、生产、销售即时检测产品。公司主要产品为微量血快速血糖测试仪及配套血糖检测试条，构成血糖监测系统，主要用于血糖监测。血糖测试仪和试条是一一对应的封闭体系，不同品牌和型号的仪器和试条不能通用。公司自主开发的酶生物传感器测试系统技术成熟，具有自主知识产权，经过多年的技术创新，公司已经接连推出三代血糖试条产品，第三代产品技术已通过湖南省成果鉴定，技术达到“国际领先水平”。公司自主研发并生产的血糖监测系统于 2004 年首次获得国家食品药品监督管理部门的生产批文批准上市。公司经过 10 年的技术积累和产业化实践，自主创新开发出多项专有技术平台，加大研发力度和研发费用投入，促进具有自主知识产权的新型生物传感技术成果的转化和产业化，至 2012 年 12 月，公司先后申请专利 24 件，其中发明专利 13 件，实用新型 6 项，外观专利 5 件，7 项软件著作权，逐渐形成强大的产品研发和设计能力。基于这一生物传感器研发平台研发的其他新型 POCT 产品，也将陆续推向市场。公司针对不同用户的需求推出安稳免调码型、智能型、稳益型、血糖 / 尿酸双功能型等多款新创新性检测产品，丰富产品线。公司拥有自己的生物传感技术产品研发中心，有生物、化学、医药、电子、软件等专业的研发技术人员 90 名。三诺生物将持续创新，致力为健康管理事业提供优质产品与服务，成就全球慢性疾病管理领域领先企业。

湖南圣湘生物科技有限公司：

湖南圣湘生物科技有限公司（以下简称公司）成立于 2008 年 4 月，由国家“千人计划”专家戴立忠博士 2008 年归国创立。公司注册资金 3000 万元，员工 400 多人，主要从事临床生物诊断试剂、仪器、新药的研发、生产、销售和技术服务以及三方检测服务。至 2012 年，公司销售总额 1.5 亿元，纳税总额 614 万元。圣湘公司成立之初主要为租借厂房进行办公及研发生产，2011 年启动自主科技产业园建设，新建园区位于长沙高新技术产业开发区岳麓大道以南、东方红路以东，占地面积 37.6 亩，建筑面积近 3 万平米，为是集科研开发、生产、办公、生活配套于一体的综合性产业园区。公司把握时代机遇，对接市场需求，依托自主创新的“磁珠法”、“一步法”、“自动化”三大技术平台，几年时间已上市近百个国际一流的体外诊断试剂产品，包括病毒性肝炎、结核、禽流感、手足口和多种性病病原体等，产品灵敏度等指标是国内同类产品的50～100倍，相关产品性能与“国际金标准”的罗氏公司产品媲美，其中乙肝基因诊断技术及产品已被国内专家广泛认同，成为新的国家行业标准。已申请专利60多项，授权专利30项，多次获得国家、省市级科技奖励，加速进口替代，提升行业水平，成为国内生物医药体外诊断试剂行业技术最先进、产品线最齐全的领先企业。公司秉承“每盒每剂，但求高精高质；一诊一断，当思人命关天”的质量理念，不断加快产业化和市场建设步伐，通过国家食药监局、TUV（德国技术监督协会）南德公司的质量体系认证。2012年年底，13个产品获得医疗器械注册证书。主要产品进入四川华西医院、北京友谊医院、北京佑安医院、北京地坛医院、上海长征医院、上海长海医院、武汉协和医院、湖南湘雅医院等全国600多家大型标杆医院，全国传染病领域排名前十的医院有7家使用圣湘产品。国际市场上，产品陆续进入南亚、非洲、中东、东南亚等地，成为国内分子诊断产品第一家实现出口的企业，加入国家发改委“中古双边外贸合作企业名单”。公司通过与南非、香港、印尼及东南亚市场当地规模较大的代理商合作合作，进展顺利，目前产品已投入这些市场。公司在7年的发展中，获得国家“十二五”和“863”等国家级课题支持5项，获得湖南省市重点和重大科技支持项目9项。公司紧跟分子诊断发展趋势，积极启动仪器开发产品线，研发“自动化核酸提取仪”和“一步法自动化提取仪器”，实现基因诊断的自动化发展目标。开展肿瘤，优生优育、血液筛查产品的研究开发。公司瞄准国内健康服务领域需求，开展独立医学检验业务，成立“湖南圣维尔医学检验所有限公司”，以专业化、集约化、标准化的方式，为分散的基层医疗机构提供第三方检测服务。公司先后被评为国家火炬计划重点高新技术企业，省示范性医药企业，医药行业“十二五”发展规划、湖南省新型工业化“十二五”发展规划重点骨干企业，省市两级创新型企业，中国留学人员创业园百家最具成长性创业企业，国家科技部传染病诊断试剂产业技术创新战略联盟理事单位。2011年11月，可用于全民乙型肝炎诊断和防治的新型诊断技术的开发及其高灵敏度试剂的开发获长沙市科技进步二等奖，2012年1月，智能高灵敏度HBV核酸检测试剂盒获省科技进步三等奖。

湖南光琇高新生命科技有限公司：

湖南光琇高新生命科技有限公司成立2005年11月29日，法定代表人卢光琇，是国家级工程研究中心—人类干细胞研究中心的实体运营企业。公司致力于推进人类干细胞研究成果的市场化和产业化，开发以人胚胎干细胞和胎盘来源成体干细胞为种子来源的干细胞产品线，建立脑瘫、糖尿病、急性肝衰竭等难治性疾病的再生医学新疗法以及人造血液产品，同时兼顾基因诊断的新技术和肿瘤的综合防治疗新技术的临床应用。公司共获得授权专利11项，发表97篇论文，其中SCI收录41篇，人胚胎干细胞系列研究成果获湖南省科学技术一等奖。

大邦（湖南）生物制药有限公司：

大邦（湖南）生物制药有限公司成立于2007年12月，是一家以高端生物发酵原料药为特色的生物制药高新技术企业。公司位于长沙高新技术产业开发区，注册资本1961.66万元，主要从事医药生物活性产品、药物中间体、原料和药物制剂的开发、生产和销售。主要定位于开发疗效确切、安全可靠、品质优良、市场容量大以及价格竞争合理的医药生物独特产品。目前所开发的产品主要涉及治疗代谢异常、抗肿瘤、抗病毒和抗真菌类药物。主导产品为奥利司他，已实现产业化，并已进入规模生产。公司拥有2项发明专利和1项新药证书。2012年，实现销售收入2462万元，利润580万元，创汇318万美元。公司有员工65人，其中博士5人。公司拥有国际一流专有技术人才，董事长、总经理均为留美博士，有多年在国外公司工作的经验。总经理彭滢博士为中组部“千人计划”、湖南省“百人计划”和长沙市“313计划”特聘专家。技术管理团队入选长沙市“313团队计划”。公司投资2亿元在园区购地115亩按国际标准要求新建生产基地，构建生物技术产业化平台。项目达产后形成年产奥利司他原料药30吨、奥利司他微丸36吨、奥利司他胶囊2亿粒的生产能力。公司与国内、国际高水平的医药科研机构和医药贸易商建立战略合作关系，将先进的生物技术和产品在国内实施产业化，将产品推向国内和国际市场，把公司建成生物医药领域的领先企业。 2008年7月，奥利司他项目获长沙市科技计划重点项目资助。10月，奥利司他项目获长沙市科技成果转化项目认定证书。2009年9月，总经理彭滢博士成功入选中央组织部引进海外高层次人才"千人计划"。10月，总经理彭滢博士获2009年度长沙市第一批“313计划”引进人才证书 。2010年2月，总经理彭滢博士入选“湖南省百人计划”。9月，入选湖南省“创业计划企业”。9月，奥利司他项目获科技部科技型中小企业技术创新基金无偿资助。10月，董事长郭霞凌博士等获2010年度长沙市第一批“313团队计划”引进人才证书。11月，公司获湖南省2010年中小企业发展项目（小巨人计划和创业计划）补助资金。12月，董事长郭霞凌博士入选“湖南省百人计划”。同月，公司通过高新技术企业认定。2011年2月，公司获长沙市发改委2010年生物及新材料高新技术产业化专项资助。同月，公司入选长沙市中小企业“三百之星”。12月，纽莫康定项目获长沙市科技计划重点项目资助。2012年9月，公司被中国留学人员回国创业专家指导委员会评为“最具成长潜力的留学人员创业企业”。同月，奥利司他项目获长沙市科学技术进步奖三等奖。12月，公司被认定为长沙市企业技术中心。

第五节 新能源与环保产业

一、概况

新能源：红太阳光电

1990年，长沙试验区有4家新能源企业；1989年，有高效节能企业6家进入长沙试验区。1990年，长沙试验区有入园环保企业1家，节能企业3家。

“十一五”期间，2007年，湖南光伏产业开始起步，杉杉新材、晶鑫动力电池、科力远等48所等新能源企业相继落户长沙高新区，其中48所生产硅锭铸造、硅片制造及组件装备，其生产的设备占国产设备的70%，并投资建设湖南红太阳光电科技有限公司麓谷科技园，建成国内最大的年产1000台（套）光伏装备的总装厂房、光伏装备升级换代及新产品研发实验平台、光伏产业链整线交钥匙工程示范平台和光伏产业链各环节大规模生产验证平台。2008年，光伏产业产值规模达50亿元，比上年增长85.2%。科力集团的LED及蓄电池已经形成规模，湖南赛瑞新能源半导体太阳能材料研究开发、半导体多（单）晶硅的研究开发、生产和硅材料加工提纯，常熟远东的双结非晶硅薄膜太阳能电池生产，四明光伏多晶硅太阳能生产，湖南光伏能源发展有限公司研制光伏并网发电系统、太阳能绿色光源、并网光伏发电系统，长沙高新区太阳能光伏产业链形成基本雏形。重点引进和扶持红太阳光电科技、潇湘神光和神州光电等一批龙头企业，以太阳能光伏产业为主导的新能源产业快速发展。2008 年，省人民政府认定的长沙光伏产业基地落户高新区，并在中国（长沙）科技成果转化交易会上正式授牌。湖南省信息产业厅策划并完善形成建设湖南太阳能光伏产业链集群项目的方案，并将太阳能光伏产业作为省重点发展的四大产业集群之首。

同期，中联环卫、节能、永清环保、力合科技、华时捷、华强电气、佳宇环保和麓南环保等一批以环保机械设备制造、节能减排技术研发、污染源在线临测、洁净产品生产和资源综合开发利用为主的节能环保企业聚集发展，建立省级环保产业示范园。

2010 年 4 月，长沙高新区获批湖南省首个环保产业示范园区，在政府购买服务、区域环境综合服务方面在全国进行先行先试。园区节能环保产业规模迅速扩大，已成为中南地区环境产业的聚集地、装备制造和环境服务业的战略高地，共有各类节能环保企业 200 多家，其中，上市企业 3 家，高新技术企业 30 多家，规模以上企业 70 家，从业人员近 10000 人。有国家级、省级技术中心各 1 个。近 4 年产值每年增长 20% 以上，2010 年产值近 50 亿元，利税约 4 亿元。

2011 年，新能源产业规模工业企业 3 家，实现工业总产值 32.3 亿元，占五大支柱产业规模工业企业总产值的 3%。

到 2012 年，长沙高新区新能源产业，麓谷科技新城聚集科力远、杉杉新材、金鹰电源、美特新材料、晶科电池、科力丰新能源、盟力新材料、红太阳光电、神州光电和潇湘神光、科霸动力电池等重点企业为代表的湖南新能源产业企业，突出发展太阳能光伏产业，初步形成多晶硅产业链。

二、主要企业

中冶长天国际工程有限责任公司：

中冶长天国际工程有限责任公司（简称中冶长天）由世界 500 强企业 --中国冶金科工集团公司（MCC）控股的国有大型科技型企业，前身为中冶集团长沙冶金设计研究总院，成立于 1957 年，是集工程咨询、工程设计、技术研发、装备制造、工程总承包和项目管理为一体的综合性国际工程公司和高新技术企业，掌握采矿、选矿、烧结、球团和直接还原等核心技术，是中国冶金工程建设领域具有领先优势的工程建设总承包商和设备供应商。公司以“六个第一”享誉全国钢铁业界，即烧结工程及成套装备业绩居世界第一，承担的烧结项目世界最大，完成的大型氧化球团工程设计项目国内第一个，承担的球团项目世界最大，总承包的冶金矿山项目国内最大，主编的烧结和球团工程设计国家标准国内第一部。是中国冶金工程建设领域具有领先优势的工程建设总承包商和设备供应商。中冶长天拥有一支高素质的人才队伍和专家团队，现有从业人员1200余人，其中高级职称389人，中国工程设计大师1名，享受政府特殊津贴的专家26名，中国冶金科工集团公司首席专家2名，在职教授级高级工程师82名，各类注册工程师262人。中冶长天以“环保、高效、节能”为宗旨不断推进技术创新，已取得国家和省部级各类奖项300余项，其中国家级金质奖4项、银质奖12项、铜质奖8项，拥有专利和专有技术200多项，专利实施率达90%。主编烧结、球团等领域35项国家及行业标准、规范和规程，获国家级、省级重大科研项目多项。公司拥有国家烧结球团装备系统工程技术研究中心、博士后科研工作站，设立烧结、球团及直接还原实验室和冶金装备检测与材料性能分析实验室以及工业炉窑、自动控制和环境保护等多个技术研究所。中冶长天通过不断地创新来提供超值的服务，赢得客户的信赖和合作伙伴的尊重。公司产品和服务遍及国内宝钢、鞍钢、武钢、攀钢等各大钢铁企业，承担过巴西、印度、沙特、印尼、日本、澳大利亚等10多个国家的工程设计和总承包业务。曾与美国、德国、日本、韩国、瑞典、巴西、印度等20多个国家和地区进行广泛的技术合作与交流，与住友、住金、三菱、美卓、盖尔道、阿尔斯通等世界跨国集团建立长期友好合作关系。中冶长天秉持“为全球钢铁事业的节能与环保、为建设水净天蓝空气清新的人类家园而不断创新”的宗旨，致力于成为国内一流、国际驰名的工程企业，愿与合作伙伴携手并进，共同成长。

远大住宅工业有限公司：

远大住工同时是中国第一家具有完全自主知识产权、技术集成优势明显、装备制造能力世界领先的住宅工业龙头企业，在住建部授牌的国家级“国家住宅产业化基地”中，是唯一一家综合性的绿色建筑整体解决方案提供商。公司总部位于湖南长沙高新区，在湖南、沈阳、安徽、江苏等省拥有10家研发制造中心，年产能达1000万建筑平方米，全面达产可实现产值约200亿。公司于1996年探索住宅部品产业化，用集成技术推出远铃整体浴室；至2006年正式成立长沙远大住宅工业有限公司。历经17年发展，在吸纳美国、日本、德国、新加坡等国家先进理念与技术的基础上，研发出适应中国国情、符合现行设计规范要求且领先国际的预制装配整体式钢筋混凝土结构技术体系，解决新技术与高成本的矛盾，建立健全自主建筑工业化研发体系、制造体系、施工体系、材料体系与产品体系，技术专利达50余项，PC（预制混凝土构件）生产制造和BIM设计建造技术领先世界，生产设备、工装模具、生产理念、生产工艺和产品质量均已达到国际领先水准，年产能达1000万平方米，建筑工业化率达85%以上。具有质量可控、成本可控、进度可控等多项优势，施工周期仅为传统方式的1/3，用工量也大大减少，施工现场无粉尘、噪音、污水等污染，节水80%、节能70%、节材20%、节地20%，真正实现"五节一环保"，解决保温、防水抗渗、隔音抗震等建筑通病。从1999年推出钢结构体系创新发展到2012年以第五代集成技术推出的discovery住宅产品，公司已应用工业化集成技术成功制造出超过500万平方米的绿色建筑，开发建设高层住宅、多层住宅、公寓酒店、度假酒店、别墅、办公楼等各类型绿色建筑项目数十个，其中湖南宁乡、张家界"蓝色港湾"项目获"国家康居示范工程"称号。

湖南安淳高新技术有限公司：

湖南安淳高新技术有限公司（以下简称安淳公司）创建于1993年，是一家为石油化工和化工行业提供专利技术、工程设计、工程装备、工程服务的民营高新技术企业。2010年10月在新加坡交易所上市，成为国内化工行业和湖南省第一家在新加坡上市的高新技术企业。公司现有员工450余人，资产总额5.7亿元，注册资金1.5亿元。安淳公司拥有化工石化医药行业（化工工程）专业甲级、环境工程（废水、废气、固废）专项甲级，化工专业工程咨询甲级，GC1级压力管道设计、A1、A2、D1、D2级压力容器设计资质。是中国石油和化工行业优秀民营企业、中国化工行业技术创新示范企业、国家重点科技成果推广技术依托单位。安淳公司已获得中国专利20项，美国专利1项，加拿大专利1项；科技成果2项获得国家科技进步二等奖，3项获得湖南省科技进步一等奖，1项获得中国专利金奖。公司拥有的核心创新技术有：1. 大型Ⅲ JD氨合成系统技术；2. 恒温低温CO变换技术；3. 还原型催化剂技术；4. 旋流式熔融气化炉技术；5. 低压醇烃化精制技术；6. 反应热利用透平技术。安淳公司的专长在于通过工程设计将专利技术与专有技术工程化、产业化，形成独具特色的"课题—研发—设计—制造—应用—服务—课题"模式，在工程设计中不断优化创新技术的设计思想、工艺流程、设备配置、运行工况，使研发成果更贴近生产实际，使工程设计更适合企业的需求。二十年里，安淳公司具备承接大型石油化工、煤化工、冶金化工、生物化工工程设计、装备制造及总承包的能力，已为国内300余家企业提供创新技术和工程设计服务，市场占有率在60%以上，累计为用户创造社会经济效益近300亿元。

力合科技（湖南）股份有限公司：

力合科技（湖南）股份有限公司成立于1997年5月，专业从事环境监测、工业自动控制、环境安全等行业的自动化仪器仪表研发、生产和销售与运营的高新技术企业和环境监测整体解决方案提供商。目前已形成以分析化学为主体，由电路设计、软件设计、自动化控制、光学设计及精密机械等多学科组成的高科技研发平台。作为国内水质在线监测设备的主要供应商，公司在地表水饮用水源地、河流断面承建大型水质自动监测站250多个，是国内采用自主品牌最多的厂家，用户遍布全国200多个地市，设有53个服务网点和办事处，拥有200多人的技术支持、服务人员，形成国内环保监测仪器行业中覆盖面最广的销售和服务网络。

湖南麓南脱硫脱硝科技有限公司：

湖南麓南脱硫脱硝科技有限公司成立于2001年，致力于工业烟气治理，主营脱硫、脱销、除尘等环保设备的设计、制造和安装，具备丰富的环保工程设计、制作、安装、调试经验，是我国大气污染治理领域集科研、生产、工程、运营于一体的国家级环保骨干企业。公司拥有大气污染防治工程专业乙级资质，获得中国优秀企业、中国绿色产品名优企业等荣誉。公司与中科院城市环境研究所、浙江大学、湖南大学、长沙工程设计研究院等科研单位建立战略合作伙伴关系，还引进德国、韩国先进技术，开展脱硝催化剂的研发生产工作。

长沙华时捷环保科技发展有限公司：

长沙华时捷环保科技发展有限公司成立于2000年，是国内最早专业致力于重金属污染防治和环境在线监测技术研发、设备生产制造、工程设计、施工、运营服务的重点高新技术企业。华时捷在全国已安装2000多套在线监测设备，为政府部门提供河流断面及污染源的实时监测数据；作为“环境卫士”、“环境医生”，公司立足于企业治污目标和环保技术提升，不做“豆腐渣”工程，涵盖全国60%铜冶炼产能、50%黄金冶炼产能和40%铅锌冶炼产能的废水治理工程，先后承担国家“863”计划、国家重大科技专项“水专项”等多项国家级科研课题，承担首批行业技术标准的编制，拥有国家发明专利30余项。

湖南湘牛环保实业有限公司：

湖南湘牛投资集团有限公司旗下子公司湖南湘牛环保实业有限公司成立于2000年。公司主营工业给水、废水净化工程及其设施运营，以及环境工程技术开发，废气、噪声治理，固体废物处理处置等环保项目的工程总承包及BOT、DBO建设，膜处理设备和环保非标设备的制造，药剂的生产等，拥有一条完整的环保产业链。拥有国家先进污染防治示范技术、国家重点环境保护实用技术示范工程等；在国内无机陶瓷膜工业应用、重金属废水处理及回用、焦化废水深度处理及回用处于领先地位。企业在国内20多个省、市完成各类环保项目达600余项，涉及市政、石油、化工、冶金、电力、造纸、制革、印染、医药、食品、机械、纳米材料等众多领域，同时也进入俄罗斯、东南亚等市场。

2001年至2011年规模产业收入仍以装备制造为首，电子信息次之，新材料，生物医药和其它产业收入亦在逐年增加。

长沙普惠环保机械有限公司：

长沙普惠环保机械有限公司创建于2001年6月，专业从事生活垃圾中转压缩设备的研发、制造、销售和服务。公司为湖南省高新技术企业，长沙市市级企业技术中心、长沙市创建创新型企业，公司先后承担国家、省、市科技计划重点项目，为湖南省行业龙头企业，在华中、华南、华东、西南地区具有较高的美誉度。公司现已形成五大类别、十二个系列、三十余种规格的产品体系，其主导产品为C型垂直预压式垃圾转运站成套设备、J型水平预压式垃圾转运成套设备、B型水平式垃圾压缩站、E型垂直式垃圾压缩站和Y型整体移动式垃圾压缩机。公司产品单机日处理能力30t-1200t，可广泛应用于城市和村镇大、中、小型垃圾收集中转。

湖南红太阳光电科技有限公司：

湖南红太阳光电科技有限公司是中国电子科技集团公司第四十八研究所与中电科装备有限公司共同出资成立的高新技术企业，公司是以太阳能光伏制造装备为核心，包含拉晶、铸锭、切片、电池片、组件、应用产品和新型储能材料等技术的高新技术企业。公司拥有完整的光伏产业链，成为全国少数几家拥有光伏全系列生产能力的企业之一。公司地处长沙高新区麓谷工业园，具有齐全的设备研制、工艺研究、生产实施、系统管理的综合人才队伍，这是在太阳能行业公司具备的独特优势。公司于2009年9月开始动工建设，项目建设用地351.82亩，计划总投资约为14亿元，总建筑面积为227400平方米，是湖南省、长沙市重点工程和“双百”工程。公司建立具有自主知识产权的晶体硅太阳能电池工艺生产线，打造晶体硅太阳能光伏产业链，建成国内最具水平、规模和影响力的太阳能光伏产业化基地。

湖南恒凯环保科技投资有限公司：

湖南恒凯环保科技投资有限公司始建于2007年，公司位于长沙市高新技术开发区“恒凯环保集团科技产业园”，现有员工500余人，资产5.2亿元人民币。下辖湖南恒凯环保科技投资有限公司、湖南省九方环保机械有限公司、新疆恒凯环保科技有限公司等子公司。公司属湖南省环境科学学会副理事长单位，湖南省环保产业协会副会长单位，国家环境服务第一批试点单位，湖南省政府重点支持的骨干环保企业之一，在国内环保行业拥有较高的知名度和影响力。恒凯环保集团致力于土壤修复、固废治理、水体治理、生态修复、环保产品的研发和生产等领域。拥有环保工程专业承包壹级、市政公用工程施工总承包贰级、环境工程(水、气、固废、污染修复)专项设计乙级、生活污水处理设施运营乙级、工业废水处理设施运营乙级等专业资质。恒凯环保集团不仅拥有一支非常优秀的技术和管理团队，还与国内外知名的科研院所和企业建立紧密合作伙伴关系，包括美国AECOM公司、美国犹他大学、挪威国家科学研究院、挪威生命科技大学、丹麦COWI公司等以及中国科学研究院、中国环科院、中南大学、中山大学等。因此，不仅确保公司的技术水平处于国内领先，而且使公司具备较强的市场竞争力，从而产生良好的经济效益和社会影响。

第六章　企业结构和效益

第一节　企业结构

一、企业所有制结构

长沙高新区企业所有制结构主要分国有企业、集体企业、有限责任公司、股份有限公司、三资企业、私营企业和其他企业等。2012年底，在统企业中，国有企业12家，年总收入45.83亿元，占比1.58%；集体企业15家，总收入5.3亿元，占比0.19%；有限责任公司351家，总收入1299.7亿元，占比44.79%；股份有限公司43家，总收入1227.9亿元，占比42.31%；三资企业49家，总收入 111.14，占比 3.83%；私营企业 348 家，总收入 211.53 亿元，占比 7.29%；其他企业 7 家，总收入 0.47 亿元，占比 0.02%.

表 7–8　　长沙高新区在统企业所有制结构情况统计表（表一）
（2008—2012 年）

单位：户、亿元

年份	国有企业			集体企业			有限责任公司			股份有限公司		
	户数	总收入	占比（%）	户数	总收入	占比（%）	户数	总收入	占比（%）	户数	总收入	占比（%）
2008	12	11.53	0.92	16	3.63	0.29	390	544.76	43.58	33	400.39	32.03
2009	15	19.5	1.3	8	1.83	0.12	363	622.44	41.48	38	638.1	42.52
2010	16	30.15	1.64	8	2.5	0.13	337	777.84	42.23	44	706.3	38.35
2011	14	32.44	1.29	8	4	0.16	418	1121.7	44.62	38	1107.3	44.05
2012	12	45.83	1.58	15	5.3	0.19	351	1299.7	44.79	43	1227.9	42.31

表 7–9　　长沙高新区在统企业所有制结构情况统计表（表二）
（2008—2012 年）

单位：户、亿元

年份	三资企业			私营企业			其他		
	户数	总收入	占比（%）	户数	总收入	占比（%）	户数	总收入	占比（%）
2008	68	162.14	12.97	234	127.43	10.19	3	0.12	0.01
2009	51	129.18	8.61	243	86.77	5.78	2	2.76	0.18
2010	47	122.87	6.67	271	170.15	9.24	2	32	1.74
2011	50	118.33	4.71	272	96	3.82	10	34.1	1.36
2012	49	111.14	3.83	348	211.53	7.29	7	0.47	0.02

二、企业人力资源结构

长沙高新区企业人力资源结构主要包括文化程度结构、职称结构和企业从业人员等。2012 年年底，在统企业中，从业人员 194792 人，其中国有企业从业人数 8783 人；集体企业从业人数 1710 人；有限责任公司从业人数 78638 人；股份有限公司从业人数 65521 人；三资企业从业人数 16172 人；私营企业从业人数 23839 人；其他人员 129 人。年末从业人员中，拥有博士学位的人员 801 人，占比 0.41%；硕士学位 7337 人，占比 3.77%；本科学位 53001 人，占比 27.21%；大专 52916 人，占比 27.17%；中专 45387 人，占比 23.3%；其他人员 35350 人，占比 18.15%。2012 年，拥有高级职称的人员 6451 人，占比 3.31%；

中级职称 19489 人，占比 10.01%；初级职称 25980 人，占比 13.34%；其他人员 142872 人，占比 73.35%。

表 7-10　长沙高新区在统企业人力（2008—2012 年）资源结构情况表（表一）

年份	年末从业人数	博士		硕士		本科		专科		中专		其他	
		人数	占比	人数	占比	人数	占比	人数	占比	人数	占比	人数	占比
2008	147829	675	0.46%	4135	2.80%	29006	19.62%	31110	21.04%	33158	22.43%	49745	33.65%
2009	164552	700	0.43%	4948	3.01%	36236	22.02%	32656	19.85%	22433	13.63%	67579	41.07%
2010	179892	735	0.41%	5121	2.85%	46083	25.62%	42338	23.54%	38446	21.37%	47169	26.22%
2011	184645	749	0.41%	6092	3.30%	52456	28.41%	51361	27.82%	44133	23.90%	29854	16.17%
2012	194792	801	0.41%	7337	3.77%	53001	27.21%	52916	27.17%	45387	23.30%	35350	18.15%

表 7-11　长沙高新区在统企业人力（2008—2012 年）资源结构情况表（表二）

年份	高级职称		中级职称		初级职称		其他	
	人数	占比	人数	占比	人数	占比	人数	占比
2008	5850	3.96%	14034	9.49%	19046	12.88%	108899	73.67%
2009	5996	3.64%	14565	8.85%	18907	11.49%	125084	76.01%
2010	6188	3.44%	17044	9.47%	21589	12.00%	135071	75.08%
2011	6353	3.44%	18747	10.15%	24281	13.15%	135264	73.26%
2012	6451	3.31%	19489	10.01%	25980	13.34%	142872	73.35%

表 7-12　长沙高新区在统企业所有制从业人员情况统计表（2008—2012 年）

单位：人

年份	国有企业	集体企业	有限责任公司	股份有限公司	三资企业	私营企业	其他	合计
2008	1865	793	69589	40864	20852	13835	31	147829
2009	2701	498	77509	52263	15817	15718	46	164552
2010	2862	979	84005	56529	13385	21593	539	179892
2011	6597	999	87844	56005	16313	16118	769	184645
2012	8783	1710	78638	65521	16172	23839	129	194792

三、企业所属产业结构

长沙高新区建区以来定位以发展高新技术产业为主，至2012年，长沙高新区的企业所属产业主要有先进制造、电子信息、新材料、生物医药及其他产业，其中以先进制造产业为主。

2012年，长沙高新区完成企业总收入2901.9亿元，其中先进制造产业总收入1948.3亿元，占比67.1%；电子信息产业实现收入395.4亿元，占比13.63%；新材料产业总收入279.2亿元，占比9.62%；生物医药产业总收入178.8亿元，占比6.16%；其他产业总收入100.2亿元，占比3.45%。

表7–13　　长沙高新区产业情况表（表一）

（2008—2012年）

单位：亿元

年份	电子信息		先进制造		新材料	
	总收入	占比	总收入	占比	总收入	占比
2008	251.1	20.09%	544.9	43.59%	212.4	16.99%
2009	260.8	17.38%	741.5	49.42%	266.5	17.76%
2010	288.7	15.67%	1022.3	55.51%	296.8	16.11%
2011	290.5	11.56%	1757.6	69.90%	224.3	8.92%
2012	395.4	13.63%	1948.3	67.10%	279.2	9.62%

表7–14　　长沙高新区产业情况表（表二）

（2008—2012年）

单位：亿元

年份	生物医药		其他	
	总收入	占比	总收入	占比
2008	178.9	14.31%	62.7	5.02%
2009	160.4	10.69%	71.4	4.76%
2010	151.2	8.21%	82.8	4.50%
2011	148.9	5.92%	92.6	3.68%
2012	178.8	6.16%	100.2	3.45%

四、企业收入规模结构

1988—2012年，长沙高新区企业不断发展，规模以上企业数量逐年增加。

2012年，长沙高新区在统企业825户，其中年营业收入过亿元企业159户、收入过1000万元的企业265户、收入过500万元的企业67户、收入在500万元以下的企业334户。

表 7–15　　长沙高新区企业年收入规模情况表

（2008—2012年）

单位：亿元

年份	收入≥1亿元企业			1000万元≤收入<1亿元企业			500万元≤收入<1000万元企业			收入<500万元企业		
	户数	总收入	比重	户数	总收入	比重	户数	总收入	比重	户数	总收入	比重
2008	129	1163.1	93.05%	210	76.9	6.15%	74	5.6	0.45%	343	4.4	0.35%
2009	132	1406.6	93.74%	222	84.7	5.64%	73	5.1	0.34%	293	4.1	0.27%
2010	144	1745.4	94.77%	243	88.6	4.81%	64	4.6	0.25%	274	3.2	0.17%
2011	131	2420	96.26%	220	84.9	3.38%	63	4.6	0.18%	396	4.4	0.18%
2012	159	2792.6	96.23%	265	100.9	3.48%	67	4.6	0.16%	334	3.8	0.13%

第二节　企业效益

一、概况

长沙高新区企业的产值、收入和创汇呈逐年增长趋势。2008和2012年，电子信息、先进制造、新材料、生物医药和其它产业的产值分别为144.5和298.6，511.5和1831.3，211.3和273.1，189.1和203.7亿美元；产品销售收入分别为171.9和301.0，481.1和1793，192.3和268.6，171.1和190.1，53.4和101.6亿美元；产品出口创汇分别为1.1和2.1，8.99和7.9，0.5和2.05，0.9和1.0，0.41和0.25亿美元。

2012年，企业产品年产总值为2716.1亿元，产品年销售收入为2654.5亿元，产品年出口创汇为13.3亿美元。

表 7–16　　长沙高新区产业产值、收入、创汇一览表（一）

（2008—2012年）

单位：亿元、亿美元

年份	电子信息			先进制造			新材料		
	产品产值	产品销售收入	产品出口创汇	产品产值	产品销售收入	产品出口创汇	产品产值	产品销售收入	产品出口创汇
2008	144.6	171.9	1.1	511.5	481.1	8.99	211.3	192.4	0.5
2009	151.3	237.2	1.58	693.4	680.6	4.9	245.2	245.3	0.91

续表 7–16

年份	电子信息			先进制造			新材料		
	产品产值	产品销售收入	产品出口创汇	产品产值	产品销售收入	产品出口创汇	产品产值	产品销售收入	产品出口创汇
2010	185	235.9	1.57	945.1	814.9	2.81	287.1	262.8	1.6
2011	226	230	1.8	1665.2	1523.8	5.2	214.1	196.1	1.6
2012	298.6	301	2.1	1831.3	1793.2	7.9	273.1	268.6	2.05

表 7–17　长沙高新区产业产品产值、收入、创汇一览表（二）

（2008—2012 年）

单位：亿元、亿美元

年份	生物医药			其他		
	产品产值	产品销售收入	产品出口创汇	产品产值	产品销售收入	产品出口创汇
2008	189.1	171.1	0.9	55.6	53.4	0.41
2009	190.7	179.7	0.8	81.7	70.6	0.51
2010	169.5	155.2	0.3	101.1	77.5	0.12
2011	166.5	135.6	0.7	107.1	91.4	0.1
2012	203.7	190.1	1	109.4	101.6	0.25

表 7–18　长沙高新区出口创汇情况表

（2008—2012 年）

单位：万美元、%

年份	出口创汇	比上年增长额	增长率
2008	118505	32311	37.5
2009	87047	–31458	–26.55
2010	64482	–22565	–25.92
2011	93904	29422	45.63
2012	133343	39439	42

二、产值过亿元、利税过千万元企业

2001 年至 2011 年规模产业收入以先进制造为主，电子信息次之，新材料，生物医药和其它产业收入亦在逐年增加。

表 7–19　　　　长沙高新区产值过亿元工业企业一览表

（2012 年）

单位：千元

序号	企业名称	工业总产值	去年同期	同比增长
1	中联重科股份有限公司	92636134	81720421	13.4%
2	威胜集团有限公司	3201205	2172074	47.4%
3	金杯电工股份有限公司	3096771	2325035	33.2%
4	湖南红太阳光电科技有限公司	2100684	3019282	–30.4%
5	湖南湘江涂料集团有限公司	1972627	1971639	0.1%
6	长沙新奥燃气有限公司	1913191	1545762	23.8%
7	湖南海利高新技术产业集团有限公司	1585215	1015741	56.1%
8	湖南梦洁家纺股份有限公司	1400254	1460519	–4.1%
9	长城信息产业股份有限公司	1117583	855064	30.7%
10	金瑞新材料科技股份有限公司	906335.9	1262723	–28.2%
11	九芝堂股份有限公司	828594	919744	–9.9%
12	长沙远大住宅工业有限公司	725635	27004.78	2587.1%
13	湖南湘电长沙水泵有限公司	703278	800077	–12.1%
14	湖南杉杉户田新材料有限公司	699889	467304	49.8%
15	康普药业股份有限公司	548998	530198	3.5%
16	长沙市宇顺显示技术有限公司	485750	0	–
17	长沙日立汽车电器有限公司	433271	551450	–21.4%
18	湖南金沙药业股份有限公司	373898	252959	47.8%
19	华自科技股份有限公司	362891	340498	6.6%
20	湖南方盛制药股份有限公司	306251.18	232357.6	31.8%
21	长沙长泰机械股份有限公司	298948	248498	20.3%
22	湖南亚华乳业有限公司	291666	262649	11.0%
23	长沙巨星轻质建材股份有限公司	280000	240000	16.7%
24	长沙电缆附件有限公司	275601	320000	–13.9%
25	湖南康尔佳制药有限公司	264650	200547	32.0%
26	长沙百江能源实业有限公司	234350	234116	0.1%
27	湖南泰谷生物科技有限责任公司	219853	53861	308.2%
28	长沙汉河创业电缆有限公司	217608	256133	–15.0%
29	湖南特种金属材料厂	215527	274981	–21.6%
30	长沙宇顺触控技术有限公司	210608	0	–
31	湖南长远锂科有限公司	198935	170496	16.7%

续表 7-19

序号	企业名称	工业总产值	去年同期	同比增长
32	湖南安淳高新技术有限公司	192805	150825	27.8%
33	湖南麓南环保有限公司	174700	72458	141.1%
34	长沙三诺生物传感技术有限公司	162784.84	163322	-0.3%
35	力合科技（湖南）股份有限公司	160000	140000	14.3%
36	湖南中冶长天重工科技有限公司	153900	0	-
37	长沙久远机电设备有限公司	153170	87970	74.1%
38	长沙凯德自动化系统有限公司	150611	225125	-33.1%
39	湖南三德科技发展有限公司	147519	206225	-28.5%
40	湖南有色重型机器有限责任公司	146981	269508	-45.5%
41	湖南省康普通信技术有限责任公司	145733	168384	-13.5%
42	长沙伟徽高科技新材料股份有限公司	145100	130082	11.5%
43	湖南路路通塑业股份有限公司	137802	137531	0.2%
44	长沙景嘉微电子有限公司	129443	106394	21.7%
45	长沙华时捷环保科技发展有限公司	129100	112000	15.3%
46	湖南长海投资置业控股集团有限公司	126853	85818	47.8%
47	湖南晶鑫科技股份有限公司	123961	150550	-17.7%
48	湖南德康制药股份有限公司	121110	131580	-8.0%
49	长沙前元塑料技术开发有限公司	120000	90000	33.3%
50	湖南创业电力高科技股份有限公司	116600	42126	176.8%
51	长沙奥托自动化技术有限公司	114300	107205	6.6%
52	湖南奥盛特重工科技有限公司	113395.81	99081	14.4%
53	长沙兴嘉生物工程股份有限公司	111618.15	147234	-24.2%
54	湖南博云东方粉末冶金有限公司	105567	109666	-3.7%
55	长沙市鑫能车用燃气有限公司	101469	68932	47.2%
	合计	1213.9	1066.6	13.8%

表 7-20 长沙高新区利税过千万元工业企业一览表

（2012 年）

单位：千元

序号	企业名称	营业收入	利税合计
1	中联重科股份有限公司	90251817	12482383
2	威胜集团有限公司	2452305	451008
3	九芝堂股份有限公司	1042415	329083

续表 7–20

序号	企业名称	营业收入	利税合计
4	长沙新奥燃气有限公司	1763910	312268
5	长沙远大住宅工业有限公司	776063	195087
6	长沙三诺生物传感技术有限公司	342043	183301
7	湖南梦洁家纺股份有限公司	1266811	170397
8	湖南湘江涂料集团有限公司	2127098	166149
9	长城信息产业股份有限公司	1501618	134684
10	金杯电工股份有限公司	2540948	127918
11	长沙电缆附件有限公司	376423	104995
12	湖南创业电力高科技股份有限公司	132765	103592
13	湖南金沙药业股份有限公司	264253	103465
14	湖南海利高新技术产业集团有限公司	1605355	97162
15	湖南红太阳光电科技有限公司	2100684	87251
16	长沙景嘉微电子有限公司	131890	86231
17	湖南方盛制药股份有限公司	311580	83661
18	华自科技股份有限公司	331066	76508
19	湖南三德科技发展有限公司	160929	72754
20	长沙巨星轻质建材股份有限公司	272831	55000
21	金瑞新材料科技股份有限公司	885279	54151
22	长沙长泰机械股份有限公司	283884	52865
23	湖南银通科技有限责任公司	94100	52830
24	康普药业股份有限公司	513188	50662
25	湖南湘能电力股份有限公司	77146	49909
26	长沙伟徽高科技新材料股份有限公司	145579	43289
27	湖南杉杉户田新材料有限公司	739621	39796
28	长沙高新技术产业开发区爱威科技实业有限公司	65705	32512
29	力合科技（湖南）股份有限公司	156878	27366
30	长沙华时捷环保科技发展有限公司	129100	26181
31	湖南辰泰电子信息技术有限公司	93533	25979
32	长沙奥托自动化技术有限公司	81900	21255
33	湖南华诺星空电子技术有限公司	48619	20593
34	长沙东屋机电有限责任公司	64926	18993

续表 7-20

序号	企业名称	营业收入	利税合计
35	湖南安淳高新技术有限公司	177344	18907
36	长沙百江能源实业有限公司	249201	16430
37	长沙日立汽车电器有限公司	421896	15295
38	湖南晶鑫科技股份有限公司	112166	15089
39	湖南德康制药股份有限公司	118820	15048
40	湖南省联能电力建设有限公司	181012	13573
41	长沙市鑫能车用燃气有限公司	106569	13455
42	湖南省康普通信技术有限责任公司	146315	13295
43	长沙岱勒新材料科技有限公司	40120	13161
44	湖南路路通塑业股份有限公司	131776	11957
45	湖南长远锂科有限公司	215775	11667
46	湖南紫光测控有限公司	51338	10918

第七章 知名产品

第一节 装备制造产业

一、中联重科股份有限公司

60 米以上碳纤维臂架混凝土泵车：

该泵车是基于中联重科所拥有的全球专利——碳纤维臂架技术和引进 CIFA 的全套工艺流程的结晶，拥有全球最长 7 桥 7 节臂 101 米（吉尼斯世界纪录）。碳纤维复合材料是当前最的轻质材料，其密度略高于人造板，但只有钢材的 20%，而强度却能达到 3500mpa，是钢材的 4 倍。

塔式起重机 D1250-80：

全球工作幅度最长的塔式起重机（吉尼斯世界纪录），首创双阶递进式变截面臂架系统，提升起重臂侧向稳定性和起升能力，使她的有效工作幅度达 110 米，作业覆盖面积超过 5 个足球场，最大起重能力创造 80 吨的新纪录。

汽车起重机 ZACB01：

公司全球起重能力最强的汽车起重机刷新吉尼斯世界纪录。该机器应用智能化的组合技术，除超千吨的最大实际起吊能力与160m的最大吊装高度外，在道路通过性、作业方便灵活性方面具有其他起重设备无法比拟的优势。9桥全地面起重机专用底盘，可扩展至12桥，双发动机联合驱动，可实现负载300t道路行驶；底盘采用油气悬架，能实现车身自动升降、调平、多轮转向、蟹行，足以应对较复杂路况；整车采用模块化智能自组装，通过动力自动插拔销拆装，作业准备与移场效率高。

二、湖南金杯电工股份有限公司

风力发电用耐扭曲软电缆：

风力发电机组用电缆主要使用于风叶发电机与地面电力电缆连接，高约80 ~ 100米，筒内垂直敷设。具有普通电缆不具备的优异的柔软、反复高扭曲的功能。风力发电机安装于海洋、山顶、沙漠、冻土平面等野外恶劣环境，具备良好的防潮、防白蚁、鼠虫啮咬，耐高低温性和防腐蚀性。

通用橡套软电缆：

采用细直径铜单线多股束合、复绞成导线后挤包橡皮绝缘层，经硫化后，多芯绞合成缆，再挤包橡皮护套、硫化而成。适用范围广，是橡套软电缆中产量最大、应用面最广的一类，适用于各种可移动的电气装备、电动工具、仪器和日用电器作电源线用。盾构机电缆成功配套于湖南、上海、河南、四川等地盾构机生产厂商，该产品成功替代进口，填补国内空白。

矿用采煤机屏蔽监视加强型软电缆：

适用于移动频繁、经常弯曲和扭转械外力破坏；不易引起燃烧、具有较好的电气性能和安全保护系统；适用于井下搬运条件差的环境，电缆轻、小、使用方便，便于检修，露天矿用的6kV级电缆能耐大气老化。该类产品已成功应用于内蒙、四川、云南等煤矿基地。

三、中冶长天国际工程有限责任公司

环冷机、烧结机和回转设备用柔性传动装置：

拥有采矿、选矿、烧结、球团和直接还原等方面的核心技术，烧结工程及成套装备业绩居世界第一，且承担世界最大的烧结项目——太钢660 ㎡烧结项目的装备系统的研发工作及工程设计。完成国内第一个大型氧化球团工程成套装备技术的研发和工程设计项目——武钢500万t球团项目，承担世界最大的球团项目——澳大利亚600万t球团项目的装备研发和工程设计工作，并提供成套设备的研制。

煤基高温热固结链篦机：

首创煤基高温热固结链篦机——回转窑直接还原铁（一步法）生产及装备技术，率先在全球实现工业化应用，是我国冶金领域为数不多的原创性工艺及装备技术；承担国内最大的冶金矿山总承包项目——白马铁矿二期万年沟选矿系统。

四、长缆电工科技股份有限公司

500 kV 瓷套式终端、220 kV、110 kV 及以下等级电缆附件系列产品：

配备有 400kV、250kV、200kV、150kV 等工频试验装置，从而保证每套 220kV 系列产品、110kV 系列产品及 35kV 中间接头产品都能按 IEC 标准进行局放及工频耐压试验。采用国际标准和先进技术，自主研发、具有自主知识产权，在行业内率先实现系列国产化，多项产品在行业领先。

五、湖南三德科技股份有限公司

SDC608 量热仪：

采用自有知识产权技术不锈钢氧弹及独特泵搅拌方式传热速度快；采样电源逆变及净化技术，保证系统不受电压波动的影响。是国内测试时间最快、测试结果精准，国内唯一测试时间 <9min 的量热仪。

SDS616 定硫仪：

采用库仑滴定原理，适用于检测煤炭、焦炭、石油及固体生物质燃料等可燃物质中全硫含量及水泥中的 SO3 含量。国家火炬计划项目，国家重点新产品；国内唯一无需实时调节气流量、测试精准的库仑定硫仪。

SDCHN435 碳氢氮元素分析仪：

适用于电力、煤炭、冶金、石化、钢铁等领域煤、焦炭等物质中的碳、氢、氮元素含量分析；自动更换样品坩埚，完全解决行业内人工更换坩埚操作繁琐、测试时间长的普遍问题。国家重点产品，含 11 项专利技术，其中 8 项发明专利。

六、湘电长沙水泵厂有限公司

SAP 型单级双吸水平中开式离心泵：

拥有全国最大的水泵测试中心及高精度检测仪器，拥有一流的铸造、加工、装配、试验能力及铸后、焊后处理、热处理能力和分析检测手段。

YJG 型立式单级单吸离心清水泵：

适用于大型火力发电厂、工矿、城市和农田建设的给排水工程。用来输送不含固体颗粒的清水或物理及化学性质类似于清水的其它液体。

七、长沙日立汽车电器有限公司

日本车型用交流发电机、起动机、电子产品

主要为郑州日产，一汽本田，东风，北京福田，庆铃，江铃等主机厂进行配套，还有部分高尔夫球车用直流电机出口美国。

第二节 软件及电子产业

一、威胜集团有限公司

DSSD331/DTSD341-MA2 三相高准确度关口电能表：

针对关口计量领域推出的高稳定性关口结算计量产品。采用拥有多项自主知识产权的高准确度计量方案和计量算法，实现传统计量芯片无法达到的计量准确度。弥补国内电能计量领域在高端电能表市场的不足，开创 0.1S 级准确度计量的先河，可广泛用于发电企业上网、跨区联络线、省网联络线及省内下网等关口计量点以及负荷频繁变化的电气化铁路等大型工商用户。

WMLR 型超声波热量表：

集中供热系统中对用户所供热量进行分户计量所必需的计量装置，可用于制冷、供暖计量。超声波热量表由流量计、温度传感器和电子运算单元组成，各项技术指标均符合或优于国家《热量表》标准 CJ128-2007。测量机构无机械转动部件，永不磨损。

LXSD 型有线远传电子式水表：

产品不再采用机械齿轮传动且传动比固定的方式来计量水量，而是采用电子技术直接对水流速度或机芯转速等相关数据采样，然后交由单片机根据水表流量特性采用特定算法将采样信号转换成实际走水体积，从而计算出相应的走水量。可以实现水务管理部门要求的阶梯收费政策，实现水费的阶梯扣费。可以实现泄露报警及人为干扰报警提示，并将该事件上报到主站系统。

二、长城信息产业股份有限公司

VTM 远程银行系统：

融汇先进的高清视频通讯、人机交互协作、远程智能控制、生物识别和电子化采集等高新科技，构建全新网点形态和服务模式，全面替代或分流传统物理网点柜面服务。实现“随时、随地、随心”全天候服务的“智慧银行”；系统整体部署便捷，试用范围广泛，能够有效降低银行综合建设、运营及服务成本，实现银行资源集约化管理和网点低成本快速扩张。

长城医疗自助综合服务系统银医一卡通解决方案：

“银医一卡通”模式的门诊全流程自助诊疗应用，在医疗电子领域首创“银医”一卡通系统；较好地优化门诊流程，提高医院的诊疗效率和服务质量，缓解老百姓“挂号难、看病难”问题，是解决医院“三长一短”问题的最佳方案。被湘雅医院、301医院、协和医院、瑞金医院、盛京医院等200余家医院所采用，提高诊疗效率。

基于北斗的工程机械位置信息服务平台：

实现十大类、百余种工程机械装备的管控，实现工程机械在线位置信息服务的规模化运营。基于工程机械位置信息服务平台形成国内最大的工程机械物联网，可并行接入设备超20万台，数据存储能力达到100TB，实际采集的主机参数超过5000种。

三、长沙景嘉微电子股份有限公司

自主研发图形芯片及第二代实用图形芯片原型验证系统：

新型GPU构架、高性能2D/3D图形加速芯片，获得国家工信部2010年“核高基”重大专项支持，中国首款自主设计的2D/3D军品级图形加速芯片，通过总装备部项目鉴定并获得项目支持。

四、华自科技股份有限公司

MTC-3型变电站综合自动化系统：

适用于110kV及以下电压等级的发电系统、输配电系统和用电系统的保护、测量、控制和RTU等功能。在国内首次将与工艺机理相结合的节能优化运行控制技术应用于水处理行业，提高行业的生产管理水平。

HZP200B系列保护测控装置：

适用于10kV及以下电压等级的工矿企业变电站、民用电变配电室等场合，具有保护、测量、监控及远动功能，广泛应用于高低压开关柜制造厂、电力、石油、化工、煤炭、建筑等行业。

五、湖南华强电气有限公司

车用节能环保变频空调：

产品简介：应用于大客车、电动车等车辆上的变频冷暖空调，是具有自主知识产权国际首创的车用空调，改变传统大客车空调的动力源和传动方式，通过直交逆变电源的模块控制，首次在大客车空调系统中实现无级变频能量调节，可靠性高、使用寿命长，具有显著的节能环保效益。

六、湖南航天环宇通信科技有限公司

卫星通信产品、微波器件、精密复合材料成型模具等：

HY-MC35 导航天线：双模三频手持天线，可配合多种北斗手持机使用；HY-GNSSA28 天线：多模多频高精度天线，通过总装备部组织的项目招标测评。产品大多配套装备到众多国家级重大专项型号上，助力“神十”等载人飞船卫星通信、和“嫦娥”月地通信、高分辨对地观测等国家级先进技术与重大工程项实施。

七、湖南麒麟信息工程技术有限公司

麒麟操作系统：

运用于“银河”“天河”，以兼容 Linux 的技术思路开发的高安全、高可用、高可定制的国产自主可控操作系统。

麒麟天机网络安全存储系统：

由湖南麒麟研发。基于最高安全等级国产麒麟安全操作系统构建的数据集中加密存储产品，与总参某部密码卡结合产品已在全军列装。

麒麟涉密电子信息集中管控系统：

由湖南麒麟研发。针对涉密电子信息进行集中管控、加密存储和安全管理的软件系统，已广泛应用于军队各总部及基地。

麒麟安全云桌面系统：

由湖南麒麟研发，基于最高安全等级国产麒麟安全操作系统构建的安全虚拟桌面产品。

第三节 新材料企业

一、金瑞新材料科技股份有限公司

电解金属锰：

公司主要产业之一，质量优越，拥有如宝钢、武钢等大型钢铁企业为主体客户群，出口日本、韩国和欧美等地。公司拥有 6000 万吨锰矿石储量，矿石开采能力 15 万吨 / 年。

钴酸锂、锰酸锂、多元复合材料：

产品加工性能好、电性能优异、电池安全性好、稳定性和一致性高。新研发的电动汽车用镍钴铝代表高性能锂离子电池正极材料技术的发展方向，市场上拥有较高知名度。

四氧化三锰：

产品纯度高、反应活性好、物化性能稳定，年生产能力2.5万吨/年。产品质量达到国际同类领先水平，产销量位居世界第一。

二、湖南杉杉新材料有限公司

钴酸锂正极材料、三元正极材料、锰酸锂正极材料：

经过严格的物理与化学检测，产品品质稳定、性能优异，达到国内领先、国际先进水平，产销规模第一的锂离子电池正极材料。产品销至国内70多家厂商，并远销美国、加拿大、韩国等海外市场。

三、湖南湘投金天钛金属有限公司

热轧钛带卷、冷轧钛带卷：

钛及钛合金具有密度小、比强度高、综合性能好、耐腐蚀、生物相容性好等诸多优点。冷轧钛带卷主要用于制作板式换热器、防护层、薄壁焊管、钛种板、复合板等制品，在航空航天、海洋工程、核电、化工、冶金、建筑、环保、医疗等领域具有巨大的应用需求。利用“钛－钢联合”模式创新，实现中国钛带卷行业零的突破，填补国内空白，结束中国几十年来不能自主生产宽幅钛带卷、长期依赖进口的历史，被誉为“中国钛工业的里程碑”。

四、湖南科力远新能源股份有限公司

镍氢汽车动力电池能量包：

圆柱D型，标称电压1.2V，标称容量6000mAh，比能量40Wh/kg，使用温度范围-30℃至65℃，最大充电电流120A，最大放电电流150A，循环寿命2000次。一般应用在HEV乘用车、PHEV/HEV公交巴士、商用车、景区游艇、储能系统等。

连续化带状泡沫镍：

镍氢电池的骨架材料，正是由于泡沫镍的诞生，才开发出高功率、新一代的镍镉、镍氢电池，系国内首创，拥有独立的知识产权，被列为国家“863”重大攻关项目，国家级重点新产品和湖南省首批百亿工程，产品各项技术指标全面达到和超过国际先进水平。

五、湖南博云新材料有限公司

炭/炭复合材料航空刹车副：

开发技术路线与国内外完全不同的、具有自主知识产权的波音 757 炭 / 炭复合材料航空刹车副；结构、功能一体化的新型材料，具有密度低、比强度大、摩擦特性优良、耐高温、耐热冲击等一系列优异性能。获 11 项国家发明专利，其产品填补国内空白。“高性能炭 / 炭航空制动材料的制备技术”获国家科学技术发明一等奖，结束该奖项连续六年空缺的历史。

六、湖南华曙高科技有限责任公司

FARSOON 401、402 设备：

自主研发的选择性激光烧结设备，该设备采用高分子粉末材料激光烧结成型技术，能快速、便捷、精确的完成客户产品的生产制造工作。成功研制出中国首台高端选择性激光烧结尼龙设备，成为世界上第三家 SLS 设备制造商。

FS3200PA Nylon Powder 尼龙材料：

色泽稳定、抗氧化性好、尺寸稳定性好、产品喷漆效果好、优异的机械性能，吸水率低，易于加工。成功研制出选择性激光烧结尼龙材料，成为世界上第二家该类材料制造商；全球唯一一家既制造设备，又生产材料，还从事终端产品加工服务，独立构成选择性激光烧结技术（SLS）完整产业链企业。

七、湖南梦洁家纺股份有限公司

优雅防螨天丝 95 鹅绒厚 / 薄被：

遵循面料舒适、产品触感佳且不起绒；蓬松饱满、外观好；抗菌防螨安全健康的原则进行开发。安全卫生健康，抗菌防螨，清洗 10 次过后仍有 98% 的防螨功效。创造性的将海岛丝和超细纤维结合，生产出新的床上用品，较市场上普遍使用的床上用品相比，触感更佳，更轻。保温性好，防螨除菌的效果，将保健理念引入睡眠产品。

第四节 生物医药企业

一、九芝堂股份有限公司

驴胶补血颗粒：

采用地道全天然中药材，经九芝堂现代化制药工艺精制而成，授权相关发明专利 4 项。驴胶补血颗粒由驴胶、黄芪、党参、熟地黄、当归、白术六味中药组成，其主要功能与主治为：滋阴补血，健脾益气，调经活血，用于久病体虚，气虚血亏型月经不调等。该方组方合理，工艺先进，质量稳定。采用絮凝澄清工艺取代传统的醇沉工艺，实现节能减排。是公司具有自主知识产权的拳头产品和主打产品，国家中药保护品种，一直在同类产品中占领先地位。

赤丹退黄颗粒：

中药六类新药，国家科技部重点新产品，国家中药保护品种，国家保密品种。该产品以赤芍、丹参等组方，采用一步制粒法制粒，通过薄层色谱法和高效液相色谱法等建立定性定量质量标准，获得临床批件，开展临床试验，获得新药生产证书，实现产业化生产。产品为治疗急、慢性病毒性淤胆型肝炎的纯中药复方制剂，凉血清肝、活血退黄。该方组方合理，工艺先进，质量稳定。

二、湖南海利高新技术产业集团有限公司

残杀威、甲萘威：

“残杀威技术开发”获国家科技进步二等奖；“甲萘威合成技术”获湖南省科技进步一等奖；农药、化学制剂科研水平和技术成果居全国同行业先进水平，氨基甲酸酯类农药研究成果达到世界先进水平，在国内外拥有较高的市场占有率。

呋喃酚、灭多威：

“呋喃酚技术研究开发”获国家科技进步二等奖、中国石油和化学工业协会科技进步一等奖、湖南省科技进步一等奖。呋喃酚的生产开发成功，打破国外少数发达国家对该产品的垄断地位，改变我国农药克百威所需原料长期依赖进口的局面，实现自给并出口创汇。

三、湖南方盛制药股份有限公司

血塞通分散片：

中药九类、心脑血管科药物，拥有新药证书，获一项国家发明专利，且单品种产值过亿。产品成分可活血祛瘀，通脉活络，抑制血小板聚集和增加脑血流量之功效。用于脑络瘀阻，中风偏瘫，心脉瘀阻，胸痹心痛；中风后遗症，冠心病心绞痛等疾病。

元七骨痛酊：

治疗骨质增生领域对应症骨性关节炎的国家新药中药六类药物、骨科药物，拥有新药证书，全国独家产品，先后两次获得长沙市科学技术奖，获一项国家发明专利。制剂技术突出，辅料上配备独特，使用冬青油、甘油、月桂氮卓酮辅料，与其他同类中成药酊剂不同；组方择药思路特色显著，不使用剧毒性药物，无配伍禁忌，选用的药物为辛温的温经散寒、活血通络之品。拥有国家发明专利保护权限 20 年。

四、三诺生物传感股份有限公司

安稳免调码血糖仪、安易血糖仪、金稳血糖仪、手机血糖仪、智能血糖仪

适用于糖尿病患者血糖自测及糖尿病筛选，用于新鲜毛细血管全血、静脉全血葡萄糖检测，可用于医疗机构快速血糖测试，糖尿病患者或其他人群的血糖监测。国家创新基金支持项目，是国家生物医学工程高技术产业化示范项目，通过德国技术集团质量体系认证与欧盟 CE 认证，产品占全国市场 10%，排名第三，并大规模出口国际市场。

五、袁隆平农业高科技股份有限公司

深两优 5814：

属籼型两系杂交水稻。农业部超级稻品种，全国推广面积最大的两系品种；2012 年湖北省和湖南省农业厅主推品种。该品种具有产量高、再生能力强、抗逆性强、米质优、熟期好、易于机械化收割、适应范围广等特点，综合指标居国内领先水平，深受广大农民欢迎。

隆平 206：

袁隆平院士名字命名的第一个玉米种，在黄淮地区累计面积已达 6000 万亩以上，填补我国黄淮区域玉米高产与抗病有机结合品种的空白，对我国黄淮南片的玉米生产意义重大。

六、湖南光琇高新生命科技有限公司

人类胚胎干细胞库产业化平台：

已初步建立临床应用型人胚胎干细胞分离、培养、鉴定和冷冻保存的完整技术平台的自主研发；研究成果获湖南省科学技术一等奖。建立目前国际上最大的胚胎干细胞库，库存 400 株具有不同组织相容性抗原的 hESC 系 ，建立资源和技术服务共享平台，能够为国内的生物医药同行提供具有自主知识产权并且良好质控的胚胎干细胞系以及相关的技术服务平台。

胚胎植入前遗传学诊断与筛查 (PGD/PGS) 技术：

该技术属于辅助生殖技术中的一项特色技术。在进行试管助孕治疗过程中，对体外培养的胚胎分离 1~5 个细胞进行遗传学检测，可淘汰家族性遗传疾病以及染色体非整倍体异常胚胎，选择遗传正常的胚胎植入子宫。可成熟应用高通量测序或基因芯片等方式对试管胚胎进行遗传学检测与筛查，有效改善遗传疾病携带者、高龄、反复流产等患者夫妇试管助孕临床结局，平均移植临床妊娠

率达到 60% 左右。

肿瘤的免疫细胞治疗：

从杀灭肿瘤细胞和诱导 / 增强机体自身抗肿瘤能力两方面来考虑肿瘤的综合治疗问题。使肿瘤的治疗更加绿色，减轻治疗副作用带来的痛苦，改善生存质量。制备具有强大的识别突变细胞能力，杀伤肿瘤细胞谱更广的自然杀伤细胞（NK）和具有 NK、CIK 和细胞毒 T 淋巴细胞（CTL）的综合优势混合性杀伤细胞（NKM）。严格按欧盟标准建立和管理的 GMP 生产车间，所用的仪器、试剂和耗材均为世界一流厂商的产品。

七、湖南圣湘生物科技有限公司

人乳头瘤病毒 HPV 核酸检测试剂盒：

通过一种以 TaqMan 荧光探针技术为基础的，实时荧光定量 PCR 人乳头瘤病毒 HPV 检测技术，开发 HPV 核酸体外诊断试剂盒，包括高危型（16/18 型），低危型（6/11 型），一管法分型（区别 15 种高危亚型），一管法不分型（仅报告是否有高危亚型病毒）等多种诊断试剂盒。与传统的诊断方法相比，在灵敏性和特异性上有很大的提高，时间也大大缩短。其中，对于国内多发的流行性病毒亚型检测是项目检测技术的重要突破。可准确报告人体内人乳头瘤病毒的种类及致病性，可用于子宫颈上皮内高度病变和癌症治疗的监测，区分患宫颈癌危险度。

第五节 节能环保和新能源产业

一、远大住宅工业有限公司

预制夹心保温外墙板：

内外两层钢筋混凝土墙板和夹在中间的保温材料通过专用连接件组成的具有特定保温性能要求的外墙板。工业化率达到 85%，产品精度由“厘米”时代跨入“毫米”时代，业务已覆盖华南、华北、华东、华西四大区域。

叠合楼板：

由预制板和现浇钢筋混凝土层叠合而成的装配整体式楼板。住宅模块在流水线上生产出来，按照此模式建房，可以比传统模式节省三分之二的时间，达到五节一环保效果。

二、湖南红太阳光电科技有限公司

多晶硅锭、多晶硅片、多晶电池片：

多晶硅锭缺陷少、晶粒均匀、位错密度小。多晶硅片厚度薄且均匀，含氧量低，电阻率小。多晶电池片整线良品率高，电阻率小、产品量产平均转化效率达 17.6–17.8%。通过自主研发设备和无籽晶高效全溶、半溶工艺进行多晶铸锭，100% 实现生产设备和工艺技术自给。

M82200–6/UM 型 PECVD 光伏装备：

单管产能达 308 片 / 批，设备具有自动上下舟机构和高精度压力、温度监控系统；融合一键全自动控制工艺，采用进口精密直线单元，增加抗 PID 功能。全球单管产能最大的 PECVD 设备，综合性能已超越国际一流产品；成膜均匀性和表面色差达到世界先进水平。

R13660–1/UM 型 多晶铸锭炉：

拥有独特的压力闭环自动控制和工艺全自动智能化控制技术；平稳实现从普通多晶铸锭到无籽晶的高效全溶、半溶多晶铸锭技术的飞跃。设备自主创新，打破国外技术壁垒，实现多晶铸锭炉国产化，多项技术处于行业领先水平。

三、湖南麓南脱硫脱硝科技有限公司

石灰石 / 石灰 – 石膏湿法烟气脱硫工艺技术：

石灰石经过破碎、研磨、制成浆液后输送到吸收塔。吸收塔内浆液经循环泵送到喷淋装置喷淋。列入国家火炬计划，自主研发的石灰石 / 石灰—石膏法、半干法脱硫等技术国内领先，占据国内玻璃制造业脱硫装备 80% 市场。

四、湖南安淳高新技术有限公司

Ⅲ J 型系列氨合成塔内件及其低能耗氨合成系统：

针对精制中 CH4+Ar1.5% 以上的新鲜气设计；氨合成塔压力≤ 14.5MPa，年产合成氨三十万吨；三层全径向、三个塔内换热器全并联、无冷管，塔阻力 0.3MPa 左右；出氨塔温度高，回收反应热产生中压蒸汽；塔、锅一体，节省大量特殊贵重管道。是国家级重点科技成果推广计划项目，被评为国家级新产品，获国家发明专利，并被美国化学文摘摘登。

五、力合科技（湖南）股份有限公司

“智能水质在线监测系统”和“移动式环境应急监测系统”：

采用电化学阳极溶出伏安法重金属在线分析仪，同时可提供砷 / 总砷、总汞、六价铬 / 总铬、锰 / 总锰、总镍、总锑、总铁、挥发酚、总氰等共计达 30 多个污染参数的的在线监测仪器。打破进口监测设备一度垄断国内市场的格局，广泛应用于全国各地的水环境自动监测站。

六、长沙华时捷环保科技发展有限公司

重金属废水电化学处理智能化成套设备：

通过自主研发的智能制动控制系统，能够同时祛除水中重金属和其他多种污染物，使污水处理实现稳定达标。获省科技进步三等奖，在湘江流域重金属污染治理等全国30多项重金属废水处理工程中获得应用。

七、湖南湘牛环保实业有限公司

涂装废水处理及回用技术、造纸白水及中段废水治理工程：

解决压榨滤液阴离子垃圾去除世界性难题，为制浆造纸企业全面达到《制浆造纸工业水污染排放标准》（GB3544-2008），特别是单位产品基准排水量标准，提供强有力的技术支持。是省内最早的膜技术工程应用企业，列入国家先进污染防治示范技术；造纸白水及中段废水治理工程列入国家重点环境保护实用技术示范工程。

综合管理

第八篇 综合管理

长沙高新区的综合管理涵盖财政、税务、统计、审计、工商、安监、人力资源和社会保障等内容。建区伊始，财政、税务、统计、审计、工商等方面的机构与制度从无到有，逐步发展和完善。其中财政工作在1994年以前由长沙市财政局下设财政所管理，1995年设财政分局，健全财政体制，至2012年共调整5次；其收支预算结合高新区实际情况，统筹安排金库资金。在加强财政收支管理的同时，通过银行贷款、发行证券进行融资，并颁发相关法规、建设信息平台推进国有资产管理。

长沙高新区的税务征收与管理包括国税与地税，在注重税收核查管理的同时，对企业进行税收优惠补贴。统计则包括财产统计、火炬统计、专项普查等方面，审计工作以经济为侧重点。工商方面包括企业注册登记、市场监管、合同与商标管理等内容。

长沙高新区自1989年起，已开展安全生产监理工作。至2005年，成立安全生产委员会，并随后组建安全生产监督管理局，安全生产监理工作步入正轨。质量监督、特种设备和组织机构代码管理则至从2007年开始设有专门机构，实行“一门进出，归口管理”的管理体制。人力资源方面的劳动安置、监管、保障、仲裁以及人事方面的编制等工作紧紧围绕企业和民众需求以及区内综合发展来开展。社会保障方面从落实养老、医疗等五种保险，健全保险制度来保障劳动者的基本生活，增进区内公共福利水平，提高人民生活质量。

第一章 财 政

第一节 管理机构

一、长沙高新区财政分局

长沙高新区财政分局的前身是1989年，长沙市编制委员会印发《关于设立“长沙市财政局科技开发试验区财政所”的通知》（市编字〔1989〕第140号），设立长沙市财政局科技开发试验区财政所，定全民事业编制两名，管理区内财政。

1995年，长沙市编委核定长沙高新区管委会机构，明确设立一级财政和金库，长沙市财政局高新区财政分局（简称长沙高新区财政分局）成立。该局为长沙市财政局在长沙高新区的副处级派出机构，由市财政局与长沙高新区实行双重领导，其人员编制、人事管理由市财政局负责，按照“精简、统一、效能”的原则，核定局长1名（副处级），副局长2名（正科级）；其职责为主管长沙高新区财政预算收支，实施财政监督、审计，并负责管委会机关的计划财务和行政后勤工作。2003年7月1日，经长沙高新区管委会和长沙市财政局研究，根据长高新管联发〔2003〕3号文件，长沙高新区财政分局与管委会财务科合署办公。

2006年，长沙高新区财政分局成立高新区资金管理中心。2007年，长沙高新区成立金融证券办公室，工作职责放在区财政分局，同年10月长沙高新区财政分局内设高新区政府采购监督管理办公室，负责区内的政府采购审批和监督管理工作。至2012年，长沙高新区财政分局负责区内的财政管理。其历任主要负责人有吴金生、杨晓。

二、长沙高新区资产管理局

2009年，长沙高新区在管委会财务科的基础上设立长沙高新区资产管理局，该局核定局长1名，副局长3名。历任局长有张绍刚、黄婷。

该局主要职责为：预算控制、财务管理、融资工作、资金平衡、国有资产监管；具体负责管委会机关、驻区机构、二级单位的财务核算；负责管委会资金管理和债务管理，制定年度资金平衡计划，按计划组织资金来源，调度使用资金；负责管委会各行政事业单位国有资产管理。

第二节 财政体制与预算编制

一、财政体制

初期政策：

1991年10月11日，湖南省人民政府颁发《关于长沙高新技产业开发区若干政策的规定》（湘政发〔1991〕36号），其中第五部分为财政政策，规定：

在长沙高新区建立科技开发基金；1991—1993年，省市财政及省科委每年安排定量资金，用于高新区建设；1992—1996年，区内企业所缴各项税款全部返还高新区；长沙高新区企业实行中外合资企业财务管理规定和会计制度，并在财政上对区内企业进行减免与补贴。

同时颁发《长沙高新技术产业开发区财政政策暂行规定》，对长沙高新区的财政政策作出具体规定。其主要内容包括：1991—1993年，每年为长沙高新区提供建设资金（其中省财政1000万元，省科委300万元，长沙市财政300万元），连续3年，有偿使用，逐年积累；允许长沙高新区集中所属企业提取的技术开发费的30%；企业还贷，缓征“两金”和各种附加费用；在不影响上交中央、省财政部分的前提下，企业所交各项税款、“两金”和各种附加费用，5年内全部返还长沙高新区，用于园区建设；对内资企业减征和免征的税款统一作为国家扶持资金，企业专设会计科目管理。

调 整：

1996—2012年，长沙高新区的财政体制共调整5次。

1996年，长沙市财政局与长沙高新区实行“三七”分成体制。

1996年，长沙市人民政府以《长沙市人民政府办公厅关于长沙高新技术产业开发区财政体制实施方案的批复》（长政办函〔1996〕70号），确定长沙高新区实行“划分收入、核定基数、超收分成、结余留用”的财政管理体制，将市属高新技术企业税收，除上划中央、省级收入和市级专项收入外，作为长沙高新区财政分成收入。以1995年的1173万元为基数，基数内按1995年长沙高新区既得收益569万元结算；基数增长30%以内的部分，长沙高新区不分成；1525万元以上的部分，长沙市财政局与长沙高新区“三七”分成。

1999年，岳麓山高科技园的涉外税收纳入体制分成。

1999年1月，中共长沙市委、市政府出台《关于进一步加快高新技术产业发展的决定》（长发〔1999〕1号），理顺长沙高新区财政管理体制，规定：“在现行财政体制（包括税收征收次级）不变的基础上，将岳麓山高科技园的涉外税收纳入体制分成。”

2000—2004年，教育费附加全部返还给长沙高新区。

1999年12月，印发《长沙市人民政府关于印发＜长沙软件产业基地国家新材料成果转化及产业化基地和岳麓山大学科技园若干政策规定＞的通知》（长政发〔1999〕56号），规定：“从2000年起，长沙高新区企业征缴的教育费附加 5 年内全部返还给高新区，用于长沙高新区内义务教育基础设施建设，纳入全市教育发展规划。”

2001—2005 年，长沙高新区上解市财政收入基数调整。

2001 年 7 月 9 日，长沙市委办公厅、长沙市政府办公厅以长阅〔2001〕15 号会议纪要，决定：“以 2000 年高新区参与分成的财政收入中上解市财政收入 3451 万元作为基数，即从 2001 年起，市核定的高新区参与分成的财政收入每年上交市财政 3451 万元后，其余部分全部留给高新区（其中涉外税收按现行体制不变），用于高新区的发展建设，此体制暂定五年。从 2001 年元月 1 日起，高新区的城市维护建设税全部由高新区使用（暂定五年）”。

2005—2012 年，调整长沙高新区、岳麓区体制上解数。

2005 年 1 月 1 日，长沙市财政局出台《关于调整高新区、岳麓区体制上解数的通知》〔长财预字〔2005〕1 号〕，决定从 2005 年 1 月 1 日开始，长沙高新区的体制上解数由 3451 万元调整为 3190 万元，调减 261 万元。2008 年 8 月 26 日，根据《关于明确长沙大河西先导区财政体制的通知》（长财预〔2008〕33 号），长沙高新区的财政体制不变。2010 年 5 月 14 日，长沙市人民政府颁布《关于促进长沙高新区技术产业开发区建设国家创新型科技园区的若干意见》（长政函〔2010〕64 号），决定：至 2015 年，长沙高新区财税征管范围和财税收支体制不变。至 2012 年，长沙高新区财政体制仍按 2005 年的政策执行。

二、预算编制

1988—1995 年，长沙高新区没有独立的财政，没有财政预算编制。1996 年，长沙高新区金库正式设立，长沙高新区财政分局开始对国库资金进行统筹安排和调拨。年初，长沙高新区财政分局独立编制财政收支预算，并以长沙高新区管委会文件形式，报长沙市财政局、长沙市人大常委会财经工做委员会，经长沙市人大审议后，长沙市财政局以文件形式批准执行。年中，对收支预算进行调整，经长沙高新区管委会主任办公会议研究决定，再报长沙市财政局和长沙市人大常委会财工委备案。

长沙高新区收入预算包括当年高新区财政总收入、一般预算收入、高新区可用财力，其中财政总收入由入区国库收入、入市国库收入组成；支出预算根据收入预算中的高新区可用财力按照财政部制定的支出科目进行具体安排，对高新区各部门进行部门预算管理，禁止无预算和超预算开支。

第三节 财政管理

一、财政收入

长沙高新区的财政收入有大小两个口径，大口径是长沙高新区“一区四园”（岳麓山高科技园、星沙高科技园、隆平农业高科技园、远大高科技园、市内政策区）高新技术企业上缴各项税收；小口径是指岳麓山高科技园（麓谷）的各项税收。

1995—2012 年，长沙高新区财政总收入 2529961 万元。其中 1995—1997 年，财政总收入分别为 4263 万元、8127 万元、9787 万元，增长率逐年放缓。1998—2003 年，财税总收入持续增长，分别为 11612 万元、15074 万元、22492 万元、34107 万元、44773 万元、47115 万元，其中地方财政收入年均增长速度 41.75%，分别为 5198 万元、7555 万元、11641 万元、19087 万元、27299 万元、29751 万元。

2003 年，长沙高新区大部分企业处于平稳增长期，园区财税收入结构单一，其税收全部来源于工业企业，主要是增值税和所得税。与其他县（市）区比较，长沙高新区没有国土收入、建安税收入、农税收入、非税收入和第三产业税收。在增值税征收上，因国家税务总局的文件规定，长沙高新区对软件企业增值税税负超过 3% 的部分，即征即退，且长沙 95% 的软件企业集中在高新区，全年共办理软件退税 2980 万元。是年，财政总收入（不含涉外税和远大公司交到长沙县的税收）47115 万元，同比上年增加 2342 万元，增长率 5.23%；一般预算收入 19155 万元（所得税按 28% 计算）。

2004 年，长沙高新区政策区企业外移，政策区内税收逐渐下降，麓谷园企业进行开工建设，没有新的税源增长点，其财政收入增幅低于其他区县水平。是年，财政总收入（不含涉外税和远大公司交到长沙县的税收）56434 万元，一般预算收入 21636 万元。同年，国家对出口退税规定中央和地方共同负担，长沙高新区与长沙市财政局核定高新区出口退税基数。同时，经长沙市国税涉外分局、市地税涉外分局审核，核实 2003 年高新区岳麓山科技园内涉外企业共纳税 3048 万元，除上交中央、省级收入外，财政分成收入 774 万元，剔除高新区 1998 年涉外企业税收基数 273 万元，高新区分成 350 万元，并上报市财政局复核；核实隆平高科技园 2003 年园内企业税收，并以长高新管〔

2004〕38 号文件核定 2003 年隆平高科技园企业的税收基数。

2005—2009 年，长沙高新区财政总收入分别为 71717 万元、115599 万元、152126 万元、210937 万元、265138 万元，一般预算收入分别为 30500 万元、46000 万元、61500 万元、85000 万元、63130 万元。

2010 年，长沙高新区财政总收入 354617 万元、一般预算收入 150000 万元，并完成财政新体制调整工作，开展与岳麓区、望城县、芙蓉区、雨花区等区县和 10 家企业的财政体制和政策资金结算工作。

2011 年，长沙高新区通过招商、产业、财税等政策吸引企业，增加企业数量、增大规模、增强效益来扩大财源。是年，完成财政总收入 502365 万元、一般预算收入 172700 万元，一年内新增财税收入 150000 万元。

2012 年，长沙高新区保持高基数上的高增长，财政收入中税收收入占比 90% 以上，成为长沙市经济发展的新的增长极。是年，完成财政总收入 603678 万元，公共财政预算收入 208800 万元。

表 8-1　　长沙高新区财政总收入统计表

（1995—2012 年）

年 份	财政总收入（万元）	增长率（%）
1995	4263	–
1996	8127	90.64
1997	9787	20.43
1998	11612	18.65
1999	15074	29.81
2000	22492	49.21
2001	34107	51.64
2002	44773	31.27
2003	47115	5.23
2004	56434	19.78
2005	71717	27.08
2006	115599	61.19
2007	152126	31.60
2008	210937	38.66
2009	265138	25.70
2010	354617	33.75
2011	502365	41.66
2012	603678	20.17
总计	2529961	–

二、财政支出

长沙高新区以“保证重点、统筹兼顾、合理安排、严格贯彻适度从紧的财政政策，集中财力搞好园区基础设施建设”为财政支出原则，通过调整支出结构、安排和调度资金，为管委会人员工资和工作、园区基础设施建设和重点建设项目以及管委会招商引资奖励政策的兑现提供资金，并确保总公司、驻区机构、镇街、教育等各项事业正常运转以及相关区、县、企业的财政结算工作正常进行。

1996—2001 年，长沙高新区包括企业挖潜改造资金、基本建设支出、科技三项费用、专项支出、其他支出在内的财政总支出分别为 1441 万元、1703 万元、2782 万元、3900 万元、5600 万元、11580 万元。2002—2005 年，长沙高新区公共财政预算支出增加城市维护费用一项并每年有实际支出，其公共财政预算总支出分别为 15307 万元、16831 万元、20210 万元、26183 万元。

2006 年，长沙高新区在财政资金支出面临压力的情况下，调整管委会资金管理模式，将全部资金集中到资金管理中心管理，有计划、有项目的调整监督资金，防止资金链断裂，保证资金平衡。是年，为保证园区教育、文化、卫生事业以及低保、救助、新农合、基层政权运转等资金需求，长沙高新区财政预算支出增设行政管理、抚恤和社会救济福利支出，开始向园区社会事业和民生保障方面倾斜。全年，公共财政预算总支出 41712 万元。

2007 年，长沙高新区通过财政支出初步建立涵盖所有人群的最低生活保障，免费义务教育和基本医疗保障等一系列社会保障机制。是年，完成公共财政预算支出 48185 万元，其中安排“三农”资金 2000 万元、工业发展资金 6000 万元、园区基础设施建设资金 30000 万元。在企业发展建设方面，成立麓谷创业投资公司，为中小企业提供新的融资渠道，其中管委会注资 2500 万元，财政出资 500 万元为中小企业贷款提供保证金；对中小企业贷款贴息和担保机构奖励给予补贴，开展税收减免及出口退税和关税调整工作。在民生保障方面，安排 175 万元专项资金，作为东方红镇低保人员生活费用，提高补助标准；安排 120 万元，从 2006 年秋季开始，提前 1 年，全区城乡义务教学阶段学生全部实现“一费制”全免入学；安排 120 万元，扩大实行以大病统筹为主的新型农村医疗制度，提高兑付标准；安排每个社区、村基层政权运行经费 112 万元；对种粮农民的直接、良种、农机具购置等补贴共 50 万元。。

2008 年，完成一般预算支出 72465 万元，其中基础设施建设、医疗卫生、社会保障、教育、社会事务等公共支出增长 40%。是年，雷锋镇划入长沙高新区，区财政对 2 镇 1 街的支出大幅增加：社会保障和就业支出增长 521%，医疗卫生支出增长 111%，重点建设支出增长 40%，教育支出增长 49.8%。

2009 年，公共财政预算 102965 万元，财政总支出 155451 万元。其中教育、科技支出提高，分别为 7068 万元、43133 万元；社会保障与就业支出 888 万元；医疗卫生支出 757 万元；城乡社会事务支出达到 61540 万元；工业、信息化、中小企业扶持支出 6253 万元；农林水事务和环境保护支出 2183 万元。

2010 年，公共财政预算 141171 万元，财政总支出 130000 万元。是年，加强对财政专项资金的审核拨付，对管委会、乡镇街道的所有专项资金出台管理办法，进行审核管理。

2011 年，公共财政预算 193365 万元，财政总支出 154700 万元。长沙高新区财税支出，按国家政策，重点保证重点项目建设、民生、实事工程的资金需求，并与行政区一样，新增 60% 财力用于民生项目、实事工程，包括教育、社会保障与就业、城乡基础设施建设。

2012 年，公共财政预算 198666 万元，财政总支出 180000 万元。是年，优化公共财政投资结构，保障重点建设项目的支出，安排各类重点项目建设资金，推进重大基础设施建设、民生工程项目建设，同时加强科技创新与节能减排支出。其中，安排 10000 万元用于市政府轨道交通建设、4500 万元用于行政公共设施建设、2000 万元用于金融大厦平台建设；预算安排 33000 万元用于产业发展专项资金；预算安排 5000 万元用于支持科技与金融创新，安排 2000 万元用于服务外包、文化产业、创意、电子商务、动漫等产业；争取上级节能减排资金 368 万元，在政府采购中，涉及自主创新、节能减排的产品实行优先采购。

表 8-2　　长沙高新区财政支出情况统计表

（1996—2001 年）

单位：万元

年份	总支出	企业挖潜改造资金	基本建设支出	科技三项费用	专项支出	其他支出
1996	1441	200		1000	100	141
1997	1703	200		1323		180
1998	2782					
1999	3900			3559		341
2000	5600			5295		305
2001	11580		4100	6853		627

表 8–3　　长沙高新区公共财政预算支出情况统计表

（2002—2006 年）

单位：万元

年份	总支出	基本建设支出	科技三项费用	城市维护费用	其他支出	教育	抚恤和社会福利救济	行政管理
2002	15307	4338	8798	1770	401			
2003	16831	4129	9758	2383	561			
2004	20210	5200	11638	2714	658			
2005	26183	6203	15503	3021	800	656		
2006	41712	7828	26649	4345	1060	843	217	770

表 8–4　　长沙高新区公共财政预算支出情况统计表

（2007—2012 年）

单位：万元

年份	总支出	一般公共服务	教育	科学技术	社保保障和就业	医疗卫生	城乡社区事务	农林水事务	公共安全	其他支出
2007	48185	11037	1837	7187	87	153	26031	118		1735
2008	72465	14012	2756	16519	665	342	35749	645		1777
2009	102965	19889	7368	43133	888	757	18299	2076		10555
2010	141171	23217	8141	60697	2140	1236	30064	2644	5	13027
2011	193365	25222	17187	71336	2947	1124	45143	1892	873	27641
2012	198666	28601	21033	84283	3621	1509	39089	2257	2703	183096

第四节 资金管理

一、管理机构

1988—2008 年，长沙高新区未设专门的融资管理机构，融资工作由管委会财务科负责。1999 年，随着岳麓山高科技园——望城坡产业基地（麓谷）基础设施建设速度加快，每年用于开发建设的投资增长高于高新区的财政收入增长，资金缺口逐年加大，长沙高新区管委会采取“负债经营，滚动发展，动态平衡”的管理思路，将对外融资作为主要资金筹集渠道，并成立融资工作领导小组，管委会主任、副主任分别担任正副组长，其他有关部门负责人为成员。融资工作领导小组在财务科设办公室，负责融资工作管理。

2009 年，长沙高新区成立资产管理局，该局按照“稳健安全、量入为出；

统一调度、滚动平衡；统筹兼顾、确保重点”的原则，依据收入、支出两条主线，根据年度资金整体平衡总体要求，对长沙高新区的资金实现资金计划、资金支付、资金来源的全方位统筹管理。

收入来源：

包括财税收入、土地收入、房产收入、上级部门专项补助资金、融资资金和政府性投资项目本身产生的收益。

支出类别：

包括行政社发支出、征地税费、拆迁安置、基础设施建设、保障房建设、公租房建设和还本付息等方面

管理范围：

已纳入统一管理的部门和单位：主要有从事土地一级开发、基础设施建设、保障房建设、公租房建设、行政房建设、市政维护单位。具体单位为：市财政局高新区分局；管委会机关各局室、二级机构及各驻区机构（使用高新区管委会财政拨款部分）；长沙高新技术产业开发总公司及下属执行政府性投资项目的子公司和分公司；信息产业园及下属全资公司；高新区土地储备中心；拆迁事务所及各项目部6家单位。

未纳入统一管理的部门和单位：主要有从事市场经营项目，如工业地产、商业地产的单位，主要单位有长沙高新技术产业开发总公司下属的麓谷实业、麓谷明珠等公司。

管理系统：

多银行资金管理系统：至2012年，长沙高新区资产管理局着力打造多银行资金管理系统，对纳入资金统筹管理的6家单位的所有账号实施动态、实时监管。

资金双控系统：2012年，长沙高新区参照市财政集中支付局的管理模式，对我区政府性投资项目资金实行资金“双控”管理。通过以工程款支付环节作为控制点倒推项目建设流程规范化，实现政府性投资项目和专项资金管理的规范、高效、公正和透明。

通过加强资金的集中动态监管和统筹调度，确保资金链的安全。同时减少资金的沉淀，盘活存量资金，降低资金使用成本，提高资金的使用效率。

二、融 资

银行贷款：

长沙高新区融资主要为园区基础设施建设、保障房建设和征地拆迁提供资金需要，加强银政、银企合作。融资工作以银行贷款为主，先后与国家开发银行、工商银行、中国银行、交通银行、招商银行、浦发银行、长沙银行等银行建立长期合作关系。

2009 年，长沙高新区为推动信息产业园等区内其他融资平台与各家银行的合作，分别与交通银行湖南省分行、浦发银行长沙分行、国家开发银行签署战略合作协议。

2012 年，长沙高新区获批银行贷款 21.8 亿元，按资金实际需要发放到位 8.57 亿元，同年获中央财政高新区基建贴息 0.5369 亿元。

发行企业债券：

2007 年，长沙高新区开始探索发行企业债券。5 月，通过金洲大道、雷高路和金洲大道立交桥 3 个项目名义参与科技部火炬中心组织发行第三期国家高新区企业债券，成功进入科技部的发债行列，成为发债主体单位之一。

2010 年 1 月，长沙高新技术产业开发总公司通过银河证券公司独家发行 20 亿元企业债券。

2011 年 11 月，长沙高新技术产业开发总公司通过银河证券公司成功发行第二期 25 亿元企业债券。

争取贷款贴息：

2001 年，财政部开始实施中西部地区国家级高新区基础设施建设贷款贴息政策，长沙高新区争取中央财政对“国家高新技术产业开发区”基础设施建设贷款利息补贴逐年增加。

其中 2009 年获得贴息金额 1760 万元；2010 年获得贴息金额 1833 万元；2011 年获得 3793 万元；2012 年获得 5369 万元。

融资清障管理：

2011 年，长沙高新区根据《国务院关于加强地方政府融资平台公司管理有关问题的通知》（国发〔2010〕19 号）和《关于贯彻国务院关于加强地方政府融资平台公司管理有关问题的通知相关事项的通知》（财预〔2010〕412 号）等文件要求，加强对长沙高新技术产业开发总公司、信息产业园经济开发有限公司二大融资平台的整改：清理核实融资平台债务，按照“逐包打开、逐笔核对、重新评估、整改保全”的原则，对各公司债务余额、使用去向、偿债来源进行清理与规范；对融资平台的整改定性。经清查，二家公司融资如实执行相关规定，贷款落实到项目，以项目法人公司作为承贷主体，依法执行国家有关项目资本金的规定，按规定用途使用资金。经论证，审计署、银监会形成结论，认定二家公司的贷款均以土地作为抵押，土地的权属已划拨到公司，还款来源实现全覆盖；二家公司均与各债权银行、高新区管委会签订二方协议，认定二家公司治理结构完善、市场化运作规范、现金流能够全额覆盖贷款本息、能够提供足额可供抵押的资产，风险可控，确定信贷风险由公司与债权银行共同承担，公司债务定性为“公司类贷款”，并报湖南省银监局备案。5 月，二家公司成功退出政府融资平台管理，实行商业化运作，为园区融资扫清政策障碍。

第五节 国资企业

一、长沙高新技术产业开发总公司

沿革：

1991 年 9 月 4 日，长沙市机构编制委员会下发市编委 [1991]24 号文件，批准设立“长沙高新技术产业开发总公司”（以下简称“总公司”），注册资金 1600 万元，时任法定代表人罗特。总公司与高新区管委会为“两块牌子，一套人马”，主要职能为管委会投、融资平台和建设主体。

总公司注册资金变更：1991 年，总公司注册资金为 1600 万元；1993 年，总公司注册资金增至 3000 万元；1994 年，由财政拨款，总公司注册资金增至 4908 万元；2001 年注册资金增至 6998 万元；2008 年，总公司注册资金增至 5 亿元。

总公司法人代表变更：1991 年总公司法人代表为罗特；1996 年，总公司法人代表为温建民；1997 年，总公司法人代表为陈松；2001 年，总公司法人代表为柳冠群；2003 年，总公司法人代表为罗社辉；2006 年，总公司法人代表为贺树云；2009 年，总公司法人代表为罗俊文。

总公司经营范围变更：总公司成立时的经营范围为长沙高新技术产业开发区的高新技术企业开展技术经济合作和各种形式的投资经营活动。2008 年后变更为为长沙高新技术产业开发区的高新技术企业开展技术经济合作和各种形式的投资经营活动，基础设施建设项目的投资。

总公司体制：2008 年 12 月 25 日，党工委、管委会专题研究总公司经营发展问题，确立总公司“立足麓谷、面向市场、内外并举、多元经营”的新定位，此后总公司开始不断改革体制机制，有针对性地培育市场运作、公司经营和项目实施能力。

2009年1月，总公司成立麓谷实业投资有限公司，进行市场化运作；随后通过发行企业债券和子公司筹备上市，总公司迈上了“资本运作”的轨道。

2012年，按照党工委、管委会提出的“集团化管理，专业化运作，多元化经营”的要求，组建长沙高新控股集团，并将长沙技术产业开发总公司名称变更为“长沙高新控股集团总公司，简称‘集团总公司’”。

集团以总公司为母公司，以股权为纽带，搭建“1+8+3”的运营架构（“1”为集团总公司，“8”为一级控股企业，“3”为二级控股企业），一级控股企业包括：公共基础设施建设管理、公共租赁住房开发、麓谷传媒3家全资子公司，麓谷实业投资、保障住房开发、麓谷汽车世界、高新实业股份、麓谷景观园林5家控股子公司；二级控股企业包括：麓谷实业控股的麓谷明珠置业、麓谷实业全资的麓谷钰园物业和高新实业全资的高新物业3家公司。同时，集团总公司还参股了麓谷创投、星都房地产2家企业。各子公司按公益性领域和竞争性领域业务性质，实行“专业公司运作，专业团队管理”，经营范围覆盖高新区市政配套、工业地产和商住开发、保障性安居工程建设、汽车市场运营管理、高新技术产业投资、园林景观绿化、麓谷文化传播等多个领域。2012年末，集团资产总额约215亿元（其中总公司资产191亿元中，5.3亿元为股权投资、代管及自营资产，其余为政府融资类土地资产及需移交的道路、保障房等），净资产134亿元（总公司净资产120亿元）。

总公司办公地点变更：1991年，总公司办公地址为银盆南路70号；1996年，总公司办公地址由长沙市银盆南路70号搬迁至桐梓坡C4组团；2004年，总公司办公地址搬迁至岳麓区麓谷大道668号。

总公司二级机构：

1992年，长沙高新技术产业开发总公司成立，总公司下设总经理办公室、计划财务部，并有4个直属的中一型企业：

长沙高新技术产业开发公司

该公司成立于1992年，注册资金200万元，设立之初法人代表为陈松，后变更为张德安。主营业务为新产品开发。主要负责人有经理张德安，副经理张宏亮。该公司于2009年注销。

长沙高新技术产业开发区建设公司

该公司成立于1992年，成立之初法人代表为黎开炳，后变更为刘琳，主营业务为房地产开发。主要负责人有经理刘琳，副总工程师朱昱，经理助理龙惟民。2004年建设公司自然解散。

长沙高新技术产业开发区进出口公司

该公司成立于1992年，注册资金100万元，法人代表陈松。公司经营高新区内生物制品、新型建筑材料、新产品开发、生产用机械设备、仪器仪表等商品和技术的进出口业务；接受区内单位的委托，代理上述进出口业务；承办合资经营、合作生产业务；开展“三来一补”业务。进出口公司1992年5月由王建军承包经营，至1995年12月31日到期。公司于2009年注销。

长沙高新技术产业开发区设计公司

该公司成立于1993年，注册资本20万元，法人代表周宏启，主营业务为建筑设计。主要负责人有经理周宏启、总规划师邓君治、总工程师张涛。该公司已于上世纪90年代解散。

总公司投资参股企业：

长沙高新区金海股份有限公司

该公司成立于1992年，其中总公司出资9690万元，建行、农行、交行、铁建、工行、中行、长炼各出资800万元，时任法人代表为罗特，主营业务为房地产和新产品开发，1993年间，公司募集内部职工个人股3710万元，公司的注册资本金达到1.9亿元。1997年1月22日该公司变更为湖南高新实业股份有限公司

公司注册地址和办公地址的历次变更。1992年，公司注册地址在长沙市河西银盆南路70号；2001年搬入英才园公司自建办公大楼，但未进行注册地址工商变更；2009年10月27日办公地址变更为长沙高新区麓龙路199号标志麓谷坐标A座10楼；2014年4月21日地址变更为长沙高新区文轩路27号麓谷企业广场创业大楼20层2006-2007号房。

公司经营管理层历经多次变更。公司成立时的法定代表人为罗特，总经理黄正科；1997年1月23日公司法定代表人罗特、总经理黄正科变更为公司法定代表人张行（兼任总经理）；2007年9月7日，法定代表人由张行变更为贺树云，总经理为梁源；2009年10月27日，法定代表人由贺树云变更为罗俊文，总经理为梁源；2012年7月13日，法定代表人由罗俊文变更为梁源，总经理为贺鹏。

公司注册资本的历次变更。1992年公司成立时，公司注册资本为15290万元；发行3710万元个人股后，于1993年3月11日变更为19000万元；2001年5月15日由19000万元变更为17775.7万元；2003年8月21日由17775.7万元变更为16955.42万元；2004年7月23日由16955.42万元变更为15290万元。

湖南银洲股份有限公司

该公司成立于1992年，注册资本14000万元，其中中行2650万元、总公司1000万元，湘潭电缆厂、湘钢、涟钢、省建六公司、华湘公司各800万，时任法人代表为肖思之，主营业务为房地产、旅游度假。2008年，银洲公司股改置换为湖南星都房地产开发有限公司，总公司所占股权比重调整为5.845%。

长沙高新区利特实业有限公司

该公司成立于1993年，注册资金68万元，其中总公司12万元，设计公司12万元，进出口等6家公司各5万元，个人14万元，时任法人代表为张跃国，主营业务为贸易、服务业。该公司已吊销。

长沙高新液化石油气实业有限公司

该公司成立于1997年，注册资金566万元，其中，市燃气公司270万元，总公司196万元，金海公司100万元，时任法人代表为王立安，主营业务为火炬城、英才园的管道液化气供应，目前该公司已吊销。

长沙晶科微电子有限公司

该公司由总公司与香港科鸿科技（国际）有限公司合资兴办，1993年7月注册，注册资金900万美元，中方占70%，港方占30%，时任法人代表为陈松。主营业务为生产经营液晶显示器及模块。晶科公司自1992年开始项目论证；1993年省计委立项，同年7月注册；1994年迫于当时的宏观紧缩，依据专家意见以“后工序先行”开始运作；1995年后工序设备安装调试成功；1996、1997年开始形成一定规模的批量生产能力，LCD后工序年加工能力1.2万平方米，模块年生产能力10万片。但因资金、管理、技术和投入先天不足等诸方面原因，公司发展受到影响；1998年资金进一步枯竭，加上生产线没有前工序，企业难以继续维持下去。该公司于1999年吊销。

长沙宏利房地产公司

该公司成立于1993年，注册资金1000万元，其中香港新亚洲公司占60%，总公司占40%，时任法人代表为李卫平，主营业务为房地产开发，公司已吊销。

长沙高新技术产业开发公司郊区开发公司

该公司成立于 1993 年 10 月，注册资金 40 万，其中总公司 20 万，郊区 20 万，时任法人代表为李冰健，在长沙高新技术产业开发区、湘银、湘岳小区内进行房地产开发，经营投资租赁业务。公司于 2000 年注销。

长沙高新控股集团总公司下辖子公司：

公共基础设施建设管理有限公司

该公司为 2011 年 2 月剥离总公司原工程建设部职能设立的全资子公司。管委会拟定注册资金 1 亿元，先期到位 2000 万元，负责承担高新区范围内道路基础及配套设施建设、市政设施维护、市容环卫、景观绿化、土地整理及企业临时水电服务、交通标识、弱电建设等工作。

公共租赁住房开发有限公司

该公司成立于 2011 年，负责公租房的开发建设和运营管理。同时，公司利用管理优势，还承担了高新区财政投资非经营性项目的代建管理任务。

长沙麓谷实业投资有限公司

由总公司和创业园服务中心于 2009 年 1 月 19 日共同出资注册成立，注册资金 1 亿元，其中总公司占股 90%，公司以房地产开发，工业地产（中小园区）的开发与经营，公用事业和高新技术产业投资为主业，管委会对公司定位为“资本运作”的核心企业，赋予了其上市的特殊使命。公司以“一体两翼（以麓谷园区工业地产为主体，以商住开发和高新技术产业投资为两翼）、产业互动”为发展战略，并控股设立了长沙麓谷明珠置业公司，2011 年 9 月全资设立了麓谷钰园物业管理有限公司（注册资金 300 万元，主要负责工业地产运营服务）。2009 年，公司以 1 亿元的资本金投入，已经撬动麓谷企业广场（工业地产项目）和麓谷明珠（商住开发项目，控股开发）两个项目逾 12 亿元投入，预计可实现 15 亿元销售、1.5 亿元税收和 5 亿元利润。2012 年实现营业收入 27748 万元、利润总额 3208 万元。

麓谷保障住房开发有限公司

该公司成立于 2009 年 8 月 20 日，是一家集房地产开发、经营，自有房屋租赁于一体的综合型房地产开发有限公司。公司注册资金 2000 万元，由总公司、长沙伟特源置业公司和长沙钰桂置业公司三名股东以现金方式出资设立，其中总公司占股 51%；另 2 家公司各占股 24.5%。公司负责的高新区所有安置保障住房项目建设任务，均以总公司为项目法人，公司按纯建安成本固定获得 1.6%

的管理费和3%的利润。

长沙麓谷汽车世界投资开发有限公司

该公司成立于2011年11月，由总公司联合湖南华洋世纪集团注册设立，总公司控股70%，拟定注册资金1亿元（一期到位2000万元）。

长沙麓谷明珠置业有限公司

该公司成立于2009年11月，由长沙麓谷实业公司与湖南烜德投资有限公司共同出资组建，注册资金3000万元，麓谷实业占股51%。主要经营范围以房地产综合开发与经营、自有房屋租售为主。

长沙麓谷景观园林有限公司

该公司成立于2005年，注册资金200万元，其中总公司占股51%，湖南裕景生态农庄占股49%。公司主营园林绿化工程的设计、施工及相关技术服务，拥有园林绿化施工三级资质。2012年承揽业务总额3282万元，并在干杉乡建立了苗木基地。

湖南高新实业股份有限公司

该公司前身为长沙高新技术产业开发区金海股份有限公司（具体历史沿革见下文“金海公司”介绍）。公司以房地产开发为主营业务，主要投资项目为英才园小区的整体开发建设和建司初期投资于珠海、海南和北海的房产。英才园小区早已整体开发完毕，沿海投资因受产业政策和市场的影响已经实物化，公司实际处于“停摆状态”，保留了治理结构，相关遗留事项处理于2012年委托公租房公司代管，原留守人员也部分选聘充实到公租房公司。该公司还拥有一家成立于1997年8月的全资子公司湖南高新物业有限公司，目前运营正常。

麓谷传媒有限公司

该公司是长沙高新区党工委、管委会2011年5月决策设立的总公司全资子公司，注册资金50万元，公司经营范围为：文化活动的组织策划服务；设计制作，代理发布国内外各类广告；企业营销策划管理咨询服务；会议及展览服务。实际管理部门为区办公室（宣传部）。

二、长沙信息产业园管委会下辖机构

信息产业园简介：

长沙信息产业园前身为长沙望城坡经济开发区，为优化区域产业发展布局，加强大河西先导区建设，2008年6月并入长沙高新区，园区位于岳麓大道以北、雷锋大道以西、绕城线以东，长沙大河西先导区的核心区域，规划面积9.6平方公里。2008年11月5日，省政府正式批复为省级电子信息产业园，2008年12月，接受国家发改委、工信部的验收，授牌为国家级软件产业基地，成为国内外电子信息产业转移的重要载体。

下辖机构：

长沙高新开发区信息产业园经济开发有限公司

该公司于2008年8月1日，在长沙市工商行政管理局高新技术产业开发区分局注册成立，公司注册资本9000万元；2009年2月，新增注册资本3000万元，注册资本共计12000万元。法人代表为陈志红。由长沙大河西先导区土地储备（交易）中心高新区土地储备分中心出资70%（人民币8400万元）、长沙软件园发展中心出资30%（人民币3600万元）共同投资的有限公司。

公司主要经营范围：基础设施开发、建设和项目产业化投资，房地产开发，建筑工程和装饰工程总承包，经济技术合作和投融资活动的策划、咨询服务，科技孵化器的经营管理服务，信息产业项目的投资咨询、评估咨询服务等。公司实行董事会领导下的经理负责制，由陈志红任公司董事长兼总经理。

信息产业园房地产投资有限公司

该公司于2009年2月成立，注册资本6000万元。公司依托园区发展建设，定位于成为以工业地产开发为主，代建业务为辅，奉行以质量赢得信誉的市场经营理念，实现经济效益和社会效益双赢，在一定区域内具有市场竞争力和品牌知名度的开发商。公司首个重点开发项目——“芯城·科技园”于2011年11月正式开工建设，项目总建筑面积于27万平方米，总投资约9亿元。

长沙软件园有限公司

该公司于2000年经长沙市人民政府批准成立、启动长沙软件园扩建工程，同时国家科技部发文授牌“国家火炬计划软件产业基地”。公司注册资金3000万元人民币，具体承担长沙国家软件产业基地、国家火炬计划特色产业基地等产业基地的专业基础设施和公共服务平台建设及运营。

三、长沙留学人员创业园服务中心下辖机构

创业园服务中心简介：

长沙留学人员创业园服务中心位于环境优美、配套设施完善、交通便捷的高新区火炬城以及麓谷园区内，是为留学人员和博士以及其他高科技人才进行科技成果转化、兴办高新技术企业提供综合服务的公益型科技事业服务机构，隶属于长沙国家高新区管委会。长沙创业园的主要任务是在政府政策的支持下为广大留学人员和博士入园兴办中小高新技术企业提供全程创业服务，以降低企业在初创发展期的风险，提高其在市场中的成活率和竞争力，促进高新技术成果的产业化和国际化，促进创新企业家的健康成长。

下辖机构：

麓谷创业服务有限公司

该公司2012年9月注册成立，注册资本为1000万元，根据长高新阅〔2012〕59号会议纪要批准设立，创业中心全额出资，公司法人代表为刘荣利。

长沙高新区创业投资引导基金有限公司

该公司成立于2010年9月，注册资本1亿元，法人代表唐波。设立引导基金公司和引导基金主要为吸引国内外优质创业资本、项目、技术、人才向高新区集聚，建立、完善高新区创业投资体系，加快推动高新区创新型科技园区建设和产业结构优化、升级，立足于引导各类资金在高新区内设立创业投资企业，鼓励各类投资机构投资区内创业企业，支持发展战略性新兴产业，引导各类创业投资机构向高新区集聚，并向符合创新型科技园区建设要求和功能定位的相关产业的创业企业进行投资，不以营利为主要目的。

麓谷高层次人才创业投资有限公司

该公司成立于2012年12月，注册资本1亿元，法人代表为刘荣利。该公司旨在吸引更多高层次人才来区创业，扶持高新技术企业发展。

岳麓山大学科技园科技服务有限公司

该公司成立于2009年6月，注册资本200万元。岳麓山国家大学科技园于1999年12月列入全国15家国家大学科技园建设试点单位，2001年5月被列入国家科技部、教育部正式认定的首批22家国家大学科技园之一，2003年正式通过国家科技部、教育部验收。2002年初，岳麓山国家大学科技园就被纳入长沙市“两区六园”规划范围，作为长沙市乃至湖南省推进工业化的重要产业源头予以重点扶持。其基本功能是加快科技成果转化、中小企业孵化培育、创新创业辅导培训和创新型复合人才培养，特别是为区域经济发展提供项目支持和智力支持。2009年组建了市场化运作公司---长沙高新开发区岳麓山大学科技园科技服务有限公司，全面负责和承接岳麓山大学科技园的具体事务与业务工作。

湖南麓谷高新技术转移有限公司

该公司2012年注册成立，注册资本200万元，法人代表为陶晓岚。公司定位为公益型企业，主要组织、联合高新区管委会下属科技服务平台各相关部门，整合各项资源，为初创型、中小型高新技术企业提供国内外技术转移服务、成果转化、产业化等创新创业综合服务。

长沙创业网科技有限公司

该公司公司成立于 2009 年 11 月，注册资金 100 万元，公司致力于建设长沙市及高新区的创业富民的公共信息服务平台。

长沙麓谷创业投资管理有限公司

该公司成立于 2007 年，注册资金 2 亿元，创业服务中心占股 30%，法人代表为廖立平。该公司是长沙高新区为进一步构建创新型园区、促进园区投融资服务体系建设而成立的，秉承“政府引导、自主经营、专业管理、市场化运作”的经营原则，引入民营资本参股，按照市场通行方式委托专业管理团队进行管理。公司围绕打造综合金融服务平台为目标，以为园区企业提供多途径、多品种、全过程的综合金融服务为宗旨，以股权投资为主业，针对性地开发金融服务产品，关注新三板后续发展，整合现有投融资平台资源，致力于打造麓谷金融控股集团。

第六节 国资管理

一、管理措施

制定《长沙高新技术产业开发区管理委员会经营性国有资产管理暂行办法》

2009 年，长沙高新区管委会出台该《暂行办法》，提出改革国有资产运营体制，按层级管理经营性国有资产，为后续出台配套的管理制度奠定基础。2010 年，资产管理局以该《暂行办法》为国有资产管理的指导性文件，配合长沙市财政局资产清查工作部署，制定《长沙高新区行政事业单位资产信息化管理工作方案》，对管委会及所属 26 家单位部署资产清查工作，在 2010 年 2 月完成经营性国有资产和行政事业性单位资产摸底和清理工作，对各单位数据进行审核汇总后上报长沙市财政局。

建立国有资产管理信息化平台：

2010 年，长沙高新区建立国有资产管理信息化平台，间 以资产清查和资产核实数据为基础，建立资产管理的动态数据库，全面、准确、动态地反映资产总量、构成分布、变动等信息。该平台通过分析资产占有、使用及增减变动情况，为预算管理、绩效评价和资产优化配置提供决策支持；为确立资产管理业务工作规程，实现资产管理业务的规范化、流程化、网络化，实现财政部门与主管部门、行政事业单位之间的资产管理信息畅通共享，推进财政管理科学化、精细化、提高资产管理水平打下基础。

推进行政事业单位资产清查：

2011 年，推动长沙高新区直属 27 家行政事业单位资产清查工作，提高资产使用效益。成立资产清查工作小组，设专人负责清查工作，通过自查、翻阅账簿、现场盘点等方式，掌握全区行政事业单位资产状况，建立资产管理台账。

加强国有企业监管：

2012 年，长沙高新区对管委会出资的国有全资及控股企业进行摸底和基础资料收集，掌握企业股本结构、资产状况、经营情况、管理情况，绘制高新区管委会出资企业股权结构图；在长沙市国资委指导下，结合长沙高新技术产业开发总公司实际情况，制定对公司的绩效考核方案；根据园区发展需要，拓展产业布局，参与研究设立长沙麓谷汽车世界、中南大学科技园麓谷科技有限公司的方案。

至 2012 年底，长沙高新区经营性国有资产账面规模约 200 亿元。在经营性国有资产监管方面，依法履行出资人职责，理顺并规范监管体系。通过与国资委协商，管委会与市政府签订委托监管协议，正式受托全权监管高新区所属国有出资企业。3 月，成立高新区管委会主任罗社辉任组长、相关委领导和各职能部门联合办公的长沙高新区国有资产监管领导小组，职能业务涵盖财政、资产、人事、纪检、规划建设、城管等监管的各个方面。监管领导小组以资产管理局为常设办公室，推动国企国资提高经营效益，保值增值。同时组织人事、纪检、财政、规建、基建、城管等部门合力整章建制，制定所属国企的《资金管理办法》《财务管理办法》《重大事项报告管理办法》《资产处置管理办法》《人事管理办法》《绩效考核办法》《统建取费管理办法》《质量安全管理办法》《薪酬管理办法》等 10 余项制度，形成经营性国有资产监管制度体系。

开展国有资产产权登记，纳入国有资本经营预算：

2012 年，为摸清经营性国有资产的家底，明确权益结构，开启所属国家出资企业产权登记工作，长沙高新技术产业开发总公司等 18 家各级企业按要求上报产权登记材料。按照市政府统筹安排国有资本经营的要求，我区一级国家出资企业长沙高新技术产业开发总公司纳入全市国有资本经营预算。

二、金海股份有限公司遗留问题

金海公司在沿海地区投资：

1992年8月，公司通过金海股份公司海口公司（已注销）与广州市东山区鸿基贸易公司合作在广州市白云区竹料镇集资建房，投入资金约516万元；后1998年通过诉讼取回竹料镇商住小区1排第二十栋和及建筑面积约2267平米，没有土地证和房产证；

1993年，公司与珠海金利房地产开发有限公司合作共同开发“珠海金都大厦”，先后投入资金总额为3780万元；后通过诉讼取得金都大厦的所有权，由于公司欠付珠海中国银行购房款本息，被珠海中国银行申请执行，金都大厦于2015年1月被珠海市中级人民法院拍卖，尚有7栋烂尾别墅1800多平米及老旧住宅1套约100平米；

在广西北海成立北海金潜房地产开发有限公司进行房地产投资，注册资本1000万元，实际投入500万元；目前在北海尚有屋仔村9栋4号房建筑面积303平米，市场价约80万元；

在海南成立海南金琼房地产开发公司进行房地产投资，注册资本2000万元，实际投入2200万元；后通过诉讼取回部分房产，目前公司在海口市的各类房产2900多平米，市场价约2000万元。

金海公司发行债券股票：

1993年，公司为运作上市需要，面向社会定向发行3710万元个人股，涉及内部职工个人股股东近2万人。后由于公司没有盈利未发放股利导致个人股股东意见很大，甚至影响到社会的和谐稳定，在省市相关领导的关注下，公司自2001年–2004年期间分三次退还了个人股并分别对公司的注册资本相应作了减资处理：

2001年5月15日由19000万元变更为17775.7万元；

2003年8月21日由17775.7万元变更为16955.42万元；

2004年7月23日由16955.42万元变更为15290万元。

第二章 税 务

第一节 国 税

一、机 构

1989 年，根据《关于成立 <长沙市税务局科技开发试验区税务所> 的通知》（长税人字〔1989〕149 号），长沙市税务局科技开发试验区税务所（简称长沙试验区税务所）成立。1991 年，长沙试验区税务所更名为长沙高新区税务所。

1994 年 9 月，为适应财税体制改革要求，附属于长沙市税务七分局的长沙高新区税务所，升格为长沙市国税局五分局，增派人员，明确其代征代管地方税务。1997 年 4 月，长沙市地税局六分局成立，长沙市国税局五分局不再代征代管地方税务。

2004 年，根据湖南省国家税务局《关于湖南省长沙市国家税务局系统所属机构更名的批复》（湘国税〔2004〕25 号），湖南省长沙市国家税务局高新分局（即长沙市国税局五分局）更名为长沙市高新区国家税务局（简称长沙高新区国税局），负责“一区四园”（岳麓山高科技园、星沙高科技园、隆平农业高科技园、远大高科技园和市内政策区）的国家税收。至 2012 年，其历任主要负责人有钱秀芳、刘湘晖、姚美其。

二、税 务

税 种：

长沙高新区国税局具体实施征管的有增值税、消费税、中央企业及 2002 年 1 月 1 日以后新办企业的企业所得税、2009 年后新办应缴纳增值税企业的所得税、车辆购置附加税、银行储蓄利息和个人收入所得税等。其中主要税源是征收增值税，增值税占各税收入总数的 80%。

税 收：

1994—2012 年，长沙高新区国税总收入 1637193 万元。其中 2004—2012 年，长沙高新区国税总收入 1473997 万元。

2004 年，实现税收收入 36100 万元，完成市局年初计划的 97.3%，同比增收 4509 万元，增长 14.27%。其中：增值税 34452 万元，占年计划 99.39%，同比增长 15.95%，其中市直增值税 28424 万元，占年计划 104.26%，省直增值税 6028 万元，占年计划 81.46%；企业所得税 1350 万元，占年计划 61.36%，同比下降 16.25%；个人所得税 298 万元，占年计划 124.2%，同比增长 23.65%。市本级收入 7567 万元，完成市局年初计划的 100.9%，同比增长 20.02%。

2005 年，实现税收收入 40946 万元，完成年计划的 113.9%，同比增收 4846 万元，增长 13.42%。其中：增值税 39019 万元，占年计划 113.63%，同比增长 13.26%，其中市直增值税 36869 万元，占年计划 114.86%，同比增长 29.71%，省直增值税 2150 万元，占年计划 95.98%，同比下降 64.33%；企业所得税 1593 万元，占年计划 122.54%，同比增长 18%；个人所得税 334 万元，占年计划 107.74%，同比增长 12.08%。市本级收入 9757 万元，完成年计划的 115.11%，同比增长 28.94%。

2006 年，实现税收收入 71942 万元，完成年计划的 126.63%，同比增收 30996 万元，增长 75.7%。其中：增值税 65733 万元，占年计划 120.99%，同比增长 68.46%，其中市直增值税 62593 万元，占年计划 120.53%，同比增长 69.77%，省直增值税 3140 万元，占年计划 130.83 %，同比增长 46.05%；企业所得税 5781 万元，占年计划 271 %，同比增长 262.9%；个人所得税 422 万元，占年计划 112.53%，同比增长 26.35%。市本级收入 17385 万元，同比增长 78.18%。

2007 年，实现税收收入 89855 万元，完成计划的 113.1%，同比增收 17913 万元，增长 24.9%。其中：增值税 77791 万元，占年计划 106%，同比增长 18.34%；企业所得税 11610 万元，占年计划 209%，同比增长 100.83%；个人所得税 452 万元，占年计划 94.2%，同比增长 7.11%。市本级收入 22424 万元，同比增长 28.98%。

2008 年，实现税收收入 143246 万元，完成计划的 143.06%，同比增收 53391 万元，增长 59.42%。其中，增值税 79600 万元，同比增收 1809 万元，增长 2.33%；企业所得税 63313 万元，为计划的 426.06%，同比增收 51703 万元，增长 445.33%；个人所得税 333 万元，为计划的 81.22%，同比下降 26.33%。市本级收入 36130 万元，同比增长 61.12%。

2009 年，实现税收收入 208102 万元，完成年初计划的 117.93%，同比增收 64856 万元，增长 45.28%。其中增值税 104068 万元，同比增收 24468 万元，增长 30.74%；企业所得税 103858 万元，同比增收 40545 万元，增长 64.04%；个人所得税 176 万元，同比下降 47.15%。市本级收入 46357 万元，完成年计划的 108.74%，同比增长 28.31%。

2010 年，完成税收收入 218769 万元，完成年初计划的 100.38 % , 同比增收 10667 万元，增长 5.13%。其中增值税 125667 万元 , 完成计划的 103.83%，同比增加 21599 万元，增长 20.75%；企业所得税 93062 万元，完成计划的 96.12%，同比减少 10796 万元 , 下降 10.39%；个人所得税 40 万元，完成计划的 40 %，同比减少 136 万元 , 下降 77.27%。市本级收入完成 41007 万元，同比减少 5350 万元 , 下降 11.54%。

2011 年，完成税收收入 300019 万元，完成年初计划的 114.63%，同比增收 81250 万元，增长 37.14%；其中增值税完成 165878 万元，完成计划的 115.59%，同比增加 40211 万元，增长 32%，企业所得税完成 134120 万元，完成计划的 113.45%，同比增加 41058 万元，增长 44.12%；个人所得税完成 21 万元，同比下降 47.5%。市本级收入完成 58080 万元，同比增加 17073 万元，增长 41.63%。

2012 年，完成税收收入 365018 万元，完成年初计划的 103.99%，比上年增收 64999 万元，增长 21.66%，其中增值税完成 174528 万元，比上年增收 8650 万元，增长 5.21%；企业所得税完成 190485 万元，比上年增收 56365 万元，增长 42.03%；个人所得税 5 万元，比上年减收 16 万元，下降 76%。市本级收入 74451 万元，同比增收 16371 万元 , 增长 28.18%。

表 8–5　　长沙高新区国税收入情况统计表

（1994—2012 年）

单位：万元

年份	总收入	增值税	消费税	营业税	企业所得税	个人所得税
1994	600					
1995	2812	2623				
1996	11294	10910				
1997	8097	7411				
1998	9118	8792				
1999	11424	10347				
2000	25328	22536				
2001	31516	29254				
2002	31416	29201		99	1887	229
2003	31591	29713	6	19	1612	241

续表 8–5

年份	总收入	增值税	消费税	营业税	企业所得税	个人所得税
2004	36100	34452			1350	298
2005	40946	39019			1593	334
2006	71942	65733	6		5781	422
2007	89855	77791	2		11610	452
2008	143246	79600			63313	333
2009	208102	104068			103858	176
2010	218769	125667			93062	40
2011	300019	165878			134120	21
2012	365018	174528			190485	5

优 惠：

2004 年，对 64 户所得税减免企业开展下户调查，共减免企业所得税 7670.94 万元，其中减免新办企业 1844.63 万元、商贸企业 364.4 万元、软件企业 40.51 万元、农业农头企业 84.03 万元、校办企业 210.55 万元、改制企业 5099.44 万元、下岗再就业 7.01 万元，国产设备投资抵免 20.37 万元。同年，共退增值税 10376 万元，其中软件退税 4303 万元，征前减免 6073 万元。

2005 年，长沙高新区国税局按财税〔2000〕25 号文件和《软件企业退税操作管理流程》进行软件企业增值税的即征即退工作。当年，减免 106 户企业所得税 33890 万元。其中新办高新技术企业 56 户，减免金额 10559 万元；科研院所改制 8 户，减免金额 21155 万元；软件企业减免金额 3957 万元；高新技术企业减按 15% 征收率企业 22 户，减免金额 1312 万元；其他减免企业 6 户，减免金额 242 万元。同年，对园区 34 家进出口生产企业，出口创汇 4851 万美元，免抵退税额 5294 万元。

2006 年，共审核软件退税企业 41 户，审核退税金额 2870.96 万元，核减退税额 284.40 万元。

2007 年，企业应减免企业所得税 131 户，实际享受减免企业 116 户，共计减免 88900 万元。

2008 年，减免户数 331 户，减免税额 99700 万元。其中增值税减免 17100 万元，企业所得税减免 82600 万元。

2009 年，减免户数 530 户，减免税额 85100 万元。其中，增值税减免 39600 万元，企业所得税减免 45500 万元。

2010 年，减免户数 659 户，减免税额 100200 万元。其中：增值税减免 35200 万元，企业所得税减免 65000 万元。

2011 年，全年办理软件退税 11000 万元，增值税减免 28000 万元，减免高新企业等所得税 65000 万元。

2012 年，共对 194 户软件企业退税 15600 万元。增值税税前减免审批备案 15 类共计 82 户，免征销售额 270000 万元。全年享受企业所得税优惠的共有 5 类 398 户企业，减免企业所得税 103400 万元。

表 8–6　　长沙高新区国税收入企业所得税减免情况统计表

（2004—2012 年）

单位：万元

年份	所得税优惠	营业税减免	税前弥亏	减免地方税额	抵免税额	土地使用税	其他	房产税	合计
2001	4100	1177	381.7						5658.7
2002	5220		640						5860
2003	4784		1771						6555
2004	552	1965	2659						5176
2005	946.6	2782							3728.6
2006	1738	2533							4271
2007	383.8	1367.4			2477.3	418		273.6	4920.1
2008				1676.4	4161.1				5837.5
2009				1178	4143				5321
2010		3722.2		151.5		1270.12			5143.82
2011	1136.58	2627				1597.5	2514.7		7875.78
2012		6303				2190		211	8704

核查评估：

2004 年，针对园区 623 户企业，开展纳税评估，其中年审取消 34 户、整改 107 户、年审合格 480 户，异常申报和零申报的企业 8 户。同时对合格企业进行信誉等级评定，对异常申报及零申报企业开展重点评估，发现 4 户企业存在问题。当年，约谈企业 34 户，自查补税 130 万元；清缴以前年度欠缴增值税 500 万元。

2006 年，组织所辖 1500 户纳税人对其 2005 年增值税和企业所得税进行自查自纠，自查有问题企业93户，自查补报748万元（其中增值税557万元、企业所得税191万元）；调减亏损额1333万元。同时评估企业257户（其中重点评估企业95户），约谈企业45户，有问题企业175户；查补各类税收5423万元（其中增值税3584万元、企业所得税1839万元），调减亏损额1521万元；入库税款3625万元（其中增值税2015万元、企业所得税1610万元）。其中房地产企业所得税查补税款373万元，入库税款195万元。

2007年，对269户企业开展纳税评估，查补入库收入8423万元。2008年，共检查企业226户，查补税款28956万元；纳税评估调减亏损5205万元，查补税款28956万元，入库23417万元。

第二节 地 税

一、机 构

1997年4月，长沙市地税局六分局成立，内设6个科室，负责长沙高新区企业的地方各税的征收与监管。2001年，科室增至7个。2004年东方红镇划入长沙高新区，东方红税务所划入高新区地税局，并更名为长沙市地税六分局东方红税务所。

2006年10月，长沙市地税局六分局更名为长沙市高新技术产业开发区地方税务局，直属长沙市地方税务局管理，并升格为副处级。2011年，更名为湖南省长沙市高新技术产业开发区地方税务局（简称长沙高新区地税局），新设纪检监察室和信息中心。长沙高新区地税局负责区内所辖企业和个体纳税户各地方税收和相关费（金）的征管和服务工作。

至2012年，其历任主要负责人有王丹成、曹德明、沈俊。

二、税 务

税 种：

长沙高新技术产业开发区地方税务局成立后，实施征管的税种有：营业税、资源税、城镇土地使用税、企业所得税、个人所得税、固定资产投资方向调节税（2000年停征）、城市维护建设税、印花税、土地增值税、车船使用税、房产税、耕地占用税、屠宰税（2006年停征）等地方税种，代征教育费附加、地方教育附加、文化事业建设费、水利建设基金、残疾人就业保障金、工会经费、价格调节基金和社会保险基金等费金，另外征收上述税费的相关滞纳金、罚款等收入。

税收：

表 8-7 长沙市高新区地税局税费收入统计表

（1997 ~ 2012 年）

单位：万元

年份	税费入库（万元）	逐年增长率	年份	税费入库（万元）	逐年增长率
1997	2567		2005	33537	24.7%
1998	3065	19.4%	2006	45998	37.2%
1999	5089	66%	2007	64217	39.6%
2000	8024	57.7%	2008	77861	21.2%
2001	14163	76.5%	2009	93137	19.6%
2002	20050	41.6%	2010	113242	21.6%
2003	23146	15.4%	2011	170900	50.9%
2004	26888	16.2%	2012	203204	18.9%

1997 年 4 月，长沙市高新技术产业开发区地方税务局的前身长沙市地税局六分局成立，建局第一年完成地方税收收入 2567 万元。

1997–2000 年，长沙市高新区地税局分别完成地税税费收入 2567 万元、3065 万元、5089 万元、8024 万元。

2001 年，入库各税费 14163 万元，为年度计划的 155%，比上年增长 76.5%。10 月 20 日，税收入库突破亿元大关，实现建局 5 年税费入库首次过亿元的历史性突破，提前 70 天完成全年任务。全年共入库企业所得税 5329 万元，较去年增长 91%。入库营业税 1581 万元，其中新增营业税 872 万元，较去年增长 123% 。

针对 7 家上市公司全部在该局申报纳税，上市公司股息红利部分共缴纳个人所得税 1164 万元，较去年同期增长 190%。入库个人所得税 3572 万元，为年计划的 154 %，占总体收入的 25 %，较上年增长 114%。

全年共查补入库税款 103 万元，清缴上年度欠税 340 万元，有效地防止税源流失。

2002 年，全年共入库各税费 20050 万元，为年度计划的 100.5%，比上年增长 41.6 %。全年共入库企业所得税 7210 万元，较去年增长 65.8 %，其中到期恢复征收的税金达 690 万元。高新区大部分企业和上市公司每年都要进行分红派息，其股息、红利及送配股个人所得税代扣代缴是我局今年个人所得税的重要增长点。全年股息红利部分就入库个人所得税 1313 万元。分局全年共计入库个人所得税 5119 万元，较上年同期增长 45.84%。

全年共清缴欠税 3100 万元。

2003 年，全年共入库各税费 23146 万元，比上年增长 15.4% 。是年，个人所得税和企业所得税市级分成收入由 35% 降至 28%，全年共入库企业所得税 6646 万元，其中到期恢复征收的税金达 1200 万元。全年共计入库个人所得税 6227 万元，较上年增长 21.64%。企业所得税汇算清缴共查补入库税款 2572 万元，检查注销企业 20 户，查补入库税款 150 万元。全年共清缴欠税 2800 万元。

2004 年，全年共入库各税费 26888 万元，较上年增收 3742 万元，比上年增长 15.4% 。2004 年，区局以组织收入为中心，以提高行政能力为重点，以人为本深化管理，全局上下团结一致，同心同德，锐意进取，开拓创新，有力的推动了地税事业的和谐发展，各项工作取得了新的进步，圆满完成了全年的工作任务。

2005 年，全年共入库各税费 33537 万元，为年度计划任务的 108.07%，比上年增加 6649 万元，增长 24.7% 。超额超进度完成了税收任务。区局本着服务高新区经济发展、服务纳税人的思想，加强组织收入计划与管理，全力争取政府支持，积极构建诚信、和谐、健康的税收环境。用好用活税收优惠政策，大力扶持高新技术产业，支持下岗再就业，涵养培植税源，较好地促进了经济发展和税收增长。

2006 年，全局共计完成各税费 45998 万元，为年度任务的 121.37%, 提前一个月完成了年度税收任务，比去年增加 12462 万元，增长 37.16% 。

2007 年，全年共入库各税费 64217 万元，比上年增加 18219 万元，较上年增幅达 39.6% 。截至 9 月底组织各项省级收入 3671 万元，当年区局的省级税收目标任务为 3600 万元，完成年度任务的 101.97%，比上年同期增长 36.97%，提前三个月完成省级税收年度任务。房地产税收实行“一窗式”征收，至 11 月，已累计入库房地产税费 4696.2 万元，其中营业税 3293.01 万元，城建税 230.51 万元，教育费附加 98.79 万元，土地增值税 532.84 万元，土地使用税 132.56 万元，个人所得税 303.66 万元，印花税 104.83 万元。实行个人所得税自行申报，截至 2007 年 4 月，共有 1568 人进行申报，申报年所得总额 28801 万元，应纳税额 3716 万元，已扣缴税额 3593 万元，补缴税额 124 万元。

企业所得税汇算清缴，全局企业所得税的年度申报率达到 100%，重点检查企业 95 户，查补各项税金 1231.8 万元，入库税金 1027.3 万元。

加大土地增值税的征管力度，累计完成土地增值税 434 万元，比上年增长 391 万元。根据财税 [2007]9 号文件，做好城镇土地使用税税额的测算，规范了园区城镇土地使用税的征收标准。对房地产、运输企业，加大税收专项检查力度。在 38 户企业中，共查补税款 259.5 万元。

2008 年，实现总税费收入 77861 万元，与上年同比增收 13644 万元，增长 21.2% 。

2009 年，实现总税费收入 93137 万元，超额完成年度任务，与上年同比增收 15276 万元，增长 19.6% 。

2010 年，全年累计完成税费收入 113242 万元，超额完成年度任务，与上年同比增收 20105 万元，增长 21.6% 。其中，税收收入方面，中央级 30927 万元，完成年度任务的 102.07%，省级收入 15047 万元，完成年度任务的 163.55%，市级收入 65302 万元，占年度任务的 96.74% 。费金收入方面，实现费金收入 7782.1 万元，占全年计划 6636 万元的 117.3%，其中：教育费附加累计入库 5817.0 万元，完成年计划 4800 万元的 121.2%。文化事业建设费累计入库 65.3 万元，完成年计划 74 万元的 88.2%。基本养老保险费累计入库 339.8 万元，完成年计划 300 万元的 113.3%。残疾人就业保障金累计入库 365.8 万元，完成年计划 335 万元的 109.2%。工会经费其中市属累计入库 340.5 万元；完成年计划 405 万元的 84%，省属累计入库 247.4 万元，完成年计划 140 万元的 176.7%。防洪保安资金累计入库 606.3 万元，完成年计划 580 万元的 104.5%。

2011 年，共计组织各项收入 170900 万元，比上年同期增加 57658 万元，增加 50.9% 。其中税收收入 158920.36 万元，完成市局年度计划的 110%，与上年同期相比增加 53461.52 万元，增长 50.69%，超额完成全年税收计划。2010 年度年所得 12 万以上纳税人自行纳税申报 3389 人，比上年新增 189 人。累计申报应税所得 99,517.25 万，应纳税额 18,095.73 万，缴纳入库 17,960.55 万元，抵扣 4.97 万元，减免税额 36.94 万元，补缴税额 96.79 万元。加大税务稽查力度，审核审批简易处罚 43 起，处罚金额合计 13400 元。一般程序 1 起，处罚金额合计 2000 元。全年组织入库私房出租税收 66 万元，同比增长 68%，户数达 289 户。推行“税收征管执法督办”制度，全年督办 6 起，查结补税 86 万元，完成市局下达的检查户 12 户、专项检查户 5 户、举报查处户 5 户、配合市稽查局及市稽查局交办各地稽查局协查户 4 户，对 68 户注销户进行资料比对和案例分析评估。

2012 年，完成总税费收入 203204 万元，为年度任务的 108.69%，较上年同比增长 18.9% ，各级次税收呈现均衡增长的良好态势。在税源趋紧的情况下，明确工作思路，紧抓重点税源。以台帐为载体，加强重点税源监控力度，

表 8-8

2004—2012 年长沙高新区地税入库税金统计表

单位：元

税种税目	2004 年	2005 年	2006 年	2007 年	2008 年	2009 年	2010 年	2011 年	2012 年
营业税（元）	57395594.45	71474265.85	96841862.13	150586867.3	184713185.5	255543045.8	354448797.1	485817292.3	561837558.4
企业所得税	61061571.52	65903336.13	72157826.92	116183318.1	131439284	141415833.8	115777366.1	247417800.5	258076614.8
个人所得税	80274426.85	95783866.39	177240415.4	227536605	272143867.2	312483487.8	399667868.9	529694688.8	698290376.8
资源税						21328.27	19591.74		
城市维护建设税	30205380.19	43448681.65	50047875.45	62132192.28	57587702.88	84257274.93	88006210.29	161039930.4	147009754.1
房产税	8040347.7	14354243.95	15414310.43	18138916.54	28633090.44	31066842.35	31843156.59	48087481.55	54933699.42
印花税	4593744.32	8961416.27	8955451.95	15328627.18	22014608.14	21856384.31	27295127.11	45521851.57	43325319.06
城镇土地使用税	2022481.35	3582040.18	4442389.94	6075365.98	18669584.18	20127909.16	32286023.1	32740070.07	42635339.9
土地增值税	190000	507718.34	859912.3	9613546.49	2936968.61	4295389.91	4270286.42	38872291.47	68534961.36
车船税		25975.33	54215.56	263322.2	157690.14	7415.28	885	12144.6	360
耕地占用税							973090.8		21942921.6
税务部门其他罚没收入								2000	126870
教育费附加	20930205.5	27218144.1	24363493.42	27297003.61	45046865.65	44001485.97	58169657.19	93672160.9	62378056.33
地方教育附加									40976781.12
文化事业建设费收入	83410.2	85773.08	972504.77	1415396.09	1623666.1	657272.96	653213.3	647019.16	1687489.32
社会保险基金收入	4089420.42	3558643.6	4555226.28	3189081.39	2355186.13	2997549.25	3398133.42	7624155.16	10183646.52
残疾人就业保障金			2150214.91	2117824.5	2491403.07	2721411.7	3657773.16	4244288.32	4974761.89
水利建设基金				4811.34	5007420.02	5468896.46	6063467.64	6393778.42	6473604.02
价格调节基金									65611.64
工会经费		462751.48	1920489.27	2291548	3794403.65	4447053.84	5886227.18	7212411.89	8583393.68

应征数进行重点税源分析。强化收入质量考核，214户重点税源企业累计入库162945万元，占全局完成数的81.47%。

优 惠：

97、98两年，根据税收优惠政策给140家高新技术企业办理减免税2000余万元。

99、2000年分别为纳税人办理企业所得税减免69户、营业税减免44户和税前弥补亏损24户，金额分别达到8867万元、1560万元和652万元。

2001年共为32家企业减免企业所得税办理减免税审批4100余万元，为30家企业减免营业税1177万元，为6户企业办理税前弥亏381.7万元。

2002年，落实税收优惠政策，全年共为124户企业办理减免税报批手续，减免税款5220万元，税前弥补亏损640万元。

2003年，落实税收，全年共计为100户企业办理减免税报批手续，减免税款4784万元，税前弥补亏损1771万元，

2004年，全年共上报减免营业税66户，其中：省级22户，减免金额17757458元；市级44户，减免金额1706610元。“七税一费”上报减免3户，减免税金184053元。上报减免企业所得税4户，其中：省级2户，减免金额2983110元；市级2户，减免金额2255301元。分局权限内减免企业所得7户，减免金额281674元。固定资产投资设备抵免审批7户，抵免税收2655256元。财产损失审批7户，报损金额1098926元。工效挂钩备案4户，允许进入成本工资51909370元。技术开发费加计扣除上报5户，扣除金额5852403元。弥补亏损上报30户，弥补金额26585941元。

2005年，全局实行优惠政策累计减免税金额2782万元，抵扣所得税946.6万元。

2006年，用好税收优惠政策，扶持高新产业发展，2006年，全局利用优惠政策减免地方各税2533万元，抵扣所得额1738万元。

2007年，对减免税政策从严把关，全局共上报减免房产税11户，减免税金273.6万元。上报减免城镇土地使用税23户，减免税金418万元。上报减免企业所得税2户，其中：省级1户，减免金额187.5万元；市级1户，减免金额83.3万元。区局权限内减免企业所得税9户，减免金额113万元。技术改造国产设备投资抵免审批9户，抵免金额496.5万元，其中，上报省市局4户，抵免金额434万元；区局权限5户，抵免金额62.5万元。财产损失市局权限

审批1户，报损金额1137.8万元，区局权限5户，金额346.5万元。工效挂钩备案1户，技术开发费加计扣除备案3户，弥补亏损备案35户。上报减免营业税68户，其中：市级5户，减免金额78.4万元；分局备查63户，减免金额1289万元。总计减免各项税收2442.8万元，抵免税额2477.3万元。

2008年，全局减免地方各税1676.4万元，抵免税收5837.5万元。税收优惠政策的落实，涵养地方税源，推动高新区产业经济的发展。

2009年，审核上报减免地方各税1178万元，审核各项财产损失以及备案抵免金额4143万元。在严峻的金融危机环境下，税收优惠政策的落实，帮助纳税人走出困境，推动企业发展发挥应有作用。

2010年，落实税收优惠政策，是年区局权限房土两税减免企业28户（次），累计审批减免税额151.5万元。全年审办享受下岗再就业减免营业税9户，减免金额7.2万元；享受其它政策报市局减免营业税9户，减免金额1088万元；享受技术开发、技术转让减免营业税备案审核105户，减免金额2627万元。上报省市局权限房土两税减免企业累计21户（次），累计申请减免额983.8万。省重点建设项目在建期间土地使用税减免申请减免7户，累计申请减免额286.32万。全年总计减免地方税收5143.82万元。

2011年，落实税收优惠政策。审办享受下岗再就业减免营业税1户，减免金额8000元；享受其它政策报市局减免营业税10户，减免金额1136.50万元；享受技术开发、技术转让减免营业税备案审核106户，减免金额2627万元。在备案审核中发现问题责成补缴税款310万元。上报省、市局权限房土两税减免企业累计28户（次），累计申请减免额1597.5万。省重点建设项目在建期间土地使用税减免申请减免5户，累计申请减免额311.2万。区局权限房土两税减免企业22户（次），累计审批减免额353.22万。企业所得税方面，审批类，14户企业减免税额70万，税前扣除4950万；备案类，200户企业申请备案。限售股转让所得预缴个人所得税，33人次对7支股票累计转让总收入27624.46万，扣缴税款4696.16万。26人次申请退税，总额为2514.7万元。对社会团体、行政事业单位的个人所得税清理，对所有定税户及时进行个人所得税税负调减，调减141户，合计金额2036.94元。

2012年，落实各项税收优惠政策，2012年受理营业税审批类政策减免营业税13户，受理审批减免金额1190万余元；受理审核技术开发、技术转让减免营业税备案审核125户，审查通过减免税金2608万余元。受理其他医疗农业备案类营业税减免 11 户，审核减免金额 2505 万余元。上报省市局权限房产税 21 户，城镇土地使用税 23 户次（含重点在建项目和备案类户数），累计申请减免金额约 2190 万元。区局权限房产税 13 户，城镇土地使用税 19 户次（含备案类户数），累计减免税金约 211 万元。

表 8–9　　税收优惠减免情况统计表

（2001—2012 年）

单位：万元

年份	所得税优惠	营业税减免	税前弥亏	减免地方税额	抵免税额	土地使用税	其他	房产税	合计
2001	4100	1177	381.7						5658.7
2002	5220		640						5860
2003	4784		1771						6555
2004	552	1965	2659						5176
2005	946.6	2782							3728.6
2006	1738	2533							4271
2007	383.8	1367.4			2477.3	418		273.6	4920.1
2008				1676.4	4161.1				5837.5
2009				1178	4143				5321
2010		3722.2		151.5		1270.12			5143.82
2011	1136.58	2627				1597.5	2514.7		7875.78
2012		6303				2190		211	8704

核查评估：

2001 年，共查补入库税款 103 万元，清缴上年度欠税 340 万元。2002 年，共清缴欠税 3100 万元。2003 年，企业所得税汇算清缴共查补入库税款 2572 万元，检查注销企业 20 户，查补入库税款 150 万元；共清缴欠税 2800 万元

2005 年，开展个体税收清查并加强税收执法力度，个体税收入库 354 万元，同比上年增收 127 万元；追缴欠税 5368 万元，占年度税收入库总额的 17.5%；对 76 户企业未按时申报，变更、更换、遗失税务登记证，丢失发票等行为处罚 77 次，共罚款金额 1.89 万元；对偷漏税现象的 47 户企业作出 48 次行政处罚，加收滞纳金罚款 28.4318 万元。

2006 年，对 15 户增值税即征即退企业的城建税、教育费附加征收情况进行审核，补缴税收 45 万元；从项目登记入手，加强建设安全税收征管，召开高新区 65 个建设、施工单位和 86 位负责人出席的专题会议，要求施工单位与

建设方签订代扣代缴协议书，对 179 个工程项目进行税务登记；重点检查 32 户企业，全年共查补地方各税 681.4 万元，入库税金 681.3 万元；针对偷、逃税案件，共执行税务行政处罚 21 进行税务登记 1 户，罚款 4.54 万元。同时加强减免税的后续管理，清理出未批应补的地方各税 836 万元。

2007 年，企业所得税汇算清缴，重点检查企业 95 户，查补各项税金 1231.8 万元，入库税金 1027.3 万元。是年，根据财税〔2007〕9 号文件，测算城镇土地使用税税额，规范园区城镇土地使用税的征收标准，同时对房地产、运输企业加大税收专项检查，共查补 38 户企业税款 259.5 万元。

2008 年，对一批性质严重的违法行为进行查处，查补税金 3141 万元，入库税金 2973 万元；查补税款 960 万元并全部入库；从 378 户查帐征收企业所得税户中抽取 84 户为重点检查户，查补入库各项税金 3141 万元。

2010 年，对 522 户所得税企业进行年度汇缴，2009 年度汇算清缴企业实际应纳所得税 14819.55 万元，预缴所得税 7725.11 万元。7 月，入库补缴所得税 7094.44 万元。同年，制定《税源巡查实施方案》《税源分类管理暂行办法》《纳税评估工作实施方案》，开展纳税评估，实行税源分类管理。纳税评估企业 185 户，其中有问题的企业 150 户，补缴税金 4000 万元。对麓谷园区企业的房土两税进行清理，其中清理的 234 户房产税户中，欠税户 15 户，累计金额 1310.97 万；清理的 179 户土地使用税户中，欠税户 13 户，累计欠税 1906.57 万。

2011 年，审核审批简易处罚 43 起，处罚金额合计 1.34 万元；一般程序 1 起，处罚金额 0.2 万元；组织入库私房出租税收 66 万元，同比增长 68%，户数 289 户。同年，推行“税收征管执法督办”制度，督办 6 起，查结补税 86 万元，并完成长沙市地税局下达的检查户 12 户、专项检查户 5 户、举报查处户 5 户、配合长沙市稽查局及市稽查局交办各地稽查局协查户 4 户，68 户注销户资料比对和案例分析评估等工作。

2012 年，共查补入库各项收入 157 万元；审核注销企业 97 户，入库税款 301.5 万元；组织完成全部企业自查和 27 户下户检查，处罚 14 户企业，查获的违规发票涉及 6 个票种；受理举报案件 2 户，查补税款及滞纳金 20 万元，查补税款罚款 8 万元，查补发票罚款 1 万元。

第三章 统计与审计

第一节 统 计

一、机 构

沿 革：

1988年，长沙试验区办公室成立之初未设专门的统计机构，没有专职统计人员，其统计工作由行政管理部兼管。1989年12月，召开首次统计工作会议，以会代训，对高科技企业内的统计人员进行培训，建立健全统计上报制度。1990年，统计工作由企业管理部负责。1992年，在计财处内设计划统计科，增加统计人员编制和统计科目。

长沙高新区2005年统计工作会议

2005年12月，长沙高新区管委会统计局正式成立，主要协调长沙高新区统计工作，建立健全园区统计指标体系，承担统计分析、统计预测和统计监督工作，组织实施人口、经济、农业等重大国情国力普查和专项调查以及实施工业、科技、投资、能源、服务业、批发零售业、农业、社会民生等综合统计工作。

科目及产品：

1990年，长沙高新区的统计汇总主要包括管理机构概况统计与企业统计。1998年，科技部启动火炬计划统计，长沙高新区随之开始高新区科技部火炬计划年报统计。至2012年，长沙高新区兹有规模工业、高新技术企业、能源、固定资产投资、规模以上服务业、限额以上批发零售业、资质以上建筑业、房地产业等统计科目。其统计分析产品包括：月统计快报（每月一份）、综合经济运行分析（每季度一份）、《长沙国家高新区统计手册》（每年一份）、《园区工业》（每年一份）和《统计快报》《经济运行分析》《数据手册》等。

平 台：

2008 年，长沙高新区统计系统在长沙市率先推行网上直报统计数据工作，建立由统计局统筹，工商、税务、质监等 19 个部门共同参与的高新区企业基础信息共享平台，共享各有关部门的企业基础信息。同时通过物理方式接入统计内网，使用隔离卡将内外网进行物理隔离，保障统计信息安全。至 2010 年，长沙高新区实现网上直报全覆盖。

二、主要经济指标

长沙高新区“一区四园”的主要经济指标包括企业数、总收入、销售收入、利润总额、上缴税金、出口创汇、研发投入、从业人员，其中产业总值是衡量长沙高新区产业发展状况，经济运行态势以及企业发展的重要指标。1989—1990 年，长沙高新区为起步阶段，产业总值相对较少。1991—2005 年，长沙高新区产业总值每年稳定增长。2006—2012 年，产业总值贡献以麓谷园区为主，其平均总产值占长沙高新区历年产业总值的 50%。其中 2006—2007 年，产业总值大幅增长；2008 年，因金融危机导致高新企业总数下降至 254 家，产业总值增速放缓；2009—2011 年，一区四园的产业总值增长回暖；2012 年，区内纳入统计企业突破 800 家，其中产值过亿元企业 159 家，高新企业 504 家。

1989—2002 年，长沙高新区每年度分别完成高新技术总产值 0.81 亿元、0.95 亿元、1.21 亿元、3.53 亿元、7.49 亿元、13.26 亿元、25.38 亿元、37.39 亿元、69.94 亿元、106.78 亿元、139.77 亿元、175.3 亿元、218.81 亿元、277 亿元。其中 1998 年长沙高新区产业总值首次突破百亿元。

2003 年，长沙高新区总收入 403 亿元，增长 25.5%；总产值 352 亿元，增长 26.7%；上缴税金 20 亿元，增长 15%；实现利润 31 亿元，增长 20%；一般财政收入 1.96 亿元，增长 15%；出口创汇 2.5 亿美元，增长 17%。其中岳麓山高科技园总收入 233 亿元、总产值 196 亿元、利润 15.1 亿元、税收 11.2 亿元。

2004 年，长沙高新区总收入 503 亿元、总产值 461.78 亿元，其中岳麓山高科技园总收入 275 亿元、总产值 221 亿元，增长 20%。

2005 年，长沙高新区总收入 630 亿元、总产值 552.77 亿元，均比上年增长 25%，其中岳麓山高科技园总收入 345 亿元、总产值 286 亿元、工业企业销售收入 171.7 亿元，分别增长 25% 以上。

2006 年，长沙高新区总收入 790 亿元、总产值 690 亿元，其中岳麓山高科技园总收入 430 亿元、总产值 360 亿元，均同比增长 25% 以上。是年，长沙高新区过亿元企业突破 100 家。

2007 年，长沙高新区总收入 1000.6 亿元，首次突破千亿，总产值 890.5 亿元。其中岳麓山高科技园总收入突破 500 亿元，总产值 450 亿元，均比上年增长 25% 以上；规模工业增加值比上年增长 35%，高出长沙市增速 9%。

2008 年，长沙高新区总收入 1250 亿元、高新技术总产值 1112 亿元，其中岳麓山高科技园总收入 625 亿元、总产值 550 亿元，同比均增长 25%。全部工业增加值、规模工业增加值同口径增长 25%，规模工业增加值增长 33%，规模工业实现利税增长 20%，工业企业实现实缴税金增长 22%。但因金融危机的原因，高新企业数量出现暴跌，同比 2007 年减少 415 家，仅 254 家。

2009 年，长沙高新区总收入 1500 亿元、总产值 1362.3 亿元，其中岳麓山高科技园完成总收入 752 亿元、总产值 660 亿元，均增长 20%；规模工业总产值 520 亿元，增长 25%。是年，产业集群化程度提高，以工程机械为重点的先进装备产业进一步拓展，新材料产业、电子信息产业发展壮大，生物医药产业持续稳步发展，光伏等新能源及节能环保产业快速发展。

2010 年，长沙高新区总收入 1800 亿元，总产值 1687.8 亿元。其中麓谷园区总收入突破 1000 亿，是 2005 年的 3 倍，年均增长 23%；总产值 900 亿元，同比 2005 年，年均增长 27%；规模以上企业完成工业产值 730 亿元，是 2005 年的 4.6 倍，年均增长 33%。

2011 年，长沙高新区总收入 2513.9 亿元、总产值 2378.9 亿元，其中麓谷园区总产值 1433.2 亿元。

2012 年，总产值 2716.1 亿元，规模工业生产快速增长，规模以上工业总产值 1238.9 亿元，突破千亿元，同比增长 16.6%，占全市规模工业总产值的 17.7%。

表 8–10　　长沙高新区主要经济指标情况一览表

（1989—2012 年）

指标 / 单位 / 年份	企业数	总收入	销售收入	总产值	利润总额	上缴税金	出口创汇	研发投入	从业人员
	家	亿元	亿元	亿元	亿元	亿元	亿美元	亿元	人
1989	65	0.63	0.54	0.81	0.08	0.03	0.005	–	1924
1990	67	0.82	0.63	0.95	0.08	0.036	0.00016	–	2255
1991	63	1.18	0.81	1.21	0.12	0.04	0.0002	0.097	2329
1992	160	3.37	2.73	3.53	0.36	0.1	0.017	0.24	6693
1993	196	8.41	4.82	7.49	1.02	0.1	0.021	0.46	7531

续表 8–10

年份 \ 指标	企业数	总收入	销售收入	总产值	利润总额	上缴税金	出口创汇	研发投入	从业人员
单位	家	亿元	亿元	亿元	亿元	亿元	亿美元	亿元	人
1994	214	13.24	8.35	13.26	1.6	0.49	0.089	0.38	10300
1995	221	23.87	19.39	25.38	3.62	1.4	0.075	0.39	12701
1996	195	33.63	28.36	37.39	3.45	2.61	0.31	0.56	17488
1997	253	77.98	63.39	69.94	8.05	5.06	0.59	1.64	25577
1998	367	119.3	99.02	106.78	11.58	5.54	0.72	2.41	38979
1999	406	153.12	105.86	139.77	17.91	7.81	0.77	6.26	47490
2000	469	203.49	150.33	175.3	19.87	10.31	1.1	11.26	51973
2001	582	246.81	202.17	218.81	19.61	14.17	1.43	7.26	63715
2002	662	321.91	260.89	277	25.89	17.4	2.24	13.28	73448
2003	732	403.92	334.88	352.19	29.91	20.84	2.54	14.14	89188
2004	742	505.57	443	461.78	36.39	23.45	4.54	11.38	99245
2005	707	632.12	519.46	552.77	25.7	26.99	5.57	13.1	112009
2006	701	790.8	711.1	690.0	33.7	33.7	6.5	21.4	120828
2007	703	1000.6	933.8	890.5	53.2	38.9	8.6	25.5	134252
2008	756	1250.0	1069.9	1112.1	53.4	47.5	11.9	30.3	147829
2009	720	1500.5	1413.4	1362.3	95.8	67.0	8.7	35.9	164552
2010	725	1841.8	1546.3	1687.8	135.6	89.9	6.4	48.2	179892
2011	810	2513.9	2176.9	2378.9	202.3	121.5	9.4	71.0	184645
2012	825	2901.9	2654.5	2716.1	217.0	151.5	13.3	85.4	194792
总计	–	14548.87	12750.53	13282.06	996.24	686.376	84.81736	400.557	–

表 8–11　　麓谷园区主要经济指标情况一览表

（2006—2012 年）

年份	指标	企业数	总收入	销售收入	总产值	利润总额	上缴税金	出口创汇	研发投入	从业人员
	单位	家	亿元	亿元	亿元	亿元	亿元	亿美元	亿元	人
2006	数值	584	469.6	431.7	357	23.8	18.6	2.3	11.1	76221
	占一区四园比重	83.30%	59.40%	60.70%	51.70%	70.80%	55.20%	35.40%	51.90%	63.10%
2007	数值	523	535.2	480.7	421.7	40	23.5	4.5	16	73142
	占一区四园比重	74.40%	53.50%	51.50%	47.40%	75.20%	60.60%	52.00%	62.60%	54.50%

续表 8-11

年份	指标	企业数	总收入	销售收入	总产值	利润总额	上缴税金	出口创汇	研发投入	从业人员
	单位	家	亿元	亿元	亿元	亿元	亿元	亿美元	亿元	人
2008	数值	574	648.7	543.1	534.9	30.8	34	5.6	17.5	78318
	占一区四园比重	75.90%	51.90%	50.80%	48.10%	57.70%	71.60%	47.30%	57.70%	53.00%
2009	数值	517	770.5	714	634.3	41.9	33.7	5.2	19.4	87281
	占一区四园比重	71.80%	51.40%	50.50%	46.60%	43.70%	50.20%	59.20%	54.10%	53.00%
2010	数值	552	1088.8	999.6	907.1	84.6	52.3	4.6	27.3	98469
	占一区四园比重	76.10%	59.10%	64.70%	53.70%	62.40%	58.20%	71.30%	56.70%	54.70%
2011	数值	667	1515.3	1410.7	1286.1	108.7	61	6.4	38.8	106791
	占一区四园比重	82.40%	60.30%	64.80%	54.10%	53.70%	50.20%	68.20%	54.60%	57.80%
2012	数值	643	1611.8	1513.7	1433.2	140.7	86.8	9.3	48.5	121836
	占一区四园比重	77.90%	55.50%	57.00%	52.80%	64.90%	57.30%	69.70%	56.80%	62.60%

表 8-12 一区四园企业规模发展状况一览表

（2006—2012 年）

年份	2006	2007	2008	2009	2010	2011	2012
企业总数	701	703	756	720	725	810	825
过两千万元的企业数	226	252	267	283	310	299	342
过亿元企业数	101	123	129	132	144	131	159
过十亿元企业数	16	19	18	21	24	25	30
纳税过百万元的企业数	192	213	209	244	244	259	308
高新技术企业数	656	669	254	263	366	473	504
其中：营业收入过 30 亿元	4	6	5	6	5	7	7

三、固定资产投资

2006—2010 年，长沙高新区全社会固定资产投资分别为 23.7799 亿元、18.2434 亿元、21.2837 亿元、40.2555 亿元、91.6368 亿元。

2011 年，长沙高新区社会固定资产投资突破 100 亿元，同比 2005 年增长 5 倍；其中工业投资 40 亿元，全区科技投入 25 亿元，同比 2005 年分别增长 4 倍、1 倍。

2012 年，完成全社会固定资产投资 140 亿元，同比增长 17%。其中工业技改投资 70.2 亿元，同比增长 20%；房地产投资 43.2 亿元，同比增长 5%，增速比长沙市低 11.4%。至此，长沙高新区全社会固定资产投资总额 455.2962 亿元。

表 8-13　　　　全社会固定资产投资情况一览表

（2006—2012 年）

年份	投资金额（亿元）	增长率
2006	23.7799	
2007	18.2434	-23.28%
2008	21.2837	16.67%
2009	40.2555	89.14%
2010	91.6368	127.64%
2011	120.0714	31.03%
2012	140.0255	16.62%
总计	455.2962	-

表 8-14　　　　园区工业固定资产投资完成情况一览表

（2012 年）

指 标	实际完成数	长沙市完成数	占长沙市比重
工业固定资产投资项目个数	51	2296	2.2%
其中：技术改造项目个数	51	1748	2.9%
完成工业固定资产投资（亿元）	70.2	1162.75	6%
其中：技术改造投资（亿元）	70.2	907.05	7.7%

四、其他统计

火炬计划统计：

1998 年 5 月，科技部正式启动火炬计划统计。2003 年 1 月 24 日，科技部印发《火炬计划统计工作管理办法》，明确火炬计划统计报表的内容为高新区区内企业和区外情况、高新区综合情况、国家级火炬计划项目执行情况、地方火炬计划实施情况、科技企业孵化器情况、大学科技园情况、留学人员创业园情况、国家火炬计划软件产业基地情况、火炬计划特色产业基地情况。2004 年 10 月 27 日，长沙高新区承办的全国火炬计划统计工作会议召开，科技部火炬中心授予其“全国先进集体”称号。

专项调查：

长沙高新区在组织资料的开发应用，完成相关课题研究、企业外国专家调查、文化产业调查、中小企业调查、重点服务业企业调查、资源产出率统计试点调查、旅游产业调查等统计工作的同时，参与的专项调查为第五、第六次人口普查，第一、第二次农业普查，第一、第二次经济普查。

人口普查 2010 年 11 月 1 日零时，是第六次全国人口普查的标准时间点。长沙高新区统计中心根据普查政策，通过前期准备和后期人口普查工作两个阶段，共组织 500 人的人口普查队，对全区两镇一街共划分的 449 个普查小区，开展入户人口登记普查。截止第六次人口普查标准时点，全区常住人口为 127779 人，户籍人口为 74187 人。随后，湖南省、长沙市开展人普表彰，雷锋镇获省级先进集体称号，长沙高新区人普办和东方红镇获市级先进集体称号，全区共有 14 人获省市先进个人称号。

农业普查 第二次农业普查的标准时间点是 2006 年 12 月 31 日，普查资料年度 2006 年度。2006 年 12 月 31 日，长沙高新区按照统一规定的普查标准时间点，在辖区范围内开展第二次农业普查。其普查对象为长沙高新区托管的乡镇，普查内容包括：农业生产条件、农业生产经营活动、农业土地利用、农村劳动力就业、农村基础设施、农村社会服务、农村居民生活，以及乡镇、村名委员会和社区环境等方面的情况。农业普查采用全面调查的方法，对所有普查对象由普查员进行逐个查点合和填报。共走访 4 个普查区 57 个普查小区共计住户 2522 户，户籍总人数 8599 人，其中外来户 460 户，集体户 39 户；统计稻谷播种面积共 2102.5 亩、生猪存栏 5263 头、牛存栏 41 头、羊存栏 7 头、家禽存栏 8296 头等重要数据。

经济普查 2008 年，第二次全国经济普查工作在全国范围内开展。长沙高新区经济普查的主要内容包括单位基本属性、从业人员、财务状况、生产经营情况、生产能力、能源消耗、科技活动等情况。普查的标准时间点为 2008 年 12 月 31 日，时期资料为 2008 年度。长沙高新区经济普查领导小组，按照《长沙市第二次经济普查实施方案》要求，完成对 4 个普查区，1367 家法人单位、58 家产业活动单位、5511 个体经营户的单位清查、入户登记、资料审核、数据处理及上报等各项技术性工作。

第二次全国 R&D 资源清查 2009 年 12 月 30 日，长沙高新区利用高新区统计工作大会的机会布置第二次全国 R&D 资源清查任务，并结合园区实际创新数据采集和审核形式。2010 年，长沙高新区历时 6 个月完成第二次全国 R&D 资源清查。2011 年 5 月，在第二次全国 R&D 资源清查表彰中，长沙高新区统计局获国家级先进集体的称号，柳志坚等 3 人获国家级先进个人的称号。

从业人员统计：

1989—2012 年，长沙高新区每年对从业人员进行登记。1989 年，长沙高新区始有从业人员 1924 人。1997 年，长沙高新区划分一区四园，但未作从业人员的分区统计。2006 年，长沙高新区从业人员 120828 人，其中岳麓山科技园 76221 人，占总从业人员的 63.08%。至 2012 年，长沙高新区从业人员 194792 人，其中岳麓山科技园 121836 人。

表 8–15　　长沙高新区从业人员统计表

（1989—2012 年）

单位：人

年 份	总从业人口	岳麓山科技园从业人口	年 份	总从业人口	岳麓山科技园从业人口
1989	1924	–	2001	63715	–
1990	2255	–	2002	73448	–
1991	2329	–	2003	89188	–
1992	6693	–	2004	99245	–
1993	7531	–	2005	112009	–
1994	10300	–	2006	120828	76221
1995	12701	–	2007	134252	73142
1996	17488	–	2008	147829	78318
1997	25577	–	2009	164552	87281
1998	38979	–	2010	179892	98469
1999	47490	–	2011	184645	106791
2000	51973	–	2012	194792	121836

第二节 审　计

一、机　构

1988—1997 年，长沙高新区未设专门的审计机构。1998—2005 年，长沙高新区的审计权限和职责在长沙市审计局。2005 年，长沙高新区成立审计室，与高新区纪委合署办公，开展内部财务审计和小额工程审计。

2006—2008 年长沙市政府在长沙高新区成立了开发区审计分局，从事高新区的工程审计工作。2008 年，市政府撤销了开发区审计分局，审计职能由高新区纪检监察室承担。

2010年，长沙高新区设立纪检监察审计局，开展财务审计、工程建设项目结算审计、经济责任审计，并出台《内部监督审计工作规定》，规范内部审计行为，发挥内部审计在各单位经济运行中的监督、管理、服务职能，预防腐败。

二、审 计

财务审计：

2010年，完成2009年度共20个财务审计项目，增加新农合2009年度、2010年1—9月份审计项目、根据举报进行雷锋小学的财务收支审计、华佳宏物业增加物管费的数据审定、创业服务中心目标达成情况审定。共审计资产105.8189亿元、收入19.7229亿元、支出13.4462亿元，查出违规金额0.0883亿元，调整帐务0.5625亿元。

2011年，完成财务收支审计项目22个，共审计资产总额221.5亿元，收入总额22.82亿元，成本总额18.35亿元。

2012年，财务审计工作从以真实性、合规性为主的财务审计向财务审计与管理审计并重转型。全年，共完成审计项目36项，查出问题81项，审计资产总额267亿元，各项收入18.4亿元，各项支出13.6亿元。其中包括：软件园发展中心、软件园有限公司、创业园中心、土储中心、慈善协会、计生协会6项年报审计项目；信息产业园、两镇一街、雷锋小学、和平小学、金桥小学、坪山小学、延农社区居委会、牌楼坝社区居委会、坪山村居委会、华龙村居委会等12项财务收支审计；配合换届工作对6家单位共7名领导干部的离任进行经济责任审计；麓谷街道安置小区门面租金补贴资金审计等3项专项审计。

工程审计：

2010年，共进行工程结算审计项目90个，送审金额2127.67万元，审减金额605.25万元，核减率28.45%。同时，参与管委会工程建设相关部门组织的工程招投标会、工程项目技术交底会；编制工程项目标底、清单子目上限价；对园区工程建设项目中所用的重要材料进行市场询价；审核园区内工程项目招投标文件和施工合同；对工程项目施工现场的隐蔽工程项目、变更签证现场测量计量。

2011年，完成拆迁结算审计20个，结算拆迁资金总额220800万元。同年完成工程审计项目94个，涉及审计金额16763.18万元。其中：工程预、结算项目89个，报送金额3757.33万元，审减金额1010.76万元，审减率26.90%；

工程招标控制价项目9个，报送金额13350.48万元，审减金额1595.21万元，审减率12.18%；工程概算项目1个，报送金额15002.50万元，调整金额1002.50万元。

2012年，开展拆迁结算审计项目8项，分别是八期一批334亩、雷高路拓改东方红段、华龙家园、望雷大道雷锋段、望雷大道东方红段、金南家园、麓谷八九期、岳麓大道辅道，共计结算总金额111100万元。

第四章 工　商

第一节 机　构

1989年，经长沙市编委（市编字〔1989〕第145号文）批复，同意成立“长沙市工商行政管理局科技开发试验区分局”（简称长沙试验区工商分局），为科级机构，定全民事业编制5名，负责长沙高新区高新企业的注册登记和年检年审、指导申报国家驰名商标、指导申请湖南省著名商标、申报评定守合同重信用企业等工作。

1992年，经长沙市编委（市编字〔1992〕第60号文）批复，长沙试验区工商分局更名为长沙市工商行政管理局高新技术产业开发区分局（简称长沙高新区工商分局）。

2002年1月，湖南省工商行政管理局印发《长沙市工商行政管理局职能配置、内设机构和人员编制规定》（湘工商人字〔2002〕11号），明确长沙高新区工商分局为长沙市工商行政管理局的直属分局，定位副处级，受市局的委托行使工商行政管理职权，并内设办公室、注册登记科、监督管理科、公平交易科4个科室（副科级）。

2008年1月，长沙高新区工商分局设立麓谷工商所。2009年1月，长沙市望城县工商局雷锋工商所整体划转到长沙高新区工商分局，并更名为长沙高新区工商分局雷锋工商所。至2012年，长沙高新区工商分局历任主要负责人有刘赞林、陈新发、艾勇、程进。

第二节 管　理

一、工商注册登记管理

1989—2012 年，长沙高新区工商分局负责依法办理长沙高新区范围内内资企业、外商投资企业、私营企业和个体工商户的工商注册登记管理以及企业年度检验、企业档案查询等业务。至 2012 年，累计注册登记市场主体 11495 户，其中内资工商企业 7043 家、外资企业 35 家、个体工商户 4417 户。

1989 年，长沙试验区工商分局开始办理区内高新技术企业的注册登记。2002 年，《长沙市工商行政管理局企业登记管辖规定》明确，长沙高新区工商分局受市工商局委托，负责长沙高新区管委会同意进区的企业及分支机构的注册登记。

2003 年，长沙高新区开始全面推行“首问负责、政务公开、限时办结、承诺服务、投诉举报、责任追究”制度，限时办结由 5 天缩短为 2 天，特殊情况即到即办。是年，对火炬城 6 家写字楼内 320 家企业进行上门年检；对中科软件、中科北斗航电、中联重科、长沙新型墙体材料公司等企业特事特办；按规定执行小型企业注册登记出资分期到位制度，为 8 家孵化企业即时登记注册。

2004 年，长沙高新区托管东方红镇和东方红街道办事处，并获长沙市工商行政管理局委托授权，开始办理辖区范围内的个体工商户的注册登记，同时负责证照年检，消费者投诉和打击传销等工作。是年，新登记企业 235 家，变更登记 295 家，年检企业 996 家，年检率 93%；立案查处经济违规案 29 起，罚款入库 25.4 万元；帮助华能自控、爱尔眼科医院 2 家企业组建集团。

2005 年，制定《注册登记绿色通道实施办法》，协助湖南宇洋企业集团登记注册核准发证、湖南湘雅基因技术有限公司变更登记、一特电子有限公司注册资本变更。全年新登记企业 204 家，办理变更登记 289 家，年检企业 1054 家，立案查处违法违规案 25 起，罚款入库 33.4 万元。2006 年，新登记企业 220 家，企业年检率 95%。

2009 年，按“非禁即入”和“非禁即可”原则，为投资者提供宽松的准入环境，吸引其到高新区投资创业。其中“推进全民创业的十条措施”，为大中专毕业生、归国留学生、失地农民和下岗失业人员创业开辟“绿色通道”：在申请办理工商注册登记时，只要材料齐全并符合法定要求，即来即办，并减免行政收费；在审批流程上，对不符合高新区发展要求的行业把好入园准入关，对符合的企业提供一站办结、网上服务、首问责任、上门、预约等服务；推动高新技术成果产业化，在长沙市工商系统首推专有技术出资，即允许出资人用非专利技术出资。11 月，长沙市工商行政管理局印发《关于明确长沙市工商局高新分局股份有限公司登记管辖权限的通知》（长工商注字〔2009〕190 号），正式委托长沙高新区工商分局负责长沙高新区的股份有限公司和分公司的登记。

2010 年，新登记注册企业 544 家，变更登记企业 988 家，注册登记个体工商户 1093 户，办理食品流通许可证 322 户、股权出质登记 25 户、股权出质登记融资 19474 万元、动产抵押 13 件总价值 10866 万元，年检企业 2023 家，验照个体工商户 921 户，立案查处各类经济违法违章案件 37 起，结案 7 起。

2011 年 11 月，国家工商行政管理总局以《关于授予湖南省长沙市工商行政管理局经济技术开发区分局等外资企业登记管理权的通知》（工商外企字〔2011〕22 号）授予长沙高新区工商分局外商投资企业登记管理权。是年，共办理新企业注册 734 家，办理个体工商户注册登记 1302 户，企业年检率、个体工商户验照率 95%，消费投诉处理和回复率 100%。

2012 年，新注册企业 805 家，新登记个体工商户 1096 户，新核发食品流通许可证 325 个，实现企业年检率 93%，办理股权出质登记 80 件，融资金额 62940 万元，办理动产抵押登记 21 起，融资金额 63840 万元。

表 8–16　　长沙高新区工商分局注册登记市场主体统计表

（1988—2012 年）

年份	注册登记市场主体（户）				
	内资企业	外资企业	个体工商户	合计数	累计数
1988	0	0	0	0	0
1989	3	0	0	3	3
1990	4	0	0	4	7
1991	26	0	0	26	33
1992	106	0	0	106	139
1993	156	0	0	156	295
1994	156	0	0	156	451
1995	121	0	0	121	572
1996	156	0	0	156	728
1997	171	0	0	171	899
1998	205	0	0	205	1104
1999	248	0	0	248	1352
2000	300	0	0	300	1652

续表 8–16

年份	注册登记市场主体（户）				
	内资企业	外资企业	个体工商户	合计数	累计数
2001	334	0	0	334	1986
2002	337	0	0	337	2323
2003	396	0	0	396	2719
2004	235	0	0	235	2954
2005	204	0	36	240	3194
2006	220	0	89	309	3503
2007	531	0	140	671	4174
2008	480	0	241	721	4895
2009	571	0	295	866	5761
2010	544	0	1218	1762	7523
2011	734	9	1302	2045	9568
2012	805	26	1096	1927	11495
合计	7043	35	4417	11495	

二、市场管理

市场监管：

2003—2012 年，长沙高新区开展行政指导和市场监管，规范市场主体行为。通过经济户口普查和创建“五无监管区”，夯实经济户口基础工作，健全和完善市场主体的电子书式档案资料，促进经济户口管理常态化；推进网格监管，实行片区责任机制和日常监管，对重点行业加强监管；推行两级督查机制，分局对所、所对监管片区坚持季度督查指导，促进监管工作的实施。

2003 年，共处罚违规案件 48 件，其中一般程序 17 起，简易程序 31 起，罚款 17 万元。其中以“重在规范、教育引导为主”原则，对未造成严重后果的违规企业，在法律、法规的范围内从轻处罚，限期责令整改。

2009 年，长沙高新区正式开始履行农贸市场的监管职责。2011 年，在日常巡查与专项检查结合的常态化食品监管中，共组织 5 批次、400 品种的食品抽检以及 100 批次快速检测。

2012 年，长沙高新区制定《高新分局处理政府信息公开申请和申诉举报的有关规定》《高新分局行政处罚案件管理办法》《高新分局流通环节食品安全监管操作手册》，在信息公开、申诉举报、案件处罚等方面进行规范。是年，完成快速测检 1280 批次，组织抽样检测 400 批次。

专项整治：

长沙高新区组织开展专项整治行动，对食品、重要商品及农贸市场、学校周边加大监管执法检查，查处和取缔无证无照经营；对发现存在违法行为的企业进行立案查处，对不符合园区发展的企业清退出园区；建立由工商、公安、街道组成的打击传销小分队，每月开展常态化监管，打击传销由突击整顿向常态化转变。同时进行流通环节食品监管职能和消费维权，推动诚信建设，改善园区消费环境

2010 年，先后开展打击假冒名烟名酒违法经营行为，取缔黑网吧，整治集贸市场不合格肉制品、腊制品、水产品等 10 次专项行动。是年，共检查经营门店 1545 户，检查商品 10 大类 194 个品种 1800 个计量单位，扣留收缴假冒伪劣或“三无”产品总价值 5 万元，当场销毁不合格食品价值 0.35 万元。2012 年，开展打击传销行动 52 次，清查传销骨干人员 246 人，遣返传销人员 862 人。

三、合同管理

长沙高新区工商分局自 1989 年成立起即开始负责合同监管工作，在园区企业中开展“守信用、重合同”单位的推荐评选活动；在包括广大食品经营户在内的个体工商户中，开展“诚信经营示范户”的推荐评选工作。

2003 年，评定省“重信用、守合同”企业 12 家，市级“重信用、守合同”企业 24 家。2004 年，评定国家级“重信用、守合同”企业 1 家、省级 12 家。2010 年，申报评定“守合同、重信用”企业 44 家。2011 年，评定“守合同、重信用”企业 53 家。2012 年，指导申报“重合同、受信用”企业 95 户，截至 12 月份，长沙高新区共有 16 户企业获国家级“守合同重信用”企业称号，有 38 户企业获省级“守合同重信用”企业称号。

四、商标广告管理

长沙高新区工商分局发挥商标、广告监管职能，对园区内有一定影响的企业，上门宣传《商标法》等相关法律、法规知识，指导企业注册商标和保护其商标的使用权；对有申报著名商标、驰名商标意愿的企业，则提前介入，进行全程指导。2004 年，创著名商标 8 件，“蓝猫”“经阁”被国家工商总局认定为驰名商标。2005 年，隆平高科被认定为驰名商标。2010 年，申报成功驰名商标 1 件、著名商标 5 件。2011 年，申报国家驰名商标 3 个，著名商标 11 个。至 2012 年，长沙高新区共有驰名商标 14 件，著名商标 50 件。

表 8-17　　长沙高新区驰名商标一览表

（2002—2012 年）

序号	企 业	商 标	产 品	获得时间
1	中联重科股份有限公司	中联	沥清混凝土摊铺机、混凝土输送泵	2007.9
2	湖南梦洁家纺股份有限公司	梦洁	床上用品	2002.2
3	九芝堂股份有限公司（原：湖南九芝堂股份有限公司）	九芝堂及图	原料药、人用药	2004.6
4	三辰卡通集团有限公司（原：湖南三辰影库卡通节目发展有限责任公司	图形（蓝猫）	玩具	2004.6
5	长沙经阁实业（集团）有限公司	经阁 JINGGE 及图	铝型材	2004.11
6	袁隆平农业高科技股份有限公司	隆平高科及图	第 31 类：植物用种苗	2005.11
7	威胜集团有限公司（原：长沙威胜电子有限公司）	威胜及图	电度表	2009.4
8	湖南湘研种业有限公司	湘研	蔬菜种籽	2010.1
9	爱尔眼科医院集团股份有限公司	爱尔 aier 及图	医院	2010
10	湖南路路通塑业股份有限公司	路路通	非金属水管	2011.5
11	湖南金沙药业股份有限公司	中理	人用药	2011.11
12	湖南多喜爱家纺股份有限公司（湖南多喜爱纺织科技有限公司）	多喜爱 Dohia 及图	床上用品	2011.11
13	长缆电工科技股份有限公司（原用名：长沙电缆附件有限公司）	長缆及图	电线连接物、电器接插件、电缆接头套、电缆……	2012.5
14	鹰皇商务科技有限公司	1872	组织教育或娱乐竞赛、提供高尔球设施、俱乐部服务	2012.5

表 8-18　　长沙高新区著名商标一览表

（2010—2012 年）

序号	企业名称	商 标	产 品	获得时间
1	湖南海利化工股份有限公司	海利＋图形		2010
2	长沙中联重工科技股份有限公司	图形、中联、字母、中标、浦沅		2010

续表 8–18

序号	企业名称	商 标	产 品	获得时间
3	长沙电缆附件有限公司	长缆＋图形		2010
4	湖南隆平种业有限公司	农平＋图形＋字母		2010
5	湖南学海文化传播有限责任公司	学海导航＋图形		2010
6	长沙三诺生物传感技术有限公司	三诺		2010
7	湖南晶鑫科技股份有限公司	晶鑫＋图形＋字母		2010
8	中冶长天国际工程有限公司	中冶长天、图形		2010
9	长沙正忠科技发展有限公司	正忠＋图形		2010
10	湖南方盛制药股份有限公司	方盛		2011
11	湖南奥盛特重工科技有限公司	osaint+ 字母		2011
12	长沙高新技术产业开发区爱威科技实业有限公司	爱威＋字母		2011
13	长沙深湘通用机器有限公司	深湘＋图		2011
14	湖南新五丰股份有限公司	U 鲜		2011
15	湖南新五丰股份有限公司	图形		2011
16	长沙绿蔓生物科技有限公司	绿蔓		2011
17	湖南科瑞特科技股份有限公司	科瑞特＋图		2011
18	湖南汉龙水电设备股份有限公司	汉龙＋图		2011
19	湖南鼎翰文化传播有限公司	鼎翰＋拼音		2011
20	长沙前元塑料技术开发有限公司	前元		2011
21	长沙长泰机械股份有限公司	CHAINT		2011
22	长沙三德实业公司	三德		2011
23	湖南威科电力仪表有限公司	威科		2011
24	长沙通发高新技术开发有限公司	通发＋拼音＋图		2011
25	湖南海天化工实业有限公司	海天		2011
26	湖南丰汇银佳科技有限公司	融和＋图＋拼音		2011
27	长沙巨星轻质建材股份有限公司	图形＋字母		2011
28	长沙市小新星卡通数码科技有限公司	小新星＋英文		2011
29	长沙金岭机床有限责任公司	金岭＋图		2011
30	长沙友欣仪器制造有限公司	友欣		2011
31	龙石山铁皮石斛基地有限公司	龙石山		2011
32	湖南西格码电气有限公司	CNPOWER		2012
33	湖南泰谷生物科技有限责任公司	九业＋图形		2012
34	长沙兴嘉生物工程股份有限公司	兴嘉生物		2012
35	湖南路路通塑业股份有限公司	路路通		2012
36	湖南银通科技有限责任公司	银通＋图形		2012
37	湖南方盛制药股份有限公司	欣雪安		2012

续表 8-18

序号	企业名称	商 标	产 品	获得时间
38	湖南方盛制药股份有限公司	金蓓贝		2012
39	湖南隆科农业生产资料有限公司	隆科农资 + 拼音		2012
40	湖南固特邦土木技术发展有限公司	固特邦		2012
41	华自科技股份有限公司	华自		2012
42	湖南湘雅制药有限公司	美尔瑞		2012
43	长沙奥托自动化技术有限公司	奥托科技		2012
44	湖南一特电子医用工程股份有限公司	一特 + 英文 + 图形		2012
45	力合科技（湖南）股份有限公司	LIHERO		2012
46	湖南源科创新科技有限公司	RunCore		2012
47	湖南汇一制药机械有限公司	图形		2012
48	湖南华诺星空电子技术有限公司	Novasky		2012
49	康普药业股份有限公司	新快康		2012
50	爱尔眼科医院集团股份有限公司	爱尔		2012

五、消费者权益保护

2008年以前，长沙高新工商分局没有消费者权益保护的职能职责。2008年，设立麓谷工商所后，消费者权益保护工作的重心是开展《中华人民共和国消费者权益保护法》的宣传、教育，处理长沙市工商行政管理局交办的消费者投诉。2010年，建立12315维权联动体系，开展消费者权益保护法律、法规的宣传，共处理消费者申诉、举报29起。2011年，开展虚假广告的专项整治和整治合同“霸王条款”专项行动，并受理消费者投（申）诉、举报22件。截至2012年12月，长沙高新区工商分局未设单独的消费者权益保护机构。

第五章 安全质量监督

第一节 安全生产监理

一、机 构

1989年，长沙高新区设有企业管理部，负责监理企业安全生产。1991年，企业管理部，更名为企业管理处，其安全生产监督的职责不变。1995年，企业更名为产业发展处，继续履行监督企业安全生产的职责。

至 1999 年 7 月，长沙市安全生产委员会驻高新区办公室开始对外办公，规范企业安全生产。2005 年，长沙高新区管委会成立安全生产委员会，由管委会主任罗社辉担任主任，并组建安全生产监督管理局（简称安监局）。安监局坚持“安全第一、预防为主、综合治理”的安全生产工作方针，加强安全生产监督检查。2005—2012 年，长沙高新区每年年初召开全区企业安全生产工作大会，与区内重点生产经营单位签订安全生产目标责任书。

二、管 理

安监机制建设：

2006 年，长沙高新区在安监机制建设上落实“机构、人员、经费、装备”，坚持安全生产责任制。是年，安监局开始独立办公，以内部岗位竞聘充实安监队伍；以财政拨出的安全生产专项资金，改善办公条件和设施；以与长沙市委、市政府及有关部门的协调，争取机构编制，衔接落实安全监管执法主体地位，理顺安全监管机制。

2007 年，建立管委会领导分工联系安全生产工作的制度，同时调整长沙高新区安全生产委员会，增加安委会成员单位，在安委会内设置安全专项工作小组，由分管领导分别担任组长。同年，针对区划调整后雷锋镇划入的属地安全生产监管，与望城县衔接沟通，建立工作台账。

2008 年，规范高危行业企业主要负责人安全生产资质管理，指导督促各类企业建立健全安全责任体系，并与区内高危行业企业、经营户和重点骨干企业签订安全生产目标责任书，下达事故控制指标。同年，建设安全生产信息平台。

2009 年，长沙高新区在制度建设中，制定《关于推进安全生产“一岗双责”，进一步强化安全生产责任制的实施意见》《安全生产目标管理考核细则》，推进“一岗双责”制度，实行“一票否决”；修订完善《重特大安全事故应急救援预案》，建立突发事故处置流程图。在监管机制建设中，按季度组织召开防范重特大事故工作会议并形成会议纪要；建立高新区及东方红镇两级监管工作机制；通过安全生产片区管理，下移安全监管工作重心，加强与辖区五个区域（麓谷、火炬城、英才园、新塘和东方红镇）内的重点企业、孵化器、社区及其安全专干的联系。

2010 年，利用网络多媒体技术推动安全生产信息化建设，增加安全生产监管工作信息化手段，为各职能部门和企业提供网上信息通道和互动平台。长沙高新区在其门户网站开通“安全生产”专栏，下设“安全动态”“政策法规”“行政许可和安全监管”“宣教和培训”“安全技术和标准”“安全交流”以及省市安全信息网站链接等9个板块。

2011年，制定《关于调整高新区安委会领导安全生产责任制分工的通知》《长沙高新区2011年安全生产目标管理考核细则》，实施安全生产季度会议制度，同时调整厘清火炬城监管机制。

执法检查：

2006年，针对长沙高新区监管企业数量大、分布广的特点，对在园区范围内注册的生产经营单位建立分类电子档案；对高危行业生产经营单位的建档率100%，其他生产经营单位的建档率90%；对辖区内的重大危险源和安全隐患进行排查和整改，建立一处一档。全年，共对50家重点企业和高危行业生产经营单位开展安全检查，完成隐患整改。

2007年，在春节、“两会”、珠洽会、“党的十七大”、科交会等节假日、会议期间，对包括危险化学品、烟花爆竹和非煤矿山三大高危行业在内的企业进行安全隐患排查与监督。同时，对辖区内生产经营单位的特种设备和锅炉压力容器摸底和检查，建立工作台帐；对重点企业和物业组团开展产业情况调查和消防安全检查。是年，查处非煤矿山企业各类安全隐患5处。

2008年，针对长沙遭遇“五十年一遇”的雨雪冰冻天气，长沙高新区组织各部门启动安全生产应急预案，督导企业检查排患。同年，查处并整改危险化学品企业各类安全隐患20处，烟花爆竹行业安全问题10处，并结合“隐患治理年”活动，对危险化学品、非煤矿山、工程机械、建筑施工等高危领域及交通、学校、市场等人员密集场所，开展“百日督查”和“回头看”等专项行动。

2009年，开展国庆60周年“安保行动”，摸排高层建筑86栋，检查各类公众聚集场所76家，发现火灾隐患342处，当场整改225处，下发《责令限期整改通知书》43份，《责令改正通知书》128份，实行“三停”32家，临时查封35家，行政拘留3人，并对存在重大火灾隐患的5家单位挂牌督办。同年，制定《高新区建设工程质量安全监督管理暂行办法》，开展建设领域施工安全专项整治检查，共下发告知函及整改函73份，消除质量安全隐患58起；首次推行高危企业安全生产责任保险制度，16个烟花鞭炮店、3家危险化学品企业、3家纯批发企业购买安全生产责任险。

2010年，在三大高危行业执行安全生产责任保险制度，区内生产经营的

19个烟花鞭炮店、13家危险化学品企业、4个非煤矿山企业均购买安全生产责任险。在隐患排查专项治理行动中，组织5个督查组，先后10次进入现场，累计开展检查40次，其中开展各部门联合检查20次，排查各类生产经营单位600家（个），现场纠正和消除安全隐患170处，查处违法行为80起，下发整改通知15份。同年，开展40次检查行动，查处打击无证无照、证照不全以及违反建设项目规定等严重非法违法行为，共检查企业（对象）200家（个），登报注销非煤矿山采矿许可证4家，发放建设项目停工整改通知3份。

2011年，将3个乡镇（街道）的三大高危行业和园区68家重点企业分成两块，分别由长沙高新区安监局内部机构综合监管处和高危监管处负责监管。是年，在建筑施工安全、消防安全、特种设备安全、食品安全、深化道路交通安全等方面开展72次执法检查，检查生产经营单位668家，发现并整改隐患211处，关闭2处矿场。全年在安全生产事故中，死亡7人，其中交通事故死亡5人、生产安全事故死亡2人。

2012年，长沙高新区三大高危应保企业（不含加油站）共36家，包括非煤矿山2家、危险化学品经营企业（不含加油站）14家、烟花爆竹经营门店20家。其中，1家危险化学品企业实行风险抵押金；非煤矿山企业与烟花爆竹经营企业集中换证；新增危险化学品企业3家，申请换证危险化学品企业2家，均购买安全生产责任险。是年，查处整改20处危险化学品企业安全隐患、10处烟花爆竹行业隐患和5处非煤矿山企业安全隐患；整治雷锋镇坪山石灰矿地质灾害、真人桥山体滑坡等安全隐患。

宣传培训：

2007年，利用图书、简报、网络等方式宣传《生产安全事故报告和调查处理条例》《最高人民法院、最高人民检察院关于办理危害矿山生产安全刑事案件具体应用法律若干问题的解释》和安全生产领域责任追究的有关制度。同年，开展以“综合治理、保障平安”为主题的安全生产宣传教育活动以及安全知识、安全文化“进社区、进企业、进农村、进学校和进家庭”的“五进”活动，共发放资料6000份；组织区内企业安全管理人员的培训、企业职业病危害因素申报培训、高危行业企业负责人和安全管理人员的法定资格培训以及组织职工参加市政府法制办组织的安全生产行政执法培训，共培训200人次。

2008年，通过布展版、发资料、现场咨询、解答问题等形式开展以“治理隐患、防范事故”为主题的安全生产宣传教育月活动。

2009年6月，开展以“关爱生命、安全发展”为主题的安全生产月宣传活动。6月14日，在园区举办2场安全生产专题文艺演出；长沙高新区安委会成员单位60人分设3个咨询点，以宣传标语、横幅、挂图、展板和简报等方式宣传安全生产法律法规。同年，共举办特种设备起重机械作业人员培训班11期、场（厂）内机动车作业人员培训班2期、压力容器作业人员培训班1期、安全管理人员培训暨新条例宣贯班1期，共核发各类作业人员证件715本。

2010年，组织辖区内企业负责人和安全员共100人，举办安全资格培训班，邀请专家教授讲解安全生产法律法规，并在培训结束后组织考试，为合格人员发放安全资格证书。6月10日，组织园区各企业开展安康杯安全知识竞赛。6月13日，在火炬城威胜广场开展以“安全发展、预防为主”为主题的“安全生产月”活动，并在威胜广场、东方红镇政府前坪、雷锋镇政府前坪、麓谷街道安置小区前坪设立咨询点。

2011年，以“安全责任，重在落实”为主题开展“安全生产月”活动。6月12日，分别在长房时代广场、东方红镇、雷锋镇、麓谷街道设立咨询点，开展安全生产文艺汇演、有奖知识问答和消防演习，共50个部门参加活动，发放宣传资料5000份。同年，举办乡镇（街道）安监员培训班、企业安全资格培训班、职业健康监管培训班。各乡镇（街道）安全生产负责人、安监站长、安监员以及社区（村）专（兼）职安监员共41人参加培训并取得乡镇（街道）安全监察员证书，87名企业安全负责人和安全管理人员参加安全资格培训。

2012年，以“科学发展，安全发展”为主题开展“安全生产月”活动。6月10日，在湖南第一师范学院前坪广场举行安全生产月宣传咨询日活动，在东方红镇、雷锋镇、麓谷街道设置分会场，共出动宣传车1辆，发放安全生产宣传资料10000份。同年，举办2期标准化创建培训班，培训110家园区企业400位企业自评人员；组织1期企业安全生产管理人员培训班，100位学员获得安全生产资格证书。

职业卫生监管：

2006年，长沙高新区开始推进非公有制企业安全监管试点和安全标准化工作。是年，以华泰重工、中联重科、申大科技、金瑞新材料等重点骨干企业和国有改制企业为突破口，从机构建立、制度建设、宣教培训、安全投入等安全基础管理等方面加强对企业安全生产工作的指导和监督，引导企业采用新技术、新工艺，建立安全管理体系和规章制度，开展职业健康安全管理体系认证，加强作业场所的职业卫生防护工作，推动企业自主安全建设。

2007年，长沙高新区被市安监局确定为全市2个职业卫生监管试点区县之一，辖区内生产经营单位的职业病危害因素申报率要求达到100%。管委会组织开展企业管理人员业务培训，并成立以局长领导的工作小组，分解各项职业卫生监管工作的责任和任务，配合市安监局对辖区内的重点企业开展职业卫生执法检查。

2010年，长沙高新区安监局成立作业场所职业健康监管工作小组，组织辖区内第一批20家职业危害申报企业职业健康负责人召开专题会议，部署职业危害申报工作，各企业指定专人负责，按照《作业场所职业危害申报管理办法》（国家安监总局27号令），完成申报工作。

2011年，长沙高新区以机械制造、新材料和非煤矿山3个领域为职业卫生监管的工作重点，对相关企业进行调查，制定长沙高新区职业健康监管工作台帐。同时，举办职业健康卫生培训班，制定专门的课件对国家安监总局23号、27号令进行讲解和演示职业危害网上申报步骤。是年，共完成37家企业的职业危害申报。

2012年，开展职业卫生示范企业创建，中联重科、安淳高新、晶鑫科技、金瑞科技等企业通过市区两级联合评审，获“职业卫生示范企业”称号；开展汽车维修企业职业病危害专项整治，检查当代汽修、东昊汽修等10家汽车修理厂，对企业未开展职业健康体检和职业危害现场检测提出整改意见，督促存在职业危害的企业做好岗前、岗中、离岗三项体检、作业场所职业危害现场检测和控制效果评价。是年，共检查企业50家，完成作业现场职业危害监测评价40家。

第二节 质量技术监督

一、机　构

1988—2000年，长沙高新区未设专门的机构负责质量技术监督工作。至2001年，长沙高新区设立社会事务管理局，对包括质量技术监督在内的园区事务进行管理。

2007年，长沙市质量技术监督局高新区质量技术监督分局（简称长沙高新区质监分局）成立，内设办公室、综合管理科、安全监察科、稽查执法科。湖南省质量技术监督局党组专题研究，以湘质监人函〔2007〕276号文件，明确长沙高新区的质量技术监督工作由长沙高新区质监分局统一管理，实行“一门进出，归口管理”的管理体制。至2012年，长沙高新区质监分局依照《中华人民共和国产品质量法》，推行全面质量管理监督工作，提高园区企业整体素质及其产品质量总体水平。其历任主要负责人有刘忠。

二、管 理

质量月宣传活动：

2007年，开始开展产品质量和食品安全专项整治行动。2008年，开展“安全月”“标准化日”“质量月”和计量“四进”活动，建立企业电子质量档案，同时开展企业质量普查和重点产品质量建档，企业质量建档2126家。

2009年，开展“质量和安全年”“3·15”“世界计量日”“安全生产月”“质量月”宣传活动，并组织企业参加“质量知识竞赛”“名牌培育及卓越绩效标准宣贯”等活动，新建园区重点企业质量档案80家。

名牌产品评选：

2007年，组织园区20家生产企业参加《卓越绩效评价准则》国家标准培训、湖南名牌申报培训，长沙高新区1家企业获中国名牌产品称号，4家企业获国家免检产品称号，5家企业获湖南名牌产品称号，1家企业获湖南质量管理奖。其中袁隆平种业股份有限公司生产的水稻种子获中国名牌产品称号；伊莱克斯（中国）电器有限公司生产的电冰箱、湖南电力路路通塑业有限公司生产的塑料管材、长沙威胜电子有限公司生产的民用计量表、湖南梦洁新材料科技有限公司生产的弹簧软床垫等产品获国家免检产品称号；长城信息产业股份有限公司生产的税款收款机、湖南康普制药有限公司生产的阿奇霉素分散片、湖南湘江涂料集团有限公司生产的湘江牌系列涂料（油漆）、湖南华天铝业有限公司生产的铝塑复合板、铝合金天花板产品获湖南名牌称号；长沙楚天科技有限公司获湖南质量管理奖。

2008年，开展中国名牌、湖南名牌的申报。其中中联重科、长城信息申报2008年中国名牌产品，通过湖南省质监局初审报国家总局；20家企业申报湖南名牌产品，杉杉新材、金瑞科技等16家企业产品获2008年湖南名牌；湘江涂料集团获湖南省质量管理奖。

2009年，16家园区企业申报湖南名牌产品，其中7家获得湖南名牌称号。2010年，指导10家企业申报湖南名牌产品。2011年，10家企业11个产品申报湖南名牌产品，2家企业2个产品申报长沙名牌产品。其中9家企业11个产品通过湖南名牌现场评审，1家企业1个产品通过长沙名牌现场评审。至2012年，长沙高新区共有44个湖南名牌产品。

表 8–19　　长沙高新区湖南名牌产品一览表

（2009—2012年）

序号	生产企业名称	产品名称、型号、规格	注册商标	时 间
1	长沙前沿塑料技术开发有限公司	工程塑胶排水管、电力套管	前元	2009年
2	长沙电缆附件有限公司	110KV及以下电缆附件系列产品	长缆	2009年
3	湖南金杯电缆有限公司	聚氯乙烯绝缘电缆BV系列BVV、BVVB系列BVR、RVV、RVS系列RVVP系列	金杯	2009年
4	长沙汉河创业电缆有限公司	铜芯聚氯乙烯绝缘电线电缆、铝芯交联聚乙烯绝缘架空电缆、聚氯乙烯绝缘电线电缆、铜芯铝绞线	Hanhe 汉河	2009年
5	湖南银通科技有限责任公司	智能燃气表/MKIC-6、MKIC-7、AC-6	银通	2009年
6	湖南三德科技发展有限公司	煤质分析仪/SD系列	三德	2009年
7	长沙方盛制药有限公司	小儿化痰止咳颗粒、小儿喜食咀嚼片	金蓓贝	2009年
8	长沙名品实业有限公司	故园床上用品（配套）、床上用品、被（配套）	故园	2010年
9	长沙华时捷环保科技发展有限公司	HSJ系列水质、烟气在线监测仪	HUASHUIE 华时捷科技	2010年
10	长沙中联重工科技发展股份有限公司	ZLJ-ZYS压缩式垃圾车、YJC垃圾收运处理成套设备，ZLJ-TSL扫路车、ZLJ-GQX清洗车、ZLJ-TXS洗扫车	中联、ZOOMLION	2010年
11	长沙中联重工科技发展股份有限公司	QY系列汽车起重机、QUY系列履带起重机、QAY系列全地面汽车起重机	中联、ZOOMLION	2010年
12	长沙中联重工科技发展股份有限公司	道路工程机械：YZ/YZC压路机、LTU/DTU摊铺机、水泥沥青砂浆搅拌车/LQC沥青搅拌站、BG铣刨机，塔式起重机：QTZ系列	中联、ZOOMLION	2010年

续表 8-19

序号	生产企业名称	产品名称、型号、规格	注册商标	时 间
13	长沙中联重工科技发展股份有限公司	混凝土机械：HBT 系列混凝土拖泵、ZLJ 系列混凝土搅拌车、HZ 系列混凝土搅拌站	中联、ZOOMLION	2010 年
14	湖南奥盛特重工科技有限公司	旋挖钻机 OTR 系列	osaint、奥盛特	2010 年
15	湖南方盛制药股份有限公司	小儿复方四维亚铁散	金蓓贝	2010 年
16	湖南杉杉新材料有限公司	锰酸锂 LMO01、LMO11LMO21、LMO21-HB、LMO19、LMO25、LMO21-HK、LMO31-HC	杉杉	2010 年
17	湖南多喜爱纺织科技有限公司	纳米银抗菌棉麻织物及其床上用品	多喜爱（Dohia）	2011 年
18	长沙巨星轻质建材股份有限公司	新型建材：薄壁方箱	GBF	2011 年
19	长沙巨星轻质建材股份有限公司	新型建材：蜂巢芯	GBF	2011 年
20	湖南雄鹰建筑节能新材料有限公司	新型建材：胶粉聚苯颗粒保温系统、微晶无机保温砂浆、空心微珠无机保温 砂浆系统、玻化微珠防火保温砂浆墙体保温系统	雄鹰	2011 年
21	金瑞新材料科技股份有限公司	四氧化三锰 CR-06、CR-06N、CR-15N	金瑞	2011 年
22	湖南特种金属材料厂	锰系列产品（四氧化三锰、金属锰、电解金属锰粉、金属锰枕）	华岳	2011 年
23	湖南杉杉新材料有限公司	LC 系列钴酸锂	杉杉	2011 年
24	湖南红太阳电源新材料有限公司	氧化亚钴	CN · UN	2011 年
25	湖南湘电长沙水泵有限公司	立式斜流泵（全系列）	C.B	2011 年
26	湖南威科电力仪表有限公司	单相电子式（多功能、预付费、多费率、载波、载波分时）电能表 DDS2102、DDSD2101、DDSY2102、DDSI2102、DDSF2102、DDSIF2101	威科	2011 年
27	湖南汉龙水电设备有限公司	中小型水轮发电机组（5 万 KW 以下）	漢龙	2011 年
28	长沙市美宇电器有限公司	12KV 及以下高低压成套开关设备	黑马	2011 年

续表 8–19

序号	生产企业名称	产品名称、型号、规格	注册商标	时 间
29	湖南梅兰日兰电器有限公司	小型断路器、漏电断路器、塑壳外壳式断路器、交流接触器、小型隔离开关系列	湖梅	2011 年
30	湖南杉杉新材料有限公司	镍钴锰酸锂三元系列：T11A，T31A	杉杉	2011 年
31	长沙三诺生物传感技术股份有限公司	三诺血糖仪 SXT–1 型、安稳型、安准型	三诺	2011 年
32	长沙高新技术产业开发区爱威科技实业有限公司	AVE–76 系列尿液有形成分分析仪	AVE 爱威科技	2011 年
33	湖南伟业动物营养有限公司	猪用预混合饲料	西东	2011 年
34	湖南路路通塑业股份有限公司	塑料管材、管件（PVC–U、PE、PPR、PVC–M 给、排水系列，PVC–U、PVC–C 套管系列）	路路通	2012 年
35	长沙机床有限责任公司	拉床系列		2012 年
36	长缆电工科技股份有限公司	电线电缆（规格型号详见证书）	长缆	2012 年
37	湖南三德科技发展有限公司	煤质分析仪	三德	2012 年
38	湖南丰汇银佳科技有限公司	人民币伪钞鉴别仪	融和	2012 年
39	力合科技（湖南）股份有限公司	LF 水质在线监测分析仪器	LIHERO	2012 年
40	湖南银通科技有限责任公司	智能燃气表	银通	2012 年
41	湖南方盛制药股份有限公司	藤黄健骨片 0.5g/ 片	方盛	2012 年
42	湖南方盛制药股份有限公司	小儿喜食咀嚼片 0.5g/ 片	金蓓贝	2012 年
43	湖南方盛制药股份有限公司	小儿化痰止咳颗粒 5g/ 袋	金蓓贝	2012 年
44	湖南湘雅制药有限公司	血塞通片 25mg/ 片、50mg/ 片、100mg/ 片	美尔福	2012 年

质量管理奖：

2010 年，长沙高新区完善园区质量奖励制度，在建立兑现中国名牌、湖南名牌、标准制修订奖励政策的基础上，补充出台《湖南省省长质量奖、标准化贡献奖奖励办法》，营造“以质取胜”氛围。是年，开展“质量提升”活动，成立领导小组，制定方案明确目标任务、工作措施和责任分工，并利用“3·15”“质量月”等活动在园区宣传。同时，开展“质量服务进企业”活动，确定一批优势企业示范，宣贯导入卓越绩效模式，树立标杆。同年，推荐2家企业角逐湖南省省长质量奖。

2011年5月，以中联重科获首届湖南省省长质量奖为契机，组织中冶长天、威胜电子、奥盛特重工等20家优势企业参加省质量技术监督局举办的湖南省省长质量奖及卓越绩效评价准则等培训。

2012年，管委会设立园区最高质量荣誉奖——长沙高新区质量奖，授予为高新区质量发展作出卓越贡献的组织，每年评选1次，每届3年，一次性奖励10万元。10月9日，管委会印发《长沙高新区质量奖评审管理办法（试行）》，制订评审办法、细则、标准及奖励政策，第一批有7家企业入围，其中拓维信息、方盛制药2家企业申报湖南省省长质量奖，通过资料评审和现场评审。至此，长沙高新区共有4家组织或个人获湖南省省长质量奖，4家组织获长沙高新区质量奖。

表8–20　　长沙高新区质量管理奖获奖组织和个人一览表

（2010—2012年）

序号	奖项	获奖组织或个人名称	类型	获奖时间
1	湖南省省长质量奖	长沙中联重工科技发展股份有限公司	组织奖	2010年
2		长沙中联重科股份有限公司董事长詹纯新	个人奖	2011年
3		方盛制药股份有限公司	组织奖	2012年
4		拓维信息系统股份有限公司	组织奖	2012年
5	长沙高新区质量奖	长缆电工科技股份有限公司	组织奖	2012年
6		湖南华凯创意展览服务有限公司	组织奖	2012年
7		杉杉户田新材料股份有限公司	组织奖	2012年
8		三诺生物传感股份有限公司	组织奖	2012年

质量振兴：

2007年，印发《关于在长沙高新区开展质量振兴活动的决定》，并结合1996年12月国务院颁发的《质量振兴纲要（1996—2010年）》，组织指导企业开展中国名牌、湖南名牌的申报。长沙高新区质量管理工作开始进入有计划、规范化、法制化的轨道。

2011年，长沙高新区由“质量兴区”向“质量强区”转变，参与“全国知名品牌创建示范区”创建活动，成为湖南省唯一获准申报单位，10月通过省政府现场评审，12月成为国家级知名品牌创建示范区。

2012年，长沙高新区推进“质量强区”战略，制定《学习宣传贯彻〈质量发展纲要（2011—2012年）〉工作方案》，成立质量强区工作协调领导小组，领导小组办公室设在长沙高新区质监分局，负责领导小组日常工作。随后，制定《长沙高新区贯彻实施国家〈质量发展纲要（2011-2020年）〉行动计划》。

质量标准：

1997年10月30日，湖南省第四届标准化协会理事召开，杨金林当选为理事，远大、中联、旺旺3家高新技术企业当选为理事单位。

2001年3月29日至4月1日，长沙高新区管委会协同湖南省质量技术监督局、湖南省标准化工作协会对区内52家企业的科技质量管理人员开展《GB/T1.1—2000标准化工作导则》、IS09000二OOO年版工作规范培训。

2007年，长沙高新区有3家企业共6个标准获得“双采”（即采用国际标准和国外先进标准）证书，102个企业标准通过审查，进行登记备案。

2008年，长沙高新区开展标准化工作，进行企业标准备案、复审和“双采”，印发标准备案、复审相关文件资料1400份，并为企业制定、修订标准提供全过程指导服务。是年，办理企业标准备案80个，组织申报标准化良好行为企业6家，组织标准创新项目2家，“双采”2家企业3个产品；配合协调法定检验机构完成园区企业计量器具检定；受理举报违法案件查办率100%。

2009年，办理企业标准备案90个，组织标准创新项目6家8个标准，组织申报采标产品2个，标准化良好行为企业1家，中冶长天、湖大海捷等企业获得国家行业技术标准制定权。同时引导企业采用先进计量测试方法，实施法制计量、民生计量、能源计量工程，并免费为园区企业培训计量管理人员2期300人。

2010年，协助中联重科、杉杉新材等标杆企业承担国家以及国际专业标准化技术委员会秘书处工作和国家标准以及国际标准制（修）订，培育和申报标准化创新项目。是年，办理企业标准备案（备案登记）80个，申报省标准化战略项目8个，指导3家企业开展标准化良好行为创建；举办企业标准化管理人员培训班2期，培训280人。

2012年，开展标准化科技创新活动，举办企业标准化管理人员培训班1期，培训207人。同年，推动《湖南省标准化发展规划纲要》，举办2期《卓越绩效评价准则》培训班，为企业培训企业标准化人员195人次。同时协助辖区企业参与起草或制修定国标9个，行标3个，地标2个。杉杉新材、丰汇银佳2

家企业经过标准化良好行为试运行，均提交验收申请；力合科技等8家企业开展中小企业标准化战略推进工程，经长沙市中小企业标准化战略推进工程领导小组筛选，确定力合科技等6家企业为试点单位，其中3家确定为2012年验收单位。是年，办理企业标准审查备案80个，进行116个企业标准的备案登记，申报省标准化战略项目11个。

表8-21　　长沙高新区承担的国际、国家专业标准化技术委员会一览表

序号	专业标准化技术委员会名称	代　号	秘书处承担单位
1	国际标准化组织/起重机技术委员会	ISO/TC96	中联重科股份有限公司
2	全国建筑施工机械与设备专业标准化技术委员会/混凝土机械分技术委员会	SAC/TC328 / SC1	中联重科股份有限公司
3	全国起重机械标准化技术委员会/流动式起重机分技术委员会	SAC/TC227 / SC 2	中联重科股份有限公司
4	全国金属切削机床标准化技术委员会/磨床分技术委员会/数控高速高效磨床工作组	SAC/TC22/SC5/WG1	湖大海捷制造技术有限公司

表8-22　　2012年长沙高新区企业标准化奖统计表

企业名称	标准化明细
中联重科股份有限公司	承担国际标准化组织起重机技术委员会（ISO/TC96）秘书处
	《混凝土及灰浆输送、喷射、浇注机械安全要求》GB 28395-2012；国家标准
	《工业机械电气设备内带供电单元的建设机械电磁兼容要求》GB/T 28554-2012；国家标准
	《二手流动式起重机流通技术条件》SB/T 10677-2012；行业标准
	《洗扫车》CJ/T 418-2012；行业标准
	《小型电动垃圾车》CJ/T 419-2012；行业标准
华自科技股份有限公司	《泵站计算机监控与信息系统技术导则》SL583-2012；行业标准
力合科技（湖南）股份有限公司	《城镇排水自动监测系统技术要求》CJ/T 252-2011；行业标准
湖南梦洁家纺股份有限公司	《被、被套规格》FZ/T 60032-2012；行业标准
湖南固特邦土木技术发展有限公司	《工程结构加固材料安全性鉴定技术规范》GB50728-2011；国家标准
	《建筑结构加固工程施工质量验收规范》GB50550-2011；国家标准
	《混凝土结构加固用聚合物砂浆》JG/T289-2011；行业标准

食品生产质量监督：

2009 年，长沙高新区结合创建“食品安全城”活动，开展食品安全检查和整治，食品生产企业三证持有率、原材料建账率、添加剂备案率、小作坊建档及目标管理率达到 100%，园区企业食品监督检验总体合格率达到 100 %，其它产商品抽查合格率达到 99%。2010 年，开展豇豆、蜜饯、学校周边地区食品安全整顿。

2011 年，开展熟食、“瘦肉精”、面制品、“打四黑除四害”和打击非法添加非食用物质、滥用超限量使用食品添加剂等专项整治行动，同时完成长沙市食品安全委员会下达的高新区 100 批次的食品检测任务。

2012 年，开展《食品安全国家标准预包装食品标签通则》（GB7718-2011）和《预包装食品营养标签通则》(GB 28050-2011) 等新标准培训，辖区内食品生产加工企业负责人、采购人员、配料人员共 30 人参加培训。同年，开展日常检查 17 次，覆盖辖区 15 家食品生产加工企业（其中停产 3 家），检查企业原材料索票索证、出厂检验记录、从业人员健康体检，针对出现问题的企业开具责令整改通知书 15 份，责令停产整顿企业 1 家，签订食品安全承诺书 14 份；开展“两节”“两会”期间食品安全、“一非两超”现场检查，鱼制品，地沟油等专项整治行动。是年，食品企业因行政违法共立案调查 5 起，查处 5 起；辖区内食品企业新办证 3 家，换发证 3 家，企业年审通过 4 家。长沙高新区全年共完成食品监督抽查 120 批次，覆盖辖区内所有食品生产加工企业，整体合格率 93%，其中对 4 家不合格的食品企业责令其招回产品销毁，停产整顿；依据《关于印发 < 长沙市食品安全管理办公室食品安全责任人约谈制度 > 的通知》(长食安发〔2011〕20 号) 的文件要求，组织召开食品企业集体约谈会议 7 次，食品企业单独约谈会议 3 次，警示警告食品不合格企业。

其他监督：

2009 年，开展源头监管，对原材料验收进货、质量控制、出厂检验、生产环节进行控制，在执行质量问题上追溯制度、缺陷产品召回制度和市场退出制度，依法查处严重质量问题。是年，开展农资、建材、装修装饰材料、絮用纤维制品、家电下乡、计量器具等专项执法检查和打假行动。2010 年，开展农资、家电下乡、节能减排、民生计量等专项治理。

2011 年，开展食品、农资、建材、汽配、纤维产品、洗涤用品及化妆品、节能减排、民生计量等专项治理，查办违法案件 4 起；开展能源计量和能效标识执法检查，完成乡镇卫生院、计生机构和农贸市场计量器具的摸底、建档和检验，完成计量器具生产企业的定期监督检验。

2012 年，开展生产许可证获证企业的年度审查，建立完善辖区内生产许可证纸质和电子档案、台帐的更新；协调检定机构对镇卫生院、卫生所、计生机构共 37 家单位 439 台套医用计量器具的检定，检定 2 家农贸市场 410 台套计量衡器，整改 6 家检定不合格经营户。同时，安排 90 万元专项检定经费，对园区 39 家计量产品生产企业 173 批次的产品进行免费定期监督检验；对食品企业、特种设备配套使用的计量器具，实行周期检定合格与发证、年审挂钩机制。同年，共完成辖区内 52 家获证企业的巡查监管，辖区内 3C 认证目录内获证企业、体系认证食品生产企业、有机产品、农产品认证企业的建档率均为 100%，3C 认证目录内获证企业巡查率 100%；开展管理体系认证证书获证企业的监管，全年完成 41 家获证单位的巡查。

第三节　特种设备管理

一、生产和使用单位管理

2007—2012 年，长沙高新区质监分局对锅炉、压力容器、电梯等特种设备生产与使用单位进行管理。

2007 年，长沙高新区定期组织研究特种设备安全工作，制定特种设备安全监察工作计划，全年未发生特种设备安全事故。是年，与特种设备生产单位、重大危险源单位签定 32 份安全责任状；举办 1 期特种设备安全管理员培训考核班、3 期起重机械作业人员培训考核班、1 期压力容器作业人员培训考核班、2 期机电类特种设备结构焊工培训考核班，共培训各类特种设备作业人员 341 名，发放 341 本特种设备作业人员资格证；协助华时捷环保科技公司办理全国制造计量器具许可证、讯拓科技有限公司申报水文仪器产品全国工业产品生产许可证、华泰重工申请国家质检总局起重机械特种设备制造许可资质、中联重工申请特种设备压力容器和压力管道安装许可资质等。

2008 年，与特种设备生产单位、重大危险源单位签定安全责任状 20 份，组织培训考核各类特种设备作业人员 590 人。

2009 年，签定安全责任状 48 份，举办特种设备管理和作业人员培训班 15 期，培训 775 人，特种设备作业人员需持证上岗。

2010 年，在调查园区设备底数的基础上，完善“一图三档三台帐”动态监督管理体系，开展特种设备安全进企业、进社区、进校园的宣传活动。是年，举办特种设备管理人员和操作人员培训班 10 期，培训 799 人。

2011 年，落实特种设备生产、使用单位安全主体责任，与园区特种设备生产、使用单位、重大危险源单位签订安全生产责任书 26 份。同年，共举办特种设备管理人员和操作人员培训班 9 期，培训 820 人。

2012 年，与园区特种设备生产、使用单位、重大危险源单位签订安全生产责任书 26 份，并举办特种设备操作人员培训班 13 期，培训 1145 人。

二、专项整治和事故监督

2007 年，加强特种设备日常监管，检查各类特种设备生产、使用单位 63 家、特种设备 487 台套，发现事故隐患 71 处，发出整改指令 46 份。同时组织开展“五・一”“十・一”“泛珠洽谈会”“起重机械专项整治”“2007 中国（长沙）科技成果转化交易会”等专项安全检查行动，共检查各类企业 30 家。

2008 年，组织开展奥运会保安全百日督查和化工、制药行业特种设备专项安全整治行动，检查各类特种设备生产、使用单位 76 家、特种设备 626 台套，发现事故隐患 72 处，发出整改指令 25 份。

2009 年，开展特种设备安全“三项行动”和起重机械、压力管道元件、电梯（扶梯）、场（厂）内机动车、“两节两会”“五一”“国庆”安保 7 个专项整治行动，检查各类特种设备生产、使用单位 65 家、特种设备 790 台套，发现事故隐患 142 处，发出整改指令 50 份。

2010 年，开展“两节、两会”“五一”“十一”“电梯专项安全检查”等专项安全检查行动，对 52 家生产、使用单位的 537 台套特种设备进行检查，发现事故隐患 96 处，发出整改指令 26 份。

2011 年，开展两节、两会、五一节、十一节、文明创建、打非治违、自供气站、高层住宅电梯、火炬城老旧电梯等专项整治行动，共检查各类生产、使用单位 84 家，特种设备 625 台套，发现事故隐患 47 处，发出整改指令 35 份。

2012 年，开展 7 次隐患排查治理专项行动，建立重大隐患台账，共检查特种设备使用单位 106 家，检查特种设备 947 台，下达特种设备安全监察指令书 28 份。同年，在特种设备“打非治违”专项行动中，检查 22 家住宅小区电梯维保单位和物业公司；开展学校用锅炉安全检查；开展高新区火炬城在用电梯安全的专项检查，出动检查人员 300 人次，检查使用单位 22 家、维保单位 21 家，现场检查在用电梯 60 台，其中客梯 53 台、货梯 5 台、自动扶梯 1 台、其他电梯 1 台；开展“两节两会”“五一”“中博会”“十一”等重大节假日和特别维护期的安全保障工作，以大型游乐设施、加油站、大型商场、医院、宾馆酒店、高层住宅等重要公共场所为检查重点。

第四节 组织机构代码管理

长沙高新区质监分局负责管理区内的组织机构代码。2007 年，在长沙高新区投资服务中心设立组织机构代码窗口，直接办理园区各企业和单位的组织机构代码年审年检工作，全年共为园区企业新办证 69 家，换证 208 家，年审 595 家。

2008 年，办理组织机构代码年审年检 1357 家。

2009 年，对园区组织机构代码数据进行全面数据清理整顿，完成代码证年检 1657 家，新办 514 家、变更 204 家，注销 28 家。

2011 年，新办组织机构代码证书 971 家、年检变更 2637 家、注销 110 家，电子建档率 100%。

2012 年，新办代码证书企业 885 家，换证 2015 家，年审 2539 家，注销 81 家，电子建档率 100%。

第六章 劳动人事

第一节 管理机构

长沙高新区的就业培训、劳动关系、劳动监管以及社会保障等工作由长沙高新区劳动和社会保障局进行管理，其人事编制、干部教育、职称评定等工作由区组织人事局开展。

1993 年以前，长沙高新区的人事工作由综合处协调管理。1993 年 3 月，劳动人事工作从综合处分离，独立办公，负责人事管理。2001 年 12 月，根据湘编办〔2001〕24 号文件，长沙高新区管委会劳动人事局成立，负责人事等工作。

2007 年 11 月，根据长高新区管函〔2007〕98 号文件，长沙市劳动和社会保障局长沙高新区工作处成立，在区内开展就业培训、劳动监察和社会保障等工作。2009 年，长沙高新区正式成立劳动和社会保障局，为生产经营地在园区内的企业、员工及辖区城乡居民提供劳动保障服务。同年，劳动人事局更名为组织人事局，保持人事管理的职能。

第二节 人力资源

一、劳 动

职业培训：

2009 年，长沙高新区直接管理的长沙市工商职业中专学校被批准为市定点的职业技能培训机构（长劳社发〔2009〕55 号），具有职业技能鉴定机构的资质，为园区被征地农民、城镇登记失业人员、高校毕业生和其他新增劳动力的职业技能培训与职业技能鉴定提供平台。是年，长沙高新区根据《长沙高新区 2009 年度被征地农民和转移就业农民就业培训工作方案》（长高新管函〔2009〕63 号），对被征地农民开展 6 期职业技能培训，共培训被征地农民 466 人。

2010 年，长沙高新区选出中联重科等 11 家园区骨干企业为高新区首批高校毕业生和被征地农民见习基地。同时从人力资源市场、劳动保障站抽调人员成立就业培训专门工作机构，了解企业用工需求，与企业联系订单式培训，开展职业技能培训。培训人员合格后被安排到下订单的企业见习，见习后由企业择优录用。是年，长沙高新区完成职业技能培训和鉴定 1100 人、被征地农民素质教育培训 25 期共 1164 人。其中在职业技能培训中，订单式培训 120 人、农村劳动力转移就业培训 730 人、其他工种培训 221 人。

2011 年，长沙高新区依据“用人单位下订单、培训学校出菜单、政府部门来买单”的原则，推行由管委会主导、培训机构和用人单位参与的订单式培训模式。全年企业订单申报用工岗位 1900 个，可用于被征地农民的岗位 900 个，其中中联重科、威胜电子等企业订单培训 569 人。同年，组织职业技能培训机构在东方红镇、雷锋镇、麓谷街道举办 7 期“送教下乡”培训班，培训被征地农民和农村剩余劳动力 300 人，并给合格者颁发计算机、物业管理、营业员、保安保洁等技能初级证书。是年，长沙高新区职业技能培训和鉴定 1118 人，其中创业培训 135 人。

2012 年，长沙高新区根据园区企业劳动力需求，引进 4 家不同类型定点培训机构，新开设维修电工、模具设计师、育婴师、厨师等专业。是年，完成职业技能培训 1449 人（一类工种 345 人，二、三类工种 352 人），其中农村劳动力转移和劳动预备制培训 697 人、企业职工培训 512 人、创业培训 240 人，职业技能鉴定 900 人。

表 8–23　　长沙高新区职业培训情况一览表

（2009—2012 年）

年份	职业技能培训人数	素质教育培训人数	小计
2009	466	889	1355
2010	1100	1164	2264
2011	1118	1080	2198
2012	1449	1105	2554
合计	4133	4238	8371

就业安置：

2009—2012 年，长沙高新区以“市场调节就业、劳动者自主择业、政府促进就业”为方针，主要为被征地农民、毕业大学生及就业困难者提供就业安置与服务。

麓谷大型人才交流会

2009 年，长沙高新区出台《长沙高新区关于进一步做好被征地农民就业工作的意见》(长高办通知〔2009〕66 号)，提供被征地农民和返乡务工人员就业岗位 2300 个，推荐就业 406 人，扶持被征地农民创业 3 人。其中被征地农民创业中，长沙宇鑫家政服务有限公司正式成立，长营建材厂、誉隆家政服务有限公司规模扩大。同年，根据《关于鼓励和扶持大学生自主创业的政策意见》（长发〔2009〕6 号）、《关于促进全市普通高等学校毕业生就业的实施意见》（长发〔2009〕7 号），对东方红镇、雷锋镇应届及往届共 339 名高校毕业生就业情况进行调查建档，并举办专场招聘会，其中 2009 年应届高校毕业生 198 人中有 114 人实现就业。

2010 年，长沙高新区举办 5 · 22 被征地农民大型人才招聘会，在参加招聘会的 2000 名失地农民及 4000 名高校毕业生中，2650 人与用人单位签订就业意向，1084 人实现就业。同年，组织威胜电子、电缆附件等 30 家园区企业到区辖 14 个村（居）举行 14 场“送岗位下乡”专场招聘会，为被征地农民提供 3000 个就业岗位，167 名被征地农民实现就业。是年，长沙高新区共完成城镇劳动力就业 2450 人，其中被征地农民就业 514 人；新增农村劳动力转移就业 1113 人；零就业家庭援助率 100%；扶持被征地农民创业 48 人，建立被征地农民创业示范基地 2 家。

2011 年，长沙高新区共举办现场大型招聘会 9 场，提供就业岗位 12000 个，4000 人达成就业意向。同年，以被征地农民为重点，组织 30 家园区企业到区辖两镇一街 8 个村（居）举行 8 场“送岗位下乡”专场招聘会，为被征地农民提供 1600 个就业岗位，1470 人参加招聘，并开发园区各部门单位的后勤保障、保安保洁、综治协管等公益性岗位，安排被征地农民就业。是年，城镇新增就业 3056 人，其中失业人员再就业 530 人、失业人员中就业困难人员再就业人 224 人；新增农村劳动力转移就业人数 623 人；被征地农民创业 72 人；零就业家庭援助率 100%；城镇登记失业率低于 3%。

2012 年，长沙高新区依托人力资源市场，在镇（街）劳动和社会保障站建立人力资源超市，在村（社区）劳动保障中心建立人力资源信息网点，并同步发布人力资源市场岗位信息，健全公共就业信息网络体系。同年，开展 10 场“送岗位下乡”招聘会，共 1000 人参加招聘；扶持被征地农民创业 65 人；建立人力资源超市 3 个，岗位用工信息发布网点 16 个。长沙高新区全年城镇新增就业 12500 人，其中失业人员再就业人数 520 人、就业困难对象再就业人数 233 人；新增农村劳动力转移就业 517 人；零就业援助率 100%，城镇登记失业率低于 4%。

表 8-24　　长沙高新区就业情况一览表

（2009—2012 年）

年份	就业人数	创业人数	小计
2009	520	3	523
2010	3563	48	3611
2011	3679	72	3751
2012	13017	65	13082
合计	20779	188	20967

补 贴：

2009—2012 年，长沙高新区共发放各类就业创业及相关补贴 481.8997 万元。

2009 年，对园区各类用人单位招用被征地农民并与其签订 1 年以上劳动合同的，参加社会保险并足额缴费的长缆附件、威胜电子、宇鑫物业3家公司招聘的103名被征地农民，发放岗位补贴和社会保险补贴共6.4967万元。

2010年，出台《关于对被征地农民创业对象发放一次性创业补贴的通知》（长高管发〔2010〕67号），对48名符合条件的被征地农民创业对象发放一次性创业补贴共20.6万元。

2011年，对72名创业的被征地农民发放创业补贴资金40万元。

2012年，共发放补贴414.803万元，其中灵活就业人员社会保险补贴168.043万元、农村劳动力职业技能培训和创业培训补贴122.26万元、被征地农民一次性创业补贴20.5万元、被征地农民稳定就业奖励补贴29万元、街（镇）被征地农民就业创业专项工作考核奖励资金75万元。

二、劳动监察

用工备案：

2009年，印发《长沙高新区关于构建企业和谐劳动关系工作的意见》（长高办通知〔2009〕67号），对企业经济性裁员进行监管，推进集体合同的签订、工资集体协商机制的建立和劳动用工备案制度的实施。2010年，长沙高新区印发《关于建立长沙高新区劳动用工备案制度的通知》，建立备案台账，掌握园区企业合同签订率、新增就业人数等指标，企业劳动用工备案制度正式建立。是年劳动用工备案单位81家，备案人数5560人，符合条件进行网上备案的5035人。2011年，劳动用工备案单位53家，备案人数10032人。2012年，劳动用工备案单位135家，备案人数10510人。至2012年12月，长沙高新区共有269家用人单位，26102人进行劳动用工备案。

工资监察：

2009年，以《劳动合同法》《劳动争议调解仲裁法》为基础，长沙高新区通过法律法规政策宣传、入户调研、重点督查等形式，对园区80家重点企业开展用工情况专项监控，建立重点企业专门台帐。是年，开展建设领域农民工工资监察，处罚拖欠农民工工资行为，共接待处理农民工讨要工资人员11批次480人，为农民工讨回工资及工程欠款830万元。

2010年，长沙高新区通过上门查访和电话问询等方式联系企业200家，了解用人单位在工资支付、劳动用工、劳动合同签订、社会保险缴纳等方面的情况，规范存在问题的用人单位，并对100家企业和谐劳动关系进行监控。同年，开展农民工工资支付情况专项检查、劳动用工检查、用工单位遵守劳动合同法情况专项督查，共检查用人单位 50 家。是年，接待处理农民工讨要工资人员 2 批次 20 人，为农民工讨回工资及工程欠款 10 万元。

2011 年，长沙高新区签订园区首个行业性的工资集体协议，覆盖 100 家企业、10000 名从业人员。同时，70 家工会组织建立企业工资集体协商制度，建制率 66.7%。是年，接待处理农民工讨要工资人员 585 人，为农民工讨回工资及工程欠款 478 万元。

2012 年，对建筑项目农民工工资支付、劳动用工开展检查，引导 502 家企业实行工资集体协商制度。是年，区内联合工会签订区域性、行业性工资集体协议 6 份，共覆盖企业 399 家，涉及职工 8327 人。至 12 月，长沙高新区签订工资集体协议的规模以上企业 103 家，工资集体协议覆盖职工总数 36749 人。同年，接待处理农民工讨要工资人员 652 人，为农民工讨回工资及工程欠款 508.2 万元。

纠纷调处：

2009—2012 年，长沙高新区共受理、调处劳动争议案件 420 起。2009 年，受理劳动争议案件 150 起，成功调解 130 起，移送长沙市仲裁院 10 起。2010 年，制定《长沙高新区关于加强基层劳动争议调解组织建设的意见》，各乡镇（街道）成立基层劳动争议调解委员会，园区共受理、调处劳资纠纷案件 100 起。2011 年，开展下岗职工社保缴费、农民工工资支付情况专项检查，全年共受理、调处劳资纠纷案件 70 起。2012 年，受理、调处各类投诉 100 起。

表 8-25　　长沙高新区劳动监管情况一览表

（2009—2012 年）

年份	用工备案		工资讨回		纠纷调处
	单位（家）	用工（人）	职工（人）	金额（万元）	起
2009	–	–	480	830	150
2010	81	5560	20	10	100
2011	53	10032	585	478	70
2012	135	10510	652	508.2	100
总计	269	26102	1737	1826.2	420

三、社会保障

概 况：

长沙高新区社会保障的核心内容是社会保险。1988 年，长沙高新区初立，其社会保障工作由长沙市人力资源社会保障局管理。1991 年，长沙高新区始有社会保险制度，湘政发〔1991〕36 号文件规定，长沙高新区企业员工实行养老、医疗和待业保险，由单位和个人按时向社会保险机构交纳保险金；脱离长沙高新区者，各项保险金由社会保险机构转入相关单位，享受新单位的劳保待遇。

1993年8月6日，长沙高新技术产业开发总公司、长沙市人民保险公司、市人寿保险公司和长沙市社会保险管理办公室共同发起成立湖南第一家股份制保险公司——长沙高新技术产业开发区保险股份有限公司，区内员工可进行投保。该公司的行政、人事和财务直属高新区办公室（总公司），保险业务受长沙市人民保险公司、长沙市人寿保险公司指导。9月，长沙高新区办公室先后颁布实施《<长沙高新技术产业开发区劳动人事管理暂行办法>实施细则》《长沙高新技术产业开发区员工养老保险试行办法》《长沙高新技术产业开发区员工待业保险试行办法》，在区内开展养老、待业等保险业务。11月，长沙高新区社会保险基金委员会成立，统一管理和协调区内社会保险事务，主要负责制定和审议社会保险各项政策，决定较大数额的社会保险基金的运营等重大事项，检查、监督社会保险工作。委员会主任由罗特担任。委员会下设办公室，负责社会保险基金征集、管理等日常事务，并与长沙高新区保险股份有限公司合署办公，主任由易伯华兼任。11月12日，长沙高新区办公室下发《关于切实搞好开发区企业综合保险工作的通知》（长高开办字〔1993〕204号），企业是否参加高新区社会保险作为企业进区和年检的重要内容之一。

1996年7月3日，长沙高新区召开企业社会保险工作会议，区内300家企业负责人参加会议。12月28日，长沙市劳动局、长沙高新区管委会联合发文《关于进一步加强高新技术产业开发区高新技术企业从业人员社会保险工作的通知》，加强园区从业人员社会保险工作。

1997年，长沙高新区管委会、总公司为职工买断1997年以前的各类保险。同年，长沙市社保局高新区办事机构成立，园区的社会保险融入省市社会保险大系统中，与省市统一养老保险制度实施并轨。至此，长沙高新区已有200家企业10000名员工参加市统筹的养老、工伤、待业等保险。

1999年，长沙高新区开始健全企业保险基金和商业保险制度，在条件好的企业建立企业保险基金，并引入商业保险机构，作为高新区社会保障的补充。

2007年11月，长沙市劳动和社会保障局长沙高新区工作处成立，负责办理园区企业机关事业单位社会保险基本业务，包括新增参保、异动处理、信息修改等业务，险种涉及养老保险、医疗保险、失业保险、工伤保险、生育保险。2009年，长沙高新区成立劳动和社会保障局，内设社会保障部，开展企业职工养老保险、医疗保险、失业保险、工伤保险、生育保险及城乡居民养老和医疗保险的工作。是年，新增参保单位103家，新增参保人员2321人，新入园企业参保率85%。

2010年，新增参保单位36家，新增参保人员1567人，异动处理人数3081人，新入园企业参保率85%。2012年，新增参保单位97家，新增参保人员3829人；3月，根据《长沙市人民政府办公厅关于印发＜长沙市城乡居民基本医疗保险办法＞的通知》（长政办发〔2011〕9号），正式成立长沙高新区医疗保险管理服务中心。至此，长沙高新区社会保障制度基本健全。

养老保险：

2009年，长沙高新区300名下岗失业人员和城镇居民参加灵活就业人员养老保险。2010年，印发《长沙高新区城乡居民基本养老保险工作方案》（长高办通知〔2010〕86号），成立长沙高新区城乡居民基本养老保险工作领导小组及乡镇（街道）相应的组织机构，并召开全区相关职能部门负责人会议，安排城乡居民基本养老保险工作。10月14日，组织两镇一街的两保工作人员、社区（村）社保专干以及基层所有村民小组专干500人参加城乡居民基本养老保险办法的政策业务培训。是年，编印50000份城乡居民养老保险相关政策和参保说明手册，5200名60周岁以上人员可直接享受城乡居民养老保险待遇，基本养老保险新增参保人数3551人。

2011年，长沙高新区城乡居民基本养老保险纳入第二批国家试点县（市）、区范围，争取中央财政城乡居民基本养老保险补助资金500万元。全年高新区城乡居民养老保险和新型农村养老保险参保人数分别为26686人和26434人，城乡居民基本养老保险参保缴费率94.58%，在湖南省试点县（市）、区中名列第一。其中企业员工养老保险新增参保人数2806人。2012年，企业员工养老保险覆盖率97%，新型农村社会养老保险参保人数28171人。

医疗保险：

2009年，长沙高新区共有300名下岗失业人员和城镇居民参加城镇居民基本医疗保险。2010年，新增职工医疗保险参保3551人。2011年，麓谷街道纳入长沙市居民医保门诊统筹范围，高新区新农合政策范围内的住院费用平均补偿率提高至75%，农村五保户在县乡级医疗机构住院实行基本医疗费用全免。全年城镇居民医疗保险登记参保2525人；参加新农合医疗43973人，参合率99.2%，共计补偿5211人次，累计补偿金额1183.7万元。

2012年4月，长沙高新区将参加新型农村合作医疗的人员纳入长沙市城乡居民基本医疗保险体系，实行新型农村合作医疗与城镇居民基本医疗保险并轨运行，并先后出台《长沙高新区新型农村合作医疗与长沙市城乡居民基本医疗保险并轨实施方案》（长高新管发〔2011〕89 号）和《关于印发 <长沙高新区一至六级残疾军人医疗保障管理暂行规定> 的通知》（长高新管发〔2012〕43 号）等文件，以消除城乡居民医疗保障二元差异。是年，企业员工基本医疗保险覆盖率到 97%；城乡居民基本医疗保险登记参保人数 49150 人，基本医疗保险市级统筹 100%，城乡居民医疗保险普通门诊统筹 100%。

失业、工伤、生育保险：

2010 年，新增职工失业、工伤和生育保险参保人数分别为 3551 人、1567 人、1567 人。2011 年，经协调长沙市工伤保险局，建设领域农民工参加工伤保险业务由长沙高新区经办，共办理 51 个新开工建设项目工伤保险参保缴费手续；全年企业员工失业保险、工伤保险新增参保人数分别为 2506 人、4400 人，失业保险征缴基金实际征收 360 万元。2012 年，失业保险新增参保人数 3829 人，工伤保险新增参保人数 6542 人。

表 8–26　　长沙高新区社会保险情况一览表

（2009—2012 年）

年份	新增养老保险人数	新增医疗保险人数	新增失业保险人数	新增工伤保险人数	新增生育保险人数	新增参保单位（家）	新增参保人数	被征地农民纳入社保人数
2009	300		–	–	–	103	2321	1404
2010	3551	3551	1567	1567	1567	36	1567	2445
2011	2806	–	2506	4400	–	–	–	1600
2012	–	–	3829	6542	–	97	3829	2891

表 8–27　　长沙高新区城镇职工社会保险“五险”参保情况一览表

（2009—2012 年）

年份	参保户数					参保人数				
	养老保险	工伤保险	失业保险	医疗保险	生育保险	养老保险	工伤保险	失业保险	医疗保险	生育保险
2009	719	651	655	538	537	29966	30320	30139	30450	27866
2010	888	847	848	830	830	37072	37893	37881	40855	37803
2011	1079	1056	1051	1040	1040	48490	50313	50322	53789	50227
2012	1294	1270	1269	1253	1252	58825	60963	60747	61655	60378

说明：长沙高新区城镇职工社会保险非独立统筹区，参保缴费属于长沙市市级统筹管理，统计口径为长沙高新区工商注册数与市社保系统对比概算

第三节 人事管理

一、概 况

1991 年 10 月，湖南省劳动厅、人事厅颁布《长沙高新技术产业开发区劳动人事管理暂行办法》。11 月，中共长沙市委副书记朱秋林在长沙高新区召开的全市人事工作联席会议上阐述高新区人事制度改革的重要性和必要性，并提出高新区人事制度改革的具体措施。

1992 年 3 月，长沙高新区领导小组召开会议，研究加快高新区建设的办法和措施，原则同意高新区人员聘任（用）制等改革试验。5 月，长沙市政府办公厅批复《长沙高新技术产业开发区办公室、总公司员工聘任（用）制实施方案》《长沙高新技术产业开发区办公室、总公司员工聘任（用）制及有关工资待遇的暂行规定》。9 月，下发《关于印发 < 长沙高新技术产业开发区劳动人事处管理暂行办法 > 实施细则的通知》。长沙高新区在用工制度上，实行聘用制和合同制，推行“双向选择，平等竞争、优胜劣汰”；在分配制度上，实行“待遇看贡献”，员工待遇按岗位不同和贡献大小分开档次，并辅之以国外培训、考察、授予勋章等奖励办法；在员工管理上，实行“一管四保”的人事制度，即对进高新区人员管档案、保工龄、保职称、保性质、保工资级别。

1993 年 4 月，劳动人事处下发《关于长沙高新技术产业开发区员工档案管理的补充通知》，确定重建档案的原则和内容，促进高新区与区外人才的合理流动。4 月 16 日，人才交流服务中心成立，为区内各单位提供人才引进、“一管四保”等服务。

1994 年 12 月 23 日，长沙高新区与市委组织部联合成立全国第一家高级人才事务所——长沙高级人才事务所，建立全国第一个高级人才库，与国内大部分省市建立高级人才信息共享系统，开展引智工作。

2002 年，制定《长沙高新区管委会所属事业单位劳动人事管理暂行办法》（长高新区发〔2002〕7 号），规范管委会及所属单位人事管理工作。

2006 年，编制《长沙高新技术产业开发区“十一五”人才发展规划》。2012 年，制定《长沙高新区“十二五”人才发展规划》《长沙高新区关于进一步加强人才工作的若干意见》，推进人才培养与引进工作。

二、人事编制

行政事业编制：

1989年4月8日，长沙市编制委员会以编字〔1989〕第53号批复，长沙试验区办公室定行政编制7人。1990年5月，长沙试验区办公室内增设企业管理部（正科级），新增行政编制8名。1991年9月，长沙试验区办公室更名为长沙高新区办公室，并新增行政编制10名，至1991年底共有行政编制25名，机关后勤服务事业编制3个。至2001年，长沙高新区管委会的行政编制和事业编制没有增减。

2002年，长沙高新区的行政事业编制开始增加。8月，长沙高新区将聘用的88名员工中的25人纳入行政编制，3人纳入事业编制。根据《关于印发<中共长沙高新技术产业开发区工作委员会、长沙高新技术产业开发区管理委员会职能配置、内设机构和人员编制的规定>的通知》(湘编〔2001〕24号),湖南省编制委员会下达长沙高新区行政编制数55个，机关后勤事业编制数8个。是年，按照《长沙市直机关改革人员定岗实施意见》，对高新区招聘员工中有干籍的人员择优转为行政编制，共16人纳入行政编制，其余的行政编制数按调配、安置和公开招聘的办法。至2003年10月，编制全部核满。鉴于高新区8个后勤服务事业编制尚有4个空编，为解决2002年前公开招聘的另外22人编制待遇问题，长沙高新区向市编制委员会呈报《关于申请使用机关后勤服务事业编制的报告》。

长沙高新区新一轮（第三批）岗位职务竞聘大会

2007年，长沙高新区共向市人事局、市编委上报增设机构、增加编制和职数报告22个，有13个获批，管委会增设2个机构（安全生产监督管理局、大学科技园办公室）、新增副县、正科职数5个，专项编制5个，事业编制3个，先后办理8批共36人的进编和调动手续，完成扩区93人的人事接管工作。

2008年8月21日，根据长办发〔2008〕28号文件，市建委、市规划局、市环保局分别划转1、2、3个编制到长沙高新区管委会，长沙高新区管委会新增6名单列行政编制。

至2012年，长沙高新区共有行政编制188个，事业编制732个。

聘任（用）制：

1992年5月，根据长沙市政府印发的《关于同意长沙高新技术产业开发区办公室总公司员工实行聘任(用)制的请示的批复》(长政办函〔1992〕57号)，长沙高新区办公室自6月起除领导成员外，实行聘任(用)制。长沙高新区办公室首批聘任54人，并于8月25日召开首批被聘员工聘书颁发大会。是年，管委会与总公司实行“两块牌子、一套人马”的工作机制及工资管理机制。

2002年8月，长沙高新区正式聘用人员88人，其中50人作为总公司人员。是年，坚持聘用制的方向和分类管理的原则，解决高新区人员混编的问题，进行人员聘用分流。

2004年，长沙高新区制订《管委会、总公司合同聘用人员管理办法》《关于劳动人事管理的若干规定》（长高新区发〔2004〕62号）、《关于员工借用管理的办法》，规范聘用人员管理和员工借用。

2006年2月，制订《关于事业单位员工薪酬福利管理的意见》（长高新区发〔2006〕27号），对管委会所属事业单位（长沙软件园发展中心、长沙留学人员创业园服务中心、长沙高新区人才服务中心、长沙市土地储备中心高新区土地储备分中心）在编人员均实行岗位聘任(用)制，聘任(用)期间档案工资由长沙市人事部门核定；聘任(用)期间实际待遇实行所聘工作单位(部门)相关工作岗位明确的聘任(用)待遇，并按规定办理有关社会保险。同时规定长沙高新区管委会所属事业单位如遇国家政策性调整或改制，其2006年2月28日前在编在岗人员退休前的基本工资(档案工资)、法定保障金在该事业单位无力承担时，由高新区财政负责支付。

2007年，制定印发《长沙高新区人事编制管理规定》（长高新区发〔2007〕42号）、《长沙高新区合同聘用人员管理规定》（长高新区发〔2007〕44号）、《长沙高新区临时聘用人员规定》（长高新区发〔2007〕43号），其中42号文件规定：党工委、管委会机关、所属企、事业单位的劳动人事管理坚持分类管理的原则，对现有工作人员按公务员、事业编制人员、合同聘用人员、临时聘用人员四类分别管理。同年，制订《长沙高新技术产业开发区党工委、管委会、企事业单位“三定”方案》，建立临时聘用人员临时档案管理制度，规范人员层次管理。至2012年，长沙高新区聘任（用）制已健全完善。

托 管：

2004 年，长沙高新区开始托管东方红镇。至 2005 年 2 月，根据《关于落实 < 中共长沙市委长沙市人民政府关于加快长沙高新技术产业开发区建设与发展的意见 > 的通知》(长办发〔2004〕46 号)，在市委组织部、市编委办、市人事局的监督下，岳麓区东方红镇的部分事权交由长沙高新区统一管理，包括编制移交、人员移交、人员管理等。

其编制移交经岳麓区编委核定，包括：东方红镇行政编制 34 名，全额事业编制 4 名，自收自支事业编制 9 名，工勤事业编制 1 名；延风中学教职工编制 34 名，虹桥小学教职工编制 34 名，工商职业中专教职工编制 64 名；东方红镇劳动社会保障和最低生活保障管理服务站事业编制 4 名，核定的社区服务中心聘用工作人员名额共 9 个。

其人员管理包括：自交接书签字之日起，东方红镇移交人员的管理工作由长沙高新区负责 (含今后政策性需由东方红镇负责安排的人员安置工作及该镇在国营农场体制改革过程中遗留的人事问题)，其人事档案、行政关系、工资关系、医保、社保、房屋公积金、党团组织关系等一并转移；因东方红镇人大、政协、人武工作仍由岳麓区负责管理，今后东方红镇人大、政协、人武干部的任免，长沙高新区在任免前需征求岳麓区的意见。

2008 年，长沙高新区托管长沙市望城县雷锋镇。是年，根据《中共长沙市委办公厅、长沙市人民政府办公厅关于调整长沙望城坡经济开发区等单位管理体制的通知》(长办通知〔2008〕18 号) 和《长沙市机构编制委员会关于望城县雷锋镇委托长沙高新技术产业开发区管理的有关通知》(长编委发〔2008〕9 号)，按《长沙市大河西先导区区划调整中人员调整和移交工作意见》，望城县雷锋镇移交人员 394 名、行政编制 31 个、机关后勤服务事业编制 2 个、专项编制 8 个、事业编制 218 个，委托长沙高新区管理。

三、机构改革

2008 年，长沙高新区开始探索创新园区机构职能改革。按实现“小政府，大社会”“小管理，大服务”职能转变，开始探索推行职能有机统一的大部门体制，整合部门派驻机构、优化园区内设机构，暂拟《高新区机构设置调整方案》。

2009 年，对内设机构进行调整，将原为派驻机构的规划分局、建委分局、环保分局转为内设机构，增加民政、计生、卫生、城市管理、综合治理、房产管理等职能，并在职能整合的基础上，重新设置内设机构。是年，长沙市编办发文明确高新区10个内设机构的职能职责，核定正科级领导职数28名。

2011年，长沙高新区拟定2011年高新区机构改革实施意见，明确改革的指导思想、基本原则、主要任务和具体问题的意见；拟定管委会机关及直属事业单位机构设置预案；拟定各部门单位职责配置、内设处室、人员岗位方案。同时理顺管理体制，包括市人大、市政协、市编办三家暂定同意设立高新区人大、政协工作委员会；明确征地办公室履行辖区内国有土地上房屋征收与补偿工作的实施、协调、监督和管理职能；对城市综合管理指挥中心、征地办公室、创业园服务中心、政策法规局、拆迁事务所、城管环保局等部门单位职能职责和人员岗位进行调整和整合；申请重新核定信息产业园三定方案，申请设立团工委、人大工委、政协工委、麓谷街道公共服务中心等机构，申请增加团工委、总工会科级职数7名（批复1名），申请明确人才服务中心机构级别及领导职数3名，申请明确软件园、创业园内设机构科级职数8名。

2012年，根据《长沙市机构编制核查工作实施方案》，对全区42个党政群机关和事业单位机构名称、规格、编制数等逐项核查；对区属16所学校教职工编制和6个事业单位编制使用情况进行清理规范；制定6个事业单位人员调编及编内任职方案，办理50名教师和11名事业编制人员调编手续；对全区29个事业单位职能职责、业务开展、运行情况进行调查，制定《长沙高新区所属事业单位清理规范工作方案》，提出规范和优化机构编制的意见。同时，拟定《关于明确乡镇（街道）机构编制有关事项的通知》《乡镇（街道）人员编制调整方案》，明确镇街类别、机构设置、人员编制、领导职数。同年，设立区人大政协办、教育管理中心、雷锋第二小学等机构，将投资服务中心更名为政务服务中心，将延风中学更名为长沙高新区师大附中实验中学。

四、绩效考核

工作目标绩效考核：

1993年，开始实行长沙高新区（长沙高新技术产业开发总公司）工作目标绩效考核，初由综合处后改为人事处负责，以业绩考核为重点，奖优罚劣，奖勤罚懒。按照层次管理原则，办公室（总公司）一级领导由主任（经理）办公会议授权有关处室进行考核，考核结果报省领导小组和市人民政府；办公室的处长由所在处室提出考核意见，办公室领导进行考核；处其他员工由各处提出考核意见，由主管办领导和处领导进行考核。总公司下属各公司正、副经理由所在公司提出考核意见。

岗位工资基准管理：

1994 年，长沙高新区办公室（总公司）开始制定并实行岗位工资基准管理，由高新区办公室汇总年度主要工作目标（各处室目标、岗位工作目标），将总目标任务分解到人，层次管理，实行年度考核奖惩制。同时制定《长沙高新技术产业开发区表彰授勋办法》，设立“科技勋章、建设勋章、服务勋章”。考核等次分为优秀、称职、不称职。办公室各处（室）员工奖励种类分为嘉奖、记三等功、二等功、一等功、授予荣誉称号。总公司各分公司员工奖励种类分为先进工作者、记功、记大功三种。1997 年 7 月，制定下发《长沙高新区机关目标管理责任制考核办法》，内容包括行政工作、文明创建、计生工作等考核指标。

目标考核工作领导小组：

2002 年 5 月，管委会与各局室签订量化目标考核责任书，成立长沙高新区目标考核工作领导小组（长高新区发组〔2002〕17 号），柳冠群任组长，莫一平任副组长，负责各部门考核综合协调工作，劳动人事处负责日常考核工作，完善公务员工作目标责任管理和部门目标完成情况的考核管理。根据《关于管委会、总公司员工 2002 年度考核评先工作的通知》（长高新区发〔2002〕18 号）和《关于 2002 年度机关各部门目标考核的通知》（长高新管发〔2002〕37 号），对管委会、总公司正式员工考核。

2009 年，成立以党工委书记谭杭生为组长的长沙高新区绩效考核领导小组，下设办公室（简称绩效办），由组织人事局具体负责绩效考核日常工作；拟定《长沙高新区 2009 年度工作绩效考核与管理办法》（长高新区发〔2009〕37 号），工作绩效考核根据各部门、单位的管理体制、工作性质和目标任务，实行分类管理和分层次考核，党工委、管委会考核各部门、单位及其领导班子，各部门、单位考核干部员工；同时对部门单位绩效考核量化为 100 分。考核对象为机关局室、驻区部门（31 个），直属单位（6 个）和乡镇（2 个）。

2010 年，制定《长沙高新区 2010 年度工作绩效考核管理办法》，对机关局室、驻区部门（35 个），直属单位（6 个）和镇（街道）（3 个）共 44 个部门单位进行考核。考核内容为工作目标考核、自身建设和社会公认评估。同年，重新调整目标考核工作领导小组成员。

目标绩效量化与满意度评价：

2000 年，长沙高新区管委会在对管委会、总公司、物业公司、设计公司、驻区机关单位“两个文明”建设目标任务进行考核。

2001年，长沙高新区管委会开展年度考核，考核对象为管委会、总公司全体员工，考核内容为德、能、勤、绩四个方面，重点考核工作实绩。考核结果分为优秀、称职、基本称职和不称职四个等次。年度考核确定优秀等次的人员占10%，一般不超过15%。奖励种类分为嘉奖、记三等功、二等功、一等功、授予荣誉称号五种。由考核工作领导小组及劳动人事处组织进行。各驻区机构按名额评选先进，由高新区党工委、管委会一并表彰奖励。

2003年3月，管委会下发《关于印发2003年各局室（中心）工作目标的通知》《长沙高新区管委会目标绩效考核奖励方案》《长沙高新区机关部门和员工考核暂行办法》《长沙高新区驻区机构管理试行办法》，确定全年工作目标任务，并分解到各局各室各职工。实行考核层次管理，管委会考核、奖励到部门，部门考核、奖励到个人。考核内容包括量化指标考核和满意度测评。考核方法分为半年度和年度考核两类。同时，按目标任务可量程度将部门分为两类，其中产业发展局、招商合作局、开发建设局等实行目标绩效量化考核为主，满意度评价考核为辅；办公室、劳动人事局、社会事务局、财务科等以满意度评价考核为主，并与部门量化目标任务挂钩。至年底，召开2003年度部门工作述职测评大会、长沙高新区企业测评会，80家企业代表分成4个测评组，分别对管委会各局室、软件发展中心、创业服务中心、驻区单位2003年度工作进行满意度打分测评。

2004年，长沙高新区管委会印发《长沙高新技术产业开发区管委会部门和员工目标绩效考核暂行办法》，党工委、管委会年初与部门签订目标责任书，考核分为半年度考核和年度考核，主要考核部门年度目标任务完成情况，包括量化指标考核和满意度测评。

2005年，制定2005年事业单位工作目标和《目标绩效考核奖励方案》，考核内容为工作责任目标考核与满意度测评；党工委、管委会考核各事业单位，各事业单位考核所属部门和个人；纳入考核的事业单位有软件中心、创业中心和人才中心。同时，制定驻区单位工作目标和《目标绩效考核奖励方案》，纳入考核的驻区单位有财政分局、工商分局、国土分局、规划分局、环保分局、建设分局、房地办、消防大队和城管大队。长沙高新区先后印发《关于对东方红镇和总公司麓谷五期安置小区安置及建设工作进行问责的决定》（长高新区发〔2005〕7号）、《关于对东方红镇麓谷五期拆迁工作进行问责的决定》（长高新区发〔2005〕39 号)、《关于对总公司、创业服务中心等单位年度重点工作实行一票否决的决定》(长高新区发〔2005〕41 号)。

2006 年,根据《中共长沙市委、长沙市人民政府 <关于长沙市 2006 年工作目标管理考核实施方案> 有关高新区目标考核内容》,长沙高新区管委会下发《关于对贯彻落实 <长沙市 2006 年工作目标管理考核实施方案> 进行考核问责的通知》,组织开展"项目建设年""创新年""作风建设年"活动。同年,制定《2006 年东方红镇工作目标》《目标绩效考核奖励方案》,把东方红镇纳入绩效考核。对当年新成立的部门、单位(交警大队、审计分局、质监分局)只进行工作总结,不进行目标考核。

2007 年 4 月,拟定《2007 年各部门、单位工作绩效考核方案》(长高新区发〔2007〕37 号)、《2007 年各部门、单位主要工作目标》,出台《关于对获得上级各类表彰的集体项目进行奖励的规定》,规范各类表彰项目界定、奖励标准和奖金分配方案。

2008 年,长沙高新区党工委、管委会制订《2008 年各部门、单位工作绩效考核与管理实施办法》(长高新区发〔2008〕32 号),绩效考核根据各部门的工作职责分为经济建设服务一类、二类、社会发展服务类、行政管理服务类、乡镇类五大类,实施分类考核。8 月,将望城坡经济开发区、雷锋镇纳入长沙高新区工作绩效考核体系,实行统一管理,共 40 个单位纳入考核。

2011 年,长沙高新区制定《长沙高新区实行全员绩效考核管理办法》,开始实行全员绩效考核,44 个部门单位纳入考核范围。2012 年,长沙高新区绩效考核领导小组组织召开年度内部绩效考核工作部署会,下发《关于做好长沙高新区 2012 年度内部绩效考核的通知》,从 12 月起对 44 个部门单位进行绩效考核。

五、干部教育

规范干部教育:

1989 年,长沙高新区没有健全的干部教育体系制度以及培训教育机构,其时主要围绕企业劳动管理、火炬计划统计以及文秘、计算机、外语等业务知识开展培训工作。至 1996 年,长沙众天实业有限公司成立长沙高新区职业技术培训中心,承担高新区企业的行政管理人员以及保安等各类员工的培训工作。

1997 年,长沙高新区调整为"一区四园",管理的范围逐步扩大。4 月,制定《长沙高新区管委会培训管理试行办法》(长高新管发〔1997〕27 号),

对员工培训的内容、员工参加学校培训审批程序、培训费用与待遇等作出详细规定，各类学习培训的成绩将列入个人档案，作为管委会聘任（用）干部、晋升技术职称、调资、奖励的重要依据之一。

2000年11月，印发《长沙高新区管委会、总公司员工培训管理试行办法》，对员工培训的审批程序、费用等问题进行规范。

2007年3月，长沙高新区根据《干部教育培训工作条例（试行）》《长沙高新区国民经济和社会发展“十一五”规划》《长沙高新区“十一五”人才发展规划》，制定《2006～2010年长沙高新区干部教育培训规划》（长高新区发〔2007〕16号），提出干部教育培训以党政干部为重点，坚持分级分类和全员培训的原则，对党政干部、企业经营管理人员和专业技术人员进行教育培训。6月，制定《长沙高新区“创建学习型机关和学习型干部”活动的实施方案》，明确创建活动指导思想和原则、总体思路和目标要求、方法步骤和重点、组织领导和措施，并成立高新区创建活动领导小组，下设办公室，日常工作由党群工作部负责。同时印发《长沙高新区管委会机关2007年学习内容与时间安排》，要求下属部门成立相应机构，细化活动方案，开展相关活动。

党政干部培训：

1994年，长沙高新区党政干部培训制度尚未健全。1995年，长沙高新区党委制订《关于加强党委学习中心组学习的规定》，加强党政干部培训。1998年，长沙高新区党工委成立，全区党政干部的教育培训以党工委中心组学习为龙头，至2012年先后组织学习党的十五大、十六大、十七大、十八大精神和中国特色社会主义理论体系以及其他科学管理知识等内容，领导带头学习政治理论知识，带动机关干部的教育培训工作。

2003年，组织全体干部员工参加国家公务员依法行政和普通话考试，开展10期实用英语培训班，推荐5人参加硕士研究生班学习。2005年2月，制订《长沙高新区管委会员工出国学习培训管理暂行办法》，规范出国学习培训。2006年，共选派50名优秀干部参加赴美国培训班、赴清华大学公共管理专题研讨班和省市党校学习培训，另安排下基层挂职锻炼10人。

2008年3月，印发《关于印发<长沙高新区“创建学习型机关，争做学习型干部”活动实施方案>的通知》（长高新区函〔2008〕6号），推动干部培训。是年，长沙高新区被市直机关工委授予“创建学习型机关先进单位。

2010年，组织“红色经典进机关”活动，同时新辟“麓谷大讲堂”，一年举办6期，每期邀请专家学者讲授1个专题。“麓谷大讲堂”与长沙高新区“中心学习组”“机关市民学校”和远程教育构建4个渠道、3个层面（班子成员、党员干部和基层群众）的学习教育平台，先后邀请国家科技部、中国软件测评中心、中南大学、湖南大学及湖南省委、长沙市委党校及省市组织、纪检、宣传、保密、教育、安监、政法部门的领导、专家给中心组成员和全管委会机关干部进行专题讲座和学习辅导。是年，长沙高新区的党政干部先后听取十七届五中、六中全会精神及胡锦涛总书记“七一”讲话的辅导、解读“十二五”规划纲要、国家高新区发展态势分析、两型社会建设、长沙高新区战略性新型产业发展研究、科学发展观理论学习、塑造高效执行力、园区发展，创新先行、党政干部思想修养、创新与孵化、ISO9000质量管理知识等主题的专题辅导课。

2011年，开展“中华经典进机关”读书活动。同年，通过聘请专家学者到园区开设论坛讲座，借助长沙市委党校园区分校举办新任职领导干部培训班，借助湖南省、长沙市干部教育平台、湖南省干部网络培训学院等，提升党员干部队伍素质。是年，长沙高新区管委会机关被长沙市市直机关工委评为全市2010年十佳学习型机关。

2012年2月，中共长沙市委党校和长沙高新区党工委联合下文，决定成立“中共长沙市委党校高新区分校”和“中共长沙市委党校调研实践学习基地”，提供党政干部学习的新渠道。11月2日，长沙高新区举行ISO9000质量管理体系文件培训大会，管委会22个内设机构及5个直属单位的内审员和相关工作人员参加培训，学习质量管理体系文件的编写、具体实施以及问题的整改。此外，长沙高新区选派干部赴境外学习考察或培训，组织领导干部赴清华大学、复旦大学学习培训。至此，长沙高新区已形成多样化、多层次的干部教育培训格局。

企业经营管理培训：

1999年4—5月，长沙高新区劳动人事处组织2期新干部入门培训，学习内容包括湖南省人事厅编写的《邓小平理论》《社会主义市场经济理论教程》《法律基础知识》以及相关岗位基础知识。

2001年，长沙高新区管委会面向企业经营管理人员和技术管理人员举办现代管理知识培训讲座。自3月下旬起，聘请省外专家，每月举办1次专题培训讲座，每半年为1期，进行滚动培训，主要讲授高新技术企业发展战略、高新技术企业融资方式及上市策略以及资本运营、资产重组与业务流程再造等内容。同年，长沙高新区委托中南大学、湖南大学为园区培养MBA工商管理硕士、计算机应用硕士 75 人，自办各种知识讲座培训班 8 期，培训管理人员 700 名。

2002 年，长沙高新区与中南大学合办工商管理研究生课程班，40 名企业管理骨干参加学习。同年，举办企业家、专家知识讲座 6 次，资助 11 名优秀软件人才 60 万元出国深造，并建立高新区企业 MBA 实践基地，作为企业引进工商管理人才的重要渠道。

2003 年 12 月，举办企业劳动人事管理人员培训会，采取专家讲座、专题讨论、双向交流的方式，聘请中南大学陈明淑教授、湖南大学姚艳红教授、湖南人才研究会副理事长杨敬东，就加入 WTO 后的高新技术企业人才对策、高新技术企业人才职业生涯管理等热点问题进行学术讲座。

2006 年 5 月，长沙高新区劳动人事局、人才服务中心组织中联重科、五强集团、华泰重工等 60 家企业、180 名（2004、2005 届正规全日制院校大中专）毕业生参加新干部入门培训并举行考试。2008 年 5 月，举行企业事业单位新干部入门和专业技术人员继续教育培训。至 2012 年，长沙高新区的经营管理培训方式包括专家知识讲座、建立企业实践基地等。

专业技术培训：

长沙高新区管委会办公室、纪检、组织人事、总工会、机关党委、团工委统计、社会事务、劳动社保、税务、财政、公安、消防、规划、环保、综治、安监、法制、农村、城管、拆迁所等 30 个局室中心结合自身业务需要面向基层干部和群众组织举办数百场次的专题培训，培训对象涉及机关、镇街、村（居）干部，企事业单位管理骨干及被征地农民，达数十万人次。

1994 年 11 月，长沙高新区办公室劳动人事处举办区内企业《劳动法》培训班。1996 年 5 月，长沙高新区管委会举办计算机应用能力等级证书培训班。1999 年，管委会劳动人事处举办企业负责人高新技术企业管理系列培训讲座，管委会办公室举办为期 4 天的企业文秘宣传骨干培训班，管委会产业发展处举办为期一周的统计培训班。2001 年 4 月，管委会举办区内 40 家企业文秘宣传公关策划培训班。2002 年 3 月 30 日起，管委会（总公司）利用每周六的时间（共 7 天）对 1955 年 1 月 1 日以后出生的员工开展普通话培训，并组织考试测评。

2003 年 4 月，对管委会、总公司 1957 年 1 月 1 日以后出生的正科级以下干部、员工开展中实用英培训与考核。12 月，长沙软件园与微软（中国）有限公司合作举办“软件架构及项目管理培训”开课。

2004 年 1 月，长沙高新区国税分局举行 2003 年度企业（单位）财务负责人所得税法专题培训会议，提升员工的业务技能。同时，依托国际软件人才国际培训（长沙）基地（2002 年 5 月成立）加大软件人才培训力度。同年，启动“国际软件人才千人培训计划”。3 月，长沙软件园与湖南省外专局联合邀请美国知名软件专家举行“软件质量保证”专题讲座，至 2010 年，与微软合作培养高级软件项目管理和高级软件架构师共 2100 人。长沙软件园与东塘居委会合作建设东塘软件及服务外包人才培训基地，面向长沙市软件及服务外包企业，培训中低端软件及服务外包人才。软件及服务外包人才培养示范学院，则由中电长沙软件园与湖南 3 所示范性软件学院及上海张江信息专修学院合作，基地通过引进印度及美国先进的课程体系，培养高素质、实用型、国际型的高端软件人才。

2012 年 9 月，出台《长沙高新区高技能人才培养资助奖励试行办法》（长高新管发〔2012〕68 号）。长沙高新区将高技能人才培养资助奖励资金在人才发展基金中统筹安排，列入财政预算。

远程教育培训：

2009 年，长沙高新区印发《长沙高新区农村党员干部现代远程教育工作目标管理考核办法》，逐步建立管委会、乡镇、村居三级远程教育管理体系，开展农村党员教育培训，组织党员群众学习拆迁政策、村民自治法规、外地发展集体经济的经验。同时利用远程教育网络推广农村实用技术，传递市场信息，促进农业产业结构调整，引导雷锋镇真人桥村发展城郊休闲产业，年产值超过 3000 万元；扶持一批种植大户发展葡萄种植基地，年收入 800 万元。同年，长沙市委农村党员干部现代远程教育领导小组第三次会议暨经验交流会在长沙高新区召开，詹立明代表长沙高新区作远教工作典型发言，市委远教领导小组授予东方红镇东塘社区“长沙市农村党员干部现代远程教育示范点”。

六、职称评定

1992 年 12 月 18 日，长沙高新区成立职称改革工作领导小组，办公室副主任沈克光任组长，陈松、张祥龙任副组长，领导小组下设办公室，张跃国任办公室主任。

1993 年，长沙高新区调整职称改革工作领导小组，任命张行为领导小组办公室主任、莫一平为副主任，并成立经济系列和工程系列初、中级专业技术职称评审委员会，制订高新区职称评定办法。职称评审委员会全年会同省市职改办分 2 批对全区 200 名技术人员进行职称评定，对符合国家、省技术晋升条件的（学历、资历）对号解决，对因学历、资历等原因，不能进国家体制而有真才实学的则实行内聘，内聘人员同样享受相应的工资和福利待遇。

至1994年，长沙高新区评委会分3批对全区500名青年技术人员评定职称。至1995年上半年，全区累计有5420人获得相应技术职称，其中青年科技人员占总数的80%。同时，浦沅机械、长沙重型机械等大型企业中级职称评审委员会撤销，长沙市职称改革办公室批准长沙高新区成立中级职称评审委员会，获得评审工程系列的初、中级职称职权。1999年，长沙高新区召开4次工程系列中级专业技术职务评审会，共有350人获得专业技术职务任职资格。

2000年7月，长沙市职称改革工作领导小组同意组建长沙高新区工程系列中级专业技术职务评审委员会评委库，评委库由陈松等41人组成，主任由陈松担任，副主任由张德安、苏庆良担任。10月23—27日，由中国高新区协会主办、长沙高新区承办的中国高新区协会劳动人事专业委员会第六届年会召开，市委副书记欧代明、副市长张伟玦和长沙高新区领导成员参加开幕式。随后，长沙高新区成立职称改革办公室，设在管委会劳动人事局，面向园区中联重科等重点企业开展上门服务、现场办公、审查证件和参评资格以及企业职称调研等工作。

长沙高新区组织企业职称专干开展业务学习与专题讲解，培训中联重科、威胜集团、华能自控等重点大型企业职称专干。自2006年起，长沙高新区先后推荐重点企业总经理、总工程师、技术总监等40位高级人才参与高级职称的特别评审。2009年，长沙高新区面向园区重点企业组织开展工程系列中级职称特殊人才特别评审试点工作，其中对中联重科、威胜集团、科力远等企业的48名英语、计算机等方面有问题，但工作业绩突出的技术骨干，以特别评审方式集中评审工程师职称，其中45人通过评审，获得工程师职称。

2010年8月6日，长沙高新区举行湖南省人力资源和社会保障厅《省专业技术职务资格评审工作的试行意见》征求意见座谈会。

2011—2012年，长沙高新区共评定工程师、经济师两类高级职称45人。2011年，共有中、高级职称人员11596人，占从业总数的6.3%。2012年，共有中、高级职称人员11495人，占从业人员的5.8%。其中麓谷园区有中、高级职称人员4529人，占其从业人员的3.7%。

七、退休干部管理

1988—2004年，长沙高新区人员流动性大，人员结构年轻化。其中1992

年开始员工退休，但退休人员不多。2005 年，长沙高新区利用居委会等社区组织对退休人员进行管理。至 2012 年，长沙高新区退休人员的管理归口组织人事局。

1998 年，根据《湖南省国家公务员退（离）休实施意见》（湘人发〔1996〕63 号），长沙高新区制定《管委会退休人员管理办法》（简称《办法》）。《办法》成文后，管委会召开退休人员座谈会，对有关问题征求意见。但限当时的情况未能解决，在执行过程中出现落实难以及某些地方误解。2003 年，长沙高新区管委会同意退休党支部提出的《关于请求补充、完善 < 管委会退休人员管理办法 > 的报告》，并召开老干部座谈会，出台新的《管委会退休人员管理办法》。

2004 年，长沙高新区托管东方红镇，开始组织退休干部开展学习教育等服务活动。东塘社区的党员、原东方红农场退休干部邓建辉组织东塘社区党支部的 10 名退休干部成立老干部服务队，在党课学习辅导、干部教育指导、党风廉政监督、惠民服务等方面开展基层政策宣传、法规解释、矛盾调解、党员干部监督等活动。

2007 年 6 月，长沙高新区成立退休人员管理服务办公室，设主任 1 名，统一管理园区机关退休人员有关工作，归口高新区管委会劳动人事局。是年印发《长沙高新区加强退休人员管理服务工作的规定》（长高新区发〔2007〕40 号），对退休人员的政治、生活待遇，退休党支部生活、退休人员活动经费等进行具体规定，规范退休人员的管理与服务。

2010 年，长沙高新区建立麓谷街道，分散在社区居委会的退休人员开始在街道的组织下，开展“老有所乐、老有所为”活动。至 2012 年，长沙高新区组织退休干部开展活动已形成常态化，其管理制度已健全完善。

党政群团

第九篇　党政群团

1988年，长沙科技开发试验区成立，其党的组织关系由长沙市科委代管。1998年，成立中共长沙高新技术产业开发区工作委员会，为中共长沙市委派出机构。

长沙高新区党工委注重党的政治建设、思想建设、组织建设、作风建设、纪律建设和制度建设。至2012年，长沙高新区非公企业党组织的建设从无到有，逐级发展完善，党员队伍逐步发展壮大，长沙高新区共有党员8024名，基层党组织490个，其中党（工）委22个、党总支8个。

长沙高新区党工委注重行政机构设置与制度建设，加强政策研究，为区内建设提供理论依据。1995年，长沙高新区管委会正式设立，内设机构不断完善。

1998年，长沙高新区党工委、管委升格为副地市级，长沙高新区负责对全市高新技术产业实行归口管理，对岳麓山高科技园、星沙工业高科技园、马坡岭农业高科技园、远大高科技园和市内政策区实行宏观管理和业务指导。

2004年后，长沙高新区托管东方红镇、雷锋镇、麓谷街道，长沙高新区的行政编制设置和管理等日趋完善。至2012年，长沙高新区党工委、管委会共有22个内设局（室），区属企事业单位职能不断完备。

长沙高新区内各人民团体在长沙高新区的发展过程中坚持履行各自职责，发挥桥梁纽带作用，不断开展各类创建活动，为长沙高新区的建设和发展发挥积极作用：工会组织不断发展，维护职工权益；共青团组织广大青年学政治、学理论、学技术，积极投身长沙高新区的建设；妇联、侨联、残联等其他协会等组织落实各项政策，服务于长沙高新区的发展。

第一章　中共党组织

长沙高新区党组织在1998年前由长沙市科委科协党组、科工委代管，

1998 年成立长沙高新区党工委，作为中共长沙市委派出机构开展工作。

第一节 市科委科协党组、科工委

1988 年 8 月，长沙试验区办公室成立，其党组织关系由长沙市科委、科协党组代管，市科委主任易希文兼任科委、科协党组书记。

1991 年 9 月，长沙科技开发试验区办公室更名为长沙高新技术产业开发区办公室，其党组织关系隶属中共长沙市委科学技术工作委员会。1991 年 9 月至 12 月，市科委主任易希文兼任中共长沙市委科学技术工作委员会书记，沈克光、市政府秘书长罗特兼任副书记；1992 年 8 月，沈克光任市科委主任兼中共长沙市委科学技术工作委员会书记，市政府秘书长罗特兼任副书记

表 9-1 长沙试验区期间科委科协党组、科工委负责人一览

（1988—1994）

机构	职务	姓名	任期	备注
长沙市科委、科协党组 正县级	书 记	易希文	1988.08—1991.09	代管
长沙市科工委 正县级	书 记	易希文	1991.09—1991.12	市科委主任兼
		沈克光	1992.08—	
	副书记	罗 特	1991.09—1993.01	市政府秘书长兼
			1993.01—1996.01	长沙市副市长兼
		沈克光	1991.10—1992.08	

第二节 党 委

1994 年 7 月 13 日，经市委组织部批准，中共长沙高新技术产业开发区委员会成立，隶属中共长沙市委科学技术工作委员会。长沙高新技术产业开发区办公室常务副主任陈松任党委书记、开发区办公室劳动人事处处长张行任副书记，下设办公室、组织部、

1994 年 7 月，长沙市委批准成立中共长沙高新技术产业开发区委员会，13 日举行了隆重的成立大会

宣传部，负责开发区机关及进区单位、企业的党务工作。

1996 年 1 月 8 日，长沙市委以长发干〔1996〕3 号文件，任命易宇欣为中共长沙高新技术产业开发区委员会书记（兼）；陈松为中共长沙高新技术产业开发区委员会副书记，免去其中共长沙高新技术产业开发区委员会书记职务，免去张行的中共长沙高新技术产业开发区委员会副书记职务。同日，市委组织部以长组干〔1996〕3 号文批准黄德湘为中共长沙高新技术产业开发区委员会委员。

表 9–2　　长沙高新区党委负责人一览

（1994—1997）

机构	职 务	姓 名	任职时间	备 注
中共长沙高新技术产业开发区委员会 1994.07—1996.01 正县级	党委书记	陈 松	1994.07—1996.01	
	党委副书记	张 行	1994.07—1996.01	
中共长沙高新技术产业开发区委员会 1996.01—1997.12 正县级	党委书记	易宇欣	1996.01—1997.12	兼 任
	党委副书记	陈 松	1996.01—1997.12	
	委 员	黄德湘	1996.01—	

第三节　党工委

1998 年，中共长沙高新技术产业开发区工作委员会成立，周里冰任中共长沙高新区党工委书记。

1998 年 1 月 19 日，湖南省编制委员会印发《中共长沙高新技术产业开发区工作委员会、长沙高新技术产业开发区管理委员会职能配置、内设机构和人员编制方案》（简称《方案》）（湘编〔1998〕2 号）。

《方案》明确长沙高新区党工委为中共长沙市委的派出机构，与管委会合署办公，负责对全市高新技术产业实行归口管理，对岳麓山高科技园、星沙工业高科技园、马坡岭农业高科技园、远大高科技园和市内政策区实行宏观管理和业务指导，设党工委书记 1 名，管委会主任 1 名；副主任（正处级）2 名，纪检组长（正处级)1 名；副处级领导职数 6 名。

1998 年 6 月 26 日，省委组织部以湘组干〔1998〕127 号文件通知，省委同意：陈松任中共长沙高新技术产业开发区工作委员会副书记；黄德湘任中共长沙高新技术产业开发区纪工委书记。

2001 年 12 月 27 日，省委组织部免去周里冰中共长沙高新技术产业开发区党工委书记职务。

2002 年 3 月 29 日，省委同意，张德安任中共长沙高新技术产业开发区党工委副书记；市委同意，宁枫、刘琳、莫一平任中共长沙高新技术产业开发区党工作委员会委员。9 月 17 日，省委同意，柳冠群任中共长沙高新技术产业开发区党工委书记。

2003 年 9 月 28 日，省委组织部任命彭可平为中共长沙高新技术产业开发区党工委书记，免去柳冠群党工委书记职务。2004 年 2 月 19 日，中共长沙市委长发干〔2004〕6 号文件任命张宏亮为中共长沙高新技术产业开发区党工委委员。

2007 年 11 月 19 日，省委组织部湘委干〔2007〕220 号文件任命谭杭生为长沙高新技术产业开发区工委书记，免去彭可平的长沙高新区工委书记职务。

2008 年 6 月，根据长办发〔2008〕18 号，中共长沙望城坡经济开发区工作委员会由岳麓区委派出机构调整为长沙高新区党工委所属的二级机构（正县级），人员参照《公务员法》管理。

至 2012 年，长沙高新区党工委设有办公室、组织部、宣传部、统战部、纪律检查委员会。

表 9-3　　长沙高新区党工委负责人一览

（1998—2012）

机构名称	职务	姓名	任职时间	备注
中共长沙高新技术产业开发区工作委员会 1998.01— 副地市级	书记	周里冰	1998.01—2001.12	
		柳冠群	2002.09—2003.08	
		彭可平	2003.08—2007.11	
		谭杭生	2007.11—2012.12	
		罗社辉	2012.12—	
	副书记	柳冠群	1997.12—2002.10	
		陈 松	1998.06—2001.01	
		张德安	2002.04—2009.04	
		罗社辉	2002.11—2012.12	
		黄德湘	2003.12—	
		邓自力	2010.02—	
		李晓宏	2012.12—	

续表 9–3

机构名称	职 务	姓 名	任职时间	备 注
	委员	黄德湘	1998.01–2003.12	
		张德安	1998.07–2009.04	
		宁 枫	2002.04–2005.07	
		刘 琳	2002.04–	
		莫一平	2002.04–	
		张宏亮	2004.02–2013.01	
		邓自力	2005.07–	
		郭力夫	2006.04–2009.08	
		陈志红	2008.12–	
		陈大庆	2009.05–	
		詹立明	2010.02–	
		甘其斌	2010.02	
		周意龙	2011.08–	

表 9–4　　长沙高新区纪工委负责人一览

（1998—2012）

机构名称	职 务	姓 名	任职时间	备 注
中共长沙高新技术产业开发区纪律检查工作委员会 1998.06— 正县级	书 记	黄德湘	1998.06—2011.08	
		刘颖鹏	2011.08—	

第四节　机关党组织

一、机关总支

1993 年 6 月，长沙高新区办公室机关 22 名党员选举产生支部委员会。

1994 年以后，长沙高新区党委根据实际情况，相继在管委会所属各局（办）组建党支部，1996 年 5 月 30 日，市直工委以长直组字〔1996〕32 号文批准成立中共长沙高新技术产业开发区管理委员会机关总支委员会。至 2009 年 2 月，机关总支委员会管理机关党支部 11 个。

二、机关党委

2009 年 3 月 12 日，召开管委会机关全体党员大会，成立中共长沙高新技术产业开发区管委会机关委员会，选举由胡国龙、卢玉明、张绍钢、刘清文、杨金林、江从平、夏河年、陈智勇、刘汉友、朱泽祥、谭学军共 11 人组成机关委员会，胡国龙任党委书记，卢玉明、张绍钢任副书记。

第五节　基层党组织

一、非公有制企业党组织

长沙高新区是非公企业的聚集地，公有制企业的党组织均隶属原所在单位党组织。

随着长沙高新区扩容与产业升级，非公企业的发展无论是从规模还是数量上都有巨大提升，非公有制企业占比较大，非公有制企业基层党建的任务也较大。特别是省、市非公党工委关于非公有制企业党组织集中组建活动文件下发后，基层组织的数量进一步增多，党员的覆盖面进一步扩大。

1994 年，长沙高新区党委成立后，即在全区企业中开展党建工作调查摸底，指导条件成熟的股份制企业、三资企业、民营企业成立党的基层组织，其中，银州股份有限公司、保险股份有限公司经省委组织部批准先后成立基层党委，并开展党建工作，对暂不够条件成立党支部的党员，归口长沙高新区办公室机关党支部统一管理。

1996 年 10 月，长沙高新区第一家非公企业党组织中共创智软件园有限公司支部委员会建立，支部共有党员 19 名，填补了园区非公企业党建工作的空白。

1997 年后，长沙高新区党委先后召开两次务虚会，专题讨论高新区新经济组织党建工作。

1998 年 4 月，市委组织部和高新区等联合对区内新经济组织党建状况进行全面调查，调查显示，区内新经济组织中，共有党员员工 706 人，区内新经济组织中，有 1 名以上党员的企业 353 家，其中有 3 名以上党员的企业 32 家，已组建基层支部的有 8 家。长沙高新区党委遵循党员人数和工作需要的原则，实施分类指导，有计划有步骤地做好支部组建工作。至 1998 年末，先后帮助组建 16 个新经济组织基层党组织。

2001 年，拓维信息系统股份有限公司党支部成立。

2002 年，重点解决远大空调等大型民营企业成立党支部的问题。

2003年3月，市委决定在长沙高新区进行在新的社会阶层中发展党员试点工作，高新区党工委决定成立长沙高新区在新的社会阶层中发展党员试点工作领导小组，并具体制订《长沙高新技术产业开发区在新的社会阶层发展党员试点工作实施细则》（长高新区发〔2003〕7号）。

2006年11月28日，全市非公有制经济组织党建工作经验交流会在长沙高新区召开。长沙高新区全年非公企业新建党支部14个，具备建党组织条件的非公企业党组织组建率达到95%。

2007年，以非公企业党建为重点，进一步扩大党组织覆盖面，全年新建企业党组织19个，其中具备条件的规模以上非公有制企业党组织组建率和规模以上企业党组织覆盖率均达到100%，居全市第一。

2009年6月，召开基层党建工作座谈会，重点就非公有制企业党建工作进行座谈交流。9月，党工委下发《关于印发〈关于进一步加强基层党建工作的意见〉的通知》（长高新区发〔2009〕44号）。

2010年，抓好非公企业党组织组建，全年新成立非公企业党组织10家。

2011年，成立非公企业党建工作联席会议，整合管委会内设机构、直属单位和驻区部门资源，共同做好非公企业党组织集中组建工作，不断拓宽非公企业党组织覆盖面，全年共成立63家非公企业党组织。其中拓维信息公司有5个支部和3个党小组，党员328名，党支部升格为党委。7月，长沙高新区金杯电工股份有限公司（2009年成立党支部）、湖南发展集团、金荣企业集团三家企业相继成立或升格为公司党委，标志着长沙高新区非公企业党组织进入新的发展阶段，麓谷非公企业党委增至11个。

2012年，全区成功组建非公企业党组织158个。超额完成市委下达的组建任务。

至2012年，长沙高新区共有基层企业党员3838人(不含流动党员)，基层党组织342个，其中非公企业党组织267个，占比为78%，其中规模以下企业党组织181个，规模以上企业党组织86个，符合条件的党组织组建覆盖率达100%，

二、镇街党组织

2004年后长沙高新区对东方红镇、雷锋镇、麓谷街道实行托管。2007年，长沙高新区成立党员服务中心，设立党员服务窗口2个，设立流动党员管理服务站1个。为加强农村基层党组织建设，党工委决定实行党委领导联村（居）办点制度，党工委书记彭可平等8位委领导分别对口联系华龙村等三个村五个

居委会，帮助解决群众与基层组织的实际问题。

东方红镇党委：

2004年，东方红镇由长沙高新区托管，2006年完成东方红镇党委换届选举。

2009年6月28日，东方红镇党委召开庆祝中国共产党成立88周年暨“七一”表彰大会，表彰2个“五好党支部”、9个“先进党小组”、10名“十佳模范共产党员”、10名“优秀党务工作者”、50名“优秀共产党员”。17名新党员面对党旗庄严宣誓，老党员重温入党誓词。

2010年，东方红镇析置麓谷街道，新东方红镇辖荷叶坝、华龙、金南3个村。3月，新的东方红镇组建党委，新的镇党委在党员中开展“五好五带头”活动，走出一条独具特色的东方红镇的党建模式。加强党小组阵地建设，提出“支部活动小型化，小型活动经常化”。东方红镇共有400多名党员，分成20个农村党小组，党小组有固定活动场地，活动经费，每月固定开展学习教育活动。通过创新党建工作模式，“党小组”使广大基层党员找到“家”。通过搞好党员设岗定责和公开承诺，党小组根据党员自身特点设定岗位，明确职责，个人再进行公开承诺。2010年—2012年，全镇党员共兑现承诺做实事好事1000余件；在支部层面大力推行“四议两公开”制度，提高党员参政议政广度和深度。

高新区新党员宣誓大会

至2012年，东方红镇党委共有党员393名，基层组织5个。

雷锋镇党委：

雷锋镇党委重视基层党建工作，2009年6月28日，雷锋镇党委召开庆祝中国共产党成立88周年暨“七一”表彰大会，雷锋镇党委表彰3个“先进基层党支部”、5名“优秀党务工作者”、11名“优秀党小组长”、60名“优秀共产党员”，并有36名新党员宣誓。

麓谷街道党工委：

至2012年，麓谷街道工委共有党员719名，有支部25个。

第六节 组织工作

1994年7月13日，经市委组织部批准，长沙高新区党委下设组织部与劳动人事处合署办公。2001年12月，根据湘编办〔2001〕24号文件，长沙高新区管委会劳动人事局加挂党群工作部牌子，行使党群工作职责(包括组织、统战、工青妇等工作)。2009年，劳动人事局更名为组织人事局。

一、组织建设

在长沙高新区企业中，非公有制企业占比较大。1997年中共十六大闭幕后，长沙高新区党工委成立以党工委书记为组长的长沙高新区非公有制企业党建工作领导小组，由党工委组织部（劳动人事局）负责，对非公有制企业党建工作进行全程指导、管理和监督。党工委制定并下发《加强非公经济党组织建设的规定》，选派党建工作指导员，定点联系企业党建工作，层层落实党建工作责任制，指导非公有制企业开展组织建设工作，加快高新区非公有制企业党建工作的步伐。

2000年，新组建企业党组织14个。

2003年，新组建基层党组织20个。

2006年，建立党建信息库和台帐，为开展党建工作奠定基础。针对重点企业，不断加强党建工作的力度。全年组织10个非公企业党建工作指导组，共选派33名党建工作指导员，定点联系企业党建工作，指导非公有制企业开展组织建设工作。

“七一”前夕，“三辰卡通”党支部被评为长沙市先进基层党组织，3名党务工作者获省委、市委表彰。11月，全市首届非公有制经济组织党建工作经验交流会在长沙高新区召开，湖南金荣集团党总支部《倾力支援新农村建设》的先进经验一文编入大会的亮点荟萃，予以推广介绍。

同年，隆重举行庆祝中国共产党成立85周年暨“创先争优”表彰大会。先后共推荐出席省委表彰的优秀党务工作者1人；推荐出席市委表彰的先进基层党组织1个，优秀共产党员2人，优秀党务工作者1人；推荐出席市直工委表彰的先进基层党组织1个，优秀共产党员1人，优秀党务工作者1人。

2007年，为认真贯彻党的十六大精神，先后制定《加强非公经济党组织建设制度》、《关于加强非公有制经济组织中党员管理工作的规定》等6条制度。

同时开展企业党建工作研讨活动，调动企业党组织负责人的工作积极性。选派33名党建工作指导员和联络员，定点对105家企业进行党建工作指导和服务。同年，以庆祝中国共产党成立86周年和迎接党的十七大为契机，在基层组织中开展“党员示范岗”“党员先锋岗”等创优争先活动。

2008年，成立长沙高新区管党责任制领导小组，制订和下发长沙高新区管党责任制与《长沙高新区管委会机关党建工作目标管理考核实施办法（试行）》，规范园区党建工作。同时，以开展“党务公开”活动为载体，提升基层党建工作水平，制定《高新区党务公开实施方案》，明确公开的范围、内容、承办单位、形式、程序、时限、方法、步骤、意见收集、处理和反馈等。为基层党组织开展党务公开提供可操作性的方案，选择长沙电缆附件党委、金荣集团党总支和三辰卡通党支部等6个单位作为党务公开的示范点，为全面推行党务公开工作摸索经验，做出样板和示范。

同年，以庆祝中国共产党成立87周年为契机，大力开展党群工作争先创优活动：积极开展党员创建活动，鼓励开展“党员示范岗”“党员先锋岗”等活动，创建，培育、扶植典型，以点带面，整体推动；组织开展党群工作“七一”总结表彰活动，组织基层党组织召开全年党员民主生活会，进行党员评议。

评选推荐出席市委表彰的先进基层党组织2个、优秀共产党员2名、优秀党务工作者2名；推荐出席市直工委表彰的先进基层党组织1个、优秀共产党员1名、优秀党务工作者1名。召开“创先争优”表彰大会，表彰先进基层党组织15个、优秀共产党员30名、优秀党务工作者31名，支持党群工作的优秀企业家10名。

2009年，随着所属事业单位的相继成立，长沙高新区党工委在各事业单位组建党总支或党支部。经过数次的内部机构调整，长沙高新区的工作部门和所属事件单位的党组织随之作出调整。组织人事局开展三大活动以加强组织建设：

深入调研制定政策。4—5月，组织人事局深入街（镇）、村（居）开展党建专题调研，撰写《长沙高新区农村基层党建工作调研报告》《长沙高新区社区党组织和居委会换届选举工作调研情况汇报》，分别在《长沙组工通讯》和长沙党员服务网上刊载。长沙高新区党工委制定《长沙高新区关于进一步加强基层党建工作的意见》，提出全面加强长沙高新区基层党建工作的18条具体措施，奠定基层党建工作基础；

建立健全基层组织。组织东方红镇麓景社区和雷锋镇荷花塘社区进行支居两委换届选举，采取“公推直选”的方式，选举社区党支部委员会和居民委员会领导班子，加强社区基层组织建设；

深化党建工作互联共建。按照“机关指导基层，工业反哺农业，城市支持农村”的方针要求，开展以“领导联村、机关联村、事业单位联村、企业联村”为主要形式，以“组织共建、党员共管、困难共帮、资源共享、事业共创”为主要内容的城乡基层党建工作互联共建活动，取得初步成效。威胜集团党委招收47名东方红镇和雷锋镇的失地农民子弟到公司就业；路路通塑业有限公司解决农民工就业32人；巨星轻质建材股份有限公司解决农民工就业60人；华能自控公司党总支与东方红镇华龙村结成帮扶对子，公司食堂定点采购华龙村蔬菜基地的无公害蔬菜；湖南伟业动物有限公司党支部与雷锋镇雷锋村结对帮扶，资助雷锋村党支部5000元党员活动经费，支持雷锋村委会25000元硬化公路，解决16个村民小组1000多村民出行难的问题。

2010年，开展多项组织建设活动：

制订《非公企业党建工作经费管理办法》，下拨启动经费，实行党费返还，每年给予一定的经费预算，解决非公企业党建工作无钱办事的难题，全年共计拨付给村（居）、非公企业等基层党组织阵地建设费用达100万元；

开展“创建先进基层党组织，争当优秀共产党员”活动（以下简称创先争优活动），分为宣传发动、全面争创、巩固提高、总结完善四个阶段，参加创先争优活动的有长沙高新区机关、事业单位、企业党组织342个及全体党员。长沙高新区党工委创先争优活动领导小组结合“机关效能建设年”活动，把创先争优活动公开承诺与优化园区发展环境有机结合起来，出台《关于深化行政审批改革优化办事流程的实施意见》，建立“机关支部＋企业党组织”互联共建的活动推进模式；

广泛开展创建“党建示范点”和“党员先锋岗”活动，出台《关于创建基层党建工作示范点的实施方案》，以打造党建工作示范点为载体，按照组织申报、集中审定、联点指导、动态管理的办法，培育15个先进基层党组织，作为基层党建工作的样板和榜样，推荐15个先进基层党组织参与全市“党建示范点”的创建和评比。对创争活动中涌现出的先进典型，如身残志坚的党小组组长王世鹏等进行深入报道、宣传推介，湖南杉杉新材料有限公司党支书彭文杰在全市的创先争优七一座谈会上作典型发言；

按照《长沙高新区深入学习实践科学发展观全面推进基层党组织互联共建

活动的安排》，抓住“互联”与“共建”两个主题，推进情感互联、组织互联、活动互联、创业互联，共建服务平台、培训基地、后勤基地、创业基地，促进机关、村居、企业三方联动共建。长沙高新区互联共建活动作为城乡党建一体化的生动实践，在2010年长沙市委第15期《内情参考》上作专题推介；

2011年，探索非公有制企业党建管理新模式，成立非公企业党组织工作联组，搭建队伍相对稳定、活动经常、方式灵活的交流管理平台，促进园区企业党组织之间的相互交流和沟通衔接，形成以老带新、以强带弱、以大带小党建新格局。同时加强对农村党建工作的指导，推介东方红镇“支部活动小型化、小型活动经常化”的党建工作经验，《长沙晚报》头版头条进行报道。

同年，长沙高新区加强组织建设活动有：

开展抓典型活动。中央组织部李源潮部长来长沙高新区调研，拓维公司党委被评为市、区先进基层党组织。在先进典型的示范带动下，金杯电工、金荣集团等党组织，以更高的标准打造长沙高新区党建工作新品牌；

举办大型文艺汇演。举办长沙高新区庆祝建党90周年表彰大会暨文艺晚会，表彰在长沙高新区经济建设与创先争优中涌现出来的先进基层党组织、优秀党务工作者和优秀共产党员；

长沙高新区党工委创先争优活动领导小组围绕公开承诺、“七·一”、年终考核总结等重要节点，广泛开展“三亮三评三议三推”活动，结合“学习与服务”“两帮两促”等活动，继续深化互联互建模式，每季度开展一次督促检查，不断深化服务企业内涵，帮助企业解决困难。全区开展“好支部、好支书、好党员”争创评选活动，推荐、评选、上报5批次共15篇“三好”材料，2个基层党组织被评为全市先进，2人被评为市优秀党务工作者，2人被评为市优秀共产党员，4个基层党组织作为“好支部”、2人作为“好书记”的事迹在《长沙晚报》和《新闻频道》报道，形成争创“三好”的浓厚氛围；

开展党史知识竞赛。组织举办“党在我心中暨创先争优活动”知识竞赛，历时3个月，共购买专项书籍1000余册，编印创先争优活动知识150题，手册3000本，发放到全区各级基层党组织进行系统学习。非公有制企业基层党组织结合生产、经营实际，开展公开承诺、争创佳绩等一系列争创活动，企业党组织建设从“要我建”转变为“我要建”。4月，中组部创先争优活动调查组到长沙高新区调研，对非公企业开展创先争优活动给予高度评价。更新远教站点设备，下拨农村远教经费5.7万元，组织镇村远教站点管理员业务培训。5月，举办基层党员信息管理系统培训，培训园区内企事业单位党组织党员信息管理员 64 人；指导村居站点开展学教活动，选派 10 名同志参加“一村一大”学习，组织 8 名村民参加远教就业培训，发挥农村远教宣传政策、教育党员、普及知识的作用。

2012 年，积极推进“基层组织建设年”活动，印发《长沙高新区党的基层组织建设年活动实施方案》等文件，确定区直属各级党组织管理主体，完善全区基层党组织体系建设：

推进分类定级工作。按照基层组织建设年“六大工程”要求，分类指导机关、事业单位和村（居）、企业推进基层组织建设，完成全区 342 个基层党组织按照“好、较好、一般、较差”四个标准进行分类定级；

调整党组织隶属关系，加强非公企业党建管理。组织全区 18 个联组开展赴东方红镇观摩学习党小组活动，参加联组线下活动 10 余次，为非公企业订阅《非公企业党建》等 3 种刊物总计近 3000 份。9 月，全区组织 18 位非公党组织联组负责人赴上海张江、苏州等地园区，学习考察非公企业党建工作经验。

二、党员教育

1995—2012 年，长沙高新区主要通过开展培训与教育活动、完善党员管理制度、开展志愿者活动三方面来抓好党员教育工作。

培训教育活动：

1995—2000 年，开展邓小平建设有中国特色社会主义理论的学习教育活动，发放《邓小平文选》等学习资料，举办学习班、培训班，要求学习邓小平理论入脑入心，真信真用。

保持共产党员先进性教育

2001—2002 年，开展“三个代表”重要思想学习教育活动，成立学教指导办公室，活动分宣传发动、集中学习、自我剖析、对照检查、整改落实等环节，活动历时近 3 个月，为基层组织和党员发放学习资料，要求党员写学习笔记，用“三个代表”重要思想武装头脑。

2005年，开展“保持共产党员先进性教育”活动。活动分两批进行：第一批为长沙高新区所属工作机构和直属事业单位，2月开始，6月中旬结束，分学习动员、分析评议和整改提高三个阶段，全体长沙高新区所属工作机构和直属事业单位党组织和党员参加。活动期间，长沙高新区党工委班子成员和各部门各单位主要负责人带头学习，为党员上党课。组织开展“读一本书、写好一篇心得体会、联系一户困难户”的学习实践活动。第二批于2005年7月开始，2006年1月结束，长沙高新区企业党组织和党员参加活动，学习覆盖率达到100%。活动期间，省、市领导及省市活动指导办、巡回检查组先后到长沙高新区指导活动的开展。各企业党组织发放征求意见表，召开座谈会，撰写党性剖析材料，走访专家、群众，与党员、群众谈心沟通，征求的意见、建议归纳整理，制定整改措施，落实整改责任，解决实际问题。

同时，结合各自实际，创新“自选动作”，落实活动要求。在“亮身份，树形象”活动中，全体党员主动亮出党员身份，设置共产党员岗，佩戴党徽上岗。在“谋发展，做贡献”活动中，企业党员把活动要求与企业生产经营目标结合起来，在促进企业创新发展中争当先锋。在“和谐园区”创建活动中，筹集爱心捐款数百万元。

2006年，机关党员广泛开展学习和践行社会主义荣辱观、建设创新型园区、胡锦涛总书记七一讲话等宣传教育活动，对各支部组织学习进行专门的安排和部署：

为每位党员发放《树立社会主义荣辱观》《科学发展观》等学习读本；

组织“学习党章，明荣知耻”等双学讲座共5场。督促各支部组织专题学习，撰写心得体会，端正党员的权力观、政绩观、利益观、人生观、价值观、荣辱观；

举行“新党员宣誓、老党员重温誓词”活动，全体党员接受思想的洗礼，先后向企业党员组织发放《江泽民文选》《“七一讲话”学习读本》《全国优秀共产党员风采录》等书籍。

在企业党组织中，建立健全“保持共产党员先进性”长效机制，确立“以做好经济能人为前提，充分发挥政治能人作用”的党员先进性理念，鼓励开展“共产党员示范岗”等活动，激发党员在群众中的先锋、示范、带动作用。

2007年，以贯彻落实保持共产党员先进性四个长效机制文件为主线，巩固和发展共产党员先进性教育成果，印发《关于认真组织学习和贯彻落实中央四个保持共产党员先进性长效机制文件的通知》等文件，督促各支部组织开展学习活动，深入基层党组织进行学习情况检查和督促，促进学习活动的有效开展。

2008年，以贯彻保持共产党员先进性教育长效机制为重点，向基层党支部下发《关于组织认真学习和贯彻落实全国、全省、全市组织工作会议精神的通知》，原文印发胡锦涛总书记在全国组织工作会议上的重要讲话、中央政治局常委习近平作的工作报告、中央组织部部长李源潮作的总结讲话、省委书记张春贤在全省组织工作会议上的重要讲话、省委组织部长黄建国的工作报告，组织党员学习原文，并联系实际，开展讨论，深入基层党组织开展学习情况检查和督促，促进学习活动的有效开展。

2009年5月开始，结合“深入学习实践科学发展观”活动，对机关、事业单位200多名党员进行民主评议。6月份组织企事业单位党组织负责人培训党建业务知识，68名企业事业单位的党组织负责人参加学习培训。选派4名优秀干部到市委党校参加学习培训，选派1名干部到市委组织部跟班学习。指导和督促园区企业党组织和东方红镇、雷锋镇党委认真开展党员春训和评议；下半年组织乡镇党员远程教育站点管理员培训班，培训远教业务骨干16名。全市远教工作会议在长沙高新区召开，东方红镇东塘社区被评为全市党员远程教育示范站点，雷锋镇红光巴士公司总经理彭红光被评为全省农村党员创业先进典型。

2010年，结合中国共产党成立89周年组织开展“诵读红色经典，共建和谐园区”、“党章学习日”等主题活动。

2011年，教育培训活动有序进行：

制定《2011年全区党员干部教育培训计划》，分层次、分类别统筹安排各类教育培训活动，形成大干教、大培训的工作机制。制定《党员干部教育培训管理办法》，把党员干部教育培训纳入各部门单位自身建设考核，严格执行党员干部教育培训审批、考勤、考核制度，落实党员干部教育培训登记归档制度，形成统一规范的党员干部教育培训工作机制；

组织六期“麓谷大讲堂”培训讲座，邀请知名专家学者来长沙高新区讲授宏观政策和业务知识，参学人员达1200多人次，“麓谷大讲堂”成为党员干部学习充电的精品课堂；

组织16名党员干部参加“湖南省干部教育培训网络学院”在线学习，选派36名干部参加省、市党校各类专题班学习；

踏访红色革命摇篮，组织全区非公企业党组织负责人90余人赴萍乡安源

煤矿开展传统教育，就当前非公企业党建工作交流讨论，

2012 年，加大干部教育培训力度，不断提升党员干部队伍素质，完善教育培训工作制度：

结合长沙高新区干部管理体制和教育培训实际情况，对干部教育培训实行分层分类管理，形成统一规范的干部教育培训工作机制；结合年初各部门、单位上报的年度培训计划，出台《长沙高新区 2012 年干部教育培训计划》，对本年度区内教育培训工作进行统筹安排；

提升干部教育培训品质，采取“请进来”的办法，聘请专家学者到长沙高新区设坛开讲，举办“走进音乐的世界”等五期《麓谷大讲堂》讲座，培训人员达 1500 人次；

在全员竞聘后，举办新任职领导干部培训班，对新任职的 122 名干部集中培训；对新入职的 47 名干部，组织参加入职培训，通过在市委党校集中授课的方式增强新进人员对长沙高新区的认同感；

加大干部培训力度，选送党员干部参加省、市各级培训共 63 人次，其中县处级党员干部 13 人次，一般党员干部 50 人次；

拓宽干部教育培训渠道，参与湖南省干部网络培训学院学习的学员达 37 人。组织党员学习培训，举办全区党务工作者培训班，参加培训近 200 人；

收集整理党课教师队伍信息，向镇、街和非公企业推荐培训师资，讲授党课。推荐党员参加上级培训，根据省、市非公党工委要求，组织 6 名企业党组织书记参加集中培训，推荐 1 名企业党组织书记参加中组部培训，推荐 2 名农村党员参加市委组织部与湖南农大联合举办的致富带头人培训。

党员管理：

2007 年，以党员服务中心为窗口，进一步加强党员管理服务。加强载体建设，成立长沙高新区党员服务中心，设立党员服务窗口 2 个，正式挂牌工作，设立流动党员管理服务站 1 个，在长沙党员服务网上建立《党群工作》栏目和长沙高新区党员服务中心窗口；落实管理服务措施，建立健全规模以上企业党建工作台帐，制定《党员联络管理制度》和《流动党员活动证制度》，建立流动党员信息库和流动党员台帐，对流入党员编入所在工作单位党组织，参加所在支部的学习和活动。

2008 年，成立长沙高新区管党责任制领导小组，制订和下发长沙高新区管党责任制与《长沙高新区管委会机关党建工作目标管理考核实施办法（试行）》。

岳麓区望城坡经济开发区成建制交由长沙高新区管理和望城县雷锋镇委托长沙高新区管理后，及时对其党组织和党员组织关系进行档案接管。

2012年，完善党员管理制度，印发《关于加强民主评议党员的意见》，规范党员管理、考评工作，以文件形式明确对不合格党员的评价和处置工作。开展阵地建设验收评审，下发《长沙高新区非公有制企业党员活动阵地三年建设考核验收方案》，按照自主建设、集中申报、现场验收、联点指导的办法，分三个验收组对自愿申报的75个单位党组织阵地进行集中验收，共评定一类阵地28个，二类阵地24个，三类阵地13个。

志愿者活动：

2008年，组织开展党员志愿服务活动，组织党员服务志愿者队伍共1058名，开展抗击冰灾，上路铲雪除冰，募集救灾善款31100元，慰问特困党员、困难基层干部，发放慰问金11.64万元。全区党员在汶川地震后，自愿缴纳特殊党费190866.5元。

三、党员发展

长沙高新区党工委正式成立后，把长沙高新区各工作部门及事业单位的青年知识分子作为培养、发展的重点，各党支部对申请入党的青年知识分子和专业技术人才进行培养、考察，有计划的对具备发展条件的青年知识分子和专业技术人才及时地吸收到党组织来。

入党先进学习班

1999年，长沙高新区发展党员1人。

2000年，发展党员8人。随着长沙高新区高新技术企业的逐年增加，长沙高新区党工委坚持“成熟一个，发展一个”的原则，注重从生产一线的工程技术人员、创新创业人才中发展新党员。

2001年，发展党员25人。

2002年，发展党员52人。

2003年3月，作为省市在新的社会阶层中发展党员的试点单位，长沙高新区党工委按照中组部关于在新的社会阶层中发展党员的精神以及省委、市委的要求，明确5名长沙高新区大型非公有制企业主要负责人为重点培养对象，由长沙高新区党工委领导成员分别担任培养联系人，并组织其中的入党积极分子参加市委举办的首期非公有制企业入党积极分子培训班学习。长沙高新区党工委依照“坚持标准，保证质量，改善结构，慎重发展”的方针，批准条件成熟的非公有制企业负责人入党。全年共发展新党员57名。

2004年，发展党员56人。

2005年，长沙高新区党工委进一步强化在非公有制企业发展党员的工作，建立健全在非公有制企业培训、考察、发展党员的各项制度，使在非公有制企业发展党员工作走上制度化、规范化，全年发展党员45人。

2006年，发展党员87人。

2008年，举办入党积极分子培训班1期，培训入党积极分子223名，共发展新党员116名。

2009年，全年共培训入党员积极分子240名，发展新党员133名。

2010年，注重从大学毕业生、海外留学归国人员中发展党员，培养入党积极分子277名，发展党员103名。

2011年，开办入党积极分子培训班，来自园区机关和企事业单位的557名优秀青年参加培训，发展党员125人。

2012年，指导麓谷街道、东方红镇党员发展，主办全区入党积极分子培训班，参加培训的入党积极分子近500人，发展党员134人。

至2012年，长沙高新区共有党员8024名。非公有制企业党员4146名，其中规模以下非公有制企业党员1021名，规模以上非公有制企业党员3125名。

四、班子建设

1988年，长沙科技开发试验区成立后，对所属工作部门按“革命化、年轻化、知识化、专业化”要求选配领导班子，组织领导班子成员学习邓小平理论，用邓小平理论武装头脑，指导工作。

2001年2月，根据中共中央《关于在县级以上党政领导班子、领导干部中深入开展“讲学习、讲政治、讲正气”为主要内容的党性党风教育的意见》，按省、市委的统一部署，长沙高新区党工委成立“三讲”教育领导小组，制定“三讲”教育的实施方案，2月底，在长沙高新区的班子成员和副处级干部中开展“三讲”教育活动，历时2个月。

长沙高新区“三讲”教育分四个阶段进行：第一阶段（2月底至3月中旬）为思想发动、学习提高阶段；第二阶段（3月中旬至3月底）为自我剖析、听取意见阶段；第三阶段（4月初至4月中旬）为交心谈心、开展批评与自我批评阶段；第四阶段（4月中旬至4月底）为制定整改方案、落实整改措施阶段。

活动突出三个重点：一是提高领导干部的水平，认真查找党性党风方面存在的问题；二是坚持依靠群众的方法，采取多种方式广泛征求群众意见；三是认真开展批评与自我批评，对领导班子及其成员存在的问题，采取“个人找，群众提，上级点，互相帮”的办法解决。

2001年至2002年5月，长沙高新区党工委根据中共中央和省、市委的部署，在长沙高新区全面深入开展“三个代表”重要思想学习教育活动（以下简称学教活动）。学教活动围绕“让干部受教育，使群众得实惠”的目标进行，在长沙高新区党工委、管委会领导班子、机关各局（室）、直属事业单位、驻区机构开展。成立学教活动领导小组，负责指导各单位的学教活动，主要做法：一是广泛宣传发动，各参学单位采取各种方式，大力营造活动氛围；二是抓好学习培训，通过集中学习，发放学习资料，查阅学习笔记等方式，提高领导干部践行“三个代表”重要思想的自觉性；三是坚持正面教育，开好党员干部民主生活会，通过开展批评与自我批评，使广大干部受教育；四是抓好整改提高，各部门根据征求的意见，制定整改措施，落实整改责任制，使存在的问题得到及时解决。

2006年，以抓好党组织换届选举工作为重点，切实抓好机关党总支部和机关支部的换届选举工作，把一批年富力强、有发展潜力的年轻党员干部纳入后备干部队伍，进一步优化干部队伍结构，提高队伍整体素质。完成东方红镇党委换届选举和东方红镇一届人大七次会议有关干部调整工作，把一批革命化、年轻化、知识化、专业化的干部提拔到领导岗位，增强领导班子活力与创造力，同时督促届期已满的企业党组织进行换届选举。6月，创建“四好”领导班子先进集体通过长沙市委组织部的考核验收，长沙高新区首次被市委授予创建“四好”领导班子先进集体。同时组织长沙高新区管委会机关单位、事业单位领导班子成员三年一届的竞聘工作。其中21个局室（部门）共46个正副局长（主任）职务进行公开竞聘，28名一般干部的岗位进行双向选择，进一步优化干部队伍结构，合理搭配班子，增强整体实力。

2007年，加强区以下各级班子建设，督促指导到期企业党组织及时换届选举，一批能力强、作风实的同志进入班子，增强基层领导班子的战斗力。全面实施干部竞聘上岗制，对劳动人事局（统战工作部）副局长（副部长）等6个职位进行公开竞聘，共21名干部参加竞聘。竞聘期间认真执行干部任前公示、任期监督与离任审计等相关制度，对任免的49名干部进行公示。贯彻落实《长沙高新技术产业开发区2006—2010年干部教育培训规划》和《干部教育培训工作条例（试行）的实施方案》，在管委会机关、干部中全面开展“学习型机关、学习型干部”创建活动。

2008年，继续以创建“四好”领导班子为契机，开展系列创建活动，全面加强领导干部思想建设和能力建设：一是组织开展深入学习十七大精神，继续解放思想，促进科学发展，推动创业富民的学习实践活动。二是召开专题动员大会，分阶段进行学习讨论活动，广泛征求意见，共征求意见、建议150条，经梳理归纳为58条，整理印发给各个领导和各局（室），制订整改措施，落实整改方案。三是组织开展机关干部下基层，救灾补损促发展和“提高行政效能、优化发展环境”为主题的作风建设活动，促进领导干部作风的好转和发展环境的优化。四是选送党员干部到各级学校进行培训。全年选送省委党校培训3人、市委党校培训4人、军转干部培训4人。通过选送培训，进一步提高领导干部的理论水平和领导能力。五是大力加强后备干部、女干部的培养选拔，不断优化干部队伍结构。6月30日，市委召开纪念中国共产党成立87周年暨表彰大会，长沙高新区领导班子被市委授予“四好”领导班子称号。

2009年，按照全市统一部署，开展第一批（机关）“深入学习实践科学发展观”的教育活动，从3月27日开始，至8月30日结束，历时5个月时间，分学习调研、分析检查、整改落实三个阶段。参加学习实践活动的单位是长沙高新区党工委、管委会领导班子成员及机关各局室、长沙高新区直属事业单位，共200多名党员参加。

学习调研阶段，党工委打造“麓谷大讲堂”，邀请刘吉、朱翔等知名学者、专家，分别从如何提高科学发展水平、怎么样应对金融危机等方面开展10个专题辅导讲座；在组织党员学习“三本书、五个文件、五个讲话”的基础上，党工委、管委会领导班子成员结合分管工作深入企业开展调研，围绕关系长沙高新区科学发展的重大问题，拟定“如何加强农村基层党建工作”“如何进一步完善乡镇管理体制”等12个重点课题，由管委会领导带队进行专题调研，撰写高质量的调研报告30多篇。召开阶段性工作推进会议2次，编写专题简报8期，在市委《先锋潮》网站发表宣传稿件10篇。组织征求意见活动，共征求意见230条，经梳理归纳为45条。

分析检查阶段，党员干部克服“不重要、无所谓、不实惠、不着急、差不多、不沟通”等方面的思想障碍，深入企业，问政于企，问需于企，问计于企，撰写贯彻落实科学发展观分析检查报告，接受长沙高新区企业、专家学者满意度测评。

整改落实阶段，按照“两型社会”建设、推行“大部制”改革的要求和“精简、科学、高效、合法、可行”的原则，对行政审批程序进行全面清理。原长沙高新区管委会24个部门、单位，共有行政审批流程107个，其中涉及到党工委、管委会领导审批的流程51个。经过反复研究和充分论证，向上级业务主管部门和办事企业多方征求意见，对涉及到管委会领导审批的流程，精简调整为36个，精简率为30%，共减少审批环节99个，精简率为32%。对未涉及管委会领导审批的56个流程，各部门、单位作出最大限度的精简和规范，通过实行联合审批、并行审批、集中审批，大幅缩短审批时间。

活动结束后，向望城坡经济开发区，各局（室）、中心，总公司，乡镇全体党员干部、员工下发群众满意度测评表500份，收回群众满意度测评表470份，其中满意票378票，比较满意票89票，满意和比较满意率占99.3%。结合年初工作目标提出6个方面共15条具体措施，建立健全整改落实责任制，建立整改台账，对提出的230多个问题和意见明确整改目标和时限要求，至活动结束时有95%的问题和意见得到妥善解决。在长效机制建设方面，通过学习实践活动，建立健全长沙高新区《党工委、管委会机关会议制度》《工作绩效考核与管理实施办法》《关于进一步加强基层党建工作的实施意见》等制度。

长沙高新区第二批（企业）“深入学习实践科学发展观”的教育活动，从2009年9月下旬开始，至2010年1月结束，历时近4个月时间，分为学习调研、分析检查、整改落实三个阶段。长沙高新区所属镇、村（社区）、中小学校、企业党组织和党员参加。活动期间，长沙高新区党工委班子成员分为10个指导检查组，与10个不同类型的企业党组织结成联系点，及时督促指导。

学习调研阶段，长沙高新区学习实践活动领导小组编印学习资料下发企业党组织，为企业党组织开展活动提供导向。分析检查阶段，长沙高新区学习实践活动领导小组针对参学企业党组织类型多、经济类型多元、党员结构复杂的特点，按照“规模企业重点抓，中型企业深入抓，小型企业灵活抓”的要求，坚持面上整体推进与点上分类指导相结合，通过领导联点指导、虚实统筹结合、灵活推进的方式，把分析检查工作落到实处。整改落实阶段，参学企业党组织根据前期讨论座谈、献计献策、组织生活会等环节并征求意见和建议，有针对性地制定整改落实方案，列出整改项目300多条，活动结束时大部分问题已解决。

2009年，先后对东方红镇、雷锋镇的领导班子优化调整，选派管委会机关干部到乡镇任职，两个乡镇领导班子成员相互交流，增强乡镇班子活力。组织望城坡经济开发区、软件园中层干部和纪检监察审计局总审计师的干部推荐工作，按照公开、公平、公正的原则，把一批政治素质高、业务能力强的青年干部选拔到中层领导岗位上来。内部调整、交流干部39名，提拔干部32名，外部交流引进干部3名。推荐16名干部参与长沙市干部队伍建设“五百工程”交流任职，3名干部经考察到区外任职，打破长沙高新区多年来干部无法对外交流的瓶颈，畅通“干部能上能下、人才能进能出”的交流渠道。同时，民主推荐2名正县级后备干部、5名副县级后备干部，形成合理的后备干部梯队。

2010年，选优配强镇（街）领导班子。根据党工委、管委会关于析置麓谷街道的重大决策，完成“两镇一街”领导班子调配，使新成立的东方红镇和麓谷街道迅速进入正常工作轨道。不断优化干部队伍结构。选拔3名优秀年轻机关干部到镇街担任领导干部职务，提拔9名中层以上干部担任重要领导职务；通过内部民主竞争，聘任15名中层以上干部担任管委会机关各部门领导正副职；面向社会公开招聘，首次向社会选拔2名科级领导干部，录取49名政府雇员充实到机关、基层。

大力提升干部综合素质。制定长沙高新区《关于进一步加强干部员工教育培训的实施意见》，开设《麓谷大讲堂》精品课堂，培训党员干部400人次；选派3名干部到清华大学参加高级研修班，4名干部到市委党校参加干部培训班。制定出台《长沙高新区2010年度工作绩效考核管理办法》，实行分类分层考核，管委会考核各部门及部门正职，各部门考核干部，镇（街）考核延伸到村居班子，形成全覆盖的考核体系。

2011年，在市委组织部指导下，长沙高新区在全市率先完成2个镇党委和12个村（社区）“两委”的换届选举工作。组织严密，制定详细的换届选举实施方案，成立专门的领导班子和工作机构，组织专门的业务培训；程序规范，建立区、镇两级督导组，层层签订换届纪律承诺书，出台专门的纪律监督办法；工作高效，实行换届工作日报告、周调度制度，编发换届专题简报8期，实时掌握工作动态，及时解答疑难问题；新当选的镇村（社区）干部是群众拥护、党员支持、组织信任的优秀干部。通过换届选举，20人新当选为支村“两委”班子成员，平均年龄比上届降低1.5岁，大专以上学历占52%，班子结构进一步优化，整体实力明显增强。

同年，与市委党校合作，举办镇（街道）领导班子培训班，38名镇（街道）干部参加为期一周的集中培训，培训班采取区校合作的模式，在提前调研、了解培训需求的基础上，精心设计课程，理论联系实际，通过学习交流、案例分析、参观考察等多种方式，有针对性地组织教学，培训效果良好。培训后进行问卷调查，学员对培训的满意率达100%。同时出台长沙高新区《关于进一步加强村（社区）干部队伍建设的指导意见》（长高新区发〔2011〕35号），就村（社区）干部选拔任用、激励保障、教育培训、监督考核等进行规范。利用此次换届选举的机会，加强机关与基层干部的交流力度，3名同志交流到管委会机关任职，5名同志下派到乡镇街道任职，7名乡镇街道干部得到提拔重用。同时，向市委组织部争取面向村（社区）书记、主任定向考录公务员名额，延农社区主任刘子良录用为公务员，实现零的突破；一系列选人用人新举措，加强基层领导班子建设，调动干部积极性，优化干部队伍结构。

认真总结梳理上一年绩效考核有关问题，反复征求各部门单位意见的基础，制定更加完善的2011年全员绩效考核管理办法及实施细则和工作目标，改进社会公认度测评方法，完善工作目标制定方式，强化个人平时考核，注重个人平时表现，防止年底一次性考核产生“晕轮效应”。

2012年，全员竞聘和换届选举，着力加强领导班子和干部队伍建设，采取公开竞聘、民主推荐、组织考察、集体决定的方式，管委会和街镇干部的素质普遍提高。

长沙高新区产生新一届机关事业单位领导班子和中层干部，新聘任部门单位正职36人，副职73人，处长87人。经过全员竞聘，机关、事业单位正科级干部的平均年龄为38.86岁，比上一届干部的平均年龄下降2.8；硕士以上学历19人，比上一届增加7人；副科级干部平均年龄为35.07岁，比上一届副科级干部平均年龄下降1.28岁，硕士学历以上25人，比上一届增加3人；

长沙高新区所托管的街镇在全市率先完成人大政府换届工作。经过换届人事调整，2镇1街领导班子成员33人，其中女性成员4人，2镇1街班子成员平均年龄为36.45岁，比上一届成员平均年龄下降1.85，30岁（含30岁）以下 3 人，比上一届增加 2 人；本科以上学历 28 人，比上一届增加 1 人；新提拔干部 13 名，重用干部 12 名，有 5 名管委会机关、直属事业单位干部下派到镇街任职，有 7 名镇街干部交流到管委会机关、直属单位任职。全员竞聘和换届调整，优化镇街班子的年龄和知识结构，促进镇街与机关、直属单位干部的有序交流，进一步充实基层的力量，激发干部队伍的潜能与活力。

第七节 纪检监察

一、廉政教育

1988—1994 年，长沙高新区的党风廉政建设工作，由长沙高新区党委和长沙市委纪委管理，开展党风廉政教育，制定相关制度。

1998 年，长沙高新区增设纪律检查工作委员会，实行纪检、监察、审计合署办公。根据中共中央加强反腐倡廉工作要求，以落实党风廉政建设责任制为突破口，着力构建从源头防治腐败的长效机构，落实廉政登记、廉政承诺、廉政考核、重大事项报告、经济责任审计、党风廉政建设责任追究等一系列举措。

2004 年，长沙高新区纪工委印发《高新区党风廉政建设责任制目标管理考核实施细则》。此后长沙高新区党工委坚持落实“一岗双责”，每年年初，召开全区党风廉政建设工作大会和纪检监察工作会议，下发当年的《长沙高新区党风廉政建设责任制分解表》《长沙高新区党风廉政建设工作要点》《长沙高新区党风廉政建设考核办法》，把党风廉政建设目标管理责任分解到党工委、管委会班子成员，与管委会各局室、驻区机构和直属企事业单位签订《党风廉政建设目标管理责任书》和《高新区领导干部廉政承诺书》，所有的廉政承诺事项都在一定范围内进行公示，接受群众监督并对落实执行情况进行评议。年终按照责任书和考核实施细则进行考核，考核结果纳入绩效考核。

2006 年以后，纪检监察部门每年对党员干部进行廉政谈话，党员领导干部按照长沙市纪委、组织部要求，定期报告个人廉洁自律有关事项。

纪检监察部门贯彻“标本兼治，综合治理，惩防并举，注重预防”的方针，建立健全长沙高新区党风廉政教育机制，并开展相关活动，促进全区廉政教育深入推进。先后组织党员领导干部学习《中国共产党党内监督条例（试行）》《中国共产党纪律处分条例》《建立健全教育、制度、监督并重的惩治和预防腐败体系实施纲要》《“三个代表”重要思想和反腐倡廉理论学习纲要》《中国共产党党员领导干部廉洁从政若干准则》和“学习党章、遵守党章、贯彻党章、维护党章”等专题学习活动，并与保持共产党先进性教育、干部作风整顿、商业贿赂治理、《廉政准则》贯彻落实情况督查等活动紧密结合，进一步丰富反腐倡廉宣传教育内容。推进廉政文化建设，采取单位“一把手”上党课，组织廉政辅导讲座，观看反腐电影，召开廉政专题民主生活会，参观廉政教育基地和展览，发送廉政短信，制作廉政展板和标语牌，参加“开心讲廉”等活动，形成浓厚的廉政文化气氛。开展警示教育，组织党员领导干部观看《沉沦录》等反腐警示录像，到反腐警示教育基地听腐败服刑人员的忏悔报告，召开反腐警示教育大会，引起党员领导干部的震动和反思，起到对党员领导干部的教育和保护。

2010 年，根据长沙市委《关于在全市党员干部中开展“廉洁从政警示日”活动的通知》，开展廉政教育“七个一”活动：党工委班子成员进行一次集中学习，请专家教授讲一堂《廉政准则》学习辅导课，组织一场《廉政准则》考试，组织观看一场廉政教育电影，召开一次支部民主生活会，开展一次实地访贫问苦教育活动，领导干部撰写一篇“廉洁从政警示日”心得体会。

开展领导干部报告个人重大事项检查和工程建设、选人用人、小金库清理等专项治理活动，加强对重点环节、重点领域、重点人员的监督，突出开展工程专项治理工作，从工程招投标和工程质量控制两个关键环节加强监督、制订和完善制度。

着重抓好“一个严肃五个严禁”，结合学习贯彻《廉政准则》，针对《廉政准则》中的“八个禁止五十二个不准”对党员干部廉洁自律情况进行一次专项整治活动，各支部召开民主生活会，开展民主评议党员，开展廉政从政大讨论，每个党员干部对自身是否存在违反规定收送现金、有价证券和支付凭证问题，放任、纵容配偶、子女及其配偶和身边工作人员利用领导干部职权和职务影响经商办企业或从事中介活动谋取非法利益问题、借婚丧嫁娶等事宜大操大办、收钱敛财歪风问题、有无参与赌博的问题，对存在的薄弱环节进行对照检查，逐个剖析点评。每个党员干部要结合自身工作撰写心得体会文章，制定和落实整改措施。

2011 年，加强干部教育，增强干部廉政意识。开展以《廉政准则》和新修订的《关于实行党风廉政建设责任制的规定》《行政察法》等为重点的党纪条规教育。组织全区副科级以上干部 88 人参观《法制、责任——惩治和预防渎职侵权犯罪》巡展，组织42名副县级以上干部进行《反腐倡廉知识竞答》，组织全区党员干部观看廉政教育影片《老百姓是天》《杨善洲》。开展廉政文化进机关活动，参加管委会机关组织的庆祝中国共产党成立90周年红歌比赛、党史知识抢答赛、党史知识考试、读经典朗颂比赛等，组织各支部“忆党史、感党恩、跟党走”的红色之旅。进一步营造机关“以廉为荣、以贪为耻”的廉政氛围，干部廉政意识得到增强，119名领导干部及时自觉报告个人重大事项，多名干部主动上交无法拒收的礼金26000余元。

同年，开展党务公开活动，制定《党务公开工作方案》和《党务公开目录》，全区所有党组织通过会议、文件、网络、电子触摸屏、电子显示屏、公示栏等全面实行党务公开，党员群众的知情权、监督权得到有效保障。同时规范权力运行，清理规范后的22个部门、139项权力制度，编制成《长沙高新区规范权力运行制度汇编》上报，行政审批系统20个单位121个审批及服务事项于7月1日实行在线行政审批和电子监察。

2012年，组织全区230名干部参加“法与水”廉政教育专题讲座，《领导干部廉洁从业教育读本》下发至区内每位副局级干部手中，先后组织全体党员干部观看暗访专题片《难、难、难》、廉政教育警示片《忠诚与背叛》等。举办迎接十八大“莲颂”廉政晚会，用独特的廉政教育方式震撼现场党员干部。按照市《党风廉政建设规章制度执行情况跟踪督查实施方案》的要求，对全区范围的工程建设、津补贴发放、资金管理、集中支付、干部选任、公务用车、政府采购、出国（境）管理八项制度进行全面检查，对审查出现的问题进行认真整改。推出“重点工程项目巡查和区内企业巡访”两项新举措，针对财政投资重点工程项目和重点企业，抽调专人组成巡查组，着重检查招标承诺兑现率、人员履职和各主题部门行政管理等方面，对24家企业进行巡访，并把收集的信息和意见反馈到相关部门，全面加强行政监察的频率和力度，有效地规范区内行政单位的行政服务行为。

二、制度建设

落实党风廉政建设责任制和加强廉政教育的同时，长沙高新区党工委纪检监察部门协助或牵头完善管人、管事、管财、管物的相关制度。

2005年，出台长沙高新区《工作绩效考核与管理实施办法》。

2008年，制定《关于进一步规范接待工作的若干规定》，明确接待范围、接待标准、审批程序和经费管理。出台《关于进一步加强因公出国（境）管理工作的暂行规定》，重申因公出国（境）考察活动，一律由主任会议集体审批。

2009年，制定《长沙高新区党工委、管委会机关会议制度》，规定重大事项必须经党工委会议或主任办公会议集体议定，会议实行无记名票决制和末位表态制。长沙高新区党工委与长沙市检察院共同建立长沙高新区预防职务犯罪领导小组，设立小组办公室，针对长沙高新区在拆迁安置和村居管理出现职务犯罪多发的特点，加强对长沙高新区职务犯罪的警示和预防制度建设。

2010年，按照市委要求落实党政正职“三个不分管”制度，严格规范“三重一大”事项的决策，坚持重大事项请示报告制度。把党员领导干部的住房、投资、配偶子女从业等情况纳入报告内容，建立廉政信息收集、分析、反馈和运用于一体的综合机制，出台《长沙高新区政府投资项目建设管理办法实施细则》，提高国有投资建设工程的质量、资金安全、投资效益。随后，相继出台《内部监督审计工作规定》，规范内部审计行为，发挥内部审计在各单位经济运行中的监督、管理、服务职能，从源头上遏制和预防腐败。开展公务用车货币化改革探索，修改完善领导干部职务用车货币化改革方案。进一步完善机关办公物资采购办法和车辆维修管理办法。7月，印发《长沙高新区村级重大事项民主决策专项效能监察方案》，就监察实施主体、对象、内容、工作安排、要求均作出明确细致的规定。8月，印发《长沙高新区规范权力运行制度建设工作方案》，成立以党工委书记为组长的全区规范权力运行制度建设领导小组，从公开职权来源依据、明确岗位职责权限、明晰权力运行流程入手，督促各部门、单位建立健全规范权力运行的制度体系，完善保障制度执行的工作机制。

2011年，制定《加强全区换届纪律监督检查实施方案》和《关于违反换届纪律信访举报件办理办法（试行）》，规范工作程序，严肃换届纪律。出台《高新区公务用车五项管理办法》。

2012年，修订公务接待、差旅费管理、公务用车管理等十几项制度，出台《高新区纪检监察对工程招投标和政府采购的监管办法》。上述制度的推行和实施，有效保障权力运行的规范性、透明性、公平性，筑牢党风廉政建设、规范权力运行的长效机制。

三、案件查处

长沙高新区纪检监察部门成立前，纪检监察工作由长沙市纪委和长沙高新区党工委管理，党工委配合长沙市纪委处理违纪违规党员领导干部。

1995年，纪检监察部门成立后，按照干部管理权限，负责受理长沙高新区党工委管理的党员领导干部违纪违规案件的审查和处理，做到惩防并举，标本兼治。

2010年，设立行政效能投诉中心，受理各类行政投诉27件，均已处理完毕。

2011年，受理纪检投诉举报信件13件，受理行政效能投诉及情况反映20件，均按期处理完毕。

2012年，纪检监察审计局增加2名办案人员，加大办案力量，查处偷开税票、私刻公章、侵占公款案，配合市纪委查处贪污受贿等案件，发挥纪检组织的威慑力。全年共收到纪检信访件13件，办结13件，办结率100%；立案1件，结案1件，案件查处率100%。

至2012年，长沙高新区纪检监察部门配合市纪委查处了一批违规违纪案件，依法依纪处理了一批违规违纪的党员和干部员工。

四、监察管理

2010年，长沙高新区从三个方面加强行政效能监察。

专项效能监察。7月，根据长纪发〔2010〕5号文件的部署，选定“村级重大事项民主决策”作为监察事项，并报市效能办立项作为监察课题。印发《长沙高新区村级重大事项民主决策专项效能监察方案》，就监察实施主体、对象、内容，工作安排、要求均作出明确细致的规定。9月，对村（居）进行抽查，要求雷锋镇、东方红镇、麓谷街道办事处组织村（居）间相互检查观摩，取长补短，对发现的问题要求整改落实；10月14日，在东方红镇华龙村召开“村级重大事项民主决策工作现场交流会”，每个村居进行专题汇报。10月底，进行专题总结并向上级机关报告。

推行大部制改革和“两集中、两到位”行政审批权改革点。严格落实历次压缩审批时限的要求，全区审批办理时间整体在法定时限内压缩三分之一以上；以承诺办理时限为标准，对各部门办理审批事项的情况开展效能监察；严格落实“一次性告知”制度；一般项目即时办结，联审项目限时办结。

成立效能投诉中心设在优化效能办。公布“88912342”的效能投诉热线，24小时开通。同时设立3个投诉信箱、1个网上投诉邮箱。对各类投诉，做到有诉必记，有记必理，有理必果，有果必复。简单的事当即通过电话或上门协调解决；一般的事5个工作日内电话或书面回复；较大较难的事用特制的《工作督办函》限时办理，尽快回复，一般不超过7个工作日。

2011年，强化效能监察，优化发展环境。

立项开展工程项目报建专项效能监察。着力对报建审批进出口两个关键时间节点的监察，进一步精简审批流程，提高审批时效三分之一以上。

针对对口帮扶的4家企业，深入开展“两帮两促”。对企业普遍反映的员工子女上学难问题，经过调查向管委会写出专题报告，社会事业局、学校等相关部门积极联动，在一定范围内解决部分员工子女的入学问题。通过协调，妥善解决“南岭民爆”的工程进度问题、一批企业的“放心肉工程”等问题。对一些有代表性、长沙高新区目前无法解决的问题（如上市公司不能办理保密资质等），积极向上反映，争取上级支持。针对所有问题，建立台账，进度、结果一目了然。

及时高效处理效能投诉。全年共受理效能方面的投诉及情况反映20件，全部按期处理完毕。

2012年，加强专项效能监察和重要岗位效能监督。

以城乡环境整治、控制和拆除违法违章建筑为专项效能监察课题，确定城管环保局、雷锋镇为重要岗位，把分管领导及相应部门负责人列为重要岗位效能监督对象，对上述重要岗位及人员依法履职和相关工作目标完成情况，提高效能、服务民生、服务发展情况，廉洁自律、抓队伍建设情况进行监督。

第八节　统战工作

2001年，长沙高新区管委会劳动人事局加挂党群工作部牌子，开始行使统战工作职责。针对长沙高新区党外高级知识分子多、民主党派人士多、留学归国创业人员多、新的社会阶层人士多等特点，开展情况摸底，逐步建立统战对象资料库。推荐民主党派人士、新的社会阶层人士为区、市人大代表、政协委员。

2006年，召开民主党派、无党派人士、新的社会阶层人士座谈会，发挥民主党派、无党派人士政治协商、民主监督和参政议政的作用，为长沙高新区的建设和发展建言献策。全年为市工商联换届推荐3名企业代表候选人。

2007年，长沙高新区从四个方面开展统战工作。

健全机构，形成工作机制。成立由市委常委、市委统战工作部长张迎龙和长沙高新区党工委书记彭可平任顾问，由市委统战工作部常务副部长吴忠祥任组长的统战试点工作领导小组，形成省、市、区三级协调联动的工作机制。

完善制度，推进工作规范。制定并完善《高新区社会经济发展情况通报会、座谈会制度》《党外人士特约监督员制度》等5项制度，用制度化、规范化建设来推动统战试点工作的深入开展。

发动宣传，扩大工作影响。建立长沙高新区统战工作网络信息平台，开辟“统战理论、统战动态、试点工作、新的社会阶层人士”4个栏目；发放《新的社会阶层人士统战知识宣传提纲》120份，《新的社会阶层人士统战知识宣传册》500余册，《统战试点工作简报》9期共1000余份；参加《统战知识百题问答》，获得优秀组织特别奖。

搭建平台，务求工作实效。成立长沙高新区新的社会阶层代表人士联谊会，设常务理事22人、理事66人。建立长沙高新区企业信息库，24位在行业有较强代表性、在园区有一定影响力和发展潜力、政治素质好、具有较强参政议政能力的新的社会阶层代表人士受推荐。组织召开新的社会阶层“你说话吧”——“喜迎十七大，中秋座谈会”、“归国创业留学人员怀化行”等联谊活动。12月，举行“2008·和谐劳动”联谊迎新年活动，得到省、市委领导的高度评价和密切关注，省委常委、统战工作部长李微微3次到长沙高新区开展视察与督导工作，对统战工作给予充分肯定。

2008年，劳动人事局开展各类活动，巩固园区统战。

健全工作网络。及时更新统战工作栏目内容，开展政策理论的宣传；通过会员邮箱及时收集联谊会会员、代表人士的意见和建议；通过QQ群随时通报有关工作动向并协助企业进行业务、管理及人才方面的信息交流和沟通。按照市委统战部的部署，对园区外资企业的情况、侨情开展摸底工作。

组织开展“无党派人士自觉接受中国共产党的领导、坚持走中国特色社会主义道路主题教育”活动，开展无党派人士的摸底，活动方案、主题教育活动相关的学习材料发放给统战人士，开展学习教育。

按照党工委“继续解放思想、促进科学发展。推进创业富民”活动要求，结合“河西先导区”的开发建设，在园区人大代表、政协委员、民主党派成员、无党派人士和新的社会阶层代表人士中开展问卷调查，收集有代表性的意见和建议共98条，反馈给长沙高新区党工委。

聘请20余名新的社会阶层人士担任行政效能特约监督。对长沙高新区各行政管理机关行政效能进行民主评议。

落实情况通报制度。长沙高新区出台的新的政策、文件等分别通过上门送达、邮寄、发送电子邮件、网站、QQ群等渠道及时通报给企业及相关人士。

组织推荐，整合各方力量。推荐园区有较大影响的民营企业家、新的社会阶层代表人士余克俭、黄文宝等 4 人申报“长沙市优秀中国特色社会主义事业建设者”，推荐 5 人作为长沙市海外联谊会理事候选人，推荐新的社会阶层人士中的入党积极分子 90 多人参加长沙高新区入党积极分子培训班学习。

2009 年，进一步拓展统战工作的渠道、网络、领域，加强新的社会阶层联谊会建设，利用各类群团、协会组织平台，实现大统战格局。同时组织参加全市统战知识竞赛，开展“无党派人士主题教育”等系列活动。

2010 年，逐步推进统一战线工作。

在市委统战部的指导下，围绕长沙高新区港澳台海外代表人士队伍建设、党外代表人士综合评价体系开展调研，对进一步解放思想、优化经济结构和政策环境，发挥港澳台及海外代表人士新优势提出建议。

拟订《长沙高新区关于党外代表人士综合评价体系建设的意见。明确综合评价体系的评价对象、工作原则、评价指标和权重分配，为进一步规范党外代表人士工作奠定基础。起草长沙高新区统战工作“十二五”规划纲要。

推荐威胜集团总裁曹朝辉为第三届“长沙市优秀中国特色社会主义事业建设者”评选表彰对象。

2011 年，配合湖南省委统战部及致公党开展归国留学人员创业情况调研，组织 6 名留学人员参加座谈会，参观留学人员创办的企业，联系 16 位留学人员进行问卷调查，调研成果上报省、市相关部门；推荐代表参加市委统战部举行的“同心同行——庆祝中国共产党成立 90 周年演讲比赛”并获奖；配合市工商联完成换届工作，在全区范围内推荐 32 名副主席、常委、执委候选人，实地考察候选人 26 名，收集候选人材料 24 份，上报市工商联。同时为九三学社、民建等民主党派人士在长沙高新区创业、生活排忧解难，得到省市统战部的肯定。

2012 年，开展新的社会阶层人士统战工作调研。推荐 6 名企业负责人参加省社会主义学院新的社会阶层人士培训班学习。协助民主建国会长沙市委组建成立民建高新区支部。推荐博海生物科技有限公司董事长为湖南和平统一促进会理事，参加“海峡两岸同心光明行慈善活动”。

第九节 新闻宣传与文明创建

一、新闻宣传

长沙高新区新闻宣传工作坚持正确的舆论导向，通过报刊、电视、网络等各类新闻媒体开展新闻宣传报道，服务长沙高新区的中心工作，为长沙高新区的建设与发展营造良好的舆论环境和提供有力的舆论支持。

长沙高新区的新闻宣传工作由长沙高新区党工委、管委会办公室负责，主要承担全区的宣传工作计划制定、中心组理论学习的组织实施、内外宣传工作的统筹、策划、指导以及全区的舆情动态管理、舆情应急处理工作和党报党刊订阅等。

1988 年 7 月—1991 年 3 月，起步阶段。

1988 年 7 月，长沙科技开发试验区正式成立，新闻宣传报道主要围绕“因陋就简、就地起步，集中管理、分散经营”展开。《长沙晚报》头版头条刊登《长沙建设新技术产业开发试验区》的报道。

1991 年，围绕“岳麓山高科技园区”奠基等主题进行宣传报道。

1991 年 3 月—1997 年 4 月，进入国家队的探索阶段。

1991 年 3 月，长沙科技试验区进入国家队。长沙科技开发试验区更名为长沙高新技术产业开发区后，新闻宣传重点围绕“一区一园，以区为主”以及“省市共管、以市为主”的管理体制展开。5 月 25 日，副市长陈元松，长沙高新技术产业开发区办公室主任易希文主持召开开发区新闻报道座谈会，湖南日报、省电台一电视台、长沙晚报、市委办公室信息科、市科委办公室有关同志参加座谈，会议对开发区的宣传报道工作进行专题研究。9 月，召开新闻发布会，邀请《长沙晚报》等媒体，专题报道长沙科技开发试验区更名长沙高新技术产业开发区。

1992 年 2 月 20 日，省政府在深圳市阳光酒店召开新闻发布会，公布 1991 年 11 月 17 日省人大常委会通过并实施的吸引外商投资的优惠政策《湖南省鼓励外商投资条例》，介绍长沙高新区享受优惠政策的情况。省人大常委会副主任曹文举、深圳市副市长王众孚、长沙市副市长陈元松等出席新闻发布会。3 月 15 日，副市长陈元松分别就长沙高新区在税收、外经外贸、劳动人事、财政金融、土地管理等方面的优惠政策回答《长沙晚报》记者的提问，其后《长沙晚报》作连续报道。5月14日，香港大公报要闻版刊登该报记者撰写的专稿《湖南加快建设火炬城——访长沙高新技术产业开发区》。8月5日，香港新闻界联合代表团一行10人在省新闻办公室主任陈开国陪同下来长沙高新区参观。拍摄电视片《火炬城——新世纪的曙光》。9月16日，中央对外宣传领导小组组长，国务院新闻办公室主任朱穆之在省委副书记杨正午、省委宣传部副部长陈满之、长沙市委副书记郭俊秀陪同下，视察长沙高新区，副主任陈松、沈克光、张祥龙、总规划师邓君治向朱穆之详细汇报长沙高新区发展规划和建设进展、产业开发等情况，朱穆之为长沙高新区题词："科技开发、实现四化"。12月4日，中央电视台第四套"天涯共此时"专题片摄制组开始拍摄长沙高新区建设的专题片，先后于12月21、22日在中央电视台第二套、第四套播放。

1993年4月7日，由新华社、人民日报、经济参考报、科技日报、光明日报社等8家新闻单位组成的《南方万里纪行》新闻采访团和在长新闻记者一行40人采访长沙高新区。6月22日上午，由中央外宣小组、新华社摄影部、新华社对外部、瞭望·海外版、人民日报·海外版、中新社、中国国际广播电台、中国日报、今日中国、北京周报10家新闻单位组成的"长江行"记者采访团在市委常委、市委秘书长肖雅瑜陪同下专题采访长沙高新区，长沙高新区办公室综合处处长、对外科技交流中心主任张跃国，建设公司经理刘琳向记者们详细介绍长沙高新区综合改革、园区建设、产业开发等方面的情况，并陪同参观建设工地。9月18日，全省对外开放新闻采访团采访长沙高新区，银河计算机产业公司、国华制药有限公司、远大空调实业公司接受采访团采访。

1993年，人民日报社青年学习考察采访团一行12人考察采访长沙高新区，办公室副主任陈松、综合处处长张跃国向采访团介绍长沙高新区的建设和发展情况。张跃国处长陪同采访团参观长沙高新区建设工地，湖南麓山天然植物制药有限公司、国华制药有限公司接受采访。12月16日，新华社香港分社副社长张浚生、香港著名作家金庸一行在长沙市政府常务副市长袁汉坤陪同下参观考察长沙高新区。

1995年1月18日，组织省市主要新闻单位与长沙高新区企业座谈会，报道长沙高新区发展成就。湖南海利化工股份有限公司、湖南计算机厂、远大空调实业公司、湖南旺旺食品有限公司、长沙高新技术产业开发总公司5家产值过亿元的高新技术企业成为记者们采访的焦点。6月4日，中央对外新闻单位记者团采访长沙高新区有关领导和高新技术企业，对外报道长沙高新区经济建设新貌。

1996 年 4 月 28 日，举行《长沙高新技术产业开发区条例》新闻发布会。省、市各新闻单位记者近 100 人应邀参议。会后，省、市各大新闻媒体刊（播）发稿件数十余篇（条）。同日，在长沙五一路沿线从火车站至溁湾镇 10 里长街，长沙高新区管委会与市科技领导小组办公室、市科委及各有关单位、在长高等院校、科研院所开展“96 长沙科技年”《长沙高新技术产业开发区条例》宣传日活动。7 月 5 日，长沙高新区在长沙市对外宣传工作会议上作“外宣搭桥、科工贸联姻，保进区域经济快速发展”的典型发言。9 月 9 日，中共中央党校办公厅、中国市场经济报社发函长沙高新区管委会，同意中国市场经济报社湖南记者站挂靠长沙高新区管委会，并请协助建站。1996 年，召开新闻发布会，正式出台《长沙高新技术产业开发区条例》，《长沙晚报》刊登相关报道。

1997 年 1 月 24 日，长沙高新区管委会组织新闻单位记者和区内 9 家产值过亿元企业负责人举行座谈会，集中采访报道 9 家企业生产经营成果和经验。8 月 13 日，长沙高新区管委会组织召开国际互联网工作会议，长沙高新区在国际互联网开辟一个永久性的宣传窗口，加入中国商业网。在全国人大、政协两会期间和首届亚太经合组织科技园区网络工作会议期间，分别在《经济参考报》和《中国高新技术产业导报》上组织两个宣传专版。编辑《长沙高新区明星企业画册》。利用参加双新会、湘交会、夏交会、国家科技电视剧研讨会之机，采取制作宣传版面、提交会议发言材料、发布有关宣传品等多种形式对长沙高新区作全方位的宣传。同时，广泛利用报刊、电台、电视台播发新闻、刊登专门文章宣传长沙高新区，全年在《中华儿女》《中外交流》《中国科技产业》《涉外导报》及中央、省市电视台等发稿 230 余篇次

1997 年 4 月—2004 年 8 月，“一区四园”新的起步阶段。

1997 年 4 月，科技部批准长沙高新区调整为“一区四园”。这一阶段长沙高新区的宣传报道侧重于园区的产业集聚功能。

1998 年，《长沙晚报》头版头条分别刊登《高攀火炬 铸造辉煌——长沙高新技术产业开发区十年发展述评》《令人怦然心动的新亮点——长沙改革开放 20 年科技述评》等文章，专题报道改革开放 20 年，长沙高新区成立 10 年的发展成就。5 月 25 日，组织省市新闻单位记者采访报道长沙高新区马坡岭农业高科技园、星沙工业高科技园、远大高科技园成立授牌活动。8 月 25—27 日，香港特别行政区“熟悉内地事务探访团”一行 20 余人在长沙高新区管委会主

任柳冠群陪同下，先后考察长沙高科技园、远大高科技园和星沙工业高科技园，并在香港的媒体上刊文报道长沙高科技园、远大高科技园和星沙工业高科技园。

1999 年 1 月，市委市政府决定加快岳麓山科技园望城坡产业基地（即：麓谷）规划建设，标志岳麓山科技园集中建设重新起步，长沙高新区宣传报道重点向麓谷倾斜。同时，响应长沙市政府一号文件《进一步加快高新技术产业的发展》，配合《长沙晚报》推出系列宣传报道。根据产业划分，对外推出报道软件产业基地、传感技术产业基地、先进制造、创业之谷等，重点关注长沙软件园、日立电器、双鹤医药等。

2000 年 2 月，邀请省内外多家新闻媒体采访报道长沙高新区岳麓山高科技园新区开工建设活动。7 月 13 日，召开长沙高新区中长期发展战略研讨活动新闻发布会，市委宣传部、市委政研室和省市新闻媒体领导和记者 50 余人参加新闻发布。

2002 年，配合“三化建设”组织省、市媒体记者对省、市十大标志性工程进行系列专题采访报道（全市十大标志工程 23 家企业，长沙高新区占 17 家）。

2003 年，湖南日报、长沙晚报、东方新报开辟长沙高新区麓谷的系列报道和专栏报道。在《中国高新区》作题为“潇湘硅谷——长沙高新区的报道”的专栏报道。

2004 年 4 月 12 日，“崛起的长沙工业”新闻会在长沙高新区麓谷科技园举行。

2004 年 8 月—2012 年，建设科技产业新城阶段。

长沙高新区岳麓山科技园（麓谷）实现带镇（街）发展为标志。这一阶段长沙高新区宣传报道重点关注三个转变：即“科技园区向科技产业新城转变，纯科技产业向多业并举转变，园区管理向准政府转变”。

2006 年，在《中国高新技术产业导报》《中国高新区》上刊发题为《创业春潮逐浪高——长沙国家高新区创建十五周年回眸与展望》；配合全省科技大会组织在《湖南日报》上刊发《长沙高新区托起创业创新梦》；配合《长沙晚报》创刊五十周年，刊发《铸剑十五年，火炬映潇湘——长沙国家高新区实施火炬计划加速推进新型工业化纪实》；《崛起的“湖南硅谷”——长沙国家高新区麓谷科技园引进战略投资者纪实》等大型报道在湖南日报、长沙晚报等显要位置刊发。在湖南卫视、湖南经视、红网、长沙新闻频道等推出自主创新、推进新型工业化、创新年、工业项目年、安全生产、党的建设、失地农民招聘、中博会等 14 个专题宣传报道。9 月 27 日，长沙高新区举行麓谷投资环境专题推介会，会议由长沙高新区党工委书记彭可平主持，副市长向力力应邀出席会议并致辞，长沙高新区党工委副书记、纪工委书记黄德湘作投资推介说明。

2008年，第9期《中国高新区》杂志以《风云际会看麓谷》为题，刊登30个彩色版面的专题报道，在长沙电视台《长沙新闻》栏目播出《高新驱动，麓谷先行》10期专题片。配合产业局开展“服务经济建设百日大行动”专题报道，在市百日办简报刊发两期长沙高新区专辑；配合招商局开展“沪洽周”杭州招商会专题宣传，组织14家浙江媒体和5家湖南媒体进行异地采访报道。同年，科交会落户长沙高新区，开启每年一度的科技会节点宣传。同时，围绕国家改革开放三十周年、国家火炬计划实施二十周年、长沙高新区创建二十周年、第二届科交会等重大主题在麓谷举行纪念活动，主办《辉煌麓谷，腾飞高新》——纪念高新区创建20周年大型文艺晚会，邀请张也等明星助阵演出。

2008年，主办《辉煌麓谷、腾飞高新》——纪念高新区创建20周年大型文艺晚会

谭仲词作词，藏云飞作曲，王丽达演唱，创作长沙高新区第一首区歌——《麓谷，放飞梦想的地方》，并拍摄成MV。组织《今日麓谷》摄影比赛，举办长沙高新区创建20周年摄影展，并制作成纪念画册。

2009年，园区对外宣传转型，推出科技、产业报道的同时，推出涉及规划、社会事业、教育配套等社会管理类报道，宣传重点围绕创新、高效、美丽、幸福“四个麓谷”展开，重点宣传国家级创新型园区试点园区展开。

2010年，从重点企业看重点项目，从典型领军人物看产学研结合的角度，围绕园区的主题元素，策划推出6大产业集群、5个专业园区、10家龙头企业、10位行业领军人物等专题宣传报道。完成产业、项目、人物的包装和推荐，打造麓谷园区的特色产业品牌；配合文化创意产业园和服务外包基地等建设，积极探索长沙高新区“强化宣传促进文化创意产业，发展文化创意产业带动城乡一体化”的新路径。围绕以“两帮两促”、项目建设、为民办实事工程、环保产业示范园建设、国家创新型科技园区建设、湖南省产业转移暨投资环境（深圳）推介会、城乡一体化建设、2010 年科交会、国家软件产业基地 15 周年工作座谈会等为主题，在《人民日报》《文汇报》《香港商报》《科技日报》《中国环境报》《湖南日报》《长沙晚报》及凤凰卫视等媒体进行深度报道。

2011 年，对外宣传围绕“十二五”发展开局、中国共产党成立 90 周年、国家高新区成立二十周年和创新型科技园区建设，组织策划发展成就摄影艺术大赛、创新型科技园区巡礼、长沙高新区科技游暨首届‘高新麓谷’杯创新作文大赛等八大系列活动，分批推出专题报道、重点报道和跟踪报道。对外宣传，组织策划长沙高新区 “建设国家创新型科技园区巡礼”系列报道；为长沙高新区征拆工作策划《被征地农民就业为啥有点难》；为长沙高新区金融机构纷至沓来策划“银政企”合作报道；同时围绕科交会、文明创建、社会民生等进行一系列的专题报道。在长沙高新区范围内，开展一次全市小学生科技游暨创新作文大赛活动、“麓谷之恋——长沙高新区首届联谊相亲会”。

2012 年，组织策划巾帼风采系列、2012 中国（长沙）科技成果转化交易宣传系列报道、重点企业办公室主任联席会等系列活动，分批推出专题报道、重点报道和跟踪报道，充分整合资源，借助各种平台，利用传统媒体，外宣媒体、网络媒体集中发声，全年在全国各类纸质媒体刊发文章 300 余篇，其中，中央级别媒体（包括境外媒体）发稿 34 篇。对内宣传，围绕两型社会、国家创新型园区建设、产业发展、文明创建、平安园区、和谐征拆、美丽麓谷等中心和重点工作进行系列专题宣传报道。

二、宣传载体

新闻工作简报及《今日麓谷》：

2009 年，长沙高新区管委会党政办公室制定《长沙高新区新闻宣传工作管理制度》（长高办通知〔2009〕33 号），统一《高新区工作简报》的刊头和期号，各部门提供新闻素材和稿件由宣传部统一编发工作简报。长沙高新区管委会党政办公室宣传部推出《今日麓谷》，办刊目的是报道全区重大活动和项目建设，由宣传部专干负责采写、编辑、印刷，全年共编发 3 期，对内部各部门局室分发，2010 年停刊。

《高新麓谷》报：

2010 年 5 月 26 日，长沙高新区与长沙晚报报业集团共同创办《高新麓谷》报，对开 4 版，每周三出版，初期发行量为 1.5 万份，以“创新创造价值”为宗旨，秉承“发现创新价值、服务创新发展、弘扬创新文化”的办报理念，面向长沙高新区麓谷园区企业、企业员工、社区居民免费发放，并发行至国家科技部等部委和省市四大家及市直机关单位，与全国高新区进行互相交流。同年，成立《高新麓谷》采编中心，接受长沙高新区管委会党政办公室（宣传部）与长沙晚报报业集团共同管理。采编中心主编由长沙晚报报业集团委派，其余人员由长沙高新区管委会与长沙晚报报业集团共同招聘。

创新创造价值

高新麓谷

GAOXIN LUGU

2010年5月26日 长沙高新区

科技部副部长杜占元来我区考察时强调

掌握核心技术 创新助推发展

中部自主创新领航区呼之欲出

●2015年，长沙高新区将建成国家创新型科技园区 ●全市资金人才政策倾斜，众多利好助推"三区五园"

一个政策拆到头 一把尺子量到底

东方红路北段、青山路西段拆迁签约告捷

麓谷路网 将现"六纵四横"

我区举办"和谐高新"大型招聘会

"农大哥"人才交流会上唱主角

首批"订单式培训"下月开讲

村民：希望大路通到家门口

2010年5月26日，与长沙晚报共同创办《高新麓谷》报

《高新麓谷》报为产经类周报，初期版面设置为：头版《麓谷要闻》，全情报道麓谷园区重要政务新闻和经济事件；二版《麓谷产经》，深度观察园区经济现象和最新发展成就；三版《麓谷民生》，服务园区企业和百姓生活，关注麓谷新城建设；四版《麓谷视点》，以国际化视野，聚焦高新技术产业发展成就、动向、趋势和经验，深度剖析产经现象背后的新闻。同时《高新麓谷》报开设《名人堂》《麓谷投资锦囊》《麓谷传奇》《麓谷名企》《QQ连心桥》《麓谷拍客》《麓谷人文》等一系列栏目，从不同角度对长沙高新区进行宣传报道。

2011年4月15日，长沙高新技术产业开发总公司出资50万元成立长沙高新区麓谷传媒有限公司，公司法人代表为总公司副总经理龙珍，公司监事为总公司办公室主任陈旭辉，《高新麓谷》报采编中心主编李霞任总经理。公司营业范围涵盖广告发布服务，国内代理服务、制作服务，广告设计，企业形象策划服务，策划创意服务，市场营销策划服务，企业营销策划，会议及展览服务，影视节目发行，摄影服务，软件技术服务，商业活动的组织，文化获得组织和策划，文化艺术交流活动的组织，学术交流活动的组织，招牌设计等。5月26日，《高新麓谷》报创刊一周年纪念日，发行量升至20000份。

2012年，《高新麓谷》报发行覆盖面进一步拓展，达4万份。报纸发行到

国家部委、全国80多家高新区、省内兄弟园区、省市四大家机关及宿舍；企业班组员工宿舍、镇村千家万户、学校、商场均有发行覆盖，安置小区设立专用报箱。

长沙高新区门户网站：

长沙高新技术产业开发区门户网站（简称“长沙高新区门户网站”）创建于2003年，4月正式运行。初期网站内容，录入首批长沙高新区的政策、环境、办事流程等资料，具体包括346条新闻动态，46条政策法规，46条网上招商，589条企业之窗，25条社区服务，16条组织生活，77条支撑体系，共计1035条反映长沙高新区发展和建设的信息快讯。9月，配合国家科技部火炬计划15周年网上成就展，组织撰写并提供上网所需全部文字材料，及时更新新闻动态栏目，展示长沙高新区建设的新成就、新风貌。长沙高新区网站被评选为全国高新区十大优秀网站。

2009年，网站全面升级，改版后长沙高新区门户网站开设网上专题、专版、专栏宣传，及时更新动态新闻栏目，成为一个互动内容发布、在线政务审批、全线招商引资及人才招聘、数字社区等辅助功能为为一体的综合服务平台。

2012年，长沙高新区门户网站再度改版，开设《高新概况》《新闻中心》《信息公开》《网上办事》《互动交流》《创新创业》《投资高新》等主栏目，分栏目、子栏目共100多个，网站实现《高新麓谷》报纸电子版阅读，门户网站更新速度快，当天新闻当天发布。网站点击率不断上升，单条新闻最高超300次，当年网站访问量突破1千万人次。

《麓谷新闻》专栏：

2009年，创办《麓谷新闻》专栏网页，针对长沙高新区发生的重大事件、重要节点、领导政务新闻等专题进行主题视频跟拍，素材采集、编辑、制作，全年共制作80条。

2010年，随着长沙高新区经济社会各项事业迅速发展，《麓谷新闻》的报道面扩大，全年根据新闻活动情况，编发150条以上。

2012年，麓谷新闻编播转型，陆续推出巾帼风采系列、麓谷蝶变等专辑类新闻内容。

其他宣传载体：

1997年，高新区（桐梓坡）展厅对外开放。

2003年，编辑制作《长沙国家高新区创建十周年纪念邮册》《明星企业画册》，重新编印《投资指南》。

2006 年，重新制作长沙高新区招商宣传片。

2007 年，长沙高新区（麓谷）展厅正式对外开放。

2008 年，完成《纪念国家火炬计划实施 20 周年》《改革开放三十年（湖南）卷》《党委工作纪实》等国家、省、市文献资料征文 12 篇，近 10 万字。

2009 年，展厅引入全新虚拟现实展示系统，用 3D 画面全方位模拟园区建筑及基础设施。制作年度纪实类政务宣传片《麓谷大业》（原名《长沙高新区年度十大亮点回眸》），截至 2012 年，共制作 4 期。

2010 年，制作《环保产业宣传片》《麓谷之恋宣传片》《麓谷 · 家》贺岁片等；印制政务宣传册、2010 年科交会新闻报道手册、《长沙高新区省级环保产业示范园系列报道》宣传光碟、贺年卡、台历等宣传品。

三、文明创建

文明单位创建是一个单位综合实力和精神面貌的综合体现。长沙高新区党工委、管委会把文明单位创建与经济工作统一部署、统一谋划、统一落实、统一考核，带动全区形成浓厚的争创氛围。

2001 年，成立长沙高新区文明创建工作协调领导小组，制定创建规划，落实创建责任，出台《关于在企业中开展“做文明员工，创文明企业，建文明园区”活动的通知》，长沙高新区党工委党群工作部负责组织竞赛活动。活动要求：一是提高员工综合素质。抓好社会公德、职业道德、家庭美德和社会信用教育，严格规范员工的具体行为，树立“文明开放、诚信创业”的园区形象。入园企业重点开展树立“三个意识”（树立国家级高新区意识、现代卫生环境意识、社会公德和社会信用意识），倡导“五个做起”（要求每个员工从我做起、从家庭做起、从身边做起、从点滴做起、从今天做起），实现“一个普及”（普及文明礼貌用语），自觉做到“八不”（不随地吐痰、乱丢杂物，不闯红灯、随意穿行，不乱停车辆、挤占道路，不乱设摊点影响交通和卫生，不乱搭乱建、有损市容，不乱倒垃圾、乱堆杂物，不乱涂乱贴、乱设广告和标语，不损坏绿化、侵占绿地）的活动。广泛开展健康向上的群众文化活动，全面推进企业文化、园区文化，不断提高水平。加强阵地建设，为提高员工素质创造必要的教育学习条件。重视法制教育，严格行政执法，对一切不文明行为按相关规定予以适当惩罚。加大“文明企业”创建力度，要求园区加强阵地建设，建设高标准宣传橱窗，设陈列展览室，开启一个文明窗口；树立文明新风，倡导文明用语，规范文明举止；搞好文明生产，通过企业员工爱岗敬业、忠于职守、安全生产、保质保量、精益求精和无私奉献的主观能动作用来推动生产的发展，实现经济效益的增长、带来企业的兴旺。

2002 年，长沙高新区文明创建工作协调领导小组发文重申开展文明创建活动的重要性和必要性，增加创建活动内容，制定对创建活动验收考核的实施办法。

2003 年，长沙高新区文明创建工作协调领导小组对园区企业文明创建活动验收考核，把创建活动取得明显成效的企业推荐申报“长沙市文明单位”。

2005 年 3 月，长沙高新区成立党工委书记彭可平为组长，党工委副书记、管委会主任罗社辉为副组长，领导班子其他成员和各局（室）、中心、总公司、东方红镇主要负责人为组员的文明创建工作领导小组。领导小组下设办公室，党工委副书记、纪工委副书记兼任办公室主任。文明创建实行“一岗双责、目标考核”。长沙高新区管委会在机关内部开展“文明科室”“文明员工”的评比活动，组织企事业单位和广大员工创建“文明市民”“文明市民标兵”“文明家庭”“青年文明号”等文明创建活动。

2006 年，2 月，进一步推进长沙高新区文明创建工作，根据长沙高新区党工委、管委会领导班子分工调整情况，对文明创建工作领导小组进行调整。党工委书记彭可平为组长，罗社辉、张德安、黄德湘为副组长。开展“机关作风建设年”活动。机关员工参加“创学习型机关，建学习型团队，当学习型员工”活动。开展“机关干部下基层，攻坚克难促发展”为主题的活动，组织干部为企业和群众排忧解难，在市委组织的“万名干部下基层，建设和谐新农村”活动中，长沙高新区获得先进单位称号。3 月，制定和印发《长沙高新技术产业开发区管委会机关 2006 年文明标兵单位创建工作方案》及工作任务分解表与考核办法，督促各局（室）和有关组织制定相应的实施方案，明确工作目标。组织召开群团组织会议，分解文明标兵单位创建责任，开展系列富有成效的创建活动，取得明显的成效。文明办编发文明标兵单位创建简报 13 期，收集整理各项文明创建资料共 12 册，《湖南省精神文明建设红皮书》特约刊载长沙高新区精神文明创建资料。推荐长沙高新区国税分局申报省级文明单位创建单位，推荐人才中心等 19 家单位申报市级文明单位创建单位。12 月，机关文明标兵单位创建顺利通过市文明委考核，长沙高新区管委会机关被授予“市级文明标兵单位”称号。

2007 年，编发文明标兵单位创建简报 4 期，收集整理各项文明创建资料共

18册。协助长沙高新区国税局、人才中心等单位开展文明单位创建工作。组织机关青年志愿者参加“市民文明公约日”暨门前市容环境卫生责任制万人劝导活动和慰问交通劝导员和公安交警活动。经全区精心组织、齐创共建，文明创建工作成效明显，机关文明标兵单位顺利通过验收，为次年申报省级文明单位打下坚实的基础。

2009年，高新区落实争创措施，开展长沙高新区机关创建省级文明单位，对全区文明单位创建工作进行摸底调查和安排部署，建立文明单位创建工作台账。组织2009年文明单位申报工作。电子信息产业集团、华能自控申报创建市级文明单位，麓景社区申报创建市级文明社区，雷锋镇政府申报创建市级文明标兵单位。全面配合“人民满意城市”建设工作，开展学习宣传道德模范和志愿者服务活动，组织本部门员工深入园区企业分发道德模范人物选票3000份、组织机关员工进行网络道德模范投票200多张，组织参加慰问交警、参加交通劝导员和公交文明劝导员、维护城市设施和打扫公共卫生等志愿者服务活动；开展机关和园区企事业单位“人民满意城市”建设宣传工作，建立从机关到企业、乡镇、社区、学校，全方位、全过程、全覆盖的“人民满意城市”建设宣传网络。发放文明城市测评模拟调查问卷1000份，提高全区干部群众对“人民满意城市”建设工作的知晓率、支持率和参与率。

2010年，高新区持续深入开展文明创建，机关争创省级文明单位。长沙高新区文明创建工作协调领导小组把各个测评项目确定牵头领导和责任部门，各有关单位和部门根据分工项目，排出工作明细，落实责任。召开文明创建协调领导小组会议和全区文明创建动员大会，工作汇报协调会、督查讲评会和迎检动员会，及时掌握情况，落实措施，确保创建工作有效开展。加大舆论宣传，营造创建氛围。对内，通过办公室（宣传部）宣传栏、公益宣传广告、群众性宣传活动等多种形式，广泛宣传创建工作；对外，依靠网络、《高新麓谷》报、《文明创建工作简报》等平台，发挥宣传工作的引导作用，为文明创建工作营造舆论氛围。出台《长沙高新区创建全国文明城市工作实施方案及责任分解表》《关于建设2010年人民满意文明社区、文明村镇的通知》，落实责任单位、时间安排和工作要求。

2011年，高新继续开展文明创建活动，争取国检验收。组织召开文明创建协调领导小组会议、文明创建动员大会、工作汇报协调会、督查讲评会和迎检动员会，及时掌握创建动态，落实工作措施。制定《长沙高新区创建全国文明城市实施方案》，明确测评体系、基本指标及工作责任分解，落实专人分段蹲点守控方案和专项考核方案。通过《高新麓谷》《文明创建工作简报》、办公室（宣传部）宣传栏、公益宣传广告、群众性宣传活动等，为文明创建工作营造有力的舆论氛围。年底，长沙高新区顺利通过国检、市检验收。

2012 年，高新区进一步量化文明创建准则。结合长沙高新区实际，制定发布《长沙高新区 2012 年文明创建文明指数测评考核办法》和《长沙高新区创建全国文明城市实施方案》，明确测评体系基本指标及部门责任分工，做到文明创建工作条条有人办、处处有人管、时时有人守，不留死角，不存盲区。同时采取日常考核和年度考核相结合的方式，督促各责任部门按时按质完成相关工作，并建立督查考核 QQ 群，加强各责任部门（单位）之间的沟通。组织“争创雷锋精神传人，弘扬社会文明新风”主题活动，成立活动领导小组，党工委书记任组长，管委会主任任第一副组长，明确把学雷锋活动作为党工委、管委会全年精神文明创建的重要任务来抓。至 2012 年，长沙高新区连续 6 年获得市文明标兵单位称号。

第二章　行政机构

第一节　长沙试验区时期

一、长沙科技开发试验区办公室

1988 年 7 月 25 日，湖南省政府批准设立长沙科技开发试验区，下发《批转〈长沙科技开发试验区〉的通知》。8 月 29 日，长沙市委、市政府下发《关于成立长沙科技开发试验区办公室的通知》，“明确长沙科技开发试验区办公室为正县级单位，列为市政府直属机构”。（简称“长沙试验区办公室”）10 月 6 日，长沙科技开发试验区办公室在长沙市科委挂牌办公，市科委主任易希文负责办公室的日常工作。

二、办公室内设机构

1989 年 4 月 8 日，市机构编制委员会以编字〔1989〕第 53 号批复，长沙试验区办公室定行政编制 7 人，设立行政管理部，负责人周倪；企业核定开发部，负责人肖国伦；均为正科级机构。

1990 年 5 月 29 日，市编委发文，增设长沙试验区办公室企业管理部（正科级），负责人卢玉明，增加行政编制8名。

7月9日，长沙市委印发〔1990〕73号文件，成立长沙科技开发试验区管理委员会，由常务副市长何家象任主任，副市长潘贵王、张东彦任副主任，陶敏、曾昭宣、潘奇才为顾问，周才富、李淑凡为长沙科技开发试验区管理委员会委员，明确长沙试验区办公室为长沙科技开发试验区管委会的办事机构，负责科技开发试验区的日常工作，易希文兼任办公室主任，张祥龙兼任办公室副主任。

第二节　长沙高新区时期

一、长沙高新技术产业开发区办公室

1991年8月29日，湖南省长沙高新技术产业开发区领导小组（简称“长沙高新区领导小组”）成立，常务副省长董志文任组长，小组下设办公室，由市政府秘书长罗特任办公室主任。9月4日，市机构编制委员会发出《关于调整长沙科技开发试验区办公室机构编制的通知》，把“长沙科技开发试验区办公室”更名为“长沙高新技术产业开发区办公室”。该办公室既是长沙高新技术产业开发领导小组的办事机构，又是长沙市人民政府的派出机构。

二、长沙高新技术产业开发区管理委员会

1995年4月10日，市政府办公厅下发《关于印发长沙高新技术产业开发区管理委员会职能配置内设机构和人员编制方案的通知》（长政办〔1995〕17号），长沙高新技术产业开发区办公室更名为长沙高新技术产业开发区管理委员会（简称“长沙高新区管委会”），明确长沙高新技术产业开发区管理委员会为长沙市人民政府的派出机构，并保留湖南省长沙高新技术产业开发区领导小组办公室的牌子。同年9月，长沙高新技术产业开发区管委会搬迁到桐梓坡C4组团新址。

1996年1月8日，长沙市政府任命陈松为长沙高新技术产业开发区管理委员会主任，温建明、张行、黄德湘为管委会副主任（正县级），原长沙高新技术产业开发区办公室主任、副主任职务自然消失。

1997年12月31日，湖南省人民政府以湘政人〔1997〕28号文件任命柳冠群为长沙高新技术产业开发区管理委员会主任。

1998年1月，湘编发〔1998〕2号和长编委发〔1998〕2号文件，湖南省机构编制委员会批准长沙高新技术产业开发区管理委员会职能配置、内设机构

和人员编制方案，明确长沙高新区管委会为长沙市人民政府的派出机构，为副市级单位。

2003年12月29—30日，长沙高新区党工委、管委会、总公司由桐梓坡C4组团搬迁至新址麓谷大道668号长沙高新区综合服务大楼。

至2012年，长沙高新技术产业开发区管理委员会机构和职责未变。

表 9–5　　长沙试验区办公室任职一览

（1988——1991）

机构名称	职务	姓名	任职时间	备注
试验区办公室 正县级	负责人	易希文	1988.10 — 1990.07	市科委主任
		张祥龙	1988.10 — 1990.07	市科委副主任
	主任	易希文	1990.07—1991.08	市科委主任兼
	副主任	张祥龙	1990.07—1991.08	市科委副主任兼
		李双仕	1990.09—1991.09	

说明：1988.08—1990.07，易希文、张祥龙未正式任命，故为“负责人”

表 9–6　　长沙高新区办公室、管委会领导任职一览

（1991–2012）

单　位	职 务	姓　名	任职时间	备注
长沙高新区办公室 1991.08 — 1995.04 正县级	主 任	罗 特	1991.08 — 1993.01	市政府秘书长兼
			1993.01 — 1995.04	长沙市副市长兼
	副主任	陈 松	1991.08 — 1995.04	
		沈克光	1991.08—1995.04	兼
		张祥龙	1991.07 — 1995.04	
		陈岳麓	1992.06 — 1995.04	兼
		孙云龙	1992.06 — 1995.04	兼
		黎开炳	1992.06 — 1995.04	兼
长沙高新区管委会 1995.04 — 1996.01 正县级	主 任	罗 特	1995.04—1996.01	长沙市副市长兼
	副主任	陈 松	1995.04—1996.01	
		沈克光	1995.04—1996.01	兼
		张祥龙	1995.04—1996.01	
		陈岳麓	1995.04—1996.01	兼
		孙云龙	1995.04—1996.01	兼
		黎开炳	1995.04—1996.01	兼

续表 9-6

单　位	职　务	姓　名	任职时间	备注
长沙高新区管委会 1996.01—1997.12 正县级	主　任	陈　松	1996.01-1997.12	
	副主任	温建明	1996.01 — 1996.05	
		张　行	1996.01 — 1997.12	
		黄德湘	1996.01 — 1997.12	
长沙高新区管委会 1998.01 — 副地市级	主任	柳冠群	1997.12-2002.11	
		罗社辉	2002.11-2012.12	
		李晓宏	2012.12 —	
	副主任	黄德湘	1998.01-2003.12	
		张德安	1998.07-2009.05	
		宁　枫	2002.04-2005.07	
		刘　琳	2002.04-	
		莫一平	2002.04-	
		邓自力	2005.07-	
		郭力夫	2006.04-2009.08	
		陈志红	2008.12-	
		陈大庆	2009.05-	
		詹立明	2010.02-	
		周意龙	2011.08-	
	主任助理	杨君国	1995.09-2007.01	
		宋　捷	2003.02-	
		成亮洪	2006.01-	
		刘清文	2009.08-	
		陈智勇	2010.04-	
		王建辉	2010.02-	
	调研员	杨君国	2001.01-	
		宋　捷	2002.07-	
		成亮洪	2009.04-	
		欧朝龙	2009.04-	
		张德安	2011.03-	
		肖世杰	2010.12-	
		刘清文	2011.12-	
		陈智勇	2011.12-	

三、人民武装部

2002年，长沙高新区设立人民武装部，是长沙高新区党工委落实党管武装工作的具体业务部门，主要负责长沙高新区国防教育、民兵预备役整组及兵役征集、国防动员等工作。

2002年9月—2012年，长沙高新区党工委委员、总工会主席张宏亮担任人民武装部部长。长沙高新区人民武装部在长沙高新区党工委、管委会及上级军事部门领导下，开展人民武装工作，认真落实并督促协调上级军事部门赋予长沙高新区武装工作任务的完成。

第三章　内设机构

至2012年，长沙高新区党工委、管委会共有22个内设局（室）：党政办公室(宣传部)，人大政协联络工作办公室，组织人事局（统战部），经济发展局（知识产权局），招商合作局(商务局)，规划建设房产局，安全生产监督管理局，城管环保局，社会事业局，社会管理综合治理局，农村工作局，纪检监察审计局，资产管理局，政策法规局（法制办公室），统计局，人力资源和社会保障局，基本建设办公室，教育局，政务服务中心，机关党委，土地储备分中心，征地办公室（征收办公室）。其中管委会内设机构17个。

第一节　党政办公室（宣传部）

1989年4月，长沙科技开发试验区办公室下设行政管理部。

1991年9月，市机构编制委员会发出《关于调整长沙科技开发试验区办公室机构编制的通知》，同意将“长沙科技开发试验区办公室”更名为“长沙高新技术产业开发区办公室”。办公室下设：综合处、企业管理处、计财行政处（均为副县级机构），同时撤销原办公室设置的内设机构。

1994年7月13日，经市委组织部批准，开发区设宣传部，与长沙高新区综合处合署办公。

1995年，综合处更名为党政办公室。

第二节　人大政协联络工作办公室

2012 年，长编委发〔2012〕66 号同意长沙高新技术产业开发区设立人大政协联络工作办公室，明确主任 1 名（县处级正职），副主任 1 名（县处级副职），负责人大代表、政协委员闭会期间的联系和服务工作。

第三节　组织人事局（统战部）

1991 年 9 月，长沙高新区办公室下设综合处，随后在综合处下设劳动人事处。

1993 年 3 月，长沙高新区办公室劳动人事处从综合处分离，开始独立办公。1998 年，为长沙高新区管委会劳动人事处。

2001 年 12 月，根据湘编办〔2001〕24 号文件，长沙高新区管委会劳动人事局成立，加挂党群工作部牌子，行使党群工作职责(组织、统战、工青妇)。

2009 年，劳动人事局更名为组织人事局。组织人事局主要负责党建等组织工作以及进行人事管理。

第四节　经济发展局（知识产权局）

1989 年 4 月，长沙市机构编制委员会以编字〔1989〕第 53 号文件批复，长沙科技开发试验区办公室设立企业核实开发部（科级），负责高新技术企业核实和开发工作。1990 年设立企业管理部，负责高新技术企业的受理工作，1991 年更名为企业管理处。

1995 年市编委核定管委会内设机构，企业管理处更名为产业发展处。1998 年 1 月，湘编发〔1998〕2 号和长编委发〔1998〕2 号文件，明确长沙高新区管委会为长沙市人民政府的派出机构，内设产业发展处。

2001 年 12 月，根据湘编办〔2001〕24 号文件，长沙高新区党工委、管委会设产业发展局。

2009 年初，长沙市机构编制委员会发文，调整长沙高新区管理委员会下设机构，高新区产业发展局更名为经济发展局，加挂知识产权局牌子，实行两块牌子，一套班子。

经济发展局的职责主要是培训、指导企业发展，开展科技活动以及进行知识产权管理等。

第五节 招商合作局（商务局）

1995 年，长沙高新区管委会增设对外合作处。

2000 年 11 月，根据长沙市机构编制委员会办公室发〔2000〕64 号文件，长沙高新区管委会调整招商合作处工作职能。2001 年 12 月，根据湘编办〔2001〕24 号文件，长沙高新区党工委、管委会设有招商合作局，为副处级。

2003 年 12 月，长沙高新区管委会在机构设置和职能上，对招商合作局机构、职责、人员实行重组，在招商合作局内部，设置并行的招商合作一局、招商合作二局、招商合作三局（简称招商一、二、三局），招商一、二局各定员 3 人，设局长 1 名，副局长 2 名。招商三局定员 4 人，设局长 1 名，副局长 1 名。

招商一、二局职能为：负责所有进入麓谷的非经营性用地项目的招商，承担管委会下达的麓谷招商目标任务，负责从项目跟踪、洽谈到签订用地合同的全过程工作。具体负责对项目的评估、提出用地及选址意见、项目落户的条件洽谈、配合总公司签订用地合同并跟踪落实项目的开工建设和投资到位。

招商三局（含对外科技交流中心）职能是：联系衔接上级招商部门有关工作；招商的基础性业务工作（建立招商项目库、客户库以及招商宣传、策划和资料编辑等）；管委会下达的全员招商目标任务的督查；承担麓谷以外的招商任务；各种招商节会活动的联络组织；对外科技交流中心的日常工作。招商三局与管委会其他局室实行目标绩效管理，不参与招商一、二局提成经费的分配。

2004 年 12 月，根据湘编办〔2004〕30 号文件，招商一局、二局、三局合并为招商合作局。

2011 年 12 月，根据《长沙高新区党工委、管委会机构改革实施意见》（长高新区发〔2011〕68 号），在招商合作局内设立对外科技交流中心。

至 2012 年，长沙高新技术产业开发区管委会设有招商合作局（商务局）。

第六节 开发建设局

1999 年 1 月，设立长沙高新区管委会建设开发管理部，下设工程建设科。

2001年12月，根据湘编办〔2001〕24号文件，长沙高新区管委会设立开发建设局，对长沙高新区内各类建设实行行业行政管理。

第七节　规划建设房产局

2005年，成立长沙市建设委员会高新区分局，在长沙市建委和高新区管委会领导下，负责长沙高新区建设项目质量安全监督管理。

2008年7月，长沙市建设委员会高新分局调整为高新区直接管理，市建委原授权分局的事、权、责全部移交分局，新增区级和部分市级职责。

至2009年，长沙市建设委员会高新区分局改名规划建设房产局，担负园区规划、科技新城建设、房地产管理、保障安置房建设分配等任务。

第八节　安全生产监督管理局

2006年12月10日，长编办发〔2006〕232号文件关于设立长沙高新技术产业开发区管理委员会安全生产监督管理局的请示。

2007年3月16日，长编委发〔2007〕18号文件，同意设立长沙高新技术产业开发区管理委员会安全生产监督管理局，核定副处级领导职数1名，人员编制内部调剂。坚持“安全第一、预防为主、综合治理”的安全生产工作方针，强化安全生产责任制，加强安全生产监督检查，提升监督管理工作服务水平。8月20日，长编办发〔2007〕83号文件，同意增加安全生产监督管理局副局长1名，内设局（室）副局长（副主任）领导职数由15名调整到16名

第九节　城管环保局

2000年，长沙市环保局驻长沙高新区办公室投入运营。

2002年4月23日，长沙市环境保护局在长沙高新区设置派出机构开发区分局（长编委发〔2002〕12号），由市环保局与长沙高新区实行双重领导。其主要职能为：负责长沙高新区和经技区环境保护执法和监督管理工作；负责审批长沙高新区、经技区进区和岳麓山高科技园进园项目的环境影响报告书（表）、环保设计工程、污染工程治理和排污费的收取以及排污申报、登记工作；核发

全市统一编号的《环保施工许可证》《环保设施验收证》《排放污染物许可证》。

2006 年 1 月，长沙高新区城管局成立。

2008 年 7 月 29 日，中共长沙市委办公厅、长沙市人民政府办公厅联合发文（长办发〔2008〕28 号）将长沙市环境保护局开发区分局更名为长沙市环境保护局高新区分局，改由长沙高新区直接管理，继续赋予原有的市级管理权限并增加市辖区一级行政管理权限，不再承担长沙经济技术产业开发区范围内的环境保护工作职能，明确管理权限范围在长沙高新区岳麓山高科技园（包括托管的岳麓区东方红镇和望城县雷锋镇）的区域范围内。

2009 年，城管局与环保分局合并，组建长沙高新区城管环保局。

第十节 社会事业局

2009 年，长沙高新区管委会成立社会事业局，负责文化、卫生、计划生育、民政、民族宗教等工作。

第十一节 社会治安综合治理局

2007 年，长沙高新区党工委、管委会把综合治理工作职能从社会发展局析出，成立社会治安综合治理办公室。

2009 年，社会治安综合治理办公室更名为社会治安综合治理局。

2012 年 9 月 7 日，长编办下发〔2012〕10 号文件，关于长沙高新技术产业开发区管理委员会社会治安综合治理局更名的请示。

第十二节 农村工作局

2009 年，长沙高新区管委会农村工作局成立，履行区县“大农委”的职责。农村工作局主要从农业、林业、畜牧、水利、经管和农村交通公路等工作入手进行农村管理，做好农村工作。另外，农村工作局肩负三防，农村土地流转等其他工作。

第十三节　纪检监察审计局

2010 年，长沙高新区管委会设立纪检监察审计局，全面开展财务审计、工程建设项目结算审计、经济责任审计。

第十四节　资产管理局

2009 年，长沙高新区管委会在设立财务科的基础上成立资产管理局。资产管理局的主要职责：预算控制、财务管理、融资工作、资金平衡、国有资产监管；具体负责管委会机关、驻区机构、二级单位的财务核算；负责管委会资金管理和债务管理，制定年度资金平衡计划，按计划组织资金来源，调度使用资金；负责管委会各行政事业单位国有资产管理。

第十五节　政策法规局（法制办公室）

政策法规局为长沙高新区的政策法规研究机构。其前身是 1991 年 9 月至 1995 年 4 月，长沙高新技术产业开发区办公室下设发展研究处。1995 年，综合处更名为办公室，发展研究处并入综合处。

2001 年，办公室更名为长沙高新区党工委、管委会办公室，下设秘书组和政研信息组。

2004 年 5 月，党工委、管委会的综合调研和文稿服务职能从办公室（政研信息组）正式分离，成立发展研究室。

2005 年，《长沙高新区党工委、管委会有关材料分工意见》（长高新管发〔2005〕48 号），明确发展研究室是长沙高新区党工委、管委会发展研究、政策法规研究及决策服务的参谋、综合部门，从事政策法规研究，牵头草拟全局性或跨部门、跨领域的有关政策、规范性文件，对重要政策性文件进行审查等工作。

2008 年，发展研究室更名为政策法规局，职能进一步调整扩充为发展研究、规划编制、政策研究、综合调研和文稿服务等职能。

2011 年，政策法规局加挂“法制工作办公室”牌子，实行“一套班子、两块牌子”工作模式，增加管委会法制工作管理职能，政策法规局（法制办公室）

内设综合调研处，其中局长（主任）1 名，副局长（副主任）2 名，处长 1 名。

第十六节 统计局

1992 年，计财处设立计划统计科。

2005 年 12 月，经长沙高新区党工委、管委会研究决定，把原产业发展局统计科独立析出，成立长沙高新区管委会统计局。

第十七节 劳动和社会保障局

2007 年 11 月，根据长高新区管函〔2007〕98 号文件，成立长沙市劳动和社会保障局高新区工作处。

2009 年 7 月，根据《关于支持高新区劳动和社会保障工作的指导意见（试行）》(长劳社发〔2009〕57 号)，成立长沙高新区劳动和社会保障局，明确长沙高新区劳动和保障局为市辖区一级劳动和社会保障局的行政管理职能：主要为生产经营地在园区内的企业、员工及辖区城乡居民提供劳动保障服务。

第十八节 基本建设办公室

2010 年 4 月，经党工委、管委会决定，设立长沙高新区管委会基本建设办公室，主要负责管委会财政投资非营利性项目建设的筹备、实施、协调、监督、管理等工作。其中心任务为“加强建设项目管理，规范项目投资行为，提高财政资金效率和效益”。

第十九节 教育局

2011 年 12 月，根据《长沙高新区党工委、管委会机构改革实施意见》（长高新区发〔2011〕68 号），在内设机构调整方面新组建教育局，社会事业局、教育管理中心承担的教育管理职责划入教育局。

2012 年，长沙高新区管委会正式设立教育局，负责管理长沙高新区教育等社会事务。

第二十节 政务服务中心

2004年5月31日，长沙高新区管委会成立投资服务中心。2011年12月，根据《长沙高新区党工委、管委会机构改革实施意见》（长高新区发〔2011〕68号），长沙高新技术产业开发区投资服务中心更名为长沙高新技术产业开发区政务服务中心。

政务服务中心的职责：

对区行政审批及相关服务活动履行组织、协调、监督、管理和考核职责；

负责购地产业项目从报建到竣工期间的推进督办服务。

第二十一节 机关党委

2009年3月12日，长沙高新区管委会机关委员会成立。机关党委主要负责宣传和执行党的路线、方针、政策，组织党员学习马列主义、毛泽东思想、邓小平理论、“三个代表”重要思想、科学发展观以及长沙高新区政策业务知识，加强基层党组织建设以及文明创建工作。

第二十二节 土地储备分中心

2004年，土地储备分中心建立，负责征地、拆迁等工作。

2009年，土地储备分中心独立运行，主要负责衔接落实编制长沙高新区内土地利用计划、年度征（转）、储备、供应计划，土地征（转）的前期工作，对储备土地进行前期开发和基础设施配套建设等工作。

第二十三节 征地办公室（征收办公室）

2008年，长沙高新区管委会征地办公室正式成立，与拆迁事务所合署办公。

2009年，征地办公室与土地储备中心合署办公。

2010年，征地办公室独立运作，主要负责实施、组织、协调、监督和管理长沙高新区农村集体土地征地补偿安置等工作。

2011年，经岳麓区人民政府、望城坡人民政府分别指定长沙高新区征地办公室全面负责长沙高新区范围内的国有土地房屋征收与补偿工作，加挂征收办公室牌子。

表 9–7　　长沙试验区、长沙高新区办公室、管委会内设机构调整一览表

（1988—2012年）

年份	名称	同时挂名	备注
1989	行政管理部、企业核定开发部		长沙试验区办公室时期
1990	行政管理部、企业核定开发部、企业管理部		长沙试验区办公室时期
1991	综合处、计财行政处、企业管理处		企业管理部更名为企业管理处。
1993	综合处、计财行政处、企业管理处		
1995	综合处、劳动人事处、产业发展处、对外合作处、	劳动人事处（党务工作处）	行政管理部更名为综合处；劳动人事从综合处剥离设处；企业管理处更名为产业发展处。
1998	办公室、产业发展处、对外合作处、劳动人事处		综合处更名为办公室
2001	办公室、产业发展局、招商合作局、开发建设局、劳动人事局、社会事务管理局	劳动人事局（党群工作部）	对外合作处更名为招商合作局
2002	办公室、产业发展局、招商合作局、开发建设局、劳动人事局、社会事务管理局		增设市环保局开发区分局
2003	办公室、产业发展局、招商合作局、开发建设局、劳动人事局、社会事务管理局		招商合作局下设：招商合作一局、招商合作二局、招商合作三局
2004	办公室、产业发展局、招商合作局、开发建设局、劳动人事局、社会事务管理局		招商一局、二局、三局合并为招商合作局 增设发展研究室
2005	办公室、产业发展局、招商合作局、开发建设局、劳动人事局、社会发展局、统计局	社会发展局（城市管理局）	社会事务管理局更名为社会发展局 产业发展局剥离统计科独立设局
2006	办公室、产业发展局、招商合作局、开发建设局、劳动人事局、社会发展局、发展研究室、统计局、城管局		增设长沙高新区城管局
2007	办公室、产业发展局、招商合作局、开发建设局、劳动人事局、社会发展局、安全生产监督管理局、发展研究室、统计局、综治办	劳动人事局（统战部）	成立安监局，增设综治办公室
2008	办公室、产业发展局、招商合作局、开发建设局、劳动人事局、社会发展局、安全生产监督管理局、统计局、综治办、政策法规局、征地办公室	征地办公室（征收办公室）	发展研究室更名为政策法规局、增设征地办公室。

续表 9-7

年 份	名 称	同时挂名	备 注
2009	办公室、经济发展局、招商合作局、规划建设房产局、组织人事局、社会发展局、城管环保局、社会事业局、社会治安综合治理局、农村工作局、资产管理局、劳动和社会保障局、政策法规局、机关党委、土地储备分中心、征地办公室	经济发展局（知识产权局）	劳动人事局更名为组织人事局 产业发展局更名为经济发展局 城管局与环保分局合并为城管环保局 综合治理办公室更名为社会治安综合治理局
2010	办公室、经济发展局、招商合作局、规划建设房产局、组织人事局、社会发展局、城管环保局、社会事业局、社会治安综合治理局、农村工作局、资产管理局、劳动和社会保障局、纪检监察审计局、政策法规局、基本建设办公室、机关党委、土地储备分中心、征地办公室		增设规划建设房产局、农村工作局、资产管理局、劳动和社会保障局、机关党委、土地储备分中心、纪检监察审计局和基本建设办公室。
2011	党政办公室、组织人事局、经济发展局、招商合作局、规划建设房产局、安全生产监督管理局、城管环保局、社会事业局、社会治安综合治理局、农村工作局、纪检监察审计局、资产管理局、政策法规局、统计局、人力资源和社会保障局、基本建设办公室、教育局、土地储备分中心、征地办公室、机关党委	政策法规局（法制办公室）、征地办公室（征收办公室）	增设教育局，招商合作局内设对外科技交流中心，劳动和社会保障局更名为人力资源和社会保障局
2012	党政办公室、人大政协联络工作办公室、组织人事局、经济发展局、招商合作局、规划建设房产局、安全生产监督管理局、城管环保局、社会事业局、社会管理综合治理局、农村工作局、纪检监察审计局、资产管理局、政策法规局、统计局、劳动和社会保障局、基本建设办公室、教育局、土地储备分中心、征地办公室、机关党委	招商合作局（商务局）、	增设人大政协联络办公室，社会治安综合治理局更名为社会管理综合治理局

表 9-8 长沙试验区、长沙高新区办公室、管委会内设局（室）历任领导（1988—2012 年）

机构名称	历任主要负责人	备注
行政管理部	周 倪	原长沙试验区办公室
企业核定开发部	肖国伦	
企业管理部	卢玉明	
党政办公室（宣传部）	张跃国、宋 捷、胡国龙、江从平	原综合处
人大政协联络工作办公室	江从平	

续表 9-8

机构名称	历任主要负责人	备注
组织人事局（统战部）	张行、莫一平、成亮洪、詹立明、杨金林	原劳动人事处（党务工作处）、劳动人事局（党群工作局）、人力资源社会保障局（组织工作局）
经济发展局（知识产权局）	杨君国、刘清文、陈智勇	原企业管理处、产业发展处
招商合作局（商务局）	张德安、陈智勇、刘汉友、刘清文	原招商合作处
开发建设局	龙惟明	
规划建设房产局	朱泽祥	
安全生产监督管理局	肖勇军、夏河年、刘荣利、王进	
城管环保局	江从平、刘汉友	
社会事业局	杨金林、夏河年	原社会事务管理局、社会发展局
社会管理综合治理局	余龙	原社会治安综合治理局
农村工作局	李劼	
纪检监察审计局	刘华光	
资产管理局	黄婷	
政策法规局（法制办公室）	欧阳建安、陈柳汀	
统计局	刘荣利、李明	
人力资源和社会保障局（劳动和社会保障局）	黎益民	
基本建设办公室	朱昱、刘灿	
教育局	罗和平	
政务服务中心	江从平、汤湛	原投资服务中心
机关党委	黄德湘、胡国龙	
土地储备分中心	贺树云、王进、谭学军	
征地办公室（征收办公室）	欧阳建安、谭学军、石彦宏、王建辉	

第四章 区属事业单位

至2012年12月，长沙高新区完成机构改革，有5个直属事业单位：信息产业园管理委员会、创业服务中心（长沙留学人员创业园服务中心、大学科技园办公室、科技成果转化与技术转移中心）、长沙软件园岳麓山国家发展中心、人才服务中心、拆迁事务所（国有土地房屋征收与补偿工作事务所）。

第一节 信息产业园管理委员会

信息产业园管理委员会前身为长沙望城坡经济开发区，成立于2006年7月，当时隶属长沙市岳麓区委、区政府管辖。为优化区域产业发展布局，加强大河西先导区建设，2008年6月成建制并入长沙高新区，历任负责人有李平波、肖勇军等。

信息园位于岳麓大道以北、雷锋大道以西、绕城线以东，长沙大河西先导区的核心区域，规划面积9.6平方公里。

2008年11月5日，省政府正式批复为省级电子信息产业园；12月，接受国家发改委、工信部的验收，授牌为国家级软件产业基地，成为国内外电子信息产业转移的重要载体。

长沙软件园正式创办于1998年，2000年经科技部批准为“国家火炬计划软件产业基地长沙软件园”，2001年又被国家计委和信息产业部批准为国家级软件产业基地。2000年9月，经长沙市机构编制委员会批准，长沙软件园发展中心正式成立，具有独立事业法人资格，于2007年通过ISO9000质量管理体系认证并获得中国质量认证中心(CQC)颁发的认证证书，为园区的软件产业发展提供基础产业、行政管理、市场、人才、投融资、商务配套、政策法规等全方位的优质服务。

第二节 长沙软件园发展中心

长沙软件园发展中心，2000年9月经长沙市机构编制委员会办公室批准成立，中心具有独立事业法人资格，隶属于长沙高新技术产业开发区管理委员会，是长沙软件产业发展的管理与服务部门。其历任主要负责人有刘汉友、帅军等。

长沙软件园立足本地的技术人才资源，依托国内软件技术及软件市场优势领域，营造了优良环境、构建了专业平台，园区建设和产业发展很快，产生了良好的聚集和辐射带动效应。

长沙信息产业园前身为长沙望城坡经济开发区，成立于2006年7月。2008年6月并入长沙高新区，同年，长编委发〔2008〕8号文件，长沙市决定长沙望城坡经济开发区管理委员会人、财、物成建制移交长沙高新区管理。

2013年3月，长沙高新区根据（长高新区发〔2013〕10号）和“三定”方案（长高新区发〔2013〕11号），对长沙软件园发展中心与长沙信息产业园管委会实行合并，两块牌子，一套人马。

第三节 创业服务中心

长沙高新区创业服务中心成立于1999年6月。创业服务中心集长沙高新区创业服务中心、岳麓山国家大学科技园办公室、长沙留学人员创业园服务中心、高新区创业富民领导小组办公室、科技成果转化与技术转移中心于一体，采取“五块牌子、一套人马”的运作模式，致力于寻求符合中国国情的企业孵化器发展之路。

创业服务中心

至2012年，创业服务中心设有综合部、企业服务部、基地与招商部、平台建设部以及成果转化部。其历任主要负责人有汤湛、李晓阳、刘荣利。

长沙留学人员创业园服务中心

2002年5月，长编委发〔2002〕16号，同意明确长沙留学人员创业服务中心为全民事业单位，核定编制13人，主任1名（享受副县级干部待遇），副主任2名，内设综合科、招商科、管理科，人员实行聘用制。9月，市编委办同意长沙留学人员创业服务中心加挂长沙高新区创业服务中心的牌子，机构、人员、级职不变。长沙留学人员创业园服务中心主要职责是促进科技成果转化、产业化，为初创型、中小型高新技术企业提供创新创业综合服务。

岳麓山国家大学科技园办公室

2007年9月，根据湘编办〔2007〕29号和长编委办〔2007〕59号文件，设立长沙高新技术产业开发区管委会岳麓山国家大学科技园办公室（副县级机构）。

2009年，长沙高新区创业服务中心与岳麓山国家大学科技园办公室合署办公。

科技成果转化与技术转移中心

2011年12月，长沙高新区依托长沙高新区创业服务中心组织成立科技成果转化与技术转移中心。中心的主要工作是组织协调地区科研院所和园区企业，共同开展科技成果与行业技术的转化和转移，突破产业结构调整中的技术瓶颈，形成科技优势向产业优势转移的有效机制。联合园区企业，做好引进技术的消化吸收、发展创新，积极开展国际科技合作，深入拓展技术转移渠道，促成园区与国际的科技资源有效对接。

2012年2月，长沙高新区在科技部国际合作司和湖南省科技厅的指导和帮助下，依托长沙高新区创业服务中心成立中意技术转移湖南分中心，成为全国首批14家中意技术转移中心协作网络成员单位之一。中心主要任务是搭建中意合作信息共享平台，构建湖南省与意大利中小企业间科技合作渠道，促进园区中意企业合作研发及技术转移，推动中意创新联盟、联合研发中心和联合实验室的建设，实现湖南省中小企业进入意方市场的“软着陆”。

第四节 人才服务中心

2000年11月，根据长编办发〔2000〕64号文件成立长沙高新区人才服务中心，核定事业编制12名，下设综合管理部、市场管理部、人才信息部。人才服务中心向园区企业和人才提供人才政策咨询、人才引进交流、人事代理服务、人才培训服务、公共就业服务、高层次人才服务和考试测评服务。其历任主要负责人有黄昌荣等。

2007年，人才服务中心加挂“高新区人力资源市场”牌子，赋予“人力资源市场”公共就业服务职能。人才服务中心的主要职能：

负责对园区用人单位用人提供相关事务代理；

负责流动党员的管理服务工作；

负责对园区内用人单位和劳动者提供人才服务，落实人才服务相关政策；

负责对园区内用人单位用人提供招聘服务；

负责统筹指导协调园区内人力资源公共服务；

负责建设园区内公共就业和人才服务信息系统，对园区内用人单位和劳动者提供基本公共就业，落实公共就业相关政策。

第五节 拆迁事务所

2004 年 8 月 27 日，依据《关于成立长沙高新技术产业开发区拆迁事务所的通知》（长编办发〔2004〕72 号）文件，成立长沙高新区拆迁事务所。其历任主要负责人有彭志刚等。

拆迁事务所主要职能：

依法做好集体土地拆迁工作，负责项目概算编制、征地补偿资料调查登记和拆迁资料归档等工作；

协助做好国有土地房屋征收工作，负责征地补偿资料调查登记，协助相关部门完成协议签订工作

做好项目结算工作；

严格拆迁安置补偿资金管理，负责拆迁安置补偿资金的调拨、支付，确保资金高效运行；

做好被征地农民社保工作。收集和报审被征地农民基础信息。

第五章 托管机构

第一节 东方红镇

2004 年，长沙高新区委托管理岳麓区东方红镇。

东方红镇党委、政府的主要工作是：为长沙高新区基础建设和引进企业落户园区征地拆迁，补偿安置被征地农民，协调项目工程建设，开展失地农民技能培训，引导其就业，推行城镇养老保险，城镇居民医疗保险，新型农村合作医疗，开展计划生育、安全生产、综合治理，整治城乡环境，完善基础设施建设，救助贫困群众等。

东方红镇辖有金南村委会、华龙村委会、荷叶坝村委会。

一、党　委

2011 年 12 月 16 日，按照《全面推进乡镇机构改革的实施意见》（长办发〔2011〕52 号）乡镇领导职数配备要求，东方红镇设党委书记 1 名，副书记 3 名。在法律和有关政策允许的范围内，适当扩大乡镇党政领导班子成员交叉任职。人大、政协、武装部有关工作负责人员的配备，在规定的乡镇领导职数范围内统筹考虑。其中：党委书记 1 名；副书记 3 名（1 名兼任乡镇长，1 名兼任人大主席，1 名兼管政协有关工作）；党委委员 3 名；副乡镇长 2 名。先后有周佳、石彦宏、熊贻文担任党委书记。

二、政　府

2007 年 10 月 15 日，长编办发〔2007〕98 号文件核定东方红镇机关行政编制 49 名、乡镇财政所专项编制 8 名。先后有彭志刚、苏建明、阳光辉、黄富明担任镇长。

第二节　雷锋镇

2008 年 6 月 6 日，长编委发〔2008〕9 号文件同意望城县雷锋镇移交长沙高新区管理。

雷锋镇辖有雷锋村委会、桥头铺村委会、真人桥村委会、牌楼坝村委会、坪山村委会、荷花塘社区居委会和和润园社区居委会。

一、党　委

根据长办发〔2011〕52 号《全面推进乡镇机构改革的实施意见》，雷锋镇的乡镇领导职数配备与东方红镇一致。先后有王建辉、蒋学龙担任书记。

二、政　府

2008 年 12 月 10 日，长编办发〔2008〕185 号文件核定雷锋镇机关乡镇行政编制 31 名，机关后勤服务事业编制 2 名；雷锋镇财政所财政专项编制 6 名，司法所司法专项编制 2 名。先后有蒋学龙、唐鄂桥担任镇长。

第三节　麓谷街道

2010 年 3 月，根据省民政厅批复，从东方红镇划出东塘、长庆、长丰、延农4个社区居委会，以及岳麓区的麓景社区（托管），组建新的麓谷街道办事处。

麓谷街道办事处辖有延农社区居委会、长丰社区居委会、长庆社区居委会、东塘社区居委会、麓景社区居委会、麓泉社区居委会、麓源社区居委会、和馨园社区居委会。

长沙高新区麓谷街道成立

一、党　委

2011年3月15日，长编办发〔2011〕28号文件同意麓谷街道办事处暂定人员编制13名，领导职数明确为：党工委书记1名（兼任人大工委主任、正科职），党工委副书记1名（兼任办事处主任、正科职），党工委委员3名（副科职）办事处副主任2名（副科职）。政协的有关工作，可明确1名负责同志兼管。先后有王建辉、陶湘闽担任书记。

二、政　府

2012年9月10日，长编委发〔2012〕57号文件经2012年第2次长沙市机构编制委员会研究：同意明确麓谷街道为一类街道；同意核定麓谷街道办事处行政编制9名，在市级行政编制总额中调剂解决，长编办发〔2011〕28号文件中明确的暂定编制予以核销；同意核定麓谷街道办事处所属事业单位全额拨款事业编制30名。先后有阳光辉、陶湘闽、李大群担任主任。

第六章　施　政

第一节　会议

1988—2012年，长沙高新区会议制度不断发展和完善，按照民主决策的要求，形成党工委会议、主任办公会议、调度会议、专题会议等一系列会议制度，对各项工作进行安排部署，同时每年召开长沙高新区工作会议（务虚会）。长沙高新区工作会议（务虚会）任务是：传达贯彻中央、省、市重要会议精神，回顾总结上一年工作，分析长沙高新区发展面临的形势，部署安排下一年工作目标和工作。

1989 年，长沙试验区工作会议，总结 1988 年起步以来的工作，提出 1990 年工作计划。主要成就是机构逐步完善，政策逐步兑现，同时探索出一条具有长沙特色的发展模式。下一年工作任务主要是在治理整顿中发展，在改革开放中完善，充分发挥省会优势，着力产业开发，力争产值翻番。

1990 年，长沙试验区工作会议，总结 1990 年全年工作，提出 1991 年工作计划。主要成就是完成“国家级开发区”的申报工作，狠抓税收等优惠政策的落实，健全管理机构，培养一批高新技术经营管理人才；下一年工作任务主要是切实抓好各项政策的落实，加速重点企业和拳头产品的建设；同时作好前期准备工作，努力把长沙试验区逐步建成国家级的科技开发区。

1992 年，长沙高新区工作会议总结 1992 年全年工作，提出 1993 年工作计划。主要成就是对岳麓山科技园整体规划和集中建设，引进外资和一批有市场竞争能力的高新技术企业及项目，建立健全开发区管理规章制度，全面推进综合改革，为长沙高新区建设创造优化的内外软硬环境方面取得成绩。下一年工作任务主要是加大改革力度，加速园区建设、加快招商引进，加紧产业发展、加强内部管理，高科技、高文化、高节奏、高水平、高投入、高效益的建设好长沙高新区，走“看准了就试、大胆地闯、勤于实践、勇于探索、实事求是，在实践中开拓，在实践中发展”的路子，乘“十四大”东风，抓住有利时机，掀起长沙高新区改革和建设的新高潮，加快长沙高新区改革和建设的步伐。

1994 年，长沙高新区工作会议总结 1994 年的各项工作，提出 1995 年工作计划。主要成就是在总结提高、完善配套、促进发展的同时使已经实施的各项改革在按照国际惯例要求的基础上进一步规范化、系统化。下一年工作任务主要是进一步加大改革力度，加快改革步伐，统一认识，促使各项工作开展。

1996 年，长沙高新区工作会议总结 1996 年的各项工作，主要成就是按照“开放兴区，产业强区”的思路，以“产业上规模、管理上水平、辉煌科技园”为重点，围绕产业发展和搞活科技园开展工作，深化改革，强化创新，高新技术产业从整体上向规模化、集约化方向发展，国际化格局逐渐形成，各项管理工作上新水平，综合改革进一步深化。

1997 年，长沙高新区工作会议总结 1997 年的各项工作，主要成就是在营造长沙高新区新的空间和功能优势，引导促进高新技术产业健康快速发展、改判投资环境，加大招商引资力度等方面大胆开拓，产业发展迈上新台阶，综合改革持续推进，投资环境持续改善，招商引资有新突破。

2004年年初，长沙高新区工作会议总结2003年各项工作，提出2005年工作计划。主要成就是按照建园区、拓新城、大招商、招大商、兴产业、创特色、活机制、优环境的总体思路，在招商引资、基础设施建设、高新技术产业等方面稳步推进。下一年工作任务主要是认真贯彻市委常委会议精神，以市委常委会议重大决策为契机，外拓空间、理顺体制、内抓改革、搞活机制。突出抓好招商龙头带动，市场运作推动，内部改革驱动，城乡发展互动措施的落实，努力推进麓谷经济超常规、跨越式发展，为“拓新城、冠三湘、进十强”目标的实现奠定良好基础。

2005年年初，长沙高新区工作会议总结2004年各项工作，提出2005年工作计划。主要成就是以攻坚克难、推进发展为主题，以壮大产业、增强实力、提升形象为目标，以外拓空间、理顺体制，内抓改革、搞活机制为主要措施，真抓实干，开拓创新，在理顺园区体制，推进园区建设、招商引资、产业发展、内部改革等方面取得较好成绩。下一年工作总体思路是：继续深入贯彻党的十六大和十六届三中、四中全会精神，坚持用科学发展观统领长沙高新区经济社会发展全局，以招商引资为龙头，以产业发展为主线，以开发建设为基础，以社会稳定为保障，积极稳妥，攻坚克难，确保长沙高新区持续健康较快发展。

2006年年初，长沙高新区工作会议全面总结“十五”期间工作，提出“十一五”工作计划。指出“十五”期间是长沙高新区发展的关键时期，长沙高新区步入以建设集中园区、实现“二次创业”为标志的崭新发展阶段，集中园区的开发建设，高新技术产业的发展壮大，推动全市乃至全省工业化的进程。“十一五”期间，长沙高新区加快发展的总体思路是：坚持以科学发展观统揽经济社会发展全局，把提升区域创新能力、带动区域经济作为根本任务，以理顺体制、扩大空间为基础，以增加总量、提升实力为核心，以提高效益、打造特色为关键，以创新机制、激发活力为保障，实现一、二次创业有机结合，二、三产业共同推进，规模效益同步增长，城乡一体协调发展，着力把长沙高新区建设成为现代科技产业新城。

2007年年初，长沙高新区工作会议总结2006年各项工作，提出2007年工作计划。主要成就是坚持用科学发展观统领经济社会发展全局，贯彻落实省、市加快推进新型工业化的战略部署和总体要求，深入开展“项目建设年”、“创新年”和“作风建设年”三大主题活动，以招商引资为龙头，以园区建设为载体，以产业聚集为支撑，以项目建设为重点，以作风建设为保障，克服地根银根紧缩带来的影响，全面推进各项工作，圆满完成市委、市政府下达的各项目标任务，在市委、市政府对“两区六园”的综合目标管理考核中名列第一，实现“十一五”的良好开局。下一年工作基本思路是深入贯彻党的十六届六中全会，省、市党代会和经济工作会议精神，坚持以科学发展观统领经济社会发展全局，以推进新型工业化为主线，加快产业集群建设，转变经济增长方式，推进园区扩容提质，着力招大引外，增强创新能力，统筹城乡发展，促进社会和谐，推动全区经济社会又好又快发展。

2008 年年初，长沙高新区工作会议总结 2007 年各项工作，提出 2008 年工作计划。主要成就是高新产业加速发展，全年“一区四园”技工贸总收入突破 1000 亿元大关，科技创新深入推进，招商引资成效明显，开发建设有序推进，发展环境不断优化。下一年工作的总体思路是深入贯彻落实党的十七大精神和科学发展观，坚持以改革创新精神总揽各项工作，进一步提高自主创新能力，转变经济发展方式，促进对外开放，推进新型工业化、新型城市化进程，全面统筹经济社会、城市乡村、二三产业协调发展，着力打造创新园区、生态园区、和谐园区、宜居城区和“两型社会”的领航示范区，努力实现新的突破性发展。

2009 年年初，长沙高新区工作会议总结 2008 年各项工作，提出 2009 年工作计划。主要成就是把握大河西先导区建设和创新型园区建设的历史机遇，妥善处置发展中面临的突出问题，一手抓建设发展，一手抓维护稳定，各方面工作取得明显成效，在火炬计划实施 20 周年全国总结表彰大会上，长沙高新区再次被评为全国 15 个先进高新区之一。下一步工作总的指导思想是：以党的十七大精神和科学发展观为指导，贯彻落实中央、省、市经济工作会议精神，抓改革、扩投入、保增长、促创新、强基础、优环境，加快推进两型社会综合配套改革试验和新型工业化、新型城市化步伐，持续推进实力麓谷、活力麓谷、魅力麓谷、和谐麓谷建设，确保经济社会平稳较快发展。

2010 年年初，长沙高新区工作会议总结 2009 年各项工作，提出 2010 年工作计划。主要成就是坚持以科学发展观总揽全局，紧紧抓住“两型社会”综合配套改革试验区和创新型科技园区建设的机遇，努力化解国际金融危机带来的负面影响，积极实施项目立园、产业兴区战略，落实“抓改革、扩投入、保增长、促创新、强基础、优环境”等措施，产业实力稳步提升，产业项目强势推进，新城建设不断加速，创新能力不断增强，投资环境不断优化等成绩。下一步工作的总体思路是“围绕一条主线”、“实施两个带动”、“突出三个重点”。即：紧紧围绕国家创新型科技园区建设这条主线，坚持创新引领发展、项目带动发展，着力构建高新技术产业集群，着力建设麓谷科技产业新城，着力推进社会和谐发展，为建设中部地区自主创新领航区、“两型”社会示范区奠定坚实基础。

2011年年初，长沙高新区工作会议主要是总结“十一五”各项工作，提出“十二五”工作计划。主要成就是坚持以科学发展观为指导，紧紧抓住“两型社会”综合配套改革和国家创新型科技园区建设的历史机遇，大力实施项目立园、产业兴区战略，积极落实“抓改革、扩投入、保增长、促创新、强基础、优环境”等措施，园区基本保持技工贸总收入三年翻一番、财税收入两年翻一番的发展速度。2010年“一区四园”完成技工贸总收入1800亿元。各主导产业规模工业产值最高保持50%以上的增长，以高端装备制造业为支撑，以软件和电子信息产业、新材料产业为特色的产业集群格局基本形成，生物医药、节能环保等战略性新兴产业不断发展壮大。2010年先进制造行业完成规模工业产值556亿元，其中中联507亿元，电子信息、新材料、生物医药三大行业分别完成规模工业产值57亿元、76亿元和40亿元。“十二五”规划的总体思路是：以科学发展观为指导，紧紧围绕建设国家创新型科技园区、促进经济发展方式转变的目标，坚持以产业要素的高端化促进产业的集群化，以产学研金一体化实现科技成果产业化，以园区功能多元化保障城市建设现代化，以加快城乡一体化推进社会发展。2011年的工作思路是“一主三推”，即：以科学发展观为指导，深入贯彻落实党的十七届五中全会和中央、省市经济工作会议精神，以建设国家创新型科技园区为主线，推进高新技术产业集群，推进麓谷科技产业生态新城建设，推进和谐平安园区建设。

2012年度企业总结表彰暨2013年经济工作会议全面系统的总结了2012年工作，即坚持以建设国家创新型科技园区为主线，围绕“推进高新技术产业集群建设、推进生态科技产业新城建设、推进平安幸福园区建设”三个重点，全面实施“产业集群提升、科技金融示范、创新人才汇聚、产业新城融合、创新环境优化”五大工程，实现了经济社会平稳健康发展，社会大局和谐稳定。2012年，麓谷园区完成技工贸总收入1760亿元，同比增长16%；规模工业总产值达到 1238 亿元，同比增长 13%；财政总收入达到 60.36 亿元，同比增长 20%；公共财政预算收入 20.88 亿元，增长 21%；综合经济实力位居全国高新区第 16 位，中部第 2 位。共有 324 个项目获得国家和省、市立项支持。同时在项目建设，科技服务，产城融合等方面都取得了一定的发展进步。

第二节　政务督办

长沙高新区管委会的政务督办工作由党政办公室负责，主要工作职责是督办上级领导批示，党工委、管委会主要领导交办的事项以及全委重要工作的具体落实和推进。

2006—2007 年，围绕全委招商引资、产业发展、园区建设、征地拆迁、扩区等中心工作，党政办公室全力抓好机关工作的科学调度、督查督办和协调服务。全年共印发全委月工作安排 24 期，全委领导重点活动安排 81 期，重点工作完成情况督办通报（含市委、市政府目标考核完成情况进度表）22 期，专项工作通报 8 期，对中心工作落实情况进行专项督办、综合反馈，有效地推动重点工作的进展，保证政令畅通，确保两委工作高效规范有序运转。

2009 年，制定《长沙高新区督办工作规定》，进一步规范督办工作内容、流程、考核等，提高督办工作的科学性和权威性。围绕项目开工、拆迁征地、招商引资、建设规划、项目调度、社会稳定、民生实事等内容，全年共督查督办重要工作 360 余项，督办结果直接纳入绩效考核，提高全委对督办工作的认同感和完成督办事项的自觉性，促进全区重大决策、部署落实。

2010 年，创新督办工作，修改完善《督办工作规定》，形成办公室负总责、有关部门牵头的督办机制；规范督办立项，集中力量督办上级与党工委、管委会主要领导交办的事项和全委重要工作的具体落实和推进；改进督办形式，强化督办的深度。全年办结、回复市委、市政府督查室交办任务及市领导批示 26 件；“两帮两促”专项督办工作进展顺利，累计收集企业和项目问题 330 多个，解决 282 个，列入市政府“两帮两促”项目表中的 24 个建设项目已开工 22 个。全市交办的信访件、市长信箱转办件、政府工作会议精神落实、工程建设领域突出问题专项治理等专项督办任务均已办结；围绕项目开工、拆迁征地、招商工作、建设规划、项目调度、社会稳定、民生实事等内容月度督办 12 次，共督办 60 余大项、300 余小项；收集整理和通报各部门（单位）月份工作完成情况和月度计划9次，发布情况信息5000余条，刊发专项督办工作的《督办通报》4期，会办市政协提案3项、主办市人大建议4件；全年共上门督办、现场督办、与牵头部门联动督办、调研督办50次，收到较好的督办的效果。

2011年，围绕文明创建、建设规划、城市管理、拆迁征地、招商工作、项目进度、社会稳定、民生实事等内容月度督办12次，出台综合督办通报12期，专项督办通报2期，共督办50余项重点工作；发布督办通知信息2000余条；主办人大建议案5件，市政协提案3件，会办市政协提案2件。

2012年，为确保政令畅通，结合园区重大工作，开展督察督办。按照“交必办、办必果、果必报”的工作原则，发布《关于进一步加强督办工作的通知》，加大督查督办力度，改进督查督办模式，主动适应园区发展形势，紧扣工作现实需要，形成办公室负总责、有关部门参与的督查督办机制。全年围绕文明创建、建设规划、城市管理、征地拆迁、项目建设等内容，出台重点工作完成情况通报12期，专项督办通报2期；回复处理市长信箱交办信件93件，回复处理网民来信382件，做到“件件有回复、事事有落实”，受到市有关部门的高度肯定。

第三节　档案管理和地方志编纂

一、档案管理

1998年以前，长沙高新区管委会机关档案工作由综合秘书处统一负责和管理。根据1998年长沙市编制委员会转发湖南省机构编制委员会审定文件，明确管委会下设办公室等4个处（室），均为副处级机构。办公室主要职责：负责党工委、管委会日常文书处理、政务工作综合；组织编制长沙高新区中长期发展规划和年度工作计划；组织编制长沙高新区和各园的建设规划；负责政策调研、目标督查、机要、档案、宣传、信息、机关财务、行政后勤、外事接待等工作。下设6个科，分别为组织科（纪检监察室）、宣传科、秘书科、政研科、财务科和行政科，档案室由秘书科管理（与机要室合署办公），具体负责机关档案的收集、整理、统计、保管、编研、利用等工作，档案工作逐渐步入正轨。

2002年，加强档案管理，对所有的文件、合同、图纸、图片的归档、管理基本做到分类清楚、规范有序、资料齐全、建档完整、调阅迅速、借用方便。

2003年，长沙高新区管委会、总公司各类合同管理、电子归档96份，各类资料盖章5591份，整理领导传阅卷65卷，图书入库归档58本。加强档案管理，完成长沙高新区 2002 年年鉴资料和 2002 年度大事记整理；组织对 2001、2002 年所有进入档案室的文件、合同、图纸、图表和照片的归档和管理基本做到分类清楚、规范有序。根据重要文字资料转化成电子文本数据的要求，配合信息中心对管委会全部资料进行全面的清理，极大的方便档案保存和查阅。

2006 年，基础管理工作明显夯实。实现档案电子文本化，对所有文件、合同、图纸、照片做到科学分类，资料齐全，建档完整，调阅迅速，借用方便。全年共登记入库图书 86 本，整理档案 270 多盒，协助产业局整理企业档案 200 多盒，各类期刊 200 多期。完成档案扫描 500 多份，提供查、借阅资料、档案 500 多次。

2007 年，继续实行档案电子文本化。全年共登记入库图书 164 本，提供查、借阅资料、档案约 400 次。对 2006 年文件材料收集、整理归档，永久 41 盒（654 件），长期 20 盒（235 件），短期 23 盒（383 件）。

2009 年，狠抓文档工作，档案和文稿服务水平明显提升。提高档案管理人员的业务素质，组织有关档案管理法律法规、操作规程的培训学习，做好档案防潮、防霉、防虫、防蛀工作。2009 年以来共收集区内文件、资料 1600 余份（包含相关设计、施工合同等资料 104 份）；上级来文 1800 余份（中央 83 份、省 162 份、市 1600 多份）。对各门类档案中珍贵、重要、易损且利用频繁的纸质档案、照片进行数字化加工、存储和管理，初步实现归档电子文件的接收、鉴定、编目、利用、编研、发布、销毁、统计以及网络查询、借阅和部分原文检索等功能，全年提供查询和利用服务 252 人 / 次。紧密联系实际，把握领导意图、适应领导风格，认真组织好重要讲话、重要文件、重要汇报材料的起草，全年撰写调研论文 7 篇，起草工作计划、总结、会议纪要、经验材料及领导讲话、报告等各种综合性文稿 100 余篇，文稿质量明显提升，切实发挥以文辅政的作用。同时还完成《湖南省委工作纪实》《湖南省政务公开指南》《长沙年鉴》《长沙市党委工作纪实》等文稿的组稿工作，并在《中国经贸导刊》《长沙通讯》《长沙晚报》上刊发 5 篇委领导的理论和调研文章。按照“求新、求实、求快”原则，加强对信息的捕捉、挖掘和提炼，增强信息服务的实效性，全年共报送各类信息 100 余条，部分信息被市里采用。

2010 年，档案文稿服务水平提升。完善档案基础工作，起草《档案管理办法》《档案资料管理制度》《文书档案归档及保管期限》等制度及《档案整理分工责任表》。做好档案“九防”工作，共收集区内文件、资料 2800 余份（包含相关设计、施工合同等资料 240 份）；上级来文 2000 余份（中央 130 份、省170份、市1700多份）。全年提供查询和利用服务520人/次。

2011年，档案保密工作有序推进。做好档案“九防”工作，共收集区内文件、资料3000余份（包含相关设计、施工合同等资料240份）。全年共收集整理档案永久保存60盒（1155件）、30年保存的6盒（147件）、10年保存的10盒（201件）。加强保密工作，组织全区保密知识培训和考试，完善保密硬件建设，制定出台《长沙高新区保密工作管理制度》《关于进一步加强计算机信息系统保密管理体制工作的暂行规定》等文件，严格管理涉密载体，不断推进保密工作规范化、制度化、科学化。

2012年，突出抓好《印章管理制度》《档案管理制度》，做好档案“九防”工作，全年共收集区内文件、资料5000余份（包含相关设计、施工合同等资料350余份）；上级来文900余份（中央100余份、省市800余份）。全年共收集整理档案永久保存的60盒（1200件）、30年保存的6盒（152件）、10年保存的10盒（210件），为全委提供档案借阅服务400余次。

二、地方志编纂

2008年，长沙市开展第二轮修志工作，长沙高新区严格按照市委办、市政府办《关于开展长沙市志编纂工作的通知》（长办通知〔2008〕28号）要求，以创精品、修名志为目标，扎实开展修志工作。

2009年，正式启动长沙高新区修志工作，为《长沙市志（1988—2012）》撰写“长沙高新区”一篇的志稿。6月，以党工委、管委会办公室名义下发长高办通知〔2009〕28号文件，成立长沙高新区修志工作领导小组，由党工委副书记、管委会常务副主任邓自力任组长，党工委、管委会办公室主任江从平任副组长，党工委、管委会办公室副主任何福禄以及办公室工作人员彭芬为成员。修志工作由党工委、管委会办公室负责，各部门（单位）共同参与，并在管委会离退休人员中选聘2名熟悉行业历史和现状、懂专业知识、有较强文字能力、责任心强的人员组成编写班子，确定1名主笔具体承担修志工作。安排修志室，配备电脑、打印机等工作设备，为修志工作提供必要的工作条件。按照“修志经费由各承编单位在办公经费或专项经费中列支”的原则，每年根据修志内容申请专项经费用于修志。

第七章 发展研究

第一节 理论研究

一、研究概况

长沙高新区既重视发展在高新技术产业理论指导下的产业实践，更重视在高新技术产业实践中的理论发展和研究。

2003 年，长沙高新区管委会委托湖南省四达科技咨询有限公司开展《长沙高新区中介服务研究体系》课题研究和《长沙高新区进入全国前十位和“麓谷”发展规划研究》。

同年 3 月 10 日至 14 日，由国家科技部火炬中心主办、长沙高新区承办的国家高新区“二次创业”战略发展研讨会在长沙举行，国家科技部火炬中心副主任裴夏生以及北京、长春、吉林、上海、天津、成都、重庆等 17 位高新区与会代表对国家高新区“二次创业”有关问题进行热烈讨论。

同年 6 月，长沙高新区启动《长沙高新区“二次创业”发展战略研究》，为加强领导，成立《长沙高新区“二次创业”发展战略研究》领导小组，其中顾问为朱有志，组长为张萍，副组长为陈香成，成员包括胡炳炀、胡亚文、吴志雄、黄中瑞、彭可平等 12 人。确定《长沙高新区“二次创业”发展战略研究》主要研究人员：张萍、罗波阳、马美英、胡炳炀、宋捷等 12 人。

同年 12 月 7 日至 12 日，受省委常委、市委书记梅克保委托，由市委副书记吴志雄、副市长黄中瑞带队赴重庆、成都、武汉、南昌四个高新区进行为期一周的考察学习，并于 12 月 31 日向市委提交《改革体制，拓展空间，加大支持，促进发展》的考察报告。对照外地经验，考察团认为，要对加快长沙高新区的发展，从市委、市政府决策层面，当前必须果断决策，解决好以下三个问题：

拓展发展空间，将麓谷规划再扩大约 80 平方公里，使之整体形成约 100 平方公里的控制规划规模，并将其建设列为拓展新城的重点。

理顺体制，实行“带镇带村、委托管理”的发展新模式，使高新区有相对独立和自主的发展空间。

推行封闭管理，进一步完善高新区管理机构和职能权限，力争真正做到企业办事不出园区，“园区内问题园区办结”。

并围绕上述三个问题共提出13条具有操作性的意见建议，这些建议在此后的实践中得到落实。

同年7月，长沙软件园开始实施以网络应用集成为核心，充分吸收国家863计划在基础中间件和应用中间件、软件测评平台、质量保障平台等方面的成果，面向长沙地方特色需求，在孵化器的管理运行模式下，建立网络应用集成的软件支撑平台；通过示范带动作用，辐射到各个行业，并将863成果与应用需求紧密结合在一起，从而充分满足各个行业信息化建设的需求，带动长沙软件企业的成长。

2004年4月2日，国家科技部863软件专业孵化器专家组到长沙高新区，对长沙软件园所承担的国家863计划的软件专业孵化器支撑环境课题——《面向网络应用集成的软件支撑环境》项目的执行情况进行检查。省科技厅副厅长陈仲伯、管委会副主任宁枫及软件园相关负责人接待专家组一行。该课题在网络应用集成软件支撑平台建设方面取得进展，软件孵化服务也开始辐射教育、电信、银税、媒体等行业软件开发企业。

2010年5月，省委常委、市委书记陈润儿对长沙文化建设进行专题调研，明确提出把长沙市建设成为“国际文化名城”的战略目标。根据长沙市建设国际文化名城战略研究领导小组的统一部署，由长沙高新区承担“长沙动漫游戏产业发展研究”课题报告，并成立课题研究组，对其进行专门研究和制定产业发展规划。根据长沙高新区国家动漫游戏产业振兴基地、国家数字媒体技术产业化基地在建设长沙国际文化名城中的地位和作用，重点对长沙发展动漫游戏产业的背景、定位、文化理念、产业经济、实施路径、保障措施等多个方面进行分析，并撰写相关课题研究报告。课题研究组负责人表示，长沙动漫产业由此可逐步实现转型升级走上产业集群的道路。

同年10月，在湖南省科技协会主办的“转变发展方式、建设低碳湖南”科技论坛上，宋捷、欧阳建安和赵文峰合作的《完善高新区法律制度促进发展方式转变——我国高新区立法探讨》获一等奖。

《加强干部队伍建设深化管理体制改革——对于国家高新区管理体制、运行机制的调研分析及建议》

2011年7月18日，《中国高新技术产业导报》B3版整版刊登长沙高新区调研员、主任助理宋捷撰写的文章《加强干部队伍建设深化管理体制改革——

对于国家高新区管理体制、运行机制的调研分析及建议》。该文通过对 34 家国家高新区管理体制和 195 名曾任或现任国家高新区党政一把手任职情况的调研，回顾与分析国家高新区的管理体制、运行机制等在高新区发展中所起到的作用及存在问题，并提出相应的政策建议：包括国家高新区应成为深化行政体制改革、加快政府职能转变的先行区；国家高新区应成为培育全能型人才、选拔和输送领导干部的大学校；国家高新区应成为中国提高自主创新能力、建设创新型国家的主力军。

二 理论成果

1998 年 6 月，宋捷撰写的《高新区是探索知识经济的先行者》论文获湖南省青年经济工作者协会“面向 21 世纪的湖南经济研讨会”二等奖，长沙市第五届社会科学优秀成果优秀奖。

1998 年 6 月，由潘奇才、李志远担任顾问，柳冠群、谢建辉担任组长，宋捷、江从平、张欣翼、艾振民、胡国龙、朱锦辉为成员撰写的《长沙高新技术产业发展研究》被列为长沙市第二届社会科学研究招标课题。

2001 年 5 月，宋捷撰写的《从高新区评价指标体系看长沙高新区新世纪发展战略》获新时期全国优秀科技成果文献一等奖。

2001 年 8 月，宋捷撰写的《实践“三个代表”，加快高新区发展》获长沙市学习江泽民“七一”讲话理论征文二等奖。

2002 年 7 月，宋捷、胡国龙撰写的《以外宣搭桥，促产业发展》获湖南省科技新闻学会学术年会优秀论文。

2004 年 9 月，宋捷、吴小敬撰写的《宣传科技产业，提升新闻质量》获湖南省科技新闻论坛优秀论文二等奖。

2004 年 10 月，宋捷撰写的《坚持用科学发展观做大做强高新区》获长沙市第七届社会科学优秀成果三等奖。

2005 年 8 月，宋捷撰写的《积极实施园区再造，强化领导管理功能》获第五届长株潭城市群发展研讨会优秀论文二等奖，第二届长沙市自然科学学术峰会优秀论文二等奖。

2006 年 10 月，宋捷撰写的《实施空间创新战略，实现园区集约发展》获湖南科技论坛优秀论文一等奖。

2007 年 8 月，宋捷撰写的《以高新技术产业带动，加快新型工业化进程》获湖南省科技论坛优秀论文一等奖。

2009年9月，宋捷、欧阳建安、赵文峰撰写的《再造国家高新区管理体制，推进创新型科技园区建设》获湖南科技论坛优秀论文一等奖。

2010年9月，宋捷、赵文峰撰写的《完善高新区法律制度，促进发展方式转变》获湖南科技论坛优秀论文一等奖。

2011年9月，宋捷、欧阳建安、赵文峰撰写的《深化管理体制改革，促进园区创新发展》和宋捷、欧阳建安、吴扬帆撰写的《建立科学考核指标体系，推动园区发展方式转变》获湖南科技论坛优秀论文一等奖；宋捷、吴扬帆撰写的《加快创新型园区建设，推动高新区五大转变》获湖南科技论坛优秀论文二等奖。

2012年8月，宋捷、吴小敬、刘勋撰写的《凸显文化魅力，铸造发展之魂》获第九届长株潭经济论坛优秀论文一等奖。

2012年9月，宋捷、陈柳汀撰写的《建设“两型产业”生态圈，打造转型升级示范区》获湖南科技论坛优秀论文一等奖；李湛湘撰写的《加强金融创新，实现率先跨越，助推构建长株潭城市群中部金融中心》获湖南科技论坛优秀论文二等奖。

第二节　政策研究

一、研究概况

长沙高新区的发展和实践的过程，即高新区各类政策的研究和形成的过程。如建区模式、园区规划、产业发展、招商引资、民营企业、二次创业等有关政策都是在高新区的实践中产生和完善的。

1989年4月，省政府办公厅秘书处开展试验区配套政策课题研究，在实地调查座谈的基础上，撰写《长沙科技开发试验区情况调查报告》，报告总结长沙科技开发试验区区别于国内其他试验区的四个特点（因陋就简、就地起步；集中管理、分散经营；科工贸结合、相互促进；国营、集体、个体一起上，多种经济并存），分析存在的困难和问题，提出四条建议。5月15日，省委副书记、省长陈邦柱阅后在调查报告上批示：王克英同志：看材料后，我认为试验区的头是开得好的，是大有可为的，请你再继续认真抓，帮助他们排忧解难，把试验区坚持办好。

1990年1月15日，国家科委火炬计划办公室90第2期《火炬计划简报》

（总第 34 期）刊发文章《长沙科技开发试验区在开拓中前进》，推介长沙科技试验开发区的建区特色。

1993 年 7 月，长沙高新区总规划师邓君冶出席全国高新技术产业开发区“跨世纪工程”规划研讨会，并在大会作《按二十一世纪发展要求搞好园区规划，把长沙开发区建设成为社会主义现代化新城》的典型发言，同年《城市规划》（第 6 期）杂志刊发《跨世纪工程——长沙高新技术产业开发区规划探索》，推介长沙高新区的规划建设情况。

1995 年 10 月 24 日，长沙高新区管委会副主任陈松在《湖南经济通报》（第 28 期）上，发表《关于长沙高新技术产业开发区产业发展的思考》一文。11 月 17 日，省领导储波阅后，在《湖南经济通报》上批示：“合肥的基础和条件并不比长沙好，但合肥的高新技术开发区、经济技术开发区已有三个和五个大的项目（跨国公司）支撑起来，内地的经验有可学性，请光荣同志派人深入了解一下，借鉴他人，发展自己。”随后，市委书记秦光荣、市长袁汉坤、副市长罗特分别做出批示。

1997 年 8 月，湖南省农业科学院副院长范定先、副研究员王德纯合作撰写的《马坡岭农业高科技园建设发展的构想》，先后刊发于《湖南农业科学》（1997 年 5 期）、《农业科技管理》（1998 年第 1 期），后收录入范定先著的《科教兴农研究文集》。10 月，劳动人事处莫一平、刘汉友参加在桂林召开的中国高新区协会劳动人事专业委员会第三届年会，提交论文《全国深化劳动人事工作，增创高新区发展新优势》和《浅谈人事代理制》，进行大会交流。同年，张行、胡国龙在 1997 年《中国科技产业》第八期上刊发《长沙高新区民营科技企业发展情况调查》。

1998 年 7 月，由市委政研室牵头市政府办、高新区、市科委等就长沙高新区技术产业开发区及高新技术产业的发展现状、发展思路和对策措施进行深入的调查研究，形成《关于加快长沙高新区和高新技术产业发展的汇报》。

1999 年，根据市政府安排，长沙高新区、市科委共同承担《长沙市高新技术和知识经济发展问题研究》的调研课题，完成长沙高新区“十五”产业发展规划和长沙高新区中长期发展战略研究报告，办好长沙高新区工作快讯。

2000 年，为加快实现省委、省政府提出的进入全国高新区十强的奋斗目标，在市委政策研究室的指导下，围绕长沙高新区的发展方向和战略思路、高新区中长期发展的若干指标、高新技术产业发展的重点领域以及产业发展的具体措施和对策等，在全区范围内开展“长沙高新区中长期发展战略”研讨活动。编制《长沙高新技术产业开发区2001—2005年发展计划纲要》，提出“十五”时期，园区建设总体目标和工作任务。

2004年以张萍领衔的《长沙高新区“二次创业”发展战略研究》项目把麓谷高科技产业园区的开发建设作为研究的主要对象，其提出的“二次创业”的基本思路，制度创新，综合环境的完善及重大对策措施，对长沙高新区所辖的其他园区进行“二次创业”也具有重要的指导意义和应用价值。

其成果主要包括：张萍主笔的《长沙高新技术产业开发区“二次创业”发展战略研究综合报告》和五个分报告——陈松《长沙高新区发展概述与区情诊断报告》，罗波阳、湛中维《长沙高新区的产业发展与科技创新研究》，史永铭、马美英《长沙高新区体制、机制与文化创新研究》，胡亚文《长沙高新区科技中介服务体系建设的研究》，胡炳炀《长沙麓谷科技新城空间发展的研究》，以上成果均编入2005年由国防科技大学出版社出版，张萍主编的《产业集群与园区建设 第三届长株潭经济论坛》

在2004年9月召开的《长沙高新区“二次创业”发展战略研究》成果评审会上，以国防科技大学系统工程教师、博士生导师汪浩为评审委员会主任委员的专家组共同出具成果评审意见书：

同意结项：

该研究报告提出的到2010年长沙高新区发展的指导思想正确；提出的麓谷园区发展要实现四大主要目标切实可行；提出的要实现发展目标必须实施五大战略(实行集约型开发；实施可持续发展战略；提高产业集中度。实施产业集群战略；完善综合环境。实施支撑平台战略；提升对外开放水平。实施国际化战略；建设生态型现代化科技新城。实施高新技术产业化与城市化相结合的战略)。站得高、看得远、总揽全局、对实践的指导性强。

研究报告提出的长沙高新区“二次创业”的对策。为培育产业集群，加强科技创新的对策；市场服务体系建设的对策；符合长沙的实际，具有一定的可操作性。

该研究报告重视比较研究。介绍国内外高新园区管理体制的主要模式。介绍中关村高新区、西安高新区、成都高新区构建市场服务体系的经验。这种比较研究对长沙高新区“二次创业”很有借鉴价值。

该研究报告注重创新。提出把“项目立区”与“科技兴区”“制度活区”

结合起来，以实现长沙高新区的跨越式发展；“把形成以企业为主体的技术研究支撑体系作为园区科技创新的主要目标”；“在观念的创新上，尤为重要的是必须加快三个转变”；对长沙高新区体制模式的改革创新“总体上应采用一种5复合型7的模式”等，所有这些都很有创意。总的来说，该项研究思路清晰、观点明确、目标准确、措施得力、富有创意。针对性、指导性、可操作性强，居于全国同类研究的先进水平，省内同类研究的领先水平。

2006年12月30日，由长沙高新区与中南大学联合共建的“中南大学麓谷发展战略研究院”在中南大学商学院挂牌成立。

此举在于加快长沙高新区“二次创业”的进程，与中南大学联合成立麓谷发展战略研究院，实行“校区合作、多方资助、开放经营、成果共享”的运作机制，由长沙高新区提出研究课题，中南大学组织相关专家开展研究。研究院整合湖南乃至全国相关研究力量，着眼于国家高新区发展以及企业经管过程中的有关战略和技术问题，争取政府资金资助开展相关研究；通过市场化的运作，对外开展管理咨询等有偿服务，达到“以研养研”的目的，研究院逐步成为政府制定战略决策的外脑和院校自主创新的支撑。

2009年11月11日，长沙高新区经济发展局举办长沙高新区新材料产业发展研讨会，中南大学新材料行业专家李新海教授作新材料产业发展的专题讲座，李新海教授从理论高度讲解新材料技术前沿问题和发展前景，从现实角度分析湖南发展新材料产业的现状和问题，并对长沙高新区新材料产业集群的建设和发展提出建议：打造新材料技术产业化孵化平台，建立技术创新重点实验室、工程实验室以及工程技术研究中心。

2010年7月，长沙高新区管委会牵头，长沙经开区、浏阳生物医药园参与，由党工委书记谭杭生任课题组长，完成《长沙市引进海外高层次人才与发展产业研究》（2010—2020年）。11月27日，科技部在长沙高新区召开“国家火炬计划软件产业基地15周年工作座谈会暨软件产业创新与合作峰会，国家火炬计划软件产业基地共同发布《长沙宣言》。12月，长沙高新区举行先进装备制造、新材料、生物医药三大产业发展战略研究课题终期评审会，正略钧策、赛迪顾问、东滩顾问以及来自重点高校、龙头企业为长沙高新区全面推动产业战略转型建言献策。同年，长沙高新区宋捷、欧阳建安、吴扬帆撰写的《建立科学考核指标体系推动园区发展方式转变——基于长沙高新区建设国家创新型科技园区的实践与思考》在2010年第11期《中国高新区》刊发。

2011年6月30日，长沙高新区召开关于实施产业发展“千百十工程”政策研讨会。为加速推进新型工业化进程，扶持优势企业做大做强和主导产业集聚发展，长沙高新区在全区实施产业发展“千百十工程”，以大项目群建设为支撑，专业产业园为主体，大力发展战略性新兴产业，壮大特色优势产业，加快产业集聚，着力打造“特色明显、竞争力强”的“千亿产业、百亿基地、十亿企业方阵”。长沙高新区专门成立产业发展“千百十工程”建设领导小组及办公室，牵头制定有关扶持政策。设立“千百十工程”专项资金，加大财政支持力度，鼓励企业提升自主创新能力，推动企业做大做强。此外，对“千百十工程”企业，长沙高新区还提供“一对一”式的个性化服务，督查督办进行动态管理等。9月8日，长沙高新区召开现代服务业发展战略研究课题终期评审会。10月，湖南省社会科学院和长沙高新区联合课题组开始研究长沙高新区创新文化建设，省社科院副院长周小毛担任课题组组长，副院长贺培育及高新区宋捷任副组长，课题组深入调研，反复讨论，形成《铸造发展之魂——长沙高新技术开发区创新文化建设研究》的报告。

2012年，为推动长沙高新区创建国家自主创新示范区，争取省市各级支持，市委政策研究室联合长沙高新区政策法规局（法制办公室）开展长沙高新区创建国家自主创新示范区建设课题研究工作，本课题由市委常委、市委秘书长李军和长沙高新区管委会主任罗社辉担任顾问，市委政策研究室主任担任课题组长。4月19日，长沙高新区创新文化建设课题研究成果通过评审。

二、政策研究汇总

《世纪的呼唤》：

《世纪的呼唤——湖南高新技术产业巡礼（1988–1998）》陈岳麓主编，廖建勋、宋捷、邹放平、张润南副主编，国防科技大学出版社1998年7月出版。该书由专家论坛、世纪之光、三湘明珠三个部分组成，编辑了湖南省面临世纪之交历史机遇，以袁隆平、周兴铭等院士专家对加速发展高新技术产业的重要论文；总结了长沙、株洲、湘潭三家高新区创建十年所取得的成就；记述了一批高新技术企业创新发展的成功案例，对新世纪加快湖南省高新技术产业发展起到重要的指导作用和对外宣传成效。

《企业文化创新的理论与实践》：

《企业文化创新的理论与实践》，谢建辉、柳冠群主编，阳晓东、宋捷、陈先枢、胡国龙、刘飞副主编，湖南人民出版社2002年8月出版。2002年4

月长沙市委宣传部和长沙高新区管委会共同开展“企业文化创新的理论与实践”调研活动，并将调研成果编辑成此书，该书分上中下三篇；上篇：企业文化创新的理论思考，对企业文化、企业价值观、企业精神、企业伦理道德、企业形象塑造和CIS战略、企业管理和企业文化前进方向进行了较为系统全面的论述；中篇：企业文化创新实例，收集了长沙高新区25家高新技术企业案例，既有国有企业，又有民营企业，还有三资企业，乡镇企业等；下编：中外知名企业文化案例，收集了16家中外知名企业文化建设的典型案例。通过该书可以让社会知晓长沙高新区高新技术企业把企业文化作为增强企业实力的重要力量，在营造企业文化、培育企业精神方面作出的成功探索。

《麓谷之光》：

《麓谷之光——长沙国家高新技术产业开发区创新与实践》，宋捷主编，胡国龙、江从平、余龙副主编，国防科技大学出版社2003年9月出版。该书是为纪念国家火炬计划实施十五周年、长沙高新区创建十五周年而编写，全书从创新实践、理论思考、专题研究、重要新闻、政策法规等五个方面全面展示了长沙高新区的运行轨迹，可以说是国家高新区建设和发展的一个缩影。

《风雨路上梦成真》：

《风雨路上梦成真——科学专家学者企业家奋斗创新丛书》，张忠孝总编，郑毅、宋捷、朱悦副总编，湖南科学技术出版社2002年9月出版。该书收集整理了陈国达、袁隆平、杨长江等32位院士、专家、学着和企业家回忆文章，通过前一辈科学家和有成就的各方面工作者，回忆自己做出成就的过程，给青年人以教育启迪和学习借鉴。

《产业集群与园区建设》：

《产业集群与园区建设——第三届长株潭经济论坛》，张萍主编，陈香成、程兴汉、谭景阳、肖大雍、彭可平、罗社辉副主编，国防科技大学出版社2005年1月出版。该书收集了第三届长株潭经济论坛59篇研究成果，分综合篇、专题篇和长沙高新区战略研究篇。其中，长沙高新区战略研究篇编辑了长沙高新区“二次创业”发展战略研究综合报告及成果评审意见书。

第三节　经验交流

1994年10月20日，全国高新技术产业开发区深化改革和经营管理国际交流研讨会在长沙召开，长沙市副市长、长沙高新区办公室主任罗特向全国23个高新区的代表介绍长沙的改革形势和长沙高新区的发展情况，国家科委体改司领导在会上要求，各高新区结合地方优势，深化改革，成为改革开放的试验区和各地新的经济增长点。

同年12月，全国长江流域高新技术产业开发带发展战略研讨会在南京召开，长沙市副市长陈元松在会上作题为《抓住机遇 开拓奋进 加快长沙高新区建设和发展步伐》发言。

1995年10月26日至27日，科技工业与研究园第四届世界大会在北京召开，长沙市副市长罗特作为中国高新技术产业开发区代表之一，在大会作《区域创新能力与科技园区管理——从长沙开发区的发展对策，探讨中国内陆城市开发区的发展模式》的发言。

1996年4月9日至12日，长沙市副市长罗特在沈阳市参加国家科委组织部分高新区科技与金融结合座谈会，罗特作《科技资本与金融资本结合转化为现实生产力的几点体会》发言，此文在国家科委内刊刊登，并向党和国家领导人送阅。

1996年5月21日至23日，长沙市副市长罗特、管委会主任陈松等出席在西安召开的国家高新技术产业开发区所在市市长座谈会，副市长罗特在会上代表袁汉坤市长作题为《强化政府职能，加快高新技术产业开发区发展》的发言。

1997年5月29日，长沙高新区管委会主任陈松出席在北海召开的全国开发区建设与市场经济研讨会，并提交《加速高新区发展，推动两个根本转变》的论文。

同年11月21日至23日，长沙高新区管委会主任陈松参加由国家体改委和国家科委联合在武汉召开的“国家高新区建立新体制座谈会”，并代表长沙高新区作《强化体制创新，推进二次创业》的交流发言。

1999年8月14日至15日，参加在长沙远大城举办的由中国改革报以及由40家著名科研单位组成的中国改革与发展论坛联合研讨会，总结全国著名民营企业——远大空调有限公司技术创新的经验，探讨企业技术创新之路，向全国技术创新大会献礼。

2003年12月16–18日，国家高新区发展战略研究会暨国家高新区（长春）创新发展高层论坛在长春高新区召开，长沙高新区管委会主任助理、调研员宋捷参加，并向会议做了《转化政府职能，实施园区再造》交流发言。

2004年11月14-15日，国家高新区发展战略研究会暨国家高新区（重庆）创新发展高层论坛在重庆高新区召开，长沙高新区管委会主任助理、调研员宋捷，研究室主任刘华光参加，并向会议做了《对国家高新区创新、可持续发展的执政三大能力的思考》、《从长沙高新区实践看整体研发能力的提升》交流发言。

2005年11月1-3日，国家高新区发展战略研究会暨国家高新区（武汉）创新发展高层论坛在武汉东湖高新区召开，长沙高新区管委会主任助理、调研员宋捷，研究室主任刘华光参加，并向会议做了《理顺管理机制是提升国家高新区创新能力的根本》、《突出企业主体地位，强化产学研有效结合》的交流发言。

2006年9月29-30日，国家高新区发展战略研究会暨国家高新区（无锡）创新发展高层论坛在无锡高新区召开，长沙高新区管委会调研员、主任助理宋捷，研究室主任欧阳建安参加，并向会议做了《对国家高新区功能定位及当前急需解决的问题几点思考》、《崇尚理性招商，增强创新能力》交流发言。

2007年5月27-29日，国家高新区发展战略研究会暨国家高新区（石家庄）创新发展高层论坛在石家庄高新区召开，长沙高新区管委会主任罗社辉，调研员、主任助理宋捷等参加会议，并向会议做了《强化体制创新是高新区再造新优势的根本保障》、《实施空间创新战略，实现产业集约发展》、《新税法对高新区的影响及对策》交流发言

2008年6月26-27日，国家高新区发展战略研究室暨国家高新区（洛阳）创新发展高层论坛在洛阳高新区召开，长沙高新区管委会调研员、主任助理宋捷等参加会议，并向会议做了《打造“新特区”背景下高新区发展新优势初探》交流论文。

2009年8月18-20日，国家高新区发展战略研究会暨国家高新区（兰州）创新发展高层论坛在兰州高新区召开，长沙高新区管委会主任罗社辉率队参会并提交《再造国家高新区管理体制，推进创新型科技园区建设》论文，该论文获大会优秀论文三等奖。

2010年8月23-26日，国家高新区发展战略研究会暨国家高新区（贵阳）创新发展高层论坛在贵州高新区召开，长沙高新区调研员、主任助理宋捷，政策法规局局长罗缅顺等参加，长沙高新区提交的《建立科学考核指标体系，推动园区发展方式转变》获大会优秀论文二等奖，并做了题为《推进国家创新型

科技园区建设，发挥高新区转变发展方式的引领示范作用》的交流发言。

2011年9月22日，国家高新区发展战略研讨会暨国家高新区（桂林）创新发展高层论坛在桂林高新区召开，长沙高新区调研员、主任助理宋捷，政策法规局局长罗缅顺参加，宋捷的调研论文《深化体制改革 选好领导干部是加快国家高新区发展的根本保证》获评大会优秀论文二等奖。

2011年9月，国家高新区发展战略研讨会在桂林召开

2012年9月25–27日，国家高新区发展战略研究会暨国家高新区（宁波）创新发展高层论坛在宁波高新区召开，长沙高新区管委会调研员、主任助理宋捷，政策法规局局长罗缅顺参加会议，长沙高新区提交的《深化体制机制改革，实现创新驱动战略提升》获大会优秀论文三等奖，并做了题为《加快生产性服务业发展，促进长株潭产业结构升级》、《凸显文化魅力，铸造发展之魂》和《推进文化科技创新，再创动漫产业辉煌》的交流发言。

第八章　社会团体

第一节　工　会

一、总工会

1994年5月20日，长沙市总工会直属机关工作委员会以市直工字〔1994〕8号文，批准成立长沙高新技术产业开发区办公室机关工会，同意黄德湘、胡国龙、田忠信、詹立明、黎佩玉、曹力行6人组成工会委员会，黄德湘任机关工会主席，胡国龙为副主席。

1996年3月28日，长沙市总工会以长工组发〔1996〕12号文，批准成立长沙市总工会长沙高新技术产业开发区工作委员会。7月，张宏亮任长沙市总工会长沙高新技术产业开发区工作委员会主任。

1997年4月，中共长沙高新区委员会同意黎佩玉为长沙市总工会长沙高新区工作委员会女工委员（兼）、张绍钢为长沙市总工会长沙高新区工作委员会财经委员（兼）。

1998年，长沙高新区在机构升格过程中，工会组织机构和干部编制被取消。

2002年，长沙高新区党工委制定《关于进一步加强和改善对工会、共青团工作领导的意见》。

工会第一次代表大会

2007年3月，因机构和人事变动，为充实工会工作领导力量，经选举，决定调整长沙高新技术产业开发区工会工作委员会成员，张宏亮任主任，胡国龙、陈智勇、刘清文、龙惟明等为委员，下设办公室，刘三忠任办公室主任，负责工会日常工作。

2010年2月10日，长沙市总工会下发《关于同意成立长沙高新区总工会的批复》，同意成立长沙高新技术产业开发区总工会。5月31日，召开长沙高新区工会第一次代表大会，正式成立长沙高新区总工会，大会选举产生长沙高新区总工会第一届委员会和经费审查委员会。

6月3日，市总工会下发《关于长沙高新区工会第一次代表大会选举结果的批复》（长工组发〔2010〕29号），同意由文华锋、文聪玲、王建知、张宏亮、张绍钢等15人组成长沙高新技术产业开发区总工会第一届委员会，张宏亮任工会委员会主席，张绍钢任副主席，程立岩任副主席（兼职）；同意由张绍钢、卢玉明、刘韦3人组成本届工会经费审查委员会，张绍钢任经费审查委员会主任；同意由王兰、李明、周敏、周萍萍、易新、谭学军6人组成本届工会女职工委员会，李明任女职工委员会主任，工会委员会任期五年。

2011年，长沙高新区总工会多次向党工委、管委会领导汇报请示，党工委领导对总工会的工作进行调研，听取总工会的工作汇报，并对总工会在工作中所面临的实际问题召开二次专题会议，确定长沙高新区总工会的机构和人员编制、职级，由工作委员会升格为总工会，配备7名专职人员、12名社会化职业化工会工作者，经费纳入财政预算；建立健全镇街工会组织机构，配齐配强工会干部，解决相应待遇；建立健全政府工会联席会议制度，为工会工作提供组织保障。

长沙高新区总工会下设工会办公室，其主要职责是：严格执行工会财务制度，做好工会经费的收缴、审计、预决算管理工作；抓好园区企业工会组建和规范化建设，组织开展“模范职工之家”“工人先锋号”等创建活动和各类劳动竞赛活动，提升园区企业职工素质；抓好宣教文体工作，及时做好先进典型人物和劳模的宣传报道工作，积极开展职工文娱体育活动；维护好女职工特殊权益保护；抓好园区企业厂务公开、民主管理工作；做实困难职工帮扶和农民工维权工作。

二、基层工会

1997 年，正式成立长沙高新区工会工委后，新建基层工会 6 家。

2000 年 2 月，制定《长沙市总工会高新技术产业开发区委员会 2000 年工会组织建设实施办法》，全区工会组织 134 个。长沙高新区工会遵循“党委领导、政府支持、各方配合、工会落实”的工作方针，加强企业工会组织建设。

2001 年 5 月，新组建企业工会 182 个，新发展工会会员 11640 人，占新建工会企业员工总数的 87 %。

2002 年，在长沙高新区企业工会中开展建立合格“职工之家”活动，选择 10 家基础较好的企业工会重点予以指导和帮助，申报市级先进企业职工之家。完成五年一次的全国工会组织统计和普查，新建企业工会 39 家，全区企业工会总数 285 家。

2006 年，园区各企业、东方红镇建立健全职工代表大会制度，推动工资集体协商、签订集体合同等工作，新组建企业工会 115 家，新增会员 3098 人，工会规范化建设被省总工会评为先进单位，东方红镇工会被全国总工会评为“全国百家乡镇街道工会规范化建设示范单位”。

2007 年，湖南电力路路通塑业有限公司等 48 家企业工会被市总工会长沙高新区工委确认为工会规范化建设达标单位。全年新建工会组织 47 家，职工入会率达到 90% 以上，规模企业建立工会组织达 100%。长沙高新区被评为全省职工学习贯彻十七大精神优秀团队。

2009 年，省委组织部、省总工会联合下发《关于加强党建带工建工作的意见》，推动基层工会组建工作全面铺开。全年长沙高新区新建基层工会组织 357 家，新增工会会员 18546 人，其中农民工会员有 11000 人，全区建筑行业工会组织覆盖率达 95%。

2010年，长沙高新区抓住全党深入开展党群共建创先争优活动机遇，加大党建带工（会）建工作力度，6月全国总工会书记处书记喻红秋率省、市工会领导到长沙高新区威胜电子考察职工生产及生活娱乐情况。全年长沙高新区新建基层工会组织85家，新增工会会员8325人。

2011年，加快工会组建步伐。一是抓好非公企业工会组建工作。全年新建非公有制企业工会121家、发展会员3458人，其中农民工会员1205人，工会组建率达100%。二是以区域性、行业性联合工会组建为突破口，实现区域性、行业性联合工会的组建，带动、促进园区其他中小企业组建工会，全年共组建行业性、区域性联合工会11家，涵盖法人单位共383家。三是积极推进劳务派遣工入会工作。9月，湖南省劳务派遣工入会工作现场经验交流会在长沙高新区召开，长沙高新区总工会在会上作经验介绍，省总工会党组书记、副主席肖刚强对长沙高新区的劳务派遣工入会工作给予肯定。长沙高新区总工会以此次会议为契机，全面推进劳务派遣工入会工作，全区共22310名务派遣工加入用人单位和劳务派遣单位工会组织。四是推动基层工会规范化建设。按照先区内后区外、先大后小、先易后难、先改制企业后非公企业，先对从原国有、集体企业转轨的非公企业工会进行规范，再向个私企业延伸；先从园区内非公企业工会入手，逐步向各园区外企业辐射；先重点规范大型非公企业工会，再推广到小企业工会；先抓条件成熟的非公企业工会，再全力攻克条件差、难度大的企业。做到组建一家、巩固一家、规范一家。全年规范规模以上企业工会163家，达到规范化建设要求的100%，推进劳务派遣工入会工作。

2012年5月，长沙高新区召开机关工会委员换届选举大会，会议投票选举张绍钢、彭建新、刘三忠、李剑锋、汪磊、姜丹、宾柯、陈慧娟、汤平9人为机关工会委员。按照“哪里有职工、哪里就必须建工会”的要求，区总工会积极探索新形势下工会组织建设、运行机制和活动方式的新途径。把农民工作为发展会员的重点对象，进一步建立健全农民工源头入会机制，最大限度把广大农民工组织到工会中来。认真开展“双措并举，二次覆盖”工作，推行区域性、行业性工会联合会等多种建会形式，最大限度地扩大工会的覆盖面。全区新建工会组织141个，新增会员5404名，其中农民工会员2017人，非公有制企业的组建工会率达到80%以上。

表 9-9　　长沙高新区各年度发展工会情况表

（2009—2012 年）

年份	工会（家）	会员（人）
2009	357	18546
2010	85	8325
2011	121	3458
2012	141	5404

三、维　权

1997 年，长沙高新区工会按照《中华人民共和国工会法》（简称《工会法》）赋予的权力，帮助企业完善劳动合同，调整劳动关系，全年参加劳动争议调解、职工伤亡事故处理 4 起。

2001 年，结合迎接市人大开展的《工会法》执法检查，重点对晶鑫科技、长海视听、华能等企业进行调查，对照《中华人民共和国劳动法》《工会法》，检查企业的职工劳动时间、报酬、保险、福利、安全劳保等合法权益是否得到保障。

2002 年 5—7 月，参加市政府联合指导组，先后进驻安达公司和北斗星商厦，指导和协调企业理顺劳动关系，通过耐心细致工作，使 2 家企业共 362 名员工完成身份置换工作。

2006 年，全面推行厂务公开民主管理，40 家企业制定实施细则，建立职工大会制度，13 家工会通过与法人代表平等协商签订集体合同和工作协议。成立长沙高新区困难职工帮扶中心，建立困难职工档案，区工会把 2005 年度管委会奖励的 8000 元奖金作为扶贫帮困基金，对长沙东方红镇、火炬城社区的特困对象进行救助，发放救助金 30000 多元。

2010 年，针对职工队伍结构和就业形势的快速变化，按照主动、依法、科学维权的新要求，完善机制，创新工作载体，扎实做好帮困救助和保障工作，全面推进新时期劳动关系和谐企业建设，在全区营造和谐稳定的劳动关系：

完善以职代会为载体的厂务公开制度，保护职工群众的知情权、参入权，畅通诉求渠道，行使职工民主权力。全区 2 家企业被市总工会评为厂务公开工作先进集体；4 人被评为厂务公开先进个人。全区非公有制企业建立职代会达 75%以上。

规范平等协商集体合同制度，帮助指导职工签订劳动合同。开展“创建劳动关系和谐企业”活动，汇同人事劳动部门对用工单位集体合同、劳动合同的签订履约情况进行大检查，把工资兑现、养老及工伤保险等作为必查内容，检查中履约情况好的占90%以上，现场指导1000余名职工与用人单位签订劳动合同。

为有效地调整劳动关系，加大监督检查力度，建立健全以区劳动和社会保障局、区总工会和区企业家协会为成员单位的劳动关系三方协调会议制度，利用三方协商机制，把涉及职工劳动权益的一些切身问题递交三方协商联席会议讨论，及时处理和解决。全年共解决拖欠职工、农民工工资28万元。

2011年，根据湖南省、长沙市总工会《关于开展2011年度工资集体协商“春季要约行动”的通知》精神，成立长沙高新区党工委副书记为组长、总工会主席为副组长的工资集体协商领导小组。向园区各企业转发湖南省总工会的《通知》；3月6日，在麓谷广场举行工资集体协商“春季要约行动”启动仪式。长沙高新区党工委出台《关于加强党建带工建工作的意见》，明确各企业把工资集体协商签订工作作为年底评先评优的硬指标。4月9日，举办全区工资集体协商指导员培训班，培训316人。对社会化职业化工会工作者实行目标责任奖励机制，工资集体协商，每签订一家奖励100元。11月25日，近120家来自长沙软件园的企业与长沙高新区总工会签订全区首批行业性工资集体协商协议。本次行业性工资集体协商内容包括工资分配制度，职工年度平均工资水平及其调整幅度，本企业最低工资标准，工资支付办法、支付时间，工资集体协议的起止时间、变更、解除或者终止条件、违约责任以及双方认为应当协商的与劳动报酬相关的其他事项。全年长沙高新区新签订集体合同、工资集体协议、女职工权益保护专项集体合同373份，占市总工会下达目标的136%；其中国有、集体及其控股企业、事业单位签订集体合同、工资集体协议、女职工权益保护专项集体合同7份，签订率达100%；非公企业签订集体合同、工资集体协议、女职工权益保护专项集体合同118份，签订率达100%；区域性、行业性集体合同、工资集体协议、女职工权益保护专项集体合同5份，覆盖软件园、橡树园、创业园、金荣科技园、生产力促进中心五大园区383家企业44760名员工。

2012年2月，长沙高新区下发《关于加强企业社会责任建设的意见》，出台《长沙高新区开展“企业社会责任建设示范单位”创建活动方案》《长沙高新区企业社会责任评价体系》，成立长沙高新区企业社会责任建设领导小组，黄德湘任组长，成员单位包括办公室、组织人事局、经济发展局等32个单位和部门，领导小组下设办公室（设总工会），负责领导小组日常工作，张绍钢兼任办公室主任。4月23日，市总工会与长沙高新区共同举办《湖南省企业工资集体协商条例》（简称《条例》）（5月1日实施）宣传周启动仪式，开展《条例》宣传咨询，召开园区企业工资集体协商指导员培训班。全年全区共有502家企业签订集体合同、工资集体协议和女职工权益保护专项集体合同，覆盖员工39080人，其中规模企业109家，覆盖员工30269人；1个行业、5个区域联合工会签订行业性、区域性工资集体协议，覆盖企业393家，覆盖职工8811人，完成年初制定的目标任务。

四、活　动

建功立业活动：

1993年3月，在全国农村妇女“学文化，学技术，比成绩，比贡献”竞赛活动中，长沙高新区湖南洞庭科技有限公司总经理舒师蕴被评为十大标兵，被授予“全国三八红旗手”称号。长沙高新技术产业开发区建设公司副总工程师朱昱被评为全国火炬计划先进工作者。

1994年“五一”前夕，朱昱被长沙市人民政府授予“长沙市劳动模范”称号，出席长沙市第十六届劳动模范代表大会。6月，黎明电脑研究所张贻明、麓山天然植物制药有限公司姜大毛、银河计算机产业公司苏庆良均被市委、市政府授予“长沙市有突出贡献的专家”。

1999年3月，科神电器有限公司总经理何青荣获“全国三八红旗手”称号。湖南海利工会以经济工作为中心，开展以“比增收、比降耗、比成果、保安全、保质量、保效益”为主要内容，以优异成绩“迎接中华人民共和国成立五十周年和澳门回归”的劳动竞赛。

2003年，在长沙高新区各企业开展以群众性经济技术创新工程和职工职业技能竞赛活动为主要内容的“创新杯”劳动竞赛活动；在全区企业中开展以“双爱双评”（企业爱职工、职工爱企业；评选爱企业的优秀职工，评选爱职工的优秀经理）活动为中心内容的建设职工之家活动。积极搭建提高职工技能活动平台，组织开展各类劳动竞赛，以“星城杯”“芙蓉杯”“安康杯”竞赛和创建“工人先锋号”活动为抓手，突出抓好工业企业、重点工程、窗口服务行业的立功竞赛和技术创新活动。

2011年4月29日，长沙高新区总工会召开“庆五一暨劳模表彰大会”，表彰首届长沙高新区10名“劳动模范”；同时表彰10家“劳动关系和谐企业”、

20名“优秀工人”、20名“优秀工会工作者”等先进集体和先进个人。5月27日，在长沙市首届优秀技术工人座谈会暨颁奖仪式上，长沙高新区中联重科的姜海波和张建祥、长沙电缆附件的刘钢、大方农化的周尚泉、湘电长泵的万湘武、华自科技的赖煌昭、普照爱伯乐的刘安7名员工获得首届“长沙市优秀技术工人”称号，其中姜海波是“全国技术能手”获得者、第二届全国职业技能大赛理论考试第一名、团体综合成绩第十名，其技术革新成果“筒套钻模”使产品合格率从85%提高到99%。8月26日至9月3日，由长沙市劳动竞赛委员会、市总工会主办，长沙市秘书协会、长沙高新区总工会等单位举行的“星城杯”职业技能竞赛，分别开展焊工竞赛、工具钳工竞赛、维修电工竞赛及秘书竞赛。焊工前6名获得者均来自中联重科；长沙高新工程技术学校电子专业教师李月虹获维修电工竞赛第一名。

2012年5月，成立长沙高新区劳动竞赛委员会领导小组，黄德湘任组长，领导小组设在工会办公室，李剑锋兼任办公室主任，确保劳动竞赛实现常态化、制度化和规范化。长沙高新区总工会印发《企业工会开展“双亮双比双争”活动实施方案》，要求各单位争当湖南“双亮双比双争”旗手，并结合自身特点创造性地开展活动。

其他活动：

2010年，在各重大节日前先后共走访慰问和救助困难职工186户（次），发放生活、医疗帮扶救助金、慰问金及慰问物品共计96180元。到各乡镇为残疾、特困户和孤寡老人送去生产生活急需品，对在节假日期间仍坚持在工作岗位上的广大企业职工进行慰问。

开展健康免费体检活动，为全区17名劳模和120名困难职工免费健康体检。

开展科技扶贫、“金秋助学”“送清凉”等活动。积极组织妇女同志参加市直机关运动会、参加“激情创业 放飞梦想”大型麓谷广场活动、机关红歌比赛等文体活动。为园区女职工购买女性特殊保险69220元，覆盖3002名女职工。

2011年，健全完善困难职工档案，完善全总、市总和区总工会的三级困难帮扶体系，建立困难职工档案1376份。

开展送“芙蓉卡”活动，共为375家企业48769名职工办理“芙蓉卡”。培训下岗失业职工1127人，为下岗失业职工接待求职登记、提供用工信息和就业介绍服务3153人（次），免费介绍就业岗位1182个。

第二节 共青团

一、组织建设

1995年9月18日，共青团长沙市委批复（长团组发〔1995〕26号）同意成立共青团长沙高新区委员会，詹立明任共青团长沙高新区委员会书记。

1997年5月5日，共青团长沙市委（长团组发〔1997〕13号文）批准成立共青团长沙高新区工作委员会，6月17日，召开长沙高新区团工委成立大会，次日，长沙高新区团工委挂牌成立，团市委书记王武亮宣布长沙高新区团工委成立并授牌，长沙高新区党委书记易宇欣宣布团工委班子名单：詹立明任书记，唐畈甸、雷高任副书记，杨金林任组织部长，肖勇军任宣传部长，袁军任联络部长，谢寨朗任文体部长。同月，共青团长沙高新区机关支部委员会成立，谢赛兰任书记、陈强任组织委员、赵芳任宣传委员。

1997年8月，下发《关于建立健全基层团组织的通知》要求，凡具备条件（三个团员以上）的单位均需尽快成立基层团组织，并按《党章》和《团章》规定，开展青年工作。全年长沙高新区新建基层团委6个，总支2个，团支部30个。

2000年，长沙高新区党工委下发《关于进一步加强和改善对共青团工作领导的意见》，全年长沙高新区新组建基层团组织10个。

2002年4月27日，长沙高新区先进群团组织和个人表彰大会召开，以长沙高新区党工委、管委会名义对三辰卡通集团有限公司团委等10个红旗团委（总支部）、廖建文等10名优秀团干部、王秋平等20名优秀团员青年给予表彰。同年，长沙高新区党工委印发《关于进一步加强和改善对工会、共青团工作领导的意见》，12月4日，江从平任共青团长沙高新区委员会书记（副县级）。

2004年3月9日，长沙高新区管委会机关团支部换届选举，产生新一届领导班子。

2007年年初，管委会机关、事业单位共有青年、团员121人，占总工作人员数的60%。3月29日，长沙高新区党工委、管委会决定，谭学军任共青团长沙高新区工作委员会书记，免去江从平共青团长沙高新区工作委员会书记职务。随后，经党工委、管委会研究，决定对共青团长沙高新区工作委员会组成人员进行调整，调整后的委员会由谭学军、文华锋、闵国强、银红玉、易新宇等人组成，谭学军任书记，文华锋、闵国强任副书记，易新宇任组织部长，银红玉任宣传部长，黄婧任权益部长，陈甘任青工部长，曾令任文体部长，李艳任联络部长。根据长直团字〔2007〕04号文件，4月20日，机关团支部向共青团长沙高新区工委申请，把机关团支部升格，成立共青团长沙高新区机关委员会。4月24日，机关团委召开选举大会，选举产生机关团委委员，后经共青团长沙高新技术产业开发区工作委员会批准，同意成立共青团长沙高新区机关委员会，银红玉任书记，王丹任副书记，黄海任组织委员兼任机关第二团支部书记，姜丹任文体委员兼任机关第一团支部书记，陶清华任宣传委员。

2011年，新建企业团组织35家。5月17日，长沙高新区团工委召开第一次全体会议。6月，成立长沙高新区青年工作委员会，青年工作委员会任期三年。长沙高新区党工委设团工委办公室，主要职责是负责全区共青团工作，制定全区团的工作计划；指导全区共青团的基层组织、团干部队伍、团员队伍建设；负责全区团费的收缴、使用和管理工作；负责全区共青团干部的教育培训工作；积极推进团建创新工作，深入开展青年文明号、非公团建、青年志愿者等共青团特色活动，为区域经济发展服务；负责联络全区各族、各界青年的团结、教育工作，负责与各类青年团体及有关方面的联系、交流与合作，负责全区各类慈善公益活动的组织与策划；保护青少年合法权益，为青少年成长服务。

二、活　动

学习教育活动：

1994年5月4日，长沙高新区机关团支部组织机关青年参观雷锋纪念馆，重温雷锋精神。

1996年5月3日，长沙高新区团委和高新区对外科技交流中心联合举办“长沙高新区英语演讲比赛”，袁军等10人分别获得一、二、三等奖和优胜奖。10月11日至12日，管委会机关党员和部分团员共45人赴革命老区浏阳市社港镇访贫问苦，把所缴特殊党、团费2450元捐给该镇福利院贫困户。

2001年，长沙高新区团委与湖南大学团委联合开展“湖大学子高新区创业行”和“海外青年学子高新区创业行”活动。

2006年，长沙高新区团工委组织区内共青团组织和共青团员参加“创先争优”活动，长沙高新区团工委、三辰卡通集团湖南制作公司团委被共青团长沙市委评为“长沙市五四红旗团委”、长沙高新区管委会机关团支部、创业服务中心团总支、橡树园团总支被评为“长沙市五四红旗团支部(总支)”、文华锋被评为“长沙市优秀团干部”。

在扶贫济困，建设社会主义新农村活动中，团工委组织捐书2000册，对口援建宁乡县巷子口镇仙龙潭村“青年爱心书屋”。

2007年，开展“高新区青年长沙（县）行”学习和“青年精神”宣誓活动，激励青年创业创新。

2009年3月11日，长沙市直机关“青年讲坛”在长沙高新区开讲。6月12日，举行“青年讲坛”——艰苦奋斗主题教育报告会，邀请井冈山革命博物馆原馆长、井冈山干部学院客座教授李春祥作专题报告。

2012年3月5日，在雷锋小学举行由团省委、省少工委主办，长沙高新区团工委、教育局协办的“学习雷锋好榜样”大队主题队会。

青年创业创新：

1995年，团省委组织湖南省优秀青年评比活动，长沙高新区创智集团公司总裁丁亮荣获“湖南省青年科技创业十杰”称号，王码电脑公司总经理杨亚斌被评选为湖南省杰出青年企业家。

1996年5月3日，湖南省首届青年科学技术大会召开，长沙高新区中联重科总经理詹纯新当选为“省青年科技创业十杰”，创智软件园总经理刘雪峰当选为“省十大杰出青年科技工作者”。市国税局长沙高新区分局欧阳培荣获长沙市1996年度“国税十佳”称号。

1997年，团组织以青年人才工作、青年文明工程为重点，在劳动竞赛中加强青年人才培养，唐畋甸、黄亦工、丁亮、邹立坚、雷高、谭昊涯6名企业家获全市“青年科技创业奖”。唐畋甸、管放当选为全市首届“十大杰出青年”。长沙高新区团工委组织开展青年文明号创建，湖南计算机厂一班组荣获“全国青年文明号”殊荣。5月，邓军民、任秀江、高海燕、陈国强、张铁辉、韩振民、王小明、肖谦学、陈宁、黎建10人获“首届青年科技创业标兵”称号。

1999年5月2日，长沙市纪念五四运动80周年暨青年工作表彰大会召开，熊江当选为第二届“长沙市十大杰出青年”，何青当选为第二届“长沙市十大优秀青年”，邵奇、夏显忠当选为第二届“长沙市十大杰出青年岗位能手”，朱先德、陈长丰、喻江南、卢中友、孙健纲当选为第二届“长沙市优秀青年岗位能手”，湘计算机厂数据通信事业部被授予长沙市“青年文明号”。

2010年，长沙市公安局高新区分局雷锋派出所团支部、杉杉新材料有限公司团支部被共青团中央评为2010年度“全国五四红旗团支部”。

2011年2月22日，共青团长沙市委下发《关于表彰2010年度长沙市五四红旗团委标兵、五四红旗团委、五四红旗团支部（总支）、优秀团干部的决定》，其中长沙高新区团工委、华自科技有限公司团委获2010年度长沙市“五四红旗团委标兵”称号；麓谷中心小学团委获2010年度“五四红旗团委”称号；长沙高新区管委会机关第一团支部、创业中心团支部、蓝猫动漫有限公司团支部、金荣企业集团有限公司团支部、橡树园企业创业服务有限公司团支部获2010年度“五四红旗团支部”称号；银红玉荣获湖南省“优秀共青团干”称号；谭学军、胡兰芳、吕萍获长沙市“优秀团干”称号。

志愿服务活动：

1992年5月26日，长沙高新技术产业开发总公司直属企业卡达普电子有限公司举行“庆六一、爱儿童、保健康”活动，向市内三所幼儿园、一所小学和市青少年宫赠送调控器130台，扩大开发区在社会上的影响。

1997年7月1日至31日，中德合资湖南弩马制药有限公司组织员工上街开展“庆回归、献爱心”活动，在火车站、东塘、丽臣广场、五一路、溁湾镇等中心地带设置10个服务点，开展“义务医药咨询，为英模人物、人大代表、科学家和幼儿免费送药，免费为市民送弩马药凉茶，义务维修自行车，免费赠送医药和保健知识信息”5项服务。

2004年3月17日，管委会机关党、工、团联合举行以“燃希望之光、铸明日栋梁”为主题的希望工程捐助活动，所得物款一部分用于资助长沙高新区对口扶贫点宁乡县巷子口镇南风村的失学儿童，另一部分参与全市希望工程的捐助活动。

2008年2月，组织管委会青年员工参加义务献血活动。5月，组织机关青年团员为地震灾区无偿献血，受到岳麓区红十字会及社会各界的好评。

2011年3月3日，长沙高新区机关党委、总工会、团工委、雷锋镇联合省军区雷锋通讯站在雷锋镇敬老院慰问演出，拉开3月“学雷锋”活动月的序幕。

2012年5月22日，长沙高新区召开“学习身边典型、弘扬雷锋精神”暨“雷锋派出所先进事迹报告会”。

青年文体活动：

长沙高新区团工委积极组织开展篮球赛、足球赛、羽毛球赛，丰富青年文体生活。2008年，长沙高新区团工委组织开展“我们一起过青年节”大型广场篝火晚会；组织创业服务中心青年文明号参加“青年文明号服务经济建设双百行动”；接待山西团省委、越南代表团等一行到长沙高新区考察参观活动等一系列活动。

2010年4月29日，由长沙高新区党工委、管委会、共青团长沙市委联合举办，长沙高新区团工委、创业服务中心、机关党委、工会共同承办长沙高新区“激情创业、放飞梦想”联欢晚会，共青团湖南省委副书记冯海燕，中共长沙市委常委、市委统战部部长虢正贵，长沙市人民政府副市长何寄华，长沙高新区党工委书记谭杭生，市委统战部副部长、市工商联党组书记、市创业办主任饶福民，共青团长沙市委书记侯文，市工商联副主席、市创业办副主任傅纯以及长沙高新区党工委、管委会领导、共青团长沙市委全体党组成员，市直机关的有关领导出席本次晚会。

第三节　妇　联

一、组织建设

2005年3月31日，长沙高新区妇女工作委员会召开成立大会。管委会机关、事业单位全体女职工及东方红镇、园区重点企业的40多名妇女代表参加会议，市妇联主席肖雅珩、市直工委书记钱永奎、长沙高新区党工委书记彭可平、管委会主任罗社辉等领导应邀出席会议。市妇联领导宣读《关于成立长沙高新区妇女工作委员会的批复》，与会代表以举手表决方式，选举产生长沙高新区妇女工作委员会领导机构，戴雅丽当选为长沙高新区妇工委主任，徐毅茹、崔玉芳为副主任，朱昱、谭学军、叶枚、易新、章时元、高永焱当选为妇工委委员。

2012年3月，长沙市妇女联合会下发《关于同意长沙高新区成立妇女联合会的函》（长妇函〔2012〕4号）。长沙高新区妇女工作委员会更名为长沙高新区妇女联合会。3月7日，长沙市高新区召开妇女联合会成立大会，长沙高新区各界妇女代表200多人参加大会，选举产生长沙高新区第一届妇女联合会执行委员。

二、活　动

2006年，组织女职工开展“三八妇女节”体操比赛、健康体检等活动，推荐评选长沙市巾帼文明岗、巾帼建功先进个人等。

2007年，建立健全妇科健康检查档案，坚持一年一度“妇科防癌检查”，在长沙高新区企业内扎实开展“巾帼建功文明岗”“巾帼建功创业明星”的创建活动，帮助企业协调处理好女职工维权工作20件。组织女干部、职工开展献爱心活动、慈善活动及各类学习联谊活动。

2009 年，长沙高新区工会成立女工部，负责女职工组织建设和维权机制建设，长沙高新区总工会女工部广泛深入实施女职工素质提升建功立业工程，在长沙高新区内积极组织女职工开展形式多样的创先争优活动。

2011 年，方盛制药有限公司被表彰成为“领导班子好、党员队伍好、工作机制好、工作业绩好、群众反映好”的“五个好”先进基层妇女组织。在表彰会上，该公司作为唯一一家企业获奖单位作典型经验交流。

2012 年 3 月 7 日，长沙市高新区召开庆“三八”妇女节大会，长沙高新区各界妇女代表 200 多人参加。5 月，长沙高新区妇女联合会贯彻落实《女职工劳动保护特别规定》，切实维护女职工的合法权益，组织女工“妇检”，开展“巾帼建功”活动，评选“芙蓉标兵”“文明家庭”，激发妇女投身经济建设和精神文明建设的积极性。

第四节 协 会

一、长沙市私营企业协会科技分会

1992 年 5 月 12 日，长沙市私营企业协会科技分会成立，根据全体会员代表大会讨论通过的《长沙市私营企业协会科技分会章程》，其宗旨是：自我教育、自我管理、自我服务的原则开展工作，充分发挥广大会员研制、开发高新技术的积极作用。凡经开发区工商行政管理机关核发营业执照的私营企业，均为本分会的团体会员；私营企业的投资人均为本分会的个人会员。1992 年 7 月 22 日，长沙市私营企业协会科技分会下发《关于印发长沙市私营高新技术企业“四好”竞赛评比方案（试行）的通知》，在开发区私营高新技术中开展“科技发明好、开发效益好、遵纪守法好、团结协作好”的竞赛评比活动，并将其作为 1992 年度考核企业和评选先进企业的依据。到 1993 年协会发展到 61 家，1993 年 7 月财政部、国家工商局联合发文要求全国城乡私营企业、城镇个体工商户，认购国库券 30 亿元，按注册企业数层层下达认购指标，给长沙市工商局高新技术产业开发区分局下达计划指标 7 万元，经过协会和长沙市工商局高新区分局积极发动，很多企业主动为国分忧，积极认购国库券，先后有 19 家企业认购国库券 8．68 万元，超额完成了任务。在认购国库券工作中，远大空调实业公司认购 1.5 万元，长沙高新区技术产业开发区毅格科技开发有限公司认购 1.2 万元，特别是，长沙六合自动化研究所负责人周丛尧，在经济上并不宽裕的情况下一次认购国库券5000元，并主动表示，如果开发区的认购任务完不成时，他再增加认购5000元。

1994年11月，长沙开发区私营企业协会开展游园联欢活动，省工商局党组书记王宪章等领导参观了长沙远大空调实业公司，并参加了联欢活动。1995年3月5日，长沙开发区工商分局、长沙市私营企业协会科技分会组织开展了学雷锋服务活动，义务为群众维修自行车、家用电器，收到群众好评。

2009年3月3日，市个私协会高新分会第四届会员大会暨工商年检辅导大会召开。会议对近几年来的协会工作进行了报告，研究部署了下步工作设想和安排；审议通过了新的分会协会章程、理事会工作制度、理事轮流执行协会事务工作方案及“大手牵小手”帮扶活动实施方案；并顺利完成了协会第四届理事会的换届选举工作。

二、长沙高新区外商投资企业协会

1995年末，长沙高新区有外商投资企业115多家，开发高新技术项目200多项，总投资3.5亿美元。

1996年1月30日，长沙高新区外商投资企业协会在市民政局正式注册登记成立，协会是长沙地区的外商投资企业和香港、澳门、台湾同胞及海外华侨华裔投资企业、从事外商投资服务工作的机构、外国企业在华从事投资业务的机构自愿组成的非盈利性的社会团体。协会的主要任务是：宣传高新区鼓励外商投资的政策和投资环境、研究外商投资的高新技术企业发展问题，组织高新技术产品和技术信息的交流与合作，举办学习、培训、考察活动，沟通会员与政府的联系，维护会员的合法权益。

1997年9月27日，长沙高新区外商投资企业协会召开了“长沙高新区外资企业座谈会”，长沙高新区管委会主任、长沙高新区外商投资企业协会陈松作了《进一步优化环境、营造优势，构建长沙高新区全方位、多层次、宽领域的对外开放新格局》的报告，并形成了会议纪要，座谈会上企业代表分别提出了六点意见建议：（1）再造政策优势，特别是税收政策优势；（2）真正解决名目繁多的收费、罚款问题，减轻企业过重的负担；（3）管理部门应灵活掌握政策，帮助企业加强竞争力；（4）大力扶持典型企业，以带动其他企业的发展。（5）加大开发区的权威和管理力度，再造功能优势。

三、长沙高新区归侨侨眷联合会

长沙高新技术产业开发区归侨侨眷联合会（简称区侨联）是区党工委、管委会领导下的人民团体，是区党工委、管委会联系归侨、侨眷和海外侨胞的重要桥梁和纽带。

长沙高新区侨联经长沙市侨联批准成立，长沙市编制办明确区侨联 1 名正科级领导。同意区侨联设委员 9 名，其中主席 1 名，副主席 4 名，秘书长 1 名，任期 5 年。

2012 年年底，长沙高新区侨联召开侨联成立大会暨第一届归侨侨眷代表大会成立大会，选举产生区侨联第一届委员会委员和班子成员。侨联主席杨峥嵘，副主席赵芳、戴立忠、刘晓忠、陈刚，秘书长张飏，委员佘逸聪、邓海明、李介圆。

长沙高新区侨联的成立，标志着湖南省首个科技园区侨联组织正式成立。有 1 名侨联专干负责侨联日常工作。

区侨联主要职责：

围绕园区建设与发展这个中心，凝聚侨心、汇聚侨智，发挥侨力，引进资金、技术、项目和高层次人才，为海外侨胞来园区投资兴业、项目落地、高层次人才就业和园区侨资企业提供服务；

负责联络、协调、沟通归侨、侨眷和海外侨胞，组织开展各类联谊活动；

依法维护归侨、侨眷和海外侨胞在国内的合法权益；

配合有关部门做好推荐侨界的人大代表和政协委员人选，为侨届的人大代表和政协委员履行政治协商、民主监督、参政议政职能提供服务；

宣传党和政府有关侨务工作的方针、政策；

负责长沙侨梦苑各项日常工作；

完成区党工委、管委会交办的其他任务。

长沙高新区侨联立足园区海外高层次人才聚集、各类人才计划专家聚集、侨商投资企业聚集的优势，有针对性地开展了一系列卓有成效的工作，打造了侨务工作的“高新特色”。获国务院侨务办公室批准为全国第九家“侨梦苑”；获长沙市委编办批复同意，在长沙留学人员创业园服务中心加挂长沙侨梦苑办公室，增加自收自支事业编人员 2 名。截至目前，长沙高新区侨联已与 35 家海内外专业协会签订合作协议，接待了国务院侨务办公室原主任裘援平、中国侨联原主席林军等省部级重要领导视察 10 余次；接待了海内外各类考察团体近 100 批次 5000 余人次；引进海外高层次人才 80 多名，侨企 20 多家。

四、长沙高新区计生协会

2004 年 7 月 8 日，长沙高新区计生协会成立大会暨第一届会员代表大会在管委会综合服务大楼召开。会议由党工委副书记、纪工委书记黄德湘主持，通过不记名投票方式，选举产生长沙高新区计生协会理事会，黄德湘、张宏亮、杨金林分别担任计生协会理事会的会长、副会长及秘书长，首届理事会聘请党工委书记彭可平、管委会主任罗社辉为协会第一届名誉会长。长沙高新区计生协会有理事33名，其中常务理事9名，其中团体会员24家，指导15家企业成立计划生育协会。会议增选管委会副主任郭力夫、东方红镇副镇长黄富明为长沙高新区计生协会副会长，社会发展局副局长余龙为计生协会副秘书长，另增（改）选5名理事。

2010年11月30日，长沙高新区计生协会召开第二次会员代表大会，大会审议由区计生委第一届理事会会长莫一平所作的工作报告和修改《长沙高新区计划生育协会章程》的说明。大会选举产生新一届理事会，在随即召开的二届一次理事会议选举产生新一届常务理事。党工委书记谭杭生和党工委副书记、纪工委书记黄德湘被聘为名誉会长，党工委委员、管委会副主任刘琳当选为会长，区社会事业局局长夏河年当选为常务副会长，区社会事业局副局长苏建明和人才服务中心主任彭日葵当选为副会长。

五、长沙高新区人力资源协会

2004年4月27日，长沙高新区人力资源协会成立大会在管委会综合服务大楼举行，来自中联重科、三一集团、远大空调、创智集团、威胜电子、金瑞科技、晶源电子、新五丰股份、长海集团、正虹科技、旺旺集团等40余家长沙高新区骨干企业参加此次会议。长沙高新区党工委、管委会领导对成立协会给予高度重视，彭可平书记、罗社辉主任、黄德湘副书记委托长沙高新区劳动人事局（人才服务中心）主持会议，管委会副主任莫一平出席会议并讲话。

六、长沙高新区慈善会

长沙高新技术产业开发区慈善会，简称长沙高新区慈善会，于2007年8月3日经市民政局批准成立，12月12日召开成立大会，长沙高新区党工委副书记、纪工委书记、高新区慈善会会长黄德湘作《高新区慈善会筹备工作报告》，长沙市慈善会会长余合泉、高新区慈善会名誉会长彭可平一同为长沙高新区慈善会揭牌，本会以“扶贫济困、助残帮弱”为宗旨，在长沙高新区范围内开展了多种形式的善款募集和慈善救助活动，为长沙高新区经济社会和谐发展、又好又快发展发挥了重要作用。甘肃舟曲泥石流灾害后，截至2010年9月，高新区共募集善款达174015元，并已将全部善款拨付市慈善会，及时为灾区人民送去了温暖。灾难发生后，高新区慈善会立即发出了《向舟曲灾区捐款倡议书》，全区各级党政机关、企业踊跃捐款，其中区教育系统捐款逾 5 万元，科力远公司捐款 2.8 万元。

七、长沙高新区残疾人联合会

2009 年，长沙高新区残疾人联合会成立。共换发第二代残疾人证 410 本，为 2 名截肢者免费换假肢，为 32 名白内障患者免费手术复明。向市级争取残疾人就业保障金 10 万元用于扶助残疾人，为需要轮椅的残疾人免费配置轮椅。

2012 年，加大残疾人扶助力度，为 175 名残疾人发放特殊生活补助 8.4 万元；投入 9.2 万元为 61 名白内障患者免费手术复明；为 3 名 0 ～ 6 岁残疾儿童免费进行康复；为 18 名残疾人家庭子女上大学（高中）提供助学金 1.8 万元。

社会事务

第十篇 社会事务

2002 年，长沙高新区管委会成立社会事业局。2004 年 8 月，长沙高新区根据长沙市政府和有关文件规定对东方红镇进行托管，长沙高新区进入“带镇带村、委托管理”的发展模式，其管理职能亦开始三个转变：即“科技园区向科技新城转变，纯科技产业向多业并举转变，园区管理向准政府转变”，长沙高新区在拓宽产业发展空间的同时承担社会管理责任。

长沙高新区发展有着独特的文化内涵，包括个性化的园区文化和体现企业精神内涵特色的企业文化，涵养并促进园区和各企业的长足发展。

长沙高新区管委会负责管理园区生产，对麓谷街道、东方红镇和雷锋镇的文化、教育、卫生、计划生育、民政、政法、综合治理等社会事务进行管理。长沙高新区管委会由单一的生产管理转化为对辖区内的社会事务进行全面管理。

第一章 文 化

第一节 文化综述

创新是长沙高新区永恒的主题，创新文化是长沙高新区的灵魂。长沙高新区创新文化总的指导思想是：“以文化人、以人为本、以本谋新、以新致胜”。从 1988 年至 2012 年长沙高新区已经初步形成以“惟新为麓、尚德若谷”为精神理念的创新文化体系。

长沙高新区的文化，包含园区文化和企业文化两大部分。园区文化是园区的发展朝向；企业文化是企业顺应自身产业需要所产生的一系列为生产生活服务的有关文化理念和活动。

1988 年 7 月，一批长沙高等院校和科研院所的知识分子，受改革大潮和湖湘文化的影响，利用人才与技术两大优势，创办科技企业，开始形成长沙高新区创新创业文化氛围。

长沙高新区创新创业文化的发展过程大致分三个阶段，即：形成阶段（1988—2000年）、丰富阶段（2000—2010年）、提升阶段（2010年以后）。

2003年，为顺应园区文化发展的要求，长沙高新区以管委会为主导，由专业公司设计，对自身进行CIS规划与设计，系统规划设计长沙高新区创新创业文化，提升长沙高新区整体形象和对外开放知名度。形成《长沙高新区实态调查与形象调研报告》、《长沙高新区CIS战略策划报告》《长沙高新区理念识别（MI）系统》《长沙高新区行为识别（BI）系统》《长沙高新区麓谷品牌战略及传播策略报告》和《长沙高新区CI导入执行规划》等一系列成果。

在国家工商部门注册麓谷、LUVALLEY、图形标识、口号等商标，形成长沙高新区经营理念、园区精神、经营宗旨、服务宗旨。

2004年，长沙高新区管委会办公大楼落成，专辟“高新区创新创业”展厅，弘扬创新创业文化。

2007年，长沙高新区开始承办每年一届并永久落户麓谷的中国(长沙)科技成果转化交易会，举办“引进海外高层次人才创新创业论坛”。

2010年，长沙高新区获批创新型科技园区，其创新发展上升为国家战略。同时，提出“汇聚海内英才，打造创新型园区”的战略目标，举办北京大学、清华大学博士麓谷行和海外归国高层人才麓谷创业行活动，建设国家海外归国高层人才创业基地。以引进高层次人才为重点，创新思路，全力打造麓谷人才高地，营造凝聚海外高层次人才团队创新创业的浓厚氛围。

创办《高新麓谷》报、“长沙高新区门户网站”、《麓谷新闻电子书》，搭建文化宣传与交流的载体，建立健全股权激励、科技创新、人才特区、科技金融的政策体系，大幅提高激励创新创业资助资金。

2011年，长沙高新区聘请湖南省社科院专家组开展长沙高新区建设创新文化专题研究，举办“麓谷精神”创意征集大赛和网上投票活动，历时一年多，“惟新为麓，尚德若谷”的“麓谷精神”成为科技新城之魂。

编印《长沙高新区创新文化手册》，出版《麓谷之魂》，拍摄系列贺岁电视专题片《麓谷大业》，举办国内外师生系列动漫之旅活动，加强专业园、产业集群和企业品牌建设，组织重大品牌策划活动，开展海内外宣传和推广，深化“麓谷”品牌内涵，提高“麓谷”品牌的知名度和影响力。

第二节　园区文化

长沙高新区园区文化，形成于园区的创新实践，引领园区企业精神，规划和指导园区的企业文化建设，提取园区企业文化精髓，丰富并形成独特的长沙高新区园区文化。

一、标识文化

区　徽：

2003年，长沙高新区聘请专业公司设计区徽，图案设计紧扣“麓通天下，谷聚高新”主题，传达长沙高新区“不断追求、不断创新、不断发展”的战略目标，意喻长沙高新区以国际化、市场化、产业化的经营管理眼光，为投资经营者提供不断进步的优良环境，并以“海纳百川，有容乃大”的气势，带动绵延不绝、卓越的经营成效，创造未来无限的生机。图案色彩为蓝色，代表智慧、科技、信息、宽容、博大、永恒之追求。“麓谷”LOGO图案取岳麓“山”与湘江“水”及椭圆寓地球之“天下”为中心构成整体造型。箭头由下即地球的南端向上张扬表示长沙高新区地处中国南方岳麓山下，图形倾斜25度突出“谷”之概念。

区　歌：

长沙高新区区歌：《麓谷，放飞梦想的地方》，创作于2008年10月，作词：谭仲池，作曲：臧云飞。

歌词：岳麓山下枫叶流丹，这是一个放飞梦想的地方。创业精英在这里聚集拼搏，时代召唤在这里回响激荡。麓谷麓谷美丽的麓谷，你是播种收获的摇篮，我们深情把你守望，用青春和力量为你添彩增光。

湘江之滨歌声飞扬，这是一个成就梦想的地方。科技创新在这里扬帆远航，跨越发展在这里创造辉煌。麓谷麓谷绿色的麓谷，你是孕育春色的故乡，我们永远把你眷恋，用智慧和热血书写人生华章。

宣传口号：

“麓通天下，谷聚高新”，为长沙高新区的统一对外宣传口号。

麓谷，放飞梦想的地方

——长沙高新技术产业开发区区歌（代）

（2008年10月）

1=F 4/4

谭仲池 词
臧云龙 曲

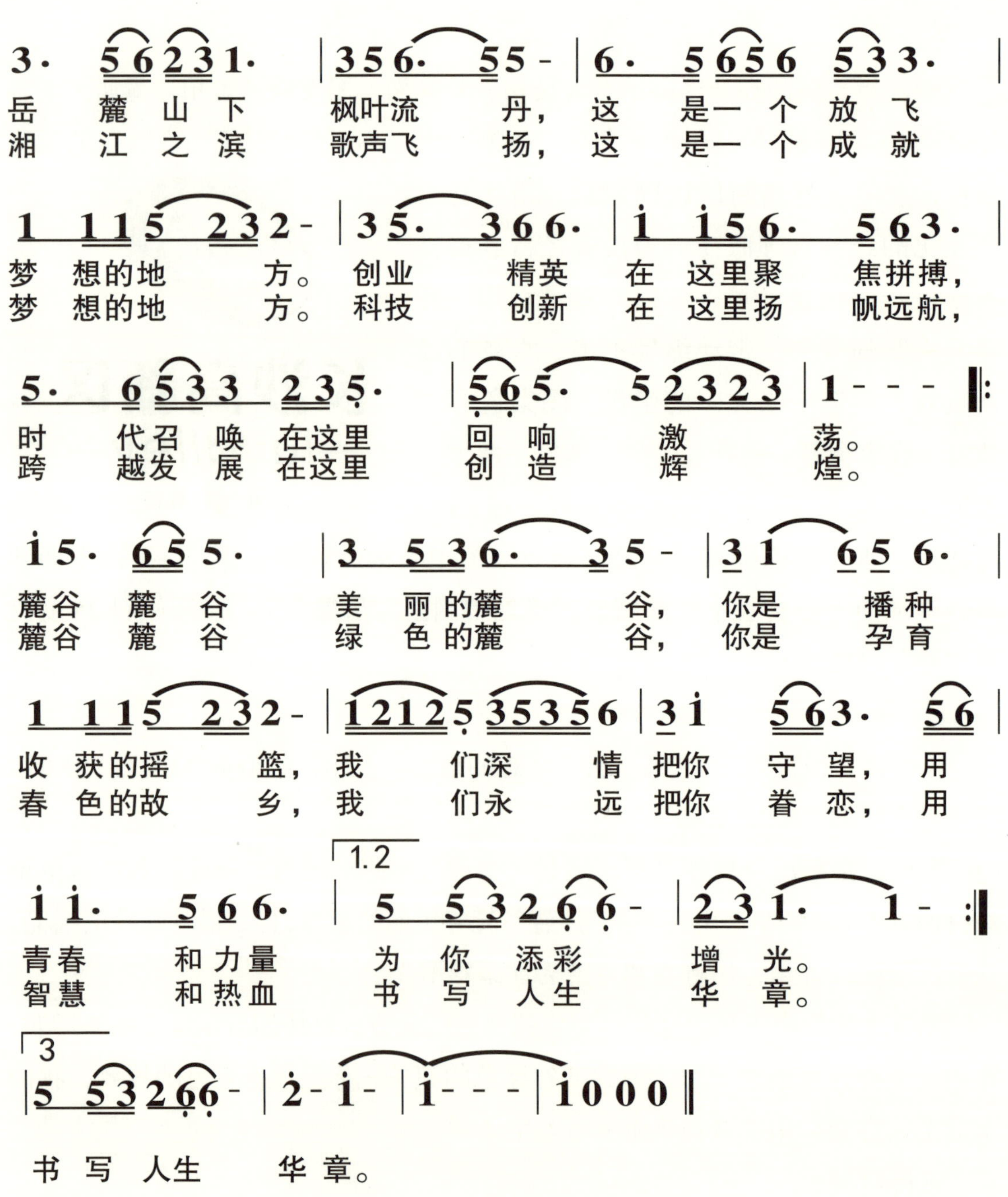

二、理念文化

“惟新为麓，尚德若谷”：

2011 年 7 月，长沙高新区发起并委托湖南省社会科学院专家组研究长沙高新区创新文化建设课题。10 月，以“参与发展·思考未来”为主题的麓谷精神创意征集大赛面向全国拉开帷幕。12 月，大赛收到来自全国各地 2000 多件作品。大赛专家评审委员会决定面向全国进行网上投票。12 月 20 日，大赛专家评审委员会举行第一轮麓谷精神评审，从获网上投票较多的百余件作品中，评选出 15 件在网上公示，进行第二轮投票。从第二轮网上投票产生 10 强作品，交大赛专家评审委员会评审出 2 件作品，交长沙高新区领导选定。12 月底，举行麓谷精神创意征集大赛颁奖大会。麓谷精神的表述语“惟新为麓，尚德若谷”出炉。

所谓“惟新为麓、尚德若谷”的内涵是指：惟新，语出《诗经·大雅·文王》：“周虽旧邦，其命维新”，意思是周虽然是旧的邦国，但其使命在革新。麓，《说文》解：林属于山为麓。《水经注·漳水》注：麓者，林之大者也。此处麓代指麓谷，意为只有创新才能成为麓谷、发展麓谷、成就麓谷。尚德若谷，原文为“上德若谷”，语出《老子》第 41 章：“夷道若颣，上德若谷。”形容具有崇高道德的人胸怀如同山谷一样深广，可以容纳一切。此处改“上”为“尚”，意为高新人要像山谷一样具有宽广的胸怀去追求崇高的信仰和高尚的道德。

核心价值观：

以人为本，以新为贵，以德为先，以信为根。

战略定位：

“两区一极”——自主创新领航区、两型社会示范区、区域经济的增长极。

发展使命：

“创新驱动、战略提升”，“四位一体”。

即促进技术进步和增强自主创新能力的重要载体、带动区域经济结构调整和经济增长方式转变的强大引擎、高新技术企业“走出去”参与国际竞争的服务平台、抢占世界高新技术产业制高点的前沿阵地。

发展愿景：

让创新企业在麓谷高度聚集，让创新资本在麓谷充分流动，让创新人才在麓谷大量涌现，让创新环境在麓谷不断优化，让创新活力在麓谷持续迸发。从而成为带动中部、示范全国、影响全球的国家自主创新示范区。

三、创新文化

创新口号：

创新改变世界，麓谷成就梦想。中国·麓谷，带动中部、示范全国、影响全球。

创新文化之源：

观呼天文，以察时变。

创新文化宗旨：

发展高科技，实现产业化。

创新文化内涵：

注重原创、引领发展，鼓励冒险、宽容失败，发扬民主、崇尚科学，追求卓越、摒弃平庸。

创新文化结构：

创新理念、创新制度、创新品牌、创新行为、创新介质。

创新文化特征：

“科技＋文化”“文化＋科技”“文化产业化，产业文化化。”

四、制度文化

管理方针：

创新管理追求高效，优质服务追求一流。

管理理念：

制度管人，流程理事，文化凝心，管理即服务；低成本，高效率，零障碍；发展是做今天的事，创新是干明天的事；投资者的需要就是我们的工作，投资者的成功就是我们的繁荣。

管理制度：

创新激励制度，创业扶持制度，服务企业制度，人事管理制度，绩效考评制度。

管理要求：

高层管理“四重”——重开拓，重程序，重公正，重团结；中层管理“四善”——善领悟，善执行，善创新，善担责；基层管理“四讲”——讲职责，讲高效，讲服务，讲协作。

五、行为文化

行为规范：举止文明，谦逊敬业，令行禁止，务实进取；

岗位规范：遵章守纪，尽职尽责，勇于担当，精益求精；

仪容规范：着装整洁，精神饱满，言行得体，微笑服务；

人际规范：互相尊重，乐于助人，坦诚沟通，和谐共进；

外交规范：平等礼貌，热情周到，守信践约，礼尚往来；

团队规范：顾全大局，团结协作，互学互助，争创一流；

廉政规范：廉洁干事，清白做人，廉洁履职，勤政为民。

第三节　企业文化

长沙高新区在努力打造园区文化的同时，关心并扶持园区企业创新创业文化的建设和发展。积极开展对麓谷范围内重点企业创新创业文化建设的调研，认真总结和提升长沙高新区入园企业的创新创业文化建设的实践，形成和提升长沙高新区创新创业文化的核心价值理念，进一步增强全社会对长沙高新区及其企业创新创业精神的认同。

一、企业文化综述

长沙高新区区内的高新科技企业，追求创新，重在突破，着力打造企业软实力，并形成各自独特的企业文化。

长沙高新区的内资企业，传承中华优秀文化，建立健全企业管理规章制度，着力打造创新企业文化，扩大企业的影响力，树立良好的企业形象。许多企业设计制作企业的徽、旗、歌，以增强企业的认同感和凝聚力；精心培育品牌，在媒体投放广告宣传，争创名牌、驰名商标等；创办企业报、刊，建立企业网站、网页，举办论坛，全方位推介企业品牌形象，不断增加企业的知名度，增强企业的品牌价值和品牌效应。举办体育文化节、迎春晚会、年度表彰会等，形成较为完整的文化价值理念体系，营造出创新文化，推动企业发展。

长沙高新区内的外资企业，将西方先进的企业管理理论与中国传统文化融合，以特有的文化方式沟通企业与员工、管理者与员工以及员工之间的思想情感，以共同的价值观念、行为准则和道德规范创造共同的文化理念、协作意识和进取精神。许多企业和内地企业一样提出诸如“创新高效，敢为人先”“追求卓越，完善自我”、“一切为了顾客，为了一切顾客，为了顾客的一切”等理念，凸显出企业的中外文化精髓和内涵。

长沙高新区历经二十多年的发展，不仅形成诸如中联重科、拓维信息系统股份有限公司、湖南威胜集团有限公司等具有国际竞争力的骨干龙头企业，而且又因各自的企业精神、经营理念、发展目标和服务宗旨，构成长沙高新区独特的企业文化。

二、企业文化选录

中联重科—“至诚无息，博厚悠远”：

企业愿景：“为员工创造一个安居乐业、融洽祥和、知书达礼、生机勃勃的生活环境。”

“至诚无息，博厚悠远”是企业文化理论核心，其“诚”是中联重科的事业原点和价值坐标。在核心理念统领下，形成其独有的价值标准、道德标准、能力标准和企业品格。

价值标准为“一元—诚，二维—德、才”；

道德标准为“三公—公开、公平、公正；四德—礼、义、廉、耻；五心—感恩心、谦卑心、利他心、无私心、精进心”。

能力标准为“六勤—勤学、勤思、勤快、勤奋、勤俭、勤勉；七能—社会的公信力、文化的包容力、组织的凝聚力、全局的控制力、团队的推动力、自主的创新力、品牌的领导力”。

企业品格为“八品—忠诚、仁义、谦卑、坚毅、自律、勤勉、精进”。

在国际化进程中，中联重科对“至诚无息，博厚悠远”的文化内涵进行着不断的创新和丰富。在海外资源整合过程中，中联重科以“包容、共享、责任”的理念和“放低自己、成就他人”的胸怀，赢得国际社会的认同和欢迎，意大利总统纳波利塔诺亲自为公司颁发“莱昂纳多国际奖”，刷新中国企业“走出去”的国际形象。

长城信息股份有限公司—“以客户为中心”：

长城信息股份有限公司的经营战略为“立足金融设备，发展高新电子，依托国际力量，实现跨越发展”。

公司秉承“以客户为中心”的企业理念，为社会提供优质的服务和产品，不断提升公司价值，形成自身的企业文化。

公司核心理念：为员工创造机会，为股东创造价值，为社会创造财富。

公司的企业使命：致力于成为行业信息化建设的推动者，为出资人创造持久的最大回报，带动湖南信息产业发展，为社会创造更多财富，提供员工实现职业梦想的平台。

核心价值观：诚信、业绩、创新、责任。

经营理念：知变图新、诚达天下。

企业宗旨：奋发进取，用户至上。

拓维信息系统股份有限公司—“诚则通，信则达”：

在企业发展过程中，形成“诚则通，信则达”的经营理念和“专业进取协作创新”的核心价值理念。

拓维的企业精神：激情不断，创新不止。

企业宗旨：对客户，提供一流产品。

传播品质理念：对股东，高度负责，长效回报；对员工，最佳雇主，成就自我；对社会，最具社会责任感企业。

企业使命：用移动互联网为人类提供优质、便利的生活；为提升客户的生活品质服务；为员工搭建实现人生价值的平台。

核心竞争力：以成功经营人心为终极目标，以饱满的激情和创新方法，整合资源，实现战略目标的能力。

拓维具有独有的人才文化、经营文化、竞争文化、产品文化、市场文化和营销文化，把员工团结在一起，把市场做大，为企业使命服务。

九芝堂股份有限公司—“九州同济，芝兰同芳”：

九芝堂股份有限公司遵循“药者当付全力，医者当问良心”的祖训，制定的企业理念即“九州同济，芝兰同芳。”围绕这个理念，九芝堂股份有限公司的产品不仅是济世良药，也是一种文化载体，九芝堂人不仅是客商，更是文化使者。

在为顾客服务方面，企业制定的经营宗旨是“九分情，一份利”，打出的品牌文化是对顾客“三百年的承诺”。

“中华老字号”凝结宝贵的非物质文化遗产，“中国驰名商标”注入全新的发展动力。九芝堂人唱《九芝颂》司歌，读《九芝堂报》，追求的最高境界是：胸怀九州的气概，期盼芝兰的美好，与国家发展同步，和时代潮流一致。

湖南威胜集团有限公司—“持续创新，百年威胜”：

企业使命：能源计量与能效管理专家

企业愿景：持续创新，百年威胜。

持续创新，是威胜生生不息的基础，是威胜科技研发能力与科技贡献不断保持全球最高标准的过程，是威胜为社会和人类不断创造新价值新财富而不断赢得利益相关者尊敬的过程。

经营宗旨：至诚致精，义利共生。精准的能源计量和精益的能效服务，为客户创造价值。企业精神：团结、进取、求实、创新。

团结为仁，互信互助，互学互容，同甘共苦，同辱共荣；进取是勇，敢于承担责任，善于赢得机会，乐于自我超越；求实为信，诚信守法，实事求是，实干实效，尽职尽责；创新是胆，不怕困难和挫折，持续加强企业的核心竞争能力，将不可能变为可能。

方正证券股份有限公司—“方方正正做人，实实在在做事”：

公司核心价值观：持续创新、敢为人先、追求卓越、标新立异。

提倡开放、平等的精神，尊重、鼓励并激发员工的自主性和创新活力；追求产品和服务创新、技术创新、管理创新，通过创新产生高附加值的产品与服务。

公司行为准则：方方正正做人，实实在在做事。

方方正正做人，实实在在做事是企业及其员工一切行为的原则与根本；方方正正做人，就是要诚信、忠诚；实实在在做事就是要尽心尽责；依法经营，诚实经商，追求多赢。言必信，行必果；正而不迂，直而不拙；自觉承担社会责任，有意识地使公司的利益与社会发展的总体利益相一致。快乐工作，快乐生活。

江南工业集团有限公司—“军民融合，开放融入”：

江南工业集团有限公司的企业文化以“箭文化”为特征，并形成完备的企业文化体系。

箭之源 -- 公司文化基因：百年军工，使命崇高；

箭之形 -- 公司形象用语：江南红箭，勇往直前；

箭之瞻 -- 公司愿景：打造有抱负、负责任、受尊重战略团队，建设科技型创新型国际化企业集团；

箭之魂 -- 公司精神：创新、奉献、务实、开放；

箭之力 -- 公司作风：激情推动事业，智慧化解矛盾；

箭之谋 -- 公司战略：军民融合，开放融入；

箭之道 -- 公司经营理念：市场导向，价值经营；

箭之基 -- 公司管理理念：决策求实，工作扎实，效果真实。

湖南梦洁家纺股份有限公司—爱在家庭：

梦洁的品牌核心精髓就在于“对所有家庭的爱心”，它代表企业决策者对企业的发展构想及终极目标。

梦洁品牌的核心价值理念：爱在家庭

“爱在梦洁这个大家庭”成为企业发展的强大凝聚力和推动力；延展至外，企业对社会的高度责任感、对文化艺术的关注，渗透至千万个家庭，真切地表达并实现着“爱家”的广博意义，梦洁的企业文化及其内涵孕育具有恒久生命力的品牌。

公司的企业价值观：在以爱为基石的付出中成就荣耀；

文化内涵：品格第一，家庭第二，事业第三；

企业愿景：梦洁的产品成为关爱家庭的象征，把梦洁带回家就是把爱带回家。

湖南杉杉户田新材料有限公司—以建立正极产品研发中心、正极产品技术支持中心、正极产品生产基地为发展战略，发展成为全球最大的锂电正极材料及部分原料生产研发中心：

公司经营理念：选定目标、投入感情、找准方法、全力以赴。

企业文化内涵：正值、奉献、创新、负责。

表 10–1　　　　　　长沙高新区部份企业理念一览

序号	企业名称	企业理念
1	中联重科股份有限公司	至诚无息，博厚悠远
2	长城信息股份有限公司	为员工创造机会，为股东创造价值，为社会创造财富
3	拓维信息系统股份有限公司	专业进取协作创新
4	九芝堂股份有限公司	九州同济，芝兰同芳
5	湖南圣湘生物科技有限公司	每盒每剂，但求高精高质；一诊一断，当思人命关天
6	华自科技股份有限公司	以质取信，以信取胜
7	湖南威胜集团有限公司	诚信、共赢、开创
8	湖南杉杉户田新材料有限公司	材料推动能源革命
9	湖南湘电长沙水泵有限公司	求发展为要，谋众服为责
10	金瑞新材料科技股份有限公司	以创新为动力，以市场为导向，以效益为中心
11	湖南金杯电工股份有限公司	严谨务实、规范守信、追求卓越
12	中冶长天国际工程有限责任公司	精益求精，合作共赢
13	方正证券股份有限公司	持续创新；方方正正做人，实实在在做事；快乐工作，快乐生活
14	江南工业集团有限公司	市场导向，价值经营
15	湖南梦洁家纺股份有限公司	爱在家庭
16	方盛制药股份有限公司	方盛二字寓意为：恒者方兴持久，联之共盛你我

续表 10-1

序号	企业名称	企业理念
17	长沙中电软件园有限公司	以“两型社会”示范园区为引领，完善园区发展环境，为企业创造价值，为社会创造财富，为员工创造机会
18	湖南红太阳光电科技有限公司	人民和平幸福离不开红太阳
19	五强企业集团	激情、智慧、坚持
20	长沙电缆附件有限公司	诚信、务实、创新、提升
21	湖南三德科技发展有限公司	诚信、合作、专业、创新
22	长沙华时捷环保科技有限公司	做信得过、靠得住的环保企业

第四节 文化活动

一、讲 堂

麓谷大讲堂：

2010 年初，长沙高新区党工委、管委会决定创办“麓谷大讲堂”，每 2 个月举办一期，每期针对形势热点或高新区重点中心工作，精选一个主题，邀请省内外著名教授、专家、学者主讲，长沙高新区中心学习组成员和有关部门、单位负责人及相关工作人员参加听讲。

2011 年 2 月 24 日，第一期“麓谷大讲堂”开讲，中国民营科技促进会常务副理事长马彦民、中国高新区协会副秘书长王树海主讲《“十二五”期间国家高新区的发展形势、发展方向和发展任务》

2011 年 8 日 25 日，举办长沙高新区第二期“麓谷大讲堂”，邀请湖南省委党校学术委员会委员、公共管理教研部主任、硕士生导师王学杰教授，到长沙高新区作《塑造高效执行力》培训讲座。

2012 年 7 月、9 月、10 月举办第三期“麓谷大讲堂”，主讲嘉宾青阳天使投资基金创始合伙人苏禹烈主讲《死亡谷边的“送炭人”——孵化经济新活力》。第五期的“麓谷大讲堂”，邀请北京东方易初标准技术有限公司咨询组组长刘国旗为管委会领导、纳入贯标范围的 27 个机关局室和直属事业单位全体干部员工进行《管委会 ISO9000 质量管理体系文件》培训。第六期的“麓谷大讲堂”，主题为宣传李林森同志先进事迹，观看电影《雨中的树》。

道德讲堂：

长沙高新区雷锋镇是雷锋的故乡，为弘扬雷锋精神，践行社会主义核心价值观，构建“文明麓谷”，2012年7月23日，长沙高新区召开机关文明创建“道德讲堂”建设和道德评议工作会，专题部署“道德讲堂”建设和开展道德领域突出问题专项教育和治理工作。

长沙高新区机关道德建设重点开展六项工作：

建立第一批“道德讲堂”；征集、提炼形成长沙高新区“道德讲堂”核心内涵用语；试点启动“道德档案”建设；开展“我身边的活雷锋”道德模范事迹巡讲活动；深入开展“迎接十八大，讲文明树新风”主题活动；加强道德模范事迹宣传工作。

把市民学校、麓谷大讲堂、道德讲堂三者有机结合，把道德讲堂的内涵扩展，全面做好道德教育工作。

长沙高新区成立“道德讲堂”总堂，园区内各单位、企业分别成立“道德讲堂”，道德讲堂进学校、进企业、进机关、进社区。

道德讲堂设“作一次自省、唱一首歌曲、学一个模范、诵一段经典、发一个善心、行一个大礼、做一件善事、送一份吉祥、学一些知识”九个环节展开。

至2012年12月，各学校、企业、直属单位、社区的“道德讲堂”相继开讲，并成为长沙高新区各学校、企业、直属单位和社区文化建设的载体，进入常态化。

二、赛　事

魅力麓谷摄影大赛：

2011年4月23日，启动“魅力麓谷——庆祝国家高新区成立二十周年（长沙）发展成就摄影艺术大赛”，摄影大赛由长沙高新区党工委、管委会，长沙市摄影家协会联合主办。4月23日举行开拍启动仪式，由长沙高新区管委会和市摄影家协会组织拍摄人员分批分组开始拍摄创作。9月大赛截稿，5个月的时间里，摄影爱好者走进长沙高新区的企业、社区和公园，深入实验室、生产车间、建设工地、生态公园，拍摄近2000组作品，全方位、多角度地展现麓谷建设发展的丰硕成果和成就，展现出麓谷蓬勃发展的崭新面貌。参赛作品主题鲜明、立意新颖，用摄影艺术反映长沙高新区经济社会发展成就，重点表现产业经济、创新成果；两型社会、生态新城；和谐社会、城乡一体；精神文明、人物风貌。参赛作品收集后邀请资深摄影专家组成评委会对作品进行评审后再展出。大赛设金奖2名、银奖3名、铜奖6名，另设优秀奖30名和入围奖80名。大赛评委会从2000多幅参赛作品中，经过多次评审和严格筛选，共选出11幅获奖作品。车启明的作品《霞光映中联》、李西龙的作品《焊花欢歌》荣获金奖。2012年

1月5日，长沙高新区管委会举行颁奖大会，高新区党工委书记谭杭生为获奖的摄影爱好者颁奖，市摄影家协会主席龚振欧出席颁奖仪式。

“麓谷放歌”歌咏比赛

歌咏大赛：

纪念建党90周年，歌颂红色文化，传承红色激情，激发长沙高新区机关、企业的党员、群众爱党爱国热情，推进长沙高新区文化建设，根据长沙高新区党工委、管委会庆“七·一”系列活动安排方案。2011年5月20日，长沙高新区开展“唱红歌、颂党恩、跟党走”歌咏比赛，长沙高新区领导与近2000名群众现场观看比赛。

创意征集大赛：

2011年11月20日，以“参与发展·思考未来”为主题的麓谷精神创意征集大赛面向全国拉开帷幕。共收集参赛作品2000多篇。经过两轮评选，最终评选出“惟新为麓 尚德若谷”和“和衷笃行 创新致远”这2条作品进行最后一轮角逐。2012年12月底，长沙高新区管委会举行麓谷精神创意征集大赛颁奖大会，各奖项获得者发表获奖感言，长沙高新区管委会领导为获奖者颁发奖金。“惟新为麓 尚德若谷”夺得头筹，成为麓谷精神的表述语。

三、专题片

《麓谷大业—长沙高新区2009十大时事回眸》：

2009年，长沙高新区党工委、管委会组织专门班子，编写《麓谷大业---长沙高新区2009十大时事回眸》并拍摄为专题片。

十大时事为：高层领导纷至沓来、园区经济再创新高、麓谷发展全新定位、项目建设如火如荼、招商引资揽大植新、重点企业精彩纷呈、平台建设再创佳绩、城乡一体化稳步推进、改善民生社会稳定、创业才俊竞聚麓谷。

《麓谷大业—长沙高新区2010十大亮点回眸》：

2010年，长沙高新区续拍贺岁片《麓谷大业——长沙高新区2010十大亮点回眸》，十大亮点为：领导寄语给力麓谷、创新之路领航麓谷、项目大景聚焦麓谷、助飞平台首选麓谷、客商云集投资麓谷、风流名企崛起麓谷、安居乐业魅力麓谷、领舞长沙实力麓谷、城市前行和谐麓谷、百姓满意快乐麓谷，全面盘点长沙高新区一年建设发展成就。

《麓谷大业—长沙高新区2011亮点回眸》：

2011年，续拍贺岁片《麓谷大业——长沙高新区2011亮点回眸》，分春、夏、秋、冬四部分，回首全年业绩。

《麓谷大业—长沙高新区2012十大时事回眸》：

2012年，续拍贺岁片《麓谷大业——长沙高新区2012十大时事回眸》，总结全年成绩，提振信心，催人奋进。

四、主题联谊会

“麓谷之恋—长沙高新区相亲联谊会”：

2011年11月11日，举办“麓谷之恋—长沙高新区首届相亲联谊会”。总工会以联谊会为开端，建立一个一年数届服务于单身员工的沟通交流平台。第一届“麓谷之恋”相亲联谊会由长沙高新区党工委、管委会主办，区总工会承办，《高新麓谷报》全程策划。吸引400家企业近1000名单身员工报名，创下长沙高新区联谊交友活动规模之最、人气之最。

2012年11月17日，由长沙高新区党工委、管委会主办，长沙高新区总工会、团工委、妇联联合组织的“麓谷之恋”活动在长沙烈士公园举行，110名麓谷未婚青年男女参加。

长沙高新区创建20周年主题晚会：

2008年11月6日，长沙高新区举办纪念国家火炬计划实施20周年和长沙高新区创建20周年的“辉煌麓谷、腾飞高新”大型文艺晚会。出席晚会的省市领导有原湖南省人民政府副省长唐之享、长沙市市长张剑飞、长沙市人大常委会副主任彭可平等，参加中国（长沙）科技成果交易会近600名代表以及长沙高新区各企业代表。晚会邀请湖南电视台著名主持人张丹丹作为晚会主持及演出嘉宾，特邀著名歌唱家张也、王丽达、红叶组合等登台演出，整台晚会以音、诗、画的形式，回顾长沙高新区20年的创新创业历程，展望长沙高新区在“两型社会”建设和“创新型园区”建设中新的发展机遇。

五、文化、文物普查

2009年，长沙高新区开展非物质文化遗产普查及全国第三次文物普查工作，针对文物普查，制定《长沙高新区第三次全国文物普查实施方案》，田野调查阶段历时16天，对全区2个乡镇，14个村、居进行全面调查，行政村踏查率100%，共查得文物点13处，对已发现文物点采取有效措施加以保护。

2010年，长沙高新区成立高新区第三次全国文物普查领导小组，开展田野普查认定文物点9处，部分文物点（曾纪泽墓）引起关注。加强文物保护队伍建设，在各乡镇、街道安排1名文物专干，各个文物点安排1名文物保护员，对不可移动文物进行安全巡查，落实安全措施。

第五节 文化设施

一、文化站、书屋

为丰富托管乡镇农村文化生活，长沙高新区以公共文化设施建设为重点，夯实文化发展基础，乡镇文化站和书屋等建设进展加快。

2008年年底，东方红镇面积500平方米的镇文化站投入使用，内有大型图书阅览室2个，图书杂志3000余册，共计投资20余万元。

同年，雷锋镇有2家农家书屋投入使用，使用面积均达100平方米，设备价值4000多元，收藏图书均超过1500册，订购多种报刊和音像制品，书屋均为全开放阅览。书屋管理制度完善，管理员由责任心强的村干部兼任。

2010年，长沙高新区加大文化基础建设的投入，完成雷锋镇建筑面积达700平方米文化站的建设，完成东塘社区、荷花塘社区文化活动室和延农、荷叶坝农家书屋建设。同时完善文化站、文化活动室和农家书屋相关管理制度。

2011年，在逐步完善两镇文化站设施设备的基础上，不断完善文化站的功能。完成金南村、牌楼坝、真人桥、坪山4所农家书屋的建设。在全区农家书屋开展星级评定互动，利用农家书屋，开展全民读书活动和文化交流活动。以文明创建为契机，开展“扫黄打非”和文化市场专项整治，强化文化市场的日常巡查，规范网吧等公共文化场所的经营秩序，为社会提供文明健康的文化生活环境。

2012年，完成雷锋村、华龙村2所农家书屋的建设。

二、体育场馆

长沙高新区在建设乡镇文化站和书屋的同时，关注园区群众体育，重视园区体育设施的建设。至2012年，长沙高新区建成保利麓谷体育公园、7个社区篮球场。暑期购买保利麓谷体育公园、勤诚达湘麓国际两家游泳馆服务，向中小学生免费开放。

第二章 教 育

第一节 管理机构

2004 年 8 月，原岳麓区东方红镇由长沙高新区托管，随之划入 3 所学校，近 100 名教师和 1000 余名学生。长沙高新区开始行使教育管理职能。

2006 年，望城县黄金乡的金桥、明华、南塘 3 所学校划归长沙高新区。

2008 年 6 月，望城县雷锋镇由长沙高新区托管，并移交 8 所学校。

2009 年 2 月，长沙高新区成立教育管理中心，作为社会事业局下属二级机构，承担园区教育管理服务职能。

2012 年 1 月，长沙高新区管委会成立教育局，全面承担园区教育行政管理和服务职能。

第二节 教育投资

2004年,长沙高新区开始托管乡镇后,重视教育,并逐年增加对教育的投资。

2008 年，长沙高新区全年教育投入达 2745 万元。由长沙市教育局投资，交由高新区管理的长沙市麓谷中心小学投入使用。

2009 年，长沙高新区共投入教育资金 6348 万元。其中，用于偏远薄弱学校校舍维修改造和办学条件改善达 150 多万元。

2010 年，长沙高新区共投入教育建设资金 20560 万元。

2011 年，长沙高新区共投入教育建设资金 740 万元。

2012 年，长沙高新区共投入教育建设资金达 1 亿元。

表 10-2 长沙高新区教育投入概况统计表

（2008—2012 年）

单位：元

年份	主要用途	金额	总金额	备注
2008			2745 万	2004—2008 年高新区内学校由高新区社会事业局、岳麓区教育局共同管理

续表 10-2

年份	主要用途	金额	总金额	备注
2009	偏远薄弱学校校舍维修改造和办学条件改善	150 多万	6348 万	
	其他教育投资	6100 多万		
2010	改造平安、坪山等 8 所农村学校食堂	200 多万	20560 万	
	雷锋小学原址扩建	4770 万		
	延风中学新校区建设	14990 万		
	工商职专实训大楼建设、学生公寓、运动场馆建设、食堂改造	500 多万		
	完善全区 15 所中小学道路交通标志、增设减速带 24 处、学校警示标志牌 32 块、太阳能警示灯 18 盏	100 余万		
2011	推山小学校舍加固	140 万	740 万	
	和馨园幼儿园完成主体工程建设与装修	600 万		
2012	高新区校安工程	100 万	10000 万	
	明德麓谷学校电力增容工程	60 万		
	推山小学与坪山小学教学楼改造	57 万		
	多所学校设施设备配置	2000 万		
	公办学校配备学生用车 15 辆	260 余万		
	其他教育投入			

第三节 学 校

湖南师大附中高新实验中学

至 2012 年长沙高新区范围内有中学 1 所：延风中学（新校区建成，与湖南师大附中合作，于 9 月开学并改为湖南师大附中高新实验中学）；九年一贯制学校 1 所：明德麓谷学校；中专

（工商职业技术专科学校）1 所：长沙市高新技术工程学校；小学 14 所：麓谷中心小学、明德麓谷学校小学部、明华小学、桥头小学、枫树小学、平安小学、坪山小学、虹桥小学、南塘小学、雷锋小学、真人桥小学、推山小学、金桥小学（2012 年因学校拆迁暂停招生）、和平小学（2012 因学校拆迁暂停招生）；民办幼儿园 11 所，公办民营 1 所。

表 10–3　　　　2012 年长沙高新区区属教育机构一览表

机构类别	学校名称	办学地址	备注
幼儿园	金色梯田幼儿园	麓枫路 61 号湘麓国际小区	民办
	麓枫路 61 号湘麓国际小区	加州阳光小区	民办
	迪斯尼幼儿园	咸嘉湖西路	民办
	万婴幼儿园	麓山润城小区	民办
	世纪星幼儿园	雷锋镇安庆路 95 号	民办
	雷锋中心幼儿园	雷锋镇和平路口	民办
	小天使幼儿园	雷锋镇安庆路	民办
	大拇指幼儿园	高新区枫林路	民办
	博雅安安幼儿园	雷锋镇	民办
	双凤幼儿园	雷锋镇坪山村	民办
	明德麓谷幼儿园	保利麓谷林语社区	民办
	高新区第一幼儿园	岳麓区和馨园	公办民营
小学	虹桥小学	长沙市岳麓区麓谷园区栖才路 199 号	2010 年与湖南第一师范合作，改为“湖南第一师范虹桥实验小学”
	雷锋小学	长沙市望城县正兴路 82 号	
	南塘小学	东方红镇金南村	
	金桥小学	湖南省高新区望城县黄金乡金桥	2012 学校拆迁
	明华小学	东方红镇华龙村（原明华村）。	
	和平小学	雷锋镇雷锋村	2012 学校拆迁
	平安小学	雷锋镇坪山村	
	坪山小学	雷锋镇坪山村	
	枫树小学	雷锋镇真人桥村（原枫树铺村）	
	真人桥小学	雷锋镇真人桥村（原杨桥村）	
	麓谷中心小学	长沙市高新区麓谷园区麓泉路 1 号	长沙市教育局投资兴建
	推山小学	雷锋镇牌楼坝村	
	明德麓谷小学部	长沙市高新区麓松路	
	高新区桥头小学	雷锋镇桥头铺村	

续表 10-3

机构类别	学校名称	办学地址	备注
初级中学	延风中学	长沙高新区东方红镇	2012 年，延风中学合并为湖南师大附中高新实验中学，原址已拆迁。
	师大附中高新实验中学	长沙高新区嘉运路	
	明德麓谷学校	长沙市高新区麓松路	九年一贯制学校
工商职业技术专科学校	长沙市高新技术工程学校	长沙高新区延风路 1 号（东方红路与岳麓大道交汇处）	

第四节 师 资

一、师资培训

开展“问题化学习”教学研讨课师资培训

师资培训包括教师的专业培训和素质培训：专业培训是直接服务于学校的教学和管理的培训；素质培训是提高教师素养，扩大知识面和情趣爱好的培训。

2009 年，举办长沙高新区课件制作培训班，组织全区小学语文教师开展语文学科培训；先后选派中小学 190 位教师参加语文、数学、思品、科学等学科市级骨干教师、薄弱学科培训班与班主任培训；按照全省统一安排，选送 51 名班主任参加远程教育培训班的培训；组织校长及青年中层干部演讲比赛，加强中青年干部的培养。

2010 年，共派出 20 多名骨干教师参加省市各学科培训，10 名校长参加校长培训及研修班。暑假会同小教中心举办语文、数学科目为期一周的培训，全区 100 名语文教师及 80 名数学教师参加培训。

2011 年，组织开展中小学教师书画展、“三尺讲坛写春秋”教师演讲比赛、教师基本功比武、教师读书工程等活动，提升教师综合素养。暑假组织教师职业规划及心理健康培训，选派骨干教师参加省市各学科培训，选送教师参加国培计划，置换脱岗培训 3 人，短期培训 10 人，远程培训 93 人。

2012 年，组织教师参加国培、省培、短期集中培训、脱产培训达 300 人次；做好教师全员培训工作的学分登记工作。同期，加大幼儿园园长及幼儿教师业务培训力度，全年选送培训园长 8 人，美术幼师 8 人，保育员 14 人。

二、支　教

2009 年，长沙高新区开展教师支教工作，选派 3 名城镇学校教师赴园区偏远薄弱学校任教一年；促进教师校际交流，共 11 位教师参与交流；启动长沙高新区首届学科骨干教师评选认定工作；做好教师职称申报推荐工作，16 人获评小高职称，中学与职专 3 人获评中高，8 人获评中一。

三、教师评聘

教师评聘包括职称评聘和荣誉评选。

2010 年，结合“感动星城魅力教师”评选活动，在全区开展首届长沙高新区名师暨魅力教师推荐工作，通过层层选拔产生长沙高新区首批 4 位名师，组织公开投票，产生 2 位魅力教师，4 位教师获得市级大奖。

邀请专家到学校督查，确定麓谷小学申报市级校本研训示范校。根据需要开展教师招聘工作，引进 28 位骨干教师，16 位优秀毕业生。做好职称评定工作，推荐副高职称 4 人，中级职称 14 人。

2011 年，首次独立组织全区教师公开招聘，引进 91 位教师，2 位免费师范生，选调 2 位优秀骨干教师，为农村学校选配 7 名音乐、英语、体育、美术专业教师。

修改区级骨干教师认定与管理办法，首批认定 31 名区级骨干教师，推荐并通过认定市级骨干教师 13 名，启动区级“名师工作室”的建设。实施校际联动，全年组织 24 位骨干教师开展校际联动活动，送课下校交流 60 多节、开展 2 次学科教学竞赛活动。

2012 年，公开招聘引进骨干教师和优秀毕业生 88 人，免费师范生 2 名，选聘 42 名聘用制教师，充实师资团队，确保学校扩班增容需要。同年，全区 34 位教师获得市级以上荣誉。

第五节　活　动

一、教学研究

2009 年，麓谷小学等 6 所学校被吸纳为第七届市小语理事团体会员单位，省市各类教学教研活动长沙高新区实现指标单列；开展校级、区级教学质量评估工作，评选出60节区级优质课。4月，组建以蔡青等9位教师为主的兼职教研员团队。采取多种措施鼓励教师撰写教学论文、教学案例并制作教学课件，共计500余篇作品送国家、省、市参评。举办长沙高新区小学数学有效课堂教学竞赛、小学语文创新教学竞赛，市教科院信息技术调研等活动，组织开展“双十三百工程”（评选十佳名师、开发十门优质校本课程、评估区级优质课100堂、评选优质电子课件100堂、编撰100篇优质论文）。

二、教学常规管理年

2010年为长沙高新区“教学常规管理年”，雷锋小学成功承办省委“我们在读书”主题活动启动仪式；雷锋小学、平安小学创建省红领巾示范学校。全面铺开“双十三百工程”：历时三个月评出优质课100堂，组织“百篇优质论文”和“百个优质课件”评选，共收到教师论文312篇，课件199件。开展德育主任校际联动活动，全区14名德育主任及骨干教师参与换岗交流。

三、高效课堂推进年

2011年为全区“高效课堂推进年”，麓谷小学被评为长沙市校本研训示范校。麓谷小学、虹桥小学、延风中学、雷锋小学承担省市课题研究，精心组织全区小学五、六年级的调研检测，树立全面发展的质量意识。4月，长沙市高新技术工程学校学生参加长沙市中职学校学生专业技能竞赛，获得9个团体一等奖，15个单项一等奖，20名教师获得优秀指导奖，学校获优秀组织奖，总成绩名列全市第一。10名选手参加全省中职学生专业技能竞赛，5人获一等奖，3人获二等奖，其中4名选手代表湖南省参加6月全国职业院校学生技能大赛，2人获铜奖。

四、主题队会

2012年，长沙高新区教育局承办长沙市“做一个有道德的人——我的一次志愿者经历”主题队会活动，市委常委、宣传部长张湘涛等领导出席活动并给予高度评价；承办湖南省“3·5”学雷锋主题队会；在长沙市2012年德育竞赛活动中，获冠军2项、亚军2项、季军2项，长沙高新区教育局获优秀组织奖；麓谷小学创建湖南省五星级优秀少先队集体，明德麓谷学校、雷锋小学被评为长沙市优秀少先队集体。在第29届长沙市青少年科技创新大赛中，全区学校共获得市级奖励122项，区教育局被授予长沙市优秀组织单位奖；虹桥小学在省市青少年机器人竞赛中，获全国第六名，省级金牌、银牌各1块，市级一、二等奖各 1 项，并获市优秀组织奖等。虹桥小学的省级课题顺利结题并获得省级一类课题奖励，麓谷小学《本色作文导写》已取得阶段性成果，获得多项全国性一、二等奖，麓谷小学、虹桥小学申报的市“十二五”规划课题已申报立项并有序开展，长沙市高新技术工程学校 4 个省级课题立项并开题。虹桥小学高标准通过省安全文明校园验收，明德麓谷学校通过市级安全文明校园验收，真人桥小学推荐申报市级文明交通示范学校，推山小学推荐申报市级防震减灾示范学校。

第六节　督　导

一、两项制度评估

2009 年，长沙高新区党工委、管委会成立教育强区领导小组、两项教育制度督导评估领导小组、迎接省市教育强区督导评估领导小组、合格学校建设和评估领导小组；成立教育督导机构，聘任一批专职督学和兼职督学；制定完善教育强区建设方案、高新区教育发展规划、两项制度评估方案，合格学校建设和评估方案、乡镇教育工作考检评估方案等一系列督导工作方案和制度，长沙高新区教育督导工作逐步走向规范化、科学化和常态化。

2010 年，进一步发挥教育督导在督政、督学中的作用，确保教育督导出实效。组织并迎接长沙市“两项教育制度考核”督导评估，坪山小学、平安小学、雷锋小学认定为长沙市合格学校。组织办学质量评估，2010 年，长沙高新区现有中小学、职业学校 15 所（含三个教学点），全区专任教师 439 人，学历合格率 100%，6 ~ 11 周岁适龄儿童入学率 100%，小学生年度巩固率 100%，小学生毕业率 100%，100% 升入初中，初中生年度巩固率 100%，初中学生毕业会考一次性合格率 90%，升学率 100%，学前儿童一年入学率 100%，学前儿童三年入学率 92%，职业学校巩固率 98.6%，毕业率 100%，学生就业率 98.3%。迎接长沙市教育督导年度考核，2009 年、2010 年连续两年被评为长沙市教育督导优秀单位。

2011 年 4 月长沙市政府教育督导评估中，长沙高新区被认定为优秀，组织长沙高新区义务教育阶段合格学校评估，麓谷小学、虹桥小学、延风中学、南塘小学、金桥小学、明华小学、真人桥小学和推山小学等 8 所学校被长沙市评估认定为合格学校。

2011年，长沙高新区组织常规督导，先后组织春、秋两季开学工作、学校安全卫生、食堂食品卫生、规范办学行为、教学工作规范、校本研训、校务公开等工作督查，每次督查都做到有方案、有评估细则、有组织、有过程、有情况通报。进行教育管理模式创新尝试，促成虹桥小学与一师附小合作办学，保利麓谷林语楼盘的配套学校与明德中学合作办学。落实督导教育经费，按照“两个比例，三个增长”的要求，确保教育经费足额拨付，实现“一费制”全免，春秋两季享受减免政策学生达8828人，各项减免费用总额152万元，加大对职业教育发展的扶持力度，对东方红镇、雷锋镇拆迁农民子弟在职业学校就读的学生按600元/人的标准进行学费资助，由长沙高新区财政全额承担，共计资助学生138人，资助费总额12.78万元，有效缓解职业教育招生难的困境。

2012年，长沙高新区进一步完善督导机制，创新督导方式，全面推进素质教育，全面推进义务教育均衡发展。建立督学责任区制度，合理划分四个督学责任区，聘请四位德高望重的学校老校长担任责任区督学。11月中旬，迎接全国督学责任区现场经验交流会代表参观学习，并做经验介绍，麓谷小学和虹桥小学成为长沙市示范性督学责任区。创新义务教育均衡发展新模式，将麓谷小学与坪山小学、平安小学，虹桥小学与枫树小学、推山小学，明德麓谷学校与明华、南唐小学，雷锋小学与桥头、真人桥小学等实行捆绑管理，促进学校均衡发展。

二、“三检合一”

2012年，精心做好市级“三检合一”督导评估考核，在4月份长沙市政府的“两项教育制度考核和职业教育”（简称三检合一）督导评估中，长沙高新区获得优秀。

长沙高新区与省市名校合作办学的师大附中高新实验中学于2012年8月竣工开学，同年12月经长沙市评估验收为长沙市合格学校。组织开展常规督查，分别开展寒暑假值班安全、违规补课、春秋两季开学、教学常规、安全卫生食品安全、校务公开、师德师风建设、学校建设、幼儿园开园及办园水平等工作督查，每项督查均印发情况通报。组织开展中小学素质教育和示范性幼儿园督导评估，麓谷小学、虹桥小学、雷锋小学、明德麓谷学校评估认定为长沙高新区素质教育示范性学校，明德麓谷幼儿园、高新区第一幼儿园、万婴麓山润城幼儿园评估认定为长沙高新区示范性幼儿园。组织办学质量评估。全区中小学专任教师622人，学历合格率100%，6 ~ 14周岁适龄儿童入学率100%，中小学学生年度巩固率100%，小学生毕业率、升学率100%，初中学生毕业会考一次性合格率92,8%，毕业生全部升入高中阶段学习，学前儿童一年入学率100%，三年入学率94.46%，职业学校学生毕业率100%，毕业生就业率96.8%。

第三章 医疗卫生

第一节 卫 生

一、机构设施

2009年，长沙高新区加大对镇卫生院、村卫生室的投入建设，完成对雷锋镇村卫生室的整改、扩建工作；投入资金7万元，为5所村卫生室配备氧气瓶、急救箱、不锈钢抢救车、超声雾化器等基本设备，共计185件。完成东方红中心卫生院主体工程建设，投资121万元为东方红中心卫生院装配各种医疗设备和完善基础设施，投入专项资金提高两镇卫生院信息化建设。

2010年，长沙高新区加强村卫生室硬件设施建设，投入15万元用于东方红镇及麓谷街道7所村卫生室的改建和设备配置。

2011年，健全卫生监督网络，加强卫生监督管理和医疗市场监管，打击非法行医。

二、医务培训

2009年，长沙高新区在两镇卫生院开展乡镇卫生院管理年活动，重点加强医风医德建设。加强两镇卫生院的班子建设，完善机构，培训医务人员，提高卫生院的业务水平。在两院实行责任追究制，病人评分制，强化责任意识，提升医务人员的服务意识。

2010年，持续开展乡镇卫生院管理年活动，促进医务人员树立依法执业，规范执业行为和依法行医的职业意识。注重提升基层卫生人员业务素质，投资建设设备完善的乡村医生培训中心。组织医护人员参加视频网络教学，全区乡村医生全部通过考查考核。以东方红镇卫生院为试点，重点推行国家基本药物使用和药品零利率销售，并对卫生院工作进行绩效考核，改革后医院就诊人数比去年同期增加30000多人，医疗业务收入大幅增加。

2011 年，通过学历教育、继续教育、进修、短期培训等方式，培训全科医师和村卫生室医务人员。

三、体制改革

2011 年，长沙高新区稳步推进医药卫生体制改革，落实基本药物制度，严格实行药品零差价销售，切实减轻群众看病的负担。以促进基本公共卫生服务均等化和健全医疗卫生服务体系为龙头，加强公共卫生、农村卫生、社区卫生三个领域的卫生服务能力建设。继续开展乡镇卫生院管理年活动，加强党建和医德医风建设，树立行业新风尚，规范医疗服务行为，进一步提高医疗服务质量和管理水平。

2012 年，推进医药卫生体制改革，严格落实基本药物制度，实行药品零差价销售和零差率补助。深入开展乡村一体化管理模式。城乡居民健康档案规范化电子档案累计完成 89787 份，建档率为 70.3%。加强公共卫生体系和突发公共卫生事件应急机制建设，健全公共卫生信息网络，提高监测和预警水平，完善经费保障、应急物资储备机制，应急处置能力不断提升。推行医护人员竞聘上岗和卫生院院长公开选聘，实行岗位目标责任制度、绩效考核制度。

四、防　疫

2009 年，长沙高新区在全区范围内开展麻疹疫苗强化接种工作，疫苗接种率达 98% 以上。为严控甲型 H1N1 流感的蔓延，制订详细的应急方案，严密部署，联防联控，全区甲流疫情得到有效控制。对冬春之交的甲流防控工作做进一步部署，下发工作方案，有序地开展甲型 H1N1 流感疫苗接种工作，已经为 900 名公共服务人员接种“甲流”疫苗。教育主管部门严格落实严防严控各项措施，督促学校做好校舍消毒与晨检工作，及时掌握防控工作情况。卫生、疾控部门联合对学校防控进行专业指导，对疑似病例进行妥善处置。

2010 年，开展扩大国家免疫计划，儿童国家免疫计划疫苗免费接种覆盖面达 100%，适龄儿童“五苗”接种率达 96.2%。新增疫苗接种率达到 94%。加大对“三病”（狂犬病、艾滋病、结核病）防治力度，加强对“三病”发生、发展、传播途径、防治方法的宣传教育，为发病人员建立专门档案，全程监控。有效控制重大急性传染病，实现不发生重大疫情，不出现病例死亡的目标。

2011 年，全年未发现甲类传染病，报告乙类传染病 8 种 86 例，未发生死亡病例。规范免疫预防接种管理和各项技术服务，认真做好强化免疫和查漏补种工作，全区免疫规划疫苗常规累计接种率为 95%；乙肝疫苗第一针及时接种率达 99.5%。

2012 年，规范免疫预防接种管理和各项技术服务，认真做好强化免疫和查漏补种工作，全区免疫规划疫苗常规累计接种率为 96%；乙肝疫苗第一针及时接种率达 99%。完成 15 岁以下儿童乙肝疫苗查漏补种工作等重大公共卫生服务项目。扎实做好结核病等重大传染病的疫情报告和防治工作，全年未发现甲类传染病，报告乙类传染病 5 种 43 例，未发生死亡病例。

五、保　健

儿童保健：

2009 年，长沙高新区妇幼保健工作逐步走向系统化、规范化，有效保障妇女、儿童的身体健康。加强儿童系统化管理工作，对辖区内 0 ～ 7 岁的散居儿童根据年龄特点，进行定期体格检查，0 ～ 1 周岁内每三个月查体一次，1 ～ 3 岁每半年查体一次，3 ～ 7 岁每年查体一次，对于查出的各种疾病及时进行治疗，对发现的体弱者实行专案管理，使用小儿生长发育监测图监测小儿生长发育趋势。儿童系统管理 1615 人，系统管理率达 86.98%，其中 3 岁以下儿童 581 人，系统管理率达 82.78%。

2011 年，完成 15 岁以下儿童乙肝疫苗查漏补种工作等重大公共卫生服务项目。

妇女保健：

加强孕产妇系统管理工作，加强机构建设，完善镇、乡、村三级妇幼保健网络。开展农村妇女病查治工作，为已婚妇女进行年度查体，全年实查 7184 人，查出各种疾病 3692 人，疾病发生率 51.13%。通过普查对妇女的常见病、多发病、“两癌”做到早发现、早治疗。做好孕产妇的系统管理工作。包括孕产期的建卡、定期进行产前检查、正确指导医院分娩、进行产后访视和产后 42 天查体等多项工作。自开展孕产妇系统管理工作以来，对孕产妇管理建卡 1116 人次，系统管理率达 96.92%，孕产妇死亡率为 0%。扎实开展“降消”项目，推行住院分娩，开展安全分娩健康教育活动，使农村孕产妇安全分娩知晓度得到很大提高。

全面实施农村孕产妇住院分娩补助，基本实现全区符合计生政策的农村孕产妇在县乡两级定点医疗机构正常产免费。

2011 年，重点开展农村孕产妇住院分娩补助、农村育龄妇女补服叶酸预防神经管缺陷、农村妇女“两癌”检查项目；启动建立居民健康档案工作，全年共建立健康档案 29992 份，建档率达到 62%；加强公共卫生体系和突发公共卫生事件应急机制建设；健全公共卫生信息网络，提高监测和预警水平；完善经费保障、应急物资储备机制，应急处置能力不断提升。

2012 年，做好重大公共卫生服务，为农村孕产妇住院分娩发放补助资金，为农村育龄妇女免费发放叶酸，预防神经管缺陷，免费为农村妇女进行“两癌”检查。

六、食品安全

规范食品督查：

2009 年，重点对各学校、幼儿园开展食品安全与健康教育活动，组成专项检查组，检查中小学校和幼儿园食堂、食品卫生。联合相关部门主要对各企事业单位的食堂、二次供水及环境卫生进行监督检查，保证群众食品安全。发放食品安全宣传资料 20000 余册，并针对流动餐馆，制定《高新区农村聚餐报备制度》和《高新区农村聚餐管理办法》，深入现场指导农村聚餐 200 多次。对辖区农村厨师举办卫生知识培训班 2 期，免费为 66 名农村厨师体检、发证。联合区县食品卫生监督部门对重点地区、重点行业开展食品安全专项检查，期间共出动车辆 40 多台次，执法人员 267 人次，对检查发现的问题及时进行整改，结合长沙高新区的卫生管理工作实际，对重大节庆活动期间的医疗卫生进行专门布置，确保群众安全过节。督促各单位完善各项卫生制度，使全区餐饮行业健康证持证率从 80% 上升到 90%，换发卫生许可证 60 多份，保证消费者餐饮安全。

建设食品安全城市：

2010 年，以建设食品安全城市为主要目标，坚持属地管理、分级负责、预防为主的原则，理顺长沙高新区食品安全管理体系。强化全区食品生产和加工单位的专项整治，全年共出动车辆 50 多台次，出动执法人员 261 人次，检查食品经营户 2000 多户，餐饮业健康证和服务许可证持证率均达到 98%。加强对食品行业从业人员的食品安全意识培训，培训食品安全管理员 34 人，流动厨师 66 人。严格执行农村聚餐报备和现场督查制度，免费为 51 名农村流动厨师建立个人健康档案。重点对辖区内的“白板肉”和“潲水油”进行专项整治，及时排除安全隐患，保障群众饮食安全。落实动植物检验检疫制度，落实市场准入、市场巡查监管等 8 项制度；抓好储存、初加工、烹饪、供餐等全过程的监管。以食品安全宣传月和《中华人民共和国食品安全法》实施一周年为契机，发放食品安全知识宣传资料12000份。利用手机短信平台，在节假日和食品安全多发期，向全区群众发送食品安全信息，普及食品安全知识，提升群众食品安全意识，全区未发生一例食品安全事故。

2011年，加强部门联动，先后开展针对“瘦肉精”、白板肉、非法添加食品添加剂及地沟油等专项整治活动，特别加强对农村聚餐、学校食堂、夏秋季食品的整治；在文明创建期间对全区餐饮门店进行一一排查，确保文明创建不丢分、得高分。强化全程食品安全监管制度建设，在种养殖环节做好农产品检验检测，全年共检测近6000次；在生产加工环节，协调质监部门加大对食品生产企业，特别是肉制品、面制品的执法检查力度；在流通环节，重点做好“八项制度”的落实，落实市场准入，强化日常巡查和检验检测，加大对群众反映强、社会形象恶劣的食品安全事件的打击力度；在消费环节，做好对学校、企事业单位、建筑工地食堂及大型农村聚餐的监管力度，采取针对性的措施，切实保障人民群众的饮食和生命安全。全区未发生食品安全事故。

2012年，长沙高新区食安办发放食品安全知识宣传资料10000份；先后开展“瘦肉精”、白板肉、节假日、校园及周边、地沟油、潲水油、水发产品等10余项专项整治活动，特别加强对农村聚餐、学校食堂的治理；对全区“五小”门店进行全面督查。在种养殖环节做好蔬菜农药残留、瘦肉精检测，全年各业务部门共进行检验检测3000多次，保证农产品质量安全，全区未发生食品安全事故。餐饮业健康证和服务许可证持证率均达到99%。

第二节　计划生育

一、目标管理

2009年，长沙高新区人口和计划生育工作贯彻落实中央、省、市计生文件精神，创新工作思路和工作方法，全面推进综合改革，全区人口和计划生育工作呈现出新的生机和活力，低生育水平继续保持稳定，依法行政全面推进，工作机制不断完善，符合政策生育率、避孕节育措施落实率均有所提高，严格落实计生目标管理责任制，将计生工作纳入对基层的绩效考核，落实计划生育“一票否决”制度，形成“依法管理，村民自治，优质服务，政策推动，综合治理”的人口与计划生育工作新格局。2009年，全区出生1107人，其中计内出生1088人，符合政策生育率98.28%。人口自然增长率控制在5.2‰以内。

二、三级联创、四到基层

2009年，长沙高新区组织两镇开展计划生育“三级联创、四到基层”创建活动。全区印发宣传资料16000份，悬挂条幅300多条，出动宣传车36台次，制作宣传板30多块，规范计生阵地，设立奖励等投入资金40余万元。在省、市年度抽样调查和目标考核中，雷锋镇、东方红镇的符合政策生育率、育龄人口管理到位率、节育措施落实率、优惠政策落实率、群众满意率都有所提高。通过年度考核评估，雷锋镇、东方红镇分别获得市计划生育优质服务模范镇和计划生育优质服务先进镇。为落实计生优惠政策，全区计生干部深入基层，通过实施“避孕节育知情选择，出生缺陷干预，生殖道传染预防”三大工程，结合查环查孕，免费为育龄妇女开展生殖健康和常见瘤方面的检查和防治，为育龄妇女提供优质服务。全区落实独生子女保健费、放弃再生育奖励等五项奖励扶助资金41.6万元。3月20日，长沙高新区党工委、管委会出台进一步理顺街镇和企事业单位计划生育管理的工作机制，明确职责，完善“属地管理、单位负责、员工自治、社区服务”的城市人口与计划生育管理机制，改变漏管或不管的现象，深入企业，全面协调软件园、产业园、威胜电子等园区企业的计生管理，为企业员工提供优质服务。

2010至2012年，落实计生目标管理责任制，低生育水平持续保持稳定。2010年，全区共出生1123人，其中计内出生1103人，符合政策生育率为98.22%；死亡864人，人口自然增长率为4‰。2011年，全区符合政策生育率为98.22%，人口自然增长率为4.35‰。2012年全区符合政策生育率为96.96%，人口自然增长率为3.06‰，完成2012年的计生工作总体目标任务。深入企业，重点做好协调、指导孵化器企业的计生管理工作。乡镇、街道加大计生阵地和网络建设力度，开展计生宣传教育活动，认真落实独生子女保健费、放弃再生育奖励等五项奖励扶助政策，优化计划生育工作环境。人口和计划生育工作严格落实计生目标管理责任制，将计生工作纳入对基层的绩效考核。符合政策生育率、避孕节育措施落实率均有所提高。全区计生干部，深入到各企业、村（社区）等进行全员人口数据清理总动员，采集企业员工及流动人口数据信息，全面提高全员人口数据录入质量。

第四章　民　政

第一节　民生工程

一、项　目

2009 年，长沙高新区社会事业局协调各相关单位，共收集民生工程项目 86 项，确定 2009 年为民办实事工程为 10 大项 27 小项。

2010 年，实际确定建设为民办实事工程项目 32 项，其中省级考核项目 9 项，市级考核项目 9 项，区级考核项目 14 项，项目涵盖农村基础设施建设、困难群众生活保障、环卫设施建设、文化惠民工程、医疗卫生等多个方面。

2011 年，完成省、市、区为民办实事工程项目 7 大类 45 项，其中省、市为民办实事工程项目 27 项；实事工程项目涵盖农村基础设施建设、困难群众生活保障、环卫设施建设、文化惠民工程、医疗卫生等多个方面。

2012 年，完成省、市、区为民办实事工程项目 6 大类 31 项，其中省、市为民办实事工程项目 13 项；实事工程项目涵盖农村基础设施建设、困难群众生活保障、文化体育设施建设、失地农民就业培训等多个方面。

二、项目管理

2009 年，长沙高新区成立农村基础设施和社会公益事业建设项目监督管理领导小组，制定《农村基础设施和社会公益事业建设项目管理办法》，建立农村基础设施和社会公益事业建设项目申报审批制度。下发《长沙高新区 2009 年为民办实事工程责任分解表》（长高新管发〔2009〕9 号）及《长沙高新区 2009 年省、市为民办实事考核指标分解表》（长高新管发〔2009〕15 号），明确各级各部门责任及工作。分别在年初、年中和 10 月组织召开实事工程项目调度会，加强中期检查与督促，保证实事工程的顺利完成。

2010 至 2012 年，实事工程办公室根据省市实事工程的部署，实事办将各项目责任细化，制订并下发《关于印发〈长沙高新区 2010 年省、市为民办实事考核指标分解表〉的通知》（长高新管发〔2010〕29 号）《长沙高新区 2011 年为民办实事工程项目责任分解表》（长高新管发〔2011〕54 号）《长沙高新区 2012 年为民办实事工程项目责任分解表》（长高办通知〔2012〕51 号），制订出台《2012 年为民办实事工作考核办法》（长高办通知〔2012〕98 号），明确各项目的责任单位和质量要求，确保责任落实，目标明确。强化制度建设，坚持实施一季一调度，共组织召开实事工程调度会 3 次。严格落实一月一报进度制度，及时掌握各项目进展情况，对进展缓慢项目进行督促。特别强化对于农村基础设施和社会公益事业建设项目的监督和管理，成立农村基础设施和社会公益事业建设项目监督管理领导小组，出台《长沙高新区农村基础设施和社会公益事业建设项目实施管理办法》，建立项目审批立项、招投标管理、检查验收、预决算及审计、责任追究及后续管理等一系列项目建设管理制度。建立实事工程项目台帐，加强民生工程项目的后续管理，督促各责任单位加强往年实事工程项目的日常维护，发挥已建成项目的使用效果，保证民生工程能够在促进民生改善方面发挥长期效益。实事工程各项目均按全年目标任务检查验收。

第二节 社会救助

一、低　保

2004 年，长沙高新区建立健全城乡社会救助体系，把确保困难群众基本生活作为首要任务。城乡低保工作做到应保尽保、动态管理。

2009 年，长沙高新区城乡有 1049 户 2344 人纳入低保，发放低保金 239.2 万元。投入 62 万元为 31 户低保户实行危房改造，投入 30000 多元对低保户档案实行信息化、规范化管理。

2010 年，完善全区城乡社会救助体系，全年对城乡低保户 747 户发放低保金共 257.8 万元；大幅提高城乡低保标准，提标后城市低保标准达到每人每月 220 元，农村低保标准每人每月 90 元，均超过全市低保金标准。继续做好城乡低保工作规范化管理，开展社会救助 “阳光行动”，重点对全区城乡低保和农村五保供养对象全面清查，从申请、审批、公示、发放各环节做到制度化和规范化，实现应保尽保。

二、养老、特困救助

2009 年，长沙高新区投入 24 万余元对东方红镇敬老院、雷锋镇敬老院的基础设施进行改造，投入 11.4 万元为入住敬老院的老人每人添置衣服 2 套。

大病医疗救助工作落到实处，全年对 316 户患病特困家庭发放大病医疗救助金 104.4 万元，缓解特困群众就医难的问题。

对精神病人实行免费供药制度，全区共向 59 名精神病患者免费供药，对 6 名有暴力倾向的重症精神病人采取强制住院措施，补助精神病患者住院费

60000元。

长沙高新区雷锋敬老院

2010年，长沙高新区开展社会救助，出台并启动《长沙高新技术产业开发区困难群众临时救助办法》和《长沙市低收入家庭认定办法（试行）》，发放大病医疗救助金148万多元，救助479人。做好受灾群众的救助，全区共计投入10万元修复69户因灾损毁住房，继续实施农村低保户危房改造工作，投入资金74万元，完成低保户危房改造37户。提高社会福利服务水平，免费为40名贫困白内障老人做复明手术；投入15万多元对雷锋镇、东方红镇敬老院配套设施进行完善和改造；对全区精神病人实行免费供药。

2011年，切实履行改善民生、落实民权、维护民利的基本职责，规范和完善城乡最低生活保障制度，严格实行低保的审核和退出机制，全年共为全区城乡低保户884户发放低保救助金360.7万元。城乡低保标准稳步提高，城市低保标准提高至每人每月272元，农村低保标准提高至每人每月150元，均大幅超过全市平均标准。加大大病医疗救助力度，全年共救助困难患病对象455人，发放救助金141.9万元。全面实施困难群众临时救助制度，对因灾、因病等临时困难户发放救助资金共40多万元。支持58户农村困难群众的危房改造，投入改造扶助金133万元。启动和全面推行居家养老服务，对两镇敬老院进行设施改造，落实高龄老人补贴，为全区符合标准的老人发放高龄津贴80000多元。

2012年，健全和完善社会救助制度，形成以城乡低保为基础，大病救助、临时救助、慈善救助为补充的社会救助体系。长沙高新区共有城乡低保888户1894人，对城乡低保保障标准进行统一提标，城市低保月人均保障水平达到348元，农村低保月人均保障水平达到149元，全年发放城乡低保金403.4万元。投入37.5万元，援助15户农村低保户改建危房。区慈善会开展助学、助医、助残、助孤等多种救助活动，共救助各类困难群众247人次，发放慈善救助金48.6万元。发展社会福利事业，扩建基层敬老院，东方红敬老院被评为全市老年福利中心示范工程。居家养老工作有序推进，共为居家养老对象政府购买服务补助 21 万元。加大残疾人扶助力度，为 175 名残疾人发放特殊生活补助 84000 元。投入 92000 元为 61 名白内障患者免费手术复明；为 3 名 0 ~ 6 岁残疾儿童免费康复治疗；为 18 名残疾人家庭子女上大学（高中）提供助学金 18000 元。

第三节　优抚安置

一、优　抚

2009 年，长沙高新区落实各项优待抚恤政策，提高优抚保障水平。为 348 名优抚对象发放优抚金 863841 元。

2010 年，开展多种形式的拥军优属慰问活动，切实解决优抚对象的生活困难问题，实现义务兵家属优待金区级统筹兑付，全年发放义务兵家属优待金 43200 元。

2011 年，为全区各类优抚对象 255 名发放优抚金 214.8 万元。实施重点优抚对象医疗保障制度，共为重点优抚对象补贴住院费用 31.5 万元，有效缓解优抚对象的“治病难”问题。义务兵家属优待政策全面落实。

2012 年，为全区各类优抚对象 255 名发放优抚金 214.8 万元；实施重点优抚对象医疗保障制度，共为重点优抚对象补贴住院费用 31.5 万元， 28 名义务兵家属优待金全部发放到位。

二、安　置

2009 年，长沙高新区落实退伍军人安置等政策，提高安置保障水平。建立退伍士兵档案库，保存并管理档案 1334 份。11 名转业士官安置 6 人，5 名城镇退役士兵签订自谋职业协议，发放退伍士兵货币安置费 10.27 万元。

2010 年，接受并安置退役士兵 15 人，发放退役士兵自谋职业补助金和生活保障金 11.5 万元。

2011 年，接受并安置退役士兵 28 人，发放退役士兵自谋职业补助金和生活保障金 66000 元，加强对涉军群体的沟通，确保优抚和安置对象的稳定。

2012 年，接受并安置符合政策的退役士兵 6 人，发放退役士兵自谋职业补助金和生活保障金 66000 元。

第四节　专项事务

2009 年办专项事务 5 件：

邀请文化传播公司策划道路命名工作，正式命名 5 条，申报 1 条。

组织“重阳节”慰问活动，对全区 560 名 80 岁以上老人发放慰问金 76000 元。

理顺长沙高新区内民间组织管理关系，按照长沙市民政局要求，在民间非企业组织中开展学习实践科学发展观的活动。

婚姻登记、流浪人员乞讨收容等工作与岳麓区民政局签订委托管理协议，确保不出现管理漏洞。

2009 年长沙高新区火化率达到 100%，全年对实行火化的农村死亡人口遗属发放补助金达 31 万元。

2010 年办专项事务 2 件：

注重培育和发展社会组织，重点抓好行业协会的培育发展工作，全区共登记社会组织 4 个，全区社会组织年检合格率达 100 %。

以村居政务公开和社区建设为重点，加强对村、社区建设试点工作的检查和指导，对社区用房、社区工作人员基本情况、社区志愿者服务队伍进行全面核查。督促村务公开、民主管理，明确村务公开和民主管理的目标和责任，将村务公开、民主管理工作纳入目标绩效考核内容。

2011 年办专项事务 5 件：

筹建麓源、麓泉 2 个新社区，指导第八次村（居）委会换届选举，12 个村（居）完成换届选举工作。

出台《长沙高新区进一步加强城乡社区建设工作的实施方案》。

督促村务公开和民主管理工作，将村务公开和民主管理工作纳入绩效考核。

切实加强社区党组织、自治组织、社会组织和社会工作者队伍建设。

投资加强社区服务平台建设，改善办公条件，使社区建设水平迈上新的台阶。完成对麓谷园区内 7 条道路的更名。

2012 年办专项事务 4 件：

批准成立麓谷街道和馨园、麓源、麓泉 3 个社区；麓谷街道长丰社区通过市级创建“两型社区”验收；雷锋镇真人桥村成为市级“农村社区”试点单位；完成荷花塘社区、麓景社区第八次社区“两委”换届选举工作。

麓谷街道 4 个农村型社区成功纳入城中村改造试点村，完成清产核资工作。

全面落实丧葬费用补助政策，全年共补助城乡死亡人口基本丧葬费用30.8万元，全区死亡人口火化率达到100%。

妥善处理远大麓园私设基督教聚会点和来区经商少数民族与房东经济纠纷等问题；对全区民间宗教场所摸底调查建档，为进一步开展民族宗教工作打下基础。

第五章 政 法

第一节 维 稳

2004年，长沙高新区托管东方红镇，开展征地、拆迁、安置、控违等工作，麓谷科技新城的开发规模扩大至7平方公里。随着生态科技新城建设的推进，城市综合管理任务的加大，拆迁征地、工程和合同的纠纷频发，维稳工作难度增加。

一、机 构

2007年，长沙高新区党工委、管委会将综合治理工作职能从社会事业局析出，成立社会治安综合治理办公室。

2009年，综合治理办公室更名为社会治安综合治理局，简称“综治局”。

综治局统筹园区平安建设，逐渐完善维稳、信访、矛盾调处等职能。在确保园区开发建设和社会大局和谐稳定的前提下，围绕平安创建，全面优化园区治安环境，化解矛盾纠纷，全力维护社会和谐稳定、建立重点工程项目建设维护台账，做到及时了解、报告和协调处理重点工程建设中的稳定问题，实现不因社会稳定问题而影响项目开工建设的工作目标。协助配合拆迁开发工作，强化突发事件应急处理，预防和妥善处置群体性事件，抓好情报信息预警。

充分发挥公安、国保等专门力量作用的同时，进一步加强群众信息员队伍建设，完善情报信息会商机制，加强情报信息的综合、分析、研判，准确预见事态发展趋势。建立强有力的应急处置指挥体系，完善应急预案，加强实战演练，强化善后处理，严格责任追究。依法全力支持长沙高新区依法依程序征地拆迁工作。围绕管委会工作部署，依法按照法院的强拆工作机制、城管的拆违促拆迁工作机制、公安的腾地工作机制有据有序有力开展相关工作。依法打击强揽工程、非法阻工行为，创优施工环境。着力营造合法经营、诚信经营的社会主义市场经济秩序。维护企业正常生产经营环境，及时化解经济领域的各类纠纷。

二、维稳措施

排查化解：

2007年，长沙高新区党工委、管委会召开专题会议，贯彻中央联办和省、市电视电话会议精神，布署全面开展矛盾纠纷排查化解工作，制定《长沙高新区全面深入开展矛盾纠纷排查化解工作方案》，建立健全重点信访问题和突出不稳定问题联席办公会议制度；落实各部门和单位责任目标。深入开展排查化解工作，由综治办协调组织，在全区范围内开展矛盾纠纷排查调处工作。

排查化解工作分为2个片，2个重点：一个片为东方红镇所辖范围（包括华龙、金南、荷叶坝三个村），重点排查因征地拆迁和开发建设可能引起群体性事件、非正常上访问题和隐患。另一片是麓谷园区范围，重点排查因在建施工项目工程欠款和经济合同纠纷可能引发群体性事件，非正常上访的问题和隐患。

2007年，长沙高新区公安城管大队以配合城管执法为主体，以服务长沙高新区经济建设发展为中心，把维稳处突工作摆在首位。

领导包案制：

2008年，对重点信访问题召开协调会、汇报会，专题研究，限期督办。对拆迁安置、企业改制、劳资纠纷、违规经营等可能引发非正常上访和群体性事件的问题，采取领导班子“大接访”和领导“个别接访”相结合的领导包案制，落实领导包案，推动“案结事了”，确保矛盾纠纷的妥善化解。

2009年，落实突出信访问题“领导包案”制，组织开展集中整治信访突出问题百日行动，对非正常上访、“告洋状”及重点信访问题全面排查掌握督办。先后协调解决5起重复上访问题、5起群体性上访问题，1起省联办交办的信访问题，协调处理4起跨区信访问题。9月，根据市联办的部署，园区自下而上、分两个阶段，采取事前公告、敞开式公开接访的方式，开展党政主要领导“大接访”活动。长沙高新区党工委书记谭杭生、管委会主任罗社辉共接访群众6批次16人次，集中解决一批重复上访等突出问题。

对重复访、越级访、集体访进行专项治理，对重点人员，责成相关单位明确责任领导和责任人，严格“五包一”措施，做好劝返和稳控工作，杜绝非正常上访等不当行为的发生，确保社会稳定。

联席会议制：

2009年，建立集中处理信访突出问题和群体性事件联席会议制度；建立村（居）信访工作站，在机关职能部门和各村（居）委会设立信访联络员；建立并落实突出信访问题定期排查化解制度，排查出32起各类信访问题，及时主动进行协调、化解。

长沙高新区党工委、管委会领导作出组建工程维护大队的决定，成立一支由综治局牵头，公安分局、防暴大队、城管执法大队、城管公安大队、巡防大队参与的日常工程维护协调大队，2009年该大队共排查各类矛盾纠纷232起，调处232起。妥善处理雷锋机电市场火灾等突发性意外死亡（伤害）事件12起，有效化解长沙电缆附件公司原改制退职职工围堵厂门等各类企业纠纷63起，积极调处其它各类矛盾145起，确保园区建设和企业正常生产经营秩序。针对敏感时段多、维稳任务重的情况，党工委、管委会从年初工作布置到各专项工作的组织开展，先后10次专题研究部署，从组织领导、方案制定、责任落实到人员经费保障，给予指导、提出明确要求。“两会”特别是国庆特护期期间，村（居）、镇到园区各重点企业，各级层层动员部署，层层制定措施，突出抓好“第一责任”和“一岗双责”的落实，确保各项工作的具体落实。先后组织校园周边环境和治安重点区域的治理等6次专项整治行动，对重点人员实行严密稳控措施，建立维稳调度台帐。重点时段特别是“两会”和建国60周年大庆期间，综合调度公安、交警、城管等各方力量，密切协调配合，建立“重点人员五包一”“重点治安对象社区民警包干”“重点部位专人巡查守点”等3道稳控防线，落实“24小时值班备勤”“稳控对象一天三见面”“情报信息一天三报送”等三项隐控制度，确保“两个确保”“7个坚决防止”目标的实现，完成全国“两会”和国庆期间维稳、中央及省市领导视察、“国共两党论坛”、重要企业活动等安全保卫工作任务。

建立长沙市国安局驻长沙高新区国安站，逐级建立基层信息员，落实不稳定因素滚动排查工作制度，发挥公安、国安等职能部门的特长优势，形成全方位的情报信息网络体系，建立情报信息定期汇总、分析和研判制度，提高工作预见性，及时有效地消除不稳定因素，防止群体性事件和重大治安事件的发生。发动企业内保单位216家建立专业巡防队伍，组织基层治保会13个，组织社区义务巡防队2支，安排看门守栋人员192人，新增电子监控点169个，组建流动人口协管员队伍9人，先后开展16次统一清查行动，清查出租房屋、企业和基建工地4611家，清查流动人口75660人，登记办证28595人，签订房屋治安责任书3918家。开展街面巡逻防控，针对辖区麓景社区、涉外经济学院一条街和雷锋镇等重点区域，加大防控力度，加强对街面不文明乱象的综合治理工作。及时摸排不安定因素，做好现场秩序维护、纠纷矛盾化解，确保辖区内枫林西路延线、雷高公路等重点工程的顺利开展。全年参与维稳共出动警力641人次，化解不安定因素9起，稳妥处置阻工闹事20余起。长沙高新公安城管大队共协助城管综合执法共出动警力1234人次，开展拆违整治行动93次，配合城管执法参加各类整治行动137次，其中拆除户外广告28处，收缴违规物品，教育违规经营户，执法开展大型宣传活动3次，参加市公安局、长沙高新区统一开展的保卫任务21场次，开展专项整治行动15场次及国庆安全工作任务完成。

“一健三联”：

2010年，构建信访工作“一健三联”新格局，针对信访总量增加、群体无序上访增加的情况，采取分级下访、带案下访、协调督办、实行联动调解化解、整顿上访秩序等措施，促进信访突出问题的处理，恢复正常信访工作秩序。

成立长沙高新区社会矛盾调处中心，统筹维护稳定办公室、处理信访突出问题和群体性事件联席会议办公室、区信访办、长沙市司法局驻高新区工作处，负责园区社会矛盾调处中心日常管理、协调督办、情况综合等工作，聘请社会法律服务机构参与矛盾纠纷调处工作，提供法律咨询服务。基本形成统一接待受理、分流调查处理、上下协调联动、联合调处解决信访问题和化解矛盾纠纷。

严格落实定期排查化解上报制度（居、村每周一次，镇、街道每半月一次，区每月一次），实行跟踪管理，及时销号。

建立80人组成的维稳信息员队伍，及时了解社会舆情。建设区、乡镇、社区（村）三级信访和调解网络，向“三民一无”单位等领域延伸，把矛盾问题解决在基层、解决在起始阶段，调解进医院、进民企、进社区（村）、进学校，预防和减少“民转刑”案件的发生。

成立群众信息员队伍建设工作站，广泛收集社情民意，编发《情报信息》共计425条，及时、全面、准确地掌握舆情动态，为领导和有关职能部门决策提供参考。

三、维稳成果

2007年，全年出动警力2946人次，配合城管拆违、拆迁行动67余次，处理突发事件16次，参加重大警保卫21余次，配合城管市容市貌整治行动271次。全年，长沙高新区共排查化解各类矛盾纠纷270起，及时处置较大地突发性、群体性事件18起，完成特护期的重点专项维稳工作，接待来信来访55批540人次，办结省市交办的信访件6起。

2008年，公安高新区城管大队参加重大警保卫19次，开展清查整治行动41次，配合城管拆违、拆迁行动39次，强制拆违章建筑10起，拆除户外广告12处等执法工作，收缴违规物品。加强情况信息工作的收集上报工作，掌控治安动态，及时处置突发性事件52起，出动警力641人次，维稳处置23起。全年，共调处化解各类矛盾纠纷271起，及时处置中南新农村、长沙理工大学雷锋镇教学部等27起群体性事件。

2009年，辖区信访总量略有下降，管委会信访接待室接访68次192人（含重复访33次），到市接访2次（系非辖区居民正常上访）。工程维护大队不分昼夜、立足一线、依法、公正地维护工程秩序，及时、快速地协调解决194起影响重点工程各类不稳定问题和阻工事件，保障各工程项目的开工建设。

2010年，区信访办接待来访群众85批262人次。其中，有效分化处理非正常集访群访共8批107人次、进京上访的5批13人次，及时办理答复省市网上信访问题共2件、市联办交办信访问题共1件，上级交办信访案件及时办结率为100%。全年维稳每天派出三分之一警力24小时跟踪服务，维护社会秩序，处置突发事件。出动警力641人次，化解不安定因素4起，稳妥处置阻工闹事12起，完成长沙高新区五四青年文艺汇演、自行车环湘江比赛、科交会等大型警保卫活动。

2011年，开展信访专项救助活动，集中力量化解一批信访积案。共接待群众来访84批次，合计548人次，其中集体上访22批次，合计367人次，及时办理答复省市网上信访问题12件、市联办交办信访件21件，办结率为100%。完善情报信息会商机制，加强情报信息的综合、分析、研判，准确预见事态发展趋势。全年各部门累计收集、编发各类情报信息共957条，其中整理编发上报各类深层次、预警性情报信息463条。壮大2支队伍建设，群众情报信息员增加到201人，网络参评员队伍达到57人。区、街道（乡镇）两级矛盾调处中心共有效调处各类社会矛盾824起，调解成功率为94%，全年维稳出动警力641人次，化解不安定因素12起，稳妥处置阻工闹事12起。

2012年，全年共接待群众来访102批次，499人次，其中集体上访7批36

人次，群体上访7批324人次。共办理群众来信12件，办结率为100%。化解积案7起，调处面、稳控面、“案结事了”率均达100%。全年区各级矛盾调处中心共排查矛盾纠纷隐患122件，调解民间矛盾纠纷142件，调解成功率达到100%。妥善处理群体性不稳定事件31起，其中3月9日的谭某某触电身亡事故、4月6日的雷锋学校黄某某意外死亡、4月9日涉外经济学院杨某意外坠楼死亡、4月10日楚信园杨某某意外坠楼死亡等事故，均妥善处置。整合公安、城管、消防、工程维护大队及镇街联防力量，建立重点工程建设维护机制，做好项目开工前的社会稳定风险评估，维护重点项目的开工建设。特别是在应急维稳、拆除违章建筑中，管委会领导带队维稳，2012年，共化解阻工事件84起，其中涉及拆迁问题51起，强揽工程问题21起，道路环境污染12次，大型维稳安保20次，巡查214次，参与拆迁拆违17次，拆除违章建筑面积2万余平米，为“项目建设百日会战”、拆迁腾地和开发建设等各项重点工作的顺利有序推进提供环境保障。在开展为期3个月的整治市容市貌、流动摊担行动中，妥善处理阻碍城管执法、城管执法纠纷等各类城管治安问题，有效维护城管治安秩序的稳定，园区内市容市貌有明显改善。

表10-4　　长沙高新区接访、出警统计表

（2007—2012年）

年份	接访			出警（次）	处理突发、阻工（起）	备注
	批次	人次	办结率			
2007	55	540	100%	21	18	
2008				641	52	
2009	68	192	100%	19	23	
2010	85	262	100%	641	12	
2011	84	548	100%	641	12	
2012	102	499	100%	214	84	

第二节　普　法

1992年12月11日至13日，27日至29日，为落实国家深化税务体制改革精神，长沙高新区税务分局举办二期工商税制培训班，区内200家企业负责人、财会主办学习新颁布的增值税、营业税、所得税等管理条例及专用发票等管理办法，增强企业的税务法制观念。

1993年4月和12月，长沙市工商局高新区分局两次组织进区企业学习《中华人民共和国经济合同法》《中华人民共和国商标法》《中华人民共和国产品质量法》《广告管理条例》《中华人民共和国反正当竞争法》及关贸总协定知识。

1997年10月14日至19日，根据省统计局、省普法依法治理领导小组办公室《关于在全省开展统计律法知识广播学习的通知》，长沙高新区组织召开区内企业举办统计法律知识研讨会议，学习《中国人民共和国统计法》《湖南省统计条例》《中共湖南省纪委、湖南省监察厅关于对统计违法违纪行为的党纪政纪处理暂行办法》以及有关释义。

2001年8月，长沙高新区制订《长沙高新技术产业开发区法制宣传教育第四个五年规划》，规定普法的重点对象、实施步骤、方法措施等。

2002年8月，长沙高新区管委会、总公司以及所属事业单位的全体干部参加市依法治市办组织的普法考试，考试内容即《湖南省四五普法2002年读本》所列内容及广告法、工会法、档案法、保密法、人口与计划生育法、长沙市行政执法监督条例、长沙市个体私营企业合法权益保护条例。11月，成立长沙高新区普法工作领导小组，领导小组下设办公室。

2004年4月3日，在全国税法宣传咨询日，长沙高新区国税局和地税六分局联合开展以“依法诚信纳税，共建小康社会”为主题的税法宣传活动。7月9日，长沙高新区安委会举办“道路交通安全法”暨一年一度的车辆年审学习班。岳麓区交警大队法制科、车管所的负责人为参会机关、企业驾驶员近200人作道路交通安全法知识辅导报告。

2006年5月和8月，先后调整长沙高新技术产业开发区普法工作领导小组、长沙高新区普法依法治理工作领导小组，两个领导小组均下设办公室（设社会事业局），明确普法工作专干。

2007年，围绕“五五”普法，开展以“学法律、讲权利、讲义务、讲责任”为主题的“一学三讲”法制宣传教育活动，其中4月至12月长沙高新区和长沙市司法局组建“法进企业”巡讲团，在驻园区企业中开展“民营企业法律风险防范百场法律讲座”活动，同时提供法律咨询服务。

2008年，开展以“学法律、讲权利、讲义务、讲责任”为主题的“一学三讲”法制宣传教育活动，与市司法局组织开展“2008年干部普法考试”，组队参加人民调解员知识竞赛活动，“民营企业法律风险防范百场法律讲座”活动在五强集团等10多家企业举行。

2009年11月27日，长沙高新区举办“企业法律风险防控”专题讲座，邀请湖南大学法学院副教授、经济学博士后肖和保，深圳大学法学院教授、中国社科院法学博士朱谢群讲授《如何与创业投资机构共舞——从太子奶败局谈起》《企业知识产权保护中的若干问题》。

2010年6月8日，全国人大常委会副委员长周铁农率全国人大常委会执法检查组到长沙高新区，对园区企业贯彻实施《清洁生产促进法》情况进行执法检查。检查组一行先后深入威胜集团、红太阳光电和神州光电等企业，通过走访调查、座谈汇报等形式检查了解长沙高新区清洁生产的执法情况。

同年9月8日，长沙高新区企业法律风险研究中心成立仪式暨“防控法律风险、服务两型社会”座谈会在长沙高新区管委会举行。研究中心聘请以中国社会科学院法学研究所研究员、法学家梁慧星为代表的多名顾问，研究中心由长沙高新区管委会政策法规局、湖南大学法学院、湖南昌言律师事务所三家单位共同发起设立，中心主要职能是整合三方法律人才资源，组织科研队伍和聘请一批资深实务人员和知名法律学者，以长沙高新区所辖企业为对象进行调研，得出对企业实践有指导意义的研究结论与解决办法，形成课题研究成果，帮助政府了解企业的法律风险状况，并在政策上予以引导和支持，帮助企业健全完善法律风险防控体系。

2011年4月2日至3日，市司法局驻长沙高新区工作处举办“送法进企业”法制专题讲座，邀请法学专家赴科力远和景嘉微电子两家园区企业授课，为企业员工普及法律知识，提高法律意识。2011年是“六五”普法的启动之年，5月27日，盈科律师事务所长沙办公室投融资部的邓隆炎、邓灿和唐玉娟三位律师为长沙高新区的企业进行企业融资专业知识和企业常见法律问题的培训，邓隆炎律师主讲“企业在日常经营过程中可能遇到的法律问题和法律解决方案”。邓灿律师主讲“企业股权融资的基本流程和融资协议的条款解析”。唐玉娟律师主讲“企业并购法律”。10月20日，市司法局驻长沙高新区工作处在双鹤药业有限公司举办“送法进企业”法制专题讲座。湖南商学院法学院院长杨峥嵘教授以及两位法学专家为双鹤药业的百余名员工讲解企业合同法律风险防范与企业管理法律适用等内容。11月22日，市司法局驻长沙高新区司法工作处在雷锋纪念馆前坪举办以“快乐起飞，法伴成长”为主题的青少年法制宣传教育主题活动——“模拟官司”，并给参加活动的明德麓谷学校、麓谷中心小学、虹桥小学等6所学校的700余名学生发放《长沙高新区普法宣传读本》。

2012年11月，长沙高新区管委会聘请湖南弘一律师事务所为常年法律顾问，为管委会提供法律咨询等系列服务。

第三节　公　安

一、机　构

1988年7月－2005年6月，长沙高新区公安工作由长沙市公安局岳麓分局代为管理。

2004年，长沙市公安局交通警察支队高新区大队成立。

2005年6月18日，长沙市公安局开发区分局成立，在长沙高新区内设立东方红派出所、麓谷派出所。

麓谷公安

2007年9月3日，长沙市公安局公共交通治安管理分局高新区城市管理大队成立。

2008年6月30日，长沙市公安局开发区分局更名为长沙市公安局高新区分局，成建制接收雷锋派出所。

2005至2012年，长沙市公安局高新（开发）区分局历任主要负责人有文健、石坚、陈曙光。

二、治安管理

2005年，公安分局收集情报信息62条，处置各类群体性事件71起，调处各类纠纷213起。完成4月7日国家副主席曾庆红、7月15日全国政协主席贾庆林、8月14至15日国务院总理温家宝、10月28至29日全国人大常委会委员长吴邦国来长沙高新区视察等警卫任务17场次。园区实行24小时巡逻，110接警1115起，调处各类治安纠纷273起。查处治安行政案件113起，结案72起，劳动教养29人，治安行政处罚116人，罚款18人，警告8人。

2006年，公安分局强化情报、坚持维稳，全年收集情报信息192条，及时处置各类突发群体性事件41起，其中因劳资纠纷引发的群体性事件7起、因伤害事故引发的群体性事件 4 起、因经济纠纷引发的群体性事件 7 起。完成较大以上保卫任务 18 场次。查处各类治安行政案件 283 起，结案 250 起。其中，查处“黄、赌、毒”案件 15 起，结案 15 起。劳动教养 20 人。

2007 年，公安分局完善情报信息网络，搜集情报信息 195 条，妥善处置各类突发群体性事件 93 起。完成了 5 月 11 日中央政治局常委李长春视察长沙高新区企业等警卫任务 19 场次和第四届“珠洽会”等大型保卫活动 31 场次。查处治安案件 213 起，结案 211 起。

2008 年，公安分局收集各类情报信息 571 条，稳妥处置突发群体性事件 146 起，完成了 4 月 10 日中央政治局常委、中纪委书记贺国强视察长沙高新区企业中联重科等警卫任务 15 场次和奥运会火炬在长传递、首届“中国（长沙）科技成果转化交易会”等大型保卫活动 25 场次。查处各类治安行政案件 454 起，结案 445 起，行政处罚 374 人，其中劳动教养 8 人。

2009 年，公安分局稳妥处置突发群体性事件 157 起，完成各类警、保卫任务 44 次。开展专项整治，净化园区治安环境，全年共查处各类治安行政案件 596 起，结案 526 起，行政处罚 299 人，其中劳动教养 28 人。

2010 年，公安分局被湖南省公安厅评为“全省公安机关执法示范单位”，公安分局治安巡防站建设在全省公安机关“三基一化”工程建设现场会暨社会管理创新推进会上推介。稳妥处置突发群体性事件 275 起。完成中央首长视察长沙高新区企业警卫任务 18 场次和“环湘江自行车赛”等大型保卫活动 7 场次。查处各类治安行政案件 532 起，结案 432 起，行政拘留 228 人，收容教育 6 人，强制隔离戒毒 13 人，劳动教养 18 人。

2011 年，公安分局推进“平安高新”建设，集中排查整治重点治安区域和重点治安问题，查结各类治安行政案件 318 起，行政拘留 211 人，强制隔离戒毒 9 人，劳动教养 20 人。稳妥处置突发群体性事件 144 起，完成党和国家领导人视察长沙高新区企业警卫任务 10 场次和“科交会”等大型保卫活动 17 场次。

2012 年，公安分局查结各类治安行政案件 461 起，行政处罚 341 人，其中，行政拘留 186 人，行政拘留并处罚款 120 人，罚款 35 人，劳动教养 19 人。稳妥处置突发群体性事件 136 起，完成各类警、保卫任务 29 场次。公安城管大队查处吸毒案件 8 起，抓获违法犯罪嫌疑人员 41 人。

表 10-5　　长沙高新区治安管理工作一览表

（2005-2012 年）

年份	收集情报信息（条）	处置重大群体性事件（起）	完成警保卫工作（次）	查处治安行政案件（起）
2005	62	71	17	72
2006	192	41	18	250
2007	195	93	19	211
2008	571	146	15	366
2009		157	44	596
2010		275	18	532
2011		144	10	318
2012		136	29	461

三、刑事侦查

2005 年，公安分局立刑事案件 239 起，破 210 起，其中命案发 1 破 1。刑事拘留 93 人、逮捕 59 人、直诉 16 人。

2006 年，公安分局以“破大案、打黑恶、打团伙、追逃犯”作为主线，开展了“春季攻势”“打黑除恶”、打击“两抢一盗”三大专项行动，共立刑事案件 269 起，破 203 起，打掉“黑恶”团伙 2 个，刑事拘留 101 人、逮捕 61 人、取保候审 35 人、监视居住 7 人。

2007 年，公安分局开展了“百日会战”“治理自行车被盗问题”“治爆缉枪”“三电一铁”以及打击“两抢一盗”犯罪等专项行动，立刑事案件 295 起，破 263 起，立八类恶性案件 31 起，破 26 起。刑事拘留 121 人、逮捕 73 人、取保候审 31 人、监视居住 4 人，抓获网上逃犯 24 人。公安城管大队接报警 11 起，立刑事案件 8 起，破 16 起，其中盗窃案件 5 起、抢夺案件 3 起、破坏公用电信电缆 7 起、诈骗案 1 起。

2008 年，公安分局立刑事案件 426 起，破 316 起，其中立八类恶性案件 29 起，破 25 起，抓获网上逃犯 35 人，刑事拘留 151 人、逮捕 109 人、起诉 133 人、取保候审 30 人、监视居住 8 人。立经济犯罪案件 34 起，破 33 起。公安城管大队接报警 47 起，立刑事案件 25 起，破 72 起；刑事拘留 28 人、逮捕 23 人。

2009 年，公安分局立刑事案件 421 起，破 386 起，立八类恶性案件 27 起，破 28 起，抓获网上逃犯 66 人，刑事拘留 186 人、逮捕 114 人、取保候审 38 人、监视居住 17 人。公安城管大队破获刑事案件 21 起，摧毁重大盗窃机动车团伙 1 个，逮捕 10 人，抓获省内外逃犯各 1 人。

2010 年，公安分局相继开展了“夏季攻势”和“雷霆行动”等专项行动，立刑事案件 331 起，破 411 起，摧毁犯罪团伙 25 个，抓获网上逃犯 44 人，逮捕直诉 147 人。公安城管大队共破获刑事案件 41 起，抓获违法犯罪嫌疑人 45 人，刑事拘留 26 人，摧毁犯罪团伙 3 个。

2011 年，公安分局严厉打击涉黑涉黄犯罪，重点防范和打击侵财犯罪，努力维护经济秩序。共侦破刑事案件 290 起，摧毁犯罪团伙 21 个，逮捕（直诉）166 人，抓获网上逃犯 36 人。侦破经济犯罪案件 14 起，抓获违法犯罪嫌疑人 17 人。

2012 年，公安分局相继开展了“铁锤行动”“春季攻势”“雷霆行动”“破案会战”“打击盗窃犯罪”等专项行动，对各类违法犯罪尤其是涉恶犯罪、经济犯罪、多发性侵财犯罪等实施重点打击、深度打击、精准打击，共侦破各类刑事案件 335 起，其中经济犯罪案件 128 起；摧毁犯罪团伙 26 个，其中经济犯罪团伙 4 个；刑事拘留 231 人、逮捕直诉 228 人、取保候审 74 人、监视居住 39 人，抓获网上逃犯 32 人，快速侦破了“1・13”碎尸案、“2・20”故意伤害致人死亡案和“8・5”故意杀人案等 3 起命案。

四、户政管理

2005 年，公安分局受理审批户口 61 户 76 人，办理身份证 985 张、暂住证 9243 张、境外人员临时住宿登记 715 人次，查处涉外案件 13 起，处罚违反境外人员临时住宿登记 7 人次，查处境外人员非法居留案件 2 起。

2006 年，公安分局受理审批户口 2779 人，登记出租户 93 户，办理身份证 6542 张、暂住证 11973 张、境外人员临时住宿登记 655 人次，查处境外人员非法居住案 3 起。

2007 年，公安分局办理身份证 6619 张、临时身份证 37 张、暂住证 8263 张、境外人员临时住宿登记 5787 人次，查处涉外案件 5 起。

2008 年，公安分局受理审批户口 7455 人，办理身份证 8255 张、临时身份证 14275 张、护照 55 本、港澳通行证 49 本、境外人员临时住宿登记 9501 人次。

2009 年，公安分局受理审批户口 8269 人，办理身份证 15487 张、临时身份证 33012 张、护照 582 本、港澳通行证 997 本、境外人员临时住宿登记 141 人次。

2010 年，公安分局受理审批户口 8988 人，办理身份证 4386 张、居住证 1494 张、护照 1448 本、港澳通行证 2344 本。

2011 年，公安分局受理审批户口 3741 人，办理身份证 4219 张、居住证 10151 张、护照 1979 本、港澳通行证 3806 本、境外人员临时住宿登记 532 人次。

2012年，公安分局受理审批户口9877人，办理身份证6541张、居住证7153张、护照11122本、港澳通行证17997本、境外人员临时住宿登记148人次。

五、道路交通管理

2006年，根据长沙市机构编制委员会长编办〔2006〕6号文件精神，设立长沙市公安局交通警察支队开发区大队，成立开发区交警大队筹备工作小组，于3月13日开始筹建工作。围绕“警力要下沉、保障要有力、班子要加强、管理要严格、机制要创新、执法要规范、工作要上去、人民要满意”的要求，制定和落实基层基础建设规划：强化大队规范化建设，利用现有办公设施，按支队“五基一化”工作要求，下设勤务中队、事故中队、综管中队、车管分所等4个部门，全年共完成各类警保任务70余场次。长沙高新区已建成主次干道38.7公里，主要交叉路口60个，其中设立信号灯路口14个。全年长沙高新区内事故出警300余次，其中发生重大事故10起，造成13人死亡。

2007年，长沙公安工作规范执法年，开展“决战七十天，打好攻坚战，全力开展交通安全集中治理整顿，迎接党的十七大胜利召开”和“奋战一百天，再掀交通秩序集中整治行动高潮”的活动。全年纠处各类交通违法行为5163起，共出警211次，立案受理交通事故75起，其中重特大事故11起，致15人死亡，一般事故40起，伤51人。完成各类交通警保卫任务48场次。

2008年，开展交通秩序集中整治行动85场次，其中，针对渣土车非法运输的专项整治行动37场次。针对无牌无证摩托车上路行驶的专项整治行动46场次，纠正处理各类交通违法行为5297起，滞留各类违法车辆2230台，治安拘留24人，事故追刑2人。辖区内共发生道路交通事故599起，其中13起死人事故，造成13人死亡；118起伤人事故，直接经济损失90万余元。

2009年，长沙高新区交警大队以“三基”建设为载体，以“公安民警大走访”爱民实践活动为契机，以实施《若干规定》为主线，推进“五进”交通安全宣传教育活动，构建“政府推动、统筹协调，部门互动、标本兼治，社会联动、全面建设”的道路交通安全防控网络。大队共开展交通秩序集中整治行动105场次，纠正处理各类交通违法行为9825起，其中无证驾驶168起、酒后驾驶5起、闯红灯801起、电动车交通违法行为5626起，滞留各类违法车辆2100余台，其中摩托车1400余台，货车700余台，行政拘留8人，事故追刑2人。全年，辖区内共发生道路交通事故283起，其中6起死人事故，造成6人死亡；129起伤人事故，直接经济损失31万余元。大队共执行各类警保卫任务107场次。

2010 年，开展学习《公安机关人民警察纪律条令》和“查思想查执法查纪律查作风”教育整顿活动，实现素质强警。以“迎检畅通工程”为中心，深化路面勤务工作，强化路面整治，确保道路交通安全、畅通。全年共出动警力 7300 人次，出动警车 2500 台次，现场检查各种车辆、驾驶人 36000 人次，开展交通违法行为集中整治行动 104 次，共查处各类交通违法行为 10813 起，其中纠处酒驾 41 起，电动车、电动自行车交通违法行为 3720 起，拘留无证驾车人员 7 人，扣留各类违法机动车 858 台，“摩的”非法营运 121 起，渣土车非法运输 51 起。接处警 2436 起（其中现场处置 1537 起，简易程序处理 715 起，一般程序调查处理 144 起），交通事故死亡 20 人，伤 241 人，直接经济损失 180余万元。排查治理道路事故多发路段5处，排查治理交通安全隐患场所16处。全年完成各类交通警保卫任务 83 场次，其中交通警卫任务 18 场次、交通保卫任务 65 场次，出动警力 1792 人次，动用警车 415 趟次。

2011 年，成立事故调解室，为事故处理开辟一条便民、利民和矛盾纠纷处理的“绿色通道”。建立交通事故联动机制，结合事故调处，大队与长沙高新区管委会、市区各大医院、保险公司、物价、法医鉴定所、车辆技术鉴定所等有关部门建立交通事故联动机制，成立联动工作专班，做到定人、定岗、定责，实现救人抢险互动，部门快速反应，最大限度地减少人身伤亡和财产损失。全年现场纠处各类交通违法行为 14563 起，其中抄牌 4251 起，机动车闯禁违法行为 1488 起，电动车纠违 5600 余起，酒后驾驶违法行为 32 起。完成各类交通警卫任务 48 批 87 趟次，出动警力 836 人次，动用警车 292 台次，其中一级警卫 3 次，二级警卫 22 次，三级警卫 23 次；完成其他综合性保卫任务 68 批 149 趟次，出动警力 787 人次，动用警车 209 台次。辖区共发生交通事故 359 起，其中一般交通事故 67 起，简易交通事故 292 起，因事故导致死亡 6 人，伤 126 人。破获“5·23”枫林三路新世纪涂料厂路段重大交通肇事逃逸案、“6·22”雷高公路重大交通肇事逃逸案等多起疑难案件。

2012 年，治堵保畅通，采取“抓禁停、抓见警、抓优化、抓整治”措施，确保辖区治堵保畅工作取得明显成效。排查各类道路交通隐患 64 处，完成隐患治理 28 处，开展“三超一疲劳”专项行动，全年查处“三超一疲劳”违法行为 686 起。开展涉校车辆交通违法行为整治 80 次，查获各类非法营运学生车辆 121 台。开展客运源头整治行动，对全区 2 家客运企业、371 台营运客车、386 名驾驶人实施客运户籍化管理。开通“高新交警”官方微博，适时报道大队工作动态及播报路况，在雷锋小学门口增设爆闪灯、禁停标志、斑马线、减速带等，在校园内自筹资金增设交通安全宣传栏。

表 10-6　　长沙高新区道路交通管理工作一览表

（2006—2012 年）

年份	完成各类警保卫任务（场次）	事故出警（次）	纠处交通违法行为（起）
2006	70	300	
2007	48	211	5163
2008			5297
2009	107		9825
2010	83	7300	10813
2011	87	787	14563
2012			

六、消　防

2005 年 1 月 19 日，长沙高新区管委会首次召开全区消防安全工作会议，部署消防安全工作，对 3 家重大火灾隐患企业，责令近期整改到位；与全区企业签定消防安全责任书；消防大队开展消防安全法律法规宣传教育“进社区、进农村、进学校、进企业”活动。6 月，对全区各类学校及周边进行大规模消防隐患检查。8 月，对区内各居住小区及宿舍楼层进行彻底调查摸底，协助学校、企业开展消防演练。坚持“预防为主，防消结合” 的工作方针，严格执法，严肃查处，全年共审批项目 64 个，验收项目 46 个，对单位下发《责令限期改正通知书》23 份，查出消防安全隐患 53 处。出警扑灭一般性火灾事故 2 次。

2006 年，开展消防监督检查，整治消防安全隐患，优化消防安全条件，有效遏制重特大火灾事故的发生。共审批项目 100 余个，验收项目 54 个，对在建项目现场施工监督 200 多次。开展消防安全“大整治大排查保安全”活动，严查学校、娱乐场所。全年共下发《责令限期改正通知书》22 份，《复查意见书》22 份，《消防安全检查意见书》35 份，行政处罚 10 起，罚款 11 万元。全年出警灭火支援 161 次。

2007 年，推进消防宣传“五进”工作，与三辰卡通集团组织以“消防大本营”为主题的大型户外消防宣传演练活动。落实消防三级监督管理，开展消防安全专项整治行动，督促整改火灾隐患，全年受理报建项目 288 个，下发责令限期整改通知书 59 份，复查意见书 55 份，重大火灾隐患限期整改通知书 1 份，依法处罚 30 家单位和个人。出警扑灭火灾事故 2 起，扑救一般性火灾 112 次。

2008年，消防大队开展消防安全整治，推动消防工作社会化进程。全年大检查130余次，共发责令限期整改通知书37份，复查意见书21份，重大火灾隐患限期整改通知书1份，依法处罚8家单位和违法人员8人。出警扑灭火灾事故3起。

2009年，印发《长沙高新区消防安全“铁拳整治”集中行动方案》《长沙高新区消防安全专项整治工作方案》，签定责任状120份。摸排高层建筑86栋，检查公共场所76家，发现火灾隐患342处，当场整改225处，发责令限期整改通知书43份，责令改正通知书128份，罚款35万元，责令三停单位32家，临时查封35家，行政拘留3人。挂牌督办单位5家，审核验收备案项目149个，全年无重大火灾事故发生。

2010年，开展“安全防事故年”活动，开展专项整治，建设“防火墙”工程，共派检查组169个，检查各类场所165家，发现火灾隐患96处，当场整改30处，罚款15万元，责令三停单位3家，临时查封12家，审核项目17个，验收项目16个，消防设计备案检查项目29个，竣工验收消防备案53个。全年发生火灾14起，直接损失18万元，无人员伤亡。

2011年，构筑社会消防安全“防火墙”工程，推进“清剿火患”战役，建立消防安全联防站，统一配备消防服、水枪、水带、灭火器、强光灯等12种常规应急救援装备，25辆警用巡逻车配备消防水枪、水带、灭火器。有效预防和遏制群死群伤事故的发生，全年检查单位594家，发现火灾隐患592处，当场整改225处，发责令改正通知书263份，罚款114.205万元，责令三停单位38家，临时查封87家，行政拘留6人，警告3人。挂牌督办单位3家，审核验收备案项目134个，发生火灾事故22起。

2012年，消防大队和各派出所采取拉网式排查和不定期回访的检查方式，整治各类消防违法行为与火灾隐患，全年共检查单位1139家，发现火灾隐患2282处，整改2220处，发责令改正通知书782份，罚款44.235万元，责令三停单位11家，临时查封30家，行政拘留7人。挂牌督办单位3家，长沙高新区全年共发生火灾51起，直接财产损失14.12万元，无人员伤亡，审核验收备案项目226个。12月19日，举行雷锋消防站成立仪式，副市长、市公安局局长李介德和长沙高新区管委会主任罗社辉共同为雷锋消防站揭牌，长沙高新区消防执勤防控力量扩大一倍，辐射河西梅溪湖片区的消防安全。该消防站与位于麓景路119号的麓谷中队消防站相呼应，长沙高新区2个消防站辐射范围达

117 平方公里。

表 10-7　　　　长沙高新区公安工作一览表

（2012 年）

工作类型	主要事项	数量
治安管理	查结治安行政案件	461 起
	行政处罚	341 人
	处置突发性群体性事件	136 起
刑事侦查	侦破刑事案件	335 起
	摧毁犯罪团伙	26 个
	刑事拘留	231 人
	破获盗窃案件	20 起
户政管理	受理审批户口	9877 人
	办理身份证	6541 张
	办理居住证	7153 张
工作类型	主要事项	数量
户政管理	办理出国护照	11122 本
	办理港澳通行证	17997 本
道路交通管理	规划停车位	326 个
	排查交通隐患	64 处
	整治涉校车辆交通违法行为	80 次
消防	发现火灾隐患	2282 处
	责令整改	2220 处
	发责令改正通知书	782 份
	罚款	44.235 万元
	全年火灾次数	51 起
	直接财产损失	14.12 万元
	审核验收备案项目	226 个

从　录

一、人　物

党组、科工委、党委、党工委、纪工委：

长沙试验区期间科委科协党组、科工委负责人一览表

（1988—1994）

机构	职务	姓名	任期	备注
长沙市科委、科协党组 正县级	书 记	易希文	1988.08—1991.09	代管
长沙市科工委 正县级	书 记	易希文	1991.09—1991.12	市科委主任兼
		沈克光	1992.08—	
	副书记	罗 特	1991.09—1993.01	市政府秘书长兼
			1993.01—1996.01	长沙市副市长兼
		沈克光	1991.10—1992.08	

长沙高新区党委主要领导一览表

（1994—1997）

机构	职 务	姓 名	任职时间	备 注
中共长沙高新技术产业开发区委员会 1994.07—1996.01 正县级	党委书记	陈 松	1994.07—1996.01	
	党委副书记	张 行	1994.07—1996.01	
中共长沙高新技术产业开发区委员会 1996.01—1997.12 正县级	党委书记	易宇欣	1996.01—1997.12	兼 任
	党委副书记	陈 松	1996.01—1997.12	
	委 员	黄德湘	1996.01—	

长沙高新区党工委负责人一览

（1998—2012）

机构名称	职务	姓名	任职时间	备注
中共长沙高新技术产业开发区工作委员会 1998.01— 副地市级	书记	周里冰	1998.01—2001.12	
		柳冠群	2002.09—2003.08	
		彭可平	2003.08—2007.11	
		谭杭生	2007.11—2012.12	
		罗社辉	2012.12—	
	副书记	柳冠群	1997.12—2002.10	
		陈 松	1998.06—2001.01	
		张德安	2002.04—2009.04	
		罗社辉	2002.11—2012.12	
		黄德湘	2003.12—	
		邓自力	2010.02—	
		李晓宏	2012.12—	
	委员	黄德湘	1998.01-2003.12	
		张德安	1998.07-2009.04	
		宁 枫	2002.04-2005.07	
		刘 琳	2002.04-	
		莫一平	2002.04-	
		张宏亮	2004.02-2013.01	
		邓自力	2005.07-	
		郭力夫	2006.04-2009.08	
		陈志红	2008.12-	
		陈大庆	2009.05-	
		詹立明	2010.02-	
		甘其斌	2010.02	
		周意龙	2011.08-	

长沙高新区纪工委主要领导一览表

（1998 — 2012）

机构名称	职务	姓名	任职时间	备注
中共长沙高新技术产业开发区纪律检查工作委员会 1998.06— 正县级	书记	黄德湘	1998.06—2011.08	
		刘颖鹏	2011.08—	

办公室、管委会：

长沙试验区办公室主要领导一览表

（1988——1991）

机构名称	职务	姓名	任职时间	备注
试验区办公室 正县级	负责人	易希文	1988.10 — 1990.07	市科委主任
		张祥龙	1988.10 — 1990.07	市科委副主任
	主任	易希文	1990.07—1991.08	市科委主任兼
	副主任	张祥龙	1990.07—1991.08	市科委副主任兼
		李双仕	1990.09—1991.09	

说明：1988.08—1990.07，易希文、张祥龙未正式任命，故为“负责人”

长沙高新区办公室、管委会主要领导一览表

（1991–2012）

单位	职务	姓名	任职时间	备注
长沙高新区办公室 1991.08 — 1995.04 正县级	主任	罗特	1991.08 — 1993.01	市政府秘书长兼
			1993.01 — 1995.04	长沙市副市长兼
	副主任	陈松	1991.08 — 1995.04	
		沈克光	1991.08—1995.04	兼
		张祥龙	1991.07 — 1995.04	
		陈岳麓	1992.06 — 1995.04	兼
		孙云龙	1992.06 — 1995.04	兼
		黎开炳	1992.06 — 1995.04	兼

单　位	职　务	姓　名	任职时间	备注
长沙高新区管委会 1995.04 — 1996.01 正县级	主　任	罗　特	1995.04—1996.01	长沙市副市长兼
	副主任	陈　松	1995.04—1996.01	
		沈克光	1995.04—1996.01	兼
		张祥龙	1995.04—1996.01	
		陈岳麓	1995.04—1996.01	兼
		孙云龙	1995.04—1996.01	兼
		黎开炳	1995.04—1996.01	兼
长沙高新区管委会 1996.01—1997.12 正县级	主　任	陈　松	1996.01-1997.12	
	副主任	温建明	1996.01 — 1996.05	
		张　行	1996.01 — 1997.12	
		黄德湘	1996.01 — 1997.12	
长沙高新区管委会 1998.01 — 副地市级	主任	柳冠群	1997.12-2002.11	
		罗社辉	2002.11-2012.12	
		李晓宏	2012.12 —	
	副主任	黄德湘	1998.01-2003.12	
		张德安	1998.07-2009.05	
		宁　枫	2002.04-2005.07	
		刘　琳	2002.04-2005.07	
		莫一平	2002.04-	
		邓自力	2005.07-	
		郭力夫	2006.04-2009.08	
		陈志红	2008.12-	
		陈大庆	2009.05-	
		詹立明	2010.02-	
		周意龙	2011.08-	
	主任助理	杨君国	1995.09-	
		宋　捷	2003.02-	
		成亮洪	2006.01-	
		刘清文	2009.08-	
		陈智勇	2010.04-	
		王建辉	2010.02-	

单　位	职 务	姓　名	任职时间	备注
	调研员	杨君国	2001.01–	
		宋 捷	2002.07–	
		成亮洪	2009.04–	
		欧朝龙	2009.04–	
		张德安	2011.03–	
		肖世杰	2010.12–	
		刘清文	2011.12–	
		陈智勇	2011.12–	

院　士：

袁隆平　男，汉族，江西省九江市德安县人，1930 年 9 月 7 日生于北京，现居湖南长沙。1953 年 8 月参加工作，大学学历，无党派，研究员，中国杂交水稻育种专家，中国工程院院士。1981 年，成功育种中国籼型杂交三系水稻；6 月 6 日，获中国第一个“国家特等发明奖”。1982 年，被国际同行誉为“杂交水稻之父”；8 月 26 日，被聘为农牧渔业部技术顾问、中国杂交稻专家顾问组副组长。1983 年 8 月，第二次应美国邀请赴美考察杂交稻试种情况并进行技术指导。1984 年 6 月 15 日，湖南杂交水稻研究中心成立，袁隆平任中心主任，同年获国家级有突出贡献的中青年专家称号。1985 年 10 月 15 日，首次获联合国知识产权组织“发明和创造”金质奖章和荣誉证书，同年发表《杂交水稻超高产育种探讨》。1986 年，培育成杂交早稻新组合威优 49。1987 年 11 月 3 日，获联合国教科文组织颁发的 1986—1987 年度科学奖，并将获奖的 1.5 万美元捐献作为杂交水稻奖励基金，奖励在这一领域有突出贡献的中青年科学工作者。1987 年 7 月 16 日，在袁隆平指导下，李必湖的助手邓华凤在安江农校籼稻三系育种材料中，找到一株奇异的光敏核不育水稻，历经两年三代异地自交繁殖，于 1988 年 7 月育成光敏核不育系，并通过省级技术鉴定，定名为“安农 S–1 光敏不育系”，获湖南省 1988 年 10 大科技成果奖。

1988 年 3 月 14 日，在英国伦敦获让克奖奖章、证书和奖金 2 万英镑，同年当选为湖南省政协副主席。1989 年 9 月 25 日—10 月 3 日，被评为中国先进工作者，应邀出席在北京召开的中国劳动模范和先进工作者表彰大会，参加国庆 40 周年观礼活动；11 月 2 日，任湖南省农业科学院名誉院长。1993 年 5 月

20日，受聘为国务院学位委员会审核博士生指导教师通讯评议专家组成员。

1995年1月，获首届何梁何利基金生物学奖；5月，当选为中国工程院院士；8月，宣布中国历经9年的两系法杂交水稻研究取得突破性进展，可以在生产上大面积推广；10月，获联合国粮农组织“粮食安全保障”荣誉奖章；12月16日，“国家杂交水稻工程技术研究中心”在“湖南杂交水稻研究中心”的基础上正式成立，袁隆平任主任。1996年5月，获日本经济新闻社“日经亚洲奖”；9月11日，出席由中共中央宣传部与中华中国总工会在北京人民大会堂联合举行的中国科技十杰表彰大会，发表题为《攀登杂交水稻研究新高峰，解决中国人吃饭问题是我的毕生追求》的演讲；同年，两系杂交稻技术获重大突破的新闻列为由“两院院士”（中国科学院院士和中国工程院院士）评出的中国重大科技进展新闻榜首。

1997年8月，获“国际农作物杂种优势利用杰出先驱科学家”荣誉称号。1998年8月，应邀赴北戴河休假，向朱镕基总理呈送“申请总理基金专项支持超级杂交水稻选育”的报告，朱镕基总理批示：“国务院全力支持这个研究”，拨经费1000万元予以支持；同年，获日本“越光国际水稻奖”。1999年6月，创立袁隆平农业高科技股份有限公司；12月，获“杰出专业技术人才”金质奖章。2000年12月11日，以袁隆平名字命名的“隆平高科”在深交所上市；同年袁隆平主持的国家“863”计划两系法杂交水稻研究项目通过科技部的验收。其直接指导取得的“两用核不育系‘培矮64S’的选育及其应用研究”成果，于2001年获国家科技进步一等奖。

2001年2月19日，获首届“国家最高科学技术奖”，国家主席江泽民颁授奖励证书和奖金（500万元）；9月，因在杂交水稻研究中有突出贡献以及为亚洲带来粮食安全而获得菲律宾“麦格赛赛政府服务奖”。2002年12月，获“科学中国人（2002）年度人物”称号。2003年7月17日，被海南省人民政府聘请为海南省政府高级科技顾问。

2004年3月，出任国家杂交水稻工程技术研究中心天津分中心首席科学家；5月，获得沃尔夫奖，以色列总统为其颁奖；9月，获泰国国王金镰奖；同年，获评中央电视台“感动中国·2004年度人物”十大人物之一。2005年，被贵州省人民政府聘为贵州省农业科学院顾问；11月，在2005年亚太地区种子协会（APSA）年会上，被授予“APSA杰出研究成就奖”。2006年4月25日，当选美国科学院外籍院士。2007年4月27日—5月7日，赴美国华盛顿参加美国科学院年会正式就任美国科学院外籍院士，顺访休斯敦美国水稻技术公司和旧金山孟德尔公司。2008 年 5 月，担任湖南生物机电职业技术学院名誉院长。2010 年 4 月 28 日，居 2010 中国心灵富豪榜首富榜。2011 年 1 月，在《中国国家形象片——人物篇》中，是杰出代表人物之一；9 月 19 日，指导的超级稻第三期目标亩产 900 公斤高产攻关获得成功，湖南隆回县百亩试验田亩产达到 926.6 公斤。

黄伯云 男，1945 年 11 月 24 日生于湖南益阳市南县，粉末冶金专家，“高性能炭 / 炭航空制动材料的制备技术”的发明人。1964 年 09 月，考入中南矿冶学院特种冶金系粉末冶金专业。1969 年，毕业于中南矿冶学院特种冶金专业；8 月留校，在中南矿冶学院新材料研究所从事科研和教学工作。1978 年，参加出国人员考试，以学校总分第一的成绩被录取为冶金部出国访问学者。1980 年 8 月，开始在美国爱荷华州立大学及 AMES 国家实验室的学习和研究工作。成为 McGee 教授的研究生的同时，由爱荷华州立大学提供攻读博士学位全额奖学金，先后获爱阿华州立大学工学硕士、博士学位。1986 年，进入田纳西大学和橡树岭国家实验室从事博士后研究；在美学习和工作的 8 年时间里，累计发表十多篇有重大影响的学术论文。

1988 年 9 月，开始在中南工业大学粉末冶金研究所工作；12 月，破格晋升为教授。1989—1999 年，先后担任中南工业大学粉末冶金研究所总工程师，中南工业大学粉冶所所长，中南工业大学副校长，中南工业大学校长，于 1993 年被评定为博士研究生导师。1999—2008 年，先后担任中南大学党委常委、常务副校长、校长等职务。1999 年 12 月，当选为中国工程院院士。2000 年，创办湖南刹车材料实业有限公司和湖南英捷新材料公司并任董事长。2001 年 7 月，创建湖南博云新材料股份有限公司，成为公司最大个人股东。2002 年 11 月，当选中国共产党第十六次全国代表大会代表。2006 年 5 月，当选中国科学技术协会第七届全国委员会副主席。2007 年 10 月，当选中国共产党第十七次全国代表大会代表。2008 年 3 月，当选中国人民政治协商会议第十一届全国委员会委员。

2011 年 5 月 30 日，当选中国科学技术协会第八届全国委员会副主席；10 月 26 日，因年龄原因不再担任中南大学校长；12 月 8 日，当选湖南省科协九届委员会主席。著有《钛铝基金属间化合物》；主编有《粉末冶金标准手册》；撰有《钛铝合金的抗氧化研究》等论文 100 多篇。

夏家辉 男，1937 年 2 月生于湖南省益阳市桃江县，1961 年毕业于湖南师范大学生物系。1972 年，夏家辉冒着政治风险恢复“医学遗传学”研究，本着“建立先进技术是基础，服务于临床是目的”，通过特殊病例开展基础理论研究，其研究成果达到国际先进水平，得到国内外公认。1974 年，创建“遗传咨询门诊”，开展染色体病的诊断和产前诊断，创建“临床遗传学”学科。1975 年，发现一条与鼻咽癌相关标记染色体 t(1;3)(q14;p11)。1976 年，编写中国第一本《医学遗传学讲座》教材，率先在中国医学院校开出“医学遗传学讲座”课程。1981 年，将人类睾丸决定基因（TDF）定位于 Yp11.32 带；与李麓芸等人合作研究向全国推广现已被中国医学细胞遗传学界作为常规技术广泛应用的“湖南方法”以及用绒毛、羊水细胞为材料，在妊娠 2 ~ 5 个月内完成染色体病宫内诊断的技术。从零开始到在全国范围内建立起“临床细胞遗传学”学科，夏家辉成为公认的奠基者。1984 年，受卫生部委托组建“医学遗传学国家重点实验室”。1985 年，开展遗传资源的收集、保藏与利用工作。

1991 年，“医学遗传学国家重点实验室”通过国家验收并向国、内外开放。1994 年，开始人源基因治疗新载体的研究，获 3 项国内发明专利。1996 年，在国际上首创利用国际人类基因组 EST 数据，采用“基因家族候选疾病基因计算机克隆”技术克隆致病基因的方法，于 1998 年成功地克隆人类耳聋疾病基因（GJB3），论文发表在《Nature Genetics》（Volume 20 December 1998,p370–373），是中国克隆遗传病致病基因零的突破，在 1998 年“中国基础科学研究十大新闻”首次评选中排名第一。1999 年，当选为中国工程院院士；10 月，神经性耳聋疾病基因（GJB3）的研究成果被科技部列为中国基础研究五十年（1949—1999 年）“理论建树的 25 项成果之一”。2001 年，夏家辉主持的“神经性高频性耳聋等遗传性疾病基因的克隆和遗传疾病家系的收集”获国家自然科学奖二等奖，组建的“医学遗传学国家重点实验室”被评为“生命科学领域”的 6 个优秀国家重点实验室之一。2005 年，领衔的“世界首报中国人类染色体异常核型遗传资源保藏及 B/S 模式共享体系” 在全国科技大会上第五次获国家科学技术进步奖二等奖。2012 年，在长沙高新区创建湖南家辉遗传专科医院。

刘业翔 男，1930 年出生，湖北省武汉市人，有色冶金工业电化学专家，中国有色金属冶金学科领域的学术带头人之一。1953 年，毕业于中南矿冶学院。1979—1982 年，留学挪威工业大学，其后分别在挪威工业大学，日本名古屋大学和挪威科技大学作高级访问学者。1997 年，当选为中国工程院院士。刘业翔是中国著名冶金、材料及工业电化学专家，在轻金属冶金、熔盐电化学、功能材料、新能源材料及冶金过程模拟、控制与优化等方面进行开创性的研究与实践。他开发的铝电解碳素阳极电催化剂，有效降低阳极过电压，为解决铝电解节能降耗中这一世界性难题作出突出贡献。他开发的 TiB2 生产新工艺使得 TiB2 生产成本仅为市场售价的 1/10，TiB2 阴极涂层技术在 12 家铝厂的 114 余台铝电解槽上应用，使得电解槽维护强度减轻，槽寿命延长，电流效率提高 2%，吨铝节电 300 度。他与学生完成的国家经贸委“九五”重点项目“智能模糊控制技术在 160kA 预焙铝电解槽上的开发应用”和国家技术创新项目“基于现场总线的全分布式铝电解智能控制系统”，经部级鉴定，达到国际领先水平，为中国铝工业现代化改造提供一项关键技术，取得年增 5 亿元经济效益的节能增产效果。他系统地研发锂离子电池正、负极材料、聚合物电解质、铝电解动态连续测温仪、CO2 传感器以及冶金过程红外故障探测仪等。

刘筠 男，1929 年 11 月 17 日出生于湖南省邵阳市武冈，1953 年毕业于湖南大学，鱼类繁殖和育种专家，后任湖南师范大学副校长，第六、七、八届全国政协委员，湖南省科协原副主席。

1960 年，和同事完成“草鱼等家鱼人工繁殖及技术推广应用”这项前无古人的研究课题，首次结束中国家鱼不能人工繁殖的历史。1995 年 9 月，主持“青鱼人工繁殖自行产卵技术”项目，解决雌鱼排卵与雄鱼排精不同步的难题，在中国草、鲢、鳙三大家鱼人工繁殖技术全部过关，中国四大家鱼的养殖进入全部可人工繁殖的阶段。这项科研成果获 1995 年度国家技术发明奖。同年，当选为中国工程院院士。1998 年 4 月 8 日，以推广刘筠主持的国家“863”高新技术中试开发项目“湘云鲫”“湘云鲤”为使命的湘云实业有限公司在湖南师大成立。刘筠领导的课题组承担国家部委投资 1500 万元的高技术产业化示范工程推广项目——“年产 10 亿尾湘云鲫苗种产业化示范工程项目”，在长沙、湘阴、资兴、常德建起 4 个规模较大的生产基地。

刘筠先后在国内外著名刊物上发表论文 50 篇。在研究青鱼 (雌) 与三角鲂 (雄) 的受精细胞学时，首次发现鱼类远缘杂交具有受精细胞学过程，从而否定国外一些专家认为鱼类远缘杂交异源精子只能起激活卵子限育的作用。这一理论被国际鱼类研究界称为“刘氏定理”和“最新研究成果”。在鲫鲤杂交研究中，发现雄性部分可育，培育 F1-F10 代，并培育出一个遗传性状稳定且能自然繁殖的四倍体种群，首先推翻国内外认为鲫鱼杂交 F 代雄性完全不育的观点。

何继善 男，1934年9月11日出生，湖南省浏阳县人。应用地球物理学家，中国工程院院士，中南大学教授、博士生导师，湖南省科协主席，中国工程院能源与矿业学部副主任，原中南工业大学校长，湖南省科协名誉主席，中国地球物理学会副理事长，美国勘察物理学家（SGE）协会终身会员。何继善长期致力于地球物理理论、方法技术及观测系统的研究，主持完成40余项重大科研项目，发表专著及论文100余篇，取得各种专利多项，获国家、省部级奖24项。其中“我国双频激电研究与应用”1995年获中国国家科技进步二等奖，“生产矿山地地质地球物理研究”1999年获中国国家科技进步三等奖。1999年，创立流场法堤坝管涌渗漏探测理论，研制出世界上第一批能在汛期恶劣环境下准确探测堤坝管涌渗漏入口的仪器设备，与科技小组成员研制的“堤坝管涌渗漏探测仪”，准确率达到百分之百，为地方排除重大险情提供依据，为中国国内外防汛救灾提供设备保障。

钟 掘 女，汉族，1936年9月出生，河北省献县人，中共党员，1960年毕业于北京钢铁学院，1995年当选为中国工程院院士。长期从事高性能材料强场制造、复杂机电装备设计与控制等领域研究工作，主持财政部产业技术跃升计划项目、国家973项目、国家重大科技攻关、国家自然科学基金重大与重点项目、国防预研等项目50余项。先后发表论文200余篇，出版专著3本。

钟掘提出“极端制造”　“和谐制造”的学术思想，确定其基本内涵和主要研究方向。她提出铝合金电磁场铸轧和快凝铸轧新原理，创造电磁场铸轧技术与装备、快凝铸轧技术与装备，形成的生产线高效节能、品质优良；完成特宽铝带轧线高技术改造、巨型水压机扩改工程、高性能特薄铝板技术开发等多项国家重点工程，为保证重要军工产品的制成和铝材产业进入国际先进水平提供科技基础；提出轧机驱动封闭力流理论，解决中国引进的大型机组的重大设备故障，推进4个相关产业的技术进步，产生巨大经济效益；系统研究现代复杂机电系统的多过程交互规律和伴生奇异工况的普遍问题，提出复杂机电系统耦合设计理论与方法，建立机电耦合、界面耦合等耦合模型和大系统的全局耦合数理模型、数值求解方法和并行优化设计方法，为现代复杂机电系统的设计提供理论基础。

钟掘融合制造科学、信息科学与材料科学，开展高性能电子产品设计制造精微化、数字化新原理和新方法研究，将制造界面的行为机理及其与信息传输的融合研究推向微观层次的多元交互研究。获有关成果奖励20余项，其中国家科技进步一等奖2项、二等奖2项，国家发明二等奖1项，并获“十一五国家科技计划执行突出贡献奖”“何梁何利基金科学与技术进步奖”“光召科技奖”“全国先进工作者”“全国十佳女职工”等荣誉称号，被授予国家有突出贡献科技专家。

钟掘主要社会兼职包括教育部科技委主任、国家科技奖评审委员会委员、国家自然科学基金工程与材料学部咨询委员会委员、国家科技部973顾问专家、清华大学摩擦学国家重点实验室学术委员会主任、上海交通大学机械系统与振动国家重点实验室学术委员会主任、华中数字化制造国家重点实验室学术委员会主任等。

享受国务院特殊津贴专家：

詹纯新 男，1955年4月出生，1978毕业于西北工业大学航空发动机系，中联重科创始人，博士，研究员。1980—2008年，先后担任建设部长沙建设机械研究所工程师、高级工程师，建设部长沙建设机械研究院副院长，建设部长沙建设机械研究院院长，党委副书记，党委书记。

1992年，创办中联建设机械产业公司并任法定代表人、总经理，长沙中联重工科技发展股份有限公司董事。1994年1月，成为享受国务院特殊津贴的专家。1995年，被建设部评为有突出贡献的中青年科学、技术及管理专家。2000年，中联重科在深交所上市，注册资本77.06亿元，员工3万人；4月，被评为全国先进工作者。2002年，被评为首届全国机械工业优秀企业家。2003年12月，被评为2003年中国企业十大新闻人物。2004年3月，被评为第三届全国优秀创业企业家；12月，被评为全国机械工业明星企业家。2008年，任中联重科股份有限公司法定代表人、董事长、CEO、党委书记。2009年1月，被评为2008年全国最受关注企业家。2010年5月，获袁宝华企业管理金奖（中国企业管理最高奖项）。2011年1月，获意大利2010年莱昂纳多国际奖；12月，当选中央电视台第十二届中国经济年度人物；同年，带领中联重科下属各经营单元实现销售收入近850亿元，利税过120亿元，在全球工程机械行业排名第7位。2012年，中联重科第五次捧得“金圆桌”最佳董事会奖，成为中国工程机械行业上市公司唯一上榜企业及沪深股市获该奖项次数最多的上市公司；进入“中国企业500强”“中国机械工业50强”。

卢光琇 女，1939年出生，本科学历，九三学社成员。教授，主任医师，湘雅名医，博士生导师，著名生殖医学与医学遗传学家，人类干细胞国家工程研究中心主任，中信湘雅生殖与遗传专科医院院长，自 1991 年起享受国务院颁发的政府特殊津贴。卢光琇是中国人类生殖工程创始人之一，建立全国第一个人类精子库，诞生国内首例冷冻精液人工授精婴儿、首例供胚移植试管婴儿、首例超快速冷冻试管婴儿、首批经全基因组测试技术诞生的 PGD/PGS 试管婴儿。将科研成果产业化，于 2002 年与中信集团合作，建立中信湘雅生殖与遗传专科医院，将最前沿的科研成果应用于临床。其发明的超长降调节促排卵方案，使试管婴儿临床妊娠率提高到 62.%，降低诊疗费用 25%，该方案在国内得到推广。在人类胚胎干细胞和治疗性克隆领域，卢光琇建立 400 多株具有自主知识产权的胚胎干细胞系和胚胎干细胞库，初步掌握从胚胎干细胞定向诱导分化成造血细胞和神经细胞的技术，达到国际领先水平。卢光琇先后获得湖南省科技进步一等奖 2 次、二等奖 2 次，湖南光召科技奖，国家科学技术进步奖二等奖 2 次，教育部国家科学技术进步推广类一等奖，新中国六十年湖南统一战线十大代表人物，全国五一劳动奖章，全国优秀教师，全国“三八”红旗手，全国生殖医学突出贡献奖，第四届中国十大女杰，优秀巾帼发明者，全国卫生系统优秀留学回国人员，第五届中华人口奖。

邓军民 男，1961 年出生，中共党员，硕士学历，高级工程师。曾任曙光电子集团有限公司董事、常务副总经理、湖南电子信息产业集团有限公司董事长。致力于建立湖南的彩管产业，创建 LG 曙光并建设成为全国电子百强企业、湖南电子工业的支柱产业。1995 年，被评为曙光集团“十佳青年”。1996 年，被授予长沙市“十佳杰出青年岗位能手”称号，全省和全国“讲理想、比贡献”竞赛活动先进个人。1999 年，被评为“长沙市劳动模范”“长沙市优秀青年专家”，并被确认为长沙市学术、技术带头人培养对象。2002 年，开始享受国务院颁发的政府特殊津贴。

俞正元 男，1939 年出生，本科学历，中共党员。1983 年，加入长缆电工科技股份有限公司。1997 年，开始担任长缆电工科技股份有限公司董事长、公司法人代表。1998 年，开始享受国务院颁发的政府特殊津贴。2006 年，被评为优秀党务工作者。2011 年，被评为“2011 湖南省优秀企业家”。俞正元带领长缆电工将生产规模从最初的三百万做到五个亿。技术上，多项以俞正元为首席专家的研发小组研发的产品分别获得“国家重点新产品”、省市“科技进步奖”以及多项国家专利，公司技术中心被认定为“省级企业技术中心”“省工程技术研究中心”。2012 年，公司被国家科技部认定为“国家火炬计划重点高新技术企业”，“长缆”商标被国家工商总局认定为“中国驰名商标”。

钟发平 男，中共党员，博士，现任湖南科力远高技术控股（集团）有限公司及湖南科力远新能源股份有限公司董事长，先进储能材料国家工程研究中心主任、首席科学家。第十、十一届、十二届全国人大代表，享受国务院特殊津贴专家，中国轻工联合会副会长，中国电池工业协会副理事长，湖南省新材料产业协会会长，湖南省科技领军人才，曾获国家科技进步二等奖、中科院自然科学奖二等奖、中国杰出青年科学家奖（求是奖）等奖项。自主研发的镍氢电池关键材料——连续化带状泡沫镍，获国家专利，填补中国新能源材料领域的空白。他创办的科力远公司是全球第三、具有世界顶级水平的油电混合动力汽车电池及能量包龙头企业。

产业领军人才：

先进装备制造业

詹纯新 男，中联重科股份有限公司创始人，董事长兼CEO、党委书记。（见享受国务院特殊津贴专家詹纯新简介）

唐崇健 男，金杯电工股份有限公司总裁，国家电线电缆标准化技术委员会委员、全国电力电缆技术专家委员会专家成员、国家特种电缆重点实验室技术委员会委员、中国管理研究国际学会企业顾问委员会委员。曾获江苏省首届“十大杰出专利发明人”，公安部和中国机械工业科学技术奖二等奖1项、三等奖3项。著有《管理贵在坚持》《销售贵在有心》《有些道理，你应该明白》《CEO的微思考》4本专著。

俞正元 男，长缆电工科技股份有限公司董事长、法人代表，国内电缆附件行业领军人。（见享受国务院特殊津贴专家俞正元简介）

肖 锋 男，湖南湘电长沙水泵有限公司董事长，带领公司实施“走国际化道路和高附加值道路”战略，成功研制核泵、风能产品等技术难度大、附加值高的产品。公司成为中国重大装备国产化的研制基地，其工程技术中心被湖南省发改委授予“省级工程技术中心”称号。

许小曙 男，华曙高科CEO、国际3D打印制造领域知名专家、世界著名科学家，被誉为制定世界标准的人。曾在美国3D打印龙头企业(DTM、Solid Concepts、3D Systems）担任技术总监，领衔研发对制造业有革命性影响的“SLS技术”，被誉为“SLS之父”。曾带领华曙高科研制出中国第一台高端选择性激光尼龙烧结设备和选择性激光烧结尼龙材料，使华曙高科成为世界上第3家该项设备和世界上第2家该类材料制造商。先后获世界100位应用科学领域突出贡献奖、全美“最佳人工智能奖”、世界研究与开发100奖（R&D100誉为工业界的诺贝尔奖）、“Dinosaur Award——恐龙奖”（终身成就奖）等世界级份量的奖项。

王韶峰 男，博士、湖南江麓容大车辆传动股份有限公司常务副总经理兼总工程师、长沙高新区“555计划”人才，主攻精密机械专业，在汽车核心零部件自动变速器及整车行业拥有20年的尖端专业研究水平，取得多项专业科研成果。

软件、电子信息产业

吉 为 男，湖南省政协委员，上市公司威胜集团创始人、集团董事局主席。他创立的威胜集团是国内首家在境外上市的能源计量与能效管理专业集团，是湖南省首家在境外主板上市的公司。吉为先后被授予“中国最具社会责任企业家”“最关注员工发展企业家”“长沙高新区优秀企业家”等荣誉称号。

何 明 男，长城信息产业股份有限公司董事长、中国经济十大创新人物、全国电子信息行业杰出企业家、长沙市劳动模范。领导公司加强新一代信息技术与现有产业的融合发展，实现由产品制造到制造与信息服务融合发展、从产业链中低端到中高端的两大转变，在第四代移动通讯、现代信息服务、信息安全、物联网、北斗卫星导航应用等领域开拓业务，承担国家、省、市多项重点项目。

黄文宝 男，华自科技股份有限公司董事长、国际小水电联合会常务理事、中国水力发电工程学会小水电专委会委员、湖南省工商联执行委员，长年担任国家级科技期刊《中国水能及电气化》编委。曾被评为湖南省劳动模范、优秀青年企业家、长沙市优秀中青年专家（享受政府特殊津贴），获湖南省人民政府一等功。其长期从事水利、水电及电力自动化产品研发及经营工作，参与研发的“大型企业综合电气节能关键技术及应用”项目获国家科学技术进步二等奖。

蒋爱国 男，1956年11月生，中共党员，研究员，历任湖南计算机厂军工部总工程师、部长等职务，现任长城信息产业股份有限公司党委书记、副总经理兼长沙湘计海盾科技有限公司董事长。湘计海盾在其带领下成长为国内最大的军用显示设备、国内主要的军用计算机、网络设备研制和生产单位，研制的载人航天工程神舟七号、神舟八号、天宫一号、神舟九号与天宫交会对接用液晶显示终端，填补国内空白，实现国产软硬件的自主可控，保证国家重大工程的顺利实施和国防安全。曾主持和参与载人航天、预警机等系列国家重大工程和型号重点配套产品研制与攻关，获多项国家和军队科学技术进步奖。

韩明华 男，博士，高级工程师，毕业于国防科学技术大学计算机专业，湖南华诺星空电子技术有限公司董事长兼总经理、长沙市嵌入式系统产业技术创新战略联盟理事长。韩明华拥有10余年从事计算机、嵌入式软件、雷达与信号处理领域的研发经验，在国内期刊上发表30余篇科技论文，多篇被EI检索，并获得国家发明专利1项，实用新型专利1项；先后主持超宽带相关领域、嵌入式系统设计等研究方面的国家、省（部）、市科技项目10项，拥有专利7项，在申请专利20件，占国内超宽带相关领域知识产权的50%，获软件著作权17项，软件产品登记认证13项。他领导的华诺星空获湖南省创新型企业试点，产品被列为湖南省自主创新产品、长沙市名牌产品，公司“Novasky”商标被评为湖南省著名商标。其本人曾获“长沙市创业新星”“长沙市优秀企业家”“高新区优秀科技人才”等称号，入选科技部创新创业人才和长沙市科技创新创业领军人才。

李完小 男，1966年出生，中共党员、本科学历、高级工程师，在2000—2012年期间担任湖南航天环宇通信科技有限责任公司总经理，从事高端微波通信及航空航天工业装备研制、管理工作，承担载人航天工程、探月工程、北斗工程、大飞机项目以及多项军民用系列卫星等项目研制，累计为60多种雷达、70多颗卫星、5种型号导弹及多个国家重大科技专项承研分系统与部件级产品。他带领147人的企业团队连续4年保持60%以上的增长速度，企业净资产达1.5亿，先后为近10家航空航天院所研制多个型号的大型雷达罩、飞机型号的复杂制件的成型模，完成包括“神州十号” “遥感十八号” “嫦娥三号”等多个国家重大科技专项及重点工程项目的配套支付。

生物医药产业

徐向平 男，上市公司九芝堂股份有限公司总经理，董事会秘书。在其管理公司期间，3家分子公司分别通过新版GMP和新版GSP认证，企业销售和利税指标显著上升，二期产业园完成建设。徐向平先后获得长沙高新区优秀企业家、企业优秀董秘等多项荣誉。

张庆华 男，上市公司湖南方盛制药股份有限公司董事长兼总经理。曾主持多项国家、省市科技研究专项，申请专利20项，已授权11项发明专利，1项外观设计专利。他研发的元七骨痛酊获“长沙市科技计划三等奖”，血塞通分散片在全国市场排名前三，单品年度销售近亿元。张庆华先后获“长沙市创新创业领军人物”“长沙市知识产权领军人物”“湖南省科学技术进步奖”等多项荣誉。

李少波 男，三诺生物传感股份有限公司董事长、湖南省医疗器械行业协会副会长、长沙市医疗器械行业协会副会长、湖南大学分子纳米与分子工程湖南省重点实验室学术委员会委员。他领导的三诺生物2012年在深交所上市，是全国第一家成功上市的血糖仪企业，被称为“中国血糖仪第一股”，市场占有率居全国前三、全球前十。李少波曾被湖南省人民政府授予“湖南省创业标兵”称号。

廖翠猛 男，上市公司袁隆平农业高科技股份有限公司董事、总裁，兼任湖南隆平种业有限公司总经理。1988—2012年，廖翠猛一直从事杂交水稻研究和开发工作，其技术成果“培两优特青的选育”获湖南省科技进步一等奖、“威优647的选育”获湖南省科技进步二等奖、“威优647的选育与应用”获湖南省农业科技进步二等奖。廖翠猛在1996—2000年期间连续4次记二等功，2001年记一等功。

卢光琇 女，中国人类生殖工程创始人之一、人类干细胞国家工程研究中心主任、中信湘雅生殖与遗传专科医院院长。（见享受国务院特殊津贴专家卢光琇）

戴立忠 男，博士、湖南圣湘生物科技有限公司公司董事长，国家“千人计划”人才、湖南省“百人计划”人才、长沙高新区“555计划”人才，主要从事艾滋病和病毒性肝炎等重大传染病的临床分子诊断试剂、药物和配套自动化仪器的研发工作。

伊恩·李·阿尔伯茨(Ian Lee Alberts) 男，博士，毕业于英国剑桥大学理论化学专业，长沙赢润生物技术有限公司的首席科学家和技术总监，主要从事学术机构和工业领域进行计算化学研究，是全球知名的计算机模拟药物开发专家。

蔡晓华 男，博士，美籍华人，三诺生物传感股份有限公司副总经理、首席科学家，省“百人计划”、区“555计划”人才，曾主持新一代血糖仪（医院级）、糖化血红蛋白仪、立免疫荧光定量测试平台等多个项目，达到或超过国际水平。

周文强 男，博士、湖南方盛华美医药科技有限公司董事长、专注于1.1类特色抗癌创新药研发和产业化，主导研发的抗癌1.1类化学创新药（迪安替康）

获国家“十二五”科技重大专项（重大新药创制）立项支持临床试验。

节能环保与新能源产业

张 剑 男，1964 年出生，毕业于哈尔滨工业大学热能动力专业，全国人大代表，远大住宅工业有限公司董事长。1996 年，成立远大住宅研究院，对绿色集成住宅的工业化制造及装配技术进行研究；1999 年，投建第一代工业化集成住宅，主导研究开发住宅工业化的 100 余项专利技术；2010 年，组建成立湖南远大建工股份有限公司，将成熟的集成住宅装配技术以产业化、规模化形式推向市场。

杨 健 男，1960 年出生，经济学博士、高级工程师，湖南麓南脱硫脱硝科技有限公司董事长、总经理，湖南省第十二届人大代表、中国环保产业协会常务理事、中国环境科学学会理事、湖南省环保协会副会长。曾获“中国优秀企业家”“中国优秀民营科技企业家”“全国优秀环境科技工作者”多项荣誉，并获中国环保产业（企业）发展贡献奖。其事迹被载入《中国专家名人词典》《共和国建设者》《中国百名优秀企业家奋斗史》《今日中国百名杰出企业家》《强国丰碑》。

谢定中 男，1938 年 8 月出生，2001 年和 2003 年为中国工程院院士候选人，教授级高级工程师，湖南安淳高新技术有限公司董事长，全国知名化工专家。1990 年，领头发明的甲醇化、甲烷化净化精制新工艺“双甲新工艺”问世。该技术于 1994 年 1 月经过化工部鉴定获国家发明专利，1995 年获国家科技进步二等奖，1998 年提升为醇烃化，2000 年获湖南省科技进步一等奖。2002 年 4 月由中国氮肥工业协会组织专家进行技术鉴定认为：由甲烷化发展成醇烃化是合成氨精制技术的新突破，为中国首创。此技术于 2004 年 1 月获得国务院颁发的国家级科技进步二等奖，并被列入“国家级科技成果重点推广计划”。

张广胜 男，1967 年 9 月出生，中南大学工商管理硕士，力合科技（湖南）股份有限公司董事长兼总经理，作为项目负责人主导实施国家发改委国家工业结构调整、技术进步国债项目——重金属等水质在线监测仪器的研制，国家环保部水专项——水环境现代装备研发与技术突破，国家科技部 863“资源环境技术领域项目课题”——水质富营养化在线监测设备及蓝藻水华预警系统，国家发改委智能化水质在线监测仪器及系统产业化建设项目等重大专项。曾获 2012 年全国环境科学学会代表大会颁发的“第五届优秀环境科技实业家奖”、湖南省发改委和湖南省文化厅颁发的“中国湘商富民强省杰出人物”等称号。

何劲松 男，省政协委员，长沙华时捷环保科技发展有限公司总经理。2000年，带领团队创立华时捷，在国内最早专业从事重金属污染防治、环境在线监测技术研发和工程应用。2010年，华时捷入选中国环保产业骨干企业、省战略性新兴产业“百强”企业；2011年，公司被评定为国家火炬计划重点高新技术企业、省创新型试点企业；2012年，公司被评定为全国首批环保装备专精特新企业认定、湖南省首批环境服务试点企业。在其管理下，公司管理顺利通过ISO9001体系、ISO14001体系、ISO18001体系复审。

新材料产业

钟发平 男，博士，湖南科力远高技术控股（集团）有限公司及湖南科力远新能源股份有限公司董事长，先进储能材料国家工程研究中心主任，首席科学家。（见享受国务院特殊津贴专家钟发平简介）

彭文杰 男，湖南杉杉新材料有限公司总经理，中南大学副教授。2003年，参与筹备湖南杉杉新材料有限公司，先后担任副总经理、常务副总、总经理等要职，从事新型能源及相关材料的研究。曾主持或参与开展多项科研成果的制备与性能研究并成功实现产业化，产品占国内市场份额40%以上，公司居全国第一、世界第三的锂离子电池正极材料生产商地位。彭文杰在国内外知名刊物发表论文50余篇，获省部级科技成果7项，省部级科技进步奖6项，获授权发明专利7项，并参与撰写专著《化学电源》；先后获评长沙市优秀专家、湖南省十大创新人物、长沙市杰出创业青年、湖南省新世纪121人才工程第二层次人才等称号。

6. 移动互联网产业

唐彬 男，易宝支付首席执行官及联合创始人、互联网金融千人会（IFC1000）轮值主席，曾获美国斯坦福大学电子工程硕士学位和南京大学物理学士学位，在硅谷进行软件和无线互联网应用的研发和管理，是美国硅谷中国无线协会的共同创办人和前任会长。

姚劲波 男，58同城创始人兼CEO。1999年，毕业于中国海洋大学。2000年，创办的中国最大域名交易及增值服务网站易域网被国内最大的企业网络应用服务商——万网收购。2001年，与合伙人创办学大教育。2005年，创立中国最大的分类信息网站——58同城。2010年11月2日，学大教育集团作为全国最大规模的个性化教育连锁机构在纽交所正式挂牌交易，市值达10亿元。

戴跃锋 男，汉族，1982年9月出生于湖南省洞口县，湖南御家汇网络有限公司、湖南御泥坊化妆品有限公司董事长兼总裁。戴跃锋创办的御家汇是以品牌为核心的中国第三代互联网企业代表之一，是国家商务部认定的“全国百强电商示范企业”。其公司旗下的品牌御泥坊依托渠道创新与品类创新，在全国拥有超过700万名消费者，是中国水洗类面膜第一品牌。

李新宇 男，1965年生，湖南长沙人。1988年，毕业于河海大学计算机应用专业，后任职于湖南省电力研究所，从事计算机技术工作；1994年，下海从事软件开发；1995年，任湖南宏泰国际数据公司总经理；1996年，创办长沙高新区湖南拓维信息系统有限公司，并于2001年改制为湖南拓维信息系统股份有限公司；现任上市公司——湖南拓维信息集团总裁。

王 填 男，1968年生于中国湖南省湘乡市，现任步步高集团董事长，湖南省工商业联合会副主席。2003年开始持续担任第十届、十一届、第十二届全国人大代表，期间提出关于制订商业大店法等议案被列入国家一类立法计划，而关于刺激消费、规范电子商务管理等议案则获得国内媒体的广泛关注。其1995年创立的步步高集团，至2012年拥有超市、百货、电子商务、电器、餐饮、娱乐、商业地产等业务单元。

徐少春 男，金蝶国际软件集团创始人、董事局主席兼首席执行官。1993年，创立金蝶公司。至2012年，带领金蝶近万名知识工作者，研发符合中国企业管理特色的财务软件、管理软件和基础软件，1200万会计人员甩掉算盘；用管理软件与解决方案帮助100万中国企业创新管理模式；用中间件等基础软件结束中国基础软件市场领域被国外巨头长期垄断的局面。金蝶成为亚太及中国领先的企业管理软件及互联网服务领导厂商。

刘新宇 男，中清龙图创始人兼首席技术官，毕业于清华大学化工系，曾在GlobalNetJapan、北京日侨信息技术有限公司和广州摩根信息技术有限公司就职。2008年，联合创立的中清龙图，主要从事网页游戏、手机游戏等业务，是国内领先的网络游戏的开发商和发行代理商之一。

党代表：

长沙高新区市及市以上党代表一览表

（1988—2012 年）

序号	姓 名	性别	类别	其时工作单位及职务
1	陈松	男	党委负责人	长沙高新区党工委副书记
2	詹纯新	男	先进模范人物	中联重科董事长
3	李新宇	男	先进模范人物	拓维信息系统股份有限公司董事长
4	彭文杰	男	专业技术人员	湖南杉杉新材料有限公司 党支部书记　总经理
5	谢仕林	男	专业技术人员	长沙电缆附件有限公司 技术部主任工程师
6	冷旭佳	男	专业技术人员	三辰卡通集团有限公司
7	王学信	男	专业技术人员	威胜集团有限公司执行总裁
8	黄文宝	男	先进模范人物	长沙华能自控集团有限公司董事长
9	易海燕	女	专业技术人员	金杯电工股份有限公司电磁线事业部 人力资源主管

人大代表：

长沙高新区市及市以上人大代表一览表

（1988—2012 年）

序号	姓 名	性 别	工作单位及职务	级别	备 注
1	钟发平	男	湖南科力远新能源股份有限公司董事长	全国	十届、十一届
2	詹纯新	男	中联重科股份有限公司董事长	全国	十届
3	王金富	男	中联重科重机公司总经理	全国	十一届
4	张 剑	男	远大住宅工业有限公司董事长	全国	八届、九届
5	王 填	男	步步高集团公司董事长	全国	十届、十一届
6	陈 松	男	长沙高新区管委会主任	省级	
7	刘济东	男	中国电子科技集团第四十八所所长	省级	
8	朱 文	女	廖家坪街道党工委书记	省级	
9	李定美	女	湖南奥盛特重工科技有限公司董事长	省级	
10	张 涛	男	长沙高新技术产业开发区设计公司总工程师	省级	
11	邱则有	男	长沙巨星轻质建材股份有限公司董事长	省级	

序号	姓 名	性 别	工作单位及职务	级别	备 注
12	杨 健	男	湖南麓南脱硫脱硝科技有限公司董事长、总经理	省级	
13	崔玉芳	女	九三学社湖南省委副主委、中联重科副总工程师	省级	
14	戴立忠	男	湖南圣湘生物科技有限公司董事长兼总经理	省级	
15	张早平	男	长沙大地经济发展研究中心学术委员会主席	省级	
16	李文金	男	湖南金荣企业集团有限公司董事长、总裁	省级	
17	高 毅	男	益丰大药房连锁股份有限公司董事长	省级	
18	罗社辉	男	长沙高新区管委会党工委副书记、管委会主任	省级	
19	谭杭生	男	长沙高新区管委会党工委书记	市级	
20	刘家银	男	隆平高科技园明园蜂业有限公司董事长	市级	
21	王民强	男	长沙申大科技有限公司董事长	市级	
22	马学斌	男	湖南紫光测控有限公司副总经理	市级	
23	李江涛	男	中联重科股份有限公司副总经理	市级	
24	李国胜	男	湖南创远投资集团有限公司董事长	市级	
25	张铁辉	男	湖南德康制药股份有限公司董事长	市级	
26	雷希文	男	湖南东方红建设集团有限公司董事长	市级	
27	马孝武	男	长高高压开关集团有限公司董事长	市级	
28	彭红光	男	雷锋汽车客运有限公司总经理	市级	

政协委员：

长沙高新区市及市以上政协委员一览表
（1988—2012 年）

序号	姓 名	性 别	工作单位及职务	级别
1	袁隆平	男	国家杂交水稻工程技术研究中心、湖南杂交水稻研究中心主任	全国
2	黄伯云	男	中南大学校长、博云新材董事长	全国
3	刘 筠	男	湖南师大副校长、长沙高新区顾问	全国
4	郝志刚	男	长沙深湘通用机器有限公司总经理	省级
5	葛新力	男	远大空调有限公司副总裁	省级
6	吉 为	男	威胜集团创始人、集团董事局主席	省级

序号	姓 名	性 别	工作单位及职务	级别
7	沈克光	男	长沙高新技术产业开发管委会副主任	市级
8	李华超	男	长沙盛隆机械有限公司董事长	市级
9	唐畋甸	男	湖南长海控股集团有限公司董事长	市级
10	朱先德	男	长沙三德实业有限公司董事长	市级
11	李建伟	男	湖南梦洁家纺公司副总经理	市级
12	李 超	男	长沙德宝能源科技公司董事长	市级
13	付 玲	女	中联重科发展有限公司项目负责人	市级
14	曹朝辉	女	威胜仪表集团有限公司首席执行总裁	市级
15	黄 群	女	中联重科建筑起动机械分公司总经理	市级
16	李志刚	男	长城信息产业股份公司总经理	市级
17	黄德湘	男	长沙高新区管委会副书记、纪工委书记	市级
18	孙雪平	女	中国电子集团48所中科信公司副总工程师	市级
19	何国强	男	中冶长天国际工程有限公司总经理	市级
20	姜 策	男	长沙科技风险投资管理有限公司总经理	市级
21	周云山	男	江麓容大车辆传动有限公司技术总监	市级
22	邹耀增	男	湖南丰汇银佳科技有限公司董事长	市级
23	许 岗	男	长沙福来格生物技术有限公司总经理	市级
24	尹彦征	男	隆平科技园长沙大红瓷有限公司董事长	市级
25	蔡怀宁	男	湖南普照爱伯乐平板显示器件公司总经理	市级
26	张立忠	男	长沙正忠科技发展有限公司董事长	市级
27	马放军	男	湖南湘投控股集团有限公司党委副书记	市级
28	杨素群	女	高新博才寄宿学校校长	市级
29	刘业荣	男	雷锋学校生物教师	市级

突出贡献创新专家：

长沙高新区突出贡献创新专家一览

（1988—2013 年）

1. 领军型人才

说明：（1）为院士级别专家或入选千人计划、百人计划；（2）在园区企业任职或占股。

序号	姓名	现工作单位	职务	国籍	毕业院校	专业	专家类型
1	袁隆平	袁隆平农业高科技股份有限公司（隆平种业母公司）	名誉董事长	中国	西南大学	农作物专业	中国工程院院士
2	卢光琇	中信湘雅生殖与遗传专科医院	首席科学家	中国	中南大学	遗传学与生殖医学	著名生殖医学与医学遗传学家，人类生殖工程创始人
3	夏家辉	湖南家辉生物技术有限公司家辉遗传专科医院	院长	中国	中南大学	遗传学与生殖医学	中国工程院院士
4	黄伯云	湖南博云新材料股份有限公司	创始人	中国	爱荷华州立大学	特种冶金专业	中国工程院院士
5	罗 安	长沙博立电气有限公司	总经理	中国	浙江大学	流体传动及控制专业博士	中国工程院院士
6	段燕文	哈药慈航制药股份有限公司	董事长	中国	美国康奈尔大学	分子药理学博士后	千人计划第二批（2009）/ 入选百人计划 (2009)/ 313 计划第一批 (2009)
7	彭 滢	大邦（湖南）生物制药有限公司	总经理	中国	中国协和医科大学	药物代谢和新药数筛选博士	千人计划第二批 (2009)/ 入选百人计划 (2009)/313 计划第一批 (2009)

序号	姓名	现工作单位	职务	国籍	毕业院校	专业	专家类型
8	戴立忠	湖南圣湘生物科技有限公司	董事长兼总经理	中国	美国普林斯顿大学	生物化学博士	千人计划第五批(2010)/百人计划第一批(2009)
9	许小曙	湖南华曙科技有限责任公司	董事长、总裁	中国	美国科罗拉多矿业大学	应用数学（主修）和材料科学（副修）博士	百人计划第一批(2009年)
10	周文强	湖南方盛华美医药科技有限公司	董事长	中国	加拿大麦吉尔大学	药物合成化学哲学博士	百人计划第二批(2010第一批)/313计划第二批(2010第一批)
11	郭霞凌	大邦（湖南）生物制药有限公司	董事长	中国	美国加州大学（圣地亚哥）	有机化学合成博士	百人计划第三批(2010第二批)/313计划第二批团队领头人(2010第一批)
12	王　军	湖南圣湘生物科技有限公司	首席技术官	中国	加拿大多伦多大学	生物化学博士	百人计划第五批(2012)
13	刘晓忠	长沙湘源美东医药科技有限公司	总经理	中国	大连理工大学	化学工程博士	百人计划第五批(2012)/313计划第四批团队领头人(2011)
14	王韶峰	湖南江麓容大车辆传动股份有限公司	常务副总经理、总工程师	中国	日本东京工业大学	精密机械系统专业博士	百人计划2013
15	蔡晓华	三诺生物传感股份有限公司	副总经理兼首席科学家	美国	武汉大学	分析化学博士	百人计划2013

2. 科技创新人才

说明：（1）获国家科技进步或技术发明二等奖及以上；（2）获奖项目完成单位为园区企业；（3）获奖项目完成人中一般取首个。

序号	姓名	完成单位	项目内容	奖项类型	完成人排名	完成单位排名
16	李 浩	化工部长沙设计研究院 （现更名为：中蓝长化工程科技有限公司）	罗布泊地区钾盐资源开发利用研究	2004 年国家科技进步一等奖	7	7
17	刘小力	化工部长沙设计研究院（现更名为中蓝长化工程科技有限公司）	罗布湖盐湖 120 万吨 / 年硫酸钾成套技术开发	2013 年国家科技进步一等奖	5	2
18	喻乐康等 4 人	中联重科股份有限公司	超大型塔式起重机关键技术及应用	2013 年国家科技进步二等奖	1–4	1
19	谢定中等 10 人	湖南安淳高新技术有限公司	合成气醇烃化精制新工艺及应用	2003 年国家科技进步二等奖	1–10	1
20	陶建波	湖大海捷制造技术有限公司	高速精密磨削加工关键技术与系列高档数控磨削装备	2007 年国家科技进步二等奖	2	2
21	钟发平	湖南科力远新能源股份有限公司	化学镀镍动态控制技术与应用	2009 年国家科技进步二等奖	2	2
22	金维宇	威胜集团有限公司	大型企业综合电气节能关键技术及应用	2010 年国家科技进步二等奖	8	4
23	杨金喜	长沙金码高科技实业有限公司（现为：长沙金码测控科技股份有限公司）	混凝土桥梁服役性能与剩余寿命评估方法及应用	2011 年国家科技进步二等奖	6	4

劳　模：

长沙高新区市及市以上劳模一览表
（1988—2012 年）

序号	姓　名	性别	单位（含原在长沙高新区工作被评定劳模时所属单位）	级别	评定时间
1	杨远柱	男	袁隆平农业高科技股份有限公司	全国	2010.04
2	刘小玲	女	迪克（湖南）硬质合金有限公司	全国	2010.12
3	李和平	男	长沙市雷锋学校	省级	1995.04
4	雷希文	男	湖南东方红建设集团	省级	2000.04
5	陈志红	女	长沙高新区管委会	省级	2002.04
6	谭杭生	男	长沙高新区管委会	省级	2007.04
7	黄文宝	男	华自科技股份有限公司	省级	2010.12
8	甘其斌	男	长沙高新区管委会	省级	2011.01
9	张德安	男	长沙高新区管委会	省级	2011.01
10	金维宇	男	威胜仪表集团有限公司	省级	2011.04
11	唐　山	男	创智信息科技股份有限公司	省级	–
12	陈炳炎	男	湖南人民印务有限公司	市级	1991.01
13	俞正元	男	长沙电缆附件有限公司	市级	1999.04
14	朱　昱	女	长沙高新区管委会	市级	1994.04
15	黄春奇	女	雷锋镇桥头铺村委主任、支部书记	市级	1994.04
16	张利辉	女	雷锋镇桥头铺村党支部书记	市级	1999.04
17	杨建民	男	雷锋镇雷锋村支部书记	市级	2004.04
18	李江涛	男	中联重科股份有限公司	市级	2004.04
19	袁定江	男	袁隆平农业高科技股份有限公司	市级	2009.04
20	陈群辉	女	湖南人民印务有限公司	市级	2009.04
21	李文金	男	湖南金荣集团	市级	2011.10
22	胡国龙	男	长沙高新区管委会机关党委	市级	2011.10
23	李志明	男	长沙高新区雷锋镇真人桥村	市级	2011.10

二、荣 誉

长沙高新区及其部门、单位所获省及省以上荣誉一览表

（1988—2012 年）

级别	时间	荣誉
全国	1993.08	1988—1993 年先进高新技术产业开发区
	1994.11	1993 年度统计工作先进单位
	1995.10	1993 年度统计工作先进集体
	1997.10	火炬计划统计工作先进集体
	1998.08	1988—1998 先进高新技术产业开发区
	1998.08	火炬先进高新技术产业开发区管理奖
	1999.06	国家新材料成果转化及产业化基地
	2001.09	国家高技术研究发展计划成果产业化基地（863）（大）
	2001.09	国家高技术研究发展计划成果产业化基地（863）（小）
		国家高技术（863）先进电池材料及电池研究开发中心
	2001.09	先进国家高新技术产业开发区
	2001.09	国家高新区先进孵化服务机构
	2001.12	全国 R&D 资源清查先进单位
	2002.11	2002 年优秀宣传园区
	2003.03	2003 中国长沙环保与节能论坛暨科技成果展示（交易）洽谈会优秀展出奖
	2003.03	2003 中国长沙环保与节能论坛暨科技成果展示（交易）洽谈会最佳组织奖
	2003.09	先进国家高新技术产业开发区
	2003.09	国家 863 软件专业孵化器
	2003.09	先进火炬计划软件产业基地
	2003.09	国家高新技术产品出口基地
	2004.10	全国科技管理系统先进集体
	2006.01	2005 年度国家高新区优秀新闻宣传部门
	2006.10	中国长沙留学人员创业园
		中国服务外包基地城市示范区
	2006.12	全国示范乡镇街道工会
	2007.01	2006 年度国家高新区优秀新闻宣传部门
	2008.10	国家科技计划（火炬计划）实施二十周年先进管理单位
	2008	东盟博览会农村先进适用技术暨高新技术展优秀组织奖
	2008	全国农业普查先进单位
	2008	全国环境优美乡镇
	2008	第二届中国原创手机动漫大赛优秀组织奖
	2008	2008 中国开源软件竞赛优秀组织推动奖
	2008	国家火炬计划环境建设项目——软件测试公共服务平台
	2008	2008 年度引进国外技术、管理人才重点项目——卡通动漫游戏技术创新平台外籍教师及软件工程师创新课程
	2008	国家高技术产业基地
	2008	长沙（国家）服务外包基地公共服务平台项目
	2008	2008 年度部分服务业抽样调查工作一等奖
	2008	2008 年度企业景气调查和采购经理调查先进单位三等奖
	2008	2008 年度规模以下工业抽样调查先进单位三等奖
	2008	“2008 年全国亿万职工迎奥运健身活动月”先进单位

级别	时间	荣誉
	2010	全国模范职工之家
	2010	第十二届（2010）全国职业教育优秀论文优秀组织奖
	2011	海外高层次人才创新创业基地
	2011	第二次全国 R & D 资源清查先进集体
	2011	全国职工教育培训优秀示范点
	2011	全国就业创业工作先进集体
	2011	第六届全国税法动漫大赛五分钟动漫短片二等奖
	2012	国家高新技术产业开发区建设二十年先进集体
	2012	创新人才培养示范基地
	2012	火炬统计工作先进单位
	2012	2011 年度国家高新区优秀宣传部门
	2012	国家高新区发展战略研究会创建 10 年先进单位
	2012	2011 年度 B 类国家大学科技园
	2012	全国“清剿火患”战役成绩突出集体
	2012	第七届全国税收动漫大赛三分钟动漫短片二等奖
省级	1995.07	湖南省百强房地产开发企业（总公司）
	1996.06	1995 年湖南省工业科技开发计划目标管理综合先进单位
	1997.12	先进开发区
	1998.10	火炬先进管理奖
	2000.06	1999 年度高新技术产业统计工作先进单位
	2001.06	2000 年度湖南省高新技术产业统计先进单位
	2001.12	全省 R&D 资源清查工作先进单位
	2002.05	湖南国家新材料成果转化及产业化基地先进示范区
	2003.04	2002 年度利用外资先进单位
	2004.03	2003 年度全省开发区招商联络工作先进单位
	2006.01	全省“两为两争”活动先进集体
	2006.02	2005 年度内联引资工作先进单位
	2006.02	2005 年度利用外资工作先进单位
	2007.02	2006 年度内联引资工作先进单位
	2007.02	2006 年度利用外资工作先进单位
	2007.02	2006 年新闻报道先进单位
	2008	2008 年湖南省科技活动周组织奖
	2008	湖南省博士后管理工作先进单位
	2008	湖南省模范职工之家
	2008	湖南省国税系统模范职工之家
	2008	2008 年省级文明单位
	2008	2008 年度湖南省乡镇财税信息化建设工作先进单位
	2008	湖南省首批保护消费者权益示范单位
	2008	湖南省发展非公有制经济优秀创业基地
	2008	服务外包平台技术能力建设项目
	2008	中国服务外包基地城市示范区

级别	时间	荣誉
	2008	移动电子商务产业示范园区
	2008	长沙信息产业园、长沙光伏产业基地
	2008	湖南省“2008·百万职工迎奥运”健身活动月优秀组织奖
	2009.10	光伏产业园
	2010	中国共产党成立90周年红歌赛特别组织奖
	2010	2010年度湖南省职工技协工作先进单位
	2010	湖南省“党建带工建，和谐促发展”先进单位
	2011	湖南省“十一五”现代教育技术课题研究优秀单位
	2011	2010年度县市区局“优秀领导班子”
	2011	湖南省四星级优秀少先队集体
	2011	湖南省第三届博士后管理工作先进单位
	2011	2011年湖南科技活动周先进集体
	2011	2011年度全省发展开放型经济先进单位
	2011	2011年度湖南省安全生产工作先进单位
	2011	2011—2012年全省依法办事示范窗口单位
	2011	湖南省中小学现代教育技术实验优秀等级学校
	2011	全省创先争优先进基层党组织
	2011	湖南省第六次全国人口普查先进单位
	2011	2010年度湖南省招商引资工作先进单位（利用外资工作先进单位、内联引资工作先进单位）
	2012	2011年度《湖南科技年鉴》工作先进单位
	2012	2011年度全省公安机关党风廉政建设先进单位
	2012	2011年度“湖南省五四红旗团委”
	2012	湖南省“安康杯”职工安全健康知识竞赛优秀组织奖
	2012	2011年度全国“安康杯”竞赛优秀组织单位
	2012	2011年度“湖南省安全文明校园”
	2012	第一届“五星办税服务厅”
	2012	全省国税系统2011年度县市区局“优秀领导班子”
	2012	省农民工工作先进集体
	2012	湖南省委2010—2012年全省创先争优先进基层党组织
	2012	第一、二批试点县市区新农保经办管理服务工作先进单位
	2012	省“促进合作、扩大销售”红旗单位
	2012	省优秀留学人员创业园
	2012	省地方金融企业资产摸底工作先进集体
	2012	省文明标兵单位
	2012	省国税系统“四优”文明单位
	2012	2012年度全省公安机关党风廉政建设先进单位
	2012	创先争优先进基层党组织
	2012	全省农村集体“三资”管理示范单位
	2012	2004—2012年省群众体育工作先进集体

从长沙开发区的发展对策，探讨中国内陆城市开发区的管理模式

罗 特

中国高新技术产业开发区自创建以来，取得了令人瞩目的成就。各项改革取得了突破性进展，基础设施和服务体系不断完善，一大批机制新、规模大、效益好的高新技术企业正在迅速崛起。地处内陆的湖南长沙高新技术产业开发区(以下简称长沙开发区)与沿海相比，缺乏地理优势、交通优势和观念优势。如何使内陆开发区在同一政策环境下实现超常规发展，已成为我们多年探讨的重要课题。通过分析研究世界先进的科技工业园，回顾总结自身发展历程，我认为，要促进内陆开发区走上良性循环的轨道，就必须充分依托和发挥内陆地区人才密集、自然资源丰富、劳动者素质高而劳动力价格低等种种优势，着重在改革管理机制、提高人员素质、完善服务体系方面启迪新思维，寻找新对策，创造新动力，探索和构筑出一种既符合国际惯例、又具内陆特色的开发区管理模式。

一、建立政企分合有序的管理运行机制，增强开发区发展的驱动力

高新技术产业具有高投入、高风险、高效益的特点，是当今国际市场竞争抢占的制高点。要确保高新技术产业得以健康、迅速的发展，关键在于建立科学、高效的管理机制。

建立高新技术产业开发区是国家为占据世界高科技领域，增强综合国力，促进“科技长入经济”的重大举措 。一方面，开发区作为发展高新技术产业的基地，其管理机构必须履行政府的管理权限，有效地发挥“导向、服务、协调、管理”的职能作用。另一方面，开发区又是对外开放的窗口和改革的试验地，发展高新技术产业所需的人才、资金、资源、信息等要素与国际市场息息相关，各项改革具有“摸着石头过河”的探索性，从而决定了其管理机构还应具备敢冒风险、果断决策和快速行动的能力。由此可见，高新技术产业开发区的管理机构具有政府机构的权威性和商业机构的灵活性的双重性质。

机构改革实行政企分开是市场经济的内在要求。目前，我国正处于计划经济向市场经济转轨时期，高新技术产业开发区也处于起步与发展的过渡阶段，

根据内陆开发区的实际，长沙开发区建立了一种政企分合有序的运行机制，管委会和总公司实行“四合四分”，即决策合，运作分；办公合，机构分；人员合，职责分；服务合，财务分。也就是说，在制定总体规划、编制发展计划、拟定政策法规等方面，既结合地方实际，又与国家宏观政策相一致，充分发挥地方政府的能动性；在土地开发、产业发展、资金运作、招商引资、实施发展计划等方面注意经济效益，充分体现企业经营的目的性。把政府行为和企业行为科学有序地结合起来，取长补短，相得益彰，形成一种强大的驱动力。

几年来，长沙开发区在战略上瞄准国际先进管理目标，在战术上敢于先跨一步，坚定不移地实施“按国际惯例抓各项改革、按跨世纪要求抓园区建设、按集团化思路抓产业开发”的方针，探索出了一条既符合国际惯例、又体现长沙特色的内陆开发区发展新路子。岳麓山科技园累计开工 74 万平方米，竣工 44 万平方米，“八通一平”的基础设施大部完工，基建投资已达 8 亿多元，而国家投资仅 4800 万元。高新技术产业发展初具规模，产值和利税连年翻番，并形成了以湖南计算机厂、远大空调实业公司、海利股份公司、旺旺食品有限公司为龙头的电子信息、机电一体化、精细化工和食品加工等四大支柱产业。

二、塑造“人人都是投资环境”的园区形象，提高开发区发展的竞争力

高素质的人才是发展高新技术产业的关键。“唯楚有才，于斯为盛”。长沙是一座具有三千多年历史的文化名城，拥有 23 所高等院校、129 个科研院所，汇聚了 20 万名科技人员。仅“七五”期间，全市共获国际发明奖 21 项，国家自然科学奖 6 项，国家发明奖 35 项，国家科技进步奖 681 项，1985 年以来，各项专利申请量达 7532 件，居全国省会城市第二位。长沙开发区把人才优势作为发展高新技术产业的最根本优势，利用本地科技人才密集、科研成果众多之长处，大力抓好人才的引进、培训和配置，最大限度地发挥人才的“群体效应”。

第一，积极引进，构筑人才聚集区。从全国来看，各类人才数量庞大，但整体素质并不平衡。长沙开发区利用这种不平衡性，运用灵活多样的手段，把人才精英聚集起来，为他们提供施展聪明才智的用武之地。首先建立了人才交流中心和高级人才事务所，通过计算机人才数据库，对人才实行动态管理，同时通过建立友好城市和姊妹园区、互派人员考察和学习、引进专家进行技术指导、吸引国外留学生回国工作等多种渠道，从国外引进专业人才。此外，对引进的人才工作上委以重任，职称上破格晋升，生活上解决住房、家属安置、子女入学等问题，让他们能在英才园安居，在开发区乐业。

第二，抓好培训，营造智能裂变区。为适应高新技术飞速发展的要求，长沙开发区牢固树立“人人都是投资环境”的新观念，把对人才的培训视为“自己向自己投资”。一方面大力倡导“人讲称职、事争一流”的新风气，按高标准、高效率、高质量的要求确定员工岗位职责，努力塑造“快、准、细、严、深、实、勤、廉”的园区形象。另一方面，给优秀拔尖人才脱产进修、出国深造的机会，组织企业负责人和高级职员赴美国、日本、新加坡等国家考察、培训，接触世界高科技前沿，了解国际市场发展趋势，使他们的知识得到充实、更新，产生智能裂变效应。近年来，还建立了两个培训基地，一个是“南方高新技术产业大学”，专门培训外向型的高新技术管理人才和专业人才；另一个是园区技术培训中心，对员工进行上岗前培训、在岗培训以及预备培训，举办企业管理、国际贸易、财会统计、外语、计算机操作等培训班，参训人员达5000多人次。

第三，合理配置，形成效应显示区。长沙开发区以人才合理配置的目的性和有序性为前提，按“平等公开”的规则建立双向选择的就业制度，按“人尽其才”的准则建立合同制、聘用制的用工制度，按“待遇看贡献”的原则建立分配制度，从而形成“员工能进能出、职位能上能下、薪金能高能低”的机制，员工的流动率保持在10—20%，培育了一个劳动力资源和生产要素最佳组合的人才市场。开发区一万多名员工中，大专以上学历的占74.5%，各类专业技术职称的占73%，其中高级职称占10%。他们在各自的工作岗位上充分展示了自己的聪明才智，涌现出了一批懂技术、会经营、善管理的博士、硕士董事长、总经理。在他们的带动下，开发出高新技术项目580多个，其中50多个项目列入国家和省级火炬计划，200多个项目获得世界性或全国性奖励。大大提高了长沙开发区发展的竞争力。

三、构造全方位多功能的支撑服务体系，加大开发区发展的吸引力

优惠政策、优质管理和优良服务是最有吸引力的投资软环境。长沙开发区按照“服务社会化和社会化服务”的国际惯例，坚持“公开、公平、公正”的原则，突出“融资、保险、法律”三个重点，为对外开放、招商引资和产业发展建立功能齐全的支撑服务体系。

第一，拓宽融资渠道。资金短缺是影响园区建设、制约产业发展的“瓶颈”。高效益必须要有高投入。长沙开发区着重从三个方面抓好融资工作：一是在产业开发上，积极引导科技资本与金融资本相结合，让金融机构去投资扶持技术新、附加值高、市场前景好的重大项目，促进科技成果的快速转化。开发区金鹏银行与湖南农业大学合资开发天然植物制品，使科研单位和银行风险共担、利益共享，加速了科技转化的进程，产品很快打入国际市场，取得良好的经济效益。二是在园区建设上，大胆实行国内择优与国际招标的办法。坚持机遇均等原则，从国内300多家建筑企业中按历史上完成工程的数量与质量，严格挑选出39家有资格的施工队伍带资承建火炬城和英才园的工程，优良率达98%。而对重大的基础设施项目则准备按国际通行的BOT方式招标建设，由国外企业进行项目建设和前期经营，一定时期后，交由开发区经营管理。三是积极创造条件，引进国外金融机构在开发区设立分支机构，促使国际资本向园区金融市场流动。此外，还采取建立信贷担保基金、科技发展基金、投资风险基金以及向社会发行股票等融资方式来增加开发区发展的经济势力。

第二，健全保障制度。高新技术产业是一种高风险性的产业。有了保险，才敢冒风险。长沙开发区十分重视建立社会保障体系，在全国率先组建开发区保险股份有限公司，并按国际惯例制定了一整套规章制度。有3200多家区内外企业投保，并开辟了员工养老、待业、工伤、医疗、住房公金等社会保险、质量保险和财产保险、涉外保险等业务，承担风险金额达5亿多元，这样，既解决了员工后顾之忧，又克服了“企业办社会”的弊端，大大提高了企业的信誉度和抗风险能力，促进企业在开发高新技术产品方面高投入，迈大步。

第三，提供法律服务。市场经济是一种法制经济。长沙开发区按国际市场要求先后设立了律师、会计师、审计师“三师”事务所，为境内外投资者创造一种投资“有利可图、有法可依”的法律保障环境。开发区律师事务所，以高起点、高素质、高层次为标准招聘执行律师，为近百家企业担任法律顾问，提前介入企业的经济活动，参与项目可行性研究、谈判、经济合同的审查等，有效地维护了企业的合法权益。长沙环达科技有限公司诉《电子报》社侵犯名誉权案，开中国电子领域技术官司之先河，它为我国新闻法制的实践提供了借鉴。

综上所述，长沙开发区就中国内陆城市开发区管理模式进行了大胆而有益的探索。由于世界各地的情况不同，科技园区的管理也没有一个固定的模式。我深信，随着中国市场经济的发展和改革开放的深化，通过科技工业与研究园第四届世界大会的学习与交流，长沙开发区的管理模式将会在实践中日臻完善。

（作者时任长沙市人民政府副市长，兼长沙高新区管委会主任。此文为1995年9月“科技工业园区与研究园第四届世界大会”发言材料，并发表于《科技日报》）

强化体制创新 推进二次创业

——从长沙高新区发展看园区管理体制创新

陈 松

我国高新技术产业开发区（以下简称高新区）经过近10年的发展，已经走过了一次创业阶段，目前正进入二次创业时期。这个时期是跨世纪的关键时期，我国面临着实现“九五”计划和2010年远景目标、建立比较完善的社会主义市场经济体制、保持国民经济持续快速健康发展的繁重任务。高新技术产业开发区作为综合改革的试验地和对外开放的窗口，面临着新的机遇和挑战。我们认为，要实现邓小平同志提出的在世界高科技领域占据一席之地的目标，必须以十五大精神为指针，围绕具有全局意义的“两个根本性转变”，探索新体制，实现新突破，寻求新发展。

一、体制创新促进科技第一生产力的解放，给高新技术产业发展带来勃勃生机

长沙高新区创建于1988年，是国务院首批批准的国家级高新区之一，经历了起步试验阶段、集中建设阶段，现在正进入全面发展的壮大时期。几年来，我们坚持“开放新区、产业强区、依法管区”的方针，大胆探索适应社会主义市场经济规律的管理体制和运行机制，按“自愿组合、自筹资金、自主经营、自负盈亏、自我约束、自我发展”的原则构建企业运行机制；按“产权清晰、权责明确、政企分开、管理科学”的要求建立现代企业制度；按“办事凭能力，岗位靠竞争、待遇看贡献”的规则改革劳动人事制度；按“风险加保险”“个人、企业、社会三结合”的方针探索社会保障制度；按“风险共担、利益共享”的思路尝试科技融资制度。旧体制的打破，极大地解放了科技第一生产力，为高新技术产业发展带来了生机和活力。

依靠自己的科技力量，加速科技成果向现实生产力的转化

长沙科技力量较为雄厚，在电子信息、机电一体化、新材料、生物医药技术等高科技领域中，拥有一批具有国内外先进水平的科研成果。长沙高新区依靠“三大”（大专院校、大科研院、大中型企业），加速科技成果产业化，大力发展拥有自主知识产权的民族高新技术产业。目前已吸纳50多家高校院所进区，开发了200多个高新技术产品。湖南省化工研究院创办的湖南海利化工股份有限公司，被国家定点为新农药生产基地，该院95%的科研成果在公司转化成了高新技术产品，公司股票已成功上市。

新兴产业发展较快，形成了区域经济新的增长点

高新技术产业成为长沙市工业的一支生力军。目前，长沙高新区已有425家高新技术企业，开发高新技术项目661项。从1991年到1996年，累计完成高新技术产品产值90亿元，上缴税收5亿元，出口创汇5000万美元。高新技术产品产值占全市工业总产值的比重由1993年的2%上升到1996年的7.5%，1996年产值过亿的企业9家，过千万元的企业30家。创办于1992年的远大空调有限公司，仅用3年时间建成了世界上社区环境良好、技术一流、生产规模最大的直燃市溴化锂冷温水机生产基地，年销售额近20亿元、纳税上亿元，成为国内明星企业。

提升老企业，改造传统企业，发挥了高新技术辐射源的作用

有的利用新技术、新工艺，改造传统产业；有的采取“一厂一角”“两头在外”的形式，在老企业中以开发的高新技术产品为龙头组建高新技术企业，既相对独立经营，又对母厂渗透、辐射；有的与老企业协作生产，委托加工，带动改造。湖南计算机厂投入数百万元进行新产品开发，成为目前我国最大的生产计算机终端的国有企业，该厂深化内部改革，给老厂注入新的活力，1996年工业产值达2亿元，1997年7月该厂股票上市。

培养了一批年轻的科技实业家和高科技人才，提高了企业员工的整体素质

目前，长沙高新区16000多名员工中，大专以上学历员工占总数的68%，专业技术职称人员占62%，博士和具有高级职称的人员1500名，成为企业的科研和管理骨干，一批懂技术、会管理、善经营的科技实业家脱颖而出，迅速成长。成立于1994年的创智软件园，现有员工250名，平均年龄27岁，92%的员工具有大学本科学历，其中教授和副教授16人，博士和博士后5人，企业业绩三年三大步，1996年产值过亿元。今年5月，被命名为国家四大软件产业基地之一。

二、高新区“二次创业”任重道远，体制创新尚需进行新的突破

党的十五大明确指出：科技进步是经济发展的决定性因素。这就为高新技术产业开发提出了更新更高的要求。在国家优惠政策由区域倾斜转向产业倾斜的大趋势下，高新区在二次创业阶段，必须把握机遇，建立“办事高效、运转协调、行为规范”的管理体制，以适应社会主义市场经济要求和高新技术产业发展的需要，实现政策优势向体制优势的转变。

按照“率先发展”的思路，确立高新区在经济发展中的战略地位

1996年11月，江泽民主席在亚太经合组织领导人非正式会议讲话中指出：“本世纪在科技产业化方面最重要的创举是兴办科技工业园。这种产业发展与科技活动的结合，解决了科技与经济脱离的难题，使人类的发现或发明能够畅通地转移到产业领域，实现其经济和社会效益。”今年九月，江主席在致首届亚太经合组织科技工业园区网络会议的贺信中再次指出：“科技工业园区诞生近半个世纪以来，有力地推动着科技研究成果的商品化、产业化、国际化，推动着世界新技术革命的进程。世界上科技工业园区已经成为当地经济新的增长点和社会发展新的起点。”这不仅表明党和国家对高新区的充分肯定，同时也表明高新技术产业在经济、科技、社会等方面的战略作用日益加强。各级领导和各个部门一方面要充分认识高新技术产业是促进经济增长方式转变的“推进器”和经济发展的“倍增器”，把它放在优先发展的战略地位，把高新区的建设和重点项目纳入国民经济和社会发展计划，把高新技术产业作为地方经济新的增长点，加大资金投入和政策扶持力度；另一方面要把高新区作为新形势下出现的新事物和“科技特区”来看待，按照十五大精神和“三个有利于”的标准，进一步解放思想，实事求是，开拓前进，采取与区外不同的政策、模式和做法，在各个方面大胆试验。各有关部门要多多地给予理解、关心、爱护和支持，为加速高新技术产业发展创造良好的外部环境。

按照“政企分开”的要求，理顺管委会与总公司的关系

高新区创立之初，很多地方采取了管委会与总公司“两块牌子，一套人马”的政企合一运作方式。这种方式在政府职能尚未转变、市场经济体制尚未建立、计划经济观念仍很强的情况下，起到了积极作用，易于协调方方面面的关系，减少办事环节，提高工作效率，使高新区在一种特定的条件下得到快速发展。随着社会主义市场经济体制的逐步建立和现代企业制度的大力推行，这种政企合一的形式越来越不适应高新区发展的需要，甚至产生制约作用，主要表现在：一是“两块牌子，一套人马”的运行机制，容易造成新的政企分工不明，权责不清。管委会该管的事管不好，总公司该做的事又做不了，精力难以集中，权力过于分散，使高新区工作在重大方面难以取得突破性进展。二是总公司作为经济实体，本应按照现代企业制度的机制运行，但由于与管理机构混为一体，行政管理手段或多或少地影响着总公司的决策经营，使总公司难以摆脱行政管理的框框，形成“企业的牌子、政府的行为”，从而制约总公司的灵活运转，不能产生预期的经济效益。三是管委会作为政府管理部门，如果后面拖一个经济实体的“尾巴”，在其行使管理职能的过程中，难免瞻前顾后，甚至以本位利益为重，使政策在执行中变形。四是在人事制度方面，由于管委会的编制较少，而总公司作为经济实体可以自行确定编制和招聘人员，形成名为总公司招聘、实为管委会做事的状况。随着时间的推移，这种状况势必演变成管委会机构设置增加，人员越来越多，有可能回到机构臃肿、人浮于事的旧体制老路。

江总书记在十五大报告中谈到机构改革问题时指出：“要按照社会主义市场经济的要求，转变政府职能，实现政企分开。”因此，管委会与总公司政企合一的机制必须进行改革，建立适应市场经济体制的新的运行机制。这种新机制建立的过程就是政企彻底分开、管委会成为政府派出机构、总公司进行股份制改造并力争成为上市公司的过程。目前，国内部分高新区走在前面，基本完成了这一过程，总公司已成为上市公司。但大部分高新区还不具备条件，正在积极探索。管委会与总公司分开是必然的，但如何分才有利于高新区发展，这就是我们必须解决的现实问题。长沙高新区总的思路是“统一领导，政企分开，独立运作，相得益彰”，将行政管理职能与国有资产管理职能相分离，国有资产监管职能与运营职能相分离，准备采取以下步骤：第一，管委会与总公司进行资产清理并分割，明确债权债务。第二，管委会与总公司机构分设，财务分开，根据各自需要确定内部机构设置。管委会为市政府派出机构，根据市政府授权行使管理职能；总公司为国有独资公司，以效益为中心进行运行。第三，人员分流。管委会与总公司根据需要重新选聘员工，原有人员实行双向选择。管委会员工根据国家公务员的有关规定进行选聘，总公司作为企业自主招聘。以上步骤中第一步是基础，第二步是目标，第三步是关键。每个步骤中还有很多具体问题，需要逐个研究解决。

按照“优势集成”的原则，探索“一区多园”管理新路子

随着“二次创业”阶段的到来，为了拓展产业发展空间，加强高新技术对传统产业的辐射作用，不少高新区采取“一区多园”的形式，调整区域范围，合理布局产业，这种举措无疑将给高新技术产业的发展带来新的外部推动力。同时，我们也应看到，“一区多园”给高新区的管理带来了新的问题：一是“多园”一般跨几个行政区，涉及面广，协调任务和难度加大，管委会的权力受到行政区的制约而削弱，这样，就形成了管理范围扩大而管理职权削弱的矛盾。二是利益冲突加剧。实行“一区多园”，主要是促进高新区和高新技术产业的发展，提高经济增长的质量，增强发展后劲，着眼的是长远利益。相对而言，各园所在行政区更想得到近期利益。因此，容易造成管委会与各园所在行政区利益上的矛盾。三是园区软环境建设不容乐观。由于行政管理职能交叉和利益驱动，容易形成管理上的“真空”，有利的事情都想管，无利的工作都不干，造成企业外部环境恶化，不能集中精力搞好生产经营，形成企业发展与外部环境之间的矛盾。

如何对“一区多园”实施有效管理，是高新区管委会面临的新课题。有的高新区采取的是“多园多制”，即不同的园运用不同的管理办法，取得了良好的效果；有的地方正在进行调研，寻求解决办法。我们认为，不论采取什么办法和手段，都必须有利于强化地方科技优势的集成，有利于加大对传统产业的改造和发挥高新技术产业对结构调整的先导作用，有利于保持高新区政策的连续性和稳定性，有利于充分调动和发挥各方面的积极性，一言以蔽之，有利于高新技术产业的发展。长沙高新区经国家科委批准，区域范围调整为“一区四园”，我们的总体思路是“四园四制”，但具体方案尚需进一步研究论证。在这里提一个轮廓，和大家共同探讨。

长沙高新区的四园跨三个行政区(县)，管理难度可想而知。为此，我们的管理体制拟从以下几个方面考虑：第一，成立长沙高新区领导小组，由市党政主要领导担任负责人，加大领导和协调力度。第二，提高管委会行政级别，增强权威性。党工委、管委会为副市级机构，对全市高新技术产业实行归口管理，建立“产业归口、多园统筹、优势互补、规模发展”的高新技术产业发展新格局。第三，实施“五统一”管理，即统一政策、统一规划、统一审批、统一统计、统一税收返还。管委会集中精力抓好产业，社会性本务由各园所在行政区(县)负责。第四，各园成立管理办公责社会北服务和协调处理产业发展中的具体事项及务。第五，对政、税务、工商、国土、规划等由市各门设立派出机构。第六，财税管理实行由市、高新区管委会和各园所在行政区(县)分成的办法，调动各方面的和积极性。

实现到“九五”期末，长沙高新区高新技术产业产值力争达到300亿元的目标。

（作者时任长沙高新区管委会主任。此文为1997年8月“国家高新区建立新体制（武汉）座谈会”交流材料）

以创新产业化为动力 大力推进新型工业化

——对高新区“二次创业”发展的战略思考

柳冠群

各位领导、各位专家、各位朋友：

非常感谢大会为我们提供深入研究国家高新区“二次创业”的发展战略和向在座各位学习交流的机会，同时非常高兴地在这里向各位领导和专家汇报长沙高新区有关“二次创业”发展的战略构想。

去年九月，徐冠华部长在武汉国家高新区所在市市长会议上提出了国家高新区实行“二次创业”的新任务，刚刚闭幕的党的十六大提出要“走新型工业化的道路，大力实施科教兴国战略和可持续发展战略”的新目标，这些都为高新区的发展指明了前进方向，提出了新的更高要求。如何抓住中国入世、经济全球化的机遇，以“创新、产业化”为动力，大力推进新型工业化进程，已成为长沙高新区全面推进“二次创业”的重大课题。

一、增强以原始性技术为核心的创新能力，加快实施知识产权战略是搞好“二次创业”的首要任务

原始创新是最根本和最能体现智慧的创新，原始创新孕育着科学技术质的变化和发展，是当今国家和地区间科技乃至经济竞争的制高点，也是决定国际产业分工地位的分水岭，还是高新区发展的显著特色和持续发展的动力。长沙国家高新区发展十年的特色，就在于原始性技术创新能力不断增强，拥有自主知识产权的项目达到90%以上；科研院所通过改制，创办高科技企业，科技成果在园区产业化进程不断加快，成为长沙高新区的重要组成部份；民营企业依靠高科技促进发展提速，在区内经济已占70%以上的份额。为进一步加大园区创新、产业化力度，我们将继续抓好三大体系建设：一是抓好以企业为主体的技术创新体系建设。我们将拿出本级财政的5%设立技术创新基金，对进行自主创新的企业给予一定的扶持政策，鼓励企业建立自己的创新研发机构，促进企业加大技术创新投入力度，提升原始性技术创新水平，对技术创新先进企业进行重奖，创造一种激励企业成为科研开发和创新主体的氛围。二是抓好以高校院所为核心的知识创新体系建设。高校和科研院所是科研人才汇聚之地，是科研成果产出的主要渠道。我们将充分利用科研院所知识创新能力，抓住科研院所全面改制的机遇，建立和完善研究开发体系，出台一系列政策和措施，支持和引导高校科研院所利用自身科研优势，不断研究开发高新技术项目；同时加快科研成果转化和产业化进程，提高科技人员以技术入股的比例，吸引科研人员进区办企业；大力促进企业与高校院所进行全方位、多角度的合作和对接，形成产学研持续创新的战略联盟。三是抓好知识产权保护和服务体系建设.保护知识产权是激励原始创新的重要举措，也是激发持续创新的主要手段。我们要更加重视知识产权的保护，今后每年都要开展知识产权宣传周活动，聘请专家进行知识产权自律和维权讲座，培育区内企业对知识产权自我保护意识和维权意识。我们还将建立健全园区专利事务所、仲裁事务所和律师事务所等知识产权服务机构，拓展专业性和区域性知识产权保护网络，为企业提供优质高效的知识产权服务。

二、形成以骨干企业和重大项目为龙头的产业集群，加强园区产业特色是搞好“二次创业”的主要目标

最大限度地发挥比较优势，加快形成具有竞争力的特色园区，是高新区“二次创业”的主要任务，也是高新区应对入世挑战的重要措施。我们将实行以下三个策略打造湖湘特色园区和产业集群。一是扶优扶强骨干企业，打造长沙最具比较优势的企业集群。我们坚持抓大引大、扶优扶强策略，对技术含量高、产业效益好、辐射性强的高新技术项目和高新技术企业进行重点扶持和政策倾斜，鼓励企业之间利用市场手段进行兼并、重组和资产置换，形成湖南的支柱产业和龙头企业，并以重大项目的发展和带动为核心，形成湖湘特色和优势的园区产业集群和企业集群，实现高新技术由小而分散向特色产业和主导产业的转变。二是打好国家基地品牌，增强园区产业聚集效应。我们要以不断增强园区可持续创新的核心竞争力，促进产业链条的延伸和企业集群的形成为目标。坚持打好三个国家级产业基地品牌，加强以软件园为核心的信息产业基地、以先进电池为主体的新材料产业基地、以传感技术应用产品为重点的先进制造技术产业基地的建设和发展，形成产业聚集效应。特别是打好国家级信息产业基地这张牌，大力发展信息产业，利用信息产业带动湖南新型工业发展，以工业促进信息产业的发展。三是坚持“引进来”和“走出去”相结合，全面推进园区国际化进程。我们将按照“政府引导、多元投资、企业化经营”的模式，适应国际竞争的要求，加大对国外先进技术人才和管理的引进、消化和吸收，帮助中小企业迈开拓展国际化的步伐，学会利用国内国际两个市场和资源，熟悉和掌握国际惯例和市场规则，为企业走出去和引进来提供全方位的服务。积极探索利用国际市场开拓科技成果产权交易及科技型企业产权重组的渠道；千方百计促进高新技术产品出口，实现高新区以国内市场为主向开拓国际市场转变。

三、构建以创业孵化、投融资和社会服务为主体的创新平台，加速科技成果转化是搞好“二次创业”的重要内容

科技创新是国际竞争成败的至关重要的因素，科技创新离不开孵化培育，高研资金的融通和支持，也离不开社会服务体系的建立和健全，为此，我们应着重抓好以下三个工作：一是进一步拓展以创业服务中心为重点的创新孵化网络。高新区的特色在于创新孵化，高新区持续的竞争力也在于创新孵化，大力发展多种类型的科技孵化器，强化园区内在的创新创业孵育能力是长沙高新区推进“二次创业”的重要内容。将根据区域资源、产业发展方向和市场需求，办好留学人员和博士创业园，加快省、市创业中心、生产力促进中心等结合型的创新孵化器的建设，大力引导民间资本参与孵化平台建设，推进了孵化器形式多样化、主体多元化和组织网络化和市场国际化的进程。二是进一步完善以风险投资为特点的投融资体系。我们将按照“政府引导、企业参与、市场运作”的原则，积极培育资本市场，建立多元化投融资体系，鼓励境内外民间资本在高新区设立风险投资机构；培育企业和个人的风险意识和资本运营能力，鼓励风险投资公司参与企业的产品研发、成果交易和产业化全过程，促进重大高新技术项目产业化进程和强化持续创新能力。三是进一步增强以中介机构为支撑的社会服务体系。中介服务体系是高新区实现高效管理、优质服务的重要基础。我们将重点鼓励和发展一批高质量、高水平的科技评估、风险投资咨询、产权交易服务、人才交流服务、企业上市融资咨询及技术市场、人才市场等服务等中介服务机构，使这些机构严格按照国际惯例和市场规律为高新技术企业提供管理、技术、市场营销、信息、人才、财务、金融、法律等方面的服务，增强高新区管理与服务功能，实现高新区从以硬环境建设为主向软硬环境共同优化转变。

四、建立以“园区化管理、市场化运作、社会化服务”为手段的运行机制，加大优化环境力度是搞好“二次创业”的必要保证

创新创业需要新的运行机制，长沙高新区将全面建设新体制，适应高新技术“二次创业”的发展要求。一是实行园区化管理，建立适应地方科技、经济和社会协调发展的新模式。高新区既是经济发展的载体，也是对外改革开放的窗口，根据长沙市情和长沙高新区成功经验，今后我们仍然实行“封闭式管理、开放式运行”的管理模式，加强“一区四园”的有效运行，既保证重点园区的建设，又调动各行政区县的积极性，大力推进政务公开和全程代理服务，加快“数字化园区”建设，实现资源共享和优化整合，从而使入区企业，充分享受全方位、全过程的优质、高效服务。二是实行市场化运作，形成“企业围着市场转，政府围着企业转”的新机制。我们要始终坚持解放思想、实事求是、与时俱进的方针，不断推进高新区管理体制改革和创新，根据高新区“二次创业”发展的要求和产业结构调整及科技、经济及社会协调发展的需求，充分吸收和借鉴国际成功做法，对于经济事务，凡通过市场机制能够解决的，都通过市场机制解决。逐步建立适应社会主义市场经济要求和高新技术产业发展规律、符合 WTO 规则的运行体制和市场化的服务体系，最大限度地激发高新技术企业和科技人员创新创业积极性。三是实行社会化服务，营造具有湖湘特色、有利创新创业的新氛围。我们将本着“聚精会神抓产业，借助外力办社会”的原则，在地方政府支持下因地制宜地建立社区服务体系，充分利用地方的公安政法、医疗卫生、文化教育等社区服务组织，“不求所有，但求所用”，通过区内外共建等方式提高社区服务水平。对高新区的新建区，总体规划时对社区建设进行科学规划，给予必要的投入，并在社区建设与管理中通过招标等方式引入市场机制，加快配套服务设施的建设步伐。同时创造良好的促进创新的科技文化环境和氛围，树立以人为本、鼓励竞争的价值观，形成“敢为人先、敢冒风险、创新敬业”和“鼓励创新、宽容失败、服务为本、承诺是金”的湖湘精神和创业氛围。

（作者时任长沙高新区党工委书记。此文系 2002 年 11 月“全国高新区二次创业研讨会”发言材料）

大力发展高新技术 走新型工业化道路

罗社辉

江泽民主席在十六大报告中提出了我国经济建设和改革八个方面的任务，把“走新型企业化道路，大力实施科教兴国战略和可持续发展战略”任务放在了首要位置，这是我们党全面总结我国改革开放经验，抓住世界新技术革命的机遇，为实现新世纪全面建设小康社会目标作出的重大举措，是时代与时俱进、开拓创新发展的客观要求，是国民经济跨越式发展的必然选择。

我们必须深刻领会党的十六大会议精神，在“三个代表”重要思想指引下紧紧围绕江泽民在十六大报告中提出的“完善社会主义市场经济体制，推动经济结构调整，基本实现工业化，大力推进信息化，加快建设现代化，保持国民经济持续快速健康发展，不断提高人民生活水平”的总目标，抢抓机遇，开拓创新，与时俱进，更好地发挥高新技术在新型工业化中的引领作用，信息化对工业化的推动作用，高新技术对传统工业的改造提升作用，高科技园区对优势产业群体和优势企业群体的聚集作用。积极推进长沙工业化进程，加快高新技术产业发展，开创高新区“二次创业”新局面。

一、充分发挥高新技术在新型工业化中的引领作用，促进长沙工业化的加快发展

什么叫新型工业化道路，江泽民在十六大报告中进行了精辟阐述，就是走出一条“科技含量高、经济效益好、资源消耗低、环境污染少、人力资源优势得到充分发挥”的产业发展之路。江泽民总书记在十六大报告中还指出“走新型工业化之路，必须发挥科学技术是第一生产力的重要作用，注重依靠科学进步和提高劳动者素质，改善经济增长质量和效益。”走新型工业化道路是先进生产力发展的必然要求，是实现现代化的必由之路。长沙国家高新区创办十年来，在小平同志“科学技术是第一生产力”和“发展高科技，实现产业化”伟大号召的指引下，始终高举创新的旗帜，积极实施“高新技术带动”战略，加快现代工业建设，实现了高新技术产业的飞速发展，技工贸总收入从1991年的1.18亿元提高到2001年246.8亿元，增长了209倍，创造了年均70%以上的增长速度。高新技术总产值和利税占全省高新技术总量的35%和39.5%，占全省五个高新区总量的60%和65%；区内规模以上企业实现产值占全市规模以上工业总产值的40.5%，高新技术产业对全市规模以上工业增长的贡献率达到60%以上。2001年总产值、总利润在全国53个国家高新区中分别列第13位和第8位。这不仅显示出高新技术产业旺盛的活力，也释放出对地方科技、经济和社会发展积极的推动作用。

特别是去年以来，在市委、市政府"兴工强市"战略指引下，以追赶型的速度实现了快速稳步发展。2002年完成技工贸收入321亿元，同比增长30.1%，完成高新技术总产值275亿元，同比增长25.7%。实交税金17亿元，同比增长20%，出口创汇2亿美元，同比增长42.9%。长沙高新区超常规发展的成就雄辩的证明，经济要发展必须靠科技推动，"科学技术是第一生产力"，高新技术是先进生产力的最集中体现和主要标志。

二、充分发挥信息化对工业化的推动作用，坚持走新型工业化道路

江泽民在十六大报告中指出："实现工业化仍是我国现代化进程中艰巨的历史性任务，信息化是我国加快实现工业化和现代化的必然选择。要坚持以信息化带动工业化，以工业化促进信息化。" 综观长沙市信息化建设，信息化带动工业化已有了初步成效：一是信息化已有了一个良好的基础。全市信息产品的生产取得长足进步，彩管、计算机、图形终端、可视电话机及各类应用软件等从无到有，初具规模。长沙软件园已聚集了100多家软件骨干企业，2002年全年完成收入50多亿元，主要经济指标居全国十大园区的前列，二是工业化本身急需信息化的带动。从工业化进程看，目前长沙市正处于工业化中期阶段。传统产业虽有一定规模，但技术水平总体落后，生产相对过剩，亟待运用先进技术进行改造，实现产业升级，毫无疑问，把工业化与信息化结合起来，以信息化带动工业化，用工业化促进信息化，是加快长沙市现代化建设的最佳选择。

推进信息化，带动工业化，需要政府、企业、社会三方面共同努力。其中，政府是主导力量，起关键作用。建议突出抓好以下三项工作。第一、必须进一步加强信息基础设施建设。第二、必须进一步加大对信息产业的扶持。第三、必须进一步推动现代信息技术在工业化中的广泛应用。

三、强化高科技园区的聚集效应，充分发挥高新技术对区域经济发展的辐射带动作用

长沙国家高新区十年取得的引人瞩目的成就和经验应该说不是偶然的，是发展高科技，实现产业化的结果，是科学技术这个第一生产力推动的结果，也是科技园区对人才、成果、技术、资金高度聚集从而产生巨大经济效益的结果。

长沙国家高新区经过十年的努力，致力于高新技术产业发展，着力于建基地、兴产化、招大商、活机制、优环境，为高新技术产业和企业的发展搭建平台，提供服务，有效地促进了园区经济的高速增长。高新技术产业从无到有，由弱变强，超常规发展，聚集了700多家高新技术企业，开发了1300多个高新技术项目，形成了电子信息、先进制造技术、新材料和生物医药、高效农业四大支柱产业群，同时也培育聚集了一批高成长的企业群体，涌现出了远大空调、三一重工、中联重科、湘计算机、湖南海利、创智集团等56家年产值收入过亿元、十亿元、几十亿元的龙头骨干企业。栽得梧桐树，引得凤凰来，基地良好环境吸引了一大批客商和企业前来投资发展，创新创业，现已有40多个高新技术企业携项目、资金和技术进基地发展，已有6个企业开工生产，产业集群发展态势已初见雏形。

为进一步增强高新区园区的聚集效应，充分发挥在推进新型工业化中的辐射、带动作用，要进一步加大对园区建设的扶持力度，发挥园区的聚集优势和注地效应，产业向园区集中，企业向园区集聚，重点项目向园区倾斜，避免遍地开花，资源分散的现象，集中人才、技术、成果、资金的优势，加大向优势产业和国家级开发区的投入，在园区中形成专业化的生产、社会化的协调、规模化的经营、集约化的管理，进一步提高园区的可持续发展能力，为开创高新区"二次创业"新局面奠定优良的基础。

（作者时任长沙高新区管委会主任。此文2003年3月发表于《科技日报》《科技成果纵横》）

加快创新型人才队伍建设 夯实高新区可持续发展基础

——对长沙高新区人才战略的几点思考

彭可平

对一个国家、一个地区而言，人才是最宝贵的资源；对于一个国家高新区而言，人才资源对于园区发展至关重要。在全国科技大会上，党中央、国务院把握全局、放眼世界、面向未来，发出将我国建设成为具有国际影响力的创新型国家的号召，结合长沙高新区的实际，研究探索与加快创新型人才队伍建设，对高新区全面实施人才强区战略、打造创新型园区、突破人才瓶颈、推进结构调整、促进园区可持续发展都具有重大的意义。

一、加快创新型人才队伍建设既是建立创新型园区的需要，也是确保高新技术产业可持续发展的需要

加快高新区发展必须建设创新型人才队伍。全面建设小康社会和社会主义和谐社会，推进高新区可持续发展，关键在人才，尤其是创新型人才。高新区员工队伍素质的高低，能力的强弱，工作的优劣，作风的好坏，直接影响到区域经济的可持续发展。现在，高新区加快发展的大政方针已定，目标已经明确，条件基本具备，当前的中心工作就是要抓紧落实长沙市委、市政府关于加快高新区发展的若干重大决策，外拓空间、理顺体制，内抓改革、搞活机制，重点抓好园区建设、招商引资、产业发展等工作。在这种情况下，迫切需要一支能够担当重任、能够创造性地开展工作、打开工作局面的创新型人才队伍。但是当前高新区人才队伍中还存在一些突出问题和薄弱环节：初中级人才多，高层次人才少；继承型人才多，领军型人才少；单一领域、行业、学科人才多，跨领域、跨行业、跨学科的复合型人才少；执行型人才多，创新型人才少。尽管这些年引进了一些国内外高层次人才，但真正能够把握世界科学前沿、做出重大科技创新成果的尖子人才仍然匮乏。这种状况如不改变，高新区的核心竞争力、区域竞争力和综合实力将难以提高和增强。因此，加强创新型人才队伍建设，既是高新区现实发展的需要，也是着眼事业长远发展的需要。作为一项事关全局和长远的龙头工程，我们必须加快培养一支善管理、懂经营、有远见的创新、开拓型人才队伍，才能使高新区在日趋激烈的竞争中赢得主动。

产业结构的优化调整必须建设创新型人才队伍。产业结构调整是经济发展到一定阶段的必然产物。产业结构调整必然涉及到就业结构的调整，结构优化和产业升级最终都要依靠创新型人才队伍素质的提高。发展高新技术产业和新兴产业，需要大量高素质的创新型人才；用高新技术和先进适用技术改造传统产业，也需要大量创新型人才；用信息化带动工业化，提升高新区产业发展水平，走新型工业化之路，更需要加快培养一专多能的创新型人才。当前，许多跨国公司和国内知名企业十分看好长沙，看好长沙高新区这块投资宝地，特别是长沙科研、人才、成果、政策、环境等资源要素的优势在高新区麓谷聚集。同时，高新技术带动战略的实施，更是吸引了电子信息、先进制造、新材料、生物医药等产业逐步向高新区转移。尤其是近年来，高新区作为“兴工强市”主要平台和载体，大力发展高新技术产业，并用高新技术改造提升传统产业，全区工业的整体水平尤其是电子信息、机械制造、新材料、生物医药等产业技术和经济实力有了明显提升。然而要适应全省产业结构调整的要求，实现全省产业结构的优化升级，在全国和省市产业结构调整中占据有利地位，形成和发展我们高新区的比较优势，就必须加强全区创新型人才队伍建设，把为高新技术产业加快发展提供人才支持作为根本出发点，使人才队伍结构与经济、产业结构的战略性调整相适应，人才素质提高与经济增长方式转变相适应，与市场需求和产业发展相适应，着力培养造就一支规模宏大的高素质的创新型人才队伍。

二、不断培养和壮大创新型人才队伍，着力将高新区打造成适应可持续发展的人才高地

胡锦涛同志在全国人才工作会议上强调指出：“人才问题关系到党和国家事业发展的关键问题，全党同志必须从全局和战略的高度，以高度的政治责任感，把实施人才强国战略作为党和国家一项重大而紧迫的任务抓紧抓好。”因此，我们必须牢固树立人才是第一资源、第一要素、第一生产力的观念，实施“人才强区”战略工程，培育、造就高新区人才优势，以人才优势成就、促进、推动园区的高新技术产业的发展优势。当前，从国际、国内人才竞争的态势来看，发达地区在区位、政策、环境、基础设施等方面的优厚条件对吸引人才具有绝对优势。面对这一实际，长沙高新区在培养创新型人才中，更要注重特点，突出特色，立足国内、省内人才资源进行开发，坚持挖掘、整理、吸收本土人才和引进人才相结合，坚持自力更生培养人才和采取多种方式引进人才相结合，重点关注海内外高素质高层次人才和高新技术产业发展亟需的紧缺人才。目标是通过加大人才培养培训与引进力度，力争10年左右的努力，在高新区形成具有一定数量、结构合理，原始创新、集成创新和在引进先进技术基础上的消化吸收再创新能力不断提高，适应园区产业发展的创新型人才队伍，全面提升区域的自主创新能力。

以提高综合管理水平和市场驾驭能力为核心，培养造就一批政治过硬、业务精通、作风优良的高新区经济管理干部队伍。立足省内人才资源进行开发，通过单位培训与学校培养相结合、在职培训与脱产学习相结合、个人自学提高与机关社会支持相结合等方式，进一步强化理论武装和实践锻炼，着力解决高新区经济管理干部理想信念、政治纪律、宗旨观念、服务意识等根本问题，大力提升高新区干部驾驭市场经济的能力、依法执政的能力和为企业服务的能力。

以提高现代化经营管理水平和市场开拓能力为核心，加快培养造就一批熟悉国际国内市场、具有国内先进管理水平的优秀企业家。遵循企业家成长规律，立足国内人才资源进行开发，坚持挖掘、整理、吸收本土人才和引进人才相结合，倡导追求真理、宽容失败的科学精神，摒弃心浮气躁、急功近利的不良风气，调动和保护企业家勇于竞争和持续创业的热情。大力实施“走出去”战略，鼓励远大、中联等企业的企业家在更大范围、更广领域和更高层次上参与国际经济技术合作和竞争。加快完善公司法人治理结构，为企业家的成长和创业提供广阔的空间和舞台。

以提高技术创新和开发能力为核心，加快培养造就一批具有国内乃至国际前沿水平的高级专家。立足国内、省内人才资源进行开发，坚持自力更生培养人才和采取多种方式引进人才相结合，坚持基础研究与应用研究并重，依托人才培养计划、重大科研和建设项目、重点学科和科研基地以及国际合作开发项目，积极推进创新型人才队伍建设，加大学科带头人的培养力度；抓紧培养造就一批中青年高级专家，激励各领域专家奋力攻关，勇攀科技高峰；改进和完善特殊津贴制度、博士后制度以及其他高层次人才培养制度，进一步形成培养选拔高级专家的制度体系。坚持以区为主、按需引进、突出重点、讲求实效的原则，高度关注海内外高层次人才和高新技术产业发展亟需的紧缺人才，重点引进海内外在高新技术、金融、贸易、管理等方面做出突出贡献的高级人才；加大长沙留学人员创业园、高新区博士创业园、湖南博士后创业园的支持力度，着力切实解决留学回国人员和高层次人才的实际困难和问题。

以提高成果转化和产业化能力为核心，加快培养造就一支具有专业技术水平的人才队伍。按照“需求定向、企业自主、行业参与、条块结合、党政支持”的原则，立足省内人才资源进行开发，实施专业技术人才培训工程和技能振兴行动，通过学校教育培养、高新区人才交流中心或企业岗位培训、个人自学提高等方式，加快专业技术人才的培养。充分发挥企业在技能人才培养中的主体作用，推动大中型企业办好自有培训机构，面向本企业职工开展技能培训。推动中小型企业与高新区人才交流中心、大型企业培训中心、社会培训机构建立合作伙伴关系，为本企业培养急需的创新型人才。完善专业技术人才的职业资格证书制度，推进技师考评制度改革，实行培训、考核、使用和待遇相结合，逐步建立统一标准、自主申报、社会考核、企业聘用的高技能人才成长机制。

在培养引进创新型人才队伍中，要加快构建终身教育体系，在高新区范围内进一步树立终身学习理念，鼓励各类人员通过多种形式和渠道参与终身学习，积极推动学习型机关、学习型企业和学习型社区建设。进一步加强各类人才的培训和继续教育工作，继续做好选派各类人才出国（境）培训工作，鼓励各类人员在职自学。

三、改进和优化人才成长环境，有效激励和保障高新区创新型人才队伍的建设与发展

按照整体规划、宏观管理、分类指导、加强服务的要求，根据人才成长的基本规律，结合高新区实际，研究制定创新型人才队伍建设的政策体系，着力营造有利于创新型人才大量涌现、健康成长的良好氛围，形成鼓励人才干事业、支持人才干成事业、帮助人才干好事业的社会环境。

建立有利于人才脱颖而出的导向引入机制。坚持德才兼备原则，把品德、知识、能力和业绩作为衡量人才的主要标准，不唯学历、不唯职称、不唯资历、不唯身份，不拘一格选人才；坚持学习与实践相结合、培养与使用相结合，促进人才在实践中不断增长知识，提升能力；遵循人才资源开发规律，坚持市场配置人才资源的改革取向，建立充满生机与活力的人才工作机制。在人才引入时要坚持“三个引入”：一是搭建平台引入。结合管委会机关、总公司、事业单位的干部人事制度改革，拿出部分领导岗位、管理岗位和科技带头人岗位，面向社会公开选拔优秀人才，通过竞争择优的办法广泛觅选一批人才；积极鼓励和引导机关人才和事业单位的广大专业技术人才到企业等经济建设第一线施展才华，建功立业。二是适当待遇引入。采取多种形式，对引进的人才遵循待遇从优、工作条件从佳、增强吸引力的原则，在户口、住房、车辆、交通、养老保险、医疗保障、职称评聘、收入分配、成果奖励等多方面给予倾斜。积极协调督促有关部门和用人主体，不折不扣地落实相关待遇，引导、保护引进人才的积极性和创造性；三是感情纽带引入。注重从工作生活等方面给予他们更多的关心、照顾，及时帮助他们排忧解难，激励他们奋发创业。在这方面，既要注重加强与高层次人才的联系，定期向他们寄送有关资料，邀请有关专家学者来考察讲学，定期拜访慰问，不断增进感情，又要努力营造一个“尊重知识、尊重人才”的良好社会环境。

建立有利于科学评价人才的评价机制。完善创新型人才评价标准，克服人才评价中重学历、资历，轻能力、业绩的倾向，建立以业绩（重点看项目引进、产业发展、社会管理和服务水平）为依据，由品德、知识、能力等要素构成的各类人才评价指标体系。一是坚持高新区经济管理型干部的评价由企业公认。坚持企业公认、注重实绩的原则，进一步完善民主推荐、民主测评、民主评议制度，把企业的意见作为考核评价经济管理型干部的重要尺度。建立符合科学发展观要求的干部政绩考核体系和考核评价标准，既要看干部的思想政治素质，又要看干部在关键时刻能否经受名、利、权、色的考验；既要看干部在日常工作的成绩，又要看干部在重要时期、重要工作、重大事件中的决策能力和工作成效。二是坚持企业经营管理人才的评价由市场公认。改进总公司经营管理者考核评价工作，帮助总公司完善法人治理结构的基础上对其法人实施经营业绩考核并奖惩兑现。三是坚持专业技术人才的评价由社会和业内公认。以打破专业技术职务终身制为重点，研究制定深化职称制度改革的指导意见。全面推行专业技术职业资格制度，加快执业资格制度建设。发展和规范人才评价中介组织，在党工委、管委会宏观指导下，开展以岗位要求为基础、社会化的专业技术人才评价工作。

建立有利于优秀人才充分施展才能的选人用人机制。一是进一步深化局（室）负责人选拔任用制度改革，不断提高科学化、民主化、制度化水平。高新区继续完善考任制，推行聘任制，实行公开选拔、竞争上岗，加大选拔任用优秀年轻干部的力度，为他们的成长提供“快车道”。建立和完善干部正常退出机制，实行优胜劣汰，增强干部队伍活力。二是坚持组织选拔和依法管理相结合，改革和完善国有企业经营管理人才选拔任用方式。对总公司总经理推行聘任制，实行企业化管理。按照企业发展战略和市场取向，拓宽选人视野，吸引省内外一流人才到总公司任职。三是以推行聘用制和岗位管理制度为重点，深化事业单位人事制度改革。按照政事职责分开、单位自主用人、个人自主择业、党政依法监管的要求，进一步完善《长沙高新区管委会事业单位职务竞聘、岗位竞争实施方案》，大力推进事业单位人事改革，规范按需设岗、竞聘上岗、以岗定酬、合同管理等管理环节，逐步做到人员能进能出，职务能上能下，待遇能高能低。

建立有利于人才引得进、留得住的激励机制。一是完善分配激励机制。坚持效率优先、兼顾公平的原则，建立健全与工作业绩紧密联系、鼓励人才创新的分配激励机制。结合公务员制度的建设与管理，逐步建立综合体现工作职责、能力、业绩等因素，职务与职级相结合的公务员工资制度，适当拉开不同职务和职级之间的收入差距，增强职级的激励功能。结合事业单位体制和人事制度改革，逐步建立体现岗位绩效和分级分类管理的事业单位薪酬制度，收入分配政策向关键岗位和优秀人才倾斜。结合深化国有企业管理体制改革，逐步建立市场机制调节、企业自主分配、职工民主参与、管委会监控指导的企业薪酬制度，将经营者薪酬与其责任、风险和业绩直接挂钩。二是建立规范有效的人才奖励制度。坚持精神鼓励和物质奖励相结合的原则，建立以管委会奖励为导向、用人单位和社会力量奖励为主体的人才奖励体系。完善高新区奖励制度，对为高新区建设和产业发展作出突出贡献的人才给予崇高荣誉并实行重奖。坚持奖励与惩戒相结合，做到奖惩分明，实现有效的激励和严格的约束。三是建立健全人才保障制度。积极探索机关和事业单位社会保障制度改革，进一步完善企业社会保障制度，为推进人才工作深入发展提供保障。加快福利制度改革，逐步实现福利货币化，不断改善高新区各类人才的工作环境和生活待遇。通过建立和健全这些有效的制度措施，真正使高新区成为人才创业的乐土。

（作者时任长沙高新区党工委书记。此文2006年11月发表于《中国高新区》第11期）

破解发展难题 引领科学发展

——对长沙高新区党建工作深入实践科学发展观的思考

谭杭生

经过 22 年的快速发展，长沙国家高新技术产业开发区（以下简称长沙高新区）已成为推动长沙“又好又快、率先发展”的强大引擎，已成为区域创新体系的战略支撑，已成为提高国家自主创新能力的重要阵地。在全球科技创新步伐进一步加快、国家对高新区发展布局进行战略调整和“两型社会”大河西先导区建设全面铺开的新形势下，进一步把握好发展机遇，努力破解发展难题，推动“二次创业”，引领长沙科学发展，既是深入贯彻落实科学发展观对长沙高新区的基本要求，又是长沙高新区学习实践科学发展观自觉的历史责任。

一、长沙高新区引领科学发展的基础和机遇

近年来，长沙高新区坚持以技术创新和体制创新为动力，以拓展发展空间和加快园区建设为基础，强力推进引资引智引大工作，重点培植优势产业，促进了高新技术产业的持续快速发展。2009 年，长沙高新区完成技工贸总收入 1500 亿元，高新技术产业总产值 1340 亿元，综合经济实力已跻身 57 个国家级高新区第 16 位，居中部六省 10 个国家级高新区第 2 名。2009 年 10 月，长沙高新区成为全国第九个创建国家创新型科技园区，跻身为全国前十个试点园区行列。

经过多年发展，长沙高新区已显现出三大优势：一、科研人才优势。长沙高校云集，人才密集，科研力量雄厚，尤其是在系统工程、信息工程、生物工程和材料工程等领域拥有一批国内外有一定影响力的高端人才。截至 2009 年，全区累计开发高新技术产品和项目 3000 多项，其中 92% 拥有自主知识产权，300 多项列入国家和省火炬计划。二、特色产业优势。长沙高新区已经形成工程机械、电子信息、新材料、新能源、生物医药等优势产业，已具备发挥产业集聚优势实现集群式创新发展的产业基础，部分企业已经成为国内甚至国际相关行业的领军企业。三、自主品牌优势。近年来，长沙高新区深入实施“品牌、标准、专利”三大战略，已汇聚一批中国名牌产品和中国驰名商标，园区企业参与制定的国家和行业标准达数百项，国家授权专利也逐年增长，2009 年专利授权达到 1924 项。

在已有成就和优势的基础上，长沙高新区正处在以“二次创业”为标志的新的发展阶段，面临着极为难得的发展机遇。一是中央对国家级高新区的“四位一体”的新定位和创新型科技园区建设的加快实施为长沙高新区提质升级注入了新动力；二是“中部崛起”战略的贯彻实施和区域经济一体化的加快推进为长沙高新区进一步拓展发展空间带来了新契机；三是长株潭“两型社会”建设综合配套改革和长沙大河西先导区建设为长沙高新区聚集更多更好发展资源提供了新平台；四是省、市党委政府对发展高新技术产业的高度重视和各个部门的密切协作为长沙高新区又好又快发展赋予了更好的政策支持；五是岳麓山高科技园（麓谷）的规划调整及其产业功能的科学布局为长沙高新区“二次创业”提供了强劲的现实支撑。在新的历史起点上，我们必须用好用活这些机遇，进一步做大做强高新技术产业，使长沙高新区成为大河西先导区的产业先导，争当全国高新区的排头兵，成为实践科学发展的先行者。

二、长沙高新区引领科学发展面对的难题

当然，我们要清醒地看到，机遇是与挑战交织在一起的。在国家把土地作为宏观调控基本工具的政策背景下，高新区各类资源要素供应总体偏紧，征地拆迁成本急剧上升，项目融资及资金平衡的难度进一步加大，传统以资源要素为驱动力的园区发展模式已越来越不适应新的发展要求；再加上区域间无序竞争的空前加剧，一哄而上，重复建设，园区产业结构雷同，又进一步造成了发展资源的浪费，高新区“二次创业”显得步履维艰。

从长沙高新区的情况来看，自身发展还面临着一系列难题：一是发展速度趋缓，与全国一流科技园区差距明显。与发展基础和发展环境相似的西安高新区相比，1993 年同时被科技部评为全国 10 大先进高新区，但目前西安处在全国 10 强之列，而长沙仅属中等偏上水平。二是高端产品不多，产业结构不合理。目前，长沙高新区虽有各类科技型中小企业近 2000 家，但按照新的高新技术企业认定办法取得高新技术企业认定证书的不到 10%，很多企业自主创新能力不强。同时，在全部规模工业总产值中，先进制造业就占了 65%，且形成中联重科所占比重近 60% 的“一家独大”的格局，使园区经济稳定增长面临极大风险。三是产业外向度低，国际竞争力弱。在国家级高新区中，长沙高新区技工贸总收入排在第 13 位，而出口创汇额仅列第 25 位，创汇能力只相当全国平均水平的 1/3，国际竞争力有待进一步提升。四是园区整体规划性不强，综合配套功能欠佳。过去，长沙高新区的产业发展由于受地域空间的限制，整体规划一直跟不上园区经济快速发展的步伐，只能开发一片建设一片，引进的企业分布零散，产业集群效应不明显。同时，在园区开发中，基础设施布局不合理，园区综合配套功能不健全，生产和生活服务不方便。五是政策体制不顺，基层基础工作比较薄弱。实行“带镇带村、委托管理”以后，使长沙高新区的规划空间扩大到100平方公里，对于园区聚集发展资源、强化功能分区和推进组团式开发意义重大而深远。但由于园区自身管理权限和职能的先天不足，管委会的责任和法律主体地位严重不对等，一些涉企的行政审批事项无法在园区办结，一些事关基层群众切身利益的重大民生问题缺乏有效的投入渠道，导致园区社会矛盾错综复杂，社会管理难度空前加大。理顺体制机制，夯实基础工作，构建和谐园区，是当前长沙高新区实现科学发展需要亟待解决的一道难题。

三、长沙高新区引领科学发展的基本思路

新一轮发展大潮正风起云涌，面对前所未有的机遇和挑战，长沙高新区要有“舍我其谁”的勇气，创新发展模式，破解发展难题，努力成为高新技术产业的聚集区、新型工业化的示范区和生态新城的样板区。

以思想解放为先导，切实转变园区发展理念

解放思想、转变观念，始终是党的事业发展的主题，也是我们做好园区工作的基本经验，对实现园区的率先发展至关重要。新的历史起点上，长沙高新区在发展理念上应该实现“四大转变”，即从资源要素驱动向创新要素驱动转变，从依靠优惠政策、注重招商引资向更加注重优化创新创业环境、培育内生发展动力转变，从园区产业大而全的格局向集中优势发展特色主导产业、形成创新集群转变，从发展科技产业园区向打造现代生态科技新城转变。

以科学规划为龙头，着力强化园区功能配套

科学规划是科学发展的题中之义，更是科学发展的前提。抓园区建设，首先要抓好园区整体规划工作，以高起点的科学规划引导高标准的园区建设。长沙高新区的园区规划必须与长沙市大河西先导区的总体规划实现无缝对接，围绕打造大河西先导区产业支撑核心区的发展目标来展开，坚持建设现代生态科技产业新城的发展定位不动摇，进一步突出产业集群的功能分区，以优美的生态环境为特色，以强大的产业体系为根本，以发达的城市功能为导向，加强综合用地控制，完善基础配套设施和公共服务体系，使长沙高新区成为新型工业文明与高尚生活品质有机统一、现代科技与自然环境协调一致的创业沃土、宜居新城。

以项目带动为载体，努力打造产业集群优势

项目建设是推动园区发展的基础和载体，要大力实施项目带动战略，积极营造园区产业集群优势。一是完善项目建设工作机制，实行主要领导挂帅、分管领导牵头、专门班子跟进、专人落实到位“1+3”的工作服务模式。二是抓重大项目引进，突出战略投资者，切实提高招商引资质量。三是抓已有项目增效，加快建设工程机械配套产业园、能源计量设备生产基地、新材料产业基地、电子信息产业基地和红太阳光伏产业基地。四是抓中小企业的服务对接，加大担保奖励、贷款贴息和融资奖励力度，为中小企业发展提供更多好的融资服务。

以自主创新为动力，不断提高园区核心竞争力

按照“中部地区自主创新领航区、‘两型社会’示范区、区域经济的增长极”的总体定位，加快推进国家级创新型科技园区建设，不断提高园区核心竞争力。一要加快各类“孵化器”的扩容提质，建立创业企业支持体系。对处于企业起步阶段的创业者，给予精神上的鼓励、事业上的支持、生活上的关心。二要加快推进“加速器”建设，建立成长型企业支持体系。对于处于快速成长阶段的“瞪羚企业”，帮助解决企业发展中的资金、技术、人才等突出问题。三要重点扶持，助推发展、建立龙头企业支持体系。同时，进一步完善公共技术平台、投融资平台、人才服务平台、国际科技合作商务平台和科技成果交易与转化平台，使长沙高新区成为创新创业的“栖息地”。

以统筹兼顾为方法，进一步推动和谐园区建设

面对新形势下错综复杂的矛盾和问题，我们必须坚持以人为本的发展理念，运用统筹兼顾的基本方法，协调好各方面的利益关系，主动化解社会矛盾。一是统筹园区发展和园区改革的关系，着力推进长沙高新区行政体制改革试点工作，使园区的市级经济管理权限和区级社会管理职能落实到位。二是统筹项目建设和征地拆迁的关系，进一步充实拆迁工作力量，规范和统一拆迁安置标准，实行阳光拆迁、和谐拆迁。三是统筹园区建设和民本民生的关系，切实解决失地农民的居住、出行、就业和社会保障等生计问题，选优配强园区基层领导班子，大力发展社会事业，让基层老百姓共享园区发展成果，努力使长沙高新区成为和谐乐土、幸福家园。

（作者时任长沙高新区党工委书记。此文 2010 年 4 月发表于《中国高新区》第 4 期）

四、重要文件

国务院关于湖南省加速开放开发请示的批复

国函〔1988〕72号

湖南省人民政府：

国务院原则批准你省一九八八年四月二日《关于加速湖南开放开发的请示》，请认真研究执行。

最近中央提出加快沿海地区经济发展战略，实施这一战略，不仅能够促进沿海地区的经济发展，而且将带动内地的经济发展。你们要抓住这一有利时机，深化改革、加快开放、促进开发，充分发挥本省优势，进一步加强和沿海等地区的横向经济联系，放手发展生产力，发展外向型经济，增强自我发展的能力。希望你们在实践中努力探索，措施和步骤要积极稳妥，要处理好各种矛盾，认真总结经验，加速湖南经济的开发和发展。

文件摘要

六、推进科技体制改革，在长沙设立科技开放试验区。我省科学技术尤其是计算机技术、生物技术和新材料技术有一定的基础和优势，且大都集中在长沙、株洲、湘潭等地。为了充分发挥科技力量的作用，推进新兴技术和高技术产业的发展，更好地为沿海发展外向型经济服务，我们准备在长沙设立科技开放试验区，由省给予一些优惠政策，支持科研单位和科技人员在试验区兴办各种所有制的企业，可以办私人性质的企业，也可以同外国公司办合资企业。这些企业加工复出口产品所需进口原材料可以享受免税待遇。

国　务　院

一九八八年五月十一日

国务院关于批准国家高新技术产业开发区和有关政策规定的通知

国发〔1991〕12号

各省、自治区、直辖市人民政府，国务院各部委、各直属机构：

根据《中共中央关于科学技术体制改革的决定》，近几年，许多地方在一些知识、技术密集的大中城市和沿海地区相继建立起一些高新技术产业开发区，促进了我国高新技术产业的发诞。为了贯彻《中共中央关于制定国民经济和社会发展十年规划和”八五”计划的建议》中关于“继续推进‘火炬’计划的实施，办好高新技术开发区”的精神，加快高新技术产业的发展，国务院决定，继一九八八年批准北京市新技术产业开发试验区之后，在各地已建立的高新技术产业开发区中，再选定一批开发区作为国家高新技术产业开发区，并给予相应的优惠政策。现通知如下：

一、国务院批准经国家科委审定的下列二十一个高新技术产业开发区为国家高新技术产业开发区：

武汉东湖新技术开发区、南京浦口高新技术外向型开发区、沈阳市南湖科技开发区。天津新技术产业园区、西安市新技术产业开发区、成都高新技术产业开发区、威海火炬高技术产业开发区、中山火炬高技术产业开发区、长春南湖——南岭新技术工业园区、哈尔滨高技术开发区、长沙科技开发试验区、福州市科技园区、广州天河高新技术产业开发区、合肥科技工业园、重庆高新技术产业开发区、杭州高新技术产业开发区、桂林新技术产业开发区、郑州高技术开发区、兰州宁卧庄新技术产业开发试验区、石家庄高新技术产业开发区、济南市高技术产业开发区。

二、上海漕河泾新兴技术开发区、大连市高新技术产业园区、深圳科技工业园、厦门火炬高技术产业开发区、海南国际科技工业园分别设在经济技术开发区、经济特区内，也确定为国家高新技术产业开发区。

三、国务院授权国家科委负责审定各国家高新技术产业开发区的区域范围、面积，并进行归口管理和具体指导。

四、国务院批准国家科委制定的《国家高新技术产业开发区高新技术企业认定条件和办法》(附件一)、《国家高新技术产业开发区若干政策的暂行规定》(附件二)和国家税务局制定的《国家高新技术产业开发区税收政策的规定》(附件三)，请遵照执行。

五、北京市新技术产业开发实验区，除固定资产投资规模管理、出口创汇留成按现行规定执行外，其余仍按《北京市新技术产业开发试验区暂行条例》执行。

依靠我国自己的科技力量，促进高技术成果的商品化、产业化，对于调整产业结构，推动传统产业的改造，提高劳动生产率，增强国际竞争能力，具有重要意义。各地区、各有关部门对高新技术产业开发区要加强领导，大力扶持，按照国家的有关政策规定，促进我国高新技术产业健康发展。

附件：一、国家高新技术产业开发区高新技术企业认定条件和办法

二、国家高新技术产业开发区若干政策的暂行规定

三、国家高新技术产业开发区税收政策的规定

中华人民共和国国务院

一九九一年三月六日

附件一

国家高新技术产业开发区高新技术企业认定条件和办法

（国家科委　一九九一年三月）

第一条　为实施国务院批准的国家高新技术产业开发区有关政策规定，推动我国高新技术产业的发展，制定本办法。

第二条　国家高新技术产业开发区(以下简称开发区)内的高新技术企业，按照本办法认定。

第三条　省、自治区、直辖市、计划单列市科学技术委员会（以下简称省、市科委）是省、自治区、直辖市计划单列市人民政府管理开发区内高新技术企业认定工作的主管机关，负责监督本办法的实施。开发区办公室在人民政府领

导和省、市科委指导监督下，具体办理高新技术企业的审批认定事宜。

第四条 根据世界科学技术发展现状，划定高新技术范围如下：

（一）微电子科学和电子信息技术

（二）空间科学和航空航天技术

（三）光电子科学和光机电一体化技术

（四）生命科学和生物工程技术

（五）材料科学和新材料技术

（六）能源科学和新能源、高效节能技术

（七）生态科学和环境保护技术

（八）地球科学和海洋工程技术

（九）基本物质科学和辐射技术

（十）医药科学和生物医学工程

（十一）其它在传统产业基础上应用的新工艺、新技术。

本高新技术范围将根据国内外高新技术的不断发展而进行补充和修订，由国家科委发布。

第五条 高新技术企业是知识密集、技术密集的经济实体。开发区内的高新技术企业，必须具备下列各项条件：

（一）从事本办法第四条规定范围内一种或多种高技术及其产品的研究、开发、生产和经营业务。单纯的商业经营除外。

（二）实行独立核算、自主经营、自负盈亏。

（三）企业的负责人是熟悉本企业产品研究、开发、生产和经营的科技人员，并且是本企业的专职人员。

（四）具有大专以上学历的科技人员占企业职工总数的30%以上；从事高新技术产品研究、开发的科技人员应占企业职工总数的10%以上。

从事高新技术产品生产或服务的劳动密集型高新技术企业，具有大专以上学历的科技人员占企业职工总数的20%以上。

（五）有十万元以上资金，并有与其业务规模相适应的经营场所和设施。

（六）用于高新技术及其产品研究、开发的经费应占本企业每年总收入的3%以上。

（七）高新技术企业的总收入，一般由技术性收入、高新技术产品产值、一般技术产品产值和技术性相关贸易组成。高新技术企业的技术性收入与高新技术产品产值的总和应占本企业当年总收入的50%以上。

技术性收入是指由高新技术企业进行的技术咨询、技术转让、技术入股、技术服务、技术培训、技术工程设计和承包、技术出口、引进技术消化吸收以及中试产品的收入。

（八）有明确的企业章程和严格的技术、财务管理制度。

（九）企业的经营期在十年以上。

第六条 兴办高新技术企业，须向开发区办公室提出申请，经开发区办公室核定后，由省、市科委批准并发给高新技术企业证书。

第七条 开发区办公室应定期按本办法第五条规定的条件，对高新技术企业进行考核。不符合上述条件的高新技术企业，不得享受国家高新技术产业开发区的各项政策规定。

第八条 列为高新技术产品的期限一般为五年以内，技术周期较长的高新技术产品经批准可延长至七年。

第九条 高新技术企业变更经营范围、合并、分立、转业、迁移或歇业的，须经开发区办公室审批，并向工商、税务等部门办理相应的登记。

第十条 开发区内，按国家规定全部核减行政事业费实行经济自立的全民所有制科研单位，符合本办法第五条规定条件的，经开发区办公室核定，可转成高新技术企业。

第十一条 本办法替代原由国家科委颁布的《关于高技术、新技术企业认定条件和标准的暂行规定》。

第十二条 各省、市科委应就本办法制定实施细则。原有实施细则凡与本办法不符的，应依据本办法修正。

第十三条 本办法由国家科学技术委员会负责解释和修改。

第十四条 本办法自国务院批准之日起实施。

附件二

国家高新技术产业开发区若干政策的暂行规定

（国家科委　一九九一年三月）

第一条　为进一步扶植我国高新技术产业开发区的建设，推动高新技术产业的发展，制定本规定。

第二条　本规定适用于国家高新技术产业开发区中按照国家科委制定的《国家高新技术产业开发区高新技术企业认定条件和办法》认定的高新技术企业。

第三条　本规定包括除税收政策之外的各项优惠性政策。

第四条　有关进出口货物的关税优惠问题按以下规定办理：

（一）在高新技术产业开发区内开办的高新技术企业为生产出口产品而进口的原材料和零部件，免领进口许可证，海关凭出口合同以及高新技术产业开发区的批准文件验收。

（二）经海关批准，高新技术企业可以在高新技术产业开发区内设立保税仓库、保税工厂。海关按照进料加工的有关规定，以实际加工出口数量，免征进口关税和进口环节产品税、增值税。

（三）高新技术企业生产的出口产品，除国家限制出口或者另有规定的产品以外，都免征出口关税。

（四）保税货物转为内销，必须经原审批部门批准和海关许可，并照章纳税。其中属于国家实行配额和进口许可证管理的产品，需按国家有关规定报批补办进口手续和申领进口许可证。

（五）高新技术企业用于高新技术开发而国内不能生产的仪器和设备。凭审批部门的批准文件，经海关审核后，免征进口关税。

海关认为必要时可在高新技术产业开发区内设置机构或派驻监管小组，对进出口货物进行管理。

第五条　有关进出口业务的规定。

（一）经经贸部批准可在高新技术产业开发区内设立技术进出口公司，以推动高新技术产品进入国际市场。

（二）按国家有关规定，对出口业务开展较好的高新技术企业可授予外贸经营权。根据业务需要，经有关部门批准，高新技术企业可以在国外设立分支机构。

第六条 有关资金信贷的规定。

（一）银行对高新技术企业，给予积极支持，尽力安排其开发和生产建设所需资金。

（二）银行可给高新技术产业开发区安排发行一定额度的长期债券，向社会筹集资金，支持高新技术产业的开发。

（三）有关部门可在高新技术产业开发区建立风险投资基金，用于风险较大的高新技术产品开发。条件比较成熟的高新技术产业开发区，可创办风险投资公司。

第七条 高新技术企业的生产、经营性基本建设项目，按照统一规划安排建设，优先纳入当地固定资产投资规模。

第八条 经当地人民政府批准，高新技术企业可以免购国家重点建设债券。

第九条 高新技术企业所开发的高新技术产品，凡是各项指标达到同种进口产品的水平，并具备一定的生产规模，经国家科委会同有关部门审定后，列入国家限制进口商品目录，并按现行进口管理办法控制进口。

第十条 高新技术企业开发的属于国家控制价格(包括国家定价和国家指导)的新产品，除特定品种须报物价部门定价外，在规定的试销期内，企业可自行制定试销价格，并报物价部门和业务主管部门备案。经营不属于国家控制价格的高新技术产品，企业可以自行定价。

第十一条 高新技术企业用于高新技术开发和高新技术产品生产的仪器、设备，可实行快速折旧。

第十二条 在不影响上交中央财政部分，经当地人民政府批准，高新技术产业开发区中高新技术企业所缴各项税款，以一九九〇年为基数，新增部分五年内全部返还高新技术产业开发区，用于开发区的建设。

第十三条 高新技术企业的商务、技术人员一年内多次出国的，按国办发(1990]9 号文件执行。

第十四条 各地区、各部门在安排劳动就业和招收职工时，要优先考虑高新技术企业对大学生、研究生、留学生和归国专家的需求。

第十五条 经国家批准的高新技术产业开发区所在地的省、自治区、直辖市或计划单列市人民政府可根据本规定制定具体实施办法。

第十六条 国家科委会同有关部门将定期对高新技术产业开发区进行检查。对于其中管理不善或进展缓慢的国家高新技术产业开发区，将中止其优惠政策的实行，直至取消其国家高新技术产业开发区的资格。

第十七条 本规定由国家科委和有关部门负责解释。

第十八条 本规定自国务院批准之日起执行。

附件三

国家高新技术产业开发区税收政策的规定

（国家税务局 一九九一年三月）

第一条 为促进我国高新技术产业的健康发展，进一步推动高新技术产业开发区建设，制定本规定。

第二条 本规定的适用范围，限于经国务院批准设立的高新技术产业开发区（以下简称开发区）内被认定的高新技术企业（以下简称开发区企业）。

第三条 开发区和开发区企业的认定条件和标准，高新技术及其产品的范围，按国家科委制定的统一规定执行。

第四条 开发区企业从被认定之日起，减按15%的税率征收所得税。

第五条 开发区企业出口产品的产值达到当年总产值70%以上的，经税务机关核定，减按10%的税率征收所得税。

第六条 新办的开发区企业，经企业申请，税务机关批准，从投产年度起，二年内免征所得税。

对新办的中外合资经营的开发区企业，合营期在十年以上的，经企业申请税务机关批准，可从开始获利年度起，头二年免征所得税。

在经济特区和经济技术开发区地域范围内的开发区企业，是外商投资企业的，仍执行特区或经济技术开发区的各项税收政策，不受前两项规定的限制。

免税期满后，纳税确有困难的，经批准在一定期限内给予适当减免税照顾。

第七条 对内资办的开发区企业，其进行技术转让以及在技术转让过程中发生的与技术转让有关的技术咨询、技术服务、技术培训的所得，年净收入在三十万元以下的，可暂免征收所得税；超过三十万元的部分，按适用税率征收所得税。对其属于“火炬”计划开发范围的高新技术产品，凡符合新产品减免税条件并按规定减免产品税、增值税的税款，可专项用于技术开发，不计征所得税。

第八条 对内资办的开发区企业减征或免征的税款统一作为国家扶持基金，单独核算，由有关部门监督专项用于高新技术及产品的开发。

第九条 开发区企业属联营企业的，其分给投资方的利润，应按投资方企业的财务体制，扣除开发区缴纳的税款后，补缴所得税或上交利润。

第十条 内资办的开发区企业，一律按照国家现行规定缴纳奖金税。但属下列单项奖励金，可不征收奖金税：

（一）从其留用的技术转让、技术咨询、技术服务、技术培训净收入中提取的奖金，不超过15%的部分；

（二）高新技术产品出口企业，按国家规定从出口奖励金中发放给职工的奖金，不超过一点五个月标准工资的部分；

（三）符合国家规定的其它免税单项奖。

上述（一）、（二）两项合并计算的全年人均免税奖金额，不足二点五个月标准工资的，按二点五个月标准工资扣除计税；超出二点五个月标准工资的，按实际免税奖金扣除计税。

第十一条 内资办的开发区企业，以自筹资金新建技术开发和生产经营用房，按国家产业政策确定征免建筑税(或投资方向调节税)。

第十二条 开发区企业的贷款，一律在征收所得税后归还。

第十三条 开发区内的非开发区企业，按国家现行税收政策规定执行，不执行本规定。原认定的开发区企业情况发生变化，已不符合开发区企业条件和标准的，也不再执行本规定。

第十四条 过去凡与本规定有抵触的税收政策，一律废止，改按本规定执行。

第十五条 本规定由国家税务局负责解释。

第十六条 本规定自国务院批准之日起执行。

主题词：科学　技术　开发　通知

发：各行政公署，自治州、市、县人民政府，省直机关各单位

共印3，600份

湖南省人民政府办公厅翻印　　　　1991年3月19日

关于加快长沙高新技术产业开发区建设若干问题的通知

湘政发〔1991〕30号

各行政公署，自治州、市、县人民政府，省直机关各单位：

今年3月，国务院正式批准长沙高新技术产业开发区（以下简称长沙开发区）为国家首批27个高新技术产业开发区之一。这对促进我省特别是长沙地区经济、科技和社会事业的发展有着重要的意义。我们要把加快长沙开发区的建设和发展，作为全省深化改革、扩大对外开放的一项重大战略措施，抓紧、抓好、抓落实。为此，特就有关问题通知如下：

一、意义和宗旨

当今世界的竞争，说到底是综合国力的竞争，而关键又是科学技术的竞争。在高新技术领域中与西方竞争，在国际舞台争一席之地，打破“封锁”、“制裁”，摆脱受制于人的局面，这是我国面临的一个突出的政治问题，是关系到国家前途和命运的重要战略，它对于粉碎西方国家“和平演变”的阴谋有十分重要的作用。从我省经济发展的现状看，办好长沙开发区，使之成为向新科技革命进军的基地和桥头堡，对全省90年代调整产业结构和增强经济实力，实现“八五”计划和十年规划的目标，确立湖南在全国经济发展中的作用和地位，促进社会主义物质文明和精神文明建设，都具有十分重要的意义。

发展高科技并使之产业化，同时提高劳动者的素质，是长沙开发区建设的基本方针。长沙开发区应成为发展高新技术产业的重要基地，成为向传统产业扩散高新技术的“辐射源”，成为对外开放的“窗口”，成为综合改革的示范区。要培育一批水平高、规模大的高新技术企业，实现高新技术产业的商品化、产业化、国际化，带动全省产业结构、产品结构和企业组织结构的调整，进一步优化生产要素，使之真正成为我省经济发展新的增长点和支撑点。

二、任务和目标

长沙开发区由岳麓山、马坡岭、城中区3个产业群基地组成，面积约31

平方公里。其基本任务是：发展高新技术产业，带动传统产业改造，探索改革开放新路子。“八五”期间是长沙开发区建设发展的关键时期，其主要目标是：

——高新技术产业初具规模。到1995年，长沙开发区产值占长沙地区工业总产值的比重由1990年的1%上升到10%，并实现效益和产值同步增长。微电子科学和电子信息技术、材料科学和新材料技术、光电子科学和光机电一体化技术、生命科学和生物工程、能源科学和高效节能技术、医药科学和生物医学工程、精细化工技术等产业形成雏形。

——带动传统产业改造初见成效。以高新技术为依托，围绕提高质量，增加效益，加快传统产业的技术改造，引进技术的消化、吸收、创新和以产品为龙头的科技攻关取得明显进展，使整体经济索质有一个大的提高。

——培养和造就一批在高新技术商品化、产业化和国际化领域里取得成就的科技开发专家、科技企业家和各种管理人员。劳动者的素质得到普遍提高。

——对外开放迈出新的步伐。开发区出口创汇和引进资金、技术、人才工作有较大发展，建成一批外向型企业，并成为向外省、外地区的辐射源。

——新的管理体制基本形成。建立有权威的、精干高效的管理机构，完善各项政策、规章，初步形成有利于高新技术产业发展的运行机制。

——建设一片集中开发的产业基地。在岳麓山科技园的茅坡、南冲一带，形成科技一条街，建设一批标准厂房，建成高科技大厦和相应的配套设施。

三、改革开放的思路

按照建设社会主义有计划商品经济的新体制和优胜劣汰的运行机制，进一步解放思想，积极探索长沙开发区改革的新路子，加快改革的步伐。积极引进外省市办特区的从成功经验，把长沙开发区建成“类经济特区”。

坚持以社会主义公有制为主体、多种经济成份并存的所有制结构。充分调动各方面的积极性，通过政策引导和组织协调，让高等院校、科研院所、大中型企业成为开发区建设和发展的主力。同时发挥集体经济的作用和其它所有制经济的有益补充作用，鼓励民办高新技术企业的发展。在高新技术企业中，积极进行股份制试点，允许企业联合、兼并、租赁和拍卖。

发挥市场机制的作用。实行“技工贸、技农贸一体化”生产经营，大力培育和完善技术市场、人才市场、物资市场、金融市场、房地产市场等，逐步建立计划管理与市场调节相结合的新运行机制。

扩大企业自主权。充分运用经济、法律和必要的行政手段，逐步建立适应发展有计划商品经济的宏观调控体系。企业实行“自愿组合、自筹资金、自主经营、自负盈亏、自我约束、自我发展”的运行机制。使企业成为独立的商品生产者和经营者。

建立长沙开发区和高新技术企业内部竞争机制。实行社会化管理，允许企业和人员双向选择，实行职务能上能下，员工能进能出，薪金能升能降。

按照“全面、综合、配套、同步的要求，实行新的人事、分配、医疗，住房、社会保险等制度。建立和完善金融、法律、信息咨询、进出口、会计、物资供应等为主要内容的支撑服务体系。在长沙开发区内逐步将局部、单项改革发展到全面、综合性的系统改革，使长沙开发区真正成为对外开放、综合改革的示范地区。

四、制定政策的基本原则

制定长沙开发区政策的基才原则，是要按照优惠、扶持的要求，做到“五个有利”：（一）有利于促进高新技术商品化、产业化、国际化。凡在长沙开发区注册并在长沙开发区结算的高新技术企业享受《国务院关于批准国家高新技术产业开发区和有关政策规定的通知》（国发〔1991〕12 号）规定的优惠政策，岳麓山科技园内享受更优惠的政策，按照有关规定，经批准园内企业免交各种“金”和“费”。国家原来对大专院校、科研院所和有关企业的优惠政策，高于开发区优惠政策的，应予以保留，带入长沙开发区，择优使用。长沙市行政区外的单位来区办企业实行“一统三分”，即统一领导、分税分利分产值。经海关批准，在岳麓山科技园内设立保税工厂和保税仓库，对符合条件的企业赋予外贸经营权。（二）有利于吸引人才，充分调动科技人员的积极性。园内企业实行全员合同聘用制，薪金与效益挂钩，核定总额，自主分配，同工同酬。人事管理实行“四保一管”（即保工龄、保职称、保性质、保工资级别，管档案），全面推行干部聘任制和职工合同制，建立社会保障体系，企业对员工实行侍业、工伤、养老、医疗等保险，并建立住房基金。（三）有利于筹措和积累资金，加快长沙开发区的集中建设和发展。鼓励银行参与长沙开发区建设，进行金融体制改革。省市财政要以拨款、信托投资、贷款贴息等多种形式保证长沙开发区的资金有一个稳定的来源。经批准企业可试行债券、股票等股权投资的新路子，允许企业间相互参股。长沙开发区土地实行有偿使用和有偿转让，谁开发，谁受益。（四）有利于鼓励创新，扶持创业，优化环境，建立特殊政策地域。（五）有利于对外开放、吸引外资和境外专家。

五、管理体制

长沙开发区实行“省市政府统一领导，省市科委归口管理”、“省市共管，以市为主”的管理体制，成立由省、市领导和有关部门负责人组成的长沙开发区或领导小组，下设办公室，同时成立长沙开发区岳麓山科技园开发区总公司。

长沙开发区领导小组是决策机构，负责审定总体发展规划，制定方针、政策，协调解决有关重大事宜。

长沙开发区办公室是长沙市人民政府的派出机沟和长沙开发区领导小组的办事机构，负责日常工作。

总公司是负责长沙开发区岳麓山科技园内的建设、项目开发和进出口业务的独立自主、自负盈亏的经济实体。

省科委是高新技术企业认定工作的主管机关，长沙开发区办公室在省科委指导监督下，具体办理高新技术企业的审批认定事宜。

省、市有关部门要增强服务意识，提高办事效率，在长沙开发区设立派出机构或联合办事机构，采取下放权力，委托审批和限期答复等方式，指导和帮助长沙开发区处理有关业务。

长沙市有关部门要为开发区的文化、教育、卫生、治安、商业网点、市政建设等提供社会化服务，创造良好的社会环境。

六、实施步骤

近期内，完善长沙开发区建设规划、产业发展和土地开发规划，制定有关政策规定及实施细则。同时抓好项目的选择和资金落实。长沙市政府决定：将岳麓山科技园内第一期开发的 0.36 平方公里土地划归长沙开发区，作为第一期投入，集中人力、物力、财力对科技一条街着手筹建。

今明两年内，搞好岳麓山科技园内南冲、六沟垄地域的供水、电力、邮电通讯、交通运输等公用设施建设，形成科技一条街，建好一批标准厂房和技术贸易网点，并为区内企业提供配套的生产和生活设施。

1995 年前，建成高科技大厦，全面完成南冲小区建设，并形成一定规模效益，管理服务机构实行“一栋楼办公”。

2000年前，不断完善岳麓山等3个产业群基地，使岳麓山科技园初具规模，实现由分散经营格局向集中连片建设、规模经营的过渡。

湖南省人民政府

1991年6月25日

主题词：长沙 科学 技术 产业 开发区 建设 通知

发：各行政公署，自治州、市、县人民政府、省直机关各单位，高等院校、厂矿企业、农林场

抄送：省委各部、委、办，省顾委，省纪委，省人大常委会，省军区及驻省军事单位，省政协

湖南省人民政府办公厅　　1991年8月30日印发

关于长沙高新技术产业开发区若干政策的规定

湘政发〔1991〕36号

各行政公署，自治州、市、县人民政府，省直机关各单位：

为了促进高新技术产业的发展，根据国务院国发〔1991〕12号文件精神，参照国家经济特区和经济技术开发区的有关规定，结合我省实际，对长沙高新技术产业开发区(以下简称长沙开发区)制定如下政策。

一、长沙开发区企业的认定

第一条　凡符合国务院国发[1991]12号文件和国家科委规定，从事高新技术产业开发的企业，均可视为高新技术企业。

第二条　省科委是高新技术企业认定工作的主管机关。长沙开发区办公室负责企业的审核，实行动态管理。

第三条　华侨、港、澳、台及国外厂商来长沙开发区办企业，符合国家有关法规，产品或生产技术达到先进水平的均视同高新技术企业。

二、税收政策

第四条　长沙开发区企业被认定，注册后，即享受国家高新技术产业开发区税收优惠政策。

第五条　长沙开发区内资企业研制的新产品，按规定减免产品税、增值税；中试产品经批准可给影减免税照顾。

第六条　高等院校、科研院所、邮电和军工部门在长沙开发区兴办企业，国家原规定的税收政策更优惠的，可择优使用。

第七条　内联企业所分得的利润在长沙开发区再投资的，免征所得税和调节税。

第八条　长沙开发区生产性的外商投资企业，10年内免征地方所得税和其他地方税；非生产性的外商投资企业，5年内免征地方所得税和其他地方税。

第九条　按国家有关规定或经省人民政府批准发放给研究、开发高新技术产品有贡献人员的奖励，免征企业工资调节税；颁发鉿有关人员的科研成果奖，免征个人收入调节税。

三、进出口政策

第十条 长沙开发区企业开发的高新技术产品，凡各项指标达到同种进口产品水平，并具备一定生产规模的，申报国家有关部门列入限制进口商品目录。

第十一条 长沙开发区企业的商务、技术人员因公务出国，由长沙开发区办公室审核后，按有关文件规定上报审批。

第十二条 根据长沙开发区企业创汇情况，经外经贸部门批准，。优先授予外贸经营权和批准在国外设立分支机构。

第十三条 长沙开发区非“三资企业”的创汇收入，按特定科技产品留成比例留成。企业可在中国银行设立外汇帐户，自主存取、调剂和使用。

第十四条 为推动长沙开发区高新技术产品进入国际市场，设立长沙市高新技术产品进出口公司，办理进出口贸易等业务。

第十五条 华侨、港、澳、台同胞投资企业和外商投资企业进口生产用设备、运输车辆、自用办公用品及外商安家用品、交通工具，按有关规定免领进口许可证、免征进口关税和工商统一税。

第十六条 有条件的企业经海关批准，可设立保税仓库和保税工厂。条件成熟时，在长沙开发区设立保税区。海关按进料加工的有关规定免征进口关税和进口环节产品税、增值税；保税货物内销时必须照章纳税。

四、金融政策

第十七条 经省人民银行批准设立长沙高新技术产业开发区金融分支机构，为长沙开发区企业提供资金信贷服务。

第十八条 经省人民银行批准，长沙开发区企业可发行债券，向社会筹集资金；经国家批准，对生产规模大、知名度高、经济效益好的企业，进行发行股票试点。

第十九条 经国家批准，境外金融机构可在长沙开发区设立办事处。允许境外金融机构在长沙开发区内直接投资。

第二十条 试办长沙开发区科技投资公司，由信托、保险、证券、交通银行及专业银行等金融机构对公司参股。

第二十一条 各专业银行省分行对长沙开发区企业的流动资金、技术改造和科技开发贷款，实行倾斜政策，择优扶持。

第二十二条 长沙开发区内的金融机构、投资公司，经主管部门批准，享受高新技术企业有关优惠政策。

五、财政政策

第二十三条　建立长沙开发区科技开发基金。长沙开发区企业所缴各项税款，从1992年起，5年内全部返还开发区。从1991年开始，省和长沙市财政及省科委每年安排一定数额的资金，一并用于开发区建设，连续3年不变。

第二十四条　长沙开发区企业的固定资产实行快速折旧。研制高新技术产品所需的测试仪器和关键设备，单台购置费在5万无以上的，经批准后可以一次或分次摊入成本。

第二十五条　长沙开发区企业还贷，缓征“两金”和各种附加费用。

第二十六条　长沙开发区企业实行中外合资企业财务管理规定和会计制度。

六、人事劳动政策

第二十七条　长沙开发区企业实行全员劳动合同制管理。所需专业技术人员、管理人员及技术工人，实行公开考聘。企业可自行确定机构设置和人员编制，以及用工计划和用工形式。

第二十八条　国家机关、企事业单位的工作人员在长沙开发区内兴办、领办、承包、租赁企业或应聘到长沙开发区企业工作的，其所在单位应给予支持。进入长沙开发区企业的各类人员的待遇一律按长沙开发区的有关规定执行。其档案存放在长沙人才流动服务中心，实行“四保一管”，即保工龄、保职称、保性质、保工资级别、管档案。脱离长沙开发区者，按“双向选择”的原则确定接收单位。

第二十九条　长沙开发区企业员工实行养老、医疗和待业保险，由单位和个人按时向社会保险机构交纳保险金。实行新的住房制度，建立住房基金。脱离长沙开发区者，各项保险金由社会保险机构转入相关单位，享受新单位的劳保待遇。

第三十条　长沙开发区内内资企业工资标准和管理办法参照中外合资企业的有关规定执行，职工收入按国家规定征收个人收入调节税。

第三十一条　长沙开发区企业自主决定内部工资制度和支付方式，实行按劳分配、同工同酬。经营者工资由聘任者确定，员工工资由经营者或其委托人确定。

第三十二条　有关部门要优先考虑长沙开发区企业对大学生、研究生、留学生和归国专家的需求。聘请国外专家到长沙开发区企业任职的具体办法按有关引进国外智力的规定执行。

七、土地政策

第三十三条 长沙开发区用地由国土部门一次性审批。进入长沙开发区的单位用地，由长沙开发区办公室审定。

第三十四条 长沙开发区土地实行有偿使用制度。土地使用权的出让。通过招标、拍卖、协议等方式进行。出让期最长为70年。

第三十五条 国内企事业单位和外商可在长沙开发区租地建房，也可租地成片开发后实行再转让，低价给予优惠。

八、计划、物价、统计

第三十六条 省、市政府部门对长沙开发区企业的原材料、能源、资金供应和交通运输等方面实行扶持政策，择优保障。

第三十七条 长沙开发区企业进行生产、经营性基本建设的规模，由省计委直接下达，项目审批授权长沙开发区办公室按照国家产业政策从简办理。固定资产投资方向调节税暂执行零税率，免征各种附加费用。区外企业在长沙开发区内投资，不占区外一方的投资规模指标。

第三十八条 除特定产品须报物价部门定价外，长沙开发区企业有权自行确定产品资格，并报物价部门备案。

第三十九条 长沙开发区各项统计指标和统计办法由统计部门会同长沙开发区办公室共同制定。

九、企业管理

第四十条 长沙开发区企业实行政企分开。企业依照法律经营，照章纳税。任何单位和个人不得干预企业正常的生产经营活动，不得向企业摊派。

第四十一条 长沙开发区企业在国家计划指导下，按照“自由组合、自筹资金、自主经营、自负盈亏、自我发展、自我约束”的原则组建和营运。企业可以依照《中华人民共和国企业破产法》的规定申请破产。

第四十二条 长沙开发区企业可实行多种形式的股份经营，鼓励国内企事业单位、金融单位、个人及外商向长沙开发区企业参股。高新技术成果、专利、商标、信息和仪器、设备、房地产，经资产评估后均可作价入股。鼓励建立科、工、贸和科、农、贸一体化高新技术股份制企业或企业集团。

第四十三条 实行工资总额与上交利税挂钩的企业分出人员到长沙开发区兴办企业，原企业基本工资总额保留不变。内联企业所在地和长沙开发区实行

“一统三分”(统一管理、分产值、分税费、分利润)的办法。

十、其它

第四十四条 本规定暂适用于长沙开发区岳麓山科技园内的高新技术企业。违反本规定的单位和个人由长沙开发区办公室配合有关部门查处。

第四十五条 本规定自颁布之日起执行。

第四十六条 有关部门制定的实施细则等(见附件一～八),已经省人民政府批准,与本举规定一并执行。

湖南省人民政府

1991 年 10 月 11 日

附件一

长沙高新技术产业开发区高新技术企业认定办法实施细

第一条 为实施国务院国发〔1991〕12 号文件规定的《国家高新技米产业开发区高新技术企业认定条件和办法》,推动高新技术产业的发展,结合我省实际情况,制定本细则。

第二条 湖南省科学技术委员会是高新技术企业认定的主管机关,长沙高新技术产业开发区(以下简称长沙开发区)办公室在省、市人民政府领导和省科委的指导监督下具体办理高新技术企业的审批认定事宜。

第三条 凡要求进入长沙开发区兴办高新技术企业的单位和个人,必须向长沙开发区办公室提出申请,并提交有关文件,经长沙开发区办公室核定后,由省科委认定并发给高新技术企业证书,再到工商行政管理部门登记注册,领取营业执照。长沙开发区办公室自受理申请之日起,必须尽快提出审核意见,最长不能超过 15 天;省科委自接到长沙开发区办公室审核意见之日起,认定答复时间最长不能超过 5 天;工商、税务、银行等部门自受理乏日起,办完相应手续的时间最长不能超过 7 天。

第四条 高新技术及其产品的范围

根据国家科委公布的高新技术范围并结合我省的实际,划定高新技术及其产品的范围如下:

（一）微电子科学和电子信息技术及其产品；

（二）材料科学和新材料技术及其产品；

(三)生命科学和生物工程及其产品；

（四）能源科学和新能源、高效节能技术及其产品；

（五）光电子科学和光机电一体化技术及其产品；

（六）精细化工技术及其产品；

(七)生态科学和环境保护技术及其产品；

（八）医药科学和生物医学工程及其产品；

（九）核应用技术和激光技术及其产品；

（十）空间科学和航空航天技术及其产品；

（十一）其他在传统产业基础上应用的新工艺、新技术。

随着国内外高新技术的不断发展，上述范围将不断补充和修改，根据国家新技术产业政策，省科委及时提出修改补充意见，并予以公布。

第五条 高新技术企业是知识密集、技术密集的经济实体。长沙开发区内的高新技术企业，必须具备下列条件：

（一）从事本细则第四条规定范围内1种或多种高新技术及产品的研究、开发、生产和经营业务。单纯的商业经营除外。

（二）实行独立核算、自主经营、自负盈亏，具有独立的法人资格。

（三)企业的负责人是熟悉本企业产品研究、开发、生产和经营的科技人员，并且是本企业的专职人员。

（四）具有大中专以上学历或具有技术职称的科技人员应占企业职工总数的30%以上；从事高新技术产品生产或服务的劳动密集型高新技术企业，具有大中专以上学历或技术职称的科技人员应占职工总数的20%以上；其中直接从事高新技术产品研究、开发的科技人员均不得低于企业职工总数的10%。

（五）有10万元以上资金，并有与业务规模相适应的经营场所和设施。高新技术发明人或设计者创办的个体或私营高新技术企业，注册资金不得低于5万元。

（六）用于高新技术及其产品研究、开发的经费应占本企业年总收入3%以上。

（七）高新技术企业的总收入，一般由技术性收入、高新技术产品产值、一般技术产品产值和技术性相关贸易组成。高新技术企业的技术性收入及高新技术产品产值的总和应占本企业当年总收入的50%以上，外商投资兴办的应占30%以上。

技术性收入是指由高新技术企业进行的技术咨询、技术转让、技术入股、技术服务、技术培训、技术工程设计和承包、技术出口、技术引进的消化吸收及中试产品的收入。

（八）有明确的企业章程和严格的技术、财务管理制度。

（九）企业经营期在10年以上。

第六条 长沙开发区办公室将定期按本细则第五条规定的条件对高新技术企业进行年度考核、不符合条件的高新技术企业，不得享受国家高新技术产业开发区的各项政策规定，并由长沙开发区办公室收回其高新技术企业证书。

第七条 列为高新技术产品的期限一般为5年；技术周期较长的高新技术产品经批准可延长到7 ~ 10年。

第八条 下列单位优先进入岳麓山科技园：

(一)科研单位、大专院校的科技人员领衔兴办的和大中型企业举办的符合本细则第四条规定范围要求的高新技术企业。

(二)华侨、外商及港、澳、台商独资创办或与国内企事业单位、个人联合创办的符合本细则第四条规定范围要求的企业。

第九条 长沙开发区内按国家规定全部核减行政事业费、实行经济自立的全民所有制科研单位，符合本细则第四条、第五条规定条件的，经长沙开发区办公室核定，可转为高新技术企业。

第十条 高新技术企业变更法人代表或经营范围，以及合并、分立、转业、迁移或歇业的，需经长沙开发区办公室审批，并到工商、税务等部门办理相应的登记手续。长沙开发区办公室应对其高新技术企业资格进行重新考核。

第十一条 高新技术企业在申报和接受年度考核中有弄虚作假，违反本细则各项规定的，由长沙开发区办公室会同有关部门视其情节轻重，予以批评教育，责令整改，直至吊销其高新企业证书。违反工商行政管理、税收征管等规定的行为，由长沙开发区工商、税务机关依法依章处罚。

附件二

长沙高新技术产业开发区
税收政策暂行规定

第一条 为了落实国务院关于高新技术产业开发区的税收政策，推动长沙高新技术产业开发区(以下简称长沙开发区)建设，结合我省实际情况，制定本规定。

第二条 本规定仅适用于长沙开发区岳麓山科技园内的高新技术企业（以下简称企业）。

第三条 企业除执行国家高新技术产业开发区税收政策的规定外，执行本规定。

第四条 生产性的外商投资企业，可以免征地方所得税和其他地方税(包括城市房地产税，车船使用牌照税和屠宰税，下同)10年；非生产性的外商投资企业免征地方所得税和其他地方税5年。

第五条 新办企业经企业申请，税务机关批准，从投产年度起2年内免征所得税，还可以按税收体制规定给予一定期限的减免产品税、增值税的照顾。

第六条 经省科委立项，由科研单位、大专院校组成的高新技术企业研制的中试产品，纳税有困难的可按税收管理体制的规定，报经批准，给与一定期限减免产品税、增值税的照顾。

第七条 对内资办的企业减征或免征的税款，统一作为国家扶持基金，单独核算，专户储存，由长沙开发区办公室和税务机关监督，专项用于高新技术和产品的开发。私营企业如将国家减免的税金用于生活消费的，则要按国家有关规定补交税款。

第八条 内联企业用分得的利调在长沙开发区再投资部分，免征所得税和调节税。

第九条 内联企业使用银行贷款购置固定资产和进行技术改造，增提折旧基金的部分，用于归还以上贷款的，经税务机关批准，可缓征能源交通重点建设基金。从1991年起，内联企业的留利用于归还固定资产投资贷款的部分，经税务机关批准，可缓征能源交通重点建设基金。

第十条 根据国家产业政策，新建科研业务用房、国家科技攻关项目和高技术攻关项目、中间试验、工业试验和开放性试验室以及直接为国防服务的军工产品、国防专用配套产品项目的投资，在征收固定资产投资方向调节税时，暂执行零税率。

第十一条 高等院校、科研单位、、军工企业等到岳麓山科技园投资开办的企业，如其经济性质仍符合校办工厂、科研单位、军工企业的，可执行现行的税收政策，或执行本规定。新办集体性质的高新技术企业，可执行本规定，或执行现行规定。

第十二条 本规定自批准之日起执行，由省税务局负责解释。

附件三

长沙高新技术产业开发区 财政政策暂行规定

第一条 为了落实国务院关手高新技术产业开发区的政策，进一步推动长沙高新技术产业开发区(以下简称长沙开发区)建设，结合我省实际情况，制定本办法。

第二条 本办法适用于长沙开发区岳麓山科技园内的高新技术企业(以下简称企业)。

第三条 为适应长沙开发区管理需要，在长沙开发区建立长沙市财政局的派出机构，负责长沙开发区内国家财政政策的贯彻执行，履行财政职能，进行财政监督。

第四条 企业一律实行《中外合资经营企业财务管理规定》和《中外合资经营工业企业会计制度》。

第五条 建立长沙开发区科技开发基金。从1991年开始，省和长沙市财政及省科委每年安排一定数额的资金(其中省财政1000万元，省科委300万元，长沙市财政300万元)，专项支持长沙开发区的建设和高新技术产品开发，连续3年不变，实行有偿使用，逐年积累。允许长沙开发区集中所属企业提取的技术开发费的30%，以增强长沙开发区的调控能力。

第六条 企业还贷，缓征“两金”和各种附加费用。

第七条 企业用于高新技术开发和高新技术产品生产技仪器、设备，均实行快速折旧，其折旧年限在财政部规定折旧年限的基础上缩短30%；研制高新技术产品所需的测试仪器和关键设备，单台购置费在5万元以上(含5万元)的，经同级财政部门批准，可以一次或分次摊入成本。

第八条 在不影响上交中央、省财政部分的前提下，企业所交各项税款、“两金”和各种附加费用，5年内全部返还长沙开发区，用于长沙开发区的建设。

第九条 对内资企业减征和免征的税款统一作为国家扶持资金，企业专设会计科目管理。

第十条 在长沙开发区内从事高新技术产品开发的高等院校、科研院所、邮政邮电企业继续享受原有的各项优惠政策，同时享受本规定范围内的各项优惠政策。但原有优惠政策与本规定优惠政策内容相同的，只能择优执行。

第十一条 本规定由省财政厅负责解释，自批准之日起执行。

附件四

长沙高新技术产业开发区金融管理试行办法

第一条 为了促进长沙高新技术产业开发区(以下简称长沙开发区)的建设和高新科技产品的开发，根据国务院国发〔1991〕12号文件的规定，参照国家经济特区和经济技术开发区的经验，结合我省实际，制定本试行办法。

第二条 经国家批准，境外银行可在长沙开发区内设立办事处，创造条件建立外资银行分支机构；允许境外金融机构在长沙开发区内直接投资。

第三条 试办长沙开发区科技投资公司，由信托、保险、证券、交通银行及专业银行等金融机构对公司参股。

第四条 根据长沙开发区发展需要，适量增设有关专业银行的分支机构和其它金融机构。

第五条 按照客户可以选择银行、银行可以选择客户的原则，允许企业在多家银行办理金融业务，允许专业银行业务交叉，但必须实行贷款证制度。

第六条 经省人民银行批准，长沙开发区企业可以面向社会发行债券，债券利率可在同期储蓄存款利率基础上上浮，但最高不能超过40%。经国家批准，长沙开发区内企业可以面向社会发行股票，，并创造条件使股票上市。

第七条 长沙开发区内金融机构的流动资金贷款实行弹性利率，在人民银行规定的范日内浮动。

第八条 各专业银行省、市分行对长沙开发区内企业的流动资金贷款和技术改造及科技开发贷款，实行倾斜政策，择优扶持。

第九条 湖南外汇调剂中心对长沙开发区内企业所需的外汇额度，优先予以调剂。

第十条 人民银行长沙分行负责协调和管理长沙开发区内各专业银行及其它金融机构的金融业务。

第十一条 本办法仅适用于长沙开发区岳麓山科技园内的高新技术企业，自批准之日起执行，由省人民银行负责解释。

附件五

长沙高新技术产业开发区对外经贸政策试行办法

第一条 为落实国务院关于国家高新技术产业开发区的有关政策，推进长沙高新技术产业开发区(以下简称长沙开发区)的对外开放，制定本办法。

第二条 长沙开发区办公室会同省外经委负责审核长沙开发区“三资企业”的立项、可行性研究、合同和章程。省外经委颁发“三资企业”批准证书；省工商局办理企业法人执照。

长沙开发区办公室享受地市一级“三资企业”的审批权限。

长沙开发区办公室和省外资办自受理申请之日起，20天内作出审批意见；省工商部门自受理之目起，7天内办理登记注册手续。

第三条 被认定为高新技术企业的“三资企业”，即为技术先进型企业，享受技术先进型企业和高新技术企业的各项优惠政策。

长沙开发区内产品出口企业由省外经委会同长沙开发区办公室确认和考核。

第四条 长沙开发区企业开发的高新技术产品，凡各项指标达到同种进口产品的水平，并具备一定生产规模的，申报国家有关部门列入限制进口商品目录。

第五条 长沙开发区企业的商务、-- 技术人员因公务出国，由长沙开发区办公室审核，按有关规定报批。部分人员多次出国的按国办发〔1990〕9 号文件执行。

第六条 按照国家有关规定，对稳定出口创汇的长沙开发区企业，申报授予自营进出口权，对有条件的企业经批准可在国外设立分支机构。

第七条 长沙开发区企业因产品开发需要进口机电产品，在省计划指标内优先保证。

第八条 长沙开发区非“三资企业”高新技术产品出口创汇，可按特定科技产品留成比例留成。

第九条 为推动长沙开发区高新技术产品进入国际市场，积极创造条件创办长沙市高新新技术产品进出口公司，在同等条件下，优先获得进出口权。

第十条 长沙开发区内的华侨、港澳、台湾同胞投资企业，，在其投资总额内进口本企业所需的机器、设备、生产用车辆和办公设备，以及华侨、港澳、台湾同胞在企业工作期间运进自用的、合理数量的生活用品和交通工具，免领进口许可证，免征进口关税和工商统一税。

第十一条 经经贸部门确认为产品出口企业和技术先进型企业的中外合资企业，在其投资总额内进口的自用、合理数量的生活用车、办公用品可免征进口关税和工商统一税。

第十二条 经批准成立的外商独资企业进口交通工具，在自用、合理数量条件下，免领进口许可证，免征进口关税和工商统一税。

第十三条 长沙开发区企业为生产出口产品而进口的原材料和零部件，免领进口许可证，海关凭出口合同以及长沙开发区的批准文件验放。

第十四条 经海关批准，高新技术企业可在长沙开发区内设立保税仓库、保税工厂，海关按进料加工的有关规定，以实际加工出口数量，免征进口关税和进口环节产品税、增值税。保税货物内销时，必须经原审批部门批准和海关许可，并照章纳税。

第十五条 高新技术企业生产的出口产品，除国家限制出口或者另有规定的产品外，均免征出口关税。

第十六条 长沙开发区企业可享受湖南省鼓励出口创汇和扩大对外开放的政策。

第十七条 本办法暂适用于长沙开发区岳麓山科技园内的高新技术企业。

第十八条 本办法由省外经委、长沙海关负责解释，自批准之日起执行。

附件六

长沙高新技术产业开发区
土地管理试行办法

为合理开发、利用土地资源，改善投资环境，促进长沙高新技术产业开发区(以下简称长沙开发区)的建设，根据《中华人民共和国土地管理法》及有关政策规定，制定本办法。

第一条 长沙开发区用地，由国土部门一次性审批划拨，交长沙开发区办公室统一开发使用。

第二条 长沙开发区土地实行有偿使用制度，土地使用权可有偿出让，转让和抵押、出租。允许境内外企业或个人在长沙开发区内租让土地或参予土地开发。

第三条 长沙开发区办公室在长沙市建委和市国土管理局指导下，负责土地使用权有偿出让、转让和抵押的工作。

进入长沙开发区的任何单位和个人需要使用圭地，应向长沙开发区办公室申请，有偿取得规定期限的圭地使用权，领取国有土地使用证。并按合同规定和开发区规划合理使用，不得擅自改变土地的用途。

第四条 长沙开发区办公室依国家有关规定收取土地使用权出让费、土地管理登记费、土地增值费，土地使用费等。收费标准由办公室依据有关政策和使用年限确定。以上费用收入作为科技开发区建设基金，由办公室管理，用于长沙开发区土地开发与保护。

第五条 各类土地费用在1995年底前不调整。以后随经济的发展、供需情况和地理环境的变化等进行调整，调整的间隔期不少于2年。

各类费用一次性支付的将给予优惠，分年度支付，遇费用调整时，按新标准缴纳。

第六条 有偿出让土地使用权可采取下列方式：1. 协议出让；2. 招标出让；3. 公开拍卖出让。土地使用权出让的程序、办法由长沙开发区办公室制定。

第七条 出让合同由长沙开发区办公室与受让人签定。合同必须采用书面形式，并经公证。出让合同签定后，受让人应在合同规定的时间内，向长沙开发区办公室缴纳土地使用权出让费，办理土地使用权出让登记，领取土地使用证，并按年度缴纳土地使用费。

第八条 出让年限由长沙开发区办公室根据行业特点和经营项目的实际需要确定。一般为 50 年，最长不超过 70 年。土地使用年限届满，受让人需继续使用土地的，必须在期限届满前 1 年向办公室申请办理续用手续，并按续期日的土地使用权价格缴纳出让费。

第九条 受让人如确需改变合同规定的土地使用性质和规划要求的，须书面论证、申述，报长沙开发区办公室审批。并修订出让合同，按规定补足费用，办理变更登记。

第十条 受让人转让土地使用权，须具备下列条件：1. 领有国有土地使用证；2. 除土地使用权出让费外，投入开发建设的资金已达投资总额的 25 ~ 35%。

长沙开发区内机关、文教卫生、市政公共设施等非经营性用地的使用权不得转让。

第十一条 土地使用权的转让方式、转让价格由转让双方协商确定。土地使用权转让价格明显低于当时市场价格的，长沙开发区办公室可按其转让价格购回土地使用权。

第十二条 受让人转让经减免用地价款的土地使用权，应向长沙开发区办公室补交减免额。

第十三条 土地使用权转让时，当事人应签定书面转让合同，并经长沙开发区办公室批准。同时，缴纳土地增值费，换领国有土地使用证。土地使用权转让费标准，由长沙开发区办公室另行规定。

第十四条 土地使用权的抵押须经长沙开发区办公室同意并进行登记，由当事人签订书面抵押合同，并经长沙开发区办公室批准。抵押人不履行债务的，抵押权人有权委托拍卖机构拍卖抵押人用于抵押的土地使用权，由拍卖所得价款优先得到偿还。

第十五条 土地使用权可以出租，由出租人与承租人签订租赁合同。土地使用权出租后，出租人必须继续履行土地使用权出让合同。

第十六条 土地使用权转让、抵押、出租的年限，不得超过原土地使用合同确定的有效年限。

第十七条 土地使用权出让期满，土地使用权和地面附着建筑物及其基础设施一并由长沙开发区办公室无偿收回。需要拆除的附着物，由受让人拆除或交纳拆除费。

第十八条 违反本规定，采取不正当手段取得土地使用权的，以及有关土地使用权出让的纠纷，按《中华人民共和国土地管理法》、《湖南省土地管理实施办法》的有关规定处理。

第十九条 本办法暂适用于长沙开发区岳麓山科技园内的高新技术企业，自批准之日起执行，由长沙市人民政府负责解释。

附件七

长沙高新技术产业开发区
劳动人事管理暂行办法

第一条 为了促进长沙高新技术产业开发区(以下简称长沙开发区)的建设，加快我省高新技术产业的发展，根据国发〔1991〕12号文件精神和有关政策规定，制定本办法。

第二条 本办法仅适用于长沙开发区岳麓山科技园内的高新技术企业(以下简称企业)和企业员工(含企业各类从业人员)。

第三条 长沙开发区办公室设立劳动人事部门，负责本办法的监督实施。其业务受长沙市劳动人事部门的指导和监督。

第四条 企业的机构设置、人员编制、劳动计划，由企业根据生产经营需要自主确定并报长沙开发区办公室劳动人事部门备案。长沙开发区年度用工计划实行单列，由长沙开发区办公室按所需数量报省劳动厅直接下达。

第五条 长沙开发区企业内所有人员统称企业员工。企业所需员工，一律向社会公开招考，择优聘用。

第六条 企业实行全员劳动合同管理。以合同的形式与法人代表签订劳动合同，明确双方的责任、权力和利益。员工和企业实行双向选择，企业依据劳动合同可解聘和辞退员工，员工可自主选择企业。因特殊情况需要提前解聘或对无正当理由阻止员工合理流动的，由劳动人事部门仲裁。

第七条 企业员工可以在档案中保留原有身份、工资级别、职称，档案存放在长沙市人才交流服务中心到长沙开发区后．即按长沙开发区的规定执行。解除合同后，按“双向选择”的原则确定接收单位。其工龄连续计算，工资和其他待遇按国家和省有关规定由新接收单位确定。

第八条 企业聘用员工，原则上应从具有长沙市城镇户口人员中聘用。确需招用非本市城镇户口的(舍从农村招工)，按我省现行有关招工、招聘政策的规定办理。有关部门要优先考虑长沙开发区企业对大学生、研究生、留学生和归国专家的需求。聘请国外专家到长沙开发区企业任职的具体办法按有关引进国外智力的规定执行。

第九条 受聘在长沙开发区工作的专业技术人员，原已获得的专业技术职务任职资格可予保留，用人单位可根据需要聘任。在专业技术职务经常化评聘工作中，原系全民所有制身份的专业技术人员，仍可按全民所有制身份参加专业技术职务任职资格评审；其他身份的专业技术人员，可按集体所有制身份参加专业技术职务评聘。

第十条 企业实行工资总额同经济效益挂钩。企业可自主决定员工工资分配办法和支付方式。工资标准和管理办法参照中外合资企业的有关规定执行。

第十一条 长沙开发区内建立社会保悼体系，劳动部门负责为企业全体员工开展待业、工伤、养老等社会保障服务。所有单位和个人必须按规定向劳动部门所属社会保险机构缴纳社会保障金。中途退出长沙开发区企业的员工，养老保险金转给新接收单位所在保险机构，缴费年限合并计算，享受新单位保险待遇。

第十二条 企业必须执行国家有关劳动保护的政策法规，建立安全责任制，使作业场所符合国家安全卫生规定要求，保障员工的合法权益。

第十三条 本办法自批准之日起执行，由省劳动厅、省人事厅负责解释和监督执行。

附件八

长沙高新技术产业开发区
统计管理试行办法

第一条 为了加强长沙高新技术产业开发区（以下简称长沙开发区）统计管理，根据国家有关政策规定，制定本办法。

第二条 长沙开发区机关、社会团体、高新技术企业部应遵守《中华人民共和国统计法》及其《实施细则》、《湖南省统计管理条例》和本办法，认真搞好统计工作，如实报送统计报表，完成各项统计任务。

第三条 长沙开发区实行统计登记注册制度。各单位在办理工商登记注册手续的同时，到长沙开发区办公室办理统计登记注册手续。企业撤销或破产倒闭的，从正式宣布撤销、破产之日起1周内办理注销手续。

第四条 长沙市开发区办公室及高新技术企业根据统计任务的需要，设置统计机构或配备相应的专职（兼职）统计人员，指定统计负责人，提供必要的条件，保障统计人员依法行使职权。

第五条 报送统计报表和统计资料应严格遵守规定的统计调查范围、指标涵义、计算方法、计算价格、分类标准、产品（商品）目录、报送期限等统计制度。

第六条 各项统计制度和指标，由省统计局会同长沙开发区办公室制发。长沙开发区各单位各企业报送统计资料，一律送长沙开发区办公室，由办公室汇总后，报省统计局和长沙市统计局。

第七条 本办法由省统计局负责解释，自颁发之日起实施。

长沙市人民政府翻印　　1991年10月15日

中共长沙市委
长沙市人民政府
关于进一步加快岳麓山科技园发展的决定

长发〔1995〕29号

（1995年5月23日）

长沙高新技术产业开发区岳麓山科技园经过两年多的建设，目前已初具规模。为使岳麓山科技园尽早发挥投资效益，真正成为我市高新技术产业发展的基地和改革开放的窗口，促进全市高新技术产业的快速发展和河西新城区的建设，现就进一步加快岳麓山科技园的发展作出如下决定：

一、统一认识，加强领导，形成合力，确保发展。岳麓山科技园经国家和省、市政府批准，两年多来已投入大量建设资金，高标准地初步建成了火炬城产业街和英才园住宅小区。岳麓山科技园的建成和使用，必将充分发挥高新技术产业作为我市新的经济增长点的作用，产生良好的经济效益和社会效益。全市各级领导要充分认识加快岳麓山科技园发展的重要意义，增强使命感和责任感，把支持岳麓山科技园的发展作为实施“科技兴市”的大事来抓。

二、集中人力、物力和财力，加快岳麓山科技园基础设施建设。全市各有关部门要积极支持配合，重点保证园内道路、供水、供电、供热、电信等基础设施的完善和配套。市四水厂增容部分要保证年内供水；新建桐梓坡110千伏变电站七月份要投入使用，使园区内不停电、不限电；要加快电信工程建设进度，今年着力解决装电话难的问题；银双路、桐梓坡路、火炬城步行街等道路要尽快完工；热力要理顺管理体制，加快管网建设。各有关部门要对营造科技园良好的投资环境给予重视和支持。

三、加大招商引资、引“凤”入“巢”的力度，鼓励企业进入科技园发展。凡进入岳麓山科技园的企业均可享受下列优惠政策：

1、在岳麓山科技园内兴建生活配套房屋可比照长沙市“广厦”（安居）

工程的优惠政策执行。

2、在科技园购买厂房可享受成本价优惠，银行还优先给予一定比例的流动资金贷款，支持企业发展生产。每购买一套住房可享受办理一人（园内企业员工）迁入长沙市，并免缴城市增容费的优惠。

3、在科技园内租赁厂房，半年内免缴租金，半年后的第一年按80%计缴租金。

4、科技园内企业招聘的具有中级以上职称的科技人员调入长沙市，经开发区管委会审定，并签订工作五年以上的合同可免缴城市增容费。

5、科技园内企业的车辆经开发区管委会审定可免费领取过桥通行证。过桥费由长沙高新技术产业开发区管委会统一办理有关手续。

四、建立长沙高新技术产业发展基金和高新技术风险投资基金，用于高新技术项目的研究开发、人才培养及高新技术产业化。园内企业可优先申请，优先安排。

五、为确保园内企业集中精力搞好生产经营，市、区、街等各有关部门凡对企业实施各种收费，进行各类检查、参观、考察，举办各种培训班，召开有关会议和组织集体活动，必须经长沙高新技术产业开发区管委会统一安排。

六、高等院校、科研院所在科技园兴办企业，既可享受高新技术企业的优惠政策，又可享受国家对大专院校、科研院所的各项优惠政策。

主题词：科技开发　岳麓山科技园△　决定

发：各区、县（市）委和人民政府，市直机关各单位

中共长沙市委办公厅　　1995年5月25日

共印900份

关于发布《国家高新技术产业开发区管理暂行办法》的函

国科发火字〔1996〕061号

各有关省、自治区、直辖市、计划单列市人民政府：

根据《中华人民共和国科学技术进步法》和国务院国发〔1991〕12号文件的有关规定，我委在认真总结各地人民政府对高新技术产业开发区管理工作的基础上，经过充分酝酿和反复修改，制定了《国家高新技术产业开发区管理暂行办法》。现将《国家高新技术产业开发区管理暂行办法》印发给你们，请遵照执行。在执行过程中的经验和问题望及时函告我委。

中华人民共和国国家科学技术委员会

一九九六年二月九日

题词：高新技术 产业 开发区 管理 办法 函

抄送：国务院办公厅、国家计委、国家经贸委、国家体改委、财政部、海关总署、人民银行、国家税务局、国务院研究室；各有关省、自治区、直辖市、计划单列市科委；各国家高新技术产业开发区 国家科委办公厅

1996年2月13日印发

打字：刘洋　校对：李志远　共印250份

国家高新技术产业开发区管理暂行办法

第一章 总则

第一条 为了规范国家高新技术产业开发区的管理，加速高新技术产业的发展，根据国务院有关政策规定，制定本办法。

第二条 本办法所称国家高新技术产业开发区，是指经国务院批准的高新技术产业开发区。开发区的主要任务是促进高新技术与其它生产要素的优化组合，创办高新技术企业，运用高新技术改造传统产业，加速引进技术的消化、吸收和创新，推进高新技术成果的商品化、产业化、国际化。

第三条 国家高新技术产业开发区应当成为我国高新技术产业化的基地，高新技术向传统产业扩散的辐射源，深化改革、对外开放的试验区，科技与经济密切结合的示范区，培育科技实业家、孵化高新技术企业的功能区，体现社会主义物质文明和精神文明的新型社区。

第四条 各有关省、自治区、直辖市、计划单列市人民政府应根据《中华人民共和国科学技术进步法》和国家的有关政策，把国家高新技术产业开发区作为当地“科教兴国”的特区，实行扶持政策，推动开发区快速、健康发展。

第二章 管理

第五条 根据国务院授权，国家科委归口管理和协调指导全国国家高新技术产业开发区，其主要职责是：

（一）依据国家法律、法规和有关科技政策、产业政策，会同有关部门制定和组织实施开发区全国性的总体发展战略、建设规划及专项计划，并对实施情况进行监督和检查；

（二）指导开发区的综合配套改革；

（三）对经省、自治区、直辖市、计划单列市人民政府批准成立的高新技术产业开发区、高新技术产业开发带进行协调指导；

（四）组织开展国内外科技经济合作与交流；

（五）受理和承办新建开发区的申报、审批工作，审定区域范围和面积。

国家科委火炬计划办公室（中心）负责归口管理日常业务工作。

第六条 国家高新技术产业开发区所在省、市人民政府是当地开发区的领导机关，其主要职责是：

（一）把握开发区的办区方向，落实国家关于开发区的有关政策，制定促进开发区迅速、健康发展的地方性扶植政策；

（二）制定开发区发展战略和规划，推动开发区综合改革，对开发区重大事项进行决策；

（三）建立有利于发展的开发区管理体制和动员各有关部门，支持开发区的建设。

第七条 省、自治区、直辖市、计划单列市科委对当地国家高新技术产业开发区进行以下管理：

（一）对开发区发展方向、规划、计划和政策法规等实施情况进行监督、检查和指导；

（二）参与开发区的决策和领导；

（三）审查、认定高新技术企业并定期进行复核；

（四）协助开发区引进人才和项目；

（五）办理新建国家高新技术产业开发区的申报工作。

第八条 国家高新技术产业开发区应当根据各地具体情况，按照精简、统一、高效的原则建立适合于社会主义市场经济和高新技术产业发展的管理体制和运行机制。

开发区管理委员会作为开发区日常管理机构，可以行使省、自治区、直辖市、计划单列市人民政府所授予的省市级规划、土地、工商、税务、财政、劳动人事、项目审批、外事审批等经济管理权限和行政管理权限，对开发区实行统一管理。

第九条 国家高新技术产业开发区管理委员会的主要职责是：

（一）贯彻落实国家和地方有关开发区的政策、法规；

（二）健全开发区管理体制，优化运行机制；

（三）拟定、实施开发区的高新技术产业发展规划和建设发展规划，并纳入当地总体规划；

（四）推进开发区的综合配套改革，建立适应社会主义市场经济和高新技术产业发展要求的现代企业制度、劳动人事制度、社会保障制度、风险投资机制等；

（五）招商引资，吸引人才，办好创业服务中心、大学科学园区、科技一条街等；

（六）建立完善的统计、信息系统和高新技术产业发展所需要的支撑服务体系。

第三章　高新技术企业

第十条 高新技术企业是国家高新技术产业开发区的主体。高新技术企业应当按照“自主经营、自负盈亏、自我约束、自我发展”的原则组建、管理和经营。

第十一条 国家高新技术产业开发区内凡符合认定标准规定的企业，可以提出高新技术企业认定申请；经审查、认定为高新技术企业的，可享受国家和地方赋予高新技术企业的各项优惠政策。

第十二条 高新技术企业应当坚持高新技术的方向，增加科技投入，坚持自主研究开发与引进技术的消化、吸收、创新相结合，扩大高新技术产业规模，促进用高新技术武装传统产业。

第十三条 高新技术企业应当建立“产权清晰、责权明确、政企分开、管理科学”的现代企业制度，完善市场导向与技术创新有机结合的、技工贸一体化的企业经营机制，建立健全研究、开发、生产、经营等各项管理制度，提高竞争能力，面向国内外市场，参与国际竞争。

第十四条 高新技术企业必须严格遵守国家的法律法规，保护投资者权益；建立社会保险制度，改善职工劳动条件，保障职工健康和安全，逐步提高职工的福利待遇。

第十五条 国家高新技术产业开发区实行以公有制为主体、多种经济成份共存的方针。不同经济成分的高新技术企业应当长期共存、平等竞争、优势互补、共同发展。

鼓励不同经济成份的高新技术企业相互入股、参股，依法建立有限责任公司、股份有限公司；鼓励高新技术企业与开发区内外的科研机构、高等学校、大中企业建立多种形式的科技经济联合组织。

第四章 支撑服务体系

第十六条 国家高新技术产业开发区应当办好创业服务中心，建立有关金融、外贸、法律、保险、审计、会计、知识产权、资产评估、计算、测试、信息咨询、人才交流与培训等支撑服务体系。

第十七条 国家高新技术产业开发区经有关关部门批准，可建立风险投资、证券交易、产权交易、资金融通、物资、技术、人才市场，房地产市场，租赁公司，知识产权法律咨询等市场机制。

第十八条 国家高新技术产业开发区应当建立符合国际规范的贸易、投资、标准、保险、高新技术产品进出口等业务体系。

第五章 申报及考核

第十九条 申请新建国家高新技术产业开发区，应当就所在城市的科技实力，工业基础，经济、社会发展状况，基本投资环境和对外开放条件，以及开发区发展现状和前景等，向国务院提出报告，并附当地人民政府推进改革开放、发展高新技术产业的规划和计划。

第二十条 国家高新技术产业开发区实行竞争机制下的动态管理，国家科委制定《国家高新技术产业开发区考核标准及办法》，对开发区进行定期考核。经考核，对各项工作成绩优秀的开发区、将给予表彰。对管理不善、发展缓慢的开发区，将责令其限期整顿：经整顿无效的，将报请国务院取消其国家高新技术产业开发区的资格。

第六章 附则

第二十一条 本办法适用于国家高新技术产业开发区。开发区所在地应结合本地情况，制定有利于本地高新技术产业开发区健康发展的地方性法规。

第二十二条 本办法由国家科委负责解释。

第二十三条 本办法自发布之日起施行。

长沙高新技术产业开发区条例

长沙高新技术产业开发区管理委员会印

一九九六年四月

长沙市人民代表大会常务委员会
公　告

(1996 年第 7 号)

《长沙高新技术产业开发区条例》于一九九六年一月二十四日长沙市第十届人民代表大会常务委员会第二十六次会议通过，一九九六年四月四日经湖南省第八届人民代表大会常务委员会第二十一次会议批准，现予公布，自一九九六年五月一日起施行。

长沙市人民代表大会常务委员会

一九九丸六年四月十五日

湖南省人民代表大会常务委员会关于批准《长沙高新技术产业开发区条例》的决定

(1996年4月4日湖南省第八届人民代表大会常务委员会第二十一次会议通过)

湖南省第八届人民代表大会常务委员会第二十一次会议通过审议，决定批准《长沙高新技术产业开发区条例》。

长沙市人民代表大会常务委员会关于制定《长沙高新技术产业开发区条例》的决定

(1996年1月24日长沙市第十届人民代表大会常务委员会第二十六次会议通过)

长沙市第十届人民代表大会常务委员会第二十六次会议经过审议，决定通过《长沙高新技术产业开发区条例》,提请湖南省人民代表大会常务委员会批准。

长沙高新技术产业开发区条例

（1996 年 1 月 24 日长沙市第十届人民代表大会
常务委员会第二十六次会议通过
1996 年 4 月 4 日湖南省第八届人民代表大会
常务委员会第二十一次会议批准）

目　录

第一章　总　则

第一条 为加强长沙高新技术产业开发区的建设和管理，发展高新技术产业，根据《中华人民共和国科学技术进步法》及有关法律、法规的规定，结合本市实际，制定本条例。

第二条 本条例适用于国务院批准的长沙高新技术产业开发区（以下简称高新区）。

第三条 高新区基本任务是：发展高新技术产业；促进高新技术企业与高等院校、科研院所的结合，推进研究、开发、中试、生产、经营一体化；引进高新技术、高新技术人才和现代管理方法，促进经济技术合作，发展外向型经济；运用高新技术改造传统产业；建立符合市场经济规律的新体制和运行机制。

高新技术范围是：微电子科学和电子信息技术、空间科学和航空航天技术、光电子科学和光机电一体化技术、生命科学和生物工程技术、材料科学和新材料技术、能源科学和新能源及高效节能技术、生态科学和环境保护技术、地球科学和海洋工程技术、基本物质科学和辐射技术、医药科学和生物医学工程、其它在传统产业基础上应用的新工艺、新技术。

第四条 鼓励国内外企业、教学、科研单位以及其他经济组织和个人，在高新区投资或兴办高新技术企业，从事高新技术及其产品的研究、开发、生产、经营、咨询等活动。

高新技术企业按规定享受国家和省、市的优惠待遇。

第五条 高新区所在区、县（市）人民＿政府应为高新区高新技术企业发展创造良好的投资与经营环境。高新区应支持所在区、县（市）发展经济。

高新区应当加强社会主义精神文明建设，依法保护知识产权。

高新区的单位和个人，必须遵守法律、法规，其合法权益受法律保护。

第二章　机构与职责

第六条 长沙市人民政府在高新区设立管理委员会（以下简称管委会），其主要职责是：

（一）贯彻执行法律、法规，制定和实斑高新区的具体管理规定；

（二）编制高新区建设规划、产业规划和高新技术产业发展计划，经批准后组织实施；

（三）按规定管理高新区的财政税收、国有资产、劳动人事等行政工作；

（四）按规定处理高新区涉外事务；管理、指导和协调招商引资、对外经济技术合作、进出口贸易工作；

（五）审核、管理高新区高新技术项目和企业；

（六）负责高新区的国土利用、规划建设和产权管理工作；

（七）市人民政府授予的其他职权。

第七条 市人民政府的国土、建设、环保、税务、劳动、工商行政等部门在高新区的派出机构，接受管委会和其主管部门的领导，实施行政管理。

市人民政府的财政部门在高新区设立派出机构，可以设立国库分支机构。

第八条 银行、保险、证券、信托等金融机构经人民银行依法批准，可以在高新区设立分支机构。

第九条 高新区可以设立会计师事务所、审计师事务所、律师事务所、税务代理机构和其他咨南服务机构。

第十条 单位和个人经人民银行批准可在高新区创力风险投资机构，设立风险投资基金，扶植高新技术及产品的引进、研究、开发、生产。

第三章 企业与项目管理

第十一条 高新技术企业的认定，由企业向管委会提出申请，管委会按国家规定的条件审核，报省科委批准发给高新技术企业认定证书。

管委会对高新技术企业进行年度考核，对考核不合格的，报批准机关取消资格，收回证书，停止其享受高新区的优惠待遇。

第十二条 高新技术及其产品的认定、技术合同的认定、科技成果鉴定和产品鉴定等项工作，由管委会按规定程序组织进行。

第十三条 在高新区投资兴办的高新技术企业，应按规定注册登记，有关手续由工商行政部门设在高新区的派出机构负责办理；国内投资企业的税收由高新区税务部门征管，外商投资企业的税收由涉外税务部门征管。

第十四条 高新技术企业应遵守国家财务会计制度，按规定向高新区的财政、税务和企业管理部门报送会计、统计报表，并接受监督。

第十五条 高新技术企业的变更、歇业或终止经营，须到工商行政、税务等部门办理相应的手续，并报管委会和批准机关备案。

第十六条 在高新区投资的项目，投资总额在市人民政府审批权限内的，由管委会审批；超过市人民政府审批权限的，由管委会初审后报上级有关部门审批。

外商投资企业总投资在三千万美元以下的项目，由管委会审批，并代发外商投资企业批准证书。

第十七条 高新技术企业应严格遵守国家的环境保护法律、法规，污染物的排放和处理应符合规定的标准。

第四章 规划、土地和基本建设管理

第十八条 高新区的规划，应依据长沙市城市总体规划，由管委会会同市人民政府有关部门组织编制，报市人民政府批准，由管委会组织实施。

第十九条 高新技术企业的基本建设年度计划，在国家和省计划指导下，由管委会审批、监督实施。

第二十条 高新区的建设用地，由管委会会同国土等有关部门依据国家和省市有关规定办理。

第二十一条 高新区基本建设工程所需办理的《建设用地规划许可证》、《土地使用权证》、《建设工程规划许可证》、《建设工程施工许可证》和《房屋所有权证》，由市人民政府的建设、国土等部门在高新区的派出机构依法办理。

第二十二条 高新区土地使用权转让、基本建设工程报建、房地产交易，按规定收取的各项收益、税费，主要用于高新区的基础设施建设。

第五章 劳动人事管理

第二十三条 高新技术企业依法自行确定内部机构、人员编制、工资制度和分配方式。

第二十四条 高新技术企业及其他单位必须保障员工依法享有劳动、休息休假、技能培训、取得劳动报酬、获得劳动保护等权利，并按规定为员工办理养老、失业、工伤、生育、医疗等社会保险。

劳动者有权依法参加和组织工会。工会依法独立自主地开展活动，代表和维护劳动者的合法权益。

第二十五条 劳动争议发生后，当事人可以向本单位劳动争议调解委员会申请调解；调解不成，当事人一方要求仲裁的，可以向劳动争议仲裁委员会申请仲裁。当事人一方也可以直接向劳动争议仲裁委员会申请仲裁。对仲裁裁决不服的，可以向人民法院提起诉讼。

第二十六条 高新区专业技术职务评审委员会可以评审区内初级和中级专业技术职务任职资格。

第六章 优惠待遇

第二十七条 高新区企业所缴各项税款，在确保上缴中央财政的前提下，新增部分主要用于高新区建设和发展高新技术产业。

第二十八条 高新区内的高新技术企业，经税务部门核准，其所得税享受国家税收优惠待遇。

第二十九条 外商投资企业的外国投资者，将从企业取得的利润直接再投资于该企业，增加注册资本，或者作为资本投资开办其他外商投资企业，经营期不少于五年的，经投资者申请，税务机关批准，按照国家规定退还其再投资部分已缴纳所得税的部分税款；国家另有规定的，依照国家规定办理；再投资不满五年撤出的，应当缴回已退的税款。

第三十条 高新区单位进行技术转让，以及在技术转过程中发生的与技术转让有关的技术咨询、技术服务、技术培训的所得，年净收入在人民币三十万元以下的，按国家有关规定免征所得税。

科研单位和大专院校在高新区兴办的企业服务于各业的技术成果转让、技术培训、技术咨询、技术服务、技术承包所取得的技术服务性收入，按国家有关规定免征所得概。

第三十一条 高新区进出口货物享受下列优惠：

（一）为生产出口产品所需进口的原材料和零部件，免领进口许可证，海关凭进出口合同办理登记备案并验放；其加工的出口产品免征关税；

（二）经海关批准，在高新区可设立保税仓库和保税工厂。企业进口的保税货物，海关按照进料加工的有关规定，以实际加工出口数量，免征进口关税和进口环节税；

（三）高新区内的科研院所和大专院校，进口的科教用品可减免关税和进口环节税。

第三十二条 高新技术企业用于高新技术开发和高新技术产品生产的固定资产，可按有关规定实行快速折旧。

第三十三条 在高新区内兴建生活住房及其有关配套设施，可比照市人民政府有关安居工程的优惠政策执行。

高新区内的高新技术企业招聘的具有中级以上职称的外地科技人员户口迁入长沙市，经管委会审定，并签订工作五年以上的合同可免缴城市增容费。

高新区内的高新技术企业申请长沙高新技术产业发展基金和高新技术风险投资基金，管委会可优先安排。

第三十四条 高新区的外商投资企业享受国家和省、市及有关部门规定的优惠待遇，产品出口企业或属先进技术型的生产企业，经有关部门批准可以享受高新技术企业的优惠待遇。

第三十五条 大专院校、科研院所、军工企业在高新区兴办的高新技术企业，可以择优享受高新技术企业、校办企业、科研院所和军工企业的优惠待遇。

第三十六条 高新技术企业符合国家规定具有自营出口条件的，经有关部门批准授予外贸进出口经营权；经有关部门批准可以在境外设立分支机构或者建立合资企业。

第三十七条 对高新区单位需出国的中方科技、商务人员，经批准可办理一年内一次审批多次出国手续。

第七章 奖励与处罚

第三十八条 对有重大发明创造或者特殊贡献的人员实行重奖，对各类专业技术人才及其他人员在受聘期间做出显著成绩的实行奖励。具体奖励办法由市人民政府另行规定。

第三十九条 对弄虚作假，采取欺骗手段取得高新技术企业证书的，由主管部门收缴其高新技术企业证书，没收违法所得。

第四十条 在高新技术及其产品的认定申报中，采取欺骗手段，获取优惠待遇或者奖励的，取消其优惠待遇和奖励，没收违法所得。

第四十一条 管委会工作人员徇私舞弊、滥用职权、玩忽职守的，由管委会或者上级主管机关给予行政处分；构成犯罪的，由司法机关依法追究刑事责任。

第八章 附 则

第四十二条 本条例经湖南省人民代表大会常务委员会批准后，由长沙市人民代表大会常务委员会公布实施。

关于同意长沙高新技术产业开发区调整区域范围的复函

国科发火字 [1997] 195 号

湖南省人民政府：

贵省湘政函 [1997] 71 号文件获悉。经研究，同意长沙高新技术产业开发区（以下简称长沙高新区）根据发展需要，适当调整部分区域范围。现将有关事宜函复如下：

从长沙高新区已批准区域的范围内，调减难以充分开发利用的面积 8 平方公里，同时将星沙工业高科技园、马坡岭农业高科技园和远大高科技园调入长沙高新区。调整后长沙高新区的总规划面积仍保持 18.6 平方公里不变，具体区域范围如下：

1. 岳麓山高科技园：东起银三路、荣银路，西至市外环线，南起长宁公路、龙王港路，北至长益高速公路、张家冲；规划面积调减为 7 平方公里。

2. 星沙工业高科技园：东起区东环线，西至区西环线，南起梨江路，北至三一九国道、蒸湘路；规划面积 4 平方公里。

3. 马坡岭农业高科技园：东起省畜牧所边界，西至一〇七国道，南起浏阳河，北至长浏公路；规划面积 3 平方公里。

4. 远大高科技园：东起黄泥口子，西至长桥，南起吴家岭，北至长浏公路；规划面积 1 平方公里。

原市内政策区调减为 3.6 平方公里。

请你们抓住这次区域调整的机会，加强对长沙高新区的领导，认真做好总体发展规划，长沙高新区管委会作为长沙市政府的派出机构，应具备相应的管理级别，对所辖园区实行统一管理。鉴于马坡岭农业高科技园和远大高科技园省属单位多、改革任务重，建议省科技行政部门除参与长沙高新区管委会管理外，也参与这两个园区的管理。

希望你们继续认真贯彻国务院有关精神，促进高新技术产业开发区持续、快速、健康地发展，为我国高新技术业的发展做出更大的贡献。

一九九七年四月二十六日

主题词：高新技术 开发区 范围 函

抄送：国务院办公厅、国家税务总局，湖南省科委、长沙市人民政府、长沙高新技术产业开发区

国家科委办公厅　　1997年4月28日印发

打字：陈文旭　　　　校对：罗辉　　　　　　　　　　　　共印 40 份

中共湖南省委
湖南省人民政府
关于加速发展高新技术产业的决定

湘发〔1998〕19 号

（1998 年 12 月 24 日）

为深入实施科教兴湘战略，大力推进我省高新技术成果商品化、产业化进程，加快高新技术产业的发展和对传统产业的改造，推动产业结构的调整和升级，促进我省经济持续、稳定、健康发展，特作如下决定。

一、发展高新技术产业是我省面向 21 世纪的战略抉择

随着世界经济一体化趋势的发展，无论是发达国家还是发展中国家，都在纷纷调整发展战略，把发展高新技术产业作为本国经济发展战略的重点。高新技术产业已成为跨世纪竞争的制高点和经济增长及社会进步的主要推动力。面对发展和变革中的社会及国际市场的激烈竞争，党中央、国务院作出了实施科教兴国战略的重大决策，把科教兴国作为本届政府的最大任务。发展高新技术产业是实施科教兴国战略的核心。目前，我省经济结构不尽合理，传统产业技术水平较低，尤其是高新技术产业不发达，已成为制约我省经济发展的主要因素。各级党委和政府要认清形势，充分认识高新技术产业的地位和作用，进一步增强责任感和紧迫感，把发展高新技术产业作为充分发挥我省优势、提高经济素质的根本途径来抓，作为重要的经济增长点来抓，作为振兴湖南的根本大计来抓，使我省在高新技术领域占有一席之地。

二、发展高新技术产业的指导思想

“九五”期间到 2010 年，我省发展高新技术产业总的指导思想是：高举邓小平理论伟大旗帜，遵循“科学技术是第一生产力”和“发展高科技、实现产业化”的战略思想，贯彻党和国家的科技发展方针，按照科教兴湘的战略部署，以高新技术产业开发区为基地，以重点企业、拳头产品为龙头，以市场为导向，以高新技术为驱动力，培育新兴产业，发展现代农业，提升传统工业，合理配置有限资源，集中优势力量，重点突破，用高新技术及其产业的大发展，带动我省经济的快速发展。

三、高新技术产业的发展方向

一是培育新兴产业。要以电子信息技术产业、新材料技术产业、生物工程技术产业、光机电一体化技术产业为重点，以电子信息技术产业为突破口，全面带动我省高新技术产业的发展。二是推进农业现代化。要在广泛运用农业机械、农膜等工业技术的基础上，依靠生物工程、信息技术等高新技术，促进我省农业科技和生产力实现质的飞跃。三是提升传统工业。要充分利用传统产业的存量资产，创造生产要素重组的环境，通过高新技术的辐射带动，实现生产要素的合理配置，促进传统工业的升级和产业结构的调整。

四、高新技术产业的发展目标

到 2002 年，通过高新技术产业示范工程带动，使全省高新技术产业年产值在 1997 年基础上翻两番，达到 1000 亿元以上，利税达到 120 亿元；其产值占全部工业总产值的比重，由 1997 年的 5.97%上升到 16.3%；高新技术产品出口额在全省出口额中所占的比例，由 1997 年的 4.7%上升到 10% ，形成几个在国内具有竞争力的拳头产品。到 2010 年，全省高新技术产值争取达到 2500 亿元以上，占全省工业总产值的比重达 22 %, 利税达 300 亿元左右。

五、发展高新技术产业要遵循的原则

市场导向原则。在发展高新技术产业过程中，不仅要遵循其自身的发展规律，而且必须把握市场的发展趋势，以市场导向为原则，按市场经济规律组织生产经营。既要占领现有市场，更要培育新型市场；既要关注国内市场，更要放眼世界市场。只有这样，才能适应市场的变化。

效益优先原则。在项目选择上，不仅要注重当前效益，更要注重长远效益；不仅要注重微观效益，更要注重宏观效益；在注重经济效益的同时，还要注重社会效益和生态效益。把经济效益放在首位，用较低的投入，获取最大的经济效益。

技术创新原则。建立和完善以高等院校、科研院所为主体的知识创新体系，以企业为主体的技术创新体系，加速创新进程，创造拥有自主知识产权的高新技术成果，增强企业的市场竞争能力和发展后劲。对引进、消化、吸收省外和国外的先进技术，同样要注重创新。

可持续发展原则。在发展高新技术的进程中，要重视节约资源，搞好资源的优化配置和综合利用.要重视环境保护，发展洁净生产技术，控制环境污染，保护生态环境。

六、高新技术产业发展的重点领域

电子信息技术产业。重点加强计算机软件开发，大力发展信息服务业，形成电子信息制造业、软件产业、信息服务业同步发展的格局。

新材料技术产业。重点发展新型金属材料、新型无机非金属材料、有机高分子材料、先进复合材料。

生物工程技术产业。重点发展农业生物工程、医药生物工程与中西药新药开发、酶工程与发酵工程。

光机电一体化技术产业。重点发展空调制冷、工程机械、电器电机、新型高速车辆、数控精密高效加工机床等高新技术产品。

七、认真办好高新技术产业开发区

要切实办好长沙、株洲两个国家级高新技术产业开发区（以下简称“高新区”）和湘潭、岳阳、衡阳3个省级高新区。省级高新区的高新技术企业，其缴纳的所得税，可按照国家高新区的有关政策，先依率计征，再由同级财政返还，专项用于企业的技术开发。

高新区实行“封闭式管理、开放式运行”。授予高新区管委会所在市一级有关经济管理权限及与之相适应的行政管理权限。

高新区建立一级财政，负责高新区的财政预算和国有资产管理工作。高新技术企业的地方财政收入，以1997年的上缴额为基数，一定5年不变，用于区内基础设施建设和高新技术产业开发。

加快高新技术产业孵化基地（火炬创业服务中心）的建设。要将其基础设施建设纳入高新区财政预算。经省科委批准的创业服务中心所孵化的项目，在孵化期间或在创业服务中心孵化毕业后2年内所缴纳的各种税收中，地方收入部分由高新区财政列收列支返回创业服务中心。

八、大力扶持民营高新技术企业

对经科技管理部门认定的民营高新技术企业，在政治待遇、成果鉴定与奖励、项目审批、土地使用、信贷、技术与产品出口、优秀专家选拔，有突出贡献的专家评定、专业技术人员的职称评聘、出国等方面与国有企业一视同仁。

民营高新技术企业承包、租赁亏损的国有、集体企业5年以上，并负责安置原有企业职工的，对其上交的所得税，财政部门给予适当返还，新办的民营高新技术企业安置国有企业下岗人员达到 60 %以上比例的，经省地税部们批准，可以享受定期减免所得税的优惠政策。对重点扶持的民营高新技术企业，实行挂牌保护。

九、推动产、学、研相结合

鼓励、支持科研院所和高等学校创办高新技术企业，鼓励技术开发型科研机构进入企业，鼓励科研院所、高等学校与企业联合成立技术开发中心，或成为行业的技术开发中心。对科研院所、高等学校的技术转让收入免征营业税；从事技术转让、技术培训、技术咨询、技术服务、技术承包所取得的技术性收入，按程序报批享受所得税返还政策。

十、加强知识创新和技术创新体系建设

进一步支持基础研究和应用研究，逐步增加在湘中国科学院院士和中国工程院院士基金、中青年专家基金、自然科学基金。充分发挥国家级工程技术研究中心和重点实验室的作用，调整和加强省级重点实验室和重点学科建设。大中型企业都要建立技术开发中心，增强技术创新能力。加强生产力促进中心建设，为中小企业服务。

要实行技术创新和引进、消化、吸收相结合，在努力提高自主创新能力的基础上，积极引进高新技术人才和高新技术成果。加强引进技术的消化、吸收和国产化工作。

十一、加速科技成果转化进程

企业研究开发新产品、新技术、新工艺（经地市州以上

科委或经贸委认定，列入新产品试制、鉴定、开发计划，并报同级地税部门备案）所发生的各项费用，比上年实际发生额增长达 10%以上（含 10%），其当前实际发生的费用除按规定据实列支外，年终经主管税务机关审核批准后，可再按其实际发生额的 50%直接抵扣当年应纳税所得额。其实际发生额的 50%如大于企业当年应纳税所得额，可就其不超过应纳税所得额的部分予以抵扣；超过部分，当年和以后年度均不再抵扣。

对科研业务用房和科研院所住宅、国家科技攻关项目和高技术攻关项目、中间试验、工业性试验、重点实验室项目以及经省科委认定的高新技术项目或产品，所需基建和设备投资按国家产业政策确定征免投资方向调节税。

对经认定的高新技术成果，经有权评估部门评估后，可以作为无形资产折资入股，作为生产要素参与分配，作价金额占注册资金的比例最高可达 35%。

对高新技术项目用地，政府返还项目土地使用费，免收购置生产经营用房的交易手续费和产权登记费。高新技术企业和高新技术项目新建或新购经营场所，自建成或购置之日起纳税有困难的，可按税收管理体制报批减免。

十二、培育和开拓技术市场

各级政府对重点技术交易机构、技术交易市场的基础设施建设，应给予专项经费支持，建立和完善技术市场体系。并与人才、资金、物资、信息市场相结合，不断拓宽市场。省内开发生产的高新技术产品应列入政府采购计划目录，在同等条件下，优先采购。

十三、增加对高新技术产业发展的资金投入

要在全省形成一个政府投资、银行贷资、企业筹资、招商引资、股市融资等多渠道的高新技术产业投资机制。

省政府设立高新技术产业发展引导资金，用于具备产业化条件的高新技术项目和重大科技成果转化、重点实验室、工程（技术）研究中心等项目的拨款、贷款贴息、垫息、股权投资、融资担保和周转使用（具体管理办法另行制定）。对运用高新技术改造的国有企业和国有控股企业要给予重点支持。有条件的地市州也要设立高新技术产业发展引导资金。

金融部门是高新技术产业的投资主体。要根据高新技术产业发展需要，加大对高新技术产业的投入力度，调整信贷结构，增加贷款额度，优先支持高新技术项目和运用高新技术改造传统产业的项目。

加大对高新技术项目的招商引资力度，鼓励外商来湘投资兴办高新技术企业，用高新技术嫁接、改造传统产业。同时，积极争取国际金融机构和政府的贷款。

对符合条件的高新技术企业优先推荐进入证券市场。引导上市企业进行存量结构调整，发展高新技术产业。

十四、调动科技人员发展高新技术产业的积极性

科技人员的职务发明成果进行技术转让时，成果持有单位应从技术转让收入中提出30–40%奖励给课题组和个人，其中奖励个人比例应占提取奖金总额的70%以上。对非职务发明成果进行技术转让，所得收益归成果所有者。

对科技成果实施转化投产后，其受益单位应连续2–3年从实施该项成果销售收入中按0.5–1%的比例提取资金，经同级财政部门批准，进入管理费用，奖励给在完成该项科技成果和实施转化过程中做出重要贡献的科技人员。

对在科技成果转化中取得显著经济、社会效益，贡献突出的人员，可不受学历、资历和岗位职数等条件的限制，予以破格评定相应的专业技术职务任职资格。

来湘实施高新技术项目的国外、境外、省外科技人员，准予本人、配偶及未成年子女调入城市，免交城市增容费或类似增容费的费用。

留学人员回国主办重点实验室、创办高新技术企业，在

高新技术产业开发区注册，并实施高新技术成果转化项目的，可向人事部门申请专项资金资助。引进国（境）外专家来湘实施高新技术成果转化项目，经批准可以优先获得经费资助、经费有偿使用和贷款贴息。

十五、加强对发展高新技术产业的领导、引导、协调和管理

发展高新技术产业是我省面向 21 世纪的战略抉择，各级各部门要切实加强对这项工作的领导。要按照江泽民总书记的指示，建立领导干部学习现代科技的学习制度。各级党委、政府要把发展高新技术产业列入重要议事日程，各级党政主要负责人要亲自抓第一生产力特别是亲自抓高新技术产业。省政府成立由省长任组长的全省高新技术产业发展领导小组，领导小组办公室设在省科委。

要建立、健全高新技术产业项目的申报、评审、验收、考核制度。建立有领导、专家和管理人员参与的高新技术项目评估制度，对重大高新技术产业项目，实行“科学论证，民主决策，规避风险，择优支持”。同时，要建立高新技术项目法人制、领导责任制和部门责任制。

各有关部门要充分发挥各自的职能作用。省计委要组织制订全省高新技术产业 1998 — 2002 年千亿工程发展计划和从现在起到 2010 年的发展规划纲要，并将其纳入全省国民经济发展的总体规划；省经贸委要把发展高新技术产业与国有大中型企业的改革改造结合起来，抓好高新技术对传统产业的改造工作；省外经贸委要把发展高新技术产业与实施开放带动战略紧密结合起来，加大技术引进力度，拓宽直接和间接引资渠道；省农村办要用农业高新技术武装传统农业，大力推进农业的现代化；省人事厅、省外事办要抓好智力引进工作；税务、证券、金融等部门要落实责任，各负其责，统一协调，切实形成发展高新技术产业的合力。

各地市州都要成立相应的高新技术产业发展领导小组，并因地制宜制定本地区高新技术产业发展规划，对列入省计划中的重点项目要加强管理，给予配

套支持。各地市州高新技术产业的发展情况，将作为考核地市州党政主要负责人政绩的重要内容。要建立协调和督查制度，对高新技术产业重点企业、重点项目、重点产品实行动态管理，定期督查，滚动发展。

（此件公开发表）

主题词：高新技术产业 决定

中共长沙市委办公厅 1999年1月20日翻印

（共印 1000 份）

中共长沙市委
长沙市人民政府
关于进一步加快高新技术产业发展的决定

长发〔1999〕1 号

(1999 年 1 月 6 日)

为了进一步实施“科教兴市”发展战略，加大对高新技术产业的扶持力度，构建以高新技术产业为主导的新经济格局，促进我市社会经济可持续发展，特作如下决定：

一、进一步完善我市高新技术产业的发展思路

（一）指导思想：以“三个有利于”为根本标准，全面实施“发展高科技，实现产业化”的战略部署，不断完善以企业为主体的技术创新体系，逐步建立符合市场经济规律、高新技术产业自身发展规律的管理体制和运行机制，进一步确立高新技术产业在全市经济中的主导方向，实现产业 结构的战略性调整。高新技术产业发展的总体思路是：依托 长沙优势，加速成果转化，壮大支柱产业，以长沙高新技术 产业开发区（以下简称高新区）为基地，以重点高新技术企 业和产品为龙头，以发展电子信息产业为突破口，把高新技 术产业建设成为探索知识经济的先行者，经济发展的最大 增长点，产业结构调整升级的战略制高点。

（二）总的目标：实现高新技术产业量的扩张和质的提 高，到 2000 年，全市高新技术产业产值过 300 亿元，其中高新区区内产值达到 200 亿元.，过亿元的骨干企业 30 家，开发拳头产品 50 项，到 2010 年，全市高新技术产业产值突破 1000 亿元，区内产值实现 600 亿元，成为全市经济发展中的主要支撑点。

（三）发展方向：坚持“有所为，有所不为”的原则，有选择有重点地推进高新技术产业化。

1、在培育新兴产业方面，以电子信息、新材料、生物工程、光机电一体化四大领域为重点，以市场为导向、高新 技术为驱动，架构五大支柱，即形成

电子信息、光机电一体化、生物医药、新材料化工、现代农业五大新兴产业，力争

通过三至五年的努力，使五大产业在全国有一定的地位。

2、在改造传统产业方面，充分利用传统产业的存量资 产，创造生产要素重组的环境，实施 CI2000 计划，抓好 CAD、CAM、CIMS 的推广应用，推广金卡工程、电子商务、办公自 动化等，通过高新技术的福射带动，大力推动传统工业的智能化，大力推进传统农业的现代化，实现生产要素的合理配置，促进传统企业升级和产业结构的调整。

3、在建设高新技术产业基地方面，结合城区建设，形 成以 “一区四园”为龙头的“一体两翼”发展格局。“一体两翼”即以长沙市城区为主体，逐步将高新区四园建成东西两翼。岳麓山高科技园建成以电子信息产业为支柱的综合 性产业基地，扩展空间，与望城坡开发区逐步联片，形成西 翼；星沙工业高科技园、马坡岭农业高科技园和远大高科技 园逐步联片，形成东翼，其中星沙工业高科技园建成以光机 电一体化为龙头的高科技工业基地，马坡岭农业高科技园 建成以生物工程、现代生态高效农业和南方农业种子种苗 为重点的高科技农业产业化基地，远大高科技园形成以溴化锂直燃机为龙头的中央空调基地。

二、进一步加大对高新技术产业的政策扶持

（一）要切实办好高新区。进一步落实省政府《关于加快长沙高新技术产业开发区建设若干问题的通知》（湘政发〔1991〕30 号）、省政府《关于长沙高新技术产业开发区若干政策的规定》（湘政发〔1991〕36 号）和省委、省政府《关于加速发展高新技术产业的决定》（湘发〔1998〕19 号）及《长沙高新技术产业开发区条例》等文件精神，按照“封闭 式管理、开放式运行”原则，对高新区实行统一有效的管理。

(二)对电子信息产业实行优惠政策。把火炬城列为长 沙市软件产业基地，对进入基地的以软件开发为主的电子 信息企业(以下简称软件企业)给予以下优惠：

1、软件企业可按年销售额的 10% 提取技术开发费用，所提取的技术开发费当年未使用完的，在年度终了申报纳税时，应将余额转入当期应纳税所得。

2、对基地内的软件企业实行挂牌无费管理。

3、基地内软件企业的工资指导线，由高新区管委会根 据实际情况制定，工资基金由高新区管委会审批。工资的税 前扣除，按税收的有关规定办理。

4、制订政府采购目录，在同质、同价前提下，优先选用基地内高新技术产品；鼓励企事业单位在同等质量和价 格前提下，优先选用基地内电子信息产品厂。

（三）扶持岳麓山高科技园望城坡产业基地的开发建设。

为确保以低成本土地吸引高新技术项目在基地内落户，实行以下政策扶持：

1、按照“规划控制，项目带动，逐步开发，滚动发展”的思路，一次性做好区域内5平方公里范围的控制性规划，并纳入全市土地利用规划修编之列。经审定后由市政府授权高新区管委会依法实行有效控制，统一管理。

2、岳麓区政府按照规划控制范围负责组织好征地拆迁工作，第一期征地拆迁安置补偿费按每亩8万元包干。如遇 拆迁政策变化，再作相应调整。

3、新基地形成的税收由高新区与岳麓区按6:4比例分成。

4、市政府收取的土地征用的有关规费，除中央和省部 分外，作为市政府投入全部用于产业基地的基础设施建设；各项报建费用由市有关部门在高新区的派出机构审定收取，用于产业基地的基础设施建设。

5、新基地水、电、路、通讯的主管线、主干道建设纳入市整体规划建设。

（四） 对高新技术成果的转化实行激励政策。

1、对企业进行技术转让及转让过程中发生的技术咨询、服务、培训的所得，年净收入30万元以下免征所得税。

对自行研制的技术成果转让免征营业税。

2、经市及市以上科技主管部门认定的高新技术成果作 为无形资产参与转化项目投资，其占注册资本的比例最高 可达35%。

3、经科技主管部门认定的高新技术企业为验证、补充 相关数据，确定完善技术规范或解决产业化、商品化规模生 产关键技术而进行中间试验，报经主管税务机关批准后，中 试设备的折旧率实行加速折旧。

4、积极鼓励自有知识产权的创造发明。凡本市企事业 单位和个人获国际发明奖申请国外发明专利和获国家发明奖申请国内发明专利，可由市科技三项经费视情给予资助。

5、对科研业务用房和科研院所住宅、国家科技攻关项 目和高技术攻关项目、中间试验、工业性试验、重点实验室 项目以及经省科委认定的高新技术项目或产品，所需基建 和设备投资，投资方向调节税实行零税率。

6、对高新技术项目用地，政府返还项目土地使用费，免收购置生产经营用房的交易手续费和产权登记费。高新技 术企业和高新技术项目新建或新购经营场所，自建成或购 置之日起，3 年内免征房产税。

7、高新技术企业或高新技术项目所签订的技术转让和技术合作合同，免征印花税。

8、中央各部委、外省市和海外留学生带高新技术成果 来长实施转化，经认定，可予优先享受高新技术项目的贷款 贴息。

9、加快高新技术产业孵化基地——创业服务中心的建 设。经批准的创业服务中心所孵化的项目，在孵化期间所缴 纳的各种税收，地方收入部分由同级财政全额返还创业服 务中心。

（五）加大对高新技术产业的资金扶持力度

1、进一步理顺高新区财政管理体制。在现行财政体制（包括税收征收级次）不变的基础上，将岳麓山高科技园的 涉外税收纳入体刺分成；马坡岭农业高科技园新办的高新 技术企业税收纳入高新区财政体制，由高新区与芙蘖区按 6 :4 比例分成。以上政策，暂定五年不变。

2、建立高新技术产业发展引导资金。以争取省里支持一部分，市财政投入一部分，高科技管理部门拿出一部分为 主渠道的办法筹措。市财政从 1999 年起安排一定的高科技 风险投资资金。风险投资资金按市场机制运作，成立长沙市 风险投资管理公司，在力争保值增值的前提下，按“风险共担，利益共享”的原则，集中用于高新技术产业和成果转化。具体办法另行制定。

3、金融机构要大力支持高新技术产业的发展。各国有 商业银行要根据全市产业结构调整和发展高新技术产业的 需要，从每年新增贷款规模中划出一定额度作为高新技术产业的专项贷款；对列入国家专项给贷的高新技术产业项目贷款，要保证及时足额到位。

4、鼓励开辟直接融资渠道。由信誉高、影响大的机构牵头，并依托有实力、有经验、有负责精神的金融、保险机 构管理，面向社会筹资融资。鼓励发展有潜质、前景好的高 新技术企业（集团）开展资产经营，扩大生产规模。

5、要加大对高新技术项目的招商引资力度，合理引导外资投向，争取港、澳、台地区和国际金融机构贷款、赠款 及风险投资。

三、进一步创造高新技术产业发展的宽松环境

（一）加强与高等院校、科研院所的合作与交流

1、鼓励、支持科研院所、高等院校，采取一所两制、一校两制的方式创办企业或进入企业集团。

2、鼓励技术开发型科研机构进入企业，或成为行业的 技术开发中心，大中型企业都要建立技术开发中心，增强技术创新能力。

3、对科研院所、高等院校的技术转让免征营业税。从事技术转让、培训、咨询、服务、承包所取得的技术性收入 免征所得税。进行中间试验的中试产品，3 年内为试销期，所得税实行先由税务部门征收后由同级财政部门返还。

4、高等院校、科研院所、军工部门进入高新区内的高新技术企业和项目，可以择优享受原有优惠待遇和高新技 术企业的优惠待遇。长沙市科技风险投资资金优先予以支 持。

5、科研院所、高等院校或科技人员自带科技成果和资 金创办高新技术企业，注册资金下限可为 3 万元。

（二）大力扶持民营高新技术企业

1、对经市　　以上科技管理部门认定的民营高新技术企 业，在项目审批、土地使用、贷款融资、奖励等方面，与国 有企业一视同仁。

2、民营高新技术企业固定资产投资项目凡符合国家的 产业政策，用于科研、生产的投资，经市以上科技管理部门 认可，按独立科研单位适用资产投资方向的调节税实行零 税率。

3、民营高新技术企业承包、租赁亏损严重的国有、集体企业 5 年以上，并负责安置原有企业职工的，对其上交的所得税，财政部门给予适当返还。

（三）引进和留住高科技人才

1、建设高科技人才住宅小区，由市政府行政划拨土地并进行基础设施建设，高新区管委会统一规划，统一管理，企业自筹自建，自定建房标准，享受经济适用住房的优惠政策。

2、科技人员的职务发明成果进行技术转让时，成果持有单位应从技术转让收入中提取 30–40% 奖励给课题组和个人，其中奖励个人比例应占提取奖金总额的 70% 以上；对非职务发明成果进行技术转让，所得收益归成果所有者。

3、对科技成果实施转化，成功投产后，其受益单位应连续 2–3 年从实施该项成果销售收入中按 0.5– 1% 的比例提取资金，奖励给完成该项科技成果和实施转化过程中 做出重要贡献的科技人员。

4、对在科技成果转化中取得显著经济、社会效益，贡献突出的人员，可不受学历、资历和岗位等条件的限制，予以破格评审相应的专业职务任职资格。

5、市有关部门对高新技术企业所需人员在调干、调工、入户等方面给予优先考虑。凡在高新技术企业任职两年以上，具有本科以上学历的专业技术人员，给予入户指标，免征城市增容费。

6、外地科技人员带高新技术成果来长实施转化，并取得明显成效的，经认定，准予其本人和配偶及未成年子女调入本市，免交城市增容费。

7、年纳税地方收入在 50 万元以上的企业，每 50 万元可免征一人城市增容费。

8、从事高新技术成果转化的海外留学人员在长取得的工薪收入，经审核，可视同境外收入，在计算个人应纳税所得额时，除减除规定费用外，并可适用附加减除费用的规定。

9、对有突出贡献的科技、管理人员实行重奖，实施细则另行规定。

四、切实加强对发展高新技术产业的领导和组织

（一）建立由党政一把手负责的发展高新技术产业的领导体制。成立市高新技术产业发展领导小组，由市长任组长，相关的市领导任副组长。领导小组办公室设在市科委内。成立的风险投资管理公司设在高新区内。

（二）建立、健全高新技术项目的申报、评审、验收、考核制度。加强长沙技术评估论证中心的力量，进一步完善有领导、专家和管理人员参与的高新技术项目评估制度，对重大高新技术项目，实行“科学论证，民主决策，规避风险，择优支持”。同时，要建立高新技术项目法人制、领导责任制和部门责任制。

（三）做好高新技术产业发展的协调和监督工作。各有关部门要深入调查研究，加强对高新技术产业政策落实情况的监督检查，确保其顺利实施。

主题词：高新技术产业　决定

中共长沙市委办公厅　　　　1999 年 1 月 7 日印

（共印 300 份）

长沙市人民政府关于在长沙高新技术产业开发区实行统一有效管理的通知

长政发〔1999〕13 号

各区、县(市)人民政府，市直机关各单位：

为进一步改善长沙高新技术产业开发区(以下简称高新区)投资环境，促进高新技术产业持续快速发展，根据中共湖南省委、湖南省人民政府《关于加速发展高新技术产业的决定》(湘发〔1998〕19 号)、《长沙高新技术产业开发区条例》和中共长沙市委、长沙市人民政府《关于进一步加快高新技术产业发展的决定》(长发〔1999〕1 号)等文件精神，市人民政府决定，对高新区所属岳麓山高科技园、星沙工业高科技园、马坡岭农业高科技园、远大高科技园及市内政策区，按照“封闭式管理、开放式运行”的原则，实行统一有效的管理。现就有关事项通知如下：

一、加强统一管理，完善服务功能

（一）高新区管委会对高新区的产业发展实行统一管理。即统一审核和报批高新技术企业及项目，统一审批高新区企业基本建设计划，统一统计高新技术产业的有关指标数据并归口上报上级有关单位和部门。岳麓山高科技园和市内政策区的入区企业由高新区管委会直接管理；其他 3 个科技园的高新技术企业，高新区管委会实行“产业导向、规划管理、政策扶持、职能服务”的管理办法。

(二)岳麓山高科技园和马坡岭农业高科技园的规划、国土、工商、税务行政管理，由有关部门在高新区的派出机构负责。各科技园的社会性事务由所在行政区(县)负责。

1、高新区建设规划的编制、高新区小区控制性规划及修建性详细规划的审批、各类建设工程的设计及基本建设项目的报建审批，由高新区规划分局负责；高新区的建设用地规划许可证和建设工程规划许可证由高新区规划分局代办。

2、岳麓山高科技园内的土地管理工作、马坡岭农业高科技园内的土地征用、划拨和园内原划拨土地的转让及核收出让金、收益金等工.作由高新区国土分局负责。

3、市建委派专人负责高新区建设工程设计审查及其有关建设管理工作；市建工局派专人负责高新区内的建筑工程招标、投标、监理、质监、施工管理等工作，代办建设工程施工许可证，市房地局派专人负责高新区的房屋权证工作，承办发放房屋所有权证。

（三）高新区建设红线范围内的市政道路、绿化、环卫监察等管理工作，在未移交政府有关部门管理之前，由高新区管委会负责。

二、控制各类收费和各种检查参观等活动

（一）高新区企业实行税外费登记卡制度。对按规定应向企业收取的各种税外费，由收费部门凭物价部门的收费许可证到高新区管委会核准登记上卡，由高新区管委会发给企业税外费登记卡，企业按登记卡缴费。

（二）对长沙市软件产业基地内的软件企业实行挂牌无费管理。

（三）市直有关部门和单位在办理登记、年检、有关证照等手续时，除按规定收取有关费用外，不得搭车收取书刊资料费、代办费、广告费、咨询费等各种费用。

（四）各单位或个人不得以任何名义和方式向企业强行拉广告、赞助或征订报刊。

（五）属于救灾性质的募捐，由企业自行决定捐交方式和额度，各部门不得强行征缴。

（六）有关部门开展的执法检查均须事先与高新区管委会或科技园管理办公室商妥后统一安排，并发出联合通知方可进入企业检查，不得同一事项多级多头检查。

（七）各种行业管理所进行的检查，必须经高新区管委会或科技园管理办公室同意并签署意见后，方可进行。

（八）各类参观、学习、考察等活动，由举办单位到高新区管委会或各科技园管理办公室申报同意，并商得企业准许后，方可安排进行。

（九）各单位拟在企业中举办各种培训、宣传、展览等活动，均须通过高新区管委会或科技园管理办公室审定，并按企业自愿参加的原则组织。

三、加强工作协调与监督

（一）市直有关部门及各科技园所在行政区（县）与高新区管委会、科技园管理办公室建立联席会议制度，由市政府召集，研究和协调有关工作，以帮助高新区完善统一有效管理。

（二）市政府及有关部门将定期对本规定执行情况进行检查，对不执行本规定的，由有关部门查处。

（三）高新区管委会、各科技园管理办公室应制订举报制度和措施，方便企业及时举报违规行为。

长沙市人民政府

一九九九年四月八日

主题词：科技　开发区　管理　通知

抄送：市委各部门，长沙警备区。

市人大常委会办公厅，市政协办公厅，市人民检察院、市中级人民法院。

各民主党派市委。　　共印 1300 份

长沙市人民政府办公厅　　　　　　　　　　　　　　1999年4月20日印发

长沙市人民政府
关于对长沙软件产业基地内的软件企业
实行无费管理的通知

长政发〔1999〕31号

各区、县（市）人民政府，市直机关各单位：

为了扶持我市软件产业的发展，根据国家和省关于进一步加快高新技术产业发展的有关政策，市人民政府决定，对长沙软件产业基地内的软件企业实行无费管理。现将有关事项通知如下：

一、长沙软件产业基地设在长沙高新技术产业开发区岳麓山高科技园内。对进入该软件产业基地内的以软件开发为主的高新技术企业，实行挂牌无费管理。挂牌软件企业只纳税，不缴纳行政事业性费用（建设项目报建费用另行规定）。各级行政事业性收费单拉一律不得封挂牌软件企业收费。

二、无费管理工作由长沙高新技术产业开发区管理委员会（简称高新区管委会）负责具体实施，市监察局、市物价局负责监督。凡符合条件的软件企业可向高新区管委会提出书面申请，并提供工商、税务登记证照及高新技术企业证书复印件，经高新区管委会审核后，报市人民政府批准，颁发《长沙软件产业基地无费管理企业证》。

三、高新区管委会每年对无费管理企业进行一次审核，对不合格的软件企业，收回《长沙软件产业基地无费管理企业证》。

四、对违反本通知规定，擅自到无费管理企业收费的单位和个人，企业可以拒绝交纳并可向高新区管委会、市监察局举报，由其予以制止和查处（举报电话：88006541，2227931）。

五、本通知从发布之日起施行。

长沙市人民政府

一九九九年七月七日

主题词：科技 软件△ 产业 措施 通知

抄送：市委各部门，长沙警备区。

市人大常委会办公厅，市政协办公厅，市人民检察院、市中级人民法院。

各民主党派市委。 共印500份

长沙市人民政府办公厅　　　　　　　　　　　　　　1999年7月8日印发

关于印发《关于加速国家高新技术产业开发区发展的若干意见》的函

国科发火字〔1999〕302号

各省、自治区、直辖市、计划单列市和副省级城市人民政府：

《关于加速国家高新技术产业开发区发展的若干意见》已经科技部党组讨论通过，现印发给你们，请结合本地区的实际情况贯彻实施。实施中的有关情况，请尽快反馈科技部。

（此页无正文）

中华人民共和国科学技术部

一九九九年八月十一日

主题词：高新技术　开发区　意见　函

抄送：各省、自治区、直辖市、计划单列市和副省级城市科委，各国家高新技术产业开发区，各有关部门

科学技术部办公厅　　　　　　　　　　　　　　1999年8月11日印发

打字：刘洋　　校对：张超英　　　　　　　　　　　　共印 500 份

关于加速国家高新技术产业开发区发展的若干意见

江泽民总书记指出："本世纪在科技产业化方面最重要的创举是兴办科技工业园区。这种产业发展与科技活动的结合，解决了科技与经济脱离的难题，使人类的发现或发明能够畅通地转移到产业领域，实现其经济和社会效益。"建设和发展国家高新技术产业开发区（以下简称高新区）是落实科技是第一生产力思想，实施科教兴国战略，发展高科技，实现产业化，迎接新技术革命挑战的重要战略措施。

一、新形势下高新区发展的战略目标与任务

改革开放以来，我国在经济建设和科学技术发展上取得了令世人瞩目的成就，其中高新区的建设与发展是一个耀眼的亮点。高新区已经成为当地经济增长快、投资回报率高、创新能力强、具有极大发展前景的经济增长点。全国 53 个高新区已累计开发土地面积 273.36 平方公里，已建立高新技术企业 1.6 万家，其中技工贸总收入亿元以上的高新技术企业达到 678 家，创造了 184 万个就业岗位。1998 年，实现技工贸总收入 4839.6 亿元，工业总产值 4333.6 亿元，利税 477 亿元，出口 85.3 亿美元。1991 年至 1998 年，上述指标的年平均增长率分别为 77.5%、79.8%、69.4%、73.5%。高新区的勃勃生机与崭新形象给所在城市带来了希望，成为当地自主开发、产业发展、引智引资和对外展示的热点。

高新区在技术创新方面取得了明显进展。目前，高新区有 54 万科技人员，100 多家孵化高新技术企业的创业服务中心。高新区企业产品的主要技术来源于国内和企业自有技术的占 76%。有 5272 项国家自然科学基金、攀登计划、"863"计划、国家和地方攻关计划、国家和地方火炬计划、国家成果推广计划项目在高新区实现产业化，产生了众多的名牌产品和杰出的企业家群体。高新区已初步具备了我国高新技术产业发展基地的基本条件。

但是，高新区的发展在全国并不平衡。某些高新区的产业特色不够鲜明，没有形成支柱产业，多数高新技术企业的创新能力还有待提高，这些都是发展中的问题，今后应当认真加以解决。

当前，国内外形势发生了深刻的变化，世界高新技术产业竞争日趋激烈。

我国高新技术产业的发展必须立足自主创新，加快高新技术产业化，推动技术创新进程。现阶段高新区发展的战略目标是：强化创新能力，加快高新技术产业发展步伐，建立具有自主知识产权的高新技术支柱产业；用五年左右时间使53个高新区的经济规模再翻一番，超过一万亿元，其它经济指标同步增长；大力提高高新区的整体发展质量，把高新区建设成为高新技术产业化的基地、高新技术产品出口的基地、高新技术企业孵化的基地、高新技术企业家迅速成长的基地，技术创新的示范区，改革开放的先行区和带动两个文明建设的新社区，使高新区的特色更加鲜明，发展更加迅速，作用更加显著。

为实现这一战略目标，必须进一步提高实现科技产业化的紧迫感和历史责任感，深入贯彻落实党的十五大精神和全国技术创新大会的一系列方针、政策。要加强领导，牢牢把握正确方向，继续坚定不移地推进和支持高新区的发展。高新区发展要实现重点的转移：由注重招商引资和基本建设向注重创新质量和优化配置科技资源转移；由扩大建设项目向优化创业、创新环境转移；由产业分散向集中优势、发展特色产业转移。大力发展具有自主知识产权和国际竞争力的支柱产业，为我国产业升级和结构调整，提高经济发展的质量和效益，为科教兴国与可持续发展作出贡献。

二、优化创业环境

营造创业环境，为科技产业化发展提供良好条件。各级政府要抓住高新技术产业化发展的机遇，认真贯彻落实国务院转发的《关于促进科技成果转化的若干规定》，借鉴上海、深圳和北京等地的鼓励高新技术产业发展政策，紧密结合高新区发展的实际情况，抓紧制定地方性政策，激励科技人员、企业家创业，进一步增强高新区创新能力，推动支柱产业更快的发展。继续落实国家关于推进科技产业化的一系列改革措施，加强制度创新，保持高新区精简、高效、服务的体制和机制，防止旧体制、旧观念的复归。要认真解决民营科技企业的产权问题，落实并保护创业者权益，支持高新区企业建立新的激励和约束机制，大力推动企业技术创新。

各地高新区要积极配合地方人大推进高新区的法制建设，将高新区管理与发展纳入法制化轨道。要制定和完善高新区地方性法规，使高新区的指导方针、管理体制、创新机制、保障措施、高新技术产业化政策得到充分的法律保障。

要树立尊重知识、尊重人才、尊重创业者的良好风尚，形成高新区的创业文化和氛围。要以多种方式弘扬创业精神，鼓励创业致富，宣传创业者业绩，树立创业者形象，引导科技企业建立现代企业文化，逐步形成浓厚的创业文化环境。

要按照国际环境管理体系和质量管理体系认证标准，进一步完善基础设施和社区环境建设，制定政策区建设发展规划，搞好大学、科研机构和科技街的周边环境，改善科技人员住房、交通、通讯条件和生活服务设施，逐步将政策区建设成为依托大学、研究院所和高新技术企业发展，环境优美、交通便利、服务完善、社区管理优良的科学园区和文明社区。

三、进一步完善高新区创业服务体系

高新区创业服务体系的建设是将孵化服务机构、创业资本市场和信息网络构成一个完整的体系，实现官、产、学、研、资、介、贸的有机结合，更加有效地推进科技产业化进程，促进科技型中小企业迅速成长。

科技企业孵化机构是高新区创业服务体系的核心。各级政府、科技管理部门和高新区要进一步支持高新技术创业服务中心建设，落实有关政策；有条件的地方要依托大学、科研机构和大型高新技术企业，办好大学科技园、软件科技园、留学人员创业园、行业或专业技术孵化器、国际企业孵化器、海外孵化基地、孵化器网络，以更加专业化、网络化、国际化的方式推动科技成果的转化和科技产业化的发展。要充分利用当前深化科技体制改革和应用开发型科研院所向企业化转制的有利时机，采取有力措施，吸引他们到高新区兴办产业。有条件的高新区要积极建立生产力促进中心，加强对区内科技型中小企业的服务。

建立以创业投资资金、科技型中小企业创新资金、创业孵化资金和担保资金等为重要内容的创业资本市场。各类孵化机构要设立必要的创业孵化资金，联合金融、投资机构，为科技创业者创业和科技型中小企业发展提供投融资服务。高新区要努力开辟渠道，充分利用国内外股票市场和产权交易市场，积极探索建立具有中国特色的创业投资机制。

高新区要集中力量搞好信息网络设施的建设，提供良好的信息服务。要充分利用现有的科研、教育、产业、金融、贸易网络以及因特网等资源，为科技人员和企业提供网上科研、网上教育、网上合作、网上融资、网上贸易等服务，缩小地域差距，拓展发展空间，实现区内外、国内外产业化资源的优化组合。

四、开发人力资源，提高队伍素质

培养创业人才，造就一支科技企业家队伍是发展高科技、实现产业化的关键。要制定发现、吸引、培养和保护科技创新人才、高素质管理人才的政策、措施和规划，鼓励科技人员创业，解决吸引创业人才中的各种难题。海外留学人员是我国高新技术产业发展的重要宝贵资源，是高新技术产业发展的有生力量，对他们实行鼓励回国、来去自由、多种形式为国服务的方针，制定特殊政策，提供便利条件和优质服务，以多种方式吸引留学人员到高新区创业。

高新区要培养具有超前意识、创业精神、善于开拓、既懂技术又懂经济和市场的复合型高素质创业人才；善于发现和培养了解科技产业化规律、具有国际先进管理知识的高素质管理人才；建立优上劣下、人才辈出的用人机制，大幅度提高管理队伍的素质。高新区要把吸引和造就现代科技企业家作为战略性任务抓好，扶持和培育科技企业家，建立企业家和企业经营人才的市场，逐步形成一支能够在国际市场上一争高下的企业家队伍。

五、扶持具有自主知识产权的科技型中小企业

高新区要积极扶持具有自主知识产权的高新技术产业，形成特色支柱产业，辐射和改造传统产业。国务院批准设立的科技型中小企业技术创新基金是扶持和发展中小企业、振兴高新技术产业的重要措施。要努力孵化和培育科技型中小企业，提高其成功率，使其成为发展新兴产业的基本力量。要支持有条件的高新区依托“863”计划、攻关计划成果建立产业基地，扶持在市场竞争中脱颖而出，拥有自主知识产权和研发能力的高新技术企业。

要认真调查研究在高新技术前沿阵地的外国企业知识产权的分布格局，探讨我国高新技术产业的知识产权策略。对于外国企业已拥有知识产权的领域，要力争通过创新实现跨越发展。在外国企业尚未取得知识产权的领域，努力扩大我国高新技术产业的知识产权空间。

要充分发挥高新区技术创新和产业发展的辐射带动作用，加强与区域经济发展的融合。在改造传统产业的过程中实现更大范围的资源集聚和优化组合，壮大产业发展实力，为当地经济发展和社会稳定作出贡献。有关省市要根据高新技术产业发展规划继续抓好高新技术产业开发带。

六、进一步推进国际化进程

世界经济全球化趋势既是挑战，又是发展机遇。各级

政府要支持高新区进一步扩大开放，努力开拓国际市场，发挥招研引智和自主创新的互补作用，形成技术创新的国际化新格局。要适应国际市场竞争的需要，制定政策，简化出国、出境审批手续，放宽外籍创业人才和管理专家的

居留、工作条件，形成更加开放的环境。要继续办好海峡两岸科技工业园。

积极开展国际交流，吸引境外金融、投资机构进入高新区开展业务，支持区内企业与跨国高技术公司建立战略伙伴关系，为科技产业的国际化提供良好服务。

采取切实措施办好中国亚太经济合作组织（ APEC ）科技工业园区，推动 APEC 科技工业园区网络的活动与发展。中国 APEC 科技工业园区要积极探索与 APEC 成员之间以多种方式推动科技工业园区、企业孵化器和高新技术企业的国际交流与合作，实现共同发展。

要鼓励与国外企业孵化器、科学园区建立各种形式的合作关系，共建国际企业孵化器和海外孵化基地，推动中小科技企业实现跨国合作与经营。

高新区要在外经贸部与科技部共同组织实施的“科技兴贸工程”支持下，认真办好高新技术产品出口加工区，积极采取各种得力措施振兴高新技术产品出口，努力提高高新技术产品的国际竞争力和国际市场占有率，提高出口创汇能力，为优化我国出口产品结构，提高出口产品质量作出贡献。

七、加强管理，提高整体水平

科技部对全国高新区要突出重点，抓好示范，根据高新区评价指标体系进行动态管理，建立优化机制，实行分类引导、定期评估、总量控制、优上劣下。对于工作不力、进展缓慢的高新区，依据国务院有关规定限期进行整顿。整顿后改进不大的将被取消高新区资格。

北京中关村地区是我国智力资源最密集的地区，具有极大的发展潜力。要以当年中央抓“两弹一星”的决心和魄力，把北京中关村地区建设成为世界一流的科技园区，为全国高新区的发展作出示范。要切实抓好杨凌农业高新技术产业示范区的建设，为推动我国农业现代化作出贡献。

当前，高新区已经进入以加强技术创新为核心的发展新阶段。在党中央、国务院的领导下，在各省市政府和有关部门的支持下，各地要努力将高新区建设成为高新技术产业化的基地、高新技术产品出口的基地、高新技术企业孵化的基地、技术创新的示范区，为社会主义现代化建设作出更大贡献。

长沙市人民政府
关于印发《长沙软件产业基地国家
新材料成果转化及产业化基地和岳麓山
大学科技园若干政策规定》的通知

长政发〔1999〕56号

各区、县(市)人民政府，市直机关各单位：

《长沙软件产业基地国家新材料成果转化及产业化基地和岳麓山大学科技园若干政策规定》已经1991年11月29日市长办公会议研究同意，现印发给你们，请遵照执行。

长沙市人民政府

一九九九年十二月七日

长沙软件产业基地国家新材料成果转化及产业化基地和岳麓山大学科技园若干政策规定

为了充分发挥科技创新优势，促进我市软件产业和新材料产业的快速发展，加速大学科技园的建设，带动经济结构的战略性调整，决定对长沙软件产业基地、国家新材料成果转化及产业化基地和岳麓山大学科技园（以下简称“一园两基地”）实行如下政策。

一、从2000年起市政府每年出资1000万元设立出国留学人员创业资助资金，用于资助出国留学人员带高新技术成果项目来“一园两基地”从事高新技术的研究、高新技术产品的开发、中试和在“一园两基地”内建立留学生创业中心。凡到该中心孵化高新技术成果、创办科技型企业的，第一年免交场地租金，第二年减半交纳租金，第三年按80%交纳租金。

二、“一园两基地”内经认定的拥有自主知识产权的高新技术成果转化项目，经税务部门批准，自2000年起，5年内免征所得税、营业税，增值税地方分成部分由征税的同级财政部门返还50%；之后3年，企业所得税、营业税按50%征收，增值税地方分成部分由征税的同级财政部门返还50%。

高新技术企业引进高新技术经过消化、吸收的新项目投产后，不论该企业以前是否享受过所得税减免优惠，经市科技主管部门和高新区管委会认定，税务部门批准，该项目所获利润3年内免征企业所得税。对单位和个人（包括外商投资企业、外商投资设立的研究开发中心、外国企业和外籍个人）从事技术转让、技术开发业务和与之相关的技术咨询、技术服务业务取得的收入，免征营业税。

三、“一园两基地”内企业对高新技术成果完成人和从事成果产业化实施的科技人员、管理人员的奖励（包括股权形式），凡再投入高新技术成果产业化项目的，经税务部门批准，暂不征收个人所得税；已分红或者转让的，按实际收益额计征个人所得税。

四、“一园两基地”内高新技术企业和高新技术项目的增值税，以2000年为基数，新增增值税的地方分成部分，从2001年起（新认定的高新技术企业和高新技术项目从被认定之年算起）3年内负责征税的同级财政部门返还

50%。

五、“一园两基地”内属于国家级新产品试制鉴定计划 或试产计划的产品，以及在 “一园两基地” 内首家生产的发明专利产品自产品销售之日起 3 年内；“一园两基地”内省市级新产品试制鉴定计划或试产计划的产品，以及在 “一园两基地”内首家生产的实用新型专利产品自产品销售之曰起 2 年内，经税务部门批准，免征新增利润所得税。其新增增值税的地方分成部分由征税的同级财政部门返还 50%。

六、“一园两基地”内注册企业自行开发并达到国内先 进水平、具有重大推广应用价值的计算机软件产品 (指记载 有计算机程序及其有关文档的存储介质，包括软盘、硬盘、 光盘等)，年销售额达到 1000 万元以上的，3 年内由负责征 税的同级财政部门对该产品新增增值税的地方分成部分全 额返还企业。对经过国家版权局注册登记，在销售时一并转让著作权、所有权的计算机软件征收营业税，不征收增值 税。软件开发企业实际发放的工资总额，在计算应纳税所得 额时准予扣除。

七、进一步加大财政对科技的投入，逐年加大市本级科 技三项经费占预算内财政支出的比例，以 1999 年度市本级 科技三项经费为基数，新增加部分的 50% 用于“一园两基 地”的产业化开发。

八、从 2000 年起高新区企业征缴的教育费附加 5 年内全部返还给高新区，用于基地内义务教育基础设施建设，纳入全市教育发展规划。

九、长沙软件产业基地和国家新材料成果转化及产业 化基地内的先期土地出让价为 15 万元 / 亩，凡进入基地的 企业基本建设的各项工程报建费 (包括相配套的生活、公共 建筑设施) 总和按 40 元 / 平方米收取。企业的建设用地，包括湘配套的生活、公共建筑设施用地，已征土地可采取出 让土地使用权方式，土地出让金和契税按挂帐处理，如遇改变土地用途、未经批准转让和闲置等情况时，依法收回土地使用权或按政策规定补收土地出让金和契税。除耕地开屋费 外，免收其它各项费用。

十、市政府出资 100 万元，设立“长沙市科技创新贡献 奖”，重奖我市技术创新及高新技术成果产业化工作中有突 出贡献、创造巨大经济效益的人员。每两年评选一次，每次 奖励 2 名。

十一、鼓励国内外风险投资机构来“一园两基地”设立 风险投资机构。凡在“一园两基地”注册、对我市高新技术 产业领域的投资额占其总投资额的比重不低于70%的，比照执行高新技术企业税收及其他优惠政策。并可按当年总收益的3%-5%提取风险补偿金，用于补偿以前年度和当年投资性亏损。风险补偿金余额可按年度结转，但其金额不得超过该企业当年年末净资产的10%。

十二、凡在高新区“一园两基地”企业工作，并已参加 劳动养老保险的科技人员、管理人员，优先在我市落户。

十三、“一园两基地” 内新材料企业享受中共长沙市委、长沙市人民政府长发〔1999〕1号文件中软件企业所享有的一切优惠政策。“一园两基地” 内软件及新材料企业同样享受国家、省、市对高新技术企业的其他优惠政策。

十四、本规定自2000年1月1日起执行，由市政府办公厅负责解释。

一九九九年十二月七日

中共长沙市委
长沙市人民政府
关于实施高新技术带动战略的决定

长发〔2001〕6号

（2001年2月8日）

为了深入贯彻党的十五届五中全会精神，认真实施市第十次党代会提出的高新技术带动战略，加快我市高新技术产业的发展，并利用高新技术对传统产业进行改造升级，进一步推动产业结构的调整和优化，促进我市经济社会的发展，特作如下决定：

一、实施高新技术带动战略是长沙实现跨越式发展的重大战略抉择

1、充分认识实施高新技术带动战略的重要意义。当今世界，科学技术日新月异，以信息技术、生物技术为代表的高新技术及其产业迅猛发展，已成为推动经济发展和社会进步的强大动力。能否在高新技术及其产业领域占据一席之地，是国家、地区之间竞争的焦点。随着我国社会主义市场经济体制的日臻完善，西部大开发战略的加紧实施和即将加入WTO，我们面临的国际国内竞争更加激烈。长沙唯有在高新技术及其产业方面有大的作为，才能在激烈的竞争中争取优势。实施高新技术带动战略，正是我市面向21世纪作出的重大战略决策，这既是促进我市结构大调整和经济大发展的重要途径，也是提高我市综合实力，实现在全国大中城市中前移进位目标钤关健所在。全市各级各部门必须进一步解放思想，抓住机遇，乘势前进，按照做强做大做精的思路，举全市之力，开出一趟发展高新技术产业的特别快车。

2、实施高新技术带动战略妙指导思想。以邓小平同志科技是第一生产力的重要思想和党的十五届五中全会精神为指导，牢牢把握创新和高新技术产业化这一主题，紧紧抓住经济结构调整这一主线，突出优化科技资源配置、增强持续创新能力、拓展科技产业规模、提升城市科技功能四个重点，以高新技术为强大动力，培育新兴产业，改造传统工业，推进农业和第三产业现代化，以信息化带动工业化，促进全市经济建设和社会事业跨越式发展。

3、明确发展目标，推动经济科技发展水平再上新台阶。高新技术产业的主导作用明显增强。“十五”期间，全市高新技术产业产值年均增长率达到30%以上，占全省高新技术产业产值的50%；高新技术产业增加值占工业增加值的比重达到25%以上，长沙高新区的主要经济指标跻身全国十强。高新技术的带动幅射作用明显提高。全市机械、电子、食品、轻纺等主要产业的技术水平接近或达到发达国家20世纪九十年代中期水平。主要行业的产品质量、工艺技术、生产装备和劳动生产率达到国内先进水平。初步形成四大优势产业群，即以信息技术、新材料、生物制药、先进制造技术为重点的高新技术产业群；以信息化、高加工度为特征的机械、电子、食品等传统支柱产业群；以优质种苗、农产品精深加工为龙头的现代农业产业群；以信息、金融、文化、旅游等服务为主体的新兴第三产业群。城市科技创新能力明显提升。基本建立比较完善的科技创新体系和适应市场经济发展的科技新体制。基本实现经济结构的战略性调整，构筑全市新的经济发展格局。

4、把握战略布局，实现科技和产业的跨越式发展。在战略的发展思路上突出两个层面。一是以企业为技术创新主体，重点突破产业发展的关键技术，运用高新技术改造传统产业，促进产业技术升级和结构调整；二是充分依托高校和科研院所，大力开展战略高技术研究，提高科技持续创新能力，力争在有相对优势或战略必争的领域实现技术的跨越。在战略的发展空间上突出“两区一带”。“两区”即长沙高新技术产业开发区和长沙经济技术开发区；“一带”即以岳麓山大学科技园和岳麓山高科技园为轴心，沿319国道，东起浏阳，西至宁乡，包括浏阳生物医药基地、星沙工业高科技园、马坡岭农业高科技园、远大高科技园、国家新材料成果转化及产业化基地、国家级长沙软件产业基地、国家级传感技术产业基地、望城高科技食品基地等在内的长沙火炬产业带。在战略发展的重点产业上，突出“一带一”、“一加二”，即突出电子信息产业的龙头地位，带动先进制造技术产业的快速发展；以电子信息产业为重点，加大新材料和生物医药产业的培育力度。

二、突出重点，做强做精做大长沙高新技术产业

5、以基地建设为依托，加速高新技术产业化进程。充

分发挥长沙高新技术产业开发区和长沙经济技术开发区的聚集效应和辐射带动功能，重点加快长沙高新技术产业带的建设步伐，到2005年全市高新技术产业产值达到700亿元，高新技术工业产值占规模以上工业总产值比重达40%左右。集中力量建设好“一园三基地”，以产业基地带动园区建设，以园区

建设促进产业发展。岳麓山大学科技园采取“一园多校”的运作模式，大力推进知识创新和高科技人才的创业，使之逐步成为全省的孵化器与辐射源。以长沙软件产业基地为依托，在电子信息技术领域突破信息核心技术，重点发展网络产品及软件产业；以国家新材料成果转化及产业化基地为依托，在新材料技术领域加强纳米材料和储能材料攻关，重点发展超细粉体材料、动力电池与混合车、超硬材料和精细化工四大产业；以浏阳生物医药基地和马坡岭农业高科技园为依托，在生物医药技术领域加强现代生物技术攻关，重点发展现代中医药、基因工程药物和转基因动植物育种三大产业；以星沙工业高科技园和传感技术基地为依托，在先进制造技术领域运用数控技术，重点发展高档数控机床、现代工程建设机械、新型先进模具、空调、传感器五大产业。

6 、以信息化带动工业化，提升传统产业技术水平。围

绕全市机械、电子、食品、轻纺等传统支柱产业的改造升级，引进、推广、嫁接一批共性、关键和配套高新技术，提高企业技术水平和装备水平，加快淘汰落后工艺技术及装备，提高产品的科技含量和经济效益。加快信息技术对制造业的渗透，用信息技术全面改造提升传统制造业，提高制造业的工程化和成套化能力。在重点抓好国家重大技改项目、国家重大高新技术产业化示范项目和省、市技改项目的基础上，着力推进支柱产业高新技术化，到 2005 年，形成年销售收入 50 亿元以上的企业 4 家，年销售收入 10 亿元以上的企业 15 家和一批年销售收入过 5 亿元的企业。抓好国家级、省级工程技术开发中心建设，加大技术引进开发力度，重视引进技术的再创新，高新技术在传统工业中的运用率达到 40 % ，工业主要技术装备达到九十年代国际先进水平的要占 25% 以上，新产品产值率提高 15 个百分点。实施名牌战略，形成彩管、直燃机、工程机械、高效农药、卷烟等 5 个国际名牌；大型水泵、罗茨风机、涂料、烟花鞭炮、无水柠檬酸等 10 个国内名牌。大力推进乡镇企业的“二次创业”，实施乡镇企业创新工程，到 2005 年，乡镇企业增加值达到 458 亿元，平均年递增 12% ，重点骨干企业新产品产值率达 60% 以上，形成过 5 亿元的企业 5 家，过亿元的企业 30 家。

7 、以优质种苗工程和农产品精深加工为龙头，带动农业结构升级。大力推进优质种苗工程，在优质高产抗逆动植物品种选育、作物杂交优势利用、基因工程、设施栽培等农业高新技术领域，加强攻关创新，实现突破。加快品种改良步伐，全面提高农产品的优质率和市场占有率，重点发展优质稻、优质畜

牧水产业、优质高效经济作物，到2005年，主要农产品商品率（除粮食外）达90%左右，农产品优质率达95%左右，农产品的品改率达85%以上。围绕全市农业十大主导产业，研究开发优质米、牲猪、饲料、茶叶、花卉苗木等农产品的精深加工技术，形成专业化的收购、贮运、销售、加工一条龙的新机制，提高农产品附加值。积极培植长沙面粉公司、秀龙米业、华英集团、宾佳乐乳品、千口乐食品等20家农产品加工企业，拉长产业链，增强龙头企业的带动能力，鼓励多种形式的农业产业化组织的发展，推动农业产业化和农村工业化。加强实用先进技术的普及推广，实施智能化农业信息技术应用工程，提高信息、生物等高新技术在农业生产中的应用水平。进一步加强农科教结合，建立队伍多元化、形式多样化的农业技术推广体系，培育农业技术市场，建设优质高效农产品示范基地。

8 、以推广信息技术为关键，提高第三产业的技术含量和服务水平。重点推广以通讯技术、网络技术应用为主的现代商品流通技术，建立和完善商品市场信息网络和数据库系统，充分发挥信息流对商流、物流的导向作用，实现资源的合理配置与使用，使长沙形成区域性的物资集散中心、商业信息汇集中心、结算中心和大型商务活动中心。以企业为主体，大力发展电子商务，筹建长沙商贸流通局域网，加强与国内外商业信息网联网，发展网上商店和网上购物，抢占新的市场商机。通过电子商务、网上交易等现代化营销方式以及超市、联销、配送等新兴流通业态，形成多方位的流通格局和多功能的市场体系。到2005年，新兴业态零售占社会消费品零售额的比重达到30%以上，商业资金和商品的流动周期达到30天以下。积极推进以解放东路为主体的朝阳电子信息科贸街的建设，扩展信息服务业在城市第三产业中的比重，提升城市现代服务业的整体形象。

9、以市场为导向，提高高新技术产业的外向度。在我市高新技术的优势领域中，加强与跨国公司的合作，开拓高新技术产品特别是软件产品的出口。抓住入世契机，加速企业经营机制、产品标准、技术标准与国际惯例和国际标准的接轨步伐，引进先进的运作模式和管理方式，鼓励有实力的高新技术企业到海外设立研发机构和生产基地，提高高新技术产品的国际竞争力。到2005年，高新技术产品出口创汇达4亿美元，占全市出口产品的比重达25%以上。提高利用外资的水平和质量，重点引导国内外大公司、大财团投资我市高新技术企业，吸引跨国公司来长建立研究开发机构，创办高新技术企业，促进我市高新技术产业尽快融入国际化的主流。

10、以可持续发展为目标，促进人口、资源与环境的协调发展。积极采用现代的科学手段和先进技术，使长沙的城市规划具有前瞻性和超前性，为长沙的空间形态、经济结构、大区域设施配套和整体环境质量的规划、建设和城市管理提供科学支撑。改善城市的生态结构和生态环境，营造城市的空间景观。重视节约资源，搞好资源的优化配置和综合利用。加强主要固体废弃物资源化、城市大气和主要水域水系污染的监控与治理、清洁生产、重大灾害监测预防与防治技术的研究开发，带动环保产业的发展。

三、改革创新，进一步优化高新技术产业的发展环境

11 、以人为本，调动科技人员创新创业的积极性。加大人才培养力度，支持高校、科研院所与企业联合建立人才培养基地，大力培养软件、医药、环保、农产品加工等我市紧缺人才。建立科技型企业家培训基地和筹建管理技术培训

中心，选派重点企业的管理人员和技术人员出国进修、培训，加速科技型企业家的培养。加大人才引进力度，通过建立长沙高新技术人才市场、建设留学生创业园区、建立留学生创业资助基金、鼓励企业建立博士后工作站等多种形式，进一步创造环境和条件，吸引海内外高科技人才、高级管理人才来长创新创业。加大人才激励力度，加快人事、分配、成果评价、奖励及产权等制度的改革，加快科研院所的改革步伐。在部分科研院所和高新技术企业进行试点，从近年国有净资产增值部分中拿出一定比例作为股份，用来奖励有贡献的科技人员和经营管理人员。积极建立采用股权期权等方式对企业技术、管理骨干进行有效激励的机制，逐步实现技术资本化，资本人格化。做好“长沙市创新贡献奖”的奖励工作。

12 、加强引导，研究和制定积极的产业发展政策。面对加入 WTO 的新形势，加快研究和制定积极的产业政策，培育和促进新兴产业的成长，把政府的有形之手与市场的无形之手结合起来。市政府有关部门每年按照国家的产业政策，根据长沙的实际，定期公布政府支持和推广的新技术、新工艺、新产品和限制淘汰的落后技术、工艺和产品目录，并研究制定相应的配套政策及扶植措施。加强知识产权管理工作，引导科技机构、高校、企业特别是高新技术企业建立健全知识产权保护制度，进一步提高全社会的知识产权意识和管理水平。

13、完善体来，大力发展科技中介服务机构。建立以创业孵化器、信息咨询机构、科技经纪机构、科技评估机构为主体，适应科技经济一体化发展需要

的科技中介服务体系。按照组织网络化、功能社会化、服务产业化的方向，积极引导和扶持各类科技中介服务机构的发展。通过调整结构和转化机制，推动一批市属独立科研所转制为企业化经营的科技中介服务机构；大力发展技术贸易机构，培育技术市场，建设一支技术经纪人队伍；继续加强生产力促进中心、企业服务中心的建设，努力办好区域性和行业性生产力促进中心。加快长沙科技信息网的建设，为促进科技成果的转化和技术交易提供快捷方便的公共服务平台。

14、加大投入，积极探索新的科技投融资机制。继续通过政策引导和市场牵动，使企业真正成为科技投入的主体。改革政府的科技投资机制，提高科技经费的使用效率，用好已经设立或准备设立的各项基金。建立和完善高科技风险投资机制，研究风险投资公司和基金的管理办法，研究鼓励风险投资的优惠政策，刺激社会资金、国外资金等多样化资本参与高新技术产业发展。积极支持高新技术企业进入股票市场特别是创业板市场融资。建立长沙技术产权交易中心，为高科技企业和成长型企业提供产权交易和股权投资等融资服务。健全中小科技企业贷款担保机制，鼓励金融部门加大对科技创新的持续投入，逐步形成多元化的科技投融资机制。

15、抓好科普工作，提高全民科技文化素质。加大科学技术的普及和科技培训工作的力度，通过推进科技下乡、办好《科技时空》电视栏目、开展各类科普竞赛活动等多种形式，大力宣传科学思想，倡导科学方法，弘扬科学精神。着力提高各级领导干部的科技素质，提高青少年的科技素质，提高劳动者的科学文化素质，推进城市精神文明建设。以长沙科技场馆的建设为突破口，完善城市科技功能，提升城市品位，促进区域性科教中心的形成和发展。

四、加强领导，不断提高各级各部门的科技意识和管理水平

16、切实加强领导。各级各部门要把实施高新技术带动作为一项战略任务来抓，研究制定本地区和本部门实施高新技术带动战略的总体规划和政策措施，协调解决发展高新技术产业工作中的重大问题。各级党政主要负责人要亲自抓第一生产力特别是亲自抓高新技术产业发展。建立区、县（市）和部门党政领导科技进步目标管理责任制，建立健全党政领导抓发展高新技术产业的联系制度，把实行科技工作目标管理责任制和发展高新技术产业工作结合起来，进一步推动区域和行业的科技进步。各区、县（市）和市直各部门要根据本《决定》，结合实际工作，制定具体实施办法和措施。

17、理顺科技管理体制。调整和充实全市科教工作领导小组。领导小组办公室要配备专人，统一协调和指导全市发展高新技术产业的日常工作，市直有关部门要充分发挥各自的职能作用，切实形成发展高新技术产业的合力。实行高新区对园区（基地）的统一领导，各园区（基地）与所在区、县（市）按照“四统一、一独立”的原则，即统一规划、统一审批、统一政策、统一统计和独立财税体制（原已有分成的仍保持原分成比例）协调关系，共同推进长沙高新技术产业的发展。

18、加大督查力度。抓好政策的落实，凡国家、省、市明确规定的政策，各级各部门都要及时兑现，不折不扣地执行。建立政策落实的督查机制，由市政府督查室负责加强对各项科技政策落实情况的督查，坚决解决政令不畅通、服务不到位、部门权力利益化的问题。对企业有申诉、又拒不执行政策的单位和个人，要追究责任，严肃查处。

主题词：科技工作 高新技术 决定

中共长沙市委办公厅　　2001年2月8日印

（共印600份）

长沙市人民政府关于进一步支持加快高新技术产业发展的决定

长政发〔2001〕2号

各区、县（市）人民政府，市直机关各单位：

为了实施高新技术带动战略，培育新兴产业，改造提升传统产业，促进全市经济结构的战略性调整，根据《中共长沙市委关于实施高新技术带动战略的决定》，特作如下决定：

一、从2001年起，用市高新技术产业引导资金、科技三项经费的50%，重点支持有市场发展前景的高新技术产业重大项目。市政府对工业、商业和乡镇企业的专项投入主要用于本行业传统产业改造提升的重大项目和装备。

二、鼓励企业采用新技术、新工艺、新设备，淘汰落后的工艺、技术及装备。市政府根据国家政策，结合长沙的实际，及时公布"十五"期间重点发展的行业、重点企业、重点产品目录及支持措施，定期公布淘汰或限制的技术及产品目录。对于继续采用目录内淘汰或限制的技术及产品的单位和个人要依法处罚。对技术含量低、产品没市场、资不抵债、扭亏无望的国有企业，以及浪费资源、技术落后、污染严重的小煤矿、小水泥、小造纸、小化工等"十小"企业，依法实施破产、关闭。

三、鼓励境内外各类资本建立创业投资机构，其注册资本按市工商行政管理部门和外资管理部门的有关规定，可实行分期到位。在本市注册的创业投资机构，其投资于认定的高新技术成果转化项目、高新技术企业或政府支持的科技计划及产业化项目的资金，累计超过其对外投资总额70%的，该创业投资机构可比照享受高新技术企业优惠政策。

四、鼓励外商在本市投资高新技术产业、设立研究开发机构和转让先进技术。外商投资设立的研究开发中心、外商投资企业、外国企业和外籍人士向本市转让技术，可持市科技主管部门认定的技术转让合同登记证明报请税务机关审批减免营业税。

五、以高新技术成果作为股权投资的，其成果完成人的股权收益不受比例限制，由接收成果的企业与完成人双方商定。对有特殊贡献的成果完成人，经市政府批准，由同级财政给予奖励。

六、建立以企业为主体的技术创新体系。鼓励大企业集团和优势企业建立技术开发中心。鼓励和支持高新技术产业基地依托高校、科研院所，联建工程技术研究中心。从2001年起，市政府对经国家或省有关部门新批准设立的工程技术研究（开发）中心的重大科技项目给予资助。其中属国家级的，每个资助100万元；属省级的，每个资助50万元。资助经费由市科技和经济主管部门在科技经费和工业发展基金中专项列支。

七、从2001年起，市政府对获得“长沙市技术创新先进企业”称号的法定代表人进行奖励，奖金由市财政专项列支。

长沙市人民政府

二00一年二月十二日

主题词：经济管理 科技 产业 通知

抄送：市委各部门，长沙警备区。

市人大常务会办公厅，市政协办公厅，市人民检察院、市中级人民法院。

各民主党派市委。（共印800份）

长沙市人民政府办公厅 2001年2月12日印

中共长沙市委办公厅
长沙市人民政府办公厅
关于长沙高新技术产业开发区办公会的会议纪要

长阅〔2001〕15号

（2001年7月19日）

5月23日，市委副书记欧代明，市委常委、常务副市长梁建强召集市委办、市政府办、长沙高新区、市计委、市建委、市科委、市财政局、市国土局、市规划局、市人事局、市编委办、市工商局、市公安局、消防支队等部门的主要负 责人，召开了专题研究长沙高新区发展问题的办公会议。会 议首先学习了第十届二十四次常委会议纪要，听取了长沙 高新区党委书记周里冰关于高新区有关情况的汇报，并对 高新区建设发展中的有关问题进行了研究，现纪要如下：

一、统一思想，形成共识。会议认为，长沙未来经济的 支撑主要是高新技术产业，认真贯彻落实市委常委会议精神，进一步理顺体制，扩大高新区管委会的管理权限，这不只是为高新区服务，而是服务于全市人民，谋求全市发展。因此，授予高新区市级政府的一些管理权限，各部门要根据市委、市政府的要求把权力下放到位，为高新区营造一流的发展环境，逐步实现封闭式管理。

二、落实纪要，行使职权。第一，关于高新区财政体制 微调问题。根据现行财政体制基本不变的原则予以微调，以2000年高新区参与分成的财政收入中上解市财政收入3451万元作为基数，即从2001年起，市核定的高新区参与分成的财政收入每年上交市财政3451万元后，其余全留给高新区(其中：涉外税收按现行体制不变)，用于高新区的发展建设，此体制暂定五年。

第二，关于园区基础设施建设问题。鉴于本次财政体制 微调后，从2oo1年元月1日起，高新区的城市维护税全部由高新区使用(暂定五年)。市政府原已对高新区投入的基 础设施费用，由市政府负责偿还。在建工程(西干渠)继续 由市建委组织施工扫尾，所需经费由市财政承担。23平方公里内的路网等设施建设经费均由高新区负责。考虑其他基 础设施的企业行为，园区内自来水、电力、通讯等基础设施 工程，按市政建设有关规定办理，由各相关部门自行投入，同步配套完成。

第三，关于高新区的机构及人员编制问题，由市编委与 高新区协商，拿出具体方案以市委、市政府名义上报省编委；关于高新区的工作职能已经市委、市政府批准(详见附件)，要认真贯彻落实。市直各有关部门对高新区管委会的授权应予认可，并从速办理。有关代发证书的问题，由市编委办综 合后报市政府批准，再行文授权给高新区各派出机构。

三、理顺思路，加速发展。高新区必须立足把园区做大、 做强。面对激烈竞争，要抓住机遇加快园区基础设施建设，创造良好创造良好的投资环境，树立良好的园区形象。要根据批准的实施方案认真研究在新财政体制下如何科学安排财力，加速园区基础设施建设等问题。要敢于负债经营，力争 “十五”期间把园区建成全国一流的科技新城，实现我市高新技术产业的跨越式发展。

附：长沙高新区党工委、管委会的工作职能

附件：

长沙高新区党工委、管委会的工作职能

长沙高新区党工委、管委会是中共长沙市委、市人民政 府的派出机构，对各园区(基地)实行统一领导，在市委、 市政府领导下，行使市一级经济管理权和与之相适应的行 政管理权，市直有关部门要积极配合，给予指导、服务和监 督。其主要职能如下：

1、贯彻执行党和国家有关发展高新技术产业的方针政 策；研究制订和组织实施长沙高新区的各项管理制度和改 革措施，开展政策、法规宣传教育工作；检查督促各项政策、法规的执行情况；探索高新技术产业开发区政策和发展的新路子、新模式。

2、编制高新区中长期开发建设和科技、经济发展规划， 并组织实施。

3、在长沙市城市总体规划指导下，规划和管理岳麓山高科技园内的各类建设项目，负责岳麓山高科技园内的规划设计审查、建筑设计审查。核发全市统一编号的《建设项目选址意见书》、《建设用地规划许可证》和《建设工程规划许可证》。

4、负责岳麓山高科技园内建筑市场管理、工程招投标、工程质量监督、人防、消防、外埠进区施工企业审批、施工 报建及竣工验收，核发全市统一编号的《建设工程施工许可证》。

5、按照国家政策规定，统一办理岳麓山高科技园内土 地征用、国有土地使用权的划拨和转让等建设用地手续，对 国有土地使用权的转让、出租、抵押等经济活动进行监督管 理，核发全市统一编号的《国有土地使用证》，实施地籍管理。

6、负责岳麓山高科技园的房地产开发，对房屋产权、产 籍及房地产市场实施管理，核发全市统一编号的《房屋产权 证》、《商品房预售许可证》。

7、审批岳麓山高科技园进园项目的环境影响评价报告 和环保设计工程，核发全市统一编号的《环保施工许可证》、《环保设施验收证》、《排放污染物许可证》。

8、负责高新区企业的有关管理、服务工作，审核申报高新技术项目和企业，负责科技计划、科研项目、科研成果 鉴定的审核和申报管理。

9、审批高新区3000万美元以下外商投资企业的项目建议书、可行性研究报告及外商投资企业的合同、章程，发 放外商投资企业批准证书；负责审批高新技术企业的基建、技改及固定资产投资项目；审批高新技术企业开发项目，凡 列入管委会项目计划的，可视为市级计划，享受相应的政策。

10、管理高新区的财政和国有资产，负责高新区各类企 事业单位财务会计监督管理；审批管理高新区国有资产的 清产核资、产权界定，决定评估项目的立项和对评估结果的 确认，负责国有资产经营形式的审核；负责审定和收取园区 内有关土地、工程报建、房屋交易等各项税费。

11、负责高新区各类企业的工商注册、登记、发照、年 检和监督，以及市场管理、合同管理和商标广告管理，并依 法调处经济纠纷和查处经济案件。

12、管理高新区的涉外事务和进出口业务，负责外商投 资企业的注册、变更登记和年检工作；审批出口创汇型企业、外商投资先进技术企业、外埠外商投资企业在高新区的分支机构和国外公司在高新区的办事处；负责审批高新区企业人员出国(境)的任务批件和人员批件；负责高新区涉外事务的处理。

13、负责高新区各类企事业单位员工及流动人员的人事档案管理、人事代理服务；负责劳动监察、劳动合同签证、劳动用工、工资、人才市场等方面的审批和管理工作；人才 市场由高新区自主管理；大中专毕业生转正定级、市外干部 及工人调配交流、聘用制干部及合同制工人招收录用、企事 业单位人才招聘广告等事项，由管委会审批并办理有关手 续。

14、高新区的统计、审计、信息等工作。

15、负责高新区的党群、纪检、监察、人事、劳动等工作。

16、承办市委、市政府交办的其他事项。

主题词：高新区 建设与管理 会议纪要

发：市委常委，长沙高新区、市委办、市政府办、市计委、市建委、市科委、市财政局、市国土局、市规划局、市人事局、市编委办、市工商局、市公安局、消防支队

中共长沙市委办公厅　　2001 年 7 月 23 日印

（共印 100 份）

部分历史文件影印

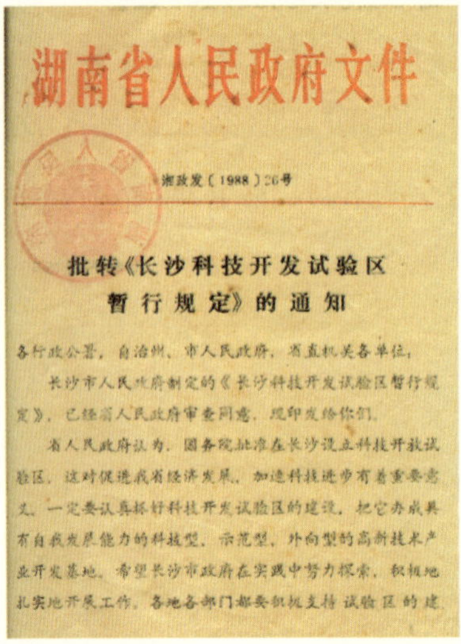

湖南省人民政府文件

湘政发〔1988〕26号

批转《长沙科技开发试验区暂行规定》的通知

各行政公署，自治州、市人民政府，省直机关各单位：

长沙市人民政府制定的《长沙科技开发试验区暂行规定》，已经省人民政府审查同意，现印发给你们。

省人民政府认为，国务院批准在长沙设立科技开发试验区，这对促进我省经济发展，加速科技进步有着重要意义。一定要认真抓好科技开发试验区的建设，把它办成具有自我发展能力的科技型、示范型、外向型的高新技术产业开发基地。希望长沙市政府在实践中努力探索，积极地扎实地开展工作。各地各部门都要积极支持试验区的建

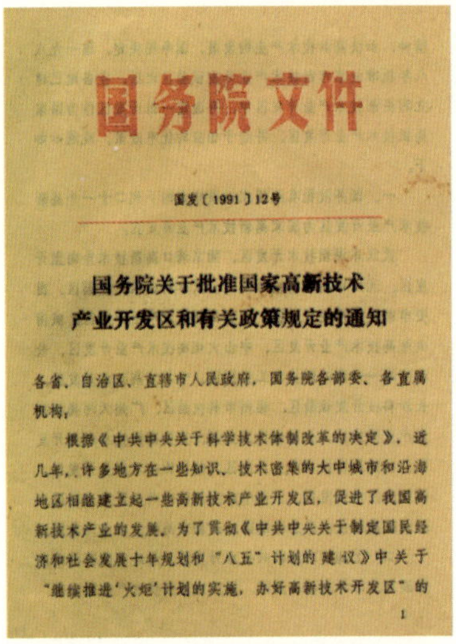

国务院文件

国发〔1991〕12号

国务院关于批准国家高新技术产业开发区和有关政策规定的通知

各省、自治区、直辖市人民政府，国务院各部委、各直属机构：

根据《中共中央关于科学技术体制改革的决定》，近几年，许多地方在一些知识、技术密集的大中城市和沿海地区相继建立起一些高新技术产业开发区，促进了我国高新技术产业的发展。为了贯彻《中共中央关于制定国民经济和社会发展十年规划和"八五"计划的建议》中关于"继续推进'火炬'计划的实施，办好高新技术开发区"的

1

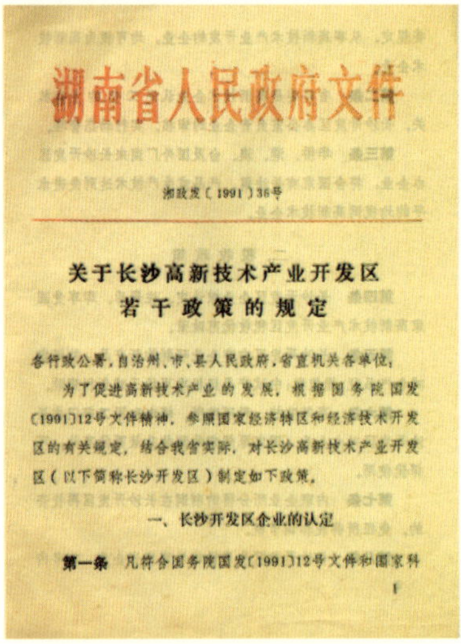

湖南省人民政府文件

湘政发〔1991〕36号

关于长沙高新技术产业开发区若干政策的规定

各行政公署，自治州、市、县人民政府，省直机关各单位：

为了促进高新技术产业的发展，根据国务院国发〔1991〕12号文件精神，参照国家经济特区和经济技术开发区的有关规定，结合我省实际，对长沙高新技术产业开发区（以下简称长沙开发区）制定如下政策。

一、长沙开发区企业的认定

第一条 凡符合国务院国发〔1991〕12号文件和国家科

1

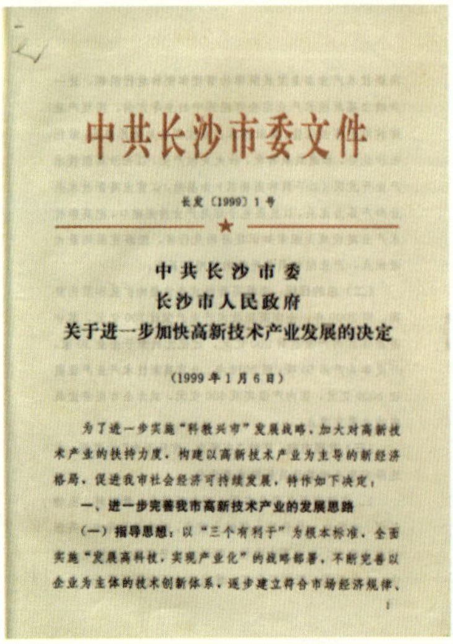

中共长沙市委文件

长发〔1999〕1号

★

中共长沙市委
长沙市人民政府
关于进一步加快高新技术产业发展的决定

（1999年1月6日）

为了进一步实施"科教兴市"发展战略，加大对高新技术产业的扶持力度，构建以高新技术产业为主导的新经济格局，促进我市社会经济可持续发展，特作如下决定：

一、进一步完善我市高新技术产业的发展思路

（一）**指导思想**：以"三个有利于"为根本标准，全面实施"发展高科技，实现产业化"的战略部署，不断完善以企业为主体的技术创新体系，逐步建立符合市场经济规律、

1

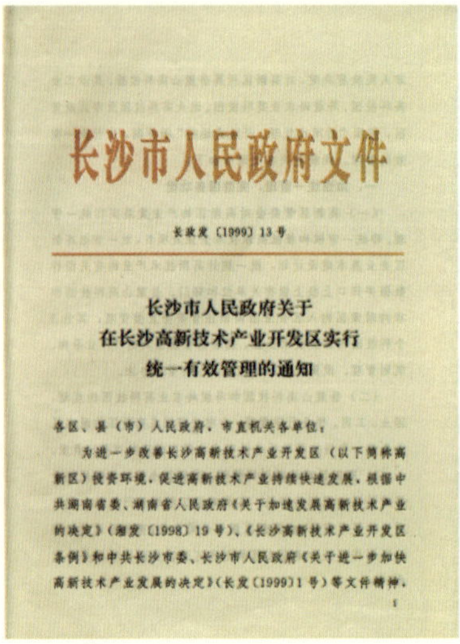

长沙市人民政府文件

长政发〔1999〕13号

长沙市人民政府关于在长沙高新技术产业开发区实行统一有效管理的通知

各区、县（市）人民政府，市直机关各单位：

为进一步改善长沙高新技术产业开发区（以下简称高新区）投资环境，促进高新技术产业持续快速发展，根据中共湖南省委、湖南省人民政府《关于加速发展高新技术产业的决定》（湘发〔1998〕19号）、《长沙高新技术产业开发区条例》和中共长沙市委、长沙市人民政府《关于进一步加快高新技术产业发展的决定》（长发〔1999〕1号）等文件精神，

1

长沙试验区建区中几个关键问题的决策情况

张祥龙

一、关于建区模式（或称发展模式）

1988年5月中旬，湖南省省长熊清泉和长沙市市长王克英来到长沙市科委传达国务院批准建立长沙科技开发试验区（以下简称试验区）的精神，同时给市科委下达了建设长沙试验区的任务，随即市科委决定由时任科委副主任张祥龙分管试验区的建设工作。

要筹建试验区，第一项工作就是摸清底子，当即从我分管的市科委技术市场办抽调了两名干部和我一起，对长沙市范围内的所有高等院校、科研院所、大型企业逐一进行调研考察、收集资料、宣传发动。7月中旬调查工作基本结束，我们得出了5条基本结论：

1、长沙地区高新技术研究成果存量非常丰富，有巨大开发潜力。

2、研究人才队伍非常雄厚，素质非常高，有些科研团队是国内一流水平，袁隆平的生物工程（杂交水稻等）团队是世界一流水平。

3、有很宽敞的实验室和完善的先进实验设备仪器，有的单位建有中试车间和小批量生产线，稍加完善就是很完整的生产车间。

4、单位和科研人员对建设试验区的热情都很高。

5、普遍资金紧张，没有发现能够拿出一笔资金买地建厂的单位。

第二项工作：情况已经摸清，怎么建区或说怎么起步。

根据当时掌握的资料，国内建区有两种模式：

一种是从建区开始即建设成片集中区。如南京浦口高新技术外向型开发区就是在浦口与南京大学、南京工学院之间建立2.27平方公里成片集中区，并继续建至7平方公里；深圳科技工业园即在特区建设中划出一片土地区来建区，这在当时被认为是最好的一种建区模式，但其前提必须有地有钱。

另一种模式是建“孵化器”。即在大学与科研单位密集地区建立适合高科技发展的“微区环境”，吸引科技人员创办各种科技公司。当技术成熟并能形成产业，再走出“孵化器”，向各地辐射。如美国大力兴办小技术企业培育中心或技术创新中心或开发中心（以上统称“孵化器”）。这是在70年代末80年代初开始出现的，是一种将科研成果实现商品化的新概念，当时美国已有200多个这种“孵化器”。小技术公司一般5年孵化出来，能在市场竞争中独立生存，毕业后就搬出去。我国第一个科技企业“孵化器”——武汉东湖新技术创业中心就属于这种模式。

以上两种模式对于当时长沙市的财政状况都是很难做到的。我们的处境非常艰难，是上还是等，上，没有钱，政府仅下达了建设试验区的任务，并没有给试验区的建设一分钱一寸土的投资，拿什么上？

等，当然也是一个办法，株洲市科委差不多与我们同时筹建开发区，只是当时株洲市正在修建通往河对面的大桥，他们想等大桥修好后再上，因为株洲市政府给了株洲开发区一大片土地，这片土地正好在河对面，所以他们有等头，而我们没有，对我们来说等不是办法，我们必须找出一种符合长沙实际的发展模式。

第一种模式在当时根本做不到，排除了，集中精力研究第二种模式。这种模式的关键点在于为那些具有发展前景而仍处于雏型阶段的小型科技企业营造一种良好的“微区环境”，帮其解决办公、实验、试制场地，协助解决资金来源，在技术和管理上给予支持，使其研究成果迅速转化为市场所需的商品。这使我联想到在调研中了解到各高等院校、科研院所都具有宽敞的实验室、良好的实验设备和仪器仪表，有的建有中试车间，而其利用率却并不高。如果利用这些单位的有利条件对本单位申办的高新技术企业进行培育，企业所需要的场地、技术、资金、管理经验等都能得到解决，还能得到试验区各项优惠政策的扶持，其效果将会更好。高新技术企业经过5年的培育阶段后，科技成果转换成了商品，积累了资金，摸索了经验，开拓了市场，在市场竞争中能独立生存。再进入试验区建好的成片集中高新技术产业基地发展壮大。因其依靠申办单位的现有条件，必然是就地起步，高新技术企业散布在全市的各个角落，故呈星罗棋布，满天星斗的状况。

这种模式最显著的优点：一是对试验区的建设来说，摆脱了建区开始即大兴土木，巨额投资的困扰，在政府没有任何投入的情况下，得以迅速起步。二是使申办单位，减少投入，见效快，风险小，效益好，能充分发挥现有条件的作用，争取了时间和速度。

如1988年10月首批进区的高新技术企业——科湘化工（即后来高新区首

家上市的高新技术企业海利化工）利用单位的中试场地稍加完善，1989 年 1–6 月海利化工的产值即达到 1000 万元。这种模式符合长沙市的实际，得到省、市政府的大力支持，是当时国内独一无二的创举。

当时把这个起步的模式概括为：依靠现有条件和基础，因陋就简、就地起步，任其星罗棋布，满天星斗。以积累资金，开拓市场，摸索经验。然后从星罗棋布的格局中逐步集中，建设连片集中的高新技术产业基地。

起步模式确定以后，我们立即进行第三项工作，筛选第一批高新技术产品，认定第一批高新技术企业。

1988 年 7 月，省、市政府、省科委相继颁布了有关试验区的一系列政策文件，其中 7 月 25 日省人民政府（湘政发【1988】26 号）批准设立长沙科技开发试验区。7 月 26 日省政府秘书长卢会云主持召开“湖南省新技术产业开发试验区”新闻发布会。宣布有关试验区的优惠政策，这个会开的很好，影响很大，科技人员、科研单位、高等院校纷纷带着成果、产品资料到市科委申办高新技术企业。

由于工作量的急剧增长，从市科委内部抽调了周倪，黎佩玉等 3 人到试验区工作。（这时试验区一共 6 个工作人员）对收集到的资料进行分类整理，筛选项目。

根据我们调研时了解到的专家资料，提出了高新技术产品评审专家成员名单（共 42 人）。

1988 年 8 月 29 日长沙市委市政府下达《关于成立长沙科技开发试验区办公室的通知》，“明确为正县级，列为市政府直属机构。”

1988 年 9 月 3 日成立试验区高新技术产品评审专家组，市长王克英、省科委主任陶敏给专家颁发聘书。

随即对当时申请进区的 100 多个单位，670 多个项目经筛选、各专家组评审，核定了 71 项高新技术产品和 35 家高新技术企业，报省科委审批。省科委及时批准了第一批进区的 35 家高新技术企业，颁发了高新技术企业证书。

我们立即组织工商税务对 35 家高新技术企业办理了工商注册和税务登记，注册地点就是申办单位所在地。

1988 年 10 月 6 日，长沙科技开发试验区正式挂牌开业。

1988 年 10 月 7 日 –12 日举办了长沙首届高新技术产品交易会。

我们当时人手少，任务重，资金困难，全靠两条腿骑自行车、搭公交，走遍长沙市的各个角落。大家夜以继日，勤奋工作。没有奖金，没有津贴，没有怨言。只靠着为发展高新技术产业的一片赤诚之心，在政府没有任何投入的情况下，终于把试验区的平台搭建起来了。

二、关于选址

试验区开业后，紧接着就是制定试验区的总体发展规划，谋划试验区的集中建设问题。当时正在修订长沙市城市总体规划（1990–2000年，后延至2010年）和长沙市国土规划（1990–2000年），这两个规划有关科技部分都由我牵头负责编制。这三者有着紧密的联系，所以我把这三个规划结合在一起。总体考虑，这三者有一个共同的问题，即试验区的连片集中建设区摆在哪里？

由于市政府没有给试验区建设用地，得自己去找，但长沙东南西北那么大，何处才是落脚点，我心里也没数。只好求助于当时主持长沙市城市总体规划修订工作的吴振斌副主任（时任长沙市城市规划办的副主任），他答应陪我一起考察。

根据前段对高等院校、科研院所的调查，和当时国内外高新技术产业开发区都建在高等院校和科研院所等智力密集区域的周边的经验来考察，初步确定东、南、西三个重点考察区域：东边是马坡岭农科院、农学院周边地区；南边是圭塘周边地区；西边是龙王港以北沿银盆路线以西地区。这里离岳麓山周边的高等院校科研院所很近，离国防科大也就4.5公里；北边因长沙市煤制气厂造成的大气污染不适合建高新技术产业基地。

我们第一站往东边的马坡岭农科院、农学院周边进行了详细的考察，那里的农业高新技术产业、生物工程有着很大的优势和发展前景。周边环境也很好，有丰富的土地资源供开发；

第二站是往南在圭塘省稀土所、环保所等10多所省级研究单位及附近的铁道学院、林学院考察。但看好省稀土所的研究成果，稀土材料在航空航天及尖端科技的广泛应用，周边环境及土地资源也挺好；

第三站是向西，我们从龙王港开始沿着银盆路往北到银盆岭，然后回头顺着桐梓坡路往西直到湖南日用化工厂河西分厂，除了当时在建的附三医院和医学院以及建设部长沙建筑机械研究院、中科院大地构造研究所以外，沿线都是菜地、鱼塘、稻田、山丘等，全是未开发的处女地，戏称长沙的西伯利亚。

然后往回走，在路过附三医院的建设工地时，我突然发现右边有一块几百亩的平地，我问吴主任，这是附三医院的生活用地吗？他说不是，是市城建开发公司开发的，已三通一平，有三、四百亩土地，那边还有一块已征购但未三通一平有五、六百亩地，就在六沟垅。这里这块地叫南充，总地名叫茅坡。我听后高兴极了，于是赶紧来到银盆岭路边的六沟垅，来回走了一遍。银盆路的西边全是鱼塘菜地，东面是小山丘，龙王港边的徐家湖是采石场，北端银盆岭有建设部建筑机械研究院。其余地方全是可开发的土地。

根据考察的结果，马坡岭、圭塘以及岳麓山周边都很好，但要建设成片集中区，没法解决启动资金（因为当时长沙市一年的财政收入也就十个亿左右，拿不出这么一大笔钱出来），而茅坡地处高等院校、科研院所集中区的边缘，智力可谓是长沙最密集的地区，尤其重要的是南充、六沟垅这上千亩土地是长沙市城建开发公司的，它是市属企业，长沙市政府可以调拨，这就解决了集中建设的启动资金问题。这是试验区集中建设最理想的地方。

当时我与吴主任商量，集中建设区就定在茅坡，叫茅坡科技园（建设面积为四平方公里），六沟垅建科技一条街，其他三个地方分别称为岳麓山、马坡岭、圭塘 高新技术产业群基地，吴主任给予了完全的支持。

在时间安排上，主要参照小技术企业或称科技企业的熟化时间，一般为5年毕业。如1988年首批进区企业到1993年就会陆续毕业，因此集中建设就要提前到1992年开始（因为建设需要一定的时间）。所以起步阶段定为1988年—1991年；而第二阶段集中建设定在1992年—1995年（这个时间是大致估算的），至于第三阶段成熟发展阶段为1996—2000年(因为规划就到2000年)。

到此试验区的总体发展规划编制完成，概括为“一街、两园、三个高新技术产业群基地”的布局和“起步、集中建设、成熟发展”三阶段实施步骤。也就此完成了长沙市城市总体规划（1990—2010）和长沙市国土规划（1990-2000年）有关科技部分的规划编制工作。

写进了长沙市城市总体规划（1990—2010）和长沙市国土规划（1990—2000年）。

长沙市城市总体规划经长沙市九届人大常委会第24次会议通过决议，报省政府和国务院。

至此、试验区成片集中建设区就正式定位于河西茅坡、六沟垅。

1989年3月，国家科委副主任阮崇武一行到试验区视察，我们详细汇报了试验区的建设情况、发展模式和总体发展规划，对试验区所取得成就和具有的特色，特别是对发展模式给予高度评价。还三次派出专家组到试验区深入调研，国家科委《火炬计划简报》第11期、26期、34期都作了详细介绍，把试验区的发展模式列为全国高新区的三大发展模式之一。在参加沈阳召开的全国部分科技开发区汇报研讨会上，我还做了详细的汇报，受到国家科委领导和与会代表的好评。而且从实践中看也是非常成功的，我们从零起步，在财政只投入2万元开办费（即7个人员编制的工资）的情况下，到1991年长沙科技开发试验区经国务院批准进入全国首批27家国家级高新技术产业开发区。

当时，把试验区的起步模式和试验区的发展规划二者糅合在一起，总称为试验区发展模式，即：

第一阶段：起步阶段（1988年—1991年），依靠现有条件和基础，因陋就简，就地起步，任其星罗棋布，满天星斗。以积累资金，摸索经验，开拓市场，并重点抓好创业中心的建设，任其尽快具备高新技术产业开发能力及“孵化器”的功能。

第二阶段：集中建设阶段（1992—1995年）从星罗棋布的格局中逐步集中，建设茅坡综合科技园和科技一条街，城市基础设施配套建设。

第三阶段：成熟发展阶段（1996—2000年）初步建成科技一条街，两个科技园区，三个高新技术产业群基地，并继续向纵深发展。

说明：科技一条街：即六沟垅科技一条街（后更名为火炬城）

两个科技园区：即河东省科技馆内群星科技园（后来该园未发展起来）；河西茅坡科技园（后更名为岳麓山科技园）

三个高新技术产业群基地：岳麓山高新技术产业群基地：从茅坡科技园向西与湖南仪器仪表总厂，068厂及向南的岳麓山周边高等院校、科研院所形成的电子信息、新材料、自动化技术为主体的高新技术产业综合群基地。

圭塘高新技术产业群基地：以稀土材料及制品、机电一体化为主体的高新技术产业群基地。

马坡岭农业高新技术产业群基地：以湖南农学院、农科院、杂交水稻研究中心和中科院农业现代化研究所为主体建立生物工程基地及试验示范园地，由于雄厚的智力资源，短短几年中，就建起了三平方公里的农业高科技园区（即隆平高科）。

试验区发展规划除了集中建设部分以外，在经济发展方面提出的主要经济指标是到1995年底“八五”规划目标开发区高新技术企业发展到300家，高新技术产品650项，年产值20亿元（实际1995年产值为25.38亿元，企业221家）。

三、关于筹集建设资金

根据试验区的发展模式，到1992年就要进入成片集中建设阶段，这一阶段的关键问题是建设资金的筹集，按照当时的估算，建设一平方公里的资金约需 6–7 亿元人民币，需要的资金量巨大，所以从 1989 年起我们开始谋划。根据当时的情况分析，资金来源主要有这样几条渠道：政府投资、银行融资、招商引资、风险投资。

但后面两条在当时希望不大，因为试验区刚起步，没有知名度，缺乏吸引力，招商引资的效果可想而知，而风险投资当时国内还没发展起来，政府投资又有限，所以银行融资是关键渠道。但是当时的金融体制中没有科技银行，在现有的银行中没有科技贷款项目，科研主要靠国家有限的拨款，加之体制上的分割，科技部门只负责成果出来之前的研究阶段的拨款。经委负责数额较大的技术改造项目，银行只贷款给那些有担保的项目，不贷款只有产品技术而无生产实体的项目，这样中试和投产就成了科技成果向生产力转化中最薄弱的环节，所以建立科技银行是筹集资金的一条重要渠道。

为此、在 1989 年试验区第一次工作会议上提出了建立科技银行的建议，得到省、市政府的支持，但省、市政府多次召开银行系统协调会议均未能解决。

1991 年 2 月 16 日，省委常委会议听取长沙市委市政府关于试验区的工作汇报，并形成《中共湖南省委常委会议纪要》。会议决定：1. 全面清理落实开发区各项优惠政策。2. 将税务所改为税务分局。3. 同意新设科技银行。4. 同意每年为开发区安排不少于 3000 万元的流动资金贷款。5. 试验区的经济管理权限适当扩大。至此科技银行的设立取得突破性进展。

1991 年 4 月 26 日—29 日全国高新技术产业开发区首次工作会议在北京召开。湖南省参加会议的有：汪啸风副省长带队，省科委副主任潘奇才及李淑凡处长，长沙市陈元松副市长，长沙市科委和试验区易希文、张祥龙、周倪，株洲市一位副市长及科委主任。这次会议开的非常好，交流了经验，提高了认识。会议期间，汪副省长带领湖南省的代表拜访了国家科委主持高新技术产业开发区工作的李绪鄂常务副主任。汪副省长介绍了试验区的发展情况，起步阶段已做完，摸索了经验，作了准备。现在转入第二阶段集中建设，核心区有两块。一是河西茅坡科技园 4 平方公里，二是马坡岭农业高新技术试验基地 3 平方公里。再是岳麓山高新技术产业群基地 14 平方公里。省市政府准备拨款 1100 万元（后来湘政发〔1991〕36 号文确定的拨款数额是从 1991 年起省政府 1000 万元，省科委 300 万元，市政府 300 万元，连续三年共 4800 万元）。同时，汪副省长还对茅坡、南充、六沟垅改名。他认为茅坡太荒凉，改称“岳麓山科技园”，南充改为“英才园”，六沟垅太土气，改称“火炬城”，所以从那时起上述三地就按汪副省长的意见命名。

会议以后，在市政府的领导下，试验区在有关部门配合下积极做好火炬城、岳麓山科技园开工建设的各项前期准备工作。于1991年9月1日在火炬城的徐家湖举行了隆重的奠基典礼。

1992年3月28日，金融系统首家进入长沙高新区的专业银行长沙建设银行科技支行正式开业。随后工商银行科技支行、农业银行科技支行相继设立。

这时，89年定下的把银行融资作为集中建设资金的主渠道已经打通，同样89年看好的南充、六沟垅上千亩土地作为集中建设的启动资金，也正好顺应潮流，派上用场，将六沟垅全部土地以每亩32万元的价格分段出让给银团和外商，由四家银团两家外商抱团建设，一次建成。而高新区总公司以南充300多亩土地折价9690万元的股份，吸收了七家股东（其中五家为银行），每家出资800万元现金入股，共5600万元而设立的金海公司也圆满完成了英才园的集中建设。

土地作为敲门砖，敲开了银行的大门。不仅解决了火炬城英才园集中建设的巨额投资，试验区还获取了一笔丰厚的土地出让金。

从1992年开始，整个火炬城从徐家湖到银盆岭以及英才园，吊塔林立，热火朝天搞建设，拉开了第二阶段集中建设的序幕。到1995年火炬城的建设基本竣工（只边缘部分有少量未完）C4组团，魏家坡小区全部竣工，英才园建设也基本完成。

从1988年试验区起步，在政府没有任何投入的情况下，提出了“依靠现有条件因陋就简，就地起步”的建区模式，使试验区能够迅速地步，在短短的几个月时间就搭建起了试验区的平台，挂牌开业了。

在1989年试验区选址定位于河西茅坡、六沟垅，从而隐性获得了南充、六沟垅上千亩土地（市政府于1991年底有偿调拨给试验区）作为集中建设的启动资金；以及建议设立科技银行争取银行资金作为集中建设融资主渠道，并始终如一的配合省、市政府做好银行系统的工作等等，这些在试验区建设的关键点所做出的决策，历史证明是完全正确的，充分证明试验区建设者的智慧和勇气。

编后记

2013年，长沙市政府办公厅制发《关于印发〈长沙市省级以上开发区（园区）修志工作方案的通知》（长政办函【2013】113号）。2013年7月，长沙高新技术产业开发区志编纂委员会成立，《长沙国家高新技术产业开发区志（1988—2012）》<以下简称《长沙高新区志》>编纂工作全面启动。至2018年12月，志书编纂完成，用时5年；长沙高新区管委会各部门、各单位、各街道、重点高新技术企业、科研院所，以及湖南省和长沙市有关部门与单位的共百余人参加了资料搜集和志稿撰写工作。

《长沙高新区志》是长沙高新区首部区志，得到高新区党工委、管委会高度重视和大力支持。2013年7月，成立以党工委书记罗社辉为主任，党工委委员、人大政协联络办公室主任江从平为常务副主任的编纂委员会；因人事变动，编纂委员会历经3次调整。2016年3月，成立以管委会主任周庆年为主任，党工委委员、总工会主席杨金林为常务副主任的编纂委员会；2017年3月，调整为党工委书记周庆年、管委会主任谭勇为主任。长沙高新区党工委、管委会把修志工作列入各部门各单位的年度工作目标责任制，按期进行督查考核；组建专门工作班子，成立区志编纂办公室，聘请修志主笔及编辑，保证修志工作顺利推进；将修志工作列入年度财政预算，保证日常工作的开展和志稿印刷。编纂委员会历任顾问和主任对修志工作都提出总体要求；常务副主任江从平、杨金林定期听取修志工作汇报，及时协调解决工作问题，检查督促工作进展；执行主任宋捷对区志每一稿都亲自逐篇逐字审修，组织广泛征求意见，听取专家评审意见，带队前往先进园区考察学习，为修志工作提供宝贵支持。副主编夏河年、何福禄、马宁积极协调调度，确保修志经费充足、修志力量稳定，保障修志工作按时按质完成。

本志编修五年时间，经历筹备启动、资料长篇、总纂统稿、征求意见、专家评审、领导审定、编辑出版等阶段。

2013年7月至2013年11月为筹备启动阶段。7月，区志编纂委员会成立。区志编纂是一项重要而繁杂的工作，为按时按质做好此项工作，编纂委员会办公室到各区县、兄弟园区进行了考察学习，参照他们的工作经验，最终确定了以服务外包的方式进行修志。经过精挑细选，聘请了 4 名有修志工作经验的人员组成修志专班负责区志编纂工作。10 月，研究《长沙高新区志篇目大纲》初稿，并请长沙市地方志办公室专家指导，在高新区各部门单位征求意见，形成指导区志编纂的大纲。

2013 年 11 月至 2016 年 6 月为搜资初撰阶段。根据市志办审定的篇目及详细提纲，对全区成立以来相关档案资料进行全面收集。按计划完成对所收集资料的整理、鉴别和核实后，2013 年底开始了区志的编撰工作。由于历史条件限制、办公场所搬迁、人员变动等原因，我区部分档案资料、尤其是 2003 年以前的档案资料缺失较为严重，修志工作困难多、难度大。为确保修志工作质不影响进度，在充分利用已有资料进行编纂的同时，想方设法找线索、搜资料，采取到国家以及省市相关档案部门查档、与省市区退休老干部座谈以及查阅相关笔记文件等做法，尽快完善缺失资料、按期完成编纂工作。通过各部门单位内部搜集，到省市相关部门和所在行政区收集，共搜集各类资料千万余字。至 2016 年 2 月，完成区志资料长篇第一稿；6 月，完成区志资料长篇第二稿。

2016 年 6 月至 2018 年 3 月为统稿总纂阶段。按照“凡例”要求，编撰工作实行责任分工，认真编辑修改，反复核对事件的时间、人物、文件内容并不断搜集资料补充完善。2016 年 6 月，《长沙高新区志》召开《高新区志资料长篇》第一轮内部征求意见会议。会议认为，《长沙高新区志》从大纲设置，到谋篇布局，再到具体表述，必须凸显高新特色，方能打造一部有影响力的志书。为此，在《长沙高新区志》第三稿总纂过程中主要采取了以下几方面的举措：一是加强组织领导，形成有力工作格局。党工委、管委会高度重视高新区首轮修志工作，加强组织领导，保证了修志工作的高质量推进。二是调整大纲，凸显高新特色。在市志办的指导下，重新对区志大纲进行了多次调整，力求做到特色鲜明，用事实说话，经过多番讨论、修改、对接、打磨，最终历经 10 稿形成了全新的大纲，从框架思路、内容结构、重大篇章都实现了重要突破。三是组织考察，对标先进学习。为学习借鉴国家高新区修志工作编辑办公室组织修志工作人员的经验和做法，进一步推进我区首轮修志工作再上新台阶，三度北上取经，先后赴武汉东湖高新区、天津滨海高新区、中关村进行学习考察，为我区修志工作提供宝贵的样本范例，撰写考察报告分析我区修志值得学习与借鉴的要点供领导参阅。四是调整人员，强化修志力量。经党工委、管委会领导同意，区志办先后聘请数位编辑，辅助主笔老师完成区志稿件修改、编辑任务。邀请市志办、岳麓区修志专家、熟悉高新区情况的老领导担任特邀顾问，重大修改问题请他们现场指导。2017年6月，经执行主任、修志主笔审修、核对、补充、修改、完善后，形成《长沙高新区志》(第三稿)，分送长沙市分管高新区历任领导、高新区管委会现任各位领导、区内各部门各单位、高新区管委会退休干部、省市相关部门征求意见。

2017年9月后为评审出版阶段。9月，通过岳麓区史志档案局复审，根据复审意见，修改形成《长沙高新区志》（第四稿）。12月1日，召开长沙市专家评审会议，省市地方志办公室的领导和专家组成的评审小组，对《长沙高新区志》（第四稿）进行评审。2018年3月，根据评审会意见，完成《长沙高新区志》(第五稿)，先后印发百余套样稿，再次送各级老领导及退休老领导审阅，并采取登门走访听取意见、书面反馈意见、电话短信反馈意见、召开征求意见座谈会等多种形式广泛征求各方面意见，得到老领导们的认真指导。2018年6月，根据征求意见情况，修改完成《长沙高新区志》(第六稿)，先后通过样书、分篇目任务、电子版样书等形式再次送各级领导、各部门相关负责同志，并召开13场征求意见座谈会，搜集各类宝贵建议800余条，且绝大部分予以采纳。先后修改完成《长沙高新区志》第七稿、第八稿、第九稿，经进一步修改完善后，报送党工委、管委会审定，形成《长沙高新区志》第十二稿，送方志出版社出版。本志由长沙市地方志办公室审定。

光阴荏苒，秋去冬来。5年光阴，百万余字和近千张图片，上百名高新人共同参与，本志充分体现了大家的心血和力量，但也有许多不足。

《长沙高新区志》总纂主编杨金林对总纂工作全面把关。执行主编宋捷主持编辑总纂工作，对全志文稿和图片进行全面逐字逐张把关。修志主笔刘迪平老师负责志书所有文稿的总纂，修志主笔周倪负责志书插图、照片及大事记的总纂编写，责任编辑李倩倩、何清隆负责志书的概述等资料撰写。编辑曾宇、成良、段烨、李昊天、冯亚昆、吴湘芳等负责对志稿文字资料进行编辑校对。

本志编纂得到湖南省和长沙市有关部门负责人与修志专家的关心和指导，以及各界的大力支持。在长沙高新区工作过的老领导、退休老同志不遗余力的为修志提供珍贵史料和重要线索，为志书的记述事实的核实提供重要支持。民进第十一届中央委员会副主席、政协全国第十届常务委员会委员兼国家卫计委原副主任、全国妇联副主席潘贵玉审读志稿后赠言：“感谢长沙高新技术产业开发区的领导者、支持者、建设者，感谢本书编委会的全体同志们！帮助我们把这段激情燃烧的岁月留在记忆里”。市人大常委会原主任易希文多次审读志书，出席长沙科技开发试验区初创阶段征求意见座谈会，提出许多宝贵修改建议。长沙市委原副书记吴志雄在审读后，亲笔写下修改意见。长沙科技开发试验区办公室原副主任、长沙高新区办公室、管委会原副主任张祥龙数次审读志书全稿，亲笔撰写长达二十多页的修改意见，累积近15次的专题面谈，对长沙科技开发试验区资料提出宝贵修改意见。湖南省科委原领导陶敏、潘奇才、陈岳麓，长沙高新区历任主要领导周里冰、柳冠群、罗社辉、彭可平、谭杭生，长沙高新区退休老同志陈松、张德安、黄德湘、刘琳、杨君国、张跃国、胡国龙、朱昱等也不遗余力对本志的修改工作提供了珍贵史料和宝贵线索。长沙高新区各部门各单位区志联络员彭芬、朱玲玉、曹婷、李欣、张胜、沈于文、余佳、李国亮、官琴、胡蓉、刘阳、赵文峰、邝桂梅、黄伟国、杨羽萱、周婷媛、周晓宇、詹垚、黄子纹、张佳鹏、周谧、谢文龙、张贤文、龚程、范建军、胡红宇、叶志英、戴曲、周媌、刘鹏、黄小妹、刘圆圆、李志军、廖常云、郑红桂、刘剑兰、李昱、刘喜生、李湘湘、黄欣、段欣妤、周秋燕等同志为区志搜集资料和撰写做了大量工作。长沙市地方志办公室主任王习加，副主任姚兰、张列群、贺国成、肖清平，处长高路、周建文，对长沙高新区修志工作给予具体指导，从指导思想、篇目设置、体例结构，到事实记述、语言文字、标点表格等，都悉心指导，逐一点拨。在此，我们对所有关心与支持本志编修的各界人士和机构，一并表示衷心感谢！

由于长沙高新区管理机构先后经过多次调整，办公地址四次搬迁，机关工作人员变动频繁，致使修志资料搜集难度加大。尽管编撰人员不辞辛劳，付出大量努力，但不可避免存在因史料缺失、编撰人员学识和经验的不足而造成的缺陷和不当，祈望各级领导、志界同仁、专家学者和各界人士不吝赐教，以便在今后续修《长沙高新技术产业开发区志》时补正。

《长沙国家高新技术产业开发区志（1988—2012）》编纂委员会办公室

2018年12月